デモクラシーの古典的基礎

木庭 顕

東京大学出版会

本書の刊行に当っては,学術出版振興基金の助成を受けた.

Classical Foundations of Democracy
Akira KOBA
University of Tokyo Press, 2003
ISBN978-4-13-036120-0

はしがき

　以下の論考は，『政治の成立』（東京大学出版会，1997 年）の上に積み重ねられたものであり，以下の叙述の全ては『政治の成立』の所論を論理的に前提する．そのようにすることの意味については序論において若干述べられる．
　したがって，『政治の成立』の前置きで述べた全てのことがここでも妥当することになる．同じように実験的な性格を強く持つ考察であり，全体像のための手がかりを得るためのぎりぎりの試みである．多くの個別分野の専門家の批判を仰がなくてはならず，そのような媒介の試みとしてのみ意味を持つ．ただしこの段階では個別専門分野の先行研究の吟味は部分的試行的にしかなしえなかった．それぞれが凡そ様々な学問分野のなかでも（ルネッサンス以来）最も分厚い蓄積を誇るだけに，そもそもそうした吟味は到底容易になしうることではない．とりわけ第 III 章は，第 I 章第 II 章の結果を *prima facie* に検証するにとどまるという性質上，先行研究が提出する論点を尽くさず素描の域を出ない（もっとも，そこで提起した問題に即応する研究水準が現在既に存在するわけではない）．
　他方，『政治の成立』に対して寄せられた多くの批判こそが，さらにデモクラシーについて書くということの必要を強く確信させた．この点で多くの方々に感謝しなければならない．
　出版サイドの作業の責任は再び羽鳥和芳氏に帰属する．

　2003 年 9 月

　　　　　　　　　　　　　　　　　　　　　　　　　　　　　　木庭　顕

目　次

はしがき

0　序──デモクラシー論の系譜　3
　1　問　題　5
　2　「近代のデモクラシー」の原点　10
　3　自由主義　20
　4　多元主義（pluralism）　32
　5　多元主義批判　44
　6　課題の特定　50
　7　方　法　59

I　〈二重分節〉　61
　0　序　63
　1　「政治的現在」　67
　　1・0　序　(67)
　　1・1　「儀礼の瞬間」　(67)
　　1・2　「儀礼の瞬間」から「政治的現在」へ　(73)
　　1・3　もう一つの「政治的現在」　(81)
　　1・4　「政治的現在」からディアクロニーへ　(87)
　2　〈神話〉の再構造化　98
　　2・0　序　(98)
　　2・1　胎　動　(104)
　　2・2　Aiakidai の impasse　(111)
　　2・3　〈二重分節〉の形成　(120)

2・4　幼い Herakles の独立闘争　(129)

　　2・5　対価の狂気　(135)

　　2・6　交替の再制度化　(140)

　　2・7　部族の再生　(146)

　　2・8　二つの〈分節〉の間　(153)

　　2・9　〈二重分節〉の先験性　(158)

3　新しい連帯　……………………………………………………… 173

　　3・0　儀礼の再〈神話〉化　(173)

　　3・1　悲劇の起源　(184)

　　3・2　〈二重分節〉の確立　(193)

　　3・3　横断的結合の転身　(211)

　　3・4　連帯の両義性　(231)

4　最後の一人　……………………………………………………… 253

　　4・0　序　(253)

　　4・1　〈二重分節〉批判　(255)

　　4・2　連帯の普遍化　(276)

　　4・3　最後の一人　(291)

　　4・4　最後の一人のための連帯　(303)

5　子殺し批判のデモクラシー　…………………………………… 323

　　5・0　序　(323)

　　5・1　不実なデモクラシーによる子殺し　(329)

　　5・2　奴隷の子　(343)

　　5・3　誠実すぎるデモクラシーの子殺し　(356)

　　5・4　亡き子の母達　(363)

　　5・5　子殺し未遂の喜劇　(370)

　　5・6　連帯の暗転　(377)

　　5・7　自ら死にゆく子供達　(392)

　　5・8　子の解体　(397)

6　〈二重分節〉の概念　…………………………………………… 404

II　批判の新しい形態　……………………………………………… 411

　　0　序　……………………………………………………………… 413

目 次

1 syntagmatisme ·· 424
   1·1 syntagmatique な関係の極小化 （424）
   1·2 syntagmatique な関係の自己完結 （429）
   1·3 論拠の〈批判〉 （441）
   1·4 syntagmatisme の結束を支えるもの （448）

2 paradigmatique な連帯 ·· 458
   2·0 序 （458）
   2·1 諸々のヴァージョンの paradigmatique な結束 （459）
   2·2 syntagmatisme の単一性 （468）
   2·3 ヴァージョン分岐の再解釈 （480）
   2·4 paradigmatique な連帯は paradigmatique に作用しうるか （487）

3 隠れた構造の先験的単位 ·· 496
   3·1 syntagmatique な連関の再建 （496）
   3·2 syntagmatique な遷延の極大化 （506）
   3·3 syntagmatisme の手続的保障 （514）
   3·4 手続的クリテリウム （523）
   3·5 クリテリウムの新次元 （529）
   3·6 社会構造それ自体の探求 （538）
   3·7 潜在的ディアレクティカの発掘 （553）
   3·8 存在の〈二重分節〉 （571）

4 paradigmatisme の浮上 ··· 583
   4·0 序 （583）
   4·1 対抗の浮出 （584）
   4·2 対抗の極大化とその独占 （594）
   4·3 〈批判〉の新しい手続的保障 （601）
   4·4 負の paradigmatisme （606）
   4·5 "$\phi\acute{o}\beta o\varsigma$" と "$\tau\varepsilon\hat{\imath}\chi o\varsigma$" （620）
   4·6 syntagmatisme の相互干渉 （630）
   4·7 デモクラシーの破断 （639）
   4·8 paradigmatisme の転倒 （645）
   4·Excursus 喜劇に関する簡単な考察 （658）

III 政治的パラデイクマの再構造化 ……………………… 663

0 序 ……………………… 665

1 領域の構造変動 ……………………… 670
- 1・0 序 (670)
- 1・1 領域の空間的循環 (673)
- 1・2 儀礼と擬似〈神話〉による刻印 (690)
- 1・3 領域に如何なる組織も認容せずに〈二重分節〉を達成しうるか (696)
- 1・4 領域の組織によるヘゲモニー奪取 (706)

2 公共空間の形態変化 ……………………… 723
- 2・0 序 (723)
- 2・1 都市中心の変化 (724)
- 2・2 ネクロポリスの変化 (733)
- 2・3 領域の公共空間 (737)
- 2・4 〈二重分節〉単位の拠点 (740)
- 2・5 宗教の新たな分岐・展開 (743)

3 領域問題の展開 ……………………… 753
- 3・0 序 (753)
- 3・1 領域問題の原点 (754)
- 3・2 Solon による転調 (759)
- 3・3 tyrannos 達の輪舞 (767)
- 3・4 新しい信用の確立 (772)
- 3・5 限 界 (795)

4 政治的パラデイクマの再構造化 ……………………… 815
- 4・0 序 (815)
- 4・1 原 基 (817)
- 4・2 胎 動 (824)
- 4・3 政治的決定手続の〈二重分節〉化 (833)
- 4・4 政治的決定の逆〈二重分節〉 (858)
- 4・5 逆転層の発生 (864)
- 4・6 多元性への収斂 (870)

Ⅳ　結：デモクラシーの概念……………………………………………877

　文献表……………………………………………………………………893
　索　引……………………………………………………………………915

古典期ギリシャ世界略図

橋のたもとで

　或る人が今，橋を渡ったとしよう．これを見た或る一群の人々は我先に同じように橋を渡る．ところが別の一群の人々はここで議論を始める．「橋を渡って行ったその者は，一度橋の中央で他の者と熱い抱擁を交わした後，何度も振り返りながら渡って行った」のか，はたまた「その者は，追いすがる者を振り切るようにして，一度も振り返ることなく，渡って行った」のか．この議論は，彼ら自身が橋を渡るかどうか，どのように渡るか，ということと当面全く関係を持たない．否，この関係は意識的に排除されている．さて，やがて彼らもしかし「橋を渡ら」ねばならなくなったとしよう．彼らがかつてあの議論を深めておいたことは「橋を渡る」彼らの行動の質を決定的に変えるであろう．彼らはもはや卒然と「橋を渡る」ことはない．蓄積された議論の中から陰に陽に論拠が採られて鋭い論戦となり，その結果，皆で「橋を渡る」ことになったとしてもその態様は厳密に一義的に詰められたものになっているであろう．

　ところが今この橋のたもとに少々新しいタイプの人々が現れる．それぞれのヴァージョンを主張して争う，その仕方が異なる．「渡って行ったあの者は，耐え難い思いで別離を哀しんだはずである．何故ならば，固く結ばれた友情故に，或る僭主の手にかかった友人の身代わりとして今全財産を失って追放されていき，二度とこの橋をこちら側に渡って帰ることがないからである．その証拠に，今ここにその僭主が下した判決の写しがある」．否，と反論が加えられる：「渡って行ったあの者は，追いすがる友人を振り切って行ったに違いない．何故ならば，今彼は，貴族の娘を約束され町へと出て行ったのである．町の有力者達の介入に固い団結で抵抗してきた友人達のもとを，今大きな野心を抱いて離れて行ったのである．その証拠に，その貴族の娘を争って敗れた別の貴族の息子が出奔し，別の町に現に住んでいるではないか」．このような議論の応酬があり，そして深まって行く．それぞれの側の議論の一貫性を担保すべく，時間空間の正確な観念が追求される．その上で最後は十分に確かな証拠が付される．そして，依然として，議論は自分たちがどのように橋を渡るべきかということとは無関係に行われる．

0
序——デモクラシー論の系譜

1 問 題

1・1 この論考は，ギリシャのデモクラシーが一体如何なる基礎の上に成り立っていたのかを明らかにすることを目的とする．この基礎が，間接的にせよ，近代のデモクラシーを含む凡そデモクラシーの基礎でもある，という見通しの故に，「古典的基礎」という語を用いることとした．このことはむろん近代のデモクラシーがギリシャのデモクラシーから直接の系譜を引くということを直ちには意味しない[1]．

ギリシャのデモクラシーの基礎の部分は明らかに少なくとも西ヨーロッパの長い知的伝統にとって古典的な意義を有してきた．ここには文学・歴史学・哲学が属する．ギリシャにおいてはこれらは全てデモクラシーと連帯の関係にあった（これはこの論考の論証の対象である）．他方，近代のデモクラシーは（ギリシャに古典を見る）西ヨーロッパの知的伝統抜きには考えられない[2]．ならば，デモクラシーもその基礎に関する限り，「古典の隠れた作用」という少なくとも解明されるべき問題を有する．この意味で，「デモクラシーの古典的基礎」は「ギリシャのデモクラシーの基礎」よりほんの少し広く「凡そデモクラシーの基礎の古典的部分」という意味を含みうる．

確かに近代のデモクラシーは時として凡そ古典的な知的伝統に反発したかもしれない．しかしそうであるとしても，それは近代のデモクラシーが古典から隔たるものであることを証明しない．むしろデモクラシー自体に真の基礎が確立されていないことを示す可能性さえある．皮肉なことに，近代のデモクラシーは表面上の類似を懸命に否定するとき却ってギリシャのデモクラシーの欠陥を秘かに承け継ぎ，これを十分に参考にしようとするときに却って基礎にまで

視野を広げしっかりと克服しようとした，とさえ言うことができる．実際，真に承け継ぐべきものは，ギリシャのデモクラシーが自らを生み出したその基礎から大きくずれていったその負の経験である，基礎に潜む困難なディレンマこそが真の「デモクラシーの古典的基礎」である，とさえ言える．再びここに一層厳密な意味で文学・歴史学・哲学が属する．これらの近代的ヴァージョンが本当にギリシャの古典を咀嚼しえたであろうか．かつての失敗を克服して今度はデモクラシーを鮮やかに基礎付けえたか．同じ問題を抱えているのではないか．否，それどころか全ての問題を継承しえたであろうか．しかし少なくともこの意味でわれわれは「デモクラシーの古典的基礎」を語ることができる．ギリシャにおいても近代においても，つまり二重に，失敗した基礎であるとしても．否，まさにそうした反省の対象でありうるからこそ．

いずれにしても，文学・歴史学・哲学が少なくともギリシャにおいてデモクラシーと連帯の関係にあったということさえ，（新奇な主張ではないが）あらためて突き付けられれば近代のデモクラシーにとっても近代の文学・歴史学・哲学にとっても寝耳に水である．まずはこのこと，そして何よりもこのことの意義，とりわけ文字通りのではなく最も現代的な意義，を解明しなければならない．否，これに限らず，凡そギリシャのデモクラシーの基礎という概念をまずは立てて，その内包を（critique を経て厳密に）探求しなければならない．これは同時に，デモクラシーの概念および基礎に属する諸々の事柄を全体として考え直すことに繋がる．後者に文学・歴史学・哲学が属することは予想しうるが，われわれがどこでそれらに遭遇するかは予断を許さない．

〔1・1・1〕 G. Sartori, *The Theory of Democracy Revisited*, Chatham, 1987, p. 278: "it is therefore surprising how little attention is paid to the fact that today's concept of democracy has only a very slight resemblance, if any, to the concept that was developed in the fifth century B. C."
　系譜よりも違いを認識した方がわれわれの認識は遥かに精密であることは疑いない．特に基礎に関してはそうである．但し（余程深い認識が無ければ差達を識別できないことを別としても）その認識はしばしばわれわれの側に手痛く跳ね返る．何故ならばこちらの側の致命的な欠落を突くことにもなりうるからである．実は真の古典，真の伝統というものはこうしたものである．

〔1・1・2〕 M. I. Finley, *Democracy Ancient and Modern* [*DAM*], London 1970, p. 14: "I am not concerned to deny the possibility that there were prior examples of democracy, so-called tribal democracies, for instance, of the democracies in early Mesopotamia that some Assyriologists believe they can trace. Whatever the facts may be about the latter, their impact on history, on later societies, was null. The Greeks, and only the Greeks, discovered democracy in that sense, precisely as Christopher Columbus, not some Viking seaman, discovered America...... It was Greek writing provoked by the Athenian experience that the eighteenth and nineteenth centuries read, insofar as reading history played a role in the rise and development of modern democratic theories."

1·2

　もちろん20世紀後半におけるデモクラシーの進展と定着は，他方で噴出するあらゆる問題にもかかわらず，動かしがたいものであり，この点を否定する論者はほとんど見出しえない．そのうえデモクラシーは独占的な正統性資源となったかにさえ思われる．これらのことに対応して，デモクラシーについて極めて多様な概念や提案が互いに競って咲き誇る状況が存在する．この上「デモクラシーの古典的基礎」まで論ずるなどうんざりと思われるかもしれない．しかしながら他面ではデモクラシーの概念は普及の代償としてますます曖昧なものになってしまったということが指摘されて久しく，デモクラシーという語は識別力と批判の力を失って陳腐化してしまったとも言われる[1]．また，デモクラシーに関する議論が十分に生々しい議論であるということの代償として，政治一般についての議論にもまして，精度の高さよりは強いバイアスの方が顕著であるように見える．このバイアスは，(以下で見るように) 一見するよりも深いところで大きく多岐にわたって議論を支配していて，議論に透明性をもたらすことを妨げている．おそらくこうした理由によって，混乱が放置されたまま実は真の基礎理論が形成されず，厳密な議論の空間の中ではデモクラシーという語はむしろ不信感をもって迎えられる傾向すら認められる．いずれにしても，抽象度の高い理論的考察は決して多くなく，レベルも高くなく，(たとえば言語学のような) 他の諸分野の発展もデモクラシー論に再考察をもたらすに至っていない．

　デモクラシーの基礎を論ずることの副次的な意図は，まさに「デモクラシーの基礎理論」のために資する材料を提供することにある．

〔1·2·1〕 Finley, *DAM*, p. 9: ""Democracy" and "democratic," one analyst has recently observed, "have become in the twentieth century words which imply approval of the society or institution so described. This has necessarily meant that the words have become debased in that they have almost ceased without further definition to be of any use in distinguishing one particular form of government from another.""

1·3

とはいえ,「デモクラシーの基礎」を解明することは「デモクラシーの基礎理論」を構築することのほんの一部分であるにすぎない．この論考の中心的な関心はやはりデモクラシーを厳密な意味で確立し混乱から脱出させるための条件を探ることにある．これを一体何が底の方で左右しているかである．つまり,「基礎」と言う以上，以下の論考の目的は，われわれがデモクラシーを持つか持たないか，選択するかしないかということの直接の意味ばかりでなく可能な限り遠い間接の意味（デモクラシーが有るということはどういうことで無いということはどういうことか）を全側面にわたって明らかにすることである．デモクラシーを選択するということは同時に何と何と何を選び取るということか．分岐面は政治制度の表面から地下深くにまで達する．その部分にこそ多少とも光をあてようというのである．そのようにしてこの分岐面を一義的に明らかにすることなしにはデモクラシーという語の真の識別力さえ得られない．あれやこれやのことがこの分岐面をまたがって主張され，これがいつの間にかデモクラシーの基盤を掘り崩す．否，掘り崩されたことすら気づかせない．

そしてその「基礎」の部分に，既に述べたような意味において，ギリシャのデモクラシーに関する省察，否，その基礎に関する省察，が不可避的に属する．この論考はこの小さな部分にのみ関わる．

1·4

しかしするとわれわれの作業は主としてこの紀元前6世紀末以降のギリシャの経験を歴史学の分析方法によって反省する作業であるということになる．かくして厳密な歴史学の方法によることが最小限の条件である．しかし，この場合その歴史学の方法自体が反省の対象とならざるをえない．何故ならばデモクラシーと歴史学は連帯の関係にあり，双方を含めて考え直す作業をしなければならないからである．事実，デモクラシーの基礎となると，従来の歴史学の方法はとうてい適合的な方法を用意してきたとは言えない．つまり新しい方法に

よらざるをえない．

1・5

　しかし，作業の前に，ギリシャから伝わるテクストがどのようにわれわれのデモクラシーの比較的短い経験およびとりわけそれについての言説に影を落としているかということを簡単に見ておく必要がある．以下この序章においては，古典との関係にもっぱら留意しつつ，極めて簡単にこれまでのデモクラシー論を振り返ることとする．もっとも，本格的な検証はとうていここでなしうる事柄ではなく，今後の研究の蓄積をまつ．上に示唆したバイアスの内容を最低限明らかにすることのみを目的とする．しかしこれを意識することなしにはとうてい新鮮にギリシャのデモクラシーを論ずることはできず，またこのことができなければとうてい新鮮なデモクラシーの基礎理論に寄与することはできない．

2 「近代のデモクラシー」の原点

2・0
　われわれのデモクラシーとギリシャのデモクラシーの間に政治的経験の連続性が全く存在しないことは明らかであるにもかかわらず，デモクラシーについてわれわれが有する諸概念の方は後者に由来するものに大きく依存している，とすると，そこに大きなギャップが感じられたとしても当然である[1]．もっとも，ならばわれわれのデモクラシーの直接の起源をどこに求めるかとなると，一致した明確な観念が存在するわけではない[2]．たとえば普通選挙と自由主義をメルクマールとして19世紀以後の発展を念頭に置く，或いはこれと漠然と重なるようにして "polyarchy"[3] 確立を基準とした場合，比較的鮮明にギャップが浮かび上がる．しかしそうするとデモクラシーに関する言説の伝統の方はこれより大きく遡ってしまう．確かにそれは古典の決定的な影響下にあるが，但し，目を射るのはむしろデモクラシーについて否定的な評価を与える伝統である[4]．否定的な言語と肯定的な経験は時を隔てて交わらないか？　しかし，この否定的な言語を単にデモクラシー不存在の証左とし，そしてそこにこそ含まれる古典のテクストの引照は反デモクラシーのみに関わりわれわれのデモクラシーの経験とは無関係である，とするわけにはいかない．以下に述べるように，よく見ると否定的言説の背後にさえ少なくともデモクラシーの萌芽があり，これへの警戒こそが強迫観念のように否定的言説を生み出したという事情があり，他方この強迫観念は自由主義と polyarchy のデモクラシーに深く影を落とすのである．すると，経験の起源と言語の伝統の間の関係は一見するよりも遥かに複雑である．事実，19世紀以降のわれわれの政治的経験は，この「デモクラシーへの警戒」を克服するというよりはむしろそのバイアスをそのまま結

実させる（もっぱら，かつて警戒されたものだけは実現しないようにする）ようにして言わば「反デモクラシーのデモクラシー」を実現するというものであった．こうして，古典のテクストとわれわれの経験の間の関係はしばしば強く否定されるにもかかわらず捻れた関係としてむしろ強化されていく．

　もちろんそれに劣る頻度において，この否定に対して鋭い異議申し立てがなされ，真の古典の再発見と新鮮なデモクラシー構想が結びつく，そのような場面もあった．もちろんこの論考もそれらの後を追うことを志すものであるが，しかしそれらの場合でさえ先行の大きな条件から逃れることは容易ではなかった．

〔2・0・1〕　たとえば Sartori, *Revisited*, p. 278ff.

〔2・0・2〕　われわれが近代のデモクラシーの不全を意識すればするほど，「近代のデモクラシー」は一義的な像を結ばなくなる．このことが起源を錯綜したものと観念させる．J. Dunn は，「正義」「自由」などと対照的にデモクラシーには「単一の比較的はっきりした歴史」があり，しかもこの歴史は「文化間の相互不浸透性」のための翻訳のリスクを免れている，とする．「起源の確定性」に「顕著で安定した明瞭さがある」ために，「現代の政治的言説のめまいと苛立ちを生じさせる混乱から抜け出している」とさえする．「アテネのデモクラシーは，支配システム総体の記述としては，希有なほど曖昧さを残さない字義通りのものであった」．「立憲的代議制」ももう一つのわれわれの確かな出発点だが，これは，アテネのそれと「共通する制度的定義を或る程度は持っている」が，「著しく不明確な支配システムであり，重点の大半が置かれているのは，公式的な自己記述に示されているのとは全く異なった場所である」（加藤節編『デモクラシーの未来』1993）．

〔2・0・3〕　後述参照．比較政治学ではこのメルクマールが「民主化」の実証研究において定着すらしているように思われる．

〔2・0・4〕　J. Tolbert Roberts, *Athens on Trial: The Antidemocratic Tradition in Western Thought*, Princeton, 1994 は全編でこの伝統に対する論告を行うが，やや考察が性急である．

2・1

　では，バイアスの発生と増殖に寄与した要因，警戒を呼び起こしたデモクラシーの萌芽，とは何であったか．「近代のデモクラシー」を全体として理解するときの一つの盲点は，14-15 世紀のイタリアの諸都市の経験である．われわれの通常の視角からすると，第一に，11-12 世紀に再び政治を発見し始めたこれら諸都市がさらに 14-15 世紀に大きな構造変動に直面する事情が識別されない．このとき政治と区別された，さらにその上に展開される，或ることが俎上

に置かれつつあった，ことが十分に理解されない．最も優れた理解の場合に或る種の「人民主権論」がここから今日に伝わる遺産として意識されるにとどまる[1]．古典的デモクラシーと近代のデモクラシーの双方を表面的かつ文字通りのモデルとしてしか見ないために，どちらにもその通りには当てはまらないこのケースが死角に入ってしまう．背後にあるものが見えないわれわれのデモクラシー理解の粗雑さを示唆する．第二に，早くに挫折していくとはいえこのときに提起された問題は明らかにデモクラシーである，にもかかわらずそれをそのように見ないために，同時にこれへの応答として早くも確立されていく反デモクラシーの言説，否むしろ，デモクラシーへの移行による政治の不安定にどのように対処すべきかという真剣な議論，を十分に解釈しえない．ここから上述のバイアスがスタートするだけに，われわれは受け継いだバイアスが睨んできたその当の対象を知らないという愚かさに気づかないということになる．

〔2・1・1〕 Q. Skinner, The Italian City-Republic, in : J. Dunn, ed., *Democracy. The Unfinished Journey 508BC to AD1993*, Oxford, 1992, p. 57ff.. 但し後述の Manin の指摘を参照．Dante 以降デモクラシーへの移行の前兆期に「人民主権」の観念が浮上することが広く指摘されるが，ギリシャにおいて同種の前兆が見られたこととともに，簡単な説明を許さない．

2・2

11-12世紀北中部イタリアで多くの都市共和国が誕生したという事件は，近代のデモクラシーにとっても決定的に重要である．この事件なしには人文主義はなく，人文主義がなければ17世紀以降の政治的経験は違ったものになっていたことであろう．確かにこの事件自体は，Mediolanum の共和革命に関する伝承の中で如何に il "Popolo"（都市民から組織された軍事力）が大きな役割を果たそうとも，全くデモクラシーに関わらない[1]．初期の commune の政治体制は貴族政もしくは寡頭政であったと見ることができる．しかし逆に，"Adelsherrschaft"[2]という概念構成にはリスクが伴う．この「貴族」は封建領主ではなく，都市の政治的階層である．なおかつ，北ヨーロッパの「都市」におけるのと異なって，この都市は周囲の領域を制圧し[3]，したがって，単なる自治団体ではなく，「主権」を論じうる体制を築くのである．つまり，如何に不完全であろうとも，西ヨーロッパはここで初めて政治を再発見したのである[4]．

2 「近代のデモクラシー」の原点

　初期の commune は,「選挙」によって選出された複数同僚制の *consules* を最高権力者として持ち,実質的審議機関である評議会 *consilium* と形式的な全体集会（Firenze では "parlamento"）を備える.「選挙」の方法については定かではないが, Firenze であれば "sesto"（六分の一）, Siena であれば "terzo"（三分の一）と呼ばれる「地区」から 12-18 人, 9-24 人のように選出されたようであり, これが元来 *consilium* 選出の母胎でもあり[5], またこのようにして選ばれた者は "Anziani" と呼ばれて（Firenze）*consul* 制廃止後も複雑な政治制度の中でしばしば重要な役割を果たした[6]. 即ち, 少なくとも Machiavelli 以来強調されるように, commune の樹立に際して地縁的横断的結合体が解放の力となり, これが極めて近接的な「代表」を生み出した. ここに将来デモクラシーにつながる最初の芽があることは疑いない. しかし, これはまだ全くデモクラシーを意味しない. ギリシャでもポリスの成立と同時に, デモクラシー以前に, 民会による政務官選挙が存在した[7], ということを考えるだけで明らかである.

〔2・2・1〕　にもかかわらず, あらゆる政治の成立におけるのと同じく, 解放時の強い結束の（宣誓）共同体, あるいはまた *vicinantiae*, が大きな役割を果たし, この要素はデモクラシーへの移行期に引き継がれる.

〔2・2・2〕　H. Keller, *Adelsherrschaft und städtische Gesellschaft in Oberitalien* (9.-12. Jahrhundert), Tübingen, 1979. 学説の状況につき, G. Rossetti, Il commune cittadino : un tema inattuale ?, in : R. Bordone et al., edd., *L'evoluzione delle città italiane nell'XI secolo*, Bologna, 1988, p. 25ss.

〔2・2・3〕　同時代の Otto. v. Freising によって既に鋭くこの点が認識されていたことは広く知られる.

〔2・2・4〕　N. Machiavelli, *Istorie Fiorentine*, Lib II, Cap. VI, ed. Bonfantini, Milano, 1954 : "Con questi ordini militari e civili fondorono i Fiorentini la loro libertà'."

〔2・2・5〕　R. Davidsohn, *Geschichte von Florenz*, tr. it., Firenze, 1969, I, p. 467ss., 512ss.; D. Waley, *Siena and the Sienese in the Thirteenth Century*, Cambridge, 1991, p. 42ff.

〔2・2・6〕　D. de Rosa, *Alle origini della repubblica fiorentina. Dai consoli al "Primo Popolo"* (1172-1260), Firenze, 1995, p. 159ss.

〔2・2・7〕　第 III 章で詳しく論ずる.

2・3

　周知の如く, 初期 commune はやがて *consul* 制を廃し, *consilium* が選出した数名の委員に外国人を指名させ, この者が最高権力につくようになる（podestà 制）[1]. 政治が確立して鋭い対立が深刻化したこと, oligarchy が定着する

形で安定が達成されていったことを物語る．これに対して少なくとも Firenze では，13世紀半ばに（既に組織されていて独自の *consul* 制を備えた）諸々のギルド（Arte）が，代表を執行部（Signoria）に送るようになり，これが制度化される（il Primo Popolo）[2]．corporatism の真の原型はここにあり，同時にデモクラシーが一つの問題として浮上したことになる．もっとも，明らかに，強固に水平結集した団体がそれ自身直接政治システムの単位として構成されたと解釈されるべきである．14世紀に入って，この corporatism が複雑な選挙制度によって置き換えられるようになって却ってデモクラシーへの道が開かれたと見るべきである[3]．即ち，Firenze では1328年以降，多くの揺り戻しにもかかわらず，執行部の諸政務官職は現職主要部によって構成された委員会が作った適格者リストからクジで選出されるようになった．

le Arti の発言力が決定的になっていく方向は，下に向かってヨリ多数を結合した頂点がヘゲモニーを握る，という限りにおいて，確かに corporatism ではありながら他面でいわば polyarchy への道筋に沿うものでもあった．これに対して新しい制度は，原リストの基礎を様々な意味で各団体に求めながらも，この帰属から自由に適格者を選ぶ[4]．彼らは各 Arte の代表ではなく，その利益を決して代弁しない．機会は平等に与えられ，交替していく．何よりも，全体を考えることが要求される．即ち，一転して polyarchy とは逆の方向においてデモクラシーへの移行が完遂されたのである．そして Firenze ではこの体制が一世紀半にわたって維持されたのである．

もちろん，polyarchy をむしろ批判するデモクラシー論に示唆を与えるが如きこの変化は，もう一つの重大な側面を有した[5]．即ち，corporatism という限界を有しながらも激しく多数を争う体制から，（如何に柔軟に交替するにせよ）緩やかに結集した政治的階層中核のコンセンサスに基づく体制への移行は，討議による精査というよりは不透明な了解に力を持たせることにもなりかねない．いわば polyarchy の側から反批判する余地が生まれる（"leadership elite"）．もし政治的階層の中核に強い一極が生まれれば，即ち，実力者が君臨すれば，この批判は現実のものとなる．デモクラシーへ移行しようとした都市共和国ほど共和政体をやがて黒く覆う影に包まれることになる．

この論考にとって重要な意義を有する人文主義という思考様式が成立するの

は，しかしまさにこのような状況においてであった．たとえば，Leonardo Bruni は Athenai をすら引照しつつ[6]Firenze の *"forma popularis"* を誇る．「真の自由」は commune の共和政体の存在ばかりではなく，誰もが高い資質さえ備えれば平等に政治指導の座につく機会を持つことを意味する[7]．まさにその資質に基づいて状況（Fortuna）に打ち勝ち共和国の自由を擁護してみせることができるというのである．われわれにとって最も注目すべきことは，こうした理念への到達が commune の成立以来積み上げられてきた一連の経験の省察を前提しているということである．周知の如く，初めて本格的な歴史学，「政治史」，がここで再発見されたのであり，しかも一定程度「制度の背後にあるリアリティー」[8]に目が向けられる．第一に，政治制度が変化し，積み上げられていき，同じ制度が違う意味を帯びるなどということが認識される．第二に，当然脈絡の相違が識別される．そして特に第三に，デモクラシー問題の浮上は，団体の構成，領域の構造，といったことに関心を向けさせる．全ての根底に，新しい理念は，同じ共和的心性の中でも，一層複合的な思考様式を要請する．政治的経験の省察の中でこれの欠落が批判される．要するに，デモクラシーへの関心は初めて社会構造を問題とさせたのである．確かにこの社会構造は *virtus* という語によって統括されうるものにすぎず，われわれは本当の社会構造の登場を次の Machiavelli まで待たねばならない．しかし，corporatism と多元主義と polyarchy と "elitist democracy" をそれぞれかすめるような展開の中で社会構造が問題にされ始めたこと，このことは注目に値する．

[2・3・1] De Rosa, *op. cit.*, p. 16ss.

[2・3・2] *Ibid.*, p. 130ss.

[2・3・3] J. M. Najemy, *Corporatism and Consensus in Florentine Electoral Politics, 1280–1400*, Chapel Hill, 1982, p. 99ff.

[2・3・4] B. Manin, *The Principles of Representative Government*, Cambridge, 1997 は，近代の代表制を元来デモクラシーとは全く異質なものであるとし，しかも直接制よりはクジによる代表制に活路を見出す極めて新鮮な歴史像を提出する．ギリシャの例にひきつづいてイタリア都市共和国のケースが引照される．

[2・3・5] Najemy, *op. cit.*, p. 307 : it would be as one-sided to argue from the evidence of an expanding political class that fifteenth-century Florence was a model of broadly based poplular republicanism as it would be to argue from the tightening network of electoral controls that all was dictated by the will of a narrow oligarchy. Seen in their proper functional relation-ship, the two develpments were complementary, not antagonistic or even paradoxical. The security provided by electoral controls allowed the elite to accept the expansion or the numbers of citizens approved in the scrutinies, while the extention of the opportunity to share in the honors of high office persuaded thousands of individual guildsmen (as in the case of Goro Dati) to take their chances in the electoral lottery and to acquiesce in the leadership of the powerful few. 但しこの捉え方は，既に G. E. Brucker, *The Civic World of Early Renaissance Florence*, Princeton, 1977 に見られる．イタリア歴史学における Mosca 受容というやや一面的な観点からながら学説史を整理するものとして，S. Bertelli, Ceti dirigenti e dinamica del potere nel dibattito contemporaneo, in: AA. VV., *I ceti dirigenti nella Toscana del Quattrocento*, Firenze, 1987, p. 1ss. がある．

〔2・3・6〕 Tolbert Roberts, *op. cit.*, p. 122f. L. Bruni が，Firenze の（民衆代表とそのコントロールに関する）精緻な政治制度を簡略に描いた後，"Hoc modo et libertas viget et iustitia sanctissime in civitate servatur" と誇るとき（*Laudatio Florentine urbis*, ed. Viti, Torino, 1996, p. 636），如何に不完全といえども既にデモクラシーは実体としてそこに意識されている．

〔2・3・7〕 H. Baron, *La crisi del primo rinascimento italiano*, ed. it., Firenze, 1970, p. 454ss.

〔2・3・8〕 D. J. Wilcox, *The Development of Florentine Humanist Historiography in the Fifteenth Century*, Cambridge Mass., 1969, p. 44.

2・4

　以上のように，近代における実質的に最初のデモクラシー論の背後には既に一定の蓄積された経験が存在したのであるが，まさにそこで同時に古典のテクストの本格的な解釈の伝統が確立されたということは言うまでもない．もちろんそれ以前にも，政体論に起源を有する政治言語がローマ経由そして Aristoteles 経由でラテン語で定着した限りにおいてデモクラシー論の痕跡は皆無であるとは言えない[1]．しかし周知の如く，人文主義の古典テクスト解釈は，ギリシャ語，文学，歴史学，を呼び出す限りにおいて，鋭い歴史学的感覚によって経験とテクスト（の背後の社会とメンタリテイー）の間に緊張関係を創り出しうる限りにおいて，要するに批判を方法として確立した限りにおいて[2]，従来のものとは全く異なるものであった．政治言語自体が一新されたのであり，同時にそれがデモクラシーに関する最初のまとまった観念の獲得であったこと，しかも古典からの潤沢な装備の供給を得て社会構造についても最初の考察を始めるものであったこと，は注目に値する．

　にもかかわらず，このデモクラシー論，比較的楽観的なデモクラシー肯定，は，今あらためて「発掘」の対象とならねばならないほど，次の時代以降に繋

がっていかない．この直後に登場する，これに多くを負いながらも異なるニュアンスを付け加える，政治言語，古典理解，そして（新旧の）デモクラシー理解，の方が決定的な刻印を遺すことになるのである．その理由は明らかに，イタリアの多くの都市共和国で上に述べたようなデモクラシーは定着せず，一旦定着しても永続しなかった，ことに求められる．むしろ解決無き問題状況としてだけ存在したと言っても過言ではない．そしてまさにこのことの故に，都市共和国自体が崩壊の危機に曝された[3]．この事態は，少なくとも Machiavelli の如き新しいタイプの知性にとっては，極めて鮮明に，共和政即ち政治そのものが存続するか否かという問題をさらに深い次元に探ることを要請するものであると理解されたのである．その条件の一つにデモクラシー（たとえばローマの護民官，土地分配，市民軍といった制度的要因の重要性）があり[4]，この "popolare" な要素は政治の成熟にとって不可欠であるが，しかしそれだけでは完結せず，世襲ではない優れた実力者の存在すら共和国の条件の一つとして等しく考慮されねばならない[5]，とされる．しかも Machiavelli の洞察は制度的要因としてのデモクラシーのさらにその底に降りる．"popolare" な要素を担う具体的な生々しい "il popolo" の（古典と批判によって涵養される資質を越えてこれ自体を掘り崩しかねない）意識・観念構造につき，初めて問題を提起したのである．彼が古典のテクストに読みとるのは今やこの次元のものであるということになる[6]．

　もちろん，Machiavelli は，"il popolo" の心理的不安定を糾弾する古典以来の cliché をむしろ批判し，"de' principi" も心理一般の法則に服する点では同じであり，却って "il popolo" こそ信頼するに足る，と述べる[7]．しかし Machiavelli のこの鋭い反論こそは，以後の時代を支配する大きなバイアスが成立しつつあることを物語っている．Machiavelli 自身古典期の Athenai には批判的であり，Sparta と Venezia の精巧な政治システムを称賛する．もちろん，これを伝統的な混合政体論と解することも，反デモクラシー論と解することも誤りである．いわば Aristoteles 流の *"politeia"*，その意味のデモクラシー，が観念されていることは疑いない[8]．それでもこれは反デモクラシーのバイアスによって解釈され，そしてその解釈はバイアスを踏み固めることになっていったのである．そうさせる要因が常に現存していったと言うこともできる．より

深い意味における社会構造への着目とこのバイアスがいわば発生論的に結びついたものであったことは十分に留意さるべきである．

　確かに，デモクラシーの経験としてイタリア都市共和国のそれは失敗に属するであろう．これを分析する Machiavelli もまた不十分であったであろう．それでもなお，近代の政治言語はここでこの段階に至って確立されたのであり，それは一見する以上に全面的にデモクラシー，特にこれと政治との関係，を前提としたものであった．この部分の無理解はまず Machiavelli の理解を妨げ，次に，その向こうにある人文主義とデモクラシーの理解を妨げた．（近代の全ての理性がそれに決定的な部分を負う）古典解釈の方法と批判が一面的にしか継承されていかなかったこととも関係するが，要するに，複合的な「舞台装置」を忘れたまま若干の定式のみが思考を方向づけ，結局或ることを置き忘れたままデモクラシーが論じ続けられることとなったのである．

〔2・4・1〕　混合政体論が Aristoteles とともに流布すれば，混合政体論や Aristoteles 流の "politeia" は「デモクラシー後」のものであるから，デモクラシーの要素に気づくはずであるが，全くその痕跡は無いように思われる（cf. J. M. Blythe, *Ideal Government and the Mixed Constitution in the Middle Ages*, Princeton, 1992, p. 42ff.）．

〔2・4・2〕　批判, critique, の有無とそのあり方が，デモクラシーの成立と深く関わることは，気づかれていないか，十分に探求されていない．Bruni 等自身どこまで自覚的に追求したのか定かでない．が，或る意味では以後の哲学史や学問史のすべてにおいて，このことは自明のこととして深く前提理解の中に納められていると見ることもできる．

〔2・4・3〕　"nobiltà e popolo" がこの時期に関する今日の歴史学の中心テーマとなるのは，デモクラシーが実体的な問題として浮上していることと，それを破壊する強い力が加わりつつあったこと，の両方を示す．

〔2・4・4〕　*Discorsi sopra la prima deca di Tito Livio*, ed. Bonfantini, I, 3: tribuni plebis ; I, 6 : Gentiluomini e popolani ; I, 7f. : *iudicium publicum* ; I, 35ff. : *decemviri* ; I, 45 : Verginia ; I, 53ff. : Veio, fragilità del popolo, moltitudine concitata ; III, 8 : Manlio Capitolino, popolo non corrotto ; III, 19 : Camillo=Falisci, moltitudine, initiation ; III. 25 : Cincinnato, territorio ; III, 26 : Ardea, etc.. 共和前期のローマの政治システムの構造をよく捉えたこの作品において Machiavelli の政治理念が最もよく展開されたとすれば，そこに（ローマ流ながら）デモクラシーの構造への理解が欠けることの方が難しい．特に *tribuni plebis* の重要性への洞察には非凡なものがあり（たとえば III, 11 を見よ），たとえ既に王がいなくとも政治システム独立諸頂点が conformisme に陥ったとき，貴族＝民衆間の "malvagità"，或いは "la disunione della Plebe e del senato" に支えられたこの制度が要するに〈分節〉の「根」を保つ．但し，Machiavelli の考察は常にいきなり「政治を支える社会構造」に降りてデモクラシーの問題を捉える短絡を示す．このために，*trib-*

uni plebis の成立史が十分に stratigraphique にならず，*decemviri* に関して Livius の叙述に振られ，Spurius Cassius と Manlius Capitolinus, Lucretia と Verginia（または Ardea の平民の娘）等の stratiphique な区別，要するにディアクロニーができない．

〔2・4・5〕　*Discorsi*, I, 2.

〔2・4・6〕　*Discorsi* において，たとえば共和革命後の *affectatio regni* の精神構造が残存する問題から始めて（I, 16ff.），軍事制度のなお底に横たわる人類学的メカニズムに至る（22f.: Horatii 伝承＝moitié）．或いはそれ以下に続く Tacitus 風心理学．そもそも Lib. II の全体は，規模，軍事力，帝国，国際政治の力学等々を主題とする Thoukydides 風の叙述である．

〔2・4・7〕　*Discorsi*, I, 58: "La moltitudine è più savia e più costante che uno principe."

〔2・4・8〕　cf. M. Viroli, *Machiavelli*, Oxford, 1998, p. 101, 124f.

3 自由主義

3・0

ならば，Machiavelli 後のデモクラシーの系譜をどのように理解すべきか．Dahl は，デモクラシーの "four sources" として，古典期ギリシャの他に，"republicanism" と "representative government" と "Strong Principle of Equality" を挙げる[1]．"republicanism" によって Dahl は珍しくイタリアの都市共和国を視野に入れたことになる．しかし，明らかに "republicanism" の伝統は政治そのものの構築に関わり，直接にはデモクラシーと関係しない．高々，"republicanism" がその質を変えようとするときにわれわれはデモクラシーの徴候を察知しうる，というにすぎない．なるほど Dahl は Machiavelli と "the radical Whigs of the eighteenth century" と Thomas Jefferson に "radical republicanism" への分岐を読みとる[2]．しかし，この列挙が十分にまとまったイメージを与えないことにも示されるように，政治システムの構造的な転換を視野に入れていない．

第三の起源として挙げられるのは，イングランドとスウェーデンの身分制議会であるが[3]，"representative government" は，既に Manin による批判があるとおり，元来デモクラシーとは無関係の伝統であり，代表制デモクラシーが実質的にデモクラシーの唯一の可能性とみなされるために起源の一つであるように見えるにすぎない．むしろ選挙や議会といった事柄の理解を一面的にし，たとえばギリシャの政治制度について誤ったアナロジーを適用して周知の〈代表制—直接制〉対置論を生む[4]．「直接民主制」という曖昧なレッテルは，ギリシャのケースを真剣に考察する思考を遮断してきた．これと密接に作用してきたのが都市国家と国民国家の間の規模の差違というトポスである．規模といっ

たような漠然たる事柄を所与の条件とし，しかもそれを公準として直ちに制度論を導くことがあるとすれば，論者のデモクラシー論のどこかに致命的な弱点が潜んでいることを物語る．事実，このバイアスもまた，ギリシャ・ローマそしてイタリア都市共和国のデモクラシーの複合的性格，社会構造の重層性を看過させる．

"Strong Principle of Equality" は，部族社会内部に起源を持ち，宗教運動にうけつがれ，イギリス革命の原動力となった民衆運動によって推進されたとされる．この種の要素は，ギリシャにおいても，イタリア都市共和国においても，むしろ政治を成立させるときに或る重要な役割を担ったのであり，デモクラシーへの移行期にもその遺産は大変に重要であったとはいえ，それ自身は大きな転換を余儀なくされざるをえなかったのである．17世紀の革命を担ったエネルギーがそのまま18世紀後半以降のイギリス政党政治そして19世紀初頭の普通選挙を実現したとは考えられない．

こうした混乱の全てはまたしてもわれわれが十分明確なデモクラシー観念を持っていないことを示唆している．明らかに，デモクラシーは多くの前提を一つ一つ積むようにして初めて形成される．このために，遡って全ての前提がデモクラシーの端緒であるように見え，これらが全てバラバラであるためにわれわれの思考も引き裂かれる．イタリアにおける失敗ののちにたまたまデモクラシー形成を引き受けたのが，身分制議会と，水平的傾向の民衆運動と，republicanism によって政治を創設したばかりの体制，であったためにこれらの要素をそのままデモクラシーと結びつけて捉える誤解が生じたと思われる．このレベルの「素材」をナマのまま咀嚼してギリシャ―イタリア―近代間の対比をすれば，そこからは何らの認識も得られない．

〔3・0・1〕　R. Dahl, *Democracy and its Critics*, New Haven, 1988.
〔3・0・2〕　*Ibid.*, p. 25f.
〔3・0・3〕　*Ibid.*, p. 28ff.
〔3・0・4〕　たとえば，民会と議会を対比しうるということは全く自明ではない．しかし直接制と代議制の対比は，民会が直接参加の，議会が選挙を通じた間接参加の，機関であるという「同一軸上の差違」，即ち民会＝議会同一視，抜きには論理的に成り立たない．ところが本論で述べるようにこの対応関係を観念することは全く誤りである．

3・1

　デモクラシーそのものと実は深く結びついて登場する重要な地下水脈はむしろ 17 世紀後半のオランダに発するように思われる．Dahl が "Strong Principle of Equality" に援護を求めて polyarchy の最大化を目指すのと好対照をなすように，たとえば Wolin はデモクラシー復活のために Spinoza に赴く[1]．Spinoza の議論を理解するためには，周知の如く彼自身が鋭い対抗関係を意識して理論形成を行ったその相手方の Hobbes と Descartes の議論の意義を極簡単にせよこの脈絡において位置づけなくてはならない．

　もし，Machiavelli がデモクラシーとその失敗によって社会の奥深くに引きずり込まれたとすれば，しかしそれにもかかわらずその社会を突き抜けてまさにデモクラシーによって政治を立て直そうとしたとすれば，Machiavelli 以後，まさにこうした新しい認識を基礎としながらもしかし，凡そ社会から，したがってデモクラシーの危険から，絶対的に遮断されたところに政治の最小限を築きそこにたてこもる，という鋭い知的作業が次々に行われていく．たとえば J. Bodin は，（人文主義の蓄積の上にさらに最新の critique を付け加えて獲得された）ローマ共和政に関する最大級に透徹した認識から，政治の儀礼的一義的メルクマールの抽出に成功する[2]．その実現たるや単一の明快な事実であり，かつ自足的でさえある．「主権」，やがて「国家」，は（本当は社会全体が全体として変わらなければならなかったのに）社会がどうであろうと政治をあらしめる画期的な概念となる．「あらゆる社会的条件」に抗するという意識に対応して，まさに一つ一つの社会に固有の性質や日常的慣習に至る個々の諸制度を全て探求することが行われ始め，このときに再び人文主義の critique という方法が致命的な変形を被りつつ決定的な装備となる[3]．並行して，政治の代用物とこの新しく理論化された社会を和解させるように，自然的所与の中でどのようにまずは自然生的な社会が形成されるのか，その上にどのように政治権力が打ち立てられるのか，という議論のパターンが成立し，或いは身分制と王権の関係を，或いは端的に共和制をすら，基礎づけうるようになる[4]．

　しかし Hobbes と Descartes はこの曖昧さを徹底的に嫌って，自然生的な社会をいわば完璧に切断してしまう．Hobbes は遠く政治の頭越しにデモクラシーを先取りし，デモクラシーが初めてもたらした Thoukydides の社会観，完

壁に分解されて力と恐怖のみを原理とする社会のイメージ，を吸収する．デモクラシーの破綻によって社会が解体された残骸は，政治を成立させるための大いなる不連続にとって最適であった．さらにもう一段この残骸すら切り捨てて政治が成立する．鮮やかなこの操作においては初めからデモクラシーは使い捨てられている．政治は見事なまでにデモクラシーと社会に如何なる寄与も認めない．これらとの深い断絶（不信）によってのみ基礎づけられるものとなる[5]．この最後の点においてわれわれは Hobbes の背後に Descartes を置いて何の違和感も見出さないであろう．彼は，人文主義の critique（デモクラシー）も多様な自然生的な社会も全く信用せず，双方を基礎づける判断はいずれも無根拠であると喝破する．より根底的な批判とこれに耐える数学的推論のみが生き残ることになる[6]．

　Hobbes と Descartes のこのように研ぎ澄まされたヴァージョンにおける政治再発見は，固有に近代的な政治概念の独創と限界を理解するために決定的に重要であることは言うまでもないが，Spinoza が立ち向かったのは明らかにこれである．最初に立ち向かった彼にデモクラシー理論の側から大きな関心が払われるのは当然である．Descartes から出発する当初の楽天的共和政理念[7]ないし人文主義的デモクラシー理念も既に Hobbes への反論を含むものである[8]が，やがて精緻な Descartes 批判が完成されるに至る．Spinoza によれば，社会は決して自然状態と社会契約に尽きるものではない．人間は想像力を様々な手段によって交換共有しうるのであり，恐怖と計算によってでなくこの次元で，政治とは別の，しかし自然的所与を大きく離脱して洗練の度を極めた，高次の明晰な関係を築きうるのである．確かにこれはまだ真理が支配する世界ではなく，真理はさらに遠いところにあるが，しかしここから出発してのみその（いわば Descartes 的）真理にも到達しうるのである[9]．デモクラシーはこちらの側に位置するはずであった．ただし晩年の Spinoza はデモクラシー自体には警戒の念を示すようになる[10]．

　Spinoza の理論構成の中にわれわれは実はデモクラシーに関する潜在的に最も正統的な形而上学的基礎づけの可能性を見出すことができる．Descartes と Hobbes が政治について最も研ぎ澄まされた理論的基礎を与えたことに綺麗に対応する．しかしながら第一に Spinoza 自身 Machiavelli の問題を切り捨てる

Descartes の「堤防」の内側で理論構成しえたにとどまる．このため確かにデモクラシーがもたらすはずの新しい自由の観念を用意することに成功した反面，デモクラシーが持つべき幅広い複合的な脈絡は形而上学レヴェルにおいてさえ全面的には展開されない．Spinoza が構想する如き新しい社会をわれわれの側で市民社会と名付けるとすると，これは確かに一面ではデモクラシーと等価のものでありかつこれを基礎付けうるが，それでも両者の間の偏差は厳然と存在するのである．しかも第二に以後の自由主義は Spinoza が示した理論的可能性を全く探求しなかったとさえ言うことができる．

〔3・1・1〕 S. S. Wolin, Transgression, equality, and voice, in: J. Ober et al., edd., *Demokratia. A Conversation on Democracies Ancient and Modern*, Princeton, 1996, p. 63ff.

〔3・1・2〕 J. Bodin, *Methodus ad facilem historiarum cognitionem*, 1566 (Amsterdam, 1650, Neudruck, 1967) は第6章において政治システムのエッセンス (*summa Rei publicae*) をローマばかりでなくギリシャの歴史的通観から抽出しようとするが，結局は，Digesta の混乱した *iurisdictio* 概念の背後に或る決定的な共和政（政治）原理が横たわっていることを発見することを通じてその作業が行われる．占有移転ゼロの *depositum* 寄託という契約類型を *exemplum* として共和的な権限というものの性質を鮮やかに例解することによって，どんな具体化によっても決して簒奪されることのない超越的な *imperium* という概念を導くのに成功するのである．占有概念の儀礼的一義性を政治システムの単一性に逆投影する目の覚めるような法学的構成である．なおこのときに Bodin が C. Sigonio のデモクラシー論を強く意識していた可能性について，cf. W. McCuaig, *Carlo Sigonio. The Changing World of the Late Renaissance*, Princeton, 1989, p. 225ff. Sigonio が成熟したデモクラシー概念を有していたことは，*De republica Atheniensium libri IIII*, 1564, Lib. I, Cap. V (ed. Leipzig, 1576) が "democratia duplex" の概念を立てて "popularis res publica prior" と "popularis res publica posterior" を綺麗に区別することから伺い知ることができる．

〔3・1・3〕 A. Momigliano, The rise of antiquarian research, in: Id., *The Classical Foundation of Modern Historiography*, Berkeley, 1990, p. 54ff.

〔3・1・4〕 近世自然法の「自然状態」「社会状態」概念の全ての曖昧さにつき，cf. S. Goyard-Fabre, *Pufendorf et le droit naturel*, Paris, 1994.

〔3・1・5〕 POL III-1-2-1. L. Canfora, Hobbes e Tucidide, *QS*, 35, 1992, p. 61ss. は，Hobbes が（彼自身の意識において）如何に多くを Thoukydides に負いつつデモクラシー批判からこそ政治を発見したか，ということを示唆する．

〔3・1・6〕 さしあたり拙稿「政治的法的観念体系成立の諸前提」岩波講座『社会科学の方法』(1993) 151頁註11.

〔3・1・7〕 Spinoza とオランダ共和主義との関係につき，さしあたり，cf. I. S. Feuer, *Spinoza and the Rise of Liberalism*, Boston, 1958.

〔3・1・8〕　政治は mutatis mutandis に真理と置き換えうるばかりでなく，神と置き換えうる．旧約テクスト（ヘブライ語）に対する人文主義的 critique を基礎として神の概念を転換しようとする Tractatus theologico-politicus (ed. Gebhardt, Heidelberg, 1925) が，(Hobbes 批判が濃厚で，各人に理性を分有させて恐怖から解放し自発的に結合させる) Cap. XVI において "democratia" を明示し，その脈絡で譲渡しえない固有の精神的領分を各人に確保するに至る (Cap. XX)，のは既にデモクラシー論にとって貴重な論理展開が獲得されたことを意味する．

〔3・1・9〕　Ethica (ibid.) においてはかくして神の概念もまた同様の媒介を経て到達されることになる．

〔3・1・10〕　Tractatus politicus (ibid.) は，"magis affectu quam ratione" (Cap. VI) から出発しながら，後半で民衆に対する懐疑を表明するようになり，Pareto, Mosca を先取りするような（しかし既に理解されていたローマの nobiles に範をとったとも言える）政治指導層の緩やかな交替を説く．cf. Feuer, op. cit., p. 136ff.

3・2

　もっとも，Spinoza の強い影響はたとえば G. V. Gravina に見られる[1]．18世紀初頭ナポリ出身のこの法学者・文芸理論家の著作は極めて広く読まれ，たとえば Montesquieu に重要な痕跡をとどめる．Gravina は Spinoza 以上に市民社会の構成原理を端的に追求したと解することができる．政治即ち真理への道筋というのでなく，想像力とフィクションは固有の真実を持ち，市民社会を組成する．ここでいわば自足的に一旦高次の社会的結合の目的は達せられる．これを基礎としない限り政治の構成は政体の如何にかかわらず不当なものとなる．Gravina がギリシャの叙事詩・叙情詩・悲劇から出発し，ローマの政治体制史を構造的に捉えることを通じてローマ法・市民社会の位置づけを明確にした，ということの意義は決して小さくない．社会の側に明確な関係を先に築き様々な権力からの自律性を防御しようとする試みは既に（あらゆる挫折にもかかわらず）伝統的であり，この幾波かのローマ法の蓄積の中には人文主義即ちデモクラシーからの根底的な批判さえもが吸収されていたのであるが，Gravina において初めてかつ例外的に，ローマ法即ち市民社会自体が有する政治システム上の含意が明示された，と言うことができる．かくしてそれはデモクラシーの一構想，或いは少なくともその等価物，とみなしうるのである．だからこそその市民社会像は，諸権力の集積でもなく，単なる経済社会でもなく，いわば政治性の強いものとなるのである．

とはいえGravinaの構想は結局は法学的であり，市民社会の自由を擁護するための制度の構築に関心を集中させ，かくしてローマに範を取る．それでもGravinaはDescartesから出発し，それを修正していくという道を選んだ．ところが，ほぼそのとき同時に，周知の如く，Vicoが同じナポリで真っ正面からDescartesの方法を批判する[2]．それは政治的理性そのものの批判，その超越性に対する攻撃であり，行為とその直接的結果の堅固な結びつきを楯に取ってGravinaの市民社会に対してさえ自律性を主張する，別の自由主義の隠れた先触れであった．一見似ていながら，Spinoza-Gravinaのあの狭い中間の途は実は放棄されている．

Montesquieuはもちろん Vicoをほとんど識ることなく Gravinaの側に陣取る．しかし Gravinaとは異なって，むしろ Machiavelli のように，市民社会の成立要因を深く社会構造の中に探っていく．人類学的起源の諸慣習，歴史的に形成されたメンタリテイー，これらが市民社会をあらしめたりそうでなかったりする，或いはまた諸々の市民社会の質の差を決定する，こうした側面に降りていくのである．かくして，同じく観念の古い層に核心を探った Vicoと一見交錯するように見えるが，Montesquieuの関心は逆に，そうして基礎づけられた市民社会によって次に政治システムを再構成することにあった．但し，Montesquieuにとっては，市民社会の質を侵害しない体制であれば，共和政─君主政，民主政─貴族政の別は二義的な問題であるにすぎないように見える[3]．政治にとっての新しい可能性が豊かに展開されるということはない．

かくして，ようやく再発見された政治が直ちにその特定のエッセンスに還元された（Bodin）とすれば，デモクラシーのために開かれた可能性の方も高々その政治を牽制すべき拠点を確保するという縮減された形態にとどまった．Machiavelliの眼前に現れた政治・デモクラシー・社会構造という広角の見通しとダイナミズムは，その後の議論の中で大きく制約され，結局あるべきデモクラシー論は，一方の「エッセンスのみの政治」と，他方の「自由と市民社会」，という二極に引き裂かれてしまった，と言うことができる．政治と社会構造の関係は摑めないままに終わる．中間のデモクラシー論は構築されない．*a fortiori* に，政治＝デモクラシー関係およびデモクラシー＝社会構造関係には目が行かない．人文主義の側から見れば，軸はローマの方へ，法・市民社会の

方へずれたのである．ギリシャ側の軸が深められることなく，Sigonio が示唆したギリシャーローマ比較，したがって Gravina が示唆したローマ型デモクラシーという問題さえ看過したまま，自由と自由主義はデモクラシーおよび全体の脈絡を失い，やがて古典および政治そのものからも離れ，対極に，古典に接近すればそれは反自由主義，という傾向さえ生むことになる．このようにしてバイアスは錯綜しつつ沈殿していったものと思われる．

[3・2・1] 以下についての論証は拙稿「G. V. Gravina のための小さな覚え書」国家学会雑誌 111 巻 7-8 号（1998）に譲る．

[3・2・2] Vico の *verum=factum* 理論は 19 世紀以降の自由主義，商業というより産業を念頭に置いた経済的自由主義を大きく先取りするものである．

[3・2・3] cf. G. Cambiano, Montesquieu e le antiche repubbliche greche, *Rivista di filosofia*, 65, 1974, p. 93ss.; P. Vidal-Naquet, Une invention: la démocratie, *QS*, 35, 1992, p. 22.

3・3

この大きな分裂はかくして長くデモクラシー理論の発展を妨げる．たとえば Locke において Spinoza の動機は皆無ではないかもしれない．しかし不思議なことに，自生的社会のメカニズムを政治権力批判の拠点とするという理論構成は政治概念実質化の一ヴァージョンであるにすぎず，本格的な市民社会論の（萌芽ではあっても）成熟した省察に到達しない，ように見える[1]．18 世紀初頭のイングランドにおける希有な Athenai 引照も，政治システムの作用（opposition）が定着しつつあることと関係するにすぎないように見える[2]．革命前フランスに古典モデルを提供するのは圧倒的に Sparta とローマであり[3]，古典に範を取るこれらの議論は結局，そのエッセンスへと一旦隠遁した政治に再び全体的な脈絡を与えてそれを復元することを要求する，したがって政治的自由（たとえば弾劾主義的刑事裁判手続）を実現しようとする，主張に他ならない[4]．Mably と Rousseau[5] は，デモクラシーに固有の連帯の問題を提起したとも考えられるが，これをデモクラシーの全体理論に統合することは誰も試みないまま放置され続ける運命に置かれる．政治実質化の大きな流れの先にあるアメリカ独立革命の担い手達においてさえ，デモクラシーは明確には意識されない[6]．

結局，デモクラシー論の最も大きな資源はその間も自由主義の側にあったと

考えられるが，自由主義は政治との対抗関係に没頭しデモクラシーを顧慮する余地を持たないようである[7]．Spartaとローマに対抗するAthenaiというパラダイムは伏流のように存在し，革命後のフランスで一つの可能性を意味していたように思われるが，デモクラシーを特徴とするというより自由主義的商業主義的であり，このパラダイムが順調にやがてデモクラシーの要素をも取り戻してliberal democracyの標準的概念が準備される，という過程を描くとすれば，余りにも実態から離れることになると思われる．それでも，自由主義的商業主義的Athenai自体早くにたとえばB. Constantによって鋭く批判され，このようにさらに特定的な自由の概念が識別されるとき，真の自由主義が，したがってその対岸にデモクラシーが，離陸すると言うことができる．

事実その対岸に，イギリスでギリシャ史の標準版がMitfordからGroteに替わる[8]とき，すなわちこれをJ. S. Millが高く評価する[9]とき，デモクラシーはようやく浮上の気配を見せる．彼のデモクラシー論[10]は，自由主義から出発するが，その自由を政治に対して基礎付けるにとどまらない．むしろ自由を政治に繋ぐという視点を取ることになる．かくして初めて出発点は，諸集団がその利益とするところを鋭く対立させかつ併存する状態に求められる[11]．これが視野に入り克服の対象となる．デモクラシーは，単にそれらのうちの多数派の利益の追求が決定されるというプロセスではなく，立場をヨリ個別化させ，それらを相互に再結合し，ヨリ普遍的な「公益」に達する，ためのものである[12]．まさに，現代のデモクラシー論の基本的パラダイムが生まれた瞬間である．大きく引き裂かれた両極，初めてそれを意識的に媒介しようとする，がしかし出発点に引きずられ，デモクラシーは自由を強引に政治にもたらすための方策にすぎないように見える．どこにデモクラシーの固有の価値があるのか．かくしてまた「個別化」や「高次の公益」(Perikles!)[13]にどのような意味があるのか．現代に至るまでデモクラシー論においてこれらのことは明らかでない．

他方，自由主義者がデモクラシーの独自の価値を再発見した希な例として，われわれはTocquevilleを挙げることができる．TocquevilleはMontesquieuを受け継いでl'état civilとl'état politiqueの区別から出発する．即ちデモクラシーは決して政治の問題ではなく，l'état socialの問題であると鋭く看破する[14]．

3 自由主義

彼がアメリカのデモクラシーの根底に見たのは l'esprit communal であり，全員が等しく公共の事柄に関わり政府と行政を持たない小さな水平的組織であった[15]．5 世紀 Athenai に帰るかのように，デモクラシーを別の独自の原理・平等に基づくものと捉えることに成功する[16]．もっとも他方で，l'esprit communal にこそ自然生的な自由の砦[17]を見るという，（デモクラシーにとっても重要なバイアスをもたらすことになる）自由主義のもう一つの発展の方向の予兆も存在するが，しかしこの commune を積み上げて大きな政治組織をつくるということが現実には不可避であり，そのときには l'esprit communal は裏目に出て，conformisme と tyrannie の遠因とならざるをえない，とする[18]．違憲審査権を持つ司法を中核とする政治システムはまさにこのことを回避するための装置として構成されると解される[19]．

自由の砦とデモクラシーの基体が初めて一致する．しかもそれが構造的に捉えられる．底に矛盾が内包されていることも見逃されない．しかし逆に全てが少々ミステリアスな組織体に帰せしめられてそれ自体の歴史的構造的多様性を分析する視点が欠ける．Tocqueville はわずかに Athenai を引照しないわけではない[20]が，直接制とのみイメージし，そこにもあった個々の "$δῆμος$" および全体政治システムという二重構造に気づかない．l'esprit communal はヨーロッパ大陸には存在しないと感嘆しつつ[21]イタリア都市共和国の構造を忘れてしまう．

この間，自由の法学的構成は，何ものにも依拠せず完全に自足的に自己保障する特定的自由主義的自由の概念[22]に対応して，ローマ法を素材としつつ哲学的装備を固め，実質化した政治の動的過程に対してはおろか，デモクラシーに対しても確固たる明晰な関係によって抗することに成功していく．あるいは逆にこれらが無くともさえ自足的に自由は確保されるというのである．市民社会がまた新しい質を獲得したということになるが，しかし，デモクラシーへの正面からのアプローチは，かくして，行われず，高々立憲主義の法学的精緻化の試みの中に等価物を読みとるほかはなくなる．

〔3・3・1〕　さしあたり前掲拙稿「G. V. Gravina のための小さな覚え書」註 38 参照．一面で Spinoza より先に進むかに見える心身論・知覚理論に他面で微かに認められる若干の媒介の欠如は，政治と截然と区別されたデモクラシーの小宇宙が見当たらないことと関係するかもし

れない.

〔3・3・2〕 Nedham, Sidney, Swift の Athenai 引照については, さしあたり, Tolbert Roberts, *Athens on Trial*, p. 145-154.

〔3・3・3〕 cf. E. Rawson, *The Spartan Tradition in European Thought*, Oxford, 1969, p. 242ff.

〔3・3・4〕 中で Voltaire が Athenai の社交的文芸的側面に興味を示し, 後述の系譜と微かに交わる (cf. Tolbert Roberts, *Athens on Trial*, p. 170f.; N. Loraux, P. Vidal-Naquet, La formation de l'Athènes bourgeoise: essai d'historiographie 1750-1850, dans: P. Vidal-Naquet, *La Démocratie grecque vue d'ailleurs*, Paris, 1990, p. 168).

〔3・3・5〕 cf. Tolbert Roberts, *Athens on Trial*, p. 162ff.

〔3・3・6〕 Tolbert Roberts, *Athens on Trial*, p. 175-193.

〔3・3・7〕 以下については, Loraux, Vidal-Naquet, La formation de l'Athènes bourgeoise, p. 169sqq. による.

〔3・3・8〕 cf. Tolbert Roberts, *Athens on Trial*, p. 237ff.

〔3・3・9〕 J. S. Mill, *Grote's History of Greece* (*1846*), ed. J. M. Robson, Toronto, 1978.

〔3・3・10〕 J. S. Mill, *Considerations of Representative Government*³, London, 1865, ed. J. M. Robson, Toronto, 1977.

〔3・3・11〕 p. 412ff.

〔3・3・12〕 p. 442ff.. デモクラシーといえども majority の「私益」追求が避けられない. そこで, 比例代表制により minority の存在, 議論による働きかけ, を保障し, 同時にまた, 各ブロック内でそれぞれ支持が分岐することを通じて, より普遍的な利益を観念しうる多数派が再構成される, という構想が示される.

〔3・3・13〕 p. 460.

〔3・3・14〕 A. de Tocqueville, *De la démocratie en Amérique*, Paris, I, 1835, II, 1840, éd. Nolla, Paris, 1990, p. 38: "La démocratie constitue l'état social. Le dogme de la souveraineté du peuple le droit politique. Ces deux choses ne sont point analogues. La démocratie est une manière d'être de la société. La souveraineté du peuple, une forme de gouvernement. Elles ne sont point non plus inséparable, car, la démocratie s'arrange mieux encore du despotisme que de la liberté.......Mais elles sont corrélatives. La souveraineté du peuple est toujours plus ou moins une fiction là où n'est point établie la démocratie."

〔3・3・15〕 p. 48-55.

〔3・3・16〕 p. 44: "Pour un peuple arrivé à un pareil état social les gouvernements mixtes sont à peu près impraticables; il ne lui reste guère à choisir qu'entre le pouvoir absolu et la république.......Ce n'est pas que les peuples dont l'état social est démocratique méprisent naturellement la liberté; ils ont au contraire un goût instinctif pour elle. Mais la liberté n'est pas l'objet principal et continu de leur désir; ce qu'ils aiment d'un amour éternel, c'est l'égalité."

〔3・3・17〕 p. 49: "..........partout où il y a des hommes réunis, il se forme de soi-même une commune. ......La société communale existe donc chez tous les peuples, quels que soient leurs usages et leurs lois; c'est l'homme qui fait les royaumes et crée les républiques; la commune paraît sortir directement des mains de Dieu.......Mais si la commune existe depuis qu'il y a des hommes, la liberté communale est chose rare et fragile.......(p. 50) La liberté communale..........nait en quelque sorte d'elle-même. Elle se développe presque en secret au sein d'une société demi-barbare.......Sous institution communales une nation peut donner un gouvernement libre, mais elle n'a pas l'esprit de la liberté.......(p. 53) il ne s'en rencontre aucun, je pense, qui reconnaisse au gouvernement de l'État le droit d'intervenir dans la direction des intérêts purement communaux." かくしてTocqueville の自由主義において自由は正しくも二重に構築される．ほとんど Hesiodos のような以下のパッセージもある：p. 45: "D'un autre côté, quand les citoyens sont tous à peu près égaux, il leur devient difficile de défendre leur indépendance contre les agressions du pouvoir. Aucun d'entre eux n'étant alors assez fort pour lutter seul avec avantage, il n'y a que la combinaison des forces de tous qui puisse garantir la liberté. Or, une pareille combinaison ne se rencontre pas toujours."

〔3・3・18〕 p. 192sqq.

〔3・3・19〕 p. 81-84.

〔3・3・20〕 p. 33, 47.

〔3・3・21〕 p. 50 : "Des toutes les nations du continent de l'Europe, on peut dire qu'il n'y en a pas une seule qui la connaisse.......(p. 55) Les Américains s'attachent à la cité par une raison analogue à celle qui fait aimer leur pays aux habitant des montagnes.......(p. 56) Ce qui frappe le plus l'Européen qui parcourt les État-Unit, c'est l'absence de ce qu'on appelle chez nous le gouvernement ou l'administration."

〔3・3・22〕 Kant から発した源流に様々なものが流れ込み，流れ出て果ては後の国法学の偉大な概念体系に至るまで，全ては Savigny の精緻な概念構成方法の内部に看て取ることができる．拙稿「Savigny による占有概念構造転換の射程」，『法の近代とポストモダン』1993 年所収参照．

4 多元主義（pluralism）

4·0
　ほとんど全てのデモクラシー論は，今日に至るまで，奇妙な自然主義に取り憑かれている．即ち，仮に皆で物事を決定することが正しいとしても，空間的外延が「皆で」ということを許さず，だからこそ別の様々な工夫が必要とされる，代表制，政党制，等々，と．このことを自明の理として，早くから自由主義のデモクラシー論自体，様々な団体，集団，単位，の存在を要請しつつ立論していくことになる．規模が素朴に自然的所与とされるその陳腐さの割に，そこから導かれる論理的帰結は到底些末なものではない．しかしこのアンバランスの背後には先に述べた「大きな分裂」が潜んでいるのではないか．ならば「大きな分裂」はなぜ生じたのか．自然的規模とは別の，デモクラシーに固有の「媒介」の問題があり，これの解決が挫折してわれわれの観念がトラウマを負ってしまったのではないか（イタリアの都市国家は相対的に小規模であるが，そこで問題は発生した；その上，既にギリシャで同一の問題が存在した）．すると，真の問題にアプローチするためには，規模の自然主義の向こう側に考察を進めなければならないのではないか．本当に前提とすべきことは何か．

4·1　中間組織
　Sartori は，pluralism の起源を 18 世紀末のイギリスの経験，Ed. Burke の背後にあった政治の構造に求める[1]．つまりデモクラシーの形成期に既にそれがあったとされるのである．この指摘の当否はともかくとして，われわれは J. S. Mill と Tocqueville がほとんど正反対の形態の集団をデモクラシーの単位と見なすことを確認した．

4　多元主義（pluralism）

19世紀末に至ると，既にそれ以前からたとえば家族や村落や民族のような自生的（と観念された）組織に砦を構える傾向[2]を示していた自由主義は，社会の大規模な機能分化に対応して発生しつつあった様々な社会組織[3]にその砦をそのまま移しかえることを模索し始める．20世紀初頭のいわゆる「多元主義国家観」に巨大な影響を与えたのは，周知の如くO. v. Gierkeであり，このことを再確認するだけで直ちに，「政治の隠遁」に続く「自由のたてこもり」，さらには前者即ち国家自身に後者即ち「自由の一主体」を強いる概念構成，に対する大きな反発が如何にその後のデモクラシー論を決定づけていくかということが明瞭に理解される．もちろん「自由のたてこもり」の主要な装備は観念論哲学と新しいローマ法学[4]であり，これが自由主義の唯一安定的な軸として作動していったのであるが，これが他の自由主義のヴァージョンから，しばしば反自由主義のスローガンとともにすら，激しい反撃を被ることになる．問題を発生させていたのは明らかに「デモクラシーのdeficit」であった．デモクラシーを必要とする状況が様々な社会問題として意識されたのである．ところが例によって高々「デモクラシーが問題を惹き起こしている」と捉えられることになった．そして，それに対処するためにこそデモクラシーが求められる，したがってそのままではデモクラシーを阻害することになる，まさにそうした要因に，デモクラシーが意識されることさえなく問題解決の鍵が探られたのである．たとえばGierkeが中世の都市を扱うとき[5]，政治的次元はほとんど抜け落ちてしまい，もっぱらギルドとMarkgenossenschaftの延長線上にのみ位置づけられる．集団全体が集団全体として動くこと，これを損なわないように内部組織は必ず有機的機能分化の形を取ったこと（ただし頂点Obrigkeitさえその単位はあくまでメンバー全員が一人一人一致して動きうる小規模同僚団Ratの形態をとる），が強調され，明晰にも，これがドイツの都市において古典やイタリアの都市と大きく違う点であること，後者においては，一般民会に権力の中心をほどき戻す，あるいは個々人の地位を徒に高めてしまう，傾向が見られること，が指摘される[6]．法学＝市民社会論の側にとどまる，それでいてこれに反発し実質的にデモクラシーの問題（たとえば中世都市のcorporatism）を扱う．かくしてデモクラシーという意識は欠いたまま，同時に法学＝市民社会論のあらゆるメリットも失う；自由を自足的に保障する核心すら解体してし

まう．この矛盾と混乱のために，団体を構成させるならば透明性を与えることを第一義とする，という基本がやがてどこかへ行ってしまう．これは現在に至るまでわれわれのデモクラシー論が抱える致命的な欠陥の一つである．

実質的にデモクラシー論であるべきはずの議論に法学の影が落ちるのは不可避であったが，同時にそれらはある意味で法学批判であり，その際社会学への依拠，特に社会の機能分化，集団編成，への着目が際立った特徴をなし，なおかつ「社会的」なるもの，人的結合や連帯といった事柄，についての透明な見通しはしばしば欠落した．Hauriou が立論の基礎に据えるのは，人々が集団で関係を取り結び形成する家族（Fustel de Coulanges）を初めとする諸々の「制度」である．国家はこれらを超越するもののそれ自身一つの「制度」であり，しかも自らは社会の諸々の「制度」との関係においてしか作用しえない[7]．しかし，政治＝市民社会を繋ぐ領分に端的に社会学的な関係が位置を占め始めたことはデモクラシー論にとって大きな変化を意味する．「デモクラシーの deficit」を埋めるべく今や行政が現れたのである．行政の観点からは，人々が機能・目的・利益を複雑に絡ませつつ恒常的な関係・集団的な関係を取り結ぶという（政治やデモクラシーとは異質である）光景が，元来のデモクラシーの位置を占めるということになる[8]．

法学批判の法学に大きな影響を受けて出発したのが，「多元主義」の *eponymos* とも言うべき Laski である．彼の主要な議論の一つがまさに行政の自律団体化であった．もっとも，Laski は初めてデモクラシーの問題の法学化（legal attitude）を批判し，"Politik" を "Staatslehre" に変えてしまった哲学的伝統の限界を指摘した．かくして，労働組合運動や社会主義運動，そしてアメリカのデモクラシーを幅広く視野に入れて，"monistic state" を攻撃することができた[9]．それでも，規模の自然主義を免れない．何故デモクラシーは多元的な諸団体の活動に基づかなければならないのか，何故二重化するのか，否，多重化してよいのか，地方自治，連邦制とデモクラシーの多元性は同じことか，等々の疑問には答えられない．どうしても団体内部への政治学的考察（個人の自由やデモクラシー），全体システムとの関係，について本格的な省察が展開されない．

[4・1・1]　Sartori, *Revisited*, p. 92: "The crucial point is that dissent, opposition, adversary politics and contestation are all notions that acquire a positive value, and a positive role, within the context of pluralism, that is, within the pluralistic conception of society and history. Prior to whatever else it may be, pluralism is the belief in the value of diversity." 確かに pluralism の根底に（以下で述べる一層特別の意味以前に）この観念が存することは疑いない．しかしそうすると，Sartori は，pluralism の原点を正確にもデモクラシーへの移行期に位置づけながらも，特徴的なことに，政治の概念でこれを捉えたということになる．事実，政治学は，デモクラシーによって初めて，しかしデモクラシーではなく政治を発見することになる．発見された政治は誤りではない．しかし不正確になることは避けられない．そしてこの全ては，政治学がデモクラシーを常に政治の側に回収しようとばかりしてきたことのコロラリーである．そうしない方が却って政治という骨格が保たれたろうに．実際，そこから多くの混乱が生じ，その一端は，4・2・1 で見るように，Sartori 自身が彼ならではの luciditàで明確にしている．

〔4・1・2〕　cf. A. Momigliano, La città antica di Fustel de Coulanges, in Id., *Quinto contributo*, Roma, 1975, p. 159ss.; Fr. Hartog, *Le XIX siècle et l'histoire : le cas de Fustel de Coulanges*, Paris, 1988, p. 34sqq.

〔4・1・3〕　Fustel de Coulanges と Durkheim の関係によって例解しうる．Momigliano, Fustel, p. 160ss., 175ss. の他，Hartog, *Le XIX siècle et l'histoire* は全編でこれを強調する（社会学的「制度」概念に絞った分析ながら F. Héran, L'institution démotivée de Fustel de Coulanges à Durkheim et au-delà, *Revue française de sociologie*, 27, 1987, p. 67sqq. も優れた見通しを示す）．しかし Hartog はやや一面的であり，たとえば（Fustel 自体の両義性を示唆する Momigliano が指示する）G. Glotz, *La solidarité de la famille dans le droit criminel en Grèce*, Paris, 1904 を捉えることにより Mably（つまりそれを介して Hartog が対極に見る Rousseau）からの線がここに連絡していることを理解しうる（Héran, p. 78 は Saint-Simon を逃さない）．

〔4・1・4〕　前掲拙稿「Savigny による占有概念構造転換の射程」参照．

〔4・1・5〕　O. v. Gierke, *Das deutsche Genossenschaftsrecht*, I, Berlin, 1868, S. 249ff.. 1200 年以後について S. 300ff.（たとえば，S. 310: "Wir haben schon oben darauf hingewiesen, daß Recht und Verfassung der Städte sich durchaus auf Grund der altgermanischen Genossenschaft entwickelten, nachdem dieselbe durch die Aufnahme des Princips der gewillkürten Einung bereichert und modificirt war."). "Rath" の発達と "Gliederung," "Obrigkeit" 対市民代表，市民層の "Gliederung," "Zunft" への分解（S. 313ff.）．

〔4・1・6〕　*Ibid.*, S. 319: "……es ist niemals der Versuch gemacht worden, den Schwerpunkt in die allgemeine Bürgerversammlung zurückzuverlegen oder einen Einzelnen zu erheben. Dies ist ein nicht unwichtiger Unterschied der Verfassungskämpfe in unseren deutschen Städten von denen des Altertums und des mittelalterlichen Italiens." Otto von Freising と同じ差違の認識，ながら背後の構造の差違を捉えずに "in unseren deutschen Städten" に立てこもる偏狭さを見せる．

〔4・1・7〕　M. Hauriou, *La science sociale traditionelle*, Paris, 1896．「制度」については p. 187sqq. 観念論と唯物論の媒介が見られる．Fustel de Coulanges については p. 203. ルネッサンス＝個と中世＝一体性を対比した上で大総合を企て（p. 208sqq.），自然的制度，宗教的制度，国家的制度という "trois tissus sociaux" を構想し（p. 197sqq.; 351sqq.），"l'unité politique"（p. 386sqq.）

は重要であるとしてもどうやら階層的調和体としてのそれのようで，少なくとも直ちに修正され，なおかつそれが結論になる (p. 392: "liberté d'association, décentralisation, représentation corporative, voilà les trois réformes essentielles")．デモクラシーへの言及もこの脈絡においてである (p. 395)．

〔4・1・8〕 L. Duguit, *Les transformations du droit public*, Paris, 1921. 周知のように主権を "la notion de service public" にとってかえる．公権力はむしろ受益者の利益のためにある (p. 46) という観念が特徴的であり，したがってそれは国家の権利ではなく，"une fonction sociale" (p. 39) である．多くの人の利益になることのうち，何が公共的であり，何が特定集団の利益にすぎないか，という観点はここでは完全に消えてしまう．確かにデモクラシーはこの問題を複合的にする．しかしだからといって公共性概念の一義性は無くならない．

〔4・1・9〕 H. Laski, The pluralistic state, in : Id., *The Foundations of Sovereignty and Other Essays*, New York, 1921 (ed. Hirst, 1989). 多元化の理由としては，"overburdened with a multiplicity of business" (p. 189) といったことしか挙がってこない．

4・2 社会学

自由主義は徹底すればするほど却って団体主義に対して弱い，という点は，今日に至るまでデモクラシー論の盲点の一つである[1]．Pareto のようにイタリアのブルジョワジーおよび自由主義の脆弱性（政治と古いタイプの市民社会の優位）に対して文字通り戦おうとした[2]人物の思考に即してさえ，個人の絶対的自由が集団への依拠にズレ込んでいく論理の転回点を追跡することができる．ophélimité élémentaire (限界効用) は個々人にとっての物質的満足の差異を理論化しようとするものである．蓄積量によって次第にその者にとっての価値は逓減し，負になればそれを手放そうとするであろう[3]．échange は双方（の一方）が自分にとっての ophélimité がゼロになったところまで続き，そしてそこで停止するであろう[4]．こうして双方を通じての le maximum d'ophélimité が得られる．単純な財ばかりでなく，同様に生産設備や資本についても échange が遂行され，均衡に到達する．このようにして社会全体が均衡に向かって大きく組織され直す[5]．社会として le maximum d'ophélimité に到達する．ここまで選好は完全に個人化されていて，人々は全くただそれに従って自由に動く．le maximum d'ophélimité の状態の変更は強制的な財の移転以外にありえず，このときには自動的に ophélimité は減じているということになる．Pareto は周到にも遠くローマ帝政末の強制経済・強制団体（国民経済学論争のトポ

4 多元主義 (pluralism)

ス）から自由の条件について説ききたり，国家ばかりか同業団体が le maximum d'ophélimité の達成を妨げる点を論ずる[6]. さて，にもかかわらず，Pareto は（個人ならぬ）全く別の種類の団体に社会の全てを譲り渡してしまう．与えられた自然的歴史的（人種的！）条件においては人々の ophélimité の分布は（各個人の嗜好の変化を越えて）常に一定である；したがってその社会では échange は常に同じところで均衡に達する；かくして la répartition des revenues は常に同じ分布曲線を描く──[7]. この分布曲線上を個々人は移動する；循環する；得をしたり損をしたりする；が常に少数の最富裕者の層は安定的に存在する．この段階でわれわれは既に後の Pareto の政治学におけるエリート循環理論と plutocratie の概念を予想することができる[8]. 結局 ophélimité は échange を通じて社会そのものを再編成してしまう（社会学そのものへ Pareto は向かう）．この様子はやがて社会人類学が明らかにしていくプロセスそのものである．確かにその場合と違って個人と自由が追求されている．しかし不思議な論理の飛躍によって（構成要素を常に代謝させるとはいえ）共和政ローマの timocratique な選挙人団のように階級別に編成された各団体[9]が互いの利益を汲々と追い求めつつ取り引きしながら元の形態に収まる，かの如くである．利益は警戒すべき交換の相関概念である．自由を利益ととれば，(自由を求めても）交換がもたらしかねない組織内・組織間の動態に拘束されることになる．これはほとんど反自由の定義である．脆弱な自由主義期議会制に満足できない Pareto は，超絶的流動性と平準化を求めるが，出てくる結果は，あれだけ嫌った，但し見事に整序された，corporatism でしかなかった[10]. ファシズムへの曖昧な加担は取った前提の掛け値なしの対価であったと言うことができる．

　20世紀前半は，社会学的分析によって，デモクラシーの実態が実は oligarchy に他ならない，そのようにならざるをえないメカニズムは制度外の人的紐帯および集団間の利益交換である，これが主として選挙の投票行動を決定する要因である，という認識が一斉に定着していった時代である．ローマの「デモクラシー」についての Gelzer の研究[11]が最も早い時期に属するのは，Athenai につきこの型の研究が余り成功しえないということ一つを取ってみても理解されるとおり，社会学的研究が特定のデモクラシー・モデルに加担しているとい

うことを示唆する．つまり，ローマ型ないし "liberal democracy" である．Bentley がアメリカのデモクラシーの底に利益圧力団体を発見し[12]，Namier が 18 世紀成立期イギリス・デモクラシーの基盤に人的ネットワークを見出した[13]のも同じ脈絡に属する．事実，近代の政治システムが政党とともに本格的にデモクラシーへ移行したとすれば，この政党を通じて近代のデモクラシー論はもう一度本格的に社会構造に降りていくはずであった．事実，Michels[14]は政党の「寡頭化の法則」を通じて社会学を発展させる．そしてイタリアのファシズムに接近する．実際，共通利益で結ばれた社会ブロックが今日いわゆる「サブ・カルチャー」を形成して対峙する状況，corporatism[15]，ないし，まさに社会構造からして宗教的文化的ブロックを基礎としてしかデモクラシーを概念できないという "consociational democracy"[16]，へはわずかな道のりである．つまり，皮肉なことに，自由主義のまさにその前提の上に新しい巨大な諸集団の動態が観念され，初めデモクラシーの社会基盤を問わせ，しかし次いで，巨大諸集団の上にデモクラシー論そのものを築かせていくのである．"liberal democracy" の極，やがて批判の対象となっていくこの "elitist theory"，は，Pareto の影響を受けた[17]Schumpeter の議論をその典型として，個々人が自由に自らの選好に応じて投票をし競争的 oligarchy 間に交替を生ぜしめる，というものであるが，個々人が決して選択肢提供の側に立たないということを前提する（消費行動モデルである）以上に，巨大諸集団への組織化を実質的に立論の条件としている点で，自己撞着を免れない．このため，ここから出発する限り，分析の対象たる社会構造に接近するや否や逆にそれに呑み込まれる運命にある．かくして，デモクラシー成立の前提を社会構造に探るための重要な機会はむしろ陳腐に失われていくことになる．社会学の認識手続の内部に容易ならざる問題が潜んでいると推定させる所以である．

〔4・2・1〕 Sartori, *Revisited* は，"the early English pluralists" と "the American group approach" と "the current polyarchal theory of pluralism" を一応区別する (p. 126) ばかりでなく，Schumpeter (liberal) と Dahl (plural) の差も正確に把握する．即ち，前者においては個人が競争的な政治指導を選択するのに対して，後者においては "a pluralistic diffusion and reenforcement, throughout the society as a whole, of inter-elite competition" が目指されるのであるとされる (p. 154f.)．にもかかわらず，elitist theory に対する "the argument oscillates somewhat ambiguously from a concept of elites to the different concept of a multiplicity of voluntary

4 多元主義（pluralism） 39

associations" (Bottomore) という批判に鈍感で, elitist といえども "the vital importance of voluntary groups, of Tocqueville's intermediary structures, in short, of societal pluralism" を重視するのである，などと反論する (p. 160). もちろんこれらの団体が国家に向かって求心的に働くのでない限りこれを認めない（後述の Bachrach や Pateman への予防線）. しかしいずれにせよ，概念や議論の次元が滑り，デモクラシーにとって最も重要な二重の自由を，他ならぬ自由主義は，（高々区別するばかりで）明確な構造において捉ええない.

〔4・2・2〕 P. Bonetti, *Il pensiero politico di Pareto*, Roma-Bari, 1994, p. 3ss.

〔4・2・3〕 V. Pareto, *Cours d'économie politique*, I, 1896, II, 1897 (éd. Bousquet et Busino, Paris, 1964), para. 22ff.

〔4・2・4〕 *Ibid.*, para. 44ff.

〔4・2・5〕 *Ibid.*, para. 723ff.

〔4・2・6〕 *Ibid.*, para. 730（財の強制移転の破壊性）, para. 791ff.（強制団体の歴史）

〔4・2・7〕 *Ibid.*, para. 950ff.

〔4・2・8〕 *Ibid.*, para. 1002："(la physiologie sociale)......des individus s'enrichissent, d'autres s'appauvrissent. Des mouvements assez étendus agitent donc l'intérieur de la figure *mntbsam*. L'organisme sociale ressemble, en cela, à un organisme vivant, d'un cheval, par exemple, demeure à peu près constante, mais à l'intérieur ont lieu des mouvements étendus et variés. La circulation du sang fait mouvoir rapidement certains molécules, les procédés d'assimilation et de sécrétion changent incessamment les molécules dont se composent les tissus." cf. D. 5. 1. 76.

〔4・2・9〕 *Ibid.*, para. 727："Pour une classe d'individus, il existe certains des coefficients de fabrication lesquelles procurent des quantités telles de biens économiques, que si on les distribue convenablement, chaque individu appartenant à la classe considérée, obtiendra le maximum d'ophélimité."

〔4・2・10〕 V. Pareto, *La transformation de la démocratie*, Milano, 1921 (éd. Beutler-Real, Paris, 1970). ファシズムとの微妙な関係についてはさしあたり, Bonetti, *op. cit.*, p. 88ss.. Mosca がむしろ抵抗したこととの差については, Pareto がファシズム期をほとんど生きなかったに等しいために判断が難しい. Pareto と異なってむしろ保守主義の意味の自由主義から Mosca が出発したことを含めて, N. Bobbio, Mosca e la teoria della classe politica (1962), in : Id., *Saggi sulla scienza politica in Italia*, Roma-Bari, 1977 が極めて公平な位置づけに成功している. ちなみに, Mosca と Pareto に関する論考を収めたこの論集において, Bobbio は，彼らの政治的イデオロギーと方法の歴史的意義を峻別するように説く．確かに，政治の「科学的」分析，社会学的分析，を開始した意義は否定できない．しかし次の問題はその方法の内容であり，結局，政治から社会構造に降りるときの Skylle-Charybdis に引っかかって，方法の混乱と政治選択の誤りが深く関係している，ということは生じうるのである.

〔4・2・11〕 M. Gelzer, *Die Nobilität der römischen Republik*, Leipzig, 1912 ; Fr. Münzer, *Römische Adelsparteien und Adelsfamilien*, Stuttgart, 1920. prosopography という古事学的伝統から社会学が芽を吹く典型例である．この伝統の上流には libertinisme が控える．他方, clientela への関心も古事学的伝統のよく識るところであり，しかるに 1980 年代の政治社会学, 歴史社会学,

のこれへの関心は純朴そのものである.

〔4・2・12〕　A. F. Bentley, *The Process of Government*, Chicago, 1908.

〔4・2・13〕　L. B. Namier, *The Structure of Politics at the Accession of George III*, London, 1929 ; Id., *England in the Age of the American Revolution*, London, 1930.

〔4・2・14〕　R. Michels, *Zur Soziologie des Parteiwesens in der modernen Demokratie : Untersuchungen über die oligarchischen Tendenzen des Gruppenlebens*, Leipzig, 1911.

〔4・2・15〕　cf. P. J. Williams, *Varieties of Corporatism : A Conceptual Discussion*, Cambridge, 1985. カトリシズムの反自由主義的「社会」概念, 全体的協同の観念, に根を持つタイプの corporatism は, むしろ最も社会構造に敏感なデモクラシー概念を有する.

〔4・2・16〕　A. Lijphard, *Democracy in Plural Societies. A Comparative Exploration*, New Haven, 1977. Sartori, *Revisited*, p. 238ff. に的確な批判がある.

〔4・2・17〕　J. A. Schumpeter, *Capitalism, Socialism, and Democracy*^{2}, New York, 1947, chap. 21, 3.

4・3　polyarchy

Dahl による "polyarchy" という néologisme[1]は, これが "oligarchy" という語の当てこすりであることから容易に理解されるように, 以上に述べた傾向を強く意識してそれを批判するものであった. つまりこれは或る意味では多元主義を批判するための概念である[2]. とはいえ, ギリシャ以来 oligarchy の反対概念は democracy であるから, 概念の軸のこの変化を嫌って敢えて oligarchy の鋳型を踏襲して "polyarchy" とした, ということは, "oligarchy" 即ち近代のデモクラシーの多元主義的病理に直ちに理念をぶつけるのでなく, "oligarchy" たる現実を見据えてこれを修正していくことで少しでもデモクラシーへ接近しよう, という姿勢を意味する. つまり彼が "descriptive" な分析ということを強調する所以である. にもかかわらず読者がほとんど規範的デモクラシー論に接しているような緊張に襲われるのは, 多元主義批判, あるいは (彼自身自らに貼られた "elitist" のレッテルに激しく反発するように) まさに "elitist" 批判, が秘められているからである. かくして Dahl は, 近代のデモクラシーの団体主義的傾向からまず「凡そ一元的権威・権力に社会が服しているのではない」というデモクラシーの最低限の条件を抜き出し, 次いで (これが oligarchy にも共通であることから) その複数のグループが支持を求めて十分に自由に競争する, つまり十分な流動性がある, という追加的条件を付与する. こうして polyarchy 即ちデモクラシーに至る, とされるのである[3]. polyarchy の語感

4 多元主義 (pluralism)

には，したがって，多数を求めて各グループが社会の浮動する諸分子を糾合するという要素がある．

　polyarchy の概念は以上のようにデモクラシーの最低条件と追加的条件を区別するという含意を有する．Dahl 自身は決してそのように言わないが，或る意味でここではデモクラシーの前提条件としての政治とデモクラシー自体が珍しく区別されかかった，と言うことができる．その政治のメルクマールが一種の多元性であると認識されたことになる．polyarchy は概念上デモクラシーの過程自体を通じて社会構造に根を深く降ろすから，デモクラシーを成立させる社会的条件についての分析，その比較研究，が初めて大規模に開始されることにもなる．政治システムの側の理解が〈政治—デモクラシー〉に分節されたがために，制度そのものにおける多元性（たとえば opposition の存在）と区別された社会構造の次元の多元性が，一定の同一文化の共有ということとともに，明確に意識されたのである．

　それにもかかわらず，polyarchy 概念の最大の弱点は政治とデモクラシーを混同した点に存する．そもそも，Dahl は両者の区別に接近しながらそれを十分に意識することすらなく，この点の考察は全く深まっていかない．特に政治の社会的条件は決して独立に論じられず，漠然とデモクラシーの社会的条件一般の問題に解消される．これだけで議論の精度が大きく損なわれるが，これが結局政治・デモクラシー双方の概念自体を大きく損なうことに繋がっていく．polyarchy の概念は確かに貴族政がデモクラシーへ移行するときの要件の一端を捉えるが，しかし同時に，非政治的 oligarchy が解体されて政治が成立するときの状況を捉えたものであるとも言いうる曖昧さを持つ．政治は成立した当初から民会と選挙という制度を装備する．各グループないしグループ連合の頂点は支持資源の最大化を競い，この過程で大きな支持の流動性が実現される．このメカニズムが維持されつつさらに大きな，しかし微妙な，修正を施されたときに初めてデモクラシーはこの世に現れたのである．この修正に関わる微妙な差違を Dahl は意識していない．Dahl は，"Madisonian"，"populist" という二つのデモクラシーの類型を立ててこれを資源として polyarchy 概念を導出する[4]のであるが，基礎として採用される前者は，Dahl の解釈が正しいとしても（またこれを離れても）デモクラシーではなく政治に関わる．もちろん

Dahl は Madison を批判する．"a non-tyrannical republic" が "the central ethical goal", "axiom" になってしまっている，しかしさらにこれを基礎付け直すことが必要であり，それは自然権による以外にない，つまり権力分立でなく下からのチェック，即ち "popular elections"，逆にこれがあれば前者は不要でさえある，云々．或る意味で政治からデモクラシーへの発想の転換が見事に表現されている．"Madisonian" という土台をもう一つの "populist" によって修正する所以である．しかし，"Madisonian" をデモクラシー論の一選択肢とし，それに替わる選択肢，軸を共有しながら部分を取り替えたもの，を求めたがために，政治の一要素，確かに後にデモクラシーを発達させるときに重要な素材となる要素であるがしかし元来はやはり政治システム存立（"a non-tyrannical republic"）のためのものである一要素，"popular elections"，にもっぱら依存して，もっぱらその平面で動いて修正を求める；その上になおかつ別の次元・別の平面を求めることはできなかったのである．つまり議論の基礎が政治に置かれ，政治のためにデモクラシーが論じられ，なおかつこのことが意識されずに終わることとなる．後になればなるほど Dahl は自らこのギャップに苦しむようになっていったと思われる[5]．たとえば，デモクラシーは普遍化を志向するから規模を要求するが，そうすると代議制を余儀なくされ，普遍化要請に矛盾する，云々．または，"Strong Principle of Equality"，そして "democratic process" 論，等々．

多元主義は，その最良のヴァージョンにおいて，結局，デモクラシーを要求する社会構造に直面し，そこから生ずる政治阻害要因に対処するために政治の復元を目指した，と言うことができる．処方箋は垂直方向の代謝・交換である以外にないが，この点の概念が精緻にならず，ひたすら寛大に overdose になる，しかしそうなればなるほど利益を巡る複雑な駆け引きを集団内・集団間において惹起し，pluralism という語に独特の両義性すら生ぜしめるのである．Dahl でさえ実は oligarchy と polyarchy の微妙な区別に失敗している．政治があれば oligarchy も自由な選挙と opposition を備えるからである．相互の戦いのため支持リソースを取り合う，そのときに，デモクラシーがあるためには如何なる支持＝被支持間の分節，自由な関係があらねばならないか，そこで発生しうる利益関係＝不透明な取引関係＝依存関係＝心理操作をどのように切断す

るか.

〔4・3・1〕 R. A. Dahl, *A Preface to Democratic Theory*, Chicago, 1956.

〔4・3・2〕 次に見る多元主義批判においてこのニュアンスが無視され,Dahl を苛立たせることになる.以後雑な理解が定着する(一般にアメリカの政治学の論争においてはテクストの読み方が極端に粗いことが多い).例外は Sartori, *Revisited*, p. 154ff. であり,ギリシャ語のニュアンスをよく捉える.

〔4・3・3〕 R. A. Dahl, *Polyarchy. Participation and Opposition*, New Haven, 1971.

〔4・3・4〕 Dahl, *Preface*.

〔4・3・5〕 R. A. Dahl, *Dilemmas of Pluralist Democracy. Autonomy vs. Control*, New Haven, 1982. 政治を扱っていながらデモクラシーを扱っていると思いこんでいるから,どこかおかしいという感覚を持たざるをえない.他方政治の概念は深まっていかない.

5 多元主義批判

5・1

 しかし周知のように遅くとも1960年代後半にははっきりとした多元主義批判が姿を現す[1]．behavioralism 批判[2]もまた多元主義批判と密接な関連を有したとされるが，批判の基軸をなした論点は "elitist" の是非であり，批判の論拠として Rousseau, J. S. Mill そしてようやく再び Athenai が盛んに動員されることになる．つまり市民の実質的・能動的政治参加をデモクラシーの要件として掲げる立場が重要な一翼として発展していくことになる．互いに影響しあいながらも様々な異なる観点が提唱される状況にあり，全体を見通すことは極めて困難であるが，唯一共通点があるとすれば，デモクラシーと政治の距離が極小化されるということである．かくして "polyarchy" に比しても全体の立体的構造を見据えて立論をするという要素が乏しい．社会構造に向かって鋭い分析をするという要素は存外この批判の立場には見られない．たとえば特にアメリカにおいて，自由主義＝多元主義を批判する見地から，社会的経済的私権力による簒奪を排して「皆のもの」である透明な公共の領域を復元する，そのためには皆が公共の事柄に参画し議論を重ねなければならない，という主張が様々な形でなされる（"participatory democracy", "republicanism", "deliberative democracy"）[3]．これは明らかに Tocqueville がアメリカのデモクラシーの基礎に見た伝統に根ざすものであるが，彼におけるほどの全体的見通しは見出せない．自由主義がデモクラシーを主張するときそれが矛盾に見える（司法＝自由 対 政治＝デモクラシー）ことがあるが，しかし（この誤解に基づいたまま）デモクラシーにおいてたとえば "republicanism" という処方箋を用いることは，グロテスクに妄想された原点への性急な回帰以上のことを意味しない．また，

濃密で批判的な議論は大規模な参加および多数の集会とは直ちには相容れない. 如何なる批判的討論ならば（政治一般とは区別される）デモクラシーの手続を構成しうるのか. 総じて，これらの立場はそれがデモクラシーであると信じて政治の回復を求めるという混乱に陥っている.

〔5・1・1〕　P. Bachrach, M. S. Baratz, The two faces of power, *The American Political Science Review*, 56, 1962 を先触れとして，最も重要な徴表は，J. L. Walker, A critique of the elitist theory of democracy, *ibid.*, 60, 1966, p. 285ff. および Dahl の本格的反論（*ibid.*, p. 296ff.）である. その後例えば，P. Bachrach, *The Theory of Democratic Elitism. A Critique*, Boston, 1967 ; Q. Skinner, The empirical theorists of democracy and their critics : a plague on both their houses, *Political Theory*, 1, 1973, p. 287ff., Finley, *DAM* (1972) もまたこの脈絡に属する.

〔5・1・2〕　例えば，Chr. Bay, Politics and pseudopolitics : a critical evaluation of some behavioral literature, *The American Political Science Review*, 59, 1965, p. 39ff., しかし，社会学的方法の問題とデモクラシー像の問題を一旦厳密に分けた上で関連づけるという手続を怠っているために，性急であり，厳密なデモクラシー概念を求めているのか，伝統的信条から客観的科学的分析に反発しているのか判然としない.

〔5・1・3〕　さしあたり念頭に置くテクストを一例ずつ挙げれば，C. Pateman, *Participation and Democratic Theory*, Cambridge, 1970（第二次的団体に政治を要求するが，これはデモクラシーとは別のことである）; C. R. Sunstain, Beyond the republican revival, *Yale Law Journal*, 97, 1988, p. 1539ff. ; J. Bohman, W. Rehg, edd., *Deliberative Democracy. Essays on Reason and Politics*, Cambridege Mass., 1997. 後二者間の関係は極めて密接である.

5・2

他方，既に述べた通り，自由主義の側は一般に多元主義に対して十分な免疫を持たないように見える. ただし唯一 Kant に発する伝統の側から早い時期に，（政治・法ばかりでなく）デモクラシーを社会的諸集団の専横から防御する（一見矛盾する）試みがなされる. 自律としての個人の絶対的自由に拠って立ち，批判とアプリオリズムによって *gratis* の社会的紐帯は認を断つ，なおかつ政治秩序を基礎づける，という立場をとった場合，純粋な市民社会とそれにのみ基礎づけられた政治システムしかそこには現れない. Kant 自身における場合をともかくとして[1]，ここでは具体的なデモクラシー論の展開の余地は無く，法学的理論構成の中でそうした要素はむしろ警戒される. 否，政治そのものが警戒される. しかし Kelsen は，独特の理論構成でこの不可能に挑戦する. 彼によれば，自由は社会的権力の拒否を意味するが，論理的にこの自由は各個人

が平等に持たねばならず，なおかつ社会的秩序は不可欠であるから，人々が皆で自己統治を行う以外にない[2]．しかし，「一般意思」を介して自分で自分に命令する，というのはフィクションであるにすぎないから，多数決制をとったとしても，実際にはその多数という誰かが誰かを支配することになる[3]．かくして Kelsen は，強い Idealismus をとったからこそ得られるこの認識に基づいて，だからこそ，硬直的な絶対多数決制よりも単純多数決制の方が可変的でよい（一旦なされた決定が次の時点で簡単に覆る）とし，そして何よりも，第二のこの自己統治はフィクションとして本当の自由を留保するから，留保分即ち少数派と個人の自由が尊重されねばならないとする．比例代表制と多数＝少数間の議論＝影響と妥協を重視する所以である[4]．こうしたデモクラシーの手続による決定は自由の要請に基づく規範として社会学的事実と鋭く切断されねばならないが，しかしそれ自身自由の第二義的なヴァージョンにすぎないから，実施（行政）の過程でも様々な留保に規制される[5]．

　Kant の系譜を引きつつデモクラシーの先験的規範的前提を明らかにし，多元主義の政治過程に枠を課し，デモクラシーそのものを基礎付け直す，という1970年代以降のアメリカでの試み[6]が Kelsen をどれだけ意識したか定かではないが，1980年代以降，"a non-tyrannical republic" の基本制度を規範として持つという伝統的な立憲主義が，そうした政治制度自体さらに憲法裁判（所）によって人権保障その他の審査を受けるという新しい含意を得て補強されるとき，(Tocqueville が見抜いたアメリカの違憲審査を手掛かりに）法学の伝統が初めて本格的なデモクラシー論を獲得していったものと解釈しうる[7]．もっとも，これは同時に政治理論としてのデモクラシー論が法学化してしまうリスクをも伴うものである．人権とデモクラシーが対立関係に立ってしまう矛盾は，人権をデモクラシーと言い換えただけでは解消されない．その外で「デモクラシーの deficit」は依然大きな口を開けて脅威を与えているのである．確かに人権概念こそはデモクラシーへの法的アプローチ（ローマ！）の帰結であるが，デモクラシーの手続の内部で人権を保障するという一層根底的な道（ギリシャ！），デモクラシーを実現する構造（社会構造），が有って初めて人権が保障される，という大前提，が見失われれば混乱を免れない[8]．まして，人権においてとりわけ要求される政治的アプローチと法的アプローチ，この矛盾する両者，の協

同という問題につき見透しがきかなくなってはならない.

〔5・2・1〕 Kant の政治哲学を論ずればどうしても「所有」(とはいえ Besitz) から法そして国家ないし公法へと辿ることにならざるをえない. "Metaphysik der Sitten" (ed., Vorländer, Berlin, 1922) を読めば一目瞭然であり, また多くの研究文献がこの道を辿る. 法は有っても政治は無い. 晩年の Kant のこうした関心がデモクラシーに対して冷淡であることもよく知られている. 意図も結果も市民社会の構築にあったと解する所以である.「政治理論」は法学的方面にしか展開されえない. しかしにもかかわらず, その市民社会はまるで真正の政治的結合体であり (cf. E. Weil, Kant et le problème de la politique, dans: AA. VV., La philosophie politique de Kant, Paris, 1962, p. 1sqq.), デモクラシーと相容れないのはむしろこのため (政治とデモクラシーのアンティノミーのため) であるとさえ言うことができる. Kant の系譜は以後この混乱すら清算していったとも言うことができるが, しかしやはりこの矛盾が, 自由=自律概念の高度の抽象化が達成されただけに, 自由主義的自由と政治的自由 (a fortiori にデモクラシーの自由) の区別を不可能にしたことは疑いない (Rousseau におけるように一方の強い選択があったというわけではない). この点については, 透き通るように明晰な N. Bobbio, Deux notions de la liberté dans la pensée politique de Kant, ibid., p. 105sqq. が参照さるべきである.

ドイツ法学にとどまらず, 自由主義=立憲主義からのデモクラシー論には Kant の影響は一般に強く見られ, 全体を見回しても唯一哲学的に強靱なデモクラシーの基礎理論を供給している. それだけに, それが秘める問題は重大である.

〔5・2・2〕 H. Kelsen, Vom Wesen und Wert der Demokratie, 1 Aufl., Tübingen, 1920, S. 4ff.; 2 Aufl., Tübingen, 1929, S. 3ff. デモクラシーを徹底的に「自由」から導くに際して, Kelsen は, 自然的自由 (「ゲルマン的」自由) から, 人工物を介しての社会的権力からの自由, さらにはこの人工物からの自由 (古典古代的自由), という "Metamorphose des Freiheitsgedankens" (1 Aufl. S. 8) を説明概念として用いる (1 Aufl. の方がこの思考法の骨格をくっきりと示す).

〔5・2・3〕 1 Aufl., S. 10; 2 Aufl., S. 11ff.

〔5・2・4〕 1 Aufl., S. 12ff., 2 Aufl. ではしかしこの点は強調されなくなる. 第三の自由=国家からの自由を基礎づけるべくここにとどまって主権・国家法人格・法秩序単一性をしっかり固め (S. 14ff.), その上で, 重点を議会主義擁護に置く (S. 26ff.). 多数=少数間の議論を重視するという元来の構想は確かにここで力を発揮する. しかし議会内少数派の保護のために憲法改正のための加重的多数決や, 多数=少数間の (corporatism 的)「社会契約」を思わせるような観念まで提出する (S. 53ff.). 依然基礎にしっかりと Ideologie と Realität の対比があり (たとえば S. 55),「多数=国民」の仮面を剝ぐが, それでも何かの緊急事態が corporatism への一時的依拠を要請したと思われる.

〔5・2・5〕 2 Aufl., S. 69ff.

〔5・2・6〕 D. Held, Models of Democracy, Stanford, 1987, p. 186ff. の整理は, pluralist (Dahl) を軸として "legal democracy" (Hayek, Nozick) と "participatory democracy" (Mcpherson) を両極に配すが, 自由主義の古くからの大きな流れの分岐を押さえていないために, 自由主義・立憲主義が憲法裁判を橋頭堡として精度を上げてきていることを十分には捉えない. その一つの徴

表としてJ. Rawls, *A Theory of Justice*, Cambridge Mass., 1971, p. 359ff. の多元主義批判を挙げることができる. ちなみに, Rawls においては, Kant 風「第一原則」が政治 (絶対的に対称的な自由) に関わり ("the political liberties"), これを修正してたとえば政治的階層を基礎づける「第二原則」が明らかにデモクラシーに関わる (p. 61).「第二原則」によれば, 政治エリートの存在は, それが誰にでも開かれていて, かつ公益に合していなければ, 正当化されない. 即ち形式的な多元主義デモクラシーを実質的に「憲法判断」しうる, ということになる. しかし他方, 公益を財の最大化とするところからは, ほとんど Pareto のような (p. 66ff.) 論理が展開される. 即ち, 当初自由ばかりか財もまた完璧に平等に分配されるのであるが (形式的自由主義突破の野心が伺われる), しかしその自由故にこそ, アリとキリギリスの差は正当化され, なおかつキリギリスにとってさえ, これが incentive になるため全体財を増進するので, 第二原則にかなう正義であるとされる (p. 151). このような短絡に陥る理由は, Rawls が採用する理論的前提, その自然状態論, の曖昧さに求めることができる. Hobbes (や論理的には Descartes) は自然状態を鋭い断絶の相の下に置き, なおかつこれを力尽くで克服して政治状態に至る. Locke は初めから結合の要素を備えた自然状態を市民状態と連続の相の下に置き, 直ちにこれによって政治を基礎付ける. Kant はこの Locke の導出を Hume と共に疑うと同時に, Hume のように二つを対立させるのでなく, Hobbes=Descartes 断絶を内蔵した自然状態の中に純論理的に市民状態へ至る道を探る. このことを鋭く洞察した Rawls は, Kant がしたであろうように "the original position" を描いて出発する. しかし Kant が市民社会に政治しか織り込めなかったことを改善すべく, 自由主義の側へもう一歩踏み出した途端, 言わば Hume の亡霊にたたられる. 政治的自由と財とを共に "primary goods" としたときに既に混乱は決定づけられている. デモクラシーや市民社会の方へ踏み出すのではなかったのか. 何故, デモクラシーや市民社会を大きく経由して経済社会の問題へ至ろうとしなかったのか. Locke, Rousseau, Kant を一列に並べて継承しようとする解釈の粗雑さのつけを払わねばならないということが念頭に無かったのか.

〔5・2・7〕 たとえばアメリカでもドイツでもないフランス, イタリアでまさに Kelsen を指標としてこの新しい動向を検索できる. cf. P. Pasquino, Penser la démocratie : Kelsen à Weimar, dans : C.-M. Herrera, éd., *Le droit, le politique autour de Max Weber. Hans Kelsen, Carl Schmitt*, Paris, 1995, p. 119sqq. (イデオロギー批判をしつつ「神話」をも生かす Kelsen の独特の重層的論理を捉えた極めて優れた Kelsen＝デモクラシー論でもある) ; M. Tropert, Kelsen et le contrôle de constitutionalité, *ibid.*, p. 157sqq. ; S. Paulson, Kelsen et la constitutionalité, dans : M. Troper et al., éds., *1789 et l'invention de la constitution*, Bruxelles, 1994, p. 124sqq. ; P. Pasquino, Gardien de la constitution ou justice constitutionelle ? Carl Schmitt et Hans Kelsen, *ibid.*, p. 143sqq.

〔5・2・8〕 B. Ackermann, La démocratie dualiste, dans : *1789 et l'invention de la constitution cit.* は, 投票による政治参加等と並ぶデモクラシーのもう一つの柱として違憲審査制による権利保護を挙げ, デモクラシーを二元的に (dualiste) 捉えることを主張する. 新しい立憲主義が憲法裁判所の Kelsen 風憲法保障 (抽象的規範統制) を通じて政治の保障と人権の保障を一元的に捉えようとするのに対する反論, 即ちアメリカの影響を吸収しつつ独自の理論構成をするヨーロッパに対するアメリカの側からの反論, である. しかし, 第三の重要な要素が見落とさ

れている．デモクラシーの手続（透明性や行政手続，政党規制）についての憲法保障である．つまり，共和政の伝統的な実質を保障する立憲主義と，人権保障外のデモクラシーの「政治的」要素を区別しない．新しい立憲主義の monisme が却ってこうした側面を捉えうるものであることを見落としている．

6 課題の特定

6·1
　従来のデモクラシー論についてよく知られた事柄を以上のように再確認するだけで直ちに得られる印象が，第一に，「デモクラシー」という名の下に進行する現実に圧倒されて一歩引き下がった理論的な省察が到底追いつかないこと，そして第二に，デモクラシーの発展に先立って予め問題が不適切に立てられてしまっていたということ，である．その原因は，まず政治が狭く条件づけられた中でぎりぎりの試みとして再構築されていたこと，次いでこれに対応して，（デモクラシーを飛ばして）市民社会が偏った仕方でかつ四分五裂の状態で先行的に形成されていったこと，に求められる．大きな空隙の中で，自由主義は（国家を意識してしまって）社会的諸集団の複雑で危険な利益を巡るやりとりに無防備であり，しかもこの種の相互作用の極大化として国家を捉える傾向を持つ．確かに J. S. Mill はこれの克服を目指した．しかし同時にこれから出発せざるをえなかったのである．現在最も成功したデモクラシーの指標たる polyarchy もその克服をねらいながら，基本前提を共有したためにデモクラシーでないものをデモクラシーと呼ばざるをえないこととなった．
　もっともこれらのことは，政治・デモクラシー・市民社会の再構築が近代の新しい条件と可能性において最初の当然の壁に突き当たった，ということを意味するにすぎない．しかるに，新しい条件の識別には古い条件の認識が不可欠である．古典のテクスト内部の，およびその外との，深刻な亀裂，それらが近代の所与たる現実と複合的に摩擦を起こし観念の屈折を生ぜしめるその帰結，そうしてできあがった近代の現実に新鮮な古典解釈がぶつかってできる軋轢，激しい反動と独り合点の盲従，等々を正確に見通すためにはまず原型をその深

6・2　政治とデモクラシーの概念上の区別

　デモクラシーは，それが主張されるときには，自己完結性を要求する傾向がある．不思議と或る種の社会学的思考と似る．おそらくデモクラシーが自由主義と歩調を共にしてきたことに由来すると思われる．libertin にして antiquaire たるメンタリテイー，または固く団結して抵抗する commune のメンタリテイー，の遺産であるかもしれない．いずれにせよ，デモクラシーと厳密な境界で接する政治や市民社会といった事柄との関係は十分には考察されてこなかった．とくに政治とデモクラシーの関係は全ての鍵を握るものでありながら本格的に意識されることすらなかったと思われる．

　政治とデモクラシーの間の関係が明瞭でないことのコロラリーとしては，既に示唆してきたように，人民主権概念を巡る混乱がある[1]．大統領制，referendum の如き制度と議会制，分権制との関係につき確固たる議論の基礎が存在しない．政治は成立すると同時に直ちに民会に全ての正統性の源を求めることになる．したがってこの要素は全くデモクラシーのメルクマールでない．被選挙権が身分制的に構成されていたとしても形式的にせよ民会を基礎としない政務官はなく，基本的には，このようにして選ばれた者を基礎として評議会が構成される．ならばこれに何が付加されればデモクラシーになるのか．

　ほぼ同様のことは多数決制について言うことができる．デモクラシーのメルクマールとされるばかりか，その制限について，または前提の代表制の構成法について，非常に多くの議論がなされるが，多数決制も政治成立と同時に存在していて，まずは政治にとっての基本的な意味を確定する必要がある．選挙は，政治のメルクマールでさえなく，もっと古いメカニズムであり，政治はそれを加工することによって或る決定的に重要な作用を引き出したにすぎない．しかるに，ならばその次に選挙と多数決制にどのような加工が加わればデモクラシーに至るのか，どのような新しい決定的な作用が引き出されたのか．

　自由概念を巡る混乱にも同様の側面が存在する．政治が成立すれば直ちに自由を言うことができる．自由の侵害は政治システムそのものの侵害であり，政治システムによる侵害もこれに含まれる．他方，政治システムは構成員の自己

決定のみによって社会が構成されることを実現する．すなわち消極的・積極的の二つの自由が既に概念しうるのである．なおかつ両者に矛盾する要素は存在しない．一つの自由の表裏両面である．しかるに，デモクラシーは初めてこの自由の概念に複雑な様相を与える．政治的自由対自由主義的自由か．はたまた自由主義的自由対自由のための連帯か．デモクラシーにおける政治的自由は元来の政治的自由と異なる．自由の侵害に対する保障は政治によるのとデモクラシーによるのとでは異なる．厳密には実は自由主義的自由はさらに異なり，さらに別の市民的自由と深い関係を有する．しかしデモクラシーがもたらすこうした差違をどうしたら厳密に識別しうるか．何が一体自由に複雑な多重的ディレンマをもたらすのか．しかも，それでもなおデモクラシーが初めて本当の自由をもたらす！——のは何故か．

平等についてもほぼ同様のことが当てはまる．政治の成立は非常に強い平準化の動因を不可欠とするばかりか，構成員間に強く厳密な形式的平等を実現する．にもかかわらずデモクラシーはあらためて平等をスローガンとして実現される．これはどういうことか；何故か．この点を明らかにしなければ平等の概念はさっぱり明晰にならないのではないか．この場合にも概念の成層分析が不可欠ではないか．自由概念との関係が混乱する，優劣問題が発生したり，矛盾したり，どちらかへ解消されたりする，のはやはり同じ混乱に由来するのではないか．

〔6・2・1〕 問題を遡れば，「主権」概念の機能が政治システムの儀礼的一義的指標として実証主義の極めて有効な装備となった時点に至る．このときに政治システムがデモクラシーであろうとなかろうと効果的なテストが用意されたのである．それは他の総合的な考察をひとまず省くことを許すものであった．デモクラシーがこのテストを受け入れなければならなかったのは当然である．しかしデモクラシーまでが他の考察を省いたのは致命的であった．まして実証主義の思考回路そのものを見直すチャンスを失ったのである．

6・3 社会

デモクラシーには，確かに理性的な討論を積み上げていくというイメージが付着していないわけではない．この点で政治の延長線上に位置することが予測される．しかし他面で，デモクラシーは常に視野を社会の側へ向ける．そこには多数の人々および生々しい利害関係が有る．数の問題を考えるだけで，この

二つの側面が矛盾するということが古くから意識されてきた理由が理解できる．しかしこの矛盾には実はヨリ高度な議論を要請するという積極的な意義がある．厄介な条件を抱えてしまったということではないのである．それでは一体どうヨリ高度なのか．政治一般のそれとどう違うか．第二の側面と厳密にはどのように関係するのか．がしかし，デモクラシーは何故社会的領分の事柄を呼び出すのか，社会集団，社会組織，ばかりかとりわけ（政治から見ると初めて）本当の個人，無前提の個人，生々しい個人，を呼び出すのか．自由の第一の意味が複雑に絡まった社会的利害関係からの自由であるにもかかわらず，自由主義が社会集団・社会組織に対してほとんど無警戒であり，国家に対してだけ対抗する，そして極端な場合には自生的な社会関係に手放しで自らを委ねる，のは，政治に対して共に対極的な関係に立つために，デモクラシーと「社会」的関係が重なってイメージされるためではないか．それにしてもこの脈絡で，何故利益という概念がかくも浮上し謳歌されるのか．そして他方でその弊害が嫌悪されるのか．

　以上の問題と絡まるようにしてもう一つ別の問題が存在する．デモクラシーは，規模の問題を無意識の pretext として政治システム本体（国家）と個人の間に中間組織を作ろうとする．ところがその組織の性質について（デモクラシーの脈絡における）厳密な理論というものがほとんど見られない[1]．こうしたものの是非については多くの議論があるが，その性質については素朴な自然主義か過度のユートピアニズムに基づく主張しか見られない．たしかに自由主義が珍しく（無意識に）社会の中に政治を要請している，とも解しうる．socialiste のヴァージョンにおいてこのことは顕著でもある．しかし元来の政治の概念がこのときほど不鮮明になる，ばかりか，さらに一段高度な「デモクラシー下における政治システム」という問題が突きつけられていることに気づかない．下手に中間組織を構えれば政治にとって不可欠な透明性は阻害されるであろう．しかし中間組織こそは，透明な水中にさらに水中レンズを差し込むように，透明性を高める手段になる．だからこそデモクラシーこそは透明性の代名詞たりうるのである．すると問題は全て中間組織の性質にかかってくる[2]．しかも政治を識別するときの criteria を働かせて構築するのでなければならない．それにしても何故デモクラシーを論ずるときにはどうしても中間組織を論

ぜざるをえないのか．その理論的な意味は何か．

　この脈絡でデモクラシーと大規模な競合関係に立つのが市民社会・法である．明らかに市民社会は一方でデモクラシーと鋭く矛盾するが，他方でまさにデモクラシーのための中間組織にとっての良質の資源でもありうる．この複雑な関係はギリシャ＝ローマ間の構造的落差にまで遡る．それを明晰に認識すればデモクラシーと市民社会の相互補強ということにも辿り着きうるが，他方それに失敗すれば大きな混乱が待っている．特に "liberal democracy" は，ローマの概念とギリシャの概念をこの脈絡で同時に使う「ありえない」語の組み合わせであることをはっきり意識する必要がある[3]．自由主義のデモクラシー論ほど，もし政治を忘れなければ，却って国家・一元的権力に白紙委任する傾向を持つ[4]．相手方を問わないのである．「政治が有ろうと無かろうと」とばかりに．*a fortiori* にデモクラシー自体を忘れてしまう[5]．

[6・3・1]　多元主義の "equivoco" の一つに，国家の多元性と多次元性の融合がある．このことは実は厳密なデモクラシー概念を持って初めて明らかになるのであるが，確かに，多元的であると，まず単位を作り，そして国家を構成していくので，多次元性と区別が付かなくなる．しかし多くの多元主義論の中ではやはりニュアンスの対立があり，ヨーロッパとアメリカの間の差すら想定できる．この点で N. Matteucci, s. v. "pluralismo," in: *Enciclopedia delle scienze sociali*, Roma, 1996 は優れた整理を試みている．

[6・3・2]　中間組織が個人の独立を保障する方向でのみ働くことが理想であるが，この「半導体」的性質はどのようにすれば達成可能か．

[6・3・3]　"polyarchy" は両立のための最も真剣な試みである．Dahl が "Madisonian" と "populist" を統合しようとしていることによく現れている．

[6・3・4]　Sartori, *Revisited*, ed. it., 1993, p. 91 のように，"la dimensione orizzontale della politica" の不可欠を言うとき，デモクラシーだからこそであるのに，凡そ権力と秩序が必要である云々という陳腐にずれ込んでしまっている．デモクラシーが創造する "la dimensione orizzontale della politica" の素晴らしい可能性に，それが新しいものであることに，気づいていない．

[6・3・5]　liberal democracy の cliché を書き留めたような B. Holden, *Understanding Liberal Democracy*[2], London, 1993 は例えば，まずデモクラシーを「人民主権」の一言で定義してほとんど説明せず，そのデモクラシーといえども制限されるというのが "liberal democracy" であるという方の説明に終始する．結局デモクラシーについては語っていない．彼が大事にする自由はむしろデモクラシーのコロラリーである，ことにすら気づかない．

6・4　社会構造

　以上の問題と，以下で述べる社会構造の問題は，互いに深く関係しているが，

決して混同されてはならない.

デモクラシーが政治に対して問題を突きつけたそのときに社会構造の概念が現れる，つまり政治を成り立たせる条件の探求が始まる，のは偶然ではない. しかもこのときにデモクラシーから決して逃げようとはされなかったことに大いに着目する必要がある. 事実，最初の Machiavelli が最も果敢に "moltitudine" に挑戦したと言うことができる. だからこそ，ここで既にデモクラシーの存立条件たる社会構造が探求され始めたと解することが可能なのである. 社会構造を問うというような問題関心が既にデモクラシーと深い関係を有しているのは何故か.

しかしそれにもまして，何故 Machiavelli 以後，彼が手を付けただけに終わったこの問題に結局は十分な解答が与えられなかったのか. これ自身やはりわれわれがまだ十分にデモクラシーを持ったことがないことの証左か.

政治とデモクラシーのそれぞれの社会構造を厳密に区別して関係づけるということが無かったのが失敗の原因ではなかったか. しかしまた，実はこの両者は深く社会構造に根を降ろしていて，ここでしか明確な関係は見えないのではないか. 少なくともここでの関係を基礎としない限り両者の関係は把握できないのではないか.

20世紀後半，デモクラシーの普及とともに比較政治学の実証研究が多くの成果をもたらした[1]が，しかし逆にデモクラシーの概念がしばしば余りにも漠然としているため，何のための前提条件を探っているのか判然としないケースすら生じている. 大きな影を落としているのは，実証主義の方法論的な問題であり，人文主義との関係で Machiavelli の問題を位置づけ，その後の方法の蓄積の捻れ方を省察していくのでなければ，政治やデモクラシーを扱うことと実証主義の間に存在するギャップは克服できない. 社会学的思惟がもたらす問題はこれに輪をかけて深刻であり，不連続線は学問の対立のようなものしか生み出していない.

〔6・4・1〕 B. Moore, *Social Origins of Dictatorship and Democracy : Lord and Peasant in the Making of the Modern World*, Boston, 1966 （から D. Rueschemeyer et. al., *Capitalist Development and Democracy*, Cambridge, 1992 に至るまで）を代表とする研究は着眼においてほとんど Aristoteles ないし Tiberius Gracchus を踏まえると言って過言でない. 大きな可能性を有したと考えられる. し

かし，近年の象徴的な場面は，Dahl を切り返す G. Di Palma, *To Craft Democracies. An Essay on Democratic Transitions*, Berkeley, 1990, p. 28ff. である．条件を考えればどうしても「デモクラシーを妨げる要因」の考察になる，むしろどのような条件においてもデモクラシーへの誘因を作出する戦術を考えることこそがデモクラシーに相応しい，というのである．確かに，政治以上にデモクラシーにとって，自然の条件を解放してやることこそが重要である．亀裂と破綻さえあればよい．しかし問題はそこからどう積み重ねるかである．それまでの条件考察方法の論理的不適切を突きながら，その前提に存する「積極的なデモクラシー像が欠ける」という問題（既存の「デモクラシー」はそれで良いとし，そこへの移行だけを考える問題）を見落としてその弱点を増幅してしまう（「独裁」さえ廃棄されればよいと考える傾向を一層強める）．他方，新しい「社会科学」の理論を取り入れる方向はと言えば，政治ましてデモクラシーの基礎を捉えるには余りにも素朴すぎる段階にとどまり，かつそこへ退化しつつある（たまたまの一例を抜き出せば，E. Ostrom, A behavioral approach to the rational choice theory of collective action, *The American Political Science Review*, 92, 1998, p. 1ff. は，"second generation model" を標榜しながら，極端に貧困な "reciprocity" を自然状態に埋め込み，潔癖な自然状態から出発する行動科学や選択理論の唯一のメリットをも破壊してしまう）．

6·5　言語・思考手続・議論

　デモクラシーを言語・思考手続・議論の方法の面から基礎づける作業は最も欠けているもののように見える．もちろん議論の公開性や論拠の明示といったことがデモクラシーに関わるということは広く認識されている．しかしそれだけであればそれは既に政治が備えるべき要件である．そのどのような特殊な精緻化が厳密な意味のデモクラシー概念を前提としているかということの証明の試み，また，何故そうしたことがデモクラシーを基礎づけることになるのかという論証，は見あたらない．まして，こうしたことが社会構造，社会を組成する繊維素，を形作るということ，またそれがどうしてかということ，は研究されていない．否，議論の構造といったことを越えて，凡そわれわれの思考様式，観念構造，とデモクラシーがどう関わるか，どの特定の観念構造がデモクラシーを基礎づけるのか，といったことは，粗雑にしか扱われていない．「デモクラシーの社会構造」を探求する試みが決定的な点に至らない理由の一つはここにあると考えられる．

　こうした観点からして大変奇妙に映るのは広い意味の哲学である．哲学は明らかにデモクラシーと共に誕生しそれと運命を共にするはずである．ところが哲学は希にしかデモクラシーを対象とせず，この面で独創性を発揮しない．哲

学を頂点として，デモクラシーと連帯の関係にある実に多くのことがデモクラシーと無関係に歩きそして混乱に陥り，かつまたデモクラシーを混乱に陥れている．確かにデモクラシーの概念が余りに陳腐化してしまったがために哲学や歴史学はデモクラシーという大きな共通の岩盤を意識しえなくなっている．しかし逆にそうした大きな岩盤としてのデモクラシーを明確に概念できれば，デモクラシーは初めて輝きを取り戻すであろう．

　哲学はあらゆることを最後まで反省の対象とし一点も残さない思考のことである．したがってデモクラシーをも対象とし，長いデモクラシー批判の伝統を誇る．しかしこうした思惟自体がデモクラシーを支える社会構造によってのみ広く発展するものであるということを忘れれば自己撞着と行き詰まりを免れない．

6・6　正統性

　デモクラシーが厳密な概念である前に正統性の一元的ソースとなっていることは，以上の諸点の考察を大きく妨げている．デモクラシーは政治とともに権力および権威を解体する営みである．否，デモクラシーに至っては，政治に付随する便宜的な権力・権威でさえ解体する．つまりそれらを二重に解体するのである．

6・7

　以上を通じて浮かび上がることは，デモクラシーの概念の混乱がデモクラシーの基礎を巡る考察の不十分に起因しているということである．デモクラシーほど単一の指標によってその存在を識別することが困難なものもないのではないか．実証主義は或る単一の事柄の実現を指標とし，idéalisme は或る単一の画像の追求を指標とする．ところがデモクラシーは互いに矛盾する諸要素の複合としてしか現れないし，しかも同じ複合でもそれはデモクラシーであったりなかったりするのである．丁度何を背景に置くかによって微妙に色調が異なって見えるように．かくしてわれわれはデモクラシーを論ずる以上まずは基礎から一枚一枚積むようにして論ずる以外にない．その基礎の根底は明らかに人々の意識の最も隠れた部分に存する．その部分に降りていかない限りわれわれの

混乱は解消しないであろう．デモクラシーの概念を持ちえないであろう．するとおのずから，デモクラシーは一体いかなることを基礎として成り立つのか，と思考することになる．これはデモクラシー安定の社会的条件を探るということとは大いに異なる．むろんそうした問題の考察に資する点も含まれるが，われわれが現在なおこれからデモクラシーを凡そ存在させるためにはどのようにわれわれの意識を構造化していけばよいか，ということに関わる．

7　方　法

　この論考は以上のような問題を念頭に置いて，既に述べたように，ギリシャのデモクラシーの基礎を分析するものである．ギリシャのデモクラシーを扱うとは言っても，主として初めてデモクラシーを生成させた社会構造を扱う．これが同時にまたデモクラシーを存立させていく条件に関わるという見通しに基づく．

　しかしながらわれわれの歴史学は，この意味の社会構造となると装備不十分を露呈する．既に示唆したようにデモクラシー自身が社会構造への関心を内蔵していて，事実，デモクラシーと連帯の関係にある最初の歴史学は社会構造への鮮やかなアプローチを示す（II・3）．この知的営為がまたデモクラシーの社会構造の組成に関わるのであるから，われわれの考察対象になるが，ところがわれわれの方は彼らほどにも方法を持っていないのである．

　しかし実は，デモクラシーは厳密な意味の政治が成り立っているときにその限りでその上にのみ成り立つ．もし政治の存立の前提に S1 という社会構造があるとすると，デモクラシーの存立の前提には，それを変形させた S2 という社会構造がある，というように置くことができる．S2 は S1 を前提としてその上に積み上がるようにして形成されるはずである．すると問題は，両者の間の関係をどう理論的に捉えるかということになる．

　ならばわれわれが政治を支える社会構造の分析のために提案した方法（『政治の成立』，I, II）は有効ではないか．その社会構造の概念は極めて特殊であるが，ディアクロニクな構造変化を分析するには適している．

　政治の成立に際しては，それを実現する社会構造を形造るべく或る特殊な思考活動の領分が分化し，痕跡を残す，ということを既に見た．われわれの最初

の関心は，かくして，この領分がどのように変化するかということである．そこから果たして何らかの社会構造を識別することができるであろうか．実はこの領分は今や二つに鋭く分岐して現れてくる．これは何を意味するか．特にこのことこそが歴史学と哲学の形成に関わるだけに，重大な問題に触れることになる．したがって社会構造をもっぱら分析する章は最初の二つに分かれることになる．そして三番目にデモクラシーを記述する章が置かれる．もっと正確には，デモクラシー形成の人々の動きを再構成する章となる．

　このようなわれわれの社会構造の概念はデモクラシーについての言説の基本部分を築くために十分に資すると考えられる（それ自身言説の構造を問題とする）．デモクラシーについての言説の基本部分を築くことはデモクラシー自体にとって決して迂遠な道ではない．デモクラシーの理論はデモクラシーを実質的に構成する一要素である．だからこそその混乱はデモクラシー自身の混乱である．凡そ学問的な言説，或いは哲学自身，がデモクラシーと同時に不可分のものとして現れたということを想起するだけでこのことは容易に理解される．デモクラシーの帰結は実は非常に大きく，たとえば，われわれの文化の基本がデモクラシーに負っているものの大きさを忘れさせるほどである．両者が乖離すれば両者を共に混乱させる．双方を基礎づけ直すためには，かくしてどうしても一旦言説の基本部分から反省作業を出発させ直す必要がある．

I
〈二重分節〉

0　序

0・1

　初めて政治が登場したそのほぼ二世紀後，デモクラシーがその姿をくっきりと現す．もちろん全てのギリシャのポリスでそうであったというわけではない．つまり全ての政治システムがはっきりとデモクラシーと呼べるものに変化したというわけではない．しかしながら，紀元前6世紀末に Athenai においてデモクラシーの姿が誰の目にも明らかになる以前，少なくとも約数十年に亘って社会が大きく変化し始めていたことも明らかであり，この大きな社会変動の方は遥かに普遍的であって，デモクラシーに敵対的な姿勢を取るポリスをも確実に襲ったのである．

　この論考の直接の目的は，デモクラシー登場の前提となったこの大きな社会変動，社会構造の変化，を特定することである．この構造変動は，少なくとも Athenai でデモクラシーが構造化されていく（少しずつ構築されていき次第に複雑な形をなしていく）5世紀一杯続くと考えられる．

0・2

　さて，政治成立の前提を捉えようとするならば新しい社会構造の概念が必要である，というのがわれわれが既に到達した結論であった．デモクラシーは政治の上に築かれる，ということが予想される以上，既に述べたように，デモクラシーを支える社会構造は政治を支える社会構造の上に築かれるであろうことが予想される．したがって社会構造の概念自体は，われわれはこれを維持することができるであろう．しかるにその社会構造は，社会において直接間接に作動するパラデイクマのヴァージョン対抗の性質或いは質を見ることによって識

別できる，と想定されたのであった．したがって政治を支える新しい社会構造ができたということは，新しい質のヴァージョン対抗が定着した，またその一環としてまさにその質を支える意識的体系的な活動が定着した，ということであるとされた．

われわれが明らかにしたことが誤りでなければ，政治の成立にとって決定的なことの一つは，凡そ全てのパラデイクマにディアレクティカが施されてあるということであった．これを，M0⇔N0→M1⇔N1 のように表すことができる．パラデイクマは，ヴァージョン対抗を鋭く識別された上で対抗拡張的に再解釈されねばならない．M1⇔N1 は直接的には作用しえず，政治的決定ないし現実のパラデイクマ P⇔Q は，この M1⇔N1 を基礎としてなおかつこれを大胆に再解釈したものでなければならない（paradigmatique な分節）[1]．このようにしてパラデイクマのヴァージョン対抗関係は全体として全く新しい質を獲得する．鍵を握るのは明らかに M1⇔N1（〈神話〉）であり，これにより，M0⇔N0（神話）から漠然と P⇔Q が導き出されるということが遮蔽される．

M1⇔N1 は，定義上，（このようにすべきだ，した方がよい，というような）〈直接に特定の行動を指示する〉言説とは全く異なる，〈そのような作用を意識的方法的に排除した〉言説，である．もちろんそのような言説は一般に多種存在し，それが神話であると意識されることもあるし，また就中その再現実化即ち儀礼の中での言説においてはよくヴァージョンが識別され，かつまたよく現実から区別されている．これら一般に文学という語を用いることも可能であるが，われわれはこれらの場合にはパラデイクマの現実的作用の方へのズレこみに対して厳密には遮断されていない〈神話〉と考えて，ディアレクティカを文学の要件と見なした．事実ディアレクティカは，まさに儀礼的でない普通の言説において，パラデイクマの直接作動排除を実現する（〈神話〉）．〈神話〉は却ってかつて現実に起こったことのように「リアルに」語られ，音楽さえ伴わない．

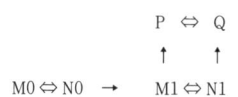

〔0・2・1〕

$$\begin{array}{ccc} & P \Leftrightarrow Q \\ & \uparrow \quad \uparrow \\ M0 \Leftrightarrow N0 \rightarrow & M1 \Leftrightarrow N1 \end{array}$$

0·3

　デモクラシーが登場するときに政治が放棄されたという徴候は全く存在しないから，政治の最初の構造が大きく修正されて第二段の構造を得る，即ち再構造化される，と想定する以外にない．政治の基本構造が維持されるのであるならば，それを支える社会構造の生命線である M1⇔N1（〈神話〉）もその存在自体は維持されたに違いない．すると問題は，その上でそれがどのように大きく修正されて新しい「変型された構造」を結ぶか，であるということになる．以下このことを調べていかなくてはならない．

　「（このようにすべきだ，した方がよい，というような）直接に特定の行動を指示する言説とは全く異なる，そのような作用を意識的方法的に排除した言説」というメルクマールをとる限り，6世紀末以降の際立つ事件として，叙情詩と悲劇の発達，そして他方歴史学と哲学の確立，が直ちにわれわれの目を射る．明らかにこれが新しい社会構造の鍵を握っている．少なくともこれを材料としてしか新しい社会構造は分析することができない，ことは容易に理解される．のみならず，おそらくこれが新しい社会構造を支えたに違いない．もちろんこれとデモクラシーとの関係は誰しもが漠然と予感している．悲劇の場合には，それが Athenai の特定の時期にのみ栄えるということからしても，それが一個の政治制度として樹立されるという点からしても，この関係は自明とされる．それでも，叙情詩等々が全体としてデモクラシーとどのような関係にあるのかは決して明らかになってはいない．これらは深い社会構造のどこで決定的にデモクラシーを支えているのか．これらのジャンルはこのことと余りに無関係に，しばしばデモクラシーに敵対的なものとしてさえ，概念されている．或いはまた，内容的制度的な関係の有無によってのみデモクラシーとの関係を判断されている．

　しかるにわれわれの理論的前提に従えば，パラデイクマのヴァージョン対抗の性質が問題であり，かつ，これらのジャンルがこれを大きく修正する，否，修正することを一層意識的に追求する活動である，ことは明らかである．かくして，まずはこの観点からこれらのジャンルを分析していかなくてはならない．

　もっとも，既に述べたように，分析対象は叙情詩・悲劇と歴史学・哲学の二つに大きく分かれる．まさに分かれることによってこれらがパラデイクマのヴ

ァージョン対抗に全く新しい構造，新しい骨格を付与するに至るからである．

そのうち，以下この章では叙情詩と悲劇を主として扱う．

0・4

とはいえ，われわれのアプローチは直ちに挫折するように思われる．$M1\Leftrightarrow N1$ を構成するのは叙事詩（epic）である．ところが，このジャンルは Homeros 以後大きく発展していったという痕跡を遺さない．ましてその発展の結果叙情詩や悲劇に辿り着くというのでは毛頭ない．特に叙情詩は，早くから独立に存在し，その始期は全くデモクラシーとは重ならない．叙事詩はむしろ歴史学に継承されたという考えも存在する（共に過去の出来事を物語るように見える）．しかしながら今度は内容的素材の連続性が全く観念しえない．叙情詩や悲劇は「神話」に関わるが，歴史学はこれを拒否する．

かくしてわれわれはまず，何故政治成立後叙事詩が発達しないか等々の問題から少しずつ考えていかなくてはならない．

1 「政治的現在」

1·0 序

Homeros 以後「彼の」二つの叙事詩以外の叙事詩が全く無かったとはもちろん言えない．並行する多くの叙事詩的伝統を想定することがむしろ通常であるとさえ言うことができる．例えば，"Iliados" や "Odysseia" の前後の筋書（syntagmatique に接続するパラデイクマ）に関するいわゆる "Kyklos" や，Thebai 系伝承に関する "Thebaika" 等々，数多くのものの存在が検証ないし想定されてきている．しかし第一に，これらが重要な作者名とともに確固たるものとして伝承されていった，そして社会構造構成の柱になった，という印象をわれわれは持たない．そして第二に，とりわけ，多くそれらは Homeros がいわば置き去りにした伝承の層に降りてそこから素材を汲み取る．何か新しいジャンルが Homeros に対してディアクロニクに対抗するヴァージョンを構築する，そのときその素材自体の方をあらためてほとんど alibi の如くに書き記しておいた（擬古的営為の所産な）のではないかとさえ疑われる（cf. 2-1）．いずれにしても，それらの多くは一旦伝統が切れた後の比較的遅い時期のものである．

これに対して，成立後のポリスにおいて誰の目にも重要な役割を果たしたのは，叙情詩である．周知のように，叙情詩の概念は大変に難しい．しかしこの問題を全て括弧に括ってなお，叙情詩の重要性は，以下に見るように，動かない．これはどうしてであろうか．

1·1 儀礼の瞬間

Homeros は，自らのそれとは異なる種類の韻文の存在を明らかに意識している．多くの場合それらは楽器と踊りを伴う．即ち音程とリズムの分節が言語

の音声分節と何らかの関係を持っているのである．Homeros の ἑξάμετρος（長短短 δάκτυλος の六脚）は淡々としかし明快に言語音声分節を貫いて威厳に満ち動じない．これに対し，音楽を伴いしたがって歌（canto）と目しうる形態の存在は，Homeros にとっては，第一に，"Iliados" において Troia 側（XXIV の，Hektor を悼む女たちの歌）もしくは Thetis の領分（XVIII の，Patroklos を悼む Nereides の歌）および Achilleus の楯の中の世界に限られる[1]．第二に，"Odysseia" においても，Ithake で活動する Phemios も，Phaiakes のもとで歌う Demodokos も，Troia を巡る物語を長々と吟唱するのでありながら楽曲を伴い，かつ前者は Penelopeia に鋭くとがめられ制され，後者はその属する世界そのものがディアクロニクな批判の対象である．まさに Odysseus のディアクロニクな漂流はむしろ歌に満ちたものであった．特に Kirke の強烈な歌，Seirenes の破滅の歌，なおかつ Kirke こそが後者に対する防御法を指示するのである[2]．Homeros が或る問題を慎重に扱おうとしていることが伺われる．

　これらのケースに共通する要素は，葬送・宴席といった儀礼的空間であり，そしてそのなかでも，女性そして特に女性群像に深く関わるものである．われわれが「cognatique な結節環」と呼んだものである．即ち，部族形成神話 aX（「X 族のもとへ a がやって来て，X 族の娘の一人と結ばれてその地に住んだ」）において X 族の娘達の集団は大きな役割を果たす．そこから一人が「抜きん出て」選び取られるのである．この神話を再現実化するとき，その儀礼の空間において実際に娘達は一旦無分節の集団を作る．Odysseus を迎えた Nausikaa と他の娘達を想起すればよい．楽曲は，凡そ分節解消＝再形成の分岐に関わる操作レバーの如き記号である．とりわけこの種の儀礼において楽曲が不可欠たる所以である．それはしたがって軍事化にも関わるが，婚姻と枝分節交換（宴席，接遇）と密接であり，そして葬送と不可分である．葬送が枝分節再形成の微妙な瞬間を意味することは言うまでもないが，とりわけ，われわれの Thetis の脈絡においては，生が一人の娘の選び取りを意味するとすれば死は娘達の無限定の集団（Nereides）の再登場を意味する．彼女たちが楽曲によって十分に区切られた儀礼的空間に入り，楽曲によって無分節になり（一体化し），新しい儀礼的（舞台の上の）分節を創り出して見せる（舞踊），のは当然である．

場合によっては儀礼の元となる神話が仄めかされる．この部分は言語によるパラデイクマの分節を伴う．かくして楽曲と言語の間の solidaire な関係もまた何ら不思議ではない．

　明らかに Homeros はこのジャンルを自らの壮大なディアレクティカの対象とし，重要な資源としつつも十分な警戒を怠らないのである．このジャンル，ないしここから派生するジャンル，を叙情詩（lyric）と呼ぶことができる[3]．さしあたり，Homeros の鋭敏な弁別のコロラリーでしかない．Homeros がそれとは違う「叙事詩」を創造したからこそ区別されたのである．もっとも，叙情詩が少なくとも素材として極めて普遍的に分布することは以上によって容易に説明される[4]．その上，もちろん Homeros は「叙事詩」を無から創造したのではありえない．儀礼と無関係に部族の基本神話を（部族の基本枝分節を登録するかのように）韻律によって記憶して語るジャンルが有ったかもしれない．Homeros は「原叙情詩」を突き放すときに別系統の素材を有したかもしれない．Phemios と Demodokos は，おそらくしばしば生ずるように，儀礼や楽曲との境界を曖昧にした，だからこそ Penelopeia の不興を買った，に違いない．テリトリー上の枝分節は常にずれ込み，儀礼と非儀礼の境界は密かに侵犯される．Penelopeia が戦った状況はこれであった[5]．

　かくして叙情詩はその「発話者」が儀礼のただ中に（少なくとも観念的に）置かれるのを特徴とする．如何に截然と区切られてそこに置かれるか，が叙情詩の生命の一つである．パラデイクマの様々な曖昧な性質の連鎖の中で従うとも従わぬともなくそれに身を委ねる，そのただ中で，一瞬或るパラデイクマに粛然として厳密に（mimétique に）従う（儀礼），この時に，パラデイクマの syntagmatique な「切り出し」が（意識の内部で）どうしても必要となる．たとえば静かな池に蛙が飛び込み，その音が時間軸を間隔なしに切断する，そして次の瞬間全ては元の静寂に戻る，というように．しかしこれは最小限に研ぎ澄まされたケースであり，もっと本格的には，この切り出しには大仕掛けの paradigmatisme が使われる．パラデイクマの paradigmatique な分節なしには syntagmatique な分節が成り立たないということは，われわれが常に前提してきたところである[6]．裁断に型が必要であるように．paradigmatique な分節は，最小限隠喩（metaphor）を要求する[7]．通常は神話や雄大な自然現象はたまた

事件や社会構造までが呼び出される[8]．これを記号として人々の意識の中で儀礼の瞬間が切り出される．人々はこの儀礼の瞬間を生き（或いは儀礼的に瞬間を生き），またその証のようにして発話行為をなす．切り出しのためのパラデイクマにまず最も鋭い syntagmatique な分節が要求される．次に儀礼の内部で syntagmatique な切り出し行為が遂行される．この行為と儀礼空間創出は相互助長的補完的であり，他方切り出しのパラデイクマと切り出されたパラデイクマはしばしば言語によって一個の syntagmatique な連鎖に再構成される．これが典型的な叙情詩である．逆に，切り出す側とも切り出された側とも取れる，両方を一挙に表現したとも解される，極度に économique なケースの一つが蛙の飛び込みである．そして，重要なことは，この切り出しの帰結として，叙情詩は必ず鋭く区別された意味での現在に関わるということである．叙事詩が過去の出来事の記述という connotation を持つことの対極である．さらにまた，私ないし一人称に関わる．端的にその発話であったり，少なくともその視点が取られる．actantiel な軸を使った syntagmatique な連鎖（réciprocité）を切ることになるからである[9]．逆に言えば réciprocité との親近性が存在するということでもある[10]．

いずれにせよ，神話が儀礼を呼び出し，儀礼が神話を呼び出すという相互関係から叙情詩の考察を始めざるをえないということになる．このとき言語が決定的な役割を果たすのは，もちろん，パラデイクマの分節こそがかかっているからである．その言説によってパラデイクマが不鮮明にしか分節されないとき，叙情詩は不首尾となる．パラデイクマの分節は，切り捨てられた側を見なければ十分に判断しえない．現実の複雑なパラデイクマ連鎖に十分なメスを入れているか，ということが重要な要素である．ディアレクティカの全体性がテクスト自身の内部に読み取れる叙事詩の場合と異なって，パラデイクマ全体の脈絡，儀礼の置かれた位置，関連する神話の機能，儀礼空間に立つ人物の地位，その中でその言説がどのようなどの次元の発話行為にあたるのか，という広い意味での pragmatics が叙情詩の分析に不可欠な所以である．

〔1・1・1〕　かろうじてこれに加えて，Hektor が仄めかす戦いの踊り，Myrmidones の Patroklos 葬送歌．
〔1・1・2〕　POL p. 262, III・7・5・1（以下『政治の成立』をこのようにして引用する）．

1 「政治的現在」   71

〔1・1・3〕 ここではさしあたり "lyric" という語が持つ古典後の意味作用を尊重することとする．たとえそれがかなり曖昧であったとしても何か重要なことを指示しようとしているのかもしれず，このことと全く無関係に道具概念を設定しても所詮ギリシャだけに通用する idiosyncratic な議論しかなしえない．つまり，もちろん *lyra* という楽器をメルクマールとするのでないばかりか，Alexandria でジャンルを指示する語として確立されてローマへ至るもう少し広い用法に従う立場 (C. M. Bowra, *Greek Lyric Poetry. From Alkman to Simonides*, Oxford, 1961 (1935)〔*GLP*〕) よりもさらに広く，したがってアルカイック期のギリシャで言えば，*elegeia* や *iambos* を含めて呼称することになる（この点で B. Gentili, *Poesia e pubblico nella Grecia antica*, Roma-Bari, 1984〔*PPGA*〕に従う）．ならば何故 *elegeia* や *iambos* を含めて呼称することができるのか．もちろん，「叙情詩」という語に，ギリシャにおけるパーフォーマンスの形態や韻律といったテクニカルな要素以上のことを指示させる立場を採る，からである．形態の多様性にもかかわらずギリシャの社会構造にとって実質的に一つの或る重要な役割を果たした一群の言語活動がわれわれの関心である以上，いわば間口は開放的にしておかなくてはならない．それがまた却って或る普遍的なジャンルとの関連にも光を当てることに繋がる．

　もっとも，そのような普遍性をねらいながら，例えば G. Nagy, *Pindar's Homer. The Lyric Possession of an Epic Past*, Baltimore, 1990 は重要な点をはずすことになる．単一の軸の上に機能的にジャンルを位置付けるためである．彼は，日常会話と音楽の間に単一の線を引き，speech 一般から特別のものとしての song が分化することによりこの軸が生まれる，とする．poetry は song の中から speech の方へ折り返すように再分化する（"song is plus melody while poetry is minus melody or reduced melody"）．"lyric" という語はこの第二次分化のコロラリーということになる（"I use the word lyric as a parallel to song, excluding the elegiac and the iambic trimeter"）．こうして Nagy は *elegeia* と *iambos* の排除という convention に無事着地するのであるが，同時に，議論を陳腐化させたことになる．叙事詩の位置付けは十分でなく，音楽の把握も単純に過ぎ，recitativo secco のような形態，メロディーとリズムの相互作用の問題，等に無頓着である．song の特殊性を直ちに神話と儀礼の特殊性に還元することも到底支持しえない．またそのときの「神話」「儀礼」の概念自体到底本格的なものではない．背後の社会に視野が広がらないからである．

〔1・1・4〕 何故叙情詩は通俗化するか．枝分節の細かな再形成にも，ジェネアロジクなパラデイクマの作用の最も日常的な部分にも，関わるからである．儀礼とそれに伴う交換，その日常化は広く見られる．にもかかわらず，叙情詩は政治の或る局面に不可欠であり，ましてデモクラシーや法を成立させる社会構造では中心的な役割を果たす．まさにこのときにむしろ「通俗」「陳腐」の criteria が生まれる．「日常的」でなくとも王権の儀礼に伴う叙情詩は陳腐と感じられ，「日常的」であっても却ってそこからここへ鋭い批判的視点を向けるものでありうる．

〔1・1・5〕 叙情詩の浮上の時にこの「曖昧形態」がどれだけ資源になったかは一つの問題であり，Gentili は，Stesichoros の「叙事詩風」について，以下のような明断な弁別を提案している："l'epica stesichorea non va intesa come filiazione diretta dell'epica omerica, ma si inserisce nella linea della più antica citarodia aedica preomerica" (*PPGA*, p. 164)．裏から言えば，

Homeros の独創が如何に大きな飛躍を意味したかということ，「叙事詩」の概念はこれに比し
て通常如何に曖昧かということ，が理解される．いずれにせよ，「原叙情詩」を含む複雑な素
材が hexametre の前提に存在したと想定する必要がある（cf. B. Gentili, P. Giannini, Preistoria e
formazione dell'esametro, QUCC, 26, 1977）．そしてこれが叙情詩形成のジグザグを初めて説明
する．

[1・1・6]　POL p. 28f., I・2・7.

[1・1・7]　この「切り取り」作用は記号によるものではない．自然の景観の雄大な分節を simili-
tudo として使って社会内のパラデイクマ連鎖を切ろうとする場合，それがどんなに慣用的
（conventional）なものになろうと，そこには paradigmatique な作用が有る．つまりわれわれ
は，syntagmatique な分節を施すときには必ずヴァージョン対抗の中での選択を同時に行って
いる．一陣の春風が舞う如くに彼の軽やかな弁論が対立していた人々の心を捉える，という
のであれば，たとえば「心を凍らせる衝撃的な告発」との対抗が意識されていて，正確に言
えばこの対抗と「春風」—「寒風」の対抗の間に paradigmatique な関係が存在するのである．
つまり恣意性が存在しない．逆には使えないのである．風というパラデイクマが事実として
様々な屈折体を媒介していて，この屈折体を介して別のパラデイクマのヴァージョン対抗と
関係しているのである．関係の両端を見るとき，もちろん syntagmatique な関係を観念しえな
いから，恣意的であると見える．さらにその前に，どのようなパラデイクマであろうとヴァ
ージョン対抗次第でどのような屈折体をも媒介しうる．この部分の関係はまさに恣意的であ
る．しかしこれは記号が意識的に断固として追求する恣意性とは異なる．この点を混同した
ことが記号論の行き詰まりの大きな原因であったと考えられる．叙情詩のような場合には大
げさに言えば社会構造がかかっているのであり，これをしっかり捉えてそのうねりに乗らな
ければ鮮やかな切れ味を示すことができないのである．したがって，similitudo と雖も相対的
な独立性，神話性，を示し，本体を呼び出せば終わり，というのではない．ヴァージョン対
抗無差別を生命とする記号と異なる所以である．逆に叙情詩において conventional な部分を
絶対的なものにまでしてしまう，意味すら不明にしてしまう，ことがある（例えば枕詞）と
すると，それはおそらく詩作自体の儀礼化によって社会構造への働きかけを極小化する意志
に対応していると思われる．

[1・1・8]　たとえば，社会関係を鋭く分節的に観察した上で，これを権力者と自分の間の鋭い緊
張関係の瞬間の切り出し，その間の分節の構築，のために様式化する，ということもありう
る．

[1・1・9]　actantiel な軸を使ってパラデイクマを syntagmatique に分節すること自体第一歩であ
る．「かつて彼が私に求愛した」—「今私は彼を愛している」—「将来彼は私を裏切る」という
鮮明な区切りをつけることが出発点である．しかし多くの場合，このことを前提としてさら
にこの中間項にしぼって濃密な瞬間を歌い上げるということになる．

[1・1・10]　前註の例におけるパラデイクマの syntagmatique な分節のさらに前提には，récip-
rocité および échange のメカニズムが潜んでいる．叙情詩はその切断または破綻を主題とする
のに適したジャンルであるということになる．

1・2 「儀礼の瞬間」から「政治的現在」へ

 それにしても，このような叙情詩が何故ポリス成立とともに隆盛を誇るようになるのか．Homeros があれだけ警戒しただけに奇妙に感じられる．しかしその前に何故叙事詩が発展しないのか．

 第一に，政治は過去を嫌う．全てに批判を加え新たに創造しうるのである．Homeros の大規模なディアレクティカが一旦コードを形成してしまうと，これを土台として全ての政治言語 P⇔Q が導かれうる．大規模なディアレクティカはこのコードを使って繰り返される必要がある．何故ならば，別の M1⇔N1 は直ちに syntagmatique な関係の問題を提起してしまう．M1⇔N1 が因果連鎖の論争の中に沈めば，M1⇔N1 からの paradigmatique な関係の優越という政治にとっての生命線が脅かされる．「歴史」になり，〈神話〉でなくなってしまい，M1⇔N1 の syntagmatique な延長が P⇔Q を拘束してしまう[1]．かくして叙事詩は到底容易には書かれない．やがて書き直されるときには案の定 syntagmatique な関連に関心が注がれる．

 第二に，様々な政治的決定，そしてその次元の，批判を経たパラデイクマ，人々の世界を直接構成していくこのジャンルのパラデイクマ，こちらに叙事詩が paradigmatique に寄与していく反面，出来上がった政治システムは至るところ節目節目で M1⇔N1 に基礎づけられた（ディアレクティカを経た）儀礼を意識的に使う[2]．使い方そのものがまたディアレクティカの思考様式によって十分にコントロールされている．逆に言えば，この儀礼に繋がる神話は他にも増して確実に〈神話〉化されているのである．ならばここでだけ M1⇔N1 への再度の働きかけ，その明示的な再生産，が行われたとしても自然である（これは必然的に叙情詩となる）．やがて M1⇔N1 が大きく再構造化されるときにも，この経路を通じてであれば安全であるはずである．

 叙情詩の世界において最初にはっきりした姿をとどめる人物は，7 世紀の第 2 三半期に Sparta で活躍したと見られる Alkman である．パピルスからほとんど唯一比較的まとまった断片を再構成することができる Fr. 1P[3] は，何らかの祝祭のための若い女性の合唱隊に向けて書かれた Parteneia と呼ばれるジャンルもしくは作品集に属する．"$\varepsilon\xi\acute{\alpha}\mu\varepsilon\tau\rho o\varsigma$" でもなければ "$\delta\acute{\alpha}\kappa\tau\upsilon\lambda o\varsigma$" のリズムを持つのでもなく，既に数十行ずつの *strophe-antistrophe-epodos* という三部構

成による．*strophe* は〈神話〉を歌い，以下は「儀礼的現在」に関わる．〈神話〉は，テクストを伝えたパピルスに含まれる註解 *scholia* 自体によって「Herakles による Hippokoon 一族の掃討」と同定されている[4]．この〈神話〉と Alkman との結びつきは他の史料によっても検証されるところである．しかしながら，パピルス上のテクストにおいて，この〈神話〉の paradigmatique な機能は甚だ理解し難い．高々神々への不遜をたしなめるというように解される[5]が，それがどのように若い女性の合唱隊の「現在」と関係するというのか．テクストには Herakles は現れない．大きく損なわれているとはいえ，この名を補うべきようなスペースも無いと言われる[6]．反対に，この〈神話〉の後のヴァージョンにおいては見かけない Polydeukes，即ち Dioskouroi が際立つ (1.1)[7]．「半神」(1.7) の語があり[8]，Aphrodite との婚姻願望を戒めると取れる文言 (1.17) が有る[9]．明らかに，(Herakles ではなく，しかし) 同じジェネアロジー Dx を持つ Dioskouroi が，姉妹にあたる Helene の拉致 (aD を xD のように簒奪されること) を防御する，というパラデイクマである．広く解するならば，exogamie に抗する鋭い免疫機能である．そして，このように考えて初めて「儀礼的現在」との結び付きが明らかになる．即ち，Agesichora に率いられるこの合唱隊は，自ら互いの間の，特にこのリーダーと娘達の，「愛」ないし固い一体感を歌い上げていく．若い女性の群像が儀礼によって出現し，そして，元来若い男が現れて一人を選び出して行くのであるが，今これは禁止され，緊密な横断的結合はこの隙間を与えない．つまりこの集団は明らかに〈神話〉によって創り出された緊張感の中に在る．

　もっとも，儀礼的現在においては問題が異なる[10]．まず Agido という娘に光が射てられる (11.39-43)．これとの関係において Agesichora が群像[11]から抜きん出た姿を輝かす (11.43-49)．次いで，これが黄金の髪をなびかせて疾駆する二頭の駿馬のイメージに重ね合わされる (11.50-59)．これを待つかのように，典型的な女性群像の一つ Pleiades または女鳩[12]によって象徴された集団即ち合唱隊が衣を翻して Sirius 星の如くに暁の漆黒の空に昇り輝く (11.60-63)．1.63 の "μάχονται" から，これがライヴァル集団を示唆し，何らかの競技の勝敗がかかっている，と解する学説の当否は不明である[13]．がそれよりも，Agesichora の許に居る他の娘達が問題である．それぞれに光るとこ

ろを持つが，しかし Agesichora は結局 Agido のものであり，皆はそれを認めなければならない (ll. 77-81). Aphrodite への儀礼（祭祀）に専心することのみがその悔しさと痛みを癒す (l. 82ff.)[14]. つまりここでもう一度〈神話〉の動機が生きてくることになる．同性集団内ながら言わば「cognatique な」侵入・簒奪が斥けられているのである．ということは，不思議なことに，この無分節集団は特定の二人の間の特権的排他的関係によって，それに決して横槍を入れないということによって，表現されていることになる．そうした関係の形成が自由であって，妬みがあってはならないということである．明らかにこれは良く〈分節〉的人的集団の性質を識別するマーカーでありうる．つまり各〈分節〉単位内の状態でなく，〈分節〉頂点を構成員とする集団の状態を良く現す．自由な政治的党派があり，互いに争う．瞬間的には一体でなければならず，裏切りや密通があってはならないが，上下の関係で固く縛ってもならない．集団的一体感すら〈分節〉に反する．唯一のパラデイクマは Agesichora-Agido である．

　Lesbos 島が何故叙情詩の代名詞となっていくのか定かではないが，Lydia そして Ionia に近くしかも海を隔てて一定の距離を保つ位置に在ることが一つの要因であることは疑いない．600 年前後の Mytilene のカリスマ的政治指導者 Pittakos の腐心は，Ionia 後背地 Lydia 王国からの政治的独立ばかりか，そこから流入してくる華美と奢侈に対する防御であった[15]．Pittakos にとって Lydia は相対的に発達し洗練された贈与交換システムとそれに伴う儀礼を意味したのである．他方，成立して間もないポリスは，政治システム内に一定の儀礼を不可欠なものとして持ち，これに携わる政治的階層（貴族）は「東方風」の様式すら発達させていく[16]．これとまさに Lydia は容易に混同される危険が存した．Pittakos の時代を生きた Sappho は，現在の恋慕の対象たる娘 Atthis に向かって，かつて Atthis がその女のものであったその女が今遠く Lydia の首都 Sardis に在って（嫁いで？）どんなに Atthis に恋い焦がれているだろう，と歌う[17]．「Lydia の女達の中でもひときわ輝く」[18]その女をほとんど経由して，それになりかわって，求愛するということは，時を隔ててのライヴァルだけに尋常ではない．第一にこれは「海が隔てる」Lydia の甘味さを利用したものに違いない．しかも第二に Lydia からは決定的に隔てられている

という現実を Atthis に突きつけているのである．

Sappho はしかしこの Atthis を奪われる日を迎える．Atthis お前は Andromeda の許に行ってしまった[19]，小さな子供のようだったのに[20]，と歌わざるをえない．この Andromeda もしくはもう一人の強力なライヴァル Gorgo は，少なくとも別の gene，ひょっとするとまさに Pittakos と cognatique な関係にある Penthileidai に属する[21]．政治成立の直接のコロラリーである明示的でオープンな党派対立そのものと Sappho の「恋愛」は不可分の関係にさえあったのである．もちろん「Sappho のサークル」がそのまま直接的な政治性を有したのではない．後述の Alkaios の $\dot{\varepsilon}\tau\alpha\iota\rho\varepsilon\acute{\iota}\alpha$ とは同視することができない．元来儀礼と結び付いた例の女性群像に違いなく，Bruno Gentili の $\theta\acute{\iota}\alpha\sigma\sigma\varsigma$ という性格規定が的確である．Aphrodite の祭祀と強く結び付いた歌が多く遺る[22]．それでも，Alkman の場合と異なって Sappho の女性集団は儀礼性を脱しつつある．Aphrodite は祭祀の対象たるよりも直接「体験」する対象でさえある[23]．その Aphrodite に唆された Helene[24]は，むしろ賛美の対象であり，愛が騎馬隊よりも艦隊よりも強いことの証拠である[25]．Sappho の歌はおそらく合唱のためのものである度合いがヨリ少なく[26]，儀礼を潜在的に構成するしかし日常的な集団に paradigmatique に作用するものである．逆に言えば，様々な元来の社会的関係を脱した集団が自らを日常化することに成功しているのである．どんな交換関係を提示されても決して裏切ることのない激しい絶対的な愛の関係，裏切りを呪うことによって歌い上げられる関係[27]，は或る種の切断作用を伴うが，これが社交圏を形成することに成功しているのである．女性集団とはいえこれ抜きには政治的階層はジェネアロジクに自己を再生産することができないのであるから，この女性群像は〈神話〉＝儀礼を通じて社会構造の構成に寄与する以上の働きをすることになる．儀礼性離脱のための重要なバネはかくして二人の集団構成員相互の関係の自由な個別性排他性とその承認である．まずは二人が内に秘められた掛け替えのない濃厚な「現在」[28]を共有しなければならない（同性である以上，だからと言って枝分節的関係を発生させない）．そうした関係が積み上げられてできた一体的集団でなければ政治空間を（各〈分節〉頂点と全体の間に立って）媒介することができないのである．他方，前提的脈絡で分厚く防備されたものとはいえ，この最後

の点を欠けば，パラデイクマ上ジェネアロジクに最もデリケートな地位に立つ若い女性群像はたとえ儀礼的なものであっても十分に危険である．

　Sapphoと同時代のLesbos島MytileneでPittakosを不俱戴天の政敵として活躍したAlkaiosは，儀礼から出発したとしてももはやその痕跡をほとんどとどめることなく，儀礼の帰結たる均質的政治階層内部で展開される激烈な政治闘争の瞬間瞬間を鋭い寓意[29]で捉える叙情詩を遺した．元来Alkaios兄弟とPittakosは力を合わせて時の僭主を倒した盟友であった．しかし何らかの「路線」の対立からか，PittakosはMyrsilosという者を政治的同盟者とし，Alkaios兄弟はたびたび亡命を強いられることとなる[30]．Alkaiosの詩作はほとんど全てこの危機感・挫折を駆動力として成り立つこととなる．

　第一の動機は，水平的結合が一部の者の結託によって裏切られたことへの怒り，権力の座に就いたその者達に抗して結束して当たることへの鼓舞である[31]．しかしもちろん第二に，この状況を政治システムそのものの危機であると概念するためにこそ諸々のparadigmatiqueな作用が動員されていく[32]．Pittakosの政治指導の基盤が何であったか定かではないが，Alkaiosは躊躇無く「権力」（$\kappa\rho\acute{\epsilon}\tau o\varsigma$）という語を差し向け，そして政治システム（ポリス）を「ひっくり返す」（$\dot{o}\nu\tau\rho\acute{\epsilon}\pi\epsilon\iota\nu$=$\dot{a}\nu a\tau\rho\acute{\epsilon}\pi\epsilon\iota\nu$）だろうと予言する．後の政治言語の中でほとんど日常化する語彙がこうしたmetaphorとともに登場するのである．または，より大きな〈神話〉的脈絡を動員して鮮やかな二重の意味を生ぜしめることもある[33]．即ちPittakosがPenthileidaiという政治貴族の一族とのcognatiqueな関係をテコにして政治的成功を収めたことを刺すべく，Mytilene貴族の身分制を支えるOrestes〈神話〉（彼がLesbos島に植民者として流れて来たのを祖とするというaitiaの主張）を当てこすり，「Atreusの系譜の娘」と婚姻したと言う．Achilleus懐柔のために提案されるAgamemnonの娘，つまり裏取引の動機を響かせるのである．

　Gentiliの鮮やかな分析が完璧に示すように，Alkaiosが政治状況を概念すべく分厚い寓意のコードを編み上げたとすれば，それはこのように政治空間と「その下の世界」（sotto banco）との間のpatheticな緊張関係に基づく．何故船が立ち往生するかと言えば，暗礁に乗り上げたからである[34]．繰り返し現れる「船に打ちつける波」のモティフ自体，それが下から襲って浸水させるとい

うものである[35]．生々しい政治闘争と結び付いたこの種の言葉が陳腐な消費の対象にならず，人を感動させ，剰え古典的な価値を獲得した，とすれば[36]，政治的逆境で際立つ反 conformisme と，その鋭い対抗を描くパラデイクマがまさに前者の鋭さ故にはねかえって切れ味鋭く分節されたその美しさ，による．

　逆に言えば，叙情詩をこのようなところに成立させたということは，政治的敵対関係に相互浸透抜きの綺麗な正面を与えることに成功したということ，再儀礼化に成功したということ，を意味する．政治的関係と雖も闘争は次第に全てを動員させ泥沼化する危険を伴う．このとき，状況の純政治的平面を直ちに syntagmatique に分節することが重要である，のみならず，しばしばそれだけでは足りずに，状況を素材として小さなディアレクティカを施して M1 に繋げ M1 を呼び出す，そうしたマッチポンプのような m1 を創る，ことが要請される．状況に翻弄される自己，敵の醜悪な行動様式，これらを（しばしば M1=Homeros 等から汲み出された）鮮明な paradigmatique な作用によって突き放して皮肉の対象とするのである[37]．対極に，危機に瀕する理想の政治手続が implicit に浮かび上がる．また反射的に，$\varepsilon\tau\alpha\iota\rho\varepsilon\iota\alpha$ の結束は強まることになる[38]．何故ならば，明確なイメージによって切り出された状況がさらにもう一段突き放されるから，その他の多くの利害関係即ち複雑な分裂要因は全て綺麗に拭い去られる．かくして名宛人は主として Alkaios 兄弟の党派の盟友達であるということになる．がしかしもちろんシムメトリクに相手側にも明確な形態を与えることになる．「七賢人」の一人 Pittakos が韻文で応じた痕跡は存在しないが，おそらく言語による綱領を柱とする，政治的パラデイクマに相応しいものによったに違いない．つまりこれらの活動は全て政治の復原に関わる．確かにそれはまだ政治の再構造化には関わらないが，そのための手段が用意されつつあることを予感させるものである．

　　〔1・2・1〕念のために言えば，政治が歴史を無視すべきである，というのではもちろんない．そのように言う時その論者は大抵歴史に拘束されたいと言っていると解される．政治は全ての既存のパラデイクマを批判的に吟味することによって成り立つ．この延長線上にもちろん後述する歴史学が存在する．「歴史を無視する」とは通常この系統の批判作業を嫌うことを意味し，そのように言う者はかくして却って美化された過去にはすがりたがる．
　　〔1・2・2〕したがって，叙情詩に関する議論は儀礼から始めざるをえないが，それを儀礼に還元することは誤りである．或いは，「儀礼」は転じて次第に凡そ現実のあらゆる独立の瞬間たり

うる．pragmatics の平面を分析するからといって儀礼のみを視野に入れるのでは足りない．儀礼から転じて様々な場面に現れ始めた叙情詩を，「儀礼から離れる」("the detachment from the concreteness of the performative setting") と捉え，音楽＝集団＝公式行事から私的領分への変化を見る（Ch. Segal, Poetry, performance, and society in early Greek literature, in : Id., *Aglaia. The Poetry of Alcman, Sappho, Pindar, Bacchylides, and Corinna*, Lanham, 1998, p. 9ff.），のも裏返しの表面的な理解である．

〔1・2・3〕　Fr. 1, D. L. Page, *Poetae Melici Graeci*, Oxford, 1962 =Fr. 3, Cl. Calame, *Alcman*, Roma, 1983.

〔1・2・4〕　cf. Bowra, *GLP*, p. 39ff.; Calame, *Alcman*, p. 313.

〔1・2・5〕　Bowra, *GLP*, p. 42f. Calame, *Alcman, loc. cit.* は "initiation" の一言で関連を片づける．

〔1・2・6〕　Bowra, *GLP*, p. 40.

〔1・2・7〕　"Πωλυδεύκης". cf. Bowra, *GLP*, p. 41 ; Calame, *Alcman*, p. 314.

〔1・2・8〕　"ἡμισίων". cf. Calame, *Alcman*, p. 316.

〔1・2・9〕　"γαμῆν τὰν Ἀφροδίταν". cf. Calame, *Alcman*, p. 319.

〔1・2・10〕　Gentili, *PPGA*, p. 102ss. の解釈が極めて説得的である．

〔1・2・11〕　事実 Cl. Calame, *Choruses of Young Women in Ancient Greece. Their Morphology, Religious Role, and Social Function*, Lanham, 1997（or. fr., 1977）はその分析をこの詩編から始める．極めて重要な屈折体に分析を貫通させた不可欠の論考である（Nausikaa と Nereides にも言及する）が，儀礼の側面（女子の通過儀礼）に固執して〈神話〉のレヴェルでこの屈折体がもっと大きな役割を果たすことに気付かない．

〔1・2・12〕　Gentili, *loc. cit.*; Calame, *Alcman*, p. 332 は後者即ち字義通りにとるべきことを主張する．

〔1・2・13〕　学説の分布，および近年は学説がこれに否定的な傾向を有すること，については，cf. Ch. Segal, Sirius and the Pleiades in Alcman's Louvre Partheneion, in : Id., *Aglaia*, p. 36（nt. 7）.

〔1・2・14〕　Aotis と渾名で呼びかけられる女神の同定については諸説あるが，端的に Aphrodite に同定する Gentili, *PPGA*, p. 105s. の論証が説得的である．

〔1・2・15〕　cf. Gentili, *PPGA*, p. 113.

〔1・2・16〕　cf. W. Burkert, *The Orientalizing Revolution. Near Eastern Influence on Greek Culture in the Early Archaic Age*, Cambridge Mass., 1992.

〔1・2・17〕　Fr. 218 LGS（D. L. Page, *Lyrica Graeca Selecta*, Oxford, 1968）=Fr. 96 V（E.-M. Voigt, *Sappho et Alcaeus. Fragmenta*, Amsterdam, 1971）. cf. Gentili, *PPGA*, p. 116s.

〔1・2・18〕　日が沈むや否や昇って星々の輝きを寄せ付けない月の光は海も照らしこちらの花園まで照らす（νῦν δὲ Λύδαισιν ἐμπρέπεται γυναί-/κεσσιν ὥς ποτ' ἀελίω/δύντος ἀ βροδοδ-άκτυλος ⟨σελάννα⟩ /πάντα περ⟨ρ⟩έχοισ' ἄστρα· φάος δ, ἐπί-/σχει θάλασσαν ἐπ' ἀλμυρὰν/ἴσως καὶ πολυανθέμοις ἀρούραις·）という典型的な叙情詩的表現が見られる．それはまた例の Nausikaa の場面を範とするものである．

〔1・2・19〕　Fr. 130 V.

〔1・2・20〕　Fr. 49 V.

〔1・2・21〕　Fr. 71 V（Penthileidai）; Fr. 155 V（Polyanaktidai）.

〔1・2・22〕　Fr. 1 ; 2 ; 5 V.

〔1・2・23〕 Fr. 31 V.
〔1・2・24〕 パピルス上のテクストは極めて悪い状態にあり，Helene がどのような paradigmatique な作用をするのか定かでないというが，最近の学説 (Gentili, *PPGA*, p. 124ss.; N. Austin, *Helen of Troy and her Shameless Phantom*, Ithaca, 1994, p. 52ff.; Ch. Segal, Beauty, desire, and absence : Helen in Sappho, Alcaeus, and Ibycus, in : Id., *Aglaia*, p. 63ff.) は「反 Homeros=Helene 復権」のニュアンスを肯定するにしても極小化して解する傾向を有する．しかし，「Homeros の Helene」に Helene 非難を読むこと自体見当はずれで，堂々と Helene を肯定したとしても Sappho は Homeros に忠実でありうる．逆に Stesichoros 以降 Helene への帰責思考が一世を風靡し，彼自身の「改心」を含めて「Helene 弁護」というジャンルを生みさえするのである．
〔1・2・25〕 Fr. 16 V. Ch. Segal, Eros and incantation : Sappho and oral poetry, in : Id., *Aglaia*, p. 43ff. は，"ritual" へと叙情詩を同定しすぎるために，Sappho のこのような側面について "ritual"-"private" の相互関係に苦しみ，Fränkel/Snell 流の「個人の登場」をひねって「Sappho が "ritual"=Homeros と "private"=Hesiodos の二面性を有する」如くに解する．しかし後述の **Archilochos** 等に比して **Hesiodos** 的領域的性質は Sappho には全く見られない．Segal は，音声の Kirke 的 "incantation" と "oral tradition" と "ritual" と "magic" を全て一緒くたにして (Homeros でさえ批判的であったというのに) 挙げて Sappho に帰するために，公式儀礼の中で個人が秘儀的体験をするという "ritual"="private" 渾然一体を想定してしまう．そして馬から愛へ (cf. Gentili, *PPGA*, p. 123) の鋭い切り返し (対抗) すら見失って，これを "ritual"="private" 同居の例としさえする．

政治システムにおいて，軍事化の要因は二つの鋭く対立するヴェクトルとして現れる．全体の基盤を築くと同時に必要な方式に従って実現される形態，そして〈分節〉単位連合体の時々の固い結束と他への対抗．Sappho は後者に加担しているのであり，これら全体にディアクロニクに対抗する動機をまだ有しない．

〔1・2・26〕 cf. Bowra, *GLP*, p. 131 (" ―― monody ―― short stanzas, varied but simple metres ―― a social, rather than a ritual, background").
〔1・2・27〕 Fr. 1 V, vv. 18-24.「死」の絶対性による paradigmatique な照射：Fr. 55; 95 V.
〔1・2・28〕 Fr. 96 V, cit. の他に，Fr. 94 V. つまり「現在」の諸瞬間が思い出になる．なお，J. Svenbro, La stratégie de l'amour. Modèle de la guerre et théorie de l'amour dans la poésie de Sappho, *QS*, 19, 1984, p. 56ss. は，Homeros との間の内的な関係に光を当てるばかりか，たとえば Fr. 31 に男性の影を見て，そこからの cognatique な切断に女性同士の結合を雄々しく対置する様を読み取る．最も優れた Sappho 解釈の一つと思われる．
〔1・2・29〕 さしあたり Gentili, *PPGA*, p. 258 を手掛かりに接近することが好適である (「一貫し連続的なメタファー」)．しかし，POL21, 68 で述べたように，この定義であると全体に大きくかかる paradigmatique な作用との区別が付かない．寓意は，Pittakos が直ちに「狡猾な狐」(Fr. 69 V) になりそのままその狐が Pittakos の如くに行為するというように，actantiel な軸を liaison として使う「寄り掛かった」paradigmatique な作用である．
〔1・2・30〕 cf. Bowra, *GLP*, p. 135.
〔1・2・31〕 Fr. 129 V. "ἀπώμνυμεν", "μηδάμα μηδ, ἕνα τῶν ἑταίρων" という語が見える (v. 14, 16).

[1・2・32]　Fr. 141 V ; 348 V.

[1・2・33]　Fr. 70 V.

[1・2・34]　Fr. 73. V.: "ἕρματι τυπτομ [έναν" (v. 6).

[1・2・35]　Fr. 6 ; 73 ; 208a V. たとえば, "κύματι πλάγεισ [αν" (Fr. 73, v. 3).

[1・2・36]　cf. Gentili, *PPGA*, p. 257 : "Se ci chiediamo quale fosse il sommo valore per questa poesia che s'indirizzava a una limitata cerchia di aristocratici uniti dal vincolo del giuramento, dovremmo rispondere con Alceo che il sommo valore consisteva nella reale sincerità dell' 'amico', sincerità, s'intende, di proposti etico-politici e di impulso all'azione univoca".

[1・2・37]　この素材との距離の近さが寓意という「狭いスペース」でのぎりぎりの paradigmatique な操作を要請する.

[1・2・38]　この点, 寓意の意義を盟友との間の暗号によるコミュニケーションに見る Gentili, *PPGA*, p. 279 ("lo strumento comunicativo strategicamente più idoneo per operare nell'ambito del gruppo dei compagni d'arme——trasmettere il messaggio in un linguaggio velato e allusivo comprensibile solo dall'uditorio dei compagni——") には賛成できない. Calame のように儀礼のみで満足せず, pragmatics の背後に (U. Eco 流に) 広大なコードと社会構造を見ようとする Gentili の作品は, 理論的な総合の点でも philologie の点でも群を抜く水準のものであるが, énonciation を強調する余り, 時として神話レヴェルの分析が甘くなる. Alkaios の寓意にも, 暗号作用を獲得する前に, これを最も卑近な一つの効果とする, しかし遥かに規模のヨリ大きな, 知的営為が存在する.

1・3　もう一つの「政治的現在」

これまで見てきた叙情詩は基本的に音楽との結び付きを強く持つものであり, "Aeolic" と呼ばれる極めて複雑な韻律を持つ (Sappho, Alkaios) か, "Dorian" と呼ばれる, 長短短 "dactylic" のリズムを長短 "iambic" 或いは短長 "trochaic" に解消して韻律単位を終わらせる (Alkman) かであり[1], "dactylic" の六連を延々と続ける Homeros の "hexameter" とは遠いものであった. これに対して *elegeia* と呼ばれる叙情詩の形式は, あらゆる親近性にもかかわらず (或いはまさにそれ故に) 叙事詩と対抗的に捉えることが正しい[2]と思われるが, 他方, いわゆる "elegiac distich" ("distico elegiaco") という韻律によって叙事詩との間に微妙な関係を樹立する. 韻律自体に, ジャンルとの間に必然的な関係を結ぶ要素は存在しない. しかし, 丁度記号の如く韻律の対抗関係には若干の意味が認められる. "elegiac distich" は, hexameter の一行を, 同じく dactylic でありながら二格半を対称的に二回繰り返すいわゆる pentameter の一行で受ける, 一対一組 (*epodos*) を韻律の単位とする[3]. 儀礼=音楽の圏内にあって確かに

歌われはする[4]が，しかし語りの要素を強く持つ，がかと言って syntagmatique な連鎖が続くのではなく，進んだと思うとこれと paradigmatique な関係に立つ動機（エコー，コントラスト，anticlimax，評価，感嘆，皮肉，等々）が出て来て区切ってしまう[5]，ことも可能となるのである．例えば7世紀半ばの Sparta で重要な役割を果たした Tyrtaios は，「Kronos の息子，Hera の夫」と切り出しておいて，その Zeus が Herakleidai (Herakles の子孫）にポリスを与えた，と地上のジェネアロジーに降りる[6]．

もちろん，このような効果は文字通りにではなく，少なくとも様々なシンコペーションを伴って，或いは単に言わば記号として作用しつつ全体の観念構造に深く潜り込んで現れる．その Herakles の末裔たる「王達」が，後背地 Messenia を征服する（第二次 Messenia 戦争），というコントラスト[7]は，もちろん戦いの動機へと，儀礼を通じての軍事化へと，連なるが，叙情詩は単純にこの儀礼に奉仕するというわけではない．Sparta の「戦士貴族」のエートスを歌い上げたとのみ Tyrtaios を解釈することは見当はずれである．hexameter から pentameter への落差を利用するかのように，叙情詩は地上へそして端的に領域へと降りる．その領域の横断的組織の人員が今ポリスへ結集し軍事化されて遠征に出るのである．確かに，Sparta の場合には例外的に，この者達は領域と或る意味で観念的にのみ関わるにすぎない．それでも，一人一人互いに次々と防御し合い固い結合を保って戦うという戦術は，Hesiodos からしか出て来ない．hexameter は Hesiodos のものでもある．その hexameter の〈神話〉コードの敢えて縁に，Herakles が，したがって，元来一旦は否定された補助的（外的）軍事組織が，再浮上している[8]．Homeros にとっても Hesiodos にとっても異分子である Herakles は，ここでは，儀礼的な，即ち軍事化の，極限された空間のために限り再利用され，領域と都市中心を架橋する役割を担っている（ということは，Herakleidai〈神話〉に基礎づけられる Sparta の王制にはこうした儀礼的役割が有ったということになる）．言わばあらためて領域の人員が「補助的に」再動員されているのである．かくして叙情詩が切り出して来るのは，領域から躍り出た一個の少なくとも儀礼的な，そしてまた特殊な意味で政治的な，現在である．だからこそ，祖国の土地，父，母，妻，子供達，の存在が強調され，部族の組織が呼称される[9]．「連帯」の hexameter を受け

る「逃げるな」の pentameter [10] は,言わば Hesiodos を paradigmatique に転位して緊張の瞬間を創り出しているのであり,軍事規律への服従や祖国愛といった陳腐なことではなく,決して隙間をつくらない,Epimetheus のように切り崩されるようなことのない,一人一人の結び付きを言っているのである.これが毅然としていて conformisme を拒否する限りにおいてのみ Tyrtaios の言葉は価値を有する.その Tyrtaios が Sparta の政治システムの基本を distico elegiaco の形式で表現し,文言を聖化して時の移ろいに抗した,この意味で「立憲的」機能を果たした [11],とすれば,そこに現れているのは,政治的現在を一瞬凍らせる叙情詩の作用一般ばかりではなく,領域の人員の前での裁可,そうした意味での公開性,であり,またその前提となる領域の組織の自律性である.

同じ7世紀半ば,Paros 島出身で,建設間もないその植民都市 Thasos で辛酸をなめることになる [12] Archilochos は,全く同じ戦いのテーマにおいて,「逃げるな」に対して「逃げた」を歌い上げる [13].Thasos で恐らく後背地の Thrakia 諸部族と戦い,楯を捨てて辛うじて脱出したのである.この「現在」について Archilochos は,まず楯について,奪った相手方がさぞかし喜んでいることだろう(それも良かった)と突き放して見せ,「心にかける必要がどこにあろうか」,あれに劣らぬものが手に入るさ,と述べる.対極において重要であるのは,何よりも自分自身が救われたことである.この決定的な現在がかくして楯とのコントラストによって鮮やかに浮かび上がることになる.これは distico elegiaco で歌われたものであるが,Archilochos は他に,長短短の dactylic のリズムでなく長短の iambic のリズムを基本とする韻律で多くの作品を残している.長短長の単位を適度に連ねる iambic trimeter, iambic tetrameter と呼ばれるものであり,Homeros や Hesiodos からも Sappho や Alkaios からも大きく離れることになる [14].しかし,Hesiodos の系譜を引くことはここでも明らかである [15].このことはたとえば,Lydia の王や *tyrannos* の権力や神々の為せる業など望まないと誇り高く宣言する歌に良く現れている [16].但し,「政治的現在」そのものに対応して,領域のパラデイクマ資源の加工・蓄積が彼の関心であるのではない.友には友情を敵には害悪を差し向ける術を自分は知っていると誇って見せ [17],自らの心に向かって conformisme に対して徹底的に

また，Archilochos が Lykambes の娘 Neoboule を許嫁としながら Lykambes 側の翻意で裏切られる，というエピソードは伝承を通じて良く知られるが，それと言うのも Archilochos がこの「好適な」一件を歌う作品を多く遺していたからに違いない．「Lykambes 父さんは町（都市中心）で皆の笑い者」[19]といった類の他，Aisopos によって「収録」されることになる「狐と鷲」[20]，「狐と猿」[21]，という痛烈な寓意を素材としたことが知られる．前者は，上空（鷲）と地上（狐）の盟約に反して鷲が狐の子をさらって行ってしまう，狐はどうすることもできないが，或る時鷲は火のついた肉を運んで巣を燃やしてしまい雛を失う，というものである．領域と都市中心間の関係を例解する明快な寓意である．後者は，「動物達の王」に成り上がったばかりの何も知らない猿に狐が「王の特権」と偽って或るものを取らせ，見事に罠にかからせる，というものである．しかしこうした寓意以上に状況を雄弁に照らし出すのは，最近パピルスを通じて発見された長い断片であり，このタイプの叙情詩の力を見せつける[22]．とある神殿における若い男女の遭遇と束の間の情事，という叙情詩の伝統的な題材が，政治的状況の全てを一瞬のうちに納得させる男女の問答歌に仕立て上げられる．「私は美人でないけれど」という女の誘いに男は応ずるが，何と男は（あらゆる蓋然性からして）その女の姉もしくは（少なくとも）近しい仲間の娘[23]と婚約していてかつ裏切られたのである．この女 Neoboule(!) は他の男にくれてやる，不実で油断のならない女で「妻に持てば隣人達の間で自分は恥さらし者になる」[24]，それに比べてお前は不実なところもなく[25]，云々というのである．Archilochos の政治的現在は討論・選挙・亡命等に関わらない．そうではなく，領域の結合体が cognatique な楔によって裂け目を入れられる，その緊張感を旨とする．否，むしろその裂け目を結局は謳歌しているのである．部族形成神話ならば，外から来て裂け目をつくった者が娘を獲得し，王となり，敗れた者達を従える．がしかしここでは，独立の単位が互いに誓約によって結合し，cognatique な関係をも形成している；それが破られたとき，却って独立と独立者間結合を歌う絶好の機会となるのである．

　創造的な叙情詩は，新しい現実を新しい視角から syntagmatique に分節する．metaphor 等の paradigmatique な作用は不可欠であるが，これが表現されなく

とも，新しい syntagmatique な分節は過去のそれとは違うヴァージョンを冷静に確定することになる．つまり批判作用に欠けてはいない．しかし，それが研ぎ澄まされれば研ぎ澄まされる程，ヴァージョン対抗を超越する傾向を示す．丁度儀礼がヴァージョン対抗無差別的であるように．精密に確定されたヴァージョンがその通りに再現されているのであるからそこにヴァージョンのブレが有ろうはずがない，ということになる．ヴァージョン対抗に敏感な観点の所産がヴァージョン対抗を以後排除するというこの二重の性質は大変に貴重であり，Solon は，distico elegiaco をまずは，Salamis を巡る Megara との戦争に Athenai が勝利したことの正確なニュースの伝達のために用いたのである[26]．これは情報であって，議論でも論拠でもない．ディアレクティカをしようと言うのではないのである．これは，領域の出来事を正確に確定して広く伝えるという事柄に属する．Solon がこの空間から躍り出たことは重要である．Hesiodos の系譜を引く倫理観を持ち，かつ都市中心と領域を架橋，この場合は仲裁，することに成功したのである[27]．仲裁もまた叙情詩に適した仕事である．syntagmatique なパラデイクマ連鎖を一点で切断するから，まず X と Y の争いを差し止めることができるし，パラデイクマの X 連鎖と Y 連鎖の交差を一点で捉えてそれを確定することができる．この切り出しのために paradigmatique な作用を明示的に使うならば，それは神託という形式を取ることになる．ほとんど，もう一つの叙情詩のジャンルである．

〔1・3・1〕 cf. M. L. West, *Greek Metre*, Oxford, 1982, p. 29ff., 46ff.

〔1・3・2〕 諸種儀礼的起源と韻律によって機械的に分類するのでなく，叙情詩の大きく共通のメルクマールを捉える，したがって韻律が持つ意味も全体の脈絡の中で決まってくる，とする Gentili の方法に立って初めて錯綜した連関の背後に事態が理解できるものとして見えてくる．cf. *PPGA*, p. 44 : "La forma elegiaca, parimenti al suo strumento musicale escluso dal mondo dell'epica, si contrappose alla forma esametrica dell'epos perché più idonea ad esprimere contenuti realistici, esperienze nuove esistenziali, individuali e collettive, connesse con le mutate condizioni socio-economiche della polis arcaica. Un tipo di poesia che definiremo pragmatica quanto alla funzione e agli scopi parenetici e didattici, cresciuta nell'ambiente del simposio o tra le vicende della vita militare e politica." 韻律に伴って定型表現すら叙事詩から *elegeia* に横滑りしてくることにつき，cf. P. Giannini, Espressioni formulari nell'elegia greca arcaica, *QUCC*, 16, 1973, p. 7ss. だからこそディアクロニクな分析が要請される．

〔1・3・3〕 cf. West, *ibid.*, p. 44ff. ─ ∪∪ ─ ∪∪ ─ ∪∪ ─ ∪∪ ─ ∪∪ ─ ／ ─ ∪∪ ─

Ⅰ 〈二重分節〉

∪∪— | —∪∪—∪∪—

〔1・3・4〕　Gentili, *PPGA*, p. 46. ジャンルの呼称 "*elegeia*", (元来は韻律の名たる) "*elegeion*" は少し遅い時期のものである (cf. M. L. West, *Studies in Greek Elegy and Iambos*, Berlin, 1974, p. 2ff.; E. L. Bowie, Early Greek elegy, symposium and public festival, *JHS*, 106, 1986, p. 25ff.). Bowie は, 儀礼の中でも葬送と端的な軍事儀礼は通念に反してこのジャンルに関わらないことを論証する. 宴席を軸として理解しうる所以であるが, しかし「宴席が公共の儀礼とともに個別集団の強い一体性を媒介する」という認識は, 宴席と Tyrtaios を短絡させる混乱である. 宴席が政治的空間とパラレルな, しかし或る意味で対抗的な, 性格を持つことに留意すべきである. 他方 Tyrtaios と Solon の *elegeia* はそれぞれ (しかもこの両者の間でもディアクロニクに) 別個の領域関係を反響しているのである.

〔1・3・5〕　Gentili, *Ibid.*: "—— il vantaggio di conchiudere nella misura epodica del distico un qualsiasi messaggio. Una forma chiusa che poteva assumere l'autonomia e l'assolutezza espressiva di una breve poesia condensata in due versi——."

〔1・3・6〕　B. Gentili, C. Prato, *Poetarum elegiacorum testimonia et fragmenta*, Stuttgart, 1979, Fr. 1a.

〔1・3・7〕　Fr. 2 G. -P.

〔1・3・8〕　Fr. 1a, 8 G. -P.

〔1・3・9〕　Homeros におけるのと異なって兵卒の生々しい戦闘の場面に向けての鼓舞と訓示が主たる内容をなす. その瞬間瞬間にこうした語が繰り返される (Fr. 6, 7, 8). 領域組織としての *phyle* については, Fr. 10 が Pamphyloi と Hyllees という二つの名を残す (他に, v. 11 の "ἔθνεσιν"). ちなみに, これと Fr. 1 を組み合わせて早くも Herakleidai=Doros 神話が有るように解釈することは, しばしば行われるが, 誤りである.

〔1・3・10〕　"ὦ νέοι, ἀλλὰ μάχεσθε παρ' ἀλλήλοισι μένοντες/μηδὲ φυγῆς αἰσχρῆς ἄρχετε μηδὲ φόβου" (Fr. 7 G.-P.).「逃げるな」の語句は頻発される. なお, 学説は概して "epic=heroic" という観点, *dulce et decorum est pro patria mori* 流の思考 (20 世前半のドイツ教養主義), に呪縛されており, たとえば一般兵士が政治的空間での栄誉を死の対価として要求するという積極的な面を微かに読み取る C. Fuqua, Tyrtaeus and the cult of heroes, *GRBS*, 22, 1981, p. 215ff. なども, そもそも Homeros と hero cult 自体をこのバイアスで捉えてしまい, 領域の問題に目が行かない.

〔1・3・11〕　Fr. 14 G.-P.

〔1・3・12〕　cf. J. Pouilloux, Archiloque et Thasos : histoire et poésie, dans : AA. VV., *Archiloque*, Genève, 1964, p. 7sqq.

〔1・3・13〕　Fr. 5 W (M. L. West, *Iambi et elegi graeci ante Alexandrum cantati*, Oxford, I, 1971, II, 1972). "αὐτὸν δ' ἐξεσάωσα", "τί μοι μέλει ἀσπὶς ἐκείνη" 等.

〔1・3・14〕　K. J. Dover, The poetry of Archilochus, dans : AA. VV., *Archiloque* は, elegiac distich と iambic trimetre という (後世の) 二つのジャンルで Archilochos が活躍したと解する時代錯誤を批判して, 様々な韻律の相違を越えて一体的な詩的世界を創り出したと捉えるべきだと主張する. この観点から Hesiodos との間の (比較的近い) 正確な距離を測定することに成功している (p. 196).

〔1・3・15〕　口頭伝承理論の立場から Archilochos が如何に Homeros の定型表現に多くを負っているかを論証しようとした D. Page, Archilochus and the oral tradition, dans: AA. VV., *Archiloque*, p. 119ff. は, Archilochos を, Hesiodos を大きく越えて Theognis や Simonides の方向に解釈すべきでない, ことを雄弁に説得する (それ以前の「伝記」主義的解釈, それ以後の寓意的解釈, に属する諸学説につき, cf. F. Bossi, Appunti, per un profilo di Archiloco, *QS*, 13, 1981, p. 117ss.) が, 口頭のパーフォーマンスによって制約されたのではなく, (Page 自身が指摘する) 全く新しい精神によるその定型の使用は, アイロニカルで意識的なものである (cf. Bossi, Appunti, p. 131 : "il giambo si è ormai liberato dai legami col culto e la festa"). その対抗意識の分が Archilochos を Hesiodos に近付ける.

〔1・3・16〕　Fr. 19 W.

〔1・3・17〕　Fr. 23, 126 W.

〔1・3・18〕　Fr. 128 W. *"θυμέ, θύμ'"*, *"κατασταθεὶς ἀσφαλέως"* 等.

〔1・3・19〕　Fr. 172 W.

〔1・3・20〕　Frr. 172-81 W. cf. Aisopos, Fab. 3 Chambry.

〔1・3・21〕　Frr. 185-7 W. cf. Aisopos, Fab. 38 Chambry.

〔1・3・22〕　Fr. 478. SLG; cf. Gentili, *PPGA*, p. 241ss.

〔1・3・23〕　Gentili, *ibid*. は論拠を挙げずにしかし「明らかに」姉妹関係であるとする. v. 10 に「Amphimedon の娘」という特定があり, Gentili は母によるこの特定の仕方を異例として神殿を引照基準とする女性集団の存在を想定するが, これが Lykambes の娘でないとは限らないことを強く示唆することは確かである. いずれにしても姉妹関係を想定すれば詩全体が強烈な意味を持つに至る.

〔1・3・24〕　vv. 33-34. *"ὅ]πως ἐγὼ γυναῖκα τ[ο]ιαύτην ἔχων/γεί]τοσι χάρμ' ἔσομαι"* 等. 「隣人」の意味については, Hesiodos に関する POL p. 236, III・6・5・2 を参照.

〔1・3・25〕　v. 36. *"οὔτ' ἄπιστος οὔτε διπλόη"* 等.

〔1・3・26〕　Frr. 1-3 W.

〔1・3・27〕　Fr. 4 W.

1・4　「政治的現在」からディアクロニーへ

　南イタリアのギリシャ植民都市圏出身で主として Sikelia (シチリア) で 6 世紀前半に活躍したと見られる Stesichoros は, 彼もまたわれわれに断片しか遺さないが, 古典期以降に圧倒的な声望を誇ることになる[1]. その理由の少なくとも一部分は彼が丁度或る種の転回点に立つ人物であったことによるに違いない. 彼は dactylic なリズムで叙事詩の「神話」的な素材を叙情詩の形式で歌い上げたことで知られる[2]. 不思議と, 断片は「切り出す」側, paradigmatique な作用をする側, 神話の側, ばかりに関わり, 如何なる機会に何のために歌わ

れたかという側面，pragmaticsの側面，儀礼の側面，を推測させる部分に乏しい．Homeros，〈神話〉，M1に大きく依存する性質を彼の詩作が有した，ということは明らかである．にもかかわらず，彼の作品をHomerosの叙情詩版と性格付けることは誤りである．主題は確かにHomerosやHesiodosに登場するものである．しかしよく観察すると，どれもHomerosにおいては全く周辺的な位置付けを有するものであり，克服されたものとして否定的に扱われたパラデイクマである．われわれの符号を使えば，M0やN0に属するのである．そうだとすれば，われわれはHomerosに対する従属的な関係と共に対抗的な関係を認めざるをえないこととなる．

断片から判断する限り，第一に，主題はHomerosおよびHesiodosとsyntagmatiqueな関係を持つものである．Homeros後の叙事詩として伝えられるもの，特にいわゆる"Kyklos"と強い親近性を有する．しかし考えてみれば，Homerosから見ればこれは既に逸脱である．syntagmatiqueな連鎖を置き去りにしてディアレクティカを一部分に凝縮させるというのが彼の知的営為の根幹であった．どうしてそうなったか，さらに話を遡らせればどうか，ということ，特にその細部に及ぶこと，は彼が意識的に克服したことであった．しかしStesichorosはTroia陥落の場面を事柄の進行に沿って歌い上げたと思われる[3]．またHeleneの帰趨について繰り返しヴァージョンを変えて創作した痕跡が存在する[4]．第二に，圧倒的に多くの断片はHomerosによってparadigmatiqueに取り残されたパラデイクマに関わる．Achilleusに対してネガティヴなパラデイクマとして作用するMeleagrosと「Kalydonの狩」の話[5]，"Odysseia"がそれぞれ別の意味で「そうはならないようにするための」パラデイクマ，「過去の事例」，として意識的に引照するArgonautesの話[6]，およびOrestesの話[7]，Homerosのテクスト全体を通じて密かにしかし極めて強く遠ざけられているHeraklesの話[8]，そしてThebai系の神話[9]，特にPolyneikesに加担して介入戦争を仕掛けて失敗する話．こうした選択が偶然であったとは全く考えられない．しかも，さらに注目すべきことには，これらはいずれも古典期以降叙情詩と悲劇において中心となっていく主題である．この点に関する限り，Stesichorosはむしろ時代を大きく先取りしたとさえ言うべきこととなる．

もっとも，ならば一体何故Stesichorosはこうしたジャンルの歌を歌ったの

か．たとえば，彼にとっての中心的な主題 Herakles は何故歌われねばならなかったのか．それらの歌は，Herakles が様々な難敵を倒すという比較的単純な筋立てを持つ．Stesichoros が活躍した植民都市圏では，後背地に文字通りに軍事的な討伐の対象となる権力があり，この事情と彼の歌を関連づける解釈も有力である[10]．しかし明らかにこうした解釈は叙情詩のメカニズムを考慮しえていない．怪物を後背地の権力の象徴と見ることになるが，象徴や寓意がこうした観点から一貫しているとは到底思われない．たとえば，Geryon 討伐において，Herakles は Aelios（太陽）と Okeanos を脅してそれぞれ西の果てに行く道筋に協力させる．特に，Aelios からは東から西へ自らを運ぶ杯を借りるのである[11]．この部分の解釈のためには，7世紀後半に東の植民都市圏で elegeia を作った Mimnermos が同じく Aelios と Okeanos を歌う，その断片が参考になる．Argonautes の中心 Iason が Aietes の許で愛を育む．Aelios の光が Okeanos の輝きと交錯する[12]．他方，Aelios は何しろ日々大変忙しい，というのも西に沈んだと思うや翌朝には東から出て来なければならない．暁の水平線からしかし Hephaistos が創作した馬車に乗って Aelios は空高く翔け上がるのである．Aelios と Okeanos の分岐（枝分節），cognatique な結合，Hephaistos の「工作」，これらが密接に関係するということは Achilleus の楯において見た通りである[13]．パラデイクマは全て領域における労働に関わる．空と海，時間と空間に条件付けられながら，しかし既存の錯綜した状態を一旦解体しなければならない．鉄鉱石を溶かし，深い茂みを切り拓くように．もちろん，錯綜した人の組織が領域の上に有れば，それを切りさばかなければならない．権力の解体を伴うであろう．時としてそれはもっぱら軍事的な意味を持つ．しかし常にそうであるとは限らない．特にこの場合解体すれば良いというわけではない．解体して新しい形態を生み出すのであるが，とはいえ政治を創り出すときのようには行かない．楯も農作物も政治とは異なって〈分節〉的でない．既存の条件と戦いながらそれを生かす点はたとえ同じとしても，与える形自体がいわば「有機的」一体性を有するのである．領域の上の最小〈分節〉単位内の人的組織自体がそうである．すると解体の戦いは両義的にならざるをえない．新しくパピルスによって明らかになった断片[14]によれば，Stesichoros は，淡々と syntagmatique なパラデイクマ連鎖を叙述するその果てに，

Geryon の最後という瞬間を鋭く切り出して見せる．叙情詩に相応しく，巨大な Geryon の体軀の文字通り解剖学的解体の微細な叙述である．枝分節切断の追求であるとも解しうる．がしかし明らかにそれだけではない．解体の結果ではなくその作業の過程ともろもろの瞬間が独立の第一義的な意味を持つに至っている．いわば領域に投入され非軍事化された Herakles がそこから全体を組み立てうる核ないし基点となる，そうした可能性が示されているのである．Stesichoros のこの意表を突く〈神話〉的現在の切り出しには，かくして，非政治的現在の切り出しという意義が有るということになる．

とはいえ，それはあくまでも主要なパラデイクマ対抗関係に対して従属的な位置に立つものである．Lille のパピルスによって新たにわれわれの手に入った長い断片[15]は Polyneikes と Eteokles の兄弟の争い，Polyneikes の出奔，Thebai 攻め，兄弟の運命的な相互殺戮，を語るが，焦点は，おそらく Polyneikes 出奔という束の間の解決を説き聞かせる母 Iokaste である[16]．Herakles より「Geryon の死」であったように，兄弟の衝突よりも「Iokaste の悲劇」なのである．endogamie-exogamie の貴族制が樹立されない（Oidipous の混乱）が故に，「兄弟の一方（Polyneikes）は領域に降りる」という一見有効な解決法は，その領域の cognatique な関係の縺れと際限の無さのために領域からの介入を招く．その領域には Hesiodos が居ないのである．確かに植民都市圏においてはそのようなことは期待できないかもしれない．いずれにしても都市中心と領域の間の仲裁に依るしかなく，確かにこれは cognatique な結節環のよくするところであり，そして叙情詩とその儀礼の出番である．がそれが今や機能しない，というのである．新しい現実がありこれから出発すべきである，という方向が確かに予感されている．もっとも，Stesichoros はにもかかわらずあくまで伝統的な枠の中にこの問題を置き，古い解決の自己撞着を切り出して見せたにすぎない．このディレンマから出発して M1 全体を切り裂いて見せるということには彼の想像力は決して到達しないのである．

 6世紀の後半になると，Stesichoros において見られる補完的二項関係がはっきりとディクロニクな対抗関係に転化していく．叙情詩は政治的現在に戻り，そしてその鋭い「現在」の意識が，極めて注目すべきことに，鋭いディアクロニクな差違の切り出しに転用されるのである．ディアクロニクな思考作用は，

単なる時代の変化の意識，XがYに変わったという弁別，とは異なる．構造ないし対抗関係そのものを意識し，なおかつ或る前提の上にそれを組み替えたもう一つを積み重ねていく，或いはその積み重なりを反省する，そうした知的営為のことである．幾つかの条件が用意されていれば叙情詩はこのディアクロニーのための重要な端緒となる．もちろん逆に叙情詩が必ずこの知的営為を伴うというのではない．しかしそれでも，政治の存在，もしくは少なくとも権力との鋭い緊張関係，が優れた叙情詩を生み出すように，ディアクロニーは華麗な叙情詩を可能ならしめる．

　Ibykosは，Stesichorosと同様西方の出身であるが，早くにSamosの僭主Polykratesのサロンに招かれ活躍する．StesichorosについてもAkragasの僭主Phalarisとの関係が推定されるが，逆に言えば凡そ僭主が領域の側に強固な権力基盤を有したことを伺わせるということにもなる．しかしIbykosはそこから上昇して新しい政治的現在の中で歌って見せる．直截に恋愛感情を歌う；そのことをもはや如何なる儀礼的現在も裏打ちしていない．Sapphoの恋慕の関係が個別化する理由については説明した．しかしそれはあくまで政治システム・儀礼・〈神話〉と連なる脈絡においてであった．ところがPolykratesのサークルはこうした枠組を食い破りはみ出してしまっているのである．脈絡抜きのいわば「生の」恋愛が歌われる．ほとんどそれは最も素朴で原始的なもののように見える．にもかかわらず洗練されているように響くとすれば，政治的現在を切り取った，その上になおその政治的現在を大きく突き放す，その故である．恋慕の情はIbykosにとって全く突然に何ら抵抗のしようもなく襲ってくる[17]．重要なのはもっぱらその瞬間であり，その後のやったりとったりではない．これが権力の中枢Polykratesの周辺で何故重要であったか，Alkaiosとの対比で容易に理解される．

　その対比，否，それ以上のことをIbykosは正確に自覚していたものと思われる．というのも，Polykratesを称えるに，Ibykosは大胆にもディアクロニーそのものを以てする．概括的かつおざなりにTroia戦争の経過と様々な名場面を列挙しつつ，このようなことを歌ってもよいが，神々でない限り詳細などわかりはしないのだから，むしろPolykratesのことを歌おう，あなたも負けないくらいの栄光を有する，それを歌う自分も負けない栄光をかちうるという

ことである，云々[18]．しばしばHomeros自身に対する当てこすりと解されるが，彼がやめた歌い方はHomerosが最も忌避したものであり，むしろHomerosを逆手にとって以後の「叙事詩」を批判していると考えられる．とはいえ，いわばコードとして作動してきたM1,〈神話〉が織りなす対抗関係全体，に対して別れを告げる，しかもそれが人間の，否，私の限界，と言い放ってそれ以上追求できない牙のむき方をして見せる，その意識は強烈なものである．形成されつつある新しい社会構造を駆動力とするPolykratesがこの破壊力を利用しないはずがない．

同じPolykratesのサークルに，同じく濃厚な恋愛感情を歌ったAnakreonがあった．彼は，ペルシャの圧迫を受けて皆で海の上に避難しやがてThrakia沿岸Abderaに植民都市を築く経験の後，Samosへやって来るのであるが，遺された断片はどれも既に叙事詩との接続を欠き，緊張関係すら認められない．そもそも叙情詩は，或いは政治システムに組み込まれた儀礼の内部に在るという脈絡自体によって，或いはその政治システムに服する領域の人的組織に関わるということによって，或いはその政治システムを支える観念構造に対して意識的に距離を取ることによって，ディアレクティカを大きな土台としてきた．その上に在ればこそ自己のディアレクティカも保障されてきたのである．文学としての生命がそこにかかっていたのである．今もしこの大きな前提を掘り崩していくときにどのようにして叙情詩は生命を保ちうるか．AnakreonはIbykosとさえ違って負のparadigmatiqueな作用すら余り用いない．自然を素材とする「切り出し」用metaphorもそれほど華麗とは思われない．詩の魅力は，もっぱら自分の恋愛感情自体と格闘し戯れる，Eros自身と「ボクシング」をする，余裕である[19]．恋の病を楽しみ皮肉に見て自分をからかう[20]．その延長線上に他人をからかう．成り上がりの友人Artemonをカリカチャーにする一編が冴える所以である[21]．恋愛の心理状態内部の強いディレンマを引き出して鋭く対立させ[22]，そしてそれをそのまま突き放すのである．これは実に自信に満ちた態度であり，ディアレクティカをゼロから再スタートさせる準備である．確かにそれは築かれた全体を再構造化する道をまだ決して進み始めてはいない．しかしそれへ向かっての一つの重要なバネである．

瞬間の切り出しがディアクロニクな作用の側に傾いていくとき，叙情詩独特

の「切り出しのための paradigmatique な作用」は極小化されていく．叙情詩という形式はディアクロニーを保障しただけで，残余はいわば突き返される．ほとんど，ディアレクティカそのものが再び始まったのである．しかしディアレクティカの素材（M0⇔N0 に該るもの）はそれ自身ディアレクティカの産物（M1⇔N1）である．ほとんど「ソフィスト」ないし哲学の言明に近づいたとしても不思議は無い．Keos 島の出身だが早くに 6 世紀末デモクラシー形成期 Athenai で活躍し，Thessalia での時期を経てペルシャ戦争期の Athenai で戦死者追悼碑のための競作を多く勝ち抜いた時代のチャンピオンたる[23]，Simonides こそは，叙情詩をこうした方向に転換した人物であった．その断片の中には，全く新しい「政治的現在」が悠然と居座っているのを見ることができる．そうした意識を持って或る人物の礼賛を請け負えば，仮にその相手が Thessalia の貴族 Skopas であったとしても，その礼賛の詩[24]は，当然むしろ全く新しい人間類型のためのマニフェストとなる．あの Pittakos が理想とした人間像，Homeros のディアレクティカの上に築かれた強固な人格，に対して，Simonides は，いやそうでなくとも十分であり，また十分に立派である，と宣言する．人は神ではないのだから，良い意思を持っていても結果において誤ることがある[25]．悪い意思を持つことのみが非難さるべきであり，結果について責任が生ずるべきではない，云々．交換と利益を目指すこともそれ自体は非難さるべきではないというのである．ここでは，一旦確立された政治的パラデイクマ全体 P1 が，否，それを支える観念構造 M1 をすら含めて，一息に批判されている．但し，十分に突き放した形で個人的に，即ち「私はそうできない」「私はそれで十分である」「それでどうして良くないのか」というように，批判がなされる．この "dissociazione" のためにこそここでは叙情詩が用いられているのである．そもそも叙情詩においては瞬間が切り出されるのであるから「私」の影が常につきまとう．がここでは，この機能が利用されつつも，初めて残余の全世界と対抗する自負心に満ちた普遍的体系的な「私」の確立が宣明されている．「遅れた」Thessalia の貴族すらこの価値尺度で称賛され，その価値尺度を認めさせられているのである．他方厳格責任の否定と意思主義はこの「私」の体系性を良く物語っている．

　こうなると叙情詩は Homeros に換わって政治的議論における（結論ではな

いが) 論拠を供給しうる位置に立つこととなる. paradigmatique な作用に依存せずほとんど自力でディアレクティカを完遂し, それは M1—P1 全体を M0 の如くに見なして新たに M2 を創り出すに等しい営為である. するとむしろ逆に paradigmatique な作用を発信することになる. にもかかわらず叙情詩の形式を持ち, したがって「政治的現在」がそこにある. それは〈神話〉化されておらず再現的にも働きうる. つまり P2 でありうる. したがって論拠として用いられれば直ちに (狭い意味で論理整合的に) 一義的行為を要請することになりかねない. つまりほとんど倫理学になりかねない[26]. ディアレクティカの所産ではあってもフル・ヴァージョンのディアレクティカを保障しはしないのである. 後に Sokrates によって鋭い批判が浴びせかけられる所以である[27].

　もっとも, Simonides をこのように批判することは必ずしも正しくはない. 第一に, 叙情詩が箴言やモットーのように自己を読ませうるのは, もっぱら現在の切り出しに基づき, その偶然的な帰結であるにすぎない. つまり叙情詩の箴言 (或いは凡そ箴言) は文字通りに解されるべきではなく, パラデイクマ切り出しの遊びなのである[28]. あくまで M に属する. たとえ M2 たろうとも. 第二に, Simonides に関する限り, 確かに次章で述べる M—H (詩と歴史・哲学) 分節は十分ではないが, 言説の全体は良く突き放された内容の警句である. 様々な競技の機会に作られた祝勝歌[29]ですら (断片すら満足に伝わらないが) 神々と対比して勝者の限界を諭すものが中心であるように思われ, このジャンルを受け継ぐ Pindaros と Bacchylides の作品の内容からもこのことは傍証される. 極めて知的で透明度の高い追悼歌において, 人間の能力の限界を鋭敏に画して見せかつその与えられた天分を全うしたということを称えるその傾向は一層明瞭である[30]. Marathon, Thermopylai, Salamis で倒れた者達への墓碑銘[31]においても, 昂ぶることもなく当然のことをした者達への (おそらくはその行為の普遍的な価値についての) 自信に満ちた賛辞が送られる.

　かくして Skopas のための *enkomion* も, Danae と Perseus のための〈神話〉的現在の切り出し[32]と同じようにして読まれるべきである. Zeus の子を宿した Danae は生まれたばかりのその Perseus と共に追放になり, Thessalia に漂着するまで箱船で海のまにまに漂う. これに paradigmatique な機能を持たせて如何なる現在を切り出そうとしたのか不明だが, 独特のジェネアロジー

1　「政治的現在」　　　95

(Dx) のために孤立した母 Danae の波にあらわれる不安と恐怖，話しかける先の赤子の何も知らない無邪気な表情，これを見て不思議と確信に満ち落ち着いていく母，という一瞬の心理的機微がこれほど見事に表現されたとすれば，〈神話〉のレヴェルで新しい対抗関係樹立に自信を深めていたに違いない[33]．その対抗関係の中心には Danae-Perseus のようなアンバランスなジェネアロジーがあり，どのような経緯があるにしても赤ん坊の実在と笑みがあればこれから出発して他をひとまず後回しにせざるをえない，という確かさに比べられる何らかの基体が新しいパラデイクマの対抗関係の軸の向こうに見え隠れしているに違いない．

[1・4・1]　cf. Bowra, *GLP*, p. 74. 6 世紀の壺絵を圧倒的に支配するテーマとの符合については *ibid.*, p. 119 を見よ．

[1・4・2]　cf. Gentili, *PPGA*, p. 164 ("una continuità di tradizione poetica fra la citarodia aedica preomerica e quella stesicorea"). Homeros との差違が良く捉えられているが，Stesichoros は単にこのヨリ古い伝統に従っただけではない．

[1・4・3]　"Iliou Persis", Frr. 196-205 P.

[1・4・4]　Frr. 187-193 P. cf. Gentili, *PPGA*, p. 165ss.; N. Austin, *Helen of Troy*, p. 90ff.

[1・4・5]　Frr. 221-222 P.

[1・4・6]　"Athla epi Peliai", Frr. 178-180 P. Iason の敵たる Pelias のための葬送競技．

[1・4・7]　"Oresteia", Frr. 210-219 P.

[1・4・8]　Frr. 181-186, 206-207 P. 少なくとも三編が知られる．

[1・4・9]　"Eriphyle", Fr. 194 P. Thebai 攻めの一将 Amphiaraos に対する妻 Eriphyle の致命的な裏切り．

[1・4・10]　cf. Bowra, *GLP*, p. 89. "founding hero" を "culture hero" に置き換えれば現代の人類学の理論にも合致することとなろう．

[1・4・11]　Fr. 185 P. これに対して *SLG*, Fr. 17 は若干異なるテクストを伝える．

[1・4・12]　Fr. 10 G.-P. Mimnermos もまた，*elegeia* を「領域出身の兵士のための叙事詩」(Lydia に対する戦勝を歌う "Smyrneis") のために用い (cf. Bowie, Early Greek elegy, p. 28ff.)，同時に *iambos* による作品を残す．そして両者を通じて，Amorgos の Semonides の後を追って Homeros およびとりわけ Hesiodos の主題につく．D. Babut, Semonide et Mimnerme, *REG*, 84, 1971, p. 17sqq. は，Hesiodos の深いペシミズムがそのまま (とりわけ老いの必然の強調を介して) しかし却って日々の瞬間の輝きの追求に反転させられる，ディアクロニーをよく捉える．

[1・4・13]　Fr. 5 G.-P.

[1・4・14]　SLG, Fr. 15. cf. D. Page, Stesichorus: The Γερυονεΐς, *JHS*, 93, 1973, p. 151f.

[1・4・15]　P. Lille 76a (*Cahier de recherches de l'Institut de Papyrologie et d'Égyptologie de Lille*, III, 1976, p. 297).

〔1・4・16〕　col. II, vv. 20-24.

〔1・4・17〕　Fr. 286-288, 317 P. Fr. 286 における，流れる水の女性群像と，これを前にして暴力的不可避的に襲う恋慕の情，の生々しい対比を見よ（cf. B. Gentili, Metodi di letture (su alcune congetture ai poetici lirici), *QUCC*, 4, 1967, p. 178s.; M. Davies, Symbolism and imagery in the poetry of Ibycus, *Hermes*, 114, 1986, p. 399ff.）.

〔1・4・18〕　Fr. 282 P. cf. Bowra, *GLP*, p. 253ff.; Gentili, *PPGA*, p. 163ss.

〔1・4・19〕　Frr. 346, 396 P.

〔1・4・20〕　Frr. 359-360 P.

〔1・4・21〕　Fr. 388 P.

〔1・4・22〕　Frr. 428 P.

〔1・4・23〕　cf. Bowra, *GLP*, p. 308ff.

〔1・4・24〕　Fr. 542 P. cf. Bowra, *GLP*, p. 326ff.

〔1・4・25〕　cf. Bowra, *GLP*, p. 332; L. Woodbury, Simonides on $\alpha\rho\epsilon\tau\acute{\eta}$, *TAPA*, 84, 1953, p. 151ff. Woodbury は Pittakos 引用のディアクロニクな意義をよく捉えるが，テクストの主要な典拠たる Platon の "Protagoras" における Sokrates の解釈態度のニュアンスにつき，十分に敏感でない．1-4-27 参照．

〔1・4・26〕　cf. Gentili, *PPGA*, p. 96. 後世の伝承において Simonides が「ソフィスト」の原型と捉えられることについては，cf. J. M. Bell, Simonides in the anecdotal tradition, *QUCC*, 28, 1978, p. 77ss. ちなみにこの研究は Simonides という屈折体のディアクロニクな分析を意識的に行う．Simonides が新しい〈二重分節〉の社会構造の中で詩作を行ったこと，したがって対価の問題を発生させ，*tyrannos* の "commission" への依存とそれからの離脱（誰のためにも書くこと）の道を切り開いたこと，しかし5世紀末に対価のメカニズムがデモクラシーの政治構造を却って寡頭政的に硬直させ，またこのメカニズムが「ソフィスト」による「直接に作用する，したがって売れる」パラデイクマの発信（倫理学）と結びつけられて論争を呼ぶ，そのときにそのイメージが遡及的に Simonides に帰着し，その破片が「貧しく，金銭のために詩作する」という逸話に結晶すること，等々のことをその分析は示唆する．

〔1・4・27〕　Plat. *Protag.* 339A-346D. cf. Gentili, *PPGA*, p. 96f. Sokrates が，少々過剰な philologisme で Simonides のテクストを救うにもかかわらず，その内容を大いに皮肉っていることは否定できないと思われる．ただし，Gentili が直ちに Platon の「反 Simonides」に結びつけるのはやや性急である．Platon の悪意ある利用とは別個の層として，Sokrates の極めて意識的な philologie 強調および一層繊細な突き放しが認められる．cf. II・4・8・3.

〔1・4・28〕　Bowra, *GLP*, p. 312ff. は "mockery" を強調する．向けられた対象への揶揄ばかりでなく，これを自分の詩行に跳ね返らせる術を心得ていた，と言うことができる．

〔1・4・29〕　Frr. 506-509 P.

〔1・4・30〕　特に Frr. 541, 579 P. 他に Frr. 520, 521, 523, 525, 526, 527 P.

〔1・4・31〕　Frr. 90ff. Bgk. この点で重要であるのは，1992 年に P. Parsons によって初めて公刊された POxy3965 である．M. West, *Iambi et Elegi Graeci*, II, 2ed., 1992 に直ちに収められ，特にその中で（他の断片からの補いを含めて）Plataiai での戦死者を讃える *elegeion* が，それまでに

はなかった分量の断片として浮かび上がることになった（cf. I. Rutherford, The new Simonides. Toward a Commentary, in : D. Boedeker, D. Sider, edd., *The New Simonides. Contexts of Praise and Desire*, Oxford, 2001, p. 33ff. テクストも同書の Sider の校訂による）．一方で Herodotos の記述と比較される内容を持ちながら（cf. F15 W²），他方でむしろ叙事詩を思わせる *proemium* を有する．Achilleus の死は一見パラデイクマとして機能するように見える（A. Aloni, The proem of Simonides' *Plataea* Elegy and the circumstances of its performance, *ibid.*, p. 98）が，直ちに詩行は Nereides ないし Thetis に移るや歌い手自身とこれを助ける Mousa へと大きく反転し（cf. D. Obbink, The genre of *Plataea*. Generic unity in the New Simonides, *ibid.*, p. 69），Sparta の〈神話〉的ジェネアロジーを交えて Pausanias の Sparta 軍発進が記述される．pragmatics をよく意識した Aloni の分析（*op. cit.*）が明らかにするように，Sparta の "commission" に基づくものでありながら，この作品は第一に個々人の行為の意義を多くの墓碑銘と同様に汎ギリシャ化するものであり，しかも第二に Achilleus モデルから意識的に距離を取って事績を個人化ないし個別化するものである．Aloni 等が問題とするジャンルの奇形性はこのことの帰結である．即ち，*elegeia* の一種でありながら公的なパーフォーマンスを前提とする．こうして叙事詩に接近するが，他方，再び積極的にこうして M が追求されるときに M1 と M2 の区別がまだ曖昧で，かくして M—H の分節がなされない，したがって M1 のように読める，ことにもなる．全体として H に近く，*proemium* の Achilleus 云々は〈神話〉の新しいヴァージョンではなく，政治的現在切り出しの記号であるにすぎない．明らかに，Simonides は，〈神話〉の再構造化によりは，現実的素材にディアレクティカの基本を適用して素材たる現実を再構造化することに，関心を有したのである．

〔1・4・32〕 Fr. 543 P. cf. Bowra, *GLP*, p. 336ff. この図像は 5 世紀初頭 Athenai の赤絵式陶器において或る種の流行となる．

〔1・4・33〕 "pathos" や "madonna" 風の絶賛に異議を唱え，断片たることに幻惑されずに脈絡を復元しつつ読もうとする P. A. Rosenmeyer, Simonides' Danae Fragment reconsidered, *Arethusa*, 24, 1991, p. 5ff. の字句の解釈が最も繊細である．脈絡があってこそ，Danae の言語がそもそもどこへもとどかない，というレヴェルの切断感がはっきりする．

2 〈神話〉の再構造化

2·0 序

〈神話〉の上に儀礼がのり，儀礼の上に「政治的現在」がのる，という政治システムの厳格な組立を逆手に取って，この分節をディアクロニーのために用いる，という叙情詩の着想は，5世紀前半一杯に活動期が広がる Pindaros と Bacchylides の詩作においてさらに大きく発展せしめられ，一個の到達点を迎えることとなる．もし Simonides が M1—P1 の全体を素材（かつての M0）としてディアレクティカを行い M2（かつての M1）を導出した，すなわちその限りで（M1→M2 という）ディアクロニーを意識した（但しその内部で M1—P1 の分節は積極的な意味を持たず，この M1 に対応する狭義の M2 は形成されない），Homeros と構造的に同じことをした，とすれば，Pindaros と Bacchylides はさらに進んで，M1—P1 の成り立ちと分節自体にメスを入れ再構造化することを開始したのである．

すなわち，彼らはまず第一に，極めて意識的に，他のパラデイクマと厳格に区別された〈神話〉それ自体にもう一度手を加えようとする．しかも，この新しいヴァージョンの〈神話〉によって何か新しい特定の儀礼的現在を呼び出そうというのではない．Simonides が結果として獲得したそのディアクロニー自体を初めから中心的なねらいとするのである．ならばむしろ同一の儀礼的現在を軸として固定し新しいヴァージョンの〈神話〉を呈示する方が効果的でさえあるだろう．その儀礼の向こうに既に〈神話〉化 M0→M1 が有るとすれば，既存のパラデイクマ一般としてではなくまさに〈神話〉としてのこれに働きかけ，ディアレクティカを施す．すると，ディアクロニクな作業として，M0→M1 に対して M1→M2 を以て換えるという paradigmatique な知的営為が現れて

2 〈神話〉の再構造化

くる.この結果,M1→M2 という〈神話〉化が M0→M1 という〈神話〉化とディアクロニクに対抗するヴァージョンをなす,ということになる.つまりこの意味において二重のディアレクティカである.かくして,Simonides におけるのと異なって,ディアレクティカの帰結は現実のパラデイクマではありえないばかりか,その論拠としても使えない[1].いわば二重に括弧で閉ざされるのである[2](P2—M(H—M2)).作業は M1—P1 の全体にではなく初めから鋭く区別された M1 にのみ関わる.

第二に,彼らにとって儀礼は一種の pretext であるにすぎない.新しい〈神話〉は儀礼に対してのみ作用するというのでない[3].儀礼をディアクロニーのための障壁としてのみ利用しているとさえ言うことができる.事実,解釈者は〈神話〉と儀礼の内容上の関連を謎として苦しみ,関連を否定したり[4],極めて些末なところに求めたりする.これはむろん正しい方法ではなく,paradigmatique な関係を深いところで追求すべきである.しかしそうすればそうするほど,両者は屈折体即ち社会構造のレヴェルでしか関連していないことが明らかになるように思われる[5].Pindaros と Bacchylides のねらいは端的に〈神話〉のディアクロニクな再構造化である.それはまた,パラデイクマの新しい対抗の有様を通じて,新しい社会構造を意識的に確立しようとする試みである.つまり,社会構造自体が初めて意識されたのである.むろん,或る意味でHomeros もこれを意識しなかったわけではない.しかし,間接的にせよ政治的パラデイクマに繋がらないディアレクティカというものは想定されていなかった.ところがここでは,初めから社会構造にのみ働きかけるディアレクティカが意識的に追求されているのである[6].かくしてわれわれは,叙情詩が前提する儀礼的現実と〈神話〉の関係さえも屈折体を経由せずには解読できないということになる.結果として広い意味の paradigmatique な関係を読みとりうる場合がある.しかしそれはしばしば捻れている.即ち,たとえば競技の勝利者を称えるはずが,却って鋭い警告や皮肉になるのである[7].儀礼的現実,およびこれと syntagmatique に関連する現実,を貫通するパラデイクマの対抗関係ないし屈折体と,〈神話〉が鋭くディアクロニクに弁別するに至った高次の(複雑型の)パラデイクマの対抗関係ないし屈折体,この両者のレヴェルに至ってようやく符合関係が現れるのである.

Pindaros についてわれわれは初めて叙情詩の作品全体のテクストを持つことになるが，これらはほとんど全て，都市間の連節に関わる「国際的な」大神殿の「国際的な」競技会での勝利を称えるものである[8]．競技は儀礼的な戦いであり，かつ単なる儀礼ではなく，儀礼の再現実化の形態である．たとえば部族形成ないし首長制の儀礼では，X の娘を同族の x と外から来た a が争い a が勝利するという神話が再現される．a が勝つことは決まっており，x が勝てばスキャンダルである．しかし競技では誰が勝つかは決まっていない．もっとも，それが首長に関するならば緊迫するが，所詮〈神話〉にしか関わらない．両者が対等に戦う儀礼的瞬間が〈分節〉をもたらすにすぎない．即ちフェアプレーをはさんで両者の相互尊重と友愛が歌われることになる．勝利を祝すことは儀礼が要求する事柄であるが，しかし首長に対すると異なって，一方的なものにはならず，しばしば勝ち誇ることを戒める内容となるのも当然である．しかしとにかく勝利は，諸々のポリスの政治システムの〈分節〉頂点として「国際的に」認知されたということを意味する．つまり「王達」の一員として承認されたということになる．

　もちろん各ポリスにおいても競技会は存在し，したがって Olympia, Delphoi 等の独立の「国際的な」神域の儀礼の内部で敢えて盛んに競技会を催すことの意義は，これらの神域の存在意義とともに到底単純ではない．しかし各ポリス内での儀礼の再現実化が厳格な政治的パラデイクマの規制のもとに置かれなければならないのに対して，Olympia や Delphoi ならばこうした制約を免れる．選挙における勝利によって与えられる政務官の権力はまさに「再現実化」に負う分警戒されるが，ポリス外の競技での勝利が個人に威信を与えたとしても，その者はポリスに帰ればその威信とは独立の政治システムによって権力への道を遮断される．競技は宗教との関係で勝者を神々に服せしめ，敗者を勝者に服せしめるが，ポリス外ならばこれも有害でなく，他方ポリスの権力に対して〈分節〉頂点の独立を保つというのならば，「国際的な」競技会への個人としての参加は，一つの防護壁となりうる[9]．

　要するに，競技という儀礼が置かれた脈絡，その周辺におけるパラデイクマの発生の仕方，特に〈神話〉の屈折の仕方を分析すれば，〈分節〉の具体的様相が検証できるはずである．しかるに，Pindaros と Bacchylides のねらいは，

2 〈神話〉の再構造化

明らかにこの〈分節〉の具体的様相を改変することであったと予想できる．主として修正された屈折の仕方を〈神話〉に与えることによって，政治社会を構成する独立の人と人との間の厳格な関係にもう一段高次元の形態を与えようとしたと予想できる．ならばそれがどういう形態であったか検証することが以下本節の課題であるということになる．

さらに言うならば，競技という儀礼の特殊な性格は，実はこの新しい形態にとって殊更相応しいものであった．政治システム外であるというばかりでなく，勝ったり負けたりの立場の入れ替わり，本来危険である枝分節に接近するこのメカニズムが涵養するメンタリテイー，がとりわけ新しい〈分節〉形態に適合的だったのである．

とはいえ，Pindaros と Bacchylides が全くゼロから新しい屈折体を準備したというのではない．もちろん，Homeros が築いた〈神話〉に徹底的に密着し，絶対に他の神話を使ったり勝手な創作をしない，ということは大きな特徴であり，言うまでもなくこのことは彼らが保守的伝統的思考の持ち主達であったということでは全くなく，ディアクロニーをするという作業の目的によって決定された事柄であったが，しかしその M1 の修正作業自体，既に Pindaros と Bacchylides 以前に少なくとも若干のことが準備されていたのである．

[2・0・1] Pindaros や Bacchylides も *gnome* を巧みに組み込むが，Simonides におけるようにそれが詩の要点となり強い思想的メッセージを残すということはない．M2 のカウンターパートとしての儀礼的現在の内部で括弧に括られもう一段留保されているのである．かくしてそれはしばしば皮肉であり，また作品内部の分節のためのステップであるにすぎない．

[2・0・2] P—M というジャンル間分節が単純に P1—M1 から P2—M2 へと換わるのではない．まず P1—M1 の全体が M に取り込まれる．P2—M (P1—M1) となる (Simonides)．しかしさらに，P2—M (P1—⟨M1→M2⟩) という分節的な変換を施す．結果，M (P1) は分離されて後述の歴史学 H に，M ⟨M1→M2⟩ も分離されて，M2 そのものになる．これが Pindaros の〈神話〉であり，つまり二重に各個で括られているとした所以である．

[2・0・3] 1960 年代以降の Pindaros 解釈の学説史は，いわゆる Bundy 学説によって強く刻印されているかの如くに見える．1962 年に E. L. Bundy の二つの小冊によって宣言された解釈の方法は，他分野から見れば不思議なほど決定的にその後の議論を支配し続ける（現在では，E. L. Bundy, *Studia Pindarica*, Berkeley, 1986 という合冊で読むことができる）． "We forget that this is an oral, public, epideictic literature dedicated to the simple purpose of eulogizing men and communities; that these eulogies are concentrated upon athletic achievement; that the environment thus created is hostile to an allusiveness that would strain the powers of a listening audience, hostile to personal, religious, political, philosophical and historical references that might interest the poet but do nothing to enhance the glory of a given patron, —— " (p. 35). 明らかに，第一にこれは季節はずれの New Criticism に他ならない．その要点は「歴史主義」の一掃である．テクストの外に一旦降りてそこに決定的徴表 X を求め，これを論拠としてテクストの解釈を決定する，そのような方法の拒否である．19 世紀の実証主義の方法の拒否でもある．したがって内面でロマン主義の芸術観（H. Lloyd-Jones, Modern interpretation of Pindar : the second Pythian and seventh Nemean odes, *JHS*, 93, 1973, p. 109ff. は Bundy に共感しながらも適度な距離を取ることを勧める，その視角から Bundy 学説登場の巨視的な背景をよく捉え，これを "the romantic and historicist approach" と呼ぶ）と繋がっている部分の批判である．詩人の生涯と自己表出過程からテクストを説明しようとする中で伝記的歴史的探求が始まる．これらの解釈の陥る些末主義を批判する時にテクストの外を拒否するのは或る意味では理解できることである．しかしそれで問題を解決しえないことも自明である．にもかかわらずそのような方向が採られたとすれば，そのことは，Bundy 学派が方法に関してほとんど理論的省察を欠いたことと関係していよう．何を攻撃しているのか，そのどこに問題があったのか，ということを自覚せずにテクストに戻ったのである．さて第二に，テクスト外の拒否の根拠とされたのは儀礼であった．言説が儀礼の中に囲い込まれていることが pretext とされたのである．確かに儀礼という障壁が意識的に使われていることは疑いない．もっとも彼らは，ならば儀礼という事象の次元にメスを入れるかというと決してそうではない．したがって障壁をただ文字通りに受け取っただけというナイッフな点の有ることは否定しがたい．障壁自体の説明は断念したのである．とはいえ，明らかにここには New Criticism と Ritualist の間の思わぬ接点が有る．つまり，反実証主義の大きな戦線を繋ぐのでなかったら決して Bundy 学説はこのように critics の心を揺すぶることはなかったであろう．少なくとも 70 年代以降 Ritualist のアプローチは新たな発展の局面を迎える．Burkert, Calame, Nagy 等々の名を列挙することができ，Speech Act 論から（構造主義に対抗する）pragmatics 重視の方法，したがって Wittgenstein まで視野に収める．しかしこれをさらに逆に言えば，こうした新しい Ritualist もまた「儀礼によって」説明しはしても「儀礼をも」説明しえてはいない，ということになる．彼らが実証主義の些末な部分を批判した時に射たのは実は実証主義の antiquarian な部分であった．しかし丁度実証主義批判の社会学が自身 antiquarian な思考に退行してしまうように，Ritualist の論者達もしばしば極端に antiquarian になる．しかも実証主義と異なって秘儀的神秘の傾向を帯びる．だからこそ Bundy 学派は謙抑にも儀礼すらも扱わない，とさえ言うことができる．それでも，Pindaros のテクストのスケールと魅力を著しく損ねる解釈を提示することには変わりない．この点を唯一的確に批判するのは Urbino の学派であり（cf. P. Giannini, Interpretazione della Pitica 4 di Pindaro, *QUCC* n. s., 2, 1979, p. 35ss.），Bruno Gentili の作品にはこうした方法論的批判が織り込まれている（但し Giannini, *op. cit.* などは方法論的批判が正しくとも分析に成功するとは限らないことの見事な実例になっている）．

〔2・0・4〕 そうした立場の最新ヴァージン（P. Veyne）につき，B. Gentili の以下の批判は礎石として極めて重要である．B. Gentili, Introduzione, in : *Pindaro, Le Pitiche*, Milano, 1995, p. xvi-xvii : "——la perentoria affermazione che il mito non svolge alcuna funzione sociale perché privo di un vero e proprio messaggio di valori : esso stabilirebbe soltanto una allocuzione di elogio nella quale il poeta occupa una posizione dominante, rivolgendosi all'uditorio come dall'alto di un piedistallo, e può proprio per questo onorare il vincitore e innalzarlo fino a lui. Pindaro in sostanza farebbe sfoggio di miti completamente svincolati dall'occasione e dal laudando, per affermare la sua superiorità su un pubblico stupito e credulo. Ma una lettura attenta di Pindaro porta a conclusioni totalmente diverse. ……Sul tessuto che la tradizione epica o tradizioni orali di miti locali gli offrivano, il poeta corale costruiva il suo discorso scegliendo di volta in volta l'episodio più appropriato alla ceremonia cui era destinato il canto, istituendo così un nesso con la persona, o città, o divinità da celebrare. Un nesso che doveva apparire perspicuo perché assumesse valore paradigmatico per l'uditorio. In questo processo di selezionare e di adattamento, il poeta reinterpretava il mito ponendo in rilievo l'impresa eroica più rispondente all'occasione e omettendo l'episodio che la convenienza pratica suggeriva di tacere."

〔2・0・5〕 現在最も成熟したものと見なしうる Gentili の方法でさえ，パラデイクマに関する基礎理論ととりわけ（彼が正当にも視野に入れる）社会構造についての理論的な探究が十分でないように思われ，実際の解釈はしばしば paradigmatique な関係の同定にやや性急である．もっともこれは，パリ学派の功績にもかかわらず，歴史学の側の責任である．

〔2・0・6〕 かくして，初めて儀礼的現在をさらにその外から見ている，そしてその位置から「称える」，「私」＝詩人が言説の中でくっきりと打ち出される．"bardic I" とはまた異なる屈折した詩人自身のテクスト上の presence を的確に描き出した分析として，M. R. Lefkowitz, *First Person Fictions. Pindar's Poetic "I"*, Oxford, 1991, p. 35ff. を挙げることができる．言わば絵の中に風景を見ている画家本人を書き込む手法である．これにより，称えられる儀礼的現在自体が，一瞬時間が止まる凝縮した場面から，問題のある，角度のついた光線に浮かび上がり突き放された，場面に変わる．この「私」は，したがって叙情詩固有の（瞬間の切り出しのための）「私」とさえ異なる．

〔2・0・7〕 Gentili, *PPGA*, pp. 153-202 は Pindaros のこうした面についてずば抜けた分析を示す．直接には "new criticism" を，しかし構造主義をも間接的に標的にしつつ，"una critica, che tende a svilire e a ridurre il messaggio del poeta corale a mera poesia convenzionale, celebrativa o di intrattenimento. Una critica paga di reperire stilemi, luoghi e sentenze comuni, ma disattenta nell'individuare la funzione e il significato del mito in rapporto alle specifiche occasioni e situazioni di canto" を徹底的に批判して次のような方法を提案する：" La "competenza" necessaria per comprenderlo investe una pluralità di codici, linguistico, antropologico, sociologico, che esigono un'attenzione costante alle categorie mentali, agli schemi di comportamento, ai modi della comunicazione e ai referenti teorici e culturali, siano essi politici, filosofici, artistici, letterari. Potremmo allora chiederci se è lecito sbarazzarsi dei referenti che furono il supporto del fare poetico dei Greci, senza incorrere nel pericolo di formalizzare la lettura critica di un testo, prescindendo totalmente dal dato strumentale della sua realtà" (p. 153).

〔2・0・8〕 競技と称賛の政治的脈絡につき，cf. P. Angeli Bernardini, L'attualità agonistica nell'epinicio di Pindaro, dans : AA. VV., *Pindare*, Genève, 1985, p. 117sqq.

〔2・0・9〕cf. F. Bohringer, Cultes d'athlètes en Grèce classique: propos politiques, discours mythiques, *REA*, 81, 1979, p. 5sqq.

2・1 胎 動

　6世紀の人々が〈神話〉・M1・Homeros にどのように反応していたかということの検証は不可能に近いほど困難である．われわれの最も確かな出発点は既に見た Stesichoros のわずかな断片であり，かつこれ以外に有力な徴表というものをわれわれは持たない．しかし乏しい徴表は，第一に，同一系統の〈神話〉の多くのヴァージョンが執拗に追求され続けたということをほぼ確実に示す．一旦〈神話〉化されたものに継続的で注意深い関心が払われたということであり，ギリシャ世界では余りに当然のことながら，他の伝統社会にも近代にも見られない特徴である．しかし第二に，Homeros, Hesiodos から見ればテーマ選好バランスが大きく変わることも確かであり，Stesichoros の断片はまずこのことを雄弁に物語る．

　とはいえ，テーマの変化が他の何かの変化を直ちに告げるということではありえない．事実，Stesichoros に関する限り，M1 自体を改変しようという意図はほとんど読みとることができない．Homeros のディアレクティカを補完していくものであるにすぎない．他方しかし終点即ち5世紀のテクストの選好を取り上げてみると良く Stesichoros のそれと重なるのである．それらは周辺部を取り上げるだけでしかも結局は全体の構造変化に成功した，ということになる．するとわれわれが追求すべきことは，Stesichoros が選択した話のヴァージョンのその後の発展である．そこに何時どのような変化が生ずるかである．Stesichoros の知的作業が領域の問題に関わるということをわれわれは想定した．M1 全体の再構造化がいわば領域からスタートするということはそれ自身示唆的ではある．しかし同じくわれわれの想定によれば，そこで発生した動機は早々と「政治的現在」の表面に上昇し，ここ（Simonides）ではもはや〈神話〉は突き放され姿を消していくのである．かくして素直に叙情詩というジャンルを辿っても M1 再構造化への胎動は追跡しえない．この脈絡とクロスして言わば地中に沈む線の上にそれを辿るしかない．

　もっとも，既に述べたディアクロニーの準備の他に，〈神話〉の内容レヴェ

ルの変動のエコーが叙情詩の側に全く無いわけではない．それが既に述べた Ibykos の M1 に対する態度であり，そしてまた Simonides の若干の断片である．Simonides は明らかに（特にジェネアロジーについて）傍系の〈神話〉のヴァージョンを正すことをしている[1]．興味深いことに，この点で Simonides は $ἱστορίη$ を行ったとされ[2]，むしろ歴史学の発展と密接な関連を有するいわゆる mythographoi, logographoi の者達と同列に置かれている[3]．Xenophanes によって「神話」に対して全面的な懐疑の目が向けられたことの方に，Simonides の活動はより大きな近接性を有するであろう．凡そ彼がジャンルとして確立し甥の Bacchylides と Pindaros に伝えたその祝勝歌において，果たして彼が「神話」を用いたかどうか，定かではないが，一つの断片において伝わっているように，断片的な警句や simile の中で触れたにとどまったのではないか[4]．このような皮肉で冷静な用い方は〈神話〉を距離化すべく $ἱστορίη$ を施した結果であったに違いない．もちろんこの種の営為は，〈神話〉を組み替えよう，まして再建しよう，とするものではない．しかしながら，何故このような新しい意識が生じたのだろうか．様々なヴァージョンの間の整理・批判作業を必要とする意識の向こう側には，〈神話〉の諸ヴァージョンの対抗が大きな不連続線と（これを含む）複合性を獲得してきている事態が既に存在していたのではないか．

他方叙情詩の外側に認められる第一の徴表は，叙情詩のそれに比べると遥かに希薄な叙事詩の痕跡である．人名とタイトルそして内容要旨の一部が伝承される形でわれわれにその痕跡が遺されているにすぎず，叙情詩の場合と違って文言そのものの引用が遺らない．したがって韻文であったかどうか，韻律はどうだったか，すら定かではない．つまり初めから関心の持たれ方が異なる，敢えて言えば第二義的である，ということになる．初期の最もまとまった痕跡は Eumelos の "Korinthiaka" に関するものであり[5]，Korinthos の政治貴族 Bakchiadai のジェネアロジーに関わるものらしく，たまたま伝わる重要部分は，Iason と Medea の Korinthos への亡命後の話に触れる[6]．Bakchiadai から見て傍系の，領域の「部族」(phyle) 組織のジェネアロジーを確定するものであり，その位置づけおよび外に対する閉鎖とこれに対する都市貴族 Bakchiadai のヘゲモニーを確立しようとするものであった，と考えられる[7]．即ち Hesiodos

の，しかし正反対のヴァージョンにおける，パラデイクマである．身分制に関わるこうしたパラデイクマは，身分制が儀礼を生命とする以上，〈神話〉によってあらためて基礎付けられる必要があった．Homeros 後の叙事詩はかくして儀礼に関連する étiologique な性質を持つものであり，その限りでディアレクティカを免れ，したがって内容が直接利害に結び付いて争われる反面，価値が乏しいものとされる，すなわち深く社会構造を構成することに関わらない，こととなったと考えられる．

しかし或る段階からこれとは極めて性格の異なる「叙事詩」が登場する．全て "Iliados" との間に密接な syntagmatique な関係を持つパラデイクマで構成され，したがって "Iliados" が前提しているその前後の筋書きを再現したものに見え[8]，かくしてまた "Iliados" が依存したヨリ古い層を発掘したように見える[9]，そのような作品である．"Kyklos" という Homeros 補完連作かのように次第にイメージされていき，断片の他，ずっと遅い時代の Proklos の手によって集められ要約が遺された形式で今日われわれに知られる[10]が，むしろ，Homeros ないし政治成立革命に対する徹底した révisionisme，しばしば悪意あるおとしめ方，によって特徴付けられるようにさえ思われる．敢えて Homeros に話を重ねて来たこと，Homeros が排除した因果連鎖追跡を旨としたこと，は明らかに偶然ではない．事実，Homeros にとって重要なテーマがことごとく前後の因果関係の泥沼の中に沈められ汚損させられる．

たとえば，我らが Hektor, Diomedes は完全に背景に消え，Nestor はただ，Memnon に襲われた自分を助けて命を落とす息子 Antilochos を見守るだけという受動的な役割を果たすにすぎない[11]．Diomedes によるあの救済場面のほとんどパロデイーであり，連帯に換えて父のための犠牲，横ではなく縦の関係が強調されている．Odysseus は，Lesches の "Iliados Mikras"（「小イーリアス」）においてのみ木馬とともに輝く[12]が，他では（特に "Kypria" において）もっぱら醜態を曝す．Troia への遠征を忌避すべく狂気を装い，Homeros の知らない Palamedes という者に見破られ泣く泣く従軍する[13]．すると手の平を返すように手先となって残虐場面で手を下す汚い仕事を引き受け[14]，また Il. IX の大場面を茶化すような Achilleus の別の引き籠もりに対処してこれを呼び出す[15]．挙げ句の果てには奸計を巡らして無実の Palamedes を無惨に殺す[16]．

全て Palamedes 絡みで応報的な筋立てが編まれるのである（Palamedes は伝承上新しい層の符号とみなしうる）．さらに，最も盛んに取り上げられたと見られるのは，Aias と Odysseus が Achilleus 死後例の武具を巡って争い，敗れた Aias が自殺する，という話であり，Aias はこの他でも神々に対する不遜をはたらく粗野な人物となり果てる[17]．"Kyklos" の外でも，或る種の一般的傾向に従ってジェネアロジクな網が張り巡らされ，Telamon と Peleus は兄弟，つまり Aias と Achilleus は従兄弟とされるに至り，*mythographos* の一人 Pherekydes によって批判されねばならないことになる[18]が，あの "dual" で結ばれた崇高な「兄弟」が混乱した生のジェネアロジーに取って替わられたとも言える．その Oileus の息子 Aias もまた Priamos の娘で Athene の巫女 Kassandra を陵辱し汚辱にまみれる[19]．Achilleus ですら父 Peleus の結婚の前に影が薄く，新たに登場する Agamemnon の娘 Iphigeneia を Artemis のための犠牲に供するべく誘い出す結婚の相手という間の抜けた役柄を貰う[20]．ほとんど，あの大いなる拒絶のパロデイーである．かと思うと Amazones と戦い，Penthesikleia に目が眩む．ほとんど，Herakles への退行である．

　もちろんこれらのヴァージョンが全く恣意的な独創に基づくとは思えないが，しかし明らかに，共和的メンタリテイーを装備した政治的階層に対する中傷の機運が背景に感じられる．共和革命に対する *révisionisme* なのである．であるとすれば，6世紀後半の *tyrannos* の時代，*tyrannos* の周辺の知的活動に良く適合する．そしてこれらが単なる対抗でない「不協和の」亀裂をもたらしたであろうことは容易に想定される．Simonides や *mythographoi* が清算に乗りだしたのはこのような状況に対してであったと思われる．

　6世紀の状況に関する第二の重要な徴表は，言うまでもなく，特に Attika 黒絵式陶器の図像である．しかし全体像の把握が極めて困難である上に，pragmatics の確定，置かれた脈絡の再構成，が不確かであり，また画像表現はどのように様式化されていようともパラデイクマの分節の分析は容易ではない．これら全ての点について今後の研究の進展を待つ以外に無く，これら陶器が葬送・犠牲式等の儀礼に用いられたこと，儀礼を支える基本パラデイクマ〈神話〉がこれら陶器に描かれたこと，それらが全て Homeros の手になる単一の〈神話〉群に含まれて例外が無いこと，を言いうるにすぎない．この最後の点

は尋常ではなく，政治成立の土台に対する厳密な関心を物語る．が，ディアクロニックな分析に関する限り，さしあたりは専門家の観察の中に何か特徴的なことを探る他無い．

　第一に際立つのは，Dionysos が 580 年頃から現れ始め，圧倒的な主役の座に就くということである[21]．Peleus と Thetis の婚姻という人気のテーマに寄り添い，Hephaistos の復権を取り仕切り，もちろんやがて女性群像に囲まれるようになる．Dionysos は，われわれの Homeros においては Diomedes のエピソードのそのまたパラデイクマの中に辛うじて幼児として登場するにすぎなかった．ちなみに Thetis が属する女性群像 Nereides は海・魚のイメージとともに 570 年代から盛んに描かれるようになる[22]．第二はもちろん Herakles がもう一方の圧倒的な中心に躍り出ることである．既に 7 世紀から頻出するが，やがて軍事的役割を越えてほとんど全ての人々の一般的なメンタリテイーの基本形式となるかにさえ見える[23]．これと並行するように，Perseus もまた，7 世紀原 Korinthos 式の Medusa 退治から，Attika 黒絵式後期になると，母 Danae と現れるようになり，Simonides のあの情景に対応する一幅も存在する[24]．むろん Homeros に忠実なテーマも描き続けられたように見受けられる．がしかし第三に，Telamon の息子 Aias は，そうした側面の他，既に 7 世紀から自殺の場面（但し脈絡は不明）をしきりに描かれ，6 世紀末には Odysseus との争いも登場するようになる[25]．Oileus の息子 Aias の Kassandra 陵辱も 6 世紀後半黒絵式の一世を風靡するテーマである[26]．もっとも "Kyklos" との対応は一貫せず，たとえば Iphigeneia は悲劇に対応してしか頻繁には描かれなかったようである[27]．要するに，pragmatics の特殊性から来る要因を含めて，このジャンルでも〈神話〉の中の特殊なヴァージョンが偏った発展を示して観念構造に大きなひずみをもたらしていたと考えられる．

　以上全ての蓄積の背後に，そこに認められる屈折の背後に，どのような社会構造をわれわれが認識しうるか，ということがわれわれの課題であるが，同時に，これらの所与を整理して屈折を明確に方向付ける，そのようにして特定の社会構造を確立する，ことが Pindaros と Bacchylides の課題でもあったと考えられる．十全なテクストを目の前に有するのでなければ，このレヴェルに降りて分析を続行することは不可能である．以上述べた極めて断片的な徴表は

2 〈神話〉の再構造化

PindarosとBacchylidesのテクストをディアクロニクに分析する中で生かす以外にない．そうした仕方で6世紀の状況を不完全ながら逆照射する以外にない．

- [2・1・1] Frr. 545, 550, 558, 561, 562 P.
- [2・1・2] Fr. 547 P.
- [2・1・3] Fr. 548 P.
- [2・1・4] Fr. 509 P.
- [2・1・5] G. Kinkel, *Epicorum Graecorum Fragmenta*, Leipzig, 1877, S. 158ff.
- [2・1・6] Frr. 2-3 Kinkel; Frr. 3, 5 Bernabé (A. Bernabé, ed., *Poetarum Epicorum Graecorum, Testimonia et Fragmenta*. Pars 1, Stuttgart, 1996). cf. A. Moreau, *Le mythe de Jason et Médée*, Paris, 1994, p. 49sqq.. Heliosを出発点とする系譜はAietesからMedeiaまで至り，彼女がKorinthosを統治するが，生まれてくる子を次々とHera神殿に寄進してしまう（Fr. 5 Bernabé=Paus. II, 3, 10）．つまり領域の側に折角打ち込まれたcognatiqueな結節点を聖化し閉ざしそれ以上の外からのアプローチを遮断してしまう．とりわけそれはHeraklesを生むこと（Zeusからの求婚）の拒否である（*ibid.* =Schol. Pind. Ol. XIII, 74g）．この結果Iason自身の離反を招き，MedeiaはKorinthosを追われる．これにSisyphosの系譜が取って替わるのである．これらのヴァージョン群においてHesiodos流の領域閉鎖が非難されていることは明白である．Medeiaは指弾の標的である．と同時に（代償的に），領域との間の枝分節的関係を自らに禁ずるKorinthos貴族階層にも，このことを刻印する儀礼を樹立させる．Eumelosの外側に，しかし密接に関連して，そうした儀礼のétiologieが発達する．Hera神殿に逃げ込んだMedeiaの子供達を殺したのはKorinthosの女達であり，この穢れをそそぐために貴族諸氏は祭祀に仕える子供達を提供し続ける，というのである（Schol. Eur. Med. 273 ; Paus. II, 3, 7 ; cf. L. Séchan, La légende de Médée, *REG*, 40, 1927, p. 263sq.）．このヴァージョンには一層明確に屈折体が刻まれているが，ちょうどこれをバネとするが如くに，新しい対抗関係の萌芽が生まれる．このヴァージョンに対抗すべくDidymosが援用する，SamosのKreophylos（Schol. Eur. Med. 274=F9 Bernabé）に至って，Kreonを殺したMedeiaがHera神殿に託した子供達を，Medeiaではなく追っ手が殺したにもかかわらず，これをMedeiaの手によるものとする話がKorinthosの人々によって流布させられた，ということになる．既にEuripides（*infra*）に繋がっていく動機が芽を吹いていると見られる．
- [2・1・7] Fr. 4 KinkelはOkeanosの娘達の部族的分布，Frr. 5-6 KinkelはSisyphos-Neleusの系譜の分布，に関わる．

Medeia処遇問題は結局Argonautes処遇問題であり，Melampous処遇問題に似る．Iasonのexploitに再脚光を浴びせるのはこうした処理に対する大きな再逆転を意味する．興味深い裏付けはEtruriaからやって来る．このディアクロニクな逆転と並行して，それを乗せた黒絵式Attika産陶器がそこへ渡ると，exploitにおけるMedeiaの決定的な役割を強調する派生ヴァージョンを産み出す（A. Pontrandolfo, E. Mugione, La saga degli Argonauti nella ceramica attica e protoitaliota. Uso e rifunzionalizzazione di un mito, dans : AA. VV., *Le mythe grec dans l'Italie antique. Fonction et image*, Roma, 1999, p. 329sqq.). 領域からの抵抗形態がおそらく〈分節〉そのものへの抵抗形態 (acculturation) に転化するのである. 巡り巡って Euripides においては（後述のように）Medeia の抵抗は全く違う意義を獲得する. これが Kolchis に投影されて Apoll. Rhod. IV, 155ff. における Medeia 中心の画像に戻り, 構造変動後の南イタリア・ギリシャ都市におけるヴァージョン対抗の一翼と対応するのである.

〔2・1・8〕 紀元前2世紀の Alexandria で Homeros のテクストの校訂が行われ註 (scholia) が付された時にこのジャンルが盛んに利用され, その後は一種の vulgata として Homeros に登場する話と（話としては）一括りにされるようにもなっていく. この点, scholia 自身が Homeros と「その後」の作者の間の落差を鋭く意識していることを論証し, Homeros 解釈に「その後」の作者のヴァージョンを混入させることを批判した, A. Severyns, *Le cycle épique dans l'école d'Aristarque*, Liège, 1928, p. 31sqq. の分析が参照さるべきである.

〔2・1・9〕 この種の素材発掘 (W. Kullmann, *Die Quellen der Ilias*, Wiesbaden, 1960) が転倒した作業であることについては POL III・4・0・3・2 参照. 原素材を感じさせるというよりは付加的なヴァージョンである. もちろんその場合にも全く何の素材もなかったということはありえないが.

〔2・1・10〕 T. W. Allen, *Homeri Opera V*, Oxford, 1912, p. 93ff. cf. M. Davies, *The Epic Cycle*, Bristol, 1989, p. 6ff.

〔2・1・11〕 W. H. Roscher, *Ausführliches Lexikon der griechischen und römischen Mythologie*, Leipzig, 1897-1907, III, coll. 296f. このニュアンスは Proculus の要約からではなく, Pind. Pyth. VI, 28ff. 等に見られるエコーから推定されるにすぎないが, 他方, これを "Iliados" における「Antilochos の Nestor 救済」エピソードのソースとする根深い学説傾向は, 連帯と犠牲ではパラデイクマが全く違ってくるという対抗関係に気付かない.「犠牲」は非難の嚆矢であり, しかしローマに渡って美談に再転化する (cf. Davies, *The Epic Cycle*, p. 56).

〔2・1・12〕 Allen, p. 106.

〔2・1・13〕 Allen, p. 103.; Roscher, III, col. 615. E. D. Phillips, A suggestion about Palamedes, *AJP*, 78, 1957, p. 267ff. は, Palamedes の反＝非＝後 Homeros 性を一致して認める通説に対して,「ミノア文明の諸特徴」を Palamedes にダブらせて伝承の古さを主張するが, 首を傾けさせるアプローチである.

〔2・1・14〕 たとえば "Iliou Persis" における幼い Astyanax 殺害につき, Roscher, III, col. 624.

〔2・1・15〕 Apoll. III, 13, 8; Roscher, III, col. 616.

〔2・1・16〕 Allen, p. 105, p. 124 (=Paus. X, 31, 2); Roscher, III, col. 618.

〔2・1・17〕 Allen, p. 106; Roscher, I, coll. 126f. cf. W. Rosler, Formes Narratives d'un mythe dans la poésie épique, la poésie lyrique, et les arts plastiques: Ajax de Locres et les Achéens, dans: Cl. Calame éd., *Métamorphoses du mythe en Grèce antique*, Genève, 1988, p. 201sqq.

〔2・1・18〕 F60 FGH3 Jacoby. vgl. Roscher, I, col. 110.

〔2・1・19〕 Allen, p. 108.

〔2・1・20〕 Allen, p. 104.

〔2・1・21〕 Th. Carpenter, *Dionysian Imagery in Archaic Greek Art. Its Development in Black-Figure*

Vase Painting, Oxford, 1986. 580 年頃から Sophilos そして Kleithias の作品 (François Vase) に Dionysos は登場し始め,最初に「主役」をつとめるのは「Hephaistos の帰還」の場面においてであるという (p. 13ff.). 540 年頃,Aphrodite と共に登場するのをやめて女性群像がつき従うようになる (p. 29).

[2・1・22]　AA. VV., *Lexicon Iconographicum Mythologicae Classicae* [*LIMC*], VI, 1, Zurich, p. 785ff.; nrr. 254ff.. Peleus と Thetis の結婚,Achilleus の武具,葬送が主たる場面であり,悲劇におけるような一般的な "basso continuo" としての地位はまだ有しないように見える.

[2・1・23]　Fr. Lissarague, *Vases grecs. Les athéniens et leurs images*, Paris, 1999, p. 156sqq.; M. Schmidt, Iconografia del mito, in: AA. VV., *I Greci. Storia cultura arte società*, 2, II. *Definizione*, Torino, 1997, p. 871ss.. Schmidt によれば,Athenai では 5 世紀に入ると Herakles はその役割を Theseus に取って替わられる. Sparta 等との間に領域の構造のコントラストが明確になることのコロラリーである (*infra*). なお,Attika 産陶器上の Herakles の注意深いクロノロジーを前提として南イタリアにおける Herakles の登場とその濃淡に関する優れた分析が L. de la Genière, Essai sur les vehicules de la légende d'Héraclès en Occident, dans: AA. VV., *Le mythe grec dans l'Italie antique*, p. 11sqq. に見られる. ただし,"un individu valorisé par son héroisme——l'effacement progressif des hiérarichies sociales——le chemin vers la démocratie" としても,濃淡はこれに対応しているのではない. Sparta に色濃く,Kroton 後背地で影が薄い (cf. *infra*),後者では Philoktetes (!) がそれに替わる,とすれば,こうしたヴァージョン対抗は構造変化の方向のヴァージョン対抗と微妙に関係しているに違いない.

[2・1・24]　*LIMC*, VII, 1, 1994, p. 332ff. Medusa と現れる類型につき p. 345,「Simonides の画像」は nr. 83,460 年頃の赤絵式である.

[2・1・25]　*LIMC*, I, 1, 1981, p. 312ff. Schmidt, Iconografia は,6 世紀において,見事な「Aias の死」の場面を含む多くの素材が "Ilioupersis" の諸テーマに一致することを指摘する.

[2・1・26]　*LIMC*, I, 1, p. 336ff.

[2・1・27]　*LIMC*, V, 1, 1990, p. 709 (L. Kahil) は「原アッティカ式」nr. 2 につき Iphigeneia たる確証がないと慎重で,Stasinos の "Kypria" が Iphigeneia を,Arktinos の "Ilioupersis" が Polyxene を,描いたにもかかわらず,これらのシーンはほとんど描かれない,とする.

2・2　Aiakidai の impasse

　Aiakos は Achilleus の祖父であり,Homeros はこれを Zeus の系譜に立たせる. 河の系譜の諸将を次々に倒す Achilleus は彼らに対して自分の系譜を誇るが,Homeros は前後の一連の詩行を空と水の鮮やかなコントラストで彩る. もっとも,Achilleus に付き従う Myrmidones は主として河の系譜を引くということをわれわれは見た. しかるに少なくとも Aigina では,一方で早くから Aiakos の系譜は身分制を少なくとも神話的に基礎付けたと思われ,Pindaros

はAignaの貴族が各種競技会で勝利を収めれば〈神話〉部分にもっぱら Aiakosの系譜の者達 Aiakidai を立たせる．他方後代になると何と Aiakos 自身が河の系譜に立つこととなる．即ち Asopos という河の娘 Aigina と Zeus の間に Aiakos が生まれたというのである[1]．たちまちにしてわれわれは Homeros の対極に連れ去られる．

ペルシャ戦争において Aigina はペルシャ側につき，その理由につき Herodotos の不朽の分析[2]を後世に遺すこととなるが，直近の Salamis での海戦におけるギリシャ側大勝利の記憶[3]がまだ極めて新鮮な年代（478 年？）を持つ Isth. VIII は，Aigina 出身の Kleandros という者が Isthmia での "pankration" 競技（総合格闘技）においてかちえた勝利のために歌われた．Pindaros は〈神話〉の部分にここでも Aiakidai を立たせるが，中心は Aiakos の息子 Peleus と女神 Thetis との間の婚姻である．Homeros において，この婚姻はむろんそのジェネアロジクなアンバランスによって Achilleus の破壊力を生み出す源泉である[4]．しかし Homeros はこの syntagmatique な関係自体を問題とし叙述するということはしない．これは貴重な所与ではあるが，それが所与である以上問題の方は現在から未来に向かって解決しなければならない．ところが Pindaros にとっては，こうしたアプローチそのものが既に問題を孕むものである．問題の根幹はまさにこの婚姻に在る．その際もちろん Homeros が築いた部分を当然の前提とする．Achilleus は活躍すべきである．それはよい．しかし Peleus の結婚の部分に今や問題が生じたためにこれと syntagmatique な関係にある Achilleus の活躍が得られないのではないか．こうして Pindaros は婚姻自体の大胆な再解釈に向かう．Zeus と Poseidon の兄弟が Thetis を争う．Themis が仲裁をする．人間の Peleus に Thetis を嫁がせれば Achilleus が生まれて神々にとっても有益なことを行うが，Zeus ないしその兄弟が Thetis をわがものにすれば彼らを凌ぐ力を持った怪物が生まれて禍いをなすだろう[5]，というのである．

この Themis の言葉が詩の核心をなすのであるが，ここでは仲裁という格好の政治的現在[6]が〈神話〉レヴェルに転位されている．叙情詩はその切り出しに成功したということになる．儀礼の瞬間，勝利の後時間が止まり皆が称賛の歌に耳を澄ます時，これが逆に〈神話〉の一瞬の切り出しのために作用させら

れる．しかるに切り出しの目的は，一定の〈神話〉（〈神話〉化即ちディアレクティカ）の存在を前提としてそれをただ一点で精確に修正するということである．このためにはパラデイクマの syntagmatique な分節がどうしても必要になる．少し遡って新ヴァージョンを創造する，否，ほとんどヨリ詳細にする，精確にする，ということになる．したがってこの syntagmatique な思考は二重の〈神話〉化の必要に対応している．儀礼と叙情詩の機能的特性がさらなるヴァージョン分岐点の切り出しのために見事に利用されるのである．しかもこのさらなるヴァージョン分岐点への先送りによってディアクロニクな対抗は前提されてしまう（争うのでなく，ヨリ詳しく言っただけであるということになる）ために，サンクロニクな新しい対抗は以後この先送り先に限局される．

かくして Pindaros は瞬時にして同一のパラデイクマにつき全く新しい対抗を創り出す設定を行ったと解しうる．ジェネアロジクなアンバランスは一方が神々であってジェネアロジクな観点からしてゼロであることに基づいて生ずる．ところがここでは Zeus と Poseidon が争って泥沼に陥るというのであるから，枝分節，切断の有無，*clientela* の奪い合い，等々の全てが生じうる審級がここに一つ有る．*stasis* に陥ったり *tyrannos* が出現したり民衆 *demos* を支持基盤として奪い合ったりしうる審級とも解しうる．しかもこの審級でディアレクティカが行われて反射的に〈分節〉が達成される，などというのではもはやない．問題を解決したければ別の次元に赴かねばならないということが指示されるのである．そのことで却って「兄弟」の〈分節〉が再建される，と述べられる．Zeus と Poseidon の兄弟は，再現部（A—B—A'の A'，但し AA' が競技およびその脈絡，即ち政治状況等，B が〈神話〉）で *laudandus* の現実の兄弟関係への示唆に転換される[7]．これ自身もちろん寓意である可能性があるが，符合は余りにも明快である．要するに，Aigina の政治的階層，政治的現在が分裂して危機に陥っている；新しい状況に対応する新しい構造を獲得できないでいる；古いディアレクティカは無効である；ディアレクティカの素材（領域）の側に降りてやり直す必要がある；そこで一段構える；次いで Achilleus が少々新しい exploit を遂げる——．前提の操作によって新しい対抗関係を生み出すべく二つの階梯が用意される[8]．すると同じ Peleus のパラデイクマがどういう新しい緊張関係に曝されるか．Isth. VIII はまだ十分に明示的ではないが，

しかしこの新しいヴァージョン対抗関係によって新しい社会構造を築かなければ Aigina の政治的階層が政治を再建しえない，というのである．Isthmia での競技は政治システムにおける独立の主体たることを再認知させる権能を有するが，Pindaros はその認知を，儀礼を基礎付ける既成の〈神話〉に換えて，新しい構造を持った新しい政治成立基盤（パラデイクマの新しいヴァージョン対抗関係）を突きつけることを介して，条件付きでしようというのである．儀礼的現在はむしろ〈神話〉呼び出しの pretext であり，称賛は「建設的提言」によって取って替わられている．

しかし Aigina の貴族は Aiakidai 即ち Peleus ではないのか．否，それとも Zeus と Poseidon が貴族で，下層の Peleus との婚姻に開かれよというのか．そのように理解しうるとすれば，詩は寓意であるということになる．しかし Pindaros は明らかにこれを拒否すべく，Aiakidai の困難を Zeus 兄弟の困難にすり替えてもいる．換言すれば，上下というのでなく，あくまで二つの階梯が彼にとって重要であるということになる．二つの階梯はかくして互換的でありうる；あなたも明日は反対側かもしれませんよ，というのである．いずれにせよ Pindaros は兄弟のパラデイクマを響かせながら Aiakidai の困難を述べ続ける．それでいて，まさに二階梯から成る新しい舞台装置の効果によって，新しい屈折を創り出すのである．

恐らく既に 480 年代の前半，Pindaros は Aigina の政治的困難ないし Aiakidai の impasse に対して Peleus の新しい結婚を処方している．Nemeia での Pytheas の勝利に際しても歌われるのは Peleus と Thetis の結婚である（Nem. V）[9]．しかし〈神話〉的現在の核心は，結婚以前に（26ff.）Peleus が Kretheus の娘で Akastos の妻たる Hippolyte の仕掛けた悪意に満ちた誘惑の罠を辛うじて逃れる瞬間（33: "εὐθὺς……"）であり，その暁に初めて Peleus は Thetis と結ばれるのである．ここでは，Pindaros による対抗ヴァージョンの構築は，syntagmatique に切り出された極小部分について「但しここは Y でなく X」という対抗をつくることによってなされる．しかるに，Hippolyte の罠は Hom. Il. VI のあの Bellerophontes に対して Proitos の妻が仕掛けた罠の別ヴァージョンであり，Bellerophontes が Lykia で真の exploit を遂げて娘を獲得することによってしかその罠から逃れられなかったように，ここでも，

Thetis と結婚することによってしか Hippolyte から逃れられなかったということになる．もちろん Lykia でのことは Thetis の結婚とは大違いである．すると Pindaros は，一旦 Lykia の下敷を使ってパラデイクマを syntagmatique に分節し，かつ Bellerophontes との間の paradigmatique な関係によって先行の「Thetis との結婚」ヴァージョンに対してディアクロニクな variant を創って見せ，返す刀で Bellerophontes のパラデイクマに対してもディアクロニクな variant によって大きく隔たって見せた，ということになる．この最後の飛躍は若干のヴァージョンにおいてまさに Bellerophontes が失敗する点において，即ち真っ直ぐ天に向かって，なされる．Zeus が Peleus を助け（33ff.）「黄金の紡錘棒をかざした Nereus の娘達 Nereides のうちの一人と海深く結ばれるよう」（36: "$ποντίαν\ χρυσαλακάτων\ τινὰ\ Νηρεΐδων/πράξειν\ ἄκοιτιν$"）義兄弟 "$γαμβρός$" たる（ともなるべき）Poseidon を説得したのである．ジェネアロジーは特定されないが，父と婿のような cognatique な関係を通じての男子間親族関係が示唆される．Thetis に対して Zeus や Poseidon は同族として関わる．Peleus は既に確立されたこの階層と関係するのであり，闇雲に「優美な，身分有る」（26: "$ἁβρά$"）女（Hyppolyte）と関係するのではない，とされることになる．

　そもそも Aiakidai には今や Achilleus のみならず Aias が，したがって Peleus のみならず Telamon が収容されている．これらの者達はいずれも cognatique な関係を峻拒することを身上とした．ところが彼らは今やそうした関係に神経を使って入って行かなければならず，これに死命を制せられているのである．しかも Bellerophontes の exploit（破壊，動員，解放）の方向にではなく，父と婿のような結合関係を保つ方向にのみ限定的に cognatique な原理を働かせろというのである．他方，Nem. V はもう一つの負の〈神話〉的現在を有し，そこでは，さらにそれ以前兄弟たる Peleus と Telamon が彼らの母違いの兄弟 Phokos を殺害する場面が示唆され，しかも明示的に黙殺される（12ff.）．複雑な（特に cognatique な）ジェネアロジーを切断しそこから解放されてその外で（15: "$λίπον\ εὐκλέα\ νᾶ$-/$σον$"）新しい「兄弟」の関係を築く（二人の Aias!）；これがかつて政治をもたらした．しかし今や「兄弟」は cognatique な現実の中に引き戻されるのみならず，それを積極的に展開するよう

に迫られ，かくしてそうすることができなかった「暗い過去」が黒い影で Aiakidai を覆う．Pindaros はわざと歩を止めて（16: "Στάσομαι."）釘を差す[10]．かくして Aiakidai といえども Phokos を，したがって異なる cognatique な関係（いわば異母弟）を，その輝かしい「兄弟」の関係に見事包摂して見せなければならない．cognatique な結合関係を縦横に展開しなお互いに独立の政治的頂点である，というための条件は何であろうか．おそらく，Aigina の政治的階層は領域からの新しい分子の参入によって大きく亀裂を抱えていたのであり，少なくとも metaphor として「階層の違う父と婿の大きな和解」が要請されていた．A' の部分で Pindaros は勝利した Pytheas の母方の叔父の栄誉に盛んに言及する（43ff.）．不倶戴天の oncle maternel！（43: "μάτρως"）との間の兄弟の関係！ それを可能にすべく，全編で女性群像 Nereides に先導された海のイメージが横溢する．

　470 年代の半ば Pindaros は同じく Aigina のための Nem. IV において再び Hippolyte の奸計に戻る．Telamon と Herakles の協力[11]による expoit を叙述し始めた（25ff.）Pindaros は直ちにそれを中断して（33: "Τὰ μακρὰ δ' ἐξενέπειν……"「長大な話を滔々と聴かせるのは——」）海の錯綜（36: "βαθεῖ-/α ποντιὰς ἅλμα"）および奸計（37: "ἐπιβου-/λίᾳ"）という油断のならない世界への警戒を示す[12]．つまりそうした調子で歌い始めたならば原生的叙事詩の際限の無さに溺れてしまうというのである．そして，自分の詩作に対するこの罠と同じタームで Hyppolite のたくらみを述べるべく，歌の作用を地理的に遠くへ飛ばす（41ff.）．つまり Iolkos に飛んで（54）そこで〈神話〉的現在を構える[13]．これを経てようやく第三の〈神話〉的現在たる Peleus と Thetis の結婚が導入される（65ff.）[14]．ここでは堅固に二つの階梯が「再現実化」されている．神々が贈与と立ち会いによって二つの階梯が押しつぶされたり重ねもちになったりバラバラになったりすることがないように保障する．しかも最後にこの関係の限界について警告が発せられる（68ff.）．このように，完成された段階の叙情詩の美しさは何よりも複層的な〈神話〉的現在が織りなす立体幾何学に存する．その一つの層として現実の儀礼的現在，競技における輝かしい勝利，が寄与するのである．

　その複層性こそが，一方で cognatique な結合を押し進めつつ[15]他方で同時

2 〈神話〉の再構造化

に狡知を警戒するという，反対の原理を重ねて新しい意味を醸造することを可能にするのであるが，一切妥協の無い対決を身上として政治形成の土台を創ったHomerosの人物達は，こうなると当然困難な「歴史的妥協」を強いられることとなる．Nem. Vと同じ一族のために歌われたIsth. VIは，おそらく484年に遡るが，Nereides (6) に敬意が表された後，早くもAの部分で詩の名宛人を「二重の系譜」で同定する[16]．このことと，Bの部分 (26ff.) がほとんど平板なほどHeraklesとTelamonの賓客関係形成の由来に終始することとは関係する．Telamonの露骨な「接待」[17]に，掠奪物で身を包む[18]強力なHeraklesが応え，Telamonの息子Aiasの将来を約束する (52ff.)．Homerosから見ると実にグロテスクなこうした場面も異質な分子の連携のためには必要というのであろうか．A'の部分では，互いにcognatiqueに結び付いた者達[19]へと栄誉が再分配されることが勧奨される．

　TelamonとHeraklesという動機は，470年代に入ると先に見たNem. IVで再現されるが，同じ頃のNem. IIIでは，PindarosはAiakidaiないしAiginaの立て直しの困難を告白するかのように，Heraklesの労苦 (21ff.) に自分の詩作を重ね[20]，paradigmatiqueな架橋の途方も無さを暗示し，Peleusは一人でexploitを遂げたが，TelamonにはIolaosという強力な従者があった，と別の可能性を探る (31ff.)．そしてAchilleusのexploitもChironによる養育が無ければありえなかった，とする (43ff.)．主従二人組の複合体の重要性が強調されたことになるが，他方，Nem. VおよびIsth. VIと同じ一族のためのIsth. V (478年？) では，各層の英雄達が大同団結し，既に見たNem. IVでは，今や多岐に渡るジェネアロジーで結ばれたAiakidai関係者達がギリシャ各地を部族分割して割拠するのである (46ff.)．こうなると，Argonautesが再浮上することも十分にうなずける事態である．Homerosのディアレクティカがこれを置き去りにしたその理由は，各自の性質を生のまま引きずる，そしてそこへ帰る，選抜隊であって，決して各自がほとんどありえない類型に自らを飛躍させているということがない，からであった．確かにArgonautesは全く逆の方向性を有するパラデイクマの集積点である．いわば部族的メカニズムに拘束されている．しかしもちろんHomerosの方向だけが飛躍の道筋ではない．Homerosが嫌った方向にパラデイクマをparadigmatiqueに発展させていく，

加工していく，ことによって開かれる新しい展望もありはしないか．

〔2・2・1〕 Pind. Isth. VIII, 18f.: *"πατρὸς οὕνεκα δίδυμαι γέ-/νοντο θύγατρες Ἀσωπίδων ὁπλόταται, Ζηνί τε ἅδον βασιλέϊ……."* (「共に河神 Asopos を父とする点で双生とも言うべき二人の末娘として生まれ，そして共に王者 Zeus の寵愛するところとなった」) . cf. POL p. 191 (III・4・8・5). ちなみに Roscher, s. v. Aiakos は，Hom. Il. XXI, 189 における Achilleus の系譜自慢をも引いて河と関連付けるが，こうすると火と水の対抗というポイントが前後のテクストから全く読みとれなくなってしまう．Achilleus の台詞自体天と河の対比で構成されている．後代に圧倒的に支配的となるジェネアロジーであってもそれを特定のテクストに読み込むことがいかに危険かということを物語る．Roscher の時代の「神話学」の antiquarisch な思考の特徴がよく出ているケースでもある．

〔2・2・2〕 Herod. VI, 87ff.

〔2・2・3〕 Isth. VIII, 11: *"ἀτόλματον Ἑλλάδι μόχθον"* (「ヘラスにとっての絶体絶命の災厄を」).

〔2・2・4〕 POL p. 296 (III・8・7・3). 絶対的な不均衡こそが不幸の始まりでもある．中心と領域の一方的な関係，Achilleus の絶対性，孤独と死，非交換，非循環．他方，Thetis にとっては，Nereides から切り取られて「限定」されることが常に不幸と意識される．ところが，六世紀以降 Peleus と Thetis の婚姻が祝福されるようになる，という点については既に述べた．

〔2・2・5〕 Isth. VIII, 33ff.: *"φέρτερον γόνον ἄνακτα πατρὸς τεκεῖν/ποντίαν θεόν, ὅς κεραυ-/νοῦ τε κρέσσον ἄλλο βέλος/διώξει χερὶ τριόδον-/τός τ' ἀμαιμακέτου, Δί τε μισγομένα/ἤ Διὸς παρ' ἀδελφεοῖσιν."* (「Zeus またはその兄弟と交わったこの海の女神は，父よりも強い支配者たる子を産むであろう．その子は，(Zeus の) 雷光よりも，(Poseidon の) 恐怖の三枚歯よりも，強力なミサイルをもう一つその手から発射するだろう．」).

〔2・2・6〕 Isth. VIII, 30f.: *"'Ἀλλ' οὔ σφιν ἄμβροτοι τέλεσαν/εὐνὰν θεῶν πραπίδες,/ἐπεὶ θεσφάτων ἐπάκουσαν· εἶπε δ' εὔ-/βουλος ἐν μέσοισι Θέμις"* (「しかしながら注意深い神々達は彼らにそうした神々どうしの婚姻を完遂させることがなかった．折しも或る予言を聴いたからである．即ち賢慮を以て鳴る Themis が皆の中のスペースに進み出て以下のように宣告した．」). *"εὐνὰν θεῶν"* は，かくして強く訳されねばならない．

〔2・2・7〕 Isth. VIII, 64f.: *"τὸν μὲν οὐ κατελέγχει κριτοῦ γενεά/πατραδελφεοῦ"* (「(これまでの競技会で鳴らした) 俊秀たるあの父方の従兄弟の系譜に決して劣りはしない．」). Pindaros の祝勝歌の定型の一つであるが，このように，称えるようでいて他と同列に置くことで限定・牽制さえするのである．*"κριτοῦ"* は父の兄 (または弟) 即ち伯父にかかるが，実質的な意味ははっきりしない．しかし明らかに何らかのメリットが判定されて認知され地位を築いたというニュアンスが存在する．*"γενεά"* はその息子を指示するが，系譜とも解され，明らかに実質的には息子にそのメリットが継承されたことを言っている．即ち独立の二つの系譜の並行という意味が響いている．

2 〈神話〉の再構造化

[2・2・8]

```
         Zeus    Poseidon
```

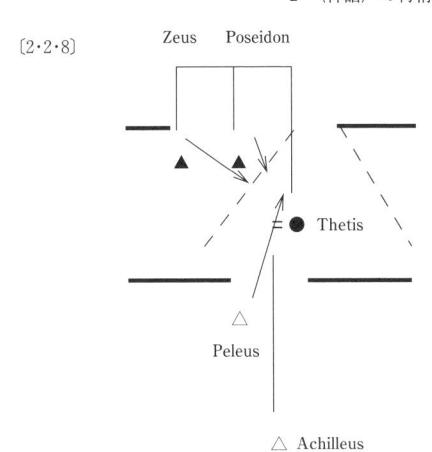

(figure: diagram with Zeus and Poseidon at top, Thetis in center, Peleus below, Achilleus at bottom)

[2・2・9]　Pind. Nem. につきテクストは A. Puech の校訂 (Paris, 1967) による.

[2・2・10]　Ch. Segal, Arrest and movement : Pindar's fifth Nemean, *Hermes*, 102, 1974, p. 397ff. は, この作品がパラデイクマの syntagmatique な切断を駆使してディアクロニクな variant を創出する点をよく描き出す. Pindaros は実際これを詩にリズムを与えるためにも使っていて, 絶妙の tempo rubato を繰り返す. 凡そ叙情詩が最も得意とする手法でもある.

[2・2・11]　K. Crotty, *Song and Action. The Victory Odes of Pindar*, Baltimore, 1982, p. 59 はこの "hospitality"="reciprocity" を *laudator* (=Pindaros=Thebai) と *laudandus* (=Aigina) の間の関係と解するが, 〈神話〉はこのように短絡的パラデイクマでありえない. 同様に A. Köhnken, *Die Funktion des Mythos bei Pindar*, Berlin, 1971, S. 195ff. は, 「神話」部分の統一的解釈を復権しようとするのはよいとしても, 神話分析の装備を欠くために, Bundy の影響を受けつつ, 他のヴァージョンに比して Telamon の力業に着目するのは *laudandus* が勝ったその競技の形態による, Peleus の exploit も同じ形態だが, ここでは栄光に対する嫉妬への警告が勝る, と解する.

[2・2・12]　この表現の paradigmatique な作用については, J. Péron, *Les images maritimes de Pindare*, Paris, 1974, p. 92sqq. が詳細に諸説を検討する. Pindaros において「海」が一般に作品の構成部分相互間の結節環の役割を果たす, というのは叙情詩のポイントに関わる貴重な指摘であるが, Pindaros は作品構成上の分岐や迷い (の装い) すらも〈神話〉そのものから社会構造にまで響きわたらせることがある. ここでは, Achilleus と Aias のジェネアロジクな結合のみならず, その結節点 Aiakos の系譜全体が Herakles と協同し, Peleus に至る, からこそこの大連合が奸計への細心の注意を要請するのである.

[2・2・13]　やや異例の「流れる」ような構造につき, cf. G. Maloney, Sur l'unité de la quatrième Néméenne de *Pindare*, *Phoenix*, 18, 1964, p. 173ff.

[2・2・14]　Nem. IV, 65 : "ἔγαμεν ὑψιθρόνων μίαν Νηρεΐδων." Thetis というより Nereides という女性群像が強調されている.

[2・2・15]　80 : "μάτρῳ ...."

[2・2・16] Isth. VI, 3: "Λάμπωνος......γενεᾶς"; 17: "ὁ Κλεονίκου παῖς."
[2・2・17] Isth. VI, 36: "δαινυμένων."
[2・2・18] Isth. VI, 37: "ἐν ῥινῷ λέοντος."
[2・2・19] Isth. VI, 62: "ἀγλαοὶ παῖδές τε καὶ μά-/τρως."
[2・2・20] Nem. III, 27f.: "Θυμέ, τίνα πρὸς ἀλλοδαπάν/ἄκραν ἐμὸν πλόον παραμείβεαι;"「(Herakles も西の海の例の柱を越えては行けない，そのように) 私の心よ，お前は私のこの航海を見たこともない岬の方へのそらしていく」．K. Crotty, *Song and Action*, p. 30 にとってはまさに Bundy 流 "Pindar at work" の例証である．

2・3 〈二重分節〉の形成

Libya のギリシャ植民都市 Kyrene の「王」Arkesilaos が 462 年に Delphoi で勝利したのを称える長大な Pyth. IV は，Argonautes の〈神話〉を扱う[1]．この Argonautes はしかし極めて特殊なジェネアロジーを有する者のみから構成される (171ff.: "Ζηνὸς υἱοὶ τρεῖς......Ἀλκμήνας......Λή-/δας τε, δοιοὶ......ἀνέρες, Ἐννοσίδα γένος......")．Herakles と Dioskouroi を先頭として，神々を父に，死すべき人間の女を母に，持つ者ばかりである[2]．それはさしあたり，Peleus と Thetis を組み合わせるジェネアロジーの丁度裏側である．Peleus が二つの階梯の間を昇るのであるとすれば，Zeus や Poseidon や Hermes は下降するのである，と言うことができる．しかしこの Argonautes のジェネアロジーはさらに特殊である．何故ならば，Zeus や Poseidon が人間の「娘」のところへ降りてその娘の父の勢力圏を分け取り枝分節体をつくる，というのではない．人間の「王」の妻とこの夫を出し抜く形で結ばれるのである．生まれてくる子は，母方の祖父や叔父を持たないばかりか，父や父方の祖父も持たない，秘密の私生児である．彼は母方の父のテリトリーに巣食うのですらなく，ジェネアロジクな結合を切断され大変に暴力的ではありうるが，テリトリーに対しては何らの「権利」も有さず永遠に報われぬその日暮らしをせざるをえない．しかしこうした者達が何故いまさら黄金の羊毛を求めて船出するのか．

もっとも，主人公 Iason だけは実はこのようなジェネアロジーを有していない．同一の母から，Poseidon との間に Kretheus が，人間の「王」との間に Salmoneus が生まれる[3]．Iason は Salmoneus の側の直系であり，他方今 Iolkos では Kretheus の側の直系の Pelias が権力を掌握している．逆に Iason の

方は政治的地位はおろか領域すら与えられず，荒野で Cheiron に拾われ育てられることになる（102ff.）[4]．その Iason が今 Pelias の前に現れるのである．Pindaros は直ちに政治的現在の言語を用意する．作品はあたかも「政治悲劇」の如き様相を呈する．Iason は，父が有していた「王たる（政治的頂点たる）地位」を（106f.: "*βασιλευομέναν……τιμάν*"）取り返しに来たと宣言する．Pelias が不正に（109: "*ἄθεμιν*"）実力で（"*βιαίως*"）奪ったというのである．Pindaros はほとんど悲劇に固有の劇的緊張を与えるべく，Pelias が「片足だけ靴を履き（75: "*τὸν μονοκρήπιδα*"），市民であると同時に外国人でもある（78: "*ξεῖνος αἴτ' ὦν ἀστός*"）」Aiolos の系譜（即ち Poseidon の系譜の対極）の者によって（72）殺されるという予言を予め型紙として準備し，それによってこの〈神話〉的現在を切り取る．或る日 Iason がまさにそのような出で立ちで広場に現れたのである．知らせを聞いて駆けつけおののきながら（96f.: "*κλέπτων δὲ θυμῷ/δεῖμα*"）誰何する Pelias に対して Iason は全てを明かし，父の復権を要求したというわけである．もっとも場面は，忽然と現れた Iason のために男系親族（"*καὶ κασίγνητοί σφισιν ἀμφότεροι……*"）が集まって始まる祝宴に移る（124ff.）．それもたけなわとなった時，Iason は皆の前であらためて，「褐色に輝く牛の群と領域の全てをお前にくれてやろう，たとえお前がそれをわれわれ子孫から奪ってわがものにし自分の財を肥やしたのであっても，それを備えることによってお前の家（後述の〈二重分節〉単位）が如何に飛躍しようとも，私にはどうでもよいことだ」（148ff.: "*μῆλά τε γάρ τοι ἐγώ/καὶ βοῶν ξανθὰς ἀγέλας ἀφίημ' ἀ-/γρούς τε πάντας, τοὺς ἀπούρας/ἀμετέρων τοκέων νέμεαι πλοῦτον πιαίνων·/κοὔ με πονεῖ τεὸν οἶκον ταῦτα πορσύνοντ' ἄγαν*"），しかし王位すなわち政治権力はその全てを無条件に返還せよ，と要求する．つまり単なる復権ではなく，立場の交換である．Iason に Kolchis 行きを強いたのは，この要求に対する Pelias の答えであった．すなわち，継母に生命をねらわれ黄金の羊毛によって舞い上がり救われた Phrixos が着地した先の Kolchis の王 Aietes のもとにとどまりそこで客死した[5]ため，黄金の羊毛が Aietes の許に奪われた形になっている，のを取り返さねばならないというのである．

　この〈神話〉的現在の支柱は Iason と Pelias の言葉の応酬であり[6]，長いこ

の部分の劇的緊張は或る空間的パースペクティヴ[7]によって構成されている．Iasonは遺棄され[8]，荒野に落ちる．が今運命的に中心に戻ってくる[9]．服装が二重であって，土地のものでありかつ外のものである[10]．何よりも特徴的なのは，「足を地につける」その関係である．片方できちんと地につけている[11]ようでいて，他方では自然のまま未熟である．中心を簒奪しているPeliasはやがて領域から上昇してくる分子によって追い落とされる運命にある．問題は，遺棄されて今このような出で立ちで中心に戻ってきたIasonに追い落とす資格が与えられるかどうかである．領域はくれてやるから政治を返せと言うIasonに対して，Peliasは，領域に特定の形態の成熟した基盤を持たない者には今や政治的階層の適格[12]も無い，と答える．Iasonの出で立ちは，確かに都市―領域間に二段分節しているが，アンバランスで，それはまだ闊達に交換が行われ練り上げられた状態にはない．Peliasにとってその資格要件獲得方法は明白である．彼は夢によってその認識を得ている．つまり彼にとってもまだ乗り越えねばならない試練としてその任務が与えられているのである[13]．それはAietesの許でexploitを遂げるということである．Phrixosはいずれにせよ帰って来なかった．夢はPhrixosの魂を帰らせることを指示する[14]．つまり，「exploitを遂げて当地の娘を獲得しその地にテリトリーを獲得する」というパラデイクマがもはや通用しないということが明示されているのである．Pindarosは以上のような大仕掛けの〈神話〉的現在によってArgonautesの目的を全く新たに特定したことになる．

　実際，このような周到な舞台装置によって全く新しいヴァージョンが発生する．潜在的に，今PeliasとIasonという対抗的互換的な二項対が，内容上極めて立体的なexploitを課題として抱えている，ということになる．主体の側の二項間の亀裂が課題の側の立体的構造によって受け止められるとき，複雑なヴァージョン対抗の可能性が開かれる．対抗は或る線に沿ってどんどん書き加えられる性質を有している．つまりディアクロニクに付加しうる形態になっている．つまり一個の構造が獲得されている．付加のたびにヴァージョン対抗が更新される．それでもそれらが一個の構造をはずさない，そうした磁場ができあがっている．それが新たに据えられたのである．新しい空間的パースペクティヴを骨子とするその磁場に，今ディアクロニクに貫通する或る屈折体が置かれ

たのである．それは Argonautes というパラデイクマが以後新たに媒介していくものである．

かくして第二の〈神話〉的現在は Iason がどのようにして Aietes を降参させ黄金の羊毛を取り戻すかという緊張によって織りなされる．まず Aphrodite の作用によって Aietes の娘 Medeia の心に火がつき，Iason とギリシャに全身全霊が向かってしまう．Medeia はもはや獲得の対象でなく，協力者，否，主たる功労者，独立の主体，である[15]．Aietes が与える試練は，自分しかできないという，火を吹く雄牛が引く鋤を御して耕せるかどうか，である．Iason は Medeia の魔術の力を借りて難なくこれを御して見せる．つまり，到底その間隙にもぐりこめそうもない，バリバリと地を嚙む，まさにそこに入り込んでむしろ自分が地を嚙んで見せる，ということ，どちらが領域にヨリ下から堅固に基盤を築くかということ，荒地・後背地と領域のこの差，がかかっていたということになる[16]．しかし，Iason はその地を去って Medeia と共に帰路に就く．Pelias のジェネアロジーを持たないにかかわらず Iason は Aietes の下に収まるのでなく Iolkos に帰還して Pelias に取ってかわろうとするのである[17]．

agnatique な男系親族集団（"κασίγνητοι"）が政治システムを構成する十分〈分節〉された集団であるとすれば，Poseidon の cognatique な介入のために，今その一部が不均衡に切り取られる．捻り切られたような破断である．枝分節は発生しない．〈分節〉頂点を排他的に取り合い，1か0かの関係が現れる．1を Pelias が取り，Iason は0の側に落ちる．再度しかし，落ちた方が，分与でなく全面的な交替を迫る．しかしこの時，交替たる限りは0の側も0であってはならず，1でなければならない．1というのは〈分節〉単位たりうるということである．つまり排他的に取りうる独立の地位が別途そこに無ければならない．Kolchis での exploit は全くこれの構築に関わる．成功すれば舞台の上の二階建て装置のバルコニー効果のように，二つの次元で各々別個独立の〈分節〉体系が現れ，なおかつ両者は連動している（"μία βοῦς" で繋がっている）．しかも一個の〈分節〉体系たる実質を保つ（交替に値する一つのポストがある）．どこかで一本に交わる運命にある危ないレールのように．他面，二つの〈分節〉単位はそれぞれ外に対する自由を保つ．普通ならばこのような二つの集団は一個の政治システムを形成する以外に両立しえないが，しかしここでは次元

が齟齬していてこれを形成しない．むしろ potlatch の関係に立って互いを否定し合う．なおかつ垂直的な関係で併存するのである．二つの次元で別途独立の〈分節〉システムによって独立の存立を保障されていながら，それなのに互いに入れ替わろうとして競うのである．

以上のようなパラデイクマによって例解する以外にない舞台装置の上で Pyth. IV のテクスト全体が初めて意味を獲得していることは疑いない．その上で，新しいヴァージョンを紡ぎ出し，そして新しいヴァージョン対抗へと誘導しているのである．この舞台装置はかくしてヴァージョン対抗を説明しうる．ヴァージョン対抗を説明するものは社会構造である．ならば上のパラデイクマは社会構造を例解していると言うこともできる．〈分節〉というタイプの社会構造を例解したパラデイクマとの関係において，この新しい例解パラデイクマはその複雑型である．ならばその社会構造の特徴に，単純な〈分節〉と区別して，〈二重分節〉（l'Articulation double）という語をあてることが適当である．何故ならば，水平的次元に加えて，これと別個の垂直的〈分節〉システムが備わっているからである．しかも二つの独立の次元があるというばかりでなく，二つの〈分節〉システム，そして水平と垂直の〈分節〉システム，が連動し，単位が自由に循環するのである．

もちろん正確にはこれはテリトリーの上の人的組織の〈二重分節〉である．Pyth. IV においても対抗は，領域という確たる準拠対象の上に確たる単位を築きうるか，その内容は何か，ジェネアロジクな下降か，否，後背地での鍛錬か，否，領域の上のどのような関係か，という次元にシフトしていく．そして（二回目の Iason の「演説」が一回目に対して持つ内容の差として明示されるように）領域の財と政治的官職という交換の二つの項が形成され，その対抗，そして交替と循環，の方へと収斂していくのである．

さて，Pyth. IV はさらに第三の〈神話的〉現在のレヴェルを持ち，これまで紹介してきた部分（C—D）は実はこのレヴェルの〈神話〉B—B' に大きく括られているのである（B—C—D—B'）[18]．Argonautes は帰途 Thera で Medeia から以下のような予言（9ff.）を得る．参加者の一人 Euphamos は途中寄港した Libya 沿岸 Triton 湖で「人間の格好をした或る神」から土塊を贈られる（21: "θεῷ ἀνέρι εἰδομένῳ γαῖαν διδόντι"）．この者は Poseidon の息子であるが，こ

のTheraから，Euphamosの子孫が何世代かの後Libyaへ植民都市を築くため出発するであろう，と（14ff.）．もっともEuphamosはLakoniaの出身であり，そこに戻ると，何世代かの後その系譜の者達がTheraへ植民する．しかも彼らにはLemnos島の者達が加わる．というのも（251ff.=B'）Theraの前にArgonautesはLemnosに寄港し，夫を殺してしまっていたLemnosの女達との間に子孫を残していたのである．その中にはEuphamosの子孫もいるのであるから，土塊の贈与が切って落とした因果の円環[19]は，海中への落下[20]にもかかわらず，結ばれることになる．

　植民都市Kyreneの創設に関わるétiologiqueな〈神話〉であるが，するとC―D部分の挿入によってこれが再解釈されたことになる．そもそも政治成立時において身分制のための儀礼的パラデイクマを支える〈神話〉として，（特にSpartaで）夫の代わりに奴隷を父として生まれた息子というパラデイクマがあり[21]，実はこれが裏側で植民都市建設を推進するパラデイクマでもあった．EuphamosはまさにSpartaの領域においてPoseidonを父としてHerakles型ジェネアロジーを持つ[22]．即ち「私生児」なのである．しかもさらに二次的にLemnosで同型のジェネアロジーを再生産する．いわば「私生児」が生ませた「私生児」である．しかし，Pindarosはこのジェネアロジーの意味を新しい対抗関係の中で転換して見せる．母都市とも後背地とも切断されて新たに政治システムを築くために絶好のパラデイクマであったとしても，今からは新しい対抗関係に立たねばならない．ArgonautesにはIasonも加わっていて，地を噛みMedeiaを獲得して帰還してくる．これと対等に対峙するためには，étiologieも新たに土塊の因果円環を完結させるのでなければならない．後背地とのéchangeの関係を土台として本格的な領域の獲得が出来ていなければならない．そちらの側に安定した基盤が無いために政治システムを担う階層を循環させえず，ArchesilaosとDamophilosの間の政治的「内戦」は亡命という如何にも高貴かつ危険な出口しか見出せないのではないか．

　事実，Pyth. IVはそのA'の部分において端的な政治的現在を主題とする．何と，競技の勝利者Archesilaosに対して，亡命中の政敵Damophilosを帰還させ復権するように諭すのである[23]．A'の部分は叙情詩特有の金言・格言に満ちるが，この「倫理」の後ろに，Pindarosはいわば構築すべき社会構造を

特定しえていることに注意しなければならない．Archesilaos への詩的警告のために，Pindaros は一個の全構造を以てしたのである[24]．

[2・3・1] Pind. Pyth. につき以下テクストは主として Gentili et al., *Le Pitiche cit.* に従う．

[2・3・2] cf. Gentili et al., *Le Pitiche*, p. 474ff.: "sono nominati solo figli di dei". しかし名宛人の始祖の聖なるジェネアロジーを讃えるためだけではない．Apoll. Rhod. I, 23fff. のリストとの比較が雄弁である．

[2・3・3] 142f.: *"μία βοῦς Κρηθεῖ τε μάτηρ/καὶ θρασυμήδεϊ Σαλμωνεῖ"*（「同一の牝牛が Kretheus と，そして不敵にたくらむ Salmoneus の母であった」）．*"βοῦς"* 及び *"θρασυμήδης"* については，cf. Gentili et al., *Le Pitiche*, p. 467. Pelias への呼びかけは「Poseidon の子よ」(138) であるから，母のみによる兄弟の関係は直ちに不均衡を暗示する．にもかかわらず同等である，と主張しているのである．

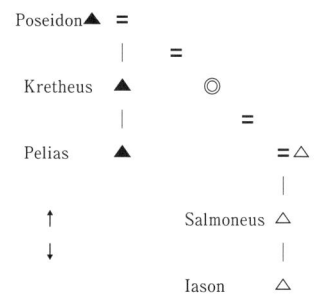

```
Poseidon ▲  =
         |    =
Kretheus ▲       ◎
         |         =
Pelias   ▲         = △
         |
↑        Salmoneus △
↓
         Iason     △
```

[2・3・4] cf. E. Robbins, Jason and Cheiron. The myth of Pindar's fourth Pythian, *Phoenix*, 29, 1975, p. 209ff.

[2・3・5] 159ff. Phrixos については cf. Gentili et al., *Le Pitiche*, p. 471s. を参照．
　元来は継母（*"ἔκ τε ματρυιᾶς"*）のパラデイクマに属し，cognatique な結合の交替による圧迫すなわち枝分節からの脱出の屈折体に属する一ヴァージョンである．

[2・3・6] cf. Ch. Segal, *Pindar's Mythmaking. The Fourth Pythian Ode*, Princeton, 1986, p. 33ff.

[2・3・7] Segal, *Mythmaking*, p. 72ff. は "both centrifugal and centripetal" という語によってこの点をよく捉えるが，その意味についても構造についても混乱した把握しかしない（全編にわたって一つの動きを追う）ために，往復運動が実は二重（Iolkos―領域間とヘラス―Kolchis 間）であることさえ見落とし，ましてこの二重の運動こそがこの時期の社会変動をサンクロニクに特徴付ける屈折体であり（後述の Bacchylides 解釈を参照），ディアクロニクな観点からは重要な或る屈折体の一ヴァージョンである，ことに気付かない．

[2・3・8] クーデタの中で幼い Iason は秘かに女達の手によって遺棄（「闇に消える道を行った」*"νυκτὶ κοινάσσαντες ὁδόν"*）される（115）．Dionysos のパラデイクマが働いている．

[2・3・9] テクストは繊細にも「領域から都市へ」というより「領域外から領域へ」という意味を響かせる．「険しく切り立った巣窟から陽光に開かれた大地へと」(76: *"αἰπεινῶν ἀπὸ σταθμῶν ἐς εὐδείελον/χθόνα......"*)．Iason の二重の運動に対応する．

[2・3・10]　79: "ἑσθὰς δ' ἀμφοτέρα μιν ἔχεν." 領域の通常の服装と豹の毛皮の両方をまとう．最近の学説はこれをまた徹頭徹尾 initiation 儀礼に結びつける．cf. P. Vidal-Naquet, Le chasseur noir et l'origine de l'éphèbie athénienne, dans: Id., *Le chasseur noir. Formes de pensée et formes de société dans le monde grec*², Paris, 1981, p. 154sq.: "cette ambiguïté du status de l'éphèbe"; Crotty, *Song and Action*, p. 117ff; Segal, *Mythmaking*, p. 57ff.. Segal に至ると完全なステレオタイプと化す．

[2・3・11]　"κρηπίς" は靴ばかりか「基礎」「土台」をも意味する．その状態は未完成でもあるが可能性でもある．片足を領域に片足を都市中心に置くことが求められ始めているのである．

[2・3・12]　テクストはこの点を過ぎるくらいに明示する．勢揃いした Argonautes に向かって政治的連帯を呼び掛ける (185ff.)．「誰一人残すまいぞ，母のもとに安全にとどまるなんぞ (*μή τινα λειπόμενον/τὰν ἀκίνδυνον παρὰ ματρὶ μένειν……*") ——同じ年代の者達が連帯して ("*ἅ-/λιξιν εὑρέσθαι σὺν ἄλλοις*") ——」．つまり，父は神々であるから私生児であるが，母を軸に領域によく個別化された拠点を既に有するとしても，そこにとどまらずに（新しいデモクラシーの）政治的階層へと成長せよ（リスク "*κίνδυνος*" は全編に現れる語であるが，デモクラシーの主要動機の一つである），というのである．もちろん諸学説が強調する（cf. Segal, *Mythmaking*, p. 54f.）ようにこの作品そして Argonautes が initiation に関わることを示すテクストでもあるが，それは当たり前のことで，テクストはそれに如何なる内容を盛るかを巡って対抗し，儀礼はほとんど pretext である．

[2・3・13]　Pelias が自分の「老いた分際」（157: "*γηραιὸν μέρος*"）を強調するのは「交替」を暗示するものである．

[2・3・14]　枝分肢節からの脱出だけでは不十分である．しかしその衣鉢を継げというのである．異例の葬送モデルの登場（cf. Gentili et al., *loc. cit.*）は Pindaros の強調点を示す．一度本当に行ってしまわなければ取り返して戻って来てもダイナミズムは達成されないということである．

[2・3・15]　213ff. Medeia がここで独立の主体として切り離されることは，将来に向かって重大な帰結を伴う．それを極大化して見せたのが後の Euripides である．Iason が「入って行く」のではないのはよいとして，「連れ去って」しまえば中心―領域の拮抗は破れる．Iason が往復するならば Medeia は残って尊重されなければならない理由は増す．「Medeia 使い捨て」問題を Pindaros は意識していると思えないが，その前にまず Medeia を自立させる丹念な筆遣いを見せる．

[2・3・16]　224ff. Aietes は鉄の鋤（"*ἄρατρον*"）を突きつけて引いて見ろと挑戦する．背中から炎を放ちつつ「青銅の蹄鉄を連続的に叩きつけて地をばりばりと噛んでいる」("*χαλκέαις δ' ὁπλαῖς ἀράσσεσκον χθόν' ἀμειβόμενοι*") 雄牛達を単独でその鋤に付けて引かせ，「真っ直ぐな畝を」（"*ὀρ-/θὰς δ' αὔλακας*"）刻まねばならない．

[2・3・17]　218f. で Medeia の動機をもっぱら Helas へ渡ることとして強調し，Peitho の管轄に収める（cf. Segal, *Mythmaking*, p. 53f.）．「入って行って」しまっては到底 Pelias-Iason の交替が可能でないことに関係し，(他のヴァージョンに対抗して) cognatique な結合の圏外に置いて「男子の initiation」を強調するため（Segal）ではない．したがって Argonautes の出発が（Aphrodite でなく）Hera の管轄とされる (184) ことと何の関係（Segal）も無い．Hera は諸

首長間の〈分節〉を司る．

〔2・3・18〕 Gentili et al., *Le Pitiche*, p. 109 は "la sintassi della linearità temporale propria della tradizione epica" からの訣別の典型的な例とする．つまり複数の〈神話〉的現在が立体的にデザインされるのである．

〔2・3・19〕 とはいえ，一つ一つの単位は片面的一方的な関係であることが強調される．したがって復路は徹底的に遷延される．Euphamos は徹頭徹尾海の上にあり船を降りようとしない．土塊の贈与を受けるために大仰に船を「降りて」(22: "καταβαίς") 見せねばならず，しかも海を後にしてそのような陸の果てに辿り着くために何と 12 日間も「海の木」(船) を担いで歩いた (26f.: "ἐξ Ὠκεανοῦ φέρομεν νῶ-/των ὕπερ γαίας ἐρήμων/ἐννάλιον δόρυ") のである．そこでようやく Triton という潟湖を見出し，これを海と陸の接点すなわち再出航の拠点とすることができたのである．そして及び腰で (37: "χειρί οἱ χεῖρ' ἀντερείσαις" 「手に手をいっぱいに差し出し」) 贈与を受け取ると，そそくさと (32: "νόστου πρόφασις γλυκεροῦ" 「甘味な帰還というパラデイクマが──」) 出航し，しかも途上「海の木から」(38: "ἐκ δούρατος/ἐναλίου") 土塊を海中に落としてしまう．そもそも贈与の主は人に見えて人ではなく，対価・滞在・結合といった連関は容易には発生しない．Pindaros が強調するのは明らかにディアクロニクな対抗である．初期ポリスないし初期植民都市は如何に後背地から切断されるか，距離を取るか，ということを課題とする．たとえどのような新しいヴァージョンによって領域にアプローチするにせよ，この大きな距離感は生かされなければならない，否，この距離こそが今や大いなる媒介に道を拓く，という Pindaros の示唆である．距離はまたジェネアロジクな片面性，非着地性，浮動性，にも置き換えうる．そしてまさに，円環の復路でこのジェネアロジクな不均衡も Lemnos パラデイクマによって再度変換されなければならない．二重の不均衡，二重の切断である．

〔2・3・20〕 後のヴァージョンはこの落下と Thera (という島) の誕生を結びつけるが，土塊が「種」として継承されてやがて Kyrene に根付く，という観念に囚われている．Cl. Calame, *Mythe et histoire dans l'Antiquité grecque. La création symbolique d'une colonie*, Lausanne, 1996, p. 67sqq. はこれをそのまま Pindaros のテクストに投影してしまう．そして manipulation-compétence-performance-sanction という「récit 分析」のパタンにあてはめ，"d'un état potentiel de civilisation à un état de civilité atteint par l'intermédiaire d'une étape où le protagoniste est aux prises avec les forces primordiales qui, dès qu'elles sont dominées, fondent la naissance de la culture" という陳腐な結論に至る．土塊が一旦海の側に失われて断絶するという Pindaros の苦心の対抗ヴァージョン構成が水泡に帰す．ディアクロニクな観点を持たずに (枝分節流交換の機械的表現でしかない) ナラトロジーの既成パタンを機械的に適用して「文明化」のイデオロギーに直行するから，47ff. の Danaoi の挫折を初めとする「遷延」というテクストの生命を把握し損なう．

〔2・3・21〕 POL392.

〔2・3・22〕 45ff. cf. Gentili et al., *Le Pitiche*, p. 441. Boiotia から渡って来たという伝承を保持し，Orchomenos の特殊な *genos* たる Minyai に関係する．

〔2・3・23〕 主人公 Iason を Archesilaos に向けて発射したのか Damophilos に向けて前者を牽制

したのか，と学説は解釈を争う (cf. Robbins, Jason and Chiron, p. 205ff.).

〔2・3・24〕 Pelias とのコントラストにおいて Iason の「正しい術策」ないし「廉直」を Archesilaos にとっての称賛のパラデイクマないし説諭のモデルとする，という動機は全く認められない (cf. Segal, Mythmaking, p. 123ff.). そうした観点からは，Pindaros が（A' の部分で）gnome を使って直ちに "the uncertainties of success in a world of change and mortality" によって切り返した，と読まなければならなくなる．A' の部分はこうしたニュアンスに欠けはしないが，これらは（単純モデルにではなく）呈示された構造の方に完全に一致する．むろん，Battiadai の王統が「民主派」によって程なく打倒されることになるとはいえ，5 世紀半ばの Kyrene の状況にその見通しがどのくらい適合的であったかは定かでない．しかし Pindaros が用意したものはそれと独立に既に練り上げられてきた成熟したものである．動かない標準であり，ここに一つの古典的な形姿をとどめることになったのである．したがって Archesilaos と Damophilos の単なる和解が Pindaros の関心であるわけではない．むしろ衝突を生んだ亀裂の克服である．それは社会構造の問題であり，だからこそ Pindaros が与えるパラデイクマのヴァージョン対抗のエコーは壮大かつ立体的に鳴り響いてわれわれに強い印象を与える．単なる和解や単なる公正さの勧めにどうしてこうした永い生命を与えうるだろうか．

2・4 幼い Herakles の独立闘争

新しい社会構造の一つの鍵を握るのは，Herakles 型ジェネアロジーの周囲に形成されるパラデイクマのヴァージョン対抗によって構成される屈折体である．もちろんその種のパラデイクマが普通に伝承されるだけであれば何も生じない，否，（傭兵や "condottiere" の如き）奇妙な軍事スペシャリストを称揚する危険にも繋がりかねない．Sikelia の Syrakousai で tyrannos として君臨する Hieron の側近 Chromios のために歌われた Nem. I (476 年？) は「新しい Herakles」の条件を Hera との闘争および独立に求める．Thebai に避難して (36: "φεύγων") Herakles を生んだ Alkmene は Hera が送り込んだ大蛇の群に襲われる (39ff.). Herakles は，Hera が司る凡そジェネアロジクな結合一般，とりわけ cognatique な連結，を，agnatique で無分節的な一体性によってではなく，cognatique な結合の際に働く両項をいずれも極小化することを通じて，その結合体を双方共から限りなく独立させることによって，内から脅かす．そうした性質を持つ危険な Herakles を Hera が見逃すはずがなく，拒めば外から門と扉を食い破って侵入する (41f.: "οἰχθεισᾶν πυλᾶν/ἐς θαλάμου μυχὸν εὐρὺν ἔβαν"「ひとたまりもなく門を破って寝室の遥か最深部に侵入した」) あのもう一つの cognatique な破壊力 (Melampous-Dionysos) を送って，極小化

された分割侵食不能の単位を崩壊させようとするのである[1]. しかし生まれたばかりの Herakles はまずは自力で二頭を両手で (44f.: *"δισσαῖσι δοιούς……χερσίν……"*) 摑み絞め殺す. 丁度「Kretheus と Salmoneus」のような関係に立つ「Herakles と人間の父を持つ双子の弟」が共に在ることが明示される[2]が, あくまで一人独力であらゆる介入を排除すること, これが Herakles 生存の第一の条件である. 第二は, これに気付く女達の集団 (49: *"……γυναῖκας, ὅσαι……"*) の存在であり, 特に母 Alkmene は自ら (50: *"καὶ γὰρ αὐτὰ……"*) 戦う. 第三は, 駆けつける Thebai の武将達 (51: *"Καδμείων ἀγοί……"*) であり, 落ちのびた先の領域の組織が暗示されている. こうした危機を脱して初めて以後 Herakles は exploit を次々に成し遂げていくことができたのである, と〈神話〉部分は結ばれる.

実は Nem. I は A—B という単純な形式を持つ[3]. 表面的な政治的現在が即十分に構造化された形態を見せているとみなされているのである. 即ち, まず詩人を迎える屋敷自体の賓客に対する寛大さが称えられ (19ff.: *"……ἀνδρὸς φιλοξείνου……ἁρμόδιον/δεῖπνον……"*)[4], そして直ちに gnome に満ちた部分 (25ff.) が現れる. そこでは, 人々が様々な技芸を持ち (*"Τέχναι δ' ἑτέρων ἕτεραι·"*), しかしそれがそれぞれに遂行され尊重されること (*"……ἐν εὐθείαις ὁδοῖς……φυᾷ"*「自然に従ってそれぞれの正しい道を」), しかし他方富を蓄蔵し隠匿する (*"ἐν μεγάρῳ πλοῦ-/τον κατακρύψαις ἔχειν"*) ことなく, 友を助けるべく費消されること, そして希望が共通 (*"κοιναί"*) となるようにすること, が高らかに歌われる. これらの諸点は上述の第一から第三までの条件にきれいに対応する[5]. 写本は, 「Syrakousai の」ではなく「Aitna の」Chromios のために, という inscriptio を遺す. 学説は Syrakousai の植民都市 Aitna の建設年代が下がるためにこれに懐疑的であるものの, これはやはり詩の政治的現在の脈絡を良く捉えている. Chromios が Syrakousai の政治変動の鍵を握った Aitna 建設の中心人物であったことは疑いなく, 年代の問題はともかく, Syrakousai から見て領域に位置する第二の政治システムの性格付けに, つまりそれを Hesiodos が示した範型に再収容することに, 詩の警告が関わる. さもなければ傭兵の山賊的拠点が用意されるだけに終わるだろう, というのである. Herakles は軍事的性質を脱して, その exploit は技芸によるあっと驚く

2 〈神話〉の再構造化

成果の実現に転換されねばならないというのである．それについて来る富はもっと厄介な問題を惹起するが，領域の政治システムが媒介しなければ後背地首長の行動様式に堕するだけである，というのである．

同じ Hieron のために軍事勤務をした Agesias のための Ol. VI（468年？）もまた，「魔術的」ないし技術的作用に領域上で新たな〈分節〉形態を与えようとする[6]．Iamidai は新しいタイプの予言・神託技術を承け継ぐ *genos* であり，この頃には既に確立した地位を Olympia でものにしていた．その一員たる Agesias が Sikelia に渡って Hieron のために働き，そして今 Olympia で勝利したのである．果たして彼は第一級の政治的階層の一員として認知されるであろうか．*genos* は agnatique に祖を特定されたもっぱら agnatique な集団であるから，Pindaros はその〈神話〉的系譜の出発点を再規定する（24: "*ἵκωμαί τε πρὸς ἀνδρῶν/καὶ γένος*"）ことで，Agesias の何たりうるか，一目瞭然とさせて見せる．河の娘 Pitane が Poseidon との間で「私生児」を設ける．隠し続ける（31: "*κρύψε*"）が，ついにそれも不可能となって，付き従う女性群像（32: "*ἀμφιπόλους*"）の手によって，Sparta から Arkadia へ連れて行かれそこで養育される．ところがこの娘 Euadne もまた養親の目を盗んで（36: "*κλέπτοισα*"）Apollon との間に「私生児」を設ける．これが養親の知るところとなり，養父 Aipylos は他ならぬ Delphoi の Apollon のところへ神託を求めに行く．しかしその間に Euadne は生まれたばかりの息子 Iamos を遺棄する（45: "*λεῖπε*"）．「王」Aipylos の追求を Apollon が斥け，Iamos に二つの記号操作能力を（65f.: "*θησαυρὸν δίδυμον/μαντοσύνας*"）贈る．真実のみを語る Apollon 自身の言葉を聞く（66f. "*φωνὰν ἀκούειν/ψευδέων ἄγνωτον*"）能力と，「Herakles が Zeus のために儀礼を設けたあかつきにそこでの記号操作を確立する（70: "*χρηστήριον θέσθαι*"）」能力．

遺棄された Iamos をしばし養育する二頭の大蛇（45f.: "*δύο......δράκοντες*"）が[7]象徴する占いの能力，記号操作のための技術，を基礎付けるジェネアロジーはここでは二重になり[8]，いわばもう一段分節される．同じジェネアロジーが二度繰り返され，二度隠され，しかも「引き離す」「捨てる」という動機が明示されるのである．領域へ移転され，さらにそこからも分離される．そもそも記号操作の目的は或るパラデイクマに人々を直ちに従わせる，直ちにそのパ

ラデイクマを現実化して見せる，ところに存する．この作用を今二段に分節する，ということは，一義的な指示が向かう受け手が一旦受け取るや否や解釈してしかし次にこれを再び一義的な指示として発信する，という仕組みを予定するということを意味する．すると，受け手から先の部分において全体はきれいに塗り分けられることになる．軍事化した集団はよく全体から〈分節〉されていなければならないが，そうした軍事組織の動き自体が十分に〈分節〉的であって，全体として高度の協同を達成していなければならない，ということになる．これは明らかに〈二重分節〉体制の一つの発現形態である．

　もっとも，今や Iamidai は一方で軍事化のための記号操作を留保しつつ，他方別の政治的言語をも有するに至っている．記号操作は元来まさに〈分節〉解消，即ち一時的な軍事化，をコントロールするための作用でもあり，その〈軍事化―政治化〉のチャンネルは一つであった．しかし Iamidai は Herakleidai にも従軍するが，(Olympia にあってなお) Apollon の言語も理解するのである．〈軍事化―政治化〉の切り替え装置の他に，第一段の記号作用を第二段の記号作用に変換する複雑な知的作業をも担いうるのである．つまり領域での〈二重分節〉解消―再形成，たとえば交換や協同，の変換装置に携わりうるのである．Pindaros は A-B-A' の A の部分で直ちに (12ff.)，Adrastos が Amphiaraos に与えて然るべき賛辞に言及し，丁度それに該当する，がしかしディアクロニクに異なる，ヴァージョンの賛辞を自分は Agesias に贈る，ということを予め宣言する．Thebai 攻めの 7 人の内の一人として葬送の炎に包まれた Amphiaraos に向かって，Adrastos は「予言者にしてかつ政治的階層に属した」(17: "μάντιν τ' ἀγαθὸν καὶ/δουρὶ……") Amphiaraos は一体どこへ行った，と悼む．この言葉を差し向けてもよいくらいであると言う Pindaros は，軍事的機能の担い手としては一旦特殊技芸集団の地位に押しとどめられた Iamidai の政治的復権を示唆する．しかしここで微妙に方向転換し問題をそらして見せる (19ff.)．ディアクロニクな差違に対応して，Agesias は領域を厳格に区分して入植し，Iamidai は特殊技能集団としてこの区分地との関係で閉鎖的な *genos* を形成する，そのことが新しい領域の構造の記号となる，というのである．A' の部分で Pindaros は Agesias に対して盛んに彼が Boiotia に持つ母方の系譜も尊重するように言う (85ff.)．これをも限定の要因と考えよ，ということは，

2 〈神話〉の再構造化

ほとんど，領域に単なる一市民として定住することを勧めているに等しい．

470年代半ばのものと推定される Pyth. III は，しかし競技とは関係なく，おそらく Hieron の病を契機として作られた．いきなり，「Chiron が生きていたならば——（1ff.），Asklepios とて Chiron が育てたではないか（5ff.）」という文句で始まるこの詩は，反対に，新しい知のあり方に対して鋭い警告を発する内容を持つ．もちろんここでも娘は「父の目を盗んで」(13: "κρύβδαν πατρός") Apollon との間に「私生児」を設ける．がこの娘 Koronis は，外から来る者（25）の誘惑を好み[9]，今度は Apollon の目を盗んで Arkadia の Ischys と関係を結ぶ．これを知った Apollon は怒り狂い，若い女性群像（17f.: "ἄλικες/……παρθένοι……ἑταῖραι"）をも迂回して密かに出産した Koronis に対して Artemis に火の矢を射させ，「多くの近隣の者達」（35f.: "γειτόνων/πολλοί……"）と共に焼き払う．しかし瀕死の幼い Asklepios だけは救い出し，そして Chiron に命を救わせる．かくして全能の医術で知られる Asklepios もその全てを Chiron に負う（57ff.）．したがって当然に全ての活動はこの原初的恩恵に対する対価であり，いまさら対価を取れる性質のものではない．それにつけても，知は利得をもたらし，黄金を目の前にすると死を生に変えることもやりかねない[10]が，Zeus に必ず罰せられるであろう．この様に Pindaros は展開していく[11]．

Nem. I とは逆に「近隣の者達」は焼き払われ，Ol. VI とは逆に女性群像は生まれて来る子に寄り添わない．〈二重分節〉は鋭さを増す．確かに〈二重分節〉は技術に格段の精度をもたらすかもしれない．しかしそのままではどこかバランスを欠いているのである．Herakles は双子の異父弟と仲良く育てられたではないか．しかし，Apollon と Koronis は，排他的と両義的の間に救いがたい亀裂を作ってしまった．Salmoneus と Iason の抹殺に等しい．A' の部分において Pindaros は Hieron に向かって延々と Achilleus 等アンバランスなジェネアロジーを持つ者の逸脱を列挙していく（86ff.）．一旦〈二重分節〉された技術は，かつての無償の「政治的な」知と異なり，ヨリ特定的なことに関わり，そして交換の対象となる．全てを投入して全てを得る，逆に奇跡のためなら全てを与える，という「大博打」のメンタリテイー，potlatch を生ぜしめる[12]．新しい領域の構造は却ってこのメカニズムを通じて巨大な権力を生みかねない

のである．〈神話〉の paradigmatique な作用を使って技術と対価の問題を扱うように見せて，さらにこれを paradigmatique に使って Pindaros は Hieron に新しい権力の問題を突きつけたのである．

[2・4・1] Ch. Segal, Time and Hero: the myth of Nemean 1, *RhM*, 117, 1974, p. 31ff. は，Pindaros が Hera（凡そ神々）を邪悪に描くことの異例さを強調し，Zeus の大きな筋書の中での許されるエピソードとして解することを提案するが，Pindaros に不必要な「敬虔さ」を勝手に読み込む学説の長い伝統の後遺症である．Hera の大いなる作用はテクストにとって大前提であり，その上に小さな単位の独立を基礎付けることが課題なのである．

[2・4・2] ただし「双子の兄弟と共に」(Nem. I, 36: "*διδύμῳ/σὺν κασιγνήτῳ*")．2・6 で触れる Dioskouroi についての Pindaros の見解を参照．

[2・4・3] Crotty, *Song and Action*, p. 132 はこれを意識的な中断であると解す．節度を強調するのが通例であるのに，ここでは Herakles をパラデイクマとする，ことに由来する躊躇であるという．如何なる Herakles かというヴァージョンの性質を全く無視した議論である．作品の単純構造は，儀礼的現在の障壁を使わず端的に領域の性質を A の部分で示唆したために，paradigmatique な作用を直接的なものとしえたことによる．

[2・4・4] そこでは端的に儀礼的に，火に水が注がれる (24; cf. Gentili, *PPGA*, p. 86)．

[2・4・5] つまり，基体，領域の結合，政治的結合，である．Syrakousai 社会の構造変動については III・1・1・4 参照．

[2・4・6] 以下 Pind. Ol. についてテクストは A. Puech の校訂（Paris, 1970）に従う．

[2・4・7] cf. N. Felson Rubin, Pindar's creation of epinician symbols, *CW*, 74, 1980-81, p. 85: "the recurrent two."

[2・4・8] このジェネアロジーが特殊な variant であることは scholia 以来意識されてきたが，高々数多いこの型のジェネアロジーのスリルを一層際立たせるものと理解されるにとどまるようである (cf. J. Stern, The myth of Pindar's Olympian 6, *AJP*, 91, 1970, p. 333)．Iamidai については III・1・1・1 参照．

[2・4・9] cf. Pyth. III, 20ff.: "*ἤρατο τῶν ἀπεόντων*"（「そこに無いものに心奪われ」）．Apollon-Asklepios の系譜自体がこれに全てを負う．Ischys は論理的な帰結であり，単純には排除しえない．領域の組織の切り崩しが全ての可能性を開き全ての危険を準備する．

[2・4・10] Pyth. III, 54ff. "*ἀλλὰ κέρδει καὶ σοφία δέδεται./ἔτραπεν καὶ κεῖνον ἀγάνορι μι-/σθῷ χρυσὸς ἐν χερσὶν φανείς/ἄνδρ᾽ ἐκ θανάτου κομίσαι/ἤδη ἀλωκότα·*"「しかし知も利益に縛られている．その手の中に現れた黄金は Asklepios さえをも輝くその対価によって動かし，既に死によって捕らえられた者を連れ戻させた」．cf. Gentili, *le Pitiche*, p. 415.

[2・4・11] 大方は，病の Hieron を死から生還させることは不可能でも——，というレトリックのパターンから読む (cf. W. J. Slater, Pindar's Pythian 3: structure and purpose, *QUCC*, 19, 1988, p. 54: "utopian wish and realistic alternative")．この非現実の仮定はディアクロニクな不可逆的変化を言う．条件が変わった以上新しい問題に対処せよ，というのである．Hieron の健康は競技と同様に一つの pretext と解される．

〔2・4・12〕 Pyth. III, 81-2 の "ἓν παρ' ἐσλὸν πήματα σύνδυο δαίονται βροτοῖς/ἀθάνατοι"「一つの良いことを通じて二つの災厄を神々は人間に分け与える」は, Il. XXIV, 527-8 を受けて Priamos/Peleus から Peleus/Kadmos へと「子を失う」パラデイクマを paradigmatique に連鎖させるものである (cf. E. Robbins, The gifts of the gods : Pindar's third Pythian, CQ, 41, 1990, p. 313ff.) が,「二つの災厄」は Hieron の死んだ子や他の事件に関わるのでなく, potlatch の恐怖（一か八かの技術の副作用の怖さ）に関わる.

2・5　対価の狂気

〈二重分節〉体の種子 Herakles は, 元来枝分節体に深く組み込まれた存在であるだけに, 贈与交換・供応・酒宴等に強い親和性を持つ. 活躍しても活躍しても「年季明け」に辿り着かない労苦にさいなまれながらも, 一攫千金の「大博打」には喜んで参加するのである. われわれも既に Telamon とのほとんど醜悪な供応関係に立つ様を描く Isth. VI に触れた. しかし〈二重分節〉は, 給付を純粋に一方的なものにして交換を許さない政治システムにおけるのと異なり, 対価関係を再度クローズ・アップし, 一見枝分節関係を復活させるように見える. しかもかつての泥々とした réciprocité ではなく, 厳密さが追求されるようになる. Lokroi Epizephyrioi の Agesidamos のための Ol. X (476 年?) において, Herakles は, 対価即ち仕事に対する賃料 misthos を支払わせるために (28ff. : "ὡς......λάτριον......μισθὸν......πράσσοιτο"), Eurytos と Augeas の兄弟を何と待ち伏せ攻撃によって ("λόχμαισι δὲ δοκεύ-/σαις") 殺す. そればかりか, 父 Molion の王国全体を壊滅させ, 莫大な戦利品を獲得する (一旦「火」がつけば抵抗のしようもない)[1]. 対価の厳密な追求は自力執行を許し, 自力執行は全体の解体と侵奪を許す. Homeros のヴァージョンにおいては単なる枝分節連鎖（賓客関係のもつれ）が実力行使に至る際限の無さのパラデイクマにすぎなかったものが, ここでは対価の恐ろしさを強調するものになっている. それが全財産の剝ぎ取り合い即ち potlatch (「客殺し」) に陥るのである. 競技の勝者には皮肉にもこうしたパラデイクマが与えられたことになる[2]. Pindaros の警告は, Herakles がその戦利品を神々に奉納したこと, 即ち政治的に切断された贈与という終点を持ったことに込められる. 逆に言えば,「客殺し」を防止する〈二重分節〉システムの精密な構築に見通しを持っておらず, 利得の公共財への還元によって辛うじて歯止めをかけようとしているにすぎな

い.

　Homeros において *misthos* のパラデイクマを提供するのは, Poseidon と Apollon が Aiakos を雇って Troia の城壁を建設する話であった. Aigina の Alkimedon のための Ol. VIII（460 年）で Pindaros は再びこのパラデイクマを取り上げ, 別のヴァージョンを構える. 儀礼的現在に対応して Pindaros は冒頭から労苦と（対価としての）栄誉という動機をたっぷり響かせる[3]が, 正しい審判の困難さのテーマをかすめた（23ff.）後, 不意に Troia の城壁の〈神話〉を持ち出す（30ff.）.〈神話〉的現在は, 建設が終わった直後, 三頭の大蛇が塔を登ろうとする（37f.: *"Γλαυκοὶ δὲ δράκοντες……/πύργον ἐσαλλόμενοι τρεῖς"*）が二頭が滑り落ち一頭のみが成功する, という予兆が現れる瞬間に置かれる. すかさず Apollon は Aiakos に向かって,「一世代目に始まったものが四世代目に」とほのめかす（42ff.）. Aiakos の下働きの対価は, 何と, 自分が構築したものを子孫が破壊して（cf. 32ff.）獲得する栄誉である. Homeros においてこの城壁は Achilleus が打ち破るべき枝分節体障壁であった. 今それは何か有用なものに転化し, そして〈二重分節〉システムを前提とすれば構築への寄与は決まった対価によって報われるべきである. しかし Pindaros は, そうでなく政治的対価, 政治システム内の地位の獲得（今の何かでなく将来の世代の栄誉）, こそが真の報償である, というのである. 変身した Aiakidai がこれで満足する保障は無い.

　Thebai の Melissos のための Isth. IV は, Plataiai の戦いの直後か, 或いは少なくとも何か Thebai の政治的階層が多く失われた後のものである. Kleonymidai（4）は, もっとも, Thebai の伝統貴族というよりは富を誇る上昇貴族である. Melissos は Telesiadai（45）という別の系譜によっても二重に同定されている. Pindaros はまず, たった 1 日の戦闘で 4 人を失った一族に（16ff.),「何ヶ月もの冬の黒い影が終わればやがてまた今あたかも大地そのものが深紅のバラに咲き乱れるが如し」(18: *"νῦν δ' αὖ μετὰ χειμέριον/ποικίλα μηνῶν ζόφον/χθὼν ὥτε φοινικέοισιν ἄνθησεν ῥόδοις"*）というメタファーを贈る[4]. そうでなくとも政治的階層が既に交替・代謝を構成原理としている, ということが重ねて暗示される. この主題は次第に勝者敗者の入れ替わり, 運不運, そして弱者が策謀によって勝利することもあること, に転じて行く（31ff.）. す

ると，当然，Achilleusの武具を争ってOdysseusに破れ自殺し汚辱にまみれるAiasのパラデイクマ[5]が引かれざるをえない (35ff.). そして (37) そのAiasにHomerosは不朽の栄誉を与えたではないか，と切り返す[6]. AiasはAchilleusの武具をまさに自らの武勲評価の証として求めた，ということがPindarosの表現を裏打ちしている. Aiasは対価を巡るpotlatchに敗れて自殺したが，最後にはそれに換わるものを得たということになる. potlatchの狂気を乗り越えて，破れた側もいつか甦る，というのである. 渦を巻くように進むこの詩行は, potlatchの代名詞 Oarion (49) をかすめた後，さらにこれをHeraklesの問題へと転化する (55ff.). 次々に輝かしい偉業を成し遂げたHeraklesは，天上の神々の間で栄誉を得る. 地上でも奉納と儀礼が捧げられる. しかしその末尾で (62ff.) PindarosはさりげなくHeraklesの八人の息子の死に触れ，彼らをも称えようと呼びかける. 戦っておれたかの如くであるが，狂ったHeraklesが自ら殺したというヴァージョンをPindarosが意識していないはずはなく，いずれにしても八人の息子は何らかの犠牲になったのである. つまりpotlatchの対価として支払われたのである. 対価はいずれも狂気を招いた. AiasとHeraklesの栄光に影が無いわけではない. それでも両者共に必ず再び芽を吹く不朽の軸なのである. 政治システムが最後の大きな受け皿として用意されているのである.

　共にAigina出身SogenesとDeiniasのために歌われたNem. VIIとNem. VIII (共に年代不詳) は，いずれも対価の不条理をテーマとする. Nem. VIIIでは，儀礼的現在から〈神話〉的現在へ移行する段でPindarosはしばし逡巡して見せる (19ff.). すでに多くのヴァージョンがある (20: "$Πολλὰ\ γὰρ\ πολλᾷ\ λέλεκται·$") 中で新たなヴァージョンを構える ("$νεαρὰ\ δ'\ ἐξευ\text{-}/ρόντα$") ことは評価を公けにすることであり，評価が評価される ("$βασάνῳ/ἐς\ ἔλεγχον$") ことでもある. 全てをリスクに曝す ("$ἅπας\ κίνδυνος$") ことに他ならない. この場合果たして何を以てすればよいか. 評価には嫉妬 ("$φθονεροῖσιν$") がついて回る. 思わぬ事態となりかねない. 丁度AiasがOdysseusとの争いに敗れてこの感情に襲われて自刃に至ったように (23ff.). と，Pindarosは見事に〈神話〉の導入に成功する. 審判人の評価の不条理が憤死させるのである. これも対価の恣意性がもたらす狂気である. それよりも，

とPindarosはきれいに切り返す (40ff.). 気まぐれな変転を貫く友情こそが価値である (42: *"Χρεῖαι δὲ παντοῖαι φίλων ἀν-/δρῶν·"*「ありとあらゆる逼迫こそ信頼できる友を要す」). 信頼できる友こそが厳しい労苦において (*"ἀμφὶ πόνοις"*) 貴重である. かくしてPindarosは再び政治の原理に陣取って対価のメカニズムを大いに突き放す[7]. この絆が政治のそれの新しいヴァージョンであるデモクラシーの連帯であるかどうか. 確かにそうであるという痕跡をPindarosはここでは遺さない. 少なくとも民衆の審判人団の判断には懐疑的である. Nem. VII もまた Aias の狂気という中心テーマから出発する. Pindaros はここはっきりと Homeros に異を唱え, Achilleus の武具を Odysseus に付与した判断は誤りであると断ずる. Homeros の偽りの言葉と話の魅力のみが Odysseus に栄誉を与えた (20ff.: *"ψεύδεσί οἱ ποτανᾷ μαχανᾷ"*), というのである. 民衆[8] が真実を把握しえたならば (24f.: *"Εἰ γὰρ ἦν/ἓ τὰν ἀλάθειαν ἰδέμεν"*) 当然に Aias が勝利したはずである. 死はこのようにそれに値する者も値しない者も等しく襲う (30f.: *"κοινὸν γὰρ ἔρχεται/κῦμ' Ἀΐδα"*). こうして Pindaros は Neoptolemos に関する〈神話〉部分を例によって滑らかに呼び出す (33ff.). Troia の最終勝利者 Neoptolemos は Achilleus の息子であるが, その偉大な栄誉を公共のものにすべく Delphoi に立ち寄り戦利品の奉納を行った, その時に些細ないさかいのため刺されて命を落とす[9]. この極端に陳腐な結末ほど不条理なものはなく, これが彼の労苦の対価であるとしたならば, 対価というカテゴリー自体と別れを告げざるをえないであろう. Pindaros はここでも, 各人がそれぞれの天運を持ち一人が幸運を独占することは不可能である, という *gnome* を経過句として (54ff.)[10], 結局「兄弟の」連帯に訴えかける. Aiakos と Herakles が「賓客でありながら兄弟でもある」(86: *"ξεῖνον ἀδελφεόν τ'"*) ばかりか, 何と隣人相互の心からの兄弟愛 (87: *"γείτον'......νόῳ φιλήσαντ' ἀτενέϊ"*) が最高と称えられる[11].

〔2・5・1〕 Ol. X, 36: *"ὑπὸ στερεῷ πυρί"*「止めどもない火によって」. Achilleus の「火」とは異なって, 枝分節から発生しやがて再現の無い暴力に至るものへと「火」がなりかわっている. これを消し止める「水」の側が頼みとされるのは当然である.

〔2・5・2〕 Ol. X, 22ff.: *"Ἄπονον δ'......"*「労苦もなしに (歓喜を得る者は稀である)」はしたがって単に応報原理の *gnome* であるのではなく, その対価の怖さを示唆するということになる. Crotty, *Song and Action*, p. 98f. などが, ll. 1-15 から詩作自体が報酬と共にあることにあらため

2 〈神話〉の再構造化　　139

て着目するが，それを身を切らせる種類の pretext に使ってさらに奥の問題に切り込む Pindaros の苦心に全くついていかない.

〔2・5・3〕 Ol. VIII, 7: "τῶν δὲ μόχθων ἀμπνοάν"「息を切らせばその息継ぎを」; 11 : "Μέγα τοι κλέος αἰεί……"「大いなる栄誉が常に――」etc.

〔2・5・4〕 Ch. Segal, Myth, cult, and memory in Pindar's third and fourth Isthmian odes, in: Id., *Aglaia*, p. 231ff. は生死，昼夜，季節といった交替のパラデイクマをよく捉える．ならば叙情詩，たる所以である．つまり叙情詩こそ〈二重分節〉構造に適する，ということになる.

〔2・5・5〕 Isth. IV, 35ff.: "Ἴστε μάν/Αἴαντος ἀλκάν, φοίνιον τὰν ὀψίᾳ/ἐν νυκτὶ ταμών περὶ ᾧ"「諸君は Aias の屈強さをご存じのはず，夜も更けて〔暗転〕自らに血塗られたものを刺し通した.」は皮肉にさえ聞こえかねないアップダウンである．"ὀψίᾳ/ἐν νυκτὶ" については，光と影のイメージが変転を表現して一貫する，という Köhnken, *Funktion*, S. 110ff. の的確な分析がある.

〔2・5・6〕 Segal, Myth, cult, and memory *cit.* は，はかなさとそれを越える不朽の "commemoration" という方向で作品全体を解釈するが，これは論者の「アルカイック期の叙情詩に関する一般理論」の強引なあてはめで，Aias の死についても Herakles の子供達の死についても，それらが特徴的なメカニズムで発生すること，そのメカニズムにこそ交替のモティフが関わること，が見落とされる.

〔2・5・7〕 自分の詩作自体に「神話」が結びつけられるから，これを通じて laudatio と「神話」の関係が Bundism からして最も理解しやすいケースとなる（vgl. Köhnken, *Funktion*, S. 33）．しかしここで Pindaros は Aias 復権すなわちその意味の正しい評価を主張したいのではない．（政治システムによる評価が単一性を誇りえた時代が去ったことを受けて）対価としての評価について深く考え込ませるのであり，自分の詩作（laudatio）でさえさらなることを言うための pretext にすぎない．Pindaros はただの laudatio で終わって戻って来ることは滅多にない.

〔2・5・8〕 Nem. VII, 24f. : "τυφλὸν δ' ἔχει/ἦτορ ὅμιλος ἀνδρῶν ὁ πλεῖστος"「人の数が多ければ多いほど心は盲目になる」．

〔2・5・9〕 先行する Paian VI のヴァージョンを Pindaros が自ら修正して Aigina のために Neoptolemos の名誉回復をはかった，という scholia 以来の解釈が多くの文献を生み，最近ではこの（Pindaros の人格から出発する）解釈を否定することが Bundy 流たる所以とされた（cf. Lloyd-Jones *cit.*）．確かに Neoptolemos の責任への言及は無く，Aigina の人々の祖となって報われた如くに述べられるが，これの個人的動機と儀礼的動機を対立させても無意味である．52 の "ἀλλὰ γάρ……" で大きく切り返されるからである．つまりむしろ警告である．Gentili, *PPGA*, p. 188 が批判するように，paradigmatique な関係は否定されるべきでない．但し，Aias と Neoptolemos を通じて "Taten-Tod-Nachruhm"（S. 64）というテーマが貫徹し，単純に民衆の評価を越える何かに laudandus を方向付けるものである，とする Köhnken, *Funktion* の解釈は Pindaros を俗流 Homeros 解釈（Nagy）に還元する道を開くだけである.

〔2・5・10〕 Ch. Segal, Pindar's seventh Nemean, in: Id., *Aglaia*, p. 185ff. は 74 の「労苦が大きければ喜びも一層」に固執し，同一主体のアップダウンが他の主体の逆の上下と対応していること，つまり対価のメカニズム，への着目を見落とすから，変転を越える再生の大いなる原理とい

った大雑把な解釈にしか辿りつかない．Nem. VII, 54ff. ("*Φυᾷ δ' ἕκαστος διαφέρο-/μεν βιοτὰν λαχόντες/ὁ μὲν τά, τὰ δ' ἄλλοι· τυχεῖν δ' ἕν' ἀδύνατον/εὐδαιμονίαν ἅπα-/σαν ἀνελόμενον· οὐκ ἔχω/εἰπεῖν, τίνι τοῦτο Μοῖρα τέλος ἔμπεδον/ὤρεξε·*") のメカニズムを laudandus 父子の系譜が耐え抜くことが，直接のメッセージである．また，交替が移ろう評価によって作動すると捉えられていることも見落とすべきではない．

〔2・5・11〕 cf. Crotty, *Song and Action*, p. 134ff.

2・6 交替の再制度化

　もちろん基本の政治システム自身，選挙，そして一年で最高政務官職を交替する制度それ自体，の基礎に potlatch の原理を保持している．しかしながら，危険な交換関係をこちらへ再収容しえたとしても，そのままでは，potlatch の逸脱に対して防備しえたとは言えない．〈二重分節〉は実際この局面でも新しい課題を突きつけてくる．Korinthos[1]の Xenophon のための Ol. XIII (464 年)は，Il. VI の Bellerophontes〈神話〉に対して極めて意識的な（ディアクロニクな）対抗ヴァージョンを構える．ポイントは Pegasos を挿入したことである．Bellerophontes は Athene から「馬を無力化して御する魔力」(68: "*φίλτρον τόδ' ἵππειον*")，その道具立て ("*χαλινός*")，を獲得し，こうして Gorgon の息子である Pegasos を逆に味方に付ける．そうして Chimaira と Amazones を討つ (86ff.)．一層高度な技芸によって都市貴族の「直接的勢力基盤」（馬）を切り崩し，そうして地歩を固めるのである．そればかりでなく，こうした方策の指示は夢の中に (66: "*ἐξ ὀνείρου*") Athene が登場する形式によって与えられる．それをしかも「領域の側の」専門家 (74: "*ἐπιχώριον μάντιν*") が解読するのである．こうしたエピステモロジーのレヴェルの〈二重分節〉に，Bellerophontes と Pegasos という主体の〈二重分節〉が対応している．馬と騎手でありながらこの両者はもはや完全に一体化しているのではない．双方は相対的に自由であり，〈二重分節〉たる所以であるが，だからこそ Pindaros の〈神話〉的現在は Athene の指示の文言，即ち Bellerophontes と Pegasos を繋ぐ高度な装置，をクローズ・アップするのである．ここが生命線であり，ここさえ完璧ならば高く飛翔しうる．Pegasos は空翔る馬である．但し，領域に基盤があることを忘れて端的に「天空の座所へと辿りつかん」("*ἐθέλοντ' ἐς οὐρανοῦ σταθμούς/ἐλθεῖν*") とすれば，Pegasos が「主人たる

Bellerophontes を振り落とし」("ἔρριψε……δεσπόταν……Βελλεροφόνταν……"), 破滅のみが待ち受けることになる (Isth. VII, 44ff.)[2].

Hieron のための Ol. I (476 年) は以上のことを前提すれば容易に解釈しうる. ここでも Pindaros は明白に新しいヴァージョンを, しかも個人の資格で創作する (36: "ἀντί-/α προτέρων φθέγξομαι" 「私はこれまでのヴァージョンに対抗して歌う」) ことによって, 提出する[3]. それによると, 神々を招いた饗宴において Tantalos が息子の Pelops の肢体を煮て食べさせたという話は, 「嫉妬に駆られた隣人達の一人」(47: "τις……φθονερῶν γειτόνων") が放った虚偽の風評であり, 真実は, Poseidon が愛する Pelops をさらって行ったために Pelops の姿が見えなくなったのである (41ff.), という[4]. Pindaros は冒頭で意味ありげに「まず水が最高位にあり, 次いで黄金と燃えさかる火が」("Ἄριστον μὲν ὕδωρ, ὁ δὲ/χρυσὸς αἰθόμενον πῦρ") と始める[5]. 火が Pelops を焼き尽くせば父子の枝分節は一掃され, これにより potlatch を挑んだ Tantalos は神々から解放される. 政治の成立に相応しいパラデイクマではあるが, このような短兵急は元来も警戒されたに違いなく, もとよりディアレクティカの一対象であるにすぎない. しかし〈二重分節〉が原理として浮上してくる折りには, 子殺しによる potlatch は, 反〈二重分節〉の否定的パラデイクマとして, その周りに多くの対抗ヴァージョンを発生させるに至る. その中で Pindaros は, 〈二重分節〉システムにおける二つ目の〈分節〉体をいきなり飛び越して上昇させるのである[6]. 飛び越された側は逆に重い負担に沈む[7]. 飛び越すという形態を有するこの地位交換に対して, 「隣人達」は領域の古い政治システムにとっての危険という思考様式になお固執する. しかしそうしているうちに下に形成されて来る〈分節〉単位が Ganymedes (44) のように切り離されて組織され, しかもあらためて領域に降りてくる (65f.) のである. その Pelops が Poseidon の力を借りて exploit を遂げ Hippodameia を得る (67ff.). これは, Olympia での競技の *aition* であるばかりか, 根底に響き続けている部族神話でもある. 広大な領域を形成しつつある Syrakousai で Hieron が手を付けたその領域の大構造転換が一瞬のパノラマとして描かれる. 構想の雄大な分節と, 詩的イメージの透明な魅力, はほぼ同義である. もちろん, なおかつこれはモデルではない. Tantalos の大胆さ無しに, このような Pelops の安易さ

によって，Ganymedes のひ弱さによって，〈二重分節〉など築きうるはずがないではないか；それは単なる clientela ではないか．その通り，これが〈神話〉のレヴェルにとどまって逆の側からの批判との間に鋭い対抗関係に立たない限り，何も生じない．そして Syrakousai がこうしたことに成功したかどうか，まさに評価が分かれる．

　Pindaros 自身はむろん同じ屈折体の中で異なる角度をねらうこともできる．Argos の Theaios のための Nem. X (年代不詳) においてはほとんど逆の側に立つ．極めて周到に Argos の〈神話〉的ジェネアロジーを辿る (1ff.) Pindaros は，Danaos の五十人の娘達という女性群像から始め，やがて Hypermestra (6), Danae, Alkmene (11)，という女達の系譜を強調し，かくして Perseus, Herakles 型の例のジェネアロジーに注意を向けておいて，儀礼的現在において Theaios の母方の親族を称賛するパターン (37ff.) をここでも使い，そしてそこに Dioskouroi (38) を顕現させる．Herakles と同じ型のジェネアロジーを持つこの双子の兄弟は，今や新しい貴族的連帯のパラデイクマであるが，ここでは初めから，Kastor は死すべき人間でありながら Polydeukes は不死の神である，と設定されている．だからこそ彼らは日々互いに住居を交替し (55: *"Μεταμειβόμενοι δ' ἐναλλὰξ/ἀμέραν τὰν……"*)，「母のいとしい Zeus の許と大地の懐深くの間を互いに分かち合って」(*"τὰν μὲν παρὰ ματρὶ φίλῳ/Δὶ νέμονται, τὰν δ' ὑπὸ κεύθεσι γαίας"*) 往復している[8]．同一の運命を享受すべく (*"πότμον ἀμπιπλάντες ὁμοῖον"*) このような連帯の道を Polydeukes が選んだ (*"εἴλετ'……Πολυδεύκης"*) のである．ところが或る時 Kastor が，牛を掠奪されて怒った Idas に討たれる (59ff.)．聞きつけて集まる者達を駆けつけた Zeus そして特に Polydeukes が撃退する (62ff.) が，Polydeukes は既に死にゆく Kastor を見出すのみである (73ff.)．Pindaros はこの瞬間に〈神話〉的現在の時計の針を合わせる[9]．Polydeukes は Zeus に懇願する．自分にも死を与えよ，と (77)．さもなければ (向こう岸の)「死すべき者の中に，労苦の成果を分かち合うべく信頼して苦難を共にすることのできる者をほとんど見出せないからである」(78f.: *"παῦροι δ' ἐν πόνῳ πιστοὶ βροτῶν/καμάτου μεταλαμβάνειν."*) と．Zeus の答えは仮言的に与えられる (82f.: *"……αἵρεσιν/παρδίδωμ'· εἰ……"*)．もちろん永遠の生命を選ぶのもよし，兄弟を

2 〈神話〉の再構造化

擁護するのならば,全てを平等に分かち合うつもりならば（86: "*πάντων δὲ νοεῖς/ἀποδάσσασθαι ἴσον*"）,半分（"*ἥμισυ*"）の生命を天上に他の半分の生命を地上に置く,というのでもよい,というのである.

このように Pindaros は最後にははっきりとデモクラシーのヴォキャブラリーにまで及ぶ.屈折のさせ方によってまさに〈二重分節〉の鍵となりうる Herakles 型ジェネアロジーの両義性をまず Dioskouroi の双方に分けて持たせることによって問題例解の装置が創られる.にもかかわらず二人は立場を定期的に交換しているように見える.これ自身驚くべきことであるが,しかしそれはまだ区分を残したままの交換である.いわば corporatism（たとえば,貴族と平民が一年交替で最高政務官職に就くと決めてしまうこと）である.しかし今達成されるべきは真の平等である.つまり二人が性質そのものを不断に交換するということである.政治的階層とそうでない独立の階層が区別を厳密に維持しつつ誰がどちらに在ると言えないくらい人々が入れ替わるということである.

最晩年の作品 Pyth. VIII（446 年）は Aigina の Aristomenes に捧げられる.静謐の女神 Hesychia への強い呼びかけがピンと張りつめた空気を醸し出す美しい出だしを持つ.しかし Aristomenes への賛辞（32ff.）は直ちに（29: "*ἄσχολος*"）ここでも母方の親族（35: "*ματραδελφεούς*"）の称賛に転化し,その上で間髪を入れず〈神話〉部分（41ff.）が導入される.〈神話〉的現在は *epigonoi* の Thebai 攻めを前にした亡き Amphiaraos の予言である.自分の息子 Alkmaon は生還するが,Adrastos は息子 Aigialeus の屍を背負って還るであろう,というのである.かつて Thebai を攻めて生還したのは Adrastos で Amphiaraos は死すべき運命を甘受した.まずはこの運命の交替がパラデイクマとして提示されたことになる.しかしディアクロニクなヴァージョン対抗を下敷きにして読めば,Pindaros がさらに重要なことを言おうとしていることがわかる.そもそも,cognatique な関係に便乗する干渉戦争たる最初の Thebai 攻めはまさにそれ故に悲惨な結果を招く.この結末を見通した Amphiaraos は,にもかかわらず Adrastos の妹たる妻に裏切られ,（従うことを予め誓約した）その仲裁に従って参戦し倒れる.他方その息子達の成功は逆に政治の成功に他ならない.これが標準のヴァージョンである.しかし Adrastos＋Amphiaraos という cognatique な結合体の背後には，一旦 Adrastos の父に追放された Amphiaraos がその父を殺して権力を奪還し，Adrastos の妹を通じて Adrastos との間に平和を回復するが，この時の誓約に結局は裏切られる，というダイナミズムが隠されているのではないか[10]．つまり中心と周辺の間に Adrastos-Amphiaraos-Adrastos という交替が展開された．その上で，Amphiaraos の息子 Alkman への賛辞に Pindaros は「隣人」(58 : "$γείτων$") として（異例なことに）自身加わるのである[11]．領域の側のしかも再度の勝利だというのである．つまり Pindaros によれば，epigonoi の勝利は再び Amphiaraos の側が勝利したことを意味するという．確かに，Adrastos-Amphiaraos-Adrastos は一個の大規模な構造変動を意味しえよう．しかし Adrastos-Amphiaraos-Adrastos-Amphiaraos に至って初めて構造変動は制度化されたと言えるのである．つまり一度きりの変動でなく，むしろ継続的な交替である，交替自体に意味があり，完全に対称的な関係が出来上がる，というのである．母方の親族という動機，そして Hesychia の動機は，これらのことと完璧に符合する．

[2・6・1] 既に見たように，Medeia (Ol. XIII, 53) を排して Sisyphos (52) の系譜，したがって Bellerophontes へ，というジェネアロジーは Korinthos に根付いたものであるが，Gentili, *PPGA*, p. 156, 190 が Korinthos の "oligarchia" を名宛人とすると断定するのは疑問で，これも領域からの新しい階層である可能性がある．

[2・6・2] Ol. XIII, 91 : "$Διασωπάσομαί\ οἱ\ μόρον\ ἐγώ·$" 「私はその結末については言おうと思わない」は，Isth. VII とのヴァージョン対抗が syntagmatique な切断と取捨選択だけによって可能となったことを示す (cf. Gentili, *PPGA*, p. 178, 192)．〈神話〉的現在を一点に絞りうる叙情詩の強みであり，これにより，大きなヴァージョン対抗では一方に署名しておきながらサブ・ヴァージョンのレヴェルで対抗を構える，ということも可能になる．つまり〈二重分節〉に適的たる所以である．

[2・6・3] cf. Gentili, *PPGA*, p. 72. A. Köhnken, Pindar as innovator : Poseidon Hippios and the relevance of the Pelops story in Olympian 1, *CQ*, 68, 1974, p. 199ff. は，この修正が Hieron 祝勝とどう関係するか説明されてこなかったとし，Poseidon を軸に Ganymedes および Pelops の勝利に至るまでを貫く馬のモティフに着目する．Hieron が馬の競技で勝利したことと関係するというのである．馬が重要なテーマであることは疑いないが，（古い貴族の）*clientela* ということに関わるパラダイクマであり，競技の形態は pretext である．〈神話〉の改変が逆にこれによって決定されているとすれば，この詩はほとんど説得力を持たないであろう．そもそも Pindaros は称賛に苦い味を含ませるのを得意とする．Hieron の体制の奥深くに響く警告を含

2 〈神話〉の再構造化　　145

んでこそ，詩は Hieron を打つ．馬で勝利したから馬のパラデイグマで褒めただけであれば，Hieron がそれに価値を認めるとは思えない．これも Bundy 症候群に属する．また同様に，Nagy, *Pindar' Homer*, p. 128f. も，前後のヴァージョンを同型と捉え，ただ，新しいヴァージョンが Pelops の競技へと話を先送りする点が異なるのみであり，それは Olympia での競技種目の比重の変化に対応する étiologie の変化である，とする．呆れるほど trivial である．

[2・6・4]　K. Crotty, *Song and Action*, p. 89 は Prometheus と Tantalos の間の軸を捉えるが，ディアクロニクな対抗に無頓着である．神々と人々の間の切断（同時に，政治と領域の切断）が言われる Prometheus は優れて Hesiodos 的主題である「隣人達」と連帯の関係にある．しかし反転等価物である Tantalos は「隣人達」から悪意の目を持って見られ，連帯は崩壊している．むしろ Pindaros が別ヴァージョンで救い出しに行くのである．

[2・6・5]　「火」と Achilleus については POL p. 191. 5ff. の "ἄεθλα" と密接に関係し，Pindaros の，（あくまで「水」と言いつつも）〈二重分節〉下で「火」を（修正しつつ）再建する構想を基本において支える．もちろん「火」―「水」は〈神話〉における Zeus-Poseidon 転換に対応する．

[2・6・6]　これはもちろん potlatch 制度化の道でもあり，すると〈二重分節〉は制度化された potlatch であるというヴァージョンが生まれる．枝分節が本来持つ危険が増幅される．頭を越された側が再逆転をねらうならば，常に小さな単位を下に抱え（*paidophilia*），かつここというときにそれを犠牲に供する，ということをするようになる．デモクラシーはしばしばこれを〈神話〉化・競技化することに失敗して再現実化し，「自由な競争」を助長する．

[2・6・7]　残された Tantalos は別途 Prometheus を演じて処罰される（Ol. I, 59ff.）．息子の Pelops が再び地上に舞い戻らねばならないのはこのため（"τοὔνεκα"）であるとされる（65）．連座して失脚した，という通常の解釈よりも，空白を埋めるために下った（cf. 66: "μετὰ τὸ ταχύποτμον αὖτις ἀνέρων ἔθνος"「また新たに早々死すべき人々の輩の間に」），と解する方が遥かに次の Poseidon の恩寵と整合的である．

[2・6・8]　Pelops や Ganymedes が天上へとさらわれるように，ここでは Dioskouroi が Zeus の寵愛を得て天上と地上を往復する．Dioskouroi は無分節組織構成員間相互の結束のパラデイグマであり，*clientela* と深く関わる．しかしここではそれが二人に〈分節〉され，しかもその〈分節〉に特殊な形態が与えられる．その限りで Hesiodos の「隣人達」の批判を受け入れる．

[2・6・9]　J. Stern, The myth of Pindar's Nemean 10, *GRBS*, 10, 1969. p. 125ff. は全編で展開される（Herakles 型ジェネアロジーから発生する）垂直的運動のモティフをよく捉える．但し，72 の（Aphraretidai に関する）"ἐρῆμοι" 等に着目して神々への近接性という宗教的動機を引き出す点は疑問である．Dioskouroi と争い Kastor の死を招く Lynkeus と Idas の兄弟（Aphraretidai）は，領域の底に眠る枝分節原理であり，しかも問題は元来 Dioskouroi（貴族から領域へ延びる結合体）がこれに似ること，そして新たに生まれ変わるにしてもその Dioskouroi が基本の結合原理となること，に存する．

[2・6・10]　cf. Pyth. VIII, 50f.: "τὸ δὲ οἴκοθεν/ἀντία πράξει"（「（Amphiaraos の息子 Alkman の成功を通じて勝利を予言されたのとのコントラストにおいて）まさに Adrastos は自分の系譜の側では正反対の経験をすることになる」）．この表現はもちろん前回における Amphiaraos の

悲劇を通じてのみ意味を持ち，その悲劇が Adrastos 側から放たれたものであったことによって効果を強める．それはまた当然 Amphiaraos がかつて Adrastos を陥れたことの報復であり，そのことは Adrastos の地位を前提にして初めて意味を獲得する．

〔2・6・11〕 この表現は古事学的探求を大いにかきたて，Pindaros の故郷 Thebai に Alkman の hero cult の痕跡を探させた．cf. Gentili et al., *Le Pitiche*, p. 576s.

2・7　部族の再生

〈二重分節〉は枝分節との間に或る種の親近性を有する．ダイナミックな構造変動をそのまま制度化するという側面を持つ反面，人々が〈分節〉によって枝分節を否定したその上でもう一度枝分節の側へ折り返すように積み上げることによって形成されるという側面をも持つ．しかるに，部族という組織原理は枝分節を展開したものである．そもそも政治の成立自体部族というパラデイクマ複合体を一つの素材とし，これを解体しつつ利用していた．特に領域を組織するに際してはこれを不可欠の一要素とした．もっとも，領域の組織の中核を担ったのは Athenai における *phratria* のような moitié 系の組織であり，これが兄弟のパラデイクマを通じて（領域流動化・軍事化に対する切り札として）領域の固い横断的組織を形成させた．おそらくこれに対して，早くから植民都市域や後背地との接点で Herakles 即ちかつての首長直属専門軍事集団のパラデイクマがヴァージョンを変えて復活してきていたはずである．両者の間の緊張は容易に想像しうる．いずれにしてもこうした状況において部族原理は，政治と領域，全体の軍事化と横断的組織，の双方を繋ぐ緩やかな枠を提供するにすぎなかった．Hesiodos はディアレクティカを通じてそのための最小限のパラデイクマを用意したにすぎない．つまり領域の上の制度として儀礼化しうる分の〈神話〉の用意である．

〈二重分節〉が枝分節に再接近するように見えるとき，他にも増してその枝分節を体現するように見えるそうした（ディアレクティカを経た）部族〈神話〉に対して Pindaros はどのような手を加えるだろうか．

Opous の Epharmostos のための Ol. IX（466 年）は，恩寵の女神達 Charites の加護が無ければ（自分の歌を含めて）圧倒的な成功は得られない，と言って（21ff.），Herakles が何と Poseidon, Apollon, Hades の三神の連合軍を Pylos で撃ち破ったパラデイクマを引く（29ff.），と見せかけておいて，不意に

(35ff.),神々を侮辱するようなこのようなことを歌うなぞ私は真っ平,おおくわばらくわばら,とばかりに Pyrrha と Deukalion の部族神話 (41ff.) に切り替えてしまう[1]. 水が全てを流し去り (51),残ったのはこの二人だけで,ここから「等質の民からなる石の系譜」がスタートする (44f.: *"ὁμόδαμον/κτισσάσθαν λίθινον γόνον"*) のである[2]が,それが同時に Iapeto,したがって Prometheus の一族である,ことを Pindaros は付け加える (53ff.) のを忘れない. 以後「土地の」王達 (*"ἐγχώριοι βασιλῆες"*) が続いた,と明記される. そこへ,例によって Opous の娘を Zeus がさらって行き (57ff.),しかし娘は Lokros のところへ赴き出産する (59f.). Lokros はその子を息子として養育するばかりか,母方の祖父と同一の名を与える (63f.). やがて統治をも委ね (66),諸方から賓客がやって来て (67ff.),その中には Menoitios や Patroklos がある.

　叙情詩特有の切り出しの際どい瞬間は,Herakles を歌うように見せて大きく切り返す数行に存する. 鋭くブレーキがかかり,不意を突かれた聴き手に恐怖の感情が走り一瞬緊迫する. いきなり始まったのはしかも Herakles が三神即ち部族分割のパラデイクマと戦うパラデイクマであった. その後には滑らかに発展するジェネアロジーの下り坂であるが,実はここにも Herakles と等価なジェネアロジクなパラデイクマが置かれているのである. しかしこの場合には養父養子関係によって再吸収され,剰え,この関係が Opous と Lokros の間の堅固な複合系譜を樹立するのである. そうであれば次々と賓客関係がそこへ絡まっていく. 問題の,Herakles が創るあの基体が,分厚い紐帯の中に生きている. 軍事的な Herakles が「良き統治者」に変身したのである. 即ち「市民化」したのである.

　Rhodos 島三都市の一つ Ialysos の Diagoras のための Ol. VII (464 年) も Ol. IX と基本的に同一の構図に従って歌われる.「Aphrodite の海の娘」Rhodos と Aelios の結合というイメージから出発した (13f. *"τὰν ποντίαν/ὑμνέων παῖδ' Ἀφροδίτας/Ἀελίοιό τε νύμφαν, Ῥόδον"*) Pindaros は,しかし直ちに Herakles の息子 Tlapolemos が Rhodos 島へ到来するいきさつを述べ始める (20ff.). この時 Pindaros は Herakleidai 一族 (*"Ἡρακλέος/εὐρυσθενεῖ γέννα"*) に共通する或る話をする,と敢えて脈絡を明示的に特定している. ま

ず Tlapolemos の母を Amyntoridai に属する (22f.), 即ちあの Phoinix の父, 彼がそこから出奔せざるをえなかったその父, の系譜に属する, と特定する. そして Tlapolemos 自身 Herakles の母 Alkmene の出身地 Midea から Tiryns に出て来た彼女の庶子たる兄弟 (27: "κασίγνητον νόθον") Likymnios を殺してしまい, そして神託を得て Rhodos へ出奔するのである (31ff.). つまり, cognatique な関係を媒介とする Tiryns・Midea 間の連接の破壊である. そのまま Troia へ向かえば, Tlapolemos は確実に政治に辿り着くであろう. がしかし Rhodos へ入って来る. その Rhodos はどのようなところか. そこでは Aelios の息子達が父の厳重な掟にもかかわらず犠牲式に際して火を忘れてしまい (48: "ἀπύροις ἱεροῖς")[3], 人々が Prometheus の奮闘に負うもの (44: "Προμαθέος αἰδώς") を無にしてしまう. ところが Zeus が資源を (50: "πολὺν ὗσε χρυσόν"「黄金の雨を降らせ」) Athene が全ての技術を (50f.: "τέχναν/πᾶσαν") 提供して代替手段が与えられ, 事無きを得るばかりか, 大いに工芸が発達することになる. つまり火のような危険な技術の再分配に依存しない[4], 新しい知的活動の分配原理に基づく, 領域の組織即ち「部族」が既に用意されている, というのである[5]. 第二の〈神話〉的現在 (54ff.) は, さらに遡り, Aelios がそもそも Rhodos を割り当てられるに至った, その神々の部族分割[6]において, 最初 Aelios 不在のまま籤引きが行われ Aelios が「割り当て無しの状態に置かれ」(59: "χώρας ἀκλάρωτον λίπον"), Zeus がこれをやり直そうとする, その瞬間である. しかし Aelios は再度の分割は不要であると言う (61ff.). 何故ならばそれまで生まれていなかった Rhodos 島が丁度その時形を成しつつあったからである. こうして Aelios の特権的な領分が出来上がる[7]. その7人の息子 (71f.) が工芸を得たのであるが, そのうちの一人が三都市に対応する3人の息子を設け, この部分に狭義の部族組織 (73) が位置付けられる. 明らかに, この新しい部族組織以前に特殊な構造が先行していて, そこではむしろ本来部族組織の外側に発達するような原理が優勢であった, ということが示唆されている. 今しかし全体をしっかりと部族原理によって再編することが求められている, というのである. Tlapolemos の exploit はこの複雑な条件を考慮に入れてその内部でなされねばならない (77ff.). つまり, 勝利した Diagoras が Ialysos に帰って見出すべき課題である. 貴族直営の工芸集団を領

2 〈神話〉の再構造化

域の部族組織に解放して，軍事組織とも人員互換的とすべし，というのである．そうでなければ〈二重分節〉は生まれないということは明らかである．技術の非軍事化，軍事の市民化である．

　これも Kyrene の Arkesilaos のために歌われた Pyth. V（462 年）は，Arkesilaos と（cognatique な関係で繋がる）義兄弟 Karrotos の協同を歌い上げる．これに富と連帯の結合という動機が加わり，こうした結び付きの要として部族のパラデイクマが現れる．ほとんど，部族とそれに対抗するものを結びつける「高次の部族観念」が称揚されるが如くである．Pindaros は，富が多くの人を集めて巨大な権力が生成するイメージ（1ff.）をいきなり強く打ち出し，これに Arkesilaos の勝利を重ねていく（5ff.）．その瞬間，Apollon によって導かれる正しい権力行使，および Delphoi の競技での勝利のまさに延長線上に（20ff.），一党の中で特に Karrotos を尊重しなければならない旨を説く（26：*"φιλεῖν δὲ Κάρρωτον ἔξοχ' ἑταίρων"*）．Epimetheus の娘 Prophasis（pretext の意）を連れて来ているからでなく，彼自身独立に競技で勝利したからである（27ff.），というのである．つまり何だからどうという交換的で syntagmatique な関連においてでなく，二つの頂点間の何も介在しない関係において，二人の間の絆を築くべきである，というのである．政治的な関係の再構築である．そのように言っておいて Pindaros は Karrotos の勝利を称える詩行を連ねる（32ff.）．その競技における戦いのイメージは，植民都市建設時の Battos の苦闘のイメージと重ねられる（54ff.：*"πόνων δ'……"*）．植民を司るのは，Apollon が発布する神託である（60）．その Apollon の指示によってまた Sparta の地に Herakleidai と Aigimios が入って来た（69ff.），と展開される．つまり Doris からのいわゆる「侵入」である．がこの時同時に Thebai から Aigeidai が入って来た（75），その Sparta から Thera へ，そして Kyrene へと植民が行われた，ちなみに Troia からは Antenor の一党が入植して来た（83），というのである[8]．

　富による権力の奪取・再奪取の交替があったとしてもそれが巨大な枝分節体形成による全体のからめ取りにならない，ための条件，即ち〈二重分節〉の条件，が，ここでは明らかに領域の新しい組織に求められている．それは最初の入植に比して第二の植民都市建設，その再構築，であるというのである．その

条件とは，第一に，Herakleidai が Doros の系譜，即ち Aigimios の三兄弟とともに手を携えて領域に降りること，裏から言えば部族が（全体を繋ぐ枠組というのでなく）実質的な領域の単位となり，軍事組織形成の単位ともなるべきこと，である．このため「Herakleidai の帰還」というパラデイクマと部族神話が習合することになり，「Doris からの侵入」という神話が出来上がる．第二の条件は，さらにそこに他の補助的な分子が付着していることである．Aigeidai は Isth. VII でも登場し，Thebai から Sparta の領域，Amyklai に入植して独立の *genos* を形成する．特殊な無分節集団を政治システム頂点にでなく領域の〈二重分節〉単位として持つことが出来る体制にある，ということのアリバイである．Antenoridai も同様である．こうした領域の体制を前提とすれば，互いに激しくひっくり返し合う二つの党派の間にも新しい政治的関係が生まれうる，即ち Arkesilaos と Karrotos の間に〈分節〉的関係が戻るであろう，というのである．

　このように展開されて初めて Pyth. I において Hieron のために提案される Syrakousai の植民都市 Aitna の領域組織の意味が明解になる．最高傑作と称えられるこの 476 年の作品は，Alkman の世界を思わせる叙情詩の原作用，全てが魅入られて我を忘れる合唱の威力，を歌う美しい詩句から始まり，次いでこれを打ち破るように Typhon が轟々たる音を響かせ始め（15ff.）[9]，南イタリア・シチリアの火山性地形の変化[10]，火と水が交錯する複雑な様相，が雄大にイメージされる．その全てにしかし Zeus が君臨し（29ff.），そして Hieron が競技で勝利を収める．この勝利はやがて苦難に満ちた Hieron の戦勝と二重写しにされ（47），そしてここで初めて（50: "νῦν γε……"）Pindaros は小さな〈神話〉的パラデイクマを挿入する[11]．即ち，Troia 遠征に加わって出発した Philoktetes は，途上 Lemnos 島で病を得て置き去りにされる．しかし Troia で苦戦を強いられた人々は，Philoktetes の射手としての力を借りるために連れ戻しに来る．つまり政治的連帯であるが，しかし不均衡な者達相互の間の政治的連帯である．確かに〈二重分節〉の概念はこの点にも存する．Hieron への明らかな警告である．が，この主題は，父子間の分節のイメージ（59a）をかすめた後，Hieron が領域の中核組織として建設した植民都市 Aitna（61）の政治的現在[12]に投影される．「Aitna の王」のためにも歌おう，この者のために

Hieron はポリスを建設し，これに「Hyllos の隊形」の聖なる自由を与え ("θεοδμάτῳ σὺν ἐλευθερίᾳ/ Ὑλλίδος στάθμας")，基本体制とした ("ἐν νόμοις ἔκτισσε")，というのである．そのパラデイクマは遠く Doris の地に求められる．Pamphylos または Herakleidai の子孫が Dories を「Aigimios 体制」に保った (64f.: "αἰ-/εἰ μένειν τεθμοῖσιν ἐν Αἰγιμιοῦ")，とされる．Hyllos は Herakleidai の一人であり，ここでは明示されないが，Doros の系譜の Aigimios に預けられて育てられ，Pamphylos 以下三部族制に対応する三人の息子を残す．この複雑で（ディアクロニクに二段階に積み重なった）独特の分節原理を持つ人々が，Sparta の郊外 Amyklai に入って来て Tyndaridai に「誉れ高き隣人」として横付けされる (66: "Τυνδαριδᾶν βαθύδο-/ξοι γείτονες") のである．

　最後の詩行 (81ff.) で長々と展開される政治的 gnome は全てバランスと調和を Hieron に求めるものばかりである．その統治訓の中核に，領域の組織の新しい原理が置かれているのである．これが Philoktetes を救えるかどうかの分岐点であるとされているのである．その組織原理は，既にわれわれが見てきたのと同一である．しかしここでは政治的ヴォキャブラリーとの連関，Aitna 建設との関連が明白である．「Aitna の王」とは，劣位の不均衡頂点もまた全き〈分節〉頂点とされるべきこと，を暗示する表現である．Chromios の出身都市問題，そして Karrotos の問題を強く想起させる．

　〔2・7・1〕　M. Simpson, Pindar's Ninth Olympian, *GRBS*, 10, 1969, p. 119ff. は，（反宗教的内容を戒めるためにのみ拒絶が行われたとする）統一的解釈の放棄を批判し，scholia にヒントを得つつ，冒頭 (1-4) に言及される Archilochos の歌が Herakles のためのものであったことに関係する，と解する．友および一党の者達から成る祝勝の隊列の先頭に立つ laudandus ("κωμάζοντι φίλοις……σὺν ἑταίροις") はまずこの歌に包まれたが，しかしそれを切り返す (5: "ἀλλὰ νῦν") ようにして新たに Pindaros が歌い始める，その同じ切り返しによって，Herakles のパラデイクマがこの laudandus に適しないという切り返しが行われた，事実一貫したモティフは "replacement, or introduction of people into new situations" である，とする．切り返しのニュアンスをよく捉えるが，何故あれでなくこれかという内容の点を説明しないから，Herakles を称えるのでなく地元のヒーローを，という無意味な結論に至る．Archilochos の Herakles 賛歌が（実在したとしてもそれが）「友達」によって歌われたとは限らないし，その内容が神々と戦う Herakles という (Herakles に対して敵対的な) Homeros 風テーマであったとすれば符合しない．Pindaros が否定的に捉える道の側に，古い補充的軍事力 (Herakles) と軍事

的首長達の連合組織（友および一党の者達）の両方が属するというにすぎない．

〔2・7・2〕 石のメタファーは，AX のような部族的混合を排除した（"ἄτερ εὐνᾶς"）等質の基本素材形成を言う．

〔2・7・3〕 P. Sfyroeras, Fireless sacrifices: Pindar's Olympian 7 and the Panathenaic festival, *AJP*, 114, 1993, p. 1ff. は，「Hephaistos ないし Prometheus が火を掲げて Athena を追い都市中心に至るが，Athena を得ることなく地に帰り，Erichthonios 即ち Athenai 人の始祖が生まれる」という Athenai の〈神話〉と対応する儀礼を意識し，Rhodos の「火のない」ヴァージョンの儀礼の存在を前提しつつ，その優越性を Pindaros が歌ってポリスにも laudandus にも貢献した，と解釈する．確かに Athenai のヴァージョンとの比較は有用であるが，ここでも Pindaros の対抗関係創出作業が解釈の中心たるべきであり，「火を忘れた」ヴァージョンという言い方は，Athenai のヴァージョンには含まれる〈都市―領域〉間のダイナミズムの欠落を鋭く突くものであり，続くパッセージはこの歴史的欠落を治癒するための処方箋である．この点，A. Hurst, Aspects du temps chez Pindare, dans: AA. VV., *Pindare*, p. 172sqq. は，時間軸上の跳躍の大胆さとヴァージョン創作の大胆さをよく結び付けて捉える．

〔2・7・4〕 Bresson, *Mythe et contradiction. Analyse de la VIIe Olympique de Pindare*, Paris, 1979, p. 95 は反 Prometheus 反（領域の）民衆を読むが，technai への接近自体，政治的階層にとっては新しい存在形態の模索である．

〔2・7・5〕 32ff. が Hesiodos を意識していることは疑いない．36 の「Athena 誕生」は 51 の「Athena の恩恵」の伏線である．「誕生」は元来パラデイクマの政治的分節形態（政治的知）を表現して cognatique な関係を寄せつけず，軍事化さえ示唆する．同一レヴェルで Hephaistos のパラデイクマ（無分節）形態と対抗し，また遠く領域の Prometheus の知と対抗する．しかし今や Athena 誕生に Hephaistos は協同し（35），そして融合したその知は Prometheus を押しのけて領域に展開するのである．Felson Rubin *cit.*, p. 70ff. は，laudandus の失敗をもカヴァーする自分の賛辞鋳造作業自体を称えるためのパラデイクマに改変した，と読むが，明らかに Bundy 後遺症である．

〔2・7・6〕 cf. F. M. Cornford, *From Religion to Philosophy. A Study in the Origins of Western Speculation*, Sussex, 1980 (Cambridge, 1912), p. 22.

〔2・7・7〕 A. Bresson, *Mythe et contradiction*, p. 22sqq. は Homeros および Hesiodos の「部族三分割」ヴァージョンからの偏差を良く捉えるが，"réforme agraire" に対する貴族の反発を示唆するとし，Rhodos の Eratidai の反 Athenai 反デモクラシーに直結させる，部分は性急である．領域の編成そのものを否定するニュアンスはテクストには全く見られず，むしろ新しい構造に独自に適合するよう警告がなされていると解される．

〔2・7・8〕 "L'isotopie de l'accueil favorable réserve à tous ces protagonistes", "l'isotopie de l'hospitalité" (Calame, *Mythe et histoire*, p. 116sqq.). 但し Herakleidai や Troia 等多くの系譜によって正統性を強化しようというのではなく（全体の構成につき cf. M. R. Lefkowitz, Pindar's Pythian V, dans: AA. VV., *Pindare*, p. 33sqq.），（後述の）Iamidai 着地の如く（Calame も Aigeidai を Kyrene での祭祀に結びつける）領域の複合性のアリバイである．Calame 等が正当にも拒否するように（難問の）Antenodridai から「ミュケーナイ時代の植民」を推測すること

は正しくない．Troia への関連付けは cognatique な複合体を意識して初めて理解しうる．

〔2・7・9〕 cf. C. Brillante, La musica e il canto nella Pitica I di Pindaro, *QUCC*, 41, 2, 1992, p. 7ss.

〔2・7・10〕 cf. Gentili et al., *Le Pitiche*, p. 14. Etna および Vesuvio という二つの火山に（植民都市にとっての）後背地の社会構造のダイナミズムが仮託され，（Hesiodos 以来の）Typhon 伝承がこの二つのヴァージョンを早くから持ったが，ここでは Hieron の Sikelia での事績と Kyme 沖での対 Etrusci 戦勝利の両方が示唆されている．

〔2・7・11〕 paradigmatique な作用は十分に多義的である．51f.：*"σὺν δ' ἀνάγκᾳ μιν φίλον/καί τις ἐὼν μεγαλά-/νωρ ἔσαμεν"*「傲慢であった者でさえもが今や否応なく喜んで友として迎えねばならなかった」はまだ Philoktetes を *similitudo* の中にとどめ，したがって Hieron 自身を受けながら間接的に Philoktetes にかかるにすぎず，次のセンテンスから Philoktetes のパラデイクマが始まる，とも読める．すると，Hieron を一旦捨てながら後に彼に救いを求めた勢力があった，と推測させることになり，Akragas (G. Vallet, *infra*) から Kyme に至るまでの候補が仮説として提案されてきた（cf. Gentili et al., *Le Pitiche*, p. 146）．そうだとしても，このレヴェルの paradigmatique な作用は触媒的なものであり，この事例自体をまた警告に使って二重に作用させている，と考えられる．つまり一度 Philoktetes の側に立った Hieron にその反対側に立つ誤りをおかすことのないように警告しているのである．示唆は転じて Syrakousai 内の権力構造に向けられていると判断される（cf. III・1・1・2・9）．翻ると，軍事同盟のレヴェルでの候補は Hieron とは異質の体質を有する主体，たとえば E. Lepore (*Storia di Napoli, I*, Cava dei Tirreni, 1967, p. 161ss.) 説の Neapolis（先進的デモクラシー），であった可能性がある．

〔2・7・12〕 cf. G. Vallet, Pindare et la Sicile, dans : AA. VV., *Pindare*, p. 306sqq.. なお III・1・1・4 を参照．

2・8 二つの〈分節〉の間

〈二重分節〉は，二つのパラデイクマ・ヴァージョン対抗を，即ち二つの屈折体，二つの磁場，を重ねて初めて形成される．両者の間に「干渉」，即ち第三の屈折が現れることは当然である．と同時に，様々なヴァージョンにおいて盛んに言語によって新たに確定されるパラデイクマの上で，両対抗の截然たる関係を担保するために，二つの階梯が頻りに観念されて強調されることになる．とはいえ，逆に単に二つの次元でバラバラにパラデイクマの対抗を構えればよいというのではない．或る時は結合と連携を強調し，或る時は二つの次元の截然たる区別を強調せねばならず，要するにまた一つの対抗関係を創り出さなければならないのである．

少なくとも Nem. I よりは後の作品で，Chromios が既に問題の Aitna に十分に定着したことがうかがえる，その Chromios のための Nem. IX は，Nemeia で

の競技にかかわらず，SikyonにおけるApollonのための競技会での勝利を祝するものであるが，Pindarosは，同じAitnaを巡ってPyth. Iとは対抗的なパラデイクマを提出してくる．空間的パースペクティヴの分節はPindarosやBacchylidesの叙情詩の大きな特徴であるが，Nem. IXは冒頭から，Apollonのための祝祭行列がSikyonからAitnaへとヴァーチャルに降りていき，Aitna都市中心のChromiosの屋敷に達する，という美しい想像の場面[1]を描く．この*dioikismos*の動機は，そもそもこの祝祭はArgosの主AdrastosがSikyonに落ちてきて創設したものである (9)，ということへ展開される．それは，Amphiaraosとの内戦 ("δεινὰν στάσιν") によってArgosの父祖の家を追われた ("φεῦγε") からである (13ff.)，とsyntagmatiqueに繋いでいき，たちまちArgosを巡る中心—領域の大変動の中へと，聴き手は投げ込まれる．実はAmphiaraos自身Adrastosの父Talaosによって追われたのであることを聴き手は知っている．PindarosはすかさずTalaosの息子達はもはやArgosの主ではない ("ἀρχοὶ／δ' οὐκ ἔτ' ἔσαν Ταλαοῦ παῖ-／δες")，と政治的階層の交替を示唆する．しかし，とPindarosは切り返し，〈神話〉的現在の切り出しにかかる (16ff.)．彼らは妹をAmphiaraosに嫁がせることに成功し，これを質として誓約が結ばれ ("ὅρκιον ὡς ὅτε πιστόν")，この妻EriphyleがAmphiaraosにとって致命傷になる．即ち，既に述べたようにAmphiaraosは全てを予知しながらも悪意に満ちた妻の仲裁に従って死地に赴く，ことを聴き手は了解している．が，Homerosにとって，こうしたcognatiqueな集団がその繋がりのままに干渉戦争する古い失敗であるにすぎなかった，ものが，Pindarosにとっては全く新しい光を帯びて蘇る．cognatiqueな結合自体が問題であるのではない，それで結ばれたAdrastosとAmphiaraosが「誓約」によって水平的に結ばれ一体化したことが問題なのである．Amphiaraosの死地での瞬間[2]に焦点をあてた後，Pindarosは，カルタゴとの軍事衝突を急ぐ前にAitnaの政治制度を整備する (29) ようにという示唆を行う．(Adrastos-Amphiaraosのように) 中心—領域間の構造が未整備なまま前進すれば致命的である，というのである．

空間的パースペクティヴの分節は，それを跨いで移動する主体の行動を分節し，時間を分節する．自ずから政治的現在は切り出され，叙情詩の格好の素材となる．年代不詳のIsth. IはPindarosにとって同郷 (Thebai) のHerodotos

のために歌われるが，叙情詩を成り立たせる瞬間は，Boiotia 同盟の中心 Orchomenos に取ってかわって Thebai が力を強め，Orchomenos を周縁に追いやる，その Orchomenos に Thebai から（「海」の災いのために）没落した（"$\dot{\epsilon}\rho\epsilon\iota\delta\acute{o}\mu\epsilon\nu o\nu\ \nu\alpha\nu\alpha\gamma\acute{\iota}\alpha\iota\varsigma$"）Herodotos の父 Asopodoros が下降し迎えられ（"$\dot{\epsilon}\xi\ \dot{\alpha}\mu\epsilon\tau\rho\acute{\eta}\tau\alpha\varsigma\ \dot{\alpha}\lambda\grave{o}\varsigma\ \dot{\epsilon}\nu\ \kappa\rho\upsilon o\acute{\epsilon}\sigma\sigma\alpha/\delta\acute{\epsilon}\xi\alpha\tau o\ \sigma\upsilon\nu\tau\upsilon\chi\acute{\iota}\alpha$"），そしてそこに「父祖の耕地」（"$\pi\alpha\tau\rho\acute{\omega}\alpha\nu\ \ddot{\alpha}\rho o\upsilon\rho\alpha\nu$"）を築く (35ff.)，これを基地として今 Herodotos が必要なメンタリテイーを全て再装備して頂点へ躍り出る，その瞬間である．この syntagmatique なジグザグの背後に，ジグザグの屈折を醸し出す構造がはっきりと捉えられている．つまりジグザグ模様に分断・連結されながらヴァージョン対抗の屈折が現れるのである．そうであれば叙情詩しか表現の手段は無く，逆に，こうした構造を明晰に捉えれば鮮やかな叙情詩が出来上がる．しかるに，新しいメンタリテイーを再装備して主人公がそこに立つその現在の感慨を何が支えるかと言えば，例の Herakles 型ジェネアロジーのかたわれ Kastor と，土着（X）の側の迎撃的軍事化 initiation の産物たる Thebai の "Spartai" に属する (30) Iolaos, の協同であり (16)，各人の労苦 (41ff.) に各様の対価 *misthos* (47) が付与されるシステムである．つまり内外の交流・交換であり，それを通じての「対岸の」システムの尊重である．要するにジグザグをもたらす構造そのものの尊重である．それに応じてパラデイクマに syntagmatique な分節を与えうる能力である．

　もっとも，最初期の作品においては，二元的構造の分節よりも，その内容に注意が向けられる．特に周辺地域では擬似貴族制の向こう側に未〈分節〉の領域が広がる．この二元的構造はむしろ打破されねばならない．498 年の Pyth. X は Thessalia の Hippokleas のために歌われるが，Herakleidai に属すると称する (3) 貴族を称えているうちに Pindaros はいつしか[3]Hyperboreioi の祝宴に紛れ込む (29ff.)．Apollon の祭祀に特化した (34ff.) この未〈分節〉集団は，老いも病も (41)，労苦も戦いも (42) 知らず，若い娘達の合唱 (38: "$\chi o\rho o\grave{\iota}\ \pi\alpha\rho\theta\acute{\epsilon}\nu\omega\nu$") と音楽 (39: "$\lambda\upsilon\rho\hat{\alpha}\nu\ \tau\epsilon\ \beta o\alpha\grave{\iota}\ \kappa\alpha\nu\alpha\chi\alpha\acute{\iota}\ \tau'\ \alpha\dot{\upsilon}\lambda\hat{\omega}\nu$") に常に囲まれている[4]．しかしその時 Perseus がまさに Gorgones の首を携えてやって来る (45ff.)．途上 Perseus はこの首によって Polydektes 支配下の組織に「石と化す死」をもたらしている (48: "$\lambda\acute{\iota}\theta\iota\nu o\nu\ \theta\acute{\alpha}\nu\alpha\tau o\nu$")．つまり，高貴に見え

る「政治貴族」(46: "ἐς ἀνδρῶν μακάρων ὅμιλον") が「領域」の一体何に君臨しているかと言えば, 女性群像のカリカチャーである Gorgones 即ち未〈分節〉集団か, Polydektes の軍事集団即ち枝分節 (石化) さえ必要な無分節集団, でしかない. この奇形的状態にメスを入れるのが Perseus である. Perseus は Herakles と異なって「王の娘の私生児」であり,「王の妻の不義の私生児」ではない. 年季明けを目指して提供される労苦よりも, Theseus と同じく〈二重分節〉単位の明快で毅然たる樹立を体現している. 490年シチリア島 Akragas の音楽家 Midas の Delphoi での音楽のために捧げられた Pyth. XII もまた Gorgones と Polydektes を平らげる Perseus をパラデイクマとして用いる. 音楽の魔力は直ちに Gorgones の魔力に転換され (6ff.), 際限なく引きずり込む枝分節組織の恐ろしさが強調される. しかしまさにこの力を以てして Perseus は Polydektes の無分節組織を目つぶしにする (11ff.).「負の祝儀」(14: "λυγρόν τ' ἔρανον") で罠にかけるのである[5]. この後に初めて Athene は真の音楽を創建する[6].

しかし, 下って474年の Pyth. XI においては, 女性群像は〈二重分節〉を支える重要な役割を担うようになる. Thebai の若き Thrasydaios のためのこの歌においては, 最初の行から Semele, Ino[7], Alkmene, Melia, Harmonia の娘達, と「領域を分けどる神話上の女達の一個軍団が一同に会するよう」("ἐπίνομον ἡρωΐδων/στρατὸν ὁμαγερέα……συνίμεν") 呼び出される (1ff.). 主人公のためのパラデイクマは Orestes である (16ff.) が, Orestes を Klytaimnestra の手から救うのは乳母の Arsinoe (17) であり, Klytaimnestra と Agamemnon の失敗は何よりも Kassandra (19ff.) と Iphigeneia (22ff.) を殺したことにある. 政治的現在に戻る Pindaros は逡巡して見せる (38ff.). 果たしてどのように称えるのが正解か,「それまで正しい道を来たのに, 交錯する三叉路を前にして私は右往左往する, 一体如何なる一陣の風が私を航路の外へそらせてしまったのか, まるで海のただ中の小舟のように」("κατ' ἀμευσίπορον τρίοδον ἐδινάθην,/ὀρθὰν κέλευθον ἰών/τὸ πρίν, ἤ μέ τις ἄνεμος ἔξω πλόου/ἔβαλεν, ὡς ὅτ' ἄκατον ἐνναλίαν;"). 苦慮はバランスを言うためのポーズである. gnome を連発した (50aff.) 後 Pindaros はここでも Kastor と Iolaos の連携に言及する (59ff.). Boiotia の同じ問題が扱われていることは疑い無い. す

2 〈神話〉の再構造化

ると，Boiotia 諸都市の間に〈二重分節〉システムが樹立されるためには，gnome が強調するところによれば，「共通の政治意識」(54: *"ξυναῖσι δ' ἀμφ' ἀρεταῖς τέταμαι"*)，特に「中間を占める者達の最大幸福が花開くこと」(52f.: *"τὰ μέσα μακροτέρῳ/|σὺν| ὄλβῳ τεθαλότα"*) が重要であるということになる[8]．Orestes の帰還，復讐の成就，はもっぱらこれにかかる．中間の政治的階層，ということは中間にも公共的空間が枝を伸ばしてくるのでなければならない．その水を中間の政治的階層は生きる．女性群像特に Nereides はその未規定性故にまさに「まだ誰にも占められていないもの」を表現する．「中間を占める」というのも，「中産階級」とも，「複数の（中間的）公共性を志す」とも解しうるのである．Kassandra の殺害が何故致命的か．Pindaros はその一ヴァージョンの特定に成功している．

〔2・8・1〕 Nem. IX, 1ff.: *"Κωμάσομεν παρ' Ἀπόλλω-/νος Σεκυωνόθε, Μοῖσαι,/τὰν νεοκτίσταν ἐς Αἴτναν,/ἔνθ' ἀναπεπταμέναι ξεί-/νων νενίκανται θύραι."* 「おお Mousa 達よ，Apollon の許から，Sikyon から，祭礼の行列を連ねて行こうではないか，この創建間もない Aitna の都市へと，ほら客人達に抗しきれず門戸が大きく開け放たれているではないか，Chromios の至福の館へどうぞと．」

〔2・8・2〕 Kleisthenes の手になる Sikyon での領域組織改革への反動と Adrastos のための hero cult に関連付ける T. K. Hubbard, Remaking myth and rewriting history: cult tradition in Pindar's Ninth Nemean, HSCP, 94, 1992, p. 77ff. は，他のヴァージョンのジェネアロジーとの比較を良く行うが，laudandus と Adrastos の単純な関係しか視野に入れないために，Amphiaraos へのシフトの意義を十分に関連付けられない（p. 101）．Hesiodos において Melampous が領域に着地する（POL III・Exc・2）；そのことの意義が〈二重分節〉形成ということにディアクロニクに変化する（III・1・1・1）；その子孫たる Amphiaraos が Adrastos との間に交替の問題を持つ，領域に下りる Adrastos は儀礼的な意味を帯びる（infra）；しかしそこでまさに領域の知を具現してこれまた領域に聖域を構える Amphiaraos との間に大きな問題を抱える（端的な領域か第二の政治システムか）；こうしたパースペクティヴにおいては，Amphiaraos の悲劇はむしろ Amphiaraos の尊重へと Adrastos を警告する意義をも有したと考えられる．中心―領域間の〈二重分節〉システムは実は一段複雑な様相を呈する．Bacchylides に鮮明な，Pindaros には希な，事態である．

〔2・8・3〕 経過句（28f.）には航路のイメージが置かれるが，儀礼的現在から〈神話〉部分への分節に関わる（Péron, Les images maritimes, p. 68sqq.）ばかりでなく，「船でも徒歩でも行けない」海というディアクロニクな識別，つまり領域の向こう側の問題であるという認識，に関わる．

〔2・8・4〕 Ch. G. Brown, The Hyperboreans and Nemesis in Pindar's tenth Pythian, Phoenix, 46, 1992, p. 95ff. は，勝利によって到達しうる至福と解し，Thessalia「礼賛」の両義性を理解しない．

〔2·8·5〕 Gentili et al., *Le Pitiche*, p. 676 は，この負の贈与と同格で *"ματρός τ' ἔμπεδον/δουλοσύναν τό τ' ἀναγκαῖον λέχος"*「母の執拗な隷属および強いられた床」が並べられる点を重視せず，後代のテクストを引いて，むしろ母の解放と解するが，そもそも母子がさらに首を抱えて丸ごと入って来るのであり，これは相手にとっては破滅を意味する．

〔2·8·6〕 Köhnken, *Funktion*, S. 141 は，苦難を経てのPerseusの勝利こそが，勝利のためのものであるAtheneの音楽を生み出す，と読んで「神話」の "paradigmatisch" な意義を救おうとするが，ヴァージョンの特定の形態を刻む美しさも，音楽のstratificationも，感じ取らなければテクストを読む意味がない．

〔2·8·7〕 Pyth. XI, 2a : *"ποντιᾶν ὁμοθάλαμε Νηρηΐδων"*「海なるNereidaiと部屋を分かつ」．

〔2·8·8〕 Gentili, *PPGA*, p. 194ss. が D. C. Young の Bundism を鮮やかに批判するのはこの点に関わる．*tyrannos* たる Hieron を称えたりしたことに対する Thebai 向け弁解ととることを批判し，*tyrannos* 批判は Solon, Simonides 以来の常套と解する，Young に対して，Plataiai 以後のBoiotia の政治体制の変化を真剣に考慮し，Atreidai のパラデイクマの引照を実質的なものと理解すべきであるとする ("Fine ultimo dell'atto interpretativo è quello di collegare i due piani sincronico e diacronico, della struttura dello sviluppo, integrando le risultanze dei due livelli di indagine. In questa prospettiva si semantizza storicamente l'inserimento nell'epinicio del mito della dinastia degli Atridi, le cui vicende di violenza sanguinaria nelle lotte di successione divenivano paradigmatiche in rapporto al recente episodio tebano di oligarchia tirannica.")．

2·9 〈二重分節〉の先験性

〈二重分節〉は，〈分節〉システムが強い磁場を創っているところに部族原理を重ねて「干渉」させるか，はたまた，〈分節〉システムの構成単位を枝分節の特殊ヴァージョンで鋭く切り取り二重に自由な単位を創り出すか，によって達成可能であり，より正確にはこの二つの対抗するパラデイクマの間の対抗によって存立する．少なくとも Pindaros はこの対抗軸の周囲を縦横に駆け巡ったと考えられる．しかしこれが〈二重分節〉を支える立体構造の全てであるわけではない．強固に独立の単位を予め構想できるのならば，問題は次にこれにどのようにして第二の脈絡を与えるかである．第一〈分節〉の単位をさらに〈分節〉するのではなく，既に〈分節〉された単位をどのように柔軟可変的に組み合わせて第二の〈分節〉の次元を創り出すか，という問題である．このようなヴァージョンにおける〈二重分節〉からの対抗は絶えず必要とされたと考えられる．何故ならば，Pindarosの詩行に見られる諸パラデイクマの対抗の

2 〈神話〉の再構造化

みであれば，枝分節への退化，単一の〈分節〉体系への再還元，等の曖昧さに対する保障は得られない．事実 Pindaros のライヴァル，Bacchylides こそは，こうした視角から常に鋭く問題提起し，闊達なイメージを繰り出していった人物であったと考えられる．いわば，領域の〈分節〉システムが先に再構造化を遂げ，即ち「市民社会化」し，これを保障すべく政治システムを組み替える，という道筋をこそ中軸と考えるべきである，という対抗である．

Pindaros は少なくとも一度だけこの選択肢を考慮に入れたことがある．それが Bacchylides からする挑戦への応答であったかどうかは不明である．しかし 474 年，Kyrene の Telesikrates のための Pyth. IX の前半部分は，Pindaros にあるまじきみずみずしい Artemis 的イメージに満ちる．即ち，いきなり知的な Apollon が「野生の乙女」（"$παρθένον\ ἀγροτέραν$"）Kyrene と二人だけで結ばれる情景が歌われるのである（5ff.）．ジェネアロジクな特定がこれに続き，この娘は水の女性群像 Naiades と大地の系譜が交わって出来上がる Lapithai，つまり未開ないし「自然」，に属することが明らかにされる（13ff.）．つまり比較的未発達の枝分節系を今 Apollon が射て，娘を救い出す（〈二重分節〉先験的単位を求めて却って枝分節最深部に遡行的ディアレクティカを辿り着かせる）というのである．この娘はそれに相応しく，まず「機織りの行きつ戻りつの道を」（18:"$ἱ$-/$στῶν\ παλιμβάμους……ὁδούς$"）嫌い，仲間との祝宴を（19:"$δείπνων\ οἰκουριᾶν\ μεθ'\ ἑταιρᾶν$"）拒否する．武器を手にして野生動物に立ち向かい，父の家畜を追い[1]，たった一人でライオンを倒す．これを見た Apollon が恋に落ちて，珍しくどうしていいかわからなくなり[2]，ひたすら Chiron に求愛の方法を乞い求める（29ff.）．「道」の拒否は〈二重分節〉の拒否であり，広い公共性のみを愛するということである（〈二重分節〉単位の先験性は〈二重分節〉の連関を一旦忘れさせる）．同時に交換と枝分節は相手にもされない．驚くべきことには，公共性即ち〈分節〉システムのパラデイクマが「自然」の側に出たということである．そして今これに Apollon が働きかけ，初めて〈二重分節〉が達成されようとしている．Apollon とて一切の曖昧な言葉を知らず，まっすぐにしか進めない[3]．「説得」の女神 Peitho の知恵を借りるようにという Chiron の伝授によってやっとこれに成功する（38ff.）．即ちこちらも〈分節〉システムでしかない．しかし今ようやく不器用な求愛に成功し，

そこへ入っていくのでなく娘を連れ去る．これまで見てきたような父の影は全く見あたらず，そのようにして Aphrodite の祝福を受ける．この間しかし Artemis は全く姿を見せない．

　生まれてきた息子は Hermes が養育し（59ff.），その系譜はもちろん間接的に主人公に及ぶ．このようにして祝勝歌は既に完結してしまう（75）が，Pindaros はいつになく redundancy に訴えかける．偉大な才能は常に「複線的に神話する」（76: "*ἀρεταὶ δ' αἰεὶ μεγάλαι πολύμυθοι·*"），「少しを聴いても打てば響くように多色刷りの深い洞察を示す」（77f.: "*βαιὰ δ' ἐν μακροῖσι ποικίλλειν/ἀκοὰ σοφοῖς·*"），と豪語し，全く別のパラデイクマを導入する（79ff.）．まずは平凡な Herakles，そして Iolaos の助力，Alkmene．が，たちどころに立ち止まってしまう（87）．そして考え込む振りをする．都市政治の盟友であろうと宿敵であろうと，自分は公平に，即ち公的な立場で称賛する（93ff.）；配分的正義の「海の老人」Nereus のモットーに自分は忠実である（94）；「敵をも心から称賛せよ」（95f.）．と言って，第三のパラデイクマへ移って行ってしまう．主人公には若い娘達の群像を配し，この中の誰が夫として彼を射止めるか，という経過句をはさんで（97ff.），主人公の直接の祖 Alexidamos が Libya の娘のための求婚者達 *mnesteres* の競技に打ち勝った[4]パラデイクマ（103ff.），そしてさらに Danaos の 48 人の娘達が外から来た息子達と婚姻を結ぼうとするパラデイクマ（111ff.），を連ねていく．つまり部族神話の原点を強調する人工的ヴァージョンに最後は辿り着くのである．後半はかくして，Herakles と部族原理という両極間のスペクトラムを，ディアクロニクに遡行する stratigraphie において描く，virtuosità を発揮して見せたことになる[5]．この後半はまさに Pindaros のものである．がしかし宙に浮いた形の前半がこの全てを挑発したようにも思える．全体が大きく対抗するのである．

　この挑発をもたらす，或いはそうした挑発をこうした形で「消化する」，ことを余儀なくさせる事情は確かに存在していたと思われる．それを社会構造と呼ぶならば，この場合社会構造を形造る対抗関係は，両方の側において明確に意識されていたと思われる．つまり十分に分節的なパラデイクマの確定作業を得ていたと思われる．次節で扱う悲劇を除いたとしても，叙情詩というジャンルの内部で対抗は二人のチャンピオンを持ったはずである．Bacchylides は長

2 〈神話〉の再構造化

く幻の存在であり，19世紀末に発見されたパピルスによって今日ややまとまった量のテクストをわれわれは有する[6]，とはいえ到底 Pindaros のテクストが許すのと同じ厚みの研究は不可能である．それでも，比較的保存度の良い数編の作品は，Bacchylides の作品の個性を十分にわれわれに伝える．Bacchylides はデモクラシー形成期の Athenai で「公式に」活躍した Simonides の母方の甥であり，おそらく弟子である．したがって同じく Keos 出身で，そして自身5世紀前半から半ばの Athenai と深く関わった．

　われわれが既に見た，Simonides のあの印象的な海の上の Danae＋Perseus 像は，十分に Bacchylides 解釈の出発点となりうる．海の上で危機に瀕するのはしかし若き Theseus である．Dionysos のための公式の祝祭歌 Dithyrambos を Bacchylides もまた幾つかの都市のコンクールで歌い，栄冠をかちえたと見られるが，祖国 Keos のための Dith. XVII[7]は，若い娘 Eriboia を襲う Minos (5ff.) に挑戦する Theseus を Kreta 島への船上に置く[8]．Minos は Zeus の息子かつ Helios の娘婿 (27) で，*nympha* たる Phoinissa を母に持つ (15ff.; 31)．Theseus のジェネアロジーも一見同じように (34f.) 特定される．即ち Trezene の Pitthakos の娘 Aithra と Poseidon の息子である (18ff.)．しかし母がこのように堅固な軸を構成しうる性質である[9]点，また暗にではあるが，母と息子が Athenai から Trezene へと母方の祖父の許に移り，Theseus はそこで養育される点，が対照をなす．Minos は，exploit すら遂げずに娘と結ばれたその「負債」を支払い続けるかのように，つまり Herakles がその「負債」を支払い続けるように，またしても他へ侵入して cognatique な結合を遂げようとするであろう．しかしこれに対して Theseus はここでは逆に，意に染まずそうした「英雄的行動」の対象となる側を救い出すのである[10]．「負債」を転嫁してくる，そのメカニズムの拒否を意味することになる．Zeus から派生して Minos を通じて覆い被さってくる権威 (腕輪) に対する果敢な挑戦，払拭 (腕輪の奪取，切断) のための乾坤一擲，死への跳躍，Bacchylides が Theseus に託したのはこれである．Danae 母子に対するのと同じように海の支配者 Minos は大波で襲う．しかもまさに〈神話〉的現在を構成するその死への跳躍の瞬間をねらって大波を発進させるのである (49ff.)．Zeus に依存する Minos は，Zeus に祈願してその裁可を求め (27ff.)，その徴たる稲妻を確

認して (42) Zeus から贈られた自分の黄金の腕輪 (44f.) を海中に投げ込む[11]．もし本当に Poseidon の子であるならば飛び込んで取って来れるはずである，という potlatch の挑発である．叙情詩の〈神話〉的現在はひとえに，Theseus が間髪を入れず何も曲げること能わず真っ直ぐに飛び込み水面を切る，海がそれをさっと迎える (46ff.: *"τῷ δ' οὐ πάλιν/θυμὸς ἀνεκάμπτετ'……/……ὄρουσε, πόντιόν/τέ νιν δέξατο θελημὸν ἄλσος"*)，その息を呑む瞬間に集中する[12]．水中の Theseus を大波が襲うが，女性群像 Nereides がイルカとともに救う (56ff.)．船上の若者達の絶望と歓声．瞬間を捉える叙情詩の機能が見事に如何なる曇り，曖昧さ，浸潤，をも〈二重分節〉から排除して明確一義的に一線を画す．叙情詩が水面の切る作用とともに Theseus は腕輪を取り，Eriboia を保護する．それは政治を成立させる Achilleus のものとはまた質の違うものである．しかしまさにそれがこの美しい表現を支えているのである．或いは逆にこの美しい表現が社会構造を構成しているのである．

Athenai のための Dith. XVIII はさらに徹底していて，Theseus でさえ Herakles の対抗的逆ヴァージョンであるというのに，その Theseus を画くのに Theseus によって救われる側を以てする．様々な妖怪に悩まされる，恒常的に「ゆすられる」，Athenai に今一人の若者が現れる．合唱が王（実は Theseus の名目上の父 Aigeios）に対して，戦いの騒々しい音は一体何に由来するか，敵が襲ってきたのか，それとも例によっていつものならず者が掠め取りに来たのか，と問う (1ff.)．王は，いや一人の者がわれわれを悩ます怪物をなぎ倒しているのだ，とその怪物を列挙する (9ff.)．合唱はその者の同定を求め，特に一人かどうかということに固執する (17ff.)．王は，従者を二人従えただけであること，若く initiation の出で立ち[13]であること，そして Athenai を目指して来たこと，だけを答える (25ff.)．このような exploit を遂げる者は通常外から来る．誰よりもそれは Herakles である．しかしここではどこから来るか，という問いには答えが無い．聴き手は Sphinx の謎のような答えしかありえないことを知っている．即ち，Theseus は来ると同時に帰るのである．したがって Theseus は獲得するより救済する人物像である．大事なのは彼の行為よりも救われる客体である．exploit によって娘を一人獲得して行った，

2 〈神話〉の再構造化

その残余に視点が置かれる．それとも娘を取り返す方が大事か．ならば危機をもたらしているのは Herakles である（幸いそうでなかったというサスペンス）．領域の〈分節〉システム（Hesiodos）が〈二重分節〉を拒み団結するのに似る．しかし〈二重分節〉はやはり受け入れなければならず，Theseus は（はらはらさせた上）意外にも領域の組織を重んずる．この両義性の故に，救済される側は二つに分節して王と合唱の対話形式が取られる[14]．こちらの側固有のディレンマを画きうる「額縁」が採用されたのである．

　Athenai のための Dith. XIX[15]はやはり落ち行く母子を主題とする．Zeus の野心を阻止すべく Hera は Inachos の娘 Io を雌牛に変えてしまい，猛犬 Argos に見張らせる．Bacchylides は Io がここから脱出するその瞬間に聴き手を集中させる．果たして Hermes (16) によってか，それとも Pierides の歌 (19) に眠りこけたか，等々．しかし Io はとにかく Argos を「離れ」(8: "$λιποῦ-/σα$")，そして「逃げる」("$φεῦγε$")．「子を宿して」(25: "$φέρουσα ~ παῖδ[α......$") エジプトへ至る．ここからの系譜に Dionysos も位置するのである．わずかな断片しか遺さないが，Sparta のための Dith. XX は，Sparta に服属する Messenia の英雄 Idas が，求婚者をことごとく殺す父の許から娘 Marpessa を救出する，という〈神話〉を歌う．Marpessa は Poseidon の助力によって死を「逃れる」(7: "$φυγών......$")．Keos の Argeios の Isthmia での勝利を歌う Ep. I (450 年代?) もまた，甚だしいテクスト損壊にもかかわらず，おそらく三世代の娘達が「かつての都市」を (26: "$......ἀρ]χαίαν ~ πόλιν$")「〈離れ〉」[16]海や水に向かって流れ出す，という話を主題とする．最後の Dexithea は流れ着いた Keos 島で Minos と結ばれ (54ff.)，しかし Minos は配下の者半分を「残して離れる」(57: "$λίπεν ~ ἥμισυ$")．その者達に土地を分配しつつ．他の伝承では，ここでも傲慢な父が罰せられる，つまりそれを辛うじて娘が逃れる，という筋書きが伝えられる[17]．しかし Bacchylides は，娘が「離れ」そして母子の単位がその離れたところで軸として定着する，というパラデイクマにイメージを絞る．むしろ「離れ」「逃げる」という空間的パースペクティヴを強調するのである．これが叙情詩独特の美しい効果を生む．そうしておいてこの Ep. I では（比較的保存度の良い）gnome が導入される (76ff.)．富と権力，増長，に対する鋭い警句[18]に混じって，富者の大きな欲望と貧者の小さな欲望は「平等」である

という「限界効用」理論が見出され（83f.: "Ἴσον ὅ τ' ἀφνεὸς ἱμεί-/ρει μεγάλων ὅ τε μείων/παυροτέρων"），人は常に「逃げる」ものを追求する（85: "ἀλλ' αἰεὶ τὰ φεύ-/γοντα δίζηνται κιχεῖν"），と受けられる．ほとんど，大きな政治システムのダイナミズム（「逃げる」）と領域の政治システムの側の先験的単位が等しい資格を持つ，と主張されているのである．

南イタリア Metapontion 出身 Alexidamos の Delphoi での勝利のために歌われた Ep. XI には，上に述べた空間的パースペクティヴが完璧に保存されているのを見ることができる．Kroton の勢力下，第二次元の政治システムとしての存続か，完全な領域化か，がかかったこの小さな植民都市への勝利の認知は，一度 Olympia では妨げられたらしく[19]，Delphoi での勝利の認知の仕方には十分な工夫が必要とされたはずである[20]．Bacchylides が選ぶのは Proitos の娘達の〈神話〉である．かつて Homeros と Hesiodos のヴァージョンを見たように，この娘達の精神的立ち往生を打破するのは魔術師 Melampous である[21]．Dionysos の別ヴァージョンであるこの Melampous をしかし Bacchylides は一切登場させない[22]．Alexidamos への処方箋はこれではない，というのである．外から来て婚姻を迫る，そうした者は Proitos の娘達を解放しはしないのである．というのも，と Bacchylides は問題を分節しにかかる．〈神話〉部分の鮮やかな空間デザイン[23]である（25ff.: "Νῦν δ'......" -39ff.: "Ἤδη γὰρ......" -56ff.: "Ἔνθεν......"）．即ち，Argos の Akrisios＋Proitos の兄弟（43: "κασιγνητοῖς"）は激しく仲違い（42: "νεῖκος"）し，内戦状態となり，人々が苦しむ．人々の圧力で（46: "Λίσσοντο......"）二人は引き剝がされることになり，Proitos は Argos を「離れ」（39: "λιπόντες"），Tiryns を建設（48: "κτίζειν"）する（39ff.）．父の富（34: "πλούτῳ"）を Hera に対して誇り罰せられて遠く彷徨う（37: "φεῦγον"）ことになる Proitos の娘達[24]が「離れた」（38: "λιποῦσαι"）のは（25ff.）この Tiryns だった，というのである（56ff.）．そこからまさに狂った娘達が「逃げた」（56: "φεῦγον ἄδματοι θύγατρες"），「逃げた」のは（64: "φεῦγόν τε......"）のは Arkadia の深い森の中である．Tityns へ「離れた」ことがまさに功を奏して，Proitos は自力で解決する．即ち Arkadia の森の中 Lousoi の泉のほとりで Artemis に祈願し，Artemis が Hera を説得し，Proitos の娘達は自分を取り戻す．ここでは「離れる」ことと

2 〈神話〉の再構造化

「逃げる」は截然と区別される．都市と領域の間の大きな構造変動は，それだけでは十分ではなく，それぞれが固有の構造変動を遂げる必要，とりわけ両者の分節が必要であり，これを条件として，問題の核心は，領域の側に独自に新しい観念構造を備えた基体が成立し，その存立が保障されるかどうかである，というのである．事実，空間的な分節を前提した上で，Proitos の娘達の「逃げた」状態はそのまま Artemis によって認証されたに等しい[25]．Apollon が見て目を輝かしたあの Kyrene こそが全ての出発点であるというのである．

かくして Bacchylides が Herakles をどのように遇するかは自明である．彼は確かに自分達の側に生み落とされた希望の星であるには違いない．しかし彼は休むことなく exploit を遂げ，そしてまた新たな娘と結ばれねばならない．年季は決して明けることがない．このことが当然，Herakles に意図することなく人々を裏切らせることになる．娘達の側に視座を据えた Bacchylides がこの悲劇を見逃すはずが無い．Delphoi で歌われた Dith. XVI は，かつて Kentauros の Nessos に襲われたところを Herakles に救われた妻 Deianeira が，まさにその Nessos が密かに遺したからくりを使って Herakles を陥れて殺害する，という話を扱う．Herakles に特別の悪意があるわけではなく，しかも Deianeira の行為に正当性が無いわけでもない．Bacchylides のテクストは淡々と必然を告げる．

Hieron の Olympia での勝利を歌う代表作 Ep. V もまた Herakles を第一の〈神話〉的パラデイクマとする．Hieron を称えるに相応しく，何と Herakles は Echidna の息子を救い出すべく冥府へ降りて行き，そこで exploit を遂げようとしている（31ff.）．地下でさえ猛威をふるう Herakles が，近付いてくる影にやおら矢を射かけようとすると，その影は Herakles を認知して声をかけ制止する（37ff.）．誰何する Herakles に対して，その影は自分は Meleagros であると名乗り，自分の死を語り始める（43ff.）．つまり絶頂期の Herakles に警告を発する第二の〈神話〉的パラデイクマが現れるのである．もちろんそれは，Homeros のヴァージョン，Il. IX で Phoinix が Achilleus 出撃を促すために用いるパラデイクマ，にディアクロニクに対抗する新ヴァージョンである[26]．Homeros においてこのパラデイクマのポイントは[27]，猪を狩ったその成果を巡る戦いにおいて敵味方に分断された cognatique な関係，その結節点たる母，

に呪縛されて動けず，結局味方を見殺しにしにかかる．そして辛うじて妻に救われる，Meleagros のディレンマであった．cognatique な関係を切断し切れない，戦わない，誤りが指摘されたのである．もっとも既に Achilleus に対してこのパラデイクマは決して有効ではなかった．一個のパラデイクマにそのまま従うことによっては所詮何も生まれないのである．しかし Bacchylides が繰り出す極めて意識的なディアクロニクな対抗ヴァージョンは，まさにその対抗によって少なくとも強力な磁場を生み出し，Herakles からさらには Hieron へと，エコーのようにその行為に新しい次元と展望を与え掣肘していく．Meleagros の父 Oineus の傲慢を罰すべく Artemis が放った（54ff.）猪は農園を荒らし，狩が始まる（61ff.）が，しかし Meleagros の兄弟が二人倒される（67）．災いはこれにとどまらない．獲物を巡って Pleuron の Kuretes と争いになり戦う（71ff.）が，Meleagros はここで（73ff.）混戦の中敵味方の区別を誤り（"οὐ/γὰρ......"Ἄρης/κρίνει φίλον ἐν πολέμῳ"），母方の叔父を（"μάτρωας"）二人殺してしまう[28]．かくして母に呪われ，攻め囲んだ Pleuron の城壁の前で討たれるに至る（77ff.）．最も大きな差は，母方の叔父が味方即ち既に Kalydon 側に居る，つまり cognatique な絆自体が Kalydon 側に分節的に帰属している，即ち〈二重分節〉が一旦終わっている，ということである．これに対応して Kalydon と Pleuron の分節は一旦完了していて，しかも Kalydon の危機でなく，Pleuron 攻略が Meleagros の死の瞬間である．にもかかわらず，この分節，特にそれに基づく排除，はうまく行かない，ということが鋭く警告されている．Argos-Tiryns 問題である．Artemis の障壁は，二つの政治システム間の分節に関わるのでなく，その間の〈二重分節〉に関わる．かくしてアナロジーは巡り巡って母 Althaia の呪縛に戻る．Homeros においてはこの切断が課題であった．しかしここではこの呪縛はむしろ Artemis と連帯していて[29]，Meleagros の Pleuron 攻撃を掣肘するのである．Ares が混戦をもたらしたとすれば，母方の叔父は向こう側にも居たに違いない．cognatique な関係は領域を通じて向こう側へと根を延ばしているのである．cognatique な関係の自律的な展開が先行するので，そしてこれによって〈二重分節〉単位が先験的に保障されようとしているので，いきなり政治的分節の再建（raison d'État）をはかって一部の分子だけ引っ張り上げて他を切り捨てようとしても，結局は自己破壊に終わ

ってしまう．つまりここでは逆に切断の的はずれが歌われている．Artemis の冒瀆とはこれである．Meleagros はだから引きこもらず，妻の存在も無い．Bacchylides の関心，即ち〈二重分節〉の排除作用（特にその横断的結合を目指すときの排除作用）がそれ自身を根底から掘り崩してしまうことへの警戒，がこのパラデイクマにおいて明瞭に表現されている[30]．かくして冥府の Meleagros は最後に妹 Deianeira に言及し，彼女を Herakles に託す (98)．これを光明として Herakles は自分の行動を方向付けるべきであったのである．軸が指示されたのである．しかし聴き手は皆 Deianeira の悲劇を知っている[31]．Meleagros の最後の言葉は皮肉にかつ重く響いたはずである．

叙情詩が分厚く構築するこのような意味連関は，パラデイクマに対するディアレクティカ，即ち〈神話〉化作用，のディアクロニクな堆積のみがもたらしうるものである．その上に鋭い対抗緊張関係を新たに重ねて初めて得られる立体感である．詩の生命自体がこの立体構造の分節に基づいている．もっとも，われわれは Bacchylides の側にもうしばらくの間立ちたくとも，不幸にもテクストが尽きてしまう．次節で扱う悲劇というジャンルに移動してでなければ〈二重分節〉の本当の緊張感を味わうことはできない．ひとまず〈二重分節〉の基本的なイメージのみを以上の叙情詩を通じて確認し得たにとどまる．

[2・9・1] Pyth. IX, 23: "βουσὶν……πατρῴιας". Calame, *Mythe et histoire*, p. 108 が指摘するように 21 の "ἀγρίους/θῆρας" とコントラストをなすが，「砂漠の Libya に農耕でなく牧畜を勧める意である」という解釈は（「Lévi-Strauss 流の自然—文化二項軸の単純さ」を批判した直後だけに一層）如何にも間が抜けている．父—娘の二重構造の下部単位の独立を娘が Artemis の如く敢然と守り抜く（"εἰρήναν παρέχοισα"）という形象である．横断的組織抜きの広い開放的な空間に単独で立つことが強調されるために「野生」のイメージとなる．

[2・9・2] L. Woodbury, Apollo's first love : Pindar, Pyth. 9, 26ff., *TAPA*, 103, 1972, p. 561ff. が的確に指摘するように，「性道徳」や「恋愛作法」の指南という観点で読む伝統的解釈は奇妙である．粗野と訓育の二項対立は存在しない．したがって Chiron の反応も引きつったものではない．"χλιαρὸν γελάσσαις"「心の底から笑って」(38) は屈折のない明るさをよく表現している（Gentili, *Le Pitiche* の "fervido riso" という訳は見事である）．写本上のもう一つの選択肢 "χλαρὸν"「愉快に」(ed. Puech はこれを採る) によっても同旨に解しうるが，皮肉を排除しはしない（韻律の問題等について Gentili et al., *Le Pitiche*, p. 234s., p. 599 が極めて明晰である）．他方しかし，Woodbury が 41 の "αἰδέοντ᾽" から *aidos* を鍵として解釈し，Nausikaa にまで繋げ，Artemis を連想するのは全く正当であるが，Pindaros がまだ古い廉恥心を知っていたとする点は誤りである．畏敬の念と逡巡は〈二重分節〉単位のアプリオリの尊重（Artemis）に

とって大きな資源なのである．「この点では神も人も等しい」というのは，凡そ分節障壁は全てに先立つ，ということである．

〔2・9・3〕 Pyth. IX, 42f.: "Καὶ γὰρ σέ, τὸν οὐ θεμιτὸν ψεύδει θιγεῖν,/ἔτραπε μείλιχος ὀργὰ παρφάμεν τοῦ-/τον λόγον"（「それにしても，偽りの方へとお前をそらせることなど神かけてありえないのに，そのお前を愉快な波が襲って言葉を淀ませる（パラデイクマを屈折させる）とは」）．

〔2・9・4〕 Crotty, *Song and Action*, p. 95 は，Apollon と Kyrene の幸福な結合を競技における *laudandus* の幸運と結びつけ，同様に Alexidamos の成功を *laudandus* の成功のメタファーと解する．〈神話〉の機能を見るや否や単純な paradigmatique な作用を探る典型的な短絡である（他にたとえば Pyth. X に関して p. 135）．

〔2・9・5〕 Calame, *Mythe et histoire*, p. 103ff. は，この "variations matrimoniales" を，"l'isotopie matrimoniale" を "l'isotopie coloniale" にもたらすべく段階的に神でなく人間が対象物を獲得して地位を変えていく経過として解釈する．対抗の太い梁に気付かない．Apollon-Kyrene は両極に引っ張る力が極点に達して梁が切れるその瞬間に躍り出る．

〔2・9・6〕 パピルス発見とテクスト校訂の経緯について極簡単には A. P. Burnett, *The Art of Bacchylides*, Cambridge Mass., 1985, p. 1ff. を参照．

〔2・9・7〕 以下 Bacchylides のテクストは éd. Irigoin, Pais, 1993 による．ただし作品のナンバリングは伝統的な仕方（発見されたパピルス上に記載されていた通し番号）による．なお，この Dith. XVII については，パフォーマンスが Delos で行われたということばかりか，内容からして，（写本が Dith. として伝えるにもかかわらず）これはむしろ Apollon のためのものではないか，とする学説（vgl. M. Hose, Bakchylides, Carmen 17. Dithyrambos oder Paian ?, *RhM*, 138, 1995, S. 299ff.）が根強く存在する．

〔2・9・8〕 儀礼的文言抜きにいきなりクライマックスの場面を鋭く切り出す（cf. Burnett, *The Art of Bacchylides*, p. 15）軽快なリズム感は，叙情詩の特性を最大限に生かす Bacchylides の真骨頂である．"The technique is something like that of certain vase-painters" (*ibid.*, p. 28) という評は的確であり，この叙情詩は Attika 陶器の画像表現の意義に光を照てる．なおもちろん，Minos の脅迫に応じて 14 人の少年を Athenai が差し出す，その中にやがて Kreta で exploit を遂げる Theseus が紛れ込んでいる，という脈絡が前提されていて，この syntagmatique な連関の中から一瞬が切り取られるのである．

　Pindaros が paradigmatique な作用を捻ったりズラしたり複雑な駆け引きを得意としたのに比して，Bacchylides が一義的で明晰なイメージを典雅に屈託無く置く，という点については Gentili, *PPGA*, p. 197s. に優れた指摘がある（Simonides 譲りとする）．

〔2・9・9〕 Dith. XVII, 19: "χρύ-/σεόν τέ οἱ δόσαν ἰόπλοκοι/κάλυμμα Νηρηΐδες"「黒髪なびく Nereides が彼女に黄金のヴェールを贈った」．

〔2・9・10〕 G. Ierano, Il filo di Eriboia (Bacchilide, Ditirambo 17), in : A. Bagordo et al., hrsgg., *Bakchylides. 100 Jahre nach seiner Wiederentdeckung*, München, 2000, S. 47ff. は，ヒロインを捨てることの多い Theseus がここでは異例の役割を果たすと解し，これを正統婚姻儀礼と関係付けようとするが，Theseus は常にヒロインを救うことに関心を有し，これと結ばれることに

関心を有しない．Heraklesとの間に微妙な対抗関係が存在する．これはAthenaiの領域の性質に関わる．この作品のヴァージョンもこの点では何ら異例ではない．Ieranoが，何らかの事情でこのEriboiaをTheseusの正統な妻とする（後の時代のテクストの，したがってひょっとすると遅い時期の）ヴァージョンをBacchylidesのヴァージョンに投影するのは見当はずれである．

〔2・9・11〕　この主題につき，E. Wust, Der Ring des Minos. Zur Mythenbehandlung bei Bakchylides, *Hermes*, 96, 1968, S. 534 は，BacchylidesがKretaへの航路途上に「Poseidonの子たるを証明する」ヴァージョンと「(61ff. の) 養母Amphitriteに迎えられる」ヴァージョンを融合して置いた，そのときに二つの話を繋ぐ結節環として創作されたものであるとする．確かに，Zeus/Poseidonに繋がってはいるが，投げられたものを取って返すのでなく，しっかりと切り取り保護する，という対抗関係がこの腕輪によって演出される．Scodel, The irony *cit. infra* もまた，Zeusから oblique にTheseusそしてAmphitriteへと渡る意外性と円環未完結を作者の才能に帰せしめる．これに対しSegal, The myth of Bacchylides 17 *cit. infra* は，主題が海の側へ移ると調子まで変わる不釣り合いへの伝統的な疑問に答えるつもりで，(J. Harrisonも驚く仕方で) 男性的原理の性的 initiation と女性的原理の結婚への initiation が調和し "complementarity" をなしているとする．

〔2・9・12〕　古い "ordalie" の残滓，または initiation, 特に *epheboi* 儀礼（男子の通過儀礼）に関連付けるのが学説の大勢 (A. Brelich, *Paides e Parthenoi*, Roma, 1969, p. 376; Cl. Calame, *Thésée et l'imaginaire athénien. Légende et culte en Grèce antique*, Paris, 1990, p. 96sq., 187, 191; Ch. Segal, The myth of Bacchylides 17: Heroic quest and heroic identity, in: Id., *Aglaia*, p. 295ff.) であるが，pragmatics の面における十分な論証に欠ける (R. Scodel, The irony of fate in Bacchylides 17, *Hermes*, 112, 1984, p. 138 は作品の非儀礼性，神話性を的確に指摘する) し，仮にそうだとしても，儀礼は意味を運ぶ (vehiculer) 媒体にすぎない．それを指摘しても，この作品の言語形象も精緻なヴァージョン構成も理解したことにはならない．"dive" は凡そ水面を切り，潜り，また浮上する，以上，分節一般或いは儀礼一般のための格好の（広い意味の）記号となる．葬送儀礼との構造的同一性は否定しえず，Etruria/Paestumでは石室墓の壁画に使われる．つまりこれまでをもこの叙情詩と結びつけて考えるのは完全な混乱である．何ら個別の屈折体を指示することがないからである．むしろ（Theseusを実に丁重に受け取る）海こそがその点で重要である．Homeros以来の具体的な対抗関係の伝統の中で，〈二重分節〉障壁聖化の働きをするからである．

〔2・9・13〕　vgl. R. Merkelbach, Der Theseus des Bakchylides (Gedicht für ein Attisches Ephebenfest), *ZPE*, 112, 1973, S. 56ff. 領域の組織への適合性を示す．「一人の従者」ならば *clientela* ないし無分節を示唆しえたところである．

〔2・9・14〕　悲劇との関連性がしばしば指摘される．Dith. XVII における直接話法の対話体は，対抗的モーメントの強調であるが，このDith. XVIII においてはさらに事態が複雑である．受動的立場にある一方のみを（その不均衡をサスペンスに換えて）際立たせる (cf. Burnett, *The Art of Bacchylides*, p. 122: "The city waits——only stands frozen in its expectation") と同時に，しかも受動的立場の陣営自体を謎の分岐点に立たせるのである．したがって「Marathonに顕

現した Theseus」といった臨場感を際立たせるため (R. Wind, Myth and history in Bacchylides Ode 18, *Hermes*, 100, 1972, p. 511ff.) のものではない.

[2·9·15] 韻律の点で *dithyrambos* というジャンル (cf. I-3-1) を革新する意義を持つ可能性があることについて cf. F. Garcia Romero, The dithyrambs of Bacchylides: their position in the evolution of the genre, in: *Bakchylides. 100 Jahre*, S. 52ff.

[2·9·16] éd. Irigoin は Duchemin-Bardollet の訳として "fuir" という意味を *lacuna* に補って解するが, "*φεῦγειν*" でなく "*λείπειν*" であった可能性がある.

[2·9·17] cf. éd. Irigoin, Notice, p. 79.

[2·9·18] この警句と〈神話〉部分は社会構造を通じてしか繋がっていない. *laudandus* の実際の父子関係から paradigmatique な作用を探っても結果が出ない (P. Angeli Bernardini, La lode di Argeo di Ceo del padre Pantide nell'Epinicio 1 di Bacchilide, in: *Bakchylides. 100 Jahre*, S. 145) のは当然である.

[2·9·19] Ep. XI, 17f.: "*δίκας κέλευθον/εἰ μή τις ἀπέτραπεν ὀρθᾶς*" 「もし誰かが道を正しく真っ直ぐな方向からそらしたのでなければ」.

[2·9·20] Hdt. IX, 33-35 の Teisamenos のケースはこのことの意味を十分に例解するものである. Elis 出身で記号操作の技術を受け継ぐ彼もまた (「勝利する」という神託にもかかわらず) 競技での勝利を妨げられるが, この神託が現実の戦争に関わることを察知した Sparta が彼を使おうとする. すると彼は対価を要求し, 自分からさらに弟の Sparta 市民権へとそれをつり上げる. ここで Herodotos は (ディアクロニクな偏差を伴いつつも) Melampous のパラデイクマが作動したと判定する. Hesiodos のヴァージョンにおける領域への本格的な定着は既に〈二重分節〉の形態におけるそれに再構造化されている. 弟を伴うというのはこれである. Sparta はしかし古い特殊技能者集団としてのみ受け入れるつもりである. 領域の構造を巡るこのせめぎあいを目の当たりにして, Bacchylides は Sparta 風トラップを完全に迂回するのに成功したことになる.

[2·9·21] POL p. 303.

[2·9·22] Proitos の娘達の〈神話〉においては, Melampous を登場させるヴァージョンが圧倒的であり (cf. F. Vian, Melampous et les Proitides, *REA*, 1965, p. 25sqq.; H. Maehler, *Die Lieder des Bakchylides*, Leiden, 1982, S. 196ff.), Bacchylides のヴァージョンは Melampous〈神話〉(cf. M. Jost, La légende de Melampous en Argolide et dans le Péloponnèse, in: M. Pierart ed., *Polydipsion Argos*, Paris, 1992, p. 173sqq.) から離脱しただけで既に大変に個性的である (ただし [20] で指摘したように隠された次元でその屈折体は響いている). さらに Artemis の登場は鋭い対抗ヴァージョン構成を意味する. Apollod. II, 2, 2 は, Proitos の娘達が侵害した相手として Dionysos を挙げるか Hera を挙げるかについて Hesiodos と Akousilaos との間のディアクロニクな対抗を伝える. Bacchylides は, cognatique な結合を通じての大きな構造変動 (cf. III·1) を示唆する (Argos-Tiryns 分節を知らない) 標準 Hera ヴァージョン (Akousilaos の他, Pherekydes, FGH3 F114 Jacoby) を強く意識して, これに対して Artemis の傘を対置したのである. Melampous 屈折体からの離脱は, かくして, 周縁からの大きな社会変動に換えて領域の単位存立の先験的不可欠性を樹立する試みであることになる.

2 〈神話〉の再構造化　　171

〔2・9・23〕　これが複数の〈神話〉的現在ないし叙情詩的現在の見事な立体的デザインによって分節されている点については，cf. Cl. Calame, Temps du récit et temps du rituel dans poétique grecque : Bacchylide entre mythe, histoire et culte, dans ; C. Darbo-Peschanski, éd., *Constructions du temps dans le monde grec ancien*, Paris, 2000. p. 400sqq.

〔2・9・24〕　ここからこの作品をも女性の通過儀礼，特に Dionysos のための儀礼，によって陳腐に説明してしまう（少女が婚姻を受け入れて社会化される?!）ことが広く行われる（W. Burkert, *Homo necans. Antropologia del sacrificio cruento nella Grecia antica*, Milano, 1981（or. Berlin, 1972）, p. 130ss.; Burnett, *The Art of Bacchylides*, p. 100ff.; R. Seaford, The eleventh ode of Bacchylides : Hera, Artemis, and the absense of Dionysos, *JHS*, 108, 1988, p. 118ff.）．しかし，Proitos の娘達の〈神話〉において，Apollodoros の「遠い追憶」ヴァージョンを引くならば痕跡としての儀礼と良く適合しようが，この Bacchylides のヴァージョンはその点からは本来最も引きにくいものであるはずである．対抗ヴァージョンによる社会構造形成が明晰に進行中であり，それが透けて見えるからである．それでも強引な解釈が横行するのは，同じ屈折体の作用の結果素材のレヴェルで幾つかの儀礼との間にアナロジーが働くからであるが，ところが Bacchylides は素材を大きく加工して全く別の何かを言おうとしているのである．

〔2・9・25〕　C. Carey, Bacchylides experiments : Ode 11, *Mnemosyne*, 33, 1980, p. 225ff. は，本来透明でエレガントな Bacchylides の作品の中では最も Pindaros を意識したものである，と評価する．

〔2・9・26〕　他にも多くのヴァージョンがあったと推定される中で，Bacchylides のヴァージョンが語句に至るまで Homeros のヴァージョンを意識したものであったことについて，M. R. Lefkowitz, Bacchylides'Ode 5 : imitation and originality, *HSCP*, 73, 1969, p. 45ff.; P. Grossart, *Die Erzählung von Meleagros. Zur literarischen Entwicklung der kalydonischen Kultlegende*, Leiden, 2001. S. 67ff. を参照．

〔2・9・27〕　POL p. 216.

〔2・9・28〕　Burnett, *The Art of Bacchylides*, p. 143 はこの場面を "curiously abstract" と評する．ただし，神々の力の偉大さを「狩猟に対する農耕民の尊大」に向けて思い知らせることが作者の関心であったから，ではない．Ares の名において状況の特定不可能が言われているのである．この点 Lefkowitz, Bacchylides' Ode 5, p. 77 は，故意にではなく混乱の中で母方の叔父を殺す点が Homeros との差違である，と精密に指摘する．意識的な Homeros の語法や *simile* のズラした模倣は却って Homeros の価値基準からの離脱を強調するためであるとする彼女は，Artemis の怒りの理由が告げられない不条理も見逃さない．

〔2・9・29〕　Artemis "$\delta\alpha\iota\varphi\rho\omega\nu$"（70）/ Althaia "$\delta\alpha\iota\varphi\rho\omega\nu$"（77）. cf. Burnett, *The Art of Bacchylides*, p. 143. Lefkowitz, Bacchylides'Ode 5, p. 79 は，heroic な抵抗が全く問題とならない魔術の直接作用を不条理に介入させた点に Homeros への対抗を見る．

〔2・9・30〕　Metapontion の場合と同じく，Syrakousai の広大な領域にも，領域都市の自律性，後背地との関係，市民権の閉鎖，等の問題が複雑に絡まり合っていたはずである．cf. III・1．

〔2・9・31〕　Ch. Platter, Heracles, Deianeira, and Nessus : reverse chronology and human knowledge in Bacchylides 16, *AJP*, 115, 1994, p. 337ff. は Dith. XVI を "a sequel to Ode 5" と解した上で，

Herakles が "human limitation" のパラデイクマとなる異例のケースであるとする.その限界は〈二重分節〉障壁のものであり,逆に Sophokles の "Trachiniai" (I・4・1) はその限界の危険性を指摘し直したものである.

3　新しい連帯

3・0　儀礼の再〈神話〉化

3・0・0

　(テリトリー上の人的組織の)〈二重分節〉という (パラデイクマによって例解しうる) 社会構造をパラデイクマの屈折によって追求する営為は，叙情詩と並ぶもう一つのジャンルにおいて極点に達する．その総体はしかも叙情詩全体と対抗関係に立って社会構造全体の骨格を大きく支えるのである．

3・0・1

　古典期 Athenai における悲劇というジャンルの発展がデモクラシーと何らかの深い関係を有するということは明らかである．両者の盛衰が時期を等しくするということだけでもそのように言うことに対する一切の疑念を駆逐するように見える．さらにはもちろん両者の関係については多少の研究の蓄積があり，関係の理由につき様々な解釈が提案されている[1]．

　にもかかわらず悲劇に関する研究史の重要な部分はデモクラシーと交錯することがない．この結果悲劇とデモクラシーの関係についての理解は十分な厚みを持ったものになっているとは言い難い．その第一の理由は，現在でも根強く標準的な実証主義的方法の性格に求められる．実証主義の philology が 19 世紀に確立されたとき，実証主義のまさにスローガンからして，デモクラシーなどとは異なる人間生活の日常的倫理的レヴェルのキイ・タームによって悲劇もまた解釈されていった[2]．もちろん，Friedrich Nietzsche 以来，これに対して目覚ましい攻撃が行われてきた．悲劇は実証主義攻撃の突破口になった[3]．悲劇

の起源が追求され,儀礼を鍵として,人類学的に普遍的な何らかのメカニズムへと還元がなされる[4]. それらの試みにおいては社会の奥深くに潜む要因が明るみに出されるはずであった. さて,その社会学はやがてデモクラシーを説明するに至ったであろうか. まさに第二の理由は,この大きな研究の潮流が実証主義の歴史主義(起源思考)を引きずって[5]デモクラシーの方へ浮上するのとは反対の方向へ向かったことに求められる. ちなみに,儀礼志向のこの研究動向は過去一世紀におけるデモクラシーの急速な発展および混乱と時期を同じくする. 時としてデモクラシーを押し流す側に加担しながらむしろ近代のデモクラシーの最も傷つきやすく混乱しやすい秘密の部分を無意識のうちに抉り出した, そうして狂ったデモクラシーを体現した, のではないか[6]. とはいえ悲劇とデモクラシーの関係は到底この立場からは見えてこないのである. 他方,悲劇は精神分析の基本パラデイクマを提供する[7]ことになる. 人間の精神が重層的に捉えられる限りで,デモクラシーと悲劇という二つの層の関係への道が開かれているように見える. 確かに,同様の思考をする Durkheim の学派と構造主義の延長線上に[8],われわれは出発点としうる認識を見出しうる[9]. しかし第三に,これらの唯一信頼しうる到達点においても, デモクラシー固有の問題は網の目からするりとすり落ちているのである. 政治とデモクラシーの区別が曖昧で,このためにここへさらに一般的な社会統合原理を持ち込むことになるからである.

〔3・0・1・1〕 cf. E. Degani, *Democrazia ateniese e sviluppo del drama attico. La tragedia*, in : R. Bianchi Bandinelli, ed., *Storia e civiltà dei Greci, 3*, Milano, 1979, p. 255ss.; Chr. Meier, *Die Entstehung des Politischen bei den Griechen* [*EP*], Frankfurt a. M., 1989 (1980), S. 144ff.; Id. *Die politische Kunst der griechischen Tragödie*, München, 1988 ; O. Longo, The theater of the polis, in : J. Winkler et al., edd., *Nothing to Do with Dionysos ? : Athenian Drama in its Social Context*, Princeton, 1990, p. 12ff.; D. Musti, *Demokratía. Origini di un'idea*, Roma-Bari, 1995, p. 19ss.

〔3・0・1・2〕 C. M. Bowra, *Sophoclean Tragedy*, Oxford, 1944 ; B. Snell, *Die Entdeckung des Geistes : Studien zur Entstehung des europäischen Denkens bei den Griechen*, Hamburg, 1946 ; C. Whitman, *Sophocles : a Study in Heroic Humanism*, Cambridge, M., 1951 ; H. D. F. Kitto, *Greek Tragedy*[3], London, 1961 ; B. M. W. Knox, *The Heroic Temper. Studies in Sophoclean Tragedy*, Berkeley, 1964. A. Lesky, *Die griechische Trag die*[4], Stuttgart, 1968 はこれらに比して極めて曖昧である.

〔3・0・1・3〕 cf. R. Friedrich, Everything to do with Dionysos ? Ritualism, the Dionysiac, and the Tragic, in : N. S. Silk, ed., *Tragedy and the Tragic. Greek Theatre and Beyond*, Oxford, 1996, p. 257ff.

〔3・0・1・4〕 W. Ridgeway, *The Origins of Tragedy : with Special Reference to the Greek Tragedian*,

Cambridge, 1910; G. Murray, Excursus on the ritual forms preserved in Greek tragedy, in: J. Harrison, *Themis. A Study of the Social Origins of the Greek Religion*², Cambridge, 1927, p. 341ff.; W. Burkert, Greek tragedy and sacrificial ritual, *GRBS*, 7, 1966, p. 87ff.

〔3・0・1・5〕 S. Goldhill, Modern critical approaches to Greek tragedy, in: P. E. Easterling, ed., *The Cambridge Companion to Greek Tragedy,* Cambridge, 1997, p. 324ff. は貴重な学説史の概観であるが, Nietzsche-Willamowitz の応酬に引きずられすぎていて, 古事学的同根性に気づかないし, (歴史主義を嫌って, むしろ儀礼に接近する) "New Criticism" を Willamowitz の延長に捉える誤りを冒す.

〔3・0・1・6〕 この点は, デモクラシーの理論と概念に潜む重要な盲点に関わるかもしれない. 悲劇とデモクラシーの関係がこのように捻れて (無意識に) 追求されたとすると, われわれのデモクラシー概念が十分に根底的なものでなかったことの一つの証左かもしれない. 少なくともデモクラシーに対する屈折した心理, それどころかデモクラシー自体の極端な屈折, それを根底で駆動していった巨大なエネルギー, が焼き付くように投影されている, のではないか. いずれにしてもそこには 20 世紀の思想史が生々しく映し出されている. するとまた逆にこれらの思想的傾向は一見する以上にデモクラシーに懸かっていた, ということになる. かつ, 正当にも, デモクラシーの問題が挙げて悲劇に懸かっていたということになる.

儀礼は優れてパラデイクマの直接的作用を生命とする. パラデイクマの paradigmatique な作用が, パラデイクマの如何なる paradigmatique な分節も許さずに, 如何なるヴァージョン偏差の識別と選択も許さずに, 要するに critique 抜きに無媒介に, 現れること, 儀礼はこのことを要請する. この作用は言うまでもなく集団に強い心理的動因を与えうる. 他方凡そ critique そのものの批判を目指す野心にとって強烈な磁力を発散する代物であったであろう. デモクラシーを悲劇即ち儀礼が重要な部分で支えていたとすれば, その認識が凡そパラデイクマに対するわれわれの態度を分岐させる地点での戦いに火をつけた, としても当然である. critique はデモクラシーと共に第二のスタートを切り, かつそのときに凡そパラデイクマに対するわれわれの態度についての根源的な思索が行われたからである. しかし 20 世紀に燃え上がった火は混乱の余りそもそもイオニアそのものを野卑に蹂躙しさえしたように見える.

しかも, 儀礼はパラデイクマの単なる再現的作用ではない. 神話化されたパラデイクマを再現実化するのである. 社会の中の隠れたメカニズムを呼び出すと同時に, 全く異なる次元の現実を現実化しうるのである. critique は二重にその途を断たれる. critique の素材は様々なパラデイクマのヴァージョン対抗以外にありえない. ところが, これを超越する素材が許容され, かつそれが critique 抜きに作動する. これこそが逃れがたいパラデイクマの大いなる働きである, というのである. デモクラシーは政治から発展したはずである. その政治は critique を生命とする. すると, デモクラシーは儀礼とどこかで密約を結ぶことによって自らをその花とする木の幹を断とうとしたのか.

〔3・0・1・7〕 cf. A. Gréen, *Un œil en trop : le complexe d'Œdipe dans la tragédie*, Paris, 1969.

〔3・0・1・8〕 J.-P. Vernant, P. Vidal-Naquet, *Mythe et tragédie en Grèce ancienne* (*MT I*), Paris, 1972; Id., *Mythe et tragédie en Grèce ancienne II* (*MT II*), Paris, 1986.

〔3・0・1・9〕 Goldhill, Modern critical approaches は, この系統をもまとめて Nietzsche の側に立た

せるが，むしろ Nietzsche=Willamowitz の反対側に大きく立つ．

3・0・2

　悲劇を論ずるに際して儀礼から出発しないわけにはいかない．しかしそもそも演劇自体，単なる儀礼ではない．第一にそれは，儀礼そのものとの間に明確な syntagmatique な[1]分節関係を持ちこれと区別される，儀礼の延長部分である．したがって厳密には，儀礼ではないところの神話再現実化形態である．かくしてまた syntagmatique な思考をその重要なメルクマールとする．étiologique な内容のもの（「縁起」），儀礼の由来を説明するもの，すなわち儀礼を裏付ける神話のさらにその syntagmatique な延長部を再現実化して見せるもの，等を典型とする．そして，syntagmatique な連鎖をつたってついには極普通のパラデイクマの再現実化に及び喜劇に至る．

　しかし第二に，神話の再現実化形態一般であるのでもない．一旦脱儀礼化したものの再儀礼化である．そもそも神話の再現実化形態は一旦全て理論上儀礼である．その儀礼は様々な目的のために様々な機能を果たしうる．しかしそうした他の機能を同時に果たす儀礼と敢えて区別されて，もっぱら非儀礼的に神話を再現実化する奇妙な形態が現れるのである．これは儀礼そのものとの syntagmatique な関係においてのみ実現される（神話との単純な paradigmatique な関係であれば単純な儀礼にしかならず，その儀礼との paradigmatique な関係が保たれればどこまで行っても単純な儀礼である）が，そればかりではない．即ち，パラデイクマの再現実化は元来はヴァージョンの異同を問わせず，この点がまさに儀礼に多くの役割を果たさせることになる．ところが神話の非儀礼的再現実化は再びヴァージョンの問題をクローズアップさせたところに生ずる．延長部分は儀礼としての厳密な機能を有しえない．その部分でのパラデイクマの再現実化は，むしろ儀礼を正当化する神話についての人々の問いに答えるという意味を帯びていく．どうしてそのようなことに至ったのか；その時実際はどのようだったか；それでその後どうなったか．このようにして人々は暗に社会に散開している様々なパラデイクマとの関連を問うている．これに答えるに神話の recitation でなく再現実化を以てするということは，これを無限のヴァージョン偏差からもう一度守りたいということである．そもそも儀礼に

3 新しい連帯

は神話を確証し固定する作用がある．この新しいタイプの再現実化もこのことに大いに寄与するだろう．しかしそれでも人々の関心に応じてその再現実化自体がその内部にヴァージョン偏差を内包することになる．まさにこれは大きなリスクをも意味する．そもそもパラデイクマの神話化こそは日常の変転から基幹パラデイクマを待避させることに他ならなかった．そして言語によるrecitationは儀礼におけるより遥かに危険が少ない．しかし同一の時間同一の場所におけるパラデイクマ再現実化はヴァージョン確定に一義性をもたらす．かくして儀礼の力を借りて正確性・固定性を獲得しようということが行われる．ところがこれは真剣勝負の競技を催すに等しい．舞台の上の現実といえども現実である．パラデイクマが大胆に書き換えられれば勝負がついてしまう．延長部の上演によってもたらされるリスクは一層大きいものになる．ヴァージョン対抗を呼び覚ますからである．しかも長い補給線を守備しなければならない．それでどうした，その時実際はどのようだったか，という興味に応じて行くうちに，ここを改変され，そこからsyntagmatiqueな連鎖の逆流によって全てが覆らないとも限らない．まして儀礼においては人々はしばしば日常の社会編制を解いた状態にある．演劇が凡そ逸脱一般への期待の風に帆をふくらませるとしても理解できることである．

〔3·0·2·1〕 ritualistの側では一般にギリシャの悲劇の特殊性を精密に特定する思考に乏しい．しかしそれ以前に，悲劇に儀礼の残滓を見ることから悲劇を儀礼そのものと見るに至るまで，総じて徹頭徹尾儀礼とのparadigmatiqueな関係しか見ようとしない，ということを指摘しうる．たとえば, J.-P. Guépin, *The Tragic Paradox. Myth and Ritual in Greek Tragedy*, Amsterdam, 1968 は，神話を儀礼の説明とする典型的な理論的前提からスタートし，次に儀礼における犠牲を正当化しなければならないとし，それがDionysos神話であるとする．犠牲の儀礼そのものは，(Robertson Smith以来様々に主張されてきた) 狩猟や犯罪のような陳腐な人間社会の基本メカニズムによって説明される．

3·0·3

ギリシャの悲劇は神話の確定と逸脱の間のこの曖昧な関係とどのように関わるか．この「逸脱」とデモクラシーは果たして関係するか．

議論の出発点は政治と儀礼の関係を再確認すること以外にありえない．叙情詩に関連して既に述べてきたように，最も重要なことは儀礼を基礎付ける神話

がディアレクティカを経ていて〈神話〉と化していることである．かくしてそれは政治手続内部では直接のパラデイクマたりえず，それを直接再現実化した儀礼は，コントラストないし polarity によって鋭く区別され，政治の縁に追いやられる．しかしまさにこのことが丁度政治を画す額縁の如くに機能するようにと，儀礼は意識的に配備される．政治が特別の意味で叙情詩を発展させるとすれば，この意味の儀礼と連帯の関係においてである．叙情詩は，政治の場に立つための意識を鋭く区分して画す．儀礼を呼び水とするパラデイクマの syntagmatique な切り出しの鋭さにこのことが懸かる．かつまたこの鋭い距離化はまた新たなディアレクティカを誘発するであろう．ディアクロニクな批判意識が叙情詩から生じたとしても不思議は無い．他方，儀礼は〈神話〉を呼び出すことができる．ディアクロニクな批判意識は当該儀礼を基礎付ける〈神話〉を拒否するに至るが，Pindaros と Bacchylides は逆に儀礼に〈神話〉を呼び出させてその〈神話〉の構造を転換してしまう方向に舵を切る．転換されて〈神話〉と儀礼の間の直接の paradigmatique な関係は消えてしまう．それでも人々の意識に pertinence を感じさせるとすればそれは社会構造のレヴェルに降りて同一の屈折体の内部で改変が達成されているからである．かくして或る意味では理論的に高度な paradigmatique な関係が再構築されていると見ることもできる．とはいえ，叙情詩はその到達点において，一切の paradigmatique な作用を切断してなお，否，まさにそのことを通じてこそ，社会構造を支える上での決定的な役割を〈神話〉とその改変に付与した，と言うことができる．

　さてならば，儀礼の paradigmatique な作用を通じて〈神話〉を呼び出すのでなく，その syntagmatique な延長部分を経由して呼び出すとき，何が生ずるか．そもそも一般に演劇は叙情詩のように発話者が儀礼と向き合い自らの言語によってパラデイクマを分節して見せるものではない[1]．パラデイクマをディアレクティカが制圧している状態にある〈神話〉が素材であるこの場合，儀礼を経てその延長部分の〈神話〉を再現実化する悲劇は，まず儀礼によってディアレクティカから離脱退避し，そして次に延長部たるが故に自由を回復して「生きた」パラデイクマに戻るのである．すると奇妙なことが起こる．既に長くディアレクティカの方が確たる現実（パラデイクマの確たる存在形態）を構成しているから，この「生のパラデイクマ」は一個の別世界を構成する[2]．そ

3 新しい連帯

こではディアレクティカによって構成される本来の確たる現実に対して距離が取られこれが突き放されるのは当然である[3]．ディアレクティカ自体生の現実を突き放すことによって成り立っているから，そうすると，これは二重に突き放したことになる．しかるに，素材はあくまで〈神話〉であるから，神話（M0）を二段のディアレクティカ，ないしディアレクティカと逆ディアレクティカという往復の手続，にかけることになる．つまり，丁度叙情詩の到達点におけるが如く，〈神話〉をもっぱら社会構造に関わる言わばもう一段「理論的な」ものにすることに成功する．換言すれば，こういう「理論的な」営為を行う種類の社会構造の形成に寄与しうるのである．

〈神話〉によって説明される儀礼の，その儀礼という壁に張り付くようにして延びていく syntagmatique な延長部分，これを再現実化するばかりでなく，とりわけそれを元来のヴァージョンから大きく逸脱させるとき，二段の回転によってネジレの位置に来たように，〈神話〉と儀礼は互いの間の paradigmatique な関係を極小化されてしまう[4]．そのパラデイクマは再現実化されつつ儀礼からさえはぐれてしまい，ほとんど一回限りの事件に等しい．すると，〈神話〉がディアレクティカを通じて間接的ではあるが辛うじて保っていた paradigmatique な作用は決定的に失われる．syntagmatique な距離[5]の分だけ，儀礼を通じてディアレクティカの手続的側面と結びつくことからすら遠い．ギリシャの悲劇は周知の如く〈神話〉をのみ素材とし，それ以外のパラデイクマ，〈神話〉化されない神話や神話化されうる現実の大事件，を決して取り上げることが無かった[6]．その〈神話〉をすら，〈神話〉として語るのをやめて一回限りの事件にしようというのである．〈神話〉と不可分の関係にある政治の再構造化のために，それを〈神話〉に対する全面的で方法的な批判の道具にしようというのである．その前提の上で，悲劇は儀礼と〈神話〉の間で意識的に完璧に儀礼の側に立って見せる．このことに全く予想外のしかも純度の高い意味が生ずる．もちろん特殊な前提故に，儀礼自体政治システムとの関係で言わば完全に形式的にのみ作動するように性質が予め換えられているということがある．悲劇はなおその特殊な儀礼とさえ区別されてさらにその向こうに接続されるのである[7]．すると，儀礼を隔てて政治システムとディアレクティカの反対側に，隔絶された不思議な空間が現出する．むろんだからと言って非政治的空

間と連続するのではない．それからは二重に隔てられる．つまり政治が「生の現実」から隔てられているとすれば，政治をはさんで反対側に，つまり政治よりもさらに「生の現実」から隔たったところに，しかし「第二の生の現実」が構築されるのである．だからこそ悲劇は儀礼そのものと敢えて完璧に syntagmatique な関係に立つ．つまり儀礼の次元にあらねばならない．どうしてもパラデイクマの再現的形態でなくてはならない（実際に生身で演じて見せねばならない）[8]．悲劇はまさに Pindaros と Bacchylides においてなお最後まで残った〈神話〉─儀礼間の高度の paradigmatique な関係をさえも拒否することによって成立する．そしてべったりと儀礼たるにとどまる．しかも儀礼に固有の全ての作用を失って裸の現実として投げ出される．

〔3・0・3・1〕 J.-P. Vernant, Le sujet tragique : historicité et transhistoricité, *MT II*, p. 85 : "Au théâtre, le public n'a pas devant lui un poète qui lui fait le récit." 但し Vernant は何故そうするかの理由につき「フィクション」を強調することしかしないが，悲劇には文学一般とはさらにまた一段違う重要な cause が存する．敢えてパラデイクマを現実化する，その通りに再現してみる，ことには理由がある．そしてその差違が政治からさらに一段区別されたデモクラシーと関係する．

〔3・0・3・2〕 Vernant, Le sujet tragique, p. 84 : "le héros cesse de se présenter en modèle, comme il l'était dans l'épopée et la poésie lyrique : il est devenue problème." 但し，Homeros においてすら既に登場人物は単純なモデルではなく問題を考えさせる糸口にすぎないから，若干不正確である．政治的議論を展開するために後一段の critique を要するか，もう二つのそれを必要とする（ほど「問題に満ちている」）かの微妙な差である．ここを Vernant が見落としたのは偶然ではなく，主として悲劇を素材にしてパラデイクマの重層構造に鮮やかに迫りながら，次いでそれをギリシャ文化のサンクロニックな常数に還元してしまう，高々これが出現すること（世俗化）だけを取り上げてディアクロニックな分析を欠く，したがって政治とデモクラシーの二段構えの出現を解明しない，からである．

〔3・0・3・3〕 J.-P. Vernant, Tensions et ambiguïté dans la tragédie grecque, *MT I*, p. 28sqq. : "glissement dans la tragédie d'une psychologie politique à une psychologie mythique……la réference successive à ces deux modèles, la confrontaton au sein du même personnage de deux types opposés de comportement……La vie du héros se déroulera comme sur deux plans……." 要するに独特の意味の多重性が発生することになる．

〔3・0・3・4〕 cf. *infra*, 3・1・4・3．

〔3・0・3・5〕 かくして，Atreidai についても Thebai においても「応報」の連鎖を延々と前提して筋書きが作られる．初発に神託や「呪い」を措定するのは syntagmatique な連関を完結させるためである（cf. M. L. West, Ancestral curses, in : J. Griffin, ed., *Sophocles Revisited. Essays Presented to Sir Hugh Lloyd-Jones*, Cambridge, 1997, p. 31ff.）．なおかつパラデイクマの syntagmatique な分節はそれ自身「第二次元のヴァージョン群」を創り出すこと，即ち〈神

3　新しい連帯　　　　　　　　　181

話〉の再構造化，に適する．

〔3・0・3・6〕　494 年に Phrynichos が 2 年前の Miletos 陥落を悲劇化して袋叩きにあう（Hdt. VI, 21）というエピソードは，この点のパラデイクマとして語り継がれたと考えられる．Vernant, Le sujet tragique, p. 86 sq. は，"Persai" がギリシャ方でなくペルシャ方を素材としたことと並べて，「フィクション」や「距離化」自体にその理由を求めるが，それではディアレクティカないし後述の歴史学と区別がつかなくなる．「現実の再現実化」が警戒されたのであり，それは神話を創り出すからである．〈神話〉が素材であってこそ独特の効果が達成される．

〔3・0・3・7〕　Dionysos の役割について J.-P. Vernant, Le dieu de la fiction tragique, *MT II*, p. 21 は "il ne faut évoquer ses origines que pour mieux mesurer ce qu'elle 〈la tragédie〉 a apporté comme innovation, les discontinuités et les ruptures qu'elle représente par rapport tant aux pratiques religieuses qu'aux formes poétiques anciennes" と述べる．後述のように Dionysos 自身が儀礼の延長部分を意味し，したがって Dionysos のための儀礼自体でなく，その二次的作用 "brouiller sans cesse les frontières de l'illusoire et du réel" が意識的に利用されたにすぎない．しかも，悲劇はさらにその向こう側に展開される．"brouiller sans cesse les frontières de l'illusoire et du réel" が悲劇であるわけではない．"l'illusoire" の "réel" な形態という資格を厳格に有し，このレヴェルに張り付くのである．

〔3・0・3・8〕　したがってギリシャの悲劇がジャンルとして持つ様々な convention は慎重に解されるべきであり，それらはジャンルが成り立つ極めて微妙な環境を支えている．単なる儀礼性の限界ではない．身体によって演じられるという要素についても同様のことが言える．空間の固くコムパクトな連続性（場面が照明と装置によって時空を飛ぶことがない点）が維持されるのも，syntagmatique な思考の現れである．われわれには科白のテクストが伝わるだけであるが，そこに上演の形態を厳格に読み取るべきである，という O. Taplin, *Greek Tragedy in Action*, Berkeley, 1978 の指摘は的を得たものである．つまり解釈作業は二重たるべきであるというのである．但し，一旦厳格に解釈された convention と空間的次元を *mutatis mutandis* に現代的に解釈して今日上演する，ということはむしろ必要なことである．これは，言語による報告としてだけ登場する戦闘場面を画像で示すといった恣意的な演出とは異なる．

3・0・4

　こうして悲劇は対岸の〈神話〉を拒否してみせ，第二の「生の現実」を創りだして見せる．とはいえこのようにしてそれ自身第二の〈神話〉となることは疑いない．〈神話〉のディアクロニクな再構造化が遂行される．しかしそればかりでなく，極めて重要な以下のような或る一歩が踏み出される．既にディアレクティカによって〈神話〉M1 は直接の paradigmatique な作用への途を封じられているが，しかし対抗的に配備されたこの M1（↔N1）はさらにもう一度批判的に解釈されて政治的議論における自由な論拠として採用されえた．この

M1 や政治的パラデイクマ P1 の全体に再びディアレクティカを施すことは，政治の再構造化に際して俎上に上らないはずがないが，（既に示唆した通り）これは M1―P1 を M0 ととってディアレクティカを行うことに他ならず，パラデイクマに対する全く新しい手続を樹立することにはならない．全く新しいタイプの社会構造を創造することにはならない．しかしもし M1 に働きかけてしかもその M1 の方ではなくその結果たる M2 の方を必然的に M0（単なる素材）の位置に置く，引き戻す，が如き手続が保障されたならばどうであろうか．ディアレクティカの第一段の手続の結果が別世界へ行ってしまって批判的な論拠としてさえも使えないということである．Pindaros と Bacchylides においてすらこの意味での完全な遮断は存しない[1]．主として社会構造・屈折体を通じて作用するとはいえ，競技のような儀礼との paradigmatique な関係を通じて秘かに政治的プログラムを指示する．しかし悲劇は自らをもっぱら一回限りで問題だらけの所与として投げ出して見せる．かくして悲劇の目的は単なる〈神話〉の再構造化であるのではない．パラデイクマの全く新しい次元，次元構成，分節を目指すものである．M1―P1 に替わるのは M2―P2 でなく，M2―X―P2 である（〈神話〉と政治的パラデイクマの関係がもう一段遠くなる），ということがはっきりと構想されたのである．

　かくして皮肉にもギリシャの悲劇は極度に反儀礼的な性格を帯びる．正確には，「神話対応」性の拒否と言うべきであるかもしれない．paradigmatique な思考の拒否は徹底したものであり，人物像はモデルやパターンを遠く離れてひたすら生々しい個性に近づく．ディアレクティカの直接の所産（Homeros の作品における登場人物）と比べてさえ，それらは典型というよりはむしろもっぱら問題として，矛盾する問題を抱えきれないほど抱えた人物として，登場するように見える[2]．確かに，〈神話〉を再編しようという限り，微かに例の「演劇の逸脱作用」を想起させるものが悲劇にはある．しかし別の神話作用によって〈神話〉を覆すという側面，ましてパラデイクマの直接作用を力として利用するという側面，は皆無である[3]．むしろ自らは二重の批判に曝されるべきものとして立ち現れる．したがって，政治手続においてよりさえ一層冷徹に現実を突き放す，所与の総体を二重の批判手続に曝す，という顕著な傾向を有する．

3 新しい連帯

しかし，M—X—P の分節によって与えられる新しい社会構造の質とは一体如何なるものか．この点がまさにデモクラシーに関わる．

〔3・0・4・1〕 他に比して何故悲劇が精神分析に親近性を有するかということは，このようにして理解することができる．日常的なパラデイクマ（特にその再現性）に適しないパラデイクマが意識の中で作用しているとしよう．或いは，意識しているパラデイクマは表層にすぎないという不満不安を有しているとしよう．何かが動いているが，それは syntagmatique および paradigmatique なパラデイクマ連関を拒否している（辻褄が合わない）のである．これを言語化して識別することはこの観点からは難しい．唯一パラデイクマの対抗したがって「もっぱら社会構造に関わる〈神話〉」のレヴェルにのみ適す．そのレヴェルでのみ syntagmatique および paradigmatique なパラデイクマ連関に立ちうる．したがって言語化しうる．しかしその言語はどこまで行っても〈神話〉のレヴェルに張り付いたままである．しかるに，この最後の性質は悲劇においてのみ完全である．つまりここに先送り（renvoyer）され，そして先送りされたものは決してそこを出ない．

翻って考えれば，政治は先送り禁止・直接性明証性の世界である．他方，叙事詩・叙情詩といった先送り先はそれ自身十分に先送りに満ちた世界である．いつ跳ね返って来るかわからない．これに対して悲劇においては，まるで政治が鏡の中にあるように，自身が先送り先の次元であるくせにその中では決して先送りができないことが演出される．のっぴきならない一回限りの事件である．さて，もし或る人の困難が上述の基本的な先送りの不全であったとしよう．「もっぱら社会構造に関わる〈神話〉」のレヴェルに先送りしてしか言語の媒介を得られないのに，これができないとしよう．悲劇は，最も信頼できる先送り先（Gréen, *Un œil en trop*, p. 11: "Le Théâtre n'est-il pas la meilleure incarnation de cette *autre* scène qu'est l'inconscient ?"）でありながら，何と内部ではこの先送り不全が演出されているのである．精神分析がこれに多くを負うのは当然である．

先送り先が先送り不全であるということは，二重の先送り（Gréen, *Un œil en trop*, p. 94, 96: "représentation de la représentation"）を要請する前提を置くということである．デモクラシーは二重の先送りを要求する！ 悲劇の主人公の先送り不全（病気）はまさにデモクラシーの産みの苦しみである．解決は二重に転位され，しかも開かれた形で突き放される．Oidipous は確かに先送り過剰という先送り不全を病む（cf. Gréen, *Un œil en trop*, p. 55sq.）．しかし Aias はまさに先送り不全，つまり〈神話〉不全を病むのではないか．先送りに失敗して直接行動に出る．このとき必ず先送り先の次元と先送り元の次元の間で混同，entrelacs，が起こる．アナリストならば転位の先をたとえば幼少期の体験に求めるであろう．しかしどうしても因果的に（syntagmatique に）思考する——のでないとしても paradigmatique に思考する——のではないか．悲劇は〈神話〉的パラデイクマの鋭い対抗のみを結末とする．これがセラピーに値するかどうかは疑問である．しかし他の何に転位しうるだろうか．

〔3・0・4・2〕 J-P. Vernant, Le moment historique de la tragédie en Grèce : quelques conditions sociales et psychologiques, *MT I*, p. 14sqq. は，"le héros a donc cessé d' être un modèle ; il est devenue, pour lui-même et pour les autres, un problème" 等々と先の引用箇所と同様の表現を用いるが，主人公

の内的な葛藤という別の脈絡を設定する．その葛藤もディアクロニクなものが念頭に置かれている．

〔3・0・4・3〕　儀礼の延長部の再現実化が重要な役割を担ったとしても，それは堅固な構造によって枠づけられている．意識的無意識的に（反デモクラシーの屈折を媒介として）デモクラシーと儀礼一般ないしパラデイクマの直接作用を短絡させる思考は，こうした全体を見ることができない或る特別なバイアスの所産であるということになる．

3・1　悲劇の起源

3・1・0

悲劇は，古典期 Athenai においてジャンルというよりもむしろ公式の政治制度として確立されるに至るのであるが，どのようにしてそのような制度が確立されるに至ったのかということに関する史料は極めて乏しく，だからこそまた実証史学よりはむしろ大いに野心的な思弁的考察に多くの余地が残されたとも言いうる[1]．

〔3・1・0・1〕　最も信頼できる分析は依然として A. W. Pickard-Cambridge, *Dithyramb, Tragedy and Comedy*, Oxford, 1927 であるように思われる．

3・1・1

中心のテクストはもちろん Aristoteles の "Peri poietikes"（*Poet.*）であり，圧倒的な地位を享受してきた．実証主義も思弁的考察も共に Aristoteles のテクストを骨組みに使い他の史料や思弁を編み込んで行ったにすぎないと言って過言ではない．問題はしかし第一に，Aristoteles の言明が十分に明白でない[1]ことである．そして第二にそうであるにもかかわらず史料批判の点に欠けるところがあったということである．

Aristoteles の第一の関心は，演劇が "Dorieis" 起源か Attika 起源かという既存の論争に向けられる[2]．背景にはもちろん "Dorieis"―"Iones" の二項対立が存し，Aristoteles は "δρᾶμα" を "δράειν" から導く Doris 方言の語源学を典拠として挙げる（1448a）．しかし，ほとんど着目されないが史料批判の点で決定的と思われるのは，Aristoteles がさらなる典拠として領域の組織に関する名称の差違を挙げていることである．"Dorieis" の地帯では "κῶμαι" と呼ばれ

Attika では "δῆμος" と呼ばれる,という事実が, "κωμῳδία" < "κῶμαι" という擬似語源学的事実と結びつけられる.この付加的説明は到底 trivial とは見なしえない.何故ならば,事柄は領域の構造の差に関わり,全体を通じての Aristoteles の理論的関心事 mimesis 即ちパラデイクマの再現的機能が,一体どの領域の構造から発するか,ということに関わるからである.悲劇が領域の儀礼を採用することによって生まれたこと,およびその意味,に関心が向けられているのである.

〔3・1・1・1〕 cf. Pickard-Cambridge, *Dithyramb*, p. 124.
〔3・1・1・2〕 Pickard-Cambridge, *Dithyramb*, p. 121ff. は "Aristoteles is theorizing" という史料批判のポイントをよく押さえるが,領域への関心を取り逃がし,全体を捨て去る結果に終わる.

3・1・2

以上の点が史料批判の上で決定的たる所以は,最も信頼できる間接的徴表 Hdt. V, 67 がまさにこの論点において呼応するからである.Sikyon の Kleisthenes が,〈神話〉上の登場人物 Adrastos のための "τραγικοὶ χοροί" を廃止してこれを Dionysos のために設け,他の儀礼は Boiotia から新たに導入した Melanippos のためのものとした,というのである.Aristoteles が後続のパッセージ (1449a) で悲劇の起源を Dionysos のための讃歌 *Dithyrambos* に見るが如く言うため,Herodotos のこの下りも常に悲劇前史の脈絡で引かれてきた.しかし Dionysos という接点のみで Arist. *Poet.* 1449a と Hdt. V, 67 を結びつけることは史料の評価の仕方として正しくない.Herodotos の関心は Sikyon の Kleisthenes の *phylai* 改革 (V, 68),即ち領域の構造の改変事業に存し,しかも Athenai の Kleisthenes の *phylai* 改革にとってのパラデイクマとなった事績が叙述されつつあるのである.言うまでもなく,Attika が "δῆμος" を構成要素として編制されるのは Kleisthenes の改革に基づく.その上,Sikyon の Kleisthenes の *phylai* 改革は "Dorieis" の三部族制を "Iones" の四部族制に改めるものであったとされるのである.

Adrastos はもちろん〈神話〉上 Thebai 攻撃の責任者であり,cognatique な牽連に基づく介入が招く惨状,切断の重要性,を悲劇的に体現する.取って替わる Melanippos は対する Thebai 方の将の一人であり,Dionysos は Thebai に

〈神話〉上のジェネアロジーを有する．前者の葬送と後者の礼賛は逆に cognatique な結合と侵入を肯定するための pretext たりうる．Adrastos のための儀礼とはこの場合 Adrastos の墓たる heroon で行われる擬似葬送儀礼である．そもそも heroon は，都市中心の物的装置を実現するために〈神話〉を再現実化することのコロラリーとして出現する．都市中心で神々の住居が再現実化されたのに呼応して，領域の側には同じ〈神話〉再現実化に伴って〈神話〉上の登場人物の墓が再現実化される．両者は都市中心—領域という分節（articulation）または polarity を画する記号を形造る[1]．かくして heroon は視覚的なブリッジをなすように城壁の外，しかし都市中心が見える位置に造られる．しかるに，この heroes は現実の人々と決してジェネアロジクに結合していないから，決してテリトリーを占拠しない．これらのこと，即ち死んでしまったこと，したがって領域であること，しかし人々がこれとジェネアロジクに繋がっていないこと，を確認するために heroon における儀礼が必要とされたのである．Adrastos のための heroon と儀礼は，中でもとりわけ領域の上に cognatique な結び目，組織体，がもはやありえないことを彼の「死」によって保障したに違いない．

Sikyon の Kleisthenes はこの Adrastos のための heroon 儀礼を Dionysos のための "τραγικοὶ χοροί" と Melanippos のための「その他の儀礼」の二つに分節したということになる．つまり単に置き換えただけでなく，新しい性質を与えたということになる．葬られるのが Melanippos の側に転じたばかりでなく，Dionysos のための "τραγικοὶ χοροί" が加わったのである．Dionysos はそもそも heroon を受け取る heroes の一員ではありえない．高々，都市中心と領域の組織の間の分節に関わる領域神殿の主でありうるにすぎない．たとえば Zeus-Dionysos の親子の分岐は都市中心—領域神殿の分岐と重なりえた．ところが今その Dionysos が領域神殿でなくむしろ heroon の儀礼を受け取るというのである[2]．しかも heroon 即ち墓というテリトリー上の物的装置抜きに "τραγικοὶ χοροί" のみ即ち葬送の隊列・行進（κῶμος）と合唱だけを受け取ったのである．人々の隊列が，十分に区切られた空間から離れ，独立に領域一般の上へと繰り出す．

[3・1・2・1] POL IV・2・0・1.
[3・1・2・2] Ridgeway, *The Origin of Tragedy*, p. 26ff. は逆に Dionysos を引き剝がして heroon のみ

から悲劇を導く.

3·1·3

　元来は〈神話〉を再現実化するとは言ってもそれは儀礼に対応する部分のみに厳密に限られたはずである. κῶμος とて例外ではない. 現実の人々が再現実化に加担するとはいえ,〈神話〉がそこに再現実化されたと（言語を媒介として）共同で想定して各人が各人の名において行為するだけである. 首長制の儀礼におけるように或る者が他の者になりかわるということはありえない. ところが今神々の一員である Dionysos が直接領域に降り立ち, そして人々を動かし率いるのである. もちろんだからと言って誰かが Dionysos を演ずるということはない. 高々 Dionysos の像か家畜かがその役割を果たすにすぎない. それでも政治システムのための正規の儀礼からは大きく逸脱している. Dionysos が厳密に区切られた神域から外に出て, heroes でさえ持ちえない自由を得ようとしている. すると, 儀礼の延長部分を再現実化させないための分厚い装置は崩されたことになる. 古い演劇のメカニズムが蘇生しうるのである. 外から入ってくる Zeus の子 Dionysos をただの幼い子供としか認識できずに迫害する, という公式の〈神話〉と syntagmatique に結合する他の〈神話〉までが再現実化しうる.〈神話〉にとってこれは危機的な事態であり, 直ちに〈神話〉—儀礼間の連絡の橋をたたき落とさねばならないということを意味する. しかしどのようにしてか. 丁度ポジ—ネガのコントラストのように, 一方に〈神話〉＝言語＝解釈のみが, 他方に儀礼＝徹底的非解釈のみがある, という「平行する二平面が決して交わらない」原理を追求する以外にない. 儀礼＝徹底的非解釈を徹底させるためには,〈神話〉の再現実化を記号で示すのでは足りず, 現実の人々がパラデイクマに直接従ってみる, なりきってしまう, 以外にない. 解釈でなくそのもの（「オリジナル」）であることを pretend するのである.

　Dionysos のための祭祀を受容するということは, 彼が外からやって来るという基本〈神話〉との相乗効果で, 以上のようなただならぬ意義を有したことになる. しかしまたそれは領域の組織を再編成するという事業と不可分であった. こうした脈絡の外でこの時期の Dionysos[1] を扱うことはできない. たとえば地縁的に固く連帯した phratria のような組織に替えてヨリ自由かつ混成的

な組織を創設しようとするとき，さらにもう一段第二次的なディアレクティカを要するであろう．前者がたとえば Odysseus と Diomedes の間の架空の連帯に鼓吹されるものであったとすれば，この自由な連帯ですら「自由でない」と批判する意識が必要とされるであろう．前者がたとえば Hesiodos の兄弟によって概念されるとき，それよりもさらに広く深く地を這い野火のように拡がる連帯の概念が必要とされるであろう．Odysseus と Diomedes ないし Hesiodos の兄弟を批判に曝し新しい人物像を創る文学的営為が不可避となることは言うまでもないが，卒然とこのことをすれば，Odysseus と Diomedes ないし Hesiodos の兄弟が構築するものは置き換えられて消えてしまう．領域に新しい組織原理を導入した途端政治システムが転覆しては全てが台無しになってしまう．旧来の領域の組織は，領域の組織たるといえども政治システムをその不可欠の部分として支えていた．かくして「第二次的なディアレクティカ」は単純な置き換えであってはならない．新しい〈神話〉が古いそれとの間にディアクロニクに対抗するようにするばかりか，同時にそれをサンクロニクな対抗にもたらさなければならない．しかもなおこのサンクロニクな対抗は単純な対抗であってはならず，二つの厳密に対抗的な世界を形造って対峙するが如くである以外にない．

　Dionysos はまさに以上のことのためにこそ脚光を浴び浮上していくのである．絶対的に隔たった二つの世界の間に架橋された cognatique な関係の果実として果実のまま宙ぶらりんにたたずみ挑発する．これを抹殺することは大いなる切断を意味する．しかしこの果実はアプリオリと化しているから，抹殺は，凡そ社会組織の再編成の動力の源である cognatique な結合のパラデイクマの部族形成神話以来の全てのディアクロニクな諸層を挙げて敵に回すことになってしまう．Dionysos は Hesiodos にとっての Melampous や Diomedes の系譜のように自ら cognatique な結合の主体となることはない．Herakles とさえ異なる．しかし原理そのものが *corpus* を有して歩き回るのである．領域の組織を再編成するためのエネルギーを担うと同時に，少なくとも都市中心から見れば，再編成を指揮するパラデイクマが対岸に血肉を与えられ，架空だが生の現実として横たわっているのである．迂闊にそこへ手を出せないが，しかしだからと言ってそのパラデイクマはこちらに直ちに paradigmatique な作用を及ぼして

くるわけでもない．

〔3・1・3・1〕 cf. III・2・5・2・1．

3・1・4

 とはいえ，Dionysos のための "τραγικοὶ χοροί" はまだ決して悲劇ではなく，Sikyon の Kleisthenes は悲劇の創設に関わらない[1]．*Dithyrambos* の新しい形式の創設すらほぼ同時代 Korinthos で活動した Arion の功績に基づく (Hdt. I, 23)．南イタリアの植民都市に渡った帰路陰謀によって身ぐるみはがされて海に沈められたがイルカに乗って無事帰還した，そして相手を同定して処罰させるのに成功した，という Herodotos が伝えるエピソードは，明らかに「Pylos の Melampous」，「Lykourgos に対する Dionysos」等々の一ヴァージョンであり，Arion が Dionysos の蘇生と報復を謳歌する κῶμος を準備した，という Herodotos の解釈が示唆されている．しかもなお，以下の Aristoteles の言明にもかかわらず，この *Dithyrambos* から悲劇が直接派生したというのでもない[2]．

 Aristoteles の言明 (1449a) は，悲劇の発展史において *choros* の前で科白を述べる者の数が Aischylos によって一から二に，そして以下漸次そのように増えていく，ということを論証するためのものであり，このため Dionysos 圏内の叙情詩 *Dithyrambos* の "ἐξάρχων" に着目したものである．Dionysos のための κῶμος が人々を引き連れる性質を持つことを Aristoteles は的確にも重視するが，これと，*choros* と区別された第一の科白者との間に，類比の関係がある，というのである．このアナロジーは明らかに Aristoteles の理論的整理・体系的関心に基づくものであり，例によってそれが発生史に投影されているにすぎない．*Dithyrambos* が悲劇の起源であるとしてもこの形ではない．厳格に syntagmatique な関係であるはずであり，悲劇は儀礼を同一平面上に二次元で延長した位置になくてはならず，したがって *Dithyrambos* をパラデイクマとして悲劇が形成されることはありえない．かくして現存の悲劇の筋立てに Dionysos 儀礼の筋立ての踏襲を読み込む学説の試み[3]はいずれも極度の無理をおかさざるをえない．事実，Dionysos のための *choros* と，〈神話〉上の役柄を背負った *choros* の間には，大きな飛躍を要する間隙が存する．Aristoteles はパラデイクマの再現実化一般即ち *mimesis* を理論的基礎に据えるばかりであるので，〈神

話〉——儀礼間の複雑なやりとりをほとんど視野に収めることができない．

　事実 Aristoteles の叙述は内容の面から悲劇の発生史を観念するときには違った調子を奏で，学説を混乱に陥れる．即ち悲劇は "σατυρικόν" が変化して生成したというのである (1449b). σάτυροι は半人半獣の森の生き物であり，野蛮未開というより，人のパロデイーである．この σάτυροι がマイムや笑劇の担い手と想定され，必ずその扮装によって，人々は特定のパラデイクマをその通りにやってみるという「卑賤」の行為をする．人々がそれを自分たちの向こう側に見て笑い楽しんだ，とすれば，これがディアレクティカの丁度対極にあって，ディアレクティカの意義を際立たせる，その polarity の故であるに違いない．ポリスの成立以来ギリシャでこうしたジャンルが大きく発展した形跡は存しない．しかしにもかかわらず，悲劇が制度化されると，その三部作には必ず一本の σάτυρος 劇が組み合わされて上演されることとなったのである．単純な論理的演算に基づき，Dionysos のための儀礼に σάτυροι を参加させ，Dithyrambos とさえ組み合わせる，そうした解釈が Aristoteles の名の下に行われる，のも不思議ではない[4]．しかし，σάτυροι は Dionysos のための儀礼に直接は関わらず，syntagmatique に分節されたその延長部分にのみ関わる．σάτυρος 劇は初めから Dionysos のための儀礼と区別され，組み合わされたとしても両者は分節されたままである[5]．もっとも，まさにこの故に，「儀礼の延長部の再現実化」にとって σάτυρος 劇は最適であるように見える．これこそは悲劇の起源か．Dionysos で突破し，それに σάτυρος 劇を syntagmatique に貼り付け，延長部を確保した——舞台は設定された；しかし次には内容が問われる．〈神話〉の本格的な再構造化が企図される時，これでは不適合である．かくして σάτυρος 劇のさらなる延長部分を，脱 σάτυρος 劇化し，初めて悲劇が現れる．この時しかし σάτυρος 劇は一種の記号として残される．

　Aristoteles の言明が意味するところはかくして明白である．ここでの観点は叙事詩との対比である．するとどうしてもディアレクティカを軸として対極に立つ σάτυρος 劇に視線が落ちる．Aristoteles はここで叙事詩の生命たる paradigmatique な思考を σάτυρος 劇の本性たる細かい syntagmatique な分節に対比する．このことが後者の卑俗さの所以であること，しかもだからこそ有用であったこと，しかし悲劇はこれを脱却しなければならなかったこと，を Aristoteles はここでは的確に意識している。"ἐκ μικρῶν μύθων καὶ λέξεως γελοίας" というのはこのことである．

- 〔3・1・4・1〕　cf. Pickard-Cambridge, *Dithyramb*, p. 135ff.. Aristoteles の性質の違う複数の言明をまぜあわせるばかりかこれらの史料をも一つにまぜあわせることを丹念に批判する．
- 〔3・1・4・2〕　cf. Pickard-Cambridge, *Dithyramb*, p. 131ff.
- 〔3・1・4・3〕　Guépin, *The Tragic Paradox* は，その最も極端な試みで，様々な殺害を全て「犠牲」と解し，これをまた全て Dionysos 儀礼と解す．筋立てと *similitudo* に用いられる「犠牲」言語にしか着目せず，作品の全体を理解しない．屈折体のレヴェルで Dionysos 受難と多くの悲劇作品が反応する，ことを捉えて，巨大な paradigmatique な操作を行い，起源の観念と結びつけてしまう．syntagmatique な思考に全く気付かない．
- 〔3・1・4・4〕　Pickard-Cambridge, *Dithyramb* の最大の功績はこのまぜあわせを解体した点に存する．後述の Thespis というポイントのみを信頼し，ここでのみ悲劇は Dionysos と接した，したがって dithyrambos とも σάτυρος 劇とも系譜関係でなく「並列」の関係に立つ，と結論する．これらを paradigmatique に一体視することをしない堅実な方法ではあるが，但し，syntagmatique に繋がっていること，その理由，そして悲劇がこれらから paradigmatique には異質のものに脱皮しなければならなかった理由，については考察するところがない．
- 〔3・1・4・5〕　Aristoteles のテクストの中の "σατυρικήν" を metaphorical に解せば，関係は分断される（cf. Pickard-Cambridge, *Dithyramb*, p. 125）．但し何らかの段階で Dionysos そのものと σάτυρος 劇は内容上深く結び付いたようである．cf. 5・0・3．

3・1・5

いずれにせよパラデイクマの単純な再現的作用から出発する Aristoteles の体系的理解から悲劇が這い出してくる決定的な瞬間は，かくして，Dionysos のための儀礼が Attika に転移し，領域組織再編のダイナミズムを十分に帆に孕んで Dionysos 本体からさえ切り離される，その瞬間である．伝承は Thespis という人物とともにこの瞬間を記憶する．Solon に関する伝承と交錯すること自体この出来事の脈絡を雄弁に物語っている[1]．ディアレクティカの極を体現する Solon は領域の側に突如現れた Thespis というこの新星のことを聞きつけて訪ねる．ちなみに幾つかの伝承は一致して Attika 北東部の Ikaria, Dionysos と無縁でないこの地点，を指示する[2]．しかし Thespis に関する伝承は一切 Dionysos の影を排除する．替わりに Solon が現れるのである．Solon が見たのはむしろ原始的で子供じみた所作であった．その人物になりかわって話し行為する様である（ὑποκρίνειν）．しかしやがて Solon はそのことの意義を

理解する．critique の対極にもう一つ虚偽ではあるが完璧な critique が有るということをである[3]．政治と演劇の対抗関係は哲学と文学の対抗関係に引き継がれ，この伝承を記録する Ploutarchos にまで確実に辿り着いている．Solon が見出したのは既に極めて意識的で方法的な脱儀礼化であったと思われる．但し儀礼の対極とは言っても〈神話〉の方角でもなければディアレクティカの方角でもない．現実ではないが，しかし儀礼をかなぐり捨てる，虚構の生の現実である．虚構の中にディアレクティカが無ければ決して現実には肉薄できない．すると巡り巡って Solon のディアレクティカに再接近することになる．

　もちろん Solon 存命中に Thespis が活動を始めたと考える必要は無い．おそらく，Peisistratos による領域の人員の大量動員の帰結として 534 年に Dionysos のための大規模な儀礼が創設された[4]，そのときに Thespis に重要な役割が割り当てられた，ということが最小限言えることである．Dionysos と並ぶもう一つの黙示の前提，σάτυρος 劇の方は，ほどなく Pratinas という人物によってこの制度に加えられたと伝えられる[5]．前提の明示化がむしろ区別ないし対極性を確立するに資する．

　とはいえ，以上のようにして，悲劇は初めから二つの大きなリスクを背負っていることになる．第一は現代の理論家にとってまで躓きの石たる儀礼との関係である．儀礼を梃子としなければおかしなものになるが儀礼そのものではあってはならない，というディレンマである．第二は，あくまでその儀礼を通じて十分に〈神話〉化されたパラデイクマの再現実化が行われなければならず，生の現実に肉薄するにもかかわらず決して生の現実を再現してはならない，という点である．初期の悲劇作家 Phrynichos がペルシャ軍による Miletos 攻略の惨状を生々しく伝える作品をコンクールにかけて罰せられた，というエピソードはこのことを物語る．"οὐδὲν πρὸς τὸν Διόνυσον"（Dionysos と何の関係も無い）というトポスはほとんど間髪を入れずに成立したと思われる[6]．即ち，Dionysos を離れればこれが非難の言葉となり，つきすぎればそれが警告の言葉となったはずである．

〔3・1・5・1〕 Plout. *Sol.* 29（ed. Manfredini-Piccirelli）．Pickard-Cambridge, *Dithyramb*, p. 97ff. はむしろ Plout. の記事を捨て，Ikaria の Dionysos 祭という一点に絞って多くの断片を総合する．悲劇の誕生というディアレクティカの大いなる瞬間の立体像が微かに見える Plout. の記事を解

〔3・1・5・2〕　cf. Pickard-Cambridge, *Dithyramb*, p. 62ff. Ikaria=Thespis 融合でさえ後発的に見える.

〔3・1・5・3〕　Plout. Sol. 29, 7 : "τιμῶντες". しかもそれは〈二重分節〉的評価即ち対価関係に立ちうる ("ἐν τοῖς συμβολαίοις").

〔3・1・5・4〕　Pickard-Cambridge, *Dithyramb*, p. 107.

〔3・1・5・5〕　Pickard-Cambridge, *Dithyramb*, p. 92ff.

〔3・1・5・6〕　以上のように，悲劇と Dionysos の関係は実に多層的で複雑である．同一視することは正しくないが，関係に触れないわけにはいかない．関係に触れようとするとき学説は儀礼から出発するが，その場合でも何故他の儀礼でなく Dionysos の儀礼か，と考え込み，多くの単純な説明を供給してきた．その挙げ句最近では懐疑的である．かつての膨大な文献と比較的最近の否定的傾向については，vgl. A. F. H. Bierl, *Dionysos und die griechische Tragödie*, Tübingen, 1991, S. 2ff.. ちなみに Bierl の分析自体，近年の研究の方法論上の袋小路を体現している．起源を追跡することを断念しながら，一方で（Vernant 等に依拠して）悲劇の政治的役割を悲劇テクスト中の Dionysos 箇所の解釈によって検証し，他方で強引に Dionysos の概念を措定するのである．こうして悲劇の全体が Dionysos に還元され，結局起源が示唆される．ならば Dionysos からの離脱こそが悲劇というジャンルの真骨頂であることをもう一度強調しなければならなくなる．

3・2　〈二重分節〉の確立

3・2・0

　少なくとも 6 世紀末には Athenai において悲劇は厳密な意味における政治制度の一翼として確立される[1]．そしてこれが一つのパラデイクマとして他の都市に波及し，Athenai で上演された作品自体がパラデイクマたるを越えてそのまま定番の出し物として演じ続けられるのである．Homeros のテクストとほとんど同じ地位を獲得するに至ったということである．

　第一に都市中心の物的装置の中で厳密に定まった形態の空間が定着する[2]．Dionysos 神殿が創るオープンな空間にあらためてこの特殊な儀礼のための空間が厳密に区切られて設営されるのみならず，さらにその内部はパラデイクマ再現実化のための空間と単なる儀礼参加者のための空間に厳密に仕切られる．初めて後者は外の一般の政治的空間から区別される．しかもパラデイクマ再現実化のための空間内部に無い．むしろこれと向き合ってたとえば批評をするための空間である．そういう新しい形態の儀礼空間である．しかも，批評のチャ

ンスが皆に完璧に平等に開かれるようにこの空間は円対称，否，音と光が三次元の存在たる限りにおいて球対称，の構造が与えられ，かつよく区切られる．

　もちろん上演自体が完璧に公共的な性質の事柄である．それは等しく皆の事柄である．したがって完全に共和的財政原理に則って実現される[3]．公共的な性質を一層際立たせるのは必ずコンクールの形式において上演されるということである．複数のパラデイクマ再現実化が公開で競う *agon* という形態は，多元性と対抗的要素，およびその年に一つという一義性（皆のもの），の両方を保障する．政治はディアレクティカであり，ディアレクティカは評価であるから，コンクールという形式は，審判人の判定を通じて，まさに裁判と同じように，政治システムに極めて適合的である．しかも不可避的に批評という不可欠の要素を引き出す．悲劇は儀礼そのものとは異なって批評に曝されなければ何の意味も持ちえないのである．既に述べたように，悲劇はディアレクティカに参加し（Solon と出会い），しかもディアレクティカの前に立つ（Solon の吟味に曝される）．それからまた *agon* はそれ自身儀礼の再現実化であるから，コンクールは悲劇を脱儀礼化するのに資するであろう．本気でパラデイクマを現実へと近づけるのである．諸々のヴァージョンが鋭く立体的に対抗する場へと．要するに以上のことは全て政治という前提の上に悲劇が立つことに基づく．

〔3・2・0・1〕　cf. Longo, The theater of the polis.
〔3・2・0・2〕　cf. R. Padel, Making space speak, in: Winkler et al. ed., *Nothing to Do with*, p. 336ff.
〔3・2・0・3〕　P. Wilson, *The Athenian Institution of the Khoregia-The Chorus, the City and the Stage*, Cambridge, 2000, p. 14ff. は，［Xenophon］, *Ath. Pol.*, I, 13 を手掛りとして，Peisistratos の自弁から Kleisthenes による *leitourgiai* への分割に至るダイナミズムを再構成する．

3・2・1

　ギリシャ悲劇の最も重要な特徴は，*choros* の存在を不可欠とし決してこれを離れようとしないという点である[1]．*Dithyrambos* と違って *choros* と離れた独唱者が立つことを悲劇のメルクマールとしたのは Aristoteles であったが，まさに *choros* は疑いなく出発点である．すると，儀礼の瞬間に現れる（日常の「隊形」を解かれた）無分節集団それ自体に着眼が向かったということになる．なおかつ重要なことは，Aristoteles の言明にもかかわらず，*choros* はこうした集団そのものでは決してないということである．たとえば，ジェネアロジクな

3 新しい連帯

パラデイクマの原点には，娘達の集団の前に今外から来た見知らぬ若者がいきなり現れ，反射的に集団の中から一人の娘が抜け出してクローズ・アップされる，という場面が存在しうる．いわば，Nausikaa の場面である．しかし choros の女性群像は決してこのような「幻想的な」「抽象的な」20 世紀の前衛的な舞踊を思わせる存在ではありえない．Dionysos という入り口から入ったとしてその後どこをどのように辿ったのか定かならずとも，必ず既にパラデイクマの syntagmatique な連鎖即ち紆余曲折を経て特殊な立場に立つ集団として，choros は歌い始めるのである．ritualist の解釈が必ずしも功を奏しない所以である．しかも，極めて独創的なことに，choros は多かれ少なかれ無分節集団のままパーソナリテイーを獲得している．actantiel な軸たるを交換して主体性と自由を獲得している．儀礼の外で様々な問題を抱え込んで様々に逸脱しうる，他のパラデイクマの中にも自由に立ちうる，存在と化しているのである．

choros の外に一人独唱者が立つということはもちろんこのことと密接に関連している．具体的なパラデイクマないし社会的関係に双方が立ち，やりとりをする．一個の集団から一人を切り出して像をつくれば，最も理論的に研ぎ澄まされた仕方であるということになる．問題を突き詰めて扱うためにこそ，無分節集団は敢えて残され，かつ各々特殊な役割を与えられて逃れがたい impasse に置かれるのである．背後にディアレクティカの進化，知的装備の増強，を強く予感させる．悲劇はこの観念操作をジャンルの基本とし，このようにして創り出された choros と主人公の対話を基本とし，たとえ登場人物が増えたとしてもこの関係を立体的に組み合わせる仕方でそれを維持する．かくして choros に拘泥し，また多くの登場人物を舞台の上にのせえなかったのである．そのようにすれば十分に根底的な知的操作が阻害されてしまう．

〔3・2・1・1〕 Kitto, *Greek Tragedy*[3], p. 22ff.; J. Gould, Tragedy and collective experience, in : M. S. Silk, ed., *Tragedy and the Tragic. Greek Theatre and Beyond*, Oxford, 1996, p. 117ff.; S. Goldhill, Collectivity and otherness. The authority of the tragic chorus : response to Gould, *ibid.*, p. 244ff.

3・2・2

とはいえ，Aischylos が choros 外に初めて同時に二人の人物を立てたことの意義は，Aristoteles が強調する如く，決して小さくはない．確かに，472 年の

"Persai" においても 468 年の "Hepta" においても第三の主体は主体とも言えない「状況報告者」であるにすぎない．Aischylos は頑なに基本に固執し，*choros* と主人公の対話を大きくは離れようとしない．前者において Dareios の亡霊と妻 Atossa がわずかに直接会話を交わすにすぎない．それでも，「状況報告者」の記述的言語は〈神話〉的現在の様相を大きく変える．syntagmatique な線に沿って一瞬叙事詩のように語られるから儀礼を一層〈神話〉化する，ばかりでなく，一度切り出された〈神話〉的現在がこれと鋭く対立するヴァージョンに曝され，しかも後者は syntagmatique な延長を持つ強みによって前者を乗っ取り屈服させるのである．このヴァージョン対抗はしばしば完璧にディアクロニクな性質を帯びる．かくして暗転はしばしば底に有ったものが上にのったものを急激に覆す逆転層の様相を呈する[1]．そして底に有ったものこそが最新の層であるという事態が現出する．事実の正確な報告たる言語はディアレクティカの所産である．パラデイクマは十分に批判されていて，いずれにせよ立論の前提として受け入れざるをえない．この言語によって *choros* と主人公の（一旦鮮明に概念された関係の）拠って立つ足元が崩壊していくのである．Aischylos の独創は，ディアクロニクに新しいヴァージョンの〈神話〉を儀礼の syntagmatique な延長において構築するばかりでなく，このディアクロニクな対抗そのものをスペクタクルに仕立て上げた，或いはそれ自身を反省の俎上にのせた，点に有ったと考えられる．自ずからデモクラシーそのものが初めて本格的に問題として現れることになる．現存の社会構造を問題としそれをデモクラシーへと促す，というのでなく，既に達成されたデモクラシーの基礎付けへと向かったのである．

〔3・2・2・1〕 cf. S. Saïd, Tragédie et renversement. L'exemple des Perses, *Metis*, 3, 1988, p. 321sqq. ペルシャの勢力を表す兵力等の数字，それを彩る Homeros 風の *similitudo* 等々がそのまま裏返って，作品中間から，損害の甚大さ，惨敗の悲惨さの *similitudo* になっていく，というテクスト分析は説得的である．

3・2・3

Aischylos は "Persai"[1] の〈神話〉的現在を記憶も生々しい 8 年前の Salamis の海戦に設定する[2]．この種の素材を選択することの危険については先に述べ

3 新しい連帯

た通りであるが，しかし一旦脱儀礼化を押し進める観点からする限りひとまず必要であったに違いない．実際に現実化したパラデイクマの再現実化であり，叙情詩とは反対の極，「ルポルタージュ」や「ドキュメンタリー」の如くである．素材は本来評議会で是非や対応を論ずべきその対象である．しかしそのディアレクティカからそれて，ディアレクティカがすぐには及ばない位置に退避してしまう．ならば〈神話〉を素材とした方が適合的であるように見えるが，〈神話〉こそがディアレクティカの最大の資源となっていることに我々は注意しなければならない．〈神話〉として扱われる可能性の無いパラデイクマを素材とすることは，〈神話〉とは逆の方向の反対側に儀礼を持って行こうとする悲劇の初期の野心に適合的であったはずである．逆に十分に悲劇が定着してくると，悲劇は〈神話〉を言わばもっぱら直撃していくこととなる．「現代」に素材を採るタイプが初期に幾つか知られ，しかしこの "Persai" しか現存しないのは以上の理由に基づく．

とはいえ，Aischylos は既に "Persai" において〈神話〉に真っ直ぐ照準を定めている．「現代」は Homeros 的主題の cliché を免れるための単なる障壁，pretext にすぎない．おそらくこの故に Phrynichos の同主題の作品との間の緊張関係が伝承として伝わるのである．そもそも Phrynichos においても「向こう側」即ち「ペルシャ側」に場面が設定されるのはディアレクティカからの退避をねらったものである．しかし Aischylos はそれと同時にそこからパラデイクマを地下に掘り下げる[3]．「向こう側」への展開はこの掘り下げのための坑道探しに他ならない．

そしてその坑道は海に他ならなかった．Thetis の存在にもかかわらず Homeros の主人公達をあれほど苦しめる Poseidon が支配するあの海である．Plataiai でなく Salamis であるのはなるほど偶然ではない．

"Persai" の舞台はペルシャ帝国の首都 Sousa の宮殿内に設定される．クライマックスは Dareios の妻，Xerxes の母（劇中は命名されないが Atossa）のもとに伝令がペルシャ軍壊滅の悲報をもたらす瞬間である（249ff.）．伝令は長大なルポルタージュ（302ff.）によって戦闘場面のイメージをまざまざと舞台の上に再現する．もちろんそれは言語のみによっているのであり，かくして明晰な polarity を具備する．そのことは容易に着目され，特に海と陸の対比[4]が光

と闇の対比と並んでテクストの全体を貫いていることが分析されてきた．前者がギリシャ側に，後者がペルシャ側に帰せしめられるというのである．事実ペルシャ軍は常に陸の要素を背負って海の側から追いつめられていく．繰り返し強調されてきたところによれば，中心的な主題は Hellespontos を渡ってギリシャを屈服させようとした Xerxes の hybris に加えられる神々の懲罰[5]であるが，Hellespontos に船の橋を渡してその上を陸軍にそのまま通過させた行為こそが海の蹂躙として罰せられる，というのである．海と陸の polarity は確かに作動している．しかしそのことの通常の理解はやや表面的であり，その分，この作品をやや単純に「ペルシャに対するギリシャ方体制の勝利の謳歌」と解することを完全には脱しない．確かにこの作品にはデモクラシーに対する最大の脅威を打ち破った自信と昂揚が色濃くにじみ出ている．しかし同時にそれとは全く異なる沈んだ冷徹な調子が息づいている．デモクラシーとの間に，もっと深いレヴェルで密接な関係が取り結ばれているのである．

　ペルシャにも圧倒的な海軍があり，彼らにも海がある．それなのに何故敗れたかときく Atossa に対する伝令の答えは，ギリシャ側からの偽の脱走兵によって虚偽の情報がもたらされ，これを信用した Xerxes が作戦を誤った，というものである（353ff.）．しかし Aischylos のテクストは，伝令自身の理解を裏切り，構造的な問題をあぶり出す．確かに，追いつめた地点から夜陰に乗じて散るように脱出するギリシャ艦船を待ち受けて掃討しようと，情報を信じたペルシャ艦隊は散開して一晩中パトロールする．ところが夜明けになってギリシャ艦隊は一丸となって疲れ切ったペルシャ艦隊を襲うのである．しかしこれは決して不意討ちでも待ち伏せでもない．正面攻撃である．問題はこの時ペルシャ艦隊の構造がその採った作戦によって増幅して露呈されたことにあった．しかもその構造は一見非の打ち所がない．艦船は一つ一つ熟達した指揮下にあり，全体でも統制が取れている．374ff. の一見ギリシャ社会にこそ相応しい描写（"πᾶς ἀνὴρ κώπης ἄναξ......πᾶς θ' ὅπλων ἐπιστάτης"「各々が櫂の完全な主人であり，各々が装具を知悉している」）は，ほとんど 241f. のギリシャ軍の特質と呼応するかでさえある．241f. では，Atossa にそれをきかれた choros が，そこでは誰も誰の奴隷でもなく，誰の指揮下にも立たない（"οὔτινος δοῦλοι κέκληνται φωτὸς οὐδ' ὑπήκοοι"），と答える．ギリシャ型体制を誇るが如きこ

3 新しい連帯

のパッセージからこの作品上演の趣旨を理解したつもりになることは余りにも容易である[6]. しかし 374ff. はこの観点をたちまち覆す. そう言えば, 241f. の自由とて, 政治とデモクラシーを厳密に区別するわれわれの観点からは却ってどちらかわからない. 勝ったのはそのどちらか. いずれにしても一見独裁と区別される政治のイメージである如くに見える 374ff. こそが今崩される. 整然たる自由の隊列も, 複雑な空間の中で振り回された挙句, 一層闊達で可変的な陣形によって解体されるのである. ペルシャの専制対ギリシャのデモクラシーという図式からは凡そ遠い.

すると, 陸に対する海の勝利を最も明確な言葉使いによって示すとされる 302ff. においても, 陸上の帝国ペルシャと海洋国ギリシャの対比が作動しているのでは毛頭ない[7]. ペルシャの名だたる諸将は岸辺にあって海からの攻撃で命を落とすが, 同時にまたその海に浮かぶ島からの攻撃に遭って沈む. 陸と海が世界を二分しているのではなく, 海が多岐に陸を切片に分け, その構造の全体がペルシャ軍を解体していくのである. こうした構造において海は分節装置であると同時に通路である.

かくして重要なのは陸ではなく, 島のイメージである. これを裏付けるかのように, 447ff. の "νῆσός τις" のエピソードが強い精彩を放つ. ペルシャ軍は Salamis 沖の孤島に守備隊を置き, 流れ着いた敗残のギリシャ水兵を一網打尽にしようとする. ところが敗戦によって守備隊は逆に孤立し, 全滅する. 海と共にあれば島は強力である. しかし海を失えば島の占拠は死んでしまうのである. 陸の如く一続きの発想は許されず, この点の無理解は確実に罰せられる.

以上のように海は或る複雑な構造として提示されているのである. 一様でオープンな公共的空間, 自由通行が可能な水面, たるにとどまらない. 明らかにその面を有するが, しかしそれが或る分岐の構造を備えている. Homeros において海は河と合わさって枝分節体を表現していた. Aischylos はこれを大きく転換してはいるが, この伝統を確実に踏まえてもいるのである.

〔3・2・3・1〕 éd. P. Mazon, Paris, 1976 (1921).

〔3・2・3・2〕 解釈の学説史については, E. Hall, *Inventing the Barbarian. Greek Self-Definition through Tragedy*, Oxford, 1989, p. 71f. に的確な整理がある. "a patriotic eulogy" を見る 19 世紀以来伝統の解釈から, 凡そ一般に傲慢不遜を罰するという道義的宗教的動機を鍵とする最近の解釈へ

の変化は，極めて顕著である．後者は，後述のように，Xerxes と Dareios のコントラストの方を強調することになる．

[3・2・3・3]　cf. Kitto, *Greek Tragedy*[3], p. 34f. 断片から判断される限り，Phrynichos においては冒頭の行で悲報が既に伝わっていることになっている．

[3・2・3・4]　Chr. Pelling, Aeschylus' *Persae* and History, in: Id., ed., *Greek Tragedy and Historian*, Oxford, 1997, p. 6ff. は，"land-and-sea theme" に触れて，Psyttaleia 島の戦闘に関する記述 (447-64) が Hdt. VIII, 95 と異なることから，どこまで「ペルシャ陸軍に対するギリシャ海軍の勝利」という「歴史的事実」に規定されたものかわからない，とする．但し，"land-and-sea theme" は単純にペルシャーギリシャ対比と重なるのでないし，後述のように 447ff. にはもっと痛烈なメッセージが込められている．

[3・2・3・5]　Kitto, *Greek Tragedy*[3], p. 38 は，これを "a religious play" と解し，"patriotic" な要素を読み込むことを斥ける．

[3・2・3・6]　cf. S. Goldhill, Battle narrative and politics in Aeschylus' *Persae, JHS*, 108, 1988, p. 189ff.

[3・2・3・7]　Dareios が示唆するように (*infra*) 〈Hell. ＝海 ― Pers. ＝陸〉という対立でなく，

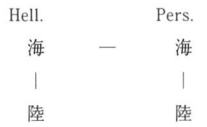

```
    Hell.        Pers.
     海    ―    海
     |           |
     陸          陸
```

という構造（分節）の破壊が罰せられる，というのである．海では相互に通じていて，かつ海が分節を媒介している．陸から陸へ蹂躙し一面陸としても，この構造の前に簡単に破れ去る．そのまま海に出て来たとしても．

3・2・4

Aischylos による転換の意義は，彼がパラデイクマのパラデイクマとして底に敷く Atossa の夢によって明白な解釈の鍵を与えられる．ほとんど全ての他の悲劇におけると同様にこの作品の *choros* もまた厳密な自己同定を行う．*τάδε*＋gen. で示されるように，彼らはペルシャの人々の中でも特別のグループを形成する (1ff.)．王直属 ("*πιστά*") の軍事化した分子，親衛隊であり，その中のまた長老達 ("*φύλακες κατὰ πρεσβείαν*")，勅任の枢密顧問団である．*choros* に相応しい無分節体であるが，今彼らが軍団の強力を歌いながら合議の席に赴く．そこに Atossa が現れることは決して不自然ではない．*choros* は Atossa に対して「母」と呼びかける (215)．Atossa は王統の娘であり，Dareios と息子 Xerxes，および観念上の「息子達」たる *choros* はこの cognatique な結節環にその存在の全てを依存している．ここに予知能力，夢，が帰せ

しめられるのも当然である[1]．息子の出征後一層数を増したその夢の一つに二人の美しい姉妹が現れる（181ff.）．一方はペルシャの服を着てペルシャに住み，他方はギリシャの服を着てギリシャに住む[2]．が或る時いさかい（内戦）が生ずる．仲裁に入った Xerxes は二人の女を戦車に繋ぐ（"ζεύγνυμι"）が，一方は軛（"ζευγόν"）を誇るが如く受け入れて満足するが，他方はそれを真っ二つに引きちぎってしまう（"ζυγὸν θραύει μέσον"）．このため Xerxes は放り出されて，無惨な姿となる．一見これは枝分節を真っ二つに切断する政治的自由のパラデイクマである如くに見える．しかし兄弟のパラデイクマ（"κασιγνήτα"）が働いて二人の姉妹は既に領域に〈分節〉的に入植している（"κλῆρος"）．しかし今そこに問題が生じたというのである．Xerxes は善意でそれを解決しようと試みる．解決策は良く合理化軍事化された枝分節体を形成させることである．良く〈分節〉された単位（戦車）が内部にそうした構造を持つことになる．ところが，姉妹相互間の分節の問題でなく，垂直の分節の問題（ζευγόν）を生ぜしめてしまうことになる．ここを〈分節〉すべく切断が行われる．この結果単位自体がひっくり返って消滅してしまう．

明らかにこれは〈二重分節〉の例解である．イオニア諸都市の領域の問題からペルシャはむしろやむなく介入していった，しかし新しい原理の確立とともに逆に最大の阻害要因となって追放される，といったことを見通すが如くでさえある．このパラデイクマが効いているのならば，海の枝分節は〈二重分節〉に転換されている．他方，しばしば暗示される「ギリシャの自由」は単なる専制からの解放もしくは政治の存在ではなく，これも〈二重分節〉の意味に解されねばならない．或いは，Aischylos は二つの意味を重ねて見せる，或いは，前者の底に隠れた新しい構造を抉りだして見せる，ということになる．

伝令退場後，大きな「転調」が行われて，Atossa が冥府から Dareios の亡霊を呼び出す．*choros* と Atossa，対するに Dareios．〈神話〉的現在に対する Dareios と伝令の立場は同じである．しかし彼は伝令ともさらに異なる対抗ヴァージョンによって覆す．伝令が述べたヴァージョンの根底にさらに何があるか．即ち惨状の理由はどこに特定されるか．Dareios は *choros* と Atossa を「尋問」していきこの点を突き止める．Dareios によれば，Xerxes の致命的な誤りは陸路と海路両面から一挙に攻めたことに存する（719-722）．海を隔てて

しかし一体どのようにして「陸路」から？　陸軍が Hellespontos を仕掛けによって渡ったのである．このようにして分節障壁としての海を蹂躙したのである．海の分節作用は既に二重である．自らの側は「海—陸」の分節を解消して一丸となって向こうへ攻め込んだのであるが，このときこのヴァーティカルな分節自体海の作用である．しかし相手も「海—陸」の構造を持ち，「海—陸」—「海—陸」の分節構造が現れる．これらは「海と海」の部分によってのみ分節的に繋がっていて，陸から陸へは連続していないはずである．ところが Xerxes はこの点をまた蹂躙したのである．

　帰結は 584ff. で *choros* が定式化するペルシャ帝国の崩壊である．かつて海を尊重して底に枝分節体系を構築してきた．海を通じて貢納がもたらされ，海を通じて陸軍をどこへでも派遣しえた．しかし「陸路直接」の攻撃は敗れれば体系そのものの破綻を招く．枝分節の小さな segment を失うだけにとどまらない．状況が一体化してしまうのである．Xerxes のパラデイクマはこれであり，実は *choros* はこれを暗示するかのように無分節集団として設定されている．そして破綻の裏に新しいモデルとして現れるのは，もはやかつての枝分節体系でなく，「海—陸」—「海—陸」という〈二重分節〉体系である．海の役割が新しいヴァージョンを獲得するのである．ギリシャ，そして Ionia，の解放の意味はこれである，と Aischylos は告げているのである．

　　〔3・2・4・1〕　G. Devereux, *Dreams in Greek Tragedy. An Ethno-Psycho-Analytical Study*, Oxford, 1976, p. 15ff. は，二人の姉妹をそれぞれ Atossa の "Id." と "Super-Ego" と解し，Hdt. 等から補って彼女の伝記的事実を説明のために用いる．Aischylos と Herodotos がそれぞれにパラデイクマによて社会構造を例解しようとしているにもかかわらず，差違を無視すると同時に折角の夢を平板な単一平面に還元しようとするのである．Atossa を主人公としここに夢を置いた精確さが看過される．

　　〔3・2・4・2〕　Hall, *Inventing*, p. 57 は，「二つの世界」のコントラストを言わば記号化するテクストとして作品を解する作業をまさにここから始める．確かに，言語や戦術から習俗や宗教に至るまで，Aischylos はかなり精密にペルシャを描く部分がある．しかし明らかに，その異質性が彼の言いたかったことであるのではない．そうでなければ夢の中で姉妹の関係を結ばないであろう．道義的政治的レヴェルの分岐と解することも正しくない．〈二重分節〉の分節的関係の強調である．

3・2・5

とはいえ，海のたとえ新しいヴァージョンといえどもその古いヴァージョンから創られる．このディアクロニクな視点をこの作品は欠かさない．古いヴァージョンを十分に区別し尊重しなければならないからである．伝令退場後の517ff. はペルシャ側内部に視点が移る．choros はその妻達のために戦死者を悼み，このようにして夢の中のあのペルシャの女を登場させる．そしてまだ新しい婚姻のくびき（$\dot{\alpha}\rho\tau\iota\zeta\upsilon\gamma\iota\alpha$）を強調する（542）．cognatique な結合がこの組織の生命線である．次いで choros は陸海を一手に，しかし枝分節的に，統合する Dareios の良き時代を回顧する（558ff.）．Atossa の役割，主役たる所以，は Dareios を呼び出す段ではっきりする．大地に向かって死者のための儀礼（$\chi o\eta$）を執り行いうるのは，Kirke の如きジェネアロジクな立場にある者のみである．Dareios も妻を識別してこの儀礼に応える（684f.）．彼の世界観，高々陸と海から別々にしか災いがやって来ないという見方，が明らかにされる（707f.）．われわれが〈二重分節〉と解した彼の説明も，その次の段では実は彼自身はそれによって枝分節のことを観念していたにすぎない，ということが明らかになる（739ff.）．Homeros に忠実に，Zeus が定めたテリトリーを蹂躙したことが全ての原因である，という方向に Dareios の論旨は旋回して行ってしまう[1]．海即ち Poseidon を侮辱したことが全てであるということになる．〈二重分節〉でなく，彼らのテリトリーは彼らのもの，という部族原理に収束していくのである（790ff.）．したがってサンクションは応報（$\ddot{\alpha}\pi o\iota\nu\alpha$）以外にない（807ff.）．

〔3・2・5・1〕 R. P. Winnington-Ingram, Zeus in *Persae*, in : Id., *Studies in Aeschylus*, Oxford, 1983, p. 1ff. は，神々の嫉妬が災いを招くという応報的宗教観から絶対的正義感への変化という（"Oresteia" 解釈を発信源とする）図式に沿って，この作品では両者が混在しており，Dareios の場面の Zeus は後者の宗教観に基づくとする．後述のように基本図式自体転倒しているが，ここでは，〈分節〉システムの正義の反対側で，〈二重分節〉の正義と部族分割（枝分節）の正義が交錯しているのである．Dareios は後者，即ち古い方の音を響かせる．

3・2・6

鋭い暗転は 467 年の "Hepta" においてその劇的効果を極める．Thebai の王 Eteokles と choros の間の対抗的なやりとりは同一のパラデイクマを共有して

いる．伝令はこれを根底から覆すヴァージョンをもたらすが，このことは伝令がもたらすパラデイクマのsyntagmatiqueな連鎖の一番最後にならないと判明しない．しかもこの暗転は父Oidipousの予言の実現（syntagmatiqueな観念の極！）として完遂される．Eteoklesは自分のパラデイクマの実現へ向かって進んでいるつもりである．しかし観客はOidipousのヴァージョンが着々と進行しつつあること，Eteokles自らそちらへそちらへと舵を切っていくこと，を把握している．このスリルがこの作品に圧倒的な声望を与えてきたことは当然である．向こう側に儀礼的現在のsyntagmatiqueな連鎖があり，しかしそれはどこまで行ってもその壁に貼り付いたまま，こちら側とは永遠の平行線を辿り，こちら側ではわかっていながらどうすることもできない．

　*choros*にとってもEteoklesにとっても事柄は文字通りThebai攻囲戦であり，Thebai側が勝つかArgos側が勝つかという1か0かの二項値的問題である．両方の側は明確に分かたれている．但し，Eteoklesにとってはそれはまさに正面からぶつかる勝負であり，敵と味方の鋭い切断こそは全ての価値の淵源であり，カテゴリー自体がこれによって形成されている．かくしてEteoklesには意識的に優れて政治的な言語が帰せしめられる[1]．しかしそれは決して誤ってはいないにしてもどこか基礎を欠いており，いつの間にか最も端的な帰結のみを以て全体に換えてしまっているかの如くである．対極的に，*choros*はThebai滅亡とともに自分たち自身が奴隷と化す（253）その恐怖（249）を歌う．*choros*は女達によって構成される．彼女達はもちろん自分達の運命を自分達で決することができない．したがって戦いは単なる災厄ないし危険でしかない．神々に祈り泣き叫ぶ*choros*にEteoklesは十分に苛つき，若干のやりとりによって対抗関係が暗示される[2]．しかしこの対抗関係自体政治のカリカチャーである．皆が共有する事柄と個々が決して譲りえない事柄との間の鋭い区分．しかし前者の前で後者が黙らされるこのような単純な関係であっただろうか．

　伝令がもたらす情報は全てEteoklesのパラデイクマに合致している．つまりEteoklesは自らのパラデイクマによって解釈しうる．七つの城門の正面に敵のどの将が当たるか．Eteoklesは躊躇無くこれに適した武将を向けていく（375ff.）．〈高潔＝味方〉対〈不遜＝敵〉の図式に彼は確信を深めていく．ところがこのジグソーパズルの最後の七つ目は血を分けた兄弟Polyneikesであり，

3 新しい連帯

そしてこちら側のピースは Eteokles 自身しか残っていない．Oidipous の呪縛はこの兄弟が互いに殺しあうことになるというものであった．これを避けるチャンスは六回[3]．しかし観客の地団駄をよそに Eteokles は得意げに処方していく．そのボタンのかけ方では Polyneikes の正面に Eteokles が立つことになるのを次第に把握する観客はやがて観念せざるをえない．

政治のはずではなかったか．しかし何とそれは兄弟の憎しみと相討ちだったのか．ジェネアロジクなパラデイクマの作動にすぎなかったのか[4]．Eteokles の無意識にこれが作動したのか．そうかもしれない．しかしこちらの方へと Eteokles は進んで突き進む（653ff.）．むしろ *choros* が再考を迫る（677ff.）．同胞は殺し合わないのが政治ではなかったか．初めからジグソーパズルをやり直すことも可能ではないか．明らかに Eteokles がジェネアロジクに思考し，*choros* が政治的に思考するという逆転が生じたのである．否，Eteokles の意識の内部で逆転層が生じたのである．

〔3・2・6・1〕　いきなり操船のメタファーが現れ（2: "φυλάσσει……ἐν πρύμνηι πόλεως"），伝令の言葉にこだまする（62f.）．Eteokles のこの観点からのマニフェストは 208-210 に見られる．
　cf. R. P. Winnington-Ingram, Septem contra Thebas, in: Id., *Studies in Aeschylus*, p. 20ff.

〔3・2・6・2〕　181ff. の自信満々の Eteokles の言葉がコントラストの頂点である．cf. A. L. Brown, Eteocles and the chorus in the *Seven against Thebes*, *Phoenix*, 31, 1977, p. 300ff.

〔3・2・6・3〕　Kitto, *Greek Tragedy*³, p. 50.

〔3・2・6・4〕　かくして圧倒的に多くの学説の根底に「家を克服するポリス」という葛藤の図式が居座ることになる（cf. Winnington-Ingram, *Septem*）．

3・2・7

もちろん Eteokles の豹変（653ff.）は論議を呼ぶ[1]．人格に一貫性が無く，そこに亀裂がある，否，むしろ Aischylos の作劇に欠陥がある，等々．それとも敢えて呪縛の中に飛び込んで祖国を救ったのか．否，それとも Eteokles の意識下の問題か．或いは，政治的観念の底に前政治的観念の深淵が覗くということか．

しかしながら，Eteokles が死地に赴く過程は実は対抗の軸の濃密な繊維で埋められているのである．既に Vidal-Naquet の優れた分析[2]が示唆するように，*choros* と Eteokles による前半の対抗関係を織りなすコードと，伝令と

Eteokles がそれぞれ描写する武将達の各対が構成する polarity は同一のものである．伝令が伝える Argos 方武将の楯の紋章は特に雄弁にこのことを明示している[3]．全て対抗の軸の両極であり，完全に相補的である．しかもそれぞれの側で各極はずらりと連帯の関係にある．すると，もし同じく両極をなしそれぞれ連帯の関係にあるのであれば，Eteokles と Polyneikes が直接対決することはもとより避けられない，ということになる．全ては最初に選択されたコードによって決定されてしまっている．兄弟の刺し違えはこのシステムの自縄自縛であり，したがって作品はこれを問題として明るみに曝したにすぎないということになる．

しかしそれにしても何故 Eteokles と Polyneikes の兄弟は両極を成し他の polarity と連帯の関係にあるのか．それが何故兄弟でなければならないか．しかもその対決でなく，双方の死でなければならないか．

〔3・2・7・1〕 U. v. Willamowitz Moellendorf, *Aischylos Interpretationen*, Berlin, 1914 と G. Murray, *Aeschylus; the Creator of Tragedy*, Oxford, 1940 という対照的な両者が共にこれをクローズアップしたことは注目される．特に前者が矛盾を先行素材の多元性から説明しようとしたことは特徴的であり，よく知られた事実である．

〔3・2・7・2〕 P. Vidal-Naquet, Les boucliers des héros. Essai sur la scène centrale des *Sept contre Thèbes*, MT II, p. 115sqq. Vidal-Naquet は前半の *choros* ＝女達対 Eteokles ＝政治の論理の場面において既に後述の cognatique な結合対 Spartai の動機が秘かに響いているのを聴き逃さない．
かくして楯の紋章の場面は難なく解釈されるし，問題の 653 の逆転も，cognatique な結合が政治を制覇し，Eteokles が Spartai という前政治的観点に固執する，というように一貫して理解される．唯一補いうるとすれば，この逆転は，凡そ政治の基盤を抉って見せた，というのではなく，かつてのヴァージョンとの対抗において特定の意味を帯びているということ，しかも Aischylos はその逆転をすら問題として突き放して見せているということ，である．

〔3・2・7・3〕 そもそも押し寄せるのは記号であり，迎え撃つのは実体である．Eteokles は最初の報告を聞いて「所詮記号（紋章），傷つけることさえできない」(398: *"οὐδ' ἑλκοποιὰ γίγνεται τὰ σήματα"*) とうそぶく．そのうえ第六将（記号の使い手）Amphiaraos については「しかし円い楯の目の上に記号（紋章）は無い，彼は最良の戦士たるように見えるよりは，現にそうであることの方を欲しているのだ」(591: *"……σῆμα δ' οὐκ ἐπῆν κύκλῳ·/οὐ γὰρ δοκεῖν ἄριστος, ἀλλ' εἶναι θέλει"*) という報告がなされる．しかしこの二元論は，現実の側も記号のコードなしには成り立たず，それを辿れば思わぬ所へ出てしまう，という事態をコントロールできなければ維持しえない．事実，Tydeus の楯の上の星々の原初として夜空に輝く満月 (389: *"λαμπρὰ πανσέληνος"*) は，実は対する Melanippos が（後述の）Spartai であり「土地から出た」こと (412: *"σπαρτῶν δ' ἀπ' ἀνδρῶν……ἐγχώριος"*) と連帯の関係にある．何故な

らば，一つの結節環 (390: "νυκτὸς ὀφθαλμός": cf. 403) で結ばれたどこまでも広がる底知れぬ枝分節と無分節＝軍事化は相互移行的連続的関係に立つからである．Kapaneus の楯の上では「裸の男が火を持っており」(432: "γυμνὸν ἄνδρα πυρφόρον")，黄金の文字で (434: "χρυσοῖς γράμμασιν")「都市を攻略する」書かれている．枝分節単位内の小さな技芸とこれを整序する枝分節固有の記号．ならば対する Polyphon は音声言語の乱用で文字を攪乱する (447 "στόμαργος")．Eteokles 自身のパロデイーのような Eteoklos の楯の上では一転重装歩兵が城壁に梯子をかけている (465ff.)．これまた文字で「(Spartai と密接な) Ares にも止められない」と書いてある．ならば対する Megareus は再び Spartai である (474)．Hippomedon の楯の上では Typhon が口から火の変幻姉妹たる黒い熱した煙を吐き出している (493f. "Τυφῶν' ἱέντα πυρπνόον διὰ στόμα/λιγνὺν μέλαιναν, αἰόλην πυρὸς κάσιν")．枝分節がいよいよその流動化を極大化してきたときには Zeus 以外に対抗しえない．対する側も記号に逃げ込んで Hyperbios の楯の上には Zeus が描かれる (512)．〈分節〉であるが果たしてこれで足りるか．案の定，Zeus もものかわ (531f.)，Arkadia 出身の第五将 Parthenopaios は Thebai を抜くつもりである．その楯の上では「肉を生で食う Sphinx」(541: "Σφίγγ' ὠμόσιτον") が異彩を放つ．〈分節〉をすら麻痺させる ("τὸ γὰρ πόλεως ὄνειδος") 要因である．Eteokles がこれに向けるのは皮肉なことに何と「兄弟」(555) である．第六将 Amphiaraos は全てを見通しているから実質的に何も向ける必要がない．Eteokles 自身の構想と共に自壊するであろう．事実その次には Polyneikes が現れ，Eteokles 自身が向かわざるをえない．

3・2・8

そもそもこの作品の *choros* は若い女性 (παρθένοι) の群像によって構成される (110, 171)．ところが奇妙なことに Eteokles はこれに家婦たる資格の呼称 (γυναῖκες) で答える (188)．未規定無分節の παρθένοι は Eteokles のパラデイクマの中で特定のジェネアロジクな地位を獲得するのである．しかしその Eteokles が繰り出すのは Spartai である (474)．即ち，παρθένοι が外からやって来る一人の若者を選んで婚姻を締結するとすれば，Spartai はこの若者と共にやって来る者達ではなく，娘達と同族同輩の未分節の若者達である[1]．Eteokles は自らの意識を自ら裏切ってこの均質な内的軍事化集団を差し向けざるをえないのである．政治システムが施す軍事化の手続は遥かに高度なもののはずである．ここでも彼の単純化が彼を裏切る[2]．

しかし作品はこのようにしてまさに深い井戸の中に降りていき，そして〈神話〉の再構造化の機会をうかがう．そもそも「Thebai 攻め」は Homeros において明確な位置付けを与えられていた．次々と cognatique にぶら下がって形

成された集団がcognatiqueな関係をつたって干渉戦争を行い見事に破綻するという話であり，Troia攻略のパロデイーもしくは克服されたパラデイクマである．ジェネアロジクに多様な分子の高次の連帯が無ければ政治は成立しない．もしAischylosがEteoklesに焦点を据えたのであるならば，まさにずるずると連なるcognatiqueな連結をざっくり切断する刃に光があたるはずである．事実Eteoklesはその風で帆をふくらませる[3]．相手方は予想通りcognatiqueな侵略戦争の様々な要因である．Amphiaraosだけは正しい弁別識別を体現するので困惑する（568ff.）．しかし言わばAdrastosに言質を取られてその判断力は消去されてしまっている．かくしてThebaiの側に凱歌が揚がることはほとんど完璧に予測された事態である．悲劇はAdrastosとその一党の側に降りかかるのである．

にもかかわらず，今やThebaiこそが宿命的な悲劇を背負っている，というのがAischylosの鋭い問題提起である．Spartaiの団結は兄弟の団結ではないのか．にもかかわらずEteoklesの血を分けた兄弟は敵方にいるではないか．

Eteoklesは動じない．直接の対決が避けられなくなったことがはっきりした後にも，656ff.でEteoklesは明晰に論理を追っていく[4]．政治を掘り進むと閉鎖的メンバーシップの問題に突き当たる．ここを或るジェネアロジクな原理が支えている．領域の組織においてそれは儀礼化されてさえいる．逆にこれによって「実の兄弟」すら排除される．政治とはfratricideのことである――．Eteoklesはpolaritéの連帯を突き詰めるとfratricideにさえ至ることを覚悟している．実はこのレヴェルには如何なる逆転層も存しない．

にもかかわらずやはり彼は裏切られる．そのfratricideが何と起こりえなくなっているのである[5]．Oidipousが慧眼にもそのことを予言した通りである．Eteoklesが裏切られたとすればここにおいてである．その理由は，〈神話〉のレヴェルに或る別の明確な戦線が既に形成されているからである．「異なるcognatiqueな選択をした以上は兄弟でも戦う」という単純なアプローチは全く通用しなくなっている．兄弟間の関係の切断を遥かに越えてfratricideは陳腐な自己撞着に帰する以外にない．だからこそ一方の勝利ではなく，相互に否定しあって何も残らないという結末が待っているのである[6]．しかしまたどうしてであろうか．あの微妙な兄弟のパラデイクマに何が生じたというのか．

3 新しい連帯

既に Pindaros のテクストにおいて見たように，Thebai 攻め集団は特に epigonoi において例えば Adrastos-Amphiaraos の cognatique な関係を新しいヴァージョンのそれに置き換えることに成功しつつある．新しい垂直的な互換性と循環，その意味の連帯，の側に舵を切りつつあるのである．〈神話〉のレヴェルで新しい屈折体が形成されつつある．Eteokles の「政治」はこれによって切り崩されようとしているのである．するとむしろこれは領域の第二の政治システムの問題である．Hesiodos の横断的な結合組織こそが危機に瀕しているのである．だからこそテクストの上で危機に瀕しているのは Artemis によって（146, 154）保護されんとする $παρθένοι$ であるということになる．われわれは Bacchylides のテクストに即してこのパラデイクマが如何なる対抗関係に立つか，如何なる屈折体に属するか，ということを見た（漠然と「記号」と呼ばれるレヴェルの事柄である）．そうした状況で，既に異なる cognatique な選択をした兄弟には，単純な連帯と排斥という道は残っていない．そもそもこの二つは同じことである．排斥して残った方には一丸となる以外の選択肢は残されない．一つの堅固な polarité がここにある．Eteokles が最後に残された籤を引く時に反対の極に Polyneikes が現れる所以である．このコードによって政治が成り立ってきたこと，政治言語はこの上にのっていること，は疑い無い．Eteokles は混乱していない[7]．ところが，このコードを突き崩すことには，異なる cognatique な選択をした兄弟が相手を排斥すると何と自己を排斥したことになる，というのである．事実，直流が交流に入れ替わってしまったかのように，常に交替しているところで撃ってみても，倒れるのは自分か相手か，五分五分である．自分を撃つに等しい．

かくして Aischylos の視線はこの新しい屈折体の準備にではなく，その屈折体に直面して impasse に陥った意識の側に注がれたということになる．交替は連帯を障害とするか．否，新しい連帯をこそ必要とするのではないか[8]．Homeros と Hesiodos においてあれだけ精巧なパラデイクマに形成された兄弟のパラデイクマに戻った Aischylos の極度に研ぎ澄まされた作品がさりげなく深い一撃で伝える問題提起はこれである．

〔3・2・8・1〕 POL III・4・3・3, 4・5・1, cf. Fr. Vian, *Les origines de Thèbes. Cadmos et Spartes*, Paris, 1963, p. 158sqq.. L. Golden, Eteocles and the meaning of the "Septem," *CP*, 59. 1964, p. 79ff. は，Eteokles

が "a soldier's point of view" を維持し呪われた運命すらシニカルに利用しようとする点で一貫している，と論ずる．もっとも，このように解釈したのでは問題が残らなくなってしまう．Thebai が救われて（792ff.）それでおしまいである．兄弟が共に相手を殺そうとも，それはどうでもよいことになってしまう．

〔3・2・8・2〕 冒頭 14ff. で実は Eteokles の言葉は政治を血の同一性に還元している．

〔3・2・8・3〕 Argos 方諸将の楯の紋章は一斉に cognatique な原理によって媒介された枝分節か，それに特有の際限ない軍事化を示唆している．〈神話〉レヴェルへと降りるとき，Eteokles は明晰であり，意識が意識下に裏切られるのでない．

〔3・2・8・4〕 テクストの上で断絶はない．政治言語の底に勝手に神話を措定している近代の解釈者が，これを裏切られただけである．政治の神秘化と無縁の Eteokles はそんなところで躓いたりはしない． "ἀλλ' οὔτε κλάειν οὔτ' ὀδύρεσθαι πρέπει……ἄρχοντί τ' ἄρχων καὶ κασιγνήτῳ κάσις,/ἐχθρὸς σὺν ἐχθρῷ στήσομαι" 「泣いても嘆いても仕方がない——頂点には頂点が，兄弟には兄弟が，敵には敵が，立とうではないか．」

〔3・2・8・5〕 Mazon にかかわらず，805: "ἐκ χερῶν αὐτοκτόνων"「自分達自身の手で（自分達を殺した）」を読みたいところである．以下，テクストが疑われる部分にかけて，この種の表現が頻出する（893f.: "ἀντιφόνων……θανάτων"; 961ff.: "Παισθεὶς ἔπαισας…….ἔθανες κατακτανών./Δορὶ δ' ἔκανες. Δορὶ δ' ἔθανες."）． cf. C. Froidefond, La double fraternité d'Étéocle et de Polynice, REG, 90, 1977, p. 215sqq.

〔3・2・8・6〕 861ff., 特に埋葬の動機は，（Sophokles の "Antigone" の影響を受けて）後の時代の者が付け加えた部分として（19世紀以降）削除されることが多い．しかし，H. Lloyd-Jones, The end of the Seven against Thebes, CQ, 9, 1959, p. 80ff. の緻密な論駁は大いに引きつけるものを持っている．いずれにせよ 1005ff. の伝令と Antigone の間のやりとりは，Sophokles とは全く異なる観点に立つものである．一方のみを埋葬すれば「Thebai の勝利＝Eteokles の崇高な自己犠牲」という動機が詠唱されることになる．終盤の長い choros の詠唱とともに，Antigone はこの解釈の線を打ち消すために登場する（Sophokles においては，正統な政治的決定との正面衝突が主題である）．

〔3・2・8・7〕 かくして，Polyneikes と戦う覚悟を決めてからの Eteokles の言語の方が遥かに深みがある．大きく崩されて構造変動を受け入れたが如く，表面的な言語を放棄し，社会構造に降りて実に整然と〈神話〉しているのである．特に 716-720 で淡々と今や勢いづいた choros に反駁する科白．兄弟といえども敵は敵という陳腐さを今や脱し，敢えて Oidipous の屈折体に身を置くことが明示される．〈神話〉に降りたならば新しい構造に適合して「女のロジックに従え」という説得（"πείθου γυναιξὶ……"）にもかかわらず，そうした conformisme こそが新しい構造を台無しにする（"λέγοιτ' ἂν ὧν ἄνη τις· οὐδὲ χρὴ μακράν."），と考えるかでさえある．

〔3・2・8・8〕 Eteokles の高貴さは全く否定されていない．これは，Thebai 攻めの側でなく Eteokles の側に Aischylos が視座を構えたことをよく説明する．結局，この作品のスリルは，意識下の記号対極相互の連帯に強固に支えられて思わぬパラデイクマまで呼び出すという点に存するが，しかし観客はさらにこれに敢然と耐える主人公を見せつけられ，挙げ句の果て，

兄弟の一方が他方を殺すというのでなく，共に死ぬ，という結末にしかも意識的に突き進む主人公に圧倒されることになる．第一段のスリルだけであれば，事が明らかになったところで足りるはずである．愚かさを嘆くのでなく，それでも平然と進もうとする主人公に対して観客は「気が知れない」「作者の破綻である」というブーイングを浴びせてきたことになる．Vidal-Naquet によってその理由が明らかにされた後も，何故それが（当然のことが当然のように進むのでなく）劇的緊張を伴うかが説明されてこなかった．

3.3 横断的結合の転身

3.3.0

"Prometheus desmotes" と "Hiketides" の年代は定かではないが，両者に強い牽連性があることは疑い無く，かつ少なくとも後者が "Persai" と "Hepta" の後の作品である蓋然性が高い．事実，以下に見るように，第一にこの二つの作品は別個の三部作に属するもの（ほぼ間違いなくその第二と第一）でありながら強い syntagmatique な関係を有する．作品の先後すら定かでないが，前者で暗示された解が後者で展開されるという密接な関係が存在する．二つの三部作自体の間に syntagmatique な連関が構想されていると考えることができる．しかも第二にこれらを通して言わば Eteokles の impasse に脱出の道筋が示されるのである．Prometheus の πόνος は意識的にこれを贖うものであり，Pelasgos の impasse は Eteokles のそれと等価であると同時にこれまた無意識に Eteokles の脱出ばかりか Prometheus の解放さえ文字通り贖うものである．

3.3.1

Hesiodos にとって Prometheus は人間の人間たる条件たる「鉄の時代」を準備する syntagmatique なパラデイクマの主人公であった[1]．或いはむしろ syntagmatique な切断を完遂するエイジェントであったと言った方が正確かもしれない．この切断を前提にそれは〈神話〉に属する．Homeros に対する対抗というサンクロニクな動機が働いていることは既に見た通りである．syntagmatique な思考をこのために用いたのである．syntagmatique な思考こそは実は領域の大きな武器である．一旦敗れても地を這ってどこまでも引き延ばしていく．syntagmatique な思考は政治的思考の中では忌避されるが，しかし政

治システムの大きな役割を前提にした上で，Hesiodos のようにそれを〈神話〉レヴェルで用いれば擬似クロノロジーや擬似カレンダーすら領域の人的組織の〈分節〉のために有用である．そしてもちろん空間ではなく時間というカテゴリーを使っての引き延ばしも可能である．他方悲劇は政治とディアレクティカに対抗するため，もう一段高度な政治とディアレクティカを可能にするため，敢えて syntagmatique な思考を使って長い平行線を用意する．そうであるならば悲劇が Prometheus に着目しないはずがない．その切断作用すら決定的に重要と考えられたであろう．但し今全く新しいヴァージョンが要求されているのである．

かくして，Aischylos の作品[2]がここでも巨大な知的射程を誇るのは当然である．その Aischylos が三部作の（おそらく）第二[3]で再現実化対象として選んだ〈神話〉的現在は，事が成就した後 Prometheus が自らの身体に懲罰を加えられる（*supplicium*）その瞬間である．Prometheus は縛り付けられて動けない．極大化された *pathos* を秘めて場面が固定される．その動けない Prometheus の前に様々な人物が現れて対話する．これら第三の登場人物は次々と例によってパラデイクマ転覆をもたらそうとするが，"Persai" および "Hepta" におけるのと逆に，Prometheus は決して動かされることがない．如何なる誘惑を前にしても決して動かないのである．「動けない」は「動かされない」に見事に転換されている．舞台の上での再現にこれほど適した設定はありえない．この Prometheus は Achilleus そして "Erga" の歌い手に続いて反 conformisme の原点である．

一本だけすっくと立つ軸との間に polarity を形成するのは無限に広がる未規定未分節の平面でなくてはならない．当然それは海に如くはない．*choros* は Okeanos の娘達 Okeanides に設定される．またしても若い娘達の群像である．この *choros* が basso continuo として轟々という潮の流れの音を響かす（132-134, 399ff., 431ff., 531）．流れは流音を響かせつつ涙の泉にイメージを重ねる．泉から流れが枝分かれするように，領域とその後背地に広がる全ての諸族が Prometheus と Atlas の兄弟二人のために涙するというのである（406ff.）．樹立されたばかりの Zeus の支配のもとで Asia の人々，Skythai, Amazones に至るまで，共に嘆き悲しんでいるというのである．明らかに，Zeus の権力が樹

立されたということは，政治が成立したということと等価であり，潮の流れが隅々を潤すその融通無碍の回路を切って捨てるということを含意したはずである．その Zeus に Prometheus は挑戦したということになる．がそれにどのような意味があるのか．否，Prometheus は Zeus に協力しさえしたのではなかったか．

〔3・3・1・1〕 以下につき POL III・6・2 を参照．

〔3・3・1・2〕 éd. Mazon, Paris, 1976 (1921). 厄介な年代の問題の他に，伝統的に，Aischylos の作でないとする極めて有力な説（近年では M. Griffith, *The Authenticity of Prometheus Bound*, Cambridge, 1977 とこれを支持する M. L. West, The Prometheus Trilogy, *JHS*, 99, 1979, p. 130ff.) がある．この場合には語彙や文明観を根拠とし年代を 4-30 年代などに下げる傾向がある．依然根強い真正説に与する場合でも最晩年に位置付ける（cf. D. J. Conacher, *Aeschylus' Prometheus Bound. A Literary Commentary*, Toronto, 1980, p. 22ff.). しかし領域の側の視点は "Hepta" および "Oresteia" に共通するものであり，ただ，Aischylos が領域の連帯のディレンマを引き受けることから端的に政治システムの問題を扱っているような外観が生まれる．学説は舞台設定を文字通りにしか受け取らないのではないか．"Hepta" の Thebai，否，凡そ Thebai は領域の政治システムの記号ではないのか．しかもなお，領域固有の問題を深く探るときには主人公と言語を変えてくることがあっても異とするにたりない．

〔3・3・1・3〕 ただし伝統的に第一とする有力説がある．cf. Conacher, *Prometheus Commentary*, p. 98ff. "Prometheus lyomenos"「解放された Prometheus」を第三として断片からその筋書きを再構成する West, Prometheus Trilogy, p. 143 が説得的である．

3・3・2

作品冒頭の場面に現れるのは「実力」（"*Βία*"）を引き連れた「権力」（"*Κράτος*"）と Hephaistos である．しかし，「Zeus の絶対的な権力を尊重することを学ばねばならない（$διδαχθῇ$）」(10) とうそぶいて登場する *Κράτος* に対して，Hephaistos は，その *τέχνη* で Prometheus を縛り付ける任務を Zeus によって命じられてはいるものの，全く気が進まず，むしろ Prometheus に多大の共感を寄せる (18ff.). その連帯意識は強く，*Κράτος* の野卑さをほのめかし (42)，なまじ技術を持ったばかりにと自分を呪う (45: "*ὦ πολλὰ μισηθεῖσα χειρωναξία*"). とはいえもちろん *Κράτος* の監視下命令に服従せざるをえない．もっとも，脅迫されて任務を遂行するというわけではない．Zeus の正統性を認めるのである (63). Hephaistos は専制に反感を持っているのではない．「Zeus 以外には誰も自由ではない」(50: "*ἐλεύθερος γὰρ οὔτις* ἐστι πλὴν Διός") のを認める (51: "Ἔγνωκα") というのも，政治システムを離れて自由は無いという趣旨である[1]．ところがその政治的手続によって決定されたことに，なおかつ逡巡を覚えるのである．これをかさに着た執行者の実力行使にこそ嫌悪の念を抱く．

さりげないプロローグで提示される $Κράτος$ と $τέχνη$ のこのコントラストは重要な意味を持つ．彼らが去った後無言の主人公 Prometheus がようやく口を開く (88ff.)．とりわけ河，泉，海，波に呼びかけた後直ちに，敢然と苦痛に耐えるという "πάσχειν" のモティフを響かせ，そして懲罰の理由を明らかにする．「全ての技術を学ぶ手掛かり」($διδάσκαλος τέχνης πάσης$) たる火を人間に与えたことがそれであるというのである (110)．このため彼は「火の泉」を盗んでこっそり隠し持った．領域に向かって再分配する泉の作用を働かせたのである．

Prometheus の急を聞きつけて女性群像 Okeanides が駆けつける (127ff.) と，この *choros* の問いに答えて Prometheus はさらに何故そのような行為に出たのかを明らかにする．その説明の中で新たな Prometheus 解釈がくっきりと浮かび上がってくる．第一に，Prometheus は Zeus の権力の樹立に際して決定的な助言をしたのであるが，それは，Zeus と Kronos の闘争において (Prometheus がそこに属する) Titanes (Kronos) の方が Prometheus の問題解決法を受け入れなかった，むしろ Zeus の側が受け入れた (支持の可変性ないし 〈二重分節〉)，からであった (197ff.)．Prometheus の問題解決法とは，力によるのではなく狡知によって (212f.: "......οὐδὲ πρὸς τὸ καρτερόν/......δόλῳ δὲ......") 争うというもので，まさにプロローグで示された polarité がここに効いてくる．そして第二に，Prometheus がこれにとどまらず人間に火を贈るに至るのも，同じ立場を突き詰めて行った結果に他ならなかった．そもそも Zeus が人間という種族を一旦消滅させ創りかえよう (〈二重分節〉の破壊) とした (231ff.) とき，Prometheus がただ一人敢然と押しとどめる (234: "Καὶ τοῖσιν οὐδεὶς ἀντέβαινε πλὴν ἐμοῦ·")．否，そればかりでなく，「死すべき者達のその運命を予測する力を彼らから奪った」(248: "Θνητούς γ' ἔπαυσα μὴ προδέρκεσθαι μόρον.")，そして「盲目の希望を彼らに注入した」(250: "Τυφλὰς ἐν αὐτοῖς ἐλπίδας κατῴκισα.")．その上で火を贈ったのである．独占

されていたものを分配し去るのは，破壊＝無分節の反対であって，一段下に分節単位を無数に認めること，一つ二つ押さえてももう取り返しがつかなくなるほど普及させてしまうこと，を意味する．同様に，死の必然の強迫観念を取り去るということは，必然という，パラデイクマの syntagmatique な無分節（但しこの場合死・栄光・政治）にメスを入れて，今現在のこと（但しこの場合政治でなく個人）をしっかり考えさせるということである．

しかしこのヴァージョンの Prometheus の最も大きな点は，今 Prometheus 自らが解放されようとしているということである[2]．人間を解放したばかりでなく，このことを通じて自分も自立しようとしているのである．これは明らかに Hesiodos には見られない新しい問題設定である．その決断を Prometheus にさせるのは知および言語と（正統な）実力の対立であり[3]，かくして知が初めて政治システムからさえ自立するという問題が設定されたのである．choros は Prometheus に，余りに自由に話しすぎる（180: "ἄγαν δ' ἐλευθροστομεῖς"）と指摘するが，Prometheus は，その言語なるものを Titanes が受け付けなかったがためにこそ Zeus に加担し，そしてその言語によってこそ Zeus に勝利させたのである，という自負を有する．われわれは Pindaros のテクストにおいて Herakleidai に寄り添ってきた（さもなくば高々領域に降り立った）Melampous の末裔がやはり新しい政治的役割を獲得していくのを見た．

〔3・3・2・1〕 R. P. Winnington-Ingram, Towards an interpretation of *Prometheus Bound*, in : Id., *Studies in Aeschylus*, p. 175ff. が Zeus を *tyrannos* の寓意として読むのは一つの典型的な解釈であるが，trilogy の展開を再構成する中で Prometheus の解放＝Zeus の改心（"Zeus has developed ?"）を論じなければならないように，短絡的であり，事実，絶対に交わらない二つの不動の原理の対抗が予感されている（907; 1034）．デモクラシーの不可欠の条件である．

〔3・3・2・2〕 多くの学説は "πυρφόρος" を第一に，"λύομενος" 即ち「解放」を最後に想定する（両者のタイトルと後者の断片だけが伝わる）．しかし Winnington-Ingram, Towards an interpretation は，解放後もう一段の展開を想定し，"πυρφόρος" は Prometheus のための領域儀礼と結び付いた（"Eumenides" の如き）étiologie であったと推定する．"Desmotes" の中で Zeus の勝利を語る部分が長すぎるのは第一作たるを示す，第一作で Zeus の勝利が演じられるにしてはこの Zeus は余りに *tyrannos* すぎる，等々が理由であるが，Zeus の "character" に固執しすぎる解釈である．Prometheus に関する限りにおいて Zeus が端的な敗北を喫したとしても，"Oresteia" とは全く異なる Zeus を Aischylos が登場させたとしても，全く問題ない．

〔3・3・2・3〕 かくして Hephaistos の限界を大きく超える存在として Prometheus が構想されることになる．その鍵が領域の横断的組織との間の連帯である，というのである．これが彼と

choros の間のやりとりを深く刻む (266f.: "*ἑκὼν ἑκὼν ἥμαρτον, οὐκ ἀρνήσομαι·/θνητοῖς ἀρήγων αὐτὸς ηὑρόμην πόνους.*"「十二分にも意識してこの咎を負った, 私はそれを否定しない. 死すべき者達に助力するために自分で懲罰を引き受けたのである」).

3・3・3

しかし Aischylos の作品は決して Prometheus 解放, 即ちパラデイクマに対する新しい手続（知）のマニフェスト, であるのではない. むしろそれを可能ならしめる条件, 社会構造, の方を突き詰めて行こうとする. もちろんこの新しい可能性のための資源は領域の側に在る. だからこそ Okeanides が choros を務める. Zeus との大きな対抗関係の中で Titanes から Amazones に及ぶ大連合体すら構想される. とはいえ, 問題は Zeus との対抗であるよりも[1], パラデイクマに対する自分達の伝統的態度自体をどう脱皮させるかである. そしてさらに突き詰めるならば, その脱皮のための条件は何かである. ただ単に反 Zeus 運動と Prometheus 礼賛が問題であるならば到底 Prometheus はかくも重大な苦痛苦役 πόνος を背負ったままであり続けることはない.

不動の軸 Prometheus の前に次に現れるのはかくして Okeanos 本人である (284ff.). 反 Zeus の可能性の最も古い層に属するヴァージョンとの区別は欠かすことができない. そちらの側に安易に寄りかかってずるずると妥協していく危険を回避するためには厳密な識別力が要請される. 案の定 Okeanos はいきなりジェネアロジクなパラデイクマ (289: "*συγγενές*") を強調して Prometheus の前に登場する. 初めからはっきりと救済者かつ仲介者としての役割を帯びている. 事実 Prometheus は Okeanides の一人と結ばれ (557ff.), したがって Okeanos と cognatique な関係にあることになる. この他にもちろん共に Titanes に属するが, 奇妙なことに Gaia ないし Themis からの共通の母系が示される (209ff.) のみであり, Prometheus の父たるはずの Iapeto が登場しない. したがって Okeanos との具体的な「親族の関係」よりも, Okeanides に囲まれた Hesione に, 外から来た Prometheus がアプローチする, という原初的な場面が強くイメージされ, Okeanos の説得論拠を前提段階で打ち消している. そして Prometheus の離陸を暗示しているのである. かくして Prometheus は初めから皮肉に「おやおや御老人まで洞窟の流れの音

("*ῥεῦμα*") を後にして物見高く見物か」(298ff.) と突き放す.

ところがその古くかつ古いことを自称する (317) Okeanos が何と奇妙なことに, Prometheus とともに自らもその樹立に力を尽くした Zeus の権力は最新の状況であり, Prometheus は愚かにもこれに適合することを知らない (309: *γίγνωσκε σαυτὸν καὶ μεθάρμοσαι τρόπους/νέους· νέος γὰρ καὶ τύραννος ἐν θεοῖς·*), と論じていく. Zeus の革命は, 共和革命であるばかりでなくデモクラシー樹立の革命でもある, と二重の意味を与えられ, Prometheus (愚直な政治的メンタリティー) を包囲する, かの如くである. 領域の組織はデモクラシー樹立に寄与し, 政治はむしろ領域の原理を吸収した, かくして Okeanos は政治以前に見えて実は政治以後の如くに立ち現れる, のであろうか. Okeanos の具体的な矛先は Prometheus の言葉に向けられる. むろん言語は政治と強く連帯の関係にある. ならば Okeanos の矛先に政治があるか. 否, Okeanos は Prometheus の言語を孤立させるつもりである. 政治という陣地までをも取り, その政治のさらに外側に Prometheus の「行き過ぎた」言語 (311: *τραχεῖς καὶ τεθηγμένους λόγους*; 318f.; 327; 329) を括り出す. conformiste になって戻って来れば自分が Zeus を説得しようというのである. デモクラシーは却って conformisme を要請するのか. 自分のかつての寄与を Okeanos は頼みとする. 支持と陳情の réciprocité に賭けようとする.

しかし Prometheus は全く動かされない. 申し出に大いに感謝して見せつつも, 全く説得の可能性が無いということを断言する. 当たって砕けろの Okeanos は自分は論理でなく結果だけから判断すると言い (336: *ἔργῳ κοὺ λόγῳ τεκμαίρομαι*) 憤然とし見境が無くなる. Prometheus は冷徹に, Zeus の怒りを買った場合の危険を例解すべく地に押し込められた Titanes の悲惨な姿を列挙し (347ff.), まさに言葉の威力で Okeanos に思いとどまらせる. 否, 混乱した Okeanos は最後には, 言葉には怒りを鎮める力が有るはずだ (377f.: "*ὀργῆς νοσούσης εἰσὶν ἰατροὶ λόγοι*"), と Zeus に挑む事に固執する. しかし心の病に対しての言葉の効用の限界を却って Prometheus から諭される (379f.). いっそその心の病に狂って何が悪い, と切り返す (384f.) が, 無意味な消耗と軽率の有害を言われ, それでも狂って知性の極と見えたいと苦し紛れを言って初めてそれはむしろ Prometheus の立場だと気づき (393), ようや

く退散する．凡そ新しい理論的な知性というものの意義をこれほど鮮明に突きつける場面は無い．syntagmatique なパラデイクマの連鎖を截然と辿って相手を追いつめていくのである．paradigmatique な論証を短く対抗させて直ちに評決を求める政治的判断手続とはこれは違うものである．或いはその発達した一変種である．

もちろん Okeanos の退場は Okeanides の退場を意味しない．デモクラシーが Okeanos の陳情の側に無く，Prometheus の言葉の側に在る，としても，処方は処方が有効たるための条件の充足と同義ではない．その充足の鍵を握る Io という女が現れるまで，Prometheus は Okeanides とすれ違いの対話を続け，ディアクロニクなコントラストを維持し続ける（397ff.）．後背地に広がるうめき，に対するに人間へと普及させた諸々の技芸と言語．二つの資源が示唆される．

〔3・3・3・1〕 仇役たる Zeus は Aischylos の他の Zeus ないし凡そギリシャ人一般の観念に合わないのではないか，というので学説は整合的解釈を求め続けてきた（cf. Conacher, *Prometheus Commentary*, p. 120ff.）．Prometheus の側に立って正面から仇役たる Zeus を承認するのでなければ，trilogy の展開に沿って Zeus が成長発展して Prometheus と和解する，それはまたこの時代の神々の観念の変化に対応する，と解することになる．しかしこれはギリシャの神々の観念に合わないという批判も受ける．これらの学説は結局のところ政治とデモクラシーの関係を見誤っていることになる．作品の中で Zeus の正統性が問われているとは思われない．Zeus は厳然たる支柱であり続けなければならない．Prometheus との和解や妥協が解決である，とも思われない．対立したままでなければならない．なおかつ解決が何らかの形で求められるのである．

3・3・4

Prometheus の解放は既に 27ff. で Hephaistos によって暗示され，167ff. では Prometheus 自身によって告げられる．Zeus の権力が倒れる筋道を Prometheus のみが知っていて，同時にこれが自分の解放の時なのである．即ち Zeus が Herakles を産ませ，その Herakles が Zeus を倒すと同時に Prometheus を解放するというのである．Zeus はこの秘密を Hermes を通じて聞き出そうとするが，Prometheus はあらゆる誘惑に抗してこれを洩らさない（941ff.）．

しかし Herakles の誕生までには極めて多くの出来事が続いて生起していか

3 新しい連帯

なくてはならない．Prometheus は巨大な syntagmatique な連鎖を構想したことになる．そしてその巨大な連鎖によってまさに必要な構造変動が成し遂げられるとされるのである．

この作品においては，構造変動の不可欠の前提が，Io という娘が蛇に取り憑かれて苦痛の余り遥か遠くへ駆け去ることとして与えられている．Inachos という河の娘 Io は Zeus と結ばれねばならないという夢に毎晩襲われる (645ff.)．これを聞いた父は神託を求めるが，神託は娘を追放することを求める．追放された娘は狂気に襲われ，雌牛に変身する．が蛇に追い立てられていつまでも Zeus と結ばれないのである．その Io が Prometheus の前に偶然やって来る (562ff.)．そして Prometheus の大いなる苦痛を知るが，自分の苦痛の行く末の診断を依頼する (604ff.) と，Prometheus は両者の苦痛を何と等価のものとみなし，やがてその理由を明かす (700ff.)．Io は遠くへ彷徨った挙げ句 Zeus と結ばれエジプトで出産し，その子孫が Argos に戻ってやがてそのさらに子孫として Herakles が誕生し，彼が自分を救う，かくして Io の彷徨こそが両者の苦痛を治癒する (771ff.)，というのである．

われわれは既に Bacchylides が Proitides を扱うのを見た．Io の「症状」と Proitides のそれは全く同じである．「逃げる」そして「彷徨う」という動機も等しい．しかし Proitides の場合には婚姻そのものに下降という方向性が含まれている．ところが Io の場合には逆に Zeus への強いあこがれが突然襲う．このことを際立たせるように 890ff. において *choros* は婚姻に関する *gnome* を述べる．Okeanides は endogamiste であり，やはり身分相応の婚姻こそがよい，という観点から Io の不幸を眺めるのである．Inachos, Okeanides, 河，といった領分，領域の側に問題が設定されたことになる．しかしまさに，領域は自らの閉鎖性を打ち破る衝動，深い意識の変化，にこそ取り組むということになる．但し，Io を出奔へと駆り立てる力はしばらく全てを元のままに置く；つまり閉鎖されたままに置く．問題は（空間的パースペクティヴを得るべく）syntagmatique に引き延ばされる．将来初めて門戸を開かせるその分子をこのようにして外に用意させるにとどまる．逆に言えば，将来の不可避的 exogamie を見越して，これが何と実は endogamie に他ならないようにする，そのための布石が打たれようとしているのである．すると上昇は，将来の下降を予め

相殺しておく，中和しておく，このようにして上下二つの次元を混同させる，互換的にし，一義的な方向性を解体する，ためのものであるということになる．

もっとも，この上昇は到底単純なものとしては与えられていない．Io は Simonides の Danae のように漂って全くアプリオリな出発点とならねばならない．如何なるジェネアロジクな依存関係への埋没も許されない．Okeanides が Prometheus の広大な支持層として列挙した後背地の諸族を全てなぞった上でなおかつそのどこにもとどまらないのでなければならない[1]．cognatique な関係という深いディアクロニクなトンネルをずっと導かれて行かねばならない，そしてそのどれにも軽々に自己を委ねないのでなければならない，のは疑いない．そのためにはしかし最も冷徹な人類学の知識を必要とするであろう．

Io が抱える虻という精神疾患は少なくともこのようにする以外の処方を持たない，ということになる．この点，Prometheus の問題が Io のそれに先送りされ，結局はまた後者が前者に先送りされる，ことが重要である．事態をどのように切り刻んでも決して解決には辿り着かない．或る種の構造を概念してアプローチしなければならないというのである．つまり多くの次元で同時に取り組むことが要求される．Prometheus は Io に対して，神託の言葉の直接の意味を幾ら追求しても理解できないのと同じであると答える．

結局 Aischylos は，Proitos をも Danae/Perseus をも Herakles をも「産出」することになる Argos 王統〈神話〉，Homeros によって批判され今再浮上したこのパラデイクマ群，の新しいヴァージョンを受け入れる前に，タフな条件を一つ付す．そしてその条件を王統〈神話〉基層部即ち部族神話根幹部の新しいヴァージョンに書き込む．正確には，一段底の部分にもう一つ屈折体を置くべくまずは最初の挑発的ヴァージョンを提起する．これがまさに（"Persai" に続いてここでも）後述の Herodotos の人類学に Aischylos を接近させることになる．Pindaros が扱った観念構造の再構築，前理解の改変，のさらに奥底に，深層意識の問題があり，そのレヴェルで十分に自由な意識が整備されて初めて領域の構造の再編に着手しうるのではないか，というのが Aischylos が突き付ける「議論の新しい分節」である．必然的にそれは大仕掛けの syntagmatique な連鎖となり，悲劇に適すると同時に，優れた二つの三部作を生むことになる．

それにしても，Io の疾患が治癒されているとすると，どのように事柄が変

わってくるというのか.

〔3・3・4・1〕 cf. U. Albini, La funzione di Io, *PP*, 30, 1975, p. 280s.

3・3・5

"Hiketides"[1] は Io の子孫が辿る筋道の或る局面に関する三部作の第一である．エジプトに定着した Io の子孫として Aigyptos と Danaos の兄弟が現れる．Aigyptos の 50 人の息子達は Danaos の 50 人の娘達に結婚を迫るが，後者はこれを拒否して父とともに逃避行に出る．そして他ならぬ Argos へやって来る．時の Argos 王 Pelasgos に，この者達の亡命を受け入れるかどうかという難題が突き付けられることとなる．

まずエジプトでは集団間の強い exogamie-endogamie システムが想定され，そしてそれが破綻する (7ff.)．一方はひたすら高圧的に (31; 80; 103: "ὕβρις") それを迫り，他方はカテゴリカルに結合を拒否する．要するに〈分節〉が成り立たないのである．これは同時に兄弟間の *stasis* (12) として表現される．そこで Proitides のように娘達が「逃げる」[2]．Aischylos は Io の場合にむしろ注意深く避けた例の "φεύγειν" という語を連発し (6; 9; 15)，エジプトを後にする "λείπειν" 行為 (5: "λιποῦσαι") 即ち二重構造に働きかける行為の意味を特定する[3]．Bacchylides と共通のこの用語法は，*choros* を構成する逃げた Danaides が盛んに Artemis の庇護を求めて呼びかけることと符合する (141ff.)．独立不可侵の核を構成したいのである．cognatique な結合自体これを侵食するものとして捉えられることとなる．

他方，この〈分節〉，言うならば水平〈分節〉，の破局は，まさに Danaides の φυγή によってエジプトと Argos の間の関係に置き換えられる．Aigyptos-Danaos〈分節〉が Aigyptos-Pelasgos〈分節〉の問題に転換されるのである．Aigyptos はこの二つの〈分節〉の結び目になってしまっている．これが二つの〈分節〉の成功しない原因になっている．即ち枝分節結節点の如くになってしまっている．だからこそエジプトが βάρβαροι としてイメージされる (234ff.)．課題はまさにこれを解きほぐすことである．しかも裏から言えば二つの〈分節〉の問題はこの一点において解決しうるということである．つまり，両〈分節〉はこの限りで連帯の関係にあり，かくして水平〈分節〉を垂直〈分

節〉に置き換えて前者を補強するという構想が提示されるのである.

とはいえこの置換はどうして可能であるのか. 全く自明でない. 何故 Pelasgos は滅亡を賭してまで Danaides の自由を守らねばならないか. Zeus Xenios が保障する亡命権の法的原則を侵害しないためか. しかしその前に, 互いの自由を保障しあう, つまり互いに個々人は等価値である, という前提が存在しなければこの法的原則は強固に概念されないであろう. まさにここで Io の行為が決定的な意味を持ってくる. Danaides は $βάρβαροι$ のもとからその服装でやって来た, しかし何と実はかつてこの Argos から出奔した (274f.: "$Βραχὺς τορός θ' ὁ μῦθος· Ἀργεῖαι γένος/ἐξευχόμεσθα……$" 「(念の入った誰何に対して) 話は簡単明瞭, Argos の女たる系譜を誇るが故にこそ」) Io の子孫達なのである[4]. 理論上全ての個人は同族等価たることを言うが如きこの不自然さ即ち高度に抽象的な概念構成とそれを完全に同化する意識の形成こそが出発点である, というのが Aischylos の趣旨である. そのためには Danaides の "$φεύγειν$" に互換的カウンターパート[5]の存在が必要であるというのが Prometheus の透徹した予言であった.

もっとも, この仕掛けによって今水平〈分節〉を垂直〈分節〉に置き換えることに成功したとしても, まだそれは一つの必要条件を満たしたにすぎない. Pelasgos が存亡を賭けて Danaides を守りきったとしても, そこには, 二つの政治システムの対立, 高々二重の〈分節〉, しか残らない. これは到底水平〈分節〉が垂直〈分節〉を補強しかつその垂直〈分節〉が水平〈分節〉を補強するという循環システムとは言えない. 否, そもそもこの垂直〈分節〉をむしろ解体しない限り新しい自由な体制は築けないのではないか. 第二の結合体が立ちはだかる限りはどうしても独立の政治システム相互の「外交的」問題でしかありえない. 交渉と戦争, 高々妥協と協定, が結果するだけではないか. 第二の結合体はどのような条件を獲得すれば Danaides の自由に寄与すると言いうるのか. そもそも Danaides の集団的婚姻拒否自体, 第二の結合体の問題を鮮やかに例解しているのではないか. 強い一体性は Artemis の原理を一層強く保障するであろう. しかし個々の娘にどのような自由があるだろうか. Io の苦難はやはり無意味だったのか. 要するに, どのような連帯ならば新しい条件を満たすのか. Pelasgos や Danaides の連帯はどのように変わらねばならな

いか.

〔3・3・5・1〕 éd. Mazon, Paris, 1976（1921）.

〔3・3・5・2〕 学説は Danaides のこの婚姻拒否に多くの紙数を費やしてきた．内婚を拒否したのか，凡そ婚姻を忌避したのか，等々．その中には相当に愚かなタイプのものも少なくない（「女性を婚姻へと社会化する装置」に結びつけることはむしろ広く流布しており，様々な心理的障害を持ち出したり，R. Seaford, The tragic wedding, JHS, 107, 1987, p. 110ff. のように婚姻の儀礼の中に一旦女性が躊躇して見せる所作が含まれることに結びつけるものなどがある）．

しかしこれは一個の endogamie-exogamie システムの拒否であり，またそこからの脱出が〈二重分節〉のアプリオリな条件なのである．重要なのは付随する実力拒否の動機であり，凡そ普遍的な〈二重分節〉単位保障が示唆される．ここから転じて「凡そ婚姻拒否」の強い印象が生まれる．

〔3・3・5・3〕 つまり，〈二重分節〉単位の保障が先にあり，これを保障するために第二の（領域の）政治システムが求められるのである．この作品は，Bacchylides 版 Proitides を下敷きにしなければほとんど理解できないほどである．Io の出奔と Danaides の帰還が Argos とエジプトの間に大きく展開される，そのダイナミズムは，部族神話を基礎とし，元来その部族の複合構造に見合って可能性が与えられ，そして部族構造の再浮上の時代（6世紀）に多くのヴァージョンを盛んに対抗させた，と考えられる．

〔3・3・5・4〕 E. S. Belfiore, *Murder Among Friends. Violation of Philia in Greek Tragedy*, Oxford, 2000, p. 39ff. のように，（「血縁」を "supplication" の決定的要素とする読解は正しくとも，その）「血縁」を文字通りに理解することは正しくない．厳密には，これによって大きな二重構造，その間にまたがる syntagmatique な連関，が表現されるにすぎない．そしてそれがまた，立場の互換性，普遍性，一般へと意味を響かせるのである．

〔3・3・5・5〕 Hera から始まり Artemis に至る Danaides の Io 〈神話〉（291ff.）は，基本的に "Prometheus" のそれと同一ヴァージョンである．たとえば，Io の見張り役 Argos は「大地の子」（305: "παῖδα γῆς"）であり，Prom. 567 の "Ἄργου γηγενοῦς" と対応する．

3・3・6

Aischylos は Danaides を迎える Argos に Pelasgoi という性格付けを与える．即ち地に直接の系譜を持ち（250ff.），そして Perraiboi という異質の一族を包含して（256）部族の構造を有する．但し（260ff.）Iamos の如きジェネアロジーを有する Apis という者によって「既に解放されている」（"τομαῖα καὶ λυτήρια"）．これが果たして何を意味するか．少なくとも政治システムを保持し，またこれをさらに一段発展させていることさえ予想されるが，デモクラシーに至っているのかどうか．

choros（Danaides）は亡命受け入れの決定を下すように Pelasgos に迫る[1]．

その論拠は，Pelasgos が政治的決定の唯一の審級である[2]，ということである．370ff. のこの argumentation をエジプト＝専制対ギリシャ＝デモクラシーの図式で解することは誤りである．政治に固有の審級の単一性について言及がなされているのである．対する Pelasgos の立場はもちろん $δῆμος$ に聞いてみなければわからない，最終決定権は $δῆμος$ が有する，というものであるが，これも単純にデモクラシーを含意するとは考えられない．民会による裁可は政治システムが初めから有する不可欠の制度であり，それだけでその政治システムがデモクラシーになるわけではない．もちろんとはいえここにデモクラシーへ発展する芽が在ることは疑いない．しかし今 Pelasgos は本当に厄介な問題を突きつけられているのである．何故ならば，Danaides の論証の方にデモクラシーの一つの生命線が含まれていて，民会に決定を委ねただけではデモクラシーの名において対応したことにならない，否，政治の名においてこれに立ちはだかったことにさえなる，という状況が目の前に有るからである．政治とデモクラシーの関係が逆転してしまったのである．Pelasgos は鋭く，Danaides に対して婚姻拒否の法的根拠，エジプトにおける実定法的根拠，を尋ねる（390: "$φεύγειν κατὰ νόμους$"）．それが有ればそれに訴えかけるべきであるし，またそれが有れば亡命も受け入れやすい，というのである．しかし Danaides はこの問いに答えない．婚姻を凡そ絶対的な無対価の支配一般に置き換えて原理的な批判を展開する[3]．つまり，実定的根拠そのものへの抵抗の是非が懸かっているのに，実定的根拠を問うのは余りにも間が抜けているではないか，というのである．これを経た上でなされる Danaides の（Pelasgos の一存で決定するという）手続論は，到底素朴ではありえない．Pelasgos の方が政治手続について実証主義的態度を取ったにすぎない，Danaides の方が実証主義的手続前の問題たることを主張したのである，と見えてくるからである．すると明らかに Danaides の方がデモクラシーに陣を構えているのである．いずれにしても Aischylos の鮮やかな手法が発揮されたまた一つの瞬間である．一つの逆転を演出して見せ，見事にデモクラシーは例解された．なおかつこれは三部作の第一にすぎないから，これがもう一度問題であるとされるのである[4]．

　追い詰められた Pelasgos は実質的な問題の方に議論を展開していく．Danaides が Zeus Hikesios の足元への asylum を主張したのに対して，Pelasgos

は，それを認めればエジプトとの戦争を覚悟しなければならず，自分が責任を負っているその人民を滅亡させかねない，と反論する (397ff.). とはいえ Zeus Hiktaios の神聖な権威を蹂躙するわけにも行かず，Pelasgos は底知れないディレンマの中に投げ込まれる (407ff.). Zeus を敵に回すか強大なエジプトを敵に回すか，いずれにしても戦いは避けられず，傷を負わずには突破はない (438ff.: *"ἢ τοῖσιν ἢ τοῖς πόλεμον αἴρεσθαι μέγαν/πᾶσ' ἔστ' ἀνάγκη……/ἄνευ δὲ λύπης οὐδαμοῦ καταστροφή"*), と覚悟を決める．典型的な政治的決定のパラデイクマであり，これによって impasse を抜ける以外にないというのである．結局彼は民会に対して Danaides 救済の内容の決議を提案することとする (468ff.). 民会はこれを受け入れる (600ff.). しかしその決議の崇高な言語 (609ff.) はデモクラシーの頂点に見えて，よく読むといつの間にか，Pelasgoi の神聖な独立を傷つけられようとして誇り高さをかき立てられたにすぎない空虚さを帯びている[5]．Io 以来の syntagmatique な連鎖が準備してきた或る事を擁護するのに果たして適した言語であるのか．どこかでずれてしまったのではないか．

[3・3・6・1] Aischylos の最も顕著な独創はこの Pelasgos を主人公としたということである．Aischylos の影響も否定できない遅い時期の多くのヴァージョンですら，この点を採るものは無い．つまり，たとえば，Paus. II, 1, 4 も Apollod. II, 19, 3 も，Danaos が Gelanor を王とする Argos を征服して一旦権力を握り，これに対して Aigyptiadai が迫る．Aischylos に近い Hyg. 168 すら迎え撃つのは既に王たる Danaos であるように書く．この場合には，外来とはいえ部族の祖たる Danaos が exogamie に抵抗する，という動機が優ることになる．新しい単位と旧来の横断組織の関係という鋭い問題提起は抜け落ちる．

[3・3・6・2] 370ff.: *"Σύ τοι πόλις, σὺ δὲ τὸ δήμιον, /πρύτανις ἄκριτος ὤν/κρατύνεις βωμόν, ἑστίαν χθονός"* 「あなたこそが政治システムであり，同時にまたデモクラシーではないのですか，それ以上の審判手続抜きの公式裁可者であり，儀礼手続の祭壇を司り，領域による批准の儀礼をもその手に握っているのではないのですか」．これは，皮肉にも，デモクラシーは政治に或る先験的な要請を突き付ける，ということを言うのであり，凡そ政治を知らず君主制しか理解しえない愚かさが表現されているとする通常の理解は疑問である．

[3・3・6・3] 392: *"μή τί ποτ' οὖν γενοίμαν ὑποχείριος/κάρτεσιν ἀρσένων· ὕπαστρον δέ τοι/μῆχαρ ὁρίζομαι γάμου δύσφρονος/φυγάν·"* 「男の権力下には金輪際入らない，心ならぬ婚姻を逃れるためならば星空の下ひたすらどこまでも」．これ以前，何故ここへ逃れるのかという問いに対して，334: *"Ὡς μὴ γένωμαι δμωΐς"* 「女下僕にならないために」という答えが与えられる ("Odysseia" がこれの重要なパラデイクマである)．さらには 336: *"Τίς δ' ἂν φίλους ὠνοῖτο* τοὺς κεκτημένους·" 「誰が一体，取得の対象で垂直関係にある者を，互いを尊重する水平的連帯の関係にある，と考えようか」(写本の "ὠνοῖτο" が悪名高き crux であり ed. Page のように "ὄνοιτο" と修正する説があることについては，cf. R. G. E. Buxton, *The Persuasion in Greek Tragedy. A Study of Peitho*, Cambridge, 1982, p. 71f.; endogamie 故に却って交換の関係 "ὠνοῖτο" が崩れ親族でないかのようになるということか) と追い討ちをかける．デモクラシーは〈二重分節〉単位を樹立し，後者はその単位内の従属関係をクローズ・アップする．それへの批判が早い段階であったことをこれらのパッセージは示唆する．

〔3・3・6・4〕 Musti, *Demokratía*, p. 24ss. は，Pelasgos が守った決定手続を以てデモクラシーであるとするが，状況は大いに進んでいて（したがってかつての490年説は妥当しない）仮にそうだとしてもそれはもはや政治でしかなく，Danaides の方がデモクラシーである，という問題提起を Aischylos は行っているのである．しかも，それをさらに問題としている．

〔3・3・6・5〕 手続言語は確かにデモクラシーのものである（cf. III・4）．601: "δήμου δέδοκται παντελῆ ψηφίσματα" 「決定は原案のまま民会によって批准された」，603f.: "ποῖ κεκύρωται τέλος,/δήμου κρατοῦσα χεὶρ ὅπῃ πληθύνεται;" 「どのような内容の決議がなされたのか，民会を制した（挙手の）手はどれほどに達したのか」．しかし決議の内容は，領域の組織の地を這う連帯を無媒介に使って個々人の不可侵を守る，という調子を帯びる．609ff.: "ἡμᾶς μετοικεῖν τῆσδε γῆς ἐλευθέρους/κἀρρυσιάστους ξύν τ' ἀσυλίᾳ βροτῶν·/καὶ μήτ' ἐνοίκων μήτ' ἐπηλύδων τινά/ἄγειν· ἐὰν δὲ προστιθῇ τὸ κρατερόν,/τὸν μὴ βοηθήσαντα τῶνδε γαμόρων/ἄτιμον εἶναι ξὺν φυγῇ δημηλάτῳ." 「われらはこの地に，自由にして不可侵の者として互いに連帯して住みなし，以て死すべき者の聖なる避難所となっている．この地の者達もここへやって来た者達も，一人たりとも引っ立てることは許されない．もし実力に訴える者あるときに，この土地の者でこれに対して戦わない者は資格を剥奪し追放の刑に処す」．前者は碑文から抜け出たような，後者は，それに擬古的な（Drakon 的な）脚色を不自然に付け加えたような，調子である．

3・3・7

勝利に酔った choros はなお悪いことにこの決議を集団としての女が集団としての男に勝利したものと解す（643ff.: "οὐδὲ μετ' ἀρσένων/ψῆφον ἔθεντ' ἀτιμώ-/σαντες ἔριν γυναικῶν"）．これは明らかに二つの〈分節〉システム間の対決のことである[1]．そして choros はその後は「武器を取れ」「この Argos の地を守れ」「神のご加護を」という戦いのトランペットを響かせるばかりとなる．もっとも，実際に Aigyptos の命を受けた艦船が現れる（710ff.）と，たちまち再びパラデイクマはズレて，婚姻という権力行使を逃れるという φυγή の動機が現れる（776ff.）．われわれは Danaides を突き放すこのあたりの筆致を見逃すべきではない．部族神話の原点の initiation が例えば Bacchylides によ

3 新しい連帯

ってパラデイクマに空間的パースペクティヴを与える（そのようにして複雑系の屈折体を創り出す）ために用いられる；それをさらに「asylum を求める」という意味に，「権力を逃れてこれを遮断する構造を創り出す」という意味に，転換する；そうした Aischylos 自身のパースペクティヴが（転換しえずに混乱する Danaides に対する）この突き放しを生む．

Aigyptos の伝令使は Danaides に対して実力行使しようとする（825ff.）．もちろん Pelasgos はこれを阻止する（911ff.）[2]．前者の論拠は失った自分のものを取り返してどこが悪いというものである（918: "$Π\hat{ω}ς\ δ'\ ο\dot{υ}χί;\ τἀπολωλόθ'\ ε\dot{υ}ρίσκων\ \dot{ε}γώ;$"）．これに対して後者の論拠は全て政治的である．この女達を決して実力で奪わせないという政治的決定である（942f.: "$τοιάδε\ δημόπρακτος\ \dot{ε}κ\ πόλεως\ μία/ψ\hat{η}φος\ κέκρανται$"）．決して書かれていない自由な口の自由な言語がこれを伝達している（947ff.: "$Τα\hat{υ}τ'\ ο\dot{υ}\ πίναξίν\ \dot{ε}στιν\ \dot{ε}γγεγραμμένα/ο\dot{υ}δ'\ \dot{ε}ν\ πτυχα\hat{ι}ς\ βίβλων\ κατεσφραγισμένα,/σαφ\hat{η}\ δ'\ \dot{α}κούεις\ \dot{ε}ξ\ \dot{ε}λευθεροστόμου/γλώσσης$"），と Pelasgos は誇り高く宣言する．

この次元のパラデイクマと，しかし大きくズレる方向に事柄は発展しつつある[3]．確かに来るべき戦いで Pelasgoi は敗れるであろう．一人の外来の女に自分達と同等の権利を認めてその女の自由のために滅亡した者達の悲劇が伝承されるか．決してそうではない．Pelasgos と伝令使の応酬の中では Danaides は "$γυναικ\hat{ω}ν\ στόλος$" として言及される[4]．ことさらに集団たることが強調されるのである．そして最後に登場するのは Danaides の乳母達である（1035ff.）．彼女たちは，Artemis を押し立てる Danaides に対してしきりに Kypris 即ち Aphrodite を対置して婚姻そのものの意義を強調し始める[5]．polarité の両極がそのままパラデイクマとして現れる不毛な結果となったのである．デモクラシーは底の構造においてまだ完成していない．もう一段の，否，二段の構造変化が必要である．その二段が三部作の第二第三となるはずである．

三部作の自余は伝わらないが，われわれのためにも Prometheus が全てを予言してくれている．いずれにしても，標準ヴァージョンに戻れば，Danaides はほとんど exogamie を強制されるように，集団で Aigyptos の息子達との婚姻を実行させられる．というのも，連れ返されるのでなく，彼らの方がやって来るからである．実に奇妙なパラデイクマをわれわれは目の前にしていること

になる．第一に，集団性によって首長神話との区別が強調され，「自然界」にはありえない純然たる部族神話の原点が抽出される．次にこれに或る精巧な操作が施される[6]．syntagmatique に分節されたパラデイクマの或る切片（婚姻）についてパラデイクマが対抗する（exogamie/endogamie）と，ここに対抗の軸（外―内）が置かれてこのヴァージョン対抗が実現する．その一方（exogamie）を選択したまま，対抗の軸上を向こうの極（内）からこちらの極（外）へ移動するパラデイクマを考える（「外から来たのだが，その前に内から外へ出ていった」）．これ自身一つのヴァージョン（複雑型）選択であるが，これを媒介する対抗の軸上で同じ操作を繰り返す．このようにして次々とパラデイクマを syntagmatique に接続していき，次々とめまぐるしく意味が逆になるようにしていく．すると白黒の方向性（内か外か）はストロボをかけられたように消失してしまう．こうした操作は，対抗の軸，或いは polarité 自体について，そしてそれを使って高度の actantiel な入れ替わりが可能であることについて，これが réciprocité から普遍性の観念へと思考を媒介していくことについて，十分な思弁が既に行われ始めていることを示す．ソフィストの議論を先取りするような Prometheus の「記号からスタートする文明起源論」と明らかに符合する点である．いずれにせよ，この高度で大規模な〈二重分節〉形成に一旦垂直〈分節〉が譲らざるをえない，というのがおそらく第二部の前提状況である．

　しかもなお，Aischylos はもう一度大きな対抗軸の横断をやって見せる．まず垂直〈分節〉の側からの大逆転．集団的なその婚姻のさなかに花嫁が全て花婿を殺すのである．しかし Aischylos はこれと垂直に交わる方向にもう一度軸の大横断を演出する．中で一人だけ Hypermestra が相手の Lynkeus を見逃したのである．これは決定的な一撃である．一人を見事に括り出したのである．「一人か皆か」という対抗の軸上に極を取ることは元来は陳腐な首長制―部族制の選択肢の上で何らかの働きかけを行うことにすぎなかったかもしれない．しかし Aischylos は同一パラデイクマ内で「皆」の筋書きが「一人」に逆転するという syntagmatique な操作によって全く新たな意味を発掘することに成功したと考えられる．第三部は，さらにこの事態を前提として，Danaides の行為を問うものであったに違いない[7]．第一部で，そのままでは何かが欠けた状態にあったこの女性群像は，しかし追い詰められ抵抗した時に，皮肉なことに

3 新しい連帯

一人一人になる．示し合わせて一個のパラデイクマに再現的に従う，が一つ一つは完全に密室で行われ，多くのヴァージョンを持つ．そして何と Hypermestra のヴァージョンは Aphrodite の勝利という対極のものである．対極にひっくり返ってしまうのである．しかも一人だけ．Hypermestra は Danaides が今や一人一人になったということの表現である．他の Danaides が全て殺した，と言う部分は論理的なコロラリーであって具体的な意味を持たない．否，彼女達の抵抗（但し一人一人の抵抗）があってこそ Aigyptiadai の側が集団たる（$βία$）をやめて一人（Lynkeus）に変身したのである．第三部では，Aischylos は Danaides の弁護に力を注いだに違いない．

一見単純な婚姻の関係は，今や分厚い〈神話〉再構造化に支えられている．Prometheus の示唆による以外にわれわれはその全貌を知ることができない．しかし，デモクラシーを支える社会構造の問題をどの方角に探るべきかということに限れば，Aischylos の解答は明らかであるように見える．殺されなかったその一人 Lynkeus の直系にやがて Herakles が誕生して Prometheus を解放する．Zeus との和解すら達成されたかもしれない．Pindaros の Herakles にこれだけの条件が付されたということになる．

〔3・3・7・1〕 フェミニズムの立場からする解釈が的はずれであるというのではない．逆に重要な手がかりがここにある．男女というコードが働くことから生ずる社会全体の大きな混乱のリスクが，パラデイクマの現実的作動の局面で主として女性に耐え難い状況をもたらす，丁度そのように，コードの polarité をそのまま現実化すれば，二つの単純〈分節〉システムの対決しかもたらさず，したがってどこまで行っても元の地点に戻ってしまう．これに対して，〈二重分節〉を構想するならば，同じコードの働きを逆手に取って「女性中心」の視点を普遍的原理にしうる．この点，例えば F. Zeitlin, The politics of Eros in the Danaid trilogy of Aeschylus, in: Ead., *Playing the Other. Gender and Society in Classical Greek Literature*, Chicago, 1996, p. 123ff. は，婚姻によって女性を "civilize" し "socialize" する装置としての記号コードという J.-P. Vernant (Le mariage, dans: Id., *Mythe et société en Grèce ancienne*, Paris, 1988 (1974), p. 57sqq.) 以来の定式に従うために，これをはねつけるか受け入れるか，という polarité の軸の両端を行ったり来たりするばかりである．Io や Danaides の如き病は結婚させなければ治らないという（実際に稀ではない）即物的解釈と連帯する羽目に陥り，意味の別の次元を構築できないのである．Aischylos の解釈に凡そならない．

〔3・3・7・2〕 912ff. の Pelasgos の言葉は作品終盤で強調される歪みを導く．「地」を指示する語は全編を覆うが，これ（"ἀνδρῶν Πελασγῶν τήν δ'……χθόνα"）に重ねて「女達が構成するポリスへ」("γυναικῶν ἐς πόλιν") やって来たとでも思ったか，と Pelasgos は息まく．政治言語

のこの種の空転が冷徹な批判に曝されている.

〔3・3・7・3〕 Buxton, *Persuasion*, p. 89 は婚姻と政治の両面にわたる *peitho/bia* の対極的関係が作品の主題であるとするが, Aischylos のねらいはその先にある.

〔3・3・7・4〕 932 の伝令使の言葉にこの語が登場すると, そのエコーはデモクラシーの手続を言う真っ直中に現れる. 即ち, デモクラシーの手続で決定したことは, 「女達の隊列を決して実力によって引き剝がされることがあってはならない」(943f.: "μήποτ' ἐκδοῦναι βίᾳ/στόλον γυναικῶν") であったというのである.

〔3・3・7・5〕 この点で重要なのは 977ff.: "τάσσεσθε, φίλαι δμωΐδες, οὕτως/ὡς ἐφ' ἑκάστῃ διεκλήρωσεν/Δαναὸς θεραποντίδα φερνήν" 「愛しい従僕 (女) 達よ, 隊列を組め, Danaos が嫁資たるを予定して各々に割り振った任務に就いて」である. 50 人の娘とそれに付き従う女達という大女性群像が登場しかかるのである. これを裏切る形で女従僕達＝乳母達が Aphrodite に与したということになる.

〔3・3・7・6〕 元来このパラデイクマは極めて対等な (少なくとも 49 の) 部族単位を基礎づけうる. Paus. II, 1, 5 は延々とカップルの名と地名を列挙することによってその面影を遺している. それ自身 Argolis がデモクラシーへと移行する中で生じた (領域の組織に儀礼を通じて関わる) ヴァージョンであったに違いない. 殺される Aigyptos の息子達のかわりには, 競技によってそれぞれの婿が立つ. Aischylos の独創は, おそらく (Pindaros 風の〈二重分節〉形成の一ヴァージョンとして) 独自に発展しつつあった Io の〈神話〉と組み合わせて大規模な空間的往復を構想した点に存したと思われる. この構想がやがて, 全てのジェネアロジーを体系的に接合する後代の古事学的関心と融合してしまい, 遅い時期の全てのテクストに痕跡をとどめることとなる.

〔3・3・7・7〕 この点, 既に述べたように他の伝承がそうだからといって, 学説が伝存しない第二部第三部につき「Danaos 王」を前提に再構成を試みる (cf. R. P. Winnington-Ingram, The Danaid trilogy of Aeschylus, *JHS*, 81, 1961, p. 141ff.) のは性急である. Danaides の殺害行為, Hypermestra の命令不実行行為, のどちらが危険でどちらが処罰の対象となったか, に関わる. Paus. *loc. cit.* においては, Danaos はこの件と別個に Argos の王権を得る. これと連帯の関係で, Hypermestra が処罰の対象となる (Apollod. のヴァージョンもやや曖昧ではあるが同様). 権力を握っているからこそ, 取引をし, 婚姻を認めて征服を免れ, しかし秘策を練るのである. Aischylos が Pelasgos という人物を設定したということは, これを拒否したことを意味する. Argos は征服され, その帰結として婚姻は実行される. 辛うじて生き延びた Danaos が娘に最後の抵抗を指示する. 果たせず, Danaides が処罰の対象となる. 等々. M. Sicherl, Die Tragik der Danaiden, *Mus. Hel.* 43, 1986, S. 81ff. は, Aigyptidai に殺されるという神託を得たことを Danaos の動機とする各種 scholia の間に根強く分布するヴァージョンを重視し, これが Danaides を悲劇的ディレンマに立たせるとして Aischylos の独創に帰せしめるが, ならば Argos 降伏時に Danaos は殺されてしかるべきである. この種のヴァージョンは Danaos の取引を前提としており, いずれにせよ Aischylos からは遠い.

3・4 連帯の両義性

3・4・0

最晩年の 458 年に Aischylos は "Oresteia" 三部作[1]によって何度目かのグランプリを獲得する．そしてこれがほぼ完全にわれわれの手に遺る唯一の三部作である．テクストの伝存はひょっとすると偶然の所産であるかもしれない．しかし事実としてこの作品によってデモクラシーを支える観念構造の最も明晰な立体図形が描かれたことは疑いない．社会構造ないし屈折体はパラデイクマのヴァージョン対抗に関わり，パラデイクマの内容に関わらない．しかし "Oresteia" は以後同一の屈折体（の立体的複合体）を媒介し続けることになる．かくして Orestes は Herakles, Oidipous と並ぶ地位を占めるに至る．いずれも Homeros においては全く周辺的な登場人物であるにすぎなかった．

〔3・4・0・1〕 éd. Mazon, Paris, 1972 (1925).

3・4・1

"Oresteia" はもちろん決して新しい素材ではない．われわれは既に "Odysseia" において三度もこの話が登場するのを見た．Agamemnon と Klytaimnestra の双方が殺害されるこの話は，少なくとも "Odysseia" から見る限り，〈分節〉をもたらす破断力を極大化させる或るディアレクティカの所産であるとしても，到底そのままでは受け入れがたいものであった[1]．否，領域や後背地との厳密な関係を視野に入れた相対的にヨリ成熟した完成期の政治的階層の批判的意識が向こう側に創り出した対抗ディアレクティカであったに違いない．それを内蔵したとしても（Agamemnon を殺害する限りにおいて単純な首長制に戻りはしないが）結局は突き詰められた agnatique な原理を意識の底に秘めることになるだけであるから．微かに後の層の属する xxiv 巻においてはこの話は（Klytaimnestra の積極的な関与というヴァージョンによって）通俗化されつつ葬られる[2]．"Odysseia" が辛うじて免れた，貞節を基準とする勧善懲悪である．

われわれは Stesichoros の "Oresteia" について十分知ることができない．しかし "Odysseia" によって周辺に追いやられたパラデイクマの復権が目指され

たであろうことは想像しうる．そこではむしろ Klytaimnestra の責任が追及されたに違いない．しかし6世紀の末までには，"Odysseia" が意識した対抗関係を作動させてしかも Klytaimnestra を擁護するヴァージョンが形成される[3]．本格的な，ディアクロニクな，対抗である．Homeros が全く知らない Iphigeneia が初めて登場する[4]．Klytaimnestra は自分のこの娘を Agamemnon によって犠牲に供されたことへの復讐として彼を殺害するのである．Agamemnon 批判は全く新しい様相を帯びる．Aigisthos との関係によるか，Iphigeneia 殺害の報復のためか，によって Klytaimnestra の「動機」が決定的に異なる．Pindaros は，既に見たように，Pyth. XI でこの二つのヴァージョンの前で逡巡して見せる．決して Iphigeneia ヴァージョンに加担せず，むしろ Klytaimnestra に Kassandra 殺害の責任を負わせ，ディアクロニクに新しい別の条件を Orestes に探らせる．"Iliados" に対する大きな批判，Troia 攻撃に対する懐疑，を共有しながらも，批判をラディカルにするよりは収拾を模索する．政治に対する批判を受け入れつつも新しい構造によって立て直そうとする．とりわけ，Agamemnon と Klytaimnestra の激突による破断は所与であり，Iphigeneia すら所与である．この破壊的ディアレクティカが Iphigeneia を触媒として全く新しい次元で *mutatis mutandis* にデモクラシーの太い構成原理に転化しうるということには到達しない．

〔3・4・1・1〕　POL III・7・2, p. 246ff.
〔3・4・1・2〕　POL III・7・10, p. 278.
〔3・4・1・3〕　Bachofen が論証の最も中心的な素材として Aischylos の "Oresteia" を使って以来，この〈神話〉を始源的な女性支配の痕跡と見る見解が存在し，この見地からは "Oresteia" はその克服を記念するものであるということになる．Engels から G. Thomson, *Aeschylus and Athens*[2], London, 1946 を経て現代のフェミニズム（F. Zeitlin, The dynamics of misogyny: myth and mythmaking in Aeschylus's Oresteia, in: *Playing the Other*, p. 87ff.）に至る．但し方法は，歴史主義的理解（Bachofen）から，イデオロギー分析（Thomson）へ，さらには精神分析（Freud, Melanie Klein を経てたとえば Gréen, *Un œil en trop* で大きく展開されるのを見ることができる）および記号論（Zeitlin）へ，と変化してきた．両極性は継起に対応するのでなく，文明の構成原理に内在するコードの作用であるとされる．Klytaimnestra 擁護の方こそ時代の潮流であったこと，しかもデモクラシーの支柱に関わったこと，Aischylos はそのデモクラシーのディレンマにたずさわったこと，したがってこの名高い両極性はさしあたりそのディレンマに関わること，等々は大きく視野から脱落してきた．これらの方法がそれぞれに応じて抱える限界を正確に反映する．逆に言えば，この〈神話〉ないし Aischylos の作品に対して

示されるかくも巨大な関心の中に 150 年間（デモクラシーの最近代の精神構造）の問題状況が詰まっている，ということになる．

〔3・4・1・4〕cf. G. Hoffmann, *La jeune fille, le pouvoir et la mort dans Athènes classique*, Paris, 1992, p. 29, 102. Hoffmann は Homeros がこのエピソードにつき黙しただけであり，Il. I, 71-72 等の若干のパッセージは話を知っていることを暗示している，とするが，疑問である．

3・4・2

　三部作の第一 "Agamemnon" は *choros* の詠唱による長大なモノローグ[1]，したがって常にも増して濃厚な叙情詩的 basso continuo，を一つの特徴とする．〈神話〉的現在を鋭く切り出すために，冒頭衛兵が登場し，10 年待ち続けた勝利の狼煙が光る瞬間を凝視する．つまり外から意外なパラデイクマ（Troia 攻略と歓喜に満ちた帰還）が突如もたらされるという常套が踏まれる[2]．ところが *choros* は一向に動じない．彼ら自身の固定観念たる因果応報，Iphigeneia からスタートする黒い連鎖，に徹底的に固執する．40ff. で問題の Iphigeneia からスタートすると，355ff. では度を越した行為に度を越した報復が応酬されて全てが破壊し尽くされると述べられ，何と（言葉や財の交換による）「説得」Peitho は「壊滅」Ate の娘とされ，暴力で破壊し尽くす（$\beta\iota\hat{\alpha}\tau\alpha\iota$）存在と化し，他方 Ares は死体の両替商として計量の天秤を持ってうろつき回る有様である．489ff. では先触れの伝令使を迎えて，直前に表明された「勝利の合図とて果たして真実かどうか」という懐疑を打ち消す確証が得られるはずであるが，またしても *choros* は動かされず，しかもそればかりか渋々の相手を問い詰めていき，とうとう，Menelaos 以下諸将が（何と）火と水の連合軍に攻められて行方知れずである，という報告をさせる．681ff. では Ate に至る原因が注目すべきパラデイクマによって特定される．Helena を迎えた Troia がライオンの子を育てた羊飼いに喩えられる[3]．成功の極は子なしではありえず，その子たるや底なしの飢餓感である，どころか不吉な行為は不吉な行為を子として生み出す，と述べられる．血なまぐさい場面に向かう直前の 975ff. では *choros* はもはや確信するに至り，暗い復讐の予感に打ち震えるばかりである．

　Troia 後の暗転は Homeros が不可欠の筋書としたところである．それを凄まじい儀礼的現在に仕立て上げた点が Aischylos の功績か．しかし二つの筋書を同時に併存させてその間に転覆の関係を設定することこそは叙事詩には不可

能なことであり，これによって初めて実現される，syntagmatique に連なる並行パラデイクマ間の緊張，こそは〈神話〉の再構造化のために最も有効な手段である．Agamemnon と Klytaimnestra の激突はもはや単純なディアレクティカが帰結するものではない．agnatique な原理と cognatique な原理が切り結び〈分節〉をもたらすというのではない．PQ 間の〈分節〉は，これを PQ それぞれの agnatique な独立と見ようが，P と Q の間の排他的な cognatique な結合（endogamie-exogamie）と見ようが，既に確立されているのである．問題はその先である．P の下に p が抱え込まれたとき，〈分節〉の定義上 P は Q と p の関係を切る．しかし Q はそれを q と見て抵抗する．ならば P はその q を抹殺して切断し，〈分節〉を維持する．Q は Qq 関係を絶たれた，〈分節〉を侵害された，と感ずる．Q は P に報復する．P を抹殺するばかりか p を抹殺しようとする．p は反撃する．エスカレートしていく syntagmatique な連鎖がここにある．それは potlatch の様相を呈する．まさにそこにしかし，Aischylos はやがて pq の連帯という第三の未知のパラデイクマを用意する．Iphigeneia は決して彼の独創ではないが，Elektra はその可能性が大である．Agamemnon と Klytaimnestra の間の破断力を Aischylos は全く新たな次元で再現しようとする．しかも結合のための媒介として，即ち新しい質の〈分節〉のための準備として．これはかなり長い延長を有する syntagmatique な連鎖によってのみ可能である．かくして暗転は Homeros にとっての暗転とは全く意味を異にする．ディアレクティカの突き放し作用を担うばかりでない．言わばディアクロニクな形成作用を引き受ける．*choros* の異様な緊張はこのことを意味する．だからこそ物事の帰結と連鎖，そして子の恐ろしさ，子が問題たること，を執拗に暗示するのである．Iphigeneia はもとより子殺しの犠牲である．しかしもう一つ祖父 Tantalos の子殺しを受けて Atreus が実行した子殺しが作品終盤の主題となる．そう言えば Pindaros は Orestes を Klytaimnestra の殺意から辛うじて逃れさせていた．綿々と続くこの子殺し，否，逆に親殺し，のメンタリテイーこそが主題であること，を *choros* は予告している．すでに Troia 滅亡と Achaioi の苦難自体がそうだというのである．

〔3・4・2・1〕　cf. Kitto, GT^3, p. 67.
〔3・4・2・2〕　Kitto, GT^3, p. 66 は，脇役が初めて character を獲得した "a strong beginning" とする．

これは，外から「報告」される syntagmatique な連鎖の方が調子外れであるという，Aischylos の巧みなひっくり返しのコロラリーである．

〔3・4・2・3〕 cf.. 3・4・5・7.

3・4・3

alla memoria di Ciccio

　choros は冒頭から（40ff.）親子の二重構造のイメージを響かせる．Paris は何を侵害したか．「雛を失った禿鷹は悲しみの余り限りなく巣の上高く旋回する」(49ff.: *"αἰγυπιῶν οἵτ' ἐκπατίοις/ἄλγεσι παίδων ὕπατοι λεχέων/στροφοδινοῦνται"*)．これを記号として，Zeus は Atreus の二人の息子達を差し向ける．*choros* はしかし既に年老いていて，戦いに赴いたのは彼らの息子達精鋭である (72ff.)．折しも Klytaimestra が何の知らせに接したか犠牲式を捧げようとしている (83ff.)．犠牲獣を焼く炎が天に昇る．これを全く欠く Iphigeneia 犠牲を暗示する．この paradigmatique な作用によって *choros* はまさに Iphigeneia 犠牲の模様をまざまざと語るに至りうる (104ff.: *"Κύριός εἰμι ......"*) のである．そもそも犠牲式自体に二重の二重構造の枝分節的相互干渉解消の意味が有る[1]．さて発端は予兆である．二羽の鷲が現れて，子供達を果実として一杯に孕んだ野兎を捕らえる (114ff.: *"βοσκόμενοι λαγίναν ἐρικύμαδα φέρματι γένναν"*)[2]．Kalchas は直ちにこれを解読する (123ff.)．二人の Atreus の息子達は Troia を攻め落とし，根絶ぎにするであろう，と．しかし Kalchas は裏の意味をも確実に読み取っている．この伝統的な吉兆は不吉なヴァージョンに読み替えられうることに気付いている．即ち，「子を宿した出産前の哀れな野兎を犠牲に供する者達に対して」(136: *"αὐτότοκον πρὸ λόχου μογερὰν πτάκα θυομένοισιν"*) Artemis が怒るであろう，と[3]．Artemis こそはそもそも野生動物の庇護者であり，まして母子もろともを食べ尽くすことは致命的である (140ff.)．Kalchas は，Artemis がこの予兆のもう一つの意味を解釈するように要請している (144: *"τούτων αἰτεῖ ξύμβολα κρῖναι"*)，と警告する．成功は同時に直ちに Artemis の侮辱を意味する．不可避の二重の意味についての警告であり，それはまたディアクロニクな二重写しから生じている．Kalchas は綺麗に syntagmatique な連関を見透している (146ff.)．強い

逆風に災いされてTroiaへ渡れずに苛立つ陣営の空気すらも，Artemisとの関連における潜在的な予兆であると認識している．Artemisの呪縛を断つためにはまた一つ今度は娘を「火の無い」異例の犠牲（150: *"θυσίαν ἑτέραν ἄνομόν τιν' ἄδαιτον"*）に供しなければならない．そうなれば家の中で恨みと復讐の連鎖が野火のように拡がっていく（151: *"νεικέων τέκτονα σύμφυτον"*）．ジェネアロジクなバランスが完全に崩れ去るというのである．AgamemnonはKalchasの警告を尊重しつつ（186）も，むしろ「周囲の現実の空気を大きく吸う」（187: *"ἐμπαίοις τύχαισι συμπνέων"*），つまり，出航が長く逆風によって阻止されているという事態を司令官として強引にでも何とかしなければならない，という圧力に引きずられる[4]．そしてそれを決断する（205ff.: *"τέκνον δαΐξω"*）．こうして「不吉」で「不浄」の犠牲が行われることになる．Iphigeneia犠牲の場面は生々しく描かれる（228ff）．

　Iphigeneia犠牲はしかしArtemisの怒りをもっと買うことになりはしないのか[5]．何故これによってArtemisを突破しえたのか．もちろんそれはréciprocitéが働くからである．相手に犠牲を強いる前に自分も犠牲を供して見せるということである．しかしこれは到底尋常な方法ではない．字義通りのpotlatchに出たことになる．どちらかが全てを投げ出して破滅する以外にない．「それでもTroiaへ出発しますか」という挑発にのったことになる．Artemisを鎮めれば鎮めるほど不気味である．Artemisの怒りは屈折し，相手を内側から破滅させる．政治とともに負ったこの深い傷をデモクラシーへの意識が拱り出す．がデモクラシー自体これから出発しこれをさらに深く負わねばならないのではないか．

　政治は子殺しである．子殺しをしなければ政治が成り立たない．しかし今や子殺しをすることなく政治をしなければならないとしたならば，どうすればよいか．Kalchasは第三の道としてApollonを示唆した（146ff.）のではなかったか[6]．その意味するところは定かではないが，〈二重分節〉即ちデモクラシーは，子殺しの拒否が政治を逆に強化していく道筋を探る構想であることは疑いない．しかも子殺しは新しいヴァージョンのもとに現れる．

　　〔3・4・3・1〕　政治を支える構造にとって犠牲という儀礼が有した意義については，POL IV・2・4参照．〈二重分節〉構造が出来上がると，原理上，犠牲には大きな心理的困難が伴うことにな

る．Artemis が立ちふさがり，保護対象は連帯し，広くそのリソース一般，つまりその意味の「環境」に及ぶ．

〔3・4・3・2〕　cf. J. J. Peradotto, The omen of the eagles and the *HΘOΣ* of Agamemnon, *Phoenix*, 23, 1969, p. 237 : "The whole trilogy is structured on this incident". 悲劇などに一貫した思想を求めることを排する "literalism" を批判してこのパラデイクマを正面から受け止めることを提案するこの論文は適切な出発点たりうる．Artemis の怒りに関する先行伝承との対比も参考としうる．多くのことがこのパラデイクマのもとに繋がるようで，繋がりを求めようとすると逃げてしまう，missing ring が突き止められない，解釈状況の中で，「エートス」への着目は有用である．しかしそれを特定するための唯一の仮設は〈二重分節〉であり，〈二重分節〉は，この missing ring を埋めるという課題に，最も目覚ましい場の一つを見出す．

〔3・4・3・3〕　P. Vidal-Naquet, Chasse et sacrifice dans l'Orestie, dans : *MT I*, p. 141 はこの "l' extraordinaire vers 136, chef-d'œuvre de l'ambiguïté eschyléenne" について，狩と犠牲のパラデイクマを二重写しにしていることを鋭く指摘する．Troia 攻略は子を孕んだ野兎に対する如く規範を逸脱した狩である，そのように子を犠牲に供することは "sacrifice corrompu" である，という．しかしこれらは具体的なパラデイクマとして屈折しているのであり，単に polarité の転倒，記号の不全，が問題とされているのではない．具体的な屈折が polarité の転倒によって実現されているとはいえ（その分の分析は鮮やかである）．まして，polarité の転倒は具体的なパラデイクマではないから束となって連帯したりはしない．Vidal-Naquet は妻（Klytaimestra）が夫（Agamemnon）を殺すのも同じ転倒であるとし，Orestes についても狩る者が狩られると読むが，これらは禿鷲の狩や Iphigeneia 犠牲と真っ逆様に対抗する．

〔3・4・3・4〕　警告を受けながら何故 Agamemnon は Troia へと突っ走るか．解釈作業が集中してきたもう一つのポイントである．作品冒頭において，奪われた子を取り返そうとする二羽の鷲のイメージと共に Troia 攻略が Zeus の正義たることとして提示されることから，Zeus の鉄の意思（全編で強調される）の故と解される（Kitto ; cf. K. J. Dover, Some neglected aspects of Agamemnon's dilemma, *JHS*, 93, 1973, p. 63f.）傾向にあり，R. P. Winnington-Ingram, Agamemnon and the Trojan war, in : Id., *Studies in Aeschylus*, p. 78ff. は，"a price to be paid for justice" を敢えて引き受けたとして Agamemnon を称えるにさえ至るが，神々の正義が相矛盾することに悩み整合的説明を図れば，作品と政治＝デモクラシーの二重構造は台無しである．

〔3・4・3・5〕　critics の解釈が集中する問題である．まず何故出航が妨げられているのかにつき，Aischylos が二つのヴァージョンを（到底 E. Fraenkel, *Agamemnon, II*, Oxford, 1950, p. 97f. が解するように黙示に前提しているなどということはなく）拒絶している，ことに注意しなければならない．Homeros にとっては Apollon の怒りが Achaioi の前進を阻止し，その理由にまさに Agamemnon と Achilleus の激突が関わる．次に，"Kypria" に遡るとされ Sophokles の "Elektra" が採用するヴァージョンでは，Agamemnon が狩人としての腕を Artemis のそれよりも上であると誇ったことが原因とされる．しかし Aischylos は，これらの syntagmatique な連関を斥けて，とにかく理由不明で状況が暗礁に乗り上げている，という提示をする．だからこそ，一部の学説は反対にテクスト内に理由を求め，禿鷲のパラデイクマ自体に Artemis の怒りの対象を見る．しかしこれは，状況に光をあてるパラデイクマと状況そのものを混同

するものである（cf. H. Lloyd-Jones, Artemis and Iphigeneia, *JHS*, 103, 1983, p. 87）．すると，禿鷲は Atreidai で，野兎は Troia か．或る意味でそうであることは自明である（cf. Kitto, *GT*[3], p. 68f.; W. Whallon, Why is Artemis angry ?, *AJP*, 82, 1961, p. 78ff.）．Artemis はその場合 Troia 攻略自体に怒りを向けたことになる．しかしならばどうして，野兎を擁護する Artemis が Iphigeneia の犠牲をよしとして Achaioi のために道をあけるのか．Whallon は "remorseless vindictiveness to require that Iphigeneia be raised as a kid to the alter" (p. 82) と解するが，それで事が終わりはしないのは何故であろうか．Lloyd-Jones のように Burkert 等を援用して犠牲と Artemis の二義性を言うのでも，問題の広がりの大きさを指摘したにとどまり，解釈にはならない．

〔3・4・3・6〕　もちろんこれは Homeros における言わば原型を指示し直してもいる．つまり二つのヴァージョンは排他的に対抗しており，Iphigeneia と Achilleus を syntagmatique に繋ぐ後代のカノンは社会構造の死滅を意味する．

3・4・4

　とはいえそこに至るまでには Klytaimestra が執拗に政治の子殺しを糾弾することが必要である．

　Klytaimestra は初めから計算し尽くされた動きをする．Iphigeneia の件があるからと言って Troia 攻撃に消極的であるという様子は決して見せず，攻略の報[1]に歓喜してみせる（320ff.）が，他方 choros の予感を読み切って征服軍の逸脱や過剰を心配して見せ（341: "*ἔρως δὲ μή τις……*"），choros は「まるで男の賢者たるかのように思慮深く言う」と感嘆する（351: "*κατ' ἄνδρα σώφρον' εὐφρόνως λέγεις*"）．Agamemnon 凱旋が確実になった時点では，留守を預かった完璧な妻たるを演じて誇る（587ff.）．凱旋の戦車から Agamemnon を迎える（905ff.）時には深紅の敷物を用意し，神々と同格たるを僭称することになるとためらう Agamemnon をうまく挑発してその上を歩かせる．続く独白の冒頭，「もはや成功」の符牒はまたしても海である（958: "*ἔστιν θάλασσα*"）．海の存在は確かであり，無限の効力を持つ（"*τίς δέ νιν κατασβέσει;*"「誰が汲み尽くせよう」）[2]．そして事が成就した直後，「かつて状況に合わせて言ったことと正反対のことを言うことを決して恥じない」（1372f.: "*Πολλῶν πάροιθεν καιρίως εἰρημένων／τἀναντί' εἰπεῖν οὐκ ἐπαισχυνθήσομαι*"），そうでなければ味方の如く見えるヨリ強い敵に致命的な罠を仕掛ける（"*φάρξειν*"）ことなどどうしてできようとうそぶき，深い動機について語り始める．

3 新しい連帯

その動機は Agamemnon のジェネアロジーに深くその根を降ろす。自分は実は Agamemnon の妻でなく (1498f.)，その Agamemnon の父「悪しき晩餐者たる Atreus につきまとう報復の亡霊」(1501: *"ἀλάστωρ ᾿Ατρέως χαλεποῦ/ θοινατῆρος"*) であり，それが「かつてのあの子供のお返しにこの大人を犠牲に供してツケを支払う」(*"τόνδ' ἀπέτεισεν/τέλεον νεαροῖς ἐπιθύσας"*) のである。Aigisthos が種を明かすように登場する (1577ff.) と，Homeros が解体したジェネアロジー[3]が細かく特定される。Klytaimestra の愛人 Aigisthos は無名の *mnesteres* の一人ではない[4]。Agamemnon の父 Atreus の兄弟 Thyestes の息子とされる (1584f.: *"πατέρα Θυέστην τὸν ἐμόν....../αὐτοῦ δ' ἀδελφόν"*) のである。Tantalos の子殺しないし「子喰らい」*teknophagia* はここにすり替わって出てくる。即ち，Atreus は Thyestes と争いこれを追放し，Thyestes が祈願して保護を求めて来ると，Thyestes の子供達を料理してもてなし，知らずに食べさせる (1591ff.: *"πατρί/τῷμῷ......./......παρέσχε δαῖτα παιδείων κρεῶν"*). potlatch どころではない。兄弟のパラデイクマが〈分節〉システムの所在を指示する。そこにおいて P と Q が p と q を投げ出して競争することは既に大変危険である。そこに今故意に或る混線をもたらす。P は p の替わりに何と q を Q に食べさせるのである。Q は高々 p のつもりで食べてしまう。pq を食べさせ合うというこのシステムのグロテスクさをこれほど際立たせるパラデイクマは有りえない。p を q のように尊重しなければ Q は大事な q を自ら食べることになりますよ，という警告である。pq 混同可能性，互換性，が P—p および Q—q それぞれの単なる二重構造即ち枝分節でなく，どうしても PQ—pq 間の体系的な〈分節〉を必然とするということである。*teknophagia* のパラデイクマは新しいヴァージョン対抗の屈折を示し始めたのである。

政治的階層の cognatique な結合を司る Klytaimestra にとってこれほどの屈辱は有りえない。彼女は Tyndareos の娘であり (83)，Agamemnon を夫に迎えてそうした結合の要である。元来 cognatique な関係は子殺しを憎む。しかし政治システムの中の一要素として適応したその矢先に，結合を媒介する交換メカニズムを逆用され，子殺しを呑まされたのである。ならばその交換メカニズムは子殺し自体を報復のバネとして却って推進しつつ相手の中枢をねらうであろう (Artemis と同様)。Aischylos の恐るべき構想力は，かくして Klytaimestra に，反子殺しの旗手にして同時に子殺しの擁護者という二つの意味を重ねる事に成功する．Iphigeneia に始まり，Aigisthos のモノローグによって Thyestes のエピソードが最後に語られる時，「この家に固有の古い因縁」を執拗に強調する Klytaimestra のディアクロニクに長い一束の観念複合体が完結する．掘り下げれば，子の擁護も報復も決して単純には〈二重分節〉とデモクラシーには至らず，高々政治システムの保守的な運用，若しくは端的に枝分節，に加担することにしかならない．何かヨリ高度な「反子殺しのパラデイクマ」を屈折体の柱として用意しなければ，Thyestes の悲劇は避けられないのである．

〔3・4・4・1〕 この相当に長い "the messenger scene" において，確かなはずの報告言語が無意識に全て裏の意味を帯びる間抜けさ（ないし皮肉）については，S. Goldhill, *Reading Greek Tragedy*, Cambridge, 1986, p. 6ff. に的確な分析がある．

〔3・4・4・2〕 "πορφύρα" は海であり（貝殻を使う），Agamemnon は海の高価なエッセンスを踏みつけたことになる．

〔3・4・4・3〕 素材の相対的な新しさについては A. Moreau, Les sources d'Eschyle dans l'Agamemnon : silences, choix, innovations, *REG* 103, 1990, p. 30sqq. を参照．しかし，"version infamante" が時とともに強くなるとするばかりで，古い叙情詩における Tantalos〈神話〉の分布が Pindaros の忌避および Aischylos の黙殺と対照的たること，Aischylos においてはかわりに Thyestes が浮上すること，を見逃すし，とりわけ Aigisthos を Thyestes と接続するジェネアロジーの特異性とその意味について気づくことがない．

〔3・4・4・4〕 Kitto, *GT*[3], p. 77 が論駁するように，一見付け足しのような Aigisthos の場面は "anticlimax" ではない．これによって初めて syntagmatique な連関のヴァージョンが特定され，全体が立体的な光の中に戻る．

3・4・5

Tantalos の *teknophagia* と Atreus のそれの間のヴァージョン偏差を精密に考察しなくとも，Klytaimestra の復讐が Iphigeneia 犠牲の誤りを糺し〈二重分節〉が宣言される，という解釈が極めて自然に斥けられる，ように作品は構成される．もちろん「Agamemnon の愛人」Kassandra 殺害は Aischylos 以前に Klytaimestra の罪であり，cognatique な正統性の「過剰防衛」が神々の領分を侵犯する（捕虜たる巫女を殺す）ということであったに違いない．Orestes による報復はもちろん agnatique な原理の側からの反撃として予定されている．しかしこの点であるならばむしろ，Aischylos のヴァージョンは原

3 新しい連帯

パラデイクマを徹底的に詰めていく（ディアレクティカ）ために，Klytaimestra の完璧な勝利はそれ自身直ちに従いうるパラデイクマ（教訓）を遺すようにさえ見える．もしこれを切り返すというのならば，逆の側が陳腐な agnatisme への退行（父の権威と男系の正統性の回復）と見えないためにも，もっと繊細に新しい次元を切り開くことが要求される．事実，Aischylos は Kassandra を極めてユニークなヴァージョンに置く．

第一に彼女は，「愛人」であるよりも，神聖な「巫女」であるよりも，端的に奴隷である（1037f.: *"πολλῶν μέτα/δούλων"*）[1]．Klytaimestra は，ギリシャ語を解さないのか黙して答えない[2] Kassandra に対して「新興成金はきつく奴隷を使う（*"ὠμοί τε δούλοις πάντα καὶ παρὰ στάθμην"*）から，我々のような古い金持ちに獲得されてまだ幸せのはず（*"ἀρχαιοπλούτων δεσποτῶν πολλὴ χάρις"*）」（1042ff.）という珍妙な奴隷制論を行い（1042ff.），古い政治的階層の意識を吐露する．他方 Kassandra 殺害に固有の動機（たとえば嫉妬）を Klytaimestra は全く表明しない．すると，Kassandra 殺害の意味は「奴隷殺し」「非ギリシャ人殺し」にすぎないということになる．否，まさにだからこそ「子殺し」に重なるのである．あの致命的な「子殺し」に．野兎を襲った禿鷲，Iphigeneia 犠牲，と同じく Artemis の領分に属し，決して Aphrodite のそれに属さない．だからこそ Kassandra の透視眼は子殺しの匂いを直ちに嗅ぎつける[3]と同時に，まさにそのために自分も殺されると察知するのである．それは一つの構造を嗅ぎ当てたということであるから，「ここでは全ての子供は「子喰い」されてきた」と看破する[4]のも当然である．Agamemnon 殺害とその後の応報の予感はその延長線上[5]にある．パラデイクマの表面では「夫殺し」「母殺し」と符合しないが，巨大な potlatch を構成して一つの構造を結んでいるのである．それは Kassandra にとって同時に自分を襲う重たい殺気[6]に他ならない．

第二に，極めて注目すべきことに，以上の点と関連して，Kassandra は Orestes との連帯を示す（1279ff.: *"Οὐ μὴν ἄτιμοί γ' ἐκ θεῶν τεθνήξομεν·/ἥξει γὰρ ἡμῶν ἄλλος αὖ τιμάορος, μητροκτόνον φίτυμα, ποινάτωρ πατρός·"* 「われわれは決して神々の報償なしに死ぬのではない，事実第三の報償者（報復者）がやって来るだろう，母を殺す子が，父に報いる子が」）．自分と Agamemnon

の死は Klytaimestra と Aigisthos の死と等価なのである（1318f.: *"ὅταν γυνὴ γυναικὸς ἀντ' ἐμοῦ θάνῃ,/ἀνήρ τε δυσδάμαρτος ἀντ' ἀνδρὸς πέσῃ"*「女たる私が死ぬ見返りに女が死に，妻に裏切られた男が死ぬ見返りに男が死ぬ」）．それを実現する子が今に現れると予言する．Klytaimestra 自身の口から Orestes が遠ざけられていることは既に述べられている（877ff.）．他方では成長して内から飼い主を食い破る子ライオンのイメージが *choros* によって示唆されている（717ff.）[7]．Kassandra は何とむしろ子として Klytaimestra に相対し，これを自己矛盾に陥れ，剰え Orestes と連帯する方向に希望を見出すのである．Orestes が自分のためにもやってくれるであろう，と．Kassandra はかくして Elektra と Choephoroi に繋がる形象へと 180 度転換されてしまっているのである．

第三に，Kalchas に呼応してこの Kassandra は何と Apollon の星の下に立つ（1202ff.）．Apollon の求愛を一度は受け入れるがこれを裏切る．かくして一度予知能力を失うのであるが，今死を前にして，死の無分節の通路によってにわかに全てが見えるようになっている．しかし彼女は Apollon の名を叫び（1257），予知能力と「死という儀礼」との間の不一致を *choros* に不思議がられる（1296ff.）有様であり，また，自分にこのような最後を与えたのは Apollon であると悟っている（1275ff.）．Kassandra が将来に託さざるをえなかった Apollon の方向への脱皮とは何を意味するか．

〔3・4・5・1〕 Kassandra につきテクストが徹底して婚姻のパラデイクマを鏤めるという点については，例えば R. Rehm, *Marriage to Death. The Conflation of Wedding and Funeral Rituals in Greek Tragedy*, Princeton, 1994, p. 44ff. が丹念に論証するところである．婚姻と葬送儀礼の競合は，〈二重分節〉形成のための一時的分節解消がクリティカルな瞬間を意味する（単純な〈分節〉から侵食される）ために生ずる．Kassandra の屈折体が元来これに関わったであろうことは悲劇のみならず壺絵（Oineus の子 Aias による陵辱）から容易に推定しうる．しかし Aischylos はこれに重要な変型を加えている．Klytaimestra（反〈分節〉）の側から Kassandra 殺しが作動するのである．Prokne-Itys への示唆はこの点に関係する．早くも Kassandra 殺しは子殺しに変容しつつある，まだ（Euripides におけるように）それが全てではないにせよ．いずれにせよ，Rehm の失敗は，婚姻を分解不可能な mythème と見た点に存する．Helene も Klytaimestra も Kassandra と同列に並べてしまった．

〔3・4・5・2〕 950ff. の Agamemnon の科白から初めて Kassandra の舞台上の存在が明らかになる．しかし，奴隷たるを説明するその科白の前，783 の Agamemnon の戦車の登場から彼女は居たことになる．1072 で声を上げるまでの黙せる Kassandra の効果について Taplin, *In Action*, p. 103f. の印象的な指摘がある．却って演出の可能性を開く解釈である．

[3・4・5・3] 1090ff.: "αὐτόφονα" 「同族殺し」, "ἀνδροφαγεῖον" 「人身御供」, "κλαιόμενα τάδε βρέφη σφαγὰς/ὀπτάς τε σάρκας πρὸς πατρὸς βεβρωμένας" 「泣き叫ぶ子供達が犠牲に供され, 焼かれた肉が父によって貪り食われる (のを私は見る)」etc.

[3・4・5・4] 1217ff.: "'Ορᾶτε τούσδε τοὺς δόμοις ἐφημένους/νέους……/παῖδες θανόντες ὡσπερεὶ πρὸς τῶν φίλων,/……ὧν πατὴρ ἐγεύσατο" 「この家の亡霊のような若者達を見よ, ——親族によって殺されたに等しい子供達を——(その体の各部位の肉を) 父が味わった」.

[3・4・5・5] 1090ff. は直ちに 1100ff. に展開され, 1242ff. で, choros が Thyestes のことかなどと解釈している間に, 端的に Agamemnon 殺害を予告する.

[3・4・5・6] 1256ff.: "Παπαῖ· οἷον τὸ πῦρ· ἐπέρχεται δ' ἐμοί./……" 「おお, 何という火が, 私に迫って来るのか. ——」. 彼女は王宮の中に連れ去られることが同時に死を意味することを理解しているから, その門が「Hades の門」(1291: "Ἅιδου πύλας") となる. Klytaimestra による Kassandra 殺害はしたがって密室で行われる点 Iphigeneia 犠牲とは異なる. 枝分節構造が内部に吸い込んで闇の中に葬るのである. このスリルが十分演出可能なようにテクストが編まれている. cf. Taplin, In Action, p. 33.

[3・4・5・7] このパッセージについては B. M. W. Knox, The lion in the house, CPh, 52, 1957, p. 17ff. の見事な分析がある. 前後の脈絡からこの "parable" を Troia に迎えられて災いをもたらす Helene のことであると解する通説に対して, この "the surface meaning" の他に Agamemnon, Klytaimestra, Aigisthos, の全てを指す, と読み, 彼らが全てライオンに喩えられることを挙示する. さらに "The lioncub is also Orestes. This parallel is the most strikingly exact of all five." と述べる. 実際決定的であるのは Choeph. 937f. であり, 三部作全体にかかる射程をこの parable は持つ. しかしながら, ポイントはライオンの「子」たることであり, したがって Orestes のみを指し, 他を指さない, 或いは他に Elektra を指す (文字通りに母のもとを離れて他で飼われるわけではないが).

3・4・6

三部作の第二 "Choephoroi"「供養する女達」は, Agamemnon と Klytaimestra の娘 Elektra を初めて, 否, 凡そ初めて登場させる. Homeros に知られないばかりか Pindaros に至るまでこの人物の痕跡は無い. 作品は澄み切った叙情詩的場面で幕を開ける. 即ち 10 年振りに密かに戻った Orestes の目の前に女性群像からなる choros がしずしずと現れ[1], Orestes は身を隠す. 女達は Agamemnon の墓に盃を空ける儀礼 χοή のための行列である. 不吉な夢を見た Klytaimestra に命じられたのである (32ff.). この choros は Kassandra のほとんど別の姿であることが直ちに判明する. Kassandra が響かせた奇妙な「死者を悼む歌」の余韻が χοή に漂うばかりか, この女達は奴隷となって仕える (75ff.) Troia の女達に他ならない. Homeros の Troia (Il. VI) も遠くに鳴り続

ける．Klytaimestra と Aigisthos の暗い抑圧，民心の離反を歌う．

　この女性群像を背景にして今その前面に一人の娘が浮き出る．強い声で *choros* に呼び掛ける文言は，家に仕える者に対するのと（若い娘から成長して）独立した女に対するのと両方の意味を重ねる（84: "*Δμωαὶ γυναῖκες*"）．押し黙る *choros* を前に，母が命じた *χοή* の偽善性を指摘し（89ff.），"*Τῆσδ' ἐστὲ βουλῆς, ὦ φίλαι, μεταίτιαι*"「親愛なる方々，パラデイクマの同一の syntagmatique な連鎖を共にスタートさせよう」（100）とさえ呼び掛け[2]，自分達は共通の憎悪 "*κοινὸν ἔχθος*"[3] を共有する，自由であろうと他人の権力に服していようと共通の運命が自分達を待ち受ける（103f.: "*τὸ μόρσιμον γὰρ τόν τ' ἐλεύθερον μένει/καὶ τὸν πρὸς ἄλλης δεσποτούμενον χερός·*"），と語り，対等の立場で自由に考えを表明するように迫る "*λέγοις ἄν......*"．*choros* が語り始めると，Klytaimestra のための *χοή* は Orestes 待望の誓約共同体のためのものに転化する．

　われわれは，この Elektra の存在によって初めて Orestes と Kassandra が本当に結ばれうる，ということを知る．Elektra 登場の最初の意義である．媒介はあの原通路とも言うべき女性群像である．

〔3・4・6・1〕 10ff.: "*Τί χρῆμα λεύσσω; τίς ποθ' ἥδ' ὁμήγυρις/στείχει γυναικῶν φάρεσιν μελαγχίμοις/πρέπουσα;*"「私が目撃しているこれはまた一体何か．目を射る黒い束装に身を包んだ女達の隊列がこちらに向かって来るではないか」．

〔3・4・6・2〕 Goldhill, *Reading Greek Tragedy*, p. 83f. は，以下のパッセージの "*φίλος*" と "*ἐχθρός*" について，「血縁」「同族」が「敵」でありうる新しい事態の矛盾を読み取るが，的外れで，"*φίλος*" はここでは（元来既にジェネアロジーを単に〈神話〉＝儀礼レヴェルでのみ用いる）領域の組織の連帯とそのさらなる課題を指示する．

〔3・4・6・3〕 J. de Romilly, La haine dans l'Orestie, *Dioniso*, 48, 1977, p. 33sqq. は，Euripides の Elektra に比して憎悪の能動性が希薄であり，対立する原理のエイジェントにすぎず，事実 "Eumenides" では憎悪の克服さえ主題となる，と指摘する．Homeros におけるのと異なって悲劇においては人間が内面の心理的メカニズムを持つようになる，という Snell 流の理解を修正する試みであるが，実際，心理的メカニズムは〈二重分節〉自体の帰結でなく，〈二重分節〉単位自体が二重構造を獲得する（後述）ことの帰結である．

3・4・7

しかし Elektra の役割はこればかりではない．Elektra の登場によって Klytaimestra は全く新しい相貌の下に置かれる．Elektra は Iphigeneia と同じジェネアロジクな地位にある．Klytaimestra にとって最も貴重な存在であるはずである．ところが Elektra は，確かに殺されはしない，がしかし「ほとんど奴隷に等しく扱われ」(135: *"ἀντίδουλος"*)，したがって母—娘の二重構造は有ってもその障壁は名目的なものにすぎず，むしろ抑圧の装置になっているのである．だからこそ *choros* との連帯が生ずる．Iphigeneia の動機は到底〈二重分節〉を保障しなかったことになる．

　他方 Klytaimestra は Orestes を実は売り飛ばしたのであることが判明する (132f.; 915)．そうであれば Elektra も Orestes も母との関係において同じ立場に立つことになる．別の連帯の可能性が開かれる．それを画するように，儀礼に取りかかった女達は墓に髪の一房が供えられているのをふと見出す (168: *"Ὁρῶ τομαῖον τόνδε βόστρυχον τάφῳ."*)．これこそが Elektra と Orestes を結合するに至る符牒である．Elektra の目にはそれが誰のものか一目瞭然である．自分の髪の質以外にはない．Elektra は不思議な期待に胸をふくらませる (183ff.)．物陰から Orestes が飛び出してきて，対面し，互いを認知する (212ff.)．「私のこのようなひどい境遇をさぞかしお笑いになることでしょう」(222f.: *"Ἀλλ' ἐν κακοῖσι τοῖς ἐμοῖς γελᾶν θέλεις;"*)「それがもしあなたの境遇であるとすれば，それは私の境遇です」(*"Κἀν τοῖς ἐμοῖς ἄρ', εἴπερ ἄν γε τοῖσι σοῖς"*)．新しい連帯が誕生した瞬間である．デモクラシーが完成した瞬間である．これは極めて重大な動機が一つ成立したことを意味する．pq 間の連帯が可能になったということである．兄妹のパラデイクマがかくして輝かしくデヴューしたことになる．これこそが二重構造を〈分節〉させる，〈二重分節〉にする，というのである．

　Aischylos は "Oresteia" に初めて「子による複合構造の打破」という意味を与える．Orestes の行為は復讐から解放へとその意味を転ずる．*choros* は *"ὦ παῖδες, ὦ σωτῆρες ἑστίας πατρός"* (264) と呼びかける有様であり，Orestes は父の墓の前で「死せる勇者の栄誉の救済者たる子供達」(505: *"Παῖδες γὰρ ἀνδρὶ κληδόνες σωτήριοι/θανόντι"*) を自称し，最後に *choros* は Orestes が Argos の全ポリスを解放したと称える (1046)．子といっても少なくとも当初は二人の連帯によって構成されており，334ff. では *"δίπαις"* が高らかに謳歌さ

れ，それも，501f. で男女の子揃って ("νεοσσοὺς τούσδ᾽……/θῆλυν ἄρσενός θ᾽ ὁμοῦ") というように特定される．choros の詠唱の中では，これを反射するように，603ff. で息子を呪い殺す Meleagros の母等々のパラデイクマが引照され，631ff. の Lemnos 島の女の夫殺しとともに cognatique な関係の猛威が歌われる[1]．

　Orestes の φεύγειν（136；337）は解放者たる重要な資質を獲得する上で決定的に重要である．何よりも Pylades という友との固い友情を得たことが重要であり（900ff.），そして Apollon に導かれることになるのもその帰結である（269ff.；900ff.）．二人を殺害した後 Orestes は狂気に襲われるが，その狂気からの解放者も Apollon たることが予告される（1057ff.）．またしても〈二重分節〉が Apollon という符号を使って暗示されているのである．

　〔3・4・7・1〕 cf. A. Lebeck, The first stasimon of Aeschylus' Choephoroi: myth and mirror image, *CP*, 62, 1967, p. 182ff.

3・4・8

　しかし，その連帯が決定的であるならばクライマックスであるはずの，兄妹が互いに認知する劇的な再会の場面は，後に Euripides によって皮肉られる素朴さを特徴とする[1]．Orestes がその前に捧げた頭髪と足跡，という「物証」により，言葉による厳密な尋問を含まない．Penelopeia の場面の意識的な反対ヴァージョンとして，関係の直接性自動性が強調されている．「Orestes の死」という偽りの「朗報」をもたらす見知らぬ他所者に扮して現れた Orestes を，尋問するまでは俄には信じない Aigisthos の態度（851）と微かな対照をなす．もちろん，デモクラシーの連帯は政治におけるのとは異なる新しい critique に基づくべきことが示唆されている，とも解しうる．しかしそれにしてもまだ何かが足りないのである．

　choros を含むこの大連帯は Agamemnon の墓の前で次第に結束を強めていく（306-509 のいわゆる「大 *kommos*」）．しかし，269ff. で Orestes が Apollon の発信した予言の内容を明かすところから，解放とはもう一つ別の主題が加わり，やがて優勢になっていく．"Agamemnon" 以来ひたひたと背後から迫って来つつあった Erinyes の影が大きく覆ってくる（283ff.）．内容を問わず凡そ敵味方

3 新しい連帯

の徹底的な報復, という観念が Agamemnon の墓を前にして Orestes と Elektra を激しく駆り立てる. P—p が P を裏切った QR 結合体を抹殺する, という言語が顕著になっていく. pq が Q—q〈分節〉のために連帯するというパラデイクマはフェイドアウトしていく. 否, こうなると Orestes を衝き動かすものは PQ〈分節〉でさえない. 敵味方の徹底した応酬はむしろ底なしの枝分節関係のコロラリーである. Klytaimestra が Iphigeneia のために Agamemnon を殺したとて結局枝分節との equivocal な関係に陥るのと同じように, Orestes もそうであり, そうすると Klytaimestra と Orestes の母息子は結局同根なのではないか. Orestes の背後には Pindaros におけると同じように海ならぬ大地が横たわっていて, 作品の最初から長大なクレッシェンドを進行させていく. 523ff. に至って choros は自分達をそこへと差し向ける動機となった Klytaimestra の夢を Orestes に紹介する. Klytaimestra は夢の中で蛇 ($δράκων$) を産むが, これが胸から乳を吸うばかりか血まで吸うというのである[2]. choros は事の成就を「二頭の大蛇を見事に切って捨てた」(1047: "$δυοῖν\ δρακόντοιν\ εὐπετῶς\ τεμὼν\ κάρα$") と形容するが, 夢の中では Orestes 自体が $δράκων$ なのである[3]. 否, そればかりか,「Orestes の死」という吉報をたずさえた見ず知らずの来訪者として Orestes が迎えられ (653ff.), 乳母 Kilissa の場面 (730ff.) を経てまず Aigisthos が倒され (838ff.), 次に出て来た Klytaimestra に刃が下る, その直前の科白, Klytaimestra と Orestes の激突の場面を締めくくる Klytaimestra の最後の一言は,「おお何ということ, この私こそがこの大蛇を産みそして育てたとは」(928: "$Οἴ'\ γὼ\ τεκοῦσα\ τόνδ'\ ὄφιν\ ἐθρεψάμην$") である.

だからこそ, Orestes は, 死の間際の Klytaimestra によって「母の犬達」("$μητρὸς\ κύνες$") に追われ続けるだろうと呪われ (924), 狂気の幻想の中で事実この犬達に執拗につきまとわれる (1054). それはまた Gorgones でもある (1048). 翻って見れば, choros と同様に Erinyes は典型的な女性群像である. それは中間でオープンな領分を指示する一方で, 底知れぬ未規定性をも指示する. Orestes は方向喪失の病に倒れる. 作品の後半では Elektra は姿を消し, 三部作の最終にももはや登場することはない.

〔3・4・8・1〕 Kitto がこの場面を "unnecessary" (単なる視覚的効果をねらったもの) とする (*GT*[3]

, p. 80f.）のも無理からぬ部分があるが，そこに Aischylos の（素朴な連帯への）共感と批判が込められている．

〔3・4・8・2〕 Devereux, *Dreams*, p. 212ff. は，例によって，夫殺しと養育放棄から来る呵責の競合，母なる "Super-Ego" と "masculine, non-maternal woman" との衝突，と解するが，「子」のパラデイクマのヴァージョン偏差がこの脈絡で持っている意味を理解しない．このように大きな脈絡さえ理解せずにどうして個々の精神分析が可能であろうか．なお，直後 585ff. の *stasimon* は夫殺し・子殺しの「先例」に満ちる（vgl. R. Oehler, *Mythologische Exempla in der älteren griechischen Dichtung*, Diss. Basel, 1925, S. 78ff.）．

〔3・4・8・3〕 cf. W. Whallon, The serpent at the breast, *TAPA*, 89, 1958, p. 271ff.; K. O'Neill, Aeschylus, Homer, and the serpent at breast, *Phoenix*, 52, 1998, p. 216ff.

3・4・9

三部作の最後 "Eumenides" に至ると，案の定女性群像の *choros* は一転 Orestes に牙をむいて襲いかかる[1]．何と *choros* は Erinyes そのものに転換される．Orestes の行為は少なくとも一面で垂直的な専制の楔（Klytaimestra-Elektra）に対する横断的結合の解放の一撃であったはずである．しかしそれは同時に単なる報復であるようにも見える．かくして深く眠っていた領域の心理的メカニズムを呼び醒まさずにはおかない．血に対して血の復讐を厳格に追求する部族的結合の原理である．幕が開くとまず予言即ち syntagmatique なパラデイクマ連結のディアクロニーのトンネルが地底最深部から辿られる（1ff.: "*τὴν πρωτόμαντιν Γαῖαν*"）．syntagmatique なパラデイクマ連結は報復の連鎖でもありうる．しかし Erinyes は深い眠りの中にある（46f.: "*θαυμαστὸς λόχος……γυναικῶν*"「珍妙な女達の群」」）．そしてそれを懸命に今起こそうとするのは彼女達によって冥府に送られたばかりの Klytaimestra である（94ff.）．何故今度は Orestes を追求しようとしないのか．

目を覚ました Erinyes は，獲物を追いかけるうちに説明しがたい睡魔に襲われて取り逃がしたと言い，「新しい神々」（"*οἱ νεώτεροι θεοί*"）の仕業ではないかと疑う（143ff.）．逃亡中の Orestes が Apollon の許に逃げ込んだことがこうして暗示されるが，事実既に Orestes と Apollon の間には固い結束が樹立されている（64ff.）．明らかに Erinyes は Apollon の神域に入ったところで脱力されたのである．Apollon は自らの神域で眠りこけているこの奇妙な代物に直ちに退去するよう命ずる（179ff.）．asylum が提供されるというのである．し

3 新しい連帯

かし Erinyes は Orestes 追求の職務を強調するばかりか，Apollon 自体が教唆犯どころか正犯であるとさえ言える，と食い下がる（198ff.）．Apollon は逆に訴因を尋問する．Erinyes の「母殺し」に対して Apollon がその前の「夫殺し」という与件を抗弁として提出する（211）と，Erinyes は「夫殺しは同じ血を侵害し（212: "ὅμαιμος……φόνος"）ていない」と反論する．Apollon はすかさずこの太古の責任論を駁す（213ff.）．

こうして Orestes は Apollon の手によって保護されたままさらに Athena の許に送致される（235ff.）．Erinyes はもちろんこれを執拗に追う（244ff.）が，長い距離を経て Athenai の Athena 神殿に場面が至り，Athena が現れると再び阻止される（397ff.）．Athena の目には Erinyes は無分節で得体の知れない存在に映る（406）．与えられた権限を強調する（419ff.）Erinyes に対して，Athena はまず「殺人者を駆除する」（421: "ἐκ δόμων ἐλαύνομεν"）追放を，有期の「追放」（422: "τὸ τέρμα τῆς φυγῆς"），或いはむしろ訴追前の身柄解放，の意に読み替えてしまう．次に「殺人」と形式的に言うが必然によったので（426: "……'ξ ἀνάγκης"）責任が無いかもしれない，と釘を刺し，厳格責任を暗示する刑事仲裁の誓約手続を斥けて（432: "Ὅρκοις τὰ μὴ δίκαια μὴ νικᾶν λέγω."「誓約によって不正が妥当してはならない」），自分が実質的な責任を審理する（433: "Ἀλλ' ἐξέλεγχε, κρῖνε δ' εὐθεῖαν δίκην"），という意思を明らかにする．

舞台が Areopagos に移って Athena 主宰の刑事裁判が開始される（566ff.）．正規の刑事陪審の前で，まず証人，と同時に「保障人」としての（576ff.: "Καὶ μαρτυρήσων ἦλθον……καὶ ξὺν δικήσων αὐτός"）Apollon があらためて導き入れられ[2]，正規の弁論（公判手続）が行われる（582: "Ὑμῶν ὁ μῦθος, εἰσάγω δὲ τὴν δίκην"）．Athena は予め無罪の判断を明らかにする（735）[3]が，陪審の評決は同数となり，この Athena の一票によって辛うじて Orestes は無罪となる（752f.）．しかし Erinyes はこれを承伏せず（778ff.），Athena は，一切の権限を剥奪するわけではない，新しい役割が与えられる[4]，と懸命に説得[5]を続けなければならない（794ff.）．

〔3・4・9・1〕 Whallon, The serpent は，血を吸う大蛇の parable が継続し（265），Apollon の手によってその parable から Orestes だけが脱出する（乳母から授乳を受けたので当てはまらな

〔3・4・9・2〕 Apollon の（教唆の）責任が問題とされるが，結局それもこの手続形式によって解決される．当事者の分節の問題である．R. P. Winnington-Ingram, Orestes and Apollo, in : Id. *Studies in Aeschylus*, p. 132ff. は，(blood-feud の克服が作品の主題であるという解釈に立った上で) Apollo=Orestes と Erinyes=Klytaimestra を新旧で捉える図式を批判し，"The Aeschylean Apollo is a mysterious and ambivalent figure." と述べる．確かに，Apollo は〈分節〉原理を体現するわけではないが，しかしだからといって枝分節原理に加担するわけでもなく，最後には Orestes との間にくっきりと〈二重分節〉の形態を取る．

〔3・4・9・3〕 もちろんこれは Athena が新しい責任原理，およびこれと連帯の関係にある新しい弾劾主義，の立場に立つことを示す．つまり「無罪の推定」である．

〔3・4・9・4〕 この部分が長大であるために，作品同時期の刑事司法改革との関連が学説の関心を集めてきた (cf. C. W. Macleod, Politics and the Oresteia, *JHS*, 102, 1982, p. 127ff.; P. W. Wallace, *The Areopagos Council to 307 B. C.*, Baltimore, 1985, p. 87ff.)．Areopagos から刑事裁判権能を奪うことへの予防線というよりも，大きく一般的に，領域の審級が弾劾主義の当事者原則に適合すべきこと，起訴陪審が実質公判化することは二段階手続の観点から正しくないこと，と示唆するものである．なお，(他の多くのヴァージョンにかかわらず) Orestes に Areopagos の起源を持って来たこと自体，Aischylos の意図を物語る (vgl. F. Jacoby, *FGH*, IIIb Suppl., S. 24f.)．

〔3・4・9・5〕 （しばしば女神たる）Peitho（「説得」）は，M. Detienne, *Les maîtres de vérité dans la Grèce archaïque*, Paris, p. 1967, p. 61sqq. が明らかにするように，枝分節と〈二重分節〉の間で両義的に働き，決して〈分節〉システム固有の議論に関わらない．実力行使との間の単純な二項対立は成り立たない．Buxton, *Persuasion*, p. 110ff. が "healing Peitho" を鍵として "Oresteia" を読むのは前提の単純さから来る混乱である．Athena が終幕において Peitho を差し向けるのは，両義性に着目して Erinyes を中和するためである．応報原理を解消するのでなく〈二重分節〉によって政治システムに繋ぎ止めるためである．他方，Athena にとっては〈分節〉システムが〈二重分節〉の形態を獲得する一局面である．

3・4・10

choros は Orestes の訴追という太い軸を表現している．しかしこの軸は少なくとも手続的に次々に分節されていく．そして最後には実質を完全に変えなければならなくなり，Erinyes は Eumenides になってしまう．防御する Orestes も Apollon と Athena の力を借りて段階を追って論拠を分節させていく．空間的にも，両者は逃亡のさなかから Delphoi へ，そして Athenai 中心へ，と求心的な動きをし，その動きの中で転身を遂げるのである．Erinyes も Orestes も領域の人的結合の二つの対立ヴァージョンである．共にデモクラシーの原動力

3 新しい連帯

であり，その対抗によって〈二重分節〉が得られる．しかし中心に辿り着く，即ち政治システムを構成する，ためには長い道のりを要するのである[1]．

Aischylos はその道筋を一個の刑事裁判手続に仕立て上げることによって本物の儀礼的現在を演出した．むろんこれは直接の *exemplum iuridicum* ではない．むしろ〈神話〉的パラデイクマである[2]．しかもなおおそらく新しい刑事裁判手続の基礎を見事に例解している．長い転身の道のりは同時に訴追の手続の綺麗な分節として表現され，弾劾主義の精緻化とその意義を完璧に説明している．これはまた新しい刑事責任論に対応している．

但し，政治システムの側からの公訴に対して領域の組織がそのまま被告人人身保護の役割を果たす，というのとは全く逆の概念がここにはある．Aischylos の問題提起は，その前に領域の組織が性質を変えなければならない，古い糾問の最終審級たるを脱してまずは自らが Apollon の障壁を受け入れなければならない，そのようにして初めて自分の方も被告人の保護機能を獲得できる，つまりは両方合して起訴陪審となりうる，こうして訴追全体がデモクラシーに相応しいものになる，というのである．政治システムの側からの公訴に対して領域の組織が被告人人身保護の役割を果たす，ということの構造的条件を Aischylos は探求したということになる．〈二重分節〉はもはや当然とし，むしろ〈二重分節〉に資する，これに不可欠の，新しい連帯の質を模索しているのである．Orestes の個人の責任を十分に分節的に捉えうる意識が，たとえばその新しい質の決定的なメルクマールとなる，と考えられたことになる．

〔3・4・10・1〕 既に述べたとおり，この作品は *Areopagos* の権限を巡る政治的攻防と関連付けられて捉えられてきたが，その中でも特異な理解を示すのが Chr. Meier, *EP* である．Ephialtes の "radical democracy" 登場によって貴族対民衆の対立が秩序の危機に陥った時の，その対立を克服する秩序回復を物語る，というのである（たとえば S. 150 に最も明確に述べられるのを見ることができる）．それは同時に "Rache und Wiederrache" と "Selbsthilfe" の克服としての政治の樹立である，とも捉えられる（S. 162）．政治の根底に仲裁的戒厳の権力による秩序維持しか見ないのは（C. Schmitt に依拠する vgl. S. 189, Anm. 127）貧しい理解であるが，政治にとってさえその先洗練された営為を要するところ，まして 462 年の問題は遥かに繊細である．Ephialtes まで Athenai が深刻な対立とそこからの飛躍を知らない，などと解するのは，バイアスに引きずられて完全に見通しを誤っている証左である．デモクラシーを誤解して恐怖を覚え，倒錯した「秩序問題」を立てて政治を説明する，その系譜の末端に属する．

〔3・4・10・2〕 "Choephoroi" 末尾で早くも Orestes をさいなむ Erinyes が果たして舞台上で可視的

に表現されるか,という伝統的な論点に触れて,A. L. Brown, The Erinyes in the *Oresteia* : Real life, the supernatural, and the stage, *JHS*, 103, 1983, p. 13ff. は,何故 "Eumenides" に至って一転舞台が神々の世界に転ずるのか,と鋭く問題提起する.〈神話〉には解決は相応しくなく,儀礼への再逆転が意識的になされたからである.なおもそれは劇中劇,つまり舞台上の儀礼にすぎない.

4 最後の一人

4・0 序

4・0・1

　Pindaros が依然として Homeros とのディアクロニクな対抗を軸に作品を組み立てたとすれば，Aischylos は新しい観念構造に内在するサンクロニクな対抗を詰めていき，これによって Pindaros に伏在するサンクロニクな対抗へ対抗した，と整理することができる．どちらのテクストからもパラデイクマ・ヴァージョン対抗の屈折から〈二重分節〉が浮かび上がるとはいえ，両者の間の対抗が形成する屈折体がまた，これを極めて強固なものとして定着させているのである．

　Sophokles は，この Aischylos の側に立ち，なおかつもはや Pindaros との間の対抗すら後景に押しやり，〈二重分節〉に内在するサンクロニクな対抗関係を極限まで突き詰めていった，と位置付けることができる．この結果，デモクラシーの社会構造の言わば最深部で要の役割を果たす或る屈折体を驚くべき明晰さと純粋さで提示することに成功したのである．

4・0・2

　その Sophokles が Athenai はおろか全古典世界でほとんど争われない声望と人気を博した[1]ということほど，これらの社会の社会構造の基本を雄弁に物語る徴表は無い[2]．525 年生まれの Aischylos の一世代後 497 年に生まれた Sophokles は，早くも 468 年に Aischylos を破ってコンクールの一位を獲得する．Aischylos と異なってデモクラシー下しばしば要職に就き，406 年に没す

るまで精力的に作品を発表し続ける．わずか七編しかテクスト全体が遺らない中，409 年の "Philoktetes" と遺作の "Oidipous epi Kolonoi" は八十代後半の作でありながら燦然と輝く作品である．

〔4・0・2・1〕 その分，典型的に古典的，古典の概念そのものとされ，分析が陳腐になるか，それを嫌って Euripides に傾く，というのが Whitman, *Sophocles*, p. 3ff. の現在でも価値を失わない反省である．"serenity, self-restraint, piety" (p. 6) という非の打ちようのないイメージを作るよりも，"this humanism also wants definition" (p. 15) と問うことが必要であることは動かない．但し，例えば "Aias" につき，Sophokles のテクストの中に Achilleus がいることを指摘することが如何に正しくとも，これを "a profound sympathy for the aristocratic tradition" (p. 64) と解するとすれば，Whitman でさえ如何にその前の時代に拘束されていたかということである．
時代が下って例えば F. Budelmann, *The Language of Sophocles. Communality, Communication and Involvement*, Cambridge, 2000 は，Sophokles の言語が時代の中で持った "connotations" (p. 5) に悲劇一般の一例としてアプローチする「Vernant や Goldhill 等」最近の傾向に抗して，もう一度 Sophokles の言語の固有の価値を再発見しようとするが，近年の研究でそれが浮かび上がらないのは，それらが "historical frame" (p. 6) に固執しすぎたからではなく，逆に勝手な社会的関心によってそれを置き換えたからであろう．

〔4・0・2・2〕 Knox, *The Heroic Temper* は，Sophokles こそが近代に至るまでの "the tragic hero" の原型を確立したと評価し，そのメルクマールを説得的に提示した．それによれば Sophokles は初めて，trilogy を放棄し，一人の人物に焦点を絞り，第三の登場人物を舞台の上に上げた．syntagmatique な連関の放棄ではなく，それを極小の点で検証しようとするものである．また，二つの syntagmatique なパラデイクマ連鎖の衝突ではなく，水平垂直の二方向の分節を同時に表現し，どちらに対しても主人公が孤立する様を描く，からこそ第三の人物が必要となる ("Philoktetes" における Philoktetes に対する Neoptolemos と Odysseus, "Antigone" における Antigone に対する Kreon と Ismene が典型である)．

4・0・3

Sophokles の現存作品の年代は "Philoktetes" と "Oidipous epi Kolonoi" の他 "Antigone"（442 年）についてのみ定かであり，他の四編，特に "Trachiniai" と "Elektra" については，推定することも困難である．Sophokles の思索の長い航跡を再構成することは残存テクストの割合の低さからしても不可能に近い．しかし他方，或る意味では極めて一貫しているその個性だけを抽出することは，極めて立体的で陰影に富むその観念世界を捉えないことになるし，たまたま手に入った無名の断片として意識調査の資料とするのでは，余りに強烈なその独創性を理解しないことになる．狭義のクロノロジーとは違うレヴェルにおいて

ではあれ，思考の「展開」やダイナミズムを想定せざるをえない所以である．

4・1 〈二重分節〉批判

4・1・0

〈二重分節〉の社会構造を基礎として政治システムの再構築が完了したときに，しかしそれを根底から批判する概念体系が同時に社会構造として定着しなければ〈二重分節〉とデモクラシーは存続しえない，政治そのものでさえそうではあるがそれよりはもっと精緻な態様でこの批判が内蔵されなければならない，ということを完璧に見透した，そしてほとんど意識の底に埋め込んだ，のは他ならぬ Sophokles である．むろん批判の拠点は Aischylos が用意したものの延長線上にある．Homeros を批判した Klytaimestra の Iphigeneia パラデイクマを批判し返す Orestes の立場である．しかし Aischylos においては逆に Orestes の方こそ自らの狂気で贖わなければならない問題を抱え，そしてそれを克服していく．こちらの側に Aischylos の関心が存した．ところが Sophokles は今や Orestes に，Klytaimestra の二重構造の equivocal な点を攻撃させるよりも，これを解消する使命を負った新しい連帯それ自体を深く省察させる．かくしてわれわれは，Aischylos からこの Sophokles に渡された対抗緊張関係の太い梁がつくる構造物こそが，政治がデモクラシーへ移行することに伴う混迷と崩壊に大きく立ち塞がる保塁となる，という基本的な了解のもとに最もよく Sophokles のテクストを解釈しうる．大きく Pindaros に対抗し，切り返すようにむしろ Homeros に再接近する．

4・1・1

"Aias"[1] は多くの論者によって残存七編中最初の作品とされ，極めて薄弱な論拠によるものの 450 年前後に位置付けられる．年代はともかくとして，"Persai" に謳われた 480 年のデモクラシーの勝利を担った階層が具体的に残存していて，かつ或る種の緊張関係に曝されている，政治システムから阻害されようとしているという危機感を保持している，或いはこれを克服して間もない，ということは十分にうかがわれる．

I 〈二重分節〉

Aias という選択は，何よりも少なくとも Pindaros において *locus communis* たるに至っている対抗に関わるということであり，間接的に Homeros に関わるということである．Achilleus の武具という「遺産」を巡って Odysseus と争い敗れる Aias がその後これを原因として破滅するというパラデイクマは，"Iliados" を貫通する一つの屈折体を逆手に取って政治システムの基幹的エートスを破綻させるものであった．Pindaros においては多くの政治システムの危機が Aias の impasse をパラデイクマとして把握され，脱出が模索された．その際，狡猾で成熟した Odysseus と対比して純真な Aias の幼児性があぶり出された．ところが Sophokles は敢然と狂える Aias そのものの中に入って行き，狂った Aias のそこに至る責任と欠落を追求するのでなく，狂わせたものを徹底的に分析し，しかもこれを非難するための論理を構築する．論理を構築し非難する主体は Aias と兄弟のパラデイクマで結ばれたあの Teukros であり，彼らを背後で支える，「Salamis の水夫達（*ναυβάται*)」である．もちろんここで Aias が Salamis の首長であるという偶然が効いてくる．Salamis の海における勝利とその原動力に連想が行かないはずがない．すると，Aias は Homeros のそれをディアクロニクに承け継ぐがしかしもはや政治的階層に属さない領域の軍事的要素であるということになる．領域の横断的結合体である．そしてこの *ναυβάται* が *choros* を務める．彼らは Erechtheus を祖として (202) 大地に根を張り Athenai の *δῆμος* と結合し，他方で Aias とは Telamon を通じて cognatique に連結する (203: *"οἱ κηδόμενοι"*)．Aias がもはや唯一信頼するこの者達は今や海の上に出て結束するに至っている[2]．

この者達は既に明確な〈二重分節〉の意識を獲得している．Odysseus の，政治的中心から垂直に入って来る言葉 (148ff.)，これに対抗することは自分達だけではできない．「大」なしには「小」を束ねた城壁とて無力である，と歌う (158ff.: *"καίτοι σμικροὶ μεγάλων χωρίς......"*)．Aias という代表を政治システムに送っていなければ——という意識，「大」と「小」が相互に支え合うという意識，を有している．逆に Aias はこの者達からも大きく落伍していることになる．しかもなお，この者達は Aias の「病」を完璧に理解する能力をさえ備えるに至っているのである．Achilleus の武具が Odysseus に与えられたことを不正とみなす Aias は，Agamemnon と Menelaos の兄弟を初めとし

て Argeioi の主だった武将を夜陰に乗じて殺そうと襲いかかるが,実は戦利品として陣営に繋がれた家畜に斬りかかったにすぎなかった. Athena がこの幻影を Aias に与えたからである. そもそもこの家畜の大量殺戮は何を意味するか. 家畜ならば Artemis の領分かと choros は問う (172ff.). しかし全く違う. ならば Ares の領分の際限のない戦闘行為か (179ff.). これでないことも明らかである. 何らかの神の手によって不条理な破断が生じたのである (185).

そもそもこの作品は Aias の病についての厳密な言及によって幕を開ける[3]. 家畜の惨状を見た Odysseus が彼らしく推理を働かせて痕跡を追跡していく (24ff.) と Aias の陣屋の前に通ずる. ここで Athena が現れ全てを Odysseus に説明する,という部分が冒頭の場面である. この二人の会話の中で,直ちに Aias の凶行は端的に精神の病に帰せしめられる. 殺意は正気で一瞬の幻影にそらされた,というのではない. おそらくこれが伝統的な諸ヴァージョンであったろう. Athena の診断はしかしここでは明晰この上なく,少なくとも Achilleus の武具を拒否された時点で既に病に陥っていたこと (41: *"χόλῳ βαρυνθεὶς τῶν Ἀχιλλείων ὅπλων"*),病の故に既に七転八倒する者を罠にかけただけであること (59f. *"ἐγὼ δὲ φοιτῶντ' ἄνδρα μανιάσιν νόσοις/ὤτρυνον, εἰσέβαλλον εἰς ἕρκη κακά."*),真の攻撃対象たるべき Odysseus が近付いて (66: *"δείξω δὲ καὶ σοὶ τήνδε περιφανῆ νόσον"*) も何ら危険が無いこと,を明言する[4]. 家畜か Argeioi かは二つの重要な対抗ヴァージョンであり,対抗の軸が一つ働いて重大な意味が生じている. 一つのヴァージョンは真であり他方は誤りであるとすると,前者が正しい意味を独占することになり,syntagmatique なパラデイクマ連鎖はこちらの側に接続することになる. つまり責任はこちらの側から生ずる. しかし Athena は,こうした critique を可能とする対抗と対抗の軸自体が存在していないこと,したがって Argeioi を殺すという「真の動機」を論ずること自体意味が無いこと,それ以前に病を得ていること,を鋭く分析するのである.

ならば真の屈折体はどこにあるか. どうしてそれがずれて違うパラデイクマが働いたか. そちらの方で誤った対抗軸が作動したか. 誤った屈折体は "Iliados" を貫くあの対抗である. Aias と Odysseus は polarité の両極を構成する. Achilleus のパラデイクマが働けば Aias が全てを焼き尽くす行為に出たと

しても不思議は無い．但しそのときはこれを阻止する対抗パラデイクマが働くだろう．そのように，Aias はあくまで Achilleus のパラデイクマに従っているつもりである．ところが対抗は働かない．否，あらゆる対抗軸が働かない．Argeioi が平気で家畜にずれこむ有様である．よく観察すれば既に Aias の行為自体がおかしい．何故 Odysseus のように闇討ちするのであろうか．Hektor との一騎打ちは遠い虚ろな思い出にすぎない．何故 Odysseus を直ちには討たず，捕らえてなぶり殺すつもりなのか（105ff.）．ディアクロニクに変化したヴァージョンを望んでいるのではないか．これに到達できずに，しかし無理に到達しようとして，無様な，音の割れた，響きを発しているのではないか．否，ディアクロニクに変化した反対ヴァージョンに到達しようとしているのではないか．何故自分のディアクロニクなヴァージョンへ進もうとしないのか．Sophokles のテキストはこのように問題を抱って冴えかえる．

かくしてわれわれは Aias が幻覚から抜け出して「正気付いた」（333ff.）としても病が癒えたと解してはならない[5]．Aias は直ちに自分が行った行為の「正しい意味」に気付く．「Agamemnon を殺す」と「家畜を殺す」の間の対抗の軸およびその両極とその間の途方もない距離を初めて把握する（364ff.: "Ὁρᾷς τὸν θρασύν, ……ἐν ἀφόβοις με θηρσὶ δεινὸν χέρας;"「見たか，この勇者を，──無力な家畜どもに向かって恐るべき腕力を発揮したこの私を」）．もちろん強い挫折と悔恨の念に襲われる．しかし Atreidai を殺すということを果たしえなかったことについては悔やんでもその意図について考え直すということはない．その限りで彼はまだ「覚めていない」のである（cf. 337ff.）．対抗の軸自体からは解放されていないのである．したがって病は癒えていない．Athena はこのことを周到に見通していたと言うことができる．

Aias には Tekmessa という女がぴたりと寄り添う．他ならぬ Aias に親族の全てを討ち果たされ Aias の奴隷となった天涯孤独の女である（210ff.; 485ff.）．Sophokles は Hektor と Andromache の情感溢れる場面を下敷きに，Aias と Tekmessa の会話にクライマックスの一つを持ってくる．既に Aias 覚醒以前に，全てを悟った Tekmessa と *choros* は対抗の軸の「正しい方」が作動した場合の善後策を必死に探る．Argeioi 全体との敵対関係，敗北，全滅，懲罰，という syntagmatique な連鎖が当然に予想される（246ff.）．Aias を追いつめた

ものが何かを理解する *choros* は最後まで忠実に Aias のために戦うつもりでさえある．しかし Aias 覚醒後について，もっと切迫した懸念が Tekmessa と *choros* とを重苦しく包む．全てを悟った Aias は死以外を望まないだろうという懸念である (271ff.)．Sophokles は観客をこのサスペンスの中に長く宙づりにする．優れた儀礼的現在である．Aias はまず彼が唯一信頼する *choros* に自分をこの家畜の如くに殺すように懇願する (361: *"ἀλλά με συνδάϊξον"*)．*choros* は Aias に何とか冷静な思考を求める以外にない (371)．Tekmessa もまた Aias だけが唯一の生きる意味だから Aias が死を選ぶならば自分も死ぬ以外に無いと言う (392f.)．485ff. の Tekmessa の長い説得は本来 Aias に全ての光を回復するはずである．全てから切り離された奴隷の女，これとの絆 (493) ほど絶対的で何にも依存しないものはない．そこに何と子供が誕生している (499)．所詮何をしたわけでもない．家畜を殺しただけである．全てを捨てればこの絆によって生きうるはずである．しかし Atreidai を討ち果たせず憤怒の形相の Aias には全くこうしたパラデイクマは機能しない．依然巨大な potlatch に酔ってふらふらな状態である．全てを投げ出して全てを奪う，という心理的メカニズムに Achilleus の武具を巡る「賭け」が火をつけてしまったのである．一騎打ちの Aias，栄誉が全ての Aias，にとって échange は全く自分のパラデイクマではないが，potlatch にだけは弱点を有する．ここを突かれると自分のパラデイクマではないパラデイクマを通じて屈折体の対抗平行線を縺れさせる．Aias は進むも退くもならずもがき苦しんだ後 (430ff.)，Tekmessa の一言から幼い息子を呼びにやり，全てを決心したことを告げる (545ff.)．全てを清算しようとするかの如きその様子に周囲の不安が高まる．*choros* は病を確認する (611)．

　ところが一旦陣屋に入って思索した如き Aias は意外にも何と説得を受け入れると宣言する (646ff.)．Hektor から贈られたあの武具を地に埋めて身を浄める，というのである．potlatch の放棄，そして Andromache の運命から Tekmessa を免れさせる，ということである．Aias の言語はよく読むと不自然にへし曲がっている．神々に向かって自分を放棄して見せ，Agamemnon の権威に従順で，昼夜の円環の如き réciprocité，敵も次の番には味方になる，等々の言葉を並べる[6]．賢明にバランスを取ることを学ぶ (677: *"ἡμεῖς δὲ πῶς οὐ* γνωσόμεσθα σωφρονεῖν;"），最も虚ろなデモクラシーのヴァージョンに同化して見せる．choros はここでこの偽りの改心に完全にだまされて凱歌を上げる（693ff.）．というのも Atreidai 自体への憎悪から解放された以上は治癒したと思ったのである（717: "μετανεγνώσθη/θυμῶν τ' Ἀτρείδαις μεγάλων τε νεικέων"）．Aias は何と自分と反対の極の狡猾さを病的な完璧さで演じたことになる．もちろんこれは解決ではなく [7] 混線の極，したがって自己否定の予兆である．しかし，病が癒えていないことをあらためて心に刻んだ（597ff.）choros が，完全にこれに幻惑されてしまう（693ff.）．冷徹に Aias を観察する Athena の眼は維持されない．

Aias が死の旅に発った直後に Teukros からの使者が駆けつける（719ff.）．Kalchas は正確な診断ばかりか的確な処方に到達している．Teukros の手によって，如何なる口実によるのでも決して Aias を単独で外に出さない，ように取り計らおうとしたのである．Teukros は一層念を入れ，先触れによって自分の到着前にこの措置を取るように命じようとした．しかし間一髪間に合わない．死地での Aias のモノローグは，ただ自分の屍を Teukros が先に発見して敵の手に渡らないことを祈る（815ff.）．Teukros, Tekmessa, choros は Aias を捜索するがもちろん間一髪間に合わない（866ff.）．この間のスリルはもとより Sophokles の独壇場である．と同時に，デモクラシーがもたらす精神的困難の分節的構造の襞が一つ一つ手に取るように立体的に解析される．

[4・1・1・1] éd. Dain-Mazon, Paris, 1972 (1958). Mazon は 438 年以降に年代付けるが，ここでは Kitto, *Greek Tragedy*³, p. 120 に従う．

[4・1・1・2] 349ff.: "Ἰὼ φίλοι ναυβάται, μόνοι ἐμῶν φίλων, /μόνοι τ' ἐμμένοντες ὀρθῷ νόμῳ, /……/Ἰὼ γένος ναΐας ἀρωγὸν τέχνας, /ἅλιον ὅς ἐπέβας ἑλίσσων πλάταν"「おお，船の朋輩よ，私の朋輩の唯一の者達よ，唯一真っ直ぐな道に忠実に踏みとどまった者達よ，——おお海の者達よ，頼もしい熟達の者達よ，お前達は海に乗り出し櫂を返した」．Athenai の新しい領域組織の一つは Aias の名を冠する（Paus. I, 5, 1）．なお，Mikr. Il. F3 Kinkel=F3 Bernabé は Aias の埋葬につき火葬—土葬の対抗を知る．

[4・1・1・3] 現代の精神医学のタームに十分に置き換えうることについて，cf. B. Simon, *Mind and Madness in Ancient Greece, The Classical Roots of Modern Psychiatry*, Ithaca, 1978, p. 124ff.

[4・1・1・4] 宗教との関係で論じられることの多い Sophokles であるが，Antigone の思想と並んでこの Athena が解釈の一つの試金石となってきた（cf. Whitman, *Sophocles*, p. 67）．953f. における Tekmessa の対 Athena 敵意を響かせて「冷酷な神 vs. 敢然たるヒーロー」というター

ムが提示されることが多いが，Athena はこの場合それに沿って事態がずれ込む軸の存在そのものに syntagmatique に連なるゼロ＝パラデイクマであり，完全に中立に所与のメカニズムを体現し，だからこそそれを見通している．無様な行為に駆り立てた，のではなく，それによって見事に故意を阻却させたのである．しかもなおこれは作品内部の仕掛けであり，ここから直ちに宗教観に議論を飛躍させない方がよい．他の宗教と強引に比較しようとするから "too much remains unexplained and unknowable for strong positive claims about divine justice"（R. Parker, Through a glass darkly : Sophocles and the divine, in : Griffin, ed., *Sophocles Revisited*, p. 26）ということになる．Homeros による〈分節〉は維持されている．つまり彼らは一旦自由を獲得している．その上に，次章で触れる syntagmatisme によってあらためて縛られる．Aischylos におけるのとは違って Sophokles においてはこの過程が完遂されている．したがって神々がヴェイルに覆われているように感じられる．

〔4・1・1・5〕 cf. Simon, *Madness*, p. 126 : "two phases……the delusional state……the lucid state of despair and shame……the Greek diagnosis probably included both the delusional and depressive aspects." もちろん，この二段階の解釈が責任論に繋る．どこまでが狂気でどこからが責任か，現代に至るまで続く論争については，cf. M. Simpson, Sophocles' Ajax : his madness and transformation, *Arethusa*, 2, 1968, p. 88ff.

〔4・1・1・6〕 R. P. Winnington-Ingram, *Sophocles. An Interpretation*, Cambridge, 1980, p. 47 などはこの部分の「最高の崇高さ」を讃えるが，完全に幻惑されており，（そこまでのズレを修正して）Aias が英雄的精神を保って死に突き進むと解する．

〔4・1・1・7〕 Simon, *Madness*, p. 128ff. はこの最後の独特の屈折を十分 pathological に分析しない．むしろ philological な解釈に寄りかかる．

4・1・2

何が病気か，否，病気とは何か，に関するこの新しいヴァージョンは，既に述べたように，syntagmatique なパラデイクマ連鎖につき全く新しい見通しをもたらす．つまり全く新しい責任論を導く．この syntagmatisme 抜きには〈神話〉の再構造化は完遂されない．長いエピローグは決して反クライマックスではないし，不要でもない[1]．

全てが病のせいであれば Aias に責任は無い．しかし錯誤の点だけが狂気であれば，罰すべき意図ばかりか未遂に終わった実行行為が残ることになる．悲嘆と弔いのうちに静かに幕が閉じようとするとき，Menelaos が現場に急行して来る．たちまち鋭い緊張感が走る．Menelaos は神の手を全く逆の意味に解す（1052ff.）．即ち，もし神の介入が無ければ（"κεἰ μὴ θεῶν τις τήνδε πεῖραν ἔσβεσεν"）殺戮が実現していたであろう，Aias は Aias として完璧に自分達を

殺した（"θανόντες ἄν προὐκείμεθ᾽......"）のである，と．Aias の責任がこのように認められれば彼の屍は埋葬され（"ὥστε σῶμα τυμβεῦσαι τάφῳ"）ないことになる，生きた Aias が反逆した以上，たとえそれに対しては無理であっても，せめて死した Aias に実力を行使してでも命令が遂行されねばならない（"εἰ γὰρ βλέποντος μὴ 'δυνήθημεν κρατεῖν,/πάντως θανόντος γ᾽ ἄρξομεν....../χερσὶν παρευθύνοντες"），そうでなければ誰も権威に従わなくなるだろう，政治システムの決まりを執行するには恐怖を与えることが不可欠である（"Οὐ γάρ ποτ᾽ οὔτ᾽ ἄν ἐν πόλει νόμοι καλῶς/φέροιντ᾽ ἄν, ἔνθα μὴ καθεστήκῃ δέος"），等々．

　Menelaos の論証は典型的な政治言語の形態をとる[2]．恐怖を言うのは，屈強の体を持つ者も恐怖を与えればたちどころに従えることができると彼がパラデイクマを示す通り（1077f.），恐怖が心身を一元化するからである．正確には，身体の側への危害の怖れが精神の側にそちらからの要請に服従するよう迫るからである．1077f. は 758f. の Kalchas の予言に対応する[3]．Kalchas は Aias の増長を心身未分節の観点から切って見せる．平たく言えば「大きな体にものを言わせて神をも恐れぬ」ということであるが，これは「大きな体」から独立してバランスを取る精神が欠如しているということ，つまりは全体を一体化して potlatch に出てしまうこと，を指している．そうであれば Menelaos にとっては屍に栄誉を回復させては元の黙阿弥である．Aias の最後の希望にも対応する．なおかつ Menelaos は二元論を認めない政治システムの思考に忠実である．1 か 0 か，1/2 はありえない．明らかにこれは，この思考を否定する思考の台頭を意識した突き詰められたものである．しかしその立場からは Aias の行為に免責の余地は無い．ねじれた位置に在るパラデイクマに転換して考えるという複雑なパラデイクマ分節を与えることは混乱でしかない．単一のパラデイクマの作用のみが有るのでなければならない．

　受けて立つのは Teukros 以外にない（1093ff.）．民会を彷彿とさせる極めて精彩のある議論である．Teukros は，Menelaos の優越感を逆手に取り，「そもそも生まれにおいてゼロである人間が万が一誤ったとしても驚くまい」（"Οὐκ ἄν ποτ᾽, ἄνδρες, ἄνδρα θαυμάσαι μ᾽ ἔτι,/ὅς μηδὲν ὤν γοναῖσιν εἶθ᾽ ἁμαρτάνει"）と，はっとさせる切れ味で直ちに反撃する．ゼロであるとは直

接的にはジェネアロジクな関係のなさを言う．しかし明らかに政治システム本体とデモクラシーの審級の間の〈分節〉を指示している．何故ならばそこから直ちに，「いつから一体お前はわれわれに命令を下す立場に立ったのか」（"ποῦ σὺ στρατηγεῖς τοῦδε;"）という議論が導かれるからである．われわれは完全に独立していて命令や服従を論ずる余地が無い，と Menelaos の政治システムに対して厚い障壁を用意して見せる．われわれはわれわれの正義に従って Aias を埋葬する，と宣告する．choros の心配をよそに Menelaos は「たかが弓引きの割には立派なことを言ってくれるではないか」（"Ὁ τοξότης ἔοικεν οὐ σμικρὸν φρονεῖν"）と侮辱しつつやや舌を巻く．さらに鮮やかであるのは，「私を殺した者に栄誉を与えることが正義なのか」（"Δίκαια γὰρ τόνδ' εὐτυχεῖν κτείναντά με;"）という Menelaos の皮肉に，「ならばお前はもう死んでいるのか，なのに生きているとは驚きだ」（"Κτείναντα; δεινόν γ' εἶπας, εἰ καὶ ζῇς θανών"）と切り返す Teukros の言葉である．責任に関して二元論を否定する思考を発狂させる論法である．Teukros は，殺した行為自体が無いと言う．Menelaos は，いやそもそも憎んでいた，ともはや動機のレヴェルに逃げ込まざるをえない．この syntagmatisme は政治の論理としては自殺行為である．事実そもそも Achilleus の武具を Odysseus に付与する審判人団を Menelaos が買収したではないか，敵意は先にそちらに在るではないか，という泥沼に陥る．

　もちろん身体と屍まで取らせるかどうかという点，二元論の成否，は Teukros や choros にとっては死活問題である．屍が残ればここからまた芽が出る．Aias を失っても自分達は継承される．幼い息子が舞台に登場したのはこのためである．元々〈分節〉的関係とはこういうものである．二つの政治主体の独立の保障はゼロにならない保障である．二つの平行線を辿る議論は，共に，決着したとしても次の場面で進んだヴァージョンで甦る．ディアレクティカはこうしたメカニズムである．ここではこの〈分節〉はしかしデモクラシーを構成する二つの審級相互の不可侵のパラデイクマとして主張されている．だからこそ Menelaos は逆手に取られたことになる．政治システムの観点からすれば一見正しい帰結であっても，それを一定のところまでで阻止することができなければならない，という観念が確立しようとしているということになる．

もっとも，Sophoklesの関心はこの観念を支える社会構造の方である．それをもたらすべく丁度よいところにAgamemnonが現れる．一見AgamemnonはMenelaosの権威ある政治言語のパロデイーを演ずるために現れた如くである．口汚く低次元でTeukrosを罵る．しかしこの解釈は誤りである．第一に，Aias-TeukrosとAgamemnon-Menelaosという兄弟のパラデイクマの二つのヴァージョンが働き始めていることに気付かなければならない．するとパラデイクマはジェネアロジクであり，〈神話〉も別のレヴェルに降りたと見なさなければならない．そうでなければ何故余計なことにAgamemnonまで登場させねばならないか．SophoklesはAgamemnonの言葉（1226ff.）に理解がやや困難なほどの文体の卑俗さを与えている．しかしその中でまずTeukrosが庶子であること，捕虜の女の息子であること，を攻撃する．既に1012ff.でTeukrosは自ら庶子たることに言及し，間に合わずAiasを助けえなかったについて兄弟のパラデイクマの名において，しかも一方は庶子という非対称の兄弟のパラデイクマの名において，自らを責める．確かにHomerosにおいてわれわれは兄弟のパラデイクマを巡る大ディアレクティカを見た．これも既にその素材の一つであった．しかしここではその裏をかくように素材でなく結果として提示されている．つまりそれ自体何かの対抗物として機能するように置かれているのである．つまり新しい屈折体に立とうとしている．Agamemnonの罵倒にとっては皮肉なことに，デモクラシーとはこの種の団結なのであり，到底Agamemnon-Menelaosでない．

　Agamemnonはかくして社会構造について盲目であるから，たちまち卑俗な多数決原理をかさに着て，これを絶対的な権威の源としか理解しない[4]．もちろん民会の多数決原理は政治システムとともに古い．しかしこれについて今や別の理解が要求されていることに気付かない．

　Teukrosの反撃（1266ff.）はもちろん兄弟のパラデイクマに基づく．第一はHomerosの兄弟．お前が危機にあったときに誰が救ったか，Aiasではなかったか[5]，とまずは一矢報いる．Aiasがそのように戦うその傍らに，たとえ奴隷の子であるかもしれないが兄弟の関係で結ばれた自分が居たことも忘れたのか．他方お前の父Atreusは兄弟にその子を食べさせたではないか．等々．Homerosという相手の中枢の高地を占領して攻撃の手を緩めない．さらに

Teukros はジェネアロジーの精度を上げていく．Agamemnon の母は実は奴隷の子として Agamemnon を宿したというヴァージョンをぶつける．Pindaros にとって貴重なあのジェネアロジー，〈二重分節〉のジェネアロジー，を帰せしめ，自分と非対称の同列に置くと，それだけで Agamemnon の罵倒は礼賛の意に転化するが，念を押して，自分の母は捕虜といっても Laomedon の娘であり，Telamon が Herakles に付き従って Troia を攻めた時 Herakles が獲得したこの娘が Telamon に下賜されたのである，と反駁する．言わば，ジェネアロジーの磁場が全く変化しているのに気付かないか，と言っているのである．

最後に Odysseus が言わば判決を下して作品は幕を閉じる．Teukros 勝利の論拠は，しかし Odysseus らしいヴァージョンとして提示され，つまり批判の対象として開かれたまま投げ出されている．それは徹底的に政治システムの側から出発する推論である．彼によると，政治権力もまた制限されうる；その理由は，〈分節〉主体が形成するブロックの可変性である．敵は友に変じうる以上，その時に備えて保存されねばならない．存在の根を否定すれば潜在的な友を否定することになる，というのである．確かに，Teukros の葬送死守の根底には既に述べた通りこの考えが横たわっている．しかし微妙にニュアンスが異なっている．Menelaos など自分達にとってゼロに等しいという決然たる論理との間に若干の隙間が有る．他方 Agamemnon の疑問の第一は，それが政治的決定である場合どうなるか，「自分は権力を持たないのか」というものである．Odysseus は「友に譲ったとしても権力を失ったことにならない」(1353: "$\kappa\rho\alpha\tau\epsilon\tilde{\iota}\varsigma\ \tau o\iota\ \tau\tilde{\omega}\nu\ \phi\iota\lambda\omega\nu\ \nu\iota\kappa\omega\mu\epsilon\nu o\varsigma$") と答える．疑問の第二は，可変性は変節の勧めではないか，というものである．Odysseus は「硬化症を起こした精神は好きではない」(1361: "$\Sigma\kappa\lambda\eta\rho\grave{\alpha}\nu\ \dot{\epsilon}\pi\alpha\iota\nu\epsilon\tilde{\iota}\nu\ o\dot{\upsilon}\ \phi\iota\lambda\tilde{\omega}\ \psi\upsilon\chi\grave{\eta}\nu\ \dot{\epsilon}\gamma\acute{\omega}$") と言う．もちろんこれこそ二元論の基本フォーミュラである．がしかしこの〈神話〉即ち形而上学で Teukros が満足したとしても，Antigone はどうであろうか．社会構造のレヴェルの深刻な問題は何一つ解決されていないのである．

〔4・1・2・1〕 この点の評価が scholia 以来おおむね否定的たることにつき，cf. Kitto, *Greek Tragedy*[3], p. 121. ギリシャでは埋葬も重要であったからなどという珍妙な説もあるという．他方もっぱら内的構造ばかり救おうとする G. M. Kirkwood, *A Study of Sophoclean Drama*, Ithaca,

1958 は，Aias の崇高だが狭量なキャラクターを浮き彫りにするために Odysseus の幅広さがコントラストとして必要であった（p. 47ff.）などと混迷を深める．

〔4・1・2・2〕 Sparta や *tyrannos* でなく "il linguaggio della democrazia ateniese" 自体を見る G. Ugolini, Aspetti politici dell'Aiace sofocleo, *QS*, 42, 1995, p. 13 の解釈は正しいが，だからといって Sophokles と Aias が「行きすぎたデモクラシー」に抗して貴族的価値を擁護しようとしているなどということはない．

〔4・1・2・3〕 1077f.: *"Ἀλλ' ἄνδρα χρή, κἂν σῶμα γεννήσῃ μέγα,/δοκεῖν πεσεῖν ἂν κἂν ἀπὸ σμικροῦ κακοῦ."*「どんなに大きな体に恵まれようとも，小さな打撃によって倒れる，ということを心得なければならない．」；758f.: *"Τὰ γὰρ περισσὰ κἀνόητα σώματα/πίπτειν βαρείαις πρὸς θεῶν δυσπραξίαις"*「バランスが悪く，精神の側をよく分節させていない，身体は，神々の手に掛かって，重篤な病に倒れる」（写本のうち Dain が選択した *"κἀνόνητα"* でなく，*"κἀνόητα"* の方を取る，つまり全体が心身論のタームで構成されている）．

〔4・1・2・4〕 1242f.: *"κοὐκ ἀρκέσει ποθ' ὑμῖν οὐδ' ἡσσημένοις/εἴκειν ἃ τοῖς πολλοῖσιν ἤρεσκεν κριταῖς."*「お前達は，下の審級の者でありながら，多数の判定によって決定されたことに従わないばかりか——．」

〔4・1・2・5〕 M. Davies, Politics and madness, in: J. P. Euben ed., *Greek Tragedy and Political Theory*, Berkeley, 1986, p. 142ff. は，ポリスと個人＝Aias を対置して，前半は Aias の傲慢が，後半はポリスの傲慢が罰せられる，こうしたシンメトリーにおいて両者は繋がる，と解して作品を救おうとするが，Aias の方が政治に忠実に impasse に陥り，政治の方が今や変質して上下関係になっている，というネジレないし逆転を理解しない．

4・1・3

死の前の Aias の偽りの改心の言葉は虚ろに〈二重分節〉の公式を鸚鵡返しするもので，これが好敵手 Odysseus の終幕の「判決」と微妙に響き合い，作品全体に極めて洗練された〈二重分節〉批判の感覚を刻印している．年代について全く予断を許さないもののこれも比較的早い時期に位置付けられる "Trachiniai"[1] においては，この〈二重分節〉批判の動機はそのディレンマを直撃することになる．

"Trachiniai" のヒロイン Deianeira は明らかに Aias である[2]．彼女もまた自殺を遂げ，それは精神の病と形容される（882: *"τίς θυμός, ἤ τίνες νόσοι;"*）．彼女は Aias とは逆に現に人を殺してしまうが，殺す意思は持っていなかった．Aias が高々未遂罪を問われるにすぎないとすれば Deianeira は高々過失責任を問われるにすぎない．いずれの場合も責任については大いに議論が分かれる．Sophokles は，Aias の行為を未遂に終わらせた錯誤につき周到な省察を行っ

たとすれば，ここでは過失へと Deianeira を誘った深層構造に探査の深い線条を浸透させる．

　Deianeira が自らパラデイクマとして採用したのは Penelopeia である[3]．彼女は夫 Herakles を故郷 Aitolia に迎えたものの，彼らは事情があって Trachis で賓客として亡命生活を送る (40)．二人は好都合にも他から切り離されている．そして互いに固く結ばれている．しかし今 Herakles は戦いに出て行方が知れず，Deianeira は息子 Hyllos を派遣することとする (61ff.)．Telemachos のパラデイクマに従って Hyllos は勇躍出発する．しかし Penelopeia のパラデイクマは作動しない．確かに Herakles は勝利を収めて帰還するという．しかし奇妙なことにそれは二重に先送りされる．Herakles が先触れとして発進させた親衛隊長 Lichas が伝える情報の中へと，さらにこの Lichas が先に人々に話すのを聞いた伝令が今 Deianeira に伝える言葉の中へと (180ff.)．Deianeira は Penelpeia のパラデイクマに従って critique を欠かさない．不審に思ってソースを問いただす ("$Καὶ\ τοῦ\ τόδ'\ ἀστῶν\ ἢ\ ξένων\ μαθὼν\ λέγεις;$"「それを一体誰から知って言うのか，この都市の者か外から来た者か」)．しかし何故 Lichas 自身が伝えて来ないのか判然としない．もちろんやがて Lichas 自身も Deianeira のもとに到達する．Lichas の話は表面上輝かしい Herakles の戦績に満ちる (229ff.)．事実多くの捕虜が連れて来られている．そこに女性群像が有る (283ff.)．Deianeira の目はふとその中の或る女にとまる (307: "$ὦ\ δυστάλαινα,\ τίς\ ποτ'\ εἶ\ νεανίδων;$"「おお可哀想に，若い娘達の中からひときわ浮き出るお前は一体誰なの」)．潜在的なパラデイクマの側には既に緊張が走る．が別のパラデイクマの中に居る Deianeira は深く同情するばかりである[4]．彼女を同定しようとして Lichas に尋ねるが，Lichas は一切知らないと答える (317)．Deianeira の満足のうちに Lichas が引き下がった後，しかし伝令が Deianeira を引き留めて真実を暴露してしまう (335ff.)．Iole という名のあの女は花嫁として連れて来られたのであること，そもそも戦い自体この女を父 Eurytos に拒否された Herakles が力づくで奪ったものであったこと，少なくとも Lichas は皆にはこのように説明したこと．観客が密かにトレースする潜在的パラデイクマの側に突き落とされた Deianeira は，しかし敢然と Lichas の尋問へと向かう (391ff.)．Penelopeia の critique は何とここでは夫の同定に

ではなく，一人の女の同定に向かわざるをえないのである．

Deianeira の呼びかけに choros は "*κρίνειν*" すべし，と答える (388). Deianeira は伝令と Lichas を対決させる．もちろんこれが "*κρίνειν*" である．互いに対立するヴァージョンを主張する．論拠を出し合った上で直ちに判定が行われれば，"*κρίνειν*" であり，ディアレクティカが予定するものである．しかしここではさらにその論拠を攻撃し合う手続の存在が前提されている．これを Deianeira は Lichas に予告する (397: "*εἴ τι χρῄζεις ἱστορεῖν*")．相手が「何を根拠に」と一段逃げた時に追いかけて追求する手続はここでは "*ἱστορεῖν*" と呼ばれる．Lichas は反対ヴァージョンに対して「何を根拠に」と "*μαρτυρεῖν*" を要求する手続に入る．伝令は「多くの者がそう聞いた」と逃がさない．Lichas はそのようなものは信頼に値しない，とさらに逃げる．伝令は伝聞とはいえそこに認められる情報の具体性をさらなる論拠として追求する ("*ἱστορεῖν*")．"*ἱστορεῖν*" の手続は二段に渡って追いかけるように critique を行うが，攻撃防御は一方的であり，防御側は一方的に追求される (*inquisitio*) が，替わりに二回逃げるチャンスを与えられる．結局これは作品冒頭からの Deianeira と Herakles の非直接性，もどかしいスリリングな距離に対応する．二つのパラデイクマの（次元の）距離でもある．"*ἱστορεῖν*" はこれを追いかける．一義的であるはずの儀礼的現在が syntagmatisme の中で違う意味を持つものである，違うパラデイクマに属するものである，ことが判明するという悲劇固有の劇的展開はこの "*ἱστορεῖν*" と極めて適合的である．報告者が *choros* に対して常に決定的な役割を演ずる所以であり，またギリシャ悲劇が演劇一般のメカニズムをうまく旋回させた部分である．

Lichas の自白はしかし Deianeira の長い「倫理学」によって初めてもたらされる (436ff.)．Deianeira は既に真実の概念と真実義務 (398: "*τὸ πιστὸν τῆς ἀληθείας*") を "*ἱστορεῖν*" のカウンターパートとして提示してある．今これをまた「自由人」たることに基礎づける[5]．しかもむしろ男には難しい，女の特権の如くにさえ言う[6]．この「真実」「自由人」「女」は明らかにデモクラシーの側に，critique に分節を与えられず「いつも同じパターンで判定する」[7]男は古い政治システムの側に，在る．

とはいえ Deianeira の "*ἱστορεῖν*" の勝利は自分自身のパラデイクマの敗北

の証明でもある．しかるに，"ἱστορεῖν"の対象はIoleの身分であった（365）．捕虜かつ奴隷か，花嫁か．この分岐は283ff.の場面におけるDeianeiraの同情の中では自分とIoleを分ける分水嶺でもあった．この分岐はHeraklesの行為によって生じる．これが重なったためにDeianeiraは奈落の底に突き落とされたのである．しかしそもそも分岐は分化であり，分化から悲惨な事態が生じたとも言うことができる．

この作品のchorosはTrachisの女達であり，Deianeiraとはジェネアロジクな関係を有しない．しかし何故か両者は緩やかに連帯している．そればかりか，冒頭，侍女が「奴隷であるにもかかわらず自由人のように」（"ἥδε γὰρ γυνὴ/δούλη μέν, εἴρηκεν δ' ἐλεύθερον λόγον"）助言をし（52f.；63），Hyllos派遣に至る．94ff.のchorosは海（114）を歌い，パラドックスに引き裂かれるDeianeiraがその波のまにまに浮かぶ（104）；が，205ff.のchorosは，束の間のDeianeiraの歓喜をこだまして，"φίλαι γυναῖκες"（225）たりながらArtemisに率いられた"παρθένοι"（211）へと，花婿を迎える"νύμφαι"（215）へと，Dionysosのための行列へと，引き戻される；そうした気持ちの華やぎを覚える．これに加えて，これとは別の，捕虜たる黙せる女性群像が舞台の上に立つことになる．Deianeiraは侍女ばかりかこれらの女達に対して重要な科白を向ける．「本来は等しく自由なはずが」（301＝supra）と．しかし事が判明した497ff.ではchorosはAphroditeの偉大な力を称えざるをえない．女性群像は引き裂かれる．もっとも，全てを見通したDeianeiraがErosの力（354）について述べるように，一人一人を選び取り解放するその排他性が次々と平等に発揮されるのであればよい．しかしその排他性は時として一人を取り一人をたたき落とすのである．二重の政治システムが有り政治的階層と民会の二元的構造が有ったとしても，政治システムとの関係は全ての構成員について横断的に一義的であり，自由の概念は一義的である．しかし〈二重分節〉は一見枝分節の如くに自由と隷属の関係を相対的にする紛らわしさをもたらす．Herakles-Deianeira-Ioleで後二者はいずれもHeraklesの下に立つ．しかもなおその差違は1と0の如くに極大化されており，なおかつ後二者は互いに排他的であり，同一ポストに二人立つこと，近接して並び立つこと，は許されない．そうなれば隠れた枝分節を容認することになる．かくしてDeianeira-Ioleの部分に絶対

的な排他的支配関係を樹立せざるをえない．Herakles-Deianeira が（互換的とはいえ）垂直的な関係だからである．二重の〈二重分節〉は定義上あってはならない．こうして Deianeira-Iole は自由な排他的支配関係である．この作品の「自由」の概念はデモクラシー下のこの新しい性質のものである．

〔4・1・3・1〕 éd. Dain-Mazon, Paris, 1977 (1955). Mazon, p. 9 は，作品の完成度からして比較的初期とするばかりである．Whitman, *Sophocles*, p. 49 は 438 年後とし "Oid. T." に近付けるが，〈二重分節〉の隘路への着目はあっても，Sophokles はまだ，Antigone が体現する〈二重分節〉単位の（Achilleus のように）誇り高い先験性に到達していないように思える．

〔4・1・3・2〕 Herakles の方に Aias のパラレルを見る Winnington-Ingram, *Sophocles*, p. 83 は cliché にとらわれている．

〔4・1・3・3〕 cf. R. L. Fowler, Three places of the *Trachiniae*, in: Griffin, ed., *Sophocles Revisited*, p. 161ff.

〔4・1・3・4〕 298ff.: "Ἐμοὶ γὰρ οἶκτος δεινὸς εἰσέβη……/……/αἵ πρὶν μὲν ἦσαν ἐξ ἐλευθέρων ἴσως/ἀνδρῶν, τανῦν δὲ δοῦλον ἴσχουσιν βίον."「私は言い知れぬ憐憫の念に襲われる——等しく自由な者達のもとに生まれていながら，今や奴隷としての生活を送ろうとしているこの女達．」

〔4・1・3・5〕 453f.: "Ἀλλ' εἰπὲ πᾶν τἀληθές· ὡς ἐλευθέρῳ/ψευδεῖ καλεῖσθαι κὴρ πρόσεστιν οὐ καλή."「本当のところを全ておっしゃって下さい．虚言は自由人には属さない，後世まで汚点を遺すことになりますから．」

〔4・1・3・6〕 437f.; "……ἐκκλέψῃς λόγον./Οὐ γὰρ γυναικὶ τοὺς λόγους ἐρεῖς κακῇ……"「パラデイクマを隠さないで頂きたい，というのも，あなたのパラデイクマを聴くのは女であり，しかも決して人後に落ちない女であるから．」Herakles への愛（"ἔρως"）に生きるという動機が以下に展開されることから，「だからといって，愛人の存在を恨むような女でない」，或いは「それを許す心の広い女だから安心して語れ」等々の解釈が諸種翻訳で見られるが，"Οὐ …… κακῇ" に勝手な（近代のメロドラマ風の）連想を持ち込み，Deianeira の科白の格調を損なう．

〔4・1・3・7〕 439f.: "οὐδ' ἥτις οὐ κάτοιδε τἀνθρώπων ὅτι/χαίρειν πέφυκεν οὐχὶ τοῖς αὐτοῖς ἀεί."「人がどのようなパラデイクマを選好するか，常に一定とは限らないということを知らない者では決してない．」字義通りには女の中の区別に関わり，大過ない決まりのパラデイクマを聴かせておけば間違いないようなタイプではない，ということだが，このような裏からの言い回しになるのは，お前こそがそう思っているからそう決めつけてそうしたのではないか（自分はパターンに合っていることより真実を選好する），という，相手の男に対する切り返しの非難が含まれるからである．予め決まっている選好を各人が持っていて，政治はそれら相互の間のコンテストでしかない，という観念に対する批判である．政治は確かにこれに対して十分な免疫がない．デモクラシーを要する所以である．

4・1・4

　もちろん Herakles は Odysseus ではない．Homeros のヒーローではなく，par excellence に〈二重分節〉開拓のヒーローである．Deianeira の幻想は初めから明らかであり，破綻は不可避である．がしかしどうして屈折体が混線するのか．新しいとはいえやはり同じ自由が求められるからではないのか．ならばその追求の過程でどのように屈折体が狂っていくのか．そこに〈二重分節〉のどのような致命的な弱点が潜んでいるか．

　Sophokles の分析は詳細を究める．Deianeira は Oineus の娘として生まれるが，変幻自在の河に求婚されて恐怖の底に投げ込まれる．そこへ Herakles がやって来て河を激しい戦いの末打ち破り，Deianeira を救うと同時に獲得する．しかしもちろんこのパラデイクマ自体は何も物語らない．どのようなヴァージョンがどのような対抗に立つかが問題なのである．Herakles とは何者か．Deianeira は以来強迫観念（"ἀεί τιν' ἐκ φόβου φόβον τρέφω"）に常に襲われることになったと嘆く（28ff.）[1]．事実 Herakles は Deianeira のためにしたことも仕事・負担・労苦として負っていて，一つ終わればまた一つ，と永遠に休むことができない．まるであちらこちらに土地を持つ農夫のように種まきと収穫のときにしか居ない（32: "γῄτης ὅπως ἄρουραν ἔκτοπον λαβών"），と Deianeira は的確な *similitudo* を用いる．偉大なるマネージャーなのである．現在もまた，Lydia の Omphale という女の許で「自由人としてでなく，身売りした者として」年季奉公している[2]という（70; 248ff.: "οὐκ ἐλεύθερος/ἀλλ' ἐμπολητηθείς"）．もちろんこの事実は却って Odysseus と混同させさえするであろう．がしかし全く意味が違っているのである．Deianeira が解放されたいと思うそのくびきは実はこれである．手段は Penelopeia である．しかし Deianeira は Penelopeia が Deianeira かつ Iole であることに気付かない．そして曖昧なまま，単に Herakles を自分に縛り付けようという意識を働かせている．

　他方 Herakles もまた実は今度こそ自分を解放したいと願っている．Iole 獲得はひょっとするとここから来る逸脱である．Lichas の最初のヴァージョンは通常のパラデイクマであり，Eutytos との間の例の賓客関係を巡るいさかいが泥沼化したというものである．ところが真実は，珍しく Iole 獲得のためにのみ武力行使し，しかもその女を連れて来てしまったのである．その女の許に

しばしとどまるという彼の通常のパターンに反する．この逸脱が最後の賭けになることは予感されている（36: *"Νῦν δ' ἡνίκ' ἄθλων τῶνδ' ὑπερτελὴς ἔφυ"*「今や多々の労苦の最後へとなりきたったからには」; 156ff.）．Herakles は遺言を文書で遺し Deianeira に託しているのである．もちろんこの Herakles の新しいアプローチもまた，Omphale とは反対の極を追求したにすぎず，「行ってしまう」―「縛る」という虚偽の対抗軸に幻惑された Deianeira の場合と同じく，無意識のうちに捻れた対抗軸の両極を往復しているにすぎない．

とはいえ Deianeira は，意識下では，様々な女性群像との間の連帯に心を寄せ，つまり 90 度旋回した対抗軸の上にある．他方 Herakles も，遺言において，息子兄弟での土地の分割，即ち部族，兄弟のパラデイクマ，に密かに惹かれている（163）．あちらこちらに多くの土地を一人で経営するのでなく，一つ一つ経営する兄弟に分割するというのである．もちろんこれらのパラデイクマが特効薬として与えられているのではない．問題が属すべき屈折体が診断として暗示されているのである．

それでも誤った軸の上を右往左往すれば，思わぬ極に出てしまう．Deianeira の可能性は，Herakles の混乱によって曖昧さが向こう側へと決着していくとき，正反対の方向へ折れて驀進し一切閉ざされる．Deianeira は，かつて河を渡ろうとする時，川渡しの人夫たる Kentauros の Nessos に襲われ，Herakles がこれを殺した，その時に死の間際の Nessos が自分に贈った秘薬の存在を思い出す（555ff.）．Herakles が Hydra の毒矢で射たその傷から滴る Nessos の血は Herakles の心にしみいり，彼を Deianeira に繋ぎとめるであろう，というのである．Deianeira は戦勝の犠牲式に着る装束にこれを振り掛けて Lichas に持たせる．しかしその後にこぼした一滴が日の光の中で床を破壊したのを見て，Deianeira は自分の誤りに気付く．河の大いなる報復である．確かにこちらの極に来れば彼らの独壇場である．枝分節の際限の無い接合力という滝壺に Deianeira は滑り落ちたのである．不思議とここであの確かな critique は全く働かない．そういう屈折体に迷い込んだのである．まさにこれが病であり，放って置けば，そうした滝壺の中で最後の potlatch に出る以外にない．こうした事態の認識のためには別種の critique が要求されざるをえない．

〔4・1・4・1〕　Winnington-Ingram, *Sophocles*, p. 75ff.. 但し "fear" は家庭を守る平凡な女の符号ではな

い. Herakles とデモクラシーに固有の不安である.

〔4・1・4・2〕 cf. N. Loraux, Héraklès : le surmâle et le féminin, dans : Ead., *Les expériences de Tirésias. Le féminin et l'homme grec*, Paris, 1989, p. 147 ; Ead., Pónos. Sur quelques difficultés de la peine comme nom du travail, *ibid.*, p. 66sqq.

4・1・5

確かにこの殺人には故意が無い（727f.:"σφαλεῖσι μὴ 'ξ ἑκουσίας"）[1]. しかし責任論のレヴェルとは別に致命的な選択をしたということを Deianeira は既に悟っている（729f.:"Τοιαῦτα δ' ἂν λέξειεν οὐχ ὁ τοῦ κακοῦ/κοινωνός"「いやしかし, 罪に多少でも加担した者が言いうることではない」）. 結果的に Penelopeia を目指して Klytaimestra になってしまったのである. 但しもとより屈折体は同一でない. Deianeira が欲したのは Herakles の心である. φίλτρον ないし φάρμακον はここに効果を及ぼすはずであった. 〈二重分節〉のエイジェンシーが第一〈分節〉のために〈二重分節〉を実現して働くのでなく, 第二〈分節〉のところで新しい〈分節〉主体形成の中心になること, 連帯に参加すること, を望んだのである. ところが φάρμακον は心にではなく, 体に向かい, そしてそちらの方を破壊してしまう. 無差別的な縛り付けの方へ退行したために, 第二〈分節〉のための結び目は, 第二〈分節〉の自由のためでなく, 第二〈分節〉内部を絞め殺すために機能してしまう.

血相を変えて戻った Hyllos は, Herakles が例の装束をまとい日の光の中犠牲式の火の近くに立つと何が起こったか, を母に伝え, そして糾弾する. Hyllos にとって母の行為は全く以て故意に基づくものである（807:"βουλεύσασ'……δρῶσ'……"）. φίλτρον が Herakles の身体に食い込み締め付け破壊する様の描写は詳細を極める（765ff.）. 全ての問題は Herakles の身体, 即ち出来上がったばかりの第二〈分節〉単位, の微妙な性質と地位に懸かっているのである.

Deianeira の死後, 瀕死の Herakles がかつぎ込まれる（971ff.）. Hyllos は, 父の死を早まって伝えたために母の死を早め, 両者の再会の最後の機会を奪った, ことに愕然とする. しかしそれを知らず Herakles は Deianeira を非難する. それでも, 断末魔の苦しみが身体の側から復讐されていることを意味することに朧気に気付いている. それからの解放の唯一の手段は死そのもの以外に

無い．Herakles は自分の苦役の全てを思い出す（1046ff.）．自分が従ってきたパラデイクマに戻る．Eurystheus によって課されたそれらの苦役を支えてきた体の各部分，如何なる敵にも屈しなかったその構造，それを今何と一人の女が破壊しようとしている．しかし Herakles は，このパラデイクマの破綻，そしてそれがもたらした自分の混乱，がこうした帰結に大きく寄与していることをまだ理解しない．復讐に執念を燃やし Hyllos にそれを委ねようとする．ところが Hyllos はこれに対して母のための抗弁に立つ（1114ff.）．殺すという行為はむしろ存在しないこと（"ἥμαρτεν οὐχ ἑκουσία"），善意から出た行為の不幸な結果であること（"ἥμαρτε χρηστὰ μωμένη"）．全ては Kentauros の報復であること．

不条理は一転理解できる敗北に変わる（1143ff.）．Herakles は遺言を補完するが如くに Hyllos に対して爾後の事柄の全てについて指示する．長い苦役から永遠に解放される日がいつか来ると願ってきたが，それはこの身体の苦痛からの解放と符合していたこと（1171f.：*"κἀδόκουν πράξειν καλῶς· / τὸ δ' ἦν ἄρ' οὐδὲν πλὴν θανεῖν ἐμέ"*「（労苦から永遠に解放される日を予言されて）楽しい日々を送ることを思い描いてきたが，それは私にとって死ぬこと以外ではなかった」），したがって最も重要な点は自らの身体を生きたまま火の中に投ずること（1193ff.：*"ὑπαίθων σῶμ' ἂν ἰώμην τὸ σόν"*）——．激しく拒否する Hyllos に対して Herakles はさらに Iole との婚姻を命ずる．母の仇敵との婚姻に Hyllos は再び強く反発する[2]．しかし死にゆく父の眼前での誓約に基づいて従わざるをえない[3]．

Herakles の指示は極めて明快に心身の新しい二元論に従っている．〈二重分節〉の障壁が逆に抑圧の装置となるのならば，唯一の処方箋は政治が領域への直接の関与から手を引くことである（Eurystheus の手先としての *μόχθοι* を Herakles はやめる，そのためには結節点 Herakles の心身を永遠に分け隔てる），というのである．これは葬送のための二元論，継承のための二元論，Aias の屍を尊重すること，とはまた異なる性質のものである．だからこそ生きたまま火葬が行われなければならないと言うのである．*corpus* の側の極の分節は *animus* の側の脱落のコロラリーとしてのみ観念される（そうでなければ分節は曖昧なものにとどまる）のでもはやない．いわば *corpus* はアプリオリに

その存在を主張し始めたのである.

〔4・1・5・1〕 悲劇において初めて人間の「自由な意思」が必然に抗するようになる,という理解 (Snell),人間の心理的内面が Aischylos ではなくまさに Sophokles 以降劇中の焦点となる,という理解 (de Romilly),は広く支持されているが,極めて重大な論点であるにもかかわらず,これを批判し修正する議論を含めて,諸学説は依然混乱を免れていないように思われる. 以下その点を,この論点に関する最も優れた論考と思われる J.-P. Vernant, Ébauches de la volonté dans la tragédie grecque, dans: MT I, p. 43sqq. に即して明らかにする. Vernant は,まず A. Rivier, Remarques sur le "nécessaire" et la "nécessité" chez Eschyle, REG, 81, 1968. p. 5sqq. に依拠しつつ,「デカルト流の自由意思」を投影してギリシャ悲劇を理解することの不適を指摘する. 次に "La volonté n'est pas une catégorie simple; comme ses dimensions, ses implications sont multiples." という理論的前提を示した後, "ἑκών"—"ἄκων" は "volontaire"-"involontaire" に対応せず,意思の作用によるとよらざると,その者のどこかに行為の始動点があれば "ἑκών" なのである,それが外から決定されていても,激情等意思のコントロール対象から発するのでも,と論ずる. 意思の問題は, "le cadre d'un vocabulaire purement intellectualiste" が働いて "connaissance et ignorance" の問題に解消される傾向があり, "préméditation" と "la tendance spontanée du désir" の間で揺れる,というのである. Vernant は, "cette confusion des différents niveaux de l'action" を, "l'avènement du droit et l'institution des tribunaux de cité" の後にもなお古い連鎖的責任概念が残ることによるとし,悲劇は丁度過渡期の混乱を示すが,他方 Aristoteles に至ってもギリシャでは完全な意思概念の離陸は無かった,と結ぶ. Vernant が複雑な思考を強いられるのは,問題が二重であるからである. 〈分節〉は連鎖的責任の概念を切断して個人の責任と意思を一旦完全に一義的にする. このことは Aischylos に至るまで変わらない. しかし Aischylos においては Agamemnon 初め登場人物がパラデイクマの分岐点で迷い始める. 言わば初めて自由に迷い始めるのである. これを捉えて〈分節〉の時に生じた変化が初めて起こったように言うのは,まだ一義的な責任の概念が一貫していることを捉えて〈分節〉の時に生じたことも起こっていないように言うことと,同じだけ混乱している. さてその次には,〈二重分節〉主体自体が一種の二重構造を内蔵するようになる. この時却って,責任と意思は一義的でなくなる. そして問題は二つに分裂して出て来る. 〈二重分節〉主体が外部との関係において持つ自由な意思の問題と,それが二重構造内部を統御できるかという問題. それぞれ Aias と Deianeira の問題である. 行為と内面が複雑な構造を持つに至るのは残滓ではなく,発達した〈二重分節〉のコロラリーである. 前者は,外部から内面へと(〈二重分節〉主体を迂回する)syntagmatique な連鎖を許すという問題であり,〈分節〉システムに直接媒介されない主体の登場が抱える問題である. 後者は,容易に知不知に置き換えうる問題であるが,前者をこのタームで捉えることは確かに大きな混乱である. いわゆる Sokrates の責任論(「全ての罪は無知に基づく」)は,統御すべき範囲を無限大に取るものである. 他方, Aristoteles の様々な混乱は二つの次元を区別しないことに基づき,したがってそれは政治とデモクラシーの関係の理解の曖昧さに帰因する. そしてそれが後世に決定的な刻印を遺したのである.

〔4・1・5・2〕 1264-78 の Hyllos の最後の科白は,この作品のメッセージを神々の不条理と見る解

釈を生み出してきた（Whitman, *Sophocles*, p. 120）．確かに，（〈二重分節〉のためには）幾つかの原理が鋭く対抗すればよいというのではなくなっている；或いは，〈二重分節〉さえあればよいというのでさえなくなっている．

〔4・1・5・3〕　Winnington-Ingram, *Sophocles*, p. 84 は Herakles の不遜な自己増長を見るが，事柄は領域組織の性格に関わる．否，〈二重分節〉の問題を Herakles から凡そ領域組織へと renvoyer するポーズである．

4・2　連帯の普遍化

4・2・1

　Sophokles は 442 年の "Antigone"[1] においてデモクラシーを根本から支える屈折体に完成された形態を与えるに至る．政治が創り出して久しい透明な空間にこの作品は観念構造の磁場を敷き詰める．創り出す社会構造はほとんど自足的にデモクラシーを基礎付けるようにさえ見える．とはいえもちろん実は多くの屈折体の積み重なりと対抗によって初めてその磁場も凡そ概念されうるのである．

　この作品は極めて単純な主題と構成を有し，それだけに最も容易に単一の対立図式によって解釈されがちである．Eteokles と Polyneikes の兄弟の争いを発端として Argos によって攻められた Thebai は，Eteokles を失うものの勝利する．その直後，忽然と彼らの姉妹 Antigone が登場する．Eteokles に替わって王位についた Kreon は敵として戦い倒れた Polyneikes の埋葬を当然のこととして禁ずる．この政治的決定にしかし Antigone は断固抵抗し，Polyneikes 埋葬を強行し安んじて刑に服するのである．専制と自由，政治的決定と神々の正義，実定法と自然法，ポリスと家・親族，といった図式によって簡単に作品を説明できるという錯覚を与えるに十分である．

　しかし Kreon という人物を取ってみるだけでこれらの理解はしばしば全く的外れであることがわかる．登場するや否や彼は自分の政治信条を明確に語る（162ff.）．Laios と Oidipous の真っ直ぐな公正さを強く意識して，傍系ながら新たに権力の座に就いた彼はその実績で懐疑を払拭しなければならない．ジェネアロジクな関係を峻拒して祖国の救済を純粋に追求し，これに反する行為をする敵に対しては妥協の無い態度を取る，と言うのである．埋葬禁止はそのコ

ロラリーであるということになる．しかし，このように政治の論理を徹底的に一貫させる，ように見えながら，実は彼はデモクラシーへの変化に押されて権力の座に就いたのではないか．早くも彼の言辞は少々ちぐはぐである．「ジェネアロジクな関係の前に政治を曲げる」(180) ということ[2]と「ジェネアロジクな関係故に敵と雖も埋葬する」ということは同義であろうか．埋葬禁止は公共的空間の簒奪を排除する警察的規制（161, 192: "*κοινὸν κήρυγμα*"）によるが，敵の埋葬はこれに本当に該当するか，その論証は十分か，敵の概念がむしろジェネアロジクなものになってしまっていて密かにジェネアロジクな憎悪を抱くからこそ埋葬まで禁ずるのではないか．Kreon の語彙は父―祖国（182: "*ἀντὶ τῆς αὑτοῦ πάτρας*"; 199: "*γῆν πατρῴαν*"）と友と敵（187: "*οὔτ᾽ ἂν φίλον ποτ᾽ ἄνδρα δυσμενῆ χθονὸς……*"; 212: "*τὸν τῇδε δύσνουν καὶ τὸν εὐμενῆ πόλει*"）という種類に尽される．政治の語彙であるように見えて部族的観念をたっぷり呑み干したデモクラシー期特有の混乱である．

　そればかりではない．Kreon の基本カテゴリーは対価（*μισθός*）及び利得（*κέρδος*）即ち交換である．〈二重分節〉の側，否，それどころか枝分節の側の観念である．警察命令の制裁手段を死刑と定めると，この対価 *μισθός* を予期すれば誰も違背しないだろう，だからこそそれが対価なのだ，もっとも，利得 *κέρδος* に目が眩んで破滅する者もいるが――（221f.: "*Καὶ μὴν ὁ μισθός γ᾽ οὗτος· ἀλλ᾽ ὑπ᾽ ἐλπίδων/ἄνδρας τὸ κέρδος πολλάκις διώλεσεν*"）と述べる．監視にあたっていた衛兵が Polyneikes の屍が密かに埋葬されてしまったと報告してくると，神々の仕業では，という声を斥けて，誰かが対価に導かれてやったに違いない，金銭ほど恐ろしいものはない，政治すら破壊する，と考える（294ff.: "*παρηγμένους μισθοῖσιν εἰργάσθαι τάδε./Οὐδὲν γὰρ ἀνθρώποισιν οἷον ἄργυρος/κακὸν νόμισμ᾽ ἔβλαστε· τοῦτο καὶ πόλεις/πορθεῖ*"）．しかもここでは憎悪がこのカテゴリーによって形成されている．それでしか考えられないそれを怖れ憎んでいるのである．かくして違反者に残虐な刑を課すことでカテゴリー自体に報復しようとする（310ff.）．*κέρδος* を罰するのか，敵に通じた者に加担した者を罰するというのでなかったのか．衛兵自体が「悪しき利得」(326: "*τὰ δειλὰ κέρδη*") を疑われてそれをそそがねばならない立場に追い込まれる始末である．

Antigoneの死を命じたそのKreonのもとに息子のHaimonが駆けつける．Haimonは実はAntigoneの婚約者である．この時，Haimonの説得をはねつけるKreonのカテゴリーは端的に父および祖国に戻る（631ff.）．善悪，敵味方，の単純図式と父の権威は不可分に結びつく．しかし他方，予言者Teiresiasが現れると，これを斥けるために「お前達は利得のためにやっている」（1037: "κερδαίνετ᾽, ἐμπολᾶτε"）と決めつける．これで何度だまされたことか，というのである．この種の「技術者」は皆金目当て（"φιλάργυρον γένος"）と言ってTeiresiasに逆にtyrannosという種族こそは「悪しき利得」の追求者である（"αἰσχροκέρδειαν φιλεῖ"）と逆襲される（1055f.）．要するに，Kreonは父ないし敵と対価ないし利得という誤った軸の両極を行ったり来たりしているのである．SophoklesはKreonを的はずれの屈折体の中に置いてむしろ喜劇的効果を演出する．これは追い込まれたはずのAntigoneの側に既に明晰な観念構造を設定し終わっていることに対応する．再構造化された〈神話〉を再現実化されて深いところで突きつけられる，そして批判される，その現実が，まさに対抗軸を捻れに捻らせてsyntagmatiqueに連なり舞台の上に一緒くたに出て来る．

審問を受けるAntigoneは，「早くに死ぬことを自分はκέρδοςと呼ぶ，このような不幸な身に死ほどκέρδοςをもたらすものはない」（461ff.）とKreonを皮肉り，混乱に陥れる．そうした「父譲りの」（471f.）決然たる態度にKreonも「自分が男であるというより，むしろこの女の方が男である」（484: "ἦ νῦν ἐγὼ μὲν οὐκ ἀνήρ, αὕτη δ᾽ ἀνήρ"）と言わざるをえず[3]，またそれを逆転させるためにこそ力に依存しようとする．「男は真っ直ぐ進み，女は曲がる」という種類のパラデイクマ連鎖，symbolismeの硬直性，がSophoklesによって鋭く抉られる．「Xは真っ直ぐ進む」と「Xは曲がる」の間の対抗，「男は真っ直ぐ進む」と「女は真っ直ぐ進む」の間の対抗，この両者の〈二重分節〉的な自由な関係が何故思考から脱落するのか．前者の対抗が属する屈折体が変化したことを理解せず，したがって自分が反対の側にずれ込んでしまった事に気付かない，その一つのメカニズムが，後者の対抗で一つの極（「男は真っ直ぐ進む」）を取ったまま自動的に既に前者の対抗即ち異なる屈折体でも一つの極を選び終えたつもりになる，このようにして対抗軸をずらしてしまう，そして後者の屈

折体しか確認しないで終わる，というものである，ことが鮮やかに示される．

〔4・2・1・1〕 éd. Dain-Mazon, Paris, 1977 (1955). Sophokles の最初の archon 職（441 年）以前とする伝承（cf. Whitman, *Sophocles*, p. 45）から，Mazon は 443-443 年頃に年代付ける（p. 63）．

〔4・2・1・2〕 176ff.: "πρὶν ἂν/ἀρχαῖς τε καὶ νόμοισιν ἐντριβὴς φανῇ./Ἐμοὶ γὰρ ὅστις πᾶσαν εὐθύνων πόλιν/μὴ τῶν ἀρίστων ἅπτεται βουλευμάτων,/ἀλλ᾽ ἐκ φόβου του γλῶσσαν ἐγκλῄσας ἔχει." 「政治権力の行使と政治的決定の内容に実際にたずさわる立場に立って初めて（人の価値はわかる）．私にとって，政治全体を看る立場にありながら最良の議論に付くのでなく何かを怖れて口を閉ざしてしまう者は（誰でも最低の人間である）．」

〔4・2・1・3〕 W. J. Lane, A. M. Lane, The politics of Antigone, in: Euben ed., *Greek Tragedy and Political Thought*, p. 181 は，Kreon のこの "the narrow-minded view" にもかかわらず "her womanhood is vitally implicated in her civic struggle" と解する．

4・2・2

Eteokles と Polyneikes の兄弟が相互に相手を討ち果たした後の Thebai に Antigone を置くこと自体注目に値するが，しかしこれは或る意味では既に Aischylos が行ったことである．Elektra と Antigone は兄弟への連帯という限りで同じ位置に立つ．Sophokles のさらなる独創は Antigone にその妹 Ismene を配したことに存する．Deianeira が Iole や Trachiniai との間に架けることができなかった連帯がまずはこの姉妹の関係を通じて模索される．

冒頭の場面は直ちに Antigone と Ismene から成る．二人は父 Oidipous の悲劇を共通に背負う．その観点からは Eteokles と Polyneikes の件は血を分けた兄弟の死以外のことではない．Antigone は Kreon の決定の情報を聞きつけて既に決心を固めている．Antigone は Ismene に「共に（領域の上の）労働をするかどうか」（41: "εἰ ξυμπονήσεις καὶ ξυνεργάσῃ σκόπει"），「手と手を合わせて」（43: "ξὺν τῇδε χερί"）屍を埋葬するかどうか，ときく．何故ならば「自分達の意思を越えて，私の兄弟であると同時にあなたの兄弟であるから」（45f.: "τὸν γοῦν ἐμὸν καὶ τὸν σόν, ἢν σὺ μὴ θέλῃς,/ἀδελφόν"）．Ismene はこれが残った最後の二人を確実に死に導くことを力説して思いとどまらせようとする（49ff.）．例の軸，男と女，も動員して，到底女は男と戦えない，と言う．Antigone は深追いしない．一人で行くことを決意する[1]．かくして二つの与格が綺麗に二人を分ける．「市民達の強制力に」（79: "βίᾳ πολιτῶν"）と「最愛の兄弟のために」（81: "ἀδελφῷ φιλτάτῳ"）．但し Ismene はこのことを誰にも

洩らさないことを誓う (84f.). 対照的な二人の間に批判的な会話が交わされて袂を分かちなお共感を残す. 情緒的な一体感や conformisme に遥か遠い.

他方そうしたパラデイクマに訣別宣言したはずの Kreon は初めから姉妹一緒に違いないと思いこむ. Antigone が自分の姉妹の (486: "ἀδελφῆς") 娘であったとしても——と大見得を切ったその二行後で姉妹のパラデイクマを無批判に働かせる (488f.: "αὐτή τε χἠ ξύναιμος……κείνην ἴσον"). Kreon の方が部族的観念に退行し, Antigone の側は完全に克服しているのである[2]. Ismene は共犯でない. にもかかわらず, 引っ立てられた Ismene は自分も完全な共犯であると宣言する (536f.). Kreon は二段階引き離されたことになる. 気が狂った (ἄνοος) としか思えない, 一方は今突然に, 他方はもともと (561f.). むしろ喜劇のものであるこの科白は, Aias や Deianeira と Antigone や Ismene の地位の逆転を雄弁に物語る. 狂っていると言う側が錯乱していて, 言われる側に鉄の首尾一貫性が備わっているからである.

もっとも, Kreon をさらに錯乱させたのは Antigone の方が「共犯」を認めず (539: "οὔτ' ἐγὼ 'κοινωσάμην"), 必死に Ismene を何とか生きながらえさせようとし, これをさらに Ismene が論駁して責任の共有 (558: "καὶ μὴν ἴση νῷν ἐστιν ἡ 'ξαμαρτία") と他方無しの生命の無意味さを主張するからである.

[4·2·2·1] Knox, The Heroic Temper, p. 18 は "ἐᾶν"「一人にする」という動機の一貫性に着目する.

[4·2·2·2] "la polysémie conflictuelle du terme φίλος" に着目する J. Alaux, Remarques sur la ΦΙΛΙΑ labdacide dans Antigone et Œdipe à Colone, Metis, 7, 1992, p. 213 は "la prégnance du lien familial transparaît dans les paroles de Créon" と鋭く見抜く.

4·2·3

しかし Antigone の連帯はこれにとどまらない. 決然と一人で行為するにもかかわらず.

そもそも何故 Antigone は Polyneikes の埋葬に固執するのか. 古い親族の観念にとらわれているのか. 何故これ如きに命を捨てるのか. この点がもし理解されなければ, Antigone が身を置く屈折体, 〈神話〉が構成する社会構造, は全く視野に入らないことになる. 日常の行動のようにしてしか分析できず, 陳腐な結論に至ることになる.

Polyneikes は Antigone の兄弟である．がしかしどのような兄弟か．出奔して外に cognatique な関係を持つ兄弟である．このために他の兄弟 Eteokles と討ち果たし合う．他方彼らは全て Oidipous の宿命的な子供達である．明晰極まりない exogamie が自己撞着的 endogamie に暗転した，その帰結である．Eteokles と Polyneikes は身を以て縺れを切り裂く．が却って泥沼の干渉戦争を招く．これがまた否定される．領域の人的組織のこの出口の無いディレンマが Antigone の前に立ちはだかる問題である．Antigone の答えは Polyneikes との連帯である[1]．これは実に独創的である．Eteokles との連帯は既に自明である．がその中間に Antigone を置けば，兄妹の連帯自体が agnatique な縦の系譜と cognatique な切り取りの間の対立に梁を巡らせて支える機能を有するところへもってきて，そのブリッジが二重になる．endogamie と exogamie に分かれた兄弟，或いは異なる cognatique な関係に切り取られた兄弟，の間に，その緊張を保ったまま絆を張ることができる．ましてそこに Antigone と Ismene の連帯を置けば一層この関係が強く拡がる．それは女性群像たるを脱して極めて批判的な連帯を達成している．

 Antigone を動かす真の動機が最も鮮明に現れるのは 512ff. のやりとりにおいてである．Kreon は鋭く，(自分の命令が兄弟の関係を侵害し神の正義に反すると言うのならば) Polyneikes はお前の兄弟である Eteokles を殺した者である，その者に栄誉を与えればそれこそ神の正義に反するではないか，と斬りつける．Antigone は「死者はそのように証言するだろうか」("Οὐ μαρτυρήσει ταῦθ' ὁ κατθανὼν νέκυς") と答え死者を連帯の中に引っ張り込む (515)．「死者」は両兄弟を共通に指す．Kreon は敵味方に平等に ("ἐξ ἴσου") 栄誉を与えるのかと苛立ち (516)，自分から Antigone の核心のトポスに迷い込む．屈折体はかくして領域に降りる．兄弟は奴隷でない (517: "Οὐ γάρ τι δοῦλος, ἀλλ' ἀδελφὸς ὤλετο.") という Antigone の反論に Kreon はこの地を蹂躙したではないかと返し (518: "Πορθῶν δὲ τήνδε γῆν")，部族的観念と空洞化した政治の論理を短絡させる例の軸の上を大慌てで滑り降りてくる．Antigone の張った網は完璧に機能し，地下では等しく同一の規範が妥当する (519: "ὅμως ὅ γ' Ἀιδης τοὺς νόμους τούτους ποθεῖ") という命題が鮮やかに命中することになる．Kreon の「敵は死んでも味方ではない」(522) に対してさらにとどめ

の一撃「互いに敵対するためでなく共に愛するために生まれてきた」(523: "Οὔτοι συνέχθειν, ἀλλὰ συμφιλεῖν ἔφυν") が突き刺さる[2]. Eteokles と Polyneikes の間に全てを越える橋を架けるということは，決して「自然の」感情や「血」のなせる業ではない. これは〈神話〉的パラデイクマであり，その対抗を支える屈折体は極めて普遍的な連帯を指示している. 450ff. の政治的決定に優位する規範の観念も，したがって，凡そ自生的な組織原理や超越的な倫理規範一般を指示しているのではなく，極めて特定的な内容の連帯の普遍性を指示しているのである[3].

　事実連帯はひたひたと拡がり浸潤し，ついには Kreon の支えを完全に覆してしまう. 既に Ismene が Kreon に対し息子の婚約者を殺すのかと突然一矢報いている (568). Haimon の離反は Kreon にとって致命的であるはずであるが，Kreon は事の重大さに気付かない. 領域の単位は幾らでも取り換え可能（「他の女達の居る，耕作可能な畑は多々あるさ」），と答える (569: "Ἀρώσιμοι γὰρ χἀτέρων εἰσὶν γύαι."). 他に幾らでも娘が居るということの意味が恐るべく効率的な metaphor によってこうして浮き彫りにされる. 何故 Haimon に連帯が及ぶかについての〈神話〉上の意義が明確になる. Kreon は Oidipous の妻 Iokaste と兄弟の関係にある. すると Antigone と Haimon の婚姻は endogamie を意味する. もはや古い政治的階層の endogamie ではない. しかし新しい権力者 Kreon は凡そ endogamie を，したがって中心の政治システムと領域の間の endogamie をも，捨てようとしている. 領域の単位は幾らでも裏切りうる，外から使い捨ての資源を持って来ればよい，というのである. Haimon はかくして，新しい政治的階層も領域の連帯を唯一のかけがえの無い基盤としてこれに再連帯すべきではないかと言うのである. 635ff. の彼の「デモクラシー理論」は全てこの意味に解される.

　そもそも Kreon は誰一人 Antigone と同じ考えの者は居ない[4]と言い，Antigone はこれを意に介しない. Antigone の態度には conformisme に対する痛烈な批判が込められている. がしかし Haimon の判断は異なり，制裁を怖れて表面化しないものの，人々の支持は Antigone の方へ向かっている，と言う. Kreon が拒否することは，敵と通じた者を味方＝親族に持つこと，「悪い妻」(651: "γυνὴ κακή")「悪い味方＝親族」(652: "φίλος κακός") を持つことであ

4 最後の一人

り，これを排除する政治的決定を曲げることは全てを崩壊させることである．これに対する Haimon の説得はゆっくりと第二の別の審級の存在を意識させることにある．まず事実としてそうであることを正確に言わざるをえない (685ff.)，と切り出し，人々の密かな共感を暗示した後，Kreon が Antigone の頑なさを非難した 473ff. を綺麗に Kreon に返し，第二の別の審級に折れることの重要性を指摘する (701ff.)．父と息子の〈二重分節〉が底で常に響く．ちぐはぐにもこの局面では Kreon の交換重視の〈二重分節〉思考は働かないのである．否，いつの間にか政治システム固有の原理さえもがおぼつかない．「ならばポリスが私に命令するというのか，逆ではないか」(734) と言って「むしろそれは息子のするような議論」(735: "ὡς ἄγαν νέος")，即ち下に如何なる〈分節〉も持たない未成熟の思考である，と痛烈に批判される[5]．政治権力の単一性に固執する Kreon に対して，Haimon はその意味が全く取り違えられていることを鋭くあぶり出し，「たった一人から成るポリスは無い」(737: "Πόλις γὰρ οὐκ ἔσθ᾽ ἥτις ἀνδρός ἐσθ᾽ ἑνός.")，「無人の荒野でも治めていればよい」(739: "Καλῶς ἐρήμης γ᾽ ἂν σὺ γῆς ἄρχοις μόνος")，と攻めたてる．

作品は特定のトポスをシンコペーションの如くに使って効果を上げる．Haimon の妻は幾らでも交換可能である，という Kreon の発言に反駁するように，Antigone の最後の言葉は自分の行動が如何なる "νόμος" に基づくものであるかを明らかにする (905ff.)．もちろん Kreon が "νόμος" を敢えて蹂躙するが故に罰すると言ったことが念頭に置かれる．彼女の "νόμος" によれば，もしこれが子や夫であれば市民の強制力に (907 "βίᾳ πολιτῶν") 立ち向かう労苦 ("πόνος") など取りはしない．夫の死後また別の夫を得て，また別の子を得ることもできる．これに反して既に死んだ父母からの兄弟の関係は唯一である．もう決して兄弟が生まれて来ることはない．だからこそ Polyneikes に自分が連帯しなければ誰が連帯するのか，というのである[6]．交換不可能であること，唯一であること，こそが却って連帯を要請する，ということになれば，échange と不可分の部族的結合関係（「祖国」）を全てとする Kreon の立場は全く無くなる．完全に個別的である，他の利害を許さない，という原理を突き詰めれば詰めるほど絶対的な連帯の必要性が導かれる，ということになるからである．であるとすればこの "νόμος" は実は「夫に対してならばこのような義務

は無い」という意味には働かない．Haimon にとって Antigone は交換不可能であるから Haimon は運命を共にするであろう．Haimon の母にとって Haimon は交換不可能であるから彼女も後を追うであろう．Kreon が結局息子と妻を一時に失うのは論理的な帰結である．Teiresias の予言におそれをなして遂に折れることになっても手遅れとなる．Polyneikes への固執は agnatique な関係の優先では決してない．そういう対抗関係は働いていない．政治的決定と血縁という対抗関係も全く働いていない[7]．Antigone と Haimon の明晰な論拠付けがこれを否定している．Kreon の思考の自己矛盾と錯綜がこれを裏書きしている．

[4・2・3・1]　503: "αὐτάδελφον" につき，cf. N. Loraux, La main à Antigone, Metis, 1, 1986, p. 172.

[4・2・3・2]　cf. Alaux, Remarques, p. 217.

[4・2・3・3]　「実定法」対「自然法」ないし「政治的決定」対「神の法」等々の解釈図式をこの作品にあてはめることは少なくとも Aristoteles に遡り，圧倒的な量の文献を生み出してきたことは周知の通りであるが，それが如何にアナクロニズムであるか，についてはさしあたり Knox, The Heroic Temper, p. 91ff. (cf. Whitman, Sophocles, p. 84) がよく論証する（但し Knox 自身はこれを二つの異なる宗教観に還元するきらいがあり，その点は説得的でない）．もっとも，ポリスは宗教も埋葬剥奪権も手にしていたのだから一人の女にすぎない Antigone の行動は Athenai の聴衆にとってはもっぱら "subversive" であった，というような解釈 (Chr. Sourvinou-Inwood, Assumptions and the creation of meaning : reading Sophocles' Antigone, JHS, 109, 1989, p. 134ff.) は却って歪んだポリス観に基づくものであり，巡り巡ってデモクラシーと人権に結び付くテクストの基本動機に無感覚である．

[4・2・3・4]　Knox, The Heroic Temper, p. 32 は，Antigone が徹底的に一人 "μόνη" (508, 656, 821 etc.) たることを強調する．"exquisitely conscious of their difference from others, of their uniqueness......abandoned by friends, ringed by enemies, unsupported by the gods......" (p. 36)．われわれはこの驚くべき意識を支えるものを探っていることになる．

[4・2・3・5]　われわれは Knox, The Heroic Temper, p. 16 に優れた分析を見出す．一貫して現れる特徴的な語彙に着目する Knox はここでそのうちの一つ "εἴκειν" を論じ，それをしない，つまり譲らない，Kreon を Sophokles 流ヒーローとする．Haimon の見事なメタファー（「溢れる濁流を容れて木々は枝を守る」）を引く Knox の指摘は効果的だが，これは Antigone の「説得されない」("ἀπιστέω") 態度とは反対極にあり，両者は互いに転位し合う関係に立つ (Kreon はどちらでもない)．つまり，〈二重分節〉は「折れる」ことである場合もあるが，Sophokles は，〈二重分節〉であるように見えて実はからめとることであるにすぎない動きを〈二重分節〉自体の名において拒絶する，そのような人物を描き出す．彼らは Achilleus の末裔ではあるが，既に彼とは異なるのである．このディアクロニクな見通しを Knox は持たない．

[4・2・3・6]　単純に家や血縁や宗教を措定する立場にこの部分は "disillusioning" と受け取られ，

「幸いにもテクストが真正でない」(Whitman, *Sophocles*, p. 92) と言われさえする．しかし，膨大な文献の山にもかかわらず最近の OCT がこれを削除しなかったことを支持し，Herod. III, 119 に見出されるパラレルなテクストを論拠とする伝統的な擁護論を補強しようとする，St. West, Sophocles' Antigone and Herodotus Book Three, in : Griffin, ed., *Sophocles Revisited*, p. 130 が指摘するように，到底支持しえない奇妙な思考であるからこそ，安易な *interpolatio* の所産とは考えられない．

[4・2・3・7] Knox, *The Heroic Temper*, p. 75ff. でさえ「Hegel 以来の」"historical opposition between family and polis" という解釈を踏襲する．Antigone の発言が "$φίλος$" という語に覆われることを最も重要な論拠とするが，その全てが血縁をだけ意味するのではなく，少なくとも遠くに連帯を示唆するし，これは〈神話〉のレヴェルにあるから，われわれはテクストの表面の意味を離れて理解しなければならない．例えば上に引用した 523 をすら Knox は血縁の意味に理解する (p. 81f.) が，「血縁のために生まれてきた」では，生まれは血縁に他ならないから trivial になってしまう．血縁という争えない事実を記号化して友愛を固い論拠の上に置いているのである．

4・2・4

Sophokles の "Elektra"[1] は Aischylos の "Choephoroi" に対置された別ヴァージョンである．その差違は明快である．視点が Elektra に据えられ，*choros* は捕虜の女達ではない．Orestes と Elektra は後半になるまで出会わず，「Orestes の死」は Aigisthos を罠にはめるための単なるトリックではなく，これを信じた Elektra を一旦独自に蜂起させようとする．つまり Elektra を独立させ[2]，なおかつ女性群像と端的に連帯させようとするのである．このため Orestes と Pylades の他に，養育を担当した従者が現れ，この者が先に「Orestes の死」という情報をもたらす．続いて Orestes が今度は「遺骨」を持って侵入する，という算段である．ここで初めて Orestes と Elektra の再会の場面が演出されることになる．Orestes が Klytaimestra と Aigisthos を殺害する場面では Elektra はこれを鼓舞し，母が舞台奥建物内で一撃されると「もう一撃」と叫ぶ (1415)．Orestes の逃亡と狂気に言及は無く[3]，解放のみが結末であり (1509)，したがって "Eumenides" はありえない．syntagmatique な連関は一定程度放棄されるに至る．実際，三部作の密接な連関は Sophokles に至って志向されなくなる．デモクラシーの審級が政治システムとして自足性を強める結果であると考えられる．ディアクロニクなヴァージョン転換よりは再び Homeros の一刀両断が戻って来るのである．

そもそも Klytaimestra と Orestes の二つの立場の激突は大きく後景に退く．Klytaimestra と Elektra の対決の場面（516ff.）では[4] Iphigeneia に関して二つの対立ヴァージョンが争うこととなる．Klytaimestra はもはや娘の犠牲ということにカテゴリカルに反対するのでなく，Menelaos のための戦争であるのに Menelaos の子が犠牲に供されなかったことに Agamemnon の罪責を求める（530ff.）．兄弟連帯のパラデイクマ（537）に異議を唱え，兄弟といえども各人の案件は各人で処理すべしというのである．兄弟は〈二重分節〉単位に転化する．そして Iphigeneia のパラデイクマは政治に対する再構造化要請のヴァージョンではなくデモクラシーの連帯に対して防御するヴァージョンになっている．Elektra の抗弁はかくして「Iphigeneia」が Menelaos 救済のためでないことの論証によって行われる（566ff.）．Artemis の鹿を狩ってついついそれを誇ってしまった，そして Artemis を怒らせてしまった，ために追い詰められて行ったことである，というのである．Artemis に挑戦して敢えてこれを突破しようという potlatch は，むしろ仕掛けられた，或いは少なくとも誤って仕掛けてしまった，potlatch に転換される．Agamemnon の行為はこれからの解放を目指したものにすぎない．〈分節〉のため内なる無分節を誓って見せる，という行為ではなく，却って〈分節〉を破壊する〈二重分節〉の罠にはまって必死に逃れただけである，ということになる．

「Orestes の死」を知らされた Klytaimestra の反応を微細に描く場面（660ff.）もまた対抗の基本線が既に位置を変えていることを告げる．Orestes が Delphoi の競技で事故により倒れた，ことが詳細に報告されるが，Pindaros からは遥か遠く，このパラデイクマは何ら Klytaimestra を動かさない．しかし敵が倒れたことをもっぱら喜ぶわけでもなく，むしろアンビヴァレンスに引き裂かれて奇妙な感情に襲われる．「良いことなのか，それとも恐るべきことかつ利益になることとでも言うべきか」（766f.: "πότερον εὐτυχῆ λέγω/ἢ δεινὰ μέν, κέρδη δέ;"）と言ってしまい，「どうかなさったか，心ここにあらずというようだが」（769: "τί δ' ὧδ' ἀθυμεῖς;"）と返される始末である．母－息子の軸からいずれにしても抜けられず，その両極を右往左往するばかりである（770: "Δεινὸν τὸ τίκτειν ἐστίν"）．

全編のクライマックスはかくして Klytaimestra 殺害の瞬間であるよりはず

っと引き延ばされた Orestes—Elektra 再会の場面（1098ff.）であるということになる[5]．とりわけ，Elektra の巧妙な言葉，二重の意味を持つ言葉，に引き寄せられて悟った時には絶望的な罠にかかってしまっているという，Aigisthos の死（1442ff.）は軽快なエピローグにすぎない[6]．長大な再会の場面はもはや同定のサスペンス，critique の問題，に全く関わらない．Orestes は「Orestes の遺骨」即ち身体 $\sigma\hat{\omega}\mu\alpha$（1118）を持って来たと称して Elektra を絶望させる．Elektra はまずはこれを腕に抱こうとする（1120: "$\varepsilon\iota\varsigma\ \chi\varepsilon\hat{\iota}\rho\alpha\varsigma\ \lambda\alpha\beta\varepsilon\hat{\iota}\nu$"）．この死は何よりも姉妹から（1138: "$\sigma\hat{\eta}\varsigma\ \kappa\alpha\sigma\iota\gamma\nu\dot{\eta}\tau\eta\varsigma$"）遠く離れた死であり，"$\dot{\alpha}\delta\epsilon\lambda\phi\dot{\eta}$"（1148）と呼び掛けられた昔の響きだけが耳にこだまする．そして「お前は私を既に殺した」，したがって死の世界で連帯するしかない（1163ff.）というように考えを運ぶ．Antigone の動機が鳴り始めたのが聴こえる．これに対して Orestes はあくまで慎重に余所者たるを装うことをやめない．そしてこの状態が引き延ばされる．事実この（兄弟と他所者の）対比にこそ，Sophokles は "Antigone" を或る意味で越える重大な意義を付与しようとしている．Elektra を同定した Orestes は突如感極まって不幸を共有し始める（1174ff.）．が余所者にとどまるため Elektra は驚きいぶかる．1180, 1182, 1184 と三連続で "$\xi\acute{\varepsilon}\nu\varepsilon$" と呼び掛け，他ならぬ自分の不幸が問題とされているのであることを確かめる．そして問われるままに状況を要約する．Orestes は「一掃してくれる者，立ちはだかってくれる者，は誰もいないのか」（1197: "$O\dot{\upsilon}\delta'\ o\dot{\upsilon}\pi\alpha\rho\dot{\eta}\xi\omega\nu\ o\dot{\upsilon}\delta'\ \dot{o}\ \kappa\omega\lambda\dot{\upsilon}\sigma\omega\nu\ \pi\acute{\alpha}\rho\alpha;$"）と決定的な問いを発する．お前がその遺骨を運んで来たその者が唯一だった，という答えに一層共感する Orestes に，「唯一あなただけが共感してくれる」（1200: "$M\acute{o}\nu o\varsigma\ \beta\rho o\tau\hat{\omega}\nu\ \nu\upsilon\nu\ \check{\iota}\sigma\theta'\ \dot{\varepsilon}\pi o\iota\kappa\tau\acute{\iota}\rho\alpha\varsigma\ \pi o\tau\acute{\varepsilon}.$"）と Elektra は言ってしまう．Orestes の「唯一私だけが——」（1201: "$M\acute{o}\nu o\varsigma\ \gamma\grave{\alpha}\rho\ \ddot{\eta}\kappa\omega\ \tau o\hat{\iota}\sigma\iota\ \sigma o\hat{\iota}\varsigma\ \dot{\alpha}\lambda\gamma\hat{\omega}\nu\ \kappa\alpha\kappa o\hat{\iota}\varsigma.$"）はもちろん確信に満ちるが，気が付かない Elektra は「親族でもないのに」（1202: "$O\dot{\upsilon}\ \delta\dot{\eta}\ \pi o\theta'\ \dot{\eta}\mu\hat{\iota}\nu\ \xi\upsilon\gamma\gamma\epsilon\nu\dot{\eta}\varsigma\ \ddot{\eta}\kappa\epsilon\iota\varsigma\ \pi o\theta\acute{\varepsilon}\nu;$"）と決定的な答えに到達する．Orestes は choros の女達の連帯可能性を確認した（1203f.）後，全てを話すから遺灰を置くように言う（1205）．埋葬まで禁じられるのかと Elektra は色をなす．再び Antigone の意味連関がほのめかされる．「死んだ兄弟を悼んでどうしていけないのか」（1212）と言う Elektra を Orestes は「あなたが抱え込んでいるのはあな

たのものではない」(1215) と拒絶し,「しかしこれは Orestes の σῶμα ではないか」(1216) に「言葉の上だけで Orestes であるにすぎない」(1217) と応じ,墓に固執する Elektra に「生きている者に墓は無い」(1219) ととどめを刺す. Orestes は生きていて,それは彼なのである.「親族でもない余所者である」のに連帯する彼である. 十分に切り離された者の間の連帯である. Elektra が Orestes を「自分のもの」にする結合, Elektra の精神と Orestes の σῶμα の縦の結合, が拒否され, 生きている者どうしの横の連帯になる. Antigone をくぐり, Antigone のパラデイクマを一歩進めたということになる. 女性群像への喜びの呼びかけ *"ὦ φίλταται γυναῖκες, ὦ πολίτιδες"* (1227) は大きな連帯の基礎が準備されたことを物語る[7].

[4・2・4・1] éd. Dain-Mazon, Paris, 1972 (1958). 413 年の Euripides 作 "Elektra" がこれへの対抗ヴァージョンであるという Mazon, p. 134 の推定は妥当と思われる(Whitman, *Sophocles*, p. 51ff. に同様の論証を見出しうる). しかしこれは年代の近接性を意味しない. "Oid. T." の後であるというのが通説ではあるが.

[4・2・4・2] Whitman, *Sophocles*, p. 158f.: "a new and greater truth is arising in Electra……she will kill Aegisthus herself."

[4・2・4・3] 実際, 母殺しだというのにこれでは道義を欠くように受け取られ, Sophokles といえども「聖なる神話」に従ったとか, もっぱら芸術的価値を追求した, などという興味深い学説を多く生み出したという (cf. Whitman, *Sophocles*, p. 159f.).

[4・2・4・4] cf. Whitman, *Sophocles*, p. 164.

[4・2・4・5] このこと自体は広く認められている (cf. Whitman, *Sophocles*, p. 160).

[4・2・4・6] Whitman, *Sophocles*, p. 162: "Sophocles, so far as we know, is alone in placing the murders in this order."

[4・2・4・7] cf. M. Ierulli, A community of women? The protagonist and the chorus in Sophocles' Electra, *Metis*, 8, 1993, p. 217sqq.

4・2・5

"Antigone" とのパラレリズムはしかしこれにとどまらない. Sophokles は Elektra の傍らに Chrysothemis という姉妹を置く. Ismene の明らかなダブレットである[1]. そしてまたこの点でも Sophokles の関心が Klytaimestra との対抗でなく, これに対抗する側内部に走る対抗の線とこれを乗り越える連帯に移っていることが示される.

作品は(冒頭の小さな場面を除くと)最初の三分の一近くを占める女性群像

4 最後の一人

の場面を持つ (86-471). 既に述べたように *choros* は捕虜の女達ではなく, 広い意味で「同族の」女達である (128). そして Elektra を慰めようとする. しかし欠けているのは縦の関係で救済に現れる男 (188: "φίλος οὔτις ἀνὴρ ὑπερίσταται") であり, このために Elektra はまるで異邦人の如くあしらわれ (189: "……τις ἔποικος"), 侍女のように仕えなければならない (192: "ἀμφίσταμαι"). このように周到に, 切り離し[2]と横の連帯への伏線が張られているのである. とはいえ "ὦ φιλία γενέθλα" (226) と呼び掛けるうちは, *choros* から "μάτηρ τις πιστά" (234) のパラデイクマが返って来るばかりである. *choros* は絶対の忠誠を誓うが決して慎重な姿勢を崩さない (252ff.).

Chrysothemis の登場はしかし全く違った調子をもたらす (328ff.). Orestes の帰還と蜂起を希求する Elektra の判定 ("κρίνεις") に対して正しさ ("τὸ δίκαιον") を認めながらも, 行動に移ることには全く賛成しない.「自由に生きたければ権力には従わねばならない」(339f.: "εἰ δ' ἐλευθέραν με δεῖ/ζῆν, τῶν κρατούντων ἐστὶ πάντ' ἀκουστέα"). Ismene とは異なり Chrysothemis は立場を明確に概念化している[3]. そして Elektra のようやく鋭い反撃を呼ぶ. Elektra は, Chrysothemis の言葉は全て母から出て来るが如くで自分自身のものが全く無いと批判する (343f.: "ἅπαντα γάρ σοι τἀμὰ νουθετήματα/κείνης διδακτὰ κοὐδὲν ἐκ σαυτῆς λέγεις"). 〈二重分節〉の向こう側の方のヴァージョンに加担しているというのである. どちらにつくのかはっきりさせるように迫るのは, 明らかに,〈二重分節〉を支えるしかし政治的連帯の立場に Elektra が立つことを示す. 何が正しいかという判断とどのようにすべきかということの間の二段階の判断を許さず, 不整合を嫌う. 言葉において ("λόγῳ") 彼らを憎んでいながら行為 ("ἔργῳ") において父の殺人者と共にある (357f.), という痛烈な批判はこの観点からのものである.

Elektra は Chrysothemis の言葉の背後に何か新しい事態が潜んでいることを見逃さず, Chrysothemis は Aigisthos が Elektra を幽閉する決定を下したことを告げる. Elektra は *choros* に決起を求める道を断念し, 全く個人的な反 conformisme の途を覚悟する. Antigone に達したのである. しかし Elektra はむしろ Aigisthos の危機感, 即ち Orestes の到来が近いこと, を推測する. 重大な決断の前にたじろぐ Chrysothemis に対して Elektra は二重の意味を込め

て「お前達から凡そ遠い所へ脱出する」(391: *"ὅπως ἀφ' ὑμῶν ὡς προσώτατ' ἐκφύγω"*) と述べる.「この現世の生活の全ての記憶を放棄するのか」(392: *"βίου δὲ τοῦ παρόντος οὐ μνείαν ἔχεις;"*) という問いに対しては「驚くべき豊かな生活」(*"καλὸς γὰρ οὑμὸς βίοτος ὥστε θαυμάσαι"*) と皮肉る. 慎重に配慮しさえすれば実際にそうなったろうに, と返されると, 愛する者にとって悪たれと説くのか (395: *"μή μ' ἐκδίδασκε τοῖς φίλοις εἶναι κακήν"*) と切り捨てる. Chrysothemis は, 倫理ではなく効用である, 権力を有する者に従うだけである, と答えるしかない.

それでも Chrysothemis は有用にも, Orestes 帰還をはっきり告げる夢によって Klytaimestra が不安に駆られたという情報をもたらす (417ff.). そればかりではない. 既に「Orestes の死」を知って悲嘆の底に沈む Elektra のもとに, 不安に怯える Klytaimestra の依頼で詣でた Agamemnon の墓に Orestes の痕跡が有った, と伝える (871ff.). そんなはずはないと驚く Elektra は「一体, 死すべき人間の如何なるパラデイクマに従えばそういうことがかくも信じられると言うのか」(883f.: *"καὶ τίνος βροτῶν λόγον/τόνδ' εἰσακούσασ' ὧδε πιστεύεις ἄγαν;"*) と質す. Chrysothemis は, 自分の目で見たことがそのパラデイクマとなる, それを論拠として信ずる (886: *"σαφῆ/σημεῖ' ἰδοῦσα, τῷδε πιστεύω λόγῳ"*), と答えるが, Elektra は「どんな証拠を見たというのか」(887: *"τίν'……ἰδοῦσα πίστιν;"*) と相手にしない. Elektra は言語でもたらされた情報を, Chrysothemis は証拠を, 論拠として重んずるという対照は, 政治的連帯と自由の対照に対応する. Chrysothemis は, 信じたことに従って今や Elektra と連帯して行動しうる, 遂に思想と行動を一致させうる, と歓喜する (916ff.: *"νῦν ἴσως"*), がしかし「物証」を「証言」で論駁する Elektra に屈する.

Elektra は絶望する Chrysothemis に向かって, Orestes 亡き後でも自分達が立つことによって解放されることができる, と提案する. もはやお前しか居ない, 姉妹と一緒ならば躊躇が無いだろう, という再び奇妙な conformisme の議論である (954ff.). 死の世界で兄弟の絆で結ばれ, 初めて「自由な」と呼ばれることになる (970), 人々に称賛される, というのである.「あの姉妹 (dual: *"τώδε τὼ κασιγνήτω"*) を見よ」と (977). しかし Chrysothemis は冷静な判断を要求してこれに応じない. 両者の鋭いやりとりが続き, 再び Elektra

は全て一人でやり遂げることを決意する（1019）．パラデイクマに syntagmatique な分節を与えて判断すべきである，前後の見通しのもとに考えるべきである，しっかりした計画無しには何をしても無意味である，という Chrysothemis の言葉に Sophokles はむしろしっかりした調子を与えている（1024, 1026, 1028, 1030）[4]．〈二重分節〉のための連帯という一見矛盾する課題の重要性と困難が究極の点まで煮詰められる．しかもその解決は外から，Orestes または彼でさえない見知らぬ誰か，との連帯によってもたらされるのである．

[4・2・5・1]　二組の姉妹の比較につき cf. Winnington-Ingram, *Sophocles*, p. 239. "heroic" かどうかのコントラストを姉妹がなし，かつ Elektra は積極的な復讐を目指した点が Antigone と異なる（引き留めの側に理がある）とするが，Sophokles が精巧に組み立てた問題提起を理解するところがない．

[4・2・5・2]　Antigone に続いて Elektra が Niobe のパラデイクマを持ち出す（150ff.）のはこの点に関わる（cf. Whitman, *Sophocles*, p. 165）．これがあの Achilleus と Priamos の場面を枠付けたことを忘れてはならない．

[4・2・5・3]　Whitman, *Sophocles*, p. 156: "Chrysothemis has won generations of readers to her side ......Sophoclean scholors have concluded that Chrysothemis is fundamentally right......a plea for common sense invariably finds sympathizers."

[4・2・5・4]　倫理的道義的解釈の視点にとって常にこの Elektra は問題であり続ける．Elektra の激情が Orestes の大義と対比されることになる．H. P. Foley, *Female Acts in Greek Tragedy*, Princeton, 2001, p. 145ff. は，Sophokles が倫理的問題の複合性を突き付けるために，地中海世界の女性に特有の土着的な "The ethics of vendetta" を素材として使った，と解する．後半に Elektra を突き放す筆致は多くの論者が指摘する通りとしても，姉妹に割り当てられた役割はジェネアロジー上でほとんど幾何学的に精密であり，ブレるところがない．Elektra が道義的に無欠のヒロインとして描かれないからといって不安に駆られる必要は全く無い．

4・3　最後の一人

4・3・0

Orestes=Elektra は確かにジェネアロジクなパラデイクマの屈折の観点からして黄金連合の一つである．しかし逆にそれだけに，これが強過ぎて元来これがそれに対抗するために現れたそのものとの大きな対抗関係の緊張が保たれない怖れがある．Sophokles は晩年になるほど Aischylos が提起した連帯の要件を厳密に絞り込んで行ったように思われる．大きな共感の連鎖がありながら敢

えて Antigone に孤独な選択をなさしめたように，Elektra になかなか成功させず成功後も（ほとんど作品に奇妙な印象を付着させるほどに）皮肉な目を向け続けたように，「〈二重分節〉のための連帯」に向けられた Sophokles の視線は元来手厳しいものであったが，彼はその水準に決して満足しなかったように思われる．〈二重分節〉単位の存在態様，単純な〈分節〉体単位の存在態様との違い，切り出され方，水平垂直の結合の仕方，について，基礎となる屈折体を求めて行ったと考えられる．晩年は Athenai のデモクラシーが空転し自らを内から引きちぎるような政治過程の中でもがくという時期に該るが，中で却って Sophokles の探求は静かに研ぎ澄まされていったとしか考えられない．

4·3·1

"Oidipous Tyrannos"[1]は，悲劇がそれまで培ってきた百年近い陣営構築から大きく離脱し，ほとんど新しいジャンルを開いたかにさえ見える作品である．もちろん形式においてそうであるというのではない．題材においてさえそうではない．しかし明らかに着眼が違うのである．

Oidipous は言うまでもなく少なくとも Homeros に遠いエコーを聞くことができる古い素材である．息子であると同時に父を殺して母と結ばれるという話は，Homeros においては明らかに Herakles 等々と並んで克服されて取り残されたパラデイクマである[2]．〈分節〉という観点からは息子は切断対象である．どこかからやって来た A が X の娘と結ばれて誕生した a／x は，A—a という agnatique な線に立つか，X—x という cognatique な側に加担するか，という問題を常に抱える．父との対抗ないし X の報復と，母方の叔父との対抗ないし父への代襲，の間でアムビヴァレントな状況に置かれる．Il. IX の Meleagros〈神話〉は cognatique な関係の方の切断を巡る一つのヴァージョンである．Oidipous は二つの対抗ヴァージョンの癒着，切断の失敗，を指示して Homeros の大ディアレクティカの対極を暗示する．Thebai に位置するのは，領域の閉鎖的部族組織に対する距離感の故である．実際狭い endogamie システムにおいては A—X の意味の軸は機能しない．

しかし他方，Hesiodos にとって Kronos と Zeus はそれぞれ反対の意味で父とその一族を倒した存在である[3]．母ではないが，姉妹と結ばれる．父を倒し

てその娘を獲得したことになる．対抗ヴァージョンの両方を占拠してしまうことは，自足的なジェネアロジーによって絶対的な権力を樹立することでもある．

　父殺しが怖れられ幼い息子が遺棄されたとき，父は母にとってのAから打倒されるXに転換される．息子は最終的に外からの征服者たることができるようになる．他のジェネアロジーからの干渉としてではなく，他方またaXという従属的な地位においてテリトリーに入って来て労苦を負うというのでもなく，自足的な往復運動を達成して，全く独立の単位を実現する．PerseusとHerakles，或いはまたDionysosが大きく天空に昇って輝く季節になってくると，Oidipousが一つの究極の形態として強く意識され始めたとしても当然である．とはいえHomerosの刻印を払拭する新しいヴァージョンが用意されたとは考えられない．Thebaiを巡るパラデイクマがつくりだす屈折体が領域の組織の再編を媒介し続ける限りにおいて，かつてのimpasseと新しい形態の極限が混線する，という事態がむしろ暗い予感の向こうに見え隠れしたはずである．むしろ逸脱を警戒するときに好んで取り上げられるパラデイクマとなっていったはずである．以上の意味連関は"Oidipous Tyrannos"というタイトルに至るまでその痕跡を遺している．そしてこのパラデイクマは，領域の構造を大きく変動させた楔を吸収して領域の組織を再編するときに一種の間接的なHerakles批判の磁場となったと予想される．

〔4・3・1・1〕 éd. Dain-Mazon, Paris, 1972 (1958)．年代（430年から420年代？）につき，p. 67.
〔4・3・1・2〕 POL III・5・3・3.
〔4・3・1・3〕 POL III・8・8.

4・3・2

　SophoklesはOidipousをまずは徹底的に，出口の無い困難に陥ったThebaiを救済する輝かしい*deus ex machina*として描き出す．Thebaiは疫病と天災に打ちひしがれている．たまりかねた人々が今Zeusの神官を先頭にOidipousのもとに救いを求めて来る．Oidipousは政治権力の保持者（14: "$\kappa\rho\alpha\tau\acute{\upsilon}\nu\omega\nu$ $\chi\acute{\omega}\rho\alpha\varsigma$ $\dot{\epsilon}\mu\hat{\eta}\varsigma$"）である．如何なる問題であろうとたちまち救済に駆けつけるというのである（12: "$\pi\rho\sigma\alpha\rho\kappa\epsilon\hat{\iota}\nu$ $\pi\hat{\alpha}\nu$"）．確かに神ではない（31: "$\theta\epsilon o\hat{\iota}\sigma\iota$ $\mu\acute{\epsilon}\nu$ $\nu\nu\nu$ $o\dot{\upsilon}\kappa$ $\dot{\iota}\sigma o\acute{\upsilon}\mu\epsilon\nu o\varsigma$……"）が，超越的な次元から降りて来る．何故ならばその

ようにパラデイクマが与えられているからである．かつて Oidipous は（外から）やって来て，麻痺させる歌声の主（Sphinx）への貢納即ち枝分節の呪縛から Thebai を救った（35f.: *"ἐξέλυσας ἄστυ Καδμεῖον μολὼν/σκληρᾶς ἀοιδοῦ δασμὸν......"*）．果たして政治は本当に領域の組織を解放したか．いずれにしてもこの解放は領域の側からのパラデイクマ供給無しに遂行された（37f.: *"καὶ ταῦθ᾽ ὑφ᾽ ἡμῶν οὐδὲν ἐξειδὼς πλέον/οὐδ᾽ ἐκδιδαχθείς"* 「お前はわれわれからは状況を把握したことも，考えを得たこともない」）．ディアレクティカの資源はそこには採られなかったのである．Oidipous の任務はむしろそこから超越して「真っ直ぐにすること」（39: *"ὀρθῶσαι"*; 50: *"ἐς ὀρθὸν......"*），即ち〈分節〉を与えることであった．しかし，神官が言うには，その政治も領域の資源抜きには無意味ではないか，人の居ない塔や船を統治して一体何になるというのか（54ff.）．Oidipous には二回目の，しかし全く新しい試練が待ち構えているのである．

Oidipous は皆が病んでいること，がしかし自分が人一倍病んでいることを認める（60f.: *"νοσεῖτε πάντες, καὶ νοσοῦντες ὡς ἐγὼ/οὐκ ἔστιν ὑμῶν ὅστις ἐξ ἴσου νοσεῖ"*）．そして既に Delphoi の Apollon に神託を仰ぐために Kreon を派遣したことを告げる．しかし，Kreon が病原を特定する神託をもたらし，病原は先代の王 Laios を殺した者がとどまっていることに在るということが明らかになると，事件の外からやって来た者（219; 220: *"ξένος"*），事件の後に最近やって来た者（222: *"ὕστερος ἀστὸς εἰς ἀστούς"*），として捜査を開始し，そして殺した者を追放する，ための命令を発する．捜査・糾問（inquisitio）が必要である（220f.: *"οὐ γὰρ ἂν μακρὰν/ἴχνευον αὐτός μὴ οὐκ ἔχων τι σύμβολον"* 「徴表なしには到底先まで辿ることはできない」; 226: *"πάντα σημαίνειν ἐμοί"* 「全ての徴表を自分に提出するよう（命ずる）」）のは，Sphinx の時と異なり今回は徴表を辿って領域の奥深くへと推論していかなくてはならないからである．自分が *"ξένος"* であるという認識はこのことに関する．

かくして Oidipous は Herakles の如くに外からやって来て一人で問題を解決する，但しその知力で．ところが Sophokles は，その成功の代償として獲得されたジェネアロジックな関係について意図的に黙する．Teiresias が 366f. で謎として暗示する，そして特に 457ff. で依然謎としてであるがジェネアロジーのス

キャンダラスな形態を特定する[1]，までジェネアロジーには全く触れられず，触れられてももちろん有るべきはずの Herakles のニュアンスは消し去られる．部族神話の原点も，枝分節体の形成も，最近の「進化した」Herakles の労苦による〈二重分節〉体の形成も，Oidipous の眼中にはない．「真っ直ぐにする」ことだけが彼の関心なのである．しかし事実としてジェネアロジクな関係は生じているのであり，真っ直ぐに真相を究明していくと，何とこれに裏切られたということが判明するのである．

　もっとも，妻ないし「母」との関係をこのように全く地下に眠らせる反面，Oidipous は初めから奇妙に自分を「父」に同化させていく．何故 Laios 殺しの捜査に着手するか．Thebai を病（cf. 169）から救うためばかりではない．徹底的に究明し始源から（132 : "*ἐξ ὑπαρχῆς*"）syntagmatique なパラデイクマ連鎖を再構成する，その方向へ彼を衝き動かすのは，「Laios を殺したのは自分を殺したも同然」（137ff. : "*κείνῳ προσαρκῶν οὖν ἐμαυτὸν ὠφελῶ.*"「Laios のためにすることは自分のためにすることである」）だからである．Laios 殺し捜査のためにあらゆる手を尽くすのは，「あたかも自分の父のための如く」（264 : "*ὥσπερεὶ τοὐμοῦ πατρός*"）にするからである．すると，syntagmatique なパラデイクマ連鎖を辿って捜査をしていくということは，次第に下に降りていって自分自身「父」Laios の地位に立つということになる．Oidipous の科白は密かに場面を緊張させることになる．

〔4・3・2・1〕 366f. : "*σὺν τοῖς φιλτάτοις/αἴσχισθ' ὁμιλοῦντ', οὐδ' ὁρᾶν ἵν' εἶ κακοῦ*"「ジェネアロジクに最も近い者達と最も恥ずべき形態で一体となっていること，但しその災厄に気付くことなく」; 457ff. : "*παισὶ τοῖς αὐτοῦ ξυνών/ἀδελφὸς αὐτὸς καὶ πατήρ, κἀξ ἧς ἔφυ/γυναικὸς καὶ πόσις, υἱός, καὶ τοῦ πατρὸς/ὁμόσπορός τε καὶ φονεύς*"「子供達にとってそれぞれ共通の兄弟でありかつ父である，その女から生まれた息子であると同時にその女の夫である，父と共同のジェネアロジクな立場に立つと同時に父を殺す」．J.-P. Vernant (Œdipe sans complexe, *MT I*, p. 75sqq.) が指摘するように，母のパラデイクマの surdétermination という Freud 流の解釈は直ちには当てはまらない．むしろジェネアロジーの混戦・内向を構造として示す．もっとも Freud が「無意識に」問題としたことも結局は背後の構造（屈折体ないしその不全）であったかもしれない．

4・3・3

　Oidipous はまず Teiresias の予知能力を借りようとする（300ff.）．パラデイ

クマの syntagmatique な連鎖, 特に記号作用, を辿ってそこから paradigmatique に飛翔する力を Oidipous も誇るから, Teiresias への依拠は別種の力へ手掛かりを ("......τιν' ἄλλην μαντικῆς......ὁδόν") 求めたということになる. Oidipous の enigma 解読力は徴表からパラデイクマへ, そのパラデイクマと paradigmatique な関係にあるパラデイクマへ, とたちどころに辿り着くものであり, これは彼が外からやって来てジェネアロジクな exploit を遂げることに基づく. 逆に Teiresias は, その場で何世代ものジェネアロジーの太い幹として多くの枝分節体の連節を媒介する, そうしたジェネアロジクな機能に予知力を負う. ディアクロニクな長いトンネル内の paradigmatique な同一性を決して見失わない. すると, Teiresias への依拠は Oidipous が Thebai 内在的なジェネアロジーの渦に危険な接近を試みることに繋がる. しかるに Teiresias は Oidipous の質問に答えたがらない. 強引に追求して知っていることを言わせると, Laios を殺したのは Oidipous 自身であり, したがって追放令は自分自身に関わる, という驚くべき答えが返って来る. Oidipous は逆上する. この時である; 最も重要な Oidipous のコンプレックスが突然顔をのぞかせる. その筋書きは Kreon のものかそれとも自分でこしらえたか (378: "Κρέοντος ἤ τοῦ ταῦτα τἀξευρήματα;"), と Oidipous はきく. Teiresias は, いや Oidipous 自身の筋書きである ("ἀλλ' αὐτὸς σὺ σοί"), と綺麗に返す. しかし Oidipous は自分を廃して権力の座を奪おうとする Kreon の陰謀を信じ切る. 力で威圧する Oidipous に対して Teiresias は, 自分の職分は Apollon に由来して全く如何なる権力にも属さない, したがって Oidipous の威圧が無効たるばかりでなく Kreon に加担していることもありえない, と反論する (408ff.). そしてこの時まさに Oidipous の無知を責め, 誰の子であるのか, 自分のジェネアロジーを承知しているのかどうか, という致命的な問いを投げかける (415: "ἀφ' ὧν εἶ").

「Kreon の陰謀」説との緊張関係の中で Oidipous の真のジェネアロジーが Teiresias によって初めて明かされる (457ff.) ことには大きな意味が有る. Kreon が Oidipous と cognatique な関係にある (γαμβρός), 即ち妻の兄弟である, ことは既に明示されている (70). AX の X の側に在るのであるから, Oidipous が反感を持つのは或る意味で当然であるが, しかし他方 Oidipous は Sphinx を倒し優位に立ってこの関係に入って来た (Ax) のであるから, 通常

はKreonの方にこそ屈折した感情が残り，Oidipousの側には何も無いはずである．既に自ら明かしたように高々父との関係（A—a）に束縛されるにとどまるはずである．ところがこれが，丁度息子が母方の叔父（oncle maternel）に対して有する関係（X—a）の方へずれ込んでしまう．そして実はKreonはOidipousにとって実際に母方の叔父なのである．「息子」は定義上この二つの直線の交点である．「息子」の意識の真ん中を，この二つの関係A—aとX—aの間の不連続線が横切っている．かくしてOidipousはTeiresiasに言われるまでもなく意識せずに自分から「息子」の地位に就こうとしている．すると，不吉にも，自動的に「息子」が母の夫たる地位に就いたことになる．しかしOidipousはもちろんTeiresiasによる指弾とKreonをかくも不自然に意識することが鏡の関係にあることを自覚しえない．

　OidipousはむきになってKreonを追求する（512ff.）．Kreonへの嫌疑は初め全く政治的な言語で定式化される（541f.）．正統性の無い権力奪取の謀議を糾問する．その突拍子の無さにむしろKreonが先手を打ち，ジェネアロジクなパラデイクマに戻って防御を固めようとする．唐突に，「私の姉妹があなたの妻である」（577: "ἀδελφὴν τὴν ἐμὴν γήμας ἔχεις;"）という，Oidipousにも動かしがたい（578）事実から出発する．予想通りOidipousは「悪しき親族」（582: "κακὸς φίλος"）とジェネアロジクなパラデイクマにのってくる．しかし構わずKreonは「ならばあなたとその妻，そして私はそれぞれ互いに独立で対等である」（579: "Ἄρχεις δ' ἐκείνῃ ταὐτὰ γῆς ἴσον νέμων;"; 581: "Οὔκουν ἰσοῦμαι σφῷν ἐγὼ δυοῖν τρίτος;"），したがって「あなたの地位をねらう何らの動機も存在しない」（583ff.）と完璧に弁護する．syntagmatismeに対してはsyntagmatisme即ち動機の不存在の証明が決定的である．その意味における整合性が重要な鍵となる．しかるにその論拠は，領域の組織の〈分節〉である．妻IokasteをOidipousが切り取りKreon-Iokaste間の〈分節〉ができ，IokasteにはKreonの後ろ盾があるからOidipous-Iokaste間の〈分節〉があり，しかもOidipous-KreonはIokasteを介して〈分節〉的に繋がっている．元来は枝分節関係を作るジェネアロジーであっても堆積の結果たる新しいヴァージョンの屈折体の中では〈二重分節〉形成に作用する，上下の〈分節〉単位は互いに入れ替わるにせよ基本において対等である，というのである．しかしOidipous の方が却って政治権力の一元性と至高性にしがみつく．亡命すら許さず死を宣告する（623）．そして服従を求める．正統性を持った政治権力といえども悪しき権力行使には従う必要が無い（629: *"Οὔτοι κακῶς γ' ἄρχοντος."*）と言う Kreon に対して Oidipous は *"ὦ πόλις πόλις."* (*ibid.*) と嘆いて見せるが，Kreon はすかさず「ポリスは自分にも属する」（630: *"Κἀμοὶ πόλεως μέτεστιν, οὐχὶ σοὶ μόνῳ."*）と第二〈分節〉が政治システムを構成することを主張する．

4・3・4

Iokaste の介入（634ff.）と *choros* の説得によって辛うじて Kreon は死を免れる．しかし Kreon は追放され，Oidipous は「Kreon との共存」のわずかな亀裂に斧を打ち込まずにはおかない．〈二重分節〉が矛盾を成り立たせる構想であるとすれば，これをとことん突き詰めて破綻の極に追い込まずにはおかないのである．Kreon が退場すると，「母方の叔父」という無意識の pretext が幻の如くに消え去る．「息子」への近道は閉ざされる．残るは致命的な「夫」経由のそれのみか．Teiresias のテオレマを Oidipous は Iokaste に告げ（703ff.），Iokaste は Teiresias のパラデイクマの自己実現を否定しようとする（707ff.）．予知の技芸そのものを信用できないというのである．paradigmatisme の拒否である．但し論拠は或る一つの paradigmatisme に基づく．即ちかつて自分達に「生まれてくる息子が父を殺す」という神託が下ったときに，息子を殺してパラデイクマの現実化を阻止し，事実夫は旅に出た先で賊に襲われて命を落とした，と言う．そのように Teiresias の診断も信頼できない，というわけである．しかしまさにこの Iokaste の話が Oidipous の「捜査」（740: *"μ' ἐρώτα"*）に火を付ける．Iokaste が syntagmatisme によって paradigmatisme に対抗したことに基づく．syntagmatique に連鎖を延ばしていってパラデイクマを破綻させるという作戦である．ところが Oidipous はそのふとした先に，自分に帰って来る syntagmatique な連鎖を見出す．二つの線の交点はそれに相応しく三叉路である（716: *"ἐν τριπλαῖς ἁμαξιτοῖς"*; 730: *"πρὸς τριπλαῖς ἁμαξιτοῖς"*）．この符合が Oidipous に自分自身へひたすら向かう「捜査」を完遂させる転回点となる．記憶を辿る Oidipous は Laios の風貌を尋ねる．Iokaste は Oidipous のそれと大きく異ならないと答える（743: *"μορφῆς δὲ τῆς* σῆς οὐκ ἀπεστάτει πολύ"). Oidipous は自分の側の連鎖を辿り始める (771ff.). Korinthos の実力者 Polybos の息子として生まれたが，実の子ではないと言われ両親に詰め寄ったこと，しかしきっぱりと否定されて安心したこと，しかし不安が頭をもたげて Delphoi の神託を求めて旅に出たこと，そこで「母と結ばれ父を殺す」という恐ろしい内容の神託を受け取ったこと，その帰路例の三叉路に至ること (800f. *"Τριπλῆς/......"*)，そこで出会い頭の衝突に本能的に報復して相手の戦車を転覆させ数名を従えた老人を殺害したこと．既に致命的と絶望する Oidipous に捜査を続行させるのは唯一 Iokaste の指摘である．Oidipous によれば一人で殺害したことになるが，唯一の生存者たる従者によれば多数に襲われたという．「単数と複数は同じではない」(845: *"οὐ γὰρ γένοιτ' ἂν εἷς γε τοῖς πολλοῖς ἴσος"*). パラデイクマのディアクロニクなヴァージョン偏差の中で示された Oidipous の自負でもある．

　しかし Sophokles は，両端から発し・合うはずのないパラデイクマ連鎖が符合する様を，一つ一つ分節的に明晰な証人尋問手続によって描き出す．次の証人は Korinthos からの予期せぬ使者である (924ff.). これも Iokaste に続いてむしろ決定的な弁護側証人たるべきはずの者であった．というのも，Polybos の死と Oidipous の地位継承を告げるためにやって来たのであるからである．Iokaste は Polybos の自然死が Oidipous を神託の paradigmatique な呪縛から解放したと勘違いし喜ぶ (945ff.)．Oidipous ももはや「母の寝床を怖れる必要がない」と言う (976: *"Καὶ πῶς τὸ μητρὸς λέκτρον οὐκ ὀκνεῖν δεῖ;"*). 勝ち誇った Iokaste は，paradigmatique な呪縛など心に留めず自由に行動することが重要である，多くの者が夢の中で母と結ばれる (981f.: *"πολλοὶ γὰρ ἤδη κἀν ὀνείρασιν βροτῶν/μητρὶ ξυνηυνάσθησαν."*) が，この種のことに重きを置かない者にこそ楽しい生活が待っている，と Oidipous を呪縛から引きずり出そうとする．もっとも Korinthos にはまだ母が残っているはずである．Oidipous はなお帰国を躊躇する．まさにこの危惧から Oidipous を解放するために使者は Oidipous が Korinthos の両親とは何ら血縁を持たないと言ってしまう (1014ff.)．それどころではない．使者たる老人が不自然にも「おお我が子」(1009) と Oidipous に呼び掛けたことが，一体どういうことだったか，気になってくる (1021ff.)．実はこの老人が，牧人から買い取った幼児を，子に恵ま

れない Polybos 夫婦のために贈与したのであることが明らかになる．牧人は Laios の家の者であり（1042），しかも「証人喚問」した唯一の生き残り従者と同一人物であることが判明する（1051ff.）．Iokaste は追求を何とかやめさせようとする（1056f.）．しかし Oidipous は徴表（$\sigma\eta\mu\epsilon\hat{\iota}\alpha$）を得た以上解読（$\epsilon\kappa\mu\alpha\theta\epsilon\hat{\iota}\nu$）[1]しなければ納得できないと言い張る（1058ff.）．自分の「真のジェネアロジーの追求」へと高らかにマニフェストを掲げる（1076ff.）．

以上の大きな syntagmatique な連鎖は，Oidipous がデモクラシーに伴う「上昇」を一度遂げた分子であること，再度の「下降」こそが課題であること（1010：*"Εἰ τῶνδε φεύδες οὕνεκ' εἰς οἴκους μολεῖν"*「もしそれが帰還というパラデイクマの syntagmatique な連鎖から逃れようとする理由ならば」），「表面上のパラデイクマにおいては外国人でありながら居留し，しかも生粋の Thebai 生まれたることが判明する」という Teiresias の言葉（452f.：*"ξένος λόγῳ μέτοικος, εἶτα δ'ἐγγενὴς/φανήσεται Θηβαῖος"*）はこの結果初めて意味を持つものであること，要するにこうした立体的なパースペクティヴ，に明晰な光をあてるものである．しかも，中心での échec を逃れると自動的に領域での échec が証明されるという排中律が待ち構える．二つの審級の分節である．Teiresias のテオレマは着々と証明されていく．しかしパラデイクマは分節を増し，立体的になり，深い陰影に刻印されていく．Oidipous は絶望しつつもほとんど熱中しさえもする．

最後の証人は例の牧人かつ唯一の生存者である（1110ff.）．むしろ雄々しく糾問・究明する（$\iota\sigma\tau\circ\rho\epsilon\hat{\iota}\nu$）Oidipous の姿が脚光を浴びる（1144, 1150, 1156）．これによって最後のミッシング・リングが獲得される．Iokaste が子を遺棄すべく牧人に託したが，牧人は殺しきれずに売ったこと．

Iokaste が生命を，Oidipous は視力を，自ら奪う，ことはルポルタージュの形で間接的に舞台の上で報告される．*choros* と Oidipous の対話はむしろ Oidipous の独白を引き出す．最後に，帰還した Kreon にとりわけ娘達が託され，Oidipous は *"πτωχός"*（455）として放浪することとなる．

〔4・3・4・1〕　*"ἐκ"* につき，cf. S. Goldhill, Exegesis : Oedipus（R）ex, *Arethusa*, 17, 1984, p. 177ff.

4·3·5

　「現在」を syntagmatisme によって全く別の脈絡に置いて見せるのは悲劇の基本に属する．「外からやって来た救済者」(μ) は「endogamie の果実にして窮極の endogamie を遂げて災いのもととなった人物」(ν) に転換される．μ から ν が導かれたのである．μ と反対の事実が確定されたわけではない．しかし syntagmatisme に基づく探求の結果全体は丁度正反対の対抗ヴァージョンであることが判明した．パラデイクマの或るヴァージョンからスタートする；syntagmatique な延長部分を構成していくと，反対ヴァージョンが現れ，全体がこの反対ヴァージョンをパラデイクマとするものに換わる；——これはディアレクティカの一形態である．但し，μ から ν を導くことがディアレクティカの一こまであるとしても，次元にギャップがある一変種である．μ をディアレクティカの結果として保存したまま別次元でさらにそこから ν をディアレクティカの結果として導き，全体に複合構造を有する一個のディアレクティカの結果を得る，という二重のディアレクティカが作用している．だからこそ「救済者」かつ「母との婚姻」という同一行為の二重の意味が極めて意識的に保存されるのである．

　実際，反証を求めれば求めるほど Teiresias のテオレマを証明してしまうという部分は syntagmatisme が paradigmatique な作用に屈したかに見えるが，しかし決してそうではなく，「父を殺し母と結ばれる」というパラデイクマを Sophokles は二重のディアレクティカとそれを繋ぐ syntagmatisme によって可能な限り遠くへ引き剥がしたのである．この結果 Oidipous 神話は syntagmatisme によってのみ辿りうるヴァージョンになったのである．syntagmatisme によって構成されるものになった．パラデイクマの前段と後段の間に大きな遷延が設けられた．この結果両端の分節パラデイクマ「父を殺す」と「母と結ばれる」はそれぞれの意味を失って単なる「事故」と「婚姻」になった（衝突および結合という両極にさえ分解された）のである．

　この syntagmatisme を可能にしているのは中心—領域間の分節構造，空間的な広がり，人的な動態である．各々の場面で〈神話〉に独自の意味を付与する．各々の場面では決して「父を殺し母と結ばれる」というパラデイクマを予期させない．否，これを避けるために十分な措置が取られる．しかしそのようにし

ていっても結局は有効なディアレクティカは保障されないのではないか．M0↔N0／M1↔N1 において二つの対抗関係の間の（逆転しないという限りでの）整合性が要求される．しかし二重のディアレクティカが予定されるときに，全体として見るとこの要件が満たされない混乱が有るかもしれない，否，それは避けられないかもしれない．Oidipous はこの問題に挑戦したのである．Oidipous の破綻はディアレクティカが二重に構築されて初めて，その間を繋いで初めて，現れる破綻である．

4・3・6

しかし何故これを抉り出さねばならないか．「Kreon との共存」は〈二重分節〉の模範解答である．Oidipous はただの暴君であるように見える．しかし〈二重分節〉は Oidipous の "$i\sigma\tau o\rho\varepsilon\hat{\iota}\nu$" によって初めて明らかになる自己撞着を抱えていないか．デモクラシーは却ってこのような自己撞着をさえ明るみに出すメンタリティーのことではないか．そのように自己撞着する「息子」を括り出すのではないか．

既に述べたように，全編の底には，A—a（但し「父への依存」（＋）対「父の排除」（－））と X—a（但し「叔父への服従」（＋）と独立（－））の間に，solidaire な関係（＋－／－＋）にある二重の対抗が働いて相互に増幅するという事態が存する．これは上に述べた二重のディアレクティカのコロラリーである．注目すべきことに，このとき a が actantiel なピヴォット・フットの如くに立ち現れる．すると一種の原点として凡そあらゆる主体はここへ自己同定してしまう．コンスタントに現れる要素であるから．扇の要の如くに．しかしそうなればなるほど，A—X を両極とする対抗軸が働いて成り立つ対抗ヴァージョン「父に忠実に叔父と戦う」「叔父の支配下に父を排除する」，の両方に引き裂かれ，かつ両方に簡単にコミットせざるをえない．この主体は一個の屈折体の中でもがくように反対側へ滑るのである．暗転はこのことに基づく．

或る対抗が，正規のディアレクティカの内部には登場しようもないものである，が深い社会構造のどこかで働いている，場合，意識された問題のディレンマと何らかのディアクロニクな，しかももつれた，関係がある場合，捻れた連鎖を辿るうちに完全に自己矛盾するパラデイクマに到達することがありうる．

このときに上のような「息子」のパラドックスは必ず現れうる．ジェネアロジクなパラデイクマのヴァージョン対抗は社会構造において避けえず，しかももし「息子」のパラドックスがあらゆるジェネアロジクなパラデイクマのヴァージョン対抗に普遍的に存在するメカニズムであったらどうであろうか．

もっとも，actantiel な原点の括り出しという作用が働かなければその怖れはない．それが働くのは二重の批判的な対抗を同時に引き受けるからである．ところがこれこそはデモクラシーの要件である．デモクラシーのみがしかもこれを問題として追求する．そしてデモクラシーのみがこれに陥るのである．何故ならばデモクラシーのみがディアクロニクに重層的なディアレクティカを要求するばかりか，これを syntagmatique に同時に展開することをも要求するからである．

4・3・7

放浪する Oidipous はかくしてもはや完璧に切り出された息子である．A—a にも X—a にも身を置くことができない．というのも両方を無意識に同時に主張したからである．如何なる連帯の可能性をも失ってしまっている．出て帰って来る，そして狂気を得て放浪する，あの Orestes の別ヴァージョンであるが，Eumenides も Elektra も失ってしまっている．デモクラシーを構成する険しい亀裂が生み出したデモクラシーの落伍者である．その最も険しい部分に自ら分け入って墜落した，救い出すにも一番最後の一人となる，落伍者である．この人物によって〈二重分節〉批判を Sophokles は完成したと言うことができる．と同時に，デモクラシーを支える，特にその連帯の基礎となる，人物像を提示することに成功したのである．新しいディアレクティカをしうる主体である．

4・4 最後の一人のための連帯

4・4・0

最晩年の Sophokles が，デモクラシー自身は自らが生み出す窮極の落伍者を決定的な試金石として抱える，という見解に帰着していったことは，最後の伝存二作が放つ焼け付く熱波が余すところ無く証明する．とはいえ Sophokles は

具体的な社会的落伍者を端的に問題としているのではない．同時期のデモクラシーの危機の背後に有ったかもしれない問題に触れているのではない[1]．あくまで〈神話〉レヴェルで言語を動かす．〈二重分節〉システムにおいてはわれわれは全て挙げ句の果て Oidipous のように放浪する，というのである．このことで例解しうる意味連関に立つ，というのである．これを可能にするのはディアレクティカの高度な堆積のみである．事実 Oidipous は，ディアレクティカが一つの極点にまで達した，原子の如きものまであぶり出した，地点に立つ．そして Aischylos 以来追求されて来た新しい連帯はこれを基礎としてのみ可能である．これが Sophokles の到達した見透しである．

〔4・4・0・1〕 "Philoktetes" は現代に投げかけてさえ多くの事例にヒットするような錯覚に陥るが，同時代の Alkibiades 等の具体的政治家を示唆するとする諸説については，既に M. H. Jameson, Politics and the Philoctetes, *CP*, 51, 1956, p. 217ff. に実直な論駁がある．

4・4・1

409 年の "Philoktetes"[1] は "Aias" に続き Homeros に一旦戻って新しい問題を投げかけようとするものである．〈神話〉的現在は Troia がなかなか落ちない時点に置かれる．政治システムが再び échec に陥っていて一向に浮上しないのである．この時，捕らえられた敵方の将 Helenos が彼の予知能力によって Troia 攻略の秘訣を明かす（603ff.）．航海の途上 Lemnos 島で置き去りにされた Philoktetes の弓矢の力によってのみ達成可能であるというのである．Odysseus は Achilleus の遺児，成長した Neoptolemos を引き連れて Lemnos 島に上陸，Philoktetes 連れ戻しの作業に取り掛かる．ここで作品の幕が開く．

次第に明らかにされていくのは政治システムのすっかり変わり果てた現状である．Philoktetes を簡単に説得して連れ戻す訳にはいかないことについては構造的な理由が隠されている．まず Odysseus 自身は Philoktetes に近付くことすらできない．第一にそれは「置き去り」の事実に基づく．Diomedes や Atreidai とともにその張本人である．しかし第二にさらにその背後に Achaioi を貫く例の（Homeros 以来の）深い亀裂が存在する．Troia 攻略の大義は既に impartial なものではない．Philoktetes が敵とする一部の者達のものであるにすぎない．このことは本来 Lemnos 島と無関係である．しかし今や両者が深く

不可分に結び付くことになる．

　かくして Odysseus は亀裂の反対側を象徴する Achilleus の遺児を使わざるをえない．それも単に使うのでなく，反対側へ即ちギリシャへ連れ戻す偽装をさせる；即ち Philoktetes をだまさざるをえないのである．Neoptolemos は演技を要求されることとなる．もっとも，この演技は微妙な性格のものである．というのも Neoptolemos 自身亀裂の大きな部分を共有している．自分の考えのままに行動すればよく，最後の一瞬において裏切って Odysseus に Philoktetes を引き渡せばよいだけである．Odysseus は巧妙にも現に存在する屈折体，意識，コンプレックス，を利用するのである．それを逆用しようというのである．

　それだけに，Philoktetes に接近した Neoptolemos は Philoktetes と意気投合するようになっていく．Philoktetes の側はもちろんである．二人のやりとりは構造的な亀裂を明らかにしていく．新しい政治システムに対する鋭い論告である．既に Odysseus は Neoptolemos に対して，Achilleus の武具が自分 Neoptolemos でなく Odysseus に付与されたことのために自分は皆と大いに敵対し（"ἔχθος ἐχθήρας μέγα"）戦線を離脱したと言え，この時に自分 Odysseus の徹底的な悪事（"ἔσχατ᾽ἐσχάθων κακά"）を述べよ，と指示している（58ff.）．しかしたとえそのような指示が無くとも，Achilleus の遺児と知って身の上話をし「置き去り」事件に至る Philoktetes に対して Neoptolemos は，彼らのひどい仕打ちに関するこの話が真実であることを証言しうる，と極自然に反応しうる（319f.："Ἐγὼ δὲ καὐτὸς τοῖσδε μάρτυς ἐν λόγοις,/ὡς εἴσ᾽ἀληθεῖς οἶδα"）．何故彼らに対してそれほど怒っているのかという問いに，Neoptolemos の syntagmatique なストーリーが始まる（329ff.）が，それはまず既に Achilleus が倒された（331）という事実を知らせることになるので Philoktetes を驚かせる．Odysseus が或る日やって来て「Achilleus 亡き後 Troia を攻略しうるのはお前だけだ」と「本当かうそか」（345："εἴτ᾽ἀληθές εἴτ᾽ἄρ᾽οὖν μάτην"）言って出航することになった，と言う時の Neoptolemos の懐疑も百パーセントの演技ではありえない．Philoktetes の弓矢が不可欠と Odysseus に言われて Neoptolemos は「ならばあの言葉は」と問い返している（114ff.）．Achilleus を継ぐ[2]積もりで向かったが Achilleus の武具を拒否されるという下りは

Odysseus の指示通りながら，Neoptolemos は明らかに Aias のパラデイクマ，あの屈折体に身を置いている．これへの共鳴が演技に説得力を持たせる．Philoktetes は言語の悪事を非難するが (407ff.)，それよりも何故 Aias がそのようなことを許したのか，と鋭く反応する (410f.)．Neoptolemos は Aias もまたこの世に無いことを告げざるをえないが，彼を死に至らしめた事情については黙さざるをえない．さらに，Nestor は息子 Antilochos の死後死んだも同然であり (421ff.)，Patroklos の死は遠く先立つ (433ff.)，一方 Odysseus と Diomedes は元気であり，Thersites すら健在である (442ff.)，とすればバランスは完全に崩れ去っているということになる．全てを聞いた Philoktetes は，悪は滅びず正義の側の者ばかりが倒れるとは神々は一体何をしているのかと嘆く (446ff.) が，Neoptolemos も権力が寡占状態にあることを認める (456f.)．

〔4・4・1・1〕 éd. Dain-Mazon, Paris, 1974 (1960).
〔4・4・1・2〕 Knox, *The Heroic Temper*, p. 137f. は，後述の Neoptolemos の変心について "He has made a clear break not only with Odysseus but also with loyalty to the army commanders; he is now ready to defy them as his father did before him" と解し，Achilleus-Neoptolemos 間のディアクロニクな軸の存在を掘り当てているが，それは出発点であっても，Neoptolemos の飛躍の時点では軸上のディアクロニクな変化を論ずる必要がある．"nobility" を鍵とする Knox の解釈の限界である．

4・4・2

体制へのこの視線は明らかにデモクラシーのものである．この体制批判こそが Philoktetes にアクセスするときの方法を問わしめるからである．直接に政治システムを構成しない分子への姿勢の問題が浮上する．政治的決定によって人を動かす時，デモクラシーにおいては，仮にその対象者がその決定に参与していたとしても，そうではないと見なして正当化がはかられる．ディアレクティカはおのずから政治システムの構成員の間にパラデイクマの共有を実現するが，デモクラシーはさらにもう一つのディアレクティカを介在させなければここへ到達できない．それはしばしば欠けてここに実力による強制 ($\beta i \eta$) の問題を発生させる．そうでなくとも，第二のディアレクティカを構成する言語はディアレクティカのものではないかのようにさえ見えてくる．元来の政治システムにおけるものとは確かに多少異なるのである．そして少なくとも領域から

見る限り政治的決定がもたらすものは，ディアレクティカが十分に介在しなければ，実力によろうと言葉によろうと同じである．実力（$βίη$）によるか計略（$δόλος$）によるかという，元来のディアレクティカを構成する伝統的な対抗軸は，相対的に無効となる．

　それでも，Odysseus 対 Aias の系譜を引く Neoptolemos は Odysseus に対してこのディコトミーに固執する．Odysseus は初めから言葉によって Philoktetes の意思を欺く計画である（55: "*ψυχὴν……λόγοισιν ἐκκλέψεις λέγων*"）と宣告する．Neoptolemos が生来これを好まない（79f.）ことも知っていると言う．しかし却ってこれが正義への最高の恭順（85）と評価されるだろうというのである．Neoptolemos はもちろん，「悪しき策略で」（88: "*ἐκ τέχνης κακῆς*"）行為するように生まれついていない，計略を用いるくらいならば実力で引っ立てる（90f.: "*πρὸς βίαν τὸν ἄνδρ' ἄγειν/καὶ μὴ δόλοισιν*"），と抗弁する．汚く成功するより綺麗に失敗する方がずっとよい，と述べる（94f.）．これに対して Odysseus は，自分もかつて若かった時には言葉よりは腕力（"*γλῶσσαν μὲν ἀργόν, χεῖρα δ' εἶχον ἐργάτιν*"）だったが，今や全て言葉が行為よりも優位を占める（"*τὴν γλῶσσαν, οὐχὶ τἄργα, πάνθ' ἡγουμένην*"），と言い含める（96ff.）．「嘘を言う」（100: "*ψευδῆ λέγειν*"）ことと「計略によって引っ立てる」（101: "*δόλῳ λαβεῖν*"）こととの違い，さらにこれと説得することの違い（102）が問題となるが，Odysseus は説得も実力も無効だから計略による，と突き放す（103）．このようにして次第にかくの如き対立軸が全て今や無意味となりつつあることがあぶり出されていく[1]．そして，まさにデモクラシーの時代に相応しく，要するに "*κέρδος*"（111, 112）という目的が全てを正当化する，手段の問題はこの結果によって判定される，という立場が Odysseus によって明確にされる．実際，$δόλος$ は $βίη$ に簡単に移行しうる．結末において Odysseus はこのことを実証する．持っていってしまえばこちらのものなのである．

　　〔4・4・2・1〕 Knox, *The Heroic Temper*, p. 119ff. は，実力，計略，説得の trichotomy を強調し，最後の場面について "He intends to restore the bow……Nothing is left but persuasion" と結び，Buxton, *Persuasion*, p. 131 は，"moral aspect of peitho" の追求が作品の主題であるとするが，様々な手段による説得は既に Odysseus の領分に属し，その Odysseus が Philoktetes に対し

ては説得は通用しないことを認識している（103: "οὐ μὴ πίθηται"）のである．Sophokles の主人公は全て決して曖昧な説得になびかないことをクリテリウムとする．〈二重分節〉の曖昧さこそを彼が問題としたからである．

4・4・3

対する Philoktetes の状況はどうか．彼は無人島に一人で生きる．洞窟に野生獣のように暮らす．しかし気儘というのでないばかりか，Kyklopes の未開野蛮からも遠い．自由主義からも自然状態からもかけ離れている．デモクラシーの産物に対して別の解釈が示される．何よりも，choros が同情し（169: "Οἰκτίρω νιν ἔγωγ'……"），また現に彼は同情すべき（186: "οἰκτρός"）存在である．何故ならば苦しんでいるからである．次に助け支えるべき者が居ず（170f.: "μή του κηδομένου βροτῶν,/μηδὲ ξύντροφον ὄμμ' ἔχων"）常に一人である（172: "μόνος αἰεί"）．初めは皆と平等の生まれであったが（180）今や他の者から遠く一人である（182）．そして決定的なことには病気である，それも酷い病気である（173: "νοσεῖ νόσον ἀγρίαν"）．しかも介護する者が居ない（195: "δίχα κηδεμόνων"）．Neoptolemos の一行を見た Philoktetes は，外形からギリシャ人と判断したものの，何よりもギリシャ語の音韻を聞きたがる（225: "φωνῆς δ' ἀκοῦσαι βούλομαι"）．そしてそれを聞いて感激するのである[1]．野生とその馴化ないし社会化が問題であるわけではないことは明らかである．「荒涼たる中に取り残された」"ἔρημος"（228 etc.）のはデモクラシーへの社会変動の中においてであり，ἔρημος たることはかつデモクラシー下の人間の一般的〈神話〉的条件である．放浪後の Oidipous に他ならない．後背地を想像することすらパラデイクマ屈折体（コンテクスト）の取り違えである．

事実 Philoktetes はこの状況を強制されたのである．足を蝕む病が恐ろしい悲鳴を上げさせる，その声が儀礼的空間を成り立たなくさせる（7ff.: "νόσῳ καταστάζοντα διαβόρῳ πόδα,/ὅτ' οὔτε λοιβῆς ἡμὶν οὔτε θυμάτων……"）が故に，彼の眠りに乗じて政治的連帯は永遠に彼を去ったのである．何らかの階段を上がるときに足手まといを切り捨てたということであり，友愛を裏切ったということでもある．もっとも，病自体に彼が何の責任をも負わないのではない．神官 Chryses の神域を守る蛇の復讐を受けているのである（193f.; 1326ff.）．

4 最後の一人

とはいえ，病故に，如何なる生計の手段をも残されずに黙って捨てられたという事実は動かない (263ff.: "*ἔρριψαν αἰσχρῶς ὧδ' ἔρημον, ἀγρίᾳ/νόσῳ καταφθίνοντα*")．足の病のために，Herakles から贈られた必中の弓矢で狩りをし，辛うじて火を起こして生きながらえるしかなかったのである．

ふと帰ろうとする Neoptolemos の前にひれ伏して Philoktetes は懇願する (468ff.)．自分を "*ἔρημος*" の状態に放置しないでくれというのである (470f. "*μὴ λίπῃς μ' οὕτω μόνον, /ἔρημον ἐν κακοῖσι……*"; 486f.)．この時 Philoktetes は病を得た自分を連れることが心地よくない労苦であることを自覚している (474f.)．多くの船が流れ着いたが，誰もこの労を取ろうとはしなかったのである (494ff.)．もちろん皮肉にも Neoptolemos にとっては「連れて行く」は二重の意味を有する．その上で，病を得た者を放置すれば汚辱を意味するというパラデイクマに従って，Philoktetes の懇願を容れる．Philoktetes が最良の日と狂喜するのは当然である (530)．

或る意味でこれで事が足りたはずであるが，Odysseus の策略により，見ず知らずの商船長に扮した部下が現れ，出発をせかせる (542ff.)．戦線離脱の Neoptolemos に追っ手が迫っているばかりか，Odysseus が Philoktetes の弓を必要とし連れに来る，というのである．Philoktetes の絶望 (622ff.) は「連れて行く」の二つの対抗ヴァージョンに関わる．それが Atreidai の側への復帰を意味するならば，たとえそれによって救済されるにしても奈落の底に突き落とされるに等しい．そちらへの説得は，説得自体生死の分節さえ破壊する暴力に等しい ("*πεισθήσομαι γὰρ ὧδε κἀξ Ἅιδου θανὼν/πρὸς φῶς ἀνελθεῖν*"「説得されるくらいならば死んでも冥府から日の光のもとへと飛翔して見せる」)．いずれにしても二重の意味は完全に分裂し[2]，パラデイクマは鋭く割れる．二人はそのうちの一方を急ぐこととする (628ff.)．

〔4・4・3・1〕 それだけに，その言葉に裏切られる時，完全に打ちのめされる (cf. A. J. Podlecki, The power of the word in Sophocles' *Philoctetes, GRBS,* 7, 1966, p. 235).

〔4・4・3・2〕 P. Vidal-Naquet, Le "Philoctète" de Sophocle et l'éphèbie, *MT I,* p. 169 は, "A ce monde sauvage s'opposent……deux autres mondes……le premier est le champ de bataille troyen, c'est-à-dire l'univers de la cité représentée par les citoyens en armes, les hoplites, le seconde est le monde de l'oîkos de l'univers familiale de Philoctète et de Néoptolème" と鮮やかにこの分岐を分析する．

4・4・4

　全てから切り離されたPhiloktetesとて最小限肌身離さないものがある．急いで発つにしてもこれだけは携えて行かねばならない．凡そ〈分節〉の，特に〈二重分節〉の，生命線は，A—B—bにおいてAがbを押さえてしまわないことである．これがA—B間の〈二重分節〉の試金石になる．Bはbを押さえられるとAに屈服するか，自ら存在を抹消する（potlatch）しかない．枝分節の定義である．その意味でこの小さな二重構造（B—b）は，これが〈二重分節〉というわけではないが，〈二重分節〉にとって致命的なのである．携行するものを取りに洞窟へ入る時間をPhiloktetesに与える（645ff.）さりげないNeoptolemosの一言は，もちろん，肝心の弓矢（"*τὰ τόξα*"）を持って来てくれなければ話しにならない，という陰謀とこの弓矢という生命線が交錯する最もスリリングな科白であり，この作品が何を賭けているのかということを最も強烈に訴えかけるものである．Sophoklesの造形力に誰しも戦慄を覚えざるをえない．と同時に，このPhiloktetesの〈神話〉上の意義がデモクラシー下の〈二重分節〉単位であり「未開」や「自然」でないことを確証する．

　Philoktetesと不可分であるのは，もちろん第一に，痛みを和らげる薬草である．ややじれるようにNeoptolemosは「他には」と言う．第二は"*τὰ τόξα*"（652ff.）である．「他でもないこれを手に持ち（"*βαστάζω*"）離さない」（655）というPhiloktetesに，Neoptolemosは「手に取って（"*βαστάσαι*"）みてよいか」（656f.）ときく．既に心を許したPhiloktetesは寛大にこれを認める．そればかりかほとんど使用を認める．真の友愛が固まるのである（671ff.）．しかしまさにこの「保持」の多義性がPhiloktetesにとって致命的となる．そこに友愛に由来する信頼が絡んでいるのである．Philoktetesを突如痛みの発作が襲う（730ff.）．Philoktetesは何の疑いも無く弓矢の保管をNeoptolemosに委ねる（762ff.）．これを「持つ」Neoptolemosがこれまでの持ち手のように自らに不幸を招かないようにとすら（不吉にも）祈願する（776f.）．なおもよぎる不安については，Philoktetesはむしろこのまま意識を失った後Neoptolemosが密かに消え去りはしないか（809: "*μή με καταλίπῃς μόνον*"）という方向に解釈する．それほどかつての「置き去り」が深い傷を残しているのである．

　目が覚めるとNeoptolemosが居る（867ff.）．このことほどPhiloktetesにと

って奇跡的なことはない．「置き去り」が残した傷の治癒を意味し，また凡そ信頼ということの回復を意味する．そればかりか，端的にあれほど願った援助と支え（868: "*οἰκούρημα*"; 871: "*ξυνωφελοῦντα*"）が初めて実現したのである．足の病すらしばし癒えたかの如くとなり，船に向かおうとする．

まさにこの時（895ff.）今度はNeoptolemosに発作が起きる．精神的苦痛の「症状」を訴えるこのNeoptolemosを前にして（899），Philoktetesは自分の病が結局は翻意させたのではないかと疑う（900）．Neoptolemosをさいなむのは「汚辱」（906: "*Αἰσχρὸς φανοῦμαι· τοῦτ' ἀνιῶμαι πάλαι.*"）である．遂に真相を話す（915f.）．またしても「裏切られた」Philoktetesは（923: "*προδέδομαι*"）直ちに弓矢を返却するように言う（924: "*ἀπόδος ὡς τάχος τὰ τόξα μοι*"）．Neoptolemosは拒否せざるをえない．Philoktetesは完璧な欺もう行為たるを激しく非難すると同時に，生存そのもの，生存権そのもの，を奪ったということを訴えかける（931: "*Ἀπεστέρηκας τὸν βίον τὰ τόξ' ἑλών*"）．再び洞窟へ帰って朽ち果てるだけである，唯一の生計の手段を奪われてしまったのであるから（952ff.）．唯一残った「同志」（"*ξυνουσίαι*"）たる断崖や山，この地形の分節，に呼び掛ける以外に術が無い（936ff.; cf. 1081ff.）．Neoptolemosも激しく心を動かされる（965: "*οἶκτος δεινὸς......τις*"）．

Odysseusが介入するのはこの瞬間である（974ff.）．弓矢が返されてはならない．と同時に弓矢を手放したPhiloktetesは何らの脅威を与えないから既に実力行使をしうる状態である．Odysseusは弓矢を返さないばかりかPhiloktetes自身を実力で（"*βίᾳ*"）引っ立てる[1]と宣言する（982ff.）．Philoktetesにとってこの「軍事化」を阻むのはLemnos島の厳しい自然の地形の分節しかない，「こんなことを許すのか」と訴えかける（986ff.）．それはHephaistosの作，したがって〈二重分節〉の砦である．Odysseusはもちろん「Zeusの権力」で応ずる（989f.）．「説得」はこの権力のコロラリーであり，したがって服従を意味する（994）．Philoktetesは不服従を生来の自由に結びつける（995f.: "*Ἡμᾶς μὲν ὡς δούλους σαφῶς/πατὴρ ἄρ' ἐξέφυσεν, οὐδ' ἐλευθέρους.*"「明らかにわれわれの父はわれわれを奴隷として生み出したのであり，自由人として生み出したのではない，というわけだ」）．1004ff. のPhiloktetesの長い論告はOdysseusの「犯罪」の構造をあぶり出す．われわれは何故SophoklesのOdysseusによってNeoptolemosが使われたのかということを理解するに至る．Odysseus-Neoptolemosという二重構造が縦に降りて来る．Neoptolemosはだからこそ少年でなくてはならない．PhiloktetesにはNeoptolemosしか見えず，ここで透明な対等の信頼が成り立つかの如くである．ところが実は背後にOdysseusが居て，交付されたものを吸い取ってしまうのである．信頼関係の中で共有されさえしたものも，Odysseusに渡ってしまえば取り返しがつかない．他方このようにすることはNeoptolemosをも蹂躙することになる．手段として利用された，ということは如何なる尊厳も認められなかったのである．長く仮借に苦しまざるをえない．

しかしOdysseusの「国家理性」はさらに徹底したものである（1047ff.）．そうまで言うのならば引っ立てるまでもない，と譲る振りをして，弓矢さえ手に入ればこれを引く者はTeukrosや自分を初めあまた有る，と突き放す．Philoktetes自身は不要であるというのである[2]．もとよりPhiloktetesは絶対的な無価値ないし無限の負の価値を体現している．しかし，これとの連帯が不可欠というのがHelenosの診断ではなかったのか．

[4・4・4・1] A. Schnapp, *Le chasseur et la cité. Chasse et érotique en Grèce ancienne*, Paris, 1997, p. 91-97 は，Vidal-Naquetによりつつ，「狩る者が狩られる」逆転を際立たせる狩のメタファーが一貫していることを鋭く指摘する．但し，この記号がよく機能することによってPhiloktetesの〈二重分節〉単位がその把握対象に近いことが言われるのであり，狩が〈文明―野蛮〉のclassificationの記号になっているのではない．Schnappはその上，これをパラデイクマと解し，野蛮でありながら狩をしていたPhiloktetesに対してclassificationが自己完遂し，一旦狩られる者に陥れた上で狩る側に統合する，とするが，記号の働きを誤解している．

[4・4・4・2] cf. Whitman, *Sophocles*, p. 182.

4・4・5

1081ff.の長い叙情詩的部分は，弓矢さえ失っていよいよ幾何学の点の如き存在となったPhiloktetesの瞬間を切り出す．一切の延長を持たないその点が自然のみを友として一切のconformismeを拒否するのである[1]．

自ら命を断とうとする瞬間再びNeoptolemosが現れる．追いかけるOdysseus．誤りをぬぐい去るためであると言うNeoptolemosに対してOdysseusが何が誤りかときく．答えは「あなたおよび全軍の命に従った（説得された）

ことである」(1226: "*ἦν σοὶ πιθόμενος τῷ τε σύμπαντι στρατῷ*")という最もカテゴリカルなものである．その結果何をしたか．「汚辱に満ちた計略を用いた」(1228: "*Ἀπάταισιν αἰσχραῖς ἄνδρα καὶ δόλοις ἑλών.*")．Neoptolemos の分析は精密である．誤りは特定的に弓矢奪取の形態に在る (1234: "*Αἰσχρῶς γὰρ αὐτὰ κοὐ δίκῃ λαβὼν ἔχω.*")．したがって素直に原状に回復する，というのである．Odysseus は，もちろんそんなことはさせない，全軍が敵だ，弓矢を得たのは私の意思による (1247: "*ἔλαβες βουλαῖς ἐμαῖς*") のであるから弓矢も私のものだ，と政治権力およびその行使の構図を鮮明にする (1241ff.)．しかし Neoptolemos は全軍とて怖れず，「強迫によっても説得されない」(1252: "*Ἀλλ' οὐδέ τοι σῇ χειρὶ πείθομαι τὸ δρᾶν.*") と言って微動だにしない．

一旦死の準備のために洞窟へ入った Philoktetes も騒ぎを聞きつけて出てくる (1263ff.)．再度翻意を促す Neoptolemos の言葉は当然全く信用されない (1271f. "*τοῖς λόγοισι......τὰ τόξ' ἔκλεπτες πιστός......*"; 1280ff.)．

しかしここで決定的なことが起きる．Neoptolemos は弓矢を差し出す (1287: "*δέχου δὲ χειρὸς ἐξ ἐμῆς βέλη τάδε*")．再度だまされるのかといぶかる Philoktetes の手に現に渡る (1292: "*καὶ κράτει τῶν σῶν ὅπλων*")．この瞬間全ては解決したと言うことができる．確かに Odysseus は直ちに実力行使しようとするが，Philoktetes がこれを撃退すべく矢を放とうとする．Neoptolemos は Philoktetes を制してこれを許さないが，Odysseus は退散するしかない．一転 Philoktetes は優位に立ったこととなる．Neoptolemos はまさにこうしておいて全てを言葉に託す．故郷へ帰るのでなく，あくまで Troia へ向かわせようとするのである[2]．但し，もう全く意味が異なる．まずは Asklepios の力で病を治療するためである (1314ff.)．しかしそれ以上に，連帯と信頼を Philoktetes に取り戻させるためである．Atreidai や Odysseus に伍して隊列を組むことへの心理的抵抗を Philoktetes は抑えきれないが，新しい連帯に向かって Philoktetes を促す Neoptolemos の言葉 (1373ff.; 1378f.) は輝きを増す．「私がこの言葉をやめ，あなたがかつてのように救いの無い生活に戻るということほど簡単なことはない」(1395f.: "*ὡς ῥᾷστ' ἐμοὶ μὲν τῶν λόγων λῆξαι, σὲ δὲ/ζῆν, ὥσπερ ἤδη ζῇς, ἄνευ σωτηρίας*")．「もしよければ共に行こうではありませんか」(1402: "*Εἰ δοκεῖ, στείχωμεν*")，「おお何という高貴な言葉が心に響

くか」(ibid.: "ὦ γενναῖον εἰρηκὼς ἔπος").「しっかり足を踏みしめて」(1403: "Ἀντέρειδε νῦν βάσιν σήν"),「私の力の限り」(ibid.: "Εἰς ὅσον γ' ἐγὼ σθένω"). 言葉が蘇ったのである. 二人の連帯は確固たるものになり, Philoktetes は, 命令違反に対する糾弾を恐れる Neoptolemos に対して逆にあらゆる助力を惜しまない旨告げさえする. deus ex machina としての Herakles の登場 (1409ff.) はただ単に Philoktetes の翻意を安易なものに見せないための仕掛けであるにすぎない[3]. むしろ, われわれはこれら全ての連帯の言語の出発点に "τὰ τόξα" があることを忘れてはならない. まず無条件にこれを確保させること, つまり〈二重分節〉単位の先験性を認めること, が新しい連帯の条件なのである. 逆に〈二重分節〉単位の先験性はその単位が極小化されかつ如何なる支えも無い場合にだけ認められる, ということになる. デモクラシーはこれに懸かっているというのである[4].

[4・4・5・1]「私は決してお前達を去ることはない. お前達だけが死にゆく私を見届けるだろう.」(λείψειν οὐδέποτ', ἀλλά μοι/καὶ θνῄσκοντι συνείσῃ) cf. Knox, The Heroic Temper, p. 33: "This isolation is so total that the hero, in his moments of deepest despair, speaks neither to man nor to gods, but to the landscape, that unchanging presence which alone will not betray him." だとすれば, 最後に彼に残されたこれをわれわれが破壊するということの意味は歴然である. 自然ないし「環境」に連帯が拡がるとすればデモクラシーの〈二重分節〉単位からである. いずれにせよ, ここでは自然は記号ではなく, Philoktetes の言葉は単なる叙情詩ではない.

[4・4・5・2] Vidal-Naquet, Le Philoctète は, Athenai の少年通過儀礼が荒野での経験を伴うことに Neoptolemos を結びつける ("Ephèbe, le fils d'Achille est lié à la nature sauvage, ce qui lui permet d'entrer en rapport avec Philoctète"). しかし, 彼が Aischylos や Euripides の Philoktetes 断片と対比して "Chez Sophocle, la solitude du héros est totale" と指摘する点の方がヨリ重要である. 通過儀礼の「荒野」は分節障壁を示す記号である. しかしこの作品では, 自然は記号ではなく, パラデイクマである. なお, 作品は Herakles のさらにその先, 最後にはここへ戻って幕を閉じる. その美しいパッセージにつき, Knox は "But the play does not end on this note. It ends with his unexpected and beautiful farewell to the island." (p. 141) と感動を隠せない.

[4・4・5・3] Neoptolemos は (弓によっても) Philoktetes を説得できず (cf. A. Cook, The patterning of effect in the Philoctetes, Arethusa, 1, 1968, p. 88) Herakles の登場を要したという解釈が一般的で, 例えば Ph. W. Harsh, The role of the bow in the Philoctetes of Sophocles, AJP, 81, 1960, p. 408ff. も, 弓がテクストにおいて占める役割の大きさに着目しながら, それを「Herakles の弓」として終幕に結びつけ, 自然支配=文明化の力が働いた, と有らぬ方向に行ってしまう. (既に Philoktetes の内側に形成された)〈分節〉の二つの審級の間の緊張を保つ

ために，形式上，解決が Herakles に先送りされるにすぎない (cf. G. M. Kirkwood, Persuasion and allusion in Sophocles' *"Philoctetes," Hermes*, 122, 1994, p. 425ff.). この点 Whitman, *Sophocles*, p. 187ff. は，Herakles を Philoktetes 自身の内面が外に投影された形態にすぎないと述べる．
〔4・4・5・4〕 われわれは「生存権」とデモクラシーの関係に辿りついたことになる．

4・4・6

Sophokles の死から 5 年を隔てて 401 年に初めて上演された遺作 "Oidipous epi Kolonoi"[1]はこの〈二重分節〉単位の先験性を結局全て Oidipous に託す．自分とデモクラシーを「Oidipous の死」に同定する．自分の死即ち一個人の死に与えられる意味（それを捕らえる諸々のパラデイクマが示す屈折），そして Oidipous の死に〈神話〉上与えられる意味（同上），の二つを重ね，それぞれが形成する屈折体（小さな社会構造）にデモクラシーの運命を委ねたのである．

この作品の Oidipous がほとんど Philoktetes の別名であることは疑い無い．完全に無価値かつ有害な存在として見捨てられ駆逐された，その後に突如勝利の切り札として利用されようとする，その点で両者は全く同じ立場に立つ．かくしてこの作品においては，Oidipous は一旦強い自己否定の念に駆られたものの第二の段階で考え直し，他方自ら視力を断った Oidipous を追放するのは Oidipous 後の Thebai の政治権力である，とされる（433ff.; 1354ff.）．汚名を着て老いた Oidipous は Antigone に付き添われて流浪し，物乞いをして辛うじて生きながらえている（3ff.）．盲目の Oidipous は Antigone に（都市と領域の分節を前提として）一体今われわれはどこにいるのか（1f.: "τίνας/χώρους ——— τίνων ἀνδρῶν πόλιν;"）と尋ねる．Antigone の答えは，遠くに都市を囲む城壁が見える，しかるにここは何らかの神域である（14ff.），Athenai の領域に在ることはわかるが領域のどこかはわからない，というものである（24）．これを聞いただけで Oidipous は探し求めた死地であることを直感する（25）が，通りすがりの者から「立っているその場は Eumenides の神域であり留まることは許されない」ととがめられる（36ff.）と，一層それを確信する（46）．つまり Sophokles は流浪の Oidipous を Athenai の領域のただ中に立たせる．しかもそれは Sophokles の出身地 Kolonos である．政治的決定の審級は都市に在る．その決定が無ければ Oidipous を実力で排除することさえ許されず

(47f.)，そこには Eumenides の他 Prometheus の神殿を含む Poseidon のための広大な神域が有るのみである（54ff.）．但し人的組織が全く無いわけではない．周辺の土地（58: "οἱ πλησίοι γύαι"）は排他的に Kolonos という「騎士」を共通の祖とする者達のものである（59ff.）．この系譜伝承は正式のディアレクティカを経た〈神話〉ではなく別途領域に意識的に保存されたものである（62f.: "οὐ λόγοις/τιμώμεν', ἀλλὰ τῇ ξυνουσίᾳ πλέον"）．この二元性に対応して政治的決定は「多数者」即ち領域の人員のものではなく都市中心の Theseus に一義的に帰属する（66ff.: "Ἄρχει τις αὐτων, ἤ 'πὶ τῷ πλήθει λόγος;/Ἐκ τοῦ κατ' ἄστυ βασιλέως τάδ' ἄρχεται."）．領域の上の現実の人的組織に過度の実質を与えない，むしろ様々な人工的な「領域の組織」に高度に政治的な機能を果たさせる，とはいえ確実に政治組織から区別された第二の審級を留保する，という Athenai のデモクラシーの特徴が〈神話〉のレヴェルで影絵のように映し出されている．Oidipous は自分の最期をそうした領域に方向付けているのである．

しかし Oidipous の「政治的亡命」が認められるためには彼が「穢れていない」ことが必要である．まさに Kolonos の人々から成る choros が登場する（117ff.）と，恐る恐るながら Oidipous に話しかけ，「決して意に反して引きずり出す（177f.: "ἄκοντά τις ἄξει"）ことはない」と安心させて「あらゆる者に」（168: "πᾶσι"）留まることが禁じられている神域から出るように促す．そしてこの異様な盲目の老人が一体誰なのかきき始める（204ff.）．しかし Oidipous は如何なる政治組織にも属さないと答えた切り，それ以上きかないでくれ，自分は不浄の生まれである（212: "Αἰνὰ φύσις"），と言うばかりである（208ff.）．もちろん問題は彼のジェネアロジーに存する．ところがここで Antigone が，「領域のはずれ」即ち最果てまで来てしまった（217: "ἐπ' ἔσχατα βαίνεις"）のであるからと，思い切って名乗るように勧める．ようやく Oidipous は自分が誰かを明らかにする．既にスキャンダルは遠くへ鳴り響いている．choros は直ちにこの領域から出て行くよう要求する（226: "ἔξω πόρσω βαίνετε χώρας"）．都市自体を汚染するからであると述べる（236）．

こうして Oidipous は自分のスキャンダルを再解釈して汚名をそそぐ必要に迫られる．それは明晰な意思主義の責任論に基づく．自らの意思によって犯した罪でない以上責任は限定される，というのである．汚名や穢れは責任の無限

4　最後の一人

の伝播を意味する．〈分節〉をパラライズする行為は政治システムを広範に破壊する syntagmatique な連鎖を帰結しかねない．しかしその行為が〈分節〉破壊の意思を欠いていれば，〈分節〉単位の一部分が偶発的に動いたにすぎず，その全体を動かして他を侵食するという意味連関は生じず，syntagmatique な連鎖を切断する強い措置を取らせる理由は薄くなる．

　反論のためにまず立った Antigone は，老いた父が「その意に反して行ったこと」(239f.: "ἔργων/ἀκόντων") について語ることをどうして我慢して聴いてくれないのか，と身を投げ出して庇護を請い (241: "ἱκετεύομεν") 援助を求める (242: "οἰκτίραθ'……")．Antigone は血を分けた者に対するのと同じ連帯を懇請し，誰でも神の力に引きずられれば逃れがたい運命にある存在である，とその論拠を述べる．伝統的な連帯の観念しか持たない choros は，憐憫の念は持ってもまさにその神の怒りを恐れて Oidipous を受け入れられない (254ff.)．そこで Oidipous が本格的な弁論を展開せざるをえない (258ff.)．彼はまず第一に Athenai が政治亡命受け入れに寛大な自由な政治システムを持つという評判を呼び出す．そして第二に，自分の行為に意思が無い以上「行為があった」というパラデイクマ自体が妥当しない，客観的な意味連関自体が働かない (265ff.: "οὐ γὰρ δὴ τό γε/σῶμ' οὐδὲ τἄργα τἄμ'· ἐπεὶ τά γ' ἔργα μου/πεπονθότ' ἐστὶ μᾶλλον ἢ δεδρακότα")，否，そもそもたとえ知って行ったとしても何故それが致命的に悪いことであるのか (271f.: "ὥστ' εἰ φρονῶν/ἔπρασσον, οὐδ' ἂν ὧδ' ἐγιγνόμην κακός;")，むしろ病で最も惨めな境遇に陥った者に等しいのではないか，とカテゴリーの転換を図る．そして最後に，そのような者すら受け入れられるかどうか，ここで真価が問われる，神聖性を擁護するのであるならば，むしろここに懸かっている，と論じ立てる．つまり，Antigone が二元論により限定した小さな単位，それ自体の全てに先立つ尊厳を受け入れるように，というのである．それが持つであろう様々な関係はともかくとして，それが全て剥ぎ取られた以上は，その存在自体をカテゴリカルには排除してはならない，というのである．

　〔4・4・6・1〕 éd. Dain-Mazon, Paris, 1974 (1960). 諸学説はこの作品に至るとそれまでの線を維持できず立ち往生する有様である．作品全体を明快に解釈する論考になかなか恵まれない．

4·4·7

　Oidipous の「決して短いとは言えない弁論（λόγοι）によって」事柄は政治的審級における決定に付されることとなる（292ff.）．この結果舞台に Theseus が現れることになるが，その間に Antigone の妹 Ismene が辿り着き，重要な情報をもたらす（324ff.）．Oidipous の二人の息子が王位を争い，年長の Polyneikes は追われて Argos に逃亡しただけでなく，そこで軍事同盟を結び Thebai に攻め寄せる，というのである．それが何故老いた Oidipous に関係するのかと言えば，神託により「死んでいようと生きていようと」Oidipous を探し求めねば救われないということになったからである（389f.: "ζητητὸν……/θανόντ᾽ ἔσεσθαι ζῶντά τ᾽ εὐσοίας χάριν"）．突然「権力の源泉があなたに在る」（392: "ἐν σοὶ……κράτη"）ということになったからである．具体的には Oidipous を「Thebai の領域の近傍に」（399: "ἄγχι γῆς Καδμείας"）しかし決して「境界を越えさせずに」（400: "γῆς δὲ μὴ ᾽μβαίνῃς ὅρων"）「確実に領有すべく」（399f.: "ὅπως/κρατῶσι μὲν σοῦ"）「決して自分で自分を領有することがないように領域の外側近傍に」（404f.: "πέλας/χώρας……μηδ᾽ ἵν᾽ ἂν σαυτοῦ κρατῇς"）埋葬するためである[1]．聞いた Oidipous は如何なる「効用」（401: "ὠφέλησις"）があるのか，そんなことでは決して私を領有しえないであろうに（408），と皮肉る．要するに追放した以上土を汚したくはない，が取り返さねばならない，換言すれば政治的には復権させないが資源としてだけは欲しい，〈二重分節〉単位を欲しい，ということである．

　この神託は両兄弟に全く等しく（417: "ἄμφω γ᾽ ὁμοίως"）伝わったのである．すると当然に兄弟のパラデイクマが媒介する〈分節〉主体がこの〈二重分節〉単位の領有を争うという事態が発生することになる．cognatique な結合に基づく Polyneikes の干渉戦争は兄弟の切断で終わるのではなかったか．ところがここでは初めから〈分節〉している主体の二つの政治理性の激突が有るのみである．それが正面からぶつかりえずに Oidipous に依拠しようとしている．とはいえ政治的関係の宿命で互いに排他的な関係に立とうと争うのである．直ちにこのことを見抜いた Oidipous は，一旦自分を追放した彼らが手の平を返したように利用しようとする点を痛烈に批判し，どちらにも応じずに Athenai に留まることを宣言する（421ff.）．兄弟のパラデイクマは地に落ちたのである．

4 最後の一人

替わって Oidipous に連帯するのは姉妹である．Oidipous はまるでエジプトのようにパラデイクマが逆転した，と言う (337ff.)．共に流浪し，したがって外でたくましく支えるのは娘達であるというのである．それに引き換え息子達は家にへばりつく．娘が Herakles のように労苦を負いそして Odysseus のように耐え (351)，Aias のように dual (445: "$παρθένοιν$") を獲得する．真の連帯が政治的審級（兄弟）でなく領域（姉妹）の側にしか有りえなくなっているのである．

状況を把握した Oidipous は，Athenai に留まらせて私を助ければこれが Athenai を救うことになる，と言って choros をほとんど説得し (457ff.)，Theseus が現れると，Theseus はもとより Oidipous を喜んで受け入れるが，Athenai 救済というこの謎をしきりに示す (551ff.)．そこへしかし Ismene の知らせの通り Kreon が到着する (728ff.)[2]．Thebai 側は彼を派遣し実力行使に出たのである．Kreon はまず Athenai 自体に対する敵対ではないことを強調する．第二に Thebai の政治システムによって正統性を付与されていること (737f.: "$ἀνδρῶν ὕπο/πάντων κελευσθείς$"; 741f.: "$πᾶς σε Καδμείων λεώς/καλεῖ δικαίως$")，そして第三に悲惨な境遇にある者を故郷に帰すのであること (743ff.)，を説明する．これに対する Oidipous の批判 (761ff.) は実に鋭いものである．一見正しい言葉の背後に怪しい縺れを見抜き (762: "$λόγου δικαίου μηχάνημα ποικίλον$")，syntagmatique なパラデイクマ連鎖を辿ってその論拠とする；即ちかつて現に示された態度と符合しないというのである．しかも今唐突に提案された事柄自体言葉の上では立派でも実態からするとひどいものである，と喝破し，これを「証明する ("$δηλώσω$")」(781ff.)．都市中心に帰そうというのは偽りで「近傍に」片づけようというだけのことではないか (784.: "$οὐχ ἵν' ἐς δόμους ἄγῃς,/ἀλλ' ὡς πάραυλον οἰκίσῃς$") と鋭く切り込む．Oidipous はさらに議論の〈二重分節〉を批判する．二股をかけた言葉 (807: "$ὅστις ἐξ ἅπαντος εὖ λέγει$") は決してわれわれ先験的な〈二重分節〉単位を説得しないというのである．

しかし，力づくでも引っ立てえまいと連帯を誇る Oidipous に Kreon は致命的な一撃を与える (815ff.)．娘達 (818: "$παίδοιν δυοῖν$") を (dual) 拉致したのである．Philoktetes の弓矢を奪ったのと同じことである．Oidipous は生きていく途を断たれる (848ff.)．これは choros を激怒させる (824ff.)．しかし

Kreon は正しい行為であると主張する．自分のものを自分が持ち去って何が悪い (832: "*τοὺς ἐμοὺς ἄγω*") というのである．抵抗しようとする *choros* に対してその正統性を攻撃する．自分の政治権力に属さないものに何の権原があってするのか，というのである (839: "*ἅ μὴ κρατεῖς*")．"*ἰὼ πόλις*" (833) という Oidipous の皮肉は政治的帰属関係の転落に対するものである．確かに Oidipous と異なって娘達は追放されてはいない．「主権」が及ぶのである．しかし帰属関係への擬制は〈二重分節〉の場合に初めて可能となり，かつ〈二重分節〉故にそれは遮断されるのではないか．無媒介の実力行使は許されないのではないか．まして Oidipous と娘達がつくる小さな連帯の内部からこれを引き裂く，即ち〈二重分節〉単位の存立そのものを破壊する，ことは論外ではないか．

　この時それまで懐疑的であった *choros* に強い連帯感が出る (856ff.)．自分達のテリトリーが侵犯されたというのでなく，「二人の娘を自分達が奪われた」(857: "*τῶν δέ γ' ἐστερημένος*") と言って体で抵抗する．むしろ Kreon が実力行使に対して警告を発するほどである．とはいえ Oidipous が言語だけで防御するのに対して (873: "*ῥήμασίν......*") Kreon は公然と実力を行使する (874: "*βίᾳ*")．Kreon を阻止できるのは結局 Theseus だけである (887ff.)．Theseus は娘達を決して Athenai のテリトリーから出さないように全市民に命令を発する．そして完全に原状回復しない限り一歩も外へ出さないと Kreon に通告する (907ff.)．「法律なしには如何なる権力も行使されない都市」(913f.: "*πόλιν/κἄνευ νόμου κραίνουσαν οὐδέν*") に来ていながら意のままに実力で (916: "*βίᾳ*") 何でも持っていけると思っているのか，奴隷が構成する政治システム (917: "*πόλιν δούλην τινά*") とでも思っているのか，私が Thebai に行ったとしても決して統治権者の意に反して (926: "*ἄνευ γε τοῦ κραίνοντος*") 人を引っ立てるということはないだろう，という Theseus の議論は，明らかに政治権力と〈二重分節〉主体を〈分節〉する障壁として二つの政治権力相互の障壁が替わって立つというパラデイクマに従っている．他方これに対する Kreon の抗弁は，確かに原則はその通りであるが，凡そ亡命が認められない類の不浄の者に対しては Athenai といえども保護することはないであろう，したがって実力行使が認められる，というものである (939ff.)．この点については Oidipous が激しく反発し，意思主義の責任論を展開する（960ff.: "μηδὲν ξυνιεὶς ....../πῶς ἂν τὸ δ' ἄκον πρᾶγμ' ἂν εἰκότως ψέγοις;"）．そして Theseus は娘の替わりに Kreon の身柄を留置する決定を下す（1019ff.）．

結局娘達は実力で取り返されることとなり，Oidipous との強い絆は劇的に復元されることになる（1099ff.）．娘を失う或いは取り返す父，娘を庇護する Artemis, といった動機はディアクロニクに長い延長を持つ重要な屈折体を指示し続ける役割を担っていく．がそこへ突如息子の方が現れる（1254ff.）．Thebai へ遠征する途上の Polyneikes である．Oidipous を確保しなければ成算が立たないのである．この場面では，Sophokles は Aischylos 以来培われてきた兄妹のパラデイクマを試練に曝す．これに訴えかけて Antigone に仲介を頼む Polyneikes, しかし Oidipous は全く寄せ付けない．心配する Antigone は Polyneikes に引き返すように求めるが，しかし Polyneikes は既に盟約を交わしていて死に向かって進む以外にない．

〔4・4・7・1〕 cf. P. Vidal-Naquet, Oedipe entre deux cités. Essai sur l'Oedipe à Colone, MT II, p. 205.
〔4・4・7・2〕 Pelasgos 以来の基本テーマの様々な変形につき，cf. P. Cassella, La supplica all'altare nella tragedia greca, Napoli, 1999, p. 151ff.

4・4・8

いわば第一〈分節〉と第二〈分節〉の個別的排他的対応を拒否した Oidipous はかくして〈二重分節〉単位の独立を宣言したことになる．しかしそれは Athenai が割って入ったことによって実現したのであり，すると Oidipous は Athenai に帰属するのではないか，という疑念が生ずる．Oidipous はしきりに自分を保護することが Athenai を救うと暗示する．否，むしろ Theseus を見るや否や，自分の身体或いは屍（621）を贈与する，これが Athenai の利得となるであろう，と明言する（576ff.）．しかし何故かということを慎重にも明かさない（624ff.）．それを知らずに Theseus が Oidipous を保護することが求められているかの如くである．Theseus はもとよりそのつもりである．

Oidipous は死の予兆が訪れると直ちに Theseus を呼び寄せる（1457ff.）．Oidipous は Theseus に秘訣を授ける（1518ff.）．死の瞬間に二人だけで秘密の場所に行ってそこに Oidipous が埋葬されるようにする，Theseus はその場所

を決して誰にも明かさず，ただ後継者にだけ伝えていく，というのである．確かに，これにより Athenai は絶対に奪われない形で持つことができる．がしかしそれは，Oidipous がただ単に誰のものでもないのでなく，誰のものでもありえないようになったことに基づくのである[1]．こうして少なくとも Thebai は決して Athenai を侵略しえないのである．戦争，そして或る種の政治，は全て理論的には Oidipous の奪い合いである．が〈二重分節〉単位をそもそも奪えないように聖域化する，先験的なものにする，デモクラシーを完成する，ことによって初めてそうしたメカニズムに終止符を打つことができるのである．デモクラシーが連帯であるとすれば，その連帯はこれのためのものでなければいつか虚偽のものとなる，というのが死にゆく Sophokles が死にゆく Oidipous に託した結論である．

〔4・4・8・1〕 cf. Vidal-Naquet, Oedipe entre deux cités, p. 191sqq.

5　子殺し批判のデモクラシー

5・0　序

　Sophokles より約 10 年年少の Euripides もまた，5 世紀後半の数十年を通じてほぼ並行して作品を発表し続ける．現在われわれに遺されているのは 438 年の "Alkestis" 以降の作品であるにすぎないが，それでも Sophokles についてよりも遥かによく知りうるはずの数である．しかしその華麗なドラマトゥルギーに幻惑されてか，作品解釈はなかなか焦点を結ばない[1]．実際，Sophokles が "Iliados" から発した屈折体を全く新しい次元で再建したとすれば，Euripides はこれに根底から対抗する第二次的屈折体を模索したと言うことができる．このため Homeros の（または Aischylos の）パロデイーないし喜劇のようにさえ見える作品が混在することとなる．

　それでも，以下に分析するように，Euripides もまた〈二重分節〉の観念を極限まで追究してこれに忠実であり，その点では Sophokles と正反対の方向からこれを補完しているのである．

　Euripides の作品が示す独特の観念形象の歪み[2]を理解するための手掛かりは実は "Odysseia" である．既に述べたように，この作品は "Iliados" との間に重要な緊張関係の糸を張る．敢えてディアクロニクな遡行を遂行して見せ，政治的中心から領域へとアプローチして見せる．Hesiodos と先鋭な競合を演ずる．

　そもそもディアレクティカからの意識的な待避は悲劇の原点である．これを政治的中心への意図的対抗のために用いれば，ちょうど "Odysseia" が持つような喜劇的な性格が浮き出る．*satyros* 劇はこのための貴重な軸受けである．われわれの手に遺された唯一の *satyros* 劇 "Kyklops"[3] はまさに "Odysseia" のパロデイーである．実質 "Odysseia" の主題による "Alkestis"[4] は三部作の外の

satyros 劇の位置に置かれたと言われ，もう一つ "Helene"[5] がやはり "Odysseia" の明確なパロディーとして端的な喜劇的性質を示す．Euripides の作品群の中でやや異質な波長を有するこれらの作品は，satyros 劇残存の動機を少なくとも実質的に満たすものであったと考えられる．すなわち悲劇本体が何を土台としそこからのどういう繋がりにおいて展開されるのか，もう一度突き放して理解させる，このことを通じて悲劇本体といえども「厳粛な」儀礼でもなければ「深刻な」政治問題でもないことを明示する，のである．

そして悲劇というジャンルのこの（言わば外的な）側面に Euripides の作品が全体として敏感である[6]のは，Sophokles がデモクラシーの全体を問題としたのに対し，Euripides が領域の側に視点を据えて言わばミクロにデモクラシーの条件を探ったからである．しかも "Odysseia" を踏み台とするのは，Hesiodos のように領域の横断的結合体に依拠することなく個々の個別単位を出発点とするからである．もちろん "Odysseia" からも意識的に距離が取られることになる．政治的中心から意識的に領域に降りる，しかし次にその領域をディアクロニクに平行移動する（「"Odysseia" 降下」の新しいヴァージョンを構える），第三にこの平行移動の距離を測るために "Odysseia" 原地点をレンズの向こうに捉える，この二重のディアクロニクな遡行を把握しなければいわゆる喜劇的な作品ないし「悲喜劇」を理解することはできない．かくしてレンズの向こうに現れるのは非政治化された，しかしまだ政治的中心との緊張関係に立つ前の，幸福ないし滑稽な〈二重分節〉単位である．こうした（Thales 流）「測量」は Euripides 独特の屈曲を他の作品において理解する上でも不可欠である．

[5・0・1] cf. C. H. Whitman, *Euripides and the Full Circle of Myth*, Cambridge Mass., 1974, p. v : "more labels attached to him than any other dramatist who ever lived, none in the least helpful save insofar as their sum provides an index to the poverty of one-sided critical views of a poet capable of everything except one-sidedness." ラベルを列挙するパッセージにも事欠かないが，その主なものは，特に伝統的な宗教的観念に対する，懐疑主義，フェミニズム，反フェミニズム，反戦ないし平和主義，であり，ペロポネソス戦争期の時代思潮およびソフィストの影響をストレートに受ける，とされる（cf. Kitto, GT^3, p. 189）．

[5・0・2] 解釈の様々な試みの果てに "……we are now chary of trying to extract a general world outlook from the poet's works……Critical attention has shifted from his supposed views and attitudes to his dramatic technique and methods of construction." (H. Lloyd-Jones, *The Justice of*

Zeus, Berkeley, 1971, p. 147) という状態に至ったと言われるが，この点はその後も基本的には変わらない．Aristoteles 流の基準からの逸脱，つまり「不条理」は，悲劇の儀礼的起源の意識とともに，新鮮な刺激を与え続けるが，かつて Ph. Vellacott, *Ironic Drama. A Study of Euripides' Method and Meaning*, Cambridge, 1975 が警告したように，「われわれにとっての意味」の探求の断念は却って必ずテクストの犠牲を伴う．とはいえ，syntagmatique な整合性の欠落を前にして，paradigmatique な帰結を引き出す以前に途を閉ざされることになる．不条理な神々の介入を自然力の象徴と見たり (symbolist)，syntagmatique な整合性を背後に復元したり (rationalist)，というアプローチを捨てて "irony" (Vellacott) や "implication" (L. H. G. Greenwood, *Aspects of Euripidean Tragedy*, Cambridge, 1953) を探る試みが時としてなされる所以であるが，〈神話〉分析の確たる方法を欠くために説得力を持たない．

[5・0・3] "Kyklops" (éd. Méridier, Paris, 1976 (1926), 年代につき p. 15) はもちろん Od. IX, 39ff. のパロディーである．と同時に Dionysos ないし *Satyroi* 集団のカリカチュアーが舞台に上がる．Dionysos は例によって Hera から迫害を受ける子供であって連れて行かれ行方不明である．Dionysos に仕える Silenos とその子供達即ち *Satyroi* は例によって探索に出るが，Sikelia に漂着し，Kyklops に捕らえられ，奉仕する羽目に陥っている．Herakles 流の労苦の連鎖はここでは Kyklops のためのものに貶められている．子のために働くはずの親子が丸ごと捕らえられているのである．そこへ漂着して来る Odysseus が Kyklops を倒し，*Satyroi* はめでたく Kyklops への隷属を脱して Dionysos 捜索の旅に戻ることになるのであるが，この時まず連携の相手たる父 Silenos は Kyklops の権力の前に責任を逃れることしか考えず頼りにならない．枝分節単位を孤立させて破砕するという "Odysseia" の基本線は維持されるが，それは *Satyroi* の協力を得て (471: "κοινωνεῖν") 遂行される．そもそも捕らえられた子達 *Satyroi* 救出のために行われるというニュアンスが濃厚である．Aitna の麓，Odysseus は Silenos に「権力は民衆に移譲されているか，ここはデモクラシーへ移行しているところであるか」(119: "ἢ δεδήμευνται κράτος;") と問う．ところがいつも骨折り損のあの気のいい領域の連中はまとめて Kyklops に囲い込まれ，父は家事，子供達は遠くで牧畜，のために働いているのである．彼らを救うのは父達の連帯か．そうではない．救いにやってくるのは政治的中心から Odysseus である．これが父を通り越して縦に結合関係を築く．"οὔτις" のトリックも決定的ではなく，Kyklops をからかうタネにすぎず，羊の腹に隠れる脱出のスリルも無い．〈分節〉よりは遥かに縦の絆が脚光を浴びているのである．謳歌されるのは，Melampous や Dionysos の，内側から破砕する解放力である．これは確かに個別的に働く．そして子供の解放ではあっても苦しむ親はここには登場しない．

[5・0・4] 幾何学的な幸福感に満ちる 438 年の "Alkestis" (éd. Méridier, Paris, 1976 (1926), 年代につき p. 49) は *satyros* 劇の形式を備えないが「四部作」の中でその位置を占めたと推定されている．Apollon は父の Zeus によって息子の Asklepios を殺されたために怒って Zeus の手先 Kyklopes を殺してしまう．それを償うために誰か一人の人間のために奉仕しなければならない．Admetos を選び彼のために年季奉公する Apollon は，Admetos の突然の死を阻止すべく運命の女神を騙してこれを他の者にすりかえることに成功する．そこで Admetos のかわりに死ぬ者を募るが，友人達も両親もこれを受け入れない．しかし唯一妻の Alkestis が進んで

承諾し，今まさに Alkestis に死が訪れようとしているのである．家の中では Admetos と Alkestis が延々と永久の別れを惜しみ死を越えた愛に陶酔している．Admetos は Alkestis の死後永遠に喪に服し死んだも同然の暮らしをすること，国中に命じてこれに倣わせること，を宣言してはばからない．父 Pheres と激しく口論し，若い Alkestis でなく何故老いた両親が替わりに死なないのかと詰問する．その取り込み中，Eurystheus のための労苦の途上にある Herakles が賓客として宿を求めてやってくる．彼は粗野で貪欲な始末の悪い客振りを発揮して出発するが，その間愁嘆場はいよいよ極まり埋葬まで進む．ところが全てが終わった時に，ふいに Herakles が戻って来る．そして，今回の労苦で獲得したこの女を側に置いてくれと無理難題を Admetos にもちかけ，ヴェイルに包まれた女を差し出す．余りにも残酷なそれだけはという Admetos に強引に押しつけると，何とヴェイルの下から Alkestis 自身が現れる．Herakles が Thanatos と戦って取り戻したのである．

このパラデイクマの含意は余りにも明白である．「ならば Alkestis が死んだのか」ときかれた Admetos は「二股に岐れた対抗ヴァージョンを同時に言うことができる」(519: "διπλοῦς ἐπ' αὐτῇ μῦθος ἔστι μοι λέγειν")，「死んでいるが死んでいない，これが私を苦しめる」(521: "ἔστιν τε κοὐκέτ' ἔστιν, ἀλγύνει δ' ἐμέ") と答える．Herakles にとっては「意味の軸の二極分岐（言語の記号作用）を無にすることを言う」(522: "ἄσημα γὰρ λέγεις") としか解しえない．生死即ち「存在と非存在は互いに相手を排することと考えられる」(528: "χωρὶς τότ' εἶναι καὶ τὸ μὴ νομίζεται") という Herakles の既に完璧に哲学的な言語 (Parmenides!) に Admetos は「あなたはそう判定するが私は違う判定をする（それぞれどう考えるかの問題である）」(529: "σὺ τῇδε κρίνεις, Ἡράκλεις, κείνῃ δ' ἐγώ") とこれまた完璧に最新の哲学の言い方で応ずる．生死の二項〈分節〉，否，二項〈分節〉そのもの，を乗り越えようという企図が作品の主題である．Pindaros の Asklepios のテーマを遠く引く．しかしここでは大胆にも，第一に愛が生死を交換させるという形での脱出が意図されたのである．一方が生に他方が死に属する，その状態を交換によって中和してしまおうというのである．その結果第二に生と死の両方を二人が共有するということになる．否，却って二人で死の世界にひたりきることになる．二人は生死の〈分節〉をまたいで第二〈分節〉の単位を築きえたか．これを拒否する Pindaros 風の gnome は用意されていない．Apollon も Herakles もどうやらこれを推進するようである．Moirai も Thanatos も愚弄される．しかし明らかに決定的な条件が付されている．生死という第一〈分節〉自体を混乱させてはならないというのである．gnome に仕立てるならば「愛は生きている者どうしの間でするもの」となる．Alkestis を死から生へと連れて来る，引き剝がし独立させる，ことが要件である，逆にふらふら死へと迷い込んではならない，とも読めるし，反対に，死の中にはっきりと生に属する愛を実現せよ，とも読める．

これは結局 Penelopeia の動機の新しいヴァージョンである．連れて来た妻にあらためて外から求婚する，というあのパラデイクマ，特殊なディアレクティカの果実たるあの主題である．ここでは，第二〈分節〉形成のために第一〈分節〉の複数の単位が交叉して作用する必要があるが，このとき第一〈分節〉全体を引っ張ってしまってはいけない，同時にこちらが迎えるようでないといけない，という相互性，要するに第二〈分節〉からの第一〈分節〉の自由（またその逆）という〈二重分節〉の原理を例解すべく変換されている．かくして，

5 子殺し批判のデモクラシー

Admetos は求婚して勝ち取ったはずの Alkestis を「孤児として」妻に迎えたと言い, *mutatis mutandis* に, 死んだ妻を全く別の生きた女として受け入れる. 前者が密かに後者のために paradigmatique に作用するよう仕組まれているのである.

それでもこれは自明のことの再確認であるにすぎない. 〈二重分節〉の立て役者 Apollon も Herakles も暖かくユーモラスに描かれるばかりでその悲惨は描かれない.

[5・0・5] Euripides がこうした喜劇風の基軸に戻り続けたであろうことを示唆するのは 412 年 (ないし微かにそれ以前) の "Helene" (éd. Gregoire et Méridier, Paris, 1973 (1950), 年代については p. 10) である. これは, Menelaos がエジプトの Proteus のもとに漂着するも娘の力をかりて Proteus を取り押さえ, 将来を見透す能力を利用した上で脱出する, という Od. iv, 351ff. のパロディーである. 「Helene は潔白か」という口角に泡を飛ばす伝統的大議論 (V. supra) における一説に, そもそも Helene は Troia に行きはしなかった, 行ったのはその幻影のみである, というものがあった (Stesichoros, Herodotos 等諸ヴァージョンにつき cf. Austin, *Helen of Troy*, p. 90ff.). Troia には政治の成立が懸かり, Helene の罪責には政治批判が懸かる (Helene の責任ならば政治システム存立のための犠牲は大きく意義を減殺される). そもそも行かなかったとすれば政治は徒労ということになって完全に空を切る. 政治の全称要求に対する根底的な批判である (Whitman, *Full Circle*, p. 51 は「戦争批判」説を復権する). Euripides はこのヴァージョンに与する (先に漂着して Helene に救われた Teukros は, 自分達はつまらない女のために多く命を落とした, 他方この女は見かけは Helene に似ていても内容が全く違う, と述べる). しかし行かなかった Helene を Penelopeia に見立て, 彼女に Menelaos があらためてアプローチするという "Odysseia" の基本テーマを再現するのである. かくして確かに領域の, しかし優れて政治的, 単位が基礎付けられる. なおかつ場面が Menelaos のディアクロニクな遡行の旅に設定される. とはいえ Proteus は既に亡く, その息子 Theoklymenos が支配し, しかも彼が Helene に対して *mnesteres* の役割を演じているのである. ディアクロニクに古い, しかし新たにこちらのレンズで向こうに捉えなおした画像なのである.

Troia 陥落後 7 年が経つが Helene はエジプトにあってこれを知らず, Theoklymenos の執拗な求婚を拒絶し続け Menelaos への愛を貫いているが, そこへ Helene を連れたつもりの Menelaos が漂着して来る. Proteus の館の前で老婆に出会い, 自分達の流儀と自分の地位が全く通用しないのに驚く. そればかりかここに Helene が居ると聞いて腰を抜かし, すべての前提を覆されて混乱し自省する (483ff.) が, そこへ透視能力を持つ Proteus の娘 Theonoe から Menelaos 生存と聞かされたばかりの Helene が現れる. Helene は Menelaos のひどい身なりに恐怖をおぼえる (541ff.). 何故逃げるのかと問う (548) Menelaos は完全に Nausikaa の前に現れたあの Odysseus のパロディーである. Helene はしかしひどい身なりの下に身体 ("σῶμα") を見る (554). すると目に映るその姿 ("εἶδος") は Menelaos たるを確信させる (560). 逆に Menelaos の方は Helene との "εἶδος" の一致を二度も言葉にする (559, 563) が, Helene が口にする確信を伴う "εἶδος" (564) と不協和音を奏でる. Menelaos は「自分の女をこの手に」と言われて (566) はたと「しかし一体どの女だと言うのか」と立ち往生してしまう (567). ジェネアロジー等 syntagmatique な同定の果て連れて来た Helene は部下によって

漂着した海岸の洞窟にかくまっているはずである．視覚以外に何を信ずるのかという Helene に，その視覚が自分を苦しめる，まるでもう一人女が居るように，と答える (575, 580f.)．Helene は "εἴδωλον" (582) によって "σῶμα" と "εἶδος" を連帯させ，"σῶμα" 自体への懐疑 (578, 583) に対して決定的な一撃を下す．「名は同時に方々へ行くが，体はそうではない」と (588: "τοὔνομα γένοιτ' ἂν πολλαχοῦ, τὸ σῶμα δ' οὔ")．この形而上学 (Gorgias の認識論や Anaxagoras の形而上学との関係につき，cf. Whitman, *Full Circle*, p. 37, 57f.) の最中，洞窟から使者が届く．Helene が空高く雲散霧消してしまったというのである (605ff.)．これが Menelaos を遂に説得することになる．

　もっとも Euripides の着眼は政治批判を越えて "σῶμα" の側に "σῶμα" を得て実現されるべき確かな基体である．その実現のためには Menelaos は Helene の "σῶμα" を Theoklymenos のもとから脱出させねばならない．ところが解放は Helene の仕事である．Menelaos は状況を聞いて絶望いっそ戦って死ぬ覚悟である．しかし Helene は着々と計画を進める．Menelaos の漂着を Theklymenos に知られては成算が無くなるが，このためにはすべてを把握しうる Theonoe を味方につけなければならない．祈願し説得する以外にない．幸い Theonoe は父「海の老人」の海の正義 (分配的正義) に忠実に Helene を Menelaos に返却することに同意する．どの枝へも通ずる幹をこうして断ったのである．あとは potlatch に持ち込んで相手を打ち倒すのみである．Helene はこれを誘発する交換の場として葬送儀礼を選ぶ．「お前を殺して自分も死ぬ」(842) という Menelaos の的外れは回り回って暗示的であるということになる．即ち，Menelaos は遭難し海の藻屑と消えたこととし，これを生き残りの水夫に扮した Menelaos 自身が Theoklymenos に報告する．Helene は悲しんで見せながら遂に Theoklymenos の求婚を受け入れるが，かわりに Menelaos の葬送を許すよう Theoklymenos に懇願する．そして，遺体が無い場合沖で空墓形式の水葬に付すという慣行を援用してしっかりした船を出させる．水夫に扮した Menelaos が取り仕切り Helene も乗り込む．Helene は儀礼の儀礼たる性質を利用して，Theoklymenos の用意したクルーに一切反問することを禁じさせる．途上 Menelaos の部下達が大挙乗り込むが，おかしいと思ってもクルーは互いに意思を疎通して組織的に動くことができない．そして沖に出たところで Menelaos は実力行使に出てそのままギリシャまで航海する．

　すべては Helene の計略によって，そして "σῶμα" への着目によって，成し遂げられる．労苦も exploit も大きな役割を果たさない．また Helene の取り戻しには如何なる大義も懸かっていない．Helene と Menelaos の個人的な幸福の追求がすべてであり，これを越える部分は虚妄であるにすぎない．海の葬送儀礼は下に如何なる空隙もつくらない確固たる出発点でありうる．

[5・0・6]　Euripides 解釈の最大の難関は，Aischylos と Sophokles が確立した悲劇というジャンルのメルクマールからの逸脱であった (cf. D. J. Conacher, *Euripidean Drama. Myth, Theme and Structure*, Toronto, 1967, p. 3ff.)．その場合のメルクマールは，「神話」が体現する「必然」とこれに敢然と立ち向かうヒーローとの間の緊張である．批評者の関心は，奇妙なことに，一方では Euripides が「神話」を真剣に受け止めているか，茶化していないか，というものであり，「神話」に忠実な作品を軸に他をそのヴァリエーションとして説明しようという弁護論

(Conacher, *Euripidean Drama*) まで現れる．しかし他方では，「神話」の筋書を民衆劇風に緊張無しになぞる部分を問題とし，412 年前後の一連の「悲喜劇」を "Eumenides" 風の大団円として救う，ことなどが試みられる（Whitman, *Full Circle*）．しかしまず正確に認識されなければならないのは，メルクマール自体の所以である．「必然」は syntagmatisme に，葛藤はディアクロニクな再構造化に，そして「神話」はもちろんジャンルと社会構造との間の根底的な関係に，関わる．Euripides はこれら自身をさらに反省する視点を探り，前提や帰結を明るみに出し突きつけるのである．

5·1 不実なデモクラシーによる子殺し

5·1·0

　もちろん Euripides にとって問題は，こうした喜劇風の基軸が領域の側に確立されたその後にやって来る．Euripides は少なくとも 431 年の "Medeia" までに極めて重要な屈折体を独自に発掘するに至っている．諸々の Herakles は〈二重分節〉単位を実現するが，しかしこれを続けていけば必ず矛盾が生ずる．二重に行えば端的にそこに最も厄介な枝分節体が現れる．都市中心から政治的階層の息子が領域に降りてきて娘と結ばれれば，政治的中心からも領域の組織からも独立の〈二重分節〉体が実現するが，二股をかけるようにしてこれを遂行すれば一個の中心が二つの離れた単位を兼併することになる．われわれは既に Sophokles の "Trachiniai" において Deianeira が苦悩するのを見た．Sophokles は，〈二重分節〉の構想がそれだけであると（垂直的契機を含むだけに）不可避的に多義性を生じ，これを嫌って縛り付ければ閉鎖的枝分節体の自己閉塞に陥る，ことを警告した．Herakles の作用が中毒症状を示すことがこの悪循環を増幅することをも鋭く指摘した．そして Sophokles の処方箋は政治的連帯の再建であり続ける．領域のレヴェルで．政治的中心から降りる方向で．これに対して Euripides は，〈二重分節〉体に単独で一義的な存立のメルクマールを供給する或る指標を突きつけ，これに立てこもり，ここから出発することを要求する．〈二重分節〉は決して純度の高い透明な理念として打ち出されたりはしない．Kolonos の Oidipous の極北に現れるものではない．それが崇高な連帯に到達するというのではない．そうではなく，Euripides は〈二重分節〉体自体に，その下に，小さな単位を持たせる．〈二重分節〉体に子供

を与えるのである[1]．既に示唆した通り，枝分節関係の一つのメルクマールは，A-B-C という縦の関係において，B にさしあたり属する C へ A が B をさしおいていつでも介入しうる，典型的には人質にとって B から様々な給付を巻き上げうる，というものである．裏を返せば〈二重分節〉のポイントは B-C 関係の不可侵である．B に属する C という大切な物を決して奪われないというアプリオリである．確かに Sophokles もまた Philoktetes にその弓矢を持たせた．これによって水平的連帯が試された．しかし今や自分の子のために奴隷が主人の前に，妻が夫の前に，立ちはだかるのである．Euripides の独創は，これにデモクラシーの存在意義を見たのみならず，デモクラシー自体にこれを侵害する作用が内蔵されていることを見抜いたことに存する．反対に Euripides はしばしば連帯には鋭い懐疑の目を向ける．

〔5・1・0・1〕 cf. M. Dyson, Alcestis' children and the character of Admetus, *JHS*, 108, 1988, p. 13: "children are proportionally more central to Euripides' idea of tragedy." しかし幼児が場面に登場するというばかりではない．

5・1・1

Medeia は既に Pind. Pyth. IV においてデモクラシー樹立の功労者である．しかし問題の一つは Iason が Kolchis にとどまらずに Medeia を連れて Iolkos に帰るというまさにその点である．確かに領域を獲得した以上政治的中心を再征服せざるをえず，おのずから Pelias を倒すことになる．しかしこの時不安定な地位に置かれるのは Medeia である．Iason は Pelias の娘と結ばれないか．Euripides の解釈[1]によれば，Iason は Medeia の力で娘達にその父を殺させる (9f.; 486f.) ものの，しかし決してその娘の一人と結ばれて王位を獲得するということはない．Medeia に忠実であり続け，デモクラシーを達成させた後は Iolkos を去る．

Medeia に忠実たることは「領域にとどまる」ことを意味する．もっとも，それは可変的かつ互換的したがって普遍的な領域である．Medeia は Korinthos の領域に根を下ろし (10: "*κατῴκει τήνδε γῆν Κορινθίαν*")，その領域の市民達が用意する亡命先に暖かく迎えられる (11f.: "*ἁνδάνουσα μὲν/φυγῇ πολιτῶν ὧν ἀφίκετο χθόνα*")．この何気ない表現によって Euripides の

5 子殺し批判のデモクラシー

Medeia 解釈が引き出されていく. Iason が Korinthos の王の娘と婚姻を交わし王位さえ展望することになると, かくも手ひどく裏切られた Medeia に乳母が自発的に連帯し, これに choros を構成する Korinthos の女達が加わるのである. Medeia は既に狂気を予感させる症状を示し始めている. 石のように心を閉ざし, 子供達を見る目は虚ろにすわっている. 歌い始めから (131ff.) この遠く Kolchis から来た女への共感に満ちる choros は, 自分達の隊列へと彼女を引っぱり出そうとし, 乳母に託し友情と連帯の意を表明する (182: "φίλα καὶ τάδ' αὔδα"). これは違う要素どうしの連帯であるよりも類種の同一性 (καὶ τάδε) に基づくものである. 現れた Medeia の奔流のような言葉は果たして激烈な調子を帯びる (214ff.).「Korinthos の女達よ, 私は (連帯の呼びかけに応じて) 家から出た」(214: "Κορίνθιαι γυναῖκες, ἐξῆλθον δόμων") に始まり, まず正義 (219: "Δίκη γὰρ……") を二元論的構成のもとに置く. 即ち人間の内奥に存する或るもの, 心の中心, を尊重しえない, ここを破壊する, 行為一般を非難し, そしてまさに自分のその内面が完全に破壊された (226: "ψυχὴν διέφθαρκ'……") というのである. そして, そうした構造を備えた存在のうち女という種こそは最も不幸である (230f.: "Πάντων δ' ὅσ' ἔστ' ἔμψυχα καὶ γνώμην ἔχει / γυναῖκές ἐσμεν ἀθλιώτατον φυτόν·"), と宣言する. 何故ならば財貨と交換され, 身体を領有され[2], 配偶者の善し悪しに依存する, 等々と論拠付ける.〈二重分節〉単位が単なる政治的資源となり使い捨てられそれ自身としては尊重されない, という領域からの鮮やかな告発である.

だからこそ議論は領域に根を深く降ろすことの重要性へ回帰する. 政治的中心の側の裏切りに抗する保障がこれに懸かるというのである. Medeia は夫のために父と祖国を裏切ったことを後悔し, 夫に裏切られたときに逃げる先が無いと述べる (253ff.). 垂直的分節関係に裏切られたとき, まさにこれによってそこから解放されたはずの水平的分節関係を残しておかなかった代償を払わねばならないというのである. このことは Korinthos の王 Kreon が現れて追放の命令を宣告する (271ff.) 時に一層露わになる. 新しいジェネアロジーが古いジェネアロジーを用済みにした (76: "Παλαιὰ καινῶν λείπεται κηδευμάτων") 以上, 古いジェネアロジーは潜在的な危険であり,「自分の家よりお前が大事であるわけがない」(327) というのである. 対抗する水平的ジ

ェネアロジーを持たない Medeia は "ὦ πατρίς" (328) と叫ぶ以外にない．ジェネアロジーを問題としлたがって領域からも追放するこの措置は，Medeia の新たな亡命先というイッシューを浮上させる（386ff.）．領域の〈二重分節〉単位相互は実は中心の政治システムを通じてのみ繋がっている．ここを断たれれば直ちには互換性が働かないのである．領域の連帯を表明した choros も，不実を前にした女達の立場の普遍性を標榜しつつも悲しげに Medeia の祖国喪失（441）を嘆かざるをえない（414ff.）．折角この領域に着地したのに（434f.: "ἐπὶ δὲ ξένᾳ/……χθονί") 今この領域から逃亡せざるをえない（437: "φυγὰς δὲ χώρας") のである．

446f. の Iason と Medeia の最初の対決は問題の所在をすべて明らかにする．Iason は，Medeia が政治権力を攻撃し罵倒するがために結局こうした事態を招いた，と非難する．これに対して Medeia は Iason が政治的中心に上昇しえた影に必ず自分の力があったことを跡付ける．それも自分の祖国を犠牲にしてまで．しかるに今如何なる岸辺も無く放り出されようとしている，というのである．しかし Iason はこれに全面的に反論する．自分を救ったのは Medeia ではなく Aphrodite と Eros である，即ち領域の〈二重分節〉基盤自体ではなく，第一〈分節〉をこれに繋ぎとめる力である，というのである．それどころか，〈二重分節〉単位を政治的脈絡へともたらした自分の功績を誇る．未開の地に誰にも知られずにいたお前をギリシャ世界に連れてきて名声を与えたのは自分であるというわけである．Kreon の娘との婚姻すら Medeia とその子供達にこうして安定と地位と便益が及ぶようにという趣旨である，と説明する．Medeia は Iason に領域の基盤を獲得させた．しかしその暁には領域と政治的中心の間の往復運動を支える軸受けのような役割をこなさなければならない，というのである．〈二重分節〉下の政治的中心と領域の間の火を噴くような論戦である．

亡命先問題[3]は，しかし思わぬ仕方で解決される．例によって Athenai の王 Aigeus が Delphoi からの帰途立ち寄り，Medeia に受け入れを約束する（663ff.）．Athenai の領域の性質がここでも礼賛される．こうしておいて Medeia は致命的な打撃を相手に与えるべく計略を練る．

〔5・1・1・1〕 éd. Méridier, Paris, 1976 (1926), 年代 (431 年) については p. 105.

[5·1·1·2]　cf. Vellacott, *Ironic Drama*, p. 107 : "to our own century……rare periods……where it was possible for a woman to have some say in the choice of the" possessor of her body " ……."

[5·1·1·3]　Medeia が如何に同情の対象であっても，その行為の対価を悲劇的に払う，というのが「Aristoteles の法則」にも道義的感情にもかなうため，Medeia がからからと笑う如くに呆気なく救済される結末は Aristoteles 以来非難され続けてきた．Euripides の「不条理」の典型とされてきた (cf. Kitto, *GT*³, p. 198ff.)．しかしこうした syntagmatique な不連続は〈二重分節〉単位が条件抜きに（他の全てを犠牲にして）成り立つべきことのコロラリーである．それを防備すべく *deus ex machina* や毒々しいメカニズムが多々取りそろえられているのである．

5·1·2

作品は冒頭から消えかかる蠟燭の火のように Medeia の子供達をかざして進む．乳母によれば Iason は自分の子供達を裏切った (17 : "Προδοὺς γὰρ αὑτοῦ τέκνα") のであり，Medeia は子供達を憎み，見ても嬉しそうにしない (36 : "Στυγεῖ δὲ παῖδας οὐδ᾽ ὁρῶσ᾽ εὐφραίνεται")．母に子供達を近づけるのは危険であり，夫に裏切られた妻がその夫との間になした子に向けるただならぬ視線は十分に病理学的な描写を得る (89ff.)．そして Medeia は直ちに作品の主題を明らかにする．「子供達は母の憎悪に呪われて父とともに死ぬがよい，家全体が滅ぶがよい」(112ff. : "ὦ κατάρατοι/παῖδες, ὄλοισθε στυγερᾶς ματρὸς/σὺν πατρί, καὶ πᾶς δόμος ἔρροι") と．乳母は「どうして父の咎を子供達が共有するのか，何故自分の子供達であるのに憎むのか」(116f. "Τί δέ σοι παῖδες πατρὸς ἀμπλακίας/μετέχουσι; τί τούσδ᾽ ἔχθεις;") と反問する．Euripides はこの「何故か」を抉り出そうとし，そして成功するのである．われわれにとっては，それを解読する鍵を幾つかのパッセージが握っている．第一は「もし子供さえいなかったならば」(490 : "εἰ γὰρ ἦσθ᾽ ἄπαις ἔτι") 許すことができたであろう，という Medeia の Iason に向かっての科白である．これは「いっそ女無しに子供を産むことができれば悪などというものの余地は無かったのに」(573ff. : "Χρῆν γὰρ ἄλλοθέν ποθεν βροτοὺς/παῖδας τεκνοῦσθαι, θῆλυ δ᾽ οὐκ εἶναι γένος·/χοὕτως ἂν οὐκ ἦν οὐδὲν ἀνθρώποις κακόν.") という Iason の科白にエコーを見出す．その間に Iason は，王家に子をなすために婚姻に応じたこと，これはまた Medeia の子供達の養育の利便を図るためであること，を強調している．Euripides にとって〈二重分節〉単位は〈神話〉上男女の結合 (Penelopeia!）だけでは成立しない．〈分節〉を〈分節〉たらしめるためには曖昧さを払拭しなければならないが，この曖昧さを払拭しえないのである．たとえば，Medeia にとって Iason は自分との結びつきにより独立の単位を達成しなければならない存在である．しかし今 Kreon のもとに入り込みこれに臣従しようとしている．同じ cognatique な結合のように見えて両者は全く異なる．この両義性を断って〈二重分節〉を保障するのはもちろん特定のパラデイクマではなくディアレクティカである．しかし Euripides によればこれを強いる試金石たる特定のパラデイクマがある．それがまさに子供である．〈二重分節〉単位を作ったのであれば子の帰属が一義的になるはずである，というのである．ところが Iason のヴァージョンによればまさに養育関係を通じて曖昧な二重の帰属が生じてしまう．否，Euripides は Iason に複式の関係へのぶら下がりを提案させている．もしこの曖昧さを断つならば子供達を切り捨てる以外にない．Medeia にとってみれば，ここに給付がやって来てここから自分へと関係が延びてくる．母子で逃亡してさえ，子供達を養育して貰っているという意味が潜在的に生じうる．

　こうして第二の衝撃的なパッセージが生まれてくる．Kreon 父娘の殺害に成功したことを知った Medeia は完全に意を決し，「直ちに子供達を殺してこの地を去ろう，ぐずぐずすれば敵の手にかかることになる，どのみち死ぬ身ならば，それよりも生んだ私が殺そう，心を重装備せよ」（1236ff. *"Φίλαι, δέδοκται τοὔργον ὡς τάχιστά μοι/παῖδας κτανούσῃ τῆσδ' ἀφορμᾶσθαι χθονός,/ καὶ μὴ σχολὴν ἄγουσαν ἐκδοῦναι τέκνα/ἄλλῃ φονεῦσαι δυσμενεστέρᾳ χερί./ Πάντως σφ' ἀνάγκη κατθανεῖν· ἐπεὶ δὲ χρή,/ἡμεῖς κτενοῦμεν, οἵπερ ἐξεφύσαμεν./Ἀλλ'εἶ'ὁπλίζου, καρδία."*）と高らかに述べる．これ以下の見事な科白は余すところ無く Medeia の思想を伝える．先に殺すのは自分と子供達との間の絆を誰にも侵させないためである．子供達を聖化するのである．死すべき運命とは領域の〈二重分節〉単位の不成立を言う．だからこそ「この領域からもはや立ち去ろう」という動機が必ず並行して現れる．既に 792ff. で *choros* に対して決意が表明されている．「子供達を殺す，もう誰もさらっていくことができない，Iason の家（〈二重分節〉単位）を完璧に破砕する，この土地を出ていく，子供達の殺害故に亡命する」（*"τέκνα γὰρ κατακτενῶ/τἄμ'· οὔτις* ἔστιν ὅστις ἐξαιρήσεται·/δόμον τε πάντα συγχέασ' Ἰάσονοσ/ἔξειμι γαίας, φιλτάτων παίδων φόνον/φεύγουσα") と.

かくして，Medeia によれば，子供達を殺したのは Iason である（1364）．即ち，デモクラシーを破壊したのは Iason である．Iason とてデモクラシーではなかったか．その通り．デモクラシーを破壊するのは不実なデモクラシーである．不実なデモクラシーは子殺しである．

5・1・3

"Medeia" の後 420 年代初頭の作品と推定されている "Herakleidai"[1] は近代において概して低く評価され，一見分裂しているような作品構成が権威ある改竄説を生むほどに解釈者を大いに当惑させる．実際，ここではデモクラシーこそが解釈者の携帯する地図として不可欠であり，悲劇の主人公があるとすれば端的にデモクラシー自身なのである．

かつて Herakles を助けて転戦した勇士 Iolaos は今や老いて亡き Herakles の子供達を養育している．しかし宿敵 Eurystheus の迫害を逃れて流浪しなければならない．こうして Athenai の領域 Marathon に辿り着き政治的亡命を求める．そこへ Argos からの伝令使が連行すべく到達する．これを阻止する市民達は Athenai の王 Demophon を呼ぶ．両者の主張を聴いた Demophon は躊躇無く Iolaos を「勝訴」させ伝令使は退散する[2]．380 までのこの展開は Aischylos 以来のデモクラシーの基本テーマであり，Sophokles は遺作において孤塁を守るようにここへ帰って行った．Euripides のこの作品においても Pelasgos のあの主題は輝かないわけではない．

しかし，この作品においては以上の全てはどこか図式的に進行する．決してパロディーではなく，その重要性が否定されているわけではない．それでも，あっという間の解決は大きな暗転を予測させる．ジェネアロジーに及ぶ少々異質な部分が伏線として機能するのではないかと予感させる．案の上 Argos と一戦を交えるべく政治的決定を目指した Demophon は暗礁に乗り上げて Iolaos の前に帰ってくる（381ff.）．勝利のためには「優れたジェネアロジーを持つ父の娘」を犠牲に供することが必要，という記号操作がなされたのである（403ff.）．流石に誰もが尻込みする．とはいえデモクラシーの大原則がこの戦

いに懸かっている．議論は続き「内戦にいたるほど」(419) である．これを聞いた Iolaos は失意を隠さない (427ff.)．ところがそこへ神域内から Herakles の娘が現れる (474ff.)．兄弟達のために進んで自分が犠牲に供されようと提案する．娘の崇高な精神が称揚される中 Demophon は娘を連れて去る．Iphigeneia の明らかなパロディーである．つまりいきなり Aulis のモティフが闖入して筋書きを混乱させる．それは極限の政治的理性を批判するパラデイクマであるが，それを克服する姉弟の連帯という反批判のパラデイクマはデモクラシーの標準装備でありながらここでは単純な軍事化としてカリカチャーにされている．子殺しという自己破壊的な民主的決定を敢えて領域の外的分子のために行う，が犠牲もその外的分子によってまかなわれる．Euripides はここに虚偽を見る．しかもその虚偽は露わにならずに先送りされていく．先送りによってデモクラシーは複雑骨折を負っていく．

　Euripides は続いて (630ff.) 実に奇妙な場面を用意する．古くからの従者が Iolaos のもとに現れて布陣を報告するとともに Herakles の息子 Hyllos が Athenai 軍に加わったことを告げるのである．すると老いた Iolaos は装備を施して戦場へ向かおうとする (680ff.)．これもまた市民武装のパロディーである．従者に揶揄されながら Iolaos はおぼつかない様子で武装していく．この長い場面の後 choros が「祖国を守れ」を歌う (748ff.) と，一転展開の軸は Herakles の母 Alkmene となり，ここへ戦勝報告が入る (784ff.)．報告はとりわけ一騎打ちを逃げて敗走する Eurystheus を捕縛した Iolaos が奇跡によって一瞬若返った様[3]を詳しく述べる (843ff.)．作品は最後にもう一つグロテスクな場面を用意する (928ff.)．即ち引っ立てられた Eurystheus は Athenai の政治的意思に反して Alkmene によって私的に処刑されるに至る．Iolaos を通じて先に Alkmene の手に落ちたためにリンチを阻止する制度的手段が無いのである (975ff.; 1022ff.)．安んじてこれに従う Eurystheus は重大な予言を遺す (1026ff.)．Athenai の好意に報いるために屍を遺す，聖域化された墓が，遠い将来恩を忘れた Herakles の息子達の末裔が Athenai を攻めて来た時に，保塁として役立つであろう，というのである．作品の結末は何とこのようなところに落ちる．

　部族組織と習合した軍事組織をデモクラシー下の領域の組織としてどのよう

に受け入れるか．Alkmene が論告する Eurystheus の Herakles 酷使（941ff.）は政治的中心による領域の軍事的経済的リソースの使い捨てである．デモクラシーは定義上子殺しをさせない体制である．そこで Herakles の子を救う．しかしそのためには娘の犠牲が必要になる．しかもこれを Herakles の娘を犠牲に供することで済ませてしまう．デモクラシーは二重の虚偽と二重の危険を抱え込む．Iolaos の奇跡は領域の組織の取り返しのつかない軍事的蘇生を表現している．軍事化した部族組織に固有の vendetta[4] をも許すことになる．Eurystheus は Herakleidai に対するデモクラシーのこの致命的な弱点を完璧に見抜いている．宿命的に格闘してきたその相手であるからである．彼は，生きたそれをそのままというのではないが（部族組織ではなく）「死せる」政治的中心を，想像上領域に置くように言い遺したことになる．いずれにせよ以上は全て子殺しの話である．Euripides は，高度に考え抜かなければ到底意識しえないデモクラシーのこの欺瞞を，複雑な舞台装置を施して，鋭く摘出したのである．

〔5・1・3・1〕 éd. Méridier, Paris, 1976 (1926). 年代については p. 195.

〔5・1・3・2〕 Euripides が公式の弁論の形態を模したことについては，cf. M. Lloyd, *The Agon in Euripides*, Oxford, 1992, p. 72ff.. Iolaos が「自由な領域」(62) 内部のしかも Zeus Agoraios の神域 (70f.) に亡命したことを前提に，問題は追求してきた側がこれに対して強制力 (63: "τῇδε χερί," 64: "βίᾳ," 71: "βιαζόμεσθα," 79: "βιαίως") の行使を許されるかである．choros にとって実力行使は論外であり (101ff.)，領域の外側に追放した上でならばよいだろうという迂回の提案 (105f.) も拒否する．「自由な領域」(113) 故にである．他方，Demophon の前で伝令使が述べる「請求の原因」は，これらの者達を死すべきものとした合法的な裁判 (141f. "νόμοισι τοῖς ἐκεῖθεν ἐψηφισμένους/θανεῖν"; cf. 60) である．亡命受け入れを求められた多くの者達がこの論拠 (145) を受容したと言う．そして説得の決定的な論拠は利益衡量である (153f.: "Φέρ' ἀντίθες γάρ......τί κερδανεῖς;")．追放すれば Argos との同盟関係が得られる，しかし拒めば Argos との武力衝突が Athenai に惨状をもたらす，と．既に冒頭の Iolaos の独白は追ってくる者の立場が利益 (3: "τὸ κέρδος") に基づくことを明確に意識している．領域に手を伸ばした政治システム，したがってデモクラシーの一ヴァージョンである．これが今 Athenai の領域で別のヴァージョンと衝突するということになる．

模範的な判決の前に choros が模範的な手続を指示して見せる．「両者の論拠を徹底的に聴かなければ判断は得られない」(179f.: "Τίς ἂν δίκην κρίνειεν ἢ γνοίη λόγον,/πρὶν ἂν παρ' ἀμφοῖν μύθον ἐκμάθῃ σαφῶς;") と．Iolaos はこれを「（外国人でも）追放前に陳述する権利」(181ff.) であると特定した上で，相手の論拠を逆手に取り，裁判によって追放したということは，同じ政治システムを共有していない (184: "Ἡμῖν δὲ καὶ τῷδ' οὐδέν ἐστιν ἐν μέσῳ") ということになる，したがって一体如何なる権限によって実力行使するのか，一国の裁判はギ

リシャ全体からの追放を含意しえないはずである，と国際的なレヴェルの政治的多元性を主張する．続いてジェネアロジーに議論を移し（205ff.），Demophon の祖を Theseus から Pelops へと遡らせると同時に，Herakles の母からも Pelops へと遡らせ，言わば Theseus と Herakles という軍事組織の要素を Pelops 的部族組織において連結しかつ（少なくとも Pindaros 以来の伝統に従って）重ね合わせていく．そして第三に Herakles の事績を持ち出して Theseus への恩恵を強調する（214ff.）．Demophon の判決（236ff.）はこれらの点にいちいち応答するものであるが，とりわけ，もし引き渡し要求に応ずれば「もはや Athenai の領域を自由と見なしえない」（244f.: "οὐκ ἐλευθέραν/οἰκεῖν δοκήσω γαῖαν"）というものである．特に神域は（外国人を含む）皆の共有（公共の空間）である（260: "Ἅπασι κοινόν"）と述べる．伝令使は「自分に属するものを自分で取っていって何が悪い」（267: "Ἄξω γε μέντοι τοὺς ἐμοὺς ἐγὼ λαβών"）という例の論理を返すのが精一杯である．

〔5・1・3・3〕 これが厳密な医学的観察（"the diagnosis of psychosomatic rheumatoid arthritis"）を素材とするものでありうることについて，cf. G. Devereux, The psychosomatic miracle of Iolaos. A hypothesis, *PP*, 26, 1971, p. 167ss.. いずれにしても心身論の形而上学が根底に存在する．

〔5・1・3・4〕 A. Burnett, Tribe and city, custum and decree in *Children of Heracles, CP*, 71, 1976, p. 11ff. が（後述の Zuntz の衣鉢を継いで作品を正面から評価し）こうした点に光を照てる（何層もの要請が逆転また逆転で先行のそれを覆していく作品の面白さを良く引き出す）数少ない研究の一つである（他に "its breathmaking undermining of a carefully constructed edifice of action and conception" の大胆さに作品の価値を見出す P. Burian, Euripides' *Heraclidae*: an interpretation, *CP*, 72, 1977, p. 1ff. がある）．

5・1・4

428 年の "Hippolytos"[1]は改作後のヴァージョンであるが，幾何学的な明晰さでデモクラシーの観念構図を描き出すことに成功している．屈折体を創り出すというよりほとんど一段引き下がった冷徹な分析である．

Theseus は Athenai 追放の期間中母方の祖父 Pittheus のところ即ち Trozene に身を寄せる．Amazon との間にもうけた（307, 356, 581）庶子（309: "νόθος"）Hippolytos もまた賢者として聞こえる Pittheus のもとで養育されている．Hippolytos は若者達と隊列を組み Artemis を信奉して日夜狩りに明け暮れ[2]森で過ごす（58ff.）．自らの存在を無視された Aphrodite はこれを面白く思わず（1ff.）Hippolytos を破滅させることに決める[3]．そして Kreta から迎えられた（719）Theseus の正妻 Phaidra が Hippolytos に一目惚れする（337ff.）ようにたくらむ．Phaidra はこうして食べるものも一切受け付けない重大な病に臥せることとなる（131ff.）．真相を突き止めた乳母は，Aphrodite に襲われた

5　子殺し批判のデモクラシー

以上これに従うよう説得し，他方 Hippolytos に媚薬を仕掛ける（507ff.）こととする．ところが Hippolytos に接近した乳母は計略を彼に知られることとなり（565ff.），激しい拒絶と叱責を蒙る．cognatique な結合（Aphrodite）と cognatique な侵入に対する厳格な障壁（Artemis）の全面的な衝突[4]であり，Homeros 以来の大構造物の中心的な梁を構成する対抗軸である．

　しかし Euripides のヴァージョンはもちろん政治的中心と領域の組織を大きく架橋するためにこそこの梁を用いる．しかも，一切の交換を拒否して連帯する純粋な政治的原理は領域の側に陣取ることとなる．かくして Hippolytos は政治的中心からひたすら遠くに在りながら cognatique な関係を拒否し，子供をつくることを初めとする枝分節・二重構造を一切受け入れないということになる．この話は皆のものとして公開することはできない（609：*"Ὁ μῦθος......κοινὸς οὐδαμῶς ὅδε"*）と言う乳母を「善いことを多数の者の前で言う，これが善いことであるに決まっている」（610：*"Τὰ τοι κάλ' ἐν πολλοῖσι κάλλιον λέγειν."*）とはねつける．宣誓も内心と完全一致でなければならず（612）正しくないことは愛せない（614）．とりわけ何故女という悪がこの世にもたらされたのか全く理解できない（616ff.）．金属貨幣との交換で子孫を残すための種子を得ることとすれば，「女無しの自由な家に住む」（623f.：*"ἐν δὲ δώμασιν/ναίειν ἐλευθέροισι θηλειῶν ἄτερ."*）ことができると考える．嫁資を付けて嫁がせれば父は娘から解放されるが，受け取った方が費用がかかってとんだ災難であり（628ff.），無価値無意味な女を迎えるべきである（638f.），特に，利口な女は最悪であり，善からぬたくらみをする（640ff.），とりわけ侍女を絶対に近付けてはならない，等々．これは完全に Hesiodos を意識した科白であり，女性群像の分化（主人−侍女）への抵抗という Artemis の主題で補強されたヴァージョンである．事実 Hippolytos は領域の組織の固い団結のメンタリティーを強烈に発散する人物である．皆の前のオープンな言語を愛するとはいっても，これはデモクラシーの〈二重分節〉を前提とした発言ではない．彼は「自分は群衆を前にした演説は得意でなく，少数の同輩の前で語ることにヨリ優れる」（986f.：*"Ἐγὼ δ' ἄκομψος εἰς ὄχλον δοῦναι λόγον,/εἰς ἥλικας δὲ κὠλίγους σοφώτερος."*）と述べる．但し後者は小さな領域の組織から「知識人のサークル」へとディアクロニクな延長を延ばしている（988f.：*"οἱ γὰρ ἐν σοφοῖς/φαῦλοι παρ' ὄχλῳ μουσικώτεροι λέγειν."*). 堂々と明らかにされた彼の格率 (996ff.) の中ではいずれにせよ少しく精神的な意味での領域の「隣人」との間の conformisme 無き団結・友情 (*"αὐτὸς οὐ παροῦσι κἀγγὺς ὢν φίλος"*) が示される.

この Hippolytos の格率を切り崩す Aphrodite の作用は, Hippolytos の婚姻拒否に反発するものである (14) とはいえ, 部族的な意味での cognatique な結合を促すものでは全くない. そもそも Theseus と Phaidra は Athenai から Trozene に降りて来ているのである. その Theseus からは遠く庶子の関係が下に伸びている. Phaidra はその父子の両方を呑み込もうとしているのである. つまり二つの次元の溶解である. かくして Phaidra の意識を抑圧して死を願望させる要因は, この下降が政治的階層に相応しくないというものである. Phaidra が説明するには「そうした階層から領域の卑賤の者達にこのような悪しき例が拡大することを怖れる, 何故ならば政治的階層のヘゲモニー故にそうしたことは容易に下に普及する」(409ff.: *"Ἐκ δὲ γενναίων δόμων/τόδ' ἦρξε θηλείαισι γίγνεσθαι κακόν./Ὅταν γὰρ αἰσχρὰ τοῖσιν ἐσθλοῖσιν δοκῇ,/ἦ κάρτα δόξει τοῖς κακοῖς γ' εἶναι καλά."*) というのである. 他方, これを論駁して Aphrodite に従うことを正当化する乳母は, Homeros 以来蓄積されてきたパラデイクマによればこのような下降も Zeus でさえ行う通常のことであるにすぎない, と述べる (451ff.). 実質的に意識されているのは Herakles 等々のジェネアロジーである. 妻がいつの間にか知らない男の子を宿す, 否, Zeus の子を宿す, というパラデイクマである. デモクラシーへの移行に際して絶大な効用を誇ったパラデイクマである. ただこれが父子関係に絡まっているという点が違うにすぎない. 事実父から子へと Aphrodite が同一の個別的作用を拡大していく, これが Phaidra の問題である. 〈二重分節〉の二つの審級が融解してしまうのである. 彼女を病に陥れるのはこれである. しかしともかく, Aphrodite は明らかに政治的中心に陣取ってここから攻め降りる.

〔5・1・4・1〕 éd. Méridier, Paris, 1973 (1927). 年代につき p. 13.

〔5・1・4・2〕 A. Schnapp, *Le chasseur et la cité*. p. 108sqq. は, Hippolytos は狩=野生であり, かくして Phaidra の愛=文明によって狩られる, という記号連関が働いている, と解するが, 狩は, ここでは, Kalydon の部族連合 moitié 態とはまた異なって, 領域の横断的結合体の密接な協同を含意している. コントラストは, これを切り崩しに向かう中心からの磁力, という

空間的パースペクティヴの中で与えられる．したがって，狩が人間組織，人間ー動物，自然ー超自然，の基本を定めるコードを供給する，という Schnapp の一般図式（p. 17）は妥当しない．そもそも文明と野蛮，bestialité と humanité を区別する観念が狩や agoge を通じて人々の観念に内蔵される，というのは記号理解の vulgata であり，記号の自由な作用を全く理解しない初歩的な短絡である．

〔5・1・4・3〕 神々が直接的に舞台の上に登場し，しかも恣意的に行動するように見える，のは Aischylos や Sophokles にはない Euripides の特徴とされ，彼の伝統的宗教観念批判，ないし一般的なその危機，或いはソフィストの影響，と関連付けられて理解されてきた．M. R. Lefkowitz, "Impiety" and "atheism" in Euripides' Dramas, CQ, 39, 1989, p. 70ff. はこれに対して，Homeros における神々と基本的な性質に違いの無いことを論証しつつ，"If in Euripides' dramas the gods do not behave very differently from the way they behave in heroic epic, why is it that the human characters in the dramas, and consequently Euripides' audiences, express proportionately more doubts and resentments of them ?" と問う．神々と政治システムの関係が基本的に変わらないとすると，Aischylos や Sophokles に Homeros の特徴が現れないのは，その部分の構築にかかわらず，政治システムと領域ないしデモクラシーの関係のみを視野に入れるからである．これに対し，Euripides においては〈二重分節〉の別のヴァージョン故に，〈二重分節〉単位は無媒介に存立しようとし，再び神々と直接的な関係に立つ．しかも政治システム，即ち「ポリスの神々」，の介在が無いために関係は不安定になる．Euripides はこのこと自体を劇的素材としたのである．劇中人々は神々の意図が摑めずに惑う．

〔5・1・4・4〕 Greenwood, Aspects, p. 44ff. が鋭く指摘するように，しかし，この二つの原理の衝突は「Euripides のディアレクティカ」ではない．Phaidra が Sophokles 流ヒロインとならない (cf. Kitto, GT³, p. 203ff.) 所以である．Greenwood は Artemis や Aphrodite がカリカチュアーにされているのを見逃さない．但し，伝統的観念の批判ではなく，構造からズレた位置に軸 (Theseus-Hippolytos) を置こうとするためである．

5・1・5

Hippolytos の激しい拒絶の言葉を壁越しに間接的に聞いた Phaidra は辱められたと感じ，侍女に怒りを向けると同時に全ての女性の名において復讐を誓い，Trozene の娘達と誓約共同体をつくり (710ff.)，Hippolytos を死の道連れにする秘策を練る．choros が海の音を響かせた (732ff.) 後，Phaidra の死が侍女達によって報告される (776ff.)．Theseus は予期せぬ出来事に狼狽し，女主人を欠いた侍女の集団を嘆く (843)．がやがて Phaidra が石板に残したメッセージに気付く (856ff.)．Hippolytos の陵辱を受けたことが死の動機であると書かれている．怒った Theseus は父 Poseidon に祈願して Hippolytos を呪う (887ff.)．現れた Hippolytos の弁明は既に触れたように，自分がこうした行為

に最も遠い者であること，むしろ純潔こそを旨とすること，を訥々と述べるものであるが，Theseus は聴き入れず，Hippolytos を追放する（902ff.）．やがて Hippolytos の死が報告される（1153ff.）．Poseidon が波打ち際を行く馬車を波であおり，飛び出した雄牛とともに馬を暴れさせ，Hippolytos を死に至らしめたのである．Theseus はむしろこれを平然と受け止めるが，そこへ Artemis が現れて真相を Theseus に告げる（1283ff.）．父 Theseus は全く不当に子を殺したのである（1287: "*παῖδ' οὐχ ὁσίως σὸν ἀποκτείνας*"）．

Artemis は Theseus をデモクラシーに相応しい厳格さで，即ち訴因を明晰に特定して弾劾する．証拠も調べず記号・儀礼も使わず，捜査もせず十分に疑いもせず，性急に呪詛を発して子殺しをしたこと（1321ff.: "*ὅς οὔτε πίστιν οὔτε μάντεων ὄπα/ἔμεινας, οὐκ ἤλεγξας, οὐ χρόνῳ μακρῷ/σκέψιν παρέσχες, ἀλλὰ θᾶσσον ἤ σε χρῆν/ἀρὰς ἐφῆκας παιδὶ καὶ κατέκτανες.*"），をである．既に Hippolytos は「手続と証拠と裁判抜きに追放するのか」（1055f.: "*Οὐδ' ὅρκον οὐδὲ πίστιν οὐδὲ μάντεων/φήμας ἐλέγξας ἄκριτον ἐκβαλεῖς με γῆς;*"）と正確に父を批判していた．Theseus の反論は石板という物言わぬ書証の絶対性である（1057f.: "*Ἡ δέλτος ἥδε κλῆρον οὐ δεδεγμένη/κατηγορεῖ σου πιστά·*"）．書かれた物は書いた者が死んでいれば動かしがたい重みを持つ．これに Theseus は惑わされたのである．Artemis はかくして Theseus の刑事責任の特定においても精密である．（捜査段階の調書の如き反対尋問の効かない）書証を軽率に信じた過失責任が問われるのである（1334ff.: "*Τὴν δὲ σὴν ἁμαρτίαν/τὸ μὴ εἰδέναι μὲν πρῶτον ἐκλύει κάκης·/ἔπειτα δ' ἡ θανοῦσ' ἀνήλωσεν γυνή/λόγων ἐλέγχους, ὥστε σὴν πεῖσαι φρένα.*"）．故意は阻却される（1433: "*ἄκων γὰρ ὤλεσάς νιν*"）．悲嘆にくれる父をあとにする Hippolytos は父を許し，父は Hippolytos を祀りこれを讃える．

しかし Theseus の過失の背景にはデモクラシーの手続を空洞化させた何ものかがあったはずである．確かに領域の側に子が無かった，子が拒否された，このことが引き金であった．かくしてこれをこじ開けようとする巨大な力が向かった．デモクラシーはその力が根を降ろす深淵に気付かない．否，気付かないばかりか手を抜いて誤った屈折体に同化してしまう．相手が未熟で「子無し」であるからといって，子を持つとみなして丁重な手続によって扱う，対等

な立場で信頼する，というのがデモクラシーではなかったか．自明の手続を欠いた Theseus の意識の底には領域のさらに外側で単純な連帯に没頭するかに見える "νόθος" への無理解があったのではないか．その結果，自分も，否，自分こそ，子を殺すことになったのである．その相手が子であったからである．

5·2　奴隷の子

5·2·0

"Hippolytos" に続いて 420 年代の半ばから後半にかけての作品と推定される "Andromache" と "Hekabe" においては，権力下に入った者のそのまた下のその子の殺害が主題とされる．表題の如くいずれも Troia で捕虜となった女，即ち奴隷，の子が殺される話である．子殺しの概念がこうして普遍性を獲得するばかりではない．こうした二重の関係を設定することによって初めて子殺しの意義が全面的に浮かび上がる．

5·2·1

"Andromache"[1] は異質な二つの部分から構成され，前半では女主人公に焦点を合わせて密度の濃い言語が構築される．Troia で捕虜となった Andromache はその夫 Hektor を討ち取った Achilleus の息子 Neoptolemos に与えられる．Hektor との間にもうけた息子は Troia の城壁から落とされて処刑される (9f.) が，今度は Neoptolemos との間に息子が誕生する (24f.)．以来 Andromache はこの息子を唯一の希望として生きる (27)，ところが Neoptolemos は Menelaos と Helene の娘 Hermione と正式に婚姻を締結し，所詮奴隷にすぎない Andromache を遠ざける (29f.: "δοῦλον λέχος")．そればかりか Hermione は，自分に子を得ることができない ("ἄπαιδα") が故に，Andromache が秘薬を使って ("φαρμάκοις") 夫を遠ざけ家を乗っ取ろうとしているのではないかと嫌疑をかけ，Andromache が元来進んで Neoptolemos との関係に入ったわけでもなく今では捨て去られてさえいるにかかわらず，これを執拗に攻撃する (31ff.)．父の Menelaos は Hermione の懇願に応じて Sparta から Phtie に到着する．危険を察知した Andromache は息子を遠くへ避難させ

るとともに自分は Thetis 神殿に亡命する．Neoptolemos は例によって Apollon と父 Achilleus の間の確執という負の遺産を清算すべく Delphoi へ赴いたきりである．Achilleus の父，老 Peleus は既に隠遁している．Andromache に取りうる手段はしたがって他に無かったことになるが，ところが息子の脱出は Hermione に察知されて捕らえられてしまう．まず Hermione が現れて Andromache に神殿から出るように言うが，これはほとんど侮辱するためのものであり，激しい応酬となる (147ff.)．やがて Menelaos が捕らえた幼い息子を引っ立てて現れる (309ff.)．出て来て死に応じなければこの子供を殺す，というのである．鋭い批判を放つものの Andromache もこれには従わざるをえない．しかし，子供に希望を託して死を覚悟した Andromache に Menelaos は残酷な言葉を浴びせる (425ff.)．子供の生死は Hermione が決めるであろう，と．悔しがる Andromache に Menelaos は欺もうの意思を否定しない．かくして母子ともに処刑されることになる．ところがそこへ Peleus が現れ，激しい論戦の末 Menelaos を退散させ，母子は死を免れる (547ff.)．

801 までの前半は Andromache-Menelaos，Peleus-Menelaos という二つの素晴らしい弁論を柱として構成される．Neoptolemos は二重の cognatique な関係を結び (909: "δίσσ' ἔχειν λέχη"; cf. 465ff.)，この曖昧さがもちろん問題の発端である．中心から下って来る Hermione は子を持たず，〈二重分節〉単位たる保障を欠いている．Neoptolemos との間に作るべきはずのそれは虚偽で，したがって父の Menelaos は何の障害もなく介入して来る．〈二重分節〉の観念構造を全く備えていない．他方 Andromache は奴隷であり，定義上ここには〈分節〉単位はあってはならないはずである (12: "αὐτὴ δὲ δούλη τῶν ἐλευθερωτάτων" は政治的中心からの二重の懸隔を示す)．ところがここに Sparta ないし政治的中心との直接の関係抜きに〈二重分節〉を形成し，子によって保障を獲得し，地に根を降ろしている．夫はいずれにせよどこかへ行ったきりこの作品には登場しない．完全に〈二重分節〉の観念構造を備えているのである．奴隷を領域の自由な市民とするというのでなく，奴隷そのものに「人権」を持たせる，という構想である．〈二重分節〉から排除されたところに〈二重分節〉を認めるというのであるから，政治システムとその延長に依存しない〈二重分節〉単位の先験性，即ち一個の普遍的な原理が確立されるという

ことになる．以下に見る Andromache の強烈な科白は Euripides がこの点を易々と考え抜いて豊富な言語によって一個の屈折体を彫り上げることができたことを物語る．

　Euripides はまず舞台を無分節な女性群像の原型 Nereides の中枢に置き，Hermione のアプローチの背景に，鋭いコントラストを形成するものを持ってくる．〈二重分節〉形成の伝統的プロセスは政治システムと自由の範囲を拡大するが，却って切り取り効果によって「女と女を分化させる」，即ちデモクラシーこそが不連続線を走らせ，女と奴隷と非ギリシャ人への差別を生み出す，というのである．身につけているものは全て Sparta からのもので婚家から贈られたものは何も無い[2]と豪語した Hermione は，まず「お前は奴隷であり戦争捕虜の女である分際で」（155: *"σὺ δ' οὖσα δούλη καὶ δορίκτητος γυνή"*）と切り出し[3]，Nereides の住処（161: *"δῶμα Νηρῇδος"*）に身を寄せても無意味であると警告し[4]，ここは得体の知れない習俗が支配する非ギリシャ人（173: *"τὸ βάρβαρον γένος"*）の地ではない（168ff.），と述べる．Andromache は，自分の奴隷たること（*"τὸ δουλεύειν"*）が，たとえ正当な論拠を多々持っていても，反駁を許さないのではないか，と引き下がって見せつつも（186f.），向けられた嫌疑に根拠が無いことを丁寧に論証していく．自分には動機がありえないというのである（192ff.）．立場が違いライヴァルでありえない，あなたが困難に陥っているとすれば「それはむしろあなたがデモクラシーに適合しないためではないか」（*"ἀλλ' εἰ ξυνεῖναι μὴ 'πιτηδεία κυρεῖς"*）．愛は自分の力だけでかちとるものである．地位や身分等一切を超越しない限り「到底崇高とは限らない」（242: *"Καλῶς γε χρωμέναισιν· εἰ δὲ μή, οὐ καλά."*）云々．対する Hermione は当然に *"τὸ βάρβαρον γένος"* で応戦する（243: *"Οὐ βαρβάρων νόμοισιν οἰκοῦμεν πόλιν."*）．しかし Andromache は道理の普遍性で反撃する（244: *"Κἀκεῖ τά γ' αἰσχρὰ κἀνθάδ' αἰσχύνην ἔχει."*）．結局 Hermione は *"βάρβαρον"* と罵り（261），「言語を閉ざして結果に直接ものを言わせる（264f.: *"λόγους/κρύψω, τὸ δ' ἔργον αὐτὸ σημανεῖ τάχα"*）」と恫喝する，以外にない．

　もっとも Euripides は失われた Nereides の普遍的連帯に懐疑的である．Hermione よりも前に（56ff.）一人の女奴隷が息子の捕縛を知らせにやって来る．

Andromache は，かつての主従とはいえ今や同じ奴隷身分の身，(市民諸君と呼び掛ける部分で)「最愛なる奴隷の同志よ」(64: "φιλτάτη σύνδουλε") と呼び掛ける．しかし女奴隷の目からは Andromache は如何なる連帯の可能性をも絶たれてしまっている (78: "νῦν δ' ἔρημος εἶ φίλων.")．Peleus への使者に最後の望みを託す Andromache に対して女奴隷は冷たく，奴隷のために本気に誰か何かをするとでも思っているのか，女たる奴隷にそのような危険を冒す余裕など無い，と言い放つ (82ff.)．「窮地に陥っている友を見放す気か」(87: "ἀπαυδᾷς ἐν κακοῖς φίλοισι σοῖς.") という Andromache の言葉は宙に浮く．そしてこの情景の意義を的確にも，続く *choros* (Phthie の女達) が歌う Nereides の主題が鋭く照らし出す (117ff.)．

Menelaos に対する Andromache の言葉はさらに痛烈である．政治システムが何と今や子供を人質に捕って母親を脅迫し死に追いやる．理路整然と述べられたその脅迫の言語は Andromache に「おお言論よ政治的言語よ」(319: "Ὦ δόξα δόξα") 以下の尋常ならざる，透徹に凍り輝く，科白を吐かせる．ディアレクティカの原理，真実，は今や虚偽を覆うものでしかない (321ff.: "Εὔκλεια δ' οἷς μὲν ἔστ' ἀληθείας ὕπο,/εὐδαιμονίζω· τοὺς δ' ὑπὸ ψευδῶν,/ἔχειν/οὐκ ἀξιώσω πλὴν τύχῃ φρονεῖν δοκεῖν")．この一見唐突な飛躍はすぐに説明される (324ff.)．政治システムを形成したあの全てのこと，Troia 遠征とその犠牲，それを押し進めると称して行うこと，が娘のために女奴隷の子を人質に捕って脅すことなのか，というのである．小さいことのために大きな刀を振り回す事大主義を指摘し，女がよくないと言ってはその自分の女のイメージを模倣して騒ぎ立てるのは何故なのか (352ff.: "Οὐ χρὴ 'πὶ μικροῖς μεγάλα πορσύνειν κακά/οὐδ', εἰ γυναῖκές ἐσμεν ἀτηρὸν κακόν,/ἄνδρας γυναιξὶν ἐξομοιοῦσθαι φύσιν.")，と皮肉．"Ὦ δόξα δόξα" は先回りしてこれに向けられているとも思える 374ff. の Menelaos の「法律構成」は，Euripides の批判の対象を余すところ無く明らかにする．「彼は私の奴隷に命令し，私と私の一族は彼の奴隷に命令する，何故ならば友の間では私的な財は無く全て共通の財である，そうでなければ不在の時に対処できない弱い立場の (政治的階層でない領域の私人にすぎない) 者であることになる」(374-79: "Δούλων δ' ἐκεῖνον τῶν ἐμῶν ἄρχειν χρεών/καὶ τῶν ἐκείνου τοὺς ἐμούς, ἡμᾶς τε πρός·/φίλων γὰρ

5 子殺し批判のデモクラシー

οὐδὲν ἴδιον, οἵτινες φίλοι/ὀρθῶς πεφύκασ', ἀλλὰ κοινὰ χρήματα./Μένων δὲ τοὺς ἀπόντας, εἰ μὴ θήσομαι/τἄμ' ὡς ἄριστα, φαῦλός εἰμι κοὐ σοφός") というのである. 後のローマ法の「事務管理」を彷彿とさせるこのパラデイクマは, 〈二重分節〉固有の屈折を知らず, デモクラシー下の領域で振り回されれば滑稽の念しか抱かせない. Andromache は, ふたたび Menelaos の paradigmatique な演算の転倒を指摘し, 自分が一体死に値する如何なる犯罪を犯したというのか, と述べる (387ff.).

　欺もう行為 (435: "δόλος") の後, そして虚しく父による救いを求める子供の声が響いた後, Menelaos に対する鋭い批判を受け継ぐのは Peleus である. Peleus は〈二重分節〉形成のチャンピオンの一人である. 隠れた存在ながらそのジェネアロジーのアンバランスによってかつて Nereides とともに Achilleus を実現し, 政治システム形成のためにあらゆる枝分節のジャングルを切り払うことにも貢献した. 今引退したとはいえ領域にあってまず直ちに「如何なるパラデイクマに拠ってこの家に介入するのか」(548f.: "ἐκ τίνος λόγου νοσεῖ/δόμος;") と一喝する. 続いて, 政治的判断手続即ち裁判抜きに行うのか, と立ちはだかる (549f.: "τί πράσσετ' ἄκριτα μηχανώμενοι;/......μὴ τάχυν'ἄνευ δίκης."). 奴隷に対するデュー・プロセスの保障は目を射る論拠付けである. Peleus はむしろ Andromache に, どのような根拠が示されたかと問う (555). Andromache の射撃も正確に論点を射る. 裁判による判断手続無しに, また当事者たるべき取り戻し人欠席のまま, 自分達が完全に孤立して援助がない時をねらって連行した (567ff.), と述べる. しかし Menelaos は自分の権原が Peleus より上であると主張する (579f.). 自分の家であるのに何故, と問う (581f.) Peleus に対して, Menelaos は再び注目すべき「法律構成」をして見せる. 要するに, 元来自分のものであった戦利品 (原始取得) を贈与したが, 権原は留保され, かくして自分のものは彼のものだが彼のものは自分のものである (585: "οὔκουν ἐκείνου τἀμὰ τἀκείνου τ'ἐμά"), というのである. 確かに, かつて "Iliados" 全体を成り立たせたあの争点, Agamemnon と Achilleus が争ったあの問題である. しかし原因に遡るこのような syntagmatique な連関は Peleus の望むところで, 590ff. の Peleus の長大な科白は Troia 攻略のための全ての犠牲を Menelaos という出発点に帰せしめるものである. ならば Menelaos の反論もまた Troia での全敵対関係を動員するものである (645ff.). 非ギリシャ人の女一人のためにわれわれの全てを侮辱するのか, われわれを多く殺したあの連中の女であるのに, このジェネアロジーを許せば非ギリシャ人がわれわれを支配することになる, 等々.

　Peleus はこうした幻想からは完全に解放されていて, さっさと母子を救い出してしまう (693ff.). Euripides は Menelaos に場違いで焦点を結ばないヴァージョンを持ち出させたのである.

〔5・2・1・1〕　éd. Méridier, Paris, 1973 (1927). 年代につき p.100sqq.. 430 年から 411 年の間で分かれる学説の諸論拠を整理する.

〔5・2・1・2〕　この作品はもっぱら 420 年代における Sparta の外交政策に対する痛烈な批判として読まれてきた (cf. Kitto, *GT*³, p. 230ff.; Vellacott, *Ironic Drama*, p. 32ff.). もちろんそのようにも聴かせておいて Sparta の領域の構造からさらには〈二重分節〉の特定の形態へとヴァージョン対抗を方向付けているのである.

〔5・2・1・3〕　Hermione と Andromache の弁論の応酬については, cf. Lloyd, *The Agon*, p. 51ff.. Andromache の弁論の高度の洗練を指摘するが, 分析自体が修辞学の基本に拘泥しすぎ, Andromache の思考全体が強い省察に支えられている面との関連を捉えない.

〔5・2・1・4〕　女達にとって海は既に過酷な枝分節系として暗転している (Hekabe の海を見よ).
　cf. A. Serghidou, La mer et les femmes dans l'imaginaire tragique, *Metis*, 6, 1991, p. 81sqq.

5・2・2

　作品後半 (802ff.) はかなり唐突な展開を不自然に急ぐ印象を否めない. Neoptolemos の帰還後自分への懲罰を怖れる Hermione, しかしそこへ突然 Orestes が現れる (881ff.). Orestes は Hermione を連れ去り, Delphoi へ向かう. Neoptolemos を殺す策謀を巡らせるためである. Hermione の出奔を知って驚く Peleus のもとに知らせが届く (1047ff.). Neoptolemos は許しを乞うために赴いた Delphoi の人々のリンチに遭って打ちのめされて殺された, と. 背後で Orestes が糸を引いたのである. Peleus は孫の遺体を抱えて悲しむ (1173ff.). しかしそこへ Thetis が現れ, Peleus を引き上げて聖化すると同時に, Andromache 母子には, 遥か後背地 Molossia に迎えられて王統を更新する役割が与えられる (1231ff.).

　以上は明らかに, 先験的〈二重分節〉単位から周囲をぐるりと見渡したときの風景である. Euripides は既にそれをほとんど絶望的な種類のものに描き出

す．何よりも Hermione の exogamie が挫折する．領域へは降りることができなかったのである．民主革命の旗手 Orestes は Hermione との endogamie にひたすらしがみつき，これを阻害した Neoptolemos をただそうした理由で，しかも他人の手を借りて，殺す人物に退行してしまった．それぞれ Agamemnon と Menelaos という兄弟の子である Orestes と Hermione はかつて婚約していた（966）．ところが Menelaos が Hermione を Achilleus の息子に嫁がせることとした．これに対し Orestes は，「自分のように追放されて逃亡生活を送っている者に exogamie は難しい」（974ff.）という理由（！）で Hermione を譲るよう Neoptolemos に懇願した．しかし Neoptolemos は拒否したばかりか，Orestes の母殺しを非難した．そこでその屈辱を晴らす，というのである．おそらく Sparta が念頭に置かれ政治的階層の再閉鎖とデモクラシー断念が強く示唆されている．しかも再閉鎖した政治システムが土着的な領域組織を扇動してリンチの如きメカニズムを呼び覚ましているというのである．このために Pindaros が政治的階層再生を託した Peleus の系譜は絶えることになる．

　第一〈分節〉と第二〈分節〉を繋ぐために必要な太いパイプをここでは Peleus が一身に体現している．彼はそのパイプを婚姻に仮託して言う．「おお婚姻よ婚姻よ私の領域の単位も私の政治システムもお前は全て破壊した」（1186f.: "ὦ γάμος, ὦ γάμος, ὅς τάδε δώματα/καὶ πόλιν ὤλεσας ἁμάν"）．神々に祝福されたあの Thetis との結婚は全く無意味だったのかという choros の問い（1218）を，Peleus は肯定し，家に一人しか居なくなった（〈二重分節〉単位の実質，内部の小さな〈二重分節〉構造，が失われた）という choros の観察（1221: "μόνος μόνοισιν ἐν δόμοις"）に，今度は「私にはもはや政治システム自体が無い」（1222: "οὔτε μοι πόλις πόλις"）と答える．

　Peleus の死は Peleus が今や Thetis との（共に彼岸故）endogamie を遂げることであり（1174ff.），政治の成立以来の全成層を紡ぎだしてきた全てのジェネアロジクな不均衡が撤回され解消されることを意味する．ジェネアロジクな不均衡を諫める自嘲気味の輝き失せた gnome（1279ff.）は早くも不吉な予感を漂わせる．

5・2・3

"Hekabe"[1]の特徴は子殺しの責任をはっきりとデモクラシーの転落に見てこれを名指しした点に求められる．デモクラシーの外形こそがデモクラシーを圧殺するという観点である．偽物が本物の名において本物を駆逐するこのすりかわりを Euripides は鋭く抉り，デモクラシーを支える屈折体に不朽の刻印を遺した．

Troia 陥落後，帰路 Chersonesos まで来た Achaia 軍は，出航の前に Achilleus の亡霊によって難題を突きつけられる．自分の墓に犠牲として Priamos の娘を捧げよ，というのである．Aulis の主題を Euripides は巧みに転調する．Priamos の娘 Polyxene が今捕虜となった母 Hekabe のもとにある．子殺しはこの奴隷のそのまた娘に向かって設定される．夢で不吉な予感を得た Hekabe に子殺しの決定を届けるのはここでは何と *choros* であり (98ff.)，*choros* はもちろん捕虜となった Troia の女達によって構成されている．娘を犠牲に供する旨「Achaioi は plenum で決議した」(107f.: "*Ἐν γὰρ Ἀχαιῶν πλήρει ξυνόδῳ/λέγεται δόξαι*") というのである．激しい論戦の中 (116: "*Πολλῆς δ' ἔριδος*") 議論は真っ二つに割れ (117: "*δόξα δ' ἐχώρει δίχ'......*")，もう一人の Priamos の娘 Kassandra を愛人とする Agamemnon は反対意見を述べた (120ff.) が，Athenai「代表」，Theseus の二人の息子 (dual) の対抗的たるべき弁論は揃って同じ意見を弁じ (124f.: "*δισσῶν μύθων....../γνώμῃ δὲ μιᾷ*")，Kassandra を除外した上で，娘の犠牲を主張した．しかし最後に「言葉に耽溺して市民団に媚びる」(*ἡδυλόγος δημοχαριστής*) Odysseus が全ての奴隷の中の最高の獲物を供することが最高の勇者への義務であると煽り (131ff.)，決定的となったのである[2]．これを受けて Polyxene に決定を告げる Hekabe は「皆の共通の意見（意思）」(189f.: "*κοινὰ......γνώμα*") というタームを用い，Polyxene 連行のために現れた Odysseus との論戦の中でも (218ff.) デモクラシーが表見上作動しての決定であることを強く相手に意識させる言葉を使う (254ff.)．Odysseus はかつて Troia 偵察のため侵入したときに Hekabe に救われている．にもかかわらず，犠牲獣を捧げるフィクション (261) で済むはずであるのに敢えて度を失した手段を推進するのは，むしろデモクラシーの虚偽の作動に基づく，というのが Hekabe の鋭い観察である．

デモクラシーの決定手続を経ているのに奇妙なことが遂行される，というのではない．デモクラシーの決定手続の特定の病理が特定の内容の決定と同じ屈折体に属する，というのである．したがって根が社会構造に求められたことになる．その病理とは，第二段の即ち民会での批准を意識する余り，こちらを予測して先取りする提案が行われる，ここに conformisme が発生してパラデイクマが厳密に詰められない，こうして決定手続の〈二重分節〉が失われる，というものである．まさに子殺しである．現実の子殺しとフィクションの間の二重構造の消失ということにも共鳴する．こうしてこれがデモクラシー自体に致命傷を与えるという診断が極めて説得的に下される．Euripides は子殺しというパラデイクマを巡る鋭いヴァージョン対抗の緊張関係によって見事にこうした問題を例解したことになる．

しかし Euripides の独創はこれに尽きない．こうした病理は今やデモクラシーの骨格としての〈二重分節〉を崩すばかりではない．デモクラシーの基盤として成長しやがて逆にデモクラシーの種子となるべき基礎的な〈二重分節〉単位を破壊するというのである．既に述べたように，不思議なことに〈二重分節〉単位の条件は，第二〈分節〉単位でありながら同時に下に第二〈分節〉を保持する第一〈分節〉単位でもあるということである．このようなメカニズムによって意識される主体以外にデモクラシーの先験的構成要素は概念しえない．かくして Euripides はどうしても殺される子の母自体を奴隷と描かなければならない．

このことは Hekabe 登場の冒頭から強調される．老いた自分を支える捕虜の女達に，「同志たる奴隷なる私を」(60: "τὴν ὁμόδουλον") 運べ，と呼び掛ける．自分の運命を知った Polyxene は，「同志たる奴隷として居たかったのに」(204: "συνδουλεύσω") と嘆く．自分の死というより母がそうした自分を失うということである[3]．明らかに，政治が市民・自由・第二〈分節〉単位を破壊するというのでない．その下の何か不可侵のものを奪うというのである．すると「下」と「下と下」の両者に同じ原理が妥当することになる．ならば自由人にも奴隷にも同じ法が妥当する，と Hekabe は文字通りの表現で述べる (291f.: "Νόμος δ' ἐν ὑμῖν τοῖς τ' ἐλευθέροις ἴσος/καὶ τοῖσι δούλοις αἵματος κεῖται πέρι.")．奴隷にも人権がある，とだけ言っているのではない．人には

もう一つの自由，身体と具体的生存と最小限の財を留保する自由がある，と言っているのである．逆にこれが自由を普遍化することになる．二つの自由の互換性を Hekabe はかつて自分が Odysseus に示した温情によって基礎付けようとするが，Odysseus は非ギリシャ人は政治的自由など知らないはずであるという的外れなパラデイクマしか持たない（328ff.）[4]．Hekabe はもはや言語そのものが雲散霧消したと嘆かざるをえない（334）．Polyxene の立場は一層徹底していて，死にこそ自由を見る（342ff.）．ならばいっそ一切の従属関係（身体）を拒否して精神的自由だけで社会を構成するのでなければならないはずだというのである．奴隷など誰も持てなくなる，と．しかし Hekabe はむしろ自分を殺せと迫り（385f.），それが不可能であるならば一緒に殺してくれと懇願する（391ff.）．これは Polyxene の立場とは異なり，複合構造を繋ぐ絆の不可侵性を訴えるものである．したがって「絶対の必然性で自分は娘と結ばれている」（396：*"Πολλή γ' ἀνάγκη θυγατρὶ συνθανεῖν ἐμέ."*）ということになり，死を受け入れる娘に対して「奴隷としてともに生きていこう」（415：*"ἡμεῖς δ' ἐν φάει δουλεύσομεν"*）と呼び掛けることになる．

〔5・2・3・1〕 éd. Méridier, Paris, 1973 (1927). 年代につき p. 178sq.

〔5・2・3・2〕 cf. K. Synodinou, Manipulation of patriotic conventions by Odysseus in the *Hecuba*, *Metis*, 9-10, 1994-95, p. 189sqq.

〔5・2・3・3〕 Polyxene は自由の概念を深奥の固い核に変換している（cf. S. G. Daitz, Concepts of freedom and slavery in Euripides' Hecuba, *Hermes*, 99, 1971, p. 217ff.）．これがもたらす強い印象（表面的な自由の批判）について，cf. Vellacott, *Ironic Drama*, p. 298f.

〔5・2・3・4〕 F. I. Zeitlin, The body's revenge: Dionysos and tragic action in Euripides' Hekabe, in: Ead., *Playing the Other*, p. 206f. は，かつての恩義に免じて Hekabe は救うが，その子までは救えない，という Odysseus の論理と，母と娘は文字通り一体であるという身体性を言う Hekabe の論理の，コントラストを正確に読む．しかし身体を文字通り理解し，それがさらに意味しているところを問わないから，切り放したことばかりか潰したことが糾弾されていることに気付かない．母が密着の余りそれをすることさえあるのである．Zeitlin は，Il. VI を引いて Lykourgos=Polymestor/Dionysos=Polydoros 等の図式を構築するが，女達の集団の反撃はあっても，解放の動機はここには存在しない．否，"Bakchai" が先取りされているとすると，Polymestor を襲う女達は次には自分の子を襲うだろう．

5・2・4

使者が伝える Polyxene 犠牲の模様（484ff.）によってもなお問題を理解しな

い者に向かって Euripides はさらにこれを別のパラデイクマに置き換えて見せる[1]. 共鳴する別の屈折体によって相手を鏡に映して目の前に突きつけるのである.

　女奴隷の一人が Polyxene 葬送のための海の水を取りに行って一つの遺体を発見する (657ff.). Hekabe の息子 Polydoros である. Troia 陥落を予期した Priamos が幼い Polydoros を Thrakia 王 Polymestor のもとに預けたはずであった. Polymestor は近傍にやって来た Achaia 軍を迎えて今陣営に在る. そこへ丁度波が遺体を岸辺に運んだのである (701). もう一つの子殺しを前にして悲嘆にくれる Hekabe の頭脳はやがて一つの鮮明なヴァージョンのパラデイクマを組み立てる. 果たして誰が殺したのか, 賓客 (*"Ἐμὸς ἐμὸς ξένος"*) 関係の神聖な法 (*"δίκα ξένων"*) が破られたのではないか, 持たせた金を奪うためでなかったか (709ff.). 自分の手で Polyxene を埋葬したいから手を触れることを禁じてくれという Hekabe の言葉を尊重して待つものの Hekabe がなかなか現れないので気遣ってやって来た Agamemnon に, Hekabe はさんざ迷った末, Polymestor 処罰を懇願することとする (752ff.). 事情を説明する Hekabe はポイントをはずさない. 「全く手つかずの黄金を保持して」(772: *"πικροτάτου χρυσοῦ φύλαξ"*) Polydoros はここ Thrakia へ送られた, と. Agamemnon は直ちに, この黄金を目当てに殺害が行われたことを理解する. そこで Hekabe は Polymestor 処罰のための一回目の長い弁論を行う (786ff.). Hekabe の第一のパラデイクマは *"ξενία"* (794) である. Polymestor は Priamos に何度も招かれて恩恵を受けた賓客であった. しかしこれは全く Agamemnon を動かさない. そこで第二に Hekabe は Kassandra を持ち出し, 愛する Kassandra の弟の問題ではないか, と迫る (812ff.). しかしようやく口を開いた Agamemnon の答えは極めて消極的なものである (850ff.). 神々のためにも Kassandra のためにも処罰したいところであるが, 全軍にとり Polymestor は味方であり, Polydoros は敵である, 後者が自分にとって近い者であったとしても, 公的な関係ではそうではない (858ff.: *"τὸν ἄνδρα τοῦτον φίλιον ἡγεῖται στρατός,/τὸν κατθανόντα δ' ἐχθρόν· εἰ δ' ἐμοὶ φίλος/ὅδ' ἐστί, χωρὶς τοῦτο κοὐ κοινὸν στρατῷ."*), と述べて, 政治的な関係を優先させる. Hekabe の観察と決定は明快である. 「自由な者など誰も居なくなった, 政治

システムさえ奪われた，財の奴隷か運のそれか，はたまた民会の多数派か法律の文言か，が自分の考えに従って自分の原則を自分のものとすることを排除する」(864ff.: *"οὐκ ἔστι θνητῶν ὅστις ἔστ' ἐλεύθερος·/ἢ χρημάτων γὰρ δοῦλός ἐστιν ἢ τύχης,/ἢ πλῆθος αὐτὸν πόλεος ἢ νόμων γραφαί/εἴργουσι χρῆσθαι μὴ κατὰ γνώμην τρόποις"*)，したがって Agamemnon を恐怖から「自由に」すべく，自力で刑を執行しよう，というのである．しかし一体老いた女であるお前にどうして可能か，といぶかる Agamemnon に Hekabe は Danaos の娘達と Lemnos の女達の二つのパラデイクマを持ち出す (853ff.)．女性群像の破壊力である．ここで冒頭のあの Hekabe の呼びかけが生きてくる．捕虜の女達は結束して動く．重要な秘密を打ち明けるから全ての息子達とともに Troia の女達の陣屋までくるようにと，Polymestor に誘いの知らせを届ける．Hekabe は〈二重分節〉を解消する conformisme が結局〈分節〉自体を解消していくことを鋭く見抜いている．このため，〈二重分節〉侵害に対して，このときこそ〈分節〉原理即ち刑事裁判機能が働かなくてはならないのに，その中枢を麻痺させられている，ならばそれ自身としては危険な領域の古い自生的な侵害撃退装置を呼び出さざるをえない，というのである．Euripides は非常手段としてのみこの種の団結に何かを託すように思える．「皆に共通に属するということ（公共のこと）とは，結局は一人一人に私的に属することが同時にポリスに属することでもあるということである」(902f.: *"πᾶσι γὰρ κοινὸν τόδε,/ἰδίᾳ θ' ἑκάστῳ καὶ πόλει"*) という理由で Agamemnon は黙認することに決める．

　Hekabe の前に現れた Polymestor は同情を示すと同時に欠いた助力の釈明に余念が無い (953ff.)．境遇を恥じながら秘密を打ち明ける演技をする Hekabe に Polymestor は親密さ（*"ξενία"* でなく）*"φιλία"* を強調する (981ff.)．そこで Hekabe はさりげなく Polydoros について尋ねる (986ff.)．Polymestor は無事である旨答える．次いで Hekabe は「Polydoros が Troia から持って行って保持しているはずの黄金は無事か」(994: *"Χρυσὸς δὲ σῶς ὃν ἦλθεν ἐκ Τροίας ἔχων;"*) と正確に尋ねる．Polymestor は極めて多義的に「自分の館で無事保管されている」(995: *"Σῶς, ἐν δόμοις γε τοῖς ἐμοῖς φρουρούμενος."*) と答える．この二つのヴァージョンの差違は決定的な重みを有することになる．がともかく，こうして Hekabe は Polymestor を財への欲

望に誘い込み，Priamos の秘密の財宝を実は密かに持ち運んで陣屋の奥深くに隠している，これを預けたい，と持ちかけて中の方へと引きずり込む（998ff.）．そして女達は Polymestor 父子を襲い，息子達を殺し Polymestor の目を抉る（1035ff.）．女達にやられたとわめく Polymestor のところへ Agamemnon がやって来る（1109ff.）．Hekabe と女達への訴追を要求する Polymestor を制して Agamemnon は裁判を始める（1129ff.）．Polymestor の論告（1132ff.）は当然弁明の色彩を帯びる．まず Polydoros を預かったのは養育のためである（1134：*"ἐν δόμοις τρέφειν"*）とする．次いで Polydoros を殺したのは，Achaioi にとっての将来の危険を除いたのであるとする（1136ff.）．Polymestor の論告は女達の襲撃の実行行為の生々しい叙述に終始する．これに対して全編の白眉たる Hekabe の弁論（1187ff.）はむしろ論告の調子を帯びて鋭く Polymestor を追い詰める．まず言語について有因主義の大原則を確認し（*"ἀνθρώποισιν οὐκ ἐχρῆν ποτε/τῶν πραγμάτων τὴν γλῶσσαν ἰσχύειν πλέον"*），まさに syntagmatisme によって Polymestor の言葉を崩す．デモクラシーの輝かしい伝統である．最初に Hekabe は，Achaioi のために殺したという点につき，こうした動機の不存在を論証する．そんなことをしても非ギリシャ人の Polymestor にギリシャ世界に参入するチャンスはない，すると何のために殺したのか，黄金のため以外にない（1206f.），というのである．そうでなければ Troia 陥落以前にも Achaia 側に Polydoros を引き渡すはずである（1208ff.），そればかりか Achaioi の真の友人であるならば黄金を敢えて横領し遠く遠征して来ている彼らに差し出したはずである，ところが未だにしていない（1215ff.），と．

　ギリシャ語に一切の制度的概念的装備が欠けるとはいえ，Hekabe はここで二重の寄託という観念に到達している．*"ξένος"* として Polydoros を預かり，「客殺し」をする，このことを非難する 786ff. の観点から，何かを自分で持って預けられた子のその何かを奪ったことを非難する観点へと移って来ている．1224ff. の *"φιλία"* の強調はこのことを示す．養育とは別のもう一つの次元の問題が有る，黄金の費消と養育は別の問題である，黄金は Polydoros の「占有」に属した，というのである．であるのに Polymestor はこの区別を踏みにじった，というのである．自分の支配圏の中に入って来た者との全体的給付関

係が "ξενία" を特徴付けるとすれば，"φιλία" は相手を独立の〈分節〉単位として尊重する原理である．試金石は，相手がそれを保持して自分の圏内に入って来たそのものに手を突っ込む，相手自身を踏み抜いてこれを摑む，かどうかである．子殺しは Hekabe との関係でこの踏み抜きである．黄金に手を付けたことは Polydoros との関係でこの踏み抜きである．contrappunto の位置に来るこの二重の踏み抜きによって Hekabe は Polymestor を弾劾したのである．それは〈二重分節〉を対等な〈分節〉に仮託する仕方である．Agamemnon が説得されないはずがない．

[5・2・4・1] "Hekabe" 解釈は，難点とされる前半後半の繋がりに関心を集中させる．前半の「苦難に耐えるヒロイン」という "character" が後半ではおぞましい悪魔的な復讐者に変身する，というのである（例えば Kitto, GT^3, p. 216ff. はこの難点を逃れるために，"character" でなく "one overriding idea" に，即ち "the suffering which the human race inflicts upon itself through its folies and wickednesses" に，見る）．M. Heath, "iure principem locum tenet": Euripides' *Hecuba*, BICS, 34, 1987, p. 40ff. はしかし，ルネサンス (16 世紀) 以来の解釈史を丁寧に辿って，17-8 世紀以降の新古典主義以後に初めて不統一が非難されるようになったこと，それが（特に Hekabe の）"character" の一貫性の問題に置き換えられ，さらには 19 世紀の idealism 以来邪悪な復讐が作品の理念的破綻とみなされるようになったこと，近年の解釈がこれらの遺産に大きく拘束されていること，を論証した．事実 Euripides のディアレクティカは 17 世紀以降のディアレクティカの整序を大きく振り切る振幅を有する．

5・3 誠実すぎるデモクラシーの子殺し

5・3・1

子殺しの代名詞の一つは Herakles である．年代不詳ながら 420 年代後半から 410 年代半ばにかけての作品とされる "Herakles"[1] において，Euripides はこの代表的な子殺しの最も微細な部分の解剖に成功したと思われる．

作品後半の華々しい狂気に至る前半の経過が不自然で，狂気自体が突然で脈絡を欠くように見える，点がときに糾弾されることがあるが，狂気の鍵はやはり明らかに前半が握っている．突然の反転，不連続，は意図された効果である．

Euripides はこの狂気を Herakles の長い長い労苦（どこまで行っても終わらない輝かしい exploit）の終点に持ってきた．原動力でもランニングコストでもなく，Herakles モデルへの根底的な懐疑[2]とそれからの脱却の契機とし

5 子殺し批判のデモクラシー

て，子殺しを描くのである．この点で "Trachiniai" と軌を一にする．とはいえ "Trachiniai" とは全く違う部分に切り込む．デモクラシーの屋台骨をなす車軸の突然の破断を問題とするのである．

というのも，Herakles の子殺しは何と「子殺し阻止」の exploit の帰結として分析される．Euripides 自身にとって最も大切なはずの原理の痛烈な内在的批判である．子殺しの舞台は当然 Thebai 即ち領域である．Euripides の演出は Herakles の子殺しの前にもう一つ別の子殺しを置く．Thebai の権力はクーデタによって Lykos という人物の手に握られている．そして Lykos が Herakles の息子達を襲うのである．冥界に下って最後の exploit に挑戦する Herakles はまだ戻って来ない．否，人質に捕られた格好の息子達を救うべく間一髪戻って来るのである．こうした syntagmatique な関連は全くの Euripides の独創であると思われる．そして不自然とされるこの部分こそ Herakles の子殺しを例解する，と Euripides は解釈しているのである．

Euripides にとって子殺しがデモクラシー破壊である．事実 Lykos のクーデタ (cf. 33f.) は彼の「デモクラシー破壊」観に沿う．Lykos の支持基盤は最下層民であり，彼らが今や財をてんでに略奪して有頂天になっている (589-592: *"Πολλοὺς πένητας, ὀλβίους δὲ τῷ λόγῳ/δοκοῦντας εἶναι συμμάχους ἄναξ ἔχει"*). これは，権力の座にあった Kreon および Spartai (4ff.) とはさらに異なる，知られたことのない，集団である．Oidipous の問題を克服して，この問題を知らぬげに，Spartai が領域の組織を固めていた．そこへ Herakles が現れ，Kreon の娘 Megara と婚姻を結ぶ (9ff.; 63ff.)．しかし例によって Herakles はそこにとどまらず，Argos 即ち政治的中心に向かって往復運動を遂げようとする (13ff.)．このために政治権力 (Eurystheus) に対して山のような「業績」を示さねばならない (19: *"καθόδου δίδωσι μισθὸν Εὐρυσθεῖ μέγαν"*). 但しここでは Herakles がそもそも領域へ降りることとなった理由, 債務の原因，が特に説明されている．Herakles の父 Amphitryon は Herakles の母 Alkmene の父を殺したかどで亡命 (*"φεύγω κτανών"*) せざるをえなかったのである (16ff.)．舅殺し即ち cognatique な関係の切断である．この問題は後に Herakles の凶行を理解する一つの鍵として提示される．いずれにせよ亡命先の領域たる Thebai で Amphitryon と Megara と孫達の生命を今脅かす

Lykos は Kadmos の系譜以前の層に属して Euboia からやって来た余所者である (26ff.). Lykos は Kreon の系譜を消滅させるために,「Herakles の子供達を根絶やしにしようと望む」(39: "τοὺς Ἡρακλείους παῖδας ἐξελεῖν θέλει"). 帰還どころか領域の基盤 (13: "οὗ κατῳκίσθην ἐγώ") が今危殆に瀕しているのである. 領域の横断的な結合はずたずたに裂かれてしまっている (55ff.). Spartai は「老いて」無力化されている (cf. 636ff.). *choros* を構成する彼らはかつての団結を呼び覚まして若い者を救おうとする (107ff.). しかしどんなに武装蜂起したくとも力の衰えの前にどうすることもできない (252ff.).

作品は幼い三人の息子達が母の「翼の下で」(71f.) 抹殺されようとする情景を延々と舞台の上で示す. とりわけ哀れを誘うのは彼らを保護すべき父親の不在である (74ff.). Amphitryon は Herakles 生還の希望を捨てない (95ff.) が, Lykos はこの可能性を一顧だにしない (140ff.). 確かに過去に輝かしい「業績」を上げたかもしれない, しかし「お前達はその事実で戦おうというのか」(155: "Τοῖσδ' ἐξαγωνίζεσθε;"), それは自分の息子達の殺害を前にして何の役にも立たないではないか, と. Herakles の栄光を擁護し何時の日かの政治的連帯が Lykos の非道を罰することに期待する (170ff.) Amphitryon に, Lykos は, 事実と結果にものを言わせるまで, と冷たく言い放つ (238ff.). Herakles の息子達ばかりか領域の本拠ごと壊滅させる, と言うのである (249f.). 覚悟を決めた Megara はむしろ尊厳ある死をと望み (275ff.), 葬送儀礼の装束を取りに一旦家に入ることを許される (332ff.). 348ff. の長い *choros* の歌は Herakles の事績を次々に讃えて, まさに最後の課題に向かったところで帰らぬ人となったことを強調する.

装束を整えて彼らが出て来ると, 子殺しの荘重な場面が待っているはずである (442ff.). Megara は, 三人の息子が部族分割する, そしてこれが政治的中心―領域―後背地に分節をつくりだす, という構想の永遠の挫折, デモクラシーの挫折, を確認する (460ff.). ところがそこへ突然 Herakles 自身が現れる (514ff.). 事情を全て知った Herakles は, 息子達を守ることができなければ, 今までの労苦に一体何の意味が有ろうか,「労苦はもう結構, 行きたまえ」(575: "χαιρόντων πόνοι"), Eurystheus のために Hydra やライオンを打ち負かしても自分の子供達を守れなければ到底 Herakles の名に値しない, と述べる

(574ff.). さらには，子供を愛する点においては全ての者が等しい (633ff.: "Πάντα τἀνθρώπων ἴσα")，と傑出性を完全に否定する言葉を口にする. デモクラシーの基礎単位の救済に Herakles が向かう，ということは遂に事柄が完結することであるように見える.

〔5・3・1・1〕 éd. Parmentier et Grégoire, Paris, 1976 (1923). 420 年説を中庸としつつも 424 年説を提案する.

〔5・3・1・2〕 H. P. Foley, *Ritual Irony. Poetry and Sacrifice in Euripides*, Ithaca, 1985, p. 175ff. は Herakles に関するディアクロニーを試み，Euripides の内部にも，stasimon に現れる Pindaros 風 "the epinician Herakles" と Euripides の独創たる "the domestic Herakles" と叙事詩以来の "the violent and criminal Herakles" がある，と分析する. Foley の関心は Herakles という偶像の破壊と民主化の関係であるが，これは転倒した解釈で，Herakles は既にデモクラシー下の最も普通の人間であり，今それが批判されるのである. 子殺しはそこから出て来る. したがって "heroism" が子殺しという犠牲を経てデモクラシーに適合した，という Foley の解釈は正当ではない. この点は，彼女が，"sacrifice as a gift" という「構造主義者の理解」を斥けて "sacrifice as a violence" という「Meuli-Burkert-Girard 流の理解」を採ることと関係する. 神々 (Hera) も人々 (Lykos) も不正であることに逆上した Herakles の逸脱は彼自身が犠牲を払うことによってのみ再統合される，というのであるが，作品の内部にはこうした意味連関は全く働いておらず，犠牲と〈分節〉の間の複雑な関係，まして〈二重分節〉との間には厄介な問題を突き付けること，等を全く視野に入れていない.

5・3・2

待ちくたびれた Lykos が現れ (701ff.)，Amphitryon の指示に基づいて殺戮実行のため中へ入って行く (735ff.). 外の *choros* に Lykos の悲鳴が聞こえる (751ff.). 歓喜する老人達 (760ff.). Thebai は解放されたのである. しかし間髪を入れず Hera から派遣された女神の Iris と Lyssa[1] の暗い影が辺りを覆い，蜘蛛の子を散らすように *choros* を一掃する (815ff.). Lyssa (「憤怒」) を先導した Iris は，Herakles に狂気を与えて自らの子を殺させるその動機を明らかにする. それは「Eurystheus への年期を果たした」(830: "μόχθους διεπέρασ' Εὐρυσθέως") からである. 狂気として人を襲う Lyssa 自身の方は Herakles の領域形成事業の功績を評価してこの仕事に消極的である (849ff.). しかし Hera の命令に逆らうことはできない.

一瞬の出来事を間接的に示した後，Euripides はあらためて状況を *choros* に報告させる[2]. そこでは徴候と症状が精密に描かれる. 血走った虚ろな目，よ

だれ，引きつった笑い（931ff.）．とりわけ重要であるのは，次に発した彼の言葉である：「(Lykos 殺戮を浄める前に) 何故 Eurystheus を殺して浄めを済まさないのか，何故二重の労苦をしなければならないのか，一度で全て片付けることができるのに」(936-8: *"τί θύω πρὶν κτανεῖν Εὐρυσθέα/καθάρσιον πῦρ, καὶ πόνους διπλοῦς ἔχω;/ἐξὸν μιᾶς μοι χειρὸς εὖ θέσθαι τάδε;"*)．こうして直ちに戦車に乗って Mykenai へ出発した幻覚に駆られる．「殺戮を果たしたばかりの屍が狂わせたか」(966f.) という Amphitryon の言葉を，Eurystheus の父の言と理解して振り払うと，Herakles は息子達を Eurystheus の息子達と思いこんで次々に襲う (970ff.)．最後の一人はかばう Megara ごと射抜き，ここで Athena の介入で止まり，昏睡状態に陥る．

　昏睡から醒めた Herakles は初めて自然を落ち着いて眺める新鮮さを覚える (1089ff.)．自分が縛られていることを不思議に思いながら Amphitryon との対話によってゆっくりと自分がしたことを把握する．子供達の屍を見せられて「戦いならざる戦いが子供達に仕掛けられた」(1133: *"Ἀπόλεμον πόλεμον ἔσπευσας τέκνοις"*) と聞き，「一体何の戦いだ，誰が殺したのか」(1134) と尋ねる以外に無い．「最愛の子供達の子殺しとなってしまった以上」(*"τῶν φιλτάτων μοι γενόμενος παίδων φονεύς"*) 自ら死を選ぶ以外に無い，と決意を固める (1146ff.)．ところがそこへ Theseus が Athenai 軍を率いて到着する (1153ff.)．実は冥界で何故手間取ったかと言えばそこから Theseus を救い出していたのである (619ff.)．ここでもデモクラシーを死の淵から救済したことになる．他方 Theseus は Lykos のクーデタに対する蜂起があったと聞いて駆けつけたのである (1163ff.)．Theseus に全てを説明する Amphitryon は「Herakles ほど多くの労苦に耐え多くの苦痛をしのいだ者はいない」(1196f.: *"Οὐκ ἂν εἰδείης/ἕτερον πολυμοχθότερον πολυπλαγκτότερόν τε θνατῶν"*) と付け加える．Herakles は「子殺し」(1201: *"παιδοφόνος"*) を恥じて頭をすっぽり覆ってしまっている．Theseus がかける言葉は完璧である (1214ff.)．固い友情が全く変わらないことを示しうる．ようやく話し始める Herakles は初め死の決意を述べるばかりであるが，「たまたま出会った者のような未熟な言葉を話す」(1248: *"Εἴρηκας ἐπιτυχόντος ἀνθρώπου λόγους"*) とたしなめられて，冷静な自己分析を始める (1255ff.)．「今ばかりでなくずっと以前から自分は生

きていないも同然であった，我慢できない生活であった」(1257: "ἀβίωτον ἡμῖν νῦν καὶ πάροιθεν ὄν") というのである．第一は Amphitryon の出奔である．大きな負債に追われることになる．第二はジェネアロジーである．このために Hera につけ回される[3]．大きなエネルギーを発するジェネアロジクなアンバランスのツケを支払わねばならなかった，というのである．第三は言わずと知れた労苦である．そのエネルギー故に負債を良いことに徹底的に利用されることになる．そして最後の労苦が何と子殺しであった (1279f.)．

　その前に子を救ったこと，これを Herakles は忘れている．デモクラシーを建設しデモクラシーを危機から救い出す，一見不連続線は存在しないように思われる．しかし両者は微妙に性格を異にする．枝分節を切り裂き他人をその鎖から解き放つ，この作業は単純に軍事化ないし無分節原理をぶつけていけばよい性質のものである．しかし最後に Herakles に与えられた課題は，〈二重分節〉単位の保障たる小さな二重構造をそっと保ったまま守り抜くということである．Amphitryon は奇妙なタイミングで，全体を巻き込む蜂起となって収拾がつかなくなることを警戒する助言を Herakles に与える (599ff.)．それでも，Herakles は心理的に potlatch に出ざるをえなかったのである．何故ならば自分自身の子供を押さえられてしまっていたからである．これをひっくり返すためには全てを賭けて大逆転に導かなければならない．重圧を一息にはねのけなければならない．他方，実は構造的に同じ重圧が長年絶えず Herakles を抑圧してきたのである．自分の労力を常に Eurystheus に押さえられていて，輝かしい成功を収めても収めても果実は Eurystheus のものになる．実は最後の果実だけは Eurystheus に届けていない (614ff.)．会うことさえせずに Thebai へ直行しているのである．Euripides の筆は緻密にもこうした伏線を怠らない．既にこの行動は逸脱を予感させていたのである．如何なる給付も決して弁済を帰結しない，これが既に Herakles を potlatch に追い込んでいたのである．potlatch の極は全てを投入すべく整理して退路を断つ行為を含みうる．Lykos 直撃はこの心理的メカニズムの引き金を引いた[4]．二つの労苦はしかし混同される．Lykos との間で押さえ合いかかっていたものと Eurystheus との間でのそれが混同される．浄めの儀礼は一つで十分と Herakles は意識する．一方には Eurystheus 直撃がある．しかし他方には子供を質に取られた意識がある．

Eurystheus に対してならば労苦の果実をすべて抹消してみせることが手袋を投げることであったろう．これが意識の底にすべり込み，かつ果実に子供が含まれる．これを織り込んだ意識は次に相手に代償を求める．こうして Eurystheus の子の殺戮が導びかれる．しかしそれは自分の子供の殺戮と等価であり，混戦と短絡が生じる．

〈二重分節〉は構造上枝分節に似る．政治的脈絡の外側，様々な給付関係において，負担と弁済の観念を許容する．もちろんそれは今や自由な関係であり，常に解消再形成されている．それだけに〈二重分節〉単位の保障のためには特別の配慮が必要になる．さもなければ，デモクラシーは自分で自分を壊すことになる．領域の横断的組織の連帯は最も重要な処方である．しかしこれ自体二義的である．もう一つの処方は Euripides が追求するものである．〈二重分節〉単位に不可侵の何かを持たせる，こうしたものの存在を想定する，方法である．B が C を A に押さえさせない，というパラデイクマを意識的に屈折させて屈折体を創る仕方である．敢えて枝分節を想定してこれを跳ね返すということである．しかし〈二重分節〉解消再形成の動態に曝されたとき，これは大きな副作用を伴う．Euripides はこうした地下通路をよく把握して自らの作業に自ら批判的であった，と言うことができる．

[5・3・2・1] Lyssa は Hera に従うことに抵抗感を示すが，J. Duchemin, Le personnage de Lyssa dans l'Heracles furieux d'Euripide, REG, 80, 1967, p. 130sqq. は，ここに抽象名詞神格化の顕著な意義を見る．壺絵の図像学的分析を交えて，Lykourgos の子殺し等において犠牲儀礼のさなかに Lyssa が現れる点を明確に指摘する．確かに犠牲儀礼の無分節と Hera の〈二重分節〉締め付けとは互いに相対的に独立である．Lyssa が人格を獲得するということは，Hera に対して Lyssa という権能が〈二重分節〉を獲得するということである．

[5・3・2・2] N. Loraux は choros が「狂気の子殺し」の点で Herakles を Medeia（女！）に近付けて理解する（1016ff.）ことを見逃さない（Le surmâle, p. 149）．

[5・3・2・3] 後述の連続説を "the dilusional theory" と呼び，(Herakles を常人に引き戻すのが作品のねらいであるとする) その最良のヴァージョン（Parmentier）を評価しつつも，狂気の場面までのエピソードがいずれも平板である奇妙さをそれでは説明しえないとする Kitto, GT^3, p. 237ff. は，全ては Hera の仕業という Theseus の科白（1191）に全てをかからせ，神々の不条理という新たな悲劇的主題を提案して見せる．しかしこの Hera は解釈可能であり，この点でこそ "the dilusional theory" は作品が一本の糸で繋がるのを見出しうる．

[5・3・2・4] Lykos 討伐の部と（突然の Hera の介入による）狂気の場面の「不統一」を非難する伝統的な批評に対して，作品中 megalomania が少しずつ進行しているとする連続説が現れ，

これが否定されてショッキングな不連続が再強調される,という学説史の流れの中で, H. H. O. Chalk, APETH and BIA in Euripides' *Herakles*, *JHS*, 82, 1962, p. 17 は, "Herakles achieves what Lykos would have liked to do" と注目すべき解釈を示す.

5·4 亡き子の母達

5·4·0

領域の横断的組織の連帯についての Euripides の態度は大変に微妙でときに屈曲し容易にわれわれの侵入を許さない. おそらくは "Hekabe" の後, 420年代末以降, "Hekabe" において姿を現した女達の集団がそれ自体一つの主題として展開されていく. しかし Euripides が課した条件は, その女達が子殺しという致命的な打撃にうちひしがれているということである.

5·4·1

420年代末の作と推定される "Hiketides"[1] のタイトルロールたる *choros* は Thebai を攻めて敗れた七人の将の母達である. 子を亡くした女達である (12f.: "θανόντων ἑπτὰ γενναίων τέκνων/ἄπαιδες εἰσιν"; cf. 35, 83). 彼女達は Adrastos とともに Attika の聖地 Eleusis にやって来る. 迎えるのは Theseus の母 Aithra, および Demeter に仕える女達 (2: "πρόσπολοι") である. 母達は息子達の遺体の返還を求めるため Athenai に助力を求めているのである[2]. *choros* の最初の歌は子を亡くした母への共感を強く求める (42ff.). "πρόσπολοι" の儀礼的行為にすら協同 ("ξυνῳδοὶ κακοῖς") を促す (71ff.).

Theseus はかくして Aithra の仲介によって Adrastos の話を聴くことになる. ところがそれはほとんど Thebai への干渉戦争に対する審問となる (113ff.). これに対し Adrastos はこの戦争の誤りを認めつつも「富める者が貧しい者に目を向け, 貧しい者が富める者に目を向ける」ことの正しさをパラデイクマとして助けを求める (162ff.). デモクラシー構築のためには相互干渉過程が必要であるというのである. Theseus (195ff.) は, 富める者と貧しい者の他に中間の者が居て, これを基礎に自分達はデモクラシーを樹立している, 都市と領域の媒介に成功していて武力介入の必要が無い, まさにそのように

ThebaiへはRemoved(遺体引き渡しの)介入をしない,と応ずる.母と息子の二重構造はデモクラシーの二重構造に対応している.しかしTheseus (Athenai)のデモクラシー概念はそれを必要としない.高度に発達した政治システムである.そうした構造を実力によって防御する意味はない.かくしてそのTheseusを翻意させるのはAithraの以下のような論拠 (286ff.) である[3].即ち,死者に対し区別無しに儀礼を与える汎ギリシャ的規範と, Theseusがそうしたものを守るために遂げてきたexploitである.つまり凡そ政治システム存在の原点,〈分節〉単位の存続,である.これを受け入れたTheseusは,一転,決定を正統化するデモクラシーの政治手続を例解し始める (334ff.)[4].そこへThebaiから使者が到着し,Athenaiの介入に重大な警告を発する (399ff.).使者が「ここの主権者は誰か」(399: "Τίς γῆς τύραννος;") と切り出したことから,「ここには主権者は居ない,このポリスは自由だ」と応ずるTheseusの間でデモクラシーを巡る長い比較体制論が戦わされる[5].

還ってきた息子達の遺体を抱き締めてchorosは再度子を失った嘆きを歌う (778ff.).しかしこれを前にしてTheseusはAdrastosに,倒れた一人一人の戦士の説明,即ち"Hepta"の新しいヴァージョンを求める (838ff.).それはAischylosを意識したヴァージョンであり,Argosの側が完璧にデモクラシーの人間像に適合するように描かれる (857ff.).Euripidesが施したこの転換はしかしカリカチャーでないとは言い切れない.明らかに子を失ったのは政治的中心である.〈二重分節〉の構造を領域に向かって実現しようとして失敗したのである.領域の側は強固に浸透し難く,しかしその余り閉鎖的な状況に陥っている.この結果,〈二重分節〉構造はおろか政治システムそのものが再生しえなくなってしまった.再生のリソース(息子達の遺体)を押さえられてしまったのである.子を亡くした母達の組織に助力が与えられるとすれば政治システム再生のリソースを保持させるためであり,いずれにせよこの「母と子」はEuripidesがアプリオリな単位を考える〈二重分節〉体とは区別されねばならない.

〔5・4・1・1〕 éd. Parmentier et Grégoire, Paris, 1976 (1923). 年代につき p. 94sqq.
〔5・4・1・2〕 Athenai礼賛,特にArgosとの同盟,Thebaiとの間の捕虜処遇問題,等々と関連付ける解釈が圧倒的であるが,それでは説明のつかない皮肉,戦争への懐疑,等が認められる

ことについては, cf. Greenwood, *Aspects*, p. 99ff.; Vellacott, *Ironic Drama*, p. 157ff.

〔5・4・1・3〕 cf. R. B. Gamble, Euripides' "Suppliant women": decision and ambivalence, *Hermes*, 98, 1970, p. 385ff.

〔5・4・1・4〕 1942 年に, 同じく亡命中の Jacoby と Momigliano, および G. Murray, の前で読まれたテクストを原型に持つ G. Zuntz, *The Political Plays of Euripides*, Manchester, 1955, p. 7ff. が, Schlegel 以来 Nietzsche を経て通念となる低評価を覆して「政治劇」としてのこの作品の復権を果たす. 何故母と子の関係か, 何故しかも遺骸が問題になるのか, という点については, 普遍的な法理念と Athenai の公式制度を引照するのみであるが, 政治理念の骨格は良く捉える.

〔5・4・1・5〕 テクストはパラデイクマの様々な次元を駆けめぐる. Euripides はその相互のダイナミックな関係を(各次元における対抗関係を先鋭に描きつつ)展開して見せる. 悲劇にあるまじき不統一を嘆くより, これらのパラデイクマ自体が悲劇の主人公となる (Lloyd, *The Agon*, p. 79ff. は, この "the democracy debate" を Euripides における "political debates" の極とする) 様を堪能すべきである (cf. Kitto, GT^3, p. 223ff.).

5・4・2

415 年の "Troades"[1] は, Euripides が領域の側の〈二重分節〉単位の問題状況を正面から扱った, したがって古典的な, 傑作である[2]. この作品は明らかに Peleus に嫁ぐ Thetis の悲しみ以来の伝統を引く女性群像の分化を主題とする. にもかかわらずもはや Nereides は全く姿を現わさない. cognatique な関係などとは無関係に実力によってずたずたに引き裂かれるのである. 舞台では一人また一人と引き裂かれていく様のみが展開する. それだけで作品が成り立つ. 連帯の余地はもう全く無いというように. Polymestor に一矢報いた Hekabe の最後の抵抗すら無益というように.

Troia で捕虜となった女達に何が待っているか. Achaioi の戦士達の恣意に委ねられる. 女達が構成する *choros* は問う, 「一体誰のための辛い奴隷となるのだろうか」(185: "*τῷ πρόσκειμαι δούλα τλάμων;*") と. Hekabe は「じきにクジでどのようにか決まるだろう」(186: "*Ἐγγύς που κεῖσαι κλήρου.*") と答えるしかない. そして自分自身について「この惨めに老いた身で一体だれに帰属しどの地で奴隷としてつとめねばならないのだろう」(191f.: "*Τῷ δ' ἁ τλάμων/ποῦ πᾷ γαίας δουλεύσω γραῦς*") と嘆く. この作品の主題はこの問答によって完璧に示されている. Euripides はこれ以外のことを舞台の上にのせず, 問題の重さを痛感させることに成功したのである.

伝令使 Talthybios が現れると Hekabe は「Troos の娘達よ，怖れていた瞬間がやって来た」(239: *"Τόδε, φίλαι Τρῳάδες, ὃ φόβος ἦν πάλαι"*) と叫ぶ．Talthybios はもちろん「お前達の運命は決した」(240: *"ἤδη κεκλήρωσθ᾽......"*) と冷たく言い放つ．抽選によるパラデイクマの paradigmatique なヴァージョン分岐，枝分節内の気まぐれな割り当て，結果の流動的で précaire な性質，これらが全て込められた表現である．次は完膚無きまでの分断のモティフである．「各々は決して同じ男のもとへは当たらないようばらばらにされる」(243: *"Κατ᾽ ἄνδρ᾽ ἑκάστη κοὐχ ὁμοῦ λελόγχατε"*).

具体的には，まず Kasandra の番である (247ff.)．Apollon に一生を捧げた身でありながら Agamemnon の「臥所の影の伴」(251: *"λέκτρων σκότια νυμφευτήρια"*) とされる．Polyxene は (260ff.) Achilleus の「墓に仕える」(264: *"Τύμβῳ προσπολεῖν"*) ことになったと告げられる．Hekabe は墓の侍女 (*"πρόσπολος"*) というものがギリシャの法ではありうるのかと本気でいぶかるが，Euripides の皮肉でもある．Talthybios は「今は幸せで労苦から解放されている」(270) とシニカルに言い，Hekabe は意味を理解せずほっとする．Andromacha の次は Hekabe 自身である (274ff.)．Odysseus が「奴隷として保持する」(277: *"δούλην σ᾽ ἔχειν"*) と聞くと，「奸計の塊のような唾棄すべき獣に奴隷として仕えるのか，何という籤を引いてしまったということなのか」(282: *"Μυσαρῷ δολίῳ λέλογχα φωτὶ δουλεύειν"*) と嘆く．

実際に最初に引っ立てられていくのは Kasandra である (294ff.)．Kasandra は正気を失っている (341: *"βακχεύουσαν......κόρην"*)．Talthybios が集団自決を怖れる[3]ほどに婚礼の火をかざし，婚礼の歌を歌いながら出てくる．婚礼の至福感を強調しながら (311ff.: *"μακάριος ὁ γαμέτας,/μακαρία....../......ἁ γαμουμένα."*)．「婚姻」の語が繰り返される．Hekabe は，このような状況下で「このような婚礼が祝われようとは」(347: *"γάμους γαμεῖσθαι τούσδ᾽......"*) 思いも寄らなかった，と嘆き，「正気を失って突き動かされ火を真っ直ぐに持つことさえできないではないか」(348f.: *"οὐ γὰρ ὀρθὰ πυρφορεῖς/μαινὰς θοάζουσ᾽......"*) と娘を哀れみ，松明を持って入るよう，そして「おお Troos の娘達よ，この子の婚礼の歌に涙の嗚咽で和しておくれ」(351f.: *"δάκρυά τ᾽ ἀνταλλάσσετε/τοῖς τῆςδε μέλεσι, Τρῳάδες, γαμηρλίοις."*) と choros に呼び掛

ける．

　Kasandraの続く長い論告と予言（354-461）は全てTroia遠征そのものを全面的に弾劾するものである[4]．HeleneとAulisから始まって自分とAgamemnonの死，悲惨なnostoiに至るまで．自分の陵辱がAgamemnonの殺害を招いて復讐が遂げられるというのである．女達が慟哭で奏でる婚礼の歌に，政治形成の全過程が対置される．Homerosへの対抗はもちろんデモクラシーの主導動機である．しかしEuripidesは「Orestesの是非」という屈折体に少なくとも確信を持っては依拠できないようである．現実の制度より遥かに根底的な批判と基底がデモクラシーのために用意されつつあるとも解しうる．しかし同時にほとんど絶望的な最後の一線にまで追い詰められ始めたとも見ることができる．

　絶望の淵に沈むHekabeの長い科白（466ff.）は既に母と子の関係を軸に据えて，不幸をこの関係の解体と定義して見せる．Troia陥落の日の，（Athenaに捧げられた木馬を和平成立と信じてだまされた）娘達のAthenaのための松明と歌がchorosによって追憶されてもう一度「何が裂かれるか」の原点が指示された後（512ff.），次にAndromachaが幼いAstyanaxを抱いて出てくると（568ff.），「何が裂かれるか」の反対の極，母子の〈二重分節〉単位，の中心的イメージが鮮明になる．女性群像は婚姻を経てこの極に至る，この両極を結ぶ軸そのものが解体されるとき，亡き子の母達の群像が初めて現れるということになる．連帯の意味は自ずから異なる．否，連帯への途は完全に閉ざされる．その上でどうするという鋭い問いが立てられるのである．初めHekabeとAndromachaの対話は共通の追慕の対象Hektorを巡って展開される．Andromachaはあくまで息子とともに（614: "σὺν τέκνῳ"）連れて行かれると考えている．二人の間にある種の哲学論争が始まるのは，AndromachaがPolyxeneの死を伝えてからである（622ff.）．Andromachaは，死は生まれて来なかったのと同じことを意味し，悪も苦痛も知らない死は惨めな生よりも優れている，と論ずる（636ff.）．Hektorを想いながらAchilleusの息子のものとなる苦痛を考えればPolyxeneの方が幸福である，と．「生死の間には絶対的な隔たりがある，死ねばゼロだがともかく生きていれば希望というものがある」（632f.: "Οὐ ταὐτόν, ὦ παῖ, τῷ βλέπειν τὸ κατθανεῖν· / τὸ μὲν γὰρ οὐδέν, τῷ δ' ἔνεισιν ἐλπίδες.") という立場に立つ Hekabe はこれに激しく反発する (686ff.). 船も最後には大波に屈しなければならないときがある, がそれ以上に辛い状況では嘆いてみても無駄である, Hektor が還って来るわけではない, むしろ新しい主に仕えることでこの子を養育する機会を得るようにせよ, それこそが唯一の希望なのだから, というのである.「子の子」(702: "παῖδα τόνδε παιδός") というパラデイクマに引き下がって最後の牙をむく姿である. しかしこれをも無惨に打ち砕くのは Talthybios である (709ff.). Astyanax が別の主に割り当てられたのではないかと初め不安がる Andromacha に, 流石にためらう彼は「Achaioi の誰もその子を自分のものにしない」(715) と答える. しかし不審がる女達に遂に Astyanax 処刑の決定を告げざるをえない. まず, 生も死も同じことという Andromacha の論陣は完全に崩れ去る. と同時に Hekabe の最後の最後の望みも完全に絶たれる (790: "ὦ παῖ παιδός……"). これは例によって Odysseus が勝利を収めた完璧に政治的な決定の帰結である.「奴隷の子」を奴隷から引き剝がすばかりか,「子の子」の存在自体を, したがってそこから既に引き剝がされた親からさえ, 抹殺する決定である.

第三の女は何と Helene その人である (860-1059). 女達の間には Helene 自身が混じっていて, Menelaos 自身がこれを連行するために赴く. Menelaos はしかし妻を得るためではなく Helene を処罰するためにこの女性群像に近付くのである. 否, Helene 弾劾には Hekabe が率先して立つ (884ff.). 実力による捕縛行為を蒙った Helene は政治的決定の有無を確かめるが, それがあったわけではないと知ると弁明を試みようとする (895ff.). 弁明の機会を与えるように主張するのはむしろ Hekabe である (906ff.) が, これは弁明を駁する論告の機会を自らに得るためである. 両者の長大な弁論 (914ff.) は「Helene の責任」に関する cliché の域を出ない[5]が, Helene が自分を誘惑した Paris を生んだ Hekabe に責任を帰せしめた[6]ことから, 反射的に,「子を持つ母」が却って女性群像に亀裂を生ぜしめるという筋道に塗られた夜行塗料に一瞬ライトがあたる. Menelaos は Helene の故意を認める評決を下すが, 実際, かくして Hekabe は切り取りに力を貸すことになる (1036ff.).

かくして女性群像の存在は再び choros の追憶の中（遠い祝祭の日々）にしかない (1060ff.). 今や娘達の群像は母から切り離されて「一人」となって連れ

て行かれるのである (1089-93 : *"Τέκνων δὲ πλῆθος ἐν πύλαις/δάκρυσι κατάορα στένει·/βοᾷ κόρα·/Μᾶτερ, ὤμοι, μόναν δή μ' Ἀχαιοὶ κομί-/ζουσι σέθεν ἀπ' ὀμμάτων"*). Euripides は最後の情景を Hekabe と Astyanax の遺体で構成する (1118ff.). Andromacha が発った後, 最後の一艘を待つ Hekabe に埋葬が委ねられたのである. 埋葬する女達, Hekabe と *choros* の応答歌は, 子を亡くし散り散りになる母達の最後の連帯の瞬間を悲痛に実現する. やがて Troia に火がかけられ, これが焼け落ちると同時にそうした瞬間も永久に消え去る (1260ff.).

[5・4・2・1] éd. Parmentier et Grégoire, Paris, 1980 (1925). 年代につき p. 3.

[5・4・2・2] Euripides にしては珍しく悲劇の典型に収まる, "unity" がある, とされる (cf. Kitto, *GT*³, p. 211). しかしその "unity" も精査に耐えないとする Kitto は, この時期には珍しく三部作を構成する, その syntagmatique な連関に悲劇の緊張感を求める. 例によってそうした連関をあらためて説明する (Poseidon のモノローグによる) 長いプロローグに重要な役割が与えられることになる. しかしこの種のとぼけた民衆劇的プロローグ自体, 異種たる儀礼的空間への導入であると同時に, その効果を皮肉と突き放しに使うためのものであり, Troia 遠征とギリシャの不遜の糾弾という表面の主題をもう一段屈折させたところに Euripides のねらいがある.

[5・4・2・3] Talthybios の職務と彼の人間的な側面との間の立体感は確かに目を引く (cf. K. Gilmartin, Talthybius in the *Trojan Women, AJP*, 91, 1970, p. 213ff.). しかし, これが, 全ては虚無である, というようなメッセージを読み込むのを阻止するのは, 問題の焦点を秘かに政治権力のエッセンスへと絞らせるからである.

[5・4・2・4] もちろんこの作品は凡そ戦争の弾劾, その無意味さの糾弾, にとっての旗印であり続けてきた (cf. Vellacott, *Ironic Drama*, p. 163ff.). 当時の Athenai の戦争遂行に対する批判を読み取らないことは難しい. しかし, Euripides はその震源となりうる構造をむしろ追求しているのである.

[5・4・2・5] しかし, Vellacott, *Ironic Drama*, p. 133ff. は, 型どおりの悪女 Helene を見る通説に反対し, この場面こそがクライマックスであり, syntagmatique な連関に悲劇を見る観点を作者が Helene の弁論を通じて意識的に批判している ("a mockery of the inveterate Greek habit of finding remote and still remoter causes"), とする. クライマックスであるとは思えないが, 確かに, この場面によって「酷な運命」から観客の意識を引き剝がし, 女性群像の具体的な問題を突き付けようとしている.

[5・4・2・6] cf. M. Lloyd, The Helen scene in Euripides' *Troades, CO*, 34, 1984, p. 305.

5·5　子殺し未遂の喜劇

5·5·1

　410 年代前半の作とされる "Ion"[1]における子殺しの原動力は，領域の組織の固い連帯そのものから生まれる[2]．政治から発するのでもなく，またデモクラシー形成のダイナミズムの悲劇的帰結であるのでもない．これらから子を守って最後の抵抗線を構えるその固い方陣が子殺しをするのである．したがってそれは少々間の抜けた自己矛盾である．少なくとも "Ion" においては Euripides の鋭い視線はまだ酌量の余地を残すように思える．

　Athenai の王 Erechtheus の娘 Kreousa は夫の Xouthos とともに Delphoi を訪れる．子を授かるためである．Xouthos は，神託を聞いて出て来て最初に出会った者が息子であると告げられ，Apollon に仕える Ion という若者を息子であると信ずる (517ff.)．Delphoi での若き日の放蕩の産物に違いないと思ったのである．歓喜に満ち祝宴へと向かう Xouthos と対称的に Kreousa は悲嘆にくれる (725ff.)．自分に仕える老いた養育係とともに Xouthos ないしとりわけ Ion の殺害を計画する．祝宴の杯に毒を盛ることになるが，しかしその時凶兆が出て，皆は盃を地面にあける．すると鳩が飛んできてこれを呑み死んでしまう (1106ff.)．こうして，盃を準備した老人と Kreousa に嫌疑がかけられることになるのである．

　子殺しの動機は Euripides によって二段階にわたって説明される．劇作上迂遠に見えるこの redondance にはしかし重要な意味がこめられている．

　第一の動機は，領域の組織の閉鎖性である[3]．Ion は単に，Kreousa を母としない，Xouthos を父とするのみの，子であるのではない．Kreousa の背後には「地から自足的に発生した先人達」(737: "τοὺς σοὺς παλαιοὺς ἐκγόνους αὐτόχθονας") というジェネアロジーの再現的作用がある．これに対して Xouthos は「外からやって来て自分達の政治システムに加わり，家と財産を乗っ取ろうとする者」(813f.: "ξένος ἐπεισελθὼν πόλιν/καὶ δῶμα καὶ σὴν παραλαβὼν παγκληρίαν") である．老人は母方の系譜を問題とする (836ff.)．Xouthos 側の Aiolos の系譜の女が母であるならばともかく，「奴隷の女の，言わば母無き，無分節ジェネアロジーによる，子」("ἀμήτορ' ἀναρίθμητον, ἐκ δούλης τινός/γυναικός") ではないか，と．老人はこれだけで既に「ともに子を殺そう」(851: "συμφονεύειν παῖδ'……") と提案するのに十分である．Kreousa の侍女達が構成する choros に向かって，そのような生まれの者を主人として頂くことはできない，と呼び掛けて，このような事柄に関する限り自由人奴隷の区別も無い (854ff.) と，「子殺しへの連帯」へ突き進む．

　Kreousa のジェネアロジーは事実特殊である (267ff.)[4]．祖父 Erichthonios は地から生まれた (267: "ἐκ γῆς πρόγονος")．Athena が取り出し，Kekrops の娘達の手に委ねられた．しかしこの娘達も死ぬ．父の Erechtheus は Kreousa 以外の自分の娘達を犠牲に供する (277)．Erechtheus は地に呑み込まれて死ぬ (281f.)．要するに exogamie と cognatique な関係を徹底的に排除するものである．これに対して Xouthos は典型的な exploit を遂げて Kreousa を獲得したのである (57ff.; 289ff.)．Athenai が Euboia と戦ったときに助力をし，功績の対価として Kreousa を与えられたのである．ならば当然，Xouthos と Kreousa の間の子は直ちに一つの問題を提起することになる．その子が Athenai に居住する限り，ジェネアロジーの自足性の原理が貫徹しないことになるからである．かくして，Xouthos と Kreousa が子を求めて Delphoi へやって来たときに既に，彼らは多義的なパラデイクマを求めたことになる．

　この問題は，Trophonios に求められた予備的な神託の多義性のうちに既に現れていた (401ff.)．彼らはともかく子を連れて帰るであろう，というのである．二人は素朴に喜ぶが，「子を連れて帰る」の如何なるヴァージョンかは特定されていない．次いで Apollon の神託に従って，出て来た Xouthos がいきなり Ion に「息子よ」と呼び掛ける場面の滑稽さ (517)，以下の問答の珍妙さ，はヴァージョン相互間の取り違えの錯誤がもたらすものである．そもそも，Ion を自分が不特定の女に生ませた子であるという Xouthos の解釈は，状況の一致だけに基づいていて，決定的な論拠を欠いている．出て最初に遭遇した Ion が自分の子であるとして一体如何なる意味で子であるのか，Xouthos は critique を怠る．「Xouthos と Kreousa の間の子」という求めたジェネアロジーとさえ異なってしまっているのである．「Xouthos と Kreousa の間の子」でさえ問題でありうるのならば，このようにヴァージョンがずれては a fortiori にそうである．

XouthosへのIonの鋭い質問は早くもこのヴァージョンに不安を与える.「誰を母として自分はあなたに生まれたのか」(540: *"Τίνος δέ σοι πέφυκα μητρός;"*),「大地でも母として生まれたのか」(542: *"Γῆς ἄρ' ἐκπέφυκα μητρός;"*)と. Xouthosが創作する如何にもありそうなパラデイクマにもかかわらず, Ionは喜びを確信できない. ヴァージョンを詰めて識別すれば, 事柄は違って見えてくる (585f.: *"Οὐ ταὐτὸν εἶδος φαίνεται τῶν πραγμάτων/ πρόσωθεν ὄντων ἐγγύθεν θ' ὁρωμένων"*), という見地に立って, *"αὐτόχθονοι"* たるを誇るAthenaiで「外から来た」(*"ἐπακτός"*)父のしかも庶子(*"νοθαγενής"*)という「二重のハンディキャップを背負う」(*"ἐσπεσοῦμαι δύο νόσω κεκτημένος"*)ことへ懸念を表明する (589ff.). 頭角を現さなければ「誰の子でもない」以上ゼロにとどまり, 頭角を現せば無能な者達の憎しみを買い, 教養ある者達は許容するとしても政治を見捨てて行ってしまうであろう, 教養と政治を兼ね備えた者達はまして自分に反対の票を投ずるであろう, というのである. そればかりか, 自分の存在が子に恵まれない妻を傷つけ, 不和と軋轢をもたらす, ことをも予期する (607ff.). そして結論 (621ff.) は, 称賛される王権は実のところは哀しいものである, 自分は君主よりは一市民として幸せに生きたい (*"Δημότης ἂν εὐτυχὴς/ζῆν ἂν θέλοιμι μᾶλλον ἢν τύραννος ὤν"*), 富を有して汲々と過ごすよりも平凡な生活で十分である, むしろこのままここでApollonに仕えて暮らす方がよい, というものである. 市民権は要らない, 政治システムの外にあるので十分である, という意味である. そして明らかに子殺しを予期するアプローチである. デモクラシーは領域の組織に却って子殺しを要請するというのである. Aulisが政治批判のパラデイクマであったように.

〔5・5・1・1〕 éd. Parmentier et Grégoire, Paris, 1976 (1923). 418年の作とする (p. 168).

〔5・5・1・2〕 デモクラシーの問題は全て領域の問題である. しかし, 領域の側にピタリと付いて視点をそこに据えるとき, 特に儀礼的に領域の組織を支えるという反ディアレクティカの動機があるときに, 喜劇的な印象が生まれる. Kitto, *GT*³, p. 311ff. がこれを "tragi-comedies" の一つとするのはそのためであるが, 軽妙な楽しみを提供する以外の如何なる真剣な目的も持たない作品とするのは, 悲劇理解のバイアスの強さ偏狭さを雄弁に示す.

〔5・5・1・3〕 これを主題とするN. Loraux, Créuse autochtone, dans: Ead., *Les enfants d'Athéna. Idées athéniennes sur la citoyenneté et la division des sexes*, Paris, 1981, p. 201 は, ジェネアロジーに細心

の注意を払う中で，Kreousa の側に正統性が独占されていることをまず指摘している．

〔5・5・1・4〕 cf. Loraux, *Créuse*, p. 207.

5・5・2

　Xouthos と Kreousa が子を授かるというパラデイクマの Xouthos ヴァージョンに対抗する極にある Kreousa ヴァージョンは，逆に Xouthos を迂回することになる．Kreousa は実は密かに個人的に或る神託を求めようとする．Xouthos より前に Ion に遭遇した Kreousa は，自分のジェネアロジーを語った後 Ion のジェネアロジーをききかえす（308ff.）が，これが paradigmatique な符合を準備する．Ion が母を知ることなく Apollon 神殿に引き取られたという話に，Kreousa は尋常でない同情を示す．何と気の毒な母親か，探し出せないものか，と．Ion が何の手掛かりも無い，と答えると，Kreousa は或る別の女が同じことに苦しんでいる（330: "Πέπονθέ τις σῇ μητρὶ ταῦτ' ἄλλη γυνή."）と切り出す．まさにその女のために神託を得たいと言って話し始める（336ff.: "Ἄκουε δὴ τὸν μῦθον·"）．或る娘が Apollon に襲われて意に反して子を宿した．しかし母親に告げることができずに密かに出産した．遺棄したものの，後悔して戻る，が既に跡形もなく消えていた，というのである．この子が果たして生きているのか死んだのか，生きているとしたらどこにいるのか．しかし Ion は，これを Apollon にきくことは性質上不可能である，と斥ける（365ff.）．自分の罪責を前提とする回答をするはずがない，というのである．いずれにしてもこの場面は paradigmatique な符合を syntagmatique な一致に決して短絡させることなく終わる．

　実は，これを短絡させた Xouthos のヴァージョンが勝利したと信じたときに初めて，Kreousa は「或る女」のパラデイクマに自己を（actantiel に）同定するのである．老人に「決起」を促されても Kreousa はなお自分を密かに別のパラデイクマに置き続けるが，しかしやがて，自らの魂に呼び掛けた後にそこから吐き出すように Apollon とのことの全てを告白するのである（859ff.）．老人が Apollon に対する報復を決意し，Apollon が途を開いた Xouthos のヴァージョンを破綻させるべく Ion を殺す計画が練られる（970ff.）．Kreousa の気持ちが動くのはかくしてこの第二の段階においてである．Xouthos のヴァージ

ョンへの単純な怒りが Ion 殺害へ彼女を駆り立てるのではない．自分の側が子を殺されたという意識の反射によって初めて殺意が具体化するのである．もちろん自分の遺棄にも責任がある．しかし何よりも Apollon が保護しなかった，否，その前に Apollon が自分を陵辱した，という意識が急速に鮮明になっていく．翻って考えれば，Apollon のこのジェネアロジーは〈二重分節〉形成の黄金のジェネアロジーであった[1]．Pindaros がこのことを一番よく知る人物である．しかしこれが今娘ないし母およびその子を蹂躙すると捉えられているのである[2]．しかもこれが第二の子殺し[3]を呼ぶ．失ったその子であるとも知らず．

〔5・5・2・1〕　cf. Loraux, *Créuse*, p. 203.
〔5・5・2・2〕　cf. Loraux, *Créuse*, p. 206. 遺棄ももちろん栄光の条件である．
〔5・5・2・3〕　Ion にとっては "oscillant entre des filiations rivales, Ion se découvre toujour né d'ailleurs" (Loraux, *Créuse*, p. 232) ということになる (cf. 1471).

5・5・3

Euripides が特に力を入れて描くのは，未遂に終わる殺害実行行為の詳細である．第一は，毒殺に用いられる薬物の種類の特定である (989ff.)．神々の戦いの中で大地 Ge が Gorgon を生む，それを Athena が討ち取る，そのときに採種された Gorgon の二滴の血液が Kreousa の祖 Erichthonios に譲られる，かくして同じく大地から出た (1000) この系譜が生殺の分岐をその二滴で分ける (1013ff.) 液体を保持することになったのである．Athena によって一旦解体された領域の枝分節組織の超分節浸透力が，potlatch の最後の手段として保存されたのである．子殺しの応酬は potlatch である．このときに，子を殺された，即ち子をまず投げ出した，側は同時に，相手が絶対に返せない最奥部のものを吐き出して，相手の全てを奪う．

第二は，毒杯が仕組まれる宴席[1]の様子である (1121ff.)．「全体的給付」の全容が異様に詳しく報告される．Xouthos 自身がまずは Delphoi 全体を制圧する勢いの土砂降り的給付に出たのである．これを秘かに反射させるように毒を返したということになる．

未遂に終わればそのつけは大きい．領域におけるサンクションは極刑以外に

ない (1250ff.). Kreousa 誅求に駆られる Ion を支配するのは当然に Xouthos のヴァージョンであり，したがって誅求は継母 "μητρυιά" の抹殺という意味を持たされる (1270). しかしヴァージョン両極間の potlatch を相殺してしまうのは，まず Apollon という共通の軸である (1280ff.). Ion は，Apollon の神域に亡命した Kreousa を非難する．ところが彼女は，殺される危険を察知して Apollon の庇護を仰いだ正当な行為であったと主張する．驚いた Ion は「お前と Apollon の間に如何なる公共的空間が有るのか」(1284: "Τί δ' ἐστὶ Φοίβῳ σοί τε κοινὸν ἐν μέσῳ;") とききかえす．不可侵性は政治システム構成原理からしか派生しないという観念である．これに対して Kreousa は，「自分の身体は Apollon のために聖化・公共化されている」(1285: "Ἱερὸν τὸ σῶμα τῷ θεῷ δίδωμ' ἔχειν.") と答える．そして，ならば Apollon という同一の神に属する者に毒を盛るのか，と切り返す Ion に，彼女は「しかしあなたはもはや Apollon のものではない，父 Xouthos のものになったではないか」(1287: "Ἀλλ' οὐκέτ' ἦσθα Λοξίου, πατρὸς δὲ σοῦ.") と追い打ちをかける．私的存在になった，領域に降りた，今や立場が逆転した，というのである．Ion は，自分のことはともかく Kreousa の側の事情を理解する術を持たない．対話は共通の軸を離れて Xouthos ヴァージョンに戻る (1291ff.). Kreousa は侵入してきた者を撃退したまでだと言い，Ion は父が実力でかちとった土地に入ったまでだと反撃する．Kreousa は，Aiolos の息子に，軍事的補助者に，どうして Athena の土地が持てようか，と一蹴する．

　第二の軸が現れて二つの対抗ヴァージョンが遂に syntagmatique に接続され，結果として Delphoi にて求められたヴァージョンへ到達する，のはそこへ Pythia が現れて或る記号作用を指示したことによる (1320ff.). Xouthos ヴァージョンが枝分節内の葛藤を最大限に増幅することを理解させて Ion を鎮めた (Ion の「母」) Pythia は，とある籠 "ἄγγος" "ἀντίπηξ" (1337f.) を取り出す．遺棄された新生児がゆだねられた籠である．ようやく Ion はこれが真の母を同定するための道具立てであるとさとる (1352). 記号作用はヴァージョン偏差を排除する．その物が見えてその物が有る，ということはヴァージョン対抗をそぎ落とす．これを対抗の軸とすれば多くのパラデイクマを統合しうる．Ion は，この軸を持って全世界を回り母を捜す，と興奮した口調で宣言する．この

軸の周囲にばらばらのパラデイクマを syntagmatique に接続し，多くのヴァージョン対抗に介入して確定し決着を付けることができる．こうして母と子が繋がるかもしれないのである．Pythia が母としての役割に終止符を打つと，Ion は一貫して拘泥してきた母方の系譜が新しい展望を開くことに胸をときめかす (1370ff.)．もっともそれは同時に不安をも意味する (1380ff.)．ともかく，Ion は籠を開いてみる (1389ff.)．物体は，「多くの年月が隔てている」("ἐν μέσῳ/ χρόνος πολύς") にもかかわらず時間に抗して「古びていない」("οὐ γεγήρακ᾽ ......")．しかしこれは Kreousa を仰天させることになる (1395)．新生児を遺棄したときのそのままの物的光景が再現したからである．飛び出してきた Kreousa をここぞとばかり捕縛しようとする Ion に，Kreousa は，もはや殺されようと構わない，この籠およびお前および籠の中のお前のものを決して離さない，と叫ぶ (1404f.)．一瞬にして殺意は愛情に，捕縛は抱擁に意味を変化させる[2]．しかしもちろん Ion は俄には信じない．籠の中のものの内容の一つ一つとその細部を見ずに全て正確に言えるかどうか試す (1414ff.)．記号作用の同一性の critique である．

　こうして Ion の母殺しは未遂に終わる．しかしその前提として Kreousa の何と二度の子殺しが未遂に終わったことになる (1501)．Ion は初めこれが Xouthos にとっても喜びであると思いこみ，父が Apollon であること，そして遺棄の事実，を知らされて，今度はにもかかわらず何故 Apollon が自分を Xouthos にゆだねる判断をしたのか，と思い悩む (1532ff.)．Kreousa ヴァージョンにより Athenai 領域組織の純血性は守られたか[3]．確かに Ion を祖として Athenai の「四部族」が形成される．これはその étiologie であるには違いない．出発点に「Apollon の私生児」という〈二重分節〉パラデイクマがあるのならば完璧ではないか．Euripides は，まず子殺しによって警告する．次にその子殺しを阻止するつっかい棒のような同定軸を示してみせる．「遺棄―再発見」は内外が同一に帰することを言うパラデイクマである[4]．そうした屈折体を持たなければ，〈二重分節〉単位の自立を擁護するためにある領域の組織の結束は，むしろ自己破壊に至る，というのである．

　〔5・5・3・1〕 性質の違う祝宴の奇妙な混合たる点につき，cf. P. Schmitt-Pantel, *La cité au banquet. Histoire des repas publics dans les cités grecques*, Paris, 1992, p. 209sqq.

〔5・5・3・2〕 "bricolage généalogique"（Loraux, *Créuse*, p. 214）の見事な効果である．

〔5・5・3・3〕 この作品に素朴な Athenai の patriotism を見る多くの見解と，同時代の政治的脈絡を切り捨てる解釈，の両方を斥けようとする G. B. Walsh, The rhetoric of birthright and race in Euripides' Ion, *Hermes*, 106, 1978, p. 312 は，Xouthos を Ionia の同盟諸都市のシンボルと解し，Athenai 市民をそちらに限定的に開かせようとするものであるとする（cf. A. W. Saxonhouse, Myths and the origins of cities: reflections on the autochtony theme in Euripides' Ion, in: Euben, ed., *GTPT*, p. 272f.: "The foolishness of autochtony is transcended by the lyrical and sensitive relation between mother and son......The autochtony myth must be modified......it must acknowledge the female, and it must accept the son of a god."）．問題はそうした争点の背後にどのような構造が隠されているかであり，Euripides はそこからさらに racism が発生するメカニズムにさえメスを入れようとしている．

〔5・5・3・4〕 cf. Loraux, *Créuse*, p. 221.

5・6 連帯の暗転

5・6・0

デモクラシーのチャンピオンは Orestes であり，Elektra を取り巻く女性群像がこれを支えるとき，デモクラシーは一つの記念碑を樹立する瞬間を迎えたのであった．Euripides は最晩年の一群の作品においてデモクラシーのこの基幹的屈折体に新たな鋭い亀裂をもたらすべく試みる．

5・6・1

410 年代後半に通常位置付けられる "Iphigeneia en Taurois"[1]は，Brauron の Artemis Tauropolos 祭祀に関する étiologique な *logos* という形式を有する[2]．Orestes 復権の条件は，元来，デモクラシーを推進した領域の横断的連帯の成熟に要求される度合いに等しい．Eumenides 以来これに様々な屈折体が書き込まれていったのは当然である．その重要な一翼を Artemis 問題群が担ったことも当然である．〈二重分節〉体の小さな二重構造を指標として，これを守る障壁を擁護しうるかどうかが Orestes に課される試練となる．しかるに，Artemis 問題群の中枢に Iphigeneia の痛みがはさまっていて容易に抜きがたいことは言うまでもない．Orestes の狂気が治癒するための条件として Iphigeneia 救済が浮上しても不思議はない．同時にそれは「Artemis 解放」即ち枝分節障壁

の〈二重分節〉障壁化を意味する．一足飛びのこの脱却[3]は現実には決定的な要因であったと考えられるが，そこに潜む問題も複雑であったはずである．

　そもそもOrestesとIphigeneiaは対角線上の両極を占める存在である．KlytaimestraがAgamemnonを殺すのは子殺し即ちIphigeneia殺しの報復のためである．そのKlytaimestraをOrestesが殺すのはAgamemnon復権のためである．Iphigeneia殺しを正当化する意味合いは全く無いとはいえ，Orestesの「革命」はKlytaimestraのクーデタの正当化を排除するはずである．しかし逆に言えば，万が一OrestesとIphigeneiaの連帯が成立すれば，同じ兄妹の連帯ながらOrestes=Elektra以上の黄金同盟が成立することになる．ほとんどあらゆる対抗関係を解消するに至るほどである．その上，もしOrestesを挟んでElektraとIphigeneiaが連帯すれば完璧である．こうした一連の「ジェネアロジー上の梁」を指示する「Orestes=Artemis」観念複合体が広く分布するであろうことは予測しうる．

　しかしEuripidesの筆致は勝ち誇るには凡そ遠い．Iphigeneiaは実は死を免れて遠く後背地のTauroiでArtemisの巫女を務める．犠牲の瞬間にArtemisが牝鹿とすり替えたのである（28ff.）．その土地の支配者Thoasの下でIphigeneiaはたまたま手に落ちる外国人をArtemisのために犠牲に供している．ArtemisそしてIphigeneiaの報復（cf. 338f., 357ff.）を意味すると同時に，そこに陥れば二度と出て来ることができない枝分節体の深淵を示唆する．まさにそこへOrestesとPyladesが漂着するのである（79ff.）．Orestesは狂気にさいなまれながら（281ff.）亡命生活を続けているが，Apollonから治癒の条件としてArtemisの像を取って来ることを指示されている．したがってArtemis神殿を前に，たとえ人身御供の痕跡を察知しても，逃げるわけにはいかない（104ff.）．そこで身を潜めることとするが，発覚して捕縛される．その情報はIphigeneiaに直ちにもたらされる（238ff.）．

　EuripidesはOrestes=Iphigeneia間の共感が唐突でないようにIphigeneiaに「Orestesの死」という夢を見させる（43ff.）．奇妙なことにKlytaimestraでなくOrestesがIphigeneiaの最後の頼みとされ，彼の死はギリシャ人捕虜への一切の同情をもはや断ち切らせるほどであるとIphigeneiaに言わしめる（378ff.）．引っ立てられた二人を犠牲の儀礼へと導かなければならない

Iphigeneia はそれでも共感ないしほとんど予感を禁じえず，犠牲の対象を同定する尋問（472ff.）の間にもその涙で Orestes を驚かせる（482ff.）．自分の手に落ちたものを同定すべくしかし接近しあぐねる Iphigeneia は，dual を使って「同一の母親からの兄弟であるのか」（497: "ἀδελφὼ μητρός ἐστον ἐκ μιᾶς;"）と尋問する．共感は母方の同一性を先取りする（gratuit）．これに初めて彼らの方も反応する．友愛で結ばれた dual であってジェネアロジーで結ばれた dual ではない（499: "Φιλότητί γ'·ἐσμὲν δ'οὐ κασιγνήτω"）という答えが返っていく．しかしその他の問いには答えられず，辛うじて Argos-Mykenai 出身たることが判明するのみである．但しここから Iphigeneia は Troia にまつわる全 *logos* につき syntagmatique な質問を連発する（517ff.）．それは詳細に通じる者のみがなしうる性質のものであるために，彼らを驚かす（660ff.）ことになる．いずれにせよその中でディアクロニクな見透しが確定されることになる．Homeros とその批判．しかし Ighigeneia にとっては肝心の一点が欠けている．ついに Orestes にまで話が届き，Elektra すら「唯一の姉妹」として紹介される（562），にもかかわらずもう一人の姉妹も Aulis も存在しないかの如くである（563）．確かにデモクラシーは Aulis 後に Orestes の側がこれに大きく立ち向かうことによって形を成した．しかし Aulis という原点を忘れてよいものなのか．「誰ももはや語らない」（564）のでは Iphigeneia ばかりか苦悩の Agamemnon も「お気の毒に」（565）ということにならざるをえない．Orestes はもちろん Aulis の不当性を認める（566）．要するにデモクラシーの側に政治的連帯が転移してしまい，〈二重分節〉の原点は忘却されている．

しかし Iphigeneia は，領域の側に転移した政治的連帯を嫌うわけではない．ただ概念の仕方が違うのである．二人は異なる意味の次元間に見事に誤解の二重奏を共鳴させる（569ff.）．Orestes の存命を聞いて Iphigeneia は夢がはずれたことにほっとする．予言はあてにならない，というその語を Orestes は Agamemnon の Aulis が全ての悲劇を招いたことと理解して同調する．政治と記号作用への懐疑，しかしながら一方は Orestes 個人ないし個別的兄妹の関係を心配し，他方は自力での連帯を信頼する，というすれ違いが有る．もっとも，Iphigeneia はなおかつ Orestes のヴァージョンにも感動し共感することが出来る．記号作用は Iphigeneia に或ることを思いつかせる（578ff.）．かつてギ

リシャ人捕虜に書かせた故郷宛の手紙が有る，がその後誰も届ける者が居ない，そこで二人のうちの一人 Orestes の方にこれを届けさせる，というのである．Orestes は，自分のために助力随行してくれた Pylades だけを死なせ自分だけ生還するということはできない，Pylades こそが手紙を携えて生還すべきである，と論じて (597ff.) Iphigeneia を感動させる．領域にもこのメンタリティー（しかし Pythagoras!）が残っていたのか，という Euripides の皮肉もしくは切望である．

　さて，こうして自分が犠牲に供されることとなった Orestes は，誰が手を下すのかと執拗に尋ねる (617ff.)．誰が誰の手に落ちたのか，という問題の提起である．なるほど一方にはそれが Iphigeneia か Thoas（の手の者一般）かという問題があり，他方にはこれで dual の理念的兄弟が Orestes 一人に変わったという問題がある．パラデイクマのヴァージョンが大きくシフトしたのである．運命を共にすると言って譲らない Pylades を説得する Orestes の激しい言葉 (687ff.) が Pylades に Elektra を託すと，このことは強く印象付けられることとなる．蠟板を封印し準備が終わった Iphigeneia と二人は脱出と任務遂行を保障するために互いに宣誓を交換する (725ff.) が，書かれた文字に対する懐疑を忘れない Pylades は，さらにまた宣誓に関する非厳格責任主義に基づいて，もし自分が不可抗力で書状を失ったときには宣誓の効力が及ばない，と抗弁の余地を残す (753ff.)．するとここで Iphigeneia は，ならば内容自体を語って聞かせて記憶させる，と提案し，賛成を得る (759ff.)．そしてまさにこのことがついに兄妹の結合核を実現させるのである．Iphigeneia が一人称で Orestes に全ての事情を簡潔に語る，そして Orestes に自分の連れ出しを要請する (770ff.)，これを Orestes の目の前で聞いた Pylades は，これ以上に簡単な宣誓成就は無いと言って，受け取った手紙を直ちに Orestes に渡してしまう (788ff.)．Orestes はさらに端的に，確かに受領するものの，封を切らない．言葉からではなくこの喜びを受け取りたいというのである (793ff.)．もちろん Iphigeneia は簡単には信じず，"Odysseia" 以来伝統の証拠手続が続く (808ff.)．しかし，「父を同じくする血縁の女兄弟」(800: "συγκασιγνήτη τε κἀκ ταὐτοῦ πατρός......") という Orestes の概念が微かにズレを記録する以外（Klytaimestra!），もう結合核を妨げるものはない．

もちろん喜びも束の間，どのようにして脱出するかという難題が待ち受ける (902ff.)．この時，ふと我に帰ったように Iphigeneia は Elektra のことを尋ね，許嫁 Pylades のジェネアロジーが明らかになる．彼は実は Orestes の交叉従兄弟 *"ἀνέψιος"* (919) に他ならない．即ち Agamemnon の側の姉妹が Phokaia の Strophios に嫁いでもうけた息子である．Orestes と Pylades は二重の cognatique な関係で固く結ばれていることになる．それが今 Iphigeneia の手に落ちているのである．しかし Iphigeneia 自身 Thoas の手に落ちている．つまり二重の虜囚の関係が有る．課題はかくして，それ自身二重構造を持つ結合体が自分を捕らえた閉じた二重構造を中から破砕して脱出するというものである．虜囚と「虜囚の虜囚」の間の連帯を要する．「ジェネアロジーの両極に梁を渡す」構想をここに適用するのである．ともかく Euripides が身を置く屈折体の構造はかくも一貫している．囚われた「囚えて保護する構造」Artemis の解放が Apollon によって指示された経緯を Orestes が語り，Iphigeneia が完璧に同調するのは当然である (938ff.)．中からの破砕であるから，横断的結合でなく奸計が有効である，したがって絶望する Orestes を後目に Iphigeneia がそれを提案する，のも当然である (1029ff.)．Iphigeneia はここで Orestes の災いを使う．殺人を犯し穢れているので浄める必要がある，そのためには海の水が必要である，Artemis の像も Orestes に触れられて穢れているので浄めねばならない，穢れているので誰も見てはならない，と Thoas を欺いて (1153ff.)，それにまんまと成功する (1327ff.)．沖へ漕ぎ出す困難と追撃の困難の両方を演出するのが海であることは注目に値する[4]．儀礼の使用[5]は同時期の "Helene" と同じ *"σοφίσματα"* (1031) である．"Odysseia" の系譜を引く．

[5・6・1・1] éd. Parmentier et Grégoire, Paris, 1980 (1925). p. 106 は 414 年説を主張する．

[5・6・1・2] 既に "Ion" について述べたように，この作品が喜劇的に見える (cf. Kitto, *GT*[3], p. 321ff.) のはこのためである．

[5・6・1・3] 後背地では "*sodales*" 軍事的 *clientela* が部族結節に媒介されて新しい領域組織に生まれ変わることを意味し，かくして広範囲に分布することとなる．なお「Orestes=Artemis」観念複合体の儀礼分布については，cf. C. Montepaone, Fatti cultuali taurici da Brauron a Nemi, in: Ead., *Lo spazio del margine*, Roma, 1999, p. 13ss.

[5・6・1・4] cf. Serghidou, La mer et les femmes, p. 76.

[5・6・1・5] cf. D. Lanza, Redondances des mythes dans la tragédie, dans: Calame, éd., *Métamorphoses*, p. 142.

5・6・2

　Iph. T. において choros を構成するのは，Iphigeneia とともに囚われているギリシャの女達である（131: "δούλα"）．しかし彼女達は同時に Iphigeneia に仕える身でもある（143: "δμωαί"）．すると，はるばる海を越えて「Asia の陸」にやって来た新たな虜囚（392ff.）に共感を禁じえず，「二重の虜囚」相互の連帯に近いものを表明する（644ff.）のも自然である．「二重の虜囚」の横断的連帯の動機が微かに響きかける．しかし Euripides はこの女性群像に，結局は不吉な黒い影を作品に投げかけさせる．計画遂行のため Iphigeneia はこの女性群像に秘密保持即ち不作為の共犯関係を要請しなければならない（1056ff.）．ここでは当然「二重の虜囚」のパラデイクマは捨て去られて「女達の連帯」が高く掲げられる．「われわれは共に女であり，女は互いに友愛で結ばれた種であり，固く団結して共通の事柄に立ち向かう」（1061f.: "γυναῖκές ἐσμεν, φιλόφρον ἀλλήλαις γένος,/σώζειν τε κοινὰ πράγματ' ἀσφαλέσταται"）というのである．しかしこの強烈なスローガンは宙に浮く．寛大にも説得された choros はしかし早くも 1089ff. において残される側の心境を歌う．確かに，Thoas に事件を報告し追撃を促す伝令を健気にもブロックし引き延ばし（1284ff.），共犯関係を非難され，否定するものの，最後には Thoas に不吉な報復予告を受ける（1431ff.）．「二重の虜囚」の縦の関係がそのまま結果として現れるのである．「虜囚の虜囚」の横断的連帯は冷たく放置される．

　ほぼ同年代の "Elektra"[1] ではこの女性群像は奇妙な態度の屈折を見せる[2]．女性群像の両義性という限りにおいては一見 Aischylos に戻るようにも見える．しかし原点たる "Choephoroi" とは余りにも異なるヴァージョンが展開される．完璧に同じ場面を扱いながら，Euripides は Agamemnon の墓ではなく Hera のための祝祭を選ぶ（173f.）．ここに "πᾶσαι παρθενικαί" が集う，それが choros を構成する女性群像である．彼女達が連帯していく相手方 Elektra は都市中心に居ない．choros ははるばる領域もはずれの農作業空間付きの住居に（168: "σὰν ἀγρότειραν αὐλάν"）Elektra を誘いに来る．何故ならば，クーデタ後 Aigisthos は，幼い Elektra の殺害は Klytaimestra の懇願で思いとどまったものの，自分にチャレンジする男子の誕生を怖れてやがて貧しい（38: "πένητες"）農夫に嫁がせたのである（39ff.）．Orestes がすんでのところで命

を救われ逃亡したとすれば，Elektra は領域に落ちたのである[3]．そこでは辛い労働が待っている (64ff.)．農夫は外で働き，彼女は家の中で労苦 (*"πόνοι"*) を負担しなければならない．ほとんど Herakles である．異様な設定であるが，しかし翻って（たとえば Proitides を）考えれば，デモクラシーを生み出す社会変動の中で一世を風靡したパラデイクマである．

かくして帰って来る Orestes も領域にアプローチしなければならない．前提として Elektra は泉に水を汲む労働に従事する (78)．"Odysseia" を下敷きにした場面である．Orestes は初めから領域に Elektra を求め，手掛かりとして「農夫ないし領域の従属民に属する女」(104: *"Ἤ γάρ τις ἀροτὴρ ἤ τις οἰκέτις γυνή……"*) を探し，トアル侍女 *"πρόσπολος"* (107) に遭遇したと信ずる．しかしそれは Elektra である．その Elektra が折しも *choros* の女性群像に吸収されかねている，そこへ Orestes は他ならぬ自分自身からの使者を装って接近する．しかしすぐにそれが Elektra であることを知って驚き，「何故このような都市中心から遠い所に住んでいるのか」(246: *"Ἐκ τοῦ δὲ ναίεις ἐνθάδ' ἄστεως ἑκάς;"*) といぶかる．事情を説明する Elektra に対して怒りの余り Orestes は一旦領域とその人々への侮蔑を隠さないが，しかし Elektra が農夫の高貴な態度，即ち Elektra を尊重して手を下そうとしないこと，を述べると，一転評価するようになる (262)．農夫は，農作業から帰って来ると (339ff.)，はるばる「領域の者達の中深く」(342: *"ἐπ' ἀγραύλους"*) この家までよくおいでになった，と言ってあらん限りもてなそうとする．すると Orestes は，人の資質は与えられた条件と独立である，富める者がよいとも貧しい者がよいとも言えない，生まれも戦功も関係ない，たとえばこの男は見事に政治をリードするだろう，と政治学的考察を述べる (367-390)．

もとよりこれはデモクラシーに関する政治的パラデイクマの一つであるが，前提の都市一領域間ダイナミズムは「高貴さ」の分未完に終わっていることに気付かざるをえない．農夫と Elektra の間のジェネアロジーは成立せず，Elektra は都市中心の伝統的政治的階層に固執したままである．これは *choros* がどこまで Elektra について行くかという問題に関わる．Orestes が正体を隠したまま Elektra の本心を確かめて「決起」というパラデイクマが醸成されていく中に娘達が居る．Orestes は，この娘達はこの話を味方としてこうして聞いて

いるのか (272: "Αἲδ᾽ οὖν φίλαι σοι τούσδ᾽ ἀκούουσιν λόγους;") ときく. しかし, 連帯を惜しまないこの娘達は, 「都市中心から遠くにあって政治的陰謀を知らない」(298f.: "Πρόσω γὰρ ἄστεως οὖσα τὰν πόλει κακά/οὐκ οἶδα") のである.

　農夫だけではもてなしの資力が足りないという理由で呼ばれることになる, かつて Orestes を養育した老人も, 領域に落ちていて, 領域の豊かな産物とともに現れる (487ff.). そしてこの老人こそが「向こう傷」から Orestes を同定するのであるが (569ff.), この結果成立していくことになる共同謀議も全て領域を舞台として選ぶことになる. 都市中心の城壁内に侵入することは困難である (615) が, Aigisthos は丁度 *nymphai* のための祝祭に赴くべく出て来るところである. *nymphaion* は領域の分節構造の境界を画す (623: "Ἀγρῶν πέλας τῶνδ᾽, ἱπποφορβίων ἔπι."). 老人がここへ Orestes を案内するということになる (664ff.). *choros* への Elektra の呼びかけには十分な反応がある (694ff.). Thyestes が Atreus の妻を誘惑したことによる兄弟・従兄弟間の世代を越えた確執[4]を *choros* は歌い上げる (699ff.). そして *choros* は領域の連続性を使ったたけび声で殺害実行を Elektra に知らせる (747ff.). 不首尾であれば Elektra にとって自分の最期を意味する. しかし伝令はまず「おお勝利に輝く Mykenai の娘達よ」(761: "ὦ καλλίνικοι παρθένοι Μυκηνίδες") と呼び掛ける. 詳細な報告は全て領域における犠牲式の描写である (774ff.). そこに賓客として参加した Orestes がこの儀礼を現実化して Aigisthos を犠牲に供したのである. 一旦囲まれた Orestes と Pylades は, それと同定されると却って人々の支持をとりつける. 報告に接した *choros* は狂喜乱舞する (860ff.). Elektra がそれに応える. 戻って来た Orestes に Elektra は "ὦ καλλίνικε" (880) と呼び掛ける.

　にもかかわらず場面は暗転せざるをえない. Elektra は, 実は偽りの出産を知らせて母 Klytaimestra を領域におびき出そうとしているのである (640ff.). 遠い領域の果てではあるが冥府への道のりのなかでは小さな部分にすぎない (662) と Elektra はうそぶく. そして転調は Elektra の 962 の "εἰς ἄλλον λόγον" という科白によって開始される. 母が遠くに姿を見せたのである. まず Orestes が深刻に迷い始める. たとえ Apollon の神託に従うのであっても到底実の母を殺すことはできない, というのである. Elektra はあくまで使命の

完遂を迫る．つまり連帯に亀裂が生じたのである．*choros* も言わば女主人に対しての感情へと引き下がり始める（988ff.）．Klytaimestra と Elektra がそれぞれのコーズを一度ずつ全面的に展開する長大な応酬（998ff.）の後，新生児の儀礼のためと称して招き入れられた Klytaimestra の殺害が果たされる（1165ff.）．もちろん *choros* もまた正義が成就したと考えはする（1169）．しかし Orestes は完全に錯乱状態に陥り（1177），*choros* は奇妙に心理を屈折させていく（1185ff.）．Orestes にとってもはや Apollon が指示した正義は明白でなく（1190f.：*"δίκαι'/ἄφαντα"*），自分が受けたダメージだけが明証的である．Elektra（1198ff.）が動揺を示すと，*choros* は刺々しく Elektra の責任を追及し始める（1201ff.）．三者三様に神経をずたずたにされていく．デモクラシーの連帯が挫折したことが宣告されているのである．

〔5・6・2・1〕 éd. Parmentier et Grégoire, Paris, 1980（1925）．413 年説をとる（p. 189）．

〔5・6・2・2〕 Kitto, *GT*³, p. 330ff. は "Elektra" 解釈の一つの典型を示すかのように，Euripides がこの主題に戻ったことには何の意義もなく，作品の人間造形は「ありえない」性質のもので "serious" ではなく，"……first purpose is to attract and sustain our interest by the sheer force of theatrical effect" と結論付ける．一個の大きな屈折体にこれだけ鋭利に切り込んだ作業は全く報われない．

〔5・6・2・3〕 S. A. Barlow, *The Imagery of Euripides. A Study in the Dramatic Use of Pictorial Language*, London, 1971, p. 53f. は，Ion および Hekabe の monody に続いてこの Elektra の monody の「白鳥」のパラデイクマについて優れた解釈を示す．*similitudo* は元来 paradigmatique な作用を使ってパラデイクマの syntagmatique な部分を鋭く切り出す役割を有する．Homeros 以来の，特に Pindaros において完成される，この手法が，Euripides において弱体であるために，批評は Euripides のテクストの（叙情）詩的価値を低く見る．これに抗議する Barlow は，monody や *chorus* の叙情詩的部分を織りなす paradigmatique な作用がつくるイメージを，一つ一つではなく，横に連ねて解釈すべきことを提案する．つまり *similitudo* 等裏打ちの次元自体が syntagmatique な軸をなして（たとえば皮肉な）効果を発揮するのである．paradigmatique な切り出し作用が必ずしも鮮やかでない所以である．もちろん，こうした軸は既に Aischylos が使っていた．Homeros のパラデイクマに対する距離と（一見単純な *similitudo* の）paradigmatique な距離が対応していた．Euripides の独創は，正確には，軸に別の意義を与えた点に存する．即ち，Homeros にディアクロニクな距離を取って展開される出来事に対して，逆の側に登場人物各自の固有の軸を設定し対置するのである．そのイメージは区々に翻弄されはするが，執拗に追求される．

〔5・6・2・4〕 cf. M. Halm-Tisserant, *Cannibalisme et immortalité, L'enfant dans le chaudron en Grèce ancienne*, Paris, 1993, p. 93sqq.

5·6·3

　数年後，"Orestes"（408年）[1]に至るとOrestes-Pylades-Elektraの連帯はほとんど単なる犯罪者集団として描かれることとなる．Klytaimestra殺害直後に場面を再設定したEuripidesは，彼らが訴追され直ちに処刑されるという筋書きを挿入する．デモクラシーという含意はどこかへ消え去る．既に"Elektra"において老人はOrestesに「お前を支持する者は一人として居ない」と言い放った（605ff.）．"Orestes"では，不正な権力を打倒するというニュアンスはどこにも現れない．もちろん犯罪とされる以上精緻な論告が要求される．しかしAischylosにおけるような，デモクラシーを支える二つの原理の相克という緊迫感はもはや存在しない．そもそも論告を担当するのは一世代前のTyndareos（Klytaimestraの父）である（491ff.）．自力救済，報復の連鎖，を排除して形式的合法性を掲げる政治の論理が展開されるのみである．二つの殺害がそれぞれデモクラシーを支える深い理由についての考慮は微塵も見られない．要するに，Klytaimestraの不正も許し難いが，Orestesは刑事裁判によって弾劾されるのを待つべきであった，というのである．Euripidesは極めて意識的に，現実の政治的パラデイクマの表面に，〈神話〉的パラデイクマを，死んだ魚の群のように浮かび上がらせる[2]．

　これに対するOrestesの抗弁（544ff.）は姦婦必罰の範を垂れる式に奇妙に屈曲し，さらに，Tyndareosの論告を受けて立つ「予審判事」としての役割を果たすMenelaosに向かって（632ff.）Orestesは，Agamemnonはお前の妻を取り戻すために「不正を支払った」，だから今「不正を返還せよ」，Iphigeneiaという「子を殺した」，だから今「子を返せ」と主張する．法に反して子たる自分を救う不正を敢えてせよ，というのである．Orestesが何とdo ut des，しかも不正の交換を主張する倒錯，まるで相手のKlytaimestraのようにIphigeneiaのパラデイクマに寄りかかろうとする薄汚さ，が目を射る．

　政治的パラデイクマへのallusionは悲劇の一つの伝統であるが，少なくともこの作品においては鋭い風刺が込められる．正規の民会がデモクラシーのチャンピオンOrestes処刑を評決すること自体既に強烈な皮肉である．民会を傍聴した（730: "σύλλογον πόλεως ἀκούσας"）Pyladesがその第一報をもたらす（729ff.）．実はPyladesもまた共犯の廉でPhokaiaを追われている．Orestesは

「悪しき指導者に率いられたとき多数者ほど恐ろしいものはない」(772：*"Δεινὸν οἱ πολλοί, κακούργους ὅταν ἔχουσι προστάτας."*) と述べざるをえず，Euripides はデモクラシーを相討ちさせることに成功する．Pylades が「それでも彼らが是とすることは常に正しいというわけさ」(773：*"Ἀλλ' ὅταν χρηστοὺς λάβωσι, χρηστὰ βουλεύουσ' ἀεί."*) と皮肉ると，Orestes は「だから公共の立場に立たねばならないというわけさ」(774：*"εἰς κοινὸν λέγειν χρή"*) と conformisme に転化した公共性の前に覚悟を決めざるをえない．そして自分達を敢えて孤立化させる死の連帯が選ばれる．領域の側に，政治的友情が色の醒めたネガ・フィルムのようにして現れる．

　彼らが Agamemnon の墓に赴いた後，残った Elektra のもとに正式の死刑宣告が届き，民会報告がなされる（844f.）．民会で主張されたパラデイクマを聞きたがる（861：*"τίνες ἐν Ἀργείοις λόγοι"*）Elektra に対して，伝令は，Danaides 弾劾という民会の étiologie を paradigmatique に響かせつつ（872f.），四つの弁論と Orestes の弁明を簡潔に伝える．「常に権力者の側になびき」(889：*"ὑπὸ τοῖς δυναμένοισιν ὢν ἀεί"*)「二股をかける議論をする」(890：*"διχόμυθα"*) Talthybios は，Agamemnon を擁護しつつも，「Aigisthos の一派の者達に」(894：*"τοῖσιν Αἰγίσθου φίλοις"*) 媚びる眼差しを欠かさず，Orestes を糾弾する．続いて Diomedes が追放という穏健な刑罰を提案すると賛否両方の反応が議場を分ける（898ff.）．つまり Homeros が準備した層は鋭敏な機能を失っている．他方，新しい階層の，Argeioi に属さないが Argos に今や拠を構える（*"Ἀργεῖος οὐκ Ἀργεῖος"*），或る者が，とどまるところを知らない弁舌の力で人々を圧倒し，石打という極刑を主張するこの見解が大変有力となる（903ff.）．最後に「都市の公共空間から遠い自耕農民」(919f.：*"ὀλιγάκις ἄστυ κἀγορᾶς χραίνων κύκλον,/αὐτουργός"*) が立って，Orestes は弾劾されるどころか讃えられるべきであると主張する．Euripides は全てを託すかのようにここに一端の政治理論を採録して見せる．いずれにせよ，Orestes の弁明も虚しく評決は自刃を前提とした追放を指示するものとなる．

　Orestes と Pylades が Elektra のところに戻って来ると，彼らは最後の瞬間を迎えるはずである（1013ff.）．事実，死の連帯という高貴な動機が高らかに鳴り響く．しかし民会の情景が底の方でひたひたと効いてくる．転倒，屈曲，

断裂. 友情に殉じて自分も死ぬ以外にない, 自分だけ生き残るなど全く考えられない (1097: "οὐκ ἔστιν"), と Pylades が言ったその次の行が急に不可思議な反転を見せる. これが全編のクライマックス, 否, 反クライマックスである.「(自分もその死に混じらねばならない,) さてそうであるならば」("ἐπεὶ δὲ ……") Menelaos を巻き添えにしなければならない, Helene[3] を殺そう (1105), 人々の共感すら得られるだろう, と急に気分が昂揚していく. 否, そればかりか Elektra は Menelaos と Helene の娘 Hermione を人質に捕ろうと提案する (1183ff.). Orestes は一旦子殺しのパラデイクマを取引に使おうとした. 今度は子殺しの対象が子を人質にとって子殺しにより脅迫するのである. Aulis から勘定して何重にも捻れた関係が現れたことになる. デモクラシーが今や陥った深い矛盾の鋭い断層写真である.

かくして作品冒頭の Elektra の独白における Tantalos と Atreus の主題は, ジェネアロジーを振り返る単なる cliché ではなく, 主要動機の明確な提示であったことになる. Tantalos については potlatch が示唆されるのみであるとしても (5ff.), Atreus に関しては食べさせたのが子であったこと ("τέκν' ἀποκτείνας") が明示される (11ff.). choros の女達は忠実にエコーを返す (815: "σφάγια γενναίων τεκέων"). この作品の choros は実に奇妙な変質を蒙っている. "Elektra" における例の分裂を前提するが如くにもはや連帯からは遠い存在である. 登場するやいなや (141ff.), 病床の Orestes を起こすまいとする Elektra に歌声を制止され, 遠ざけられる. 声を落として絶対の紀律に服す. 既に Elektra が choros の前で自分達の行動原理 Apollon を非難する責任転嫁を示すが, choros は, 裏では早くも Bakchai へ通じる女性群像の反 Apollon 大連合を歌う (316ff.). これに対応して Pylades はこの女達に対する不信を露わにする (1103). もっとも, Helene 殺害の場面では大いに貢献する (1246ff.). ところがここでは命令一過四方に分かれて見張りの役を果たし, また声を上げて反抗を包み隠すのである. 文字通りの完全な軍事化である (軍服を着せて演出することが望ましい).

〔5・6・3・1〕 éd. Chapouthier et Mérodier, Paris, 1973 (1959). 年代については p. 7.
〔5・6・3・2〕 しかし, 悲劇というジャンルの崩壊とデモクラシーの崩壊が二重写しになっている, 要するに全面的な崩壊である, と読む (cf. J. P. Euben, Political Corruption in Euripides' *Orestes*,

in: Id., ed., *GTPT*, p. 222ff.) のはなお表面的である．Euripides は，〈神話〉のレヴェルで構造のどこが変調をきたしているのか，それを特定しようとしている．"departure from the mythical tradition" と見えるのはそのためであり，したがって決してその解体の試みであるのではない．

〔5・6・3・3〕 実はこの Helene が全編を通じ唯一狂気の外で冷静に振る舞う，のは Vellacott, *Ironic Drama*, p. 72f. が鋭く指摘する通りである．("Helene" の形而上学を下敷きにすれば) 正気はもはや彼岸にしか無い，ということか．

5・6・4

408 年に Makedonia に亡命して後の遺作 "Iphigeneia en Aulidi"[1] で，Euripides は原点とも言うべき Aulis に戻って来る．デモクラシーへの移行の引き金となった子殺しを斬新に再解釈して見せる．子殺しへとふいごで風を送り込み燃え立たせるのはついにこの場合でさえ病んだデモクラシーそれ自身だというのである．全てが巻き戻って，しかもそこに，もはやパラデイクマの対抗関係を発展させようのない，凍り付いて動かない，状況が現れる．政治とディアレクティカそのものが巨大な conformisme によって窒息してしまう．Aulis は，政治批判＝デモクラシーを越えて，政治ばかりか政治批判の挫折を記す墓標となる．皮肉ですさんだタッチで，子殺しは，不朽の英雄的自己犠牲，「祖国」への集団的陶酔，に転化される．さりげなく，ほとんど気付かせずに，こうした毒々しさを演出する最晩年の Euripides は，デモクラシー自身の最深部に内蔵されているデモクラシーの宿命的な病原を後世に向かって遺言として摘示して見せるのである．

この遺作に至ると Euripides はパラデイクマのヴァージョン対抗が自らを構造化しえなくなってしまっている状況そのものを劇的緊張の素材とする．"Orestes" においてさえ，登場人物はてんでに混線しながらも新たな対抗関係を創り出そうともがいている．ところが Aulis にはもはや Artemis そのものがどこかへ消えてしまっていて姿を見せない．〈神話〉的パラデイクマは空転し，Agamemnon の政治的迷走という表層に浮出してしまっている．Kalchas に条件を突きつけられた Agamemnon は流石に大いに迷い，Achilleus との婚姻を口実に Iphigeneia を呼び寄せた前便を取り消す手紙をしたためる (115ff.)．ところがこれを託された老人が Menelaos に取り押さえられ，手紙

が発覚してしまう（304ff.）．そもそも老人との対話の中で，勝手に Achilleus の名を使いしかも実は娘を犠牲に供するそのやり方につき「怖れを知らぬ大胆さ」と皮肉られた Agamemnon は，少々どうかしていたとのみ答え，明確に説明できない（136f.）．翻意を責める Menelaos の追求は急である（320ff.）．軍指揮権獲得までの迎合的態度（337ff.: "τῷ θέλοντι δημοτῶν", "τὸ φιλότιμον ἐκ μέσου"），権力の座に就いた途端の変節（343: "μεταβαλών"），丁度そのように，一旦突き進んだ Iphigeneia 犠牲への途上で変節する（363: "μεταβαλών"）のか，と．政治とデモクラシーの間の不実な関係が政治固有の一義性を完全に損なっているというのである．Agamemnon の反論はもっぱら Menelaos 個人に向けられる（378ff.）．自分の不始末のために他人の子を殺せという方が狂気であるというのである．肝心の政治的連帯がずたずたになったところで Iphigeneia 到着の報が届く（414ff.）．おろおろと涙を流す Agamemnon（440ff.）は，自分達は大衆の奴隷だと嘆く（450: "τῷ τ' ὄχλῳ δουλεύομεν"）．ところがこれを見た Menelaos が今度は同情して子殺しのむごさについて述べ始める（471ff.）．Helene を取り返すために Iphigeneia を失う不条理さを理由に引き返そうと提案する．ところが今度は Agamemnon がもはや引き返せないと述べる（506ff.）．何がそれを強制するか．Achaia 軍全民会が（514: "ἄπας σύλλογος"），と Agamemnon は答える．少数の者の謀議なのだから，"ὄχλος" を怖れる必要がない，Kalchas が暴露するというのならば殺してしまえ，と言う Menelaos に対して Agamemnon は，謀議に Odysseus が加わっている以上彼が扇動して矛先を自分に向けさせるであろうからもはや取り返しがつかない，と弱々しく答える（524ff.）．政治的決定も作動していないが，これに大きくたちはだかるべきデモクラシーの審級がむしろ火に油を注ぐようになってしまっている．

　しかし〈二重分節〉のチャンピオン Klytaimestra はどうであろうか．Iphigeneia を伴ってついに現れた彼女は儀礼に関する全ての言語を婚礼のために向けられたと解する（607ff.）．Agamemnon の曖昧な言語は全て犠牲のためと解しうるにもかかわらず．致命的であるのは婚姻の意味に関するあらゆる感覚を失っていることである．Klytaimestra は Homeros を読んでおらず，Achilleus が Agamemnon の娘を斥けた大いなる拒否を忘れている．ありえな

いジェネアロジクな連合であるにもかかわらず，簡単に信用してのこのこと連れて来て，家の領分のことが公共の事柄に混じる．即ち〈神話〉次元の解消である．かくして陣屋に引き上げた Klytaimestra に Achilleus が文字通り訳もなく接近する（801ff.）．この劇的不説明は効果的である．Klytaimestra の方は直ちに Achilleus を同定するが，Achilleus はいきなり現れた見知らぬ婦人の前で逡巡する（321f.）．cognatique な関係のチャンピオンの前でこれを拒否するメンタリティーが目眩を起こしたとしても不思議はない．それほど両者は異質である．いずれにせよ何も知らされていない Achilleus と，全てを婚姻のパラデイクマで見る Klytaimestra は完全に食い違ってしまう．二人が真相を究明しようと決めるや折しも老人が現れ，ことの次第を明かす（857ff.）．屈辱を共有した二人は不思議な同盟へと突き進む．Klytaimestra は母のパラデイクマに焦点を合わせて Achilleus に庇護を求める（900ff.）．子を殺される母というパラデイクマの普遍性（917f.: "δεινὸν τὸ τίκτειν καὶ φέρει φίλτρον μέγα/πᾶσίν τε κοινὸν ὥσθ' ὑπερκάμνειν τέκνων."）に訴えかけたというばかりではない．Nereides と Thetis が Achilleus に対してこの場合唯一有効であることを Klytaimestra は鋭い嗅覚で見抜いたのである．Achilleus は奇妙な言葉遣いで自己の思慮深さを強調し（919ff.），最後には Nereus と Thetis にかけて（949），娘には一切手を触れさせないと誓う．これは教養主義のグロテスクなカリカチュアであり Achilleus の意識的なパロディーである．したがって自分の原理を真っ直ぐに追求するその延長線上に出て来る真の決意ではない．文明と自由を隷属と野蛮に対置する Achilleus と Klytaimestra の長大なやりとりは全てどこか胡散臭く作られていて，"Troades" 等を既に知る聴衆にとって Euripides の痛烈な皮肉以外の何ものでもない．その基礎には，ジェネアロジクなパラデイクマの両極が今ここに癒着しなければならないところまでに追い込まれたということがある．

　Agamemnon と Klytaimestra の激突（1098ff.）は，長大で雄弁な Klytaimestra の Agamemnon 糾弾（1146ff.）と，(Iphigeneia の哀願（1211ff.）をはさんで）Agamemnon の短い自己弁護（1255ff.）から成る．その自己弁護の中に，「見よこの全軍を」（1259）や「自分や Menelaos のためでなく Hellas のために」（1269ff.）や「Hellas の自由のために」（1273）というスローガンが登場す

る．そして，Iphigeneia の嘆きの歌（1279ff.）は，Achilleus の再登場によって（1338ff.）[2]，献身の決意表明へと大きくかつ不連続に折れていく（1368ff.）．Euripides は再び，ぽっきりと折れて拍子抜けさせる意識構造，突然くるりときびすを返す不可思議な行動，を鮮やかに抉り取って示す．しかし誘因は，人々の熱狂の前にたじたじとなり危険さえ感じて退散して来た（1346: "*δείν' ἐν Ἀργείοις βοᾶται*"; 1348: "*οὐδεὶς ⟨τοῖσδ'⟩ ἐναντίον λέγει;*"）Achilleus が Klytaimestra と固く連帯して最後の抵抗をしようとしたことである．巨大な conformisme がこれを強いたこと，可能性の無い連帯であること，否，非論理的で虚偽の組み合わせたること，そうでなくともあらゆる対抗が終焉したこと，を Iphigeneia は直感したのである．全ては Hellas のためという空疎な演説は事実何の困難もなく Achilleus と Klytaimestra を感動させる（1404ff.）．手のひらを返したような二人の称賛の言葉は，ほとんど喜劇に近い諷刺の波長を帯びる．虚偽の完成である．

〔5・6・4・1〕 ed. G. Murray, Oxford, 1978 (1909).
〔5・6・4・2〕 周知の如く，Arist. *Poet.* 1454a28ff. 以来，あれだけ感動的に虚偽の戦争を拒否して生きることに固執して見せた Iphigeneia が急にグロテスクな「祖国のための自己犠牲」を歌い出すことは，"character" の "inconsitency" の見本とされてきた．様々な蓋然性を持ち出してこれを救う試みの中で，唯一 H. Siegel, Self-delusion and the volte-face of Iphigeneia in Euripides' "Iphigenia at Aulis," *Hermes*, 108, 1980, p. 308 は 1338-68 の Achilleus に着目する．

5・7 自ら死にゆく子供達

5・7・1

死に行く Iphigeneia を駆り立てるものは，"Phoinissai"（406 年？）[1]にはっきりとした形で登場している．Aischylos の "Hepta" と同じ syntagmatique な切片を扱いながら，Euripides は，攻囲された Thebai を救う人物として Kreon の息子 Menoikeus を置く．Teiresias の診断は何とこの息子を犠牲に供しなければ Thebai 側に勝機はないというものである（834ff.）．父 Kreon の態度は明快である（962ff.）．皆が知る前に Menoikeus を逃亡させようとする．ところがこれに従うふりをして実は死地に赴くのは Menoikeus の方である（991ff.）．祖国を救うために，その自由のために，生命を献げる，さもなけれ

ば生きていても存在自体悪と見られる（997f.: "*εἶμι καὶ σώσω πόλιν/ψυχήν τε δώσω τῆσδ' ὑπερθανεῖν χθονός*"; 1005: "*ὅπου δ' ἂν ζῶ, κακὸς φανήσομαι*"; 1012: "*ἐλευθερώσω γαῖαν*"; 1013: "*θανάτου δῶρον οὐκ αἰσχρὸν πόλει/δώσων, νόσου δὲ τήνδ' ἀπαλλάξω χθόνα*"），という自由主義のモティフが Euripides によって冷静に採録され，或る不連続線をくぐって飛躍する思考が病的な言語に辿り着く様が優れた医師の症例報告のように舞台の上に再現される．Homeros における元来のヴァージョン対抗，そして Aischylos における Eteokles の苦悩，兄弟の葛藤，等々を知る者にとって，場違いなパラデイクマの闖入以外なにものでもない．しかしこれは作品の失敗ではなく作品の効果なのである[2]．

もちろん子殺しは少くとも当初デモクラシーの側から政治的理性の原罪を表現したものである．政治的理性を体現する Eteokles や Kreon の脈絡と無関係に自己犠牲がなされる点が的外れであったとしても，Menoikeus とて，政治的理性が領域に転倒したところで生まれてくる，あの屈折体に深く根を下ろすことを忘れているわけではない．即ち Menoikeus は大地から生まれ出た[3] Spartai の名にかけて断じて死を選び取ると宣言する（1007f.）．この場面は Menoikeus が *choros* の女達に向かってする独白である．*choros* を構成するのは Phoinikia からたまたまやってきた女性群像である[4]．しかし Iokaste が作品冒頭で詳細に述べるように，Phoinikia は始祖 Kadmos の出身地であり，彼（A）がこの地の娘（X）と結ばれて Laios-Oidipous-Eteokles の系譜が成り立っている．Kreon そして Iokaste や Menoikeus は X の側に属し，A の側と exogamie-endogamie のシステムで結合している．かくして X の側の軍事化した男達と A からの女性群像（cf. 218）という組み合わせは或る原点を描くことになる[5]．Apollon を求めてやって来た *choros* は鋭く Ares の匂いをかぎつける（240）が，不思議と背後には Dionysos の空気が満ち満ちている（784ff.）．Ares が Dionysos の歌舞にのって現れ，地から生まれた Spartai（795）に息を吹き込んでいるというのである．

〔5・7・1・1〕 éd. Grégoire, Méridier et Chapouthier, Paris, 1973（1950）．Euripides の亡命との関係で年代については細かい考証が繰り広げられているが，Chapouthier は 409 年頃に成立，406 年に初演されたと推定する．

〔5・7・1・2〕 既にアレクサンドリア以来，余りに多種多様のテーマが詰め込まれている点を嘆く

声が絶えず,「不統一」の糾弾は近代のphilologyにとって避けえないものであったが, それでも幾つかの場面の劇的効果に多くの評者は舌を巻き, 意味の解釈にお手上げのKitto, GT^3, p. 351ff. でさえ, 劇的効果の追求こそが作品の柱である, と擁護する. ここではその一端しか取り扱えないが, これはEuripidesが, デモクラシーがパラダイクマの作用の極めて多くの次元にまたがって支えられているものである, ことを印象付けようとしたためであると考えられる.

〔5・7・1・3〕 E. Rawson, Family and fatherland in Euripides' Phoenissae, GRBS, 11, 1970, p. 109ff. はこれに全編を貫く主題を見出し,「大地」「祖国」等の語の異様な頻出度を指摘している. 但し, Euripidesが政治制度には幻滅しもはや「祖国の山河」にしか共感を見出せなくなった, とする解釈は全く見当はずれである. 逆にそうした観念連鎖の病状を肌理細かに分析しようとしている.

〔5・7・1・4〕 *choros* の構成は解釈上の論点の一つであり, カルタゴ等の「人身御供」の慣習を示唆するとする説 (R. Rebuffat, Le sacrifice du fils de Creon dans les *Phéniciennes* d' Euripide, REA, 74, 1972, p. 14sqq.) すら存在する.

〔5・7・1・5〕 cf. M. B. Arthur, The curse of civilization : the choral odes of the Phoenissae, HSCP, 81, 1977, p. 172ff.. *choros* のパートを一貫してジェネアロジーのモティフが織りなすことを丹念に分析し, Ares対Dionysosの動機をも的確に指摘するが, Burkertに影響されて, 文明自体が宿命的にSpartaiの殺戮動機を帯びて呪われている, という方向に結論を持っていくのは, 〈神話〉的形象を文字通りに受け取る短絡である.

5・7・2

こうした暴走が何の破綻に基づくのか, Euripidesはこの作品ではIph. A. とはまた違う解を与えている. そもそもAischylosにおいて, Thebaiの城壁はcognatiqueな連鎖の切断ではなく, 否, 切断自体が, 〈二重分節〉拒否の悲劇として描かれた. それは, 政治に到達した領域の組織が押し寄せる枝分節=〈二重分節〉のenigmaの前に苦悩する姿であった. Oidipous自体〈二重分節〉に至る全てのジグザグを一身に畳み込んだ存在であった. かくしてThebai城壁の前では兄弟が殺し合う. 〈二重分節〉システムの非対称互換性が展望として影絵のように浮き出る. 人々はそれに成功したはずである. EteoklesとPolyneikesは殺し合うのでなくデモクラシーの二元構造を支えて対立を維持しながら交替で権力の座に就いたはずである. ところが, Euripidesによれば, そのEteoklesとPolyneikesが再び殺し合うというのである. 全てを巻き戻して店じまいするというのである.

Euripidesの独創は, 第一に, Polyneikesを密かに城壁内に忍び込ませ,

5 子殺し批判のデモクラシー

Eteoklesと激しい論戦を戦わさせた点にある．そして第二に，Iokasteをこの論戦に加わらせ，何と兄弟の殺し合いを母にとっての二重の子殺しと解釈した点にある．

ほとんどPhoinissaiと混じるようにして城内に入ったPolyneikesは，互いのジェネアロジーの関連を確認しあうと，母に子の帰還を告げるPhoinissaiの大きな声（296ff.: "ὦ τεκοῦσα τόνδε μᾶτερ;"）に呼び出されたIokasteに迎えられる（301ff.）．母と子の極めて叙情的な場面が展開され，全ての女に普遍的なこの絆の強さがchorosによって歌われる（355f.: "Δεινὸν γυναιξὶν αἱ δι' ὠδίνων γοναί,/καὶ φιλότεκνόν πως πᾶν γυναικεῖον γένος."）．Polyneikesは不正に祖国を追われた（369）その後の苦難を語る（357ff.）．二人の会話の中で祖国（406: "Ἡ πατρίς"）の重要性が強調され，PolyneikesはAdrastosとの関係，彼との関係によるこの遠征，について述べ，そして最後に，肉親どうしの流血を避けるためにぎりぎりの和解（436: "μῆτερ, διαλλάξασαν ὁμογενεῖς φίλους"）を母の手に探るべく来たことを告げる．chorosが言う通り（445: "διαλλάξεις τέκνα"）母が子供達を和解させるというパラデイクマが用意されたのである．Eteoklesが呼び出されて，母の前で（467f.: "κριτής......διαλλακτής......"）論戦が始まる．

最初に弁論するのはPolyneikesである（469ff.）．彼はまず素朴な実在論に立って，言語は（"ὁ μῦθος"）元来真実から（"τῆς ἀληθείας"）自ずと出てくるのであり，錯綜した解釈論を（"ποικίλων ἑρμηνευμάτων"）要しない，それ自身毒を含む悪しき言語は逆に（"ὁ δ' ἄδικος λόγος"）様々な知的な仕掛けを（"φαρμάκων σοφῶν"）要する，と切り出す（cf. 494ff.）．そして，自分はOidipousの呪詛をかわすために進んで祖国を明け渡した，ただし一年後には今度は自分が統治する番であることを前提として（477f.: "ἐνιαυτοῦ κύκλον,/ὥστ' αὐτὸς ἄρχειν αὖθις ἀνὰ μέρος λαβών"）であった，ところがEteoklesは一年を経ても政治権力ばかりか自分に割り当てられた家産をも保持し続けた（482f.: "ἀλλ' ἔχει/τυραννίδ' αὐτὸς καὶ δόμων ἐμῶν μέρος"），と弁ずる．中心の側が当然に〈二重分節〉とデモクラシーを主張する．われわれはOidipousの呪詛の卓抜な解釈を提供される．

対するEteoklesの弁論（499ff.）は全く正反対の理論的前提からスタートす

る．もし全ての人にとって同じことが（"πᾶσι ταὐτὸ……"）正義ないし真実であるならば，鋭く対立する論証（"ἀμφίλεκτος ἔρις"）など人間の世界に存在しない，同一である（"ὅμοιον"）ないし等しい（"ἴσον"）というのはただ概念によって（"ὀνόμασιν"）把握された限りのことであり，実体（"τὸ ἔργον"）が同一である（"τόδε"）のではない，というのである．その上で，自分は一切隠さない，端的に，あらゆる女神の中で最上の「政治権力」（506: "Τυραννίς"）を決して手放さない，誰にも渡さないことで自分がこれを救済する，と宣言する．そして Polyneikes は武力を行使し，Thebai の政治権力そのものを危殆に陥れた，和解を言うのならば武力でなく言語によるべきではないか，と糾弾する．領域の側が政治の論理を使って領域の組織の分節を主張する．交替は簒奪に他ならないというのである．

　政治がデモクラシーを，デモクラシーが政治を，掲げ，二重の批判は素朴実在論に，これに対する懐疑もしくは批判，即ち二つの次元の独立の擁護（したがって政治！），はドラスティクな唯名論に転化してしまっている．こうした捻れた糸をほぐすべく Iokaste が弁論に立つ（523ff.）[1]．まず Eteokles に向かって徹底的に「政治的野心」（532: "Φιλοτιμία"）なる女神を攻撃し，古典的な「平等」（"ἰσότης"）の観念を説く．これこそが政治的国際的連帯を可能にする，昼と夜のどちらかがどちらかを圧倒することが許されるだろうか，年の刻みはどうなるか，と．さらには，政治的権力そのものが不正である，より多くを持つこと自体無価値である，所詮全ては神々からの預かりものである，そもそも Thebai が滅亡したならば政治権力を握りしめて何になるのか，と展開していく．他方 Polyneikes に向かっては，Adrastos との結合に引きずられて実力を行使することを低次元のジェネアロジクなパラデイクマに置き換えて丹念に批判する．しかし二人の兄弟の和解は成立しない（588ff.）．Eteokles は政治的権力を譲らないという条件で Polyneikes を領域に受け入れる以上のことはできないと言い，Polyneikes はまさに政治的権力をこそ譲るべきであるという立場を固持する．二人にはもはや potlatch 即ち一騎打ち（1219ff.）以外に残されていない．

　その報告を聞く Iokaste が果たしえなかった役割は明瞭である．二つの主張を〈二重分節〉の両分肢のごとくに統合するという役割である．捻れきってあ

らぬ方向に分解してしまった政治とデモクラシーを繋ぎ止める最後の手段である．同時に，子殺し批判という Euripides にとっての大原理のもとに政治とデモクラシーの相互尊重を実現しようというのである．しかしそれは破綻する．そして破綻の後には Menoikeus しか残っていないというのである．否，Euripides はこの作品に破裂を覚悟で全ての人物を登場させる．Antigone は Iokaste とともに和解をめざすが (1264ff.)，Kreon の冷たい宣告 (1584ff.) により，埋葬問題と Oidipous 追放を背負って流浪の旅に出ざるをえない．Iokaste の自害を聞いた Oidipous には「全てのけがれのもと」という汚名と Antigone だけが残される．

〔5・7・2・1〕 Foley, *Female Acts*, p. 280ff. は，母による調停という先行ヴァージョンの存在を指摘しつつも，Euripides 独特のいわゆる *agon* の場面の中でもこの Iokaste の弁論の異様な長さと充実ぶりに着目する ("those outside the political realm act heroically in the city's defense")．むしろ，これは日常の政治言語の水準であったに違いない．なおかつそれが空を切る，としたならば一体どこに問題があるのか．Euripides はこれを考えさせたかったに違いない．

5・8 子の解体

5・8・1

Makedonia への亡命後書かれ死後上演された "Bakchai"[1] は，悲劇固有のディアクロニーの一つの極点である[2]．Dionysos こそは子の原型である．Herakles と同型のジェネアロジーを有し，なおかつ Dionysos は par excellence に子である．既に Homeros において要注意の子であった．Lykourgos はこの子を殺そうとし破滅したのであった．この場合，子は領域の上の initiatique な作用即ち生産と果実でありえ，取り囲む多くの女達にとってはとりわけ cognatique な結合へと駆り立てるものである．子はそうした結合の果実でもある．その果実の神聖不可侵独立の保障に Dionysos が関わる．Homeros ないし Diomedes や Glaukos から見るならば，領域の問題群ないし領域の何らかの単位はそれとしてよく識別しなければとんだ危険を招くという境界表示に関わる．別の cognatique な作用を利用しつつなおかつ或る種のものを切除しなければならないだけに繊細な弁別力が要求されたのであった．

Thebai の王 Pentheus にとっても，厄介なことに Dionysos は神でありなが

ら人に身をやつして現れる．冒頭 Dionysos 自身この計略を明らかにする（4 : *"μορφὴν δ' ἀμείψας ἐκ θεοῦ βροτησίαν"*）．もちろんこうした意図に syntagmatique な連関が欠けはしない．Dionysos はまさにここ Thebai で Zeus と Semele の間に生まれる．しかし「母の姉妹達」（*"ἀδελφαὶ μητρός"*）は，夫 Kadmos を裏切って別の人間の男と結ばれ子ができたことを隠すべく，Semele がその子を Zeus に帰せしめたのである，という「Kadmos の策略」（*"Κάδμου σοφίσμαθ'……"*）に基づく対抗ヴァージョンを流布せしめた（26ff.）．Semele の焼死は Hera の怒りによるのではなく，虚偽の責任を負わされた Zeus 自身の怒りによるものである，というのである（30f.）．Dionysos は今この「神と人の取り違え」に報復しようというのである．その結果はギリシャの都市の中で最初に Dionysos の祭祀を Thebai に樹立するということになるはずである（20）．追放されて遠く後背地でディアクロニクな養分を吸った後（13ff.）の話ではあるが．

根底に Kadmos と Zeus が同一の女 Semele めがけて競合する事態が存する．Kadmos もまた外からやって来る．したがってわれわれは A-x と D-x の間のヴァージョン対抗関係に遭遇していることになる．Kadmos は「娘の息子に」（44 : *"θυγατρὸς ἐκπεφυκότι"*）王位を譲る．したがってこの Pentheus に Kadmos は「母方の祖父」として影響力を行使することとなる．

〔5・8・1・1〕 éd. Grégoire et Meunier, Paris, 1979 (1961).

〔5・8・1・2〕 かつてこれが理性と無神論の Euripides の改悛の作と，そして 19 世紀末以降は理性のパテーティッシュな姿勢を表現する作と，解されてきたこと，その裏返しとしてデモクラシー下の狂気と不条理が読み込まれてきたこと，しかし最近では凡そ社会秩序の構成原理への鋭い照射として分析されること，等々については以下到底立ち入ることができない（さしあたり vgl. Bierl, *Dionysos und die griechische Tragödie*, S. 177ff.）．

5・8・2

Hesiodos にとっては，人としての Dionysos の生々しい作用自体，決して神として凍結さるべきでなく，そのまま領域に展開すべきであるということになる．Dionysos は閉じた空間の中に侵入して内側からこれを解放して晴天の光のもとにさらす．Iolkos でこのことに成功した Melampous 兄弟は Hesiodos において無事領域に着地したのであった．このヴァージョンにおいては Dionysos は共和革命の推進力の一翼を担う．

　われわれの Dionysos もまた Kadmos および孫の Pentheus の拠点，王の館，にアプローチする．まずは Semele の姉妹達を「館から」(32: *"ἐκ δόμων"*) 狂気によって (*"μανίαις"*) 出て行かせる．次いで Kadmos の系譜の全ての女達 (35f.: *"ὅσαι/γυναῖκες ἦσαν"*) を館から駆り出し (*"ἐξέμηνα δωμάτων"*)，彼女達が Kadmos の娘共々山野で野宿するようにさせる．

　以下舞台はその館の前に置かれ，外からここへの動き，ここから館に入る動き，館からここへ出る動き，そしてまた外へ出ていく動き，の分節的関係が劇的進行の軸を構成する．科白にこのことは明確に刻まれる．まずやって来た Teiresias と出て来た Kadmos が落ち合い (170ff.)，同じく出て来た Pentheus とのやりとり (215ff.) の後，連れ立って外へ出ていく．女装し，彷徨う女達に加わるためである．次いで外から Dionysos が捕縛されてやって来る (434ff.)．もちろん拘留すべき館の中へと送り込まれるが，Pentheus にとってこれは致命的なことである．事実 *choros* は直ちに「Pentheus の館は崩れ落ちて灰燼に帰する，Dionysos が中に入った」(587ff.: *"τάχα τὰ Πενθέως/ μέλαθρα διατινάξεται πεσήμασιν./ Ὁ Διόνυσος ἀνὰ ⟨τὰ⟩ μέλαθρα"*; cf. 595; 603; 606: *"διατινάξαντος δῶμα"*) と囃す．人に扮した Dionysos は，そもそも縛ったつもりが幻想で，おまけに，Bakchos が館を揺すぶり倒すべく (623: *"ἀνετίναξ'……δῶμα"*) やって来て火を放った，と物語る (616ff.)．結局館を根こそぎ崩壊させてしまう (633: *"δώματ' ἔρρηξεν χαμᾶζε"*)．

5·8·3

　もちろんこれは共和革命ではありえない．既に見たように Dionysos の出生は新しいヴァージョンのもとに置かれている．妻の私生児を巡って，その父が果たして神か人間か，という屈折はデモクラシーへの社会変動の中で典型的に見られたものであった．そればかりではない．黒く覆う屋根の解放は，女達が中心から遠心的に運動して彷徨う Proitides の動機を伴っている．空間的パースペクティヴはさしあたり十分明確に分節されている[1]．見知らぬ異邦人の来訪によって女達が皆出て行ってしまった事態に立ち向かう Pentheus は，都市中心から領域への運動 (217: *"γυναῖκας ἡμῖν δώματ' ἐκλελοιπέναι"*) とそこか

らさらに山野への運動 (218f.: "*ἐν δὲ δασκίοις/ὄρεσι θοάζειν*") とを分節的に捉える．館が崩壊したところで女達の動きについて情報が入る (660ff.)．牧人が家畜を追って通りかかると，眠っていた女達が目覚める．牧人達は Pentheus のために女達を捕らえようとする．ところが女達は Pentheus の母 Agaue の叫びとともに集団で家畜を襲ったのである．牧人達は逃亡する (734: "*φεύγοντες*") が，女達は家畜をまさに解体して食べる．そうして女達は中心へと上昇の運動を開始する (748ff.)．領域で家々を襲って子供達を連れ出し[2]，何と「女が男を逃亡させる」(763f.: "*φυγῇ/γυναῖκες ἄνδρας*")．危機に瀕した Pentheus は，脱出後悠々とそこへとどまったままの Dionysos の策を，窮する余りまんまと受け入れてしまう (810ff.)．つまり自ら女達の扮装をして偵察しようというのである．扮装のために Pentheus は館に入る (827)．念がいったことにそこからあらためて出直し外へと向かうのである．後にこの様を報告する者の描写は正確である (1043ff.)．まず都市中心から領域へ，そしてその領域を後にする ("*θεράπνας τῆσδε Θηβαίας χθονὸς/λιπόντες*")．上昇の運動が分節されるに応じて，下降の運動も分節的に捉えられ，"*λείπειν*" という語がそれを画す．正確には高々その向こうに "*φεύγειν*" がある，という伝統がその限りで生きている．

しかしながら，都市中心からの直接の "*φεύγειν*" はこの分節的パースペクティヴを席巻する．まず，Dionysos を捕らえた Pentheus はいやに Dionysos の逃亡ばかり気にしている (437: "*φυγῇ*"; 452: "*ἐκφυγεῖν*")．館の崩壊後にはてっきり逃げてしまったと早合点する (627: "*πεφευγότος*"; 642: "*διαπέφευγέ μ' ὁ ξένος*")．そこにとどまっている Dionysos を見て，一体どうやって脱出したのか，と尋ねる (648: "*διαφυγών*")．Dionysos は平然と，自分達は逃げはしない (659: "*οὐ φευξούμεθα*") から，女達の動向を知らせる牧人の話を聴いたらどうか，と勧める．既に述べたように，状況報告の中で逃亡の動機は女達を狩る牧人達や男達の側に転移する．丁度館を落とすときに火が役割を果たしたように，女達の動きは野火の如く侵食する (778)．正規戦の準備を命ずる Pentheus を Dionysos は，Dionysos に犠牲でも捧げた方が良かろうに，と皮肉るが，Pentheus は，女達に総攻撃をかけて血祭りに上げる，と正気の沙汰ではない (796f.)．Dionysos は，お前達こそ皆こぞって逃走するだろう (798:

"φεύξεστε πάντες"），と極めて意味深長な言葉を発する．

［5・8・3・1］　Ch. Segal, *Dionysiac Poetics and Euripides' Bacchae*, Princeton, 1982, p. 78ff. は，空間的構図と運動に着目しながら，都市と山野を秩序・文明と解放・野生等に読み替えるが如き分析に終始するために，館と都市について同じ結論を繰り返すばかりである．パリ学派の手法が通俗化されて普及した典型的なケースである．

［5・8・3・2］　cf. E. R. Dodds, *Euripides, Bacchae*², Oxford, 1960, p. 167f.

5・8・4

事実，珍妙なことに，今や娘達ないし Proitides のように "φεύγειν" するのは都市中心の男達である．既に Kadmos と Teiresias が，Bakchos ないし Bromios に付き従って山野を歌い踊り彷徨う女達の完璧な出で立ちで，中心から発進する．Dionysos の唆しに陥れられ，Pentheus までもが少々嬉々として扮装し化粧までして出ていく．この時，Pentheus は Dionysos に，まるで Kadmos の娘達の一人のようではないか（917: "πρέπεις δὲ Κάδμου θυγατέρων μορφὴν μιᾷ"），と絶賛される．Pentheus は，世界と体制の全体が二重に見える[1]，と答える（918f.）．早くも生じた髪の乱れは館の中で思わず体を激しく揺すって Bakchos 踊りをしてしまったことによる（930f.）．

もちろん，Pentheus は追い詰められた野獣のようにして狩り捕られる運命にある．Pentheus を襲ってこれを殺した女達は，しかしここで入れ替わるように都市中心へと上昇回帰するのである．Pentheus の母 Agaue は，逆の運動の分節を記すかのように，姉妹達を歌舞の中に残して（1143: "λιποῦσ' ἀδελφὰς ἐν χοροῖσι μαινάδων"），まさに都市中心内部へと進出すべく進発する（1144f.: "χωρεῖ……/τειχέων ἔσω τῶνδ'……"）．既に一群は捕らえられたものの脱出している（443ff.）．また，牧人を襲ってそのまま領域を侵食した一群は，一旦引き下がったようであった．しかしいずれ往復運動は完結する．通常は婚姻に伴って．ところがここでは Pentheus 殺害が帰結である．「母は捕ったばかりの息子の惨めな頭を両手に抱えて」（1139f.: "κρᾶτα δ' ἄθλιον,/ὅπερ λαβοῦσα τυγχάνει μήτηρ χεροῖν"）凱旋する．Pentheus はもはや決して本来の意味では往復運動を完遂しえないのである．

［5・8・4・1］　近年の一連の学説（F. I. Zeitlin, Playing the other: theater, theatricality, the feminine in Greek drama, in: Ead., *Playing the Other*, p. 341ff.; R. Seaford, Dionysiac drama and the Dionysiac mysteries ,*CQ*, 31, 1981, p. 252ff.; S. Goldhill, Doubling and recognition in the Bacchae, *Metis*, 3, 1988, p. 137sqq.）が好んで着目する点であるが，polarity のコードへ同化させるための initiation 儀礼そのものがここにあるのではない．

5・8・5

　実は Pentheus は殺されたというよりも，その体を解体されそして食べ尽くされたのである．Tantalos 以来，このようにされることができるのは子であり，このようにすることができるのは父である．確かにここでも Pentheus は子として解体される．しかし解体するのは母である．Pentheus を追い詰めて木の梢からたたき落とした女達の中で，母の Agaue は「殺戮の祭祀長」（1114: "*ἱερέα φόνου*"）として真っ先に我が子を襲う．Pentheus の「私だ，あなたの子だ，自分の子を殺さないでくれ」（1118ff.: "*Ἐγώ τοι, μῆτερ, εἰμί, παῖς σέθεν……μηδὲ……παῖδα σὸν κατακτάνῃς*"）という叫びも Bakchos に取り憑かれた彼女には全く通用しない．彼女が Pentheus の体をまず肩を抉り取る（1127: "*ἀπεσπάραξεν ὦμον*"）．続いて Kadmos の娘達，即ち Pentheus の叔母そして Agaue の姉妹達が襲いかかる．Ino はもう一つの肩に取り掛かりその肉をむしりとる（1129f.: "*τἀπὶ θάτερ' ἐξειργάζετο,／ῥηγνῦσα σάρκας*"）．こうして全ての女が Pentheus の体を分解していき，てんでに部位をかざして誇る（1133f.: "*ἔφερε δ' ἣ μὲν ὠλένην,／ἣ δ' ἴχνος αὐταῖς ἀρβύλαις*"）．Pentheus の体は見る見るうちに剝ぎ取られていき（1134f.: "*γυμνοῦντο δὲ／πλευραὶ σπαραγμοῖς*"），結局完全に散逸してしまう（1137: "*κεῖται δὲ χωρὶς σῶμα*"）．

　Thebai に意気揚々と凱旋する（1165ff.）Agaue は，素手で野獣を射止めたと信じてこれを他ならぬ息子 Pentheus に誇ろうとする（1202ff.）．何とか Pentheus の遺体をかき集めて戻って来た Agaue の父 Kadmos がこれを迎える（1216ff.）．正気に戻った Agaue に（1265ff.）自分が手に持っているものが何であるかを知らせる，Agaue は自分で息子の頭を同定する（1284ff.）．Agaue は Herakles と同じ子殺しを犯してしまったのである．

　しかし子殺しの意味は大胆にも転換されている．子は実は Spartai であり（537ff.），したがって領域の閉鎖的な軍事組織である．これが〈二重分節〉を

受け入れない．そこでデモクラシーめがけて巨大なエネルギーが発動される．ディアクロニクに根元まで振動して動員されていく．Pentheus の側の閉鎖的態度がこれを助長して収拾がつかなくなる．この時皮肉にも，デモクラシーは領域の〈二重分節〉単位を却って捻り潰してしまうのである．領域の組織にとって，政治とデモクラシーの関係という解き難い問題は出口無しの状況に追い詰める性質を持つ，ということを Euripides は明晰かつ痛快に突きつけたのである．しかも問題は普遍的である．解き難い所以は，政治とデモクラシーの全体の積み上がりのディアクロニーが必然的に自分と自分を縺れさせていく，その縺れを増幅させていく，そうであらざるをえない，性質のものだからである，というのである．文学・歴史学・哲学を含むデモクラシーの基礎の全体が問われているような印象にわれわれがとらわれるとすれば，この点に基づく．

6 〈二重分節〉の概念

6·0

　われわれの以上の分析は，もちろん，極めて限られたものである．まずわれわれに残されたテクストは極めてわずかであり，次にその残されたテクストさえ全面的に分析されたわけではない．可能な限り脈絡を復元するということがパラデイクマのヴァージョン対抗に焦点を絞る観点から要請され，作品全体を把握しうるテクストに作業は集中した．その結果 Sophokles や Euripides についてさえわれわれは全体像を得たことにならないし，まして他の多くの叙情詩・悲劇を見ていないことになる（この他に〈神話〉を巡る言説の様々な形態から発した断片的伝承が多数有る）．しかしそれでも，〈神話〉という素材につき短い期間の間に如何に密度の濃い言説の繊維が張り巡らされたかが既に十分に示されたと思われる．同一の「神話世界」を巡る濃密な対抗ヴァージョンの応酬の氷山の一角をわれわれは覗くことができた．そこに一個の高度に発達したコードが構築されていたことについては疑問の余地が無く，またもちろんこのことは今日広く認識されている．またこれが人々の意識を広く深く支配したことも疑いない．明確に輪郭を持って意識され省察された観念構造が圧倒的に共有されていたのである．このことは人々の意識が等質的であったことを意味しない．むしろ差違と対立こそが確固たるものとして樹立されていたのである．

　問題は，このよく知られた事実が何を意味するかである．まず，単に「密度が濃い」とか「一貫した」とかというタームで捉えるのでなく，明確なメルクマールで解析できなければならない．ヨリ少ない程度におけるならばあらゆる「文化」のどこかに何らかのこの種の「コード」を発見しうるからである．その上，既に Homeros についてほとんど同一の特徴を見出しうるから，われわ

れはこれと区別しうる（しかも一定の共通性と持続性をも説明しうる）メルクマールを持たなければならない．次に，この形態学的メルクマールを，他の事象を説明するための装置と関連付けなければならない．そうでなければ「意味」には至らない．逆に言えば，上の形態学的メルクマール自体こうした関連づけに耐える程度に錬磨しておく必要がある．

　以上の分析の中でわれわれはこのメルクマールを少しずつ先取りして示してきた．先行の作業において理論的前提について多くを述べてあったため，それも許されると考えた．しかし本章の最後に，極めて簡単に，そのメルクマールについて述べておくこととする．

6·1

　われわれはかつて，政治の成立に際して極めて特殊なパラデイクマ群が周到に準備される，ということを見た．このパラデイクマ群は，既存のパラデイクマのヴァージョン対抗を極大化して得られるものであり，到底再現的でない性質のものであった．したがって到底直接にそれに従うことができない性質のものであった．しかるに，この種のジャンルのパラデイクマの発達は人々の意識と思考の形態を決定的に変化させる．新しいパラデイクマ群 M1 の普遍的介在は，人々がパラデイクマを通じて関係を作るときに，ディアレクティカという手続を強いる．否，M1 の導出も含めて全体をわれわれはディアレクティカと名付けうる．この手続を保障するための系統的な活動もまた生まれる．

　このようにして社会が出来上がったとき，諸々のパラデイクマのヴァージョン対抗が共通して示す屈折の傾向はもちろん特異なものになる．その特質を的確に把握するためには，テリトリー上の人的組織の一定のあり方を概念化かつこれと屈折の態様を関係付けることが効果的である，とわれわれは考えた．その何らかのあり方を仮設として想定することによって，最もよくパラデイクマのヴァージョン対抗を説明できるのである．ディアレクティカは諸々のパラデイクマのヴァージョン対抗関係をまさにこの脈絡において最も際立って特殊なものにする．つまり，テリトリー上の人的組織のあり方がもはや枝分節 segmentation ではなく〈分節〉articulation である，と想定することによってそのヴァージョン対抗のあり方が最もよく説明できるのである．対抗しながら人々

がもっぱらこれを追求している, としか解しえないのである. そこにおいては
テリトリー上の関係が完全に一義的になり, そして全ての関係が一義的になる.
否, これが一義的ということの定義になる. 政治の成立たる所以である.

　この変化は8世紀の末から7世紀の初めにかけて同時多発的かつ大きな断絶
として突然達成されたと考えられる. さてこれに対して, 少なくとも6世紀後
半から次の大きな変化が, 今回は長期にわたる激しい変動として, 進行し始め
る. それまでの社会構造の生命線は M1 であった. 今回の変動によってもこの
点に変わりはない. したがって一旦成立した政治を廃止するといったような変
化ではなかったことは自明である. しかし, M1 に該当するパラデイクマ群は
大きく二つに分化し, そのうちの一つは M1 を M2 に再構造化するものであっ
た. 再構造化は, ここでは, M1↔N1 という対抗関係を, 対抗の同一性を維持
しつつ, M2↔N2 という (ディアクロニクに) 新しい対抗関係へともたらす
ことである. いずれにしてもさしあたりは M2 は M1 にことごとく (ディアクロ
ニクに) 対抗するパラデイクマ群であるかのように見える. もちろん精査すれ
ば M2 も鋭い対抗関係に満ち満ちていて, それはかつての最も鋭い対抗関係を
形を変えて継承するものであることがわかるのである.

6・2

　M2 の登場は, さしあたりその限りにおいてさえ既に, われわれに社会構造
の変化を想定することを強いる. パラデイクマのヴァージョン対抗が共通に示
す屈折の傾向が変化するからである. もっとも, M そのものが生き残ったこ
とから推して, 変化は一個の variant の成立として概念しうるのではないか,
という見通しが生まれる. もちろんパラデイクマ自身の残存は社会構造の残存
を全く意味しない. しかしこの場合は, かつて M1 が示した大きな屈折を人々
が共有し続けたと結論しうる. そのヴァージョン対抗から生ずる意味連関はそ
のまま生き続ける. 新しいヴァージョン対抗関係はむしろこれと常に二重の意
味連関を形成するようにして人々の意識を覆っていくのである[1]. その限りで
これは一層意識的で厳密な人々の知的営為を前提とする.

　事実, われわれが分析してきたテクストは全てこのことを極めて意識的に追
求していると解される. 単にディアレクティカを意識的に追求しているばかり

ではない．ヴァージョン対抗を精緻に組み立てようとしているのであるが，そのときに一旦組み立てられたそれをもう一度反省に曝してもう一段精製しようという姿勢が顕著である．そうした反省作用は容易に読み取ることができるから，解釈者達はここから反転して，これらテクストが人間や社会や文明についての一般的な省察として分析しようとしてきた．もちろんそうしたことに行き着くテクストであるには違いない．しかしその解釈の際にしばしば短絡が繰り返されてきたのは，M0—M1 を前提にさらにその上に M2 を積み重ねるという営為の特定性の認識の欠落故である．結論を先取りして言えば，テクストに，デモクラシーの問題抜きにいきなりこうした一般的な問題を考えさせる，誤りである．これらのテクストはデモクラシーの問題を通じてまさに一般的な問題にヨリ高度なレヴェルでアプローチしたということができる．これらのテクストに驚嘆するのであるならば，このことを失念するわけにはいかない．なおかつ，同様のことは既に Homeros と Hesiodos のテクストに関して政治との関係において生じていたのである．したがって，これを二重にしたのがわれわれが分析してきたテクスト群である，と言うことができる．要するに，われわれの意識というものに対する十分に高度な省察というものがあった，その省察する意識をも含めて深く内省し決して再現的パラデイクマに短絡しない意識作用というものを内蔵する意識が形成された，ということである．

〔6・2・1〕 cf. Lanza, Redondances, p. 147.

6・3

しかもなお，パラデイクマに対するこの複雑な作業は広範な人々によって共有された．深くパラデイクマ全体に作用を及ぼしたのである．ヴァージョン対抗の質自体が変化したとすれば，それは社会構造の変化である．

われわれがそこに存すると想定しなければならない新しい社会構造は何であろうか．M1 に関してかつてわれわれは「テリトリー上の人的組織の〈分節〉」がもっとも相応しい記述タームであると考えた．新しい記述タームもこれに関係付けることが望ましく，また事実，なお一層「領域」の問題が鍵を握っている様子は明示的にさえ読みとりえたのである．そこから paradigmatique に次々と高次の意味連関が発生している，と捉えることが最も経済的である．す

ると，われわれはテリトリー上の人的組織としてどのようなものを想定すればよいであろうか．

われわれが選んだのは，〈分節〉に対抗する意味で〈二重分節〉l'Articulation double という語であった．これもまた既に言語学で使用されたことのある概念であった．そこでは，文が語に分節され，語が音節に分節されている，といった（重要だが）比較的単純な関係が指示されていた．もっとも，われわれの〈二重分節〉という語が指示する概念は一応それとは別個に与えられる．そして，M2 内の鋭く高度な対抗関係は全てこの〈二重分節〉に関わるように見え，しかし同時にこの〈二重分節〉が到底単純な概念ではありえないということを強く示唆しているように見えた．

まず，極近似的に，〈二重分節〉とは，テリトリー上の人的組織がまず〈分節〉していて，このことを今無視して各〈分節〉単位を見ると，それがまた〈分節〉している，ことであると言うことができる．しかし，〈分節〉はヒエラルキアを概念することを許さないから，〈分節〉されたものをさらに〈分節〉したところで一次元の〈分節〉しか現出しないのではないかという疑問が直ちに生ずる．逆に，〈分節〉は各〈分節〉単位が完全に一体的であることによって成り立つ，即ち単一の頂点の下に無分節組織が実現することによって成り立つ，にもかかわらずその〈分節〉単位が簒奪され曖昧になれば第一〈分節〉が台無しになる，したがって二重ではありえない，という異論もまた直ちに提出されうる．

最も容易にこうした疑問に答える方法は，小さな〈分節〉系が幾つも並存している，しかし，それらにおいて各構成員相互の間に〈分節〉的関係はあっても，各〈分節〉系は単一の頂点に絶対的に服している，その単一の頂点が複数連なって上位の〈分節〉系を成す，という像を想定することである．ところがこれは全く〈二重分節〉ではない．何らかの頂点に服するならばそれは凡そ〈分節〉ではない．そもそも政治成立と同時に Hesiodos によってこの問題は意識された．この頂点を Hesiodos は廃棄するに至らないが，既にそれに対しての緊張関係を極大化することには成功していたのである．

とはいえ，このように考えてみることによってわれわれはかなりポイントに接近することができる．上位の単位ないし頂点を構成しなければ上位の〈分

節〉系が成り立たない，しかし頂点を構成すれば下位の〈分節〉系が成り立たない——これが問題である．実は〈二重分節〉の概念自体この問題を強く意識している．第一に，上位の頂点となるか下位の構成員となるかが決定されているときにのみ，この問題は生ずる．ならば，上位の頂点と下位の構成員が不断に循環し交替すればよい．確かに頂点は一義的に構成される．しかし下位の構成員はこれに服するという関係に立つのではない．否，頂点が下位の構成員に服するのであるかもしれない．第二に，各単位が時々に入れ替わって下位に立つとき，特定の〈分節〉頂点との間に排他的交換関係を持つのではなく，それを取り換えたり，同時に多重的に関係を設定しうる．第三に，下位の〈分節〉単位間には，上位の〈分節〉体系と無関係に，自由で無差別的・解放的な〈分節〉体系が複数形成される．この〈分節〉体系はしかも上位の〈分節〉体系と闊達に連動しつつこれから自由である．言わば，〈分節〉の二つの審級の間にまた一つ〈分節〉的関係（自由）が達成される．以上のようなときに〈二重分節〉があると言うことができる．

諸々のテクストは，まるで〈二重分節〉という道具概念を既に備えているかのように，循環，交替，二つの次元間の〈分節〉的関係，といった事柄に極めて意識的で敏感であった．

6・4

しかし何故これらのテクストは読み手にこうしたことを考えさせる独特の屈折を示すのか．〈二重分節〉に一体何の意義があるのか．

これを最もよく知るであろう人物は Hesiodos であろう．領域の人員は，その領域の組織に属する限り，相互に自由である．都市の貴族達に対しては，その領域の組織に結集して団結して自由を守る．しかしこの領域の組織を離れてもなお自由でどうしてありえないのだろうか．自分達相互の間で自由であるばかりか，自分達自身からどうして自由でありえないか．全ての装置をかなぐりすてればよいというのではない．むしろ既存の装置を巧みに二重に組み合わせることによってのみ，つまり同時に二重に自由であることによってのみ，初めて，自由達成の道具である〈分節〉システム即ち政治システムからもさらに自由であることが可能になるのではないか．

6·5

　もっとも，そればかりではない．以上のような二面的な関係は，〈二重分節〉システムにおいてはあるゆる場面で形成される．つまりは，〈二重分節〉は，〈分節〉と同様に，特定の目的や理念に奉仕するものではなく，一層複雑で多様で独創的な思考を可能にする，様々な事柄の一層多重的な保障をもたらしうるようになる，ということである．二重の自由はその可能性の一つにすぎない．

　つまり，〈二重分節〉によって開かれた可能性の総体というものが，われわれの視野に重要なものとして入って来ざるをえない．われわれはデモクラシーの基礎をこういうものとして再定義できるのではないか．

II
批判の新しい形態

0 序

0·1

　前章で見たように，政治成立の鍵を握った特殊な性質のパラデイクマ群 M1⇔N1 について，これを全面的に再構造化する試みが展開され，その結果生まれた M2⇔N2 はデモクラシーを支える社会構造を深部で構成するものであった．この M2⇔N2 は M1⇔N1 とは言わばステータスを異にするパラデイクマであった．確かに M1⇔N1 もまた決して現実の人々の行為の直接のモデルとなることができないものであった．しかしそれは，政治的決定を巡って戦わされる議論において言わば原理の如きものを提供することはできたのであり，その資格において引照されることさえできたのである．ところが M2⇔N2 はこうした政治的議論の場からそもそも完全に切り離されてその生命を保つのである．

　ならば政治的議論において論拠の位置に立つパラデイクマは M1⇔N1 であり続けることができたであろうか．M1⇔N1 自体が再構造化されていった以上，このことは到底ありえないことであった．すると政治的議論はかつての M1⇔N1 に該るよく準備されたパラデイクマ群を失ったのか．しかしそれではディアレクティカが成り立たず，政治が崩壊する．ならば当然に新しいジャンルのパラデイクマ群が形成されなければならないはずである[1]．それはまず依然として直接的な作動を厳密に排除されたパラデイクマでなければならない．しかも M1⇔M2 とも鋭く区別されなければならない．当然，M2 とは違った方向において M1 を鋭く批判して登場してくることであろう．それに替わる，それと区別された，厳密な論拠たりうるパラデイクマ群を準備しようという試みが開始されるであろう．

〔0・1・1〕 これを捉えて，凡そ「ヒューマニズム」「合理的思考」「批判的思惟」「哲学」「科学的思考」がこの世に登場した（「*mythos* から *logos* へ」），と断ずるのが圧倒的な伝統である．しかしそれが Homeros と Anaximandros を混同していること，或いは，Homeros を落としてしまいその結果 Anaximandros も見えなくなってしまっていること，は既に POL III・2・6 で指摘した通りである．われわれは議論を二重にしなければこの事象を捉ええない．また議論の次元をも二重にして Homeros から Pindaros/Aischylos へ変化する筋道と並行的にでなければ描きえない．要するに政治とデモクラシーの間の関係を識別できなければ混乱したままに終わる．

そのような基本的な整理ができないために，画期的であったとは言うが，何が画期的であったのかは曖昧なままである．或いは，争われて決着しない．神話的思考からの脱却というが，神話とは何かがはっきりせず，これを Homeros や Hesiodos と置き換えたとしても，今度は彼らとイオニアの cosmology との間の連続性を主張する論者が登場する（Cornford, *From Religion*）のは当然である．

それが何であったかについての混乱は二つの側面を持つ．一方には，それが既に「科学」であったかどうかという論争があり，他方には，少なくともイオニアにはまだ「科学」しかなく，哲学はこれを批判して初めて出てくるのではないか，という論争がある．

他方，何故そのようなものが発生したかの説明となると，論者の混乱自体が拡散して形をなさない．イオニアを説明する必要から，オリエントからの諸技術の流入は有力な位置を占めるし，他方商業や流通の発展は最も標準的であると言うことさえできる．デモクラシーとの関係も意識されるが，多くの場合「ポリスの発展」と区別されることさえない．

〔0・1・1・1〕 イオニアで始まったことを高く評価するのがもちろん一般的である．しかしこれに対して，イオニアにはまだ哲学はなく，そこで始まった科学をまさに批判して Parmenides と共に哲学が始まったのである，という批判が哲学の側から依然執拗に向けられる（さしあたり，cf. J. Mansfeld, Mito scienza filosofia: una questione di origini, *QS*, 20, 1984, p. 43ss.——Herakleitos を Parmenides と並べながらも微妙に劣位に置く点でも Heidegger の議論に酷似する）．論者達がここで求めているのは「形而上学」である（vgl. M. Heidegger, *Einführung in die Metaphysik*, Frankfurt am Main, 1983 (1953), S. 3: "Warum ist überhaupt Seiendes und nicht vielmehr Nichts?......die erste aller Fragen"——Parmenides の珍妙な翻案になっている——Parmenides につき，vgl. S. 103ff., Herakleitos との滑稽な優劣比較につき，vgl. S. 105）．そしてこれは Aristoteles が形而上学を特権化したことのエコーであるが，しかしならば「形而上学」は何故必要なのか，その登場は何を意味するのか．classification のための記号体系，ないし cosmogony, とどう違うのか．これらが「神話的思考」と十分に分離されていないとすれば，それが多かれ少なかれ paradigmatique に働くからではないか．他方，Aristoteles においてそれは多少とも paradigmatique に働いていないか．「形而上学」の括り出しはこのことと関係していないか．しかし元来は別のことが「形而上学」を要請していたのではないか．そうした連関はイオニアでこそ明晰に意識されたのではないか．

以上と並行するバイアスは，イオニアでは倫理学的側面が未発達であり，これがまさにそれを「自然学」即ち「科学」たらしめる所以である，というものである（cf. Mansfeld, *op. cit.*）．

これも Aristoteles に遡るが,倫理学は,paradigmatique な連関をディアレクティカの表層にまで浮上させるところから生ずるものであり,「形而上学」の分離と若干似た問題を惹起する. つまり,倫理学をそれ自身として追究することがなかったとすれば,それはイオニアにおける思弁の極めて大きな独創性を物語るだろう,ということである.倫理学は結局は二重のディアレクティカの構造を大いに解体させかねないものである.(Sokrates におけるような)高度に批判的反省的次元を欠いてそれを求めることは,二重の構造の分節に心を用いたイオニアの独創ばかりか,この章で扱う全思索の独創を見失うに等しい.

〔0・1・1・2〕 「科学」ないし凡そ「合理的思考」の原点をイオニアに見る見解は依然極めてオーソドックスであるが,しかし近代の自然科学の思考との差違は非常に強調される (K. v. Fritz, Der Ursprung der Wissenschaft bei den Griechen, in : Id., *Grundprobleme der Geschichte der antiken Wissenschaft*, Berlin, 1971, tr. it., Bologna, 1988, p. 5ss. の序論的概観を参照) ようになり,通念たるに比して,専門的な論証の次元では影が薄くなっていた.そうした状況で戦わされた K. Popper と G. S. Kirk との間のよく知られた論争は,問題の所在によく光を照てる.Popper は, "the simple straightforward *rationality* of the Presocratics" を再評価すべく,そのポイントを "the critical attitude" 一般に求めようとする (Back to the Presocratics, in : D. J. Furley, R. E. Allen, *Studies in Presocratic Philosophy, I : The Beginnings of Philosophy* [*Furley/Allen, I*], London, 1970, p. 130ff. (=*Proceedings of the Aristotelian Society*, N. S. 59, 1958-9). Anaximandros の思考が「科学」のそれではない,という主張の決定的な論拠は,経験的なデータによって実証しようとするところがない,というものである (F. M. Cornford, Was the Ionian philosophy scientific?, *ibid.*, p. 29ff., or., 1942 は,Hippokrates の流派の医学にしかなかったとし,彼らの cosmology 批判を引用する).これに対して Popper は,経験から出発し induction を経てこれを説明するのが「科学」であるのではない,と批判し,intuition によって現象の背後に cosmology を構築する Anaximandros の独創こそ「科学」にとって決定的であった,と擁護する. "the critical attitude" は,あれやこれの経験の突き合わせではなく,経験そのものの批判のことである.地を支えるものを構想する,しかしそれを水等々としたのではまたそれを支えるものを要する,そこで Anaximandros は "the internal or structural symmetry of the world" を構想した,この結果 "the idea of an absolute direction" を廃することに成功した, "This is not only contrary to all experience but notoriously difficult to grasp," というのである.後述するように,この指摘は極めて鋭いものを含み,Popper の指摘は大きな基本を再認識したものとして評価しうるが,精度が足りないために Kirk に致命的な点を突かれることになる (Popper on science and the Presocratics, *ibid.*, p. 154, or., 1960).つまり Popper が "the Vienna Circle" 流実証主義の隘路を抜けるために,反対の極端へと行ってしまったというのである.個々の観察からは決して一般的な認識には辿りつきえない,そこで intuition を要請し,その跳躍を批判と称する,しかしこのときにやはり経験を無意識にその跳躍の土台としているではないか,それであるのに,そこを繋ぐ手続,跳躍のメカニズムについては何ら説明できないではないか,というのである.実際,Popper は Hekataios も *autopsia* も眼中に入れなかった.哲学の方に舵を切って「科学」を救おうとしたことになる.この点,Kirk は至る所で経験的データを論拠に批判作業をする営みを断片の背後に再構成しており,むしろもっと正面からイオニア擁

護が試みられた, とさえ言いうる. philology を武器にして "some particularly wild interpretations by philosophers (one thinks, for example, of Hegel, Nietzsche, and Heidegger), which if allowed to stand uncriticized could only obstruct the formation of a reasonble historical valuation" と戦う Kirk にとって, Popper の無防備は我慢のならないものであったに違いない. もっとも, Kirk も, 実証主義をはぎ取った後になお残る大きな岩盤, イオニアから近代にまで貫通する層, につきこれの具体相を特定するには至らない.

0·2

Ionia の都市 Kolophon の出身でかつ亡命後広く長く6世紀後半から5世紀初頭にかけて活躍した Xenophanes の以下のような断片は, 確かに, 画期的に新しい或る意識の登場を告げるものとして引かれるに相応しいものである[1].

F11 DK=F166 Kirk: "πάντα θεοῖσ' ἀνέθηκαν Ὅμηρός θ' Ἡσίοδος τε,/ὅσσα παρ' ἀνθρώποισιν ὀνείδεα καὶ ψόγος ἐστίν,/κλέπτειν μοιχεύειν τε καὶ ἀλλήλους ἀπατεύειν." 「Homeros と Hesiodos は, 盗み姦通し互いを欺くといった, 人間にとって凡そ非難さるべきことの限りを, 神々に捧げ祀った.」[2]

F15 DK=F169 Kirk: "ἀλλ' εἰ χεῖρας ἔχον βόες ⟨ἵπποι τ'⟩ ἠὲ λέοντες,/ἤ γράψαι χείρεσσι καὶ ἔργα τελεῖν ἅπερ ἄνδρες,/ἵπποι μέν θ' ἵπποισι βόες δὲ τε βουσὶν ὁμοίας,/καὶ ⟨κε⟩ θεῶν ἰδέας ἔγραφον καὶ σώματ' ἐποίουν/τοιαῦθ' οἷόν περ καὐτοὶ δέμας εἶχον ⟨ἕκαστοι⟩." 「もし牛や馬やライオンが手を持っていたならば, つまり人間と同じように手で描くことができ, 画像を完結させることができたならば, 馬は馬と同一の, 牛は牛と同一の, 神々の形姿を描き, 自身が持っているのと全く同一の形の肉体を彼らに与えたことであろう.」

F16 DK=F168 Kirk: "Αἰθίοπές τε ⟨θεοὺς σφετέρους⟩ σιμοὺς μέλανάς τε/Θρῇκές τε γλαυκοὺς καὶ πυρρούς ⟨φασι πέλεσθαι⟩." 「Aithiopes は, 自分達の神々は鼻ぺちゃで色が黒いと言い, Threikes は, 青い目をしていて髪が赤い, と言う.」

これらの韻文は, 既に見た Ibykos の叙情詩の反 Homeros の色調を強く想起させる[3]. 伝統的で迷信的な多神教の批判, 凡そ神話的思考の批判, 合理的精神の登場, といった角度からの解釈は正しくない. それは何よりも Homeros と Hesiodos についての誤った解釈を前提するものである. 彼らの神々の概念は決して素朴に神話的でもなければ, 特定の教義を供給するものでもなか

った．彼らのテクストは〈神話〉を用意するものであり，したがって文学であり，自由な構想力の産物である．彼らの神の概念の anthropomorphisme は計算されつくしたものであった．かくして，Xenophanes がにもかかわらずこれを幼稚に理解して攻撃した粗野な知性の持ち主であった，ということはありえない．そうである以上，彼は別の社会構造のために，同じ次元に属するがしかし別のものであるコードを欲している，と解するしかない．但しどうやらこれは，（基本的に Homeros の神々の概念を継承しつつディアクロニクに新しいヴァージョンを創造していく）M2 とは（同じ位置に立つとはいえ性質の）全く違うジャンルの形成を志向するものである．おそらく，Homeros の神々を遠くへ追いやって成り立つ（したがってかつて政治的議論の位置に立ちえた）パラデイクマを，なおかつ Homeros のテクストの位置に立たせたい（かくして，Homeros の神々を遠くへ追いやった，しかしなお神々の，概念を装備したい）ということに違いない[4]．

　しかもそれは単純な「新しいヴァージョンの対置」ではない．M2 の提示には論拠は示されない．自由な創造の産物である．ところが，Xenophanes はその Homeros 批判に論拠を付したということになる．しかも以下に見るようにそうした論拠はまた彼自身の対案を基礎づける論拠にもなっているのである．すると，主張されるパラデイクマと論拠が分節されているから，政治的議論と同じ資格を有するものがここにあることになる．論拠を基礎として主張されるものは明らかに PQ の次元に立ちうる．

　F23 DK=F170 Kirk: "εἷς θεός, ἔν τε θεοῖσι καὶ ἀνθρώποισι μέγιστος,/οὔτι δέμας θνητοῖσιν ὁμοίιος οὐδὲ νόημα." 「神は単一であり，神々および人々において最上の者である．それは形姿においても精神においても死すべき人間と同じではない．」

　F26, 25 DK=F171 Kirk: "αἰεὶ δ᾽ ἐν ταὐτῶι μίμνει κινούμενος οὐδέν/οὐδὲ μετέρχεσθαί μιν ἐπιπρέπει ἄλλοτε ἄλληι,/ἀλλ᾽ ἀπάνευθε πόνοιο νόου φρενὶ πάντα κραδαίνει." 「神は常に同じところにとどまり，決して運動しない．様々な時にあちこちに行ったり来たりすることは相応しくない．逆に何の労苦もなく精神の作用で全てを動かす．」[5]

　F15 や F16 がこの命題の論拠となりうることは明らかである．Xenophanes

は〈神話〉そのものではなくこれが再現実化されて祭祀ないし儀礼の形態を取る瞬間を狙い澄まして批判を向ける．そうした場面で神々は偏狭な習俗に拘束された出で立ちで現れる．議論の大前提・出発点にそのような不安定な概念を置きうるだろうかというのである．

われわれは Homeros において神々が自由な主体として解放され跳ね回るのを見た．パラデイクマのヴァージョン対抗の内部で全面的に活躍したその結果である．神々は厳密に肉体を持ち客体とすらなる．このことはもっぱらディアレクティカのコロラリーであった．その都度鋭い対抗関係の中で自由に構想されることに由来した．ところが今やそこを人類学的自然学的法則が支配するに至る．つまり人類学的自然学的観察に曝されるのである[6]．すると時空の緊密な網の目にかかって[7]到底自由に動くことはできない．しかし同時に，Homeros の神々が素材として有した一貫したメカニズムに Xenophanes は気付く．諸々のヴァージョン対抗関係を超越する傾向である．ゼロ＝パラデイクマに接続されるときに設定される（決して相互的な関係に立たない）特殊な actantiel な原則である．もはや神々の自由は M2 の中だけにある．そこから paradigmatique な関係で P が導かれることは許されない．神々がどんなに自由な人々であろうとももはや P にとってはそこからのアナロジーは許されない[8]．Xenophanes が Homeros の神々の倫理的な価値を否定したのはこの意味であり，それに限られる．

〔0・2・1〕　A. Momigliano, The Herodotean and the Thucydidean Tradition, in: Id., *The Classical Foundations of Modern Historiography*, Berkeley, 1990 は，ギリシャ人は歴史主義を知らないから歴史を知らない，何故ならば循環史観を持つ（事実に反する）からである，などという俗見を皮肉った後，"What I think is typically Greek is the critical attitude……the development of critical methods" (p. 30) と述べ，その伝統を（Hekataios でさえなく）Xenophanes からスタートさせる．

〔0・2・2〕　以下テクストは基本的に H. Diels, W. Kranz, *Die Fragmente der Vorsokratiker*[10], Berlin, 1961 に従うが，適宜 G. S. Kirk et al., *The Presocratic Philosophers*[2], Cambridge, 1983 [*PP*] を参照する．

〔0・2・3〕　彼が叙情詩的伝統に立つことにつき，cf. Kirk, *PP*, p. 166. 断片内で引用しさえする (F21 DK) Simonides の鋭いディアクロニクな対抗切り出しと近いメンタリテイーの持ち主であったと考えられる．W. K. C. Guthrie, *A History of Greek Philosophy* [*HGP*] I, Cambridge, p. 361 は，だからといって哲学史上の意義を過小評価することは正しくない，とするが，その通り

である.

〔0・2・4〕 彼を "theologian" とする根強い理解の仕方はここで論ずるように正しくない（但しこれは Arist. *Metaph.* I, 983b が Hesiodos 流 cosmogony と Thales 以降の *arche* を区別して以来のカテゴリーに基づく）．そうした関心を示すように見える断片は，彼の批判的思考が徹底したものであったことを示すにすぎない．cf. Guthrie, *HGP*, I, p. 373ff. 彼の言明は，「信仰」に関わるものではなく，社会現象の観察に関わる．

〔0・2・5〕 同一ソース内の二つの断片を連続したテクストであったとする Kirk の想定に従う．

〔0・2・6〕 Xenophanes が一神教の宗教を主張したのでないことは言うまでもない．〈神話〉的儀礼的なレヴェルでは Homeros の観念に従うのである．いわば宗教においては Homeros に従う．だからこそ倫理的なレヴェルにおいて批判がなされるのである．cf. POL III・8；IV・2.

〔0・2・7〕 "careful and by no means implausible argument from observed fact to general hypothesis-a procedure notoriously rare among the Presocratics" という解釈の基本線を示し（p. 168），貝の化石からかつてそこが海であったと推論する断片（Kirk 184）を重視する，Kirk, *PP* のアプローチはバランスの取れたものである．

〔0・2・8〕 Xenophanes の批判は M からの区別という限りで意味を持つ．そのために P のレヴェルが強調されるのであるが，しかし実はこれによって P のレヴェルの議論を積極的に主張したとは思われない．後述のイオニアの人々と同様に，そのさらに前提的な部分にのみ関わったはずである．いわば理論的な性質の言明である．

0・3

決定的な変化は，個々のディアレクティカの瞬間，個々の政治的決定の場面，それぞれにおける前提的な観念に或る緊密な整合性が求められ始めたということである．これをクリテリウムとしてその前提的な観念の資格審査が行われ，当該パラデイクマについてディアレクティカからの予備的な排除が行われうるようになったということである．Homeros は自由でなくなったのである．

もっとも，予備的な審査とはいっても，特定のパラデイクマの集合体との間の paradigmatique な関係によって整序するということとは全く異なる．つまりそれに「合っているかいないか」によって裁断するというのではない．かくして排除の理由付けのために第三のパラデイクマを持ち出すことはできず，現に様々に提出されるパラデイクマのみを材料としてそれら相互の矛盾をだけ論拠とすることができる．

しかるに，このことは実は，資格審査のその資格を「既にディアレクティカを経ていること」，そして「その結果 PQ の位置に立ちうるものであること」

と理解することに等しい．

　ディアレクティカ $M0N0$—$M1N1$—PQ において「前提的な観念の資格審査」とは，P—$M1$ に対して Q—$N1$ を対置するのでなくもっぱら $M1$ それ自体を攻撃して崩す，ということに相当する．「Diomedes だって Nestor を助けたではないか」と理由付けても場違いな論拠を出したとして斥けられるようになっていくのである．ならば何故斥けられるのか．確かに「Diomedes だって Nestor を助けたではないか」は曖昧なパラデイクマ連鎖（古い伝承）の中から鮮やかに切り取られて印象的な話に彫琢されたディアレクティカの産物である．ここでは syntagmatique な連関は意識的に切断され，Diomedes は時空を超越して一つの原理のようにさえなっている．原理こそは論拠に相応しいものであろう．しかし今この paradigmatique な思考が批判に曝される．果たして Diomedes が Nestor を助けたのは本当か．美しい話だが，しかしありえないのではないか，というのも Nestor は到底同じ時代には属さずもう死んでいたのではなかったか，Diomedes はその時は別の場所にいて空を飛ばない限りそこへ現れることは不可能ではなかったか．「Diomedes だって Nestor を助けたではないか」は持ち出しても無意味なパラデイクマではないか．

　しかるに，もし政治が成立していれば，ディアレクティカの産物として，政治的決定の一義性故に，時空の厳密な一点で互いに排斥し合う一連のパラデイクマが現れる．paradigmatique な関係によって結ばれているとはいえ，MP 間には鋭い緊張関係がある．伝承の世界に対してはっきりとした距離を取ることにより現実の条件の如何に厳しい認識が可能になるかということをわれわれは Hesiodos を通じて理解した．実際，曖昧さを払拭した一義性というものは，現実に実現したことの一回性が保障するのではない．放っておけばそれはむしろ様々に解釈しうる曖昧な代物である．ディアレクティカによって議論を詰めて決定したことを多元的な監視の中一義的に実現しようとする政治システムだけが，時空の各点に対抗軸を受けうる同一性を与える．このとき二つの点●—○間（「その土地は Sparta に属する」—「その土地は Argos に属する」）の同一性は，1—●—(0) ｜ (1)—○—0 のように 1—0 という対抗軸（Sparta-Argos）を有効にする．多くの観点からする多くの軸が例えばこの一点について明確に切り結ばないとき（「花咲く湿地」—「ぬかるむ丘」），提出された前提的パラデ

イクマは攻撃される．もちろんそもそもパラデイクマが時空の連続性に連なっていないときにはこうした審査の対象にすらならないので直ちに失格する．

　Xenophanes が牛や馬，そして Aithiopes，を持ち出して恣意性を指摘したことを理解するためには以上のようなことを想定しなければならない．

0・4

　Xenophanes のように考えることが標準化すれば明らかにディアレクティカの形態は変化するであろう．まず，ディアレクティカの各局面においてパラデイクマの差違と対抗関係を言語により厳密に確定することを批判と呼ぶこととすれば，この批判の形態が大きく変化する．政治的決定のために戦わされる議論においては，それぞれの論拠の間の差違と対抗が，それぞれどのような対抗的な原理に基づくのかに遡って，識別される（〈M0N0〉⇒〈M1⇔N1〉）．ところが今これに加えて，M1 は，たとえば或る並行的なパラデイクマ M1' との間に或る整合的な関係に立っているかを予備的に精査されることになる．同じくディアレクティカの構成要素であり決定前の前提手続でありながら，この新しいパラデイクマ突き合わせ手続は，パラデイクマ吟味の新しい形態の登場を告げることになる．つまり批判の新しい形態（〈批判〉）である[1]．

　　〔0・4・1〕 critique の系譜は，直接には，この新しい形態〈批判〉からスタートすることとなる．

0・5

　しかしそればかりではない．批判のこうした新しい形態を要請するということは，明らかに，二重のディアレクティカを要求することになる．新しい形態の吟味は結局のところ論拠自体が既に一段ディアレクティカを経ているかどうかを問うものであるからである．PQ という資格を持つものであるかどうかを問うのである．

　このような思考手続の意義は単純ではない．たとえば，既に政治的決定であるものに対して，その引照は欠かさないものの，対抗的なパラデイクマを対置しつつ，両者をさらに解釈して発展させる，こうして新しい対抗関係の中でもう一度決定を行う，ということを意味しうる．しかし逆に，政治的決定でありうるようなパラデイクマないしその延長線上に位置しうるパラデイクマしか論

拠として援用できないため，広く政治システム存在の帰結（その航跡たる「現実」）に拘束される．たとえば多くの政治的決定の連鎖と連帯させられるのである．

　ディアレクティカと政治の条件でありかつ帰結であるものは，〈分節〉という社会構造の質であった．二重のディアレクティカは当然に〈分節〉を受け入れつつ修正することになる．どのようにであろうか．〈分節〉が達成されている，その上に〈分節〉を重ねることになる．達成されているのに達成されていないとみなして（もちろんテリトリー上の人的組織を）〈分節〉していくことになる．〈分節〉された各〈分節〉単位の内部をさらに〈分節〉していくばかりではない．〈批判〉も二重のディアレクティカも何らか部分の観念を伴うということが全くない．いずれも全体の決定に関わる．すると，二段階の〈分節〉相互の関係が自由であることが予想される．すなわち，複数の完全に自由独立の主体が時々に分かれて議論を戦わせ決定に至るのであるが，その後にそれら自由独立の主体はその決定を所与の前提とする次なる（新たに自由に設定された）問題につき（前の組合せから完全に自由な形態で）新たに分かれ直し議論を戦わせ決定に至る．後段において決してかつての単位ごとにまとまることは無い．ディーテイルについて単位の中が分かれるというのではない．自由に前提の立場を入れ替わりクロスするのである．

　ならば，政治システムの単位が小さくなりその数が増しただけであるというのではない．新しい主体との関係でそれがどのように構成されるにせよ，その政治システムの大きな骨格を一旦承認した上で，その決定や原理に対して自由に批判を向ける，個別的な自由を留保する，という可能性が開かれる．単純な一回の政治的決定とは質を異にする全面的に新しい政治的決定の概念が登場することを意味する．事実，〈二重分節〉の形成を媒介する二重のディアレクティカは全く新しい複数の局面を有する[1]．

〔0・5・1〕　もちろん，二重のディアレクティカと〈二重分節〉の間の関係は到底ここで例解したように単純ではなく，多くの難しい問題を生ぜしめる．たとえば，二重のディアレクティカが現実の政治的決定手続に置き換わった場合，前提的〈批判〉が前置されたり後置されたり，はたまた往復的であったりする．その結果どれが前提的か判然としない場合が生ずる．実際，無理を論証して派兵計画を崩すことと，政治的決定を再審査することは，ディアレクティカ

の観点からは等価たりうる．再審査において前提的〈批判〉が〈二重分節〉自体をクリテリウムとして用いれば，関係は一層錯綜する．

0・6

二重のディアレクティカが定着すれば，〈批判〉をくぐったパラデイクマの蓄積が，〈批判〉自体の追求とともに，始まる．〈批判〉は，極めて強い意味で，直ちに従いうるパラデイクマへの方向を遮断する思考作用である．〈批判〉をくぐったパラデイクマたる条件は，まさにそのゆえに，直ちに従いうるパラデイクマの導出から一旦完璧に切断された思考作用の帰結たることである．

かくして初めて純粋に理論的な思弁が開始される[1]．この場合，Homerosそして悲劇がパラデイクマの直接作用を斥けるのとその理由を若干異にする．

〔0・6・1〕 Cambridge の学派，とりわけ Cornford, にもかかわらず，イオニアで生じたことの標準的な理解は，"They abondoned mythological and substituted solutions.......Philosophy and science start with the bold confession of faith that not caprice but an inherent orderliness underlies the phenomena, and the explanation of nature is to be sought within nature itself." (Guthrie, *HGP*, I, p. 44) といったものであり，その場合，イオニアで立てられた問題は，"Can this apparently confused and disordered world be reduced to simpler principles" であった，と捉えられる．これは Aristoteles (cf. *Metaph*. I, 983b) 以来の通念であり（現に Guthrie 自身 Aristoteles の証言に絶大の信頼を寄せるが），"an inherent orderliness" の追求があったとしても，それは決して "to reduce to simpler principles" ではなかった．"mythological" な思考の拒否は paradigmatique なエコーを徹底的に排除したいからである．"simpler principles" への還元は場合によりむしろそれを復活させることになる．Aristoteles の立場はこの点で意識的に曖昧である．cosmology の単なる構築と決定的に異なる点は，むしろ事象を一元的に説明したり正当化したりすることへの懐疑である．つまり〈批判〉の独立である．"within nature itself" はこの厳密な意味に理解されなければならない．

1　syntagmatisme

1・1　syntagmatique な関係の極小化

1・1・0

　新しいタイプの思弁の系譜は，Aristoteles によって Miletos の Thales に遡るとされる（*Metaph.* 983b6=Kirk 85）. Platon と Aristoteles が伝える Thales の浮世離れ（Plat. *Theait.* 174a；Arist. *Pol.* 1259a9=Kirk 72；73）はそうした認識のエコーであるし，「自然の探求への関心をギリシャ人の間で最初に喚起したとされる」（Kirk 81 *"πρῶτος παραδέδοται τὴν περὶ φύσεως ἱστορίαν τοῖς Ἕλλησιν ἐκφῆναι"*）と述べる Theophrastos の少し醒めた把握においてもその評価は維持される．但し Theophrastos は明らかにオリエントに先行者の存在を意識していて，他方 Thales の新しさへの疑義を反駁するように述べている（*ibid.*）. 言うまでもなく Aristoteles の関心は或る種の思弁の目的を原因の探求に置くことである．全ての事象の究極の原因を突き止める高度な思弁自体についても彼は発生と完成を考える．このとき最も原始的なものとして Thales がクローズ・アップされたのである．しかしわれわれは新しい思弁が Aristoteles の認定する性質のものと決めてかかるわけにはいかない[1]．そもそも因果連鎖は政治の成立とともに追放されたのではなかったか．他方 Aristoteles にとっては既に政治は変質してしまっているかまたは換骨奪胎されてしまっている．通常の目的的世界観の雲が再び厚く空を覆い始めているのである．585 年の日食の予知者という高い年代を持ちオリエントの直接的影響下にある Thales の思索の過渡的性格は，Aristoteles のバイアスにとって好都合であったかもしれない．いずれにしてもわれわれは，新しい思弁の中核が「形而上

学」でありその本旨が第一原因の探求であるというバイアス，それがいつどのように始まりどのように発展したのかを追跡するという前提，をひとまず放棄しなければならない．これ自体大きな発展の終点，衰滅への入り口，であるからである．

〔1・1・0・1〕 cf. M. Frede, Figures du philosophe, dans : J. Brunschwig, G. E. Lloyd, éds., *Le Savoir Grec*, Paris, 1996, p. 46.

1・1・1

　Platon と Aristoteles から確実に独立の史料がしかし Herodotos から得られる．Hdt. I, 170=Kirk 65 は，Thales が，Teos に共通の *bouleuterion* を建設して他都市を *demos* とする，Ionia 同盟の改革を提案したと伝える．Ionia の団結のための政治的活動を示唆するばかりではない．各都市の政治的決定を厳密に把握しなければ成り立たない外交，特にその上に展開される審議機関の構想，等のことは，明らかに，不完全な二重のディアレクティカの判断過程のなにがしかを Thales に遡らせる観念の存在を告げる．複合的で柔軟な判断は Thales の視野が Ionia の後背地の複雑な権力構造に向かうときにも発揮される．彼の外交手腕は，時空に一義的に広がる自然的パラデイクマを熟知して，恣意的な非政治的権力といえどもこれとの間の syntagmatique な関係でしかパラデイクマを実現しえない，ということをリソースとするものである．Hdt. I, 75=Kirk 66 は河の流路に，Hdt. I, 74=Kirk 74 は太陽と月の天球上の運動に，関わる．流路変更による位置の相対化という「魔術」，突如の日食の予知という「予言」，がそれぞれ意識的に演出される．政治的理性との対抗の中で生きる伝承であるが，しかし Odysseus のメンタリテイーを想起すれば初期の政治システムの構造の中で理解することもできる性質のものでもある．

1・1・2

　同じく両義的であるのは，Thales が全ての物は精神 *psyche* を持つとした点である（Kirk 89, 90, 91）．もちろん既に政治の空気を吸った彼は論拠を示す．石でさえ鉄を動かすではないか．しかしこれは一面で典型的な魔術的思考であり，syntagmatique な関係を記号作用に変換して見せる演出を彼が知っていた

ことを示すにすぎない.軍事化のメンタリテイーに対して効果絶大であったに違いなく,微細に観察すれば至る所にこうしたメカニズムが遍在している,と主張しえたはずである.しかしこの種の伝承の中の見逃すことができない要素は,第一に,この小さな魔術空間がむしろ大きな syntagmatique な関係を区々に解体する方向で思考されていることである.Kirk 66, 74 の伝承もむしろ大きな権力のゲーム空間にくさびを打ち込むという意味を有する.そして第二に決定的なことに,そうした対抗緊張関係の中で,運動への着目が始まったということである.これが(後背地の枝分節体に対する)対抗拠点たりうる,やがては政治システムそのものに対峙しうる,否,政治的判断手続の内部で論拠として採りうるものに絞りをかけうる,のである.しかしそれはどうしてか.

われわれは paradigmatique な判断作用を使って,たとえば天球上の天体 P が或る位置に在ることと別の位置に在ることとを裁断しうる.同じパラデイクマの異なるヴァージョンであるということになる.これはしかし syntagmatique に連鎖しうる.否,漠然たる事象をこのように(paradigmatique そして syntagmatique な判断作用を働かせて)分析しうる.すると圧倒的な対抗の軸たる天体 P が確実に切り出される.これとの関係において対抗の要素に(冒頭の paradigmatique な判断作用によって)或る等質性を与え,これを何らかの軸によって保障する,このときに運動の概念が現れる.或る特殊な paradigmatique な作用によってパラデイクマの syntagmatique な連鎖は或る平面を滑るように延長を持ち,決してそこから出ない.とりわけ他の paradigmatique な作用をしない(これなしには他次元に移行しにくい).

かくして厳密な運動の概念を装備するためには,paradigmatique な関係(その距離)を極小化することができなければならない.すなわちほとんど厳密に同一の事態の間に最小限の偏差を識別することが必要であり,ディアレクティカの高度の発展を要する.しかも,そのような極小化された paradigmatique な関係によって結ばれたパラデイクマのヴァージョンの syntagmatique な連鎖が paradigmatique に自己完結的である,というように事象を分析しえなければならない.事象のそういう平面が存在し基礎となっているという認識である.他の種類のパラデイクマが paradigmatique にも syntagmatique にも介入してはならない.自分と極小化された偏差を持つヴァージョンとだけ,かつ syntagmatique にのみ，繋がっている；そして他のパラデイクマ分節を排除するのである．以下このようにしてパラデイクマに接しようとする態度を（最狭義の）syntagmatisme と呼ぶこととする．

　このような運動の概念はパラデイクマの意味（他次元への paradigmatique な連鎖）に対して少なくとも一旦厳密に閉ざされている．単一の平面の上を滑るという限り，各点において一義的である．儀礼にも政治的決定にも固有の，再現作用・排他性・一義性と通じ，しかも系統的にそのことを保障する．つまり T1 時点の決定が T2 時点の決定にエコーのように paradigmatique な反射をするということを排除し，完璧に最終審性を保障する．もちろんこうした要件を満たしたパラデイクマ，たとえば運動学的に厳密に記述された政治的決定内容の実施形態（或る軍団の物理的移動等），をまた敢えて paradigmatique に用いるということはできる．しかし神話的・〈神話〉的作用を排除されたパラデイクマの paradigmatique な使用はもはや特殊なものでしかありえない．

　Thales が不完全ながらパラデイクマに対するこの態度の方向，syntagmatisme，に動き始めたことは疑いない．彼の天文学への関心はおそらくオリエントの天文学的知識をこの方向で再解釈しようとしたものである（Kirk 75, 76）．そればかりでなく彼の「数学的」功績も軌を一にする（A11, 20 DK；Kirk 79, 80）[1]．三角測量術は沖の船の距離やピラミッドの高さの測定に応用される．海岸の直線が異なる二地点で真っ直ぐ船に向かう直線との間に示す角度の微偏差，45 度の日光が作る影，これらの背後に幾何学的意味の三角形が概念されるのであるが，地表面でないこのレヴェルで三角形を描いて考えることは視点や影の運動，パラデイクマの或る連続的なヴァージョン偏差，syntagmatisme，によってのみ可能である．

　　〔1・1・2・1〕　cf. Guthrie, *HGP* I, p. 52ff.；Kirk, *PP*, p. 85f.. 純粋に数学的論証の概念に到達しえたかという点には疑問符が付されるが，経験的技術的知識を離脱しつつあったという解釈は維持されている．その他に Kirk は，後続の Miletos 学派の人々がほとんど数学に関心を示さないこととのコントラストに注意を促している．ディアレクティカの二重分節の予感があるのみで，syntagmatisme の追求，したがって paradigmatisme との間の分裂，に至らない，という証左である．これはまた，Thales でなくむしろ Anaximandros を思弁の祖とする対抗ヴァージョン（Diog. Laert. I, 13）の存在を説明する．

1・1・3

　Aristoteles の Thales 解釈はおそらく意図的にこの syntagmatisme を（どこに目的因が在るかわからない，発生学的必然を説明できない，機械的な）「原始的な自然学」の因果連鎖説明に仕立て上げるものである．しかし Ionia で発見されつつあったのは因果連鎖の始点ではなかった．syntagmatisme の中でもう一つ決定的な役割を果たすのは，円の中心の如き対抗の軸，たとえば同一の天体，同一の沖の船，である．syntagmatisme はあらゆるパラデイクマを分解して結局はこの対抗の軸，actantiel な性質を持つ軸を切り出す．

　syntagmatisme によって分解していくと単一の実体に至るというこのような思考に Thales が行き着いたかどうかは疑わしい．彼がそのような意味で水を指示したかどうかは定かでない[1]．Aristoteles は彼自身の考えに引きつけて Thales に「水が植物を培養する」関係を論拠として考えたに違いないと推測しているが，これはパラデイクマの精密な syntagmatique な連鎖を単一の syntactique な関係「X が A を動かす」に還元する思考であり，syntagmatisme からの逸脱でさえある[2]．もっとも，「磁力」への着目が示唆するように，syntagmatisme が actantiel な軸を切り出す作用それ自体の意義についての思弁にまでは Thales はまだ至らず，上の二つのことは曖昧なまま混同されていたかもしれない．そこを Aristoteles は見逃さなかったのかもしれない．

　むしろ，萌芽的な syntagmatisme をアナロジーによって cosmogonie に適用したことが Thales の功績であったかもしれない．後背地や領域（Hesiodos）に見出される神話的・〈神話〉的パラデイクマに対してやや無媒介に syntagmatisme を適用してみると，*chaos* でなく水，ゼロ＝パラデイクマでなく物質，が syntagmatisme による切り出しの結果であると見えたかもしれない．われわれは Homeros における火と水の対抗に二つの根本原理を分ける決定的な意義が有るのを見た．その中で水の側に舵を切ることは領域や後背地の側に目を向けることを意味する．その「水」が〈神話〉内の始点に座ったとすれば，対抗の要素を次に対抗の支軸に持ってきてしかもそれ以上遡らないようにする思考の萌芽があるということになる．「水」がジェネアロジーを脱して物質になるということである．

　　〔1・1・3・1〕　Guthrie, *HGP* I, p. 57 の "the impulse to simplification" よりも Kirk, *PP*, p. 93f. の懐疑的

姿勢の方が遥かに説得的である．Anaximandros についてさえ争われる "arche" の概念の存在を遡らせる Guthrie の解釈（語の存在の問題と混同している）は Aristoteles 外の断片と不協和である．

〔1・1・3・2〕 常に Aristoteles から思考する Guthrie, *HGP* I, p. 61ff. は，この点の共鳴を重視して Thales の到達度を高く見る．しかし，cosmogony つまり発生の問題からの離陸は重要であり，Aristoteles の帰還をわれわれは割り引かなければならない．もっとも，Hesiodos を媒介に Ionia でこの帰還が一旦先取りされたことも事実で，それを分解して運動の問題に転換していったことが Anaximandros の功績である．

1・1・4

しかし逆に言えば，これは自然学的な〈神話〉が築かれた，〈神話〉が自然学化された，ということを意味するにとどまる．syntagmatisme の発見とこれを前提的批判に据えることとの間にはなお大きな距離が存在する．あらゆるパラデイクマに無差別的に新しい思考様式を適用してみただけであったかもしれない．われわれは 6 世紀の前半，Solon の時代に居ると考えて間違いない．領域の問題がくっきりと浮上してきたとしても，これを解決する斬新な構造はまだ姿を現していない．

1・2 syntagmatique な関係の自己完結

1・2・1

同じ Miletos で Thales に続いたのは Anaximandros であり，われわれは 6 世紀の半ば，或いはその後半の Polykrates の圏内（c. 540-522）にまで近付く．Anaximandros において syntagmatisme は或る種自己完結的なものとなる．

Anaximandros が厳密な意味での運動の概念を考察の重要な手がかりとしたことは疑いない．運動の概念が今まず，パラデイクマの X—A という固定的な syntactique な分節，そしてそれの連続的ヴァージョン偏差の束 X—A⇒X—B，そして最後に X—A⇒X—B というパラデイクマの諸ヴァージョンの syntagmatique な連鎖，によって与えられるものとしよう．A⇒B の側を貫く軸として，われわれは様々なものを想定しうる．X の十分な固定と偏差の極小化がなければ時間と空間の観念も出てこない．Anaximandros の世代が着手したのはまず

様々に構成されたこうしたタイプの軸相互を突き合わせること，まずはその意味の critique である．

Kirk 94, 95, 98, 99 は，Anaximandros が影の変動たる A⇒B を貫く軸を装備した日時計，そしてまた地図と天球儀，を作成したことを伝える[1]．

〔1·2·1·1〕 Thales の名が広く流布したのに対して，Anaximandros の名はほとんど Aristoteles による再発見を待たねばならなかった（cf. Guthrie, *HGP* I, p. 72），のは示唆的である．Strabon がむしろ "geographer" として Hekataios と並べる（I, 1, 11=A6 DK）こととも符合する．二重のディアレクティカという強固な構造の中で持った意義は忘れられ，syntagmatisme がこれと切り離された時に却って思い出されたのである（Leukippos と Demokritos についても同様）．前者のことは，二重のディアレクティカの一翼を担う哲学的思惟が全体性を失いながら分岐したこと，後者のことは，政治によって一旦拒否された思考のヨリ精緻なヴァージョンに syntagmatisme が再び還元されていったこと，を物語る．

1·2·2

しかし彼の運動の概念はさらに徹底したものである．つまり A⇒B を全称的に極限から極限まで振り切らせる．するとそこに両極 A⇔B が現れる，ということを彼は発見する[1]．そのように考えれば A⇒B を貫く軸となりうるものは多い．

A9 DK（Kirk 119）: "τῶν ἐναντίων διὰ τῆς ἀιδίου κινήσεως."「無窮の運動によって対極が――．」

〔1·2·2·1〕 初期のギリシャ哲学が示す "polarity" への拘泥を初めて正面から問題にしたのは G. E. R. Lloyd, *Polarity and Analogy* [*PA*], Cambridge, 1966 である．Durkheim の影響を受けて部族組織の classification のシステムの残滓を見る Cornford に対して，Lloyd はそのような基本カテゴリーに対する省察が徐々に深まって行く過程を描こうとしたと考えられる．その限りで人類学的知見と哲学の架橋が目指されたのである．Lloyd は Homeros と Hesiodos において polarity のクリアな使用が顕著であることを見逃さなかったが，しかしこれと哲学者達の場合とを的確に区別した．われわれの観点からすれば，〈分節〉組織に対応するパラデイクマの分節の態様は，ディアレクティカがヴァージョン対抗を極大化しようとするから，どうしても polarity を（*similitudo* 等）広い意味の記号として要することになる．既に自生的な記号作用からの離陸が見られるのである．これに対してイオニアでは，それを使用するという観点を離れて，これらのメカニズムがパラデイクマの分節に対して有する意義が自覚的に省察されることになる．問題はそれをもたらしたものである．その点，Lloyd の分析には，論理学的省察を偏重する傾向があり，かくして（p. 16 で微かに触れる他は）Anaximandros についての

考察を欠くことになる．Parmenides-Platon-Aristoteles の視点から十分に解放されていないということになる．これは，polarity の問題を命題論理と集合に整理しうる，という考え方への道であり，Aristoteles 以降 19 世紀までの大きな流れであるが，中間のステップを見失ったというばかりでなく，方向の誤りである．

1・2・3

通常は X の十分な固定が A⇔B といった軸を想定しうるための条件である．しかしこれを両極に振り切らせることにより軸を独立に概念しうるということになれば，逆に，これこそが固定しうる X があるということを論理的に導く．熱い冷たいの対極は実は何かの実体 X が A 状態と B 状態の両極を「運動」することによるかもしれない[1]．

A10 DK (Kirk 121): *"τὸ ἐκ τοῦ ἀιδίου γόνιμον θερμοῦ τε καὶ ψυχροῦ κατὰ τὴν γένεσιν τοῦδε τοῦ κόσμου ἀποκριθῆναι."*「熱と冷といった永遠なるものから成る生成素は，凡そ宇宙が生成するに際して，分節して切り出された．」

「永遠」というのは極を指す．*"γόνιμος"* という cosmogonical な表現は，chaos が分岐するが如き表現とともにどこまで Anaximandros に遡るか疑わしい．しかしとにかく見えない何かが想定されざるをえないと彼が考えたことは確かであり，一層理論的な定式は，以下の断片に見られる．

A9 DK (Kirk 119): *"τὴν εἰς ἄλληλα μεταβολὴν τῶν τεττάρων στοιχείων οὕτως θεασάμενος οὐκ ἠξίωσεν ἕν τι τούτων ὑποκείμενον ποιῆσαι, ἀλλά τι ἄλλο παρὰ ταῦτα·"*「四つの根底素がこのように互いに反対極に変成するのを見れば，その四つの内のどれか一つが根底素であると前提することは到底できない，むしろそれらの他の何かが全部を媒介していると考えざるをえない（と述べた）．」

「四つの元素」および *"μεταβολή"* は共にどこかの段階で加わった解釈である可能性がある．むしろ続くセンテンス（上述の「永遠の反対極の分節的切り出し」）に登場する運動の概念が元来のものであったと考えられる．すると，両極運動 A⇔B 自体が両極を媒介する X *"τι ἄλλο"* を想定させる，という鮮明な言明が浮かび上がって来る[2]．

〔1・2・3・1〕 Anaximandros の対極（"the opposites"）を "not matter, rather nature" と捉える

(Guthrie, *HGP* I, p. 82) のは、"substance and attribute" の区別という観念に拘泥して思考のダイナミズムを見失う仕方である。

〔1・2・3・2〕 *apeiron* より先に "elements and opposites" を見てこれの歴史的位置づけにかかる C. H. Kahn, *Anaximander and the Origins of Greek Cosmology*, New Haven, 1964 のアプローチ（p. 119）は重要である。ディアレクティカが既に（Homeros 以来）対抗軸と対抗の要素の相互作用を明確に浮き彫りにしている。Anaximandros はこれを観察し、次のステップを踏む立場にある。

1・2・4

そればかりか A 自体、A⇔B 運動によって初めて切り出される。

A9 DK（Kirk 119）: "οὗτος δὲ οὐκ ἀλλοιουμένου τοῦ στοιχείου τὴν γένεσιν ποιεῖ, ἀλλ' ἀποκρινομένων τῶν ἐναντίων διὰ τῆς ἀιδίου κινήσεως." 「かくして彼は生成ということを、何かの根底素から別の根底素へ（たとえば水から土が）というのでなく、無窮の運動によって媒介された反対極の分節的切り出しと捉えた。」

先に引用した部分に続くこのテクストによって、運動の概念が決定的であること、そして少なくとも後の世代にとって少々奇妙なこの種の変転が運動の概念によって捉えられたのであること、そのことを理解するための唯一の方法はわれわれが提示したような（解釈上の）理論仮説であること、を知ることができる。ともかくこうして切り出された A 自体を X のようにして、その向こう側に C⇔D という運動を見ることができる。

これと別に採録されたとはいえ同一のソースに遡ると見られる[1]テクストも以下のように伝える。

A11 DK（Kirk 115）: "......κίνησιν ἀίδιον εἶναι, ἐν ᾗ συμβαίνει γίνεσθαι τοὺς οὐρανούς." 「運動は無窮であり、だからこそまさにその運動において宇宙全体が生成するのである。」

さらに、われわれは Aristoteles のテクストに重要なエコーを見出す。但し例によって Aristoteles は運動を発生原因との関係でしか理解しない。したがって運動の永久性に関心を寄せるが、ところが「永久」というのはここでは、単純でない、両極間の、したがってカテゴリカルな、運動を指す。Aristoteles はこの思考にもちろん与しない；しかしそれでも運動が学説上 X や A のくく

りだしに深く関わったことを熟知している．そして（おそらく誤って）X か A かに応じて運動の永遠性が観念されたりされなかったりすると解釈する．そこからは発生原因から一直線の一つの方向が導かれるはずである．他方，われわれは Aristoteles のこの着眼の逆を見る必要がある．完全に対称的で（したがって）無窮の対抗，故に無窮の運動．

Kirk 116=Arist. *Phys.* Θ 1, 250b11 : "……ἀλλ' ὅσοι μέν ἀπείρους τε κόσμους εἶναί φασι, καὶ τοὺς μὲν γίγνεσθαι τοὺς δὲ φθείρεσθαι τῶν κόσμων, ἀεί φασιν εἶναι κίνησιν……ὅσοι δ' ἕνα, ⟨ἢ ἀεὶ⟩ ἢ μὴ ἀεί, καὶ περὶ τῆς κινήσεως ὑποτίθενται κατὰ λόγον." 「しかし，宇宙は無限定素によって構成されていると主張する者達は凡そ，そしてまた，宇宙の構成要素のなにがしかは生まれ，なにがしかは消滅している，常にそこには運動がある，と主張する者は凡そ，──無窮たろうとそうでなかろうと一元的な根底素があると主張する者は凡そ，論理必然的にどうしても運動についての議論を立論の基礎に据える．」

いわゆる "monist" 一般についての言明ながら，Anaximandros がその典型と考えられていることはほぼ間違いない．

さらにはこうしてここから物理的なプロセスとして天体の存在が説明されたと思われる．

A10 DK (Kirk 121) : "καί τινα ἐκ τούτου φλογὸς σφαῖραν περιφυῆναι τῷ περὶ τὴν γῆν ἀέρι ὡς τῷ δένδρῳ φλοιόν· ἧστινος ἀπορραγείσης καὶ εἴς τινας ἀποκλεισθείσης κύκλους ὑποστῆναι τὸν ἥλιον καὶ τοὺς ἀστέρας." 「（根底素切り出しに際しては，それ以前の原状態たる）その炎から球体が形成され，地を囲む大気を成し，木とその樹皮のようになる．これ（中心を取り囲むように分離した炎）がまた分裂して，それぞれ閉じた円環となり，太陽と月と星が存在することになる．」

〔1・2・4・1〕 Theophrastos による再述がさらに三つのヴァージョンによってわれわれに伝わるのであるが，Kirk, p. 106 の対照表を参照．

1・2・5

さて Anaximandros にとっての最大の問題は明らかに，X 即ち "τι ἄλλο" と，以上のように切り出されてくる A, が同質のものかという点に関わる．もし X

＝A 連帯が働く，即ちたとえば A⇔B とは言っても X＝A から対抗的に B が分かれ出たというような cosmogony が観念される，ならば Thales のように「水」に落ち着くことも可能である．特定の物質が X／A⇔B の左辺に特権を持って収まる．しかし Anaximandros は明らかにこれを取らない．

A9 DK（Kirk 101A）: *"λέγει δ' αὐτὴν μήτε ὕδωρ μήτε ἄλλο τι τῶν καλουμένων εἶναι στοιχείων……ἐξ ἧς ἅπαντας γίνεσθαι τοὺς οὐρανοὺς καὶ τοὺς ἐν αὐτοῖς κόσμους."*「そこから全ての天空およびそれを満たす全ての宇宙がそれから生成したというそのものは，決して水でもなければ，根底素と呼ばれるもののなかの他の何かでもない.」

というのも，X(水)＝A(水) から対抗的に B(火) が分かれ出るというような X(水)＝A(水)＞B(火) の観念は，A(水)⇔B(火) が完全に対称的たる以上 X(水)⇔B(火) も完全に互換的たらざるをえないことによって遮断されるからである．そもそも，X の方が A／X⇔Y の位置に立たなければならない番が来るかもしれない．否，必ずそうなると Anaximandros は考える．

F1 DK=F110 Kirk : *"ἐξ ὧν δὲ γένεσίς ἐστι τοῖς οὖσι, καὶ τὴν φθορὰν εἰς ταῦτα γίνεσθαι 'κατὰ τὸ χρεών· διδόναι γὰρ αὐτὰ δίκην καὶ τίσιν ἀλλήλοις τῆς ἀδικίας κατὰ τὴν τοῦ χρόνου τάξιν', ποιητικωτέροις οὕτως ὀνόμασιν αὐτὰ λέγων."*「そこから生成がなされて存在へと至る，そのものへと消滅がなされる，というのが「応報原則に適ったことである．というのも時間軸の分節に沿って（*"κατὰ τὴν τοῦ χρόνου τάξιν"*）不正に対しては正義が行われ賠償がなされるのが必然であるからである」，と彼（Anaximandros）はこのことを詩の言語を用いて述べた（*"ποιητικωτέροις οὕτως ὀνόμασιν αὐτὰ λέγων"*）．」[1]

X⇔A（或いは X⇔B）の échange ないし réciprocité はしかし厳密に〈分節〉されていて厳格にリズムを刻むようである[2]．時間軸上に過不足無く syntagmatique な分節が刻まれる（*"κατὰ τὴν τοῦ χρόνου τάξιν"*）[3]．Anaximandros はここでやや逸脱気味に背後のメカニズム，社会構造のレヴェル（言わば M）に降りたことを自覚している[4]．これが *"ποιητικωτέροις οὕτως ὀνόμασιν αὐτὰ λέγων"* という但し書きを引用者に強い，かつまた文言がこうして保存されることになる[5]．Simonides の *gnome* とまさに同様に．

〔1・2・5・1〕 周知のように，この断片は Cornford, *From Religion to Philosophy* が全編の基礎に据え

た（p. 8ff.）ものである（Anaximandros については p. 144ff.）．彼は，自然学と倫理的規範の未分化，後者の部族的性格（Moira），からこれを Homeros および Hesiodos に的確に結びつけた．しかし引用者すらこれが詩的言語であることを意識しており，したがって，部族原理＝枝分節原理は利用されてはいても，既に〈二重分節〉原理に加工されている．Lloyd, PA はこのテクストから彼の "analogy" に関する議論を始め（p. 212），広く見られる同種の表現が「自然と社会の混同」などではなくパラデイクマの意識的な使用（paradigmatique な距離の利用）であることを論証している．もっとも，Lloyd は例によって Aristoteles 流の論理学的推論分析への発達過程として解するため，paradigmatique な関係だけを切り離して捉える．ここでも大きなコンテクストは syntagmatisme であり，そこにおいてパラデイクマの syntagmatique な分節＝連鎖に明確な形態を与え結束を強化する，そのために paradigmatique な「鋳型」が用いられるのである．これとディアレクティカ全体に展開される paradigmatique な関係を分析するレヴェルは全く異なる．ディアレクティカ本体において paradigmatique な距離を意識することは政治の成立以来確立されている．

〔1・2・5・2〕 cf. Kahn, *Anaximander*, p. 178, 199: "a rhythmic order of time."

〔1・2・5・3〕 G. Vlastos, Equality and justice in Early Greek Cosmologies, in: Id., *Studies in Greek Philosophy I. The Presocratics*, Princeton, 1993 [or., 1947], p. 74ff. がこの断片をイオニア以降の全思想史の基点に据えるのは全く正当である．この論文はわれわれの認識の大きな礎石であり続けている．たとえば，"ἀλλήλοις" が補訂によってテクストに加わった点を重視し（cf. G. S. Kirk, Some problems in Anaximander, *CQ*, 5, 1955, p. 32ff.），"the fragment refers *in the plural* to the matrix from which all things arise and to which they all return"（p. 78）という決定的な観察に至る，点などアプローチの基本を示す．

〔1・2・5・4〕 cf. G. Vlastos, Equality and justice, p. 80: "If becomings were a theater of injustce without reparation, it would be not cosmos but chaos, and the elegant pattern of balanced equalities in Anaximander's world collapse."

〔1・2・5・5〕 Kahn, Vlastos の理解，即ち，交換プロセスが諸要素間に対等水平的に展開される，と読むこと，に対しては，J. Engmann, Cosmic justice in Anaximander, *Phronesis*, 36, 1991, p. 1ff. が精力的な批判を展開し，諸要素間は不可侵で，ただ罰として apeiron への解消があるだけである，と論じた．Anaximandros をデモクラシーと結びつけることにも明示的に反対し，貴族の特権の不可侵の擁護者であった，というのである．しかし論拠の柱は全て断片のソースたる Simplicius の Aristoteles もどきの解釈に帰着するように思われる．apeiron はそこに存在が還元されて説明され切るそのような原物質ではない（apeiron を arche と考えた可能性については既に Kirk, Some problems, p. 21ff. が完全に解体したところである）．逆にそのような発想を解体したところに Anaximandros の独創があり，かつデモクラシーの独創があった．

1・2・6

確かに，全ての特定のものは完全に対等な対抗関係に立ち，そのことが両者間の関係の等分の互換性によって保障されているとすれば，その背後には特定

のものでない，未規定のもの，対極を通約するもの，を概念しなければならない．X／A⇔B のメカニズムが徹底されるとき，極点に至るとき，X⇔A の関係も極点に達せざるをえない．X から A が生まれるのでも A から X が生まれるのでもない．ジェネアロジクな優越性方向性は観念しえない．ただ無限の両極間運動によって X や A が交互に存在を獲得するにすぎない．特定の実体に軸を据えることが syntagmatisme の生命線であることを Thales の「水」が表現していたとすれば，以下のような表現は，もしパラフレーズした側の「ジェネアロジクな観念」至上主義が混入していないとすれば，その特定の実体は何でもありうる，或いは対等に全てのものでありうる，どれだろうと同じことである，否，どれでもないものが言わばジェネアロジクに先にある，ということを告げるものである．事実，先に見た Kirk 115, 116 のような思考において，たとえば天体生成の素材が "τὸ ἄπειρον" であるということは言われもしなければ大きな帰結をもたらしもしない[1]．対抗関係と「無限の運動」が実質的な点であり，これがまた "τὸ ἄπειρον" の理由付けの極めて実質的な部分に符合している．

A9 DK（Kirk 101）: "(λέγει δ' αὐτὴν μήτε ὕδωρ μήτε ἄλλο τι τῶν καλουμένων εἶναι στοιχείων,) ἀλλ' ἑτέραν τινὰ φύσιν ἄπειρον, (ἐξ ἧς ἅπαντας γίνεσθαι τοὺς οὐρανοὺς καὶ τοὺς ἐν αὐτοῖς κόσμους.)"「（そこから全ての天空およびそれを満たす全ての宇宙がそれから生成したというそのものは，決して水でもなければ，根底素と呼ばれるもののなかの他の何かでもない．＝上に引用）そうではなく[2]，それは他の何かであり，性質上無限定なもの（"ἄπειρον"）である．」

実際，A が P になり P が A になる（「なる」は A／P⇔Q を前提する，というのも，A が Q でなく P になったという三項関係が想定されているからである），A が P になるばかりではない，しかも規則的にかつ無限に交替する，それらを通じて syntagmatique に緊密な連鎖がある，ということになると，A から或いは P から出発するとは言えなくなる．通常は A が PQ になり，P が AB になる，というように論理的に最低限四項を必要とする．「Achilleus は突進する」AP と「河は引き下がる」BQ のように．AP および BQ の必然的連帯は無い．ディアレクティカの結果 Achilleus も河も自由である．しかし今彼らは一

層自由になる．何故ならばAchillesが（時に引き下がるとしても）一方的に突進することは妨げられてはいなかったのに対してPQは規則的に交替して総和がゼロでなくてはならなくなる．すると河も等分に突進する自由を獲得することになる．作用反作用のようにAchillesも河もsyntagmatiqueに互換的となる．凡そものは進んだり下がったりする，運動する，が全体の運動はゼロである．このとき「突進する」「下がる」の概念は背後に消えて，運動の概念だけが残る．Achillesと河の区別は消えて凡そ主体，ないし貴族と平民の区別が消えて市民，の概念だけが残る．初めて対抗関係に立たないactantが現れる；しかもゼロ＝パラデイクマに関係しない．そこにある何物かである．こうなるともはやX／A⇔Bの右辺には立たない．凡そ「Achillesは突進するものである」と決めてかかって議論を開始すればたちまちその段階で攻撃される．二重に自由な主体間に展開されるパラデイクマのsyntagmatiqueな連鎖に沿って論拠を展開しなければならなくなる．そこからの論証は予断を許さないものになる．一層自由になる．

〔1・2・6・1〕 Aristotelesによってこの *apeiron* がAnaximandrosの功績とされ，彼の代名詞となった．問題はこのように彼が考えた意義である．Guthrie, *HGP* I, p. 83ff. のように，"infinite" というのは何についてか，時間的か，空間的か，数か，区分を持たないということか，と問うのはほとんど無意味である．またJ. Barnes, *The Presocratic Philosophers* [*PP*] I, London, 1979, p. 36のように *apeiron* をHesiodosの *chaos* の如きcosmogonicalな始源と解する方向も的外れである．Barnesのこの解釈は，Anaximandrosの功績を "the astronomy, the biology, the geography" に限定して "his contribution to metaphysical philosophy was of less moment" と述べることのコロラリーであるが，言うならば「ここにはまだmetaphysicsが無い」のではなく，「まだphysicsが無い」，即ち二重のディアレクティカを保障する思考の基本は何かという省察しかない，のである．

〔1・2・6・2〕 A1, A9, A14を対照し，SimpliciusのA1を低く評価し，Theophrastosに遡るのは高々A1におけるように「*arche* は水等ではなかった」という部分までである，とする解釈が存する（U. Hölscher, Anaximander and the beginnings of Greek philosophy, in: *Furley/Allen*, I ; H. B. Gottschalk, Anaximander's Apeiron, *Phronesis*, 10, 1965）．ここからは，必ずしも「質的無限定」ではないという解釈の可能性が開かれ，こうしてむしろ大気を *apeiron* として理解する学説（A. Finkelberg, Anaximander's conception of the apeiron, *Phronesis*, 38, 1993）までも現れるに至る（Anaximenesが引かれるが，この解釈の難点はまさにAnaximenesとの決定的な違いが見えなくなることに存する）．しかし，1・2・4で見たcosmogonyと *apeiron* の議論は互いに位相を異にする．A1, A9, A14が揃って（文法上のニュアンスこそ違え）「何かでなく *apeiron*」と言う，その限定された脈絡を重視すべきである．A14が「しかしそれが何かということに

ついて言わなかった」という不満を示すこと自体 apeiron の意味をよく示す.

1·2·7

こうして Anaximandros においては運動は循環し完結することになる. その結果生まれる物体の世界は全体として数学的に完璧に均衡していることになる[1].

A26 DK (Kirk 123): "εἰσὶ δέ τινες οἳ διὰ τὴν ὁμοιότητά φασιν αὐτὴν (sc. τὴν γῆν) μένειν, ὥσπερ τῶν ἀρχαίων Ἀναξίμανδρος. μᾶλλον μὲν γὰρ οὐθὲν ἄνω ἢ κάτω ἢ εἰς τὰ πλάγια φέρεσθαι προσήκει τὸ ἐπὶ τοῦ μέσου ἱδρυμένον καὶ ὁμοίως πρὸς τὰ ἔσχατα ἔχον· ἅμα δ' ἀδύνατον εἰς τἀναντία ποιεῖσθαι τὴν κίνησιν, ὥστ' ἐξ ἀνάγκης μένειν." 「Anaximandros がその最初の一人であるが, 地は球対称性 ("ὁμοιότης") 故に静止している, とする者達がある. 何故ならば, 中間に ("ἐπὶ τοῦ μέσου") とどまってしまえば, 上に行くのが優るというわけにも下に行くのが優るというわけにも横に行くのが優るというわけにもいかず, 全ての外周に対して全く等しい ("ὁμοίως πρὸς τὰ ἔσχατα") 関係を保つ, からであるというのである. 同時に正反対の方向に ("εἰς τἀναντία") 運動を ("τὴν κίνησιν") することは不可能であるから, 必然的にとどまらざるをえない, というのである.」[2]

Kirk 124: "τὴν δὲ γῆν εἶναι μετέωρον ὑπὸ μηδενὸς κρατουμένην, μένουσαν δὲ διὰ τὴν ὁμοίαν πάντων ἀπόστασιν." 「地は宙空の高みにあり, 何者によっても支配されていない (力を受けていない). 同等性の原理故に全てから等しく離れたままである.」

"ὁμοιότης" の結果地球は宙に静止することができる. 何故ならば両極への運動 ("εἰς τἀναντία……τὴν κίνησιν") が完全に均衡して相殺されるからである[3]. かくして宙に静止すると言っても, 完璧な球対称の中心に位置することになる ("ἐπὶ τοῦ μέσου……ὁμοίως πρὸς τὰ ἔσχατα")[4]. 同時にこれは如何なる力にも支配されない状態である ("ὑπὸ μηδενὸς κρατουμένην").

空間はこのようにして初めて方向性というものを失うことができる. 幾何学的空間が概念されうる. 空間の観念が中心を失って曖昧であるというのではない. 1/0 という絶対的方向性が一旦確立され, 次に全く正反対の 1/0 という

絶対的方向性が対抗し交替し，しかもそれが無限化されて初めて達成されるのである．この断片こそむしろ "τὸ ἄπειρον" の理解にとって決定的に重要である．

ちなみに，中心—領域の方向性が今や完全に互換的になる，という paradigmatique な方向での〈神話〉的解釈すら可能である．これとても中心—領域の方向性自体が消失するのではない．政治とディアレクティカはむしろ完璧に機能し，その後に或る特殊な syntagmatisme が働くのである．もっとも，このような paradigmatique な解釈ができるように錯覚させられるのは，遠くで同一の社会構造が作用しているからである[5]．

〔1・2・7・1〕 cf. Kahn, *Anaximander*, p. 77ff.："……equidistant……the principle of symmetry or indifference……a purely geometric approach to astronomy." *apeiron* への「還元」を強調するのでなく，"a harmonious realm" としての宇宙の構想に Anaximandros の思考の軸を見る Kahn の解釈は極めて sound なものである．

〔1・2・7・2〕 むしろ Kirk の表記に従う．「運動」そして「対抗」という概念を基軸に据えなければ何故このように把握しなければならないのかは理解しえないし，またそうすることによって Aristoteles のこのテクストが実質的にはもっぱら Anaximandros に向けられていることがわかる．

〔1・2・7・3〕 この相殺こそが自動性を基礎付け，超越的な原因やパラデイクマを外に求めることを排除する．G. Vlastos, Equality and justice, p. 82："his philosophical concept of nature as a self-regulative equilibrium, whose order was strictly immanent, guaranteed through the fixed proportions of its main constituents" という素晴らしいコメントの通りである．G. Freudenthal, The theory of the opposites and an ordered universe: physics and metaphysics in Anaximander, *Phronesis*, 31, 1986, p. 197ff. は，運動に着目するのはよいとしても，*apeiron* を運動の背後でそれを動かす動因と理解する．その強引さを支えるのは，Anaximandros の形而上学を救い出そうとする意図であるが，Vlastos が引き出したような命題によって思惟に前提的要請を突き付けることこそが（言うならば）形而上学の発端である．その上そもそも，「形而上学」を全体的思考から区別することが的外れである．

〔1・2・7・4〕 A10 等，地球を（球ではなく）円柱と概念する断片が若干の問題を惹起する．Kahn, *Anaximander*, p. 81ff. は，均衡の概念が幾何学的宇宙観を準備した点を重視し，Kirk, *PP*, p. 134 は，地球が何かに支えられていなければならないという観念からの脱却に大きな意義を認める．球体の宇宙の中で宙に浮くという構想が決定的な点であり，Freudenthal, Physics and metaphysics, p. 213f. のように「円柱」を非対称要素の存在によって説明することは無意味である．宇宙ではなく「大地」が理論的に不完全な形をした生成派生物であった方が Anaximandros にとってよかったかもしれない．

〔1・2・7・5〕 但し，この点を Anaximandros が意識していたことは疑いない．"ὑπὸ μηδενὸς

κρατουμένην" は完璧に政治言語でありうるし, "πρὸς τὰ ἔσχατα" はデモクラシーへの移行期に特徴的な語の一つで, 領域の構造に関わる. "ὁμοιότης" 等々はそのままデモクラシーのスローガンでありうる. cf. G. Vlastos, Isonomia [or., 1953], in : Id., *Studies*, p. 108 : "His alternative solution of the problem has the force of a deliberative rejection of this traditional conception [that Zeus is the guardian of justice]. He chooses to think of nature as a self-regulative equilibrium, a system whose "justice" is preserved by the internal equipoise of its components, not by the intervention of any higher, external power. His solution of the problem of cosmic justice is modeled on a notion of political justice......." 両者の間に意識的な paradigmatique な関係を見る点についてだけは, 留保が必要である.

1·2·8

syntagmatisme がこのように自己完結的になれば, 他のいかなる種類のパラデイクマにも syntagmatique に繋がっていない, しかも完全に paradigmatique な作用に対して閉ざされた, 均質のパラデイクマ群が登場する.

それらはもちろん既存のパラデイクマを全面的に再解釈したものである. しかし単純なディアレクティカの途上に現れるものとは異なっている. syntagmatique な連帯を生命とする限り, 多くのパラデイクマ再解釈ないしディアレクティカの結果に対してさらに働きかけたその結果である. この限りでディアレクティカの政治的決定 P と同等の地位に立つ. 但し決して P ではありえない. 政治的決定は性質上間髪を入れず一義的に実現されることを生命とする. これは一種の paradigmatique な作用である. しかし syntagmatisme は徹底的に paradigmatique な作用を排除するからこれと相容れない. 否, paradigmatique な作用に対して閉ざされている限りにおいて論拠ともならず, 政治的決定の手続からはずれている.

裏を返せば, 政治的決定の性質を持ちうるパラデイクマを体系的に批判的に論拠として用いることとは重要な親和性を持つということになる. syntagmatisme の完結性をもたらすメカニズムは極めて強いパラデイクマ識別力を持つ. これを利用すれば政治的決定の性質を持ちうるパラデイクマを体系的に選別しうる. syntagmatisme は一貫して一つの軸に全てのパラデイクマを固定する. つまり, 〈神話〉的でないパラデイクマたることを主張する者はこの syntagmatisme をくぐってみせなければならない. それ自身言わばネガにディアレク

ティカの最終審に在る．しかも paradigmatique な直接作用を排除してまるで〈神話〉のようである．それを論拠としてもう一つのディアレクティカの過程が構築できるようでさえある．しかしそれはできない．但し論拠として提出されたパラデイクマの質を資格審査する働きをなしうる．そして結果としてディアレクティカが二重になることを保障する触媒となる．

1・3　論拠の〈批判〉

1・3・1

　syntagmatisme を使って論拠たるパラデイクマを鋭く吟味する活動を初めて系統的に行ったのは同じ Miletos の Hekataios である[1]．多くの伝承（FGH T1, 3, 11a, b, 12a, b Jacoby）はこの点を明確に意識しており[2]，Anaximandros とこの Hekataios の名を並べて記憶することも定着していたと思われる．

　Hekataios に多くを負うことを意識していた（FGH T18 Jacoby）Herodotos の正確な記述（FGH T5 Jacoby）がわれわれに Hekataios の知的営為の特徴を余すところ無く伝える[3]．

　Miletos の *tyrannos* であった Aristagoras は近隣の Naxos 上層市民の亡命を受け入れるとともに，彼らの要請に従って，「民衆」の手に権力を握られた Naxos を彼らのために征服しようと考える．しかし軍事力の不足を補うためにペルシャを唆してこれの介入を求めそれに成功する．ところが Naxos の防備は固く，ペルシャ軍は Naxos を落とせない．窮した Aristagoras は突如反転ペルシャに叛旗を翻すことを決意する．Herodotos が Hekataios に照明をあてて浮き彫りにするのはこの政治的決定の瞬間である．

　Hdt. V, 36 : "*οἱ μὲν δὴ ἄλλοι πάντες γνώμην κατὰ τὠυτὸ ἐξεφέροντο, κελεύοντες ἀπίστασθαι, Ἑκαταῖος δ' ὁ λογοποιὸς πρῶτα μὲν οὐκ ἔα πόλεμον βασιλέι τῶν Περσέων ἀναιρέεσθαι, καταλέγων τά τε ἔθνεα πάντα τῶν ἦρχε Δαρεῖος καὶ τὴν δύναμιν αὐτοῦ.*"「他の全ての者達が同一の線で意見を表明し，叛乱への方向を推した．しかしこれに対して Hekataios, あのパラデイクマ記述家の Hekataios, はまず，ペルシャ人の王に対して戦端を開くこと自体を押しとどめようとし，Dareios が支配する諸族と彼の潜在力をいちいち詳細に説

明した.」[4]

まず際立つのはただ一人反対意見を述べる Hekataios の態度であり，次にその反対意見に "καταλέγων" 以下の理由が付されたことである．もちろんここまでは（tyrannos の権力下にあるとはいえ）政治が存在することを物語るにすぎない．Herodotos がこの記事を残した趣旨は，その理由の特殊性である．何らかの原理や原則，パラデイクマ，との paradigmatique な関係で結論を基礎付けているのではない．ペルシャとの戦いが正しいかどうかが論拠とされているのではない．相手の論拠が何であったかはわからないが，たとえばそれはくびきを脱して自由になるというパラデイクマであったとしよう．Hekataios は，このパラデイクマの構成部分「くびきを脱して」の部分がそもそも成り立たない，と論拠付ける．したがって戦うという結論は出てこないというのである．決して対抗的なヴァージョンを提示しているのではない．しかるに何故その部分が成り立たないかと言えば，syntagmatisme に反するからである．Dareios の帝国の外延的構造を Hekataios は隙間無く叙述していく．その「運動」の連続線上その構造が Miletos のところで脱落する，とはならないというのである．

勝敗の予測は如何なる場合にも決定の動機でありうる．結果の利益を計算することは如何なる決定にとっても基本的である．他方政治システムはむしろこうした思考を排除する．ならば普通の判断過程に戻っただけか．そうではない．結論から syntagmatique な結果をシミュレーションして損得を勘定しているのではなく，論拠が或る構造的な見通しに立っていないことを批判しているのである．その構造的見通しが syntagmatisme によって与えられる．むしろシミュレーション自体が成り立っていないという次元の批判をしていると解される．そうでなければ，自分の考えが容れられなかった時に間髪を入れずに対抗的見通しを提示することはできない．

Hdt. V, 36: "ἐπείτε δὲ οὐκ ἔπειθε, δεύτερα συνεβούλευε ποιέειν ὅκως ναυκρατέες τῆς θαλάσσης ἔσονται. Ἄλλως μέν νυν οὐδαμῶς ἔφη λέγων ἐνορᾶν ἐσόμενον τοῦτο (ἐπίστασθαι γὰρ τὴν δύναμιν τῶν Μιλησίων ἐοῦσαν ἀσθενέα), εἰ δὲ τὰ χρήματα καταιρεθείη τὰ ἐκ τοῦ ἱροῦ τοῦ ἐν Βραγχίδησι, τὰ Κροῖσος ὁ Λυδὸς ἀνέθηκε, πολλὰς εἶχε ἐλπίδας ἐπικρατήσειν τῆς θαλάσσης, καὶ οὕτω αὐτούς τε ἕξειν ⟨τοῖσι⟩ χρήμασι χρᾶσθαι καὶ τοὺς πολεμίους οὐ συλήσειν αὐτά."「説得が功を奏しないと見るや,次に,海で制海権を握って君臨するようにする策を提案した.他には全く存立の余地が見えない,Miletosの潜在力の弱さをよく知り抜いているからである,と論じたと伝えられる.LydiaのKroisosが奉納したBranchidaiの神殿の蓄蔵財をこの際引き出せば,海上を制圧することは大いに望みうることである,またそうすれば自分達がその財を握ることができるし,相手はそれをはぎ取られる,と.」

ペルシャ戦争の結末を予言する見事な構造的見通しは,もちろんその見通しを全面展開するHerodotosの構想にとって決定的であり,だからこそ彼はここでこのエピソードの前に立ち止まったのである.海に出て戦うというHekataiosの反対提案は,"ἐπίστασθαι γὰρ"以下の論拠によって支えられている.島に浮かぶ後背地首長の蓄蔵財を資源とする構想は,海と陸の上の二つの社会構造とその間の分節的関係の構造の見通しを持っていなければ出て来ない.この見通しなしには如何なる論拠も論拠たる資格が無く,その上に築かれた結論は無効である("οὐδαμῶς……ἐσόμενον τοῦτο"),とHekataiosは論じたことになる.

Herodotosのこの辺りの叙述にはもう少しHekataiosの存在を感じさせる部分がある.V, 29に,内部対立に陥ったMiletosがParosの仲裁を受け容れて政治システム修正=立法に至ったという記述がある.この時ParosからのMiletosの領域が荒れ果てているのに気付いて領域に出てみる("διεξελθεῖν τὴν χώραν")こととする.そしてごく少数の良く耕された農地を("τινὰ……ἀγρὸν εὖ ἐξεργασμένον")見て,その所有者の名を書き留めて彼らを立法起草委員に任命した,という.Parosの使節が内戦の背後に領域問題を見出したという理解の背後にはもちろんそうした問題を見通している人物がある.HerodotosのソースはHekataios以外には考えられない.後背地のさらに向こうに大きく広がるDareiosの帝国の構造を把握しているHekataiosにとって自都市の領域の構造を認識することは簡単であったに違いない.ここにHekataiosを見ることは,37の締めくくりに近いパッセージが綺麗にAristagorasから距離を取ってなおかつ29-30の「政治学的」タームとの間に一致を見せることによっても補強される.逆にAristagorasの翻意の動機ないし伏線については,全く性格の違う少々神話的な伝承が述べられる.Aristagorasの周辺から出た

伝承を Herodotos が意識的に二つ重ね合わせて Hekataios との（観点の，しかし政治的でもあった）対抗を暗示している．Herodotos はこうして（後に述べる）彼自身の方法の（Hekataios に対する）革新，並びに Hekataios 継承の側面（構造的見通し），を例解しているのである．

そのような構造的見通しで論拠を〈批判〉すること，或いはもう少し文字通りの意味に限定すれば，任意の（論拠となりうる）パラデイクマをその syntagmatique な延長の追跡の中で吟味すること，ないし攻撃追求すること，は少なくとも Herodotos の頃までには "$\iota\sigma\tau o\rho\iota\eta$" と呼ばれることになる．Hekataios の多くの断片を伝えるテクストも「Hekataios がそのように "$\iota\sigma\tau o\rho\iota\eta$" した」と述べる．断片においては既に古事学的なタイプの "érudition" の破片を見るにすぎない錯覚にとらわれるが，元来論拠の〈批判〉を巡る鋭いやりとりから生まれたものであること，syntagmatisme によってパラデイクマを syntagmatique に展開しあって争うものであったこと，を忘れることはできない．

[1・3・1・1]　cf. Momigliano, The Herodotean tradition, p. 32ff.

[1・3・1・2]　Hekataios 研究の基礎は今日なお F. Jacoby, s. v. Hekataios von Milet, *RE* VII 2, 1912, col. 2667ff. であり，Hekataios を歴史学の祖とする通念の形成に大きく寄与した（vgl. Über die Entwicklung der griechischen Historiographie und den Plan einer neuen Sammlung der griechischen Historikerfragmente, in : Id., *Abhandlungen zur griechischen Geschichtsschreibung*, Leiden, 1956, S. 16ff.）が，こうした伝承の丹念な検証が根底に存する．

[1・3・1・3]　S. West, Herodotus' portrait of Hecataeus, *JHS*, 111, 1991, p. 154ff. は史料的価値につき懐疑的であるが，Herodotos の側に鮮明な意図があるからこそわれわれは Hekataios の「理論的位置」を測量しうる．Hekataios 自身の著作がソースであるのか，それとも Hekataios についての伝承がそれか（有力説），という問題はまた別個である．

[1・3・1・4]　éd. Ph.-E. Legrand, Paris, 1968.

1・3・2

かくして論拠の〈批判〉はパラデイクマの厳密な意味の syntagmatique な連鎖を想定すること（syntagmatisme）によって遂行されるに至った．Hekataios が後背地へ視野を拡大したことは，Anaximandros が天球儀ばかりか地図を作製したことと深く関係する．事実 Hekataios が書き遺したものの断片の圧倒的大部分は地誌的記述[1]である．ならばその地誌的記述の性質はどのようなものか．

Hekataios の断片の中で最も著名であり彼を歴史学の祖たらしめているのは以下のテクストである．

FGH F1 Jacoby: "Ἑκαταῖος Μιλήσιος ὧδε μυθεῖται· τάδε γράφω, ὥς μοι δοκεῖ ἀληθέα εἶναι· οἱ γὰρ Ἑλλήνων λόγοι πολλοί τε καὶ γελοῖοι, ὡς ἐμοὶ φαίνονται, εἰσίν"「Miletos の Hekataios は以下のように述べている．「私に真実であると思われることを私は書く．というのも，ギリシャ人の間で言われていることには多くのヴァージョンがあり，しかもそれらは私の見るところ大変馬鹿馬鹿しいものであるからである」．」

素直に読めば神話的伝承の批判が初めて行われた記念碑であるということになる．しかしこれに対しては主として近年，Hekataios は高々既存の神話を体系化・合理化しただけである，という解釈が対置されむしろ支配的である[2]．事実多くの断片はむしろ神話的内容のものである．F1 の文面はもちろんそのようにも解しうる．

しかし第一に，既に Homeros において神話は批判されるに至っていることに留意しなければならない．それはあくまで〈神話〉（ないし「文学」）として意識されるに至っている．まして標準化されて信仰の対象となる logos ではない．Hekataios はそのことを承知で Homeros と Hesiodos の〈神話〉に不満を覚えたのである．これは Xenophanes の意識に対応する．したがって明らかに「神話を素朴に信じていたところへ，いきなり批判的意識が登場した」という観点は単純すぎる．第二に，この後 Herodotos においてすら〈神話〉は単純に廃棄されたわけでは決してない．すると問題はそれの取り扱い方がどのように変わったかである．叙情詩や悲劇においても取り扱い方は変化するから，これらに比べてさらにどのような違いがあるかということが明らかにされねばならない．しかしそのように分析すると，単に神話を体系化したのとは全く異なる画期的な変化が認められることにわれわれは気付く．その点でこそ歴史学の祖たるに相応しく，かつての通説が結局支持される所以である．

まず Hekataios が〈神話〉の対抗ヴァージョンの多元性に違和感を持ったことが文面から明らかである．しかるに〈神話〉の対抗ヴァージョンの多元性はディアレクティカの生命であり，これが論拠からの paradigmatique な作用の兵器廠である．叙情詩や悲劇はこうした作用を極度に媒介されたものにしてしま

う．しかしこれとは別に Hekataios は自由な対抗ヴァージョン創出から決別する途を探る．ならばどうしてこのジャンルのパラデイクマ自体を捨てないのか．

"Genealogiai"[3]という書名が或る意味で全てを説明している．〈神話〉的パラデイクマのうち彼が扱ったのはジェネアロジーだけである．これについて彼は，凡そ馬鹿馬鹿しい荒唐無稽の話である，と批判したのではなく，ヴァージョン偏差を正して一義的に確定しようとしたのである．そんなことをして一体何のためになるのか．たとえば以下の断片[4]がその目的を如実に示す．

FGH F119 Jacoby=Strab. VII, 7, 1: "Ἑκαταῖος μὲν οὖν ὁ Μιλήσιος περὶ τῆς Πελοποννήσου φησίν, διότι πρὸ τῶν Ἑλλήνων ᾤκησαν αὐτὴν βάρβαροι. σχεδὸν δέ τι καὶ ἡ σύμπασα Ἑλλὰς κατοικία βαρβάρων ὑπῆρξε τὸ παλαιόν, ἀπ' αὐτῶν λογιζομένοις τῶν μνημονευομένων· Πέλοπος μὲν ἐκ τῆς Φρυγίας ἐπαγομένου λαὸν εἰς τὴν ἀπ' αὐτοῦ κληθεῖσαν Πελοπόννησον, Δαναοῦ δὲ ἐξ Αἰγύπτου, Δρυόπων τε καὶ Καυκώνων καὶ Πελασγῶν καὶ Λελέγων καὶ ἄλλων τοιούτων κατανειμαμένων τὰ ἐντὸς Ἰσθμοῦ καὶ τὰ ἐκτὸς δέ."「Miletos の Hekataios がペロポネソスについて述べたところによれば，かつてギリシャ人以前には非ギリシャ人がそこに居住していた．いやそれどころか，伝承それ自身によって再構成するならば，ほとんど全ギリシャがかつては非ギリシャ人が住むところとして始まったのである．Pelops は Phrygia から人々を引き連れて自分自身の名を取ったペロポネソスに渡ってきたのであるし，Danaos はエジプトから，Dryopes と Kaukones と Pelasgoi と Leleges その他は地峡のこちらとあちらをそれぞれてんでに分け取ったのである．」

このテクストのどこまでの内容が Hekataios に遡るのかは疑問であるが，Strabon が意識しているのは思考の或る伝統である．それが Hekataios から始まるという点に確信を持っている．Herodotos の叙述の冒頭をはじめとして至る所に見出せるその伝統とは，ジェネアロジックなパラデイクマを使って古い時代の部族組織，或いは部族連合体組織，相互の分布や重畳・変遷を明らかにする，というものである．後背地やポリス成立前について探求しようとするとき叙述のこうしたタームは不可欠である．否，そもそも「史料」がこうしたものになる．"ἀπ' αὐτῶν λογιζομένοις τῶν μνημονευομένων" は間違いなく Hekataios が "Genealogiai" 執筆の材料としたものでもある．部族神話の中で誰がど

こから来てどのように婚姻関係を結び子孫を残したか，何々人の後に何々人が入って来て，次にまた何々人が入ってきた，云々というパラデイクマなしには（或る意味では今日人類学的研究に至るまで）厳密な社会構造の記述はなしえない．Hekataios は，素材として採集したパラデイクマから，次に自分が確定する諸族分布・諸族交替を一義的に説明するパラデイクマを再構成して記述タームとしたのである．彼が「神話」を批判してなお「神話」を書き続けた唯一の理由はこれである．

　それが〈神話〉の重要部分にさえ及ぶのはもちろん領域の構造に彼が関心を寄せたからである．Hesiodos について見たように，そして領域の組織についての分析で明らかにしたように，領域においては意識的にジェネアロジクなパラデイクマの再現実化がはかられる．しかもデモクラシーへの移行はこの領域の組織の大規模な再編成を伴う．Doros 神話が Pindaros とともに浮上するのもこのためである．このタイプのジェネアロジーはかくして領域の組織にとって死活問題であり，また領域の構造を見通そうとする論者にとって不可欠である．

　ちなみに "Δαναοῦ δὲ ἐξ Αἰγύπτου" が Hekataios に遡ることは FGH F19 Jacoby から明らかである．ここで Hekataios は，Aigyptos 自身は決して Argos に入って来なかったこと，息子達つまり複数であったこと，を確認してこの logos が王権でなく部族形成に関わる層に属することに固執している．しかもその数につき論争して五十人でなく二十人であったとしている．四の倍数への整理・移行である．

　現在残る断片の地域的網羅性からして，Hekataios は後背地＝都市領域を通じてこうしたタームによる記述を一つの水平面において連続的に展開しようとした，と考えられる．Dareios の帝国を記述するタームが "ἔθνεα" であったというのもこの意味である．しかもそれは，F19 が示すように，ディアクロニクな重畳関係を識別しうるものであった．Deukalion の系譜（F13-16），そして Argonautes への着目（F17-18），は領域への関心抜きに考えられないが，Argos のジェネアロジーは，Herakles をも，また〈神話〉上極めて無意味で陳腐な点に至るまで，些末に位置付ける（F29a）．こうして初めて Argos に関する基層の〈神話〉的ジェネアロジーは全体として大きな系統樹をなし，他方

Herakles は神出鬼没ではありえず,地表面上十分に限定されて現れる.Geryon の家畜を奪うためにイベリア半島へ行ったり大海を渡ったなどというのは虚偽であり (F26),Hades の犬なる怪獣を連れて冥界から帰還したのは Lakonia のトアル岬であるのはよいとしても,連れて帰って来たのはありえない動物でなく,現実に存在する毒蛇であるにすぎない (F27).儀礼的再現実化のポイントで正確な意味を統制できないような〈神話〉を syntagmatisme によって排除するのである.或いは,それが無意味である地点での事績を否定するのである.こうしてなお残るディーテールはジェネアロジクな形態の識別に資する記号たるものに限られる.事実彼の関心は抽象的なタイプのジェネアロジクな形態のみであり,これを使って,構造上偏差を持った様々な社会構造が折り重なるように地表面に連続している状況を記述するのである.

〔1・3・2・1〕 vgl. Jacoby, *RE* VII 2, col. 2690ff.

〔1・3・2・2〕 cf. C. W. Fornara, *The Nature of History in Ancient Greece and Rome*, Berkeley, 1983, p. 12. F. Lasserre, L'historiographie grecque à l'époque archaïque, *QS*, 4, 1976, p. 113ss. は,神話的素材を扱った限りで "beaucoup plus comme le continuateur de la tradition épique que comme le précurseur d'Hérodote" と評し, Dion. Hal. *De Thuc*. 5 を引いて "l'histoire locale" から Herodotos へ直行する線を描く.F. Jacoby, *Atthis. The Local Chronicles of Ancient Athens*, Oxford, 1949 の基本テーゼに対する真っ向からの挑戦であるが,論拠は Archilochos 以下の *elegeia* 系の叙情詩か近接の叙事詩にすぎず,素材が近過去の出来事というだけのことである.Jacoby や Momigliano の厳密なクリテリウムを置き忘れたようである.

〔1・3・2・3〕 vgl. Jacoby, *RE* VII 2, col. 2733ff.

〔1・3・2・4〕 vgl. Jacoby, *RE* VII 2, col. 2696.

1・4 syntagmatisme の結束を支えるもの

1・4・1

イオニア学派は Thales 以来 X／A⇔B の X を措定することに関心を有する.その彼らの思考において実は A⇔B のメカニズムの作用が決定的であることは既に述べた通りであり,Anaximandros の "τὸ ἄπειρον" はこの点と深く関わる概念であった.それでも,運動のメカニズムと並んで何が運動するのかということ,その実体の同一性,が決定的に彼らの思考を組み立てていた.Anaximandros の「弟子」ともされる同じ Miletos の Anaximenes は, "τὸ ἄπειρον" に

かわって再び特定の実体,「大気」を究極の X として措定する．但しこの「大気」は Thales の「水」とは明らかに理論的性質を異にする．syntagmatisme による切り出しの結果ではもはやない．(Aristoteles による誇張を割り引かなければならないが) 初めて X の方が AB 両方の隠れた実体となる．即ち「大気」の濃淡が冷たい熱いに対応する二つのヴァージョンであり,こうして水と火が形成される,とされるのである (Kirk 139-143). X／A⇔B という基本的な思考様式は維持されるが, A⇔B (水対火) の対抗は直接の意味を持たず,「大気」の濃淡という実質的な X／A⇔B に置き換わる．これを経て初めて Aristoteles にとっての arche, 質料―形相思考にとっての arche, が学説史上現れるとさえ言うことができる[1]．しかしこの X へのシフト,つまり運動学的というより化学的な思考へのズレ,は一つの逸脱であったのではないか[2]．A⇔B という連続体に張り付く syntagmatisme こそが関心の中心であり続ける中で．

〔1・4・1・1〕　Anaximenes の脈絡と Anaximandros の脈絡は Aristoteles においてばらばらで同一線上には来ない．

〔1・4・1・2〕　但し, Anaximenes に至って初めて Anaximandros においては曖昧であった変化の具体的メカニズムが追求された, という評価も存在する (cf. C. J. Classen, Anaximander and Anaximenes: the earliest Greek theories of change?, *Phronesis*, 22, 1977, p. 89ff.). 確かに syntagmatisme そのものは強化される．しかし, syntagmatisme は二重のディアレクティカの構造を支えるためであるのに, その緊張感は薄れ, この方向を延長していけば, 単純な因果連関の追求に逆戻りしてしまう怖れがある．裏を返せば, これを怖れるがために Platon 以降「哲学」や「形而上学」は過剰に反応した, ということになる．

1・4・2

　同じ Ionia の Ephesos 出身の Herakleitos は, 先行する Xenophanes と Hekataios を鋭く批判しうる世代に属する[1]．われわれはかくして 6 世紀末から 5 世紀初めにまで降りてくることになる．Herakleitos こそは, X／A⇔B という基本的な思考様式を追求するのであるならば X の措定は無意味であり[2], 意味を持つのは A⇔B それ自体だけである, と看破した人物である[3]．この両極に何か特定のものを見る思考は, それらがそれ自身火や水のように X の地位に立ちうる性質のものでなければならない, そうでなければ概念世界が完結しない, と考えることのコロラリーである．しかし変化の規則的互換性は終局的

に，特定でない特定のものを X として措定せざるをえなくさせる．このように考えるに至った Anaximandros は既に，X の措定はほとんどダミーを置くに等しいと認識するに至ったとさえ言うことができる．それでも他方 Anaximenes は X の統合作用の方に舵を切る．A⇔B の両端にどうしても actantiel な軸となりうる固い実体を置かざるをえないのはそのためである．これが派生的統合作用を次々果たしていくのである．しかし Herakleitos はまさにそこに syntagmatisme のほころびを見る．

上る坂と下る坂は同一の坂の二つの対抗ヴァージョンである．これは，X／A⇔B によって X 即ち坂をくくり出す，かに見える．ところが A にも B にも同じ坂が立つ．X／A⇔B はどこまで行っても同一の坂を出す，そこにとどまる[4]．この X／A⇔B からはいつの間にか，「大気」が冷たくなると水になるというような面は消えている．実際突如「大気」—水の方は一種魔術的ないし少なくとも化学的 paradigmatisme（A-A'-A"……）を潜ませるように見えて来る．事象の連関という syntagmatisme を極限にまで徹底させようとする余り，厳密な運動概念からの逸脱が確かにあったのである．

Herakleitos はかくして，両極がただそれだけで完結的な概念世界を構成し，他への reference を有しない，ということを執拗に言い続けたと思われる．

F60 DK=F200 Kirk：*"ὁδὸς ἄνω κάτω μία καὶ ὡυτή."*「上る坂も下る坂も一つの同一の坂である．」

F111 DK=F201 Kirk：*"νοῦσος ὑγιείην ἐποίησεν ἡδὺ καὶ ἀγαθόν, λιμὸς κόρον, κάματος ἀνάπαυσιν."*「病気が健康というものを，空腹が満腹を，疲労が休息を，快適かつ良いものするのである．」

Kirk 202：*"ταὐτό τ' ἔνι ζῶν καὶ τεθνηκὸς καὶ [τὸ] ἐγρηγορὸς καὶ καθεῦδον καὶ νέον καὶ γηραιόν· τάδε γὰρ μεταπεσόντα ἐκεῖνά ἐστι κἀκεῖνα πάλιν μεταπεσόντα ταῦτα."*「生きて死のうと，否，生きて死ぬからこそ，そこに同一のものがあるのである．起きて寝るからこそ，若くそして年を取るからこそ．というのも，それは変化すればこれであり，反対にこれは変化すればそれである．」

明らかに Herakleitos にとっても XA⇒XB／XB⇒XA という連続的変化の互換性（およびそれを根底で支える対抗軸）は重要である．同じ人間が生きて死に，起きて眠る．がしかし，他の何かになるのではない．同一性がそこにある

というのである.

しかし他方，Anaximandros の Kirk 118, 119 (*"ἐκ τοῦ ἑνὸς ἐνούσας τὰς ἐναντιότητας ἐκκρίνεσθαι", "ἀποκρινομένων τῶν ἐναντίων διὰ τῆς κινήσεως"*) と以下の断片を対比すれば，思考の連続性と差違が一目瞭然である

F10 DK=F203 Kirk：*"συνάψιες ὅλα καὶ οὐχ ὅλα, συμφερόμενον διαφερόμενον, συνᾷδον διᾷδον· ἐκ πάντων ἓν καὶ ἐξ ἑνὸς πάντα."*「繋ぎ合わせて見ても[5]，それは全体であると同時に全体ではない．統合されたものは分解されたものであり，協和音は不協和音である．全体から個が，個から全体ができる．」

Anaximandros において両極間運動による分裂が無限定から特定のものを生み出すとされたのに対して，ここでは，XA 間の（統合態と対抗態の）互換性は異次元の事象間の変転と見る必要はなく，究極においてさえ，単なる A⇔B 両極性（単一と多）と考えればよいとされる．

かくして Herakleitos においては運動の重要性の強調は独特の調子を帯びる．X／A⇔B において，X が A や B になって立ち止まる（A が B になったり B が A になったりするようにも見える）ことがない，たとえば Anaximenes におけるようにそのようにして「大気」が火になったり水になったりすることがない，という意味において，運動が停止しないことが強調される．

A6 DK (Kirk 215)：*"λέγει που Ἡράκλειτος ὅτι πάντα χωρεῖ καὶ οὐδὲν μένει, καὶ ποταμοῦ ῥοῇ ἀπεικάζων τὰ ὄντα λέγει ὡς δὶς ἐς τὸν αὐτὸν ποταμὸν οὐκ ἂν ἐμβαίης."*「Herakleitos が或る箇所で言うには，全てのものは移動し，一箇所にとどまらない．さらに，彼は存在を河の流れの像によって捉え，お前は二度と同じ河に入ることがない，と言った．」[6]

ゼロ＝パラデイクマの位置についても，Herakleitos は Xenophanes に反論するかのように，高々 A⇔B に直ちに横付けされるものであるとする．

F67 DK=F204 Kirk：*"ὁ θεὸς ἡμέρη εὐφρόνη, χειμὼν θέρος, πόλεμος εἰρήνη, κόρος λιμός……"*「神は，昼であり夜であり，冬であり夏であり，戦争であり平和であり，満腹であり空腹である．」

Xenophanes の神は X／A⇔B の支点 X の究極のものである（Kirk 171）．それは運動せず，必ず X／A⇔B の左辺に在り，むしろ全体を動かす．或る意味で *"τὸ ἄπειρον"* のパラレルである．しかし Herakleitos はこの方角に思考を展

開することを拒否するのである.

〔1・4・2・1〕 Parmenides と並び最も刺激的な "Vorsokratiker" として現在でも多くの影響力を有し, 様々な独創的な解釈の対象となる. (Guthrie, HGP I, p. 416 のように他から全く孤立した思想家と見るのでなければ) 根底にある支配的な前提は, Parmenides から Platon へという道筋から (Parmenides の論敵として, 或いは Parmenides 批判者としてのみ) 位置付けるというものである. しかしその時に断片の文体を例によって予言的宣言的に受け取って神秘化し, (心身論や "Logos" 論等から) 存在の背後の秘密のトンネルを勝手に予感する, 傾向が認められる. こうした傾向を一掃するのが, G. Vlastos, On Heraclitus [or., 1955], in: Id., Studies I, p. 127ff. であり, 断片の文言に貼り付いて Anaximandros との間の関係を丹念に論証する. なおかつ "......so far as it is clear, profoundly disturbing not only the moralist but also to the logitian. It proved disturbing enough to the latter to provoke in Parmenides a reaction, violent in the extreme, yet immensely fruitful, for it issued in a doctrine of Being which served as the foundation of the great cosmological constructions of Empedocles, Anaxagoras, and the atomists" (p. 150) という結論はそのまま引用するに値する.

〔1・4・2・2〕 彼が自然や地誌そのものに関心を有するタイプでなかった (Guthrie, HGP I, p. 417 は,「自分自身を探求した」とする伝承の執拗さを強調する), のはこのことと関係する. 初めて "ἱστορίη" の前提だけ追求してそれ自身をしないタイプが現れたのである. このことは彼が「デモクラット」ではなく, (民衆嫌いという意味で) デモクラシーには敵対的であったとする伝承の存在をも説明する. 領域の具体相には眼を向けなかったのである. これらのことは Parmenides についてと同様に何らデモクラシーに対する政治的な態度を先取りしないが, 確かに, Parmenides 以降の群像の分化 (たとえば Herodotos と Anaxagoras) を予告する.

〔1・4・2・3〕 Lloyd, PA, p. 96ff. は polarity についての本格的省察の嚆矢にこの Herakleitos を置く. polarity とは言っても様々で性質の異なるものがあり, それらの間には様々な関係がある, ということを認識した点を Lloyd は高く評価する. しかしむしろ, パラデイクマのヴァージョン対抗を polarity が様々な局面で媒介する, ということを Herakleitos は見抜いたということである. そしてそのヴァージョン対抗以外に実体はない, と考えたのである. 後代の論理学から見て様々なケースである, ということが指摘されたわけではない. Lloyd が用いる論拠は, 断片が実に様々な意味の二項対立であるということである. しかし, Herakleitos はそのことを言いたかった, ということを示すテクストは無い.

〔1・4・2・4〕 Lloyd, PA, p. 99 はこれらの断片について, 正しくも, 全て両極間の "some connection" を言うものと解し, しかも "stresses not only the interdependence of opposites, but also the constant war or strife between them" する. 実際, Herakleitos にとってこの「坂」は様々な属性を獲得しうる主体ではなく, 関係である. このことは以下 1・4・3 で述べる通りである. しかしこの関係は, Lloyd が考えるように (Guthrie, HGP I, p. 442ff. も同様) 単に論理的な性質のものではない. 関係として読めば F 60 も矛盾率違反などでなく "perfectly unobjectionable" である, と Lloyd は鮮やかに光をあてるが, "the opening up of a new field of discussion, that of the logical problem of the nature of contradiction" を Herakleitos の意義とするのは, 見当はずれである. Lloyd が Parmenides-Gorgias の線で叙述し Anaximandros-Demokritos の線を

奇妙に無視することと関係している.

〔1・4・2・5〕 Kirk は "συλλάψιες" という読みを採る.「繋ぐ」("συνάπτω") より「把握する」("συλλαμβάνω") という読みになるが, "συμφερόμενον" と符合するのは前者であるように思われる. 軸の両極の単純な分節と結合を言っているのである.

〔1・4・2・6〕 panta rhei「万物は流転する」は, われわれの解釈によれば極から referential な要素を剥ぎ取る言明である. D. G. Stern, Heraclitus' and Wittgenstein's river images: stepping twice into the same river, Monist, 74, 1991, p. 579ff. は, F12, F91, F49a に対応して,「流れに対して軸としての河が同一性を有する」,「軸としての河もその時々にしか同一性を有しない」,「凡そ軸も同一性を有しない」という三つの意味を引き出し, Herakleitos の学説が複雑であったことを示唆し, Wittgenstein の思考の発展の段階と関係付ける. しかし軸の同一性の浮動, まして不確実, を Herakleitos が問題とした形跡は無い. 他方, 軸も別の局面では極である, ということに (この限りならば) Wittgenstein の思考は尽きる. Herakleitos は,「同一人が河に入っても」,「同じ河を別の流れが」, と actantiel な入れ替わりを把握している.

1・4・3

しかし Herakleitos は syntagmatisme をただ単に A⇔B を結ぶ平面に張り付いていれば得られると考えていたわけではない. 様々な polarité だけで世界が構成されていると考えたわけではない. syntagmatisme の強固さは, X／A⇔B の X の同一性が保障するのではない, それと無関係に, それと別のもの[1]が, 保障する, というのである.

F61 DK=F199 Kirk : "θάλασσα ὕδωρ καθαρώτατον καὶ μιαρώτατον, ἰχθύσι μὲν πότιμον καὶ σωτήριον, ἀνθρώποις δὲ ἄποτον καὶ ὀλέθριον."「海の水は, 最も浄化されたものであると同時に最も穢れたものである. 魚にとっては飲めるものであり, 命の綱である. 人間にとっては飲めないものであり, 有害なものである.」

海ないし水が魚と人間にとって対照的な意味を持つ, というこのヴァージョン操作において, 水即ち X は綺麗に切り出されているが, 右辺 (海水⇔真水) の A⇔B (魚：+/-) は a⇔b (人間：-/+) に依存し (魚⇔人間の対抗に応じて) 連帯の関係にある. これがクロスする自由はない. これらは恣意的には展開されていないのである. 坂のパラデイクマ (Kirk 200) でさえ, 様々な人や動物や物体が上ったり下りたりする, がしかし坂があり, それが常に厳然と控える, とも読める. それに沿って下がったものは上がるしかなく, 自由ではない. し

かしこの互換性を基礎に議論を立てたとしても，これまでのやり方ではそれは一つの願望でしかない．問題は，互換的でなければならないように強いる，そこに在る構造[2]である，というのである．同一の物体の運動よりも遥かに強固なsyntagmatismeが実は潜んでいるというのである．

F54 DK=F207 Kirk : *"ἁρμονίη ἀφανὴς φανερῆς κρείττων."*「見えない構造は見える構造よりも強い．」

F123 DK=F208 Kirk : *"φύσις κρύπτεσθαι φιλεῖ."*「自然は隠れることを好む．」

F51 DK=F209 Kirk : *"οὐ ξυνιᾶσιν ὅκως διαφερόμενον ἑωυτῶι ὁμολογέει· παλίντροπος ἁρμονίη ὅκωσπερ τόξου καὶ λύρης."*「彼らは，切り出された両極が如何に同一のことに帰すか，理解しない．弓や竪琴のように，構造は対抗を内容とする．」[3]

Xとしてくくり出されないだけに，この構造 *"ἁρμονίη"* は常に隠れている．paradigmatiqueな作用をしてはならない，あるいはsyntagmatismeを構成する諸々のパラデイクマに対して（syntagmatiqueな位置にはもちろん）paradigmatiqueな位置に（も）立たない，という意味でも常に地下に潜んでいて絶対に表面に出てこない．まるで〈神話〉のようなパラデイクマである．物体がめまぐるしく運動をし分布をする，それを正確に捉える，ことがHekataiosにとって〈批判〉の資源であった．時空の網の目はそれにsyntagmatiqueな連帯を与える手段であった．Herakleitosにとっては，こうした動きに目を奪われてはならない，動き回るその中に，確実に動きを支配する法則性，それを決定する場の構造が現れてくる，というのである．Herakleitosはこれをまさに〈神話〉のように（対極の動きを叙述する「私の話」の反対概念としての）*"λόγος"* と呼んだと伝えられる[4]．

F1 DK=F194 Kirk : *"γινομένων γὰρ πάντων κατὰ τὸν λόγον……"*「全てはこのパラデイクマ（＝実は構造）に従って生起するのに――．」[5]

F2 DK=F195 Kirk : *"τοῦ λόγου δ' ἐόντος ξυνοῦ ζώουσιν οἱ πολλοὶ ὡς ἰδίαν ἔχοντες φρόνησιν."*「パラデイクマ（＝実は構造）が共通であるのに，多くの者達はそれぞれの個人的な考えを持っているかの如くに生きている．」

F50 DK=F196 Kirk : *"οὐκ ἐμοῦ, ἀλλὰ τοῦ λόγου ἀκούσαντας ὁμολογεῖν σοφόν ἐστιν ἓν πάντα εἶναι."*「私の考えではなく，あのパラデイクマ（＝実は構造）

を聴くならば，全ては同一のことに帰す，と考えるのが賢い態度である．」

少々飛躍するならば，Anaximandros が平民も貴族も区別のない一個の市民（"τὸ ἄπειρον"）ではないかと言ったとするならば，Herakleitos は平民も貴族も同一の政治システム（"ἁρμονίη"＝"λόγος"）に同様に属すると述べたことになる．同一主体が平民であったり貴族であったりする（差違が無いのではない）というよりも，そのように交替させるシステムがある，というのである．

〔1・4・3・1〕 Vlastos, On Heraclitus, p. 141ff. は，F80 DK を分析して，対抗即ち「戦い」と「争い」が，対等な極間に均衡しているからでなく，それ自身として正義となった，点が Herakleitos と Anaximandros の関係を最も端的に示すとする．水が流れて行ってしまっても河はそこにある，しかしそれが干上がってしまったらどうか．"To uphold the justice of all strife, Heraclitus must fall back on another notion, more fundamental in his scheme than that of equipollent change : the constancy of a logos or metron preserved in all changes whatever." というのである．確かにこれは大きな一歩である．しかし，この logos が「実体」であり，価値を独占し，他は虚妄である，という思考が始まったというのではない．Euripides の "Helene" において見たように，あのようにパロディー化される思考の可能性が開かれたことは間違いないが，虚妄を斥け「実体」に迫ることこそがここから始まる（「哲学」や「形而上学」という名を冠した）知的伝統である，とする（Platon 以来の，しかし主として中世の刻印を帯びた）見解は混乱している．二重のディアレクティカの第一段が基礎づけられれば，第二段で諸々のそれをくぐったパラデイクマが躍動するのである．

〔1・4・3・2〕 E. Hussey, Héraclite, dans : AA. VV. Le Savoir Grec, p. 689sqq. は，イオニアを前提としそれを組み替えた人物として Herakleitos を捉えること，アフォリズムにもかかわらず明晰な体系を読み取ること，logos をパラデイクマのフル・ヴァージョンの意味に解すること，sémantique なレヴェルと syntactique なレヴェルを区別し，記号論の装備で言明を読むこと，等を提案する優れた要約であり，"La notion abstraite de structure est omniprésente dans la pensée d'Héraclite……." (p. 691) と的確に指摘する．

〔1・4・3・3〕 Kirk は Plat. Symp. 187A の同様の言葉使いから，"ὁμολογέει" を "ξυμφέρεται" に換えるが，却って意味が通らない．ここは，単に統合されうる，ということを言うのでなく，背後にあるものを問題としている．同様に "παλίντροπος" を "παλίντονος" に換えるのも，奇妙である．竪琴に固有の形容詞ではあるが，ここは対抗が構造を支える，というのでなければ，何のことかわからない．弓に張り渡されたような両極の対抗の緊張が鮮やかにイメージされている．

〔1・4・3・4〕 この logos こそ（特に F1 の冒頭）が巨大なエコーを産み続けてきたわけであるが，第一に，存在の奥深くに理性が実在している，という方向に解釈され（cf. T. M. Robinson, Heraclitus and Plato on the language of the real, Monist, 74, 1991, p. 481ff.），第二に，paradigmatique な同一性を確立する飛躍の行為（予言，啓示等々）そのものを Herakleitos に見る近年の極点（Heidegger, Havelock）を鼓吹した（cf. V. Tejera, Listening to Herakleitos, *ibid.*, p. 491ff.).

〔1・4・3・5〕 P. Curd, Knowledge and unity in Heraclitus, *Monist,* 74, 1991, p. 533 は，このフレーズから出発して，*logos* を単なる（特に F1 のそれを Herakleitos 自身の）言説と介する説を斥ける．cf. J. Wilcox, *The Origins of Epistemology in Early Greek Thought. A Study of Psyche and Logos in Heraclitus,* Lewiston, 1994, p. 68.

1・4・4

ならば具体的にはその構造として Herakleitos は何を考えていたか．流れる水にとってそれは河である．河はしかし摑もうとしても摑めない．それは構造としてだけ存在し，実体たる水は絶えず変転している．

F12 DK=Kirk 214: "ποταμοῖσι τοῖσιν αὐτοῖσιν ἐμβαίνουσιν ἕτερα καὶ ἕτερα ὕδατα ἐπιρρεῖ......"「全く同じその河に入ったとしても，そのたびにまた異なった水に浸かっているのである．」

しかし水が最終的に従うのはむろん河などではなく，大きな "λόγος"，即ち火の「度合い」"μέτρα" である[1]．火はしかし実体ではない．或る究極の極を示す．これと非・火の間に渡される尺度における比率が構造なのである．

F31 DK=Kirk 218: "πυρὸς τροπαί πρῶτον θάλασσα, θαλάσσης δὲ τὸ μὲν ἥμισύ γῆ, τὸ δὲ ἥμισυ πρηστήρ......καὶ μετρέεται εἰς τὸν αὐτὸν λόγον ὁκοῖος πρόσθεν ἦν ἢ γενέσθαι γῆ."「火の循環は，第一に海，その海の半分は地，他の半分が稲妻である──それ以前と，地が生成した後と，同じ割合で均衡する．」

多くの断片は火を強調するように見えるが，以下にも見るように真の「実体」("μετρέεται εἰς τὸν αὐτὸν λόγον") はおそらく "μέτρα" である．

F30 DK=Kirk 217: "κόσμον τόνδε, τὸν αὐτὸν ἁπάντων, οὔτε τις θεῶν οὔτε ἀνθρώπων ἐποίησεν, ἀλλ' ἦν ἀεὶ καὶ ἔστιν καὶ ἔσται· πῦρ ἀείζωον, ἁπτόμενον μέτρα καὶ ἀποσβεννύμενον μέτρα."「宇宙の秩序，万有の秩序，は神々の誰か，人々の誰かが形成したのではなく，常にあったし，あるし，あり続ける，ものである．火は永遠に生きていて，点いても消えても同じ度合いを保っているのである．」

火の永続性はむしろ尺度の永続性である．始源不朽の物質ということではない．

F6 DK=Kirk 225: "ὁ ἥλιος......νέος ἐφ' ἡμέρῃ ἐστίν."「太陽は毎日新しい．」

1 syntagmatisme 457

F94 DK=Kirk 226: "Ἥλιος οὐχ ὑπερβήσεται μέτρα· εἰ δὲ μή, Ἐρινύες μιν Δίκης ἐπίκουροι ἐξευρήσουσιν."「太陽は決してその度合いを逸脱しない．そうでなくとも，そのときは，正義の女神を補佐する復讐の応報の女神が放ってはおかない．」

この最後の典型的な〈二重分節〉イメージに呼応して "μέτρα" の意義を良く伝えるのは以下の断片である．

F90 DK=Kirk 219: "πυρός τε ἀνταμοιβὴ τὰ πάντα καὶ πῦρ ἁπάντων ὅκωσπερ χρυσοῦ χρήματα καὶ χρημάτων χρυσός."「全ては火と互換的であってこれと通約できるし，また，火は全てと互換的であってこれと通約できる．丁度，財が金とそうであり，金が財とそうであるように．」

Kirk 199 に符合して，この構造に「比例」した心身論が構想される[2]．

F36 DK=Kirk 229: "ψυχῆισιν θάνατος ὕδωρ γενέσθαι, ὕδατι δὲ θάνατος γῆν γενέσθαι· ἐκ γῆς δὲ ὕδωρ γίνεται, ἐξ ὕδατος δὲ ψυχή."「精神にとって死とは水になることである．水にとって死とは地になることである．しかるに，地からは水が出てくる．ならば，水からは精神が出て来るであろう．」

F118 DK=Kirk 230: "αὔη ψυχὴ σοφωτάτη καὶ ἀρίστη."「乾いた精神が最も賢く，最良である．」[3]

"μέτρα" は決して〈神話〉のレヴェルにはないが，しかし社会構造のレヴェルにおいて着実に作用して〈二重分節〉を形成するであろう．即ち，これが諸々のヴァージョン対抗の前提基準として働くのである．

〔1・4・4・1〕 cf. D. Wiggins, Heraclitus' conceptions of fire, flux and material persistence, in: M. Schofield, M. Nussbaum, edd., *Language and Logos : Studies in Ancient Greek Philosophy Presented to G. E. L. Owen*, Cambridge, 1982.

〔1・4・4・2〕 cf. M. C. Nussbaum, *Psuchê* in Heraclitus, *Phronesis*, 17, 1972, p. 1ff.

〔1・4・4・3〕 cf. Wilcox, *The Origins of Epistemology*, p. 81. 精神の状態によって知覚を正確に吟味できたりできなかったりする．状態の悪い精神 barbaroi psychai に対して，それが良い場合には "A non barbarian ψυχή is literally a part of the fiery, universal λόγος that unites opposites and regulates their interaction." (p. 127) というわけである．

2 paradigmatique な連帯

2·0 序

　syntagmatisme にとって致命的なことは，任意のパラデイクマが直ちに paradigmatique に作動してしまうこと，或いは（ディアレクティカの手続を前提に取れば）直ちに論拠として採用されてしまうこと，である．このような「脱走」をくいとめてパラデイクマ連鎖を syntagmatique な平面の上に滑らせるということが生命線となる．そのうちに馬脚を現し失格するであろうというのである．これが二重のディアレクティカを強いる．X／A⇔B は核となる syntactique な構成である．

　イオニアの「自然学」の弱点に気付くのはしかし Herakleitos ばかりではない．X の発見も，X—A をまたいで互換性が現れることも，重要ではあるが，翻って考えれば Hesiodos の cosmogonie とどこが違うか．運動と A⇔B 両極性の間に飛躍や混同がありはしないか．かくしてこれらの認識はやすやすと（神話化しないまでも少なくとも）〈神話〉化するのではないか．paradigmatique な「脱走」は一向にくいとめられていないのではないか．パラデイクマの如何なるヴァージョンが一体 X／A⇔B に収められるというのか．如何なる基準で収まるのか．この部分に逸脱があり，たとえ同じ物体であれ別の脈絡で別のことをしているのにもかかわらず一個の運動を概念してしまうと，奇跡でも起こったようなパラデイクマ連鎖が現れはしないか．

　こうした一連の決定的な批判，〈批判〉の中枢を司る前提的な整理，がイオニアに対抗するように西方のギリシャ植民都市域で高い水準にまで発達し[1]，周知の如く，われわれの哲学・自然科学の基礎をなしている．しかしもちろん，syntagmatisme を介しての二重のディアレクティカの構築という大きな文脈を

イオニアと共有しており，したがって〈二重分節〉という社会構造およびデモクラシーと不可分の知的遺産である，ということになる．

[2・0・1] 哲学の起源がイオニアとイタリアという大きな地理的方向性によって二元的になっていることは，共通の認識である．イオニアについては，後背地との関係において逆説的早期に領域の再構造化が開始されたことのコロラリーであり，それがギリシャ都市の発展の特殊なヴァリエーションに対応するものとは思われない．しかし，イタリアについては，以下でPythagorasに関連して示唆するように，領域の構造が特殊な課題を有したこととの関係は否定しえないように思われる．

2・1 諸々のヴァージョンのparadigmatiqueな結束

2・1・0

530年頃Samosのtyrannosたる Polykratesを嫌ってPythagorasが南イタリアKrotonに渡ったこと，あるいはそうした伝承の存在，は重要な意義を有する．〈二重分節〉の意識構造を芽生えさせるばかりでなく，意識的に別の，あるいはヨリ精密な，〈二重分節〉の意識構造を備えようという姿勢の帰結と見られるからである．われわれがIbykosを通じて見たようなPolykrates周辺の新しい物事の感じ方に対する反動，古い貴族のメンタリティー，を既に成熟したPythagorasが有していたというのではない[1]．そうした反発が一つのバネとなりえたであろうことは否定できないが，KrotonでのPythagorasは明らかに新しい社会構造へのダイナミックな動きを鼓吹する．

Krotonで教え始めたPythagorasは初め貴族層に圧倒的に支持される．ところが教えを受けた者達が閉鎖的な集団をなすに至ると反発され，その者達は領域ないし後背地に散り，しかしまさにそこで組織を拡大しかつ強固にする．やがて彼らが都市中心を制圧しようという情勢になり，内乱状態が出現する．折しも強大な勢力を誇る隣接のSybarisからTelysというtyrannosによって駆逐された貴族達が亡命して来る．領域に落ちて新しい観念構造を獲得しKrotonを拠点に（今や中心たる）Krotonから（今や領域たるかつての中心）Sybarisを再征服するこの者達の運動と，領域からKrotonを再征服するPythagoras教団の人々の動き，は一致する．こうして新しい領域の構造をいち早く備えたKrotonは，Telysとともに先に着手しながらやや古いヴァージョンに立ち止ま

っていた（かくして Miletos と強い連帯の関係にあった）Sybaris を解体するに至る．つまり中心を再征服する替わりに Kroton が中心になりかわったのである．これが 510 年のことである[2]．

〔2・1・0・1〕　cf. Guthrie, *HGP* I, p. 174. しかし Guthrie は凡そ政治的背景一般を無関係として斥ける（Barnes, *PP* は論駁さえ省く）．単純な「貴族政」概念が当てはまらない，或いは，教団の政治過程における軌跡が余りに複雑である，からといって大事な鍵を放り捨てる必要はない．

〔2・1・0・2〕　伝承の分析については，III・1・1・2 を参照．大きな屈折体に属する．極めて遅い時期に属する Iamblichos のテクストが主史料であるが，その典拠，典拠の典拠，等については，cf. W. Burkert, *Lore and Science in Athenian Pythagoreanism*, Cambridge Mass., 1972, p. 109ff.. 但し，「Pythagoras の追放」と「Pythagoras 学派の追放」の混線を整理するものの，「追放」を巡る伝承の対立の背後に空間的ダイナミズムを読み取ることはない．

2・1・1

　それにしても Pythagoras は一体どのような言葉を用いてこのような大きな変動に火をつけることができたのであろうか．

　疑いなく言えることは，彼が "ἀκούσματα" を用いたということである[1]．この語は元来記号としての音声を意味する．パラデイクマはここでは完璧に再現的に働く．その通りの音を出す，しばしば歌う，ことが肝心である．転じてこの語は特定の行為を指示処方する言明 precept を意味する．遅い時期のテクストに書き留められた伝承は盛んにそれ自身無意味 absurde な内容の "ἀκούσματα" を伝える．「豆を食べてはいけない」，「テーブルから落ちたものを拾ってはいけない」等々[2]．

　これらは，第一に政治的空間に日常的空間を対置し，第二に後者を儀礼によって強固にする，こうしてここからディアレクティカが決して発進しないようにする，ためのものである．これらの儀礼的パラデイクマに深刻な意味があり何かが追求された，という形跡は存しない（記号の如き恣意性）．これらは政治的空間からの障壁の役割を果たしているにすぎない．悲劇の生成メカニズムに一脈通ずるのである．

　もちろん他面ではこうした "ἀκούσματα" はそれに従う人々を排他的に他の人々と区別し結束させることにもなる．彼らの間に凡そ外部のパラデイクマ連鎖が及びにくくなる．"ἀκούσματα" の内容が禁忌として意識されたのは当然で

ある．但しそれに従う限り人々は全く差別されない．誰でも出自を問わずにメンバーとなりうるのである．女性の間で強く支持されたことはよく知られる．門戸が普遍的に開かれていて，しかし強固に閉鎖的に結束した組織は，実はまさにデモクラシー下の領域の組織に適合的である．〈二重分節〉という社会構造と領域の第二の政治組織との関係は一義的でないが，しかし不可欠な要素として必ず後者が問題を惹起することは確かである．そうした組織をデモクラシーは様々な局面で必要とする．二重のディアレクティカのために政治的判断の二重の審級が有用な場合がありうるが，このときの判断組織構成の資源として二重の政治システム，とりわけ領域の第二の政治システムの機能的な組み込み，が重要な役割を果たすことがある．そうした領域の組織はしかし新しい性質のものでなければならない．Hesiodos の Boiotia や Solon 前の Attika にあるものは改変されなければならない．Miletos に Hekataios が見たものは一つの選択肢であるが，後背地に厄介な問題を抱え続けるばかりか，Pythagoras にとっても Kleisthenes にとっても不十分なものである．むしろ第二の政治システムを解体しこれなしに自由な〈二重分節〉を形成しようとする方向に映る．しかるに，西方のギリシャ植民都市は極めて未成熟な領域しか有しない．外側には比較的未発達で単純な社会構造が広がっている．つまり領域の第二の政治システムの新しいヴァージョンを創成するための資源が希薄なのである．ここでイオニアでの経験にオールタナティヴを確立することは容易ではない．しかも，〈批判〉という前提的な手続を確かな根拠の上に定着させるためにはやはり，政治システムに拮抗しその前で既にディアレクティカを行う，完璧に自立的に政治的議論からさえ遠くに離れて自由に議論する，そうした人的組織が必要なのである．

〔2・1・1・1〕 周知のように，Pythagoras は何も書き残さず，沈黙の儀礼すら強いた，と言われ，また強固な教団の伝統の内部で全てが開祖 Pythagoras に帰せしめられる，ことから，どこまでが後代の付加物でどこまでが Pythagoras の説いた内容か，は厄介な問題である．現在は (cf. C. H. Kahn, *Pythagoras and the Pythagoreans. A Brief History*, Indianapolis, 2002, p. 14f.) Burkert, *Lore and Science* の徹底した stratigraphie が大きな痕跡をとどめていて，特に Platon および Platonism との識別がよくなされるようになっている．その結果，いわゆる "acousmatici" の側面に功績を絞り込み，心身論とそこから来る倫理学説だけを見て，数学的側面は極小化して捉える（極端なケースは Barnes, *PP* I, p. 100f.）のが一般的である．しかし，Kahn,

Pythagoras, p. 16 が論ずるように，イオニアを発信源とする対抗関係の中に Pythagoras の名はしっかりと組み込まれている．これを ("hierophant", "charlatan" 等) 全く別系統の人物とするのは却ってこの人物の神話化に与することになる．

〔2・1・1・2〕 cf. Kirk, *PP*, p. 229ff. Guthrie は数学的側面に，(Empedokles における倫理学の登場に関心を有する) Barnes は心身論と倫理学説に，関心を集中させ，何故 Pythagoras 派の言語が (形而上学でも倫理学でも凡そ) "*ἀκούσματα*" という形態を取る (cf. Kirk, 277) のか，説明を放棄している．

2・1・2

Pythagoras 学派が拘泥したのは周知の如く自然数である．これは何故であろうか[1]．

「Odysseus は木からオリーヴの実をとる」というパラデイクマのヴァージョンはもちろん無数に存在しうる．或る時木によじ上ってとり，他の時梯子をかけてとる，青い実をとる，爛熟した実をとる，等々．これらはまたすべて再現的でありうる．つまり一回性を持ちうる (日時場所を特定しうる)．さてそのときに，「Odysseus が」X／様々に (実際に)「木からオリーヴの実をとる」A⇔B ものとしよう．「月が」X／「東にあり」「天頂にあり」「西にある」A⇔B ときに A⇔B の間を (連続的に偏差を持つ諸ヴァージョンの) syntagmatique な連続的連鎖で埋める，というのとは異なる把握の仕方が可能である．同一の A⇔B 間に諸々のヴァージョンの「Odysseus は木からオリーヴの実をとる」を一つ一つ独立分離して観念しうる．しかもそれで尽きる．端的な表現は籠の中のオリーヴの実の数である．否，「Odysseus は木からオリーヴの実をとる」の回数によってこの個数が決定付けられる．各回が同一のパラデイクマのヴァージョンであること，即ちパラデイクマの同一性，がまず前提として存在し，次に「オリーヴの実を」X／「Odysseus が木からとる」A⇔B という (新しい) syntactique な「くくりだし」が存在する，その結果初めて同一の意義を持った籠の中のオリーヴの実の「個数」が意味を持つ．ヴァージョンの個数，そして諸ヴァージョン間の等質性，において初めて自然数は意味を有するのである．

こうした同一性の概念の背後には paradigmatique な作用が介在している．「Achilleus が，山を越えて走り，畑の間を走り，城門を走り抜ける」という連続体 X／A⇔B から，「型」にはめてまず「Achilleus が城門を走り抜ける」を

「裁断」しなければならない．そこに「Achilleus が城門を走り抜ける」の様々なヴァージョンが現れ，そうして Achilleus が何回城門を走り抜けたかと問いうるようになる．syntactique な操作により，さらには何人が走り抜けたか，ということも問いうる．

しかしわれわれは何故このように思考するか．第一にこのようにしてパラデイクマの syntagmatique な系統を統御できる．Odysseus が 10 個とったはずであるのに，徴収に来た者に 9 個しか引き渡せなかったとしたならば，一回はこの syntagmatique な連関からはずれてしまったのである．枝分節構造内の給付関係はこのように吟味され制裁が発動されうる．しかし第二に別の意義も有しうる．パラデイクマ連鎖の「脱走」を禁忌とすること，「Odysseus1 は木からオリーヴの実 1 をとる」「Odysseus2 は木からオリーヴの実 2 をとる」「Odysseus3 は木からオリーヴの実 3 をとる」——という諸ヴァージョンの paradigmatique な連帯と結束[2]，を自然数は表現しうる．この場合この数自体に排他的な関心が寄せられねばならないことは言うまでもない．逆に言えばこのとき，数える行為はパラデイクマの厳格な一義性を認証していることになる．あるいは，数える行為をそちらの方に解する，したがって数え上げられるかどうか厳密に吟味する，ということも可能である．この意味の厳格な一義性は政治的決定の性質である．儀礼は却ってヴァージョン偏差に敏感でない；初めから再現的にパラデイクマを作動させるために，去年の儀礼と今年の儀礼が同一かどうか，何回行われたか，ということを論ずる意味がない．政治的決定はこの点を極めて神経質に問う．〈神話〉的パラデイクマが或る時或る場所での事件を述べる，にもかかわらず一体何回 Zeus は Hera を裏切ったかということを問わない，のと対照的である．

そればかりではない[3]．Pythagoras はヴァージョン間の連帯をこれまでの誰よりも厳密に吟味しようとする．「Odysseus は木からオリーヴの実を二個とる」，また「Odysseus は木からオリーヴの実を二個とる」，結果「Odysseus は木からオリーヴの実を四個とる」というヴァージョン間の和合を彼はそれ自体追求する．「Odysseus は木からオリーヴの実を二個とる」，また「Odysseus は木からオリーヴの実を二個とる」，結果「Odysseus は木からオリーヴの実を三個とる」，後一者が前二者へと syntagmatique に分節されている，しかしそれ

が「合わない」，だから失格という制裁が科される，という syntagmatisme を嫌って，八個は四個に，四個は二個に，二個は一個に，綺麗に（paradigmatique に）ヴァージョン分割できれば，このとき初めてこれらのパラデイクマは資格を有する，と考えるのである．実際，そうであれば，多くの次元でヴァージョンの等質性，相似性，が保障される．

多くのものの相互関係が整数比で表現されようとするのは当然である．張った弦の振動の波長相互の関係は典型である[4]．これらは無限のヴァージョンでありうる．しかし2：3のような整数比になるならば6の二分割と三分割であるから，同一のパラデイクマの二つのヴァージョン分割として捉えうる．$2 \times 3 = 6$ と $3 \times 2 = 6$ のオリーヴの実のとりかたがヴァージョン分割の二つのヴァージョンとして等質性を持つのと同じである．11×12 であろうと整数比になるならば何とかこのようにして把握できるのである．12や24のように何通りもの等質的なヴァージョン分割ができるならば最高である．

Pythagoras 学派の人々は諸々のパラデイクマのヴァージョン分岐，即ち事象の背後に必ずこうした整数比が存すると解し，これを例の（Herakleitos にとっての）隠れた構造 "ἁρμονία" と呼んだ．しかしこの "ἁρμονία" は，張られた弦の場合に顕著であるように，隠れているというよりも，前提的な〈批判〉のための識別基準である．われわれがそれを持って事象を選別する，そしてその選別にかなうように事象を実現する，ための道具である．たとえば，無限に連続的な振動比からカノニカルなものをくくりだし，そちらへと事象を律していくのである．この方向への追求はまた，syntagmatique な「脱走」を通じてパラデイクマが単純に神話的に人々を規律することを妨げる．

かくして Pythagoras にとって全てのパラデイクマは明確かつ一義的にヴァージョン分岐しそれが数えられねばならない．これがパラデイクマ存立の要件である，運動と連続を嫌う[5]のは当然である．ヴァージョン分割の各切片は大きさを持つものとされるのも当然である．それらが，弧を描くヴァージョン偏差の全体を埋めなければならない．余りが出ていればそれは「非現実な」パラデイクマである．十分に分解すれば埋められるはずである．そうすれば全ては数えられ，そして整数比で表現しうるはずである．一回と数え上げることができるということ，数え上げる知的営為，がまず先に有る，そしてそれらの結果現

れる数が隠れた構造を持つ，とすれば，「万物は数である」という言明，そして数というパラデイクマこそが syntagmatisme を斥けて paradigmatique な作用の先験性を主張する場合の論拠とされるに至るということ，も容易に理解しうる．

〔2·1·2·1〕 Burkert, *Lore and Science* が初期の Pythagoras 学派から数学的側面を摘除するのは，教団が *"acusmatici"* と *"mathematici"* へと分裂したことに関する（正統性を巡る）伝承の stratigraphie を通じてである（p. 192ff.）．この結果，分裂の鍵を握る人物としての Hippasos が数学的側面の *terminus post quem* として現れることになる．しかし少なくとも Zenon の議論は（どこまで「数学」かは別として）Pythagoras 派の「理論」が無ければ意義を減殺されてしまう．

〔2·1·2·2〕 ほとんどの学説は *"acusmatici"* の側面と「数」の理論を高々一種の神秘性・秘儀性において結びつけるにすぎないが，両者の間には paradigmatisme という太い軸が貫通している．逆に言えば，ここからまさに秘儀に向かう要素が発生する．そして Pythagoras 教団と Orphisme が習合することにもなる（cf. Kahn, *Pythagoras*, p. 19ff.）．そのようなわけで，Kirk や Barnes にかかわらず，「数学的側面」は *"ἁρμονία"* とは一応独立にそれ自身強調されなければならない．個々の定理がバビロニアで先に発見されていたかどうか，といった種類の問題とは別個である．

〔2·1·2·3〕 Platon のバイアスを嫌って Aristoteles につく Guthrie, *HGP* I, p. 229ff. の考察は貴重である．彼は，*Metaph.* に認められる三つのニュアンスの異なる要約，即ち「存在の要素は数である」「存在のモデルは数である」「数がその諸要素から成ることと存在の世界の間に paradigmatique な関係があり，これが *"ἁρμονία"* である」，が互いに矛盾するとして解釈をこらす学説を批判し，これらが同一の観念に帰すると主張する．明らかに，この問題は究明するに値する．まず，Anaximandros や Herakleitos の定式と比べ，（伝わる言語表現がいずれも Aristoteles によるとしても）物体の基礎が数と混同された，否，それは Aristoteles による混同である，とスキャンダル視する必要はない．ディアレクティカの第一段の基底のクリテリウムを何に取るか，という問題だからである．しかし第二，第三，はこの一般テーゼと一体ではありえない．第二のテーゼは明らかに「摩滅」した形で伝わっているが，それでも paradigmatique な連帯のニュアンスを残している．数は paradigmatique に同一なヴァージョンを束ねるのである．そして第三は，言わば，「第二次元の paradigmatique な結束」である．paradigmatique な同一性（相似性）が二重の三重の響き合いを奏でる状態である．クリテリウムとしてこれを要求することは，さらに一歩進んだことである．かつ，デモクラシーの創成期にその方面でも活躍したとすれば，Pythagoras 自身がそうした考えを持っていたとしても何ら奇妙ではない．

〔2·1·2·4〕 音楽理論の面で Pythagoras の功績に言及するのは遅い時期の断片であるが，これを疑わしめる決定的な要素は無いように思われる（cf. Guthrie, *HGP* I, p. 220ff.）．

〔2·1·2·5〕 cf. Arist. *Metaph.* 990a8.

2・1・3

　Pythagoras 学派の人々にとっての "ἁρμονία" が以上のものであるとすると，彼らの "μετεμψχῶσις"（魂の転生）理論の意義も容易に明らかになる．Herakleitos の "πῦρ ἀείζωον" が "ἁρμονία" に対して持つ関係が参考になる．イオニアでは心身論もまた完全な syntagmatisme によって構成される．Herakleitos にとって肉体に対する精神の関係は，"πῦρ ἀείζωον" の「濃度」の比率であり，一元的に説明される．それが "ἁρμονία" である．翻って考えてみれば，Homeros において，心身は完璧に切断されそれぞれ独立に意義を主張する[1]，そして個々の精神，個々の肉体はそれぞれ完璧に〈分節〉されていて，通有性を持たない．これは都市と領域の〈分節〉，そして人的組織の〈分節〉に対応する．これとの対比で言えば，イオニアではいわば心身ともに一旦領域に降りて syntagmatisme によって一元的に説明される．「人間学」「心理学」の登場する所以である．もっとも，別の観点からはこうして初めて心身の二重構造が固有の問題として探求されるようになる[2]．

　自然数相互の調和によって構成される Pythagoras の "ἁρμονία" は，もちろん "πῦρ ἀείζωον" の比率と同じように syntagmatisme の連帯を支える．それは常に在り消えない要素である．ディアレクティカの素材の側を組成するものであり，したがってそこでは，パラデイクマがディアレクティカを一度経たのになおも，「まだディアレクティカはこれから行われるべきで，パラデイクマの中で〈分節〉は結果していない」とみなされる．自由独立の個人が振る舞うようでいてなおそれらは（動機や外的条件によって）説明されうるのである．"πῦρ ἀείζωον" はかくして完全に個人を超越する．意識や感覚を説明する原理は個々人の別を越えて同一である．なおかつ個人の完全な独立を全く妨げない．Pythagoras の "ἁρμονία" もこうであってしかるべきである．

　にもかかわらず，Pythagoras は心身に関してさらにその上に全く独自の理論を樹立する[3]．Homeros に抗して syntagmatisme を構築すること，そのために心身のメカニズムは〈分節〉によって媒介されるにとどまらず個人を越える同一性が探求されること，はイオニアにおけるのと同様である．しかしながら，Pythagoras はコト精神に関してはこれを "ἁρμονία" の説明対象外に置く．或いは，"ἁρμονία" と同列に置く．そしてまた，個人を超越しながらも個別的

なのである．"μετεμψυχῶσις"は，複数の精神・意識・記憶を一貫させ（束ね），この意味で syntagmatisme を拡大する，がしかし個々の精神（束）は個別的である．かくして精神はイオニアの「自然」には解消されない，がしかし Homeros におけるように完全な主体であるのでもない．「自然」から離陸し，したがって syntagmatisme 自体に初めて多元性をもたらし，なおかつその syntagmatisme が特定の複数主体間に強く共有されるのである．この共有，連帯，は〈批判〉の中で達成されるものではない．それに先立っている，というのである．そしてこれからあらためて〈批判〉に供されるのである．

〔2・1・3・1〕 理論構成こそ大いに異なるが，言うまでもなく，Descartes の「二元論」はこの切断に対応する．但しもちろん，Descartes にとって唯一の実体たる「考える主体」はもう一つ「心身」を大きく超越しその相互関係を冷徹に考察しさえする（この基本的な点について，さしあたり S. Voss, Descartes : Heart and Soul, in : J. P. Wright, P. Potter, edd., *Psyche and Soma. Physicians and metaphysicians on the mind-body problem from Antiquity to Enlightenment*, Oxford, 2000, p. 173ff. によって確認することができる）．既に人文主義期により複雑な二元論が発達していたのであるから（これをもう一度全て突き放す必要上）当然である．

〔2・1・3・2〕 Descartes から出発し，かつ Descartes を批判する，「二元論」は *mutatis mutandis* にこれに対応する．たとえば T. M. Lennon, Bayle and late seventeenth-century thought, in : Wright et al., edd., *Psyche and Soma*, p. 197ff. は，Bayle と Spinoza をヴァリアントとしつつ Bayle から J. Locke に繋がる線を辿る．Descartes が大きく外に括りだしたもの自体が二元化するという側面は Spinoza の側においてヨリ鮮明であるように思われる．これと（一瞬一元論に見える）古典的（イオニア的人文主義的）二元論（心身相互関係を強調する議論）への回帰の異同は常に難しい問題である．

〔2・1・3・3〕 Barnes, *PP* I, p. 103ff. が（既に Hdt. II, 123 においてエジプトの「魂不滅論」とのアナロジーを通じての皮肉が向けられる）Pythagoras の心身論を重要な哲学的功績として取り上げ孤軍奮闘する点は高く評価しうる．しかしながら，上の註〔2・1・3・2〕で述べた意義においてしか理解せず，また Locke を通じて解釈しようとする点はよいとしても，上の註〔2・1・3・1〕で述べた意義との識別をしえないままに終わる．かくして，魂が身体から離脱するという側面だけで"μετεμψυχῶσις"を理解し，こうして人格の所在を分節した功績を認めるのはよいとしても，それが何故他へ移転するか，何故不滅か，しかも一般法則性でなく，個性を持った幾つかの魂が独自に存在するのか，といった理論の細かい襞に対応できない．

2・2 syntagmatisme の単一性

2・2・0

540年に Ionia での変動，ペルシャの進出，を嫌った人々によってイタリア半島のティレニア海側に Elea という植民都市が建設される．Parmenides はここに生まれ，5世紀初頭ないし前半には指導的な市民として政治を担い立法を行った (A1 DK28)．有力な一伝承は彼を Pythagoras の系譜に立たせる (ibid.)．この地域で Pythagoras 学派の影響を免れることは難しかったと思われる．しかしながら他の有力な伝承[1]は西方に流れた Xenophanes の弟子として Parmenides を理解する (ibid.)．事実，Parmenides は強力に〈批判〉即ちパラデイクマの前提的資格の吟味を推し進めた人物である．そしてそのことによって彼が築いた Elea 学派は Ionia に対抗する決定的な刻印を思考手続探求の蓄積のうちに遺したのである．

〔2・2・0・1〕 Xenophanes との関係に立つのは Theophrastos の学説史整理においてである．他方 *Magna Graecia* 固有の脈絡に立つ伝承は Sotion という者の著作に流れ込み，ここで Pythagoras 派のダイナミズム（「貧しい貴族」，領域の *heroon*）と政治システム改変の中に Parmenides が置かれる．これらを採録した Diogenes は，(Theophrastos においては) Xenophanes が Anaximandros の系譜に立つことを注記しており，後者のヴァージョンがイオニアからの「改宗」を強調するものであることを明示している．われわれとしてはこのヴァージョンのこのバイアスに引きずられないことが肝要である．

2・2・1

Parmenides が Herakleitos と同じ疑問から出発したことは明らかである．X／A⇔B のメカニズムの極限によって AB が切り出されたり，その A や B が軸となって XY が切り出されたりすること，これらの互換性から無規定の或るものを概念しこれによって他の全てのものを説明すること，これらの思考手続に懐疑的であればこそ，彼は凡そ生成消滅に対して極度に敵対的なのである．しかし Parmenides は Herakleitos と正反対の方向に舵を切る[1]．Herakleitos が，実質は A⇔B の側にしかない，したがって変転と運動しかなく，生成が一元的に説明できるというのは誤りである，としたのに対して，Parmenides は逆に A⇔B の側をこそ切って捨てるのである[2]．したがって当然に生成ばかり

か（様々なものに化けるという意味を含む）運動に対して敵対的である．

F7/8 DK, vv. 8-11=F 295-6 Kirk： "*ἀγένητον ἐὸν καὶ ἀνώλεθρόν ἐστιν,/οὖλον μουνογενές τε καὶ ἀτρεμὲς ἠδ' ἀτέλεστον/οὐδέ ποτ' ἦν οὐδ' ἔσται, ἐπεὶ νῦν ἔστιν ὁμοῦ πᾶν,/ἕν, συνεχές. τίνα γὰρ γένναν διζήσεαι αὐτοῦ;*"「存在 "*ἐὸν*" は，生成しないものであり，破壊されないものである，全体が単一で，不動で，無限である[3]．全て等質的で，あった，とか，あるだろう，ということはなく，今現在ある，のである．一体かつ連続である．それでも君はその生成などというものを追求するつもりなのか．」

"*ἐὸν*" という主語については後に触れるが，生成の否定は結局過去や未来の否定[4]となり，また分解・合成も排除されて，常に単一かつ全体であるということになる．全称的にヴァージョン偏差を束ねるのである．

[2・2・1・1] cf. Guthrie, *HGP* II, p. 23f.
[2・2・1・2] このメカニズムによってパラデイクマのヴァージョン対抗が，したがって意味が，したがって社会構造が，支えられている．したがって Parmenides は危険な水域に接近したことになり，事実，近代においても多くの論者がこれに鼓吹されて思考を混線させていく．しかし，Parmenides はあくまでヴァージョン対抗が成り立つその前提，精確に言えば，ヴァージョン対抗を生命とするディアレクティカのヨリ精緻な形態の前提，を追求しているのである．だからこそ彼の詩編の「第二」部が書かれる．
[2・2・1・3] Kirk は "*ἠδ' ἀτέλεστον*" を "*ἠδὲ τέλειον*"「完結的である」と修正する．
[2・2・1・4] 以下の議論（cf. 2・2・6）を先取りすることになるが，この点につき，Parmenides の理論的功績を見事にパラフレーズするのが，G. E. L. Owen, Plato and Parmenides on the timeless present (or., 1966), in: A. P. D. Mourelatos, ed., *The Pre-Socratics : A Collection of Critical Essays*, Princeton, 1993, p. 271ff. である．文法上の現在形は，実は現在を含意しない場合がある．これについての洞察から Parmenides は，時間軸に展開された同一パラデイクマのヴァージョンの束の基本パラデイクマに関する限り，"the subject cannot have either a beginning or an end in time or indeed any temporal variation at all" という要請が存在することを突き止めた．"the impossibility of change" から "the untenability of time-distinction" を導いた．Platon から Leibnitz そして Kant へとこの考えは受け継がれ，無時間性は時間の無限性，存在の永遠，そして連続と無限の概念，へと転換されていく，等々．

2・2・2

既に Pythagoras は X／A⇔B における A⇔B 間の連続したがって変化を認めず，ここのヴァージョンを一回一回数え上げ，そこではヴァージョンの等質

性とパラデイクマの同一性が含意される．既に各回相互の強烈な paradigmatique な拘束関係が意識されている．Parmenides に至ると A⇔B 自体が消失してしまう．このとき，普通ならばこれらのヴァージョンをまとめあげるようなヴァージョンで全体を緩やかに含めることが行われるであろう．これが，運動に結びつきかねない A⇔B というヴァージョン偏差の束，しかもそれらの間の syntagmatique な連鎖，から解放される途である．しかしよく考えれば，その「まとめヴァージョン」といえども一ヴァージョンであって，たちまち他のヴァージョンからの対抗に曝され A⇔B が形成され始める．こうして Parmenides は A⇔B の部分に極めて特殊な E を置くことを思いつく．以下，そこに至る論理的過程を分節的に再構成する．

まず，パラデイクマの syntactique な分節に着目することは syntagmatisme 内の思考様式として当然である．「祭壇の上に花がある」と「祭壇の上に杯がある」は対抗の軸と対抗の要素を有した対抗ヴァージョンでありうる．「押さえ合い」の中で「杯」が切り出されて，これが対抗の軸になりうる．「杯は祭壇の上にある」と「杯は地面に投げられている」のように．「その杯は黒い」と「その杯は赤い」のように．A⇔B の偏差が最小限概念されている．しかしその前に，「杯は（何かは別として）凡そ何かである」という部分をわれわれは抜き出して概念することができないか[1]．すると A⇔B を消し去って X―の部分を自立させることができるのではないか．

〔2・2・2・1〕 次の 2・2・3 で見る部分に登場する鍵となる文章の解釈は大変争われ，主語の隠れた単純な三人称現在 "ἐστί" の意味が問題となる．特にそれが "existential" か "predicative" かが争われ，他方こうした区別がまだできない段階の思考様式を示すものではないか，という学説を生んだ．この問題にアプローチするためにはしかしイオニアと Herakleitos と Pythagoras を視野に収めておかなければならない．polarity から問題に接近すること（Lloyd, AP, p. 103ff.）は正しいに違いない．するとそこには "predicative" な用法が君臨している．他方 Parmenides のテクストは到底そこに収まらない．別の次元の問題を提起している（Lloyd は全てを同一の polarity で律しようとし，しかも論理的な関係の把握の劣位に帰着させる）．ならば Parmenides は "existential" と "predicative" の区別をこそ前提に思考したに違いない（cf. Barnes, PP I, p. 160: "Parmenides was conscious of the distinction between an existential and a predicative use of "einai""）．しかし区別自体を問題としたのではなく，両者の間の関係を考察し，その背後に有る問題を見通したのである．したがって，われわれとしては "predicative" から出発してどのようにすれば "existential" に至るかを追跡しなければならない．そうでなけ

ればまさにその岐路から後者に降りてくる Parmenides の表現を理解しえない.

2·2·3

しかし「杯は（何かは別として）凡そ何かである」とは一体どういうことか. その根底にそれと重なるようにして,「凡そ杯がある」即ち「凡そ杯というものが存在する」ということがあるではないか. この点の把握こそは X—に相応しい. しかも X—と全く同じ言語表現によって「凡そ杯がある」即ち「凡そ杯というものが存在する」と言うことができるではないか.

なおかつ, これはパラデイクマであるように見えながら不思議なことに A⇔B 関係に立たない. むしろヴァージョン対抗を束ねている. 但し, paradigmatique な包摂によって束ねるのでなく, 全くアプリオリに束ねている.

もっとも,「凡そ杯というものは存在しない」と対抗するではないか[1]. しかしこれはパラデイクマのヴァージョン対抗であろうか. 何か別の一義的排他的関係がここにあるのではないか. Parmenides がこの奇妙な擬似パラデイクマに着目したことは疑いない.

F2 DK, vv. 2-3, 5=F 291 Kirk : *"αἵπερ ὁδοὶ μοῦναι διζήσιός εἰσι νοῆσαι·/ἡ μὲν ὅπως ἐστίν τε καὶ ὡς οὐκ ἔστι μὴ εἶναι,/……ἡ δ᾽ ὡς οὐκ ἔστιν τε καὶ ὡς χρεών ἐστι μὴ εἶναι,/……"* 「思惟の前提をなす[2] 探求の道はどの道を取っても以下の点に帰着する. 一方の道においては, それは有り（〜であり）, 無い（〜でない）[3] などということは決してない——他方の道においては, それは無いのであり, どこまで行ってもとことん無いということであり続ける——」

この完璧に一義的な対抗関係は完結的排他的であって, かくして〈批判〉の出発点 *"ὁδοὶ μοῦναι διζήσιος"* になるとされている. *"δίζησις"* は, *"ἱστορίη"* とほぼ同義であり, *"ὁδοί"* はその方法を指示している.〈批判〉の出発点はこの両極の絶対性,（どこまで行っても決して交わらないという道の）平行性, である.

[2·2·3·1] Lloyd, *loc. cit.* は, 漠然たる「ある」「ない」でなく, 全称否定が対にならなければならないのにこれを Parmenides が理解せず, 誤った polarity を概念した, と論ずるが, Parmenides にとっての問題を把握していない.

[2·2·3·2] *"νοῆσαι"* の syntax は難問である. D. O'Brien, dans : P. Aubenque, éd., *Études sur*

Parménide, I, Paris, 1987, p. 153sq. は, "ὁδοί" にかけ ("διζήσιος" と同格とと) る Kahn の説と, 主動詞に直接かける反対説 (「探求の道は考えること――」) と, に対して "μοῦναι" にかけることを提案する. 「考えうる唯一の道は――」と訳すことになる. われわれの解釈は, 同格説に近いが, そこにディアレクティカの二段階に対応した段差を見ようとするものである.

〔2・2・3・3〕 便宜 "existential" に訳す. しかし, "predicative"/"existential" の両方の意味をかけて理解することが正しい. 両者が識別されているとする学説はどうしてもどちらか一方的に理解する (例えば Barnes). しかし識別した上で両方を二重に意味させているのである. この点, R. J. Ketchum, Parmenides on what there is, *Canadian Journal of Philosophy*, 20, 1990, p. 167ff. は "syntactically incomplete occurences of the verb"to be"as meaning"to be"something or other" と解し, 両者の融合を図る. パラデイクマの syntagmatique な分節に触れかかっているが, 存在の場合の特殊性や syntagmatique な分節とは何かについて十分に考察するに至らない.

2・2・4

しかるに, Parmenides は「凡そ杯というものは存在しない」の方から〈批判〉を出発させることはできない, というのである. 第一の「道」については

F2 DK, v. 4=K291 Kirk : *"πειθοῦς ἐστι κέλευθος, ἀληθείῃ γὰρ ὀπηδεῖ"*「それは信憑性[1]への道であり, 真実に寄り添うものである.」

と述べられるが, 第二の「道」は

F2 DK, v. 6=K291 Kirk : *"τὴν δή τοι φράζω παναπευθέα ἔμμεν ἀταρπόν"*「それは全くもって具体的な信憑性には至らない道である, と申し上げよう.」

と切り捨てられる[2].

「凡そ杯というものが存在する」のであれば, 次にその杯に酒を満たすというように, パラデイクマの連鎖が生じていく. しかし「凡そ杯というものは存在しない」のであればこのことは生じない. パラデイクマの連鎖の中で対抗の軸と対抗の要素を切り出し合うのでなければ, 凡そパラデイクマの分節は不可能であり, われわれは思考することも語ることもできない.

F2 DK, vv. 7f.=K291 Kirk : *"οὔτε γὰρ ἂν γνοίης τό γε μὴ ἐόν, οὐ γὰρ ἀνυστόν,/ οὔτε φράσαις."*「存在していないものを君は認識することができないし, 語ることもできない.」

パラデイクマをディアレクティカから追放する基準をここに置くことがこのようにして宣言されているのである[3].

〔2・2・4・1〕 Peitho は, ディアレクティカの「本戦」で陪審にどちらが訴えかけるかという問題

に関わるのでない．それ以前の，論拠に対して，さらに付された証拠証言自体の吟味に関わる．

〔2・2・4・2〕　このことの解釈はまさに哲学史上の *cardo* ないし *decumanus* とされてきた．G. E. L. Owen, Eleatic questions, in : *Furley/Allen II, The Eleatics and Pluralists*, London, 1974 [or., 1960], p. 48ff. はその一端を先鋭に示す論考である．テクストに内在する可能態に着目する Owen は，後述の F6 を解釈して，「である＝有る」の隠れた主語は存在ではなく，"what can be talked or thought about" (p. 60) であるとする．「神話上の怪物は実在しないが，それについて考えることができる」という後の **Gorgias** の批判に敢えて曝されるように「存在しないものについては考えることができない」と言ったのではなく，逆に「言ったり考えたりできるものだけが存在している」と言った，というのである．20世紀の Oxford という哲学史上の脈絡を意識しないことは難しいが，Owen 自身「存在するものと存在しないものの識別」が fallacy となることに気付いている（「存在」I しうるが「存在」II しない，という二段階が抜け落ちるという Aristoteles/Owen の Parmenides 批判については cf. O. Goldin, Parmenides on possibility and thought, *Apeiron*, 26, 1993, p. 19ff.) ように，**Parmenides** はまさにここに通常の論理をくぐる特異点が在ることに鋭く着目しているのである．Owen は *cogito* に匹敵する pioneer の言明であるとするが，*cogito* や「存在しないものについては考えることができない」や「言ったり考えたりできるものだけが存在している」のいずれもが〈批判〉の一番根底的なクリテリウムおよびこの特異点に関わる限りはそうだとしても，Parmenides がそのうちの最後のものを選んだのであるとは解せない．Owen のようにイオニア以来の脈絡を排除するのでない限り，その点，二重のディアレクティカという問題自体は既に立てられていて，**Parmenides** は或るスペシフィクな局面を発見したにすぎない．むろんその局面の解釈は厳密であれば幾らでも創造的でありうる．上の解釈ヴァージョンのいずれもがそうであるように，思考の条件を表から裏から問う．これ自体二重のディアレクティカに対応している．つまりはデモクラシーに．如何に一見デモクラシーと無関係に見えようと，Descartes においてさえデモクラシーの挫折から跳ね返った波動が深く息づいている．

〔2・2・4・3〕　ディアレクティカの前提を問うということの意味に関しては，二つのことを区別することが肝要である．この点を説明するためには M. M. Mackenzie の才気溢れる小論（Parmenides'dilemma, *Phronesis*, 27, 1982, p. 1ff.) を批判しながら論ずることが最適である．Mackenzie は，"Parmenides'claim is axiomatic *within a dialectical context*." という卓抜な仮説から出発する．すると " ...... " you can think "counts as a rule of dialectic" というところまで行けるが，**Parmenides** はこれに "a further premiss" たる "either *esti* or not-*esti* (fr. 2)" を付け加える．かつ，"something" と "nothing" の間の選択において，われわれは前者を選ばざるをえない．何故ならば "*something* is happening, even if the event only occurs in my brain" だから．Mackenzie は Owen の強い影響下にこう解釈した後に反転する．"And the rules of dialectic are self-verifying. But what is dialectically self-verifying may not be true. In a world where there were no thinkers, or only one," you can think "would lose its reference......Under such conditions ......there can be no dialectic between two persons." というのである．ディアレクティカ成立の論理的前提を探求するという大前提の上に立論がなされ，**Parmenides** は（Descartes や Wittgenstein と共に) それを追求したはずであるのに何時の間にかその前提をはずした表現をする，これが解釈に混乱をもたらす，と指摘される．Parmenides は確かにディアレクティカの前提を追求した．しかしその論理的前提を探求したのではない．論理的な前提を追求すれば確かに「凡そパラデイクマが先に存在していなければならない」というところまで行ってしまう，或いは，という方向に行ってしまう．Parmenides はこのレヴェルのこと (cf. POL) を言っているのではない．彼はディアレクティカに或る創造的な前提手続を置くことを想定している (Descartes や Wittgenstein が混同したとしても，われわれはこの両者を区別しなければならない)．だからこそ Mackenzie は，彼女自身が置いた仮説が強すぎて，"solipsism" を持ち出す混乱に陥る ("but solipsism is, in the first place, not the premiss of the argument-rather, the assumption is that dialectic can take place.")．Parmenides はまさに "the premiss of the argument" を探求しており，"dialectic can take place" という "the assumption" について省察しているのではない．

2・2・5

実際，Parmenides の功績はこの原理を〈批判〉の基準として厳格に追求した点に存する．第二の「道」を遠ざけるべきことについて彼が用いる語彙は以下のようなものである．

F7/8 DK, vv. 2ff.=F294 Kirk : *"ἀλλὰ σὺ τῆσδ' ἀφ' ὁδοῦ διζήσιος εἶργε νόημα/μηδέ σ' ἔθος πολύπειρον ὁδὸν κατὰ τήνδε βιάσθω,/νωμᾶν ἄσκοπον ὄμμα καὶ ἠχήεσσαν ἀκουὴν/καὶ γλῶσσαν, κρῖναι δὲ λόγῳ πολύδηριν ἔλεγχον/ἐξ ἐμέθεν ῥηθέντα."*「君は探求のその道から思考を遠ざけなければならない．その道に沿って検証を積み重ねるべく鍛錬するなどしてはならない．よりどころもなくその目を方々に巡らしたり音声言語を響かしたり，してはならない．激しく争われる論拠を (根底にある？) パラデイクマに即して判定しなければならない，試しに私がそれらの論拠を言ってみるから．」

2・2・1で引用した部分，生成と運動が「成り立たない」とした部分，はこの宣告のための論拠として述べられたものである．パラデイクマとその現実化の諸ヴァージョンを追う (場合によって，それが現実化しないことを問題とする) のでなく，パラデイクマ自体を捉えよ，というのである[1]．もっぱら時空の厳密な平面に現実化してきたところで syntagmatisme を構えることへの警戒である．

[2・2・5・1] Wittgenstein そして Kant さらに Descartes の源流に Parmenides を置く Owen の研

究の影響力を圧倒的と見る P. Curd, *The Legacy of Parmenides. Eleatic Monism and Later Presocratic Thought*, Princeton, 1997 は，Mourelatos に示唆を受けつつ，これに果敢に挑戦する．"esti" を existential に理解しながらも言語の作用に着目して "can be said" というサウンドな出発点を初めて措定したのが Owen の功績であったとすれば，これがイオニアからの断絶を想定しなければならない点を攻撃する Curd は，"esti" を predicative に解し，なおかつ「そのものが厳密にそれである」その「それである」という意味であると強く理解する (p. 41f.)．そして，Parmenides の主張は，Thales 流の "the material monism" でないのはもちろん，"the numerical monism" でもなく，（それぞれのものにつきそれが究極的に何であるか突き止めうるとする）"the predicational monism" である，とする (p. 66ff.)．"δίζησις" という基本脈絡によく密着して "as much methodological as metaphysical" (p. 35) な趣旨に理解しようとする姿勢は，Elea 派の功績を論理学の枠内に限定する傾向を修正する点で重要である（cf. G. Cerri, *Parmenide di Elea. Poema sulla natura*, Milano, 1999, p. 57ff.）．しかしながら，記号とその背後にあるものという二元的な把握の側に折角修正しながら（Curd は "Doxa" の部の方の意義も十分に強調する），パラデイクマとその性質の前に立ち止まることなく，これを通り越して事物の方へ短絡して行く．そうとなれば，Owen が解体した（Mourelatos が密かに共有する）Heidegger 風の通俗化に逆戻りする危険性を秘めることになる．

2・2・6

しかし多くの彼の命題において主語が特定の根元的な要素ではなく，「存在は——」というような奇妙な言い方になっているのには理由がある．「凡そ杯というものが存在する」のはよいとしても，そこで生ずる厄介な問題は，杯はやはり火をかけられて燃えれば灰になり，木っ端微塵にされれば土に帰る，これを契機に，杯と灰は対抗関係に立つ，否，この故にこそ何か別のものが杯になったり灰になったりする，等々の事柄である．「存在する」ものが何か特定のものである限りこれらのことは宿命的であり，そうであれば X／A⇔B メカニズムの再起動は免れえない．これはもともと syntagmatisme を保障するためにある．しかしその作動が大規模になればなるほど，syntagmatisme を強化すると同時にこれを破裂させかねないのである．ならば，「凡そ杯というものが存在する」と「火にかけられて燃えて灰になる」が如き連関に凡そ立たないように「——がある」の命題を変換すればよい．大事な点は，それ X／A⇔B の右辺に滑り込んで両極性の引きちぎりに服すことが有りえないということである．「——がある」の側に，すなわち X 側に，特化した X を考え出す以外にない．それは，「存在」以外にない．すなわち「存在が存在する」という命題か

ら出発する以外にない.

F6 DK, vv. 1f.=F293 Kirk: *"χρὴ τὸ λέγειν τε νοεῖν τ' ἐὸν ἔμμεναι· ἔστι γὰρ εἶναι,/μηδὲν δ' οὐκ ἔστιν·"*「言うということと考えるということは存在することと同義でなくてはならない. なぜならば存在するということは〈――である〉たることであるが, 存在しないということは決して〈――である〉たることでない.」

"existential" な *"εἶναι"* が "predicative" な *"εἶναι"* の絶対の前提であるということが明確に述べられている (*"ἔστι γὰρ εἶναι"*). 存在するものだけが〈――である〉ことができる, というのである[1]. *"τὸ λέγειν τε νοεῖν"* は "predicative" な *"εἶναι"* に関わり, *"τ' ἐόν"* は "existential" な *"εἶναι"* に対応する. すると *"ἐόν"* が主語として現れたとしても何ら意外ではない.

F7/8 DK, v. 1=F294 Kirk: *"οὐ γὰρ μήποτε τοῦτο δαμῇ, εἶναι μὴ ἐόντα"*「存在しないということが一個のカテゴリーとして成り立ちうるということは決してきちんと押さえうることではない.」

F7/8 DK, vv. 8ff.: *"ἀγένητον ἐὸν……"* cit. supra.

F7/8 DK, v. 24=F296 Kirk: *"πῶς δ' ἄν ἔπειτα πέλοι τὸ ἐόν;"*「そもそも存在そのものが発するなどということがあろうか.」

〔2·2·6·1〕 Parmenides が "existential" と "predicative" の哲学的区別をまだ知らないという考えに対して, M. Furth, Elements of Eleatic ontology (or., 1971), in: Mourelatos, ed., The Pre-Socratics, p. 241ff. は Parmenides が両者を意識的に融合させて用いたとし, ここから興味深い考察に向かう.「ライオンはいる」等々と言う間は黙っているが,「ケンタウロスはいない」と言う者があれば, Parmenides は途端にその発言を失格させる. それは語りえない, というのである. このとき Parmenides は一切自己の存在論を語らない, とされる. 要するに, ディアレクティカの二段階構造に着目し, Mackenzie と同様に議論の dialectical な性質を強調するのである. 確かにここまでは前提的手続〈批判〉にすぎない. しかし Furth はここから,「ライオンは獰猛である」はよいが「ソクラテスは飛ばない」は失格する, ということも全く同じことである, と述べる. これは, Parmenides が意味作用を厳格に denotation (Frege の第一レヴェル, "cognitive meaning") に絞り, "intentional component of meaning" 等 (第二レヴェル) を排除するクリティクを行っている, と解するからで, 自明ではない. "correspond to nothing in reality" というクリテリウムは, われわれの M と H を区別するに相応しいように見える. 事実 Parmenides が関わっているのは, 大きく言えば, この局面である. しかしこの問題を denotation に還元し predication に繋げば余りに些末化したことにならないか. そもそも M と P の区別はディアレクティカの手続が既に保障する. しかしその時には前提的排除は

なされないのである．存在しないものを語らせない，ということには，さらに特定的な手続が含意されている．パラデイクマ自体への複雑な操作を置くのでなく，denotation のメカニズムを先に置いて解釈すれば，奇妙なことになる．「意味」は，paradigmatique そして syntagmatique な連関から，これらを複合的に組み合わせた記号連関，神話等社会構造を媒介とする一層複合的な形態，に至るまで広大なメカニズムである．Parmenides はそれに確かな標識を打ち込もうとしているのである．かくして（両者の関連を言うのは貴重としても）"existential" と "predicative" の単純な並行関係を言う点は支持しえない．

2·2·7

唯一の心配は，存在の唯一の敵「無」との関係である．

F7/8 DK, vv. 12ff.=F296 Kirk : *"οὔτ' ἐκ μὴ ἐόντος ἐάσω/φάσθαι σ' οὐδὲ νοεῖν, οὐ γὰρ φατὸν οὐδὲ νοητόν/ἐστιν ὅπως οὐκ ἔστι· τί δ' ἄν μιν καὶ χρέος ὦρσεν/ὕστερον ἢ πρόσθεν, τοῦ μηδενὸς ἀρξάμενον, φῦν;/οὕτως ἢ πάμπαν πελέναι χρεών ἐστιν ἢ οὐχί./οὐδέ ποτ' ἐκ μὴ ἐόντος ἐφήσει πίστιος ἰσχὺς/γίγνεσθαί τι παρ' αὐτό·"* 「私は君が無を論拠として論じたり思考したりすることを許さないだろう．存在しないということは，決して言いうることでも思考しうることでもないからである．一体如何なる必然的動因が働いて，後発的に，無から発して生成が起こるというのか．そのような生成はどうしても完璧かはたまたゼロかである．しかし，無から何かが生まれてその無の傍らに立つ，などということは凡そ論証の必然が許すところでない．」

これは 2·2·6 から自動的に導かれる命題であり，決して譲ることのできない生命線である．これがしかし完璧に syntagmatisme の内部における思考の帰結であることは強調されなければならない．Parmenides はこうして syntagmatisme のクリテリウムをかくも鋭く一義化したということになる．

F7/8 DK, vv. 20ff=F296 Kirk : *"ἡ δὲ κρίσις περὶ τούτων ἐν τῷ δ' ἔστιν·/ἔστιν ἢ οὐκ ἔστιν· κέκριται δ' οὖν, ὥσπερ ἀνάγκη,/τὴν μὲν ἐᾶν ἀνόητον ἀνώνυμον, οὐ γὰρ ἀληθής/ἐστιν ὁδός, τὴν δ' ὥστε πέλειν καὶ ἐτήτυμον εἶναι."* 「それについての判定の基準はそれ自身の内にある．つまり，存在するかしないかである．このようにして判定は一個の必然として行われたことになる．一方は思惟を成り立たせず分節を行わせない，つまりは真実に至らない，道であり，他方は結局成り立っていき真実である道である．」

"ἡ κρίσις"[1]はディアレクティカの最終審級ではなく,したがってパラデイクマのヴァージョンの選び取りではなく,前提的な排除,〈批判〉,に関わる. その絶対の基準は「あるかないか」("ἔστιν ἢ οὐκ ἔστιν")であるというのである. これによれば反論の余地なく("ὥσπερ ἀνάγκη")〈批判〉が行われて("κέκριται"),一方が思考と言語に耐えないものとして("ἀνόητον ἀνώνυμον")排除される.

syntagmatisme は,無から存在がいきなり出てくるということを排除するばかりか,パラデイクマ内に存在の隙間があることを徹底的に拒否する.

F7/8 DK, vv. 27ff.=F297-298 Kirk: "οὐδὲ διαιρετόν ἐστιν, ἐπεὶ πᾶν ἐστιν ὁμοῖον·/οὐδέ τι τῇ μᾶλλον, τό κεν εἴργοι μιν συνέχεσθαι,/οὐδέ τι χειρότερον, πᾶν δ' ἔμπλεόν ἐστιν ἐόντος./τῷ ξυνεχὲς πᾶν ἐστιν· ἐὸν γὰρ ἐόντι πελάζει./αὐτὰρ ἀκίνητον, μεγάλων ἐν πείρασι δεσμῶν,/ἔστιν ἄναρχον ἄπαυστον, ἐπεὶ γένεσις καὶ ὄλεθρος/τῆλε μάλ' ἐπλάγχθησαν, ἀπῶσε δὲ πίστις ἀληθής./ταὐτόν τ' ἐν ταὐτῷ τε μένον καθ' ἑαυτό τε κεῖται/χοὕτως ἔμπεδον αὖθι μένει· κρατερὴ γὰρ ἀνάγκη/πείρατος ἐν δεσμοῖσιν ἔχει, τό μιν ἀμφὶς ἐέργει." 「全てが完璧に一様であるから,識別弁別は成り立たない.何かがそこというよりここにある,などということはない.そうであればそのものを成り立たなくしてしまう.何かが他に劣るということなく等しく,全ては存在に完全に満たされている.かくして全ては連続的である.存在が存在に接続しているのである.そして運動することなく,巨大な鎖によって繋がれている.始まりもなく,切れ目もない.生成と死滅が遠くへ斥けられているからである.真理の論証力がはねつけてしまうのである.同一のものが同一のところにとどまり,そのもの自身のもとに横たわる.したがって,堅固に根を降ろしてそこにとどまる.鎖の強力な必然ががんじがらめに縛り付ける.閉ざし込める.」

かくして存在はびっしり詰まっていて連続的でなくてはならない.空隙を前提するパラデイクマは前提資格を問われるのである.一見これは運動への固執を思わせ,Pythagoras に対する反動であるように見える.しかしあくまで X は決して動かない("ἀκίνητον").それがあるということ自体は微動だにしないのである.このことが先に来てあとはその先の話である.運動ではないこの存在の連続性[2]は,「或るものが何か別のものになったりはしない,形を変え

るだけである」という思考の帰結であるばかりでなく,「或るものが動いたりはしない,同一の延長を持つものの端から端へ部分的に状態が連続的に変化するだけである」という思考の帰結である.運動の syntagmatisme も確かに或るものがあちらやこちらに消えては現れる「神出鬼没」を排除するであろう.時空を超越する[3] Proteus の如き[4]は追放される.しかしそれでも運動自体が説明されなければ,物体は gratis に飛び回ってわれわれの目を欺きかねない.しかしたとえばわれわれの目に飛び込んでくる光が波動であるならば,同一の媒体の存在がパラデイクマの syntagmatique な連鎖に圧倒的な安定感を与えるであろう.実際 Parmenides にとっては,鎖のイメージが雄弁に物語るように,syntagmatisme は一部の隙もなく厳格なクリテリウムでパラデイクマを〈批判〉するのでなければならない.

〔2・2・6・1〕 cf. Mackenzie, Dilemma, p. 6. Mackenzie は "krinein" が真実の道と "Doxa" の側の両方にまたがることに着目し,前者においては "sound intellectual stuff" であるのに後者においては "a base process" に成り下がる,と鋭く批判しつつ,他方で,存在原則が存在を離れた思考主体の存在を拒否するから,われわれが思考しうるならばわれわれは存在しない,という逆理を招く,とし,まさにそれ故に "Doxa" はわれわれに "a retreat" を用意するのである,と見事に全編を解釈して見せる. "Monism requires that thinking be indiscernible from being, and denies that there are a plurality of thinkers. That is fatal to dialectic, and thus to the argument itself. Pluralism allows for individuation ; but commits us to the irrational. The dilemma is the relation between the *Aletheia* and the *Doxa*." という結論はそこから容易に導かれる.この "dilemma" は全哲学の "dilemma" であるに違いないが,またしてもディアレクティカを前提において思考するという正しい選択がなされながら,二重のディアレクティカの構造を押さえないために,この危険自体短絡して捉えられることになる.もっとも,二重のディアレクティカの前段は,二重の構造が崩れれば確かに "fatal to dialectic" である.

〔2・2・6・2〕 真空を否定するから,「その真空を物体が移動する」ことに他ならない運動が否定されるのである,と短絡的に理解することについては既に G. S. Kirk, M. Stokes, Parmenides' refutation of motion, *Phronesis*, 5, 1960, p. 1ff. が鮮やかに論駁するところである.運動の否定は変化や生成を否定するのと同じ理由でなければならない,とする解釈は philological に要請される.Melissos の断片や Platon のテクストを Parmenides の思考と同一視することはできず,Parmenides の論拠は明らかに "ontological and not physical" である.

〔2・2・6・3〕 時間を超越する「永遠」でなく「時間の中の永続」が言われているという P. B. Manchester, Parmenides and the need for eternity, *The Monist*, 62, 1979, p. 81ff. は Platon ないし新 Platon 派による解釈を剥ぎ取る限りで首肯しうるが,だからといって Heidegger 流の paradigmatique な吸収を読み込むことは見当はずれである.パラデイクマのディアクロニクな関係を問題にしているのではなく,それと言わば垂直に交わる問題,syntagmatisme のクリテリウム,

を問題にしているからである。この点を既に G. E. L. Owen, Plato and Parmenides on the timeless present, *The Monist*, 50, 1966, p. 317ff. が明らかにしており、さらには、D. O'Brien, L'être et l'éternité, dans: P. Aubenque, éd., *Études sur Parménide, II: Problèmes d'interprétation*, Paris, 1987, p. 135sqq. が（論理的数学的言明の方角に流れすぎた）Owen をすら修正して詳しく論じている。

〔2・2・6・4〕 B. Cassin, Le chant des Sirènes dans le poème de Parménide (Quelques remarques sur le fr. VIII, 26-33), dans: Aubenque, éd., *Études sur Parménide, II*, p. 163sqq. はむしろ Od. xii の (Seirenes に動かされない) Odysseus を引照する。

2・3 ヴァージョン分岐の再解釈

2・3・1

Parmenides の比較的長い断片がわれわれに遺されたのは、それが韻文（hexametre）たることによる。言語による思考の分節をヨリ安定的なものとする、解釈を許さない、という意思の現れであるが、同時に、意識的にディアレクティカから退避しているのである。その意味で〈神話〉化しているのである。事実長い序文は完全に〈神話〉の扮装がほどこされていて、未規定の女性群像に導かれて「昼と夜の門」をくぐり、そこで「女神」から「道」の分岐を指示される、という構成が与えられている。

その「道」の分岐はまず何よりも「存在」と「非存在」の峻別に関わる。このことは既に述べたことから明らかであるが、しかし断片の中でその指示が最初に表明されるとき、それは以下のように言われる。

F1 DK, vv. 28ff.=F 301 Kirk: "χρεὼ δέ σε πάντα πυθέσθαι,/ἠμὲν Ἀληθείης εὐκυκλέος ἀτρεμὲς ἦτορ/ἠδὲ βροτῶν δόξας, τῆς οὐκ ἔνι πίστις ἀληθής./ἀλλ' ἔμπης καὶ ταῦτα μαθήσεαι, ὡς τὰ δοκοῦντα/χρῆν δοκίμως εἶναι διὰ παντὸς πάντα περ ὄντα."「君は全てを探求して把握する必要がある。つまり、一方では円環をなす真理のその不動の心臓部を、しかし他方では、死すべき人々が持つ諸々のパラデイクマの諸々のヴァージョンを。そこには真理の論証はないとはいえ、しかしそれでも君はそれを把握しなければならない。一個の全体が諸々のヴァージョンを貫きこれらがそれぞれ然るべく展開して全体を成すに至った、という事情があるからである。」

"*πίστις ἀληθής*" は「存在」の「道」に与えられた符号と同じであるから，この道の分岐は「存在」「非存在」のそれと同一であるように見える．しかしながら，「女神」はここでは双方の「道」をともに探求し認識しなければならないと言っている．F2 において「非存在」の道は決して認識に辿り着かないとされていることとの間に大きな落差が存在する[1]．"*βροτῶν δόξαι*" についての記述が「真実」に関する冒頭部の後に延々と続くことも，大いに謎とされてきたが，二つの分岐が一致しないのではないかと考えさせる．しかしそうとなれば，二つの分岐の間に一体如何なる関係が存在するのか，第三の「"*βροτῶν δόξαι*" についての探求の道」とは何か，という疑問が生じる．

[2・3・1・1(・1)] 多くの論者にとっても同様に Guthrie, *HGP* II にとってもこれが問題の全てである (p. 5: "Here is the crux.")．特に，誤った道として拒絶されたはずの "cosmogony" が何故探求されなければならないのか，という疑問である．誤った学説の例示か．通常人の考えの再述か．感覚的世界の把握のための実際的な知識か（一層詳細な学説のパノラマのために cf. W. R. Chalmers, Parmenides and the beliefs of mortals, *Phronesis*, 5, 1960, p. 5ff.)．Guthrie 自身は結局，真実の道を辿れば cosmogony すら大きく改善しうる，という趣旨に解するようである (p. 51)．

[2・3・1・1(・2)] この点に関しては，Owen, Eleatic questions の「三つの道」説と，これを修正する O'Brien, dans: *Études sur Parmenide, I,* p. 147 の解釈に触れておかなくてはならない．Owen によれば，女神にとって道は決して二つしかないのではない．必然と不可能の間には事実論理的な隙間がある．つまりそれは可能である．これが「死すべき者達」の道であり，したがってこれは非存在の道とは同一ではない．大きくこれが展開されるのは当然である．しかし，O'Brien によれば，この見解は存在―非存在の分岐を厳格に命ずる女神の文言に反する．何よりも両者の混同が排除されたのではなかったか．したがって道は二つしかありえない．にもかかわらずこの禁忌に反して死すべき者達が両者を識別できずに混同せざるをえない．その混同の道が「第三の道」であるかのように展開されるのである．以下に述べるように，われわれはむしろ第三の道を積極的に解する点で Owen の解釈の方を評価する．しかもなお最初の分岐は〈批判〉にとって絶対の要請と考えられていると解する．そしてまさにそれをこそ武器として多くのパラデイクマに前提的な批判を施すのである．このときに素材を〈神話〉におけるのと厳密に区別することが必須である．そうでなければ不可能の道に迷い込む．

2・3・2

「"*βροτῶν δόξαι*" についての探求の道」へと議論が転換していく部分のテクストは以下のようである．

F7/8 DK, vv. 55ff.=F300 Kirk : "*ἐν τῷ σοι παύω πιστὸν λόγον ἠδὲ νόημα/ἀμφὶς* ἀληθείης· δόξας δ᾽ ἀπὸ τοῦδε βροτείας/μάνθανε κόσμον ἐμῶν ἀπατηλὸν ἀκούων."「ここで厳密な論証の言語および真実を巡る思惟を終えよう。さてここからは，私の言葉の中に多様なヴァージョンが成す世界というものを聴き取り把握せよ。」

そして「学ぶ」べき事柄の理論的ステータスは以下のように明晰に特定されている．

F7/8 DK, vv. 58ff.=F302 Kirk : "μορφὰς γὰρ κατέθεντο δύο γνώμας ὀνομάζειν,/τῶν μίαν οὐ χρεών ἐστιν, ἐν ᾧ πεπλανημένοι εἰσίν,/τἀντία δ᾽ ἐκρίναντο δέμας καὶ σήματ᾽ ἔθεντο/χωρὶς ἀπ᾽ ἀλλήλων,……."「死すべき人間達は，考えを指示するために，そのうちの一つだけを置くことが許されないような[1]二つの形態を置いてみた．それが人々の混乱の起点であったが，しかしともかく，人々は対抗的に形態の「四肢の分節」を識別し，互いに截然となるように記号を付与した．」

すなわち記号作用が今や的確に位置付けられたのである[2]．否，事象は全て記号として捉えられることになる．そうであるのは，二極対抗の軸[3]を使って事象を認識するしかない人間の側のメカニズムに由来している，というのである．対抗はここから出てくる．対抗があれば運動，そして運動に基づく通常の syntagmatisme（自然学），が構築されていく．これらが無意味であるというわけでは決してない．だからこそ作品の以下大部分を占めることになる．しかしそこに現れる様々な原理は全て記号の性質に基づいている，しかしそれ以前に，記号によって認知するその素材が存在していて，そこにこそ正真正銘の syntagmatisme が堅固に構築されている，だからこそ知覚はその何程かを捉え，したがってそこから syntagmatisme を推し量ることが出来る，というのである．最初にパラデイクマがある，そしてそれをどのように分節するかは人間の自由である，とはいえそれが恣意的というわけではない，それは記号にすぎないが，しかし記号から辿るとパラデイクマ自身のレヴェルへ行き着く．すると記号によって分節されたその形態は徴表として極めて重要である，但し，その向こう側に syntagmatisme，否，新たな paradigmatisme，の保障が在る，これを踏まえてでなければ記号を使ったディアレクティカ[4]を進めてはならない，というのである．

〔2・3・2・1〕 この部分の文章は極度に難解である．様々な解釈の可能性と学説については，cf. A. A. Long, The principles of Parmenides' cosmology (or., 1963), in : *Furley/Allen*, II, p. 89ff.「二つの形態」を光と影でなく，存在と非存在と解する点には賛成できない．後半が全否定され（事実これが Long の意図である），全体がトートロジーになってしまう．

〔2・3・2・2〕 A. P. D. Mourelatos, The deceptive words of Parmenides' "doxa" (or., 1970), in : Id., ed., *The Pre-Socratics*, p. 312ff. は，monism 対 dualism 等のコントラストの一方で，二つの部分に強固な一貫性が認められることをフレーズごとに分析する．しかしこれは，Parmenides が敢えて "ambiguity" や "irony" を提示して思考訓練を試みているのでは全くなく，記号には記号としての同様のクリテリウムが妥当する，ということである．

〔2・3・2・3〕 A. P. D. Mourelatos, Some alternatives in interpreting Parmenides, *The Monist*, 62, 1979, p. 3ff. は，Owen 等に流れ込む「標準解釈」の修正を目指し，それが *doxa* の部分の解釈を十分に組み込めていない，その結果イオニアとの関連も把握しえていない，と批判する．両方の部分を繋ぐのは *krisis* であり，後半ではイオニアを受け継いで "opposites" の間で，しかし前半では "determinacy and indeterminacy" の間で，行われる，したがって「――である」という中核については reference が成り立ち語りうるが，その外側は未規定で reference が成り立たず語りえない，というのが Parmenides の主張である，というのである．しかし，対抗軸に関する Parmenides の考察は遥かに精密であるように思われる．むしろ "determinacy" や "reference" の背後にどのようなメカニズムが働いているかという問題に初めて踏み込んだと言いうる．

〔2・3・2・4〕 Owen 以後 Parmenides の公準を言語の問題に置き換える解釈が普及した．一旦このように捉えることによって初めてそれが神秘的なヴェールを脱いだという側面は高く評価されるべきであるが，明快さには単純化（例えば T. M. Robinson, Parmenides on the real in its totality, *The Monist*, 62, 1979, p. 54ff.）が潜む可能性がある．Parmenides の詩編後段に現れる言語の問題を正面に出してこの点を突くのが R. Mason, Parmenides and language, *Ancient Philosophy*, 8, 1988, p. 149ff. である．言語＝記号作用がひとまず成り立つことと reference（その veridicity）とを Parmenides は正確に区別していた，否，reference という思考にまだ害されていない（まだ習熟していない）というのである．もっとも，Owen の解釈自体 reference という視角から解釈を引き剥がす作用を持った．次にディアレクティカの実体と言語とをよく分節して捉えることが要請される，ということである．

2・3・3

実際記号とその向こう側という二元的な思考はこのテクストの最も大きな特徴である[1]が，知覚をドライヴして記号を構成せしめる特別の媒体についても Parmenides は周到である．それは，一見 Anaximenes に戻る，あるいは（これが「誤まれる理論」であるとすると）Anaximenes 批判である，かのように，大気と火の濃度である．それらが形成する二項対抗である．しかしまさに，事

象の究極の要素とされたこれらのものが実は記号の構成要素であるにすぎないとされたことになる.

F7/8 DK, vv. 61ff.=F302 Kirk : "τῇ μὲν φλογὸς αἰθέριον πῦρ,/ἤπιον ὄν, μέγ' ἐλαφρόν, ἑωυτῷ πάντοσε τωὐτόν,/τῷ δ' ἑτέρῳ μὴ τωὐτόν, ἀτὰρ κἀκεῖνο κατ' αὐτὸ/τἀντία νύκτ' ἀδαῆ, πυκινὸν δέμας ἐμβριθές τε."「こちらの側には天空の火が炎となって優しく揺らぎ, 軽やかにたゆたう, それ自身を取れば全くそれそのものであるが, 他との関係ではそれと同一ではない. しかしながら反対に, 辺り一面は深い闇夜であり, 稠密で重たい実体がある.」

こうした思考の最も大きなコロラリーは, 人間の観念自体を, したがってパラデイクマを意識しているその意識自体を, syntagmatisme で捉える, すなわち「向こう側」からたとえば光がやってきて痕跡を刻印したその記号であると捉える, ことである.

F16 DK=F311 Kirk : "ὡς γὰρ ἑκάστοτ' ἔχει κρᾶσις μελέων πολυπλάγκτων,/τὼς νόος ἀνθρώποισι παρέστηκεν· τὸ γὰρ αὐτό/ἔστιν ὅπερ φρονέει μελέων φύσις ἀνθρώποισιν/καὶ πᾶσιν καὶ παντί· τὸ γὰρ πλέον ἐστὶ νόημα."「人間の認知というものは, 彷徨う四肢のもつれが瞬間瞬間に示す形態のように現れる. 心のイメージというものは人間にとって四肢と同じ実体をなす. 全ての人各々の人にとって. というのも (思考に) 先立ってまず認知された形象というものがあるからである.」

この断片が採種された元の断片において Theophrastos は "αἴσθησις" 知覚に関する学説を整理しつつある. 彼は大きく二つに分けて「模写説」と「対抗説」を括りだし, 前者に Parmenides, 後者に Herakleitos を含める. さらに Parmenides の知覚理論[2]を要約して, 二つの要素の作用の程度に基づく ("δυοῖν ὄντοιν στοιχείοιν κατὰ τὸ ὑπερβάλλον ἐστὶν ἡ γνῶσις") としたとしている. そしてその二つの要素を熱冷とするが, おそらくこれは実は光と影であったと思われる.

F9 DK=F303 Kirk : "αὐτὰρ ἐπειδὴ πάντα φάος καὶ νὺξ ὀνόμασται/καὶ τὰ κατὰ σφετέρας δυνάμεις ἐπὶ τοῖσί τε καὶ τοῖς,/πᾶν πλέον ἐστὶν ὁμοῦ φάεος καὶ νυκτὸς ἀφάντου,/ἴσων ἀμφοτέρων, ἐπεὶ οὐδετέρῳ μέτα μηδέν."「とはいえそういうわけで, 全ては同時に光りかつ影であるということができる. この両者が

2 paradigmatique な連帯

それぞれのものに作用するその程度に応じてであるが．それでも全ては等しく光と闇の両方で満たされており，その点では平等であり，どちらがどちらに劣るということはない．」

F10 DK=F305 Kirk : *"εἴσῃ δ' αἰθερίαν τε φύσιν τά τ' ἐν αἰθέρι πάντα/σήματα καὶ καθαρᾶς εὐαγέος ἠελίοιο/λαμπάδος ἔργ' ἀίδηλα καὶ ὁππόθεν ἐξεγένοντο,/ἔργα τε κύκλωπος πεύσῃ περίφοιτα σελήνης/καὶ φύσιν, εἰδήσεις δὲ καὶ οὐρανὸν ἀμφὶς ἔχοντα/ἔνθεν ἔφυ τε καὶ ὥς μιν ἄγουσ⟨α⟩ ἐπέδησεν Ἀνάγκη/πείρατ' ἔχειν ἄστρων."* 「君は天空の性質とその天空に位置する全ての記号とを理解するだろう．太陽の無垢で清らかな光の暗い仕業とそこから生まれてくるものを．中心をなす月がその周りに及ぼす揺れる作用とその性質を把握するだろう．そこから生まれて来るものを包み込む天空を把握するだろう．如何に必然が作動してそれらを星々が成す鎖によって繋ぎ止めているかを．」

天体を初めとする全ての物体はかくして記号の上の模様ないし紋様にすぎない．

Theophrastos の言葉を借りれば，Parmenides においては思考と知覚は同一なのである（*"τὸ γὰρ αἰσθάνεσθαι καὶ τὸ φρονεῖν ὡς ταὐτὸ λέγει"*）．確かに，syntagmatisme はディアレクティカを拘束して飛翔させない．もっとも，この側面を言ったにすぎない，ということでもある．Parmenides がディアレクティカの本体をその後に予定していたということは排除されない．Theophrastos の解釈がやや性急である印象を与えるその背後には大きな問題が横たわっている．

〔2・3・3・1〕 われわれは既に Eur. Phoin. における Eteokles の科白を知っている．B. Gentili は以下のようにコメントする．"È stato spesso ripetuto che qui Eteocle parli come un discepolo dei sofisti: potremmo aggiungere, meno genericamente, come un semiologo *ante litteram*. Euripide già sapeva che i significanti, cioè le parole o segni, restano gli stessi, ma i significati mutano col mutare, a livello diacronico ma anche sincronico, delle situazioni e dei punti di vista." (La "Medea di Euripide, in: a cura di B. Gentili, Fr. Perusino, *Medea nella letteratura e nell'arte*, Venezia, 2000, p. 35f.). Eteokles の背後には Parmenides が居た，とさえ考えうる．signifié のレヴェルにしっかり錨を降ろす，それとの関係で記号が構成される，記号が構成されても足りずにそれを問う形で本格的な政治的議論が展開されなければならない．Polyneikes にとっては逆に記号こそがその議論の大前提である．まずは記号に従わなければならない．そうでなければ二段のディアレクティカとデモクラシーは成り立たない．事実，イオニアには polarity 即ち記号しか

なく，自然学も巨大な classification の code ではなかったか．否，それこそ画期的な独創であったのではなかったか．

〔2・3・3・2〕 Guthrie, *HGP* II が記号の問題に比較的よく気付いているにもかかわらず，"Here for the first time sense and reason are contrasted, and we are told that senses deceive and that reason alone is to be trusted." (p. 25) とするのは全くの飛躍である．Parmenides はむしろ三元的に思考することを要請したとさえ言える．実際，autopsie の問題は Herodotos にあっても両義的である．〈批判〉はそれなしに成り立たない，と同時にそれをそのまま鵜呑みにするな，とも説くからである．しかも，Parmenides はそれを初めて言ったのではなく，両者の関係についての或る極めて分節的な理論を展開したのである．そうであれば，Burnet の "Parmenides is not, as some have said, the father of idealism ; on the contrary, all materialism depends on his view of reality" に反論することも無意味である．(この dichotomy は全く不適切だが) 或る意味で Parmenides はイオニアを受け継ぎ，Demokritos の前提に座るからである．Platon が Parmenides から出発しえたとすれば，その理由はもっと深いところに探らねばならない．

2・3・4

元来徹底した syntagmatisme は，ディアレクティカを二段にするためにひとまずディアレクティカから退避させる，前提的な批判にさらす，ためのものであった．他方，Parmenides は「女神」に真実を述べさせたのではなく，真実への方法を述べさせたのである．とはいえ記号に関する Parmenides の鋭い感覚は，「実体とその影」の如きパラデイクマを意識させる．この「実体」たるや，それは真実ではないか．すると第一段の手続，〈批判〉，が直ちにディアレクティカの目標たる真実を得させるのではないか，逆にその先へ（第二段へ）行くほど真実から遠ざかるのではないか，という誤解を生んでしまう．道の分岐に関する二つの部分の言葉が単純に重ねられて「非存在」の道と「"βροτῶν δόξαι" についての探求の道」がしばしば混同されるのはこのことに基づく．しかし，〈批判〉によって排除されたパラデイクマと，第二段のディアレクティカへの道筋に現れるパラデイクマとは，凡そ性質と次元を異にするのである．両者を混同するのは，ディアレクティカの全体構造を見失うからである．それを見失えば全体を単純な真偽二項値で捉えることになる．「真実」に関する秘儀的な観念がこうして Parmenides に帰せしめられたり，凡そイオニア以来の諸々の思弁の意義がこの視角で捉えられたりする，所以である．Parmenides 解釈，「存在論」解釈，哲学というものの理解，の全てに大きな影を投げかけ

る問題である.

しかし実際には,「非存在」の道は意識的にそれ自身新しい〈神話〉M2である. ならば具体的な〈批判〉のためには, これと別の, しかしディアレクティカから退避した, パラデイクマの層が厚く形成されなければならない. Parmenides にとってイオニアの「自然学」はそのレヴェルのものとして有用である. しかし M2 からの切断の点で Parmenides にはそれらでさえ不十分に見える. 彼は新しいクリテリウムを探ったのである. しかもなお, 当然のことながら, このクリテリウムと, そのクリテリウムをくぐって現実に論拠として採用可能なパラデイクマ H とはジャンルが異なる. Parmenides の歴史的な功績は, この最後の両者の間の障壁を基礎付けた点に存する.

2·4　paradigmatique な連帯は paradigmatique に作用しうるか

2·4·0

同じ Elea 出身の Zenon は Parmenides の弟子で一世代後すなわち 5 世紀半ばに活躍したと見られる[1]. Zenon は Parmenides の "monism" を攻撃する "pluralist" 達から師の理論を擁護した, と通常解される[2]. しかし "monism"／"pluralism" で整理しきることは, Aristoteles の整理に依存した単純化である. 何が究極の原因かというのは Aristoteles の固有の関心である. しかしたとえば Parmenides の理論構成はこれに適するとは言えない. 或る種の一義的な基準が一貫して追究されたにすぎない. 確かに知覚の理論は不思議と syntagmatique に構成される. しかしこれとても「模写」という paradigmatique な構成を解体して記号のメカニズムを分節して見せたにすぎない. その限りでこの部分は自然学の様相を帯びる, というだけのことである. かくして "monism" の語のみによって Parmenides を捉えることは単純化に繋がるが, Parmenides を擁護する Zenon の作業をも当然単純化して理解することになり, ひいては Zenon の思想の独自性と発見の意義を縮減して位置付けることになってしまう[3]. 逆に言えば, Zenon が突き付けてくる解釈上の難問は, 一連の理論的思惟自体の理解, すなわち新しいジャンルのパラデイクマの屈折の襞を全面的に把握して社会構造を分析する作業, にとっての試金石になる.

〔2・4・0・1〕 Guthrie, *HGP* II, p. 80.

〔2・4・0・2〕 既に Platon の "Parmenides" に見られる傾向であるが，Parmenides の学説を擁護したということと，その擁護のポイントが "monism" に絞られるということ，は別のことである．

〔2・4・0・3〕 典型が Guthrie, *HGP*, II, p. 100 であり，Barnes, *PP*, I, p. 294 はさらにひどく，Zenon を単なる理論的破壊主義者としてしか扱わず，しかも「それ故に」「ソフィスト」に近づけて解することによって二重の無理解を露わにする．われわれの立場はむしろ Tannery 学説のインパクトからの系譜，B. Russel による決定的な再評価の線，に立つことになる（cf. M. Caveing, *Zénon d'Élée. Prolégomènes aux doctrines du continu. Étude historique et critique des Fragments et Témoignages*, Paris, 1982, p. 3sq.）．

2・4・1

Zenon 解釈の鍵は，明示的に "pluralism" 論駁のための推論とされるものと所謂「逆理」との間に認められるギャップである[1]．後者に属する論証は果たして "pluralism" 論駁のための推論という資格を持ちうるであろうか．

いずれにしてもわれわれは Zenon まで降りてきて初めて前例を見ない稠密な論証の形態を得たことになるが，これは何を意味するか．これが〈批判〉に属することは疑いない．しかも，その種類はともかく，これは「第一段のディアレクティカ」である．その論拠と結論がある．論拠を展開していくと，ところが結論と矛盾する（両極軸の反対側に出てしまう）．こうして結論は失格する．イオニアではこの「論拠を展開していく」部分において強固な syntagmatisme が追求された．Zenon において何が変わっているであろうか．

たとえば "pluralism" 攻撃の Kirk 314（Plat. *Parm.* 127D-128A）において，「論拠を展開していく」部分は結論から出発する．辿っていくうちに当の結論と撞着するに至るというわけである．あるいはそれに相当するような非論理に至る，つまりは結論と連帯の関係にある両極軸をまたいでしまう，というわけである[2]．このような推論の方向の転換自体は，実質的には全く新しいものではない．問題は結論の方を構成するパラデイクマの性格である．その命題は「存在しているものは多数ある」（"$πολλά\ ἐστι\ τὰ\ ὄντα$"）である（Kirk 314）．Parmenides の定式に対応するこのような表現は，syntagmatisme を裏から保障し〈批判〉の基準となるようなパラデイクマに適する．一旦ディアレクティカの（第一段とはいえ）結論に座り第二段のディアレクティカの論拠となるよ

うな性質のものではない．もちろん「そこに多数の屍がある」のような表現と形式的には同じである．しかし Parmenides がその韻文によって全く新しい言語を樹立した後には，パラデイクマのジャンルの差違は歴然としている．ならば辿って得られる論拠の方は如何なる性質のものか．たとえば，「それら多数のものは同時に互いに同一でありかつ異なる」（"ἄρα δεῖ αὐτὰ ὅμοιά τε εἶναι καὶ ἀνόμοια"）というものである（ibid.）．この命題は明らかに両極をまたいでいるから「不可能」（"ἀδύνατον"）であり，結論はここで失格させられるに至る．

今やクリテリウム内部を論証が駆けめぐるということであるが，注目すべきことは，その内部で syntagmatique な展開が徹底的に避けられて paradigmatique な同一性が徹底的に追求されるということである．Zenon の魅力はこの絞り込みに存する．たとえば上の "ἄρα δεῖ αὐτὰ ὅμοιά τε εἶναι καὶ ἀνόμοια" はどのようにして導き出されるか．われわれは Platon を離れて F3 DK=Kirk 315 に赴かざるをえない[3]．但しパラデイクマは「同時に有限でありかつ無限である」（"τὰ αὐτὰ πεπερασμένα ἐστὶ καὶ ἄπειρα"）に換わってしまっている．しかしこの問題を今留保することとすると，この命題は以下のように導かれるという．多くのものが存在すれば「必ずそれらと同じ数のものが存在し，それ以上でもそれ以下でもない」（"ἀνάγκη τοσαῦτα εἶναι ὅσα ἐστὶ καὶ οὔτε πλείονα αὐτῶν οὔτε ἐλάττονα"），したがって有限である，と同時に，多くのものが存在すれば「存在するものの中に常にそれとは異なるものがあり，またさらにそれとは異なるものがある」（"ἀεὶ γὰρ ἕτερα μεταξὺ τῶν ὄντων ἐστί, καὶ πάλιν ἐκείνων ἕτερα μεταξύ"）というようにとどまるところがない，したがって無限である，かくして有限であると同時に無限である——．数えられるということは同一性を意味し，同一性を失えば多様性は無限である，という Pythagoras 以来の考えが認められるが，これを経由して結局 Platon の理解とこの断片は符合することになる．

"πολλά ἐστι" と "ὅσα ἐστί" は二つの対抗ヴァージョンではない．同一パラデイクマの異なる言語分節でありながら．ディアレクティカにおいても M0—M1—P1 間に連帯の関係が生ずるが，それでも M0—M1—P1 はそれぞれ互いにヴァージョン対抗している．しばしばディアクロニクに対抗するのである．とこ

ろが "πολλά ἐστι" と "ὅσα ἐστί" の間にはディアレクティカ固有の paradigmatique な飛躍は全く認められない．このことに対応するのが，同一の根たるパラデイクマから厳密な同一性を追求してしかも全く正反対の方向に推論して矛盾を導く Zenon のやり方である．通常ならばここでヴァージョン対抗が発生し，二つの解釈の優劣を論じうる．しかし Zenon は直ちに根の命題を破綻させている．通常のディアレクティカは全く彼の眼中にないのである．"ὅσα ἐστί" と "ἀεὶ ἕτερα ἐστί" が緊密に連帯するのでなければならず，そうでなければ "πολλά ἐστι" 自体の破綻と見なされるのである．縦横に広く決して対抗しないパラデイクマが織りなされなければならないということになる．しかも，対抗しても syntagmatique に繋いで交替するとみなせば矛盾を避けられるにもかかわらず，これも排除されざるをえない．

[2・4・1・1]　cf. G. E. L. Owen, Zeno and the mathematicians (or., 1957-8), in: *Furley/Allen*, II, p. 145；D. J. Furley, Zeno and indivisible magnitude (or., 1967), in: Mourelatos, ed., *Pre-Socratics*, p. 354. Caveing, *Zénon d'Élée* はこの問題を二つのテクスト群（ソース群）の関係として論述する．

[2・4・1・2]　cf. Owen, Zeno and the mathematicians, p. 145ff. Caveing, *Zénon d'Élée*, p. 129sqq. はこれを第三の史料として扱う．

[2・4・1・3]　cf. H. Fränkel, Zeno of Elea's attacks on plurality (or., 1942), in: *Furley/Allen*, II, p. 103ff.；Caveing, *Zénon d'Élée*, p. 30sqq. Aristoteles/Simplicius 側のテクストである．

2・4・2

凡そ論証の以上のような形態は Parmenides の〈批判〉の基準の直接の帰結である．X／A⇔B のヴァージョン分岐の間に一本の堅固な梁を渡す，そうしておいて X／A⇔B の扇状分岐を恣意から解放する，X—A—B 間の無限の入れ替わりなどを排除する，ことが Parmenides の〈批判〉の基準の眼目である．両極性の切断作用を利用してヴァージョンを一義的に選び取っていくディアレクティカの批判一般からは遠く，両極性へ出たならばその前提が誤りである，というように両極性が使われるのである．

自然数の多元性（Pythagoras）[1]と無限の連続的多様性（Herakleitos）が互いに相手を消し合うようにしてともに斥けられるのは当然である．「存在がある」によるパラデイクマの paradigmatique な連帯は，A⇔B の不連続的同一性も連続的差違性もともにわれわれの理解の便宜のための道具にすぎないものに

してしまう．X／A⇔B の軸 X になり替わるようなものを A⇔B 側に分節する，Odysseus がとったオリーヴの実を数える，Achilleus が走った野と畑と城門を区分する，Herakles が出会った怪物を命名していく，このときの単位は初めから与えられていて恒常的に X／A 間を往復している，どのように分解しても究極的にはそのようなところに落ち着く，というように考える立場に対して，Parmenides は，これらは全て切り方次第である，それが予め決定されているということはない，したがってそれは〈批判〉のクリテリウムにはなりえない，そのように考えるのは恣意的である，論理的な飛躍を伴う，と鋭い一矢を放ったのである．

「切り出されるはずのもの」なるものは論証の軸としては使えないことになる．個数の符合も同じである．使えるのは存在の空隙の無さ，無から有ないし有から無への変転の無さ，等々だけである．

〔2・4・2・1〕 Tannery 学説のポイントの一つは，Zenon の論駁相手は実は Pythagoras 学派であった，というものであった（cf., Caveing, *Zénon d'Élée*, p. 163sqq.）．

2・4・3

Zenon の課題は，クリテリウム内部を構成するパラデイクマについてこの基準を適用するばかりでなく，〈批判〉に関する限り実際のディアレクティカにこれを適用するということであった．このように理解する限りいわゆる「逆理」は決して以上で見た Zenon の論証と無関係ではない．"πολλά ἐστι" の論駁だけが彼の目的ではない．むしろ一体何のために "πολλά ἐστι" を論駁しているのかということをわれわれは考慮に入れなければならない．

Zenon が致命的な論理の飛躍を見出したのはイオニアで生命線とされた syntagmatisme の柱たる厳密な運動の概念である．Zenon によれば，パラデイクマのヴァージョン偏差の束 X／A⇔B を連続的に概念することによって「運動に空隙が無くなる」というのは飛躍である．その論理構成では到底何ものも運動しえない，即ちたとえばスタディアムを横切ることさえできない "οὐκ ἐνδέχεται κινεῖσθαι οὐδὲ τὸ στάδιον διελθεῖν"「運動は不可能であり，スタディアムは横切ることができない」（A25 DK=Kirk 319=Arist. *Top.* Θ 8, 160b7）．何故ならば，ゴールに到達する前に中間点に辿り着かなければならない（"εἰς τὸ ἥμισυ δεῖν ἀφικέσθαι τὸ φερόμενον ἢ πρὸς τὸ τέλος"「ゴールへと移動するものはその前に中間点に到達しなければならない」）からである（A25 DK=Kirk 318=Arist. *Phys.* Z 9, 239b11）．Aristoteles のこの簡潔な表現は論理的には完結している．すなわち，限りなく中間点というものがある以上はどこまで行っても向こう側へ着くということはない．1/2+1/4+1/8+1/16……は無限に 1 に近付くであろう，しかし逆に言えば決して 1 にはなりえない．運動の観念はこの二つのことを近似的に同じことと見なす曖昧さに依存している，というのである．

もちろん，Aristoteles が "Achilleus" という呼称を記録しているもう一つの「逆理」（Kirk 322=Arist. *Phys.* Z 9, 239b14）は全く同じ論駁に成功している．最速の競争者は決して最もおそい競争者を追い越せない，何故ならば前者は必ずまず後者が在った点に辿り着かなければならないからである（"τὸ βγαδύτατον οὐδέποτε καταληφθήσεται θέον ὑπὸ τοῦ ταχίστου· ἔμπροσθεν γὰρ ἀναγκαῖον ἐλθεῖν τὸ διῶκον ὅθεν ὥρμησε τὸ φεῦγον"「最も遅い競技者も最も速いそれによって決して追いつかれない．追う側はどうしても逃げる側が既にそこから先に行ってしまったその点にまず行かなければならないからである」）．「Achilleus が走る」は「Achilleus がトラックの上に在る」の連続的ヴァージョン偏差体である．これが syntagmatisme の要点である．しかしこのことを前提すると，無限に詰めて行かなければ運動は概念しえないことになる．空隙があればそこには何が起きるかわからない．ところがその空隙が避けられないのである．明らかに Zenon は Parmenides のクリテリウムを適用している．われわれは Parmenides の "πᾶν δ'ἔμπλεόν ἐστιν ἐόντος"（F7/8 v. 29）というような言葉を想起せざるをえない．

第三の「逆理」はさらに簡単に "ἡ οἰστὸς φερομένη ἔστηκεν"「運動する矢は静止している」（A27 DK=Kirk 323=Arist. *Phys.* Z 9, 239b30ff.）と述べられる[1]．Zenon の論拠は，"ἠρεμεῖ πᾶν ὅταν ᾖ κατὰ τὸ ἴσον, ἔστιν δ'αἰεὶ τὸ φερόμενον ἐν τῷ νῦν"「全ての物体はそれに全く等しい空間を占めている，しかるに運動する物体は常に今その点に在る」からである，というものである．大きさを持った物全体の運動はもっと曖昧な観念を下敷きにしているというのである．既に幅を持ち連続体をなしている物がその関係を維持したまま「平行に」移動し

2 paradigmatique な連帯

ていく.このとき運動の連続性は本当に保障されているだろうか.均質な複数の運動の連帯が gratis に仮定されているのではないか.一旦消えないまでもばらばらになったり「尺取り虫」のように伸び縮みして別の地点で別ヴァージョンが再現されたのでない,という証明はどのようにしてするのか.この「逆理」,この言葉遣い,ほど逆にイオニア以来の運動の概念の重要性と特徴,そして Parmenides の攻撃点,をよく例解するものはない.Aristoteles は十分に鋭く,「今」における個々のヴァージョンの集積として運動を捉えるからこのような逆理が生まれる,Zenon の誤謬はそこにある,と述べる.「運動している」というパラデイクマから出発せよというのである.しかしこれはイオニアの運動へのあの執着の意義を解体する思考である[2].

第四の「すれ違いの逆理」は,一見愚かな誤解であるように見えて実は一層印象的である(A27 DK=Kirk 325=Arist. *Phys.* Z 9, 239b33). "κινουμένων ἐξ ἐναντίας ἴσων ὄγκων παρ' ἴσους……ἐν ᾧ συμβαίνειν οἴεται ἴσον εἶναι χρόνον τῷ διπλασίῳ τὸν ἥμισυν"「同じ大きさのブロックが複数(列をなして)正反対の方向に運動して互いに等しく(同じ速度で)通過していく——このとき同じ時間が二倍に対して半分になる結果となると Zenon は考えた.」

$A_1A_2A_3A_4$ の列と $B_1B_2B_3B_4$ の列が全く同じ速度で 180 度正反対の方向に動いてすれ違う.A_1A_2——はそれぞれ大きさを持っているが,それは完璧に等しい.A_1 と B_1 が完璧に重なるようにして相対しているときに在るブロックを 1 地区と呼ぼう.第二の時点ではここを何が占めるであろうか.A_2 と B_2 である.今 2 地区で A_1 と B_3 が出会い,0 地区で A_3 と B_4 が出会っている.しかし A_1 は B_2 とはいつ出会ったのだろうか(一つずつ飛ばすから二倍の速さとなる).パラデイクマのヴァージョンとして捉えられていないのではないか.闇の中ですれ違っているのではないか.大きさを持った単位の列でなくとも,無限に単位を小さくしていっても,すれ違いの隙間はどこかで残るであろう.

[2・4・3・1] cf. G. Vlastos, A note on Zeno's arrow (or., 1966), in: Id., *Studies*, p. 205ff. 但し,B. Russel の閃きに満ちた解釈について,Zenon は言明の意義をそこまで理解していたわけではないとする.しかし,後述の Owen 共々,Newton 以降の域に到達するかどうかという基準で問題を立てる傾向がある.むしろ,それを越えて Newton 以降の大前提を批判するという視座を取れば,Zenon の言明は別の光の下に置かれる.

[2・4・3・2] cf. Owen, Zeno and the mathematicians, p. 157ff.: "surrender to Zeno." Owen は,この無

理解が Aristoteles（したがってそれ以後長い間）の運動学を致命的に限界づけた，とする．

2・4・4

事実，Zenon の意図は syntagmatisme を攻撃して連続や無限を初めからパラデイクマとして装備することを勧めるところには全くない．それではイオニア以前に戻ってしまう．syntagmatisme によって初めて概念された連続や無限の概念をさらに厳密なものにすることが彼の目標であったことは疑いない．新しいクリテリウムを持てば，連続や無限や運動といった概念が仮のものであり，そこには本当の明証性は無い，ということを織り込んで論証を進めなければならなくなる．そうした概念の内部に論証の陥穽がありうること，これを常に警戒させる役割を Parmenides の「存在はある」という公理が担っているのである．

かくして Aristoteles の反論（A25 DK=Kirk 320=Arist. *Phys.* Z 2, 233a21），即ち Zenon は「分割に関わる」 "κατὰ διαίρεσιν" それと「外延に関わる」 "κατὰ τοῖς ἐσχάτοις" それという二つの「無限」概念を混同している，有限の時間内に無限の長さを行くことは出来ないが，短い区間の中にも含まれる無限の数の点を通過することができる，という論駁は，指摘としては的確であるが，論駁にはなっていない．Zenon は，対応する「時間」の概念もまた同じ性質を共有していることに注意を促している（"ἴσον εἶναι χρόνον τῷ διπλασίῳ τὸν ἥμισυν"）だけに，この種の問題の油断のならないことを却って強調しているのである．

Zenon は自分のクリテリウムをまたもう一つ別の仕方で独創的に言い表している（Kirk 316）．大きさ（内的充溢）を持たない物は存在しない（"μήτε μέγεθος μήτε πάχος μήτε ὄγκος μηθείς ἐστιν"），何故ならばそれを他に加えても差し引いても変わらないからである．さて，あらゆる物は存在する以上大きさを有するとすれば，大きさを有する以上分割可能である（"εἰ δὲ ἔστιν, ἀνάγκη ἕκαστον μέγεθός τι ἔχειν καὶ πάχος καὶ ἀπέχειν αὐτοῦ τὸ ἕτερον ἀπὸ τοῦ ἑτέρου"）．分割されて出て来る物は，元の物と性質を共有しなければならない（"καὶ περὶ τοῦ προύχοντος ὁ αὐτὸς λόγος"）から，これまた大きさを持ち分割可能である（"καὶ γὰρ ἐκεῖνο ἕξει μέγεθος καὶ προέξει αὐτοῦ τι"）．分割

は無限に可能である（"ὅμοιον δὴ τοῦτο ἅπαξ τε εἰπεῖν καὶ ἀεὶ λέγειν"）．しかしそうすると，あらゆる物は無限に大きいということになる．無限個の「大きさを持つ物」から成るからである．これを避けるためには大きさを持たない物から成るのでなければならないが，そうすると，その和もまた大きさを持たない．こうして，いずれにせよあらゆる物は無限大かつ無限小であることになる．多くの物が存在している限りこの結論は避けられないから，多くの物が存在しているというのは誤りである．

　Pythagoras のように paradigmatique な結束に逃げ込むのではなく，これを切り返して批判しうる無限概念使用の飛躍を突いて，Zenon は Parmenides の公理を裏から論証したのである．

3 隠れた構造の先験的単位

3·1 syntagmatique な連関の再建

3·1·0

様々な徴候から判断してディアレクティカに対する Elea 派の新しい態度は着実に影響を与えていったと思われる．syntagmatisme はその質を一新する．堅固かつ極めて複合的なものになる．

とはいえ Elea 派の基準は syntagmatisme の表面には既に無く，syntagmatisme を構成する syntagmatique に連なる諸々のパラデイクマは，syntagmatisme の裏を裏打ちする生地によって一つ一つ確証される他はない．ブラック・ボックスを次々に通過するがその都度，とりわけその最後に，「計算が合って」いれば（存在の過不足が無ければ）よしとせざるをえない．ブラック・ボックス内部について想像を巡らしてもそれは恣意的なものにとどまる．実証主義・機能主義に連なる可能性を秘めた重要な一歩ではある，がしかし，それは結束できるものだけが結束するという syntagmatisme ではないか．真の syntagmatisme をめざす余り残りの多くを野放しにし，第二の（第一段の）ディアレクティカの基盤を弱めるのではないか．パラデイクマの大規模な対抗を資源としてディアレクティカと政治が成り立つとすれば，〈批判〉に耐えるしかし広大なパラデイクマ群を連帯させなければならない．ブラック・ボックスの両端が合っているとだけ判断していても仕方なく，その空隙を何故そうなるかと説明しなければならない．その上でそれが〈批判〉に耐えるというのでなければ第二段のディアレクティカは始まらない．もちろん Parmenides の韻文の長い後半はこうした点を意識させるきっかけになる．しかしもう一度，変転す

る現実のその変転の理由を syntagmatique な方向に (但し新しい基準によって) 本格的に探ることが不可避となる. 前提的批判が互いに syntagmatique な方向にパラデイクマを展開させながら相手の弱点を切断する, という部分はデモクラシーの思考様式の根幹であるからである.

3·1·1

Empedokles は Sikelia の Akragas 出身で Zenon あるいは Sophokles と同じ世代に属し, 彼が Sophokles の如き驚異的な長寿を誇らずとも, われわれは優に 5 世紀の半ばの年代に位置しうる[1]. 彼が Pythagoras 学派そして Parmenides の影響を強く受けたことも確実である. そして優れた韻文を使って Parmenides のあの長い (と推定される) 後半に対抗したのである[2]. これまた, 第二段のディアレクティカの直接の基礎としては使わせない趣旨である. その限りで Homeros にならったのである[3].

Empedokles は再び敢えてほとんど Anaximandros 以前にさえ戻るようである[4]. 四つの基本要素から全ての事象を説明しようとする (Kirk 347) が, その様相は, X/X⇔Y, Y/Y⇔A, A/A⇔B, すなわち大気から火が, 火から地が, 地から水が, 分離して生まれるというのである (Kirk 365). 四元説は多元説の標準ヴァージョンとして Aristoteles に至るまで圧倒的な人気を博する[5]が, 考えてみれば, X/A⇔B, A/X⇔Y のように循環させれば最小四つの要素で経済的に対抗軸と対抗の要素から syntagmatisme の基本単位を自己充足[6]させうる. 但しここでは対抗関係やそれを貫く軸はほとんど意識されていない.

それにしてもほとんど Hesiodos に等しいこのような理論構成がどうして Parmenides の前に立ちうるであろうか. しかし Empedokles は正面から Parmenides に挑む.

F17 DK=Kirk 348: "δίπλ' ἐρέω· τοτὲ μὲν γὰρ ἓν ηὐξήθη μόνον εἶναι/ἐκ πλεόνων, τοτὲ δ' αὖ διέφυ πλέον' ἐξ ἑνὸς εἶναι." 「二重の話をしよう. 或る時は複数が成長して一体と化し単一となる, また或る時は単一から複数が生まれる.」

すなわちこれらの要素は互いに集まって一つになったり, 互いに分かれて多数になったりするというのである.「二段構えの議論」とはこれだというので

ある．油断のならない言い方であるが，明らかに Parmenides が嫌う思考がここにある．生成消滅は正面から肯定される．但しそれらは常に往復の意味で二重である．

F17 DK=Kirk 348: *"διοὴ δὲ θνητῶν γένεσις, διοὴ δ'ἀπόλειψις·."*「死すべき者達の生成は二重であり，死滅もまた二重である.」

二重であるばかりか往復ないし互換運動が絶えない．

F17 DK=Kirk 348: *"καὶ ταῦτ'ἀλλάσσοντα διαμπερὲς οὐδαμὰ λήγει."*「かつその絶え間なく互換する運動は決して止まない．」

この互換運動が絶えないという点，それが一定であるという点，にこそ Empedokles は Parmenides の基準に合致するものを見出す．

F17 DK=Kirk 348: *"ἧι δὲ διαλλάσσοντα διαμπερὲς οὐδαμὰ λήγει,/ταύτηι δ' αἰὲν ἔασιν ἀκίνητοι κατὰ κύκλον."*「その絶え間なく互換する運動は，決して止まない限りにおいて，円環のもとに収まって永遠に運動しない．」

かくして例の多数の要素は何と「運動しない」(*"ἀκίνητοι"*) のである．それを支える概念は循環 (*"κατὰ κύκλον"*) である．

かくして Empedokles は堂々と Parmenides 流に「なにものも生まれたり消滅したりはしない，ただ要素の混合と変換があるだけである (*"μόνον μίξις τε διάλλαξίς τε μιγέντων ἔστι"*)，それを人は生成などと言っている」(F8 DK=Kirk 350) と豪語することができる．あるいは無から有は生じない，と Parmenides をそのまま踏襲することさえできる (F12 DK=Kirk 353).

〔3・1・1・1〕 cf. Guthrie, *HGP* II, p. 128f.
〔3・1・1・2〕 cf. Guthrie, *HGP* II, p. 138ff.
〔3・1・1・3〕 cf. Guthrie, *HGP* II, p. 135.
〔3・1・1・4〕 cf. Barnes, *PP* II, p. 3: "the old Ionian ideal of *historia* despite the pressure of the Eleatic *logos*". Barnes はこれを遺憾とする．人々に何をすべきかを説く哲学の本務にとって不毛な5世紀にあって，しかし Empedokles は大きな例外をなすとする (*PP* I, p. 122ff.). 確かに後述のように Empedokles は二段階のディアレクティカを貫通しようとする傾向を示す．これは哲学にとって良い徴候とは限らない．いずれにしても，人々に何をなすべきか説いたりすることは哲学の品位にかなうことではない．
〔3・1・1・5〕 cf. Guthrie, *HGP* II, p. 142ff.
〔3・1・1・6〕 cf. Guthrie, *HGP* II, p. 147: "the Parmenidean One multiplied by four." 四色有れば平面を〈二重分節〉的に塗り分けられる？

3・1・2

　もっとも，EmpedoklesはParmenidesの前に突き付ける切り札を持つ．これはまたイオニアには無かった思考である．

　F17 DK=Kirk 348: *"ἄλλοτε μὲν Φιλότητι συνερχόμεν᾽ εἰς ἓν ἅπαντα,/ἄλλοτε δ᾽ αὖ δίχ᾽ ἕκαστα φορεύμενα Νείκεος ἔχθει."*「或る時には愛によって単一の全体へと集合し，また或る時には争いの憎しみによってそれぞれ両側に引き裂かれる．」

　四つの要素が集散している，決してそれ自体は生まれることも消え去ることもない，がまさにそのようにそれらをさせている原理が全ての背後に存在するというのである．それはまさに要素を合一させ，そして分解する作用である．それは「愛」(*"Φιλότης"*)と「係争」(*"Νεῖκος"*)である[1]．Empedoklesは，集める，分離する，この二つの原理にこそ対抗を，そして恒常的な〈批判〉の基準を見出したのである．統合と分節，これが一方的にならずに自由にめまぐるしく交替に作動する，という世界像である．

　疑いなくEmpedoklesはPythagoras以来の伝統からさらに一歩踏み出して，〈二重分節〉単位の存立，すなわち第一段のディアレクティカの自律性，を堅固に防備するばかりでなく，〈二重分節〉システム全体を貫く原理の可能性，二重のディアレクティカを媒介する〈批判〉の可能性，を探り始めたのである．

　結果としてParmenidesの不変の存在は不変のまま〈二重分節〉構造を与えられることになる．

　F17 DK=Kirk 349: *"Νεῖκός τ᾽ οὐλόμενον δίχα τῶν, ἀτάλαντον ἁπάντηι,/καὶ Φιλότης ἐν τοῖσιν, ἴση μῆκός τε πλάτος τε·."*「忌まわしい争いは分断した両者に完全に平等に働く．かつ愛もその両者に対して同様で，その長さと広さは完全に平等である．」

　このように二つの原理がそれぞれ完全に平等に働くばかりでなく，そこには結果として完全に平等な単位が生まれる．

　F17 DK=Kirk 349: *"ταῦτα γὰρ ἶσά τε πάντα καὶ ἥλικα γένναν ἔασι,/τιμῆς δ᾽ ἄλλης ἄλλο μέδει, πάρα δ᾽ ἦθος ἑκάστωι,/ἐν δὲ μέρει κρατέουσι περιπλομένοιο χρόνοιο./καὶ πρὸς τοῖς οὔτ᾽ ἄρ τι ἐπιγίγνεται οὐδ᾽ ἀπολήγει·."*「これらは全て等しく先後がない．しかしそれぞれの性質に応じてそれぞれ別個の価値を司っ

ている．そして時間が周期を巡らすと交互に覇権を握る．かつ，これらの他には何も付け加わって生まれないし，何も消えては行かない．」

あたかも〈批判〉の基準に関する議論がそのままパラデイクマ屈折を通じて特定の社会構造を支えるべく予定されているようである．否，少なくともこの〈批判〉に耐えた基礎的パラデイクマが自足的にこうした役割を果たし，必ずしも第二段のディアレクティカなどを経なくとも〈二重分節〉が達成される，かのようでさえある．

しかもこうした「〈二重分節〉状態」は「自然状態」によって基礎付けられる．「自然状態」は完全な球体（"σφαῖρος"）のイメージで捉えられる[2]．Anaximandros に見出されたような完全な対称体（"ἴσος ἐστιν αὐτῷ"）である（Kirk 357）．そこでは完全に "Φιλότης" が支配している．ところが今反対に "Νεῖκος" が優越するようになると分解が始まるのである（Kirk 358）[3]．両者が拮抗して争う間，巨大な渦巻き（"δίνη"）が出現する（Kirk 360）．中心では融合し，周辺では分解する．まるで部族ないし枝分節体（"ἔθνεα μυρία θνητῶν"）から直接〈二重分節〉へと変換されるかのようである．

Empedokles の知覚の理論[4]はかくして Parmenides の理論を一層完成させたものでさえありうる．あらゆるものからは放射作用があり，これがそれぞれの感覚で捉えられる（Kirk 390, 391）．そのようにして意識に像が結ばれる，したがってそれはアナロジーを原理とし，人間の思考の基礎はこれによって説明される（Kirk 392）．放射されるものも四つの要素から成るためか，これのアナロジーを再現する役割を担うのは，四つの要素の完璧な均衡を達成しているとされる血液である．

〔3・1・2・1〕 cf. Guthrie, *HGP* II, p. 152ff.

〔3・1・2・2〕 cf. Guthrie, *HGP* II, p. 167f.

〔3・1・3・3〕 但し，cosmogony の具体像の再構成に大きな意味があるとは思えない．この点，通説の "a dual cosgomony in his cycle" は，これを批判しようとする F. Solmsen, Love and strife in Empedocles' cosmology（or., 1965）, in: *Furley/Allen*, II, p. 221 にもかかわらず，十分に説得的である．

〔3・1・4・4〕 cf. Guthrie, *HGP* II, p. 228f.

3・1・3

　Empedokles と同世代で 500 年頃に生まれ，5 世紀半ば Athenai でしかも Perikles の近傍で活躍した[1]Anaxagoras は，デモクラシーの中枢で大きな影響力を持ったに相応しく，syntagmatisme の復元のために，Empedokles よりも一層徹底的に，多元性が一貫して存在しうることを論証しようとした．

　Anaxagoras の出発点は完全に Parmenides の公準である[2]．以下のテクストにおいてそれを意識しかつ敢えて対抗的に定式化したということは誰の目にも明らかである．

　F1 DK=Kirk 467: "*ὁμοῦ πάντα χρήματα ἦν, ἄπειρα καὶ πλῆθος καὶ σμικρότητα· καὶ γὰρ τὸ σμικρὸν ἦν. καὶ πάντων ὁμοῦ ἐόντων οὐδὲν ἔνδηλον ἦν ὑπὸ σμικρότητος·.*"「全てのものは等質であり，数の点でも小ささの点でも無限であった．要するに微細なものであった．かつ，全てが等質である以上，極小性によって何一つとして見えなかった．」

　まず「かつての」("*ἦν*") 原状態を設定し，ここからの変化で全てを説明するのであるが，しかし Parmenides の〈批判〉に備えて，そこには特定のものがあるのでもなく，また未規定のものがあるのでもない（この場合には飛躍無しには特定のものの生成を説明できない）．初めから多様性の外延を尽くした無限のものが用意されているのである．何一つ新しいものが生まれる必要がない．Parmenides の要請は完全に満たされてなお変化に富む現実の説明に応じうる．しかもそれらは完璧に一様に（"*ὁμοῦ*"）分布している．完璧さを保障するのはそれらが全て無限小であり，かつ量的に無限大である（"*ἄπειρα καὶ πλῆθος καὶ σμικρότητα*"）点である．濃淡のまだら，かたまり，は初めから説明を求められるし，他の状態への移行の説明でも飛躍を余儀なくされる．無限の空間に分布していなくては，その外の説明を求められる．

　しかもこれらは，不思議なことに，粒子のようなものではない[3]．無限小のものは互いに絶対的に異なる（F4 DK=Kirk 468: "*οὐδὲ γὰρ τῶν ἄλλων οὐδὲν ἔοικε τὸ ἕτερον τῷ ἑτέρῳ. τούτων δὲ οὕτως ἐχόντων ἐν τῷ σύμπαντι χρὴ δοκεῖν ἐνεῖσται πάντα χρήματα.*"「というのも他のものも互いに全く似ていないからである．かくしてこのことを前提とすると，全てのものがその一個の全体に含まれていたと考えざるをえない」）．ならば，個別の性質のものが分化した後に

は，それらは互いに異なる要素から成るのではないか．それらを切っていくと互いに異なる（無限小とはいえ）純粋の個別の単位に行き着くのではないか．ところが Anaxagoras は決してそうではないと言う．

F6 DK=Kirk 481: *"καὶ ὅτε δὲ ἴσαι μοῖραί εἰσι τοῦ μεγάλου καὶ τοῦ σμικροῦ πλῆθος, καὶ οὕτως ἂν εἴη ἐν παντὶ πάντα· οὐδὲ χωρὶς ἔστιν εἶναι, ἀλλὰ πάντα παντὸς μοῖραν μετέχει. ὅτε τοὐλάχιστον μὴ ἔστιν εἶναι, οὐκ ἂν δύναιτο χωρισθῆναι, οὐδ᾽ ἂν ἐφ᾽ ἑαυτοῦ γενέσθαι, ἀλλ᾽ ὅπωσπερ ἀρχὴν εἶναι καὶ νῦν πάντα ὁμοῦ. ἐν πᾶσι δὲ πολλὰ ἔνεστι καὶ τῶν ἀποκρινομένων ἴσα πλῆθος ἐν τοῖς μείζοσί τε καὶ ἐλάσσοσι."* 「大きかろうと小さかろうと数においては同等の割合構成要素に分けられる．かくして全てのものには全体が存すべきこととなる．それらがばらばらにあちらにはあってもこちらにはないなどということはない．全てのものは全ての要素を取りそろえて持っているのである．最小のものというものはないのであるから，分割することはできないし，付け加わって生まれてくるということもできない．初めにそうであったように現在でも全ては全く等しくそうである．全てのものは多くの分解要素から成るが，相対的な大きさにかかわりなくその数は等しい．」

Anaxagoras の独創性の核心はここにある[4]．確かに，無限の概念を前提すれば，どこまで切ってもまだそれは無限小のものを無限個含む．この限りで，全てのものは等しい．無限小に固執される理由は，完璧に異質的な要素から成る，しかも等質な，連続体の形成を可能にするからである．完全に混ぜ合わされた結果如何なる粒子も認められない状態である．しかも変性融合することはない．構成要素を表現するためには「割合」（*"μοῖραι"*）の概念によらざるをえない．如何なるものの如何なる部分を如何に細かく切ってもそこには同じ「成分表の項目」（*"μοῖραι"*）が現れるということになる（*homoiomereia*）[5]．

連続にまで接近するこのような完全な混合の概念は，当然に無限の概念の擁護[6]を要求してくることになる．ヴァージョン偏差の隙間は詰めることができるのでなければならない．

F3 DK=Kirk 472: *"οὔτε γὰρ τοῦ σμικροῦ ἔστι τό γε ἐλάχιστον, ἀλλ᾽ ἔλασσον ἀεί……ἀλλὰ καὶ τοῦ μεγάλου ἀεί ἔστι μεῖζον, καὶ ἴσον ἐστὶ τῶι σμικρῶι πλῆθος, πρὸς ἑαυτὸ δὲ ἕκαστόν ἐστι καὶ μέγα καὶ σμικρόν."* 「というのも，小さ

いものについては最小のものがあるということはなく，常にそれより小さいものがある——大きいものには常により大きいものがある．かつ小さいものでも（構成要素の）数の点では同等である．この点ではどれもが大きいと同時に小さい.」

F5 DK=Kirk 473; *"τούτων δὲ οὕτω διακεκριμένων γινώσκειν χρή, ὅτι πάντα οὐδὲν ἐλάσσω ἐστὶν οὐδὲ πλείω. οὐ γὰρ ἀνυστὸν πάντων πλείω εἶναι, ἀλλὰ πάντα ἴσα ἀεί."*「このように構成要素に分解してくると，全てはヨリ小さくもヨリ大きくもない，ということを理解しなければならない．何よりも大きいなどということは不可能で，全ては永遠に等しい.」

Zenon の批判に対するこのような応答[7]が持ちうる帰結は，まさに上に見た *"ἴσαι μοῖραί εἰσι τοῦ μεγάλου καὶ τοῦ σμικροῦ πλῆθος"* という理論構成である．逆に言えば，連続の概念を支えるのは，完全な混合の結果割合でしか構成を把握できないに至る，その次元の上昇である．

事実 Anaxagoras は，固い paradigmatique な連帯と対等のものを，極限まで推し進められた混合によって達成しうると考えた．領域の自立的組織の連帯が無くとも，諸要素が極限まで混ぜ合わされていれば等質で安定的な〈二重分節〉の審級が生まれるというのである[8]．しかもこれは変転と多様性，即ちヨリ大きな自由を許容する．

こうした理論構成の意義を例解するために最適であるのは，端的に，〈二重分節〉の概念である．今，ABCDE という〈分節〉体の各単位，A なら A, B なら B，の内部が完全に abcde の全ての要素を取りそろえている，という状態，「3a2b4c5d2e」と「2a5b7c3d4e」の差でしかないという状態，を想定してみる．これはヨリ強固な〈二重分節〉システムである．「3a2b5d」と「5b7c4e」のようでしかなかったとしてもそれは〈二重分節〉システムをなしていると言える．しかし性質は不連続である．政治的な区分を引きずっている．したがって政治的ディアレクティカによる決着に直ちに委ねられる部分を残している．二段のディアレクティカの前段の完璧な独自性は保障されていない．

この原理を Anaxagoras は *"ἐν παντὶ γὰρ παντὸς μοῖρα ἔνεστιν"* (F12 DK=Kirk 476) または *"πάντα παντὸς μοῖραν μετέχει"* (F6 DK=Kirk 481) のように表現したということになる．事実これが Parmenides の基準を受け容れてなお

変転と多様性を完璧に説明しうるための独創的な理論構成であった[9].〈批判〉をくぐらせて syntagmatisme の内部に多くのパラデイクマを救って回収するための基準であった.

しかしどこを切っても同じ多元性が現れるというのならば,一体どうして多様性は生じうるのか[10]. Anaxagoras は,唯一単一の構成要素によって成るものを措定する. "ὁ νοῦς"(「精神」)である.これはそれ自身無限小のものに違いない.これが原初状態を回転させ,濃度の偏差を生む[11].こうして天体等個々の物体が現れるのである.

F12 DK=Kirk 476: "τὰ μὲν ἄλλα παντὸς μοῖραν μετέχει, νοῦς δέ ἐστιν ἄπειρον καὶ αὐτοκρατὲς καὶ μέμεικται οὐδενὶ χρήματι, ἀλλὰ μόνος αὐτὸς ἐφ' ἑαυτοῦ ἐστιν.......καὶ ἄν ἐκώλυεν αὐτὸν τὰ συμμεμειγένα, ὥστε μηδενὸς χρήματος κρατεῖν ὁμοίως ὡς καὶ μόνον ἐόντα ἐφ' ἑαυτοῦ. ἔστι γὰρ λεπτότατόν τε πάντων χρημάτων καὶ καθαρώτατον, καὶ γνώμην γε περὶ παντὸς πᾶσαν ἴσχει καὶ ἰσχύει μέγιστον· καὶ ὅσα γε ψυχὴν ἔχει, καὶ τὰ μείζω καὶ τὰ ἐλάσσω, πάντων νοῦς κρατεῖ. καὶ τῆς περιχωρήσιος τῆς συμπάσης νοῦς ἐκράτησεν......ἡ δὲ περιχώρησις αὕτη ἐποίησεν ἀποκρίνεσθαι." 「他の全てのものは全てを構成要素として分有するが, nous だけは無限で自己権力を持ち他の何にも交わってはいない.単一でそれ自身にのみ基づいて存立しているのである.――自分を混合物には近づけないようにして,いかなるものに対しても,自分が単一で自分自身にのみ基づいて存立しているのと同じようにそのものが権力を振るうということを阻止している.実際それは全てのものの中で最も繊細で純粋なものである.全てにつき完璧な知識を持ち,最高の力を有する. nous は精神を持っている限りにおいて,大きかろうと小さかろうと全てのものに対して君臨している. nous はまた全てのものを統御してこれに回転を与えたのである.――まさにこの回転が諸物を分節したのである.」

しかし Anaxagoras は同一の「成分表の項目」の右側を埋める比率のここの数値の偏差を説明するには至っていないと思われる. Aristoteles のコメント (Kirk 485=Arist. Phys. A4, 187a23: "φαίνεσθαι δὲ διαφέροντα καὶ προσαγορεύεσθαι ἕτερα ἀλλήλων ἐκ τοῦ μάλισθ' ὑπερέχοντος διὰ πλῆθος ἐν τῇ μίξει τῶν ἀπείρων· εἰλικρινῶς μὲν γὰρ ὅλον λευκὸν ἢ μέλαν ἢ γλυκὺ ἢ σάρκα ἢ ὀστοῦν οὐκ εἶναι, ὅτου δὲ πλεῖστον ἕκαστον ἔχει, τοῦτο δοκεῖν εἶναι τὴν φύσιν τοῦ πράγματος."「それらのものが互いに異なって見えかつ異なって呼ばれるとしても，無限の構成要素の混合において何が数の上で相対的に優るかによるにすぎない．完全明白にあるものが白いとか黒いとか甘いとか肉であるとか骨であるとかいうことはない．それぞれがその要素を一番持っている，それがそのものの性質であると考えられるにすぎない．」）にもかかわらず，これは残存の確かな断片からは直ちには導かれない．

"ὁ νοῦς" がその "μοῖραι"（枝分節ないし〈二重分節〉）欠如故に全てを動かし全てを見通すという構想は，初めて二元論に大きく踏み出したと評されるように，〈二重分節〉が構成する領分と固有に政治的な部分の絶対的な切断に向かうようにも見える[12]．しかし他方，こうして syntagmatisme の内部に多くのパラデイクマを救って回収するという試みは実質的にはますます第二段のディアレクティカの現実的帰結を少なくとも構造レヴェルで先取りするようになる．Anaxagoras の試みは，中で，Parmenides の公準とディアレクティカ全体の要請の両方に引き裂かれて，これらを十分に両立させていないように見える．

〔3・1・3・1〕 cf. A. Capizzi, Cerchie e polemiche filosofiche del V secolo, in : AA. VV., *Storia e civiltà dei Greci, 3*, Milano, 1979, p. 428ss.

〔3・1・3・2〕 cf. Guthrie, *HGP* II, p. 271.

〔3・1・3・3〕 cf. C. Strang, The physical theory of Anaxagoras (or., 1963), in : *Furley/Allen* II, p. 362 : "……cannot be isolated……however you subdivide any piece of matter each subdivision will contain the same number of E-ingredients as the original……One must not speak of *pieces* or *bits* ……but only *portions* (or proportions or percentages)……."

〔3・1・3・4〕 G. Vlastos, The physical theory of Anaxagoras (or., 1950), in : Mourelatos, ed., *The Presocratics*, p. 461 において，F4 に登場する "σπέρματα"（種子）こそは Anaxagoras が導入した決定的な概念であったとする．確かにそこには既にあらゆる成分が含まれている．

〔3・1・3・5〕 cf. Vlastos, The physical theory of Anaxagoras, p. 475 : "the absolute homogeneity of a given thing with any of its parts, however small." 但し，F. M. Cornford, Anaxagoras' theory of matter (or., 1930), in : *Furley/Allen* II, p. 275ff. 以来，「全ての成分を含む」と「どのように切り取っても同じ」が矛盾するとする疑問が多くの学説を呼び，最近でも例えば L. Pepe, *La misura e l'equivalenza. La fisica di Anassagora*, Napoli, 1996, p. 25ss. のように Aristoteles（のバイアスを指摘するばかりか）自身 *homoiomereia* を Anaxagoras 自身の考えとは区別していたことをテクストの丹念な分析によって主張する試みが見られる．他方では，("No Becoming," "Infinite Divisibility," "Universal Mixture," "Predominance," "Homoeomereity" の五原則が全て並び立つという) G. B. Kerferd による精力的な弁護 (Anaxagoras and the concept of matter before Aristotle (or., 1969), in: Mourelatos, ed., *The Pre-Socratics*, p. 489ff.) があり，項目数の無限大が成分の無限小と比率の多様性を両立させるとする (p. 500). これらの論証が正しいかどうかの判断は専門家に委ねる.

〔3・1・3・6〕　cf. Guthrie, *HGP* II, p. 290: "He has not only grasped the notion of strict infinity, but, having realized what implies, accepts the consequences as few Greeks were willing to do."; Vlastos, The physical theory of Anaxagoras, p. 470: "the second major innovation……however small, there always exist still smaller portions……."

〔3・1・3・7〕　cf. Guthrie, *HGP* II, p. 289; Strang, The physical theory of Anaxagoras, p. 366f.

〔3・1・3・8〕　cf. Vlastos, The physical theory of Anaxagoras, p. 468: "……anti-Empedoclean polemic ……Being is no longer the exclusive privilege of four divine things, but the common possession of all things. This is the revolutionary principle of his physics."

〔3・1・3・9〕　cf. Guthrie, *HGP* II, p. 293f.. Anaxagoras が立てた問題は，Aristoteles が解釈するような「物体の構成要素は何か」ではなく，「Parmenides の公準を容れた上でなお運動と変化を説明するには如何なる仮設が適当か」であった，とする.

〔3・1・3・10〕　Guthrie, *HGP* II, p. 296 が cosmogony と *nous* の問題を分断して扱うのは適当ではない.「イオニアへの回帰」に引きつけすぎるからそのようになる.

〔3・1・3・11〕　cf. Barnes, *PP* II, p. 37: "a chemical, not mechanical operation". それでも，現れて見える差違の説明は到底明快ではない.

〔3・1・3・12〕　逆にこの点から A. Laks, Anaxagore, dans: AA. VV. *Le Savoir Grec*, p. 578sq. は Platon を先取りする大きな功績 ("une rupture décisive") を読み取る. *nous* の活動にこそ "la projection matérielle de……une activité essentiellement critique, comme le processus de dissociation qu'elle initie" が存する，というのである.

3・2　syntagmatique な遷延の極大化

3・2・0

Elea 派の批判に耐える〈批判〉のクリテリウム，syntagmatisme の基軸，を理論構成するといった方向での解決はイオニアの遺産を格段に高い水準に引き上げたと思われるが，Hekataios が切りひらいた道の側では，全く違う方向で syntagmatisme を飛躍的に強固なものにする試みがなされる．もちろんそこにも Elea 派の批判が，そしてそれへの応答の混乱に対する批判が，大きな影を落としている．

3・2・1

　Anaxagoras や Empedokles よりやや遅れておそらく 480 年代にイオニア近傍の Halikarnassos で生まれた Herodotos は，ペルシャと結びついた Halikarnassos の *tyrannos* との闘争に敗れて Samos に亡命し，この *tyrannos* 打倒（450 年代前半？）の際にはこれに参加する[1]．こうして Halikarnassos が Athenai の同盟圏に入ったことに呼応するかのように，少なくとも 440 年代には Athenai に現れ，既に彼の主著の一部を公衆の前で読んでいる[2]．Anaxagoras とこうして軌跡が重なるのであるが，他方少なくともその作品から，Herodotos がそれまでに広大な地域を旅したことが明らかである[3]．Hekataios の系譜に繋がる思考様式の持ち主であることを示す．かくして Herodotos が Anaxagoras とは違った形態で Elea 派の批判に答えた，そのようにして同時に Hekataios とは全く違った新しいレヴェルに一個のジャンルをもたらした[4]，としても何ら驚くに値しない[5]．Athenai のヘゲモニー下，イオニアにおける *tyrannos* 打倒も 490 年代の Hekataios のそれとは根本的に異なった意義を有したに違いない．強固な，しかもヨリ自由な，領域の基盤をデモクラシーが持つに至っているに違いない．

[3・2・1・1]　cf. W. W. How, J. Wells, *A Commentary on Herodotus*, I, Oxford, 1912, p. 3f.

[3・2・1・2]　cf. *How/Wells*, p. 6.

[3・2・1・3]　cf. *How/Wells*, p. 16ff.

[3・2・1・4]　〈批判〉ないし "*ἱστορίη*" の根幹に関する限り Hekataios が既に基礎を確立していたと見られ，Herodotos も明らかにこの遺産を意識している．それでも Herodotos が一つの大きな分岐点をなすのは，Elea 派がパラデイクマの前提資格のクリテリウムに関心を集中させていったことに反発するようにして，その前提資格審査に耐えたパラデイクマの具体的な展開を執拗に追求したからである．こうした点を考えると，彼が南イタリア Thourioi の植民都市建設に参加した経験は十分に顧慮して然るべきである．作品の成立史について，それ以前に，ないし既にイオニアで，書き始められていたかどうか，という論争がある（cf. *How/Wells*, p. 10ff.）が，少なくとも，Hekataios の地誌的側面を脱し独特の syntagmatisme が成熟してくるのは Thourioi 以後再び Athenai に戻ってからではないか．かくして，Herodotos の作品が示す思考像の全体は実際には多岐にわたるが，他とのコントラストにおいては，もう一度ディアレクティカ本体に復帰したような印象（「Homeros への回帰」）を与えることになる．即ち，政治的決定そのものを決して構成しえないがしかしその（特にネガティヴな）論拠としてならば使いうるように思われるパラデイクマ，われわれの記号（99 頁本文，101 頁 I・2・0・2）によって指示すれば H，を主として提示するように見えるのである．粗雑に言え

ば歴史と哲学の分離ということになる．

〔3・2・1・5〕 20 世紀の Herodotos 研究の大きな流れについては，さしあたり G. Lachenaud, Les études hérodotéennes de l'avant-guerre à nos jours, *Storia della storiografia*, 7, 1985, p. 6ss. が極めて有益である（また，ルネサンス以来の史学史および人類学史の脈絡における Herodotos 解釈の大きな変遷については，D. Asheri, Introduzione generale, in: Id., ed., *Erodoto. Le storie. Libro I. La Lidia e la Persia*, Milano, 1988, p. LXVIff. がわずか 4 頁ながら極めて高度な概観を与えてくれる）．19 世紀の実証史学誕生の産婆が Thoukydides であったとすれば，Herodotos は実証主義批判と歩みを共にする．20 世紀に入って Herodotos に対する関心が増大し，現在に至るまで衰えることがない，とすればこのためである．Thoukydides による痛烈な批判以来，Herodotos は常に二面的な存在であった．一方では批判的な歴史学の父であるが，しかしこの場合イオニアそして Hekataios に priority を譲るように見える．他方本格的な歴史叙述の創始者であるが，しかしこの場合作品の統一性や叙述を貫く理念に未だ欠けるように見える（いわゆる "Unitarians" と "Separatists" の間の論争については，cf. C. W. Fornara, *Herodotus. An Interpretative Essay*, Oxford, 1971, p. 4ff.）．しかもこれらの像に大きく対比される如く，比較学や民俗学の父と見なされ，Thoukydides には既に無い逸話や地誌的記述の「脱線」の魅力を備えるように見える．この二面性に立ち向かうのも，最初は良質の実証主義的研究である．今日に至るまでの研究の基礎を築いたとされるのはここでも F. Jacoby (*RE, Supp.* II, 1913) であり，丹念に完成させるのは K. von Fritz（集大成として *Die griechische Geschichtsschreibung*, I, Berlin, 1967, S. 104ff.）である．Herodotos の作品の複合的性質は作品の成立史と彼の思想遍歴の丹念な考証によって分解される．たとえば，イオニアの地誌学から出発しつつもペルシャの年代記を遍歴し，Athenai で独自のスタイルを編み出す，等々．Jacoby の徹底した "Quellen" 探求の副産物であることは自明である．Herodotos が何を典拠とし，それをどのように批判したか，という研究が今日でも最も刺激的であることに変わりない．しかし他方，巻によって大きく性格が異なる等の問題を次第に叙述の基本視座の側の問題に解消する方向が現れる（代表的研究は H. Immerwahr, *Form and Thought in Herodotus*, Cleveland, 1966）．そしてそうなれば当然のように，構造主義の方法を極めて自覚的に用いる作品が登場し，大きな成功を収めることになる．Fr. Hartog, *Le miroir d' Hérodote. Essai sur représentation de l'autre*, Paris, 1991 (1980) はその後の多くの研究に決定的な影響を与えることとなる．実証主義批判がここに帰結することは必然である．しかしそれでも，最も中枢的な問題，即ち批判の問題，を新しい方法で捉え直すことには成功していないように思われる．対象が歴史学自体であるからこの不成功は致命的である．そして，まさに構造主義自体を大きく修正するという課題がまずここで突き付けられるはずである．Hartog 達が大きく残す空白感は，この課題が克服されていないということを物語っている．

3・2・2

Herodotos は作品[1]冒頭で自らの "$ἱστορίη$" の成果を示すと誇らしげに宣言するが，従来の "$ἱστορίη$" が特に大きな魚を釣り上げたというのではなく，そ

もそも "ἱστορίη" の概念自体に大きな革新をもたらしたというのである．proemium で述べられる作品の目的は，第一に，重要なことが無名のまま ("ἀκλεᾶ") 忘却されることを防ぐことであり[2]，第二に，そうした大事績に属する戦いの「原因」("αἰτίη") が一体何であったかを示すことである．ほとんど Homeros, 否，それ以前に戻るかのようである．前者は，Homeros において，一つの思考として冷静に分析されているものであり，後者の因果思考は端的に拒否されているものである．Troia 戦争の発端につき詮索するということは，短時日の出来事を濃縮して述べるという Homeros の作品構成自体によって排除されていた．ちなみに proemium のこの動機は I, 5, 3-4 にもう一度現れる．戦争の発端が Kroisos がなした不法であること，かつての大きな出来事も時とともに忘れ去られること．但し Herodotos は「時がたてば過去の事績の意味が減ずることを十分承知した上で ("ἐπιστάμενος")」敢えて以下のことを語ると述べる．すると，パラデイクマの蓄積保存ということへの回帰は意識的に採用された或る種の pretext ではないか．

　そもそも主題は何か．「あの大衝突の原因」(I, 1, 1: "αἰτίαι τῆς διαφορῆς") である．今何が問題になっていようと，それがなにであれ，およそ読者は，一旦ディアレクティカの外に引きずり出され，遠くこの「あの大衝突」("ἡ διαφορή") と関連する地点にまで持って行かれる．否，そればかりか次にその原因 ("αἰτίαι") へとさらに先送りされる[3]．「あの大衝突」は実はペルシャ戦争であるが，要するにそれへと繋がる syntagmatique なパラデイクマ連鎖が追究されるのである．ならば帰責の因果連鎖の絡まり合い，枝分節，の中に身を置くということか．そうではない．第一に「大きなそして驚くべき事績」(pr.: "ἔργα μεγάλα τε καὶ θωμαστά") を書き記すのはギリシャ側だろうと反対側だろうと対等になされる (pr.: "τὰ μὲν Ἕλλησι, τὰ δὲ βαρβάροισι")．ディアレクティカによる因果連鎖切断はなされる．ちなみに，後述のように，"θωμαστά" の方まで書き記すのは Parmenides への挑戦であると同時に，syntagmatisme の著しい拡大でもある．一層「横道」にそれることを意味する．そして第二にわざわざ「小さい都市のそれであろうと大きい都市のそれであろうと対等に」(I, 5, 3: "ὁμοίως σμικρὰ καὶ μεγάλα ἄστεα ἀνθρώπων ἐπεξιών") 扱われると述べられる．"αἰτίη" の概念は少々変質していると言わざるをえな

い．帰責は本気には行われず，syntagmatique な連鎖は「意味もなく」細かく分節される[4]．やはり古い思考への回帰は pretext である．当時のギリシャで "διασφορῇ" の基幹パラデイクマはもちろん Troia 戦争であり，Helene である．これに paradigmatique でなく syntagmatique に繋げるペルシャ戦争解釈をわざわざ引照して Herodotos はそれを斥け，距離を取って見せる（I, 1-5）．後述のように，にもかかわらずそうした見解のしかも対立諸ヴァージョンを複数記すことには重大な意味があるが，しかし，古い思考を（わざわざ取り上げて）意識的に突き放すこのようなポーズには，パラデイクマの syntagmatique な分節の新しい意味が込められている[5]．事実，因果連鎖には Kroisos という始点が一旦与えられ，ここで切られる．ペルシャ戦争本体からここへ送られ，それ以上でない．

そして，そこから先（へも進みはするが，それ）は遡るのでなく何重にも折れ曲るように進む．つまり，「さてその Kroisos というのは」（I, 6, 1: "Κροῖσος ἦν……"）というように第二段の先送りをしていくのである．まさに "αἰτίαι" 追跡のこの「遠回りしてなおかつ折れ曲がる線を並行させる二重の構造」[6] が Herodotos の作品の特徴である．しかもこの二重構造が何重にもなる．こうして徹底的に syntagmatisme は遷延されるのである[7]．われわれは，A を理解するためには B を説明しなければならず，B を理解するためには C を説明しなければならず，というようにして無限に先送りされる不安に駆られる．しかしこの徹底した遷延によってこそ Herodotos の言いたいことが初めて浮かび上がるのである．否，遷延にこそ言いたいことを看て取ることができる．何故ならばパラデイクマはディアレクティカから完璧に退避してしまう．だからどうだと特定の結論を押しつけることから無限大に遠くなる[8]．運動の連続による防止と同じように作用し，かつ遥かに効果的に，思考様式自体によって，効果が保障される．

〔3・2・2・1〕　éd. Legrand, Paris, 1970 (1932).

〔3・2・2・2〕　（Pindaros に対してしたのと同様に）ここから Homeros に短絡するのは G. Nagy, Herodotus the *logios, Arethusa*, 20, 1987, p. 175ff. であり，早速 Hartog, *Le miroir*, p. VIsqq. によって修正されている．

〔3・2・2・3〕　Herodotos における "historical causation" は学説上大きな論点の一つであるが，既に

H. R. Immerwahr, Aspects of historical causation in Herodotus, *TAPA*, 87, 1956, p. 241ff. が, Herodotos を "a mere reporter of traditions" とする見方を斥けて, "some kind of a rational system for the connection of events" を追求した人物として描く. そして Herodotos は Thoukydides とは異なって, むしろ単純かつ緩やかに "complex relatedness" を捉えてその多様性と個性を描いた, とする. 同様に, J. de Romilly, La vengeance comme explication historique dans l'œuvre d' Hérodote, *REG*, 84, 1971, p. 314sqq. も, causalité の多元性多層性を論証する. しかもこれが叙事詩の伝統を受け継ぐものであるとする. 但し, 因果連鎖は一旦思考をそこから脱却させるべき克服対象であったこと, Homeros はむしろ切断の側に立ち Herodotos は極めて意識的に新たな因果連関を追求したこと, これの継続であるように見える部分は一面で基本のディアレクティカの作用であり他面で別のコントラスト (反 Parmenides) の所産であること, に留意する必要がある.

〔3・2・2・4〕 S. Benardete, *Herodotean Inquiries*, The Hague, 1969, p. 212f. はこのパッセージを "deceptive" であるという. 何故ならばここでは "political greatness" の観点に立つことが宣言されているのに, 彼が作品で追求したことは, この観点を "the divine" と "the subpolitical" の両側から批判することであったからである (これが作品の統一性を把握させにくくした), というのである. Herodotos の思考の始点と終点を良く直感したものであるが, このパッセージにおける第一次的な遷延と, 長い手続の最後に控える社会構造と, の間の頑丈に組み立てられた認識手続を十分には追跡しない.

〔3・2・2・5〕 P. Payen, *Les îles nomades. Conquérir et résister dans L'Enquête d'Hérodote*, Paris, 1997 は, かくして, 作品全体を貫く隠れた "l'intrigue" を摘出して見せるという野心を披露する. Homeros 風 *ainos* や Pindaros 風 *logos* といった "paradigme" (p. 73) が鏤められているように見えて, 実は全て大きな筋書へと迂回されていく, という観察 (p. 62sqq.) はその通りであるが, syntagmatisme の回復の背景に東方の君主伝を見る (p. 49sqq.) とすれば, syntagmatique な連関の意義についての混乱を予感させる.

〔3・2・2・6〕 学説上論争の焦点となっている作品の統一性の問題は, 厳密にはこの二重構造の問題である. そもそも問題は幾つにも分解できる. "digression" 一般は syntagmatisme の遷延の帰結であり, これを思考の或る種の未発達や作品形成の問題に還元したり, 逆に強引に統一的な叙述方法や認識手続や理念に還元したり, することは誤りである. 中でも最大の "digression" たるのは, エジプト経由で第五巻に至る, 作品の構造を決定付けるそれであるが, これは小さな遷延も大きな遷延も常に二重構造を持つことの帰結である. これが Hekataios との特定的な差違である. 「歴史学の父」たる顔と「社会人類学の祖」たる顔の二重性は, この極めて意識的な「遷延の二重構造」のコロラリーでもある. つまり方法が使い分けられるのである. イオニアの地誌学と民俗学はその下段に滑り込む. Fornara, *An Interpretative Essay* のようにこちらの方を過渡期として (I 巻と) VII 巻以降に完成型を見る, そしてもっぱら後者から Herodotos の思想を抽出しようとする (cf. Id., *The Nature of History*, p. 29ff.), のは不適切である. Jacoby が丹念に Hekataios に負う部分を追跡したのとはまた別個のことになってしまう.

〔3・2・2・7〕 syntagmatisme からその基準へいきなり行くのでなく, 基準が出て来そうなところ

で再び syntagmatisme が折れ曲がるように始まる，のが Hekataios との決定的な差違である．

〔3·2·2·8〕 Fornara, *An Interpretative Essay* のように十分に慎重ではあっても，Herodotos の作品の意図が Athenai のデモクラシーの弁証に存する，という読み方は，VII-IX の読後感故にか，依然根強い．Hekataios を含む先行世代に対して，或いは同世代に対してすら，Herodotos を際立たせる (cf. Dion. Hal. *Thouk.* V, 1 ; R. L. Fowler, Herodotus and his contemporaries, *JHS*, 116, 1996, p. 62ff.) 要因を特定テーマの措定であるとすれば，Thoukydides に短絡させてしまうことになる．syntagmatisme が二重構造を持ち一点で折れ曲がる，ことのコロラリーとして鋭い焦点が作品に形成されるにとどまる．そのときに Herodotos が Hekataios-Themistokles の思考の遺産を意識したが故にまさにこの特定の素材を使った，ということはまた別のことである．

3·2·3

発端は Kroisos が Ionia の諸都市を屈服させたことである．しかし何故そういうことになったか．Lydia の王統誌が辿られる (I, 6ff.)．しかしそれだけではペルシャ戦争には至らない．Kroisos がペルシャと戦争をしなければならない (syntagmatisme は内側へ分節される)．この時彼はギリシャ本土に同盟を求める．Sparta が選ばれるが，しかし何故 Sparta だったのか (56ff.)．Herodotos は Athenai と Sparta の当時の状況の比較を延々と行う．この部分の syntagmatisme は二股に分岐し，次には何故 Kroisos はペルシャと戦わねばならなかったかという説明が続き延々と展開される (71ff.)．このためには Lydia-Media 関係史を遡らねばならず，これを裏付けるように Lydia の地誌について述べなければならない (Hekataios の動機)．しかしこれだけでは不十分で，他方ペルシャにおける Kyros の台頭を説明しなければならない (95ff.)．この部分は壮大である．まず Media の台頭，Kyros の誕生，Kyros のクーデタ，ペルシャの地誌．これでやっと Kroisos と Kyros の確執が説明される．やっと Lydia の首都 Sardis を征服した Kyros に「画面」が戻る．するとここへ Ionia から使節がやって来て，Kroisos に対すると同じ条件での服属を希望する．こうして場面が一こま進んだと思った途端[1] Ionia 史へと syntagmatique な連関がずれる (141ff.)．ここからわざわざ Kyros の他地域征服へと折れ曲がっていく．その関係で Babylon 史 (178ff.)，Babylon の地誌 (192ff.)，Massagetai の話 (201ff.) と連なっていき，続く第二巻では，航路は完全に Ionia を留守にし，Kyros の次の代の Kambyses がエジプトを征服したことから，

ほとんど全巻エジプトに関する総合的記述にあてられる．第三巻[2]は Kambyses のエジプト攻撃に戻るが，直接の syntagmatique な関係抜きに（おそらくは何らかの paradigmatique なあるいは構造的な関係故に）並行する Ionia 史,特に Polykrates, について叙述される（III, 38ff.）．ペルシャの政変，政体論議，そして Dareios 登位，と直進するが，ここで Dareios の貢納体制およびペルシャの地誌へとそれる（89ff.）．Polykrates とペルシャの絡み（120ff.）は 38ff. の伏線を理解させるが，Dareios の Samos 征服とその "αἰτίη" (138ff.) に小規模なループを描いた後，Babylon 鎮圧（150ff.）に頁を割き，そしていよいよ第四巻を Herodotos はほぼ全面的に Dareios と Skythai の戦いにあてる．末尾に北アフリカに関する「側溝」が置かれるのみである（144ff.）．こうした Dareios の後背地侵略のためにその後方支援の陣営として Ionia 諸都市が動員されている，そうした図から始まる第五巻に至って初めてペルシャ戦争の「通常の発端」，Ionia の対ペルシャ蜂起，へとわれわれは導かれるのである．ほとんど Skythai の戦術のようなこの執拗な遷延ないし先送り[3]，にしかしわれわれが毒される頃，われわれの観念構造の中には既に重要な屈折体が装備されているのである．

[3・2・3・1] H. R. Immerwahr, *Form and Thought in Herodotus*, Atlanta, 1986, "parataxis" と "antithesis" を対置した後 "the paratactic style" を確認し "the relative lack of antithesis" に驚く (p. 50) が，その "discontituity" 効果の目指すところは遷延である．Immerwahr はどのように遷延されても基本線にまた戻る叙述の構造を執拗に追求する．

[3・2・3・2] éd. Legrand, Paris, 1967 (1939).

[3・2・3・3] syntagmatisme の基本パラデイクマを「君主伝」に置く Payen, *Les iles nomades* は，作品全体を，*res gestae* の直進とそれをはばむ digression と捉えることになる．これがちょうど征服と挫折・抵抗に対応し，Herodotos の反専制観念を自ずから表現する (cf. p. 114), 習俗 (p. 100sqq.) や *thomasia/altérité* (p. 116sqq.) に長々と佇むのも抵抗の証である，というのである．征服の無分節傾向 (p. 135sqq.) と抵抗の枝分節 ("l'insularité" : p. 281sqq.) を見逃さないが，ギリシャの「抵抗」の特殊性は霧散し (p. 181sqq.), Herodotos が社会構造の偏差の極めて多くの局面を描き出す様を視野に入れない．Payen は結局，syntagmatisme が遠く〈二重分節〉に関係していることに関わる Herodotos の叙述の効果（ヴァージョン屈折の作用）に反応し，無分節に対する枝分節の抵抗を連想しているのである．もちろん Herodotos 自身は両者のディアクロニクな関係と差違に敏感である．

3·3　syntagmatisme の手続的保障

3·3·0

パラデイクマの syntagmatique な延長はしかし何によって支えられているのか．長大かつ複雑な syntagmatisme はもちろん〈批判〉に耐えるものでなければならない．その保障はあるのか．

そもそも Hekataios において，政治的決定における相手の提案 P2 の論拠 P1 に Q1 を対置するのでなく P1 自体を崩すことが行われた．このとき P1 は P1s—P1t のように syntagmatique に〈分節〉され，その syntagmatique な連関が攻撃されたのである．反射的に P2t を得るのならば Q1s—P1t によらねばならない，と Q2 が提案される，というディアレクティカである．P1s—P1t を崩すときに論拠 S が大きく作用する．これは厳密な意味の自然学的地理学的地誌的認識である．ここに syntagmatisme の全理論的考察が投入されることになる．

3·3·1

Herodotos は長大な syntagmatisme の論拠をいちいち明示することはない．おそらくディアレクティカからの退避，言わば「文学的意識」がそうさせると思われる．既にその syntagmatisme 自身によって社会構造に直接働きかけるつもりである．〈批判〉によって（決して結論を直接指示しはしないが）論拠としてならば採用しうる種類のパラデイクマを確定するのではあるが，われわれは決して刑事裁判のただ中にあるのではない，というのが Herodotos の考えであったと思われる．

それでも彼は時として論拠を示す．それには様々な理由があるが，そこに必ず現れるのは，誰かがそのように言っている，そのように言われている，という事実である．たとえば Lydia の君主 Alyattes と Miletos との間のやりとりにつき，Herodotos はまず（当時の外交の仲介者たる）Delphoi で取材したことを書く（I, 20: *"Δελφῶν οἶδα ἐγὼ οὕτω ἀκούσας γενέσθαι."*）．しかしこれにとどまらず Miletos 側からも取材していて，大きく食い違わなかったのか，若干のことを付け加えるにとどめる（*"Μιλήσιοι δὲ τάδε προστιθεῖσι."*）．ところがこの部分については Delphoi で裏付けられなかったのか，「以上が Miletos の

人々が言うことであるが——」("*Μιλήσιοι μέν νυν οὕτω λέγουσι γενέσθαι*") と念を押してから先へ進む．Delphoi と Miletos の間の（何らかの意味で有意味と考えられた）このわずかな差違がほころびとなって，われわれは向こう側にHerodotos の作業を覗き見ることができるのである．かくして淡々と叙述が続く部分でも確実に同じ作業が行われていると推定される．その作業とは，出来事の経過につき現に言われていることを可能な限り複数確認して突き合わせる，というものである．

Kroisos が Sparta に助力を求めた理由として Sparta の政治システムの安定を言うべく Lykourgos に触れる；そのときに Delphoi の神託を Herodotos は引くが，しかし，「或る者達はその上」その神託には政治システムそのものの内容が指示されていた「と言う」(I, 65, 4: "*Οἱ μὲν δή τινες πρὸς τούτοισι λέγουσι*") が，「他方 Sparta の人々自身は」Kreta から制度を輸入した「と言う」("*ὡς δ' αὐτοὶ Λακεδαιμόνιοι λέγουσι*")，と並記する．

Kyros に屈服する直前 Priene の Bias という者がサルディニアに汎 Ionia 都市を建設して自由を得るという提案をしたという叙述については，Herodotos はそのような「説（があるの）を私は把握した」(I, 170, 1: "*πυνθάνομαι γνώμην*") と断る．これに加えてそれがさらにそれ以前に Thales が汎 Ionia 都市の建設を構想したことの系譜を引くものであることが示唆される．

かくして Herodotos にとって syntagmatisme を保障するのは以上のような種類の確認である．つまりそこに確実に一つのパラデイクマが有ることの確認である[1]．パラデイクマが生きているということは人々がそのように言っているということである．〈批判〉のまず第一歩は，パラデイクマの内容の吟味にではなく，確かにそうしたパラデイクマが存在しているということを吟味する手続に，存するということになる．

〔3・3・1・1〕 再確認すれば，Herodotos とてディアレクティカの一ジャンルに挑戦しているのであるから，基本は Homeros において見たような paradigmatique な操作である．全叙述は既存のパラデイクマを解釈して加工したものである．そしてその素材は普通明示されない．この意味で，A. Corcella, *Erodoto e l'analogia*, Palermo, 1984 が，「アナロジー」の存在が直ちに歴史学的認識の質を疑わせるものではなく，実は様々に高度な paradigmatique な操作がそこに潜んでいることを弁証した（V. p. 68ss.），のは重要である．しかし paradigmatique な操作の前にさらに前提的な手続が置かれ，syntagmatique な迂回が大きく立ちはだかるのである．だか

らこそ，Corcella が追い求めるアナロジーは，これらの手続を大きく飛び越さざるをえない後述の人類学的部分に集中することになる．つまりこの角度からは Herodotos の作業全体の意味は捉ええないということになる．

3·3·2

しかしパラデイクマの存在自体[1]，単純な事実ではない．そうした中で，ヴァージョン間に熾烈な対抗関係が有る場合，Herodotos の syntagmatisme は好んでそこに向かう．Samos の *tyrannos* であった Polykrates が反対派貴族を抹殺すべくペルシャに対エジプト遠征軍への召集命令を出させ彼らを戦地に送った，という事件の結末について，一方の説は (III, 45, 1: "*Οἱ μὲν δὴ λέγουσι*") 彼らは途中で謀議を成立させエジプトへ行かずに取って返して Polykrates と戦ったと主張し，他方の説は ("*οἱ δὲ λέγουσι*") エジプトからてんでに脱走したと主張する，と Herodotos は書き，どちらとも決めない．そうしてとにかく彼らが Polykrates と海上で対峙したという点については認めてそのように記す．ところがこの対抗の延長線上に「亡命貴族が Polykrates を打ち破った」という説 ("*Εἰσὶ δὲ οἵ λέγουσι*") が現れるや，ならばどうして彼らが Sparta に亡命して助けを乞うたのか，と問うてこれを斥ける ("*λέγοντες ἐμοὶ δοκέειν οὐκ ὀρθῶς*")．しかしこのようにして自ずから（syntagmatisme による）前提的批判の本体に立ち入ってしまうことになる．その背景にはもちろん，ここに生きているこのパラデイクマが何らかの意味で重要であるという選別が存在するのである．

その Polykrates の最期に関して，Herodotos は彼を殺害した Oroites の動機について二説を対置する．「多数の者達が言うところによれば以下のような理由に基づくものであったという」(III, 120, 1: "*ὡς μὲν οἱ πλεῦνες λέγουσι, διὰ τοιήνδε τινὰ αἰτίην*")．「しかしヨリ少数の者達は以下のように言う」(121, 1: "*Οἱ δὲ ἐλάσσονες λέγουσι*")．そして二つのヴァージョンのうちどちらを採るかについては読者に任せる．「動機について以上のような二つの説が説かれるが——各人が自分が加担したいと考える方のヴァージョンに説得されればよい」(122, 1: "*Αἰτίαι μὲν δὴ αὗται διφάσιαι λέγονται……πάρεστι δὲ πείθεσθαι ὁκοτέρῃ τις βούλεται αὐτέων*")．

3 隠れた構造の先験的単位

　Ionia の蜂起の発端となる Aristagores の対ペルシャ離反についても二つのヴァージョンが併記される．すなわち，組織・懲戒観の相違からペルシャの将 Megabates との間に亀裂を感じた心理的動機 (V, 33)，およびペルシャの都 Sousa に在った Aristagores の「ボス」Histaios からの秘密指令 (V, 35)，の二つの動機が述べられ，Herodotos はこの二つが競合したと解する (36, 1) が，この辺りの叙述の基軸に使う Hekataios ともまた異なる独立のソースを二つ持っていた可能性がある[2]．いずれも内部組織に絡む心理的要因を語るヴァージョンであるから，極めて狭い特定の圏内から出たのかもしれない．ともかく，これら複数のパラデイクマがそこに生きていたからこそ Herodotos の叙述はそこへ向かうのである．

　V, 55-97 の Athenai 史に関する長大な *excursus* は，複雑な史料構造を持ち，まさにそれに導かれるようにして（のみ）Herodotos が syntagmatisme を辿る，その様が如実である．その最後の比較的長い部分 (79-89) は Aigina と Athenai の古い確執について述べる．飢饉に見舞われた Epidauros が Delphoi に神託を求めると，二人の女神の像を建立して祀るようにとの答えが出る．しかしこれをオリーヴの木で作らねばならない，というので，Epidauros は何らかの理由で Athenai にその木の供給すなわち伐採を求めなければならなかった．Athenai は神聖なこの木の伐採を認める替わりに自分の祭祀のために毎年の寄与を要求する．Epidauros はこれを容れて合意が成立するが，ところが支配下にあった Aigina が離反したばかりか女神像も奪ってしまった．このことにより Epidauros の債務が消滅するかということがまず問題となる．そして Athenai は結局 Aigina に対して女神像の返還を求めるが，Aigina は第三者は無関係であるとして拒絶する．そこで Athenai は自力で「元来は自分に属する木でできた」女神像を取り返す．Athenai 側のヴァージョン (85, 1: "Ἀθηναῖοι μέν νυν λέγουσι") では，少数の者が赴いたにすぎず，女神像がなかなかはずれないので縄をかけて引き倒したら地震が起き，また運んだ者達は気が触れて殺し合い一人しか戻らなかった，とされる．ところが Aigina 側のヴァージョン (86, 1: "Ἀθηναῖοι μέν νυν οὕτω λέγουσι γενέσθαι, Αἰγινῆται δὲ……") では Athenai は大規模な武力行使をしたのであり，ただ Aigina 側が戦わずして屈服したにすぎない．これが圧倒されてのことか計略であったのか，彼らのヴァー

ジョン自体がはっきりしない（86, 2: *"οὐκ ἔχουσι δὲ τοῦτο διασημῆναι ἀτρεκέως"*），と Heordotos は尋問の跡を見せる．いずれにせよしかし実は Aigina のために Argos が武力介入し，上陸した Athenai 軍の退路を断ったのである．そしてそこから一人しか逃れえなかった．この点につき Aigina と Athenai ばかりか Argos のヴァージョンさえ一致する（87, 1 : *"λέγεται μέν νυν ὑπ' Ἀργείων τε καὶ Αἰγινητέων τάδε, ὁμολογέεται δὲ καὶ ὑπ' Ἀθηναίων"*），と Herodotos は述べる．「但し Argos のヴァージョンによれば」（*"πλὴν Ἀργεῖοι μέν λέγουσι"*）逃れたのは自軍からであり，「Athenai のヴァージョンによれば」（*"Ἀθηναῖοι δὲ ......"*）それは神々の力からである，と付け加えられる[3]．

Marathon での勝利の後追撃する Miltiades は怨恨から対ペルシャ協力懲罰の口実で Paros を攻撃する．ここで Herodotos は Miltiades が病を得て不首尾に終わったその理由にあたるエピソードを叙述するが，これについて「ここまでの話は全てのギリシャ人が言うところであるが，以下はただ Paros の人々だけがそのように事が起こったと言うところのことである」（VI, 134, 1: *"ἐς μὲν δὴ τοσοῦτο τοῦ λόγου οἱ πάντες Ἕλληνες λέγουσι, τὸ ἐνθεῦτεν δὲ αὐτοὶ Πάριοι γενέσθαι ὧδε λέγουσι"*）と断って，Paros のトアル神殿の巫女が Miltiades に秘かに与えた攻略法が仇となったことを伝える[4]．Thermopylai の戦いの後，Epialtes の死について Herodotos はそれを採らないにもかかわらず敢えて「別のヴァージョンもまた語られる」（VII, 214, 1: *"ἔστι δὲ ἕτερος λεγόμενος λόγος"*）として異説を伝える[5]．

Sikelia の Gelon がギリシャ側に援軍を送らなかった理由につき，Sparta の指揮下に入るのを嫌ったためという標準ヴァージョンを Herodotos は採用する（VII, 163）が，同時に，カルタゴの脅威に備えるために動けなかったのであるという Sikelia 側のヴァージョンをも紹介する（165, 1）．こちらのヴァージョンには論拠があり，論拠としてサンクロニスムが用いられる．すなわち Salamis と同じ日に Gelon はカルタゴとの決戦に勝利したというのである（166）．しかもカルタゴ側のヴァージョンを Herodotos はコントロールしている（167, 1: *"ἔστι δὲ ὑπ' αὐτῶν Καρχηδονίων ὅδε λόγος λεγόμενος"*）．そのディテイルが Sikelia 側と合致するためか Herodotos はこれに蓋然性を認める（*"οἰκότι χρεωμένων"*）．

3 隠れた構造の先験的単位

　Salamis の海戦の先陣争いに関し Herodotos は Athenai および Aigina および出典不明の三つものヴァージョンを併記する（VIII, 84, 2）[6]．同じく Korinthos 艦隊の行動につき Athenai のヴァージョンを述べておきながら，「以上が Athenai の人々のヴァージョン自体が語る内容であるが，他方しかし Korinthos の人々自身は全くこれに同調しない――そしてギリシャの他の全体はこちらの方を証言する」（VIII, 94, 4："*Τούτους μὲν τοιαύτη φάτις ἔχει ὑπὸ Ἀθηναίων· οὐ μέντοι αὐτοί γε Κορίνθιοι ὁμολογέουσι……μαρτυρέει δέ σφι καὶ ἡ ἄλλη Ἑλλάς.*"）と遠回しに批判する．Plataiai の戦いにおける Sophanes という者の戦功につき，「一対の対抗ヴァージョンが存在する」（IX, 74, 1："*διξοὺς λόγους λεγομένους ἔχει*"）として一方を語った後，「このヴァージョンは以上のようであるが，これに対抗して語られるヴァージョンに従えば話は以下のようになる」（"*Οὗτος μὲν οὕτω λέγεται· ὁ δ' ἕτερος τῶν λόγων τῷ πρότερον λεχθέντι ἀμφισβατέων λέγεται*"）としてもう一方を導入する[7]．

〔3・3・2・1〕　cf. C. Dewald, Narrative surface and authorial voice in Herodotus'Histories, *Arethusa*, 20, 1987, p. 167："an interest in logoi as logoi, that is, as complex objects that might or might not be true," "onlooker," "eyewitness," "critic" 等の資格で「私」が叙述を遮る（近代の歴史学からする）「逸脱」を Dewald はこれによって説明する．もっとも，こうした Herodotos 風洞察こそがまさに近代の歴史学の頂点（われわれの分野では Finley, Momigliano, Lepore, Vidal-Naquet）を形造る．

〔3・3・2・2〕　éd. Legrand, Paris, 1968（1946）．

〔3・3・2・3〕　Herodotos はもちろんこのヴァージョン対抗に Athenai-Aigina 間の社会構造の差違が投影されていると見るからこれを記述するのである．S. Benardete, *Herodotean Inquiries*, p. 147f. は，I-IV で準備された概念装置を使って VI-IX の対象記述がなされる，という彼自身の解釈に従い，V に位置するこのエピソードを，記述対象たる Athenai の体制の前提的部分を基本カテゴリーによって浮き彫りにしたものと解する．つまり宗教的タームと「個人と公共性」のタームの対比であるというのである．むしろ，都市中心の物的装置供給体制を〈二重分節〉的に観念するか旧来のように単に〈分節〉的に観念するかの衝突である．Aigina がデモクラシーに抗する社会であったことについては既に述べた．また Athenai 領域の構造と聖なるオリーヴの木との関係については後述する．

〔3・3・2・4〕　éd. Legrand, Paris, 1963（1948）．

〔3・3・2・5〕　éd. Legrand, Paris, 1963（1951）．

〔3・3・2・6〕　éd. Legrand, Paris, 1973（1953）．

〔3・3・2・7〕　éd. Legrand, Paris, 1968（1954）．

3·3·3

　Argos の対ペルシャ不参戦の理由に関する記述（VII, 148-152）は、Herodotos にとってまず何が syntagmatisme の基本条件であるのかを明確に例解する役割を帯びている。まず語られるのは Argos 自身のヴァージョンであり、「Argos の人々は自分達のもとで生じたことについて以下のように言う」（VII, 148, 2: *"Ἀργεῖοι δὲ λέγουσι τὰ κατ᾽ ἑωυτοὺς γενέσθαι ὧδε"*）で始まり「Argos の人々は以上のように言う」（149, 3: *"Οὕτω δὴ οἱ Ἀργεῖοί φασι"*）で閉じられる。要するに Sparta との衝突ののち手痛い打撃から回復しない状況が参戦を回避させたのである。その趣旨の Delphoi の神託を無視してまで Sparta の派兵要求に応じようとしたが、Sparta が長期の和平も保障せず覇権も譲らなかったので仕方がなかった、というのである。「しかし Argos の人々自身はこのように言うのであるが、ギリシャ世界全体では別のヴァージョンが語られる」（150, 1: *"Αὐτοὶ μὲν Ἀργεῖοι τοσαῦτα τούτων πέρι λέγουσι· ἔστι δὲ ἄλλος λόγος λεγόμενος ἀνὰ τὴν Ἑλλάδα"*）。それによれば Xerxes は「ペルシャ」と Argos の祖 Perseus を引っかけて特別の友好関係を Argos に直接提案したというのである。このヴァージョンについて Herodotos は二回も *"λέγεται"* を使って距離を取って見せる。しかしこちらのヴァージョンには、人々がこれを syntagmatique な連関によって確証しようとしたという paradigmatique な延長が付随している。「ギリシャ人の中の或る者達はまさに以下のような話は以上の話にぴったり合うと言う」（151, 1: *"Συμπεσεῖν δὲ τούτοισι καὶ τόνδε τὸν λόγον λέγουσί τινες Ἑλλήνων"*）と断った上で Herodotos は、年月を経てペルシャに Athenai の外交使節がやってきた時に、同時にやってきた Argos の使節に対するペルシャ側からの特別の恩恵付与が確認された、という話を伝える。

　その上で Herodotos は、連結された後者のヴァージョンについて、本当にそうだったか「厳密に言うことはできない」（152, 1: *"οὐκ ἔχω ἀτρεκέως εἰπεῖν"*）として、「Argos の人々自身が語るヴァージョン以外のヴァージョンは、彼ら自身についてのことであるから、結局私は採らない」（*"οὐδέ τινα γνώμην περὶ αὐτῶν ἀποφαίνομαι ἄλλην γε ἢ τήν περ αὐτοὶ Ἀργεῖοι λέγουσι"*）と結論する。それには理由が付されるが、しかしならば何故信頼できないヴァージョンまで記すのか、という批判を先取りするように、Herodotos は以下のように言う。

3 隠れた構造の先験的単位

「私は言われていることを記すまでである，記すこと全てが完全に信頼しうるというようにするのが私の仕事ではない，この原則は作品全体について妥当する」(152, 3: *"Ἐγὼ δὲ ὀφείλω λέγειν τὰ λεγόμενα, πείθεσθαί γε μὲν οὐ παντάπασιν ὀφείλω*（*καί μοι τοῦτο τὸ ἔπος ἐχέτω ἐς πάντα λόγον*）*"*)．裏を返せば，言われていないことは（史料の無いことは）言わない，がしかしその全てを信ずるというのでは全くない，ということになる．したがって記述されたヴァージョンは全て〈批判〉に耐えたというのでは全くない．とはいえ〈批判〉は行われるから，全く話にならないヴァージョンは姿さえ見せない，と説明するかのように，「というのも以下のようなヴァージョンすらあるのである」(*"ἐπεὶ καὶ ταῦτα λέγεται"*) として Herodotos は，Sparta に報復するために Argos こそはペルシャ軍の出動を求めたのである，というヴァージョンを挙げる．

彼が syntagmatique に叙述を伸ばすときの基準は以上のように定式化されていることになるが，大前提はパラデイクマがあるということである．パラデイクマがあればヴァージョン対抗している．このことを前提に〈批判〉がなされる．したがって，通常対抗ヴァージョンの束を見せることはないが，しかし見せたとしても驚くに足りない．〈批判〉が様々の程度であえてオープンのままに置かれることも（後述の積極的な理由がある場合でなくとも）当然に出てくる[1]．

しかし，すると次の問題は，ならば〈批判〉ないし取捨選択はどのようになされるか，そのクリテリウムである．もう一つは，必ずしも信頼できないヴァージョンがあえて叙述されるとき，やはり固有の理由があるのではないか，ということである．

〔3・3・3・1〕 C. Darbo-Peschanski, *Le discours du particulier. Essai sur l'enquête hérodotéenne*, Paris, 1987 は，折角ヴァージョン並行記述に十分な関心を寄せながら，これをおよそデモクラシー体制の大前提たる百家争鳴に還元してしまった．もちろん，*"γνώμη"* の並立がデモクラシーであるのではなく，議論の或る特定的に複雑な構造がそれに関わる．彼女は，叙述者がソースの影に隠れる（p. 194: "se fond dans le nombre des informateurs"）のは，最終判断を陪審に委ねるデモクラシーの現れで，あらゆる権威付けが拒否されている，とする．かくして同書前半で扱われる〈批判〉の諸局面はもっぱら（詩人と対比された）記述者の脱権威化のためのものとして現れる．遠く政治システム成立以来のディアレクティカの手続のエコーがある

というのであるならば，その通りである．全てが吟味され，全てに距離が取られる．しかし第一に，Herodotosは採集した様々なヴァージョンをそのまま提出するのではない．明らかに意識的に対抗を引き出しているのである．「聞き出す」行為自体これを前提とする．第二に，ヴァージョン並行記述は実は例外であり，それをするときにはHerodotosは正確な意図を有している（V. infra）．しかもその目的は一つでなく，〈批判〉の手続構造における局面に対応して使い分けられる．第三に，これらのことと，Herodotos自体が意識的に「一私人」として立ち現れる（p. 187）こと，はそれぞれ別のことである．後者は，全体がディアレクティカの本体（第二段）から退避していることの帰結である．議論に厳密な基準を設けることは，議論の自由（デモクラシー）と対立するか．そう考えるとすれば極度に純朴であり，実際はその正反対である．Herodotosはその純朴さの安らぎうる港ではない．

3·3·4

こうした問題について考察する前に，パラデイクマの存在自体がsyntagmatismeの前提に置かれるということの若干の帰結について見ることとしよう．

大きな帰結は，如何に信じがたいパラデイクマであったとしても，厳密な〈批判〉が構築できない間は軽々にそれを捨ててはならない，ということである．無批判的な常識で裁断したことになる．Sikeliaに関するexcursusに入ったHeordotosは，Gelonの先祖TelinesがGelaで成功させたクーデタにつき，非軍事的で宗教的なその力の源泉が何であったか「到底自分は言うことができない」（VII, 153, 3: "τοῦτο [δὲ] οὐκ ἔχω εἰπεῖν"）と述べる．こうした場合彼はしばしば"θῶμα"という語を用いる[1]．「そのようなことが生ずるとは，調べれば調べるほど，私には大変な驚きであった」（153, 4: "Θῶμά μοι ὦν καὶ τοῦτο γέγονε πρὸς τὰ πυνθάνομαι"）という彼の表現は，むしろだからこそ調べたというニュアンスさえ伴う．事実，普通の経験則には反するということを彼は意識している．こういうことができるのは余程のvirtùの持ち主であるが，Telinesは凡庸であった，から．

Plataiaiの戦い後，ペルシャ軍兵がDemeterの神殿の杜に何故逃げ込まなかったか，Herodotosにとっては「驚き」である（IX, 65: "Θῶμα δέ μοι......"）[2]．しかしそうであるから仕方がない．高々，Demeter自身に拒絶されたのかもしれないという推測を付け加えることができるのみである（"Δοκέω δέ......"）．

「驚き」が懐疑に接近する場合もある．或る者がギリシャ側に寝返るために長距離を潜水したという説について，「もしこれが本当ならば驚きだ」（VIII, 8,

2: "θωμάζω δέ εἰ τὰ λεγόμενά ἐστι ἀληθέα") と述べ，だからこそどのようにしたかについては「正確には言うことができない」("οὐκ ἔχω εἰπεῖν ἀτρεκέως") のである．そもそも Herodotos は「この男についての伝承の中に多くの偽りを発見する」("Λέγεται μέν νυν καὶ ἄλλα ψευδέσι ἴκελα περὶ τοῦ ἀνδρὸς τούτου")が，しかしそれでもトータルに捨てることをしないのは，「しかし中には正しいものがある」("τὰ δὲ μετεξέτερα ἀληθέα")からである．このように言った後初めて Herodotos は自らの推測をそのモデストな資格においてそっと提示する（"περὶ μέντοι τούτου γνώμη μοι ἀποδεδέχθω"）．

逆に簡単に動機が推測できる場合でも伝承が無い場合には Herodotos は慎重である．Salamis 後の状況で敗残のペルシャ軍を率いる Mardonios は，或る者をして狂ったように四方八方の神託を求めさせる．これについて Herodotos は，何を目的としたか「述べることはできない，何故ならばそれが何かについて語られることがないからである」（VIII, 133: "οὐκ ἔχω φράσαι· οὐ γὰρ ὦν λέγεται·"）と述べる．そうしておいてそっと自らの推測を提示しておくにとどめるのである（"δοκέω δ' ἔγωγε"）．また，Xerxes が動員した陸上部隊の数的構成についても「正確に言うことはできない」（VII, 60, 1: "οὐκ ἔχω εἰπεῖν τὸ ἀτρεκές"）「何故ならば凡そ誰によってもそれについて言われないからである」（"οὐ γὰρ λέγεται πρὸς οὐδαμῶν ἀνθρώπων"）と述べる．Plataiai の後の戦利品の分配についても同様である（IX, 81, 2: "οὐ λέγεται πρὸς οὐδαμῶν"）．

〔3·3·4·1〕 cf. Hartog, Le miroir, p. 243sqq. "la rhétorique de l'altérité," fil conducteur de la digression" と理解するが，この語は人類学的部分にしか登場しないのではない．そちらへ誘うレトリックであるのでもない．もっとも，そこにあるパラデイクマにはそこにある限り敬意を払うからこそ "l'altérité" が理解できる，というのであるならばその通りである．

〔3·3·4·2〕 éd. Legrand, Paris, 1968 (1954).

3·4　手続的クリテリウム

3·4·0

パラデイクマの存在自体が syntagmatisme の必要条件であるとして，ではさて多くのヴァージョンの中から選択がなされる，そのときの基準は何か．イオニアで問題となり，Hekataios が装備を施した，のはまさにこの点であった．

Herodotos はしかし史料とともにこのクリテリウムについても原則として明らかにしない．パラデイクマが syntagmatique に並んでいくばかりである．

しかしそうして並んだパラデイクマの中に，例外的ではあるが，特殊なものが現れることがある．そしてそれが実は一連の叙述の信憑性を担保する役割を担っているのである．つまりヴァージョン選択の論拠となるものが syntagmatique な連関の中に収まっていて叙述が自然とそこへ出てくる，というように仕組まれているのである．

こうしたことが明示されない場合でも，あらゆる点から判断して，Herodotos はヴァージョン選択にあたって或る特殊な形態のパラデイクマへの接続可能性をクリテリウムとしていると思われる．内容の精査による〈批判〉と区別してこれを手続的クリテリウムと呼ぶことができる．

3·4·1

Kroisos が Sparta を同盟の相手として選んだと何故言えるか．Samos の Hera 神殿に現に巨大な壺（"$\kappa\rho\eta\tau\acute{\eta}\rho$"）が有るからである（I, 70）．「有る」と「無い」というカテゴリーは強力である．しかるに何故そこに在るか．Sparta から Kroisos に同盟の証しとして贈られたのである．ここで Herodotos は二つの対抗ヴァージョンを引く．Sparta 側によればそれが Samos によって奪われた，しかし Samos 側によれば Sardis 陥落に間に合わず Sparta の使節が仕方なく Samos に売った，のである．Herodotos の判定は，売った者達が代金着服のため奪われたこととしたのではないかというものである．いずれにしてもこの壺が Hera 神殿に奉納されて今在るという儀礼的同一性，つまり儀礼における絶対的な paradigmatique な一致，に syntagmatisme を繋ぐ，というのが Herodotos の手続である．ここで，政治的決定を経たパラデイクマが現実的に作用して実現している．このような作用とそのパラデイクマが syntagmatique に繋がれているとき，ヨリ正確にはそのようにパラデイクマが分節されているとき，記号があるとわれわれは考えた[1]．確かに壺があるからといって同盟があるとは限らないから厳密には記号ではないが，しかしこの場合同盟が無ければ壺は無いから，それに近いものがある．これは「徴表」である．但しここからの推論には慎重を要し，イオニアや Elea 派の syntagmatisme の基準が絡む．

もちろん徴表の質が問題である．Sparta の同盟決議と Samos の奉納決議は政治的決定という資格において連帯の関係にある．この次元でまずは Herodotos は動き，そしてそこへ叙述を繋げることは読者の興味を端的に引くと彼は考える．壺の引照は決して近代の歴史学者の些末な註ではない．二つのおかしなヴァージョンの引照もこのことと関係する．これらのパラデイクマは syntagmatique な理由付けの位置に在る．そこはヴァージョンが分かれる．しかしともかく壺は在る，そのようにともかく同盟は実在した，のである．これらは理由付けや論拠・正当性を越える政治的決定と同じレヴェルのパラデイクマであるということになる．まさに Parmenides 風に，ヴァージョン対抗を越えて「壺はある」のである．Herodotos の独創は，Parmenides 風を取り入れつつもいちいちパラデイクマを儀礼的に実現させたりせず，syntagmatique に繋ぐ，あるいは syntagmatique に同調させる，方法を用いた点である．

〔3・4・1・1〕 cf. POL I・3・1.

3・4・2

同じ資格において Delphoi の神託がしばしば文字通りに引かれる．外交関係の中で，仲裁におけるように，しかし多様に解釈しうる韻文が謎のように与えられる．これは解釈のヴァージョンを越えている．そして韻文によって儀礼的に確定されている．Herodotos は Kroisos の対 Sparta 接近の理由を示すべく，第一に国制の安定を，第二に近隣に対するその（〈二重分節〉的）ヘゲモニーを，説明する．このとき第一については「Lykourgos に対して与えられた」Delphoi の神託の原文が引かれる（65, 3）．第二については Tegea のために与えられた二つの神託が引かれる．第一の神託（66, 2）の解釈に失敗した Sparta は足枷を持って攻めて行き敗北して逆にはめられてしまう（非〈二重分節〉的ヘゲモニーの否定）．この足枷は Tegea の Athena Alea 神殿に奉納されているのである．第二の神託（67, 4）は Sparta の勝利を指示するものである．先に見た壺と並んで，このような特定の幾つかのパラデイクマをつたうようにして，Herodotos は Kroisos ないし Ionia から Sparta へと syntagmatisme の橋を準備するのである．

Miletos の領域で Lydia の放った火が Athena 神殿に燃え移ったために王の

Alyattes が病に臥したということは，彼がこのため Delphoi の神託を仰ぐも神殿の再建までは神託を発しないと断られた，という Delphoi での証言を Herodotos が直接得て，叙述される (I, 20, 1: *"Δελφῶν οἶδα ἐγὼ οὕτω ἀκούσας γενέσθαι"*). Herodotos はこれを支えとしてさらに一つ Miletos に伝わる付加的なヴァージョンを述べる (*"Μιλήσιοι δὲ τάδε προστιθεῖσι τούτοισι"*). 信憑性の段差が明示されはするが，Delphoi のヴァージョンとの接続によりこの付加的なヴァージョンも相対的に保障されているのである．

ちなみに Herodotos は Delphoi の神託を書かれたテクストとして理解している．Kroisos が Kyros の勃興を知ってありとあらゆる神託を求めた，その帰結につき，他に関しては史料が無い (I, 47, 2: *"οὐ λέγεται πρὸς οὐδαμῶν"*) としながらも Delphoi に関してはテクスト全体を引用し，これを Lydia の使節は「書き写して」(*"συγγραψάμενοι"*) 持ち帰ったとする．但し神託のテクストとて，Knidos に与えられたものを Knidos の人々から聴いたように，伝聞によって引かれる場合もある (I, 174, 5).

Thermopylai で Sparta 軍が単独で戦って全滅した件につき，Herodotos は，協議の結果 Sparta 軍だけが残ったという説 (VII, 219) と Leonidas が自分達だけ残りたかったのであるという説 (220) を挙げた後，後者を支持する；その理由として，まず Delphoi が Sparta に与えた神託を全文引く (220, 4). そればかりか，Akarnania 系 Melampous 族の Megisties という占い師を Leonidas が行かせようとしたところ，Megisties 自身は行こうとはせず（運命を共にし），替わりに息子を行かせた，という事実を Herodotos は「私には出来事の決して無視しえない証拠である」(221: *"Μαρτύριον δέ μοι καὶ τόδε οὐκ ἐλάχιστον τούτου πέρι γέγονε"*) として叙述する．息子の生還，そしてその系譜の存続，という儀礼的パラデイクマの実現そのもの，に繋げることが，syntagmatisme を Sparta 軍の動機へと架橋しうる保障なのである[1].

Salamis 後の Xerxes の退路について，Herodotos は陸路説を採るが，海路説をも叙述する (VIII, 118: *"ἔστι δὲ καὶ ἄλλος ὅδε λόγος λεγόμενος"*). しかしこれを全く信頼できないとする (119, 1). その中に全くありえない話が含まれているということもあるが，何よりも陸路に関して「決定的な証拠が存在する」からである (120, 1: *"Μέγα δὲ καὶ τόδε μαρτύριον"*). それは Abdera を通

ったときに Xerxes がした贈与交換の物的痕跡である．但し Herodotos は Abdera の人々の全ヴァージョンを信ずるわけではないことを明言する（"καί, ὡς αὐτοί λέγουσι Ἀβδηρῖται, λέγοντες ἔμοιγε οὐδαμῶς πιστά"）．その点からしてもやはりこの "μαρτύριον" が決定的であったのである．

〔3・4・2・1〕 政治的決定―単独行動の〈二重分節〉が父子の逆〈二重分節〉に符合する．

3・4・3

Kyros の Sardis 征服後，Kroisos とギリシャ都市の間にあった関係がどのように引き継がれるかは大きな分岐点である．Ionia 諸都市は慌てて Sardis にある Kyros のもとに詣でる（I, 141）．しかし Miletos だけはこれに先立って Kyros へと乗り換えていて，Lydia に対すると同じ服属条件で服属する旨条約が交わされている（141, 4: "ὅρκιον Κῦρος ἐποιήσατο ἐπ' οἷσί περ ὁ Λυδός"）．協議によってパラデイクマを詰める，そして誓約（"ὅρκιον"）で聖化する，批准される，そのような「政治的決定」は当然 syntagmatisme の重要な支柱である．他方，他の Ionia 都市は合意を成立させて Sparta に使節を送る（"ἔδοξε κοινῷ λόγῳ πέμπειν ἀγγέλους"）．ここでもパラデイクマは政治的に詰められて（"κοινῷ λόγῳ"）いる．この部分を補強するように Herodotos はしばしば Ionia 同盟の公式の étiologie に叙述を割く（142f.）．この種の同盟は神殿を中心として誓約と儀礼によって成り立つ．他方 Sparta は Ionia 側の要請を受諾しない（152, 1）．これはもちろん政治的決定である．但し実際には Sparta は小部隊を派遣するのであるが，偵察というその意図につき Herodotos は典拠を持っていない．このことは明記される（「私が推測するに」："ὡς ἐμοὶ δοκέει"）．

3・4・4

このように特定の種類の徴表を syntagmatisme 裏付けのために使うということは，Hekataios のそれに対比して Herodotos が自覚的に追究した或る新しい思考手続の形態を如実に物語っている．Hekataios において P1s―P1t を崩すときそして Q1s―P1t を基礎付けるときに採用された論拠 S は直ちにクリテリウムそのものであった．しかし Herodotos においては，遷延戦術によりそもそもこうした P1 や Q1 への論拠付けが切り捨てられているということを別と

して，Sの位置に置かれるのはまず現にパラデイクマが生きているということ，できれば対抗が存在するということ，そして次には結局特定の種類のパラデイクマに syntagmatique に繋げうるというそのことである．つまり AB の繋がりを問われるとこれらを C に繋いで見せる，そして問われればこれを延々と，どこか確かな点まで，繰り延べるのである．

結果として典型的な叙述は，たとえば Hellespontos までのペルシャ軍の進軍 (VII, 20-44) についてのように，実に淡々としたものになる．その中に，或る工事の動機について憶測して見せる (24, 1) 部分，或る広場での「物証」(26, 3)，そして伝聞たるを明らかにしてコントロールの度合いの低さに注意が向けられる部分 (35, 1)，が鏤められる．また Thermopylai での個々人の行動については，叙述の柱はもちろん墓碑銘であり，テクストそのものが引かれる (VII, 228)[1]．しかし最高の殊勲者とされる者，それに続くとされる者，その他，については自分の評価を述べるのでなく，そのよう言われているそのことを述べる (226, 227, 229……)．そしてその中にときとして自分の評価がはさまれ (229, 2)，そして生還者についての正反対のヴァージョンが記録される (230)．

確かな徴表に繋げることができずに syntagmatisme が袋小路に入るときには，Herodotos ははっきりと判断停止をして標識とする．Salamis での戦いぶりについてこれ以上一人一人について到底「正確には述べることができない」(VIII, 87, 1 : *"οὐκ ἔχω εἰπεῖν ἀτρεκέως"*) としつつ，しかし Artemisia についてだけは詳しく記す．但し，味方の艦にぶつけて追撃の敵を欺くというその行為の相手方が偶然であったのか意図的な選択であったのか，については言うことができないと断る (*"οὐ μέντοι ἔχω γε εἰπεῖν"*)．IX, 8, 2 (*"Οὐδ' ἔχω εἰπεῖν τὸ αἴτιον"*) でも IX, 18, 2 (*"Οὐκ ἔχω δ' ἀτρεκέως εἰπεῖν"*) でも動機について同様の文言が置かれるが，IX, 84 では Mardonios の屍の埋葬につき本格的な *"ἱστορίη"* の挫折が表明される．誰の手によって埋葬されたのか「正確なところを言うことはできない」(*"τὸ ἀτρεκὲς οὐκ ἔχω εἰπεῖν"*)，「あらゆる連中があれやこれやのことを言う多くのヴァージョンを聴いても」(*"πολλοὺς δέ τινας ἤδη καὶ παντοδαποὺς ἤκουσα"*)，それらは Mardonios の息子から報償を貰うためであることを知っている，だから「全く正確な認識には辿り着けない」(*"οὐ

$δύναμαι\ ἀτρεκέως\ πυθέσθαι$"），ただ Ephesos の Dionysophanes は「一定の信憑性を有する」（"$ἔχει\ δέ\ τινα\ φάτιν$"），というのである．"$ἔχει\ δέ\ τινα\ φάτιν$" という表現は，〈批判〉に耐えるかどうかは別としてパラデイクマの「実在」は認めうる，というのであろう．

[3・4・4・1] S. West, Herodotus' epigraphical interests, *CQ*, 35, 1985, p. 278ff. は，Herodotos が碑文史料の使用に消極的で，（碑文が現存する場合，突き合わせると）引用も不正確であるとする．しかし，色彩豊かな oral tradition のみに関心を示した，というのでなく，物的資料を使う位置を良く限定しているのである．

3・5 クリテリウムの新次元

3・5・1

以上のすべてにおいて，Herodotos はイオニア以来の伝統に立ち，そして Elea 派の挑戦を受けて立つ．しかし彼の真の独創は，syntagmatisme の手続的クリテリウムが尽きた，その果てにおいて発揮される．

Kyros によって Paktyes 主導の反乱が制圧されると，Kyme に亡命した Paktyes の引き渡し問題が発生する．Delphoi は引き渡しを進言するが，若干の者達は神殿に身を投げ出した Paktyes の引き渡しに躊躇する．そして Mytilene に移送して責任を逃れることとする．このとき Mytilene は引き渡しに対価を取るつもりであったという．Herodotos はここで「しかしその対価の額については正確に言うことができない，何故ならば結局これは実現しなかったからである」（I, 160, 2："$οὐ\ γὰρ\ ἔχω\ τοῦτό\ γε\ εἰπεῖν\ ἀτρεκέως.\ οὐ\ γὰρ\ ἐτελεώθη·$"）と述べる．Paktyes は結局 Chios に送られ，ここで Athena 神殿から引きずり出されてペルシャ側へ引き渡される．Chios は対価として土地を得るが，そこからの穀物を決して儀礼に用いないタブー（儀礼）が成立したという．この儀礼は Herodotos にとって事態の連関を保障するものであったろう．これは対価を得たことの帰結である．対価の対価である．この見通しを持つ Herodotos は，対価の性質が様々で，この種のものは到底規則的でないことを知っているのである．そこから〈批判〉が生まれる．仮に実現していたら幾らだったかという推量が意味をなさない，という〈批判〉である．したがって実現しなかっ

たことは経験的に確証しえないという実証主義の考えがここにあるのではない.

先に見た Polykrates に対する Samos 貴族達の反乱に関して，複数のヴァージョンがあることを認めながらも，Herodotos は貴族側が勝ったというヴァージョンについては「到底彼らが正しく言っているとは思えない」(III, 45, 3: "λέγοντες ἐμοὶ δοκέειν οὐκ ὀρθῶς") と切り捨てる．その論拠は，だとすれば Sparta へ助けを求めたはずがないという syntagmatique な関連に加えて，双方の軍事力の差である．しかし Herodotos はこの前に，エジプトに遣られる途上反乱したかエジプトに着いてからかというヴァージョン対抗について述べている．次いで「貴族の敗北」対「Samos 上陸＝制圧」というヴァージョン対抗が置かれ，そして彼らが海戦に勝利したものの陸戦では敗れたという解釈が引き出される．その帰結として「貴族勝利」のヴァージョンが〈批判〉されるのであるが，するとヴァージョン対抗の叙述自体単なる syntagmatisme の手続ではない．そこに海と陸のディコトミーが存在するのである．tyrannos が領域を貴族が海を押さえるという基本的な構図からして，貴族が海でも陸でも勝ったのでは社会構造は無視されたことになる．この構造とペルシャ戦争の発端が深く結びついているだけに Herodotos にとって重要な判断基準なのである.

Samos 亡命貴族の要請で Sparta が Samos を攻撃する；そのことの解釈は二つの有力なヴァージョンを持ち，どちらも syntagmatique な関連を指摘する．「Samos の人々が言うには」(47, 1: "ὡς μὲν Σάμιοι λέγουσι") これはかつて Messenia 戦争の時 Samos が Sparta を助けた返礼（旧貴族間連帯）であり，「Sparta の人々が言うには」("ὡς δὲ Λακεδαιμόνιοι λέγουσι") 逆に（先に tyrannis に移行した Samos が貴族間贈与をインターセプトして）奪われた例の壺の報復である．Herodotos は，同時期に奪われたとされるエジプトからの贈与物たる胴当てと同種のものを他で見たとして，このヴァージョンが一応は成り立ちうることを示唆する．そしてここから一転 paradigmatique な飛躍を試みて，Korinthos もやはりかつて Samos から不法を被り，かくして Samos 遠征に大いに寄与したのである，とする (48)．かつて Korinthos の tyrannos であった Periandros は支配下の Korkyra の貴族の若者三百人を Alyattes 治下の Lydia 宮廷に宦官として差し出すべく送り出した．ところが寄港した Samos でこれを知った人々に Artemis 神殿にかくまわれることになり，結局 Perian-

3 隠れた構造の先験的単位

dros の計略は挫折し，若者達は Korkyra に返される．Herodotos はこの事績を称える儀礼が Samos に伝わるのを引く．そしてさらに背景に迫るべく次にでは何故 Korinthos と Korkyra の間の緊張が存在するのかを説明する (50ff.)．Periandros の息子二人が母方の祖父（Epidauros の *tyrannos*）に預けられたとき，この祖父から Periandros 自身が妻即ち息子達の母を殺したことを聞いてしまう．弟の Lykophron は父に反発して結局は Korkyra に追放され，唆したと見られた Epidauros は征服される．しかし兄に能力が無いので年老いた Periandros は弟を呼び戻そうとする．応じない Lykophron を説得するために Korinthos-Korkyra 間で居所を互いに交替しようと提案する．ところが Periandros の Korkyra 降下を嫌った Korkyra の人々によって Lykophron は殺害されてしまう．Periandros はこれに報復したというのである[1]．

Samos ヴァージョンと Sparta ヴァージョンの対抗はパラデイクマのレヴェルで現に存在し syntagmatisme の手続を保障するが，Herodotos はこうした存在自体を受け容れうるその論拠を明らかにする．論拠の位置に置かれるのは，syntagmatique に繋がれ paradigmatique に対抗する一対の〈神話〉的パラデイクマである[2]．例解のために選ばれた場面（座標軸）は Korinthos である．時代が飛び，かつての *tyrannos* である Periandros が登場する．反 *tyrannis* の旧貴族社会 Samos は同じ性格の Korkyra に同情し連帯する．「息子の犠牲」，実質的子殺し，は Samos によって阻止される．丁度その反対に Periandros は息子を殺されているのであるが，それというのも cognatique な関係を破綻させて息子を追放したためである．Korinthos-Korkyra 間すなわち中心—領域間の代謝について成功することがなかったのである．これが父—息子関係の破綻である．繋ごうとして破綻し切ろうとして阻止されたことになる．*tyrannis* の矛盾が応報の形で現わされる．明らかに，ディアレクティカの産物（paradigmatique な対抗）が syntagmatisme によって再編されているのである．さらにその応報がしかし今ディアクロニクに大きく反転した形で現れる．今や逆に Samos に Polykrates という *tyrannos* があり，Korinthos は Korkyra との敵対を続けているが，それはかつてこの島に植民によって *tyrannis* の権力基盤が築かれた (49, 1) からに違いなく，Korinthos は今 *tyrannis* を「卒業」したからこそ同じ動機の Sparta を援護して Polykrates に対抗するのである．同じ対立の

ように見えて実は先後で鏡で映したように逆転しているのである．実は発端 (Samos からの不法) に関してもこれに対し反 tyrannos (＝Samos) であった Sparta と反貴族 (＝Samos) であった Korinthos の意識は鏡に映したように正反対で，しかも両方の応報の関係は「復路」においては競合しているのである．社会構造の落差の問題が潜み[3]，それが二重に入れ替わるため，ディアクロニクに異なる立場の同一視が行われる．その結果 Samos ヴァージョンと Sparta ヴァージョンが共に成り立つ，すなわち立場が入れ替わったとも言えるし古い連帯とも言える，のである．二つのヴァージョンの競合の背後には実は大変に縺れた関係がある．Herodotos が〈批判〉に用いるのはこうした見通しであるということになる．

　そうした見通しは確かにディアクロニクに折り重なった二つの「パラデイクマのヴァージョン対抗」によってしか理解することができない．Herodotos は，ディアクロニクな連帯を syntagmatisme によって明確にしそして保障しよう，〈批判〉に耐えさせよう，というのである．〈批判〉の対象を H (Samos 攻撃) としよう．〈批判〉のためにはまずディアクロニクに遡って Korinthos を巡る伝承の対抗関係 h1 (息子達の救済) ―h2 (息子殺し) に降りなければならない．根底に貴族対 tyrannos があるものとしよう．しかしこれと微妙に異なる hh1 (交換) ―hh2 (奪取) が同時に響かなければ新しい状況たとえばデモクラシー対 tyrannos は理解できないものとしよう．h1―h2 を s1 (貴族の連帯) ―s2 (貴族の追放) という syntagmatique な入れ替わり過程として再構成すると，それはそのまま ss1 (貴族の追放) ―ss2 (tyrannos 打倒) へと回転してくる．Sparta ヴァージョンはヨリ正しいが ss1―ss2 だけに裏付けられたきらいがある．対する Samos ヴァージョンは s1―s2 にとどまっているうらみをもつ．かくして，この H1―H2 はそのまま保存するしかなく，しかも対抗の捻れを例解するためには座標軸として s1―s2 から ss1―ss2 への全延長を持つ，即ち actantiel な軸をなす，Korinthos の登場が不可欠なのである．とりわけ h1―h2 ないし hh1―hh2 が新しく解釈された〈神話〉M2 のように見えたとしても不思議はない．もっぱら社会構造にのみ関わるからである．ところがそれは〈批判〉のクリテリウムなのである．〈神話〉的性質は，パラデイクマの内容によるのでなく，こうした手続内の位置による．逆に言えば，H のレヴェルに〈神話〉が侵入しな

いための装置の一部をなしさえするのである．まして神話を混入させたり脱却していなかったりするのではない．

〔3・5・1・1〕 Chr. Sourvinou-Inwood, "Myth" and history : On Herodotus 3. 48 and 3. 50-53, in : Ead., *Reading Greek Culture. Text and Images, Rituals and Myths*, Oxford, 1991, p. 244ff. は，"father-son hostility" の一ヴァージョン以外のものは読みとれないとし，その交替の失敗，つまり *tyrannis* の短命，がここから言えるだけで，残りは少年通過儀礼である，とする．もとより Herodotos が儀礼を意識していることはそのソースの選び方からして疑いないが，彼はそれにとどまらず儀礼—〈神話〉—「事実に関する言説」各々におけるヴァージョン対抗が一つの共鳴点を持つことを意識しており，Lykophron 問題の存在自体が大きな構造の生成とそれの未完等々のことに関わることを知っているのである．しかも何重かのディアクロニクな識別のもとに．

〔3・5・1・2〕 Darbo-Peschanski, *Le discours du particulier*, p. 48sq., 123sq. は，ここへ来ると "le schéma duel de l'offense et de réparation" というテーマがあるばかりで，作者自身の情報源探求や分析の痕跡は消えてしまう，とするが，この話が叙述全体の中でどの位置に置かれているか，を見る必要がある．

〔3・5・1・3〕 P. Cartledge, Sparta and Samos : a special relationship ?, *CQ*, 32, 1982, p. 243ff. ; Id., Trade and politics revisited, in : P. Garnsey et al., edd., *Trade in the Ancient Economy*, Berkeley, 1983, p. 14f. は，Sparta 軍事介入の動機を「対ペルシャ防衛」や「通商権回復」に求める近代の学説を批判し，貴族間のネットワークで外交が決定されていたのだから "revenge and reciprocity" で理解するのが正しい，と主張する．Hdt. のテクストを文字通りにしか受け止めえなければ却ってその意図を台無しにする．

3・5・2

既に触れた Polykrates の最期に関する二つのヴァージョンの対抗関係が生かされるのも構造的見通しに合致するからである．III, 120 の多数説は Oroites が力を誇示する心理的ドライヴを同僚の挑発によって得たというものである．これに対して III, 121 の少数説は Oroites の使節を Polykrates が無視して侮辱したというものである．他方 Polykrates は Oroites の誘いに乗って出掛けて惨殺される（125）．Polykrates は新たな海上帝国を建設する野望を持っているのにつけ込まれ，偽りの財力を誇示する Oroites の共同事業の提案にまんまと引っかかってしまう（122）．あらゆる忠告をはねつけて突進する Polykrates の心理は，次々と競って高額を賭けて勝負に出る，多くを賭けた方が覇権を握る，potlatch のそれである．そして，ものの見事に客殺しの目に遭うのである．既に Herodotos は貴族達とのコントラストにおいて，Polykrates

の目指す海上交易が古い規則的贈与交換でないことを暗示している．領域の組織改変を基盤とし，船団と財貨を横断的流動的に操作しうる．しかし他面巨大な利得と大きなリスクを伴うものでもある．古い〈分節〉組織流動化まではできても新しい組織原理・モルフォロジーをまだ獲得しえないでいるからである．さて問題はこのことが何と構造的に関連しているかである．首長間の古い贈与交換の失敗が Polykrates と Oroites を potlatch に駆り立てたのか（少数説）．逆にペルシャ軍事組織内の軍事的 potlatch が引き金となって Polykrates の元来の potlatch 体質に火をつけたのか（多数説）．前者によれば海上の交換しか視野に無かったことが致命的ということになり，後者によれば逆に内陸へとペルシャの権力構造に向かって延びる potlatch 連関に無意識のうちに加担した野心が致命的ということになる．Herodotos にとってはどちらも Polykrates の帝国の未熟さを示す点で同等であり，かつどちらも potlatch 連関という syntagmatisme をよく構成し，しかも（海にとどまるべきであったか，否，それが限界だったか，という両面において）相補的に事柄に光をあてるのである．

その Polykrates の死後，Samos では Maiandrios という者が権力を掌握するが，Dareios は真っ先にこの Samos を征服する．その理由 ("διὰ τοιήνδε τινὰ αἰτίην") につき Herodotos は詳しく述べる（III, 139-149）．Samos を追われた Polykrates の兄弟 Syloson はエジプトでまだ一将官たる Dareios に遭遇する．そのマントを Dareios に売ってくれと言われて Syloson はこれを無償で譲る（139）．Dareios の権力掌握後自分の前に現れた Syloson に Dareios は何でも要求するように言う．Syloson は Polykrates 亡き Samos の奪還を望む（140）．ペルシャ軍が進撃すると，Maiandrios が戦わずして Samos を放棄する旨協定が成立する（144）．ところが正気でないとして収監されていた Maiandrios の兄弟 Charileos が出て来て Maiandrios の弱腰をなじり挑発する（145）．かくして Maiandrios は協定にもかかわらず反撃することとし，Charileos と傭兵部隊がペルシャ側を不意討ちして打撃を与える（146）．怒ったペルシャ軍は総攻撃に転じ，報復のため Samos 市民を虐殺する（147）．

Herodotos は Maiandrios が正気とも思えない主戦論を受け容れた（146, 1: "ὑπέλαβε τὸν λόγον"）場面に焦点を絞る．そのように断定しうるのは，Maiandrios に動機があると見ることができるからである．「私が考えるには」

("ὡς μὲν ἐγὼ δοκέω") 勝てると考えるほど気が違ったはずはないから Syloson のことをやっかんで ("φθονήσας") 壊滅した Samos を引き渡してやれと思ったのである，というのである．この「Syloson への羨望」の背後には二重の兄弟関係が置かれている．まず (Polykrates の) *tyrannis* が「兄弟の排除」と捉えられる．これに syntagmatique に結合した (Syloson-Dareios 間の) 二つの無償性が創り出す絆が対置される．Maiandrios は *tyrannis* を克服してデモクラシーへの道を行く振りをする (142)．しかしこれは虚偽で，限界を露呈した Maiandrios は奸計を使って貴族達を次々に収監する (143)．これは兄弟の関係の拒否にあたる．Maiandrios の別の兄弟が Maiandrios 衰弱の時これを死んだとみなして獄中の貴族達を殺したということさえある．Maiandrios は Charileos を排除することもしている．「皆を解放し平等にする」という 142 の Maiandrios の政治言語はこうして一見〈神話〉的に見えるエピソードの連鎖によって〈批判〉されるのである．そればかりか Samos の惨劇の責任がこれによって説明される．出て来た Charileos との間の強烈な potlatch 関係が，Polykrates-Syloson 側のそれが手にする「賭け金」との間の「potlatch の potlatch」関係に飛び火する．全財産投げ出しブチマケの挙に出るのである．但し自分だけは秘かに Sparta へ脱出し，そしてそこで贈与の potlatch をふりまき，危険を察知されて追放される．政治外交史に保障を与えるのはこうした道具で例解される *tyrannis* 権力構造への洞察である．とりわけ古い〈分節〉的関係を打ち倒す余り〈二重分節〉を創る方へ転回できない限界である．これが愚かしい惨殺を招いたというのである[1]．

〔3·5·2·1〕 Herodotos が今日の人類学から見て鋭い分析者であることは疑いないが，だからといって，彼がもっぱら "revenge" や "reciprocity" を叙述・分析の道具とした，といった類の (Homeros 等についてもやや流行の) 解釈 (極端な例は J. Gould, *Herodotus*, London, 1989) は，自身のバイアスにのみ関わり，Herodotos には全く関わらない．

3·5·3

Marathon 後ペルシャ艦隊は Sounion を回って先回りし，留守の Athenai 中心を襲う作戦に出る．楯を信号に使ってこの作戦を示唆したのは Alkmeonidai ではないかという嫌疑が持たれる (VI, 115: "αἰτίη ἔσχε")．Herodotos はこの

ヴァージョンに驚きを表明し受け入れを拒否する (121, 1: *"θῶμα δέ μοι καὶ οὐκ ἐνδέκομαι τὸν λόγον"*). Herodotos はパラデイクマのこの前提的排除を理由付けるために以下 121-131 の全体を費やす．意図的なレヴィジオニスムを予め掃き出すための〈批判〉の手続である[1]．

　もちろん Alkmeonidai こそは最も一貫して反 *tyrannis* の立場を保持してきたということがある (121)．最後の *tyrannos* たる Hippias はペルシャに亡命しているのである．だからこそ「驚くべきこの濡れ衣は到底受け容れられない」(123, 1: *"Θῶμα ὦν μοι καὶ οὐ προσίεμαι τὴν διαβολήν"*) のであるが，まず「私の判定するところ」(123, 2: *"ὡς ἐγὼ κρίνω"*) Peisistratidai 追放の最大の功労者は，きっかけのクーデタの首謀者でなく，Sparta 軍を動かすなど外交工作に成功した Alkmeonidai である．確かに民衆への反感から祖国を裏切ったということがありうるかもしれない (124, 1)．しかし彼ら以上に正統的な (*"δοκιμώτεροι"*) Athenai 市民は無いから，裏切ったというのは「全くパラデイクマが繋がらない」(124, 2: *"οὕτω οὐδὲ λόγος αἱρέει"*)．もっとも楯のエピソードは動かない (*"καὶ τοῦτο οὐκ ἔστι ἄλλως εἰπεῖν"*)．しかし誰がならばシグナルを送ったか，「私は先に述べた以上は言うことができない」(*"οὐκ ἔχω προσωτέρω εἰπεῖν τούτων"*)．

　125 以下 Herodotos は Alkmeonidai の構造的位置付けにかかる．まず Alkmeon が Delphoi での外交的影響力を背景に Kroisos との交易に成功し莫大な利益を獲得した名門であることを示唆した (125) 後，主として Sikyon の Kleisthenes が娘の婚姻の相手を決めるために催した大コンクールについて叙述する (126-130)．これに勝利した Alkmeon の息子 Megakles の息子こそは Athenai にデモクラシーを築いた Kleisthenes である (131)．つまり Herodotos が〈批判〉の根底に置いたのは極めて特定されたジェネアロジーであるということになる．そうしたジェネアロジーを備えているからこそ Alkmeonidai はデモクラシーを裏切りえない，と言っているのである．われわれは Herodotos が Periandros の息子と母方の祖父の結末を強調するのを見た．Samos の *tyrannis* 権力の基盤脆弱性がジェネアロジクな欠落によって例解されるのを見た．これはまた外交的未熟の原因ともみなされていた．これに対して (孫の) Kleisthenes はジェネアロジクな観点からして完璧に〈二重分節〉の構造を備

3 隠れた構造の先験的単位

えているのである．部族起源神話を下敷きに，しかし競って自由に tyrannos の基盤を分け取る，その単位がもう一度その基盤から独立して戻ってくる——．ここでも Herodotos ははっきりと社会構造に関する見通しを〈批判〉の根拠としているのである．

〔3・5・3・1〕〈批判〉こそが却って逆に他方で単純な「Athenai デモクラシー礼賛者」たることから免れさせる．cf. Fornara, *An Interpretative Essay*, p. 57f.

3・5・4

かくして syntagmatisme は出来事の解釈に懸かってくることになる．Herodotos は Delphoi の神託に絶大の信頼を寄せるが，それも神託の正しい構造的な解釈が保障される限りのことである．

「ここでどうしても多くの人々にとって不快なパラデイクマの syntagmatique な連関を示さなければならない，不快であっても，私には真実と思えるから，控えることはできない」(VII, 139, 1: *"Ἐνθαῦτα ἀναγκαίῃ ἐξέργομαι γνώμην ἀποδέξασθαι ἐπίφθονον μὲν πρὸς τῶν πλεόνων ἀνθρώπων, ὅμως δέ, τῇ γέ μοι φαίνεται εἶναι ἀληθές, οὐκ ἐπισχήσω."*) と突然切り出した Herodotos は，もし Athenai が Xerxes に対して領域を放棄しての海上作戦を採らなかったならばギリシャは壊滅していたであろう，という見解を述べる．どんなに Peloponnesos の諸都市が城壁を固めても，海上を押さえられていれば一つ一つ陥落していったであろう，というのである．Hekataios に範を仰ぐ Herodotos の構造的見通しであるが，そう言っておいて運命の分かれ目となった Delphoi の神託の解釈を巡る Athenai での論戦を Herodotos は伝える．それを可能にした社会構造がそこにあった，だからそう解釈されるという出来事が確かにあった，そうして出来事を決定付けた，という〈批判〉である，と同時に自分の方法の位置づけである．

第一の神託は明確に「頭」と「体」の両方を完璧に失うことを指示する (140, 2: *"Οὔτε γὰρ ἡ κεφαλὴ μένει ἔμπεδον οὔτε τὸ σῶμα"*)．領域を放棄してアクロポリスに立て籠もる戦術は通用しないのである．気力も失せた使節にアドヴァイスがあって彼らは今度はオリーヴの枝を持って祈願する．すると「木の城壁」だけが救われる (*"τεῖχος ξύλινον"*) という神託が出てくる (141)．使

節が書き写して持って帰ると，解釈は二つに分かれる（142）．一方はアクロポリスの神殿がかつては木でできていたのでこれを指示していると見る．他方は「木の城壁」は船のことであるとする．しかし神託のテクストに「おお聖なる Salamis よ，汝は女達の息子達を滅ぼす」（"ὦ θείη Σαλαμίς, ἀπολεῖς δὲ σὺ τέκνα γυναικῶν"）とあることから，海戦派に不利となる．事実，記号の専門家達はアクロポリス派に軍配を挙げる．ところがここで Themistokles が立って，見事なテクスト解釈を披露し，論争は別の形で決着する（143）．テクストには「おお聖なる Salamis よ」（"ὦ θείη Σαλαμίς"）とあり，決して「おお災いなる Salamis よ」（"ὦ σχετλίη Σαλαμίς"）とはなっていない，決して Salamis を呪っていない，というのである．文言についての厳密な思考は元来政治システム存在それ自体のコロラリーである．ここではこれに新しい着眼が加わっている．「木の城壁」は Salamis に先送りされ，Salamis に関する付加的文言が全体の解釈の決め手となったのである．謎を丸ごと解釈してみせる paradigmatique な思考に一段洗練を加えるこの philologisme に Herodotos は重要な意義を認めたのである．しかし Herodotos は，言語に対する感覚の優れたディアレクティカの華のようなこの解釈とて突然現れたのではないことを強調する．次の 144 は事実 Themistokles がそれ以前に財政を建艦に集中させたことを物語る．これを前提とした上での，政治手続の（記号操作に対する）勝利である，それがデモクラシーである，というのである．

3・6　社会構造それ自体の探求

3・6・1

Herodotos が〈批判〉に社会構造を用いたことについては以上のように疑問の余地が無いが，しばしばわれわれは，叙述の形式はともかく，その隠れた目的が端的に社会構造の探求に存するのではないかとの印象を与えられる箇所に遭遇する．

彼がペルシャ戦争の起源という標柱を Kroisos に立てるとき，この平行移動は実はディアレクティカからの退避ばかりか「神話的＝paradigmatique」な思考の切断をも意味した，のはもちろんである．作品は発端・原因につきペルシ

ャの「識者達」(I, 1, 1: *"οἱ λόγιοι"*) のヴァージョンを延々と叙述することから始まる．ペルシャ側の公式伝承記録を意味するものと思われる．このペルシャ・ヴァージョンによれば，フェニキア人商人が Argos から王 Inachos の娘 Io その他の娘達を連れ去ったこと（*"ἁρπασθῆναι"*）が発端である．Io がエジプトに辿り着いたのはそのようにしてであったという点において「ペルシャのヴァージョンはギリシャのヴァージョンのようではない」(2, 1: *"λέγουσι Πέρσαι, οὐχ ὡς Ἕλληνες"*) のである．つまり Herodotos は，一方でここでは神話と現実のパラデイクマが混同されていること，しかし他方で，ギリシャにとってこの話が〈神話〉として何らか有意味であるが如く，別の意味でペルシャ社会にとって重要であること，の両面を同時に示唆する．さてペルシャ・ヴァージョンはさらに，次にギリシャ側がフェニキアから王の娘を連れ去った（*"ἁρπάσαι"*），とする．ここでも Herodotos は，このギリシャ人が何者か示すことはできないとしつつも，パラレルを考えて Kreta の者達ではなかったかとする．ともかくペルシャ・ヴァージョンはここまでは「一対一」(*"ἴσα πρὸς ἴσα"*) の互角であると考えるが，しかしここからは不法の帰責（*"αἰτίαι τῆς ἀδικίης"*）はギリシャ側に向かう，とする．Kolchis から Medeia を連れ去った（*"ἁρπάσαι"*）からである．ギリシャ側に返還と賠償を求めた使者達は，かつての Argos の一件を理由に拒否されたという．ペルシャ・ヴァージョンは，まさにこれに報復して（*"δι' ἁρπαγῆς"*）Helene を連れ去った（*"ἁρπάσαντος αὐτοῦ"*）のが Priamos の息子 Alexandros (Paris) であったとする (I, 3)．ギリシャ側使節に対して今度は Troia 側が Medeia の件を引いて返還と賠償を拒絶する．ここまでは「互いの連れ去りだけがあった」(4, 1: *"ἁρπαγὰς μούνας εἶναι παρ' ἀλλήλων"*) にすぎなかったが，それ以下のこと（Troia 戦争）についてはギリシャ側に重大な責任がある；何故ならばこのことを理由に戦争を仕掛けたからである．確かに女を「連れ去ること」（*"ἁρπάζειν"*）は不法であるが，しかし「連れ去られて」（*"ἁρπασθεισέων"*）報復するのは正気の沙汰でない；「連れ去られて」（*"ἁρπασθεισέων"*）意に介しないのが賢い；一切その気がなければ「連れ去られない」（*"οὐκ ἂν ἡρπάζοντο"*）からである．Asia では「連れ去られても」（*"ἁρπασθεισέων"*）一切問題としない．Herodotos は，以上のように言うペルシャ・ヴァージョンは結局発端を Troia に求めるものである

と整理した上で，Io に関する限りフェニキアのヴァージョンはこれに「全く同調するわけではない」(4, 1: *"οὐκ ὁμολογέουσι"*)，と対抗ヴァージョンを紹介する．それによれば「連れ去り」(*"ἁρπαγή"*) は無かったのであり，ただ懐妊を秘匿したかった娘が進んで船に乗り込んだのである，と．

作品の冒頭に置かれたこのような叙述が何を目的とするものか[1]，もちろん一見して明白である．これらは単に Herodotos が採らないヴァージョンであるというばかりでなく，自分の方法と正反対の思考様式を最も端的に表現する syntagmatique な関連付けである．第一に批判そのものが無く（ディアレクティカが欠けていて）神話と現実的パラデイクマが連続的相互浸透的に捉えられている．第二にだからこそ応報という原理的パラデイクマを paradigmatique にあてはめて事象を理解し，したがって無媒介に帰責および（攻撃の）正当化になっている．しかも第三に，単純でないことには，Herodotos 自身 syntagmatisme を完成させようとしているのであるから，こうしたヴァージョンの syntagmatique な関連付けは政治の立場から切り捨てるだけでは済まない．その syntagmatique な関連付けは，単にどろどろとした応報の中にあるのでないとしても，よく整理された応酬のプロセスをそのままパラデイクマとして確定するものである．つまり仮に神話そのものでないとしても，イオニア的 syntagmatisme の欠点を共有しているのである．ひょっとするとこの部分はこれに対する皮肉である．Herodotos の syntagmatisme はまさにこうしたずれ込みを完全に遮蔽することを目指すものである．

とはいえ，ならば何故ペルシャ・ヴァージョンはかくもよく分節された形で叙述されるのか．実は Herodotos はこれらのヴァージョンについて決して否定せず態度を留保しているのである．「以上がペルシャの人々そしてフェニキアの人々が言うところである．しかし私はこれらにつき，果たしてそれらがそのように起こったのか，はたまた何らか違うように起こったのか，ということについて追究しようとは思わない．」(5, 3: *"Ταῦτα μέν νυν Πέρσαι τε καὶ Φοίνικες λέγουσι. Ἐγὼ δὲ περὶ μὲν τούτων οὐκ ἔρχομαι ἐρέων ὡς οὕτως ἢ ἄλλως κως ταῦτα ἐγένετο"*)．こういうパラデイクマの存在自体は否定できない．少なくとも一方当事者のペルシャでそれは生きているのである．Herodotos の観察はそこに向けられる[2]．ならば何故このヴァージョンはこのような

形態を取るのか．そこに Herodotos の鋭い解釈が潜む．叙述は "ἁρπαγή" によって構成される．"ἁρπαγή" は交換拒否，ジェネアロジー拒否，婚姻拒否である．もちろんこれはどこにもあるパラデイクマである．初めはその応酬である．それを気にもとめないのがエスカレートさせない所以である．しかし Troia は違った．どこが違ったか．この原理を全面展開して錯綜した関係を根底から切断し政治システムが形成されたのである．否，あまつさえ Medeia のパラデイクマのディアクロニクな共鳴によって〈二重分節〉さえ達成されたのである．これが Asia に大きな不連続線をつくった．その不連続線が，それをまたぐ巨大な軋轢を生ぜしめたのである．向こう側では（表面の覇権とは別個のレヴェルで）それはトラウマを生ぜしめたかもしれない．彼等のヴァージョンを単純かつ屈折したものにしたかもしれない．このジャンルのパラデイクマは確かに批判を経たものではないけれども，しかし丁寧に採集することによってこうした見通しに至ることもできるのである．Herodotos は自分が〈批判〉に使うもの，否，関心を寄せる syntagmatisme の本体，はむしろこれであることをも示唆している．そうでなければ以下の叙述にこうした一見「神話的」なパラデイクマが現れるはずがない．

〔3・6・1・1〕 たとえば Darbo-Peschanski, *Le discours du particulier*, p. 23sqq. に至ってなお「ペルシャ・フェニキア・ヴァージョン」の扱いを「脱神話化」の宣言と解するが，ならば何故長々と再述されるのか，全く説明しえない．この点，既に A. E. Wardman, Herodotus on the cause of the Greco-Persian wars, *AJP*, 82, 1961, p. 133ff. が，"mythical" と "historical" の区別を Herodotos が言おうとしているのではない，と指摘している．むしろ，出来事の連鎖としての "historical" ではなく "political" な causation を提案している，とする．何らか構造的なクリテリウムが目指されているということを Wardman は（明確には意識されていないが）言おうとしていると思われる（de Romilly, *La vengeance*, p. 327ff. が，VII, 8ff. で展開されるペルシャの第二次遠征原因論における第三説が「政治的」性質を帯びる，のを作品後半における「政治分析」増大の嚆矢とする，のも同様の観点に基づくが，ここでも Herodotos は多次元的な syntagmatisme をヴァージョン分岐の形で例解していると解される）．

〔3・6・1・2〕 この点については再び A. E. Wardman の鋭い指摘（Myth in Greek historiography, *Historia*, 9, 1960, p. 403ff.）がある．彼によれば，Thoukydides の批判にもかかわらず，Herodotos にも神話批判が存在するが，それでも Thoukydides が批判するのは，"digression" において神話が意識的に採用されるからである，こうして後に Theopompos によって確立されるスタイルが生まれるが，その "digression" は非常に古い時代につき探究が及ばない場合に現れる——．これ以上に分析が進まないのは明らかに「神話」概念が厳密でないからである．

3·6·2

 Ionia 蜂起に際して Aristagores は Sparta と Athenai に助力を求めるべくそれぞれを歴訪する．まず Sparta では王 Kleomenes を説得することができない (V, 50)．Kleomenes は返事を待たせた挙げ句 Ionia の海岸からペルシャの本拠まで何日かかるかと尋ねる．三ヶ月という答えに Kleomenes は，これは Sparta にとって全くよい話ではないとして要請を斥ける．Herodotos は珍しく自分の評価を述べる．他では十分に賢明な Aristagores も「ここでは誤った，ありのままを言うべきではなかった」("ἐν τούτῳ ἐσφάλη· χρεὸν γάρ μιν μὴ λέγειν τὸ ἐόν") と．「ありのまま」("τὸ ἐόν") は Parmenides の「存在」であり，他方ペルシャの内陸の地誌という Hekataios の主題がここでは鳴り響いている．しかし Herodotos は syntagmatisme とディアレクティカを決して混同しはしない．syntagmatisme はその本来の位置付けに従って追究されなければならないのである．他方 Kleomenes はまさに Hekataios を装備し，なおかつそれに対する〈批判〉を欠かさなかった，からこそ提案されたパラデイクマを斥けることができたのである．Aristagores が今度は Athenai を訪れると民会で同様の説明をする (97, 1: "ἐπὶ τὸν δῆμον……ταὐτὰ ἔλεγε τὰ καὶ ἐν τῇ Σπάρτῃ")．民会は簡単に説得され，結局失敗に終わる派兵を決定する．「一人よりも多数の方が動かすことは簡単であるらしい」("Πολλοὺς γὰρ οἶκε εἶναι εὐπετέστερον διαβάλλειν ἤ ἕνα") というのが Herodotos の皮肉である．事実，政治的決定は〈分節〉の問題であり，大きく岐れて議論をし，最後は評決に付される．しかし〈批判〉はさらにそこから一人一人に岐れたその一人一人が行うものである．つまり〈二重分節〉の観念構造が備わっているかどうかの問題である．(却って conformisme を惹起する) syntagmatisme そのものよりも〈批判〉の手続を重視する Herodotos は，Aristagores の Ionia ないし「多数」より，それを問い直す Elea 派の「一」を選ぶのである．"τὸ ἐόν" をうっかり答えた Aristagores は Ionia を代弁しながら Elea 派に屈した点でも誤った，とも言えるかもしれない．

 しかし以上のような評価はどうして正しいと言えるであろうか．Kleomenes のエピソードが彼の概念装備の徴表であると言える限りでしかそれは正しくない．Kleomenes は〈二重分節〉の観念構造を果たして備えていると言えるの

であろうか．かくして Herodotos はまさにこのことを論証すべく 39-48 の長い *excursus* を置く．上に述べた評価を支えるためにだけ置かれるのであるが，明らかにこれは一つの pretext で彼の真の関心は Sparta 社会の構造変化そのものにある．

　syntagmatisme を基礎付ける社会構造の記述はしかし単純な syntagmatisme の観点からは遂行しえない．こうして Herodotos の叙述は当然に極めてジェネアロジクな性質の強いものになり，また対抗ヴァージョンをそのまま並置するものになる．但し都合のよいことに，Sparta の王家のジェネアロジーは，Sparta の政治システムにとって「二重王制」が儀礼として有する大きな意義からして，〈神話〉として直接社会構造に働きかけながら同時に「syntagmatisme によって追跡可能な現実的パラデイクマ」たる性質を失わない．

　さて，Kleomenes の父 Anaxandrides は親密な関係にある自身の姉妹の娘 (39, 1: "*ἀδελφεῆς ἑωυτοῦ θυγάτηρ*") を妻とし，しかしその間には子が生まれない．このままでは二つの王統のうちの一つが途絶える（政治システムにとって致命的である）と心配した *ephoroi* は別の女と結婚し直すように勧告する．しかし王はこれを拒否する．そこで仕方なく *ephoroi* と評議会はもう一人別の女をも娶るようにと勧告する (40)．これは容れられて二人の妻が同時に立つという異常事態となる．第二の妻はやがて Kleomenes を生むが，ところが第一の妻も続けて Dorieus, Leonides, Kleonbrotos を生むという事態になる (41)．Herodotos は第二の妻のジェネアロジーを明確にする．彼女は Demarmenos の息子の Prinetades の娘である．この女の息子 Kleomenes が最年長ということで王位継承権を持つが，「一説によると」正常でなく，他方 Dorieus は同年代で最も傑出した若者である (42)．自分が劣位に置かれることに憤慨した Dorieus は，Delphoi の神託を仰ぐことなく（国際的な合意無く）また「正規の手続を踏むことも無く」("*οὔτε ποιήσας οὐδὲν τῶν νομιζομένων*") Libya へ植民都市を築くべく出奔する（無方式の軍事化）．しかしあえなく失敗して逃げ戻る．ところがそこで Boiotia の Eleon 出身の Antichares という者が「Laios の神託を出典として」Sikelia の「Herakles が征服した土地」へ植民するように指示する (43)．Eryx の領域が Herakles が征服した土地にあたるというのである．Dorieus は Delphoi での追認を得て出発する．

Herodotos はここで二つのヴァージョンを並記する.「Sybaris の者達によれば」(44, 1: *"ὡς λέγουσι Συβαρῖται"*) まさに自分達の王 Telys のもと隣の Kroton を攻めようとしているところであったが,この Dorieus の部隊が Kroton 側に参戦し自分達は征服された.「このように Sybaris の者達は言うが,Kroton の者達は自分達には如何なる外国人も参戦しなかったと言う」(*"Ταῦτα μέν νυν Συβαρῖται λέγουσι……Κροτονιῆται δὲ οὐδένα σφίσι φασί ξεῖνον……"*).但し Kallies という(記号操作の専門家集団)Iamidai に属する者が Sybaris で仕えていたが,凶兆に接し Kroton 側へ転じた,と言うのである.Herodotos はここで,まさに〈二重分節〉したディアレクティカの論争に相応しく,両説が挙示する証拠を紹介する(45, 1: *"Μαρτύρια δὲ τούτων ἑκάτεροι ἀποδεικνύουσι τάδε"*).Sybaris 側は,征服の結果河が付け替えられ旧河床に Dorieus が奉納した,その神殿の存在を挙げる.さらには「最良の証拠として」(*"μαρτύριον μέγιστον"*),Dorieus 自身が神託に違背し(て許されない所で軍事行動を行っ)た報いによって Sikelia で失敗し倒れた事実を挙げる.これに対して Kroton 側は,Kallies の子孫に特権として与えられた領域の存在を挙げる(Herodotos は自分が居た時にも確かにその子孫が保有していたと注釈を加える).Dorieus が参戦していたならば遥かに大きな土地が与えられていたであろう,と.「これらが両方の側が提出する証拠であるが,誰であろうと自由に自分が説得される方に従えばよい」(*"Ταῦτα μέν νυν ἑκάτεροι αὐτῶν μαρτύρια ἀποφαίνονται· καὶ πάρεστι, ὁκοτέροισί τις πείθεται αὐτῶν, τούτοισι προσχωρέειν"*).このように Herodotos が言うことができるのは,いずれにしても Dorieus の最期について彼が二つの確証を得ているからである.第一は Sikelia で倒れた Sparta の戦士の名であり,また唯一生き残った者が Selinous の援助を得て近くに Heraklea Minoa を建設したという物的事実である(46).第二は,Kroton の若者にしてギリシャ中に美貌で聞こえた Philippos という者が Sybaris の娘と結ばれえないことに絶望し Kyrene 経由で Dorieus の Eryx 遠征に加わった,その痕跡,即ち Eryx=Segesta 側が彼の美貌を惜しんで建てた神殿,の物的存在である(47).

Herodotos は,Dorieus がこうした暴挙に出なかったならば,Kleomenes の治世が短かったのできっと王位に就けたであろう,しかしそうだったからこそ

3 隠れた構造の先験的単位

Aristagores を迎えたのは Kleomenes であり Dorieus でなかったのである, という平凡な結論しか明示しない (48). しかしその間に, Dorieus の精神構造を鏡によって反転させればまさに Kleomenes のそれに行き着くこと, だからこそ後者が〈批判〉を装備しうるのであったこと, が既に見事に例解されているのである[1]. 何故ならば, 第一に Dorieus と異なって Kleomenes は交叉いとこ婚を破る exogamie の産物である. その Dorieus は模範的な古い貴族的なメンタリティーの持ち主である. しかし自己実現を求めて自分を方向付けることが得意でない. 新しい時代に固有の植民都市建設を理解せず, ようやく〈神話〉的パラデイクマを得て辺境にところを得ることにはなる. 部族連合体の内部で Herakles のように cognatique に奉仕する途である. Dorieus は Herakleidai に属する. Homeros のそのまた後景に退くことを意味する. こうした位置付けを Herodotos は二段に分節された論争を Sybaris と Kroton の両ヴァージョンにさせることによって例解する. Kroton による Sybaris 破壊に Dorieus が加わっていればこれは古いタイプの切断すなわち領域形成である; したがって痕跡は高々領域神殿である. これに対して Kroton によれば, Dorieus が加わっていないどころか Iamidai を領域の小さな単位に着地させるほど領域を〈二重分節〉させるのに成功しているのである. Dorieus の問題がここにあるということは, 確かに Sybaris と Kroton にこうした論戦をさせなければ説明できない. ちなみに Herodotos の執筆時点 (5 世紀半ば) においては Sybaris の故地に新たに植民都市 (Thourioi) を建設することが浮上している. Kroton が領域に十分な〈二重分節〉構造を与えるのに成功していない場合にだけ認められるものである. これとディアクロニクに反対の極は Sikelia の Dorieus 部隊が構成する. Boiotia という思わぬ所から出てくる神託が指示するように, そこでは部族連合体を〈二重分節〉に短絡させる途しか現実性が無いのではないか. しかし Philippos のように強く〈二重分節〉を志向して挫折したその屈折もまた, Dorieus の輝く時代錯誤とともに, 空転する以外にないのではないか. Herodotos はいずれにしてもこうした見通しを持って Kleomenes を位置付け, そして Sparta で語られる (49, 1: "ὡς Λακεδαιμόνιοι λέγουσι") Aristagores とのやりとりに信憑性を認めるのである.

〔3・6・2・1〕 こうしたパッセージになると, Herodotos の思想を追跡するアプローチは, 必要な

神話分析の装備を欠いて，混乱せざるをえない（cf. Benardete, *Inquiries*, p. 141f.）. cf. I·2·4；III·1·1·2.

3·6·3

しかし，Sparta の社会構造が或る特定の変化を遂げているかどうかという点に関する Herodotos の関心は，個々の伝承を〈批判〉するための手段たるを大きく越えて，それ自身として追求されるように思われる．というのも Herodotos が Sparta 王家のジェネアロジーに再度大きなスペースを割くからである．ここでも形式上は或る特定の見解の当否を吟味するために長大な syntagmatique な迂回が行われるのであるすぎない．Xerxes の最後通牒に対して多くの都市が寄港・通行権を拒絶するのに対して Aigina はこれを認める．Athenai から通報を得た Kleomenes は Aigina に進攻し責任者を捕縛しようとする（VI, 50）．ところがここで Aigina 側の一人の者から，この実力行使は不当である，「何故ならば Sparta の政治手続抜きになされているからである」(50, 2: *"ἄνευ γάρ μιν Σπαρτιητέων τοῦ κοινοῦ ποιέειν ταῦτα"*)，Athenai に買収されたに違いない，そうでなければもう一人の王と共同でやって来たはずである，との反論を受けて引きさがらざるをえない．かくして Herodotos はどうしても Sparta の「二重王制」の問題に立ち入らざるをえず，事実 Aigina の背後にもう一人の王 Demaretos の影を見る（50, 3）．

Herodotos が第一に着目するのはジェネアロジーの誤差である．この点で Sparta のヴァージョンは「如何なる作者のそれとも合致しない」(52, 1: *"ὁμολογέοντες οὐδενὶ ποιητῇ λέγουσι"*)．Herakles から真っ直ぐに Hyllos を経て Aristodemos に至ると，彼が Sparta の地を征服し，そして双子の子を設ける．人々はどちらを王にするか決めかね，また母親が二人とも王位に就くことを願ってどちらが先に生まれたかを言わないので，Delphoi に神託を求めるが，Delphoi もまた二人を王位に就けるように言い，ただし長子に儀礼上の上位を認めるよう指示する．するとやはり長子がどちらか決めなくてはならず，Messenia の或る者の知恵で母の仕草を観察し，ようやく Eurysthenes が長子と定められる．これがギリシャ人の中で Sparta の人々「だけが語る」(53, 1: *"λέγουσι μοῦνοι"*) ヴァージョンであるが，他方 Herodotos は「ギリシャ人

Hellenes によるヴァージョンを私は記す」("τάδε δὲ κατὰ τὰ λεγόμενα ὑπ' Ἑλλήνων ἐγὼ γράφω") と述べて,「Dories の王」の系譜を Danae の息子 Perseus にまで遡らせる. このヴァージョンは, 神々を除いて確実に Perseus まで数え上げうる ("καταλεγομένους ὀρθῶς") 以上少なくともここからは Hellenes であるとする. Herodotos も, Herakles の父は少なくとも名目上 Amphitryon であるが Perseus の父は同定できず,「したがって正しい論拠によって確実に「Perseus までは」としたのである」("ἤδη ὦν ὀρθῷ λόγῳ χρεωμένῳ μέχρι Περσέος εἴρηταί μοι") と述べる. 但し Danae の父からさらに遡る向きにとっては「Dories の王」の系譜はエジプトに辿り着くであろうと留保する. これがギリシャ版のジェネアロジーである ("γεγενεηλόγηται") が, ペルシャのヴァージョンは Perseus を端的にアッシリア人とする (54). ここでは Herodotos は, Danae の父 Akrisios の先祖はエジプト出身であるという「ギリシャ人のヴァージョン」を差し向ける. そして「さて以上でこの問題に関して言われていることをひとまず言ったこととする. 彼等がエジプト人でありながら何故, またどのような傑出した事績によって, Dories の王国を征服したかについては他の者達によって既に語られているので, これを省くこととしよう. 他の者達が語らないことについて書き留めて置くこととしよう」(55:"Καὶ ταῦτα μέν νυν περὶ τούτων εἰρήσθω· ὅτι δέ, ἐόντες Αἰγύπτιοι, καὶ ὅτι ἀποδεξάμενοι ἔλαβον τὰς Δωριέων βασιληίας, ἄλλοισι γὰρ περὶ αὐτῶν εἴρηται, ἐάσομεν αὐτά· τὰ δὲ ἄλλοι οὐ κατελάβοντο, τούτων μνήμην ποιήσομαι") と独自性を強調する.

しばしば不連続にジグザグを繰り返すこの叙述の意図するところはしかし明白である. Herodotos は明らかに王権のジェネアロジーの多層性を示しておきたいのである. 真の多層性はもちろん各層相互の鋭い対抗関係を保持していなければならない. 現に存在する諸ヴァージョンの対立が最も信頼できる素材である. Sparta 王家の系譜は Herakleidai に遡る. 古い王権直属の軍事集団をそのまま儀礼化して二人の制度的軍指揮官をジェネアロジクに定めたのである (56). 貴族に並びかつその外に立ち, 政治システムの儀礼的側面を一手に引き受ける. Herodotos はこれらの儀礼の「人類学的起源」の分析を欠かさない. そしてこれらの儀礼のためには Herakleidai からの agnatique に直線的な系譜

が適合的である．しかし他方 Sparta といえども政治システムを成立させたときに一旦 Herakles を葬らねばならなかった．儀礼化して残存させたのは全く例外としてであったろう．ところが次の時代に「Herakleidai の帰還」というパラデイクマが席巻する．Herakleidai（子供達！）の追放というパラデイクマを設定した後，その子孫が再征服するというのである．Herakles の再浮上と並行して新しい組織原理を有する軍事組織が新しい領域の構造を基礎として確立される．Herakleidai のパラデイクマと部族神話が習合して Dories という観念が形を取ってくる．Herodotos が Dories と Hellenes を盛んに対置する理由はここに存する．この型の領域再偏への懐疑である．一方で彼が引く「Sparta のヴァージョン」は「Herakleidai の帰還」を欠き一直線である．他方対置される「Hellenes のヴァージョン」こそがかくしてディアクロニクな更新であるように映り，なおかつ「Herakleidai の帰還」にサンクロニクに対抗する．Herodotos は Herakles の生誕のパラデイクマに焦点を置き直し，しかもそれをも Perseus の生誕と二重写しにする．そしてそれ以前には単純な部族神話「A がどこか（たとえばエジプト）から X（たとえば Pelasgoi）の娘のところへやって来た」を置く．A にはエジプトを配し，ペルシャを斥ける．そして AX の系譜に対して超越的な介入があって Perseus のジェネアロジー，即ち Hellenes，がスタートする．Herakles も名目上この系譜に属する．「Dories の侵攻」は大いに中和される．

　では何故 Perseus という少々素朴なヴァージョンが Herodotos にとって必要だったか．Perseus と Danae はわれわれを直ちに Simonides に連れ戻す．母子の小さな単位が〈二重分節〉単位を指し示していた．Herakles が有するジェネアロジクな形態は，「王の妻」に焦点を持つが，しかしこれを誰かの娘と見ることも可能である．しかるに Kleomenes の活動を妨害した Demaretos は如何なるジェネアロジクな形態を有するか．Kleomenes はまさにその形態故に Demaretos の正統性を攻撃し王位を剥奪するのに成功するのである（61ff.）．Demaretos の父 Ariston は二度の婚姻によっても継子を得ることができず，Prokles の系譜に属するこちらの王統も危機に陥る（60）．ところで Ariston の無二の友人は Sparta 随一の美貌を誇る妻を有していたが，Ariston は「互いに好きなものを取り合う」という potlatch に訴えてこの女を獲得する

(62)．この女は幼い頃醜く，Helene 神殿に祈願し奇跡（取り替え）により急に美貌を得たのであった（61）．この女を獲得した Ariston には男子が誕生するが，ところが「月足らず」である（63）．疑念を持たれつつもその男子 Demaretos は順調に成長し王位に就き，Kleomenes の強力なライヴァルとなって熾烈に争う（64）．Kleomenes が今持ち出すのは，まさに Demaretos は Ariston の子ではないのではないかというかつての疑念である．結局 Demaretos は王位を追われる（66）が，このときこれに協力して Prokles の系譜の王位を獲得するのは Leotychides である（65）．Kleomenes の母方でもある Demarmenos の系譜に属する娘を争って Demaretos は結局これを Leotychides から強奪したのである．後年一介の政務官となった Demaretos は Leotychides に侮辱されて母のもとを訪ね，そして真相を聞き出す（68-69）．すると，Demaretos の父は Ariston でも前夫でもなく，*heroon* に祀られる Aristobakos であるというのである．これは完全に Herakles のジェネアロジーと同型である．がしかし母子の親密な場面が強調される反面，ジェネアロジーは徹底的に先送りされる．誰でもない父，母自身も得体の知れない出自である．他方 Kleomenes と Demaretos はそれぞれ Demarmenos の系譜に cognatique に侵入してこれを分割した立場にあることになる．もっとも前者はこれに尽きるが後者はその上に Herakles 型生誕を負っている．したがって二人の王の対立には伝統的なそれを越えるものがあったことになる．しかしそれは二つの平行する王統が〈二重分節〉の形態を獲得する中で初めて互いに絡まりあった，そのときに生じた二つの極の間の対立である．*mutatis mutandis* に，「二重王制」の〈分節〉は対立を経て〈二重分節〉的協働に至る[1]．それは Kleomenes と Demaretos の王位が短命に終わった後にしか起こらない．Leotychides の系譜は再び強度の endogamie に戻り（71），さしあたり Kleomenes は Leotychides を伴って「正規に」Aigina を攻めることができる（73）が，程なく Kleomenes も狂気に襲われ無惨な死を遂げる（75）．「正常化」はその後であると考えられる．Herodotos は以上全ての叙述によって，軍指揮権の問題の背後に Sparta の社会構造の変化があり，変化と復元の問題を分析するタームは結局は対立対抗するジェネアロジーの中に内蔵されているのである，ことを明らかにしたつもりである．彼が豪語するジェネアロジーの全く新しい取り扱い方とは，たと

えば Demaretos のそれに Herakles や Perseus を重ねて見通す，そして公式ヴァージョン（Herakleidai の双生児）に対置してみる，というものである．

Herodotos は Kleomenes からさらに大胆に Argos の社会構造の変化に叙述を飛躍させることによって見通しを補完している（76-83）．Kleomenes の狂気の原因に関する諸説の中で，Herodotos は Argos のヴァージョンについて詳しく述べる．その原因とは，Kleomenes が Argos との戦いに勝利したときに Argos 神殿に逃げ込んだ貴族をおびき出して殺したということである．ところで，敗戦の原因は「女が男に勝ってこれを駆逐する」（"Ἀλλ' ὅταν ἡ θήλεια τὸν ἄρσενα νικήσασα/ἐξελάσῃ"）という Delphoi の神託によって Argos 軍が混乱したことにある（77）．他方，敗戦後貴族の男達が欠乏した結果，奴隷達が指導的地位に就く．しかしやがて成長した息子達がその者達を駆逐し，奴隷達は Tiryns の方に移り，一旦両者に友好関係が成立したが，やがて双方が戦うようになり，ようやく Argos が勝利する（83）．これは，Herodotos 以外のヴァージョンをも参考にしてジェネアロジクなパラデイクマとして表現すれば，要するに貴族の男達が抹殺され endogamie が打ち破られて周辺の分子が貴族の女達とジェネアロジクな関係を結ぶ，しかし周辺に追いやられた息子達が逆襲し，かつての周辺の分子が今また周辺に戻る，というように読み替えることができる[2]．Perseus-Herakles 型ジェネアロジーが一旦は成立したことが暗示されているのである．事実 Herodotos のヴァージョンによっても，「Argos を取る」という神託に従って攻めたもののこれが Argos 神殿の杜の征服にすぎないということが判明したために，Kleomenes は Argos 都市中心を解体せずに撤退するが，買収の嫌疑をかけられたのに対して，彼は「Hera の像が頭からでなく胸からしか火を吹かなかった」と弁明する．Argos の完全制圧でなく構造転換の後押しが結局は Kleomenes の役割であったということになる．

〔3・6・3・1〕　cf. III・4・3・4.
〔3・6・3・2〕　cf. III・1・2・1.

3・6・4

Argos に現れるジェネアロジーは少なくとも一時のギリシャ全体で「Lemnos の女」のパラデイクマとして認識されていたと思われる．Pindaros の

3 隠れた構造の先験的単位

Medeia がこれに触れるのを既にわれわれは見た．Herodotos はこの種の悪行が全て "Λήμνια"（VI, 138, 4）と呼ばれたと述べる．但しディアクロニクに先行するそのパラデイクマとして，「夫殺し」に対して丁度対称的な位置に来る「妻殺し」を見る．Lemnos の人々は Attika の Brauron を急襲して女達を連れ去り，子供達をもうけたが，この子供達が同化せず連帯するので，結局母子もろとも殺した，というのである（138）．Herodotos がこうした伝承に言及するのは，Marathon 後 Miltiades が Lemnos に（対ペルシャ協力の）報復攻撃を加えるからである．しかしこうした敵対の背後に Herodotos はさらに ethnos の問題を見る[1]．Lemnos の人々は Pelasgoi に属し，その Pelasgoi はかつて Attika から Athenai の人々によって駆逐されたのである．Herodotos は「これが正しかったか正しくなかったか，自分は言うことができない，ただ言われていることを甘受するのみである，Hegesandros の息子 Hekataios はその書物の中で「不正に」と言っている」（137, 1: "εἴτε ὦν δὴ δικαίως εἴτε ἀδίκως· τοῦτο γὰρ οὐκ ἔχω φράσαι, πλὴν τὰ λεγόμενα, ὅτι Ἑκαταῖος μὲν ὁ Ἡγησάνδρου ἔφησε ἐν τοῖσι λόγοισι λέγων ἀδίκως·"），つまり Athenai の人々は，城壁を見事に建造した見返りに Pelasgoi に土地を与えたが，そこがまた見事に耕され豊かになったので何らの論拠もなく彼等を追放したとされる，とまず一方のヴァージョンを紹介する．他方 Athenai のヴァージョンでは（"Ὡς δὲ αὐτοὶ Ἀθηναῖοι λέγουσι"），Pelasgoi の側が水を汲みに来る女達を襲い，かつ大規模な襲撃の準備をしたそのところを発見されて優勢な Athenai 軍に追われた，ということになる．ここに走る不連続線が全ての発端であることになる．領域の組織の性格に関わる ethnos の問題への関心は紛れもなく Hekataios の系譜を引くものである．そしてそれはこの種の〈神話〉的伝承を把握する以外に認識の方法が無い．それが少々端的に儀礼化され現実化されるからである．それだけに説明を越えたカテゴリーとして全てに君臨しかねない．

しかし Herodotos の分析は沈着冷静である．Kroisos が同盟者を求めたときに（Hekataios 風の調査によって）見出した（"Ἱστορέων εὕρισκε"）Athenai と Sparta の偏差の根底にも ethnos の問題を見る．しかしそれは結局〈神話〉上「一方は決して外へと移動していかないが，他方は非常に動き回る」（I, 56, 2: "Καὶ τὸ μὲν οὐδαμῇ κω ἐξεχώρησε, τὸ δὲ πολυπλάνητον κάρτα"）という差であ

るというのである．この点，HerodotosはDoriesとIones即ちSpartaとAthenaiの分岐の原型をHellenesとPelasgoiの分岐に見る．動くのは前者で動かないのは後者である．Pelasgoiが分布しているところを少数の者達，Deukalionを始祖とするグループが動く．Hellenosを経てDorosの時にPeloponnesosに入ったというのである．ここで一転このPelasgoiは一体如何なる言語を使用していたかという問題を立てる (57)．「到底厳密に言うことはできない」 ("οὐκ ἔχω ἀτρεκέως εἰπεῖν") と断りつつ，「わずかな徴表から推察されるところを言ってよいのならば」 ("εἰ δὲ χρεόν ἐστι τεκμαιρόμενον λέγειν") と，Herodotosは遠く離れた東西に取り残された言語が類似するのに着目し，Lemnosを初めIoniaのPelasgoi地帯もAthenaiの人々との隣接によって既にギリシャ語を使うことをも考慮に入れ，もう一度「これら全ての徴表から推測することが許されるならば」と断った上で，Pelasgoiはギリシャ語を使わなかったと考える．さらに，「私にとって明白に思えることには」 (58, 1: "ὡς ἐμοὶ καταφαίνεται εἶναι") 初めPelasgoiの海の中の島のように少数派であったHellenesは初めからギリシャ語を使い，そして多くの人々と結合していって大きくなっていた，のに対して「私にそう思える限り」 ("πρὸς ὅ δὴ ὦν ἔμοιγε δοκέει") Pelasgoiはこうした増殖から閉ざされていた，というのである．ここでわれわれはLemnosの問題について十分な説明を得たことになる．ジェネアロジクな閉鎖がしかし皮肉にも "Λήμνια" に反転してたとえばHerakles型のジェネアロジーとともに領域の大きな構造変化を媒介するのである．こうして不連続線は残存していく．しかも閉ざされ方と侵食の仕方に関する偏差を通じてこの不連続線は *mutatis mutandis* にIonesとDoriesの問題にさえ転化する．後にAthenaiとSpartaの領域の性質の差違はギリシャ全体に泥沼の対立をもたらすようになる．こうした見通しを明らかにするときにHerodotosは通常とはsyntagmatismeの手続が異なることを強く意識している．〈神話〉のレヴェルに徴表を探り，そのまま記述するか，一息に直感によって構造に辿り着くか，しかない．盛んに確証の無いことを断る所以である．

〔3・6・4・1〕 cf. C. P. Jones, ἔθνος and γένος in Herodotus, *CQ*, 46, 1996, p. 315ff.

3·7　潜在的ディアレクティカの発掘

3·7·0

　イオニア以来ディアレクティカを二段に分節することが徹底的に追求された，syntagmatisme もそのための長く高い中間障壁を築く試みであった，とすれば，一方で，〈批判〉はディアレクティカを秘かに含意するから，syntagmatisme の徹底は全てのパラデイクマを取り上げさせる．取り上げたパラデイクマのヴァージョン対抗を鋭く識別し選択し確定する．M0—M1—P1（cf. I·2·0, I·2·0·2）の如き手続がここにも存在する．但し他方確定されたパラデイクマが直ちに第二段のディアレクティカ本体において論拠として採用されるということはない．論拠に至るためには大きく syntagmatique に平行移動しなければならない．この懸隔が分節を保障する．そうでなければ〈批判〉も M0→M1 と大差なくなる．Homeros はあらゆるパラデイクマに働きかけて意識の底で人を大きく説得し衝き動かすパラデイクマを精錬してくる．しかし Herodotos は，あらゆるパラデイクマに働きかけはするが，精製されたパラデイクマをステップとしてディアレクティカが大きく弾んでいくということは全くない．高々多くの「根拠の無い」パラデイクマが予め排除されるにとどまる．

　「自然」"φύσις" という概念は，もし本当にイオニアで彼らの書物のタイトルを成したとすれば，第二段のディアレクティカ本体に投入されうるパラデイクマともっぱら syntagmatisme を構成するパラデイクマの区分に関わる．元来 M0 として全てのパラデイクマはディアレクティカの対象となり，これらはとりわけ政治的中心から領域や後背地を眺めたときに目の前に現れてくるものである．"φύσις" に属するパラデイクマはここに起点を持ち，ペルシャの広大な支配域を眺める Hekataios の認識の中でジャンルとして確立される．それらのパラデイクマはその生息地においてディアレクティカが存在していることを予定していない．

　ところが Herodotos は syntagmatisme を手続によって保障しようとするために，一旦ディアレクティカを経たパラデイクマへの syntagmatique な接合をクリテリウムとして用いる．そればかりか，上に見たように，ディアレクティカが増幅したパラデイクマの原ヴァージョン対抗が政治的パラデイクマの底で動

いていることを把握し，これを，syntagmatisme を一貫させるための軸として用いる．ところが，二重のディアレクティカに着目したこうした理論構成にとって致命的であるのは，とりわけ後背地のパラデイクマが一切ディアレクティカを経ていないということである．ここでは syntagmatisme の標柱を立てえないのである．ここでは "φύσις" 一般の概念，すなわちイオニア，に後退するしかないのか．

いずれにしても第一に，Herodotos は間違いなくディアレクティカが存在しない社会に棲息するパラデイクマを好んで取り上げ，そして方法に意識的な落差を付けている．しかも第二に，方法的な落差は決してイオニアへの後退によるものではない．政治的決定と同じレヴェルのパラデイクマへの syntagmatique な接合に特権的な地位を与えながらも，その水面下で動くヴァージョン対抗それ自体に着目した，そのことがむしろ積極的に生かされるのである．

3·7·1

Herodotos の "φύσις" の概念が一層分節していることを示すのは II, 5, 2 である[1]．彼はエジプトの記述に移り，遷延戦術によって（ディアレクティカ本体の）論拠たりうる平面から大きくそれ，平行移動して来ている．そこで，エジプトの「領域」の性質が独特である，すなわち河によってつくりだされるデルタである，ことにつき「領域について彼らが話すことは全く正しいように思われた，というのも何らかの知性の持ち主であれば聞かなくとも見ただけで明白であるからである」("Καὶ εὖ μοι ἐδόκεον λέγειν περὶ τῆς χώρης. Δῆλα γὰρ δὴ καὶ μὴ προακούσαντι, ἰδόντι δέ, ὅστις γε σύνεσιν ἔχει") と述べた後，「これこそがエジプトの領域の "φύσις" である」("Αἰγύπτου γὰρ φύσις ἐστὶ τῆς χώρης τοιήδε") と断言する．

パラデイクマが言語によって分節され様々なヴァージョンが生じている場合，それは話を聞かなければ分からない．しかし「見る」ことに syntagmatisme を接続すれば明証性（"δῆλα"）を獲得しうるパラデイクマも有る，というのである[2]．「見た」というのは一個のパラデイクマの再現を意味している．もちろん「見た」ものは何かというヴァージョン対抗が言語を媒介として新たに生じうるが，逆にそれを遮るように或るヴァージョンがそのまま実現したと認識

されえた場合，これに syntagmatisme の手続の上での特権を与える，というのである．政治的決定に基づく儀礼が確認された場合これへの syntagmatique な接合を syntagmatisme において重視する思考と同様である．しかしそれだけではない．「私は見た」ということはパラデイクマの再現的作用だけを意味しているのではない．一方に或るパラデイクマを厳密に概念したということがあり，他方にそれが実現していると厳密に認識することがある．小さな突き合わせ，批判，の作用が伏在しているのである．その限りでディアレクティカがあるとも言える．しかし第一に二つのパラデイクマの完全な一致だけに関心を有する点，第二に一人で行う（「自分が見た」のでなければ伝聞と同じになる）点，でディアレクティカの程度はゼロに近い．にもかかわらず固いディアレクティカを経たことになるのであるから，大規模なディアレクティカから退避しつつ小さなディアレクティカを経る，という〈批判〉に適する．syntagmatique に平行移動して遠くに標柱を立てるに適する．Herodotos は，全面的なディアレクティカとこのゼロ度のディアレクティカの間を段階的連続的に捉えることを知っている．領域から後背地の問題の最も基底的なところにまでもディアレクティカを認め，そのゼロ度の平面の手続的保障として「私は見た」を置くのである．このときに "$\delta\eta\lambda\alpha$" という平面が分節してそこに現れる．かつての "$\varphi\acute{\upsilon}\sigma\iota\varsigma$" の中に狭義の "$\varphi\acute{\upsilon}\sigma\iota\varsigma$" をこうして区別するに至ったのである．反射的に社会の習俗などは一定程度「自然」から解放されて一定程度のディアレクティカを割り振られることになる．領域はディアレクティカを欠くのではなくなる．しかもそれを直ちに政治的ディアレクティカへと弾ませずに済む．いずれにせよ，そこにディアレクティカの痕跡が認められない場合に Herodotos が叙述の柱とするのはまず「私は見た」に基礎付けられた "$\varphi\acute{\upsilon}\sigma\iota\varsigma$" である．それは Hekataios の系譜を引きつつさらに修正が加えられたものである．

　神官達がデルタはかつて海であったとするのについて「自分自身にもそう見える」(10, 1: "$\dot{\varepsilon}\delta\acute{o}\kappa\varepsilon\varepsilon\ \kappa\alpha\grave{\iota}\ \alpha\dot{\upsilon}\tau\hat{\omega}\ \mu o\iota$") と彼が言うのは，そのように言う彼らを「信ずるし確かにそうだと思うのは」(12, 1: "$\pi\varepsilon\acute{\iota}\theta o\mu\alpha\iota\ \kappa\alpha\grave{\iota}\ \alpha\dot{\upsilon}\tau\grave{o}\varsigma\ o\ddot{\upsilon}\tau\omega\ \kappa\acute{\alpha}\rho\tau\alpha\ \delta o\kappa\acute{\varepsilon}\omega\ \varepsilon\hat{\iota}\nu\alpha\iota$")，内陸に入ったところからも貝殻が出てくるのを「見る」("$\iota\delta\acute{\omega}\nu$") からである．この推論自体はすでにイオニアに存する．しかし Herodotos にとってはこれは〈批判〉の手続的クリテリウムの問題なのである．そ

うすると，神官達自身が同レヴェルの「重大な証拠」(13, 1: *"μέγα τεκμήριον"*) を挙げてくること自体が信頼に値するということになる．

Herodotos は，何故ナイル河が夏に増水するのか非常に知りたいと思い彼らに尋ね回った．「さてその点につきエジプトの人々からは，追究したのではあるが，誰からも如何なる理由も私自身としては摑むことができなかった」(19, 3: *"Τούτων ὦν πέρι οὐδενὸς οὐδὲν οἷός τε ἐγενόμην παραλαβεῖν [παρὰ] τῶν Αἰγυπτίων, ἱστορέων αὐτούς"*)．ところが他方ギリシャ側では人々が競って「三つのヴァージョンを提出している」(20, 1: *"ἔλεξαν τριφασίας ὁδούς"*) のである．そこで Herodotos は，そのうちの二つは記憶に値しないとしつつも，一つ一つ取り上げ検証する．第一説は季節風が吹き戻すというものである．これに対しては同じ方向に流れる（しかも小さく弱い）他の河について同様の現象が認められないことを指摘して斥ける．第二説はぐるりと地を取り囲んで流れる Okeanos にこの現象を帰するものであるが，一層馬鹿げているとする (21)．次に Herodotos は「三つのヴァージョンのうち第三は最も蓋然性に富むだけに最も偽りの度が大きい」(22, 1: *"Ἡ δὲ τρίτη τῶν ὁδῶν πολλὸν ἐπιεικεστάτη ἐοῦσα μάλιστα ἔψευσται"*) と述べて，これを丁寧に反駁する．第三説は夏雪が溶けてナイルが増水するというものであるが，これに対して上流は熱い地域で雪が無いという反対論拠をぶつけ，そして全て自己観測可能な四つの証拠 (*"μαρτύριον"*) を挙げる．上流から吹く熱い風，上流における降水量の少なさ，人々の肌の黒さ，渡り鳥の行動パターン．上流に雪が降るならば「これらのことはありえない，事理が駁するところである」(22, 4: *"ἦν ἄν [τι] τούτων οὐδέν, ὡς ἡ ἀνάγκη ἐλέγχει"*) と Herodotos は結ぶ．そして特に Okeanos 説について「パラデイクマを見えない領分に syntagmatique に繋ぎ，全く証拠を持たない」(23: *"ἐς ἀφανὲς τὸν μῦθον ἀνενείκας οὐκ ἔχει ἔλεγχον"*) と非難し，「Okeanos などという河が有るとは私は全く見たことがない」(*"οὐ γάρ τινα ἔγωγε οἶδα ποταμὸν Ὠκεανὸν ἐόντα"*) ことを理由に，Homeros 等の作者が名を創造して話の中に挿入したのであろう，と述べる．もちろん Herodotos はここで今更神話を実証できないと論駁しているのではない．議論のレヴェルの違いをゼロ度のディアレクティカへの接続が保障するということを誇っているのである．それ自身如何に堅固な理論によって支えられようとも，

syntagmatisme が見えない領分へ "ἐς ἀφανές" 繋がっていれば前提資格を欠き，Parmenides の「存在」要件をクリアできないのである．

かくして（ギリシャに関するのではなくエジプトや Skythai に関する部分では）叙述のこの基軸に関して，Herodotos はどこまでがそれに属するか明示する．つまりゼロ度の延長がどこまでで，またどこから今度は垂直方向に，ヴァージョンが割れうる領分が始まるか，を明らかにする．ナイルを遡る旅によって自然地理を叙述する彼は，ナイルの源流については誰も知らない，唯一 Sais の宝物殿の書記が正確に知っていると言うがこれは法螺である，とした (28) 後，「他の誰からも何も把握することができなかった，しかし，他についてはできる限り把握した．すなわち，Elephantina の都市まで自分の眼で見ながら行ったその限りのこと，そして誰かから伝聞で聴いたことを追究したその限りのこと，である」(29, 1: "Ἄλλου δὲ οὐδενὸς οὐδὲν ἐδυνάμην πυθέσθαι, ἀλλὰ τοσόνδε μὲν ἄλλο ἐπὶ μακρότατον ἐπυθόμην, μέχρι μὲν Ἐλεφαντίνης πόλιος αὐτόπτης ἐλθών, τὸ δ' ἀπὸ τούτου ἀκοῇ ἤδη ἱστορέων") と断る．Skythai 方面の諸部族の配置については彼自身の眼ではないが，黒海沿岸の都市で誰かが「自分の眼で確かめた」情報を収集する．そしてそれ以上向こうのことは確かでないとするのである．「以下敢えて述べることを越えて，その向こう側の地帯にそれ以上一体何が有るかについては誰も正確に知らない，というのも私は誰か自分の眼で見て知っていると言う者から情報を得ることができなかったからである――しかし私ができる限り伝聞によって正確に到達しえた範囲内でその全てが述べられるであろう」(IV, 16: "Τῆς δὲ γῆς τῆς πέρι ὅδε ὁ λόγος ὅρμηται λέγεσθαι, οὐδεὶς οἶδε ἀτρεκέως ὅ τι τὸ κατύπερθέ ἐστι· Οὐδενὸς γὰρ δὴ αὐτόπτεω εἰδέναι φαμένου δύναμαι πυθέσθαι·……Ἀλλ' ὅσον μὲν ἡμεῖς ἀτρεκέως ἐπὶ μακρότατον οἷοί τε ἐγενόμεθα ἀκοῇ ἐξικέσθαι, πᾶν εἰρήσεται") [3]．「自分の眼で見ながら行った」"αὐτόπτης ἐλθών"「自分の眼で見て知っている」"αὐτόπτεω εἰδέναι" が如何に骨格をなすかということ，しかし逆にそれは万能ではなく単純な直接主義がここにあるのではないということ，がこうしたパッセージから明白である．

〔3・7・1・1〕 éd., Legrand, Paris, 1972 (1930).

〔3・7・1・2〕 cf. J. Marincola, Herodotean narrative and narrator's presence, *Arethusa*, 20, 1987, p. 125,

129.
〔3・7・1・3〕 éd., Legrand, Paris, 1985 (1945).

3・7・2

"αὐτόπτης" たることを重視するのであるならば実験という概念に辿り着くのが自然である．第二巻冒頭は Psammetichos（7世紀のファラオ）が最古の民がどれであるのかどうしても知ることができないので或る実験を考案した（II, 2, 2: "ἐπιτεχνᾶται"）エピソードである．二人の生まれたての子供を牧人に預け一切言葉に接しえないように育てたところ，或る時二人同時に或る Phrygia の単語を発したので Phrygia の人々が最古であることを発見した，というのである．これを Memphis の神官から聴いたという Herodotos は，ギリシャ人は「この他にも多くの馬鹿げた話」（"ἄλλα τε μάταια πολλὰ……"）をして——とさりげなく続け，この話を取り合わない．さらにデルタ形成の後発性を引いて，エジプト人はかつて領域を持たなかったのだから，自分達が最古の民かどうかを確かめるために「子供を使った実験などに赴く」(15, 2: "ἐς διάπειραν τῶν παιδίων ἰέναι") 必要は無かった，と皮肉る．

もっとも，地理上の概念としてのデルタとエジプトを直線的に同一視する説を Ionia に帰せしめた (15, 1) Herodotos は，デルタ以前にエジプト人はいて，やがてデルタへ降りていったのである，と考える．彼は，「もしわれわれのこのような認識が正しければ」(16, 1: "Εἰ ὦν ἡμεῖς ὀρθῶς περὶ αὐτῶν γινώσκομεν") Ionia 説は誤りである，と述べた後，逆にもし Ionia 説が正しければ彼ら自身の地理上の地域区分の計算が合わなくなるとする．即ちヨーロッパ，アシア，リビア（アフリカ）の三区分である．デルタは extension であり独立して捉える概念はおかしいというのである．そしてエジプトは逆にエジプト人が住む地域であるというのである (17)．要するに自然地理上の区分と人々の集団とを機械的に重ねる思考を Herodotos は周到に批判しているということになる．だから土地ができる前にはエジプト人がいなかったという馬鹿げた結論に至るのである，というわけである．事実テリトリーと人の集団の間には相互規定の複雑な関係がある．

こうして Herodotos は「エジプト」のような概念にすらディアレクティカ

の最小限の萌芽が潜んでいることを例解する．そしてこれが先の実験を無意味にするというのである．言語の音韻を自然的所与とする思考への皮肉もこの文脈に収まる．或る人々は或ることを自動的に或る音で指し示すと決めてかかる思考である．実験が無意味である第一の理由はそれがディアレクティカ・ゼロ度に位置しない事象に適用されたことに存する．

しかしおそらく Herodotos は凡そ実験一般に消極的であろうと思われる．第一に所与のパラデイクマを重視する，パラデイクマの存在を syntagmatisme の拠り所とする，思考に反する．実験つまり完全な再現に適した事象であるかは初めからはわからない．そして第二に，実験をファラオの事績に帰しているところからすれば，パラデイクマの完全一致に到達しなければ満足しえない儀礼的思考のコロラリーと見なしているのである．確かに，"αὐτόπτης" たることが持たねばならない二重のディアレクティカという脈絡の全体が脱け落ちる．特に Herodotos の場合，水面下のディアレクティカの度合いを複雑に測定しうるのであるから，その部分の手続を一息に短絡させかねない手続には冷淡であるはずである．これに対し観察ないし観測は常に部分的であり，受動的である．

こうしてディアレクティカ・ゼロ度の平面とその上の平面の微妙な落差を識別しうる位置に立った Herodotos は，デルタとエジプトが完全には相覆わないことの確証として（18, 1: "Μαρτυρέει δέ μοι τῇ γνώμῃ, ὅτι......"）Libya との境界域の人々が Ammon に求めた神託を引く．宗教上の禁忌を共有すべき地理的範囲はデルタとは全く無関係であるというのである．34 までエジプトの自然条件とその理由について個人的な考察を巡らせた後，Herodotos は 35, 1 で「エジプトに関するこの話をさらに展開していこうと思う，というのもエジプトには多くの驚くべきことが有るからである——彼らは，他と異なる空および他の河とは異なる自然を持つ河と同時に，他の人々とは全く正反対の価値観と習俗を樹立している」("Ἔρχομαι δὲ περὶ Αἰγύπτου μηκυνέων τὸν λόγον, ὅτι πλεῖστα θωμάσια ἔχει......Αἰγύπτιοι ἅμα τῷ οὐρανῷ τῷ κατὰ σφέας ἐόντι ἑτεροίῳ καὶ τῷ ποταμῷ φύσιν ἀλλοίην παρεχομένῳ ἢ οἱ ἄλλοι ποταμοί, τὰ πολλὰ πάντα ἔμπαλιν τοῖσι ἄλλοισι ἀνθρώποισι ἐστήσαντο ἤθεά τε καὶ νόμους") と述べて叙述を切り替える．「異なる自然を」("φύσιν ἀλλοίην") 持

つとはいえそれは説明（syntagmatisme）の対象であるが，しかし価値観と習俗（"ἤθεά τε καὶ νόμοι"）は対極的であると同時に恣意的である．つまり記号思考によってしか把握できない記号的なものである．ディアレクティカがまだ希薄であるとしてもその一つの素材をなす polarité が支配する領分にわれわれが突入した，ことを Herodotos は十分に意識しうる[1]．いずれにしてもここでは「多くの驚くべきこと」（"πλεῖστα θωμάσια"）はそれ自身叙述を正当化する．決して「信じられない」「ありえない」「疑わしい」という評価を生ぜしめえないのである．

もっとも，境界は依然として自明ではない．その一つの例が動物の分類である．エジプトではこれが儀礼と結び付いて記号（トーテム）の役割を果たしていることに Herodotos は気付く[2]．一方で個々の動物の細かい特徴と生態を叙述する傍ら，他方 Phoinix という聖鳥については「私は描かれたものを除いては自分の目で直接見たことはない」（73, 1 : "Ἐγὼ μέν μιν οὐκ εἶδον εἰ μὴ ὅσον γραφῇ"）と断り，以下聞き取った伝承を記録する．また翼のある蛇がいると聞くと，残ったその骨格を見るために或る場所に赴く（75, 1 : "ἐς τοῦτο τὸ χωρίον ἦλθον πυνθανόμενος……Ἀπικόμενος δὲ εἶδον ὀστέα ὀφίων"）．記号本体自体の分節が動物の自然的分類にかかっているのである．このとき Herodotos はディアレクティカ・ゼロ度の平面に降りて自分の目で確かめることを欠かさない．

〔3・7・2・1〕 II, 52-57 は一個の頂点をなす分析である．神々に固有名詞を与えることを知らなかった Pelasgoi はエジプトからそれを輸入した，というヴァージョンを Dodona で聞いた Herodotos は，しかし真の起源を Homeros と Hesiodos に求める独自説を提出する．Dodona ヴァージョンの解説において彼は軸の分割，actantiel な極の固定，選ばれる記号音節の恣意性，という興味深い観察を示すが，さらに，こうしたメカニズムの本格的な構築に至ったのはやっと Homeros と Hesiodos においてであった，という考察は，ディアレクティカに固有の布置・立体構造（cf. Benardete, *Inquiries*, p. 50 : "poetic renderings"）を神々の概念が相互に織りなす瞬間を特定するものである．語とパラデイクマの関係を知り抜かなければこれに成功しない，と Herodotos は示唆している．

〔3・7・2・2〕 特定の動物が何故聖なるものとされるかの説明を拒否する姿勢（65, 2）には，記号の場合 *aitia* は斥けられる，paradigmatique な分節も syntagmatique な分節も pertinent でない，という鋭い洞察がうかがわれる．

3・7・3

 "ἤθεά τε καὶ νόμοι" へと叙述を向かわせるとき[1], 〈批判〉のクリテリウムはどのように変わるか.「彼らは極度に神々を敬う気持ちが強いので他の如何なる人々よりも規範そのものを大層よく遵守する」(37, 1: *"Θεοσεβέες δὲ περισσῶς ἐόντες μάλιστα πάντων ἀνθρώπων νόμοισι τοιοισίδε χρέωνται"*). つまり, エジプトの場合儀礼化の度合いが高いので, 禁忌ないし特定の行為を定めた規範として一義的に習俗を叙述しうる. パラデイクマのヴァージョンの同一化度が高いのである. したがって観察という手段は直ちに有効な知見をもたらす. ここに一つ政治を成立させない社会へのアプローチの意識が存する. Herodotos の叙述はかくして, 地を這うようにこの儀礼を忠実に記述することによって構成される.

 もちろんそうした場合にさえ解釈の問題は残り, 彼はしばしばギリシャの儀礼や習俗とのコントラストによって叙述を支えるが, とりわけ神々をどう概念するか[2]というレヴェルになればこのことは不可避となる. (ナイル中流の) Thebai では羊が神聖視されるその étiologie を聞き出した Herodotos は, 彼らの話から「Herakles」に触れざるをえない (42ff.).「Zeus」が渋々羊の扮装を被って「Herakles」に会ったという神話に基づく. この話を聴いたときに, 彼は既になされている Herakles との同定をひとまず受け入れている. がしかし直ちにこの「Herakles」が神々の一員である点でギリシャのそれと異なることに気付き (43, 1), 調査するが, しかしギリシャのそれに関するのと同じパラデイクマを「どこでも全く聴かなかった」(*"οὐδαμῇ ἐδυνάσθην ἀκοῦσαι"*). 次に両者の関係の考察に移るが, syntagmatisme はここで彼をして派生ないし伝播というカテゴリーに向かわせる[3]. 残る問題は, どちらからどちらへ, だけになる. もちろんエジプトからギリシャへという説を採る Herodotos は「多くの徴表」(*"πολλὰ τεκμήρια"*) を挙げる. とりわけ「Herakles」がギリシャにおける Herakles の誕生よりも遥かに古い神であるという点である.「これについてどうしても明確なところを確認したい, それができる者から確証をえたい, と思い」(44, 1: *"Θέλων δὲ τούτων πέρι σαφές τι εἰδέναι ἐξ ὧν οἷόν τε ἦν"*), 彼はフェニキアに自ら赴き, まさにそこに Herakles 神殿をその目で「見る」(*"εἶδον"*). そして神官から神殿の古い起源を聞き出す. この Herakles は Thasos の Herakles と互いに認知し合った関係にあり，同定につき裏付けが行われる．

　こうして，「エジプト人自身が言うことによって」(43, 4: *"ὡς δὲ αὐτοὶ λέγουσι"*) のみならず「以上のように追究した結果が」(44, 5: *"τὰ ἱστορημένα"*) Herakles が古い神であることを「明証的に明らかにする」(*"δηλοῖ σαφέως"*) ということになる．神々という意味の軸をどのように区分するか，その対応とずれ・相対性を隙間無く syntagmatique な連鎖で埋めようとするのはおそらくイオニア以来のことであるが，その途上にディアレクティカ・ゼロ度のポイントを見つけてピンで刺すようにしていくことは Herodotos の独創である．そのように考えれば儀礼の明証性によって押さえられた「起源」とそこから大きくヴァージョン逸脱していく「派生形態」の両方に固有の意味を認めうる．一見唐突に Herodotos が，以上から，ギリシャ人の取るべき態度（*"οὗτοι ὀρθότατα Ἑλλήνων ποιέειν"*）として，Herakles に対しては神々のためと同様の神殿と *heroon* の両方を捧げることを導き出すのは，syntagmatisme を裏打ちするものとして或る種の多層性を見るからである．他方では，出発点の儀礼的明証性から，「エジプトの Herakles」に関してギリシャで行われた或る報告の中の或る神話をありえないものとして斥ける．Herakles が祭壇で多くの人々を殺戮したという神話を報告した人物は，エジプトでは極限られた動物しか犠牲に供されず，人が供されることはありえないのに，彼らの習俗に全く無知であるに違いない (45, 2: *"φύσιος καὶ τῶν νόμων πάμπαν ἀπείρως ἔχειν"*)，というのである[4]．さらに，Herakles を人であると考えるギリシャ側のバイアスを嗅ぎ取って，一度にそれだけ多くの人を殺せるわけがない（*"κῶς φύσιν ἔχει"*），と話自体を切り捨てた後，ギリシャとエジプトの「神話」の性質の差について見事な観察に至る．「（エジプトの神事などという）こうした事柄についてこんな（馬鹿げた）ことを言うわれわれギリシャ人を神々や *heroes* が寛大にお目こぼし下さるとよいのだが」(*"Καὶ περὶ μὲν τούτων τοσαῦτα ἡμῖν εἰποῦσι καὶ παρὰ τῶν θεῶν καὶ παρὰ τῶν ἡρώων εὐμένεια εἴη"*)．自由にヴァージョン変化を展開させうる空間とそうでない空間の差違を看過している，というのである．

　〔3・7・3・1〕 *nomos* 概念の一般的脈絡（Ostwald 説批判）との関係につき，cf. S. Humphreys, Law, custom and culture in Herodotus, *Arethusa*, 20, 1987, p. 211ff.

〔3・7・3・2〕 F. Mora, *Religione e religioni nella storia di Erodoto*, Milano, 1986, p. 256ss. は，Herodotos の宗教観を捉えて，"una caratterizzazione universale di alcuni dèi" と "la fenomenologia funzionalistica" を指摘する．特定の神々それぞれの「正しいヴァージョン」を追求しないからこそ "fenomenologia" に徹しうるというのである．Hekataios が異なるヴァージョンから懐疑へ至ったとすれば，Herodotos はそのヴァージョン展開自体を説明し直そうという姿勢を有する．但し，背後に見るものは実は「機能」ではなく，社会構造ないし対抗関係である．

〔3・7・3・3〕 この "diffusionismo" 伝播主義については，cf. Mora, Religione, p. 230. *ethnos* の「起源」を求める，それもどこから来たかと問う，のは syntagmatisme を徹底して時間と空間の地を這いたいからである．

〔3・7・3・4〕 Wardman, Myth が II, 23 とこれを同列に扱い「神話批判的」態度を読み取るのに対し，M. Piérart, L'historien ancien face aux mythes et aux légendes, *LEC*, 51, 1983, p. 47sq. は，"le récit mythique" が切り捨てられずにむしろ潜在的な史料として生かされる場面であるとする．確かに，前提的な批判は，"ἔλεγχος" を要求するような厳格な自然学的 syntagmatisme と，全体的な判断に基づくもの，の二種類に分かれる．政治的決定の内容たるパラデイクマは信頼度が高いとしても，全くディアレクティカを有しない社会でパラデイクマが無批判的に paradigmatique に作動してしまっている場合，これにいきなり〈批判〉をぶつけても始まらない．だからこそ「Okeanos 神話」を拒否してもエジプトの神官のヴァージョンは信頼するのである．反対のギリシャ型ヴァージョンの拒否と「Okeanos 神話」拒否は別のことである．

3・7・4

ならば，高度の儀礼化およびその前提となるパラデイクマの整序という方向を取らない，しかしディアレクティカにも至らない[1]，社会についてはどうであろうか．Skythai に関する第四巻はいきなり彼らの奴隷について彼らが言う話をそのまま再現して始まる．奴隷を「盲目にする」のは，「彼らが何のためにそれをするのかと言うところによれば」(IV, 2, 1: "*φασὶ δὲ τοῦδε εἵνεκα τοῦτο ποιέειν*")，搾乳後の攪拌作業において最後の識別作業をさせないためである．一見飛躍に見える Herodotos の解釈は「というのも彼らは定着農業の民ではなく遊牧民であるからである」("*οὐ γὰρ ἀρόται εἰσὶ ἀλλὰ νομάδες*") というものである[2]．奴隷制がテリトリーの上の人的組織の分節 (segmentation) の特別の形態，ギリシャではその〈二重分節〉，に対応することを知るが故に，遊牧民においては本来の奴隷制は形成されないこと，形成されるとすれば記号による標識を必要とすること，を彼は直感したのである．かくして Skythai の Asia 進出後空白を埋めるようにして奴隷が女達と子供をつくり（ほとんど

Argos と同じ状況が出現し), 何年かののちに帰還する彼らがこの若者達と戦わなければならないとき, (Argos におけると異なって) 戦いによってではなくシンボル (鞭) を見せてようやく平定する (3-4). このとき奴隷達は壕を掘って抵抗するが, 壕の重要な役割は 20 に再び現れ,「盲目にされた者の子孫達」("οἱ ἐκτῶν τυφλῶν") という劣位の部族集団がそれを掘るとされる. ここでは「王族たる Skythai」が多数で「ドミナントなクラン」として他の部族集団を「奴隷」としているともされる. Herodotos は神話を突破して或るクリテリウムを得ている. それによって「奴隷」なるものの正確な理解に到達したのである. 儀礼の観察によってではなく伝承を潜り抜けなければ, こうした理解には辿り着かなかったであろう.

　Herodotos は Skythai の部族基幹神話について三つないし四つのヴァージョンを併記する方法を選び, エジプトにおけるようなクリテリウムで〈批判〉することはしない. 第一は Skythai 側のヴァージョン (5-7), 第二はこれを後背地に抱えるギリシャ側ヴァージョン (8-10), 第三は両者が共通して認めるヴァージョン (11-12), 第四はこれを確認するような Aristees の叙事詩のヴァージョン (13), である. 第一は河の娘と Zeus の間の息子 Targitaos とその三人の息子の話であり, 天から降ってきた黄金に唯一触れえた末弟が権力を握り, 支配的な部族集団の始祖となる. さらにこの末弟がテリトリーを三分割し, しかも一人の分を大きくし黄金を護持させる. 第二のヴァージョンはこれと綺麗に対応するが鋭く対立する. Zeus が Herakles に, 河の娘が半身蛇の女に, 置き換わるばかりか, 三人の息子が部族構造をつくるのでなく, 試されて他の二人は出て行き, 一人が直ちに王権を樹立する[3]. Pontos のギリシャ植民都市領域内の (部族型組織対 Herakles 型再編成という) 鋭い緊張対抗関係が色濃く投影されており, 中でこのヴァージョンは Skythai の部族構造を無視する, 即ち首長頂点をのみ交易の相手とする, 立場に立つ. そしてその資源として Skythai 側の伝承に既に基礎となる複雑な対抗が有ったに違いない. そうでなければ奴隷に関する「最近の出来事」の伝承はありえなかったであろう. しかもその伝承は結局, 部族構造の建設的変化をしそこねて退行し元のテリトリーと元の社会構造に戻ったことを示唆するように思える.

　他方, Herodotos が (正しいというのでなく) あくまで個人的に加担する

3　隠れた構造の先験的単位

(11, 1: *"τῷ μάλιστα λεγομένῳ αὐτὸς πρόσκειμαι"*) という第三のヴァージョンはこれらと性質が異なる．Skythai が Asia へ進出したのは Massagetai に追われたからというのである．その結果まず Kimmerioi が占拠していたテリトリーに入って来てこれを追う．それをさらに追って，しかし黒海の沿岸を行く Kimmerioi からは「迷って」内陸にそれ，そして Media すなわちペルシャと衝突するのである．ギリシャ・Skythai 共通のヴァージョン (12, 3) はおそらくここまでであるが，11, 2-4 の Kimmerioi に関する伝承も Herodotos の観点からは重要である．Skythai の攻撃に対して「王達の」(*"τῶν βασιλέων"*) 考えはその地で戦って討ち死にするというもので「民衆の」(*"τοῦ δήμου"*) 考えは逃げるというものであった，収拾がつかず「民衆」が行ってしまうと「王達」は二手に分かれて戦い殺し合って死んでしまう．首長達の moitié 形態と通常の部族形態（テリトリー占拠の相対性）のコントラストが鮮やかである．「Herakles 伝承」はこの Kimmerioi を X としてそこへ A たる Skythai が入り込んでいく観念構造の存在を示唆していたことになる．こうした観念構造から *ethne* の断層が徐々にしかし流動的に形成され絡み合い，*ethne* の移動，その玉突き式の連鎖，といった事態把握の基本カテゴリーが生まれる．実際集団の物理的移動さえ生ずるのである．おそらくその上，Kimmerioi に生じた或る劇的な変化が事実であるとするならば，「Skythai の進出」の根底に或る社会構造の変化が，そしてそのコロラリーとして或る「つっかい棒」のような構造を押し潰す変化が，「Herakles 伝承」の観念構造の延長線上に，生じたに違いない．

Herodotos がジェネアロジーから *ethnos* にカテゴリーを変換した途端，syntagmatisme が発動される．クリテリウムはテリトリーの平面上の連続性である．平面上に痕跡としてまず「倒れた首長の」墳墓（実際は前首長層の墓）を確認し (11, 4: *"καί σφεων ἔτι δῆλός ἐστι ὁ τάφος"*)[4]，また *"Κιμμέρια τείχεα"* 等の toponomastique なデータ (12) を集める．伏線として，Herakles が西の果てから Geryon を追って裏を取り巻く Okeanos をつたっていきなり東方に現れたというような伝承を「事実によっては全く確証されない」(8, 2: *"ἔργῳ δὲ οὐκ ἀποδεικνῦουσι"*) として〈批判〉する．さらに第三のヴァージョンの裏を取るべく Aristees の叙事詩を使う．ここでの基本タームも *ethne* の玉突き式

圧迫であり，後方の ethne 分布につき Herodotos はこの叙事詩を重要な典拠とする．しかもこの叙事詩に対しても距離を取るために，見えない遠い後背地の状況をトランスの状態で詠う nekyomanteia という性質を，東西植民都市域の伝承の一致[5]によって確認する（14-15）．

〔3・7・4・1〕 cf. Hartog, Le miroir, p. 35. 但し，作品に大きな "symmetrie" を読むことは正しいとしても，しかしだからと言って作品が polarité だけによって成り立っているわけではない．Hartog の分析は構造主義の弱点を良く例解する．ギリシャの海と Skythai の社会構造がペルシャ軍を壊滅させる点において鏡像のように一致しつつ逆転することを Herodotos が鮮やかに描く，点を的確に指摘するが，その Herodotos の認識手続が一向に明らかにならないのは，「見て理解し言葉にし書く」ことを通じて（多次元的だが）一個のコードが貫通している，それはギリシャ社会とその反対を表象するものである，という厳格な前提が置かれるからである．ならば他方のギリシャ社会を同じ視角で Herodotos が見ていることが論証されなければならないが，その部分はやや図式的な一般的理解による．実際，Herodotos はそのように単純にギリシャ社会を見ているのではない．

〔3・7・4・2〕 cf. Hartog, Le miroir, p. 211, 223. 意味不明の慣習は遊牧民たることに帰する，と読むが，幸い Herodotos の頭は自分達の社会のコードだけでは出来上がっていない．

〔3・7・4・3〕 Hartog, Le miroir, p. 41sqq. は，Hesiodos の Echidna 伝承を引き，それを Skythai に差し向ける意識を "détour", "éloignement" とし，なおかつ Herakles が元来殺すはずの monstrum と結ばれる捻れ（"bricolage"）に注意を喚起し，ギリシャ人の "une corrélation entre le statut d'hybride et la vie nomade" というバイアスを示唆するが，Mora, Religione, p. 55 はこれに強く反対し，末子相続慣習の実体を強調する．しかしともに，三つのヴァージョンの対抗の中で言説が意味を持つことを捉えていない．

〔3・7・4・4〕 cf. IV, 101; Hartog, Le miroir, p. 155.

〔3・7・4・5〕 Anacharsis (IV, 76ff.), Salmoxis (IV, 94ff.) への関心（cf. Hartog, Le miroir, p. 82ff.）は，Herodotos のディアクロニーが示す頂点の一つである．Skythai が外国の習俗を忌避する点に着目する彼は，ギリシャ都市の儀礼，特に枝分節解消＝軍事化儀礼，の影響を受けて帰る Anacharsis が殺されることを，Dionysos 拒否，initiation 拒否，等々と結びつける（Skythai の軍事組織が軍事化を経ないために，ペルシャにとって泥沼を意味することになる）．Anacharsis は伝承上 Solon と交錯する（cf. infra）が，Herodotos はこのヴァージョンを採らない．領域に拡散する言語＝儀礼の無分節波の問題である．Pythagoras 派の問題でもあり，かくして Herodotos は Thrakia の Getes に伝えられる謎の Salmoxis に触れる．一説では Pythagoras の弟子であり，別のヴァージョンでは神でなくとも不死の霊魂である．Hartog, Le miroir は "si le salmoxisme peut se lire au travers du Pythagorisme, le pythagorisme, à son tour et dans le même mouvement, se lit au travers du salmoxisme" (p. 118), "Hérodote rétablit entre les deux des rapports, non plus à sens unique, mais réversibles" (p. 125) とその筆致を捉えるが，それは，最新の知的営為を思いもかけない人々の葬送観念と関連づけ差違をも意識させるディアクロニーの結果である．

3・7・5

エジプトの地誌からその王統記に叙述を移すときに Herodotos は，「ここまでは私自身が見たこと，推論したこと，そして追究したこと，を語ったのであるが，ここからはエジプトの人々自身のヴァージョンを私が聴いた限りで述べていく，但しそれに私自身が見たことが付け加えられる」(II, 99, 1: *"Μέχρι μὲν τούτου ὄψις τε ἐμὴ καὶ γνώμη καὶ ἱστορίη ταῦτα λέγουσά ἐστι, τὸ δὲ ἀπὸ τοῦδε Αἰγυπτίους ἔρχομαι λόγους ἐρέων κατὰ [τὰ] ἤκουον· προσέσται δέ τι αὐτοῖσι καὶ τῆς ἐμῆς ὄψιος"*) と述べる．儀礼を越えてパラデイクマのクロノロジカルな蓄積に分析対象を移すときに *"ὄψις"* が後ろに退くのは自然であるようにも思える[1]．しかし不思議であるのは *"ἱστορίη"* までが退き彼らのヴァージョンをそのまま記述するという点である．逆に *"ὄψις"* は最小限維持される．*"ἱστορίη"* が退くということは，言語に媒介された伝承を素材とするものの，〈批判〉の手掛かりが得られないのである．だからこそぎりぎりの批判的態度として「ここまではエジプト人自身特に神官達が述べるヴァージョンである」(142, 1: *"Ἐς μὲν τοσόνδε τοῦ λόγου Αἰγύπτιοί τε καὶ οἱ ἱρέες ἔλεγον"*)，と繰り返すことになる．しかし何故〈批判〉の手掛かりが無いのか．Skythai のジェネアロジーと比較して叙述は一本調子に進む．〈批判〉を前提に固い事実が並ぶ VIII-IX 巻とはまた違って，「神話」的な内容の話が並べられていく．唯一の〈批判〉の手掛かりはピラミッドを中心とする建造物という物的証拠である．〈批判〉に困難を感ずる理由は明らかにヴァージョン対抗の欠如である[2]．神官達によってよく整序されているのである．

だからこそ新しい部分，言わば現代史，に移行するや否や「以上はエジプト人自身のヴァージョンが述べられたが，以下ではこの領域の事柄について他の人々とエジプト人のヴァージョンが合致する限りのことが述べられる，但しそれに私自身が見たことが付け加えられる」(147, 1: *"Ταῦτα μέν νυν αὐτοὶ Αἰγύπτιοι λέγουσι, ὅσα δὲ οἵ τε ἄλλοι ἄνθρωποι καὶ Αἰγύπτιοι λέγουσι ὁμολογέοντες τοῖσι ἄλλοισι κατὰ ταύτην τὴν χώρην γενέσθαι, ταῦτ' ἤδη φράσω· προσέσται δέ τι αὐτοῖσι καὶ τῆς ἐμῆς ὄψιος"*) と Herodotos は再び資格の差を明示する．つまりどんなにエジプトでヴァージョンが整序されようと現在に至る国際的緊張関係の中で「生きている」ヴァージョン対抗が及ぶ範囲が

あり，ここはジャンルが違う，というのである．Herodotos が問題としているのは事実として複数のヴァージョンがあるかないかではない．ペルシャに関し Kyros の事績に筆を進めたい Herodotos はしかし「中で決して Kyros の事績を記念しようというのでなく事実そうであったことを言おうとする何人かのペルシャ人のヴァージョンに従って以下記述する，Kyros に関しては他に三様のヴァージョンがあることは十分に知ってはいるが」(I, 95, 1: "Ὡς ὦν Περσέων μετεξέτεροι λέγουσι οἱ μὴ βουλόμενοι σεμνοῦν τὰ περὶ Κῦρον ἀλλὰ τὸν ἐόντα λέγειν λόγον, κατὰ ταῦτα γράψω, ἐπιστάμενος περὶ Κύρου καὶ τριφασίας ἄλλας λόγων ὁδοὺς φῆναι") と述べざるをえない．バイアスの方向が意図的に同じである場合，辛うじてそれを免れたヴァージョンによるしかない．ヴァージョンの偏差に意味が認められないのである．エジプトの神官達の「正史」が相対的に信頼しうる所以である．

〔3・7・5・1〕 G. Schepens, Some aspects of source theory in Greek historiography, *Ancient Society*, 6, 1975, p. 257ff. は，史料の客観的材質に基づく分類でなく，（見たか伝聞かという）採取の方法の区別が重視される，ことに着目する．近代の "Quellenkunde" が結局古事学的伝統を引きずってしまったことを指摘する点で重要であるが，しかし II, 99 のコントラストは，歴史学的部分と人類学的部分の分節に関わり，しかも厳密には人類学的部分内部におけるフィールド・ワークの部分と歴史的部分の分節に関わる．パラデイクマを伝える記号の物的形態に特権を与えては混乱することはその通りであるが，Herodotos はさらにその先，幾つかの座標軸が絡んで問題が複雑な形態を取ることを意識している．

〔3・7・5・2〕 対抗ヴァージョンがあり次第 Herodotos は〈批判〉作業を開始する．II, 112-120 の Proteus の部分は興味深い素材を提供する．Memphis の「Hephaisitos 神殿」に付属して「Aphrodite Xeine 神殿」がある．Herodotos はこれをむしろ Helene に同定する．事実神官達から，Paris は Helene と逃亡する途上ここで捕えられた，Troia は包囲されたとき「Helene はここにはいない」と答えた，というヴァージョンを聞いているのである．Herodotos は直ちに Homeros のパッセージ (Il. VI, 289ff.) を引用し，Homeros がこのヴァージョンを（素材とはしなかったが）知っていたとし，ついでに（Paris の漂流を前提しない）Kyklos が Homeros の手になるものでないことを論証する．なおかつ Homeros に抗してエジプト側のヴァージョンに賛成するのである．Herodotos は神官達の "ἱστορίη" に慎重ながら信頼を寄せる (118, 1 ; 119, 3)．Helene を取り返すときに Menelaos が帰途の風を得るために子殺しを行うエピソードにさえ触れる彼は，Stesichoros や Euripides の屈折体を支持し (cf. Austin, *Helen of Troy*, p. 118ff.)，ディアクロニクな批判を行う．しかし彼等との違いは，ジェネアロジクな破断に対する抗〈分節〉装置の発達と〈二重分節〉の間に渡される連関を意識していることである (Benardete, *Inquiries*, p. 48 は，エジプト的観念の前に Troia 全体が醜悪に見えるという

効果を Herodotos が意識している, とする). *mutatis mutandis* に言えば, 神官達の批判手続は二重のディアレクティカにおける〈批判〉手続に一脈通じるのである.

3·7·6

それでも, 湖面を閉ざした氷を割って, Herodotos は底にうごめくディアレクティカの萌芽をときとして引きずり出し増幅しようとする. Herodotos はこうして *mutatis mutandis* に Homeros に接近することになる. そしてそのときにしばしば選ばれるのは登場人物に長い演説をさせる手法である.

たとえば Dareios 等「七人組」が *magoi* の支配を打倒して Dareios 政権を樹立するに至る過程に設定される「政体」論議である. Herodotos は, デモクラシーのための主張を含む理論的な論戦が交わされたなどとはギリシャ人にとって「到底信じがたい議論」(III, 80, 1: "λόγοι ἄπιστοι") に違いないが事実だから仕方がない, と述べ, 独創性とともにしっかりした基礎に支えられていることを強調する.

事実ペルシャ側の伝承に即しながらも[1]Herodotos の叙述は周到に Dareios の権力構造を分析するものである. Media の王 Astyages が Medoi 内からの権力転覆を怖れて娘を従属的な *ethnos* たる Persai の側に嫁がせること (I, 107, 2), それでも転覆の予言が解除されないのでその娘に生まれた息子を処分させるが, 命令を受けた親族たる臣下 Harpagos が厳密に実行せず, 牧人に育てられて Kyros が頭角を現すこと (108ff.), 罰せられた Harpagos と成長した Kyros の密約 (123ff.), Persai の部族構造 (125, 3-4), Medoi からの解放戦争としての Persai の Astyages 打倒 (127ff.), が既に明らかにされている. 子供の王選びのゲームなど Persai が部族的な社会構造を多分に残し, Medoi との間に亀裂が存在する, その上に Kyros の権力が樹立されているのである. Kyros の息子 Kambyses のエジプト遠征は, Medoi 側からのクーデタを招く. 記号操作の専門家集団 *magoi* は Astyages を誤らせる予言に関わったが, Kyros および Kambyses のもとでも生き残り, Medoi たることにより「七人組」による打倒の対象となる (III, 73, 2). Medoi/Persai 構造を最終的に絶ってむしろ Persai の原部族構造に純化退行する動機が「七人組」の決起には認められる. 「討論」の後王制を選んだ彼らは, 王を選出すべく競技をする (85-87). 首長間の potlatch の復元である．唯一これに参加しない「デモクラシー論者」Otanes は代わりに特権的クランの始祖となる (83-84)．もっとも，既に Kambyses が姉妹と結婚するという極端な endogamie の「異常」を示し始めていたのである (III, 31) が，選出された新王の Dareios はその裏返しのように Kambyses の endogamie 圏内の女達と複数の婚姻を結ぶ (88)．

以上において Herodotos は，Kyros 生誕神話を，〈神話〉の中からカテゴリーを探していとも簡単に解釈した後，これとのさらなる偏差によって Dareios 革命の特徴をあぶり出す．するとこれはもう一歩で共和革命であり，したがって三政体論の全ての要素を含んでいたのである．首長連合体，ないし首長制以前の部族連合体組織の浮上，等々の可能性が現実に有ったに違いない．決して信じないだろうが政体論議が本当にあった，という Herodotos の豪語[2]は，そうした政体論議のディアクロニクな成層を知って Dareios 革命に *mutatis mutandis* に当てはめうる，という自信がなさしめるのである[3]．

かくして Herodotos は決してディアクロニクな混乱（アナクロニズム）に陥っているわけではない．Media 流の支配体制および Medoi との断絶が王権をジェネアロジクに孤立させることを見抜いているばかりか，転じて遠征前夜の Xerxes の意思決定過程の大きな限界を的確に分析しうるのである．消極的な Xerxes を促したのは「七人組」内 endogamie の産物 Mardonios であるとされる (VII, 5ff.)．決意した Xerxes は貴族達の集会を開く (8ff.)．ところが Mardonios の主戦論の後，Xerxes の agnatique な叔父たる Artabanos が鮮やかに理詰めの消極論を述べる (10)．とりわけ Dareios が Skythai を攻めて悲惨な経験をしたことがパラデイクマとして雄弁に語られる．Xerxes は怒ったものの深刻に考え直し悩むが，しかし戦いへけしかける幻影を夢に見て動揺する (11ff.)．Artabanos は的確に夢の信憑性を減殺して Xerxes の消極論への傾斜を固める．しかしここからあっけなく Artabanos 自身が考えを変えてしまう．代わりに王座に坐って夢を体験した彼は最後の集会で最も強硬な主戦論者となる (18)．

ペルシャに関する以上のような社会構造の例解は，エジプトや Skythai のそれとのコントラストを含めて，ギリシャ社会との衝突，および後者の勝利の形態を syntagmatique に説明するためのものである．

3 隠れた構造の先験的単位

〔3・7・6・1〕 ペルシャに関する部分は Jacoby 以来イオニアからの離脱・飛躍のステップとされてきた．この線に沿って Fornara, *An Interpretative Essay*, p. 24ff. は，とりわけペルシャの "imperialism" という「歴史分析のテーマ」が「初めて」設定されたことを評価し，この結果その "imperialism" の延長上に現れる "ethnographic" な部分にも新機軸がもたらされたとする．実際，ペルシャはその複合性故に Herodotos に高度の応用問題をもたらしたと思われ，したがってまた社会構造に目をやらざるをえないきっかけであったと思われる．なお，社会構造への例外的な理解力に関して，P. Briant, Hérodote et la société perse, dans : AA. VV., *Hérodote et les peuples non grecs*, Genève, 1990, p. 69sqq. の的確な諸指摘が印象的である．

〔3・7・6・2〕 cf. Benardete, *Inquiries*, p. 85ff.

〔3・7・6・3〕 もしアナロジー，即ち paradigmatique な思考作用ないし叙述方法，が際立つ場面があるとすると，このディアクロニーのためである．つまりむしろ paradigmatique な分節をディアクロニーの多次元立体感のために生かすのであり，逆にわかりやすい（「見たことのある」）パラデイクマに還元して見せて説得する（ディアレクティカが効かないために人類学者が多用しがちな）手法に赴く（Hartog, *Le miroir*, p. 237）のではない．単なる地形のアナロジーに見える場合（IV, 99）にも，Athenai の領域と西方植民都市域後背地の Iapygia と Skythai のテリトリー，この三者のディアクロニーを示唆する．後述の IX, 33 は「政治の成立」と「デモクラシーへの変化」という二つの社会変動のディアクロニーに関係している．つまり，社会構造に意識的に降りざるをえなくなったとき，ディアクロニーしたがってアナロジーが現れるのである．

3・8　存在の〈二重分節〉

3・8・0

　Herodotos もまたパラデイクマの分節手続（議論の構造）に syntagmatisme の裏打ちを求めたに他ならない．しかし，手続の体系を巡らすために，syntagmatisme の平面の下に重層的なヴァージョン対抗の諸平面を立体的に概念した．その一番根底には，Parmenides の要請を満たすパラデイクマのヴァージョン同一性ないしディアレクティカ・ゼロ度の平面があって〈批判〉の基準を形造り，ディアレクティカ本体の入口でパラデイクマの前提資格を吟味している．

　他方，丁度これと同じように，syntagmatisme の平面の底に syntagmatisme の保障を，しかし手続的にでなく実体的パラデイクマによって調達する試みが始まる．Ionia の周縁 Abdera 出身の Leukippos と Demokritos が何時どのように「原子論」atomism を構想していったのか定かでない．しかし Demokritos

による完成を含めてそれが5世紀後半に属することは確かであり[1], Demokritos を「ソフィスト」と同年代に位置付ける見解は大きく誤ってはいないと思われる. ただし「ソフィスト」や Sokrates と理論的対話があった形跡が無く, 明らかにむしろ Zenon や Melissos の影響が認められるのである. したがって, 理論的核心に関する限りむしろ Herodotos とパラレルな位置に, しかし Elea 派とは通じていても Athenai には無縁な位置に, atomism の形成を見ることが無難であると思われる[2].

〔3・8・0・1〕 Demokritos に関する伝記的伝承は, 彼が Herodotos, 否, ほとんど Hekataios のような旅行家かつ「百科全書」型人間であったことを示唆する (cf. Guthrie, *HGP*, II, p. 386f.).

〔3・8・0・2〕 J. Brunschwig は, Platon による意識的な無視を筆頭とする受け手の側のバイアスに (Aristoteles 以前の, そしてまたそれ以後も正面からの) 痕跡の希薄さを帰する (Préface à: P. M. Morel, *Démocrite et la recherche des causes*, Paris, 1996, p. 8).

3・8・1

事実 Leukippos と Demokritos は Herodotos よりはさらに徹底して, syntagmatisme を構成するパラデイクマの言わば下に潜り込む. Herodotos においてはその下にも通常のパラデイクマのヴァージョン対抗が現れるだけであった. しかし彼らは凡そあらゆるパラデイクマの「底を割って」そこに Parmenides の「存在」要請を満たす「本体のパラデイクマ」を構築するのである. したがって Herodotos がディアレクティカ・ゼロ度の平面に置く性質のパラデイクマの底すら割られることになる.

この戦線では, 他方では Anaxagoras が種々の要素の混合と割合という概念装置で syntagmatisme の外延を救おうとしていた. この場合でもしかし, syntagmatisme を構成するパラデイクマの actantiel な軸や対抗の諸要素と, syntagmatisme のクリテリウムを構成するパラデイクマのそれ, とは同一平面にある. だからこそ cosmogonique な観念を必ず伴っていた. 火や水のような要素もそのまま現れることがあるのである. 否, コンスタントに交換の中心になるからこそクリテリウムとして用いられるのである. 唯一, Herakleitos が見えない構造に syntagmatisme の保障を求めるのをわれわれは見た. しかし構造の内包は明らかでなかった. 何よりもそれは, たとえば A⇒B が B⇒A に帰るというような絆を観念するものであった.

3 隠れた構造の先験的単位

ところが Abdera の人々にとっては，syntagmatisme の平面（隙間無く説明さるべき事象）と syntagmatisme のクリテリウムの平面は決して交わることがない．しかもなお paradigmatisme に赴く（アナロジーによる）ことなく，前者は後者によってもっぱら syntagmatique にのみ説明されるのである．実際，この二つの平面の完全な切断[1]によってのみ Parmenides の公準を十分に満たして[2]なお変化・生成を説明しうる．しかもそこに，存在の paradigmatique な連帯だけでなく，完全に自由な存在の〈二重分節〉とその連帯を達成することに成功したのである．

〔3・8・1・1〕 このことは直ちには syntagmatisme とディアレクティカ本体，ないしディアレクティカの第一段と第二段，の峻別を意味しない．しかしやはりこれを強化する方向に働く．Demokritos の「百科全書」は当然に「倫理学」を含む．峻別はこちらの側の議論を妨げるわけではない．それについて，G. Vlastos が以下のように精密な指摘を行う．"the moral axioms of the democratic polis determine the design of Empedocles' equalitarian universe……Nature is now de-humanized, de-moralized as never before in Greek imagination. It is the nature of Thucidides, implacable and aloof……Nature is "necessity," not "justice;" neither good nor evil in itself……The good is not given to man……It must be created by man……the humanly possible within the limit of the naturally necessary. This is the measure; and its knowledge empowers the soul to build upon nature goodness and justice……"（Ethics and physics in Democritus（or., 1945），*Furley/Allen*, II, p. 397f.）．Simonides の系譜である．なお Vlastos の解釈に対しては C. C. W. Taylor, Pleasure, knowledge and sensation in Democritus, *Phronesis*, 12, 1967, p. 6ff. がテクストにヨリ即した修正を試みている．それによれば，精神を構成する「原子」の良き配列という「物理的」条件が直接的パラデイクマの指針になる，という理解はなお短絡的であり，知覚を吟味し認識に辿り着くのと同じように，快感を吟味して最適条件に到達する，その吟味の作用に直接的パラデイクマつまり「倫理」が存する．いずれにせよ，"mental disturbance is produced by violent physical motion of atoms in the soul and happiness by a calm and settled state of the atoms" という認識が Demokritos のものであるとすれば，「精神」をも突き放して二元論を完結させる（哲学化する）点で（Euripides のディアレクティカに対応する）極めて大きな一歩である．

〔3・8・1・2〕 cf. Guthrie, *HGP*, II, p. 389ff.. Parmenides との関係は自明であるが，pluralism からの反論という図式に拘泥することは必ずしも論点を的確に捉える所以ではない．その点，D. Furley, *The Greek Cosmologists. The Formation of the Atomic Theory and its Earliest Critics*, I, Cambridge, 1987 は，（イオニアへの照明を落とし）Parmenides の決定的な問いに Leukippos/Demokritos が初めて満足の行く解答を提出するその関係（cf. p. 48, 117ff.）にこそ，最も重要な伝統の原点を見る（Aristoteles の側ばかりが中世へと遺っていくために一旦掻き消され，近代に再発見される，とする）．（stratification を徹底的に追求する）Morel, *Démocrite* の doxographie によると，Eléatisme の基礎の上に Leukippos を位置付けるのは Aristoteles 自身の視点に遡るという（p. 45sqq.）．

3・8・2

　ならば彼らは構造の部分を何によって埋めたか．Aristoteles はこの点たとえばおそらく Anaxagoras と対照して[1]以下のように位置付ける．

　A6 DK67=Kirk 555=Arist. *Metaph.* A 4. 985b4：*"καὶ καθάπερ οἱ ἓν ποιοῦντες τὴν ὑποκειμένην οὐσίαν τἆλλα τοῖς πάθεσιν αὐτῆς γεννῶσι, τὸ μανὸν καὶ τὸ πυκνὸν ἀρχὰς τιθέμενοι τῶν παθημάτων, τὸν αὐτὸν τρόπον καὶ οὗτοι τὰς διαφορὰς αἰτίας τῶν ἄλλων εἶναί φασιν."*「基底をなす実体を単一のものであるとし他のものをそれによって引き起こされることに帰せしめる者達は，その引き起こされたものの濃淡（たるべきもの自体）を（既に）初発にあることと置き，この点に関する偏差を他の事柄の原因であると述べる．」

　丁度「基底をなす実体」*"ἡ ὑποκειμένη οὐσία"* が立つ位置にここで現れた *"διαφορά"* 偏差，対抗，は，Herodotos の作品冒頭のタームと同一である．後者においてはペルシャとギリシャの大戦争，しかし実質においては二つの社会構造の決定的な差違・対抗を意味した．*"διαφορά"* という観念，或いはこの語自体，Aristoteles が原典に見出したものである．というのも，一体何が対抗するのかという点について Aristoteles は以下のように続ける．

　Ibid.：*"ταύτας μέντοι τρεῖς εἶναι λέγουσι, σχῆμά τε καὶ τάξιν καὶ θέσιν· διαφέρειν γάρ φασι τὸ ὂν ῥυσμῷ καὶ διαθιγῇ καὶ τροπῇ μόνον. τούτων δὲ ὁ μὲν ῥυσμὸς σχῆμά ἐστιν, ἡ δὲ διαθιγὴ τάξις, ἡ δὲ τροπὴ θέσις· διαφέρει γὰρ τὸ μὲν Α τοῦ Ν σχήματι, τὸ δὲ ΑΝ τοῦ Ν τάξει, τὸ δὲ Ζ τοῦ Ν θέσει."*「彼らは，偏差を構成するのは三つの点においてであると言う．即ち配置，組み合わせ，向きである．彼らは，存在はリズムと配列と周期のみの点で互いに異なるにすぎないと述べる．このうち，リズムというのは配置のことであり，配列というのは組み合わせのことであり，周期というのは向きのことである．たとえば A は N と（線分の）配置が異なり，AN は N と組み合わせが異なり，Z は N と向きが異なる．」

　つまり Aristoteles はややミステリアスにも差違が *"ῥυσμὸς καὶ διαθιγὴ καὶ τροπή"* に関してのみ有意味であると述べられているのを見出す．そしてこれを「配置・組み合わせ・向き」*"σχῆμα καὶ τάξις καὶ θέσις"* の意味に解し，アルファベットを使って例解するのである．差違は，色や匂いや肌触りのような

ものではなく，何か機械的な組み立てに関してのみ概念される[2]．要するに何かの配置配列，即ち言わば構造が差違を実現するのである．

しかしこの差違は（繋がり―"διά"―が断片からはやや不分明ながら）他方で対抗・衝突を含意する[3]．

A37 DK68=Kirk 578: "στασιάζειν δὲ καὶ φέρεσθαι ἐν τῶι κενῶι διά τε τὴν ἀνομοιότητα καὶ τὰς ἄλλας εἰρημένας διαφοράς,……"「それらは，相互の通約不可能性や他の既に述べた偏差の故に，互いに争い真空を運動する．」

かくして配列の差違に関係して何か対抗衝突が生ずるのである．しかし最初に生ずるのは連結体相互間にではなく，連結体を構成する単位，「分割できないもの」"ἄτομος"，相互の間においてである．

Kirk 580: "λέγουσιν ἀλληλοτυπούσας καὶ κρουομένας πρὸς ἀλλήλας κινεῖσθαι τὰς ἀτόμους."「彼らが言うには，原子は，互いに衝突し衝撃を与え合うことによって，運動する．」

すると，この衝突も言わば"διαφορά"から生ずるのであるが，その衝突がまた配列の差違，即ち"διαφορά"を生ぜしめることになる．構造はこのようにして自ら相互の偏差を創り出して事象の変化と多様性を演出するということになる．

〔3・8・2・1〕　Barnes, *PP*, II, p. 40ff. は，Guthrie に比しても Anaxagoras との関係を全く無視する．Morel, *Démocrite*, p. 49sqq. も，Elea 派とのディアクロニックな関係を強調する余り Anaxagoras とのサンクロニックな対抗のニュアンスを吸まない．

〔3・8・2・2〕　cf. Morel, *Démocrite*, p. 53sq.

〔3・8・2・3〕　この "le principe d'indifférence", "cette le moins possible pour l'explication de l'univers", "cette abstraction de tout choix, cette imprécision volontaire des données premières de leur système", "la rencontre fortuite des atomes" の重要性，射程，Epikouros 以降における変質，については Ch. Mugler, Sur quelques particularités de l'atomisme ancien, *Rev. Philologie*, 27, 1953, p. 141sqq. を参照．

3・8・3

次の問題は配置配列，そして衝突，の単位"ἄτομος"自体の性質である．

A37 DK68=Kirk 556: "νομίζει δὲ εἶναι οὕτω μικρὰς τὰς οὐσίας, ὥστε ἐκφυγεῖν τὰς ἡμετέρας αἰσθήσεις· ὑπάρχειν δὲ αὐταῖς παντοίας μορφὰς καὶ σχήματα παντοῖα καὶ κατὰ μέγεθος διαφοράς."「彼は，この実体はかくも小さいのでわれわれの知覚を免れる，と考えた[1]．それはあらゆる形状を取り，あらゆる配置を示し，大きさについてもあらゆる偏差を示す.」

断片を単純に繋ぐことに危険があるが，単位自体互いに大いに異なる[2]，しかしわれわれの知覚では全く捉えられない存在である[3]，ということになる．少なくともこのようにして二つの平面が完全に切断される．何よりも "αὐτόπτης" たることに syntagmatisme の拠を求める思考は完全に遮断される．

この "ἄτομος" についてはさらに以下のように言われる．

A14 DK67=Kirk 557 : "οὗτοι γὰρ ἔλεγον ἀπείρους εἶναι τῶι πλήθει τὰς ἀρχάς, ἅς καὶ ἀτόμους καὶ ἀδιαιρέτους ἐνόμιζον καὶ ἀπαθεῖς διὰ τὸν ναστὰς εἶναι, καὶ ἀμοίρους τοῦ κενοῦ· τὴν γὰρ διαίρεσιν κατὰ τὸ κενὸν τὸ ἐν τοῖς σώμασι ἔλεγον γίνεσθαι......"「彼らが述べたところによれば，究極の原因は数において無限であり，それを彼らは，切断分離不能であり，内部が固く詰まっているため他から侵食されず，内部に真空の部分を持たない，と考えた．彼らが言うには，というのも，分離というものは軀体の内部の真空によって初めて出来るからである．」

第一に，「分割不可能」"ἄτομος" たるばかりか，極めて結束していて歯が立たず何も蒙らない．ということは，これは対抗を複合的に構成する actantiel な軸となるばかりで，決してそれを巡って何かが対抗する対抗の要素にならない，ということである．言うならば，Paris と Menelaos が Helene を争う，その Paris を Aphrodite と Athene が争う，その Paris のようでは決してない，ということである．常にそこに有る，それ以上説明できない，先験的な対抗主体である．しかも如何なる事象であっても対抗しているのはこれら以外ではないから，排他的な対抗主体でもある．

第二に，「分割不可能」"ἄτομος" たることの意味がこの断片によって特定される．詰まっていて内部に空白を持たないということである．逆に分割は必ずこの空白 "τὸ κενόν" による．A で詰まっている隣が B で詰まっている，その間が連続している，それを幅のない直線が一義的に切る，というのは〈分節〉のイメージである．連続体を別のところで切って別に塗り分けることができる，ことのコロラリーでもある．これに対して[4]彼らはその別の切り方ができるこ

とを拒否したのである．全く切れない部分があり，そしてゼロの部分がある[5]，（"τὸ μανὸν καὶ τὸ πυκνόν" というような Anaxagoras 流の理論構成の対極において）その両極が1と0の関係に立って対抗するのでなければならないというのである[6]．

Kirk 545: *"εἰ μὲν γὰρ πάντῃ διαιρετόν, οὐθὲν εἶναι ἕν, ὥστε οὐδὲ πολλά, ἀλλὰ κενὸν τὸ ὅλον· εἰ δὲ τῇ μὲν τῇ δὲ μή, πεπλασμένῳ τινὶ τοῦτ' ἐοικέναι. μέχρι πόσου γάρ, καὶ διὰ τί τὸ μὲν οὕτως ἔχει τοῦ ὅλου καὶ πλῆρές ἐστι, τὸ δὲ διῃρημένον;"*「もしどこでも切断できるならば，単一のものさえ無いから，まして多数のものは無い．全体が真空になる．反対にもしどこかでは切れるがどこかでは切れないというのならば，それはほとんど作り話に等しい．というのも全体のうち，一体，どこまでがつながっていてどこで切れているのか，そしてまたそれは何故だというのか．」

このような問題を立てるのでなければ，詰まっている部分と全くゼロである部分が徹底的に一義的に必ず分けられてしかも必ず交互に入り組む，という構想は生まれない[7]．

A6 DK67=Kirk 555=Arist. *Metaph.* A 4. 985b4: *"στοιχεῖα μὲν τὸ πλῆρες καὶ τὸ κενὸν εἶναί φασι, λέγοντες τὸ μὲν ὂν τὸ δὲ μὴ ὄν, τούτων δὲ τὸ μὲν πλῆρες καὶ στερεόν, τὸ ὄν, τὸ δὲ κενὸν καὶ μανόν, τὸ μὴ ὄν· διὸ καὶ οὐθὲν μᾶλλον τὸ ὂν τοῦ μὴ ὄντος εἶναί φασιν, ὅτι οὐδὲ τὸ κενὸν τοῦ σώματος·."*「彼らは根源の素は稠密なものと真空のものであると言う．存在と不存在とがあり，そのうち稠密で固いものが存在であり，真空で疎なものが不存在であると言う．したがって，不存在もまた存在に劣らず存在している，真空が実体に劣らず存在しているから，と彼らは言うのである．」

Kirk 577: *"ἀεὶ κινεῖσθαι τὰ πρῶτα σώματα ἐν τῷ κενῷ καὶ τῷ ἀπείρῳ."*「根源の実体は常に無限の真空を運動する．」

Kirk 582: *"καὶ ἔλεγον κατὰ τὴν ἐν αὑτοῖς βαρύτητα κινούμενα ταῦτα διὰ τοῦ κενοῦ εἴκοντος καὶ μὴ ἀντιτυποῦντος κατὰ τόπον κινεῖσθαι·."*「彼らが述べたところによれば，それらは自分の重みで真空を突っ切って運動し，真空は場所を運動するのをそのまま容れて決して妨げない．」

[3・8・3・1] cf. *infra*, 3・8・6・1.

〔3・8・3・2〕 cf. Barnes, *PP*, II, p. 61.

〔3・8・3・3〕 cf. *infra*, 3・8・6・1.

〔3・8・3・4〕 D. J. Furley は Elea 派との一般的な対抗関係の中でも Zenon との部分が特定的に存在することを論証した（The atomist's reply to the Eleatics (or., 1967), in: Mourelatos, ed., *Pre-Socratics*, p. 504ff.）.

〔3・8・3・5〕 "void" を Aristoteles に影響されて単なる "space" と解してはならないことについては，cf. D. Sedley, Two conceptions of vacuum, *Phronesis*, 27, 1982, p. 179 : "not empty space but the negative substance."

〔3・8・3・6〕 まるでこれはこの論考の〈二重分節〉モデルそのものではないか．多くの論者が事実 Demokritos のモデルにデモクラシーを感じ取ってきた．しかし，Ch. Mugler, L'isonomie des atomistes, *Rev. Philologie*, 30, 1956, p. 231sqq. が Epikouros 以降における「表面浮上」を警告するように，これを「表面のパラデイクマ」と受け取ってはならない．あくまで，syntagmatisme の平面におけるパラデイクマである．しかも，デモクラシーの中の言わば Euripides 型の特殊ヴァージョンに関わる．それでもここにデモクラシーをわれわれが「嗅ぎ取る」のが誤りでないのは，同じ社会構造が作用し，同じヴァージョン対抗の屈折体が作用しているからである．それを根底で最も効率的に指示している．願わくばこの論考の〈二重分節〉モデルもこのようであるとよい，ということである．

〔3・8・3・7〕 「真空」もまた「存在する」ということが Parmenides に対する切り返しの最も重要なポイントである，これが運動を可能にした（物が真空をのみ移動しうるという Aristoteles の観念），とする通念（cf. Guthrie, *HGP*, II, p. 391）は，論点を実質的には捉えない．何故 Parmenides が真空を嫌ったか，何故 Demokritos が 1 とゼロの両極を概念しなければならなかったか，ということを理解しない．

3・8・4

彼らによればこうした装備によって初めて syntagmatisme は完全に Parmenides の公準をクリアしうる．存在の不変・不滅を維持したまま，否，それを一層強固なものにしつつ，変転を生成を完璧に説明しうるのである．

A7 DK67=Kirk 545 : "Λ. δ' ἔχειν ᾠήθη λόγους οἵτινες πρὸς τὴν αἴσθησιν ὁμολογούμενα λέγοντες οὐκ ἀναιρήσουσιν οὔτε γένεσιν οὔτε φθορὰν οὔτε κίνησιν καὶ τὸ πλῆθος τῶν ὄντων· ὁμολογήσας δὲ ταῦτα μὲν τοῖς φαινομένοις, τοῖς δὲ τὸ ἓν κατασκευάζουσιν ὡς οὐκ ἂν κίνησιν οὖσαν ἄνευ κενοῦ, τό τε κενὸν μὴ ὂν καὶ τοῦ ὄντος οὐθὲν μὴ ὂν φησιν εἶναι· τὸ γὰρ κυρίως ὂν παμπλῆρες ὄν."

「Leukippos は，知覚に沿った syntagmatisme はありうると考えた．その syntagmatisme は生成も消滅も運動も存在の多数性も否定しない，と．但し，一

方では現れて見えるものに認識を従わせ，他方では，存在の単一性を主張する者達に認識を従わせ，真空無しには運動は無く，真空は存在ではなく，逆に存在の側には全く不存在は無い，と言った．凡そ断然有るものは完璧に有るから，と．」[1]

代償は，空白すなわち不存在の存在を認めなければならないことである．そしてここでも決定的であるのは，syntagmatisme の表面と深淵を完全に分離することである[2]．

〔3・8・4・1〕 Morel, *Démocrite* は，この説明のための媒介理論が Epikouros 派，懐疑派と進むうちに理解から抜け落ち批判されるに至ることを丹念に跡付る．こうしてその復原を目指すが，それを "causalité" で捉えるのはどうか．Aristoteles の読解を優先させすぎないか．

〔3・8・4・2〕 Barnes, *PP*, II, p. 42 は，一方で "the old Ionian fashion" への回帰を強調し，他方で "solidly philosophical" として（おそらく）形而上学たることに注意を喚起する．要するに曖昧なものとして捉えるが，これは Barnes の思考の方が曖昧であって彼等の理論の鋭角的な輪郭を感知できないのである．

3・8・5

しかし "ἄτομοι" は空白を最小限隔てながらも非常によく連帯する．否，互いに異なるが故によく絡まり合い，しかもその連結の仕方の多様性が事象の多様性を生み出すのである．

Kirk 583: "*φερομένας δὲ ἐμπίπτειν καὶ περιπλέκεσθαι περιπλοκὴν τοιαύτην ἣ συμφαύειν μὲν αὐτὰ καὶ πλησίον ἀλλήλων εἶναι ποιεῖ, φύσιν μέντοι μίαν ἐξ ἐκείνων κατ' ἀλήθειαν οὐδ' ἡντιναοῦν γεννᾷ· κομιδῇ γὰρ εὔηθες εἶναι τὸ δύο ἢ τὰ πλείονα γενέσθαι ἄν ποτε ἕν. τοῦ δὲ συμμένειν τὰς οὐσίας μετ' ἀλλήλων μέχρι τινὸς αἰτιᾶται τὰς ἐπαλλαγὰς καὶ τὰς ἀντιλήψεις τῶν σωμάτων· τὰ μὲν γὰρ αὐτῶν εἶναι σκαληνά, τὰ δὲ ἀγκιστρώδη, τὰ δὲ κοῖλα, τὰ δὲ κυρτά, τὰ δὲ ἄλλας ἀναρίθμους ἔχοντα διαφοράς· ἐπὶ τοσοῦτον οὖν χρόνον σφῶν ἀντέχεσθαι νομίζει καὶ συμμένειν ἕως ἰσχυροτέρα τις ἐκ τοῦ περιέχοντος ἀνάγκη παραγενομένη διασείσῃ καὶ χωρὶς αὐτὰς διασπείρῃ.*"「原子は運動して衝突し，そして絡まり合う．但し，接触して互いに近接的関係を持つようにはなるが，如何なる論証の基準に従っても決してそこから生成を経て単一の性質をなすなどということはない．というのも，厳密な思考に照らせば，二つのも

のないし複数のものが一つになるなどということはお人好し向きのことにすぎない．Demokritos は，一定程度それら実体が互いに並んでそこにとどまる，その原理を物体の交換と相互扶助に求めた．というのもそれらは交互にアンバランスでかぎがたをしており凹んでおりねじ曲がっており，要するに諸々の無数の差違を有するからである．かくして，彼によれば，それらは一定の時までは互いに対峙しつつ共にとどまり，やがて取り巻く条件から現れたヨリ強力な必然がそれらを揺さぶり散り散りにするまでは，そうであり続けるのである．」

Kirk 584: "ταύτας δὲ τὰς ἀτόμους ἐν ἀπείρῳ τῷ κενῷ κεχωρισμένας ἀλλήλων καὶ διαφερούσας σχήμασί τε καὶ μεγέθεσι καὶ θέσει καὶ τάξει φέρεσθαι ἐν τῷ κενῷ καὶ ἐπικαταλαμβανούσας ἀλλήλας συγκρούεσθαι, καὶ τὰς μὲν ἀποπάλλεσθαι, ὅπῃ ἂν τύχωσιν, τὰς δὲ περιπλέκεσθαι ἀλλήλαις κατὰ τὴν τῶν σχημάτων καὶ μεγεθῶν καὶ θέσεων καὶ τάξεων συμμετρίαν καὶ συμμένειν καὶ οὕτως τὴν τῶν συνθέτων γένεσιν ἀποτελεῖσθαι." 「これらの原子は無限の真空を互いに運動し合う．それらは配置と大きさと向きと連なりにおいて偏差を形成しながら真空を運動する．互いに偶発的に衝突し，跳ね返る．しかし他方，配置と大きさと向きと連なりのかねあいに従ってたまたま絡まり合い，共にそこにとどまり，かくして連なって連結体を完成させる場合がある．」

しかもそれらはその連結の仕方の多様性によって宇宙自体を複数生み出しうるとされる．

A40 DK68=Kirk 565: "ἀπείρους δ' εἶναι κόσμους καὶ μεγέθει διαφέροντας, ἐν τισὶ δὲ μὴ εἶναι ἥλιον μηδὲ σελήνην, ἐν τισὶ δὲ μείζω τῶν παρ' ἡμῖν καὶ ἐν τισὶ πλείω." 「宇宙は無限にあり，大きさを異にする．或るものには太陽と月が無く，或るものにはわれわれの世界におけるより大きなそれがあり，或るものにはヨリ多くのそれがある．」

3・8・6

以上のような理論構成が徹底的な〈批判〉から出発するものであることは明らかである．イオニアの遺産を承継すると同時に Elea 派からの直接のインパクトを受けて先鋭化している．この点では Herodotos と軌を一にする．一方では以下のように言われる．

3 隠れた構造の先験的単位

Kirk 548=Arist. *Metaph.* Γ5, 1009b7: "*ἔτι δὲ καὶ πολλοῖς ζῴων ὑγιαίνουσι τἀναντία περὶ τῶν αὐτῶν φαίνεσθαι καὶ ἡμῖν, καὶ αὐτῷ δὲ ἑκάστῳ πρὸς αὐτὸν οὐ ταὐτὰ κατὰ τὴν αἴσθησιν ἀεὶ δοκεῖν. ποῖα οὖν τούτων ἀληθῆ ἢ ψευδῆ, ἄδηλον·.*"「その上，多くの動物にとって同一のものが全く正反対のもののように見えて何ら異常ない．かつわれわれにとっても，同じ者にとってもまたそれぞれの者にとって，同一のものについて常に同じ知覚が得られるということはない．かくして何が真で何が偽かは明らかでない．」

Kirk 549: "*μηδὲν φαίνεσθαι κατ' ἀλήθειαν, ἀλλὰ μόνον κατὰ δόξαν, ἀληθὲς δὲ ἐν τοῖς οὖσιν ὑπάρχειν τὸ ἀτόμους εἶναι καὶ κενόν·.*"「何ものも真実に従って見えてくるわけではない，ただ見かけに従って見えてくるだけである．実体の中に存在するのは結局原子と真空だけであるというのが真実である．」

しかし他方では知覚[1]を重要な判断材料として位置付ける．

Kirk 553: "*ἐν δὲ τοῖς Κρατυντηρίοις, καίπερ ὑπεσχημένος ταῖς αἰσθήσεσι τὸ κράτος τῆς πίστεως ἀναθεῖναι,……*"「彼の「補強的論拠」の中で，彼は知覚に論証を支える力を認めると約束したが――．」

というのも，構造と知覚は syntagmatique な関係によって結ばれているからである[2]．知覚は認識としては不完全で "*σκοτίη*" なものである．しかし全く理由無しには生じないのである．そうした syntagmatique な関係[3]について Demokritos が持ったと言われるイメージは以下のようである．

A135 DK68=Kirk 589: "*τὴν γὰρ ἔμφασιν οὐκ εὐθὺς ἐν τῇ κόρῃ γίνεσθαι, ἀλλὰ τὸν ἀέρα τὸν μεταξὺ τῆς ὄψεως καὶ τοῦ ὁρωμένου τυποῦσθαι συστελλόμενον ὑπὸ τοῦ ὁρωμένου καὶ τοῦ ὁρῶντος· ἅπαντος γὰρ ἀεὶ γίνεσθαί τινα ἀπορροήν.*"「視覚は直接瞳に生ずるのではない．視る者と視られるものの両方に引っ張られて眼と被視物との間の大気が刻印されるのである．全てのものからは常に何か発散するものが生まれている．」[4]

〔3・8・6・1〕 Leukippos/Demokritos の知覚理論につき，Ch. Mugler, L'invisibilité des atomes. A propos d'un passage d'Aristote (*de gen. et corr.* 325a30), *REG*, 76, 1963, p. sqq. が重要な指摘を行う．「原子」が極めて小さいために見えない，という因果関係は Aristoteles の Leukippos 解釈に登場するが，他方幾つかの断片は「原子」が知覚しえない理由につき別のヴァージョンを伝える．即ち，「原子」自体が如何なる知覚可能属性をも持たないからであるというのである．それによれば，知覚は連結の形態が複雑なメカニズムを通じて実現するのである．私見

によれば,物に知覚属性が内在しない,ことの認識は極めて重要であった.知覚のメカニズムをあらためて問わせ,反射的に事物の背後の構造を考えさせるからである.「原子」が極めて小さいために見えない,という俗説の排除はこの意義を有する.「原子」はしたがって彼らにあってはどんなに大きくとも見えないのである(もっとも,Mugler が再発掘する Demokritos の巨大「原子」の理論をそのまま受け取ることはできないと思われる.このイメージは俗説排除の帰結か,〈二重分節〉破壊の危険に関するものの変型か,ではなかったか).

〔3・8・6・2〕　cf. V. E. Alfieri, I due aspetti della teoria del conoscere in Democrito, *Athenaeum*, 30, 1952, p. 143ss. "l'atomismo per primo dà una teoria completa della conoscenza" という認識は,Parmenides の「後半」等を過小評価してはいるが,彼等が初めて syntagmatisme の平面から完璧に切断された平面を構想したことの反面を指摘したものとして,理解しうる.しかし,その限界(はあるにせよ,それ)が "quella indistinzione soggetto-oggetto" であるとする点は大変に奇妙である.Descartes といきなり比較するなと言うのではない.何故 Descartes は全てにかかわらず "l' attività del pensare" を別途措定したかという点を考慮すれば,ディアレクティカの全体構造を通じてむしろ関連が浮かび上がってくるはずである.もし近代の「自然学」との差違を厳密に測定するならば不可欠の作業である.なお,Demokritos の心身論については,Morel, *Démocrite*, p. 129sqq. に丹念な復原を見出すことができる.

〔3・8・6・3〕　*aporroe* や *eidola* を含めて,知覚メカニズムの複雑な過程については,それぞれ断片的テクストの表面に引きずられてやや混乱した分析ながら,たとえば P. J. Bicknell, Democritus'theory of precognition, *REG*, 82, 1969, p. 318sqq.; R. W. Baldes, Democritus on the nature and perception of black and white, *Phronesis*, 23, 1978, p. 87ff. 等によって論点を知ることができる.

〔3・8・6・4〕　このテクストの解釈上の論点,他の断片との齟齬,等については,(結論自体は強引にその齟齬を解消した感が強いが) R. W. Baldes, Demokritos on visual perception: two theories or one?, *Phronesis*, 20, 1975, p. 93ff. が参考になる.

4　paradigmatisme の浮上

4・0　序

　Sophokles, Anaxagoras, Empedokles, Zenon, より十数年ないし数年若いだけであるが，480 年代半ばに生まれる Euripides と Herodotos の思考は少々違う波長を有するように思われる．この二人とほとんど同年に生まれる Protagoras と Gorgias は，5 世紀後半に深く進むに従ってはっきりしてくる思考様式の変化を最も鋭敏に感じ取った二つの知性である．

　Demokritos の "ἄτομος" は決して事象を説明するモデルではない．syntagmatisme の平面とは決して paradigmatique には結ばれていなかった．*a foritiori* に，政治的決定やその論拠との間の paradigmatique な関係は排除されている．その理論構成の内容をなすパラデイクマは余りにも見事な〈二重分節〉の画像のように見える．このため「個人主義」や「デモクラシー」のモデルをそこに見る論者はあとをたたないが，これは解釈としては誤りであり，このような印象が残るのは，二重のディアレクティカを通じて，社会構造としての〈二重分節〉がわれわれの観念に秘かに響く故である．その仕業である．

　しかしおそらく 430 年代，特に Perikles 後，になると，二重のディアレクティカの間の分節障壁を築くここまで見てきた様々な壮大な理論構成の懸命の努力は，その潮の向きを変え始める．分節障壁自体が二重のディアレクティカにとっての障壁，すなわち二段階相互間の生き生きとしたやりとりを阻害するもの，と感じられる一方で，syntagmatisme の強調が，下への平準化，即ち二段階間に有るべき障壁の崩壊によるディアレクティカ本体（政治的決定手続）の解体，であると受け取られ始めたのである．

4・1　対抗の浮出

4・1・0

Platon が差し向けた皮肉に由来する「ソフィスト」というカテゴリーの人物の原型をなす Protagoras は，初めて対価を取って教えるということをしたと言われる[1]．自らの思索の内容を言語によって伝達するという活動が対価をもたらすということは，それがさしあたり直接的に政治的な文脈を離れるということを意味する．そうした活動はそれまで，Pythagoras 学派におけるように領域の強い連帯の内部にあるか，それとも（Perikles のサークルにおけるように）自由に結合しながらも一定の「政治的理念」を緩やかに共有する党派の内部にあった．しかし Protagoras は，（Perikles のサークルにありながらも）明らかにもっと開かれた，つまりどの「政治的傾向」の者に対しても等しく接近可能な，知の形態を獲得したのである[2]．もちろん，教える内容が「政治的に中立な」単なる技術になったということを意味しない．むしろ活動形態自体一個の明確な「政治理念」の表現である．人的関係の〈二重分節〉の特定の一ヴァージョンを含意している．領域に出て，しかも横断的にでなく個々人に選択的に作用していくのである．しかし全ての個々人に対して手放しで開かれている．その楽天性に最もよく「政治理念」が現れているとさえ言える．彼の言語が対価をもたらすその要因が弁論という実用目的であったとしても，弁論が彼の言語の方向で分節形態を持つようになれば，それは確実にデモクラシーの一ヴァージョンが実現されたことになる．だからこそ Sokrates と Platon に全面的な取り組みを強いるのである．

〔4・1・0・1〕　cf. Guthrie, *HGP*, III, p. 35ff.

〔4・1・0・2〕　〈分節〉を無差別に侵食すること（言わば polyarchy）が少なくとも Sokrates の批判点であり（cf. Xenoph. *Mem*. I, 2, 6; 6, 5），また本能的に Athenai の人々に危険を感じさせた点であった，に違いない．

4・1・1

しかし Protagoras の場合にもわれわれは syntagmatisme という大きな脈絡から出発しうる．

F4 DK : *"περὶ μὲν θεῶν οὐκ ἔχω εἰδέναι, οὔθ' ὡς εἰσὶν οὔθ' ὡς οὐκ εἰσὶν οὔθ' ὁποῖοί τινες ἰδέαν· πολλὰ γὰρ τὰ κωλύοντα εἰδέναι ἥ τ' ἀδηλότης καὶ βραχὺς ὢν ὁ βίος τοῦ ἀνθρώπου."*「私は神々について知ることができない．それらが何であるか，また何でないか，姿形においてどのようなものであるのか．というのも，知ることを妨げる事柄は多く，まさにこれこそが，何かを明らかにするにも人の一生は余りにも短かすぎるということなのである．」

神々の実在不実在，はたまたその何ものか，については知ることができない，というのは明らかに，見ることができないという含意である．人々が様々に言うが，本当かどうかわからない，いつかは見ることができるかもしれないが，人の一生は短かすぎる，というのである．"*αὐτόπτης*" たることを確証の決め手とする Herodotos 流の考え方がある．しかし Herodotos と違って syntagmatique な連関の端にそれが据えられているのではない[1]．反対に，見る，或いは，知覚する，ことができないパラデイクマは一切不確かであるとされるのである．一面で〈批判〉は一層徹底されたと言うことができる．

そればかりではなく，Demokritos との間に大きな溝が横たわる．この断片を伝えるテクストが Protagoras を Demokritos の盟友とするように，少なくとも後世からは両者の関係が気になる (cf. A 15) のであり，また一方で確かに次に述べる Protagoras の知覚理論は Demokritos のそれとパラレルな面（A 14 *infra*: "*ἀντὶ τῶν ἀποφορήσεων*"）があり，Demokritos も知覚を認識の重要な徴表としていた．しかし他方，知覚できないパラデイクマの存在を否定されたときに標的になったとさえ言えるのは，「原子論者」達であろう[2]．

するとわれわれは，Protagoras の理論的位置付けとしてどうやら，彼は〈批判〉を重視し，したがって syntagmatisme を共有するが，そのとき syntagmatisme の表層の下に展開される syntagmatisme のクリテリウムの諸層の存在を認めない，ディアレクティカ・ゼロ度の層も syntagmatisme の表層と同一視される，という理解を予期しうる．確かに syntagmatisme である以上これが最も徹底した理論構成である．

〔4・1・1・1〕「宗教批判」，ないし「無神論」，は「ソフィスト」の代名詞でもある (cf. Guthrie, *HGP*, III, p. 226ff.)．しかし Kritias の断片 (F25) などから判断する限り，彼等の思考を特徴付けるのは，神々の存在と具体的に作動するパラデイクマ（倫理的規範）の間の直接性であ

る．後者をゼロ＝パラデイクマが直接裁可していない，ということが不存在の論拠とされ，その作動を直接担保するために人為的に創られた，というのである．彼等の理論構成が étiologique な性質を持つ (cf. Barnes, *PP*, II, p. 154ff.) とすれば，syntagmatisme の平面が単一化したからである．

〔4・1・1・2〕 実際には，Protagoras と Demokritos は並行関係に立ちながらも，断絶があった，そしてその断絶故に一旦後者が視界から消える，とりわけ Platon-Xenophon の攻撃対象からはずれた，否，Sokrates 自身の批判のポイントを免れた，のではないか．

4・1・2

現に伝えられる彼の知覚理論はこうした予測を裏付ける．

A14 DK: "……τὴν ὕλην ῥευστὴν εἶναι, ῥεούσης δὲ αὐτῆς συνεχῶς προσθέσεις ἀντὶ τῶν ἀποφορήσεων γίγνεσθαι καὶ τὰς αἰσθήσεις μετακοσμεῖσθαί τε καὶ ἀλλοιοῦσθαι παρά τε ἡλικίας καὶ παρὰ τὰς ἄλλας κατασκευὰς τῶν σωμάτων. λέγει δὲ καὶ τοὺς λόγους πάντων τῶν φαινομένων ὑποκεῖσθαι ἐν τῆι ὕληι, ὡς δύνασθαι τὴν ὕλην ὅσον ἐφ᾽ ἑαυτῆι πάντα εἶναι ὅσα πᾶσι φαίνεται. τοὺς δὲ ἀνθρώπους ἄλλοτε ἄλλων ἀντιλαμβάνεσθαι παρὰ τὰς διαφόρους αὐτῶν διαθέσεις· τὸν μὲν γὰρ κατὰ φύσιν ἔχοντα ἐκεῖνα τῶν ἐν τῆι ὕληι καταλαμβάνειν ἅ τοῖς κατὰ φύσιν ἔχουσι φαίνεσθαι δύναται, τὸν δὲ παρὰ φύσιν ἅ τοῖς παρὰ φύσιν." 「実体（質料）は流動的である．流動的であるから不断に異なって照射体に反射するということが生ずる．かくして知覚は実体の年代や他の多くの属性に応じて再生成・変転する．さらに彼が言うには，実体にはその現れ方のパラデイクマが内蔵されている．かくして実体は，同一のものに関する限り，全ての人にそのように現れたその分の全てのものでありうる．人はそれぞれ自分達の性質の差違に応じて異なった仕方で知覚する．というのも，実体の諸属性をそれぞれそのものの性質に従って受け取り知覚し，しかもその実体というものは，それぞれの人が自分の性質に応じて受け取る，それによって初めて現れうるのである．つまり実体は，その変転する様々な性質が，様々な性質を持った人々に，知覚されるのである．」

原子論者におけるような複雑かつしたがって〈批判〉可能な知覚のメカニズムは消えて素朴な写像が概念されている．重点はそれが当然個々人の間で異なるというところに置かれる．異なる理由は知覚の実体をなす反応の違いである．

4・1・3

　もし Platon による解釈が正しければ，Protagoras においては知覚 "αἴσθησις" が即認識 "ἐπιστήμη" であるということになる (F1 DK). Platon は，Sokrates に，以下の Protagoras 自身の言葉を厳密に解釈させることによって，このような理解に至る．

　F1 DK: "πάντων χρημάτων μέτρον ἄνθρωπον εἶναι, τῶν μὲν ὄντων ὡς ἔστι, τῶν δὲ μὴ ὄντων ὡς οὐκ ἔστιν."「人間は万物の尺度である．それが存在すれば存在するものの，それが存在しなければ存在しないものの．」

　Sokrates は，Protagoras のこの直ちに広く流布したと見られる言葉の意図を正確に捉えようとする．それによれば，この立場の帰結はまず "οἷα μὲν ἕκαστα ἐμοὶ φαίνεται, τοιαῦτα μὲν ἔστιν ἐμοί, οἷα δὲ σοί, τοιαῦτα δὲ αὖ σοί· ἄνθρωπος δὲ σύ τε κἀγώ;" (Plat. Theait. 152a)「それぞれのものがそのように私に現れた，それが私にはそのものである，同様に，君にそのように現れた，それが君にはそれである．君も私も人間だからだ」であり，たとえば同じ風が或る者には冷たく或る者には冷たくない，ということである．このことはさらに "φαίνεται"「そのように見える」を "αἰσθάνεσθαι"「そのように知覚されること」と理解させ，"φαντασία" と "αἴσθησις" の同一性に至る．存在自体がこれに懸かり[1]，"οἷα αἰσθάνεται ἕκαστος, τοιαῦτα ἑκάστῳ καὶ κινδυνεύει εἶναι"「各人が知覚するところが，また各人にとって存在であるということになりかねない」，その結果存在の知覚という厳然たる条件は常に真であることを保障し，かくして知覚即認識が導かれる．Platon はかくして "τῶν μὲν ὄντων ὡς ἔστι, τῶν δὲ μὴ ὄντων ὡς οὐκ ἔστιν" の部分の解釈を怠っていない．Protagoras の矛先の一つは明らかに Parmenides の syntagmatisme 基準であり，このくびきから〈批判〉を解放することにあった．厳密な前提的批判を志すならば，個々人の互いに異なり矛盾するこの知覚のみが確かな保障であり，曖昧な paradigmatique な連帯による排除は恣意的である，というのである[2]．場合によってはどんなに驚くべきことであっても陳腐な常識で「ありえない」と考えてはならないという Herodotos の "θῶμα" を想起させる．

〔4・1・3・1〕　Guthrie, *HGP*, III, p. 185ff. 各人が同一の物の様々な側面を知覚する，という意味に解する Cornford を駁して Platon の解釈に依拠し，"no reality behind and independent of appearances" を Protagoras の "*metron*" の核心とする．Demokritos との対抗を考えるとき（cf. F156 DK），価値の尺度は個人によって異なる，という単純な相対主義のレヴェルでのみ解することは正しくない．G. B. Kerferd, *The Sophistic Movement*, Cambridge, 1981, p. 86ff. は（風の属性自体実在し，それが様々な知覚を生むメカニズムもしたがって実在するという）Platon を強く批判して，向こうにあるのは風だけであり，風の属性は受け手の側の問題である，と解するが，Platon の切り返しと Protagoras の思考が混線している．だからこそ，「あらゆる事柄につき反対の考えが成り立つ」というディアレクティカ第二段のパラデイクマ・レヴェルの対抗に短絡する．"*metron*" をレトリックの基盤に絡めてしか理解できない所以である．これは Protagoras の意識的な短絡にそのまま引っかかった解釈である．しかるに，Protagoras 自身はその短絡を基礎付けようとしているのである．

〔4・1・3・2〕 Sextus Empiricus のパラフレーズに即した丁寧な解釈が，M. Untersteiner, *I sofisti*[2], I, Milano, 1967, p. 78ss. に展開されている．"*metron*" が存在の客観性に関わること，もっと正確に言えば，相対主義・主観主義といったレッテルのそのターム自体が不適当であること，を説得的に論証する．

4・1・4

　もちろん Protagoras は，知覚がそのまま放って置かれて漠然と判断に結びつく，ということを予定しているのではない．しかし吟味・検討はディアレクティカ本体の作業，したがって評価の領分に属することになる．これと区別された次元でなお批判を構築するのが二重のディアレクティカの立場，〈批判〉，ではなかったか．その通りである．しかし Protagoras は，そのように言いながらそこに様々な先入観を投影して恣意的にディアレクティカの入り口で多くのパラデイクマを排除する，そうした二重のディアレクティカの「腐敗」「混線」を突いているのである．Platon が Protagoras のために誠実に用意した「Protagoras の弁明」（A21a DK=Plat. *Theait*. 166a-168c）がこのニュアンスをよく伝える．

　Platon は Sokrates に Protagoras を攻撃させる．その武器は，知覚を記憶し別の知覚に繋げるパラデイクマの作用である．この paradigmatique な統合作用がなければ認識は成り立たないというのである．これに対する Protagoras の反撃は根底的なものである．「今その知覚を蒙っているのでない者に，かつて知覚を蒙ったその事柄の記憶が残存したとしても，その「蒙ったもの」たるやかつて蒙ったものと同じだ」("*μνήμην παρεῖναί τῳ ὧν ἔπαθε, τοιοῦτόν τι οὖσαν πάθος οἷον ὅτε ἔπασχε, μηκέτι πάσχοντι*") とでも言うのか，と．その同

4 paradigmatisme の浮上

一性の証明は至難である，と．「見ようと見まいとそのものはそのものである」（*"οἶόν τ' εἶναι εἰδέναι καὶ μὴ εἰδέναι τὸν αὐτὸν τὸ αὐτό"*）とでも言うのか，と．「部分に分割する前とそのあとで同じものがある」（*"τὸν αὐτὸν εἶναι τὸν ἀνομοιούμενον τῷ πρὶν ἀνομοιοῦσθαι ὄντι"*）とでも言うのか，と．そして自分のテーゼにかすかに異なる定式を与えつつ「存在するものしないものに関してわれわれの各人が尺度であるというのであるから，同一の事柄について各人の尺度は他人の尺度と大いに異なる」（*"μέτρον γὰρ ἕκαστον ἡμῶν εἶναι τῶν τε ὄντων καὶ μή, μυρίον διαφέρειν ἕτερον ἑτέρου αὐτῷ τούτῳ"*）と推論する．そして，健康な者には苦くないものが病人には苦く感じられる，という例を提出する．このとき，「（どちらかが間違っているのだから）彼らのうちどちらかを正してより賢くしようなどとすべきではないし，またできもしない，病人がそのように判断したのは愚かである，他方健康人は別の判断をしたので賢い，などと糾弾しても無意味である」（*"σοφώτερον μὲν οὖν τούτων οὐδέτερον δεῖ ποιῆσαι—οὐδὲ γὰρ δυνατόν—οὐδὲ κατηγορητέον ὡς ὁ μὲν κάμνων ἀμαθὴς ὅτι τοιαῦτα δοξάζει, ὁ δὲ ὑγιαίνων σοφὸς ὅτι ἀλλοῖα"*）．まさに，病人が苦いというそのことが重要な判断材料なのであり，正しいか誤っているかの問題ではない．再び Herodotos を彷彿とさせる着眼である．Protagoras は決して二重のディアレクティカの障壁を軽視していない．むしろ徹底的に地に着くことによって強化しているのである．

4・1・5

とはいえ，Platon によればここから Protagoras は大きく議論を飛躍させる．すなわち，認識とは何かという Sokrates の挑戦に応えて，病人が苦いと感じたことが誤った認識をしたことに該ると批判しても始まらない，このこと自体を厳密に確認してこれを判断の材料とする，そして「われわれの中で誰か，それが悪くしか思えないしまた事実彼にとって悪いことである，のを転換してそのことがよく思えるしまた彼にとって事実よいことである，ようにすることができるような人物」（*"ὅς ἄν τινι ἡμῶν, ᾧ φαίνεται καὶ ἔστι κακά, μεταβάλλων ποιήσῃ ἀγαθὰ φαίνεσθαί τε καὶ εἶναι"*），こそが認識に到達した者である，と言うのである．Platon はこのとき Protagoras に，一方の状態がヨリ良い

($"ἀμείνων γὰρ ἡ ἑτέρα ἕξις"$) という価値判断を既に介在させていることを十分明確に意識させている．

この転換($"μεταβάλλων"$)の動機こそは，既に指摘されているように，もう一つの Protagoras のテーゼ $"τὸν ἥττω λόγον κρείττω ποιεῖν"$ (A21 DK)"「ヨリ弱い論拠をヨリ強い論拠に転換する」の核心である[1]．Platon はこの転換を一つの技術のように描くが，Aristoteles の理解する文脈は，ディアレクティカ本体である．多くの異なる知覚を厳密に識別し偏差を分析した後に，これらを総合してヨリ高いレヴェルの認識に到達するばかりか，知覚そのものの改善にまで着手する．その具体的な手続は，それぞれの知覚に基づいて競ってそうした認識を戦わせ，処方を探っていく，対抗的な論理構成 $"ἀντιλογία"$ である．これが彼の代表作，もしくは連作，の標題であること，そしてこの語自体が彼の名を連想させるようになっていったこと，は当然である[2]．

〔4・1・5・1〕 Untersteiner, *I sofisti*[2], I, p. 91ff.

〔4・1・5・2〕 Antiphon そして *"Dissoi logoi"* の著者に承け継がれる思考法は「ソフィスト」の神髄であるとされ (Kerferd, *The Sophistic Movement*, p. 63)，疑いなくここに修辞学の原点が在るが，Diogenes (9, 51) が Protagoras に帰す $"δύο λόγους εἶναι περὶ παντὸς πράγματος"$ という言明は，脈絡不明ながら一見するより厄介な問題を提起するように思われる．価値のレヴェルの相対主義と関連付けて議論の便宜主義の方向で理解することが誤りであるとしても，逆に (referential な観点を採って) 事物と言語の関係についての洞察を読み取る (E. Schiappa, *Protagoras and Logos. A Study in Greek Philosophy and Rhetoric*, Columbia, 1991, p. 89ff.) のも誤解である．明らかに「あらゆるパラデイクマには対抗するヴァージョンがある」という意味であり，パラデイクマを言語により分節するときにはヴァージョン対抗のメカニズムが働く，ことを指摘するものである．したがって Herakleitos 流の両極性の指摘ではない．パラデイクマ自体，ないしパラデイクマ一般，が視野に入っているのである．だからこそ修辞学の基礎たりうる．もっともこの認識は，イオニア以来当然の前提とされたものであり，人々はその先を考えてきた．すると Protagoras はやはり二重のディアレクティカを解消する方向に進んだのか．それともヴァージョン対抗の全体的連関という基礎に一旦帰ることを提案したのか．

4・1・6

以上のような Protagoras の理論構成の位置付け[1]に関しては，再び Platon の洞察に導かれることが有用である．Platon の理解の中では Protagoras は Hesiodos から出発する系譜の延長線上にくっきりとその姿を確立していたはずである．否，このことは Sokrates にとって，そして 5 世紀後半の人々にと

4 paradigmatisme の浮上

って，自明であったはずである．したがって，Platon が Protagoras に独自のヴァージョンの Prometheus〈神話〉を語らせるときに，果して Protagoras の著作を典拠としたかどうかは定かではないが，たとえフィクションによってそれを Protagoras に帰したとしても，Protagoras の理論的立場の厳密な識別に基づくものであったはずであり，またそのように受け取られたはずである．

Prometheus〈神話〉は Hesiodos において一方で大きな切断を，そして他方で領域という出発点を，意味していた．この出発点は，領域の上の労働に基づく小さな不可分の単位，そしてそれらの間の新しい連帯，へ向かってのものであった．Protagoras の Prometheus〈神話〉（Plat. *Protag.* 320 C-322 D）においてもこの出発点は変わらない．しかし第一に，Prometheus-Epimetheus の兄弟を久々に登場させ，しかもこの兄弟に Hesiodos には見られない形態を与える．すなわち，神々が今次々と動物を火と地から誕生させる，そのときにそれぞれに必要な属性を与えるのであるが，これが Prometheus から Epimetheus に任務として委ねられる．ところが，いよいよ人類が創作されるとき，Epimetheus の限界が現れ Prometheus の出番となる．Epimetheus は与えるべき属性を全て使い果たしてしまっていたのである．仕方なく Prometheus は Hephaistos と Athena から火とともに創作的知性を（"τὴν ἔντεχνον σοφίαν σὺν πυρί"）盗んで人類に付与する．つまり，Hesiodos の「自然的条件」はここでは既に第二段に至って到達されると捉えられる．第一段に Epimetheus が，そしてこれと天上とが交わる点に Prometheus が，立っているのである．この兄弟は領域と都市中心を上下に分かれて媒介している．

第二に，Epimetheus 自身が様々な属性を「分配」する（"νεῖμαι"）．しかもその「分配」は諸々の種の間に均衡が達成されるように（"καὶ τἆλλα οὕτως ἐπανισῶν ἔνεμεν"），どの種も決して消滅してしまうことのないように（"μή τι γένος ἀϊστωθείη"），行われる．自然状態にデモクラシーの平等が予め内蔵される，と言えば不正確にはなる．しかし少なくとも政治が領域に分配されているのである．明らかに〈二重分節〉のイメージがあり，それが〈分節〉に assimilate されている．しかも〈二重分節〉単位の先験性が準備されている．これがむしろ出発点であるというのである．

第三に，Prometheus の火はなお決定的ではないとされる．Prometheus は

Zeusから政治を盗むことができなかった．このために火を持って戦うも自然の中で孤立した人間は劣性に立たされる．そこでようやく集団をつくってこれを克服するが，今度は集団相互の戦いのために危うく絶滅しそうになる．見かねた Zeus が政治すなわち政治的理性（"σοφία πολιτική, πολιτικὴ τέχνη, αἰδῶς τε καὶ δίκη"）を付与することとする．Hermes への命令は，他の技芸と違ってこれに限り皆に遍く分配するように，というのである．つまり，自然状態，社会状態，政治状態，がはっきりと区別されて段階的に構成されているのである．デモクラシーから出発して巻き戻すように政治に至り直す．

以上の全体において Protagoras は，政治とディアレクティカにでなく，領域からさらに後背地へと深く降りていって対抗の資源を掘削していく．このとき自ずから Hesiodos に出発点が採られる．これを修正しながらデモクラシーの要素を（*mutatis mutandis* な要素に遡るようにして）自然の中に内蔵させておく．しかもなおこれで足りるとはせず，折り返し上昇のモティフを働かせる．ここは，知覚が即認識であるとしておきながら，それらが人々の間で互いに異なるを使って，対抗的論証によって正しい認識に至るということを排除しない，ことに対応する．最後になって付与される政治的理性についても Protagoras は全く同様の理論構成をして Sokrates と対立する．即ちそうして遍く分配された政治的理性を，しかし経験によって陶冶しまた教えていく必要があるというのである．

Protagoras は syntagmatisme の平面を徹底的に領域の方に引きずり降ろして見せる．この結果ディアレクティカは最も遠く，そして早くから，出発することになる．その結果最も徹底的で楽天的なデモクラシーが直ちに現れることは疑いない．しかし Platon が Sokrates に鋭く突かせているように，全体が緩やかな連続体をなし，一瞬二重のディアレクティカの輪郭，たった一つの鋭いターン，がどこにあるのかわからなくなるのである[2]．Sokrates は，Prometheus〈神話〉の中で様々なものが付与されていくが，決定的な政治的理性は一つなのか，それとも複数なのか，ときく（329 B ff.）．syntagmatisme を構成する理性とディアレクティカを構成する理性は異なる，と同時にそれぞれ包括的であるはずである．しかし Protagoras においては知覚（"σοφία πολιτική"）から政治的判断（"αἰδῶς τε καὶ δίκη"）まで一続きである[3]し，ま

4　paradigmatismeの浮上

して火を使うことから出発している部分がある（"πολιτικὴ τέχνη"）．Zeus が最後に付与するものは全く異質であるとはいえ，まさにその Zeus が与えたものについて Protagoras 自身，それは一つではあるが多くの部分から成る，と答えざるをえない．Sokrates はもちろん，「教えうる」という点に領域の initiatique な理性の匂いを嗅ぎ取って，それが政治的判断にまで忍び込む混乱を攻撃する．

〔4・1・6・1〕 "τὸν ἥττω λόγον κρείττω ποιεῖν" と結びつけて Prometheus を捉える Untersteiner, I sofisti², I, p. 97ff. の解釈は極めて的確であるが，Hesiodos の脈絡に気付かない．

〔4・1・6・2〕 彼の「教え」がもっぱら "practical" で "the art of persuasive speaking" を内容としたという理解がしばしばなされる（cf. Guthrie, HGP, III, p. 267）のはここに帰因する．広い脈絡に位置付ければ，ディアレクティカを領域に解放し，そして領域からディアレクティカの資源を再発掘しようとした，ことに帰因する．もちろんこれ自体，Isokrates を通じて，後世に遺されたデモクラシーの大きな資産である．

〔4・1・6・3〕 「ソフィスト」論は「nomos と physis」というトポスに多くの頁を割く（cf. Guthrie, HGP, III, p. 60ff.; Kerferd, The Sophistic Movement, p. 111ff.）．それらは多くの場合相当に混乱しているが，それは或る意味ではテクストの側の混乱をそのまま映し出したものである．この問題は結局のところディアレクティカの二重構造に関わる．最も鮮明な議論は Platon, Rep. における Thrasymachos の主張であるが，ここでは，第一段のディアレクティカないし〈批判〉のクリテリウム自体が後段のディアレクティカを大きく拘束する余り，二重のディアレクティカの輪郭が消えてしまっている，事態が認められる．イオニア以来，physis がディアレクティカの前に大きく立ちはだかるとすれば，それは二段階たるその分節を保障するためである．しかし Thoukydides が大いに皮肉るように，この手続が確立すると，第一段での優位を追求する余り，nomos を自然的に構成したり，physis に倫理的価値を忍ばせる，といったことが行われ，今日の解釈者がこれらの語の意味の多様性に振り回されるまでになる．そしてこれがディアレクティカの二重構造を曖昧にして行くが，しかしなお悪いことに，ディアレクティカの元来の構造をも曖昧にする．元来のディアレクティカ自体，パラデイクマの素材と加工という二元的観念から成り立っている．既に "Odysseia" の Kyklopes にわれわれは言わば「自然状態」ないし Hobbes を見る．二重のディアレクティカの不全はここへ投影されてくる．ディアレクティカの原点を擁護しようとする者はかくして nomos と physis の断絶を強調することになるが，ところが，ここでまた混乱が生ずる．つまり physis の名においてディアレクティカ前段を全面的に放り出すのである．Protagoras は明らかに既にこの事態を受けて媒介の再建にかかったと思われる．そしてその曖昧さを Sokrates に攻撃されたのである（Aristoteles と Platon はこの対抗を一見再現するようであるが，実は両者ともももはや一元的にしか思考しなかったと思われる）．

4・2　対抗の極大化とその独占

4・2・0

　Protagoras とほぼ同時に，Sikelia の Leontinoi で，Elea 派の基盤の上で，やはり syntagmatisme をどのように制してどのようにディアレクティカを優位に導くかということを追究したのが Gorgias である．Syrakousai との対立関係の中で支援を求めるべく Athenai にやって来た彼の演説は Athenai の人々に大きな衝撃を与えたと言われる[1]．二重のディアレクティカの全体を大胆に構想する時代の到来を確認するエピソードである．〈批判〉がディアレクティカ本体を予測しこれに備えて行われる，という印象がどうしても生じ，脅威と衝撃を感じさせる．

　しかし Protagoras と同様に Gorgias もまた，二重のディアレクティカを徹底させることに関心を有したのであり，決して〈批判〉手続の中で結論を急いだのではない（事象の中に予め目的因を埋め込んで置くことの対極に立つ）．彼もまた syntagmatisme の基礎に据わるべき基底的なディアレクティカをむしろ極大化しようとしたと思われる．しかも Pythagoras と Parmenides が築いた強固な結束の遺産の上に極限に達した対抗にも耐える揺るぎないディアレクティカ本体の基礎を獲得しようというのである．

　〔4・2・0・1〕　cf. Untersteiner, *I sofisti*², p. 153ss..

4・2・1

　独自の写本を通じて伝承される「Helene 弁護論」（F11 DK）は，テクストが生き残ったのは弁論の範型としてであった[1]としても，明らかに二重のディアレクティカを通ずる構想を例解したものであり，やはり〈批判〉を独自に追究する言説のジャンルに属する．

　「弁論」の目的は Helene の無罪を陪審に対して論証することにある．これは政治的決定の結論に相当する．しかしながらこの「無罪」の論証という扮装は，ここではまさに〈批判〉の独自性のためのものである．つまり彼女に責任を帰するディアレクティカの進行がことごとくブロックされるのである．否，論理的に凡そ全てブロックされる[2]．だからこそこれが〈批判〉という思考に属す

4 paradigmatisme の浮上

るのである.

　Gorgias は,「Helene が Troia 側に渡る」というパラデイクマをまず対抗ヴァージョン間に鋭く引き裂いてみせる[3]. このとき対極軸を使う. すなわち, その原因 "$αἰτία$" が神々に在るか人々に在るかのどちらかである, 人々の側に在るとすると言語によったかよらないかである, 言語によらないとすると実力によったか cognatique な結合の力によったかのどちらかである, というように対抗関係を使って素早く全称性を獲得する. 元来はこのヴァージョン対抗関係自体が大きな問題を提起するはずである. ところが Gorgias はこれらがいずれも syntagmatique な連関の構想である点を捉えて, パラデイクマが syntagmatique に分節しえないこと, したがって責任が問えないこと, を論証する. 何故しかしそのように言えるか. これは明らかに Gorgias が論証の準備のために予め対抗関係を極大化しておいたことによる. それぞれのヴァージョンは純粋に一つの "$λόγος$", 一枚岩のパラデイクマ, が働いて成り立つように概念される. syntagmatique に無分節な状態で提示される. しかも鋭く矛盾する両極がいずれもこの状態に置かれるために, 無分節に関する限りどのように解釈しようと動かない結論であるという説得力を帯びる. どの場合にも抵抗しがたい必然の力が働いている, というのである.

　事実, Gorgias は最も疑わしい場合, 言語による説得の場合, に多くの言葉を割く, と同時に自らのこうした「戦術」を例解している. パラデイクマの力を解放するのは他ならぬ言語のパラデイクマ分節力であるというのである[4]. 言語によって鋭く分節されればされるほどパラデイクマに内在する巨大な力が解放されて人を抗う余地無く連れ去る. Helene を襲ったのもこれであったに違いない, という論証である. Gorgias も Protagoras とこの点では同様に, 事象の内部に潜むディアレクティカの資源を最大限に引き出すのである.

　　[4・2・1・1] cf. Guthrie, *HGP*, III, p. 270ff.
　　[4・2・1・2] これが元来決してディアレクティカの第二段の華麗な virtuosismo の追求でないことはほとんど気付かれない. 無罪を論証する弁護論は, 相手の論証をブロックすることを生命とする. 弾劾主義の基本原則が確立されていたということをわれわれは計算に入れておく必要がある. にもかかわらず, Gorgias の名は完璧で必殺の修辞を指示するようになる (cf. J. de Romilly, *Les grands sophistes dans l' Athènes de Périclès*, Paris, 1988, p. 95sqq.). 後述のように彼の論駁の方法は両極性を使った網羅的なものであるが, その強力さは却って第一段のディ

〔4・2・1・3〕 cf. B. Cassin, *L'effet sophistique*, Paris, 1995, p. 75: "Elle est ce qu'on en dit. On peut toujours tenir au moins deux discours sur elle……." Cassin は Euripides を引き，Helene がパラデイクマ以上の何ものでもないことに着眼する Gorgias の意義を（現代の理論家を多数召集しつつ）強調する．

〔4・2・1・4〕 4・1・5・2 で述べたことは Gorgias にも妥当する．単なる修辞学か形而上学かという解釈の分岐を離れて，Aristoteles のディアレクティカの先駆，ないし最も広い意味のディアレクティカ，を Gorgias に帰す新しい傾向（cf. E. Berti, Gorgia e la dialettica antica, in: C. Natali, ed., *Sei lezioni sulla sofistica*, Roma, 1992, p. 13ss.）は，Gorgias がパラデイクマ一般を広く考察し始めたことを指摘する限りで，理解しうるものである．

4・2・2

同種のテクスト「Palamedes 弁護論」（F11a DK）は，Troia 側に裏切った廉で Odysseus に訴追される Achaia 側の将 Palamedes の自己弁護の論証であるが，Gorgias の方法は一層洗練された形で表現される．ここで彼が使うのは対極中の対極である．すなわち一方に立つのは Parmenides である．存在しないものは存在しない，つまりそれが仮にどのように欲したとしても到底不可能な事柄であれば，syntagmatique な連関はそれだけで完璧に破砕される．syntagmatisme の基本である．刑事弁護の出発点でもある．Gorgias は対極軸を使ってパラデイクマを徹底的に細かく syntagmatique に分節し，仮にそれがありえたとしてもここがありえない，万が一これがありえたとしてもそれがありえない，というように直列的にパラデイクマを並べて一点でも切断されれば責任が否定されるように事実を構成する．

しかしそれがありうること，存在しうること，であったらどうであろうか．Parmenides の結束という観点（厳格責任の観点）からはパラデイクマを排除しえない．Palamedes は syntagmatisme の復権という立場へと進んで考察せざるをえない．つまりそのパラデイクマを意欲する故意がありえないという論証である．ここでは対極軸は何重にも並列に繋がれて全称否定が導かれる．

syntagmatisme の復権という立場に転進するのであれば，Herodotos 流に〈批判〉の手続を問題とせざるをえない．Palamedes は続いて，訴追の根拠は明確に事実を「見た」というのか推測したところかのどちらかである，と切り出す．「見た」というのであれば実際に自分で見たか，見た者から聞いたかで

あり，前者ならば時と場所を特定できるはずであり，後者ならば証人を特定できるはずである，と詰めていき，弁護側こそしかし一切そうした手続を踏んでいないではないかという反論に備えて，起こらなかったことは見ることができないのであるから，見ることができることを主張する方が手続を踏むべきである，と論ずる.

次は故意と区別された責任能力の問題である．自分が正気であるならば到底そのように不条理なことをしないであろう，精神を病んでいればするかもしれないが，そのときには責任がない，というのである[1].

〔4・2・2・1〕 de Romilly, *Les grands sophistes*, p. 98 は "la crainte et l'intérêt" において Thoukydides を先取りする "l'argument de vraisemblance et de la psychologie" を見る.

4・2・3

以上のように syntagmatisme を集大成するような位置に立って，Gorgias はその全体に与えるべき理論的基礎を省察する．「不存在または自然について」（"Περὶ τοῦ μὴ ὄντος ἤ περὶ φύσεως"）については二つの長い要約がテクストとして伝わる[1]が，両者の間に認められる微かな解釈の偏差は Gorigias の議論の組立が十分に立体的であったことを推定させる．論証の目的は，「何も存在しない」，「存在していたとしても把握しえない」，「把握しえたとしても他人に伝ええない」，という三つの命題である．Sextus によれば第一命題の論証は対極軸を使った全称否定の手法によって行われる．まず不存在が存在しないことが自明のこととして[2]確認された後に，存在が存在しない[3]ことが論証される．このときにまず，存在が存在するとすればそれは「生成消滅するか不滅永遠である」[4]という対極軸が使われ，不滅永遠ならば時間と場所を特定できないから syntagmatisme の原則に基づいて存在しえないし，生成消滅するならば，「存在から生まれるか不存在から生まれるか」[5]であるが，存在から生まれるというのならばそれは既に存在しているからそのようなことはありえないし，不存在からはもちろん生まれえない，と展開される．次に存在するとすればそれは「一つか複数か」[6]であるという対極軸が使われ，一つであるとすれば「連続体か無限体か個体か」[7]であるが，連続体であるとすると切断が説明できず，無限体の場合も同じであり，個体であるとすると一つという前提に矛盾する，

他方複数であるとすると，それは一つのものの集積であるが，その一つが無いのであるから到底複数はありえない，と全称否定に到達される．

これに対して Akademeia 派の誰かの手になるとされるテクストは，著作の構成を明らかにし，それによれば，Gorgias は自説を述べた後に Melissos と Zenon の双方をそれぞれ批判し，この文脈で生成消滅するか不滅永遠であるという対極軸が使われた，という[8]．存在と不存在の対極によって論証を分割するというよりも，以下のように，存在と不存在の対極によって双方の存在を否定させる論法が使われた，と解釈される．すなわち，「不存在」は「不存在」「である」[9]という命題は，「存在」は「存在している」の「である」という命題と全く同じ資格[10]を持つ，ならば「不存在」も何かで「である」のあり，「存在している」の「である」ことができる，反対に，ならば「存在」も「不存在」「である」ことができるのでなくてはならない[11]．すると不存在はもともと不存在であるし，存在は不存在に帰一してしまう．なぜならば，存在とはヴァージョンの対極を超越してどこまでも存在しているのでなくてはならないのに，その結束が成り立たない．その存在自体があったりなかったりするのであれば，定義上それは存在でない．

存在と不存在もまた対極軸にすぎない，したがって存在はどこまでいっても存在し不存在はどこまでいっても不存在であるという平行線ないし連帯は成り立たない．互いに交換し合い入れ替わるのである．対抗の軸と対抗の要素となって押さえ合う自由な関係を構築する．syntagmatisme はこうして幅一杯に展開される．Parmenides の公準に従ったりしなかったりしつつ．対抗的に．その公準に従おうと従うまいと到達されるパラデイクマが〈批判〉に耐えディアレクティカ本体に進む，というのである．

〔4・2・3・1〕 cf. Untersteiner, *I sofisti*², I, p. 158ff.. 一方は Sextus Empiricus の手になり（F3 DK），他方は *De Melisso, Xenophne et Gorgia* と題される著者不明のテクスト（ed. O. Apelt, Leipzig, 1888 ; éd. B. Cassin, Lille, 1980=*Si Parménide. Le traité anonyme De Melisso Xenophane Gorgia. Édition critique et commentaire*）である．

〔4・2・3・2〕 「存在」と「不存在」が同一の軸の両極であることが論拠とされる（Sex. t. adv. math. VII, 67=F3 DK : "καὶ ἄλλως, εἰ τὸ μὴ ὄν ἔστι, τὸ ὄν οὐκ ἔσται · ἐναντία γάρ ἐστι ταῦτα ἀλλήλοις")．この点の論証において *MXG* のテクストは Sextus のテクストを凌ぐ．

〔4・2・3・3〕 "καὶ μὴν οὐδὲ τὸ ὄν ἔστιν" (ibid., 68).

〔4・2・3・4〕 *"ἤτοι ἀίδιόν ἐστιν ἤ γενητὸν ἤ ἀίδιον ἅμα καὶ γενητόν."* (*ibid.*). つまり，正確には「A か non A か A かつ non A か」というように問題が立てられる．

〔4・2・3・5〕 *"ἤτοι ἐξ ὄντος ἤ ἐκ μὴ ὄντος γέγονεν."* (*ibid.*, 71).

〔4・2・3・6〕 *"ἤτοι ἔν ἐστιν ἤ πολλά"* (*ibid.*, 73).

〔4・2・3・7〕 *"ἤ συνεχές ἐστιν ἤ μέγεθός ἐστιν ἤ σῶμά ἐστιν"* (*ibid.*).

〔4・2・3・8〕 *MXG*, 979a23ff., éd. Cassin, p. 435. この言及は，MGX が出発点即ち存在のレヴェルで両極性を論ずる特殊性に敏感であったことと関係する．Parmenides は定義上これを「またぐ」次元に存在を措定した．Gorgias は結論においては Parmenides の結論を忠実に受け継ぐ Melissos を批判し，他方論法においては両極性を持ち出して論駁した Zenon の足をその同じ論法ですくった，と思われる．つまり *MXG* はこの Zenon との関係をなお特定しえたがゆえに議論の核心を押さえることができたと思われる（Cassin, p. 442sqq. の註釈を参照）．

〔4・2・3・9〕 *"τὸ μὴ εἶναι", "μὴ εἶναι", "ἔστι"* (979a25, èd. Cassin, p. 445). Untersteiner, *I sofisti*², I, p. 234 は *MXG* を基本に据えて解釈しながらこの肝心のところで Sextus による．逆に，以下の様々な両極性の部分は，Parmenides に直接対応する分，簡明な Sextus のテクストによるのでも十分である．

〔4・2・3・10〕 *"οὐδὲν ἂν ἧττον τὸ μὴ ὂν τοῦ ὄντος εἴη"* (*ibid.*). *esti* がパラデイクマの特殊な syntactique な分節に関わることには既に Parmenides が気付いていた，とする学説が多いが，Gorgias は結局その逆手を取って，問題は全てパラデイクマの syntactique な分節に解消される，と看破したことになる．パラデイクマの syntactique な分節は actantiel な原理と結び付いているが，これはまた互換性を含意する．Parmenides の法則によると，「Parmenides は存在する」―「Parmenides は Sokrates に会う」―「Sokrates は Parmenides を迎える」に対して，「Sphinx は存在しない」―「Sphinx は――」と行き詰まり，この最初の存在パラデイクマが決定的な分水嶺になる．しかし Gorgias によれば，この非対称性のみが Parmenides の存在を保障するならば，その非対称性が成り立たない以上，Parmenides もまた存在しない．「Sphinx は存在しない」―「Sphinx は Parmenides に挑戦する」―「Parmenides は Sphinx の謎を解く」―「Parmenides は存在しない」と戻る．互換性が存在と不存在の間に働く．Parmenides によれば定義上，そうして切り出されるものは存在しない範疇に入る．かくして全ては存在しない．要するにここでも，あるのはパラデイクマだけであり，その分節だけが問題である，という洞察がある．もちろんそこから先の省察に欠けはしなかろうが，それは伝わらない．Cassin, *L'effet sophistique*, p. 33sqq. は *MGX* のテクストに即して，Gorgias が "syntaxique" な分析によって ontologie そのものを追い詰める様を論証する（cf. Ead. Sophistique, dans: Brunschwig, éd., *Le Savoir Grec*, p. 1026 : "le Sophiste dissèque la manière dont la syntaxe crée la sémantique"）．

〔4・2・3・11〕 *"εἰ γὰρ τὸ μὴ εἶναι ἔστι, τὸ εἶναι μὴ εἶναι προσήκει"* (*ibid.*, 29f.).

4・2・4

第二命題の論証[1]は，思惟や知覚と存在との関係を大胆に切断し，Anaxagoras や Demokritos の構想を鋭く批判し[2]，〈批判〉を存在＝知覚連関から解放し，これと無関係にパラデイクマを吟味し，より広い幅のヴァージョンをディアレクティカ本体に（別の観点からは一層厳格な絞り込みの後に）導入することを可能にするものである．すなわち，もし白いものがあると判断されるときには白いものが思惟されている，ならば存在しないものがあると判断されるときには存在しないものが思惟されているのである．しかしこのときには存在が思惟によって把握されているのでないことが明らかである．他方思惟されているものが存在するというのであれば，個々人一人一人が思惟するものが全て存在することになり，不条理である．また，思惟されるものが存在するというのならば，存在しないものは思惟されないということになるが，ところがわれわれは存在するはずのない Skylla や Chimaira を思惟することができる．

第三命題の論証[3]は，言語に関する鋭い考察に基づく．見る感覚と聴く感覚が互いに交信可能でないように，われわれは存在から何かを受け取ったとしても，交換しうるのは言語だけであり，ところがこの言語は，外に在る存在とは全く別のものである．しかもこの言語の交換すら厳密には可能ではない．言語は外界からの刺激に対応して形成される，即ちたとえば赤いという感覚を分節する，がしかし本当に同じ感覚を分節しているかどうかはわからない．そしていずれにしてもこれら全ての外に実在が横たわっているのである．要するにパラデイクマは実体には関わらず，言語はパラデイクマだけに関わり，パラデイクマはまた知覚に依存している，そしてその知覚は互いに通約不可能な態様で異なっている，というのである．

これはもちろん何ものも通過させない〈批判〉の最も徹底した立場である．しかしそうすると却って皮肉なことに全てはディアレクティカ本体で陪審の評決に委ねられるということになりはしないか．

〔4・2・4・1〕　*MXG*, 980a8ff.; F3 DK, 77ff.

〔4・2・4・2〕　cf. Untersteiner, *I sofisti*², I, p. 244. 但し，materialism を批判し idealism の側に切り返した，というようなニュアンスで捉えることは一種の誤解である．むしろ二段のディアレクティカの間に渡される橋を切って落とすことに眼目が存在したと思われる．二段分節が曖昧になる原因を，両方の段階におけるパラデイクマの対抗の弱体化である，と見たのである．翻って考えてみれば，syntagmatisme にはこの危険が内包されていた．イオニアを批判するならば，ここまで進もう，というのが Gorgias の Parmenides 批判の骨子である．ディアレクテ

ィカ本体のダイナミズムの極大化ももう一つの戦術である．にもかかわらず，ディアレクティカの二重構造分解の徴候が彼の議論にも現れている，というのがわれわれの観点である．

〔4・2・4・3〕 *MXG*, 980a20ff.; F3 DK, 83ff.

4・3 〈批判〉の新しい手続的保障

4・3・0

Protagoras や Gorgias より一世代近く若い Thoukydides によって残された知的刻印[1]は，既に420年代以降ペロポネソス戦争の時代のものである．Thoukydides はこの戦争が未曾有の規模と深度を持つということを直感して著述にかかったと見られる．しかし他方そのテクストには Protagoras や Gorgias ばかりか Demokritos の長い影がさしていて，Euripides とともにデモクラシーの重厚な観念構造を見事に裏から照らし出しているのである．

〔4・3・0・1〕 Thoukydides は19世紀の実証主義史学の圧倒的なモデルであり，近年の Herodotos ブームが実証主義批判の脈絡に立つのとコントラストをなすことについては既に述べた．同時代以来 Thoukydides が Herodotos と対抗関係に立ち，後者と違って決して信憑性を疑われなかったこと，しかし人文主義者が最初に発見したのが Polybios であり，Thoukydides への着目は Hobbes のような人物をまたねばならなかったこと，そして Mably を経て19世紀ドイツでこそ Thoukydides が支配的な地位を占め，それが今日に至っていること，については A. Momigliano, The Herodotean and Thucydidean tradition, in: Id., *The Classical Foundations*, p. 45ff. に圧倒的な叙述を見出しうる．叙述の軸が Thoukydides であることはそれ自身意義深く，さらに，人類学の前史と antiquarian の伝統が Herodotos と Thoukydides のありそうもない同盟を19世紀以降に実現した，という鋭い指摘がある．Momigliano が近代の実証主義を（或る種の巨大な合流点として）「Thoukydides 的」と考えて済ませるより遥かに深いレヴェルで（Hobbes のそれとさえ区別しうる精度で）捉えていることを示す．驚嘆する以外にない．なお，彼の実質的デビュー作 La composizione della storia di Tucidide, *Mem. R. Acc. d. scienze d. Torino*, s. II, 67, 1930-33=*Nono contributo*, 1992, p. 45ff. は，作品形成の"separatist"的理解こそ克服されたものの，Thoukydides の思考をなお最も生き生きと捉えたものであり，この論考の以下の叙述は（後述の de Romilly の分析と並んで）これに大きく影響されている．

4・3・1

Thoukydides が鋭い対抗意識を持って受け継ぐのはもちろん Herodotos である．Herodotos においては二重のディアレクティカを保障するためにディア

レクティカからの退避が徹底的に追求された．その一つの手段たる syntagmatique な遷延によってディアレクティカの出発点からの距離は極大化され，政治的決定への方向を拒否する，文学と並ぶ，新しいジャンルが確立された．〈批判〉の堅固な砦がこうして築かれたのである．

しかし Thoukydides にとっては，syntagmatique な連関を重視する Herodotos の方法自体が今や全く不徹底な〈批判〉しか意味しない．syntagmatique な遷延はどこまでその距離を延ばしてもディアレクティカ本体のためのステップの平面にとどまる．ディアレクティカの素材となりうる極普通のパラデイクマがそこにはずらりと並んでいるのである．社会構造に降りるにしてもその種のパラデイクマのヴァージョンがサーチライトのように立体的に交錯しながら夜空に向けて放たれるのみである．素材たるパラデイクマのヴァージョンの存在からだけ出発する Herodotos にとってこれ以外のことをすることは自身の手続を逸脱することであったろう．しかし Thoukydides にとってはこれらの全てが大きな限界と感じられる．

著作の第一文において早くも挑戦状が叩きつけられる．Athenaioi と Peloponnesioi の間の戦争を描く，という Herodotos とパラレルな前提を取っておきながら，叙述を「端的にその発端からいきなり始める」(I, 1, 1: *"ἀρξάμενος εὐθὺς καθισταμένου"*) [1] というのである [2]．遷延戦術の拒否，*"αἴτιαι"* 志向の拒否，である．

[4・3・1・1] éd. de Romilly, Paris, 1995 (1953).
[4・3・1・2] 人文主義期以降このフレーズは，叙述の開始を意味するか作者の着手のことか，と争われたが，現在では後者に理解される (cf. L. Canfora, La préface de Thucydide et la critique de la raison historique, *REG*, 90, 1977, p. 455sq.)．というのもそのすぐ次に「この戦争がかつてない大きなものになるのを見越して (*"καὶ ἐλπίσας"*)」という文言が来るからである．つまり Thoukydides は戦争初期の段階で書き始めたということである．しかし二つの分詞の繋がりはこうであるとは限らない．以下の議論は戦争の大きさに関わる (*sic* Canfora)．最大だからこの戦争を叙述する，という論理は，最大たる以上それ以前の戦争を顧慮することなくもっぱらこの戦争だけを切り放して叙述する，ということを含意しているのである．しかるに，その最大たることの判断について Thoukydides は慎重で，そのことを述べることには次項で見る意義があるが，すると *"καὶ ἐλπίσας"* は，最大たることの論証抜きに，しかしそのことを予期して，という意味である．何故ならば，その論証は彼の全叙述に懸かる．かくして人文主義期の解釈の方が妥当であり，この論考はそちらを採る．なお「端緒」は syntagmatique な

連関というのでなく，むしろ（間接的であっても）構造的同一性を有して深い震源となる出来事である．

4・3・2

　もっとも叙述は直ちに一旦遠い過去に向かう．その目的は今般の戦争がかつて無いものであることを論証することに存する．遠い過去と大きく時間を隔てられているために[1]はっきりと（"σαφῶς"）認識することがこれまで不可能であったが，しかし「徴表によって」（"ἐκ τεκμηρίων"），大規模な「吟味の作業の後」（"σκοποῦντί μοι"），そのことを確信するに至った，というのである．かくしてその徴表がしばらくの間述べられていくこととなるが，まさにその目的からして，この部分は却って自分の方法の本体が如何にこれとは違うかということを示す効果を有することとなる．事実 Thoukydides はこの部分を「以上が古い時代に関して把握しえたことであるが，次から次に全ての徴表を隈無く信頼することは難しい」（20, 1："τὰ μὲν οὖν παλαιὰ τοιαῦτα ηὗρον, χαλεπὰ ὄντα παντὶ ἑξῆς τεκμηρίῳ πιστεῦσαι"）という言葉で結ぶ．そしてこれを口火として自らの〈批判〉の方法について述べる．

　すなわちその古い時代について，人は「出来事の伝承に関して，自分のところのそれであっても，一様に，徹底した疑問に曝すことなく，互いに言い交わされていることを受け容れる傾向を持つ」（"τὰς ἀκοὰς τῶν προγεγενημένων, καὶ ἢν ἐπιχώρια σφίσιν ᾖ, ὁμοίως ἀβασανίστως παρ' ἀλλήλων δέχονται"），と批判の出発点が述べられる．一見単なる伝承批判の一般則であるが，実はそれぞれ自都市の政治的パラデイクマ，すなわち一応批判を経て確定されたもの（たとえば "local chronicle"），を今あらためて批判の俎上にのせているのである．事実 Thoukydides は直ちに二つの例を挙げる．一つは Athenai における Peisistratidai 追放即ち tyrannos 打倒時の厳密な権力の所在であり，もう一つは Sparta の二人の王は果たして二つの投票権を有するかどうかである．明らかに，一旦厳密に（或いは場合によって儀礼的に，つまり「国法上の慣習」として）確定された政治的パラデイクマを，さらに一段厳密に把握しようとする知的態度がここにある．すなわち「現在でも有効で時が経っても忘れ去られない」（"ἔτι καὶ νῦν ὄντα καὶ οὐ χρόνῳ ἀμνηστούμενα"）パラデイクマを問題とし

ているのであるところ，ところがそれについてさえ，否，ひょっとするとそれ故にこそ，多くの場合「真理の追究」（"ἡ ζήτησις τῆς ἀληθείας"）は無差別的（"ἀταλαίπωρος"）であって「出来合いのヴァージョンに流れる」（"ἐπὶ τὰ ἑτοῖμα μᾶλλον τρέπονται"），というのである[2]．

これに対し，自身が述べたことは，古い時代についてであってさえなお既に，乏しい徴表からも確かなことを把握した点で，叙事詩（"ποιηταί"）とも（Hekataios がしたような領域組織確定のための）〈神話〉再編記述（"λογογράφοι"）とも全く異なる，と Thoukydides は豪語する．その秘訣についてわれわれは少し後に分析することとして，彼はこうしたジャンルと対比された自分の歴史記述本体の原則について（ましてこちらではという如くに）以下のように明らかにする．「戦争の当事者達の事績については，その場に居た者から把握したことを書くことも，自分の観点から判断して書くことも，望ましくない，自分自身がそこに行って確かめたことに基づいて，かつ他人を媒介として得たことを可能な限り厳密に一つ一つ吟味して，書くべきであると考えた」（22, 2: "τὰ δ' ἔργα τῶν πραχθέντων ἐν τῷ πολέμῳ οὐκ ἐκ τοῦ παρατυχόντος πυνθανόμενους ἠξίωσα γράφειν οὐδ' ὡς ἐμοὶ ἐδόκει, ἀλλ' οἷς τε αὐτὸς παρῆν καὶ παρὰ τῶν ἄλλων ὅσον δυνατὸν ἀκριβείᾳ περὶ ἑκάστου ἐπεξελθών"）．これは一見 Herodotos の「自分の目で見る」立場と同様であるように見える．しかし当事者そのものはむしろ最も信頼できないソースであるというのである[3]．「自分の目」，そして「自分がそこに」，はむしろ吟味・批判の近接性を意味し，パラデイクマ実現の確認を意味しない．だからこそ Thoukydides はすぐに続けて「その作業には多大な労苦を要した，それぞれの事績に立ち会った者達がそれらについて言うことが全く符合せず，てんでにそれぞれの肩入れと思いこみに従って述べるからである」（"ἐπιπόνως δὲ ηὑρίσκετο, διότι οἱ παρόντες τοῖς ἔργοις ἑκάστοις οὐ ταὐτὰ περὶ τῶν αὐτῶν ἔλεγον, ἀλλ' ὡς ἑκατέρων τις εὐνοίας ἢ μνήμης ἔχοι"）と付け加える．個々のヴァージョンのバイアスに意義を認めるのではなく，何らかの方法でこの平面を一息に越える認識を目指すのである．そうでなければ確かな基盤には立ちえないというのである．

〔4・3・2・1〕 Canfora, La préface, p. 456 によれば，L. Valla が "τὰ πρὸ αὐτῶν" を "ante nos natos" と訳したという．一見ただの誤訳であるが，"αὐτῶν" が受ける複数名詞が無いことから，写本の

問題を含め,学説が「一体何の前が古いとされるのか」について争った,ことに対応している.(前文で指示される)この戦争自体を指すとすると,余りに狭すぎる,彼自身少し遡ってきっかけを叙述するではないか,という疑問が生ずる.そこでVallaのそれを含む様々な提案がなされるが,Vallaの提案が却って正鵠を射ると考えられるのは,この戦争と構造的同一性を有するパラデイクマ複合体が大きく指されていて,それらは時間的には少し遡る,と解するのが脈絡からして正しいと思われるからである.つまり「現代」ないし「同時代」の定義の問題で,"ante nos natos" はこの感覚に満ちた訳である.

[4・3・2・2] Herodotos におけると異なってソースに言及することが一層少ないのみならず,"λέγεται" が積極的な懐疑を表すのは当然である.H. D. Westlake, ΛΕΓΕΤΑΙ in Thucydides, Mnemosyne, 30, 1977, p. 345ff. がこのことを再検討しようとしても trivial な結論しか得られないのは当然である.

[4・3・2・3] cf. J. Marincola, *Authority and Tradition in Ancient Historiography*, Cambridge, 1997, p. 67f.

4・3・3

Thoukydides は発端を「30年条約」の破棄に見ると宣言した後,「まずは何故に破棄に至ったか,その原因となった争いを書く」(23, 4: "δι' ὅ τι δ' ἔλυσαν, τὰς αἰτίας προύγραψα πρῶτον καὶ τὰς διαφοράς") と述べる.直ちに出来事自体にアプローチするにしても,その内部では,"αἴτιαι" の追跡を "διαφοραί" に沿って行う Herodotos の伝統に従うのか,と思わせる.しかしこの「原因」の概念は語自体と共に直ちに転換される.「戦争への途を不可避にしたのは,言語で表現されたパラデイクマの平面からは最も遠い,しかし最も真実に近い,原因である,すなわち Athenai が強大になって Sparta に脅威を与えたということがそれである」("τὴν μὲν γὰρ ἀληθεστάτην πρόφασιν, ἀφανεστάτην δὲ λόγῳ, τοὺς Ἀθηναίους ἡγοῦμαι μεγάλους γιγνομένους καὶ φόβον παρέχοντας τοῖς Λακεδαιμονίοις ἀναγκάσαι ἐς τὸ πολεμεῖν").「原因」を指示する語は "πρόφασις" に変わっている.この語自体は様々なパラデイクマの分節を指示しうる[1]が,ここでは "αἴτιαι" とのコントラストにおいて,syntagmatique ではなく paradigmatique な分節を概念させる役割を担っている.事実 "φόβος" (「脅威」) は全体として事態を説明する (必然ならしめる "ἀναγκάσαι") 原理である.しかもそれは "αἴτιαι" の表面とは対置された平面に属する.Demokritos を想起させるように,「最も見えにくい」"ἀφανεστάτη" と言われる.かく

して Thoukydides は直ちに「他方彼ら自身が表向き陳べ立てた "αἴτιαι" は――」("αἱ δ' ἐς τὸ φανερὸν λεγόμεναι αἴτιαι……") と具体的に対比して見せる． "ἀφανεστάτην δὲ λόγῳ" と "ἐς τὸ φανερὸν λεγόμεναι" が綺麗に呼応している．

こうした新しい〈批判〉手続の鍵は，かくしてたとえばこの "πρόφασις" が一体何であって，また如何なる理論構成のもとに得られるか，ということが握ることになる．

〔4・3・3・1〕 cf. L. Pearson, Prophasis and Aitia, *TAPA*, 83, 1952, p. 205ff.. Pearson は *prophasis* が非常に様々なパラデイクマの分節に関わる (cf. A. W. Gomme, *A Historical Commentary on Thucydides*, I, Oxford, 1971 (1945), p. 153) ことを明らかにしたが，Thouk. I, 23 のそれについて，"underlying cause" と読む通説に反対し，Sparta 側の心理（「怖れ」）を説明したものにすぎないとする点（また I, 146 を引いて *aitiai* が責任追及で *prophasis* が防御的であるとする点）には賛成できない．

4・4 負の paradigmatisme

4・4・0

実は Thoukydides は，事績に関する史料の批判に関する上記引用部分（I, 22, 2）の前に，これと並ぶ，或いはこれに先立つ，重要な原則について述べている．「それぞれの当事者が，戦いの意図を語ってまた戦いのただ中にあって，どのような言葉で人々の前で陳べ立てたか，ということに関する限り，演説そのものの正確なところを伝え記すことは私には難しかった；私自身が聴いた場合にも様々な方面の様々な者から聞いた場合にもそうである[1]．あらゆる点から判断して実際に演説されたところに最も近くなるように考えて，それぞれの当事者が時々の状況に最も不可欠のことを言ったに違いないと私には思われる，そのように叙述がなされる」(22, 1: "ὅσα μὲν λόγῳ εἶπον ἕκαστοι ἢ μέλλοντες πολεμήσειν ἢ ἐν αὐτῷ ἤδη ὄντες, χαλεπὸν τὴν ἀκρίβειαν αὐτὴν τῶν λεχθέντων διαμνημονεῦσαι ἦν ἐμοί τε ὧν αὐτὸς ἤκουσα καὶ τοῖς ἄλλοθέν ποθεν ἐμοὶ ἀπαγγέλλουσιν· ὡς δ' ἂν ἐδόκουν μοι ἕκαστοι περὶ τῶν αἰεὶ παρόντων τὰ δέοντα μάλιστ' εἰπεῖν, ἐχομένῳ ὅτι ἐγγύτατα τῆς ξυμπάσης γνώμης τῶν ἀληθῶς λεχθέντων, οὕτως εἴρηται·") というのである．作品はほとんど全編

4 paradigmatisme の浮上

演説によって構成されていると言っても過言ではない．この部分に方法論的言及がなされるのは当然である．Thoukydides は明らかに「時々の状況について」("περὶ τῶν αἰεὶ παρόντων") 正確に記しさえすれば syntagmatisme が完結するとは考えない．その状況を，それが必然ならしめる対抗的な言語 ("ἕκαστοι……τὰ δέοντα μάλιστ' εἰπεῖν") に分解する，のでなければ目的は達せられないのである．syntagmatisme の平面から垂直に折れ曲がって深く降下する思考の第一の通路は，多かれ少なかれ政治システムの前のオープンな空間でなされる一対の対抗的な演説である．

〔4・4・0・1〕 F. E. Adcock, *Thucydides and his History*, Cambridge, 1973 (1963), p. 28ff. はこの言明の裏を推論し，何ら情報が無い場合，そもそも演説が行われなかった場合，にも書かれるということは無かった，とする．おそらくその通りであるが，史料の問題ではなく，解剖の対象がディアレクティカ・政治・デモクラシーだからである．軍事組織内の演説でさえ，少なくともデモクラシーの問題を抱えているのである．

4・4・1

事実，演説は当事者の意図や観念を例解するために再現されるのではない．個人間の会談が想像されるのとは根本的に異なる．戦争の経過の節目節目 (syntagmatique な分節点) の重要な政治的決定に関連して叙述される．しかも，政治的決定のディアレクティカを確定するという関心には全く基づかない．非公式の政治過程はもちろん，公式の決定手続にも全く関心は持たれない．

まず，Thoukydides は syntagmatique な分節点として極めて確実な公式の政治的決定を選び，淡々とこれを繋いでいく．面白おかしい背景学は厳格に排除される．これによって〈批判〉の第一条件はクリアされるのである．そのかわりに，これも公式のものである演説が，著者の全てを賭けて（しかしその全てを，事実としてその演説が行われたにすぎないということに委ねて），叙述される．

その目的は，政治的決定の再現ということを借りてディアレクティカを建設して見せるということには全く存しない．逆に，動かない政治的決定をパラデイクマの対抗関係によって引きちぎって見せることに存する．

発端の第一，Kerkyra 問題に Athenai が干渉するかどうかは大きな岐路であった．Athenai は，二度の民会によってジグザグの航路を辿った後，条件付き

でKerkyraとの同盟を締結する（I, 44）．Thoukydidesの叙述の本体はしかしその前の32-43であって，KerkyraとKorinthos両代表団がAthenai民会で演説を行うのである．事案は，元来Korinthosの植民都市であるKerkyraがそのまた植民都市たるEpidamnosの内戦に介入し，他方当事者がKorinthosの助力を求め，KerkyraとKorinthosの間で既に海上での武力衝突が生じた，というものである．KerkyraはAthenaiばかりかKorinthosが属するペロポネソス同盟とも無縁で，非同盟政策を取ってきた．しかし今Korinthosの背後にSpartaを中核とする大同盟を見て，Athenaiの後ろ盾を欲したのである．Kerkyraはかくして新しい関係を樹立しなければならないから，代表団はこれがAthenaiにとって利益となるということを積極的に論証する．「懇請されているのは他ならぬあなた方の利益である，そうでなくとも不利益が懇請されているのではない」（32, 1: "$\dot{\omega}\varsigma$ καὶ ξύμφορα δέονται, εἰ δὲ μή, ὅτι γε οὐκ ἐπιζήμια"）と述べる．この利益 "ξύμφορα" ないし "τὰ ξυμφέροντα" という立場，その逆の「危険」"κίνδυνος" という観点は徹底している．対するKorinthos側は，むしろ徹底して有責性の有無（"ἀδικεῖν"），したがってどちらが実力行使（"βία"）をしてどちらが防御したのか，を問題とする（37ff.）．

というわけで観点は全く異なり一見二つの論証線は交わらないように見える．しかしそれにしては扱う論点はいちいち対応しているのである[1]．たとえばAthenaiとペロポネソス側の間の条約の解釈がそれである．KerkyraはAthenaiが第三者を新たに同盟に加えることは（相手の領分の侵害でないから）条約上許される（A+a—Bb）とする（35）．しかしKorinthosは他方を害する意図を以てする場合は許されない（A—Bba）と反論する（40）．Aa—BbにおいてAB間に平和的分立＝政治システムが築かれているときにAaおよびBbはどこまで一体固定的か，それともabは相対的に自由で，とりわけBbaのaを引きはがしてab間を自由にしAa—Bb構造をもたらすことは不可欠でさえあるか，という争点である．KorinthosにとってはAa—Bb間の壁は一義的である．Kerkyraにとっては，支援はしてもABが直接衝突しないab間の争いが可能だ（それではAB間にエスカレートするというのならそれは既に避けられない：33, 3）というのである．Thoukydidesが後の乱戦の中でAthenai艦隊（A）とKorinthos艦隊（b）がついに直接衝突する瞬間をクローズ・アップす

るのはこの争点と関係している (49, 7). 他方, Kerkyra がかつての非同盟路線 (a の自由) を強調するのに対して, Korinthos は Kerkyra が Korinthos から送られた植民 (*"ἄποικοι"*) によって作られた都市たる (Bba) を強調する (38). これに予め応えるように Kerkyra も「対等に扱われなければ宗主国を乗り換えて良い」という議論を展開する (34). Thoukydides の選択は事実に拘束された偶然のものではない. *"ἄποικοι"* は Aa や Bb を例解するパラデイクマである. 一方は柔軟で流動的なそれを, 他方は固定的で安定的なそれを主張しているのである. 利益と正義はそれぞれこうした概念を指示する語として選ばれているのであり, ここで交わる. 前者の立場の一つのコロラリーは, より強く多い a すなわち〈二重分節〉単位を獲得せよ, 利益 (*"τὰ ξυμφέροντα"*) の立場に立つのならば将来への危惧 (*"φόβος"*) を力の増強 (*"ἰσχύς"*) に翻訳せよ, 相手への脅威に転嫁せよ (36, 1), というものである. これは Thoukydides が見た Athenai 帝国の主題である. それはあたかも〈二重分節〉のようである. Athenai は他方デモクラシーそのものでなかったか. 決定の背後の対抗はここまで抉りあげられる. 中途半端で致命的な Athenai の「間接支援」決定がこの方向に〈批判〉される.

[4・4・1・1] 単に演説が叙述されるのでなく, 両論が厳密に鏡の両面のような関係に立つことを鮮やかに論証したのが, J. de Romilly, *Histoire et raison chez Thucydide*, Paris, 1967 (1956) である (p. 187: "Les deux thèses y sont rigoureusement opposées"). 発達し始めた弁論術との関係は当然である. しかしもちろんそれの単純なエコーではない. 或いは弁論という事象自体が分析にかけられるというのでもない. Thoukydides は, その発達の極点に現れる或る現象を, その現象の背後に存する事態の解剖のためのメスそのものとして逆利用するのである.

4・4・2

Sparta 側の決定 (I, 87-88) の前にもこうした *"ἀντιλογία"* がたっぷりと再現される (68-78). 多くの代表団がやって来るので, Sparta は民会で彼らの演説を聴くこととする. Thoukydides は Korinthos 代表団の演説を再現して見せる. 再び Athenai 同盟のプロフィルが鮮やかに浮き彫りにされる. 彼らはペルシャ戦争後以来の Sparta の不作為責任を追及する. 手をこまねいているうちに Athenai は支配圏を「少しずつ隣へ隣へと拡張していく」(69, 3: *"κατ' ὀλίγον χωροῦσιν ἐπὶ τοὺς πέλας"*). かたまってでなく〈二重分節〉して単位

毎に拡大していくので、気付かないうちにいつの間にか強大になっているというのである。この柔軟な構造から来る気質として Athenai の人々が新しいことに積極的で（70, 2: "νεωτεροποιοί"）楽天的でリスクを怖れないと指摘される。Sparta 側の信義（68, 1: "τὸ πιστόν"）と平穏・平静（69, 4; 70, 9; 71, 1; 3: "ἡσυχία"）が Athenai 側の運動と技術（"τέχνη"）に大きく対比される（71, 3）。

これに対して、たまたま別件のため Sparta にあった Athenai 代表団は、決して "ἀντιλογία" のためでないとしつつも登壇し、Sparta に慎重な判断を求める。Athenai 同盟の形成につき、自分たちは「利益に見合うリスクを背負ってきた」（73, 2: "ἐπ' ὠφελίᾳ ἐκινδυνεύετο"）、すなわち Sparta が外敵に対して動かないから自ずから Athenai のもとに同盟都市が集まったのであり、決して実力によったのではない（75, 2: "οὐ βιασάμενοι"）と弁明するばかりでなく、同盟の原理を「まずは怖れ（防衛）、そして栄誉、最後に利益」（3: "ὑπὸ δέους, ἔπειτα καὶ τιμῆς, ὕστερον καὶ ὠφελίας"）と断じ、さらには力のあるところに敬意が集まる、利益（"τὰ ξυμφέροντα"）を正義[1]の言葉に（"τῷ δικαίῳ λόγῳ"）置き換えて言っても、力の（利益を通じての）吸引力の前には（"ἰσχύι"）無力である、と豪語する（76, 2）。これは「進取」の別ヴァージョンであるが、さらにその裏として、彼らは同盟内の構造を例解すべく、内部に平等とデュー・プロセスが確立されていること、すなわち正真正銘の〈二重分節〉システムであること、を誇示する（77）。

続いて Sparta 王 Archidamos が極めて慎重に力関係を吟味し、戦いの準備と交渉を並行させるという提案をする（80-85）。これに対して *ephoroi* の一人が好戦的な短い演説をしてそのまま投票に至り、彼が誘導するようにして二回目にようやく「Athenai 有罪」の評決となる。Thoukydides がこれらを叙述するに際して決してディアレクティカを例解するつもりであるのではなく、逆にそれをその内在的な力で引き裂く、そして露わになった残酷な現実を見せる、つもりである、ことはさりげなく彼が付すコメント「決定を制したのはこれらの演説で（"πεισθέντες τοῖς λόγοις"）はなく、Athenai への怖れ（"φοβούμενοι"）であった」（88）によって明白である。

〔4・4・2・1〕 cf. C. Darbo-Peschanski, Thucydide: Historien, Juge, *Metis*, 2, 1987, p. 117.

4·4·3

Athenai同盟内の叛乱にどう対処するかは全編を通じての主題の一つであるが，MytileneがSpartaと通じながら（内部の対立もあって）ジグザグの複雑な動きをした挙げ句Athenaiに屈服した，その後の処置につき，Athenaiの民会は矢継ぎ早に二度の決定を行い，二度目によって前の決定を取り消すということになる．決定を前線に伝える高速船が二本放たれ，一本目が残酷な決定を伝えるものであるだけに，それを覆す二本目が手遅れとならないかどうかがスリルをもたらすが，Thoukydidesは事の経過には極めて冷淡であり，替わりに二本目の決定の前の二つの弁論を長々と再現する．Kleonの弁論（III, 37-40）はKorinthos代表団が描いたAthenai同盟像をどす黒く暗転させる才気溢れるものである[1]．その中心的動機は "ἐπιβουλεύειν" すなわち二段三段に思考する，場合によって二段目三段目を隠す，要するに陰謀をたくらむ，という概念である．否むしろ，二段になっているようで実はそれらが通じていてつるべ落としの一段である，という危険な思考である．Kleonは市民たちに向かって，日常生活に慣れきって何かを怖れそしてそれに備えて陰謀をたくらむということ（37, 2: "τὸ ἀδεὲς καὶ ἀνεπιβούλευτον"）を忘れていると警告を鳴らす．猜疑心と計略の反対は憐憫（"οἶκτος"）と尊重（"χάρις"）であり，これらは一旦考えを進めてもそこから折れ曲がるという型の概念である．Kleonによればこれらにとりつかれていてはならない，何故ならばAthenaiの対同盟都市関係は "τυραννίς"（僭主の専制体制）であり[2]，tyrannosは陰謀を専らとしなければならない，何故ならば「陰謀をたくらむ臣下に向かって」（"πρὸς ἐπιβουλεύοντας"）支配しなければならず，したがって結局は交換でなく力に（"ἰσχύι"）依拠する以外にない[3]，というのである．ここでは〈二重分節〉は互いに一段を安心して留保しうるということではなく，その向こうからいつナイフが飛び出してくるかわからない怪しい障壁を意味する．

Kleonはさらに立論の最低音部[4]を怒りのこもった地響きのようにかき鳴らす．たとえ悪しきことであろうと動かない規範によって（37, 3: "νόμοις ἀκινήτοις"）厳格に遂行する方が，より良いものを求めて動くよりも，強いポリスを実現する；平凡な者が規範を墨守して統治する方が，賢者があれこれと考えて逸脱するよりも良い；見事な弁論は人々を裏切るが，これを批判できな

い愚鈍な弁論こそが国民感情を代弁する，等々．これは意識的な言語攻撃であり，領域の古い組織の遺産に訴えかける作戦である．ここから厳格責任の論理が飛び出してくることは火を見るよりも明らかである．Kleon は再審理となったことによって言語が直接的な報復感情を凌ぐ時間が稼がれたことに警戒音を鳴らしつつ (38)，Mytilene の故意ないし謀議を主張し (39)，そしていよいよ，仮に過失責任主義を採ったとしてもこの場合は厳罰に値する，と論ずる．そしてその厳罰主義は厳格な特別予防・一般予防の理論に基礎付けられる (40)．

〈二重分節〉の理論モデルはここでもその向きを変えている．「責任減殺 ("ξυγγνώμη") は故意の無い ("ἄκοντες") 場合だけに認められるが，これは故意の無さが法益を侵害しない ("οὐκ ἔβλαψαν") からであり，逆に故意が有れば法益がねらわれたのである ("ἐπεβούλευσαν")」という論理構成は，過失責任主義を採用するが如くに見せつつその（行為はあるが故意は無いときは責任が減ずるという）二段構成をまさに目的＝因果＝謀略の責任加重＝責任遡及のために使うものである．だからこそ，同盟を諦めて危険無しに ("ἐκ τοῦ ἀκινδύνου") 暮らすか，それとも陰謀を逃れたとしても ("διαφυγόντες τῶν ἐπιβουλευσάντων") 最大限報復し危険の可能性を ("τὸν κίνδυνον ὑφορώμενοι") 予め抹殺しておくか，である，或いは，他の同盟者にも見せつけておく，ということになる．

これに対して Diodotos の弁論はほとんど Thoukydides その人が立ち現れたかと見まごうほど鮮やかである[5]．Athenai の体制が〈二重分節〉であるだけにこれが硬直すると悪質な構築物が現れることを指摘する．将来を syntagmatique に危惧する〈二重分節〉思考 "φόβος" が考えを麻痺させる「到底利益にならない」(42, 4: "οὐκ ὠφελεῖται") 状態を憂い，性急 ("τάχος") と激昂 ("ὀργή") に警告を発する．そして第一に Kleon が攻撃した言語を救うべく，弁論における隠れた目的，個人の野心や金銭等の対価，を糾弾し，弁論者の利益と皆の利益を一致させるために素晴らしい弁論にも報償は与えず，悪い弁論にだけ罰を与えるようにすべし，とする (42-43)．〈二重分節〉を保持するためには却って弁論の場に〈二重分節〉思考が侵入するのを防ぐというのである．続いて見せしめの一般予防理論を批判して，より大きな利益をねらってより大きな危険を冒す者には挑発しか意味せず，刑のインフレを招くだけである

とする (44-45).〈二重分節〉の行為理論によれば却って〈二重分節〉の上下二項が potlatch を行って分解する,というのである.他方〈二重分節〉の立場に戻り,同盟者を破壊すればそのシステム自体が成り立たないと論証し (46),最後に,必ずしも民衆 ("*ὁ δῆμος*") までが心底叛乱したのでないから,責任者だけ処罰して彼らを敵に回すな,と論ずる (47).相手に二重構造を認めよ,というのである.もっともこれは全て Kleon の弁論が用意したその裏である.

〔4・4・3・1〕 éd. Weil, de Romilly, Paris, 1990 (1967).

〔4・4・3・2〕 最も注目を集め鍵とされるパッセージの一つである (cf. W. R. Connor, *Thucydides*, Princeton, 1984, p. 234). Connor は Perikles の演説における "phraseology" との符合・暗転を見る.〈二重分節〉の表裏という点ではその通りだが,Kleon が示唆するイメージは単なる「専制」よりは遥かに特定的でドス黒いものである.

〔4・4・3・3〕 Hobbes を逆投影する典型的な俗流解釈が A. G. Woodhead, *Thucydides on the Nature of Power*, Cambridge Mass., 1970, p. 36ff. に見られる.結果 Hobbes の俗流解釈ともなったことは言うまでもない.

〔4・4・3・4〕 cf. C. W. Macleod, Reason and necessity: Thucydides III 9-14, 37-48, *JHS*, 98, 1978, p. 68ff. Macleod が "Il principe" の Machiavelli を引きたくなるのは当然であるが,心理操作の恐怖と暗黒は,人間を一旦〈二重分節〉構造で捉え・かつそれを硬直させて踏みにじる,ところから来る.反射的に,そのレヴェルに議論を進められただけで恐怖を覚えるのも無理もなく,Diodotos も同じに理解されてしまうが,しかし de Romilly が読み取るように,Thoukydides は Kleon/Diodotos の対抗に大きな意味を込めている.

〔4・4・3・5〕 J. de Romilly, *Thucydide et l'impérialisme athénien. La pensée de l'historien et la genèse de l'œuvre*, Paris, 1947, p. 141sq. は,Diodotos の議論と Kleon の議論の前提に潜む構造的同一性に着目する.そしてさらにこれを Perikles=Kleon 間に,否,Thoukydides の描く像自体に,拡大する.もちろん de Romilly にとってこれは「Thoukydides が Athenai の impérialisme それ自体を必ずしも糾弾しない」という問題である.それは Thoukydides の歴史学の高い質を示唆するとされるが,しかし同時にもっと積極的に「国際的」レヴェルでの〈二重分節〉構造に重要な意義を見出しているからではないか.したがって彼の問題は,むしろその〈二重分節〉構造の不全,特にそれの「国内」デモクラシーへのマイナスの跳ね返り,でなかったか.

4・4・4

Mytilene の Sparta 側カウンターパートが Plataiai (III, 52-68) であることは明らかである[1].Sparta 軍に降伏した Plataiai の処遇を決めるべく Sparta から五人の審判人がやってくる.そもそも発端は Thebai が仕組んだクーデタを Plataiai が覆し処刑したことに始まる.Plataiai に Athenai が,Thebai に Sparta

が，加担する形の戦争である．弁明を始める Plataiai の代表はまず手続を問題とする (53)．憎悪に燃える Thebai 代表の臨席，および，弾劾無しつまり訴因の特定無しにいきなり弁明させられること，そして初めから Thebai 側に与する実体的心証の存在．弾劾主義手続の分節の欠如は彼らを当惑させるが，それは Sparta=Thebai が一体化して孤立した Plataiai を糾問するところから来る．ここでも Sparta=Thebai の〈二重分節〉が硬化現象[2]を起こしているのである．かくして実際は Plataiai の人々は高飛車に Sparta 側への軍事的貢献の有無を申告させられたにすぎない．そこで代表はペルシャ戦争での功績，そして *heilotai* 叛乱時の救援，を挙げる (54)．Sparta の敵となった事情は Thebai との紛争でたまたま Sparta が援助せず Athenai がしたという事情に基づくにすぎない，と述べ (55)，Thebai の憎悪に加担するのでなく，Sparta 自身の利益と栄誉を考えるように求める (56ff.)．要するに〈二重分節〉構造の中での流動性とこれを包容する資質を求めたのである．

しかしここで手続が予定しないことでありながら Thebai の代表が発言する．Boiotia 同盟を離反して Athenai についたことが発端である，と一体モデルを提示した (61) 後，ペルシャ戦争でも彼らは自主判断でなく Athenai に従ってペルシャと戦っただけである，他方自分達がペルシャについたのは当時はアリストクラシーでもデモクラシーでもなく *tyrannos* が権力を握っていたので皆彼の判断に従っただけである (62)，Athenai との同盟は自分達の攻撃に対して防御するためでなく，他を攻撃するために結ばれたのである (63)，と，一体となった敵味方が衝突しているというパラデイクマを強調する．そしてこれに対応して厳罰主義を主張する．

Thoukydides の乾いた評価 (68) は手厳しいものである．Sparta の判定は Thebai によってそらされた ("*ἀποτετραμμένοι*") のであるが，それは自己の利益のため Thebai を有用 ("*ὠφελίμους*") と考えたからである，というのである．

〔4・4・4・1〕 C. W. Macleod, Thucydides' Plataean debate, *GRBS*, 18, 1977, p. 227ff.
〔4・4・4・2〕 Macleod, Plataean debate はこれを "free will" の問題と捉え，これがこの部分の全体を貫くとする．

4・4・5

　Athenai は多分に偶発的に Sparta の喉元 Pylos に橋頭堡を築くことに成功し，さらにこれを巡る戦闘で Sparta 軍を一挙に捕虜に取る．たまりかねた Sparta はこの捕虜を救うために和平を申し入れる．Athenai 側に圧倒的に有利な前線での暫定休戦協定を受けて，Sparta の使節が Athenai の民会に登場する．彼らの弁論は，まず徹底的に Athenai 側の利益（IV, 17, 1: "ὠφέλιμος"）をタームとするものである[1]．次に徹底的に状況を踏まえての（"ἐκ τῶν παρόντων"）相対的な判断（"καιρός"）に基づくものである．したがって，その現状即ち幸運（"τύχη"）を永続的なものにせよ，さらなる賭に出れば運命の変転（"μεταβολαί"）に身を委ねることになる，しかし和平に応ずればリスクなしに強者の声望が固まることになる（17-18），と論ずることになる．〈二重分節〉の運動も良いが，適当なところで終止符を打つのが得策という誘いである．さらに，和平はまだ力が均衡しているときにこそ可能である，一方を壊滅させれば怨恨と無限の報復過程しか残らない，と展開する（19）．流動・拡張は良いが，根本の多元性が損なわれればそちらの〈二重分節〉にとってこそ自殺行為である，というのである[2]．

　しかし Athenai は過大な要求を突きつけて合意を破壊する．Thoukydides の観察によれば，Pylos の暫定軍事休戦協定を現状でなく原状と捉え，それに積み増そうとしたのである（21, 2）．その方向へ導いた中心人物が Kleon である[3]が，Thoukydides の叙述のポイントは，Sparta 側がこれに反論せず，替わりに手続を要求する，その瞬間である．Sparta 側は Athenai に対して，回答する前にまず委員会（"ξύνεδροι"）をつくって一点一点検討ししっかり討論するように提案する（22）．Kleon はもちろんこれを，判断手続を人々の目から隠す目的のものとして糾弾する．Athenai が判断手続の〈二重分節〉を要求される，しかもなおそれをかなぐりすてる，しかもそれをデモクラシーの名において行う，という転倒を Thoukydides は残酷な目で見てあぶり出す．

[4・4・5・1]　éd., de Romilly, Paris, 1973 (1967).
[4・4・5・2]　cf. de Romilly, *Thucydide et l'impérialisme*, p. 151sqq.
[4・4・5・3]　cf. de Romilly, *Thucydide et l'impérialisme*, p. 149.

4・4・6

　Melosはエーゲ海に浮かぶSpartaの植民都市であり，Athenaiに服属せず対Sparta開戦後は潜在的脅威を意味した．Athenai軍は攻撃前に使節を送るが，しかしMelos側は彼らを民会へ（V, 84, 3: *"πρὸς τὸ πλῆθος"*）登壇させず，政務官を中心とする少数の指導層の前で（*"ἐν ταῖς ἀρχαῖς καὶ τοῖς ὀλίγοις"*）話させる[1]．明らかにこれはIV, 17-22を受けた叙述であり，重要な意味を帯びる．事実ここから以下の特殊な *"ἀντιλογία"* が帰結される．即ちAthenai使節も今回はこれを好都合とし，一般公衆 *"οἱ πολλοί"* に向かって弁ずるのでないことの意義を解説しさえする（85）．そして決して一続きでなく（*"μηδ᾽ ἑνὶ λόγῳ"*）論点ごとに（*"καθ᾽ ἕκαστον"*）いちいち判定して答弁せよ（*"κρίνετε"*）と提案する[2]．こうして *"ἀντιλογία"* は交互に入り組むことになる．

　そればかりか，かくしてMelos側に *"ξύνεδροι"* が立つ（86）というこの当事者の特定の形態は，討論の内容をも限定することになる．間髪を入れず論点ごとに答弁していくということは，長いsyntagmatiqueな連関を辿らせないということを意味し，*"ξύνεδροι"* が立つにすぎないということは，これも本格審理の前の予備審査に相応しいが，ここを突いてAthenai側は，交渉のタームとして，Pylos問題Sparta代表団と同様に，言わば本案でなく占有の問題を選ぶ（87）．つまり「遡るとどちらが正しいか」ではなく，「現状に関する限り」（*"ἐκ τῶν παρόντων"*）およびその安定ないし当座の身の安全（*"περὶ σωτηρίας"*）をタームとして提案する．Melos側は敢えてこれに応ずる（88）．この状況に置かれた者として，本来は「多岐に渡って弁じ顧慮する身たるを」（*"ἐπὶ πολλὰ καὶ λέγοντας καὶ δοκοῦντας"*）当然とするが，この場の性質からしてやむをえない，というのである．そこでAthenai側は（89），Melos攻略からどのような権利が派生するか，そもそもMelosはAthenaiを不法に侵害したか，等々の大向こうに向かった名分論には及ばない（*"οὔτε μετ᾽ ὀνομάτων καλῶν"*），だからMelos側もSpartaに加担していないとか侵害していないなどとは主張しないように，と橋頭堡を固める[3]．しかしこうしてparadigmatiqueに上昇する（正しさを論ずる）橋をたたき落とすや否や，一気に地の底へとparadigmatiqueに急降下してみせる．現時点の端的な状況だけを切り離してクリアにあぶり出すのである．そこにあるのは強者の働きかけを受けて弱者

4　paradigmatisme の浮上

が全面的に譲る[4]というパラデイクマ ("οἱ προύχοντες πράσσουσι καὶ οἱ ἀσθενεῖς ξυγχωροῦσιν") である.

　Melos 側の反撃は劣らず周到である (90). 如何に個別利益 ("χρήσιμον, τὸ ξυμφέρον") のみを判断するとは言っても皆に共通の価値 ("τὸ κοινὸν ἀγαθόν") にそれが一致している場合もある, とすかさず地からのぎりぎりの浮上を図る. その内容は, 如何に危殆に瀕した ("ἐν κινδύνῳ") 者と (応急と) いえども相応の権利 ("τὰ εἰκότα δίκαια") が認められること, その相対的な限度でしかし相応に精密に論じ一定の論拠を援用できること ("καὶ τι καὶ ἐντὸς τοῦ ἀκριβοῦς πείσαντά τινα ὠφεληθῆναι"), がそれである. 共通の価値とはこうした基準・審級の確立 ("παράδειγμα") に関わる[5]. 正統性を本格的に論ずるのでなくとも, 直ちに端的な実力の関係に移行するのでなく, 中間に確固たる議論の審級があるというのである.

　Athenai 側は直ちにこの中間の審級を別方向に解釈（しかつ破砕）する (91). 即ち, 自由を認め支配を失うのは怖れないが, 失えば potlatch による逆転を許し失うだけでなく破滅を意味する, だから一旦支配した以上地域全体にヘゲモニーを確立せざるをえず, それを受け入れれば Melos の安全が保障され, Athenai のコストが除かれる, と論ずる. 相互不可侵の自由な同盟者として無害ならばよいではないかという Melos に対して, 平等な同盟者でもなく敵でもない中間的従属を求めているのである. しかし今度は Melos が理解できない. Athenai が〈二重分節〉でなくむしろ隷属を求めているとしか思えないのである (96). 事実, Athenai は法的形式がどうあれ力関係であるとして, 島 ("νησιῶται") は海の支配者から ("ναυκρατόρων") 逃れられない, と論ずる (97). かくして海―島の〈二重分節〉イメージは, 対 Sparta の予防的措置（服属＝Athenai の安全 "τὸ ἀσφαλές"）が島の相対的自由を奪った結果, 囲繞地が中を殺すようなイメージに転化してしまう. 不可侵条約も Athenai の危険を減ずるではないかという Melos の反論 (98) に対しても, 内陸ならばそれも自由だが自分達の海のただ中にあられては中立はありえない, と突き放す (99).

　Athenai が真に怖れるのは, 一旦服属させた者がそれを跳ね返す potlatch である. リスクを減じたいという Athenai に Melos は最後の切り札として, 力関係からして自分達の方が無謀かもしれないが, 双方とも同じリスクを冒すので

あるから対等ではないか，と迫る（100ff.）．賭に出ようと言う Melos を Athenai は〈二重分節〉安定の観点から懸命に警告する（101ff.）．しかしその先にはもはや，弱者にも時に勝つチャンスを与える Melos の気まぐれな神々と，厳密な自然の必然性（105, 2: "φύσεως ἀναγκαία"）つまり syntagmatisme に従う Athenai の神々，の間の直接衝突しかない．イオニア以来のデモクラシーの syntagmatisme が，Homeros に還る方向と地底を這う方向に分裂してしまったのである．Thoukydides の syntagmatisme はさらにこの現実を冷酷に見つめる点に存する．

〔4・4・6・1〕 éd., de Romilly, Paris, 1973 (1967).

〔4・4・6・2〕 Adcock, *Thucycides*, p. 32f. がとりわけ「史実」に近い弁論をここに見るのは，議論の手続分節が把握されているからかもしれない．

〔4・4・6・3〕 Athenai 側の論法が修辞学の基本に基づくこと，正義と利益を同視し「実質の意図」のレヴェルを追求すること，これが（重要な前提問題を隠し，そこに）Athenai 帝国の弱さを却って浮かび上がらせること，は C. W. Macleod, Form and meaning in the Melian dialogue, *Historia*, 23, 1975, p. 385ff. に的確に分析されている．

〔4・4・6・4〕 力の自然法則対正義・道理の対決として，これほど多く論じられてきた箇所も無いが，de Romilly, *Thucydide et l'impérialisme*, p. 247sqq. は，「ソフィスト」の議論に無媒介に結びつける解釈に対して一定の距離を取りながら，Thoukydides が力の構造に内在的な問題による崩壊の徴候を厳格に識別しつつある，との理解を示す（B. Constant を援用する）．事実，Thoukydides が演出する論争は，〈二重分節〉の〈分節〉的性質を強調するか，垂直的関係を強調するか，という極めて繊細な問題を巡るものである．それでも，Athenai 側の議論には，正義を括弧に括れば占有を飛ばしていきなり実力の問題になるかの如き短絡が見られる．そうした論理の変質ないし飛躍を病理の観点から捉えたところに Thoukydides の目の確かさがある．

〔4・4・6・5〕 *exemplum iuridicum!* cf. de Romilly, *Thucydide et l'impérialisme*, p. 241sq.

4・4・7

Sikelia 派兵の決定（VI, 8-26）は全編のクライマックスの一つである[1]．Mytilene を伏線とするかの如く，ここでも遠征は一旦簡単に議決された後，司令官に任命された Nikias 自身の演説によって再議に付される．Thoukydides はこの Nikias の演説に極めて優れた内容を与えている．Melos でのやりとりは全てこれを準備するためにあったのかと思わせるほど，Thoukydides がここへと持ってくるその叙述の構成は周到である．

4 paradigmatisme の浮上

　Nikias は，司令官への具体的授権のための民会に，そもそも出兵すべきかどうかを考え直させようとする．このためにまず司令官への任命というまさにそのパラデイクマを用いる (9, 2)．栄誉とし（"τιμῶμαι"）つつまず自分の身体のことを（"περὶ τῷ ἐμαυτοῦ σώματι"）心配してみせる．おやと思う聴き手に，「自分の身体財産のことを慮る市民が最高の市民である」（"ἀγαθὸν πολίτην εἶναι ὅς ἂν καὶ τοῦ σώματός τι καὶ τῆς οὐσίας προνῆται"）と畳みかけ，「何故ならばまさに自分自身のことを通じて切実にポリスのことも正しく導こうと考えるに違いないからである」（"μάλιστα γὰρ ἂν ὁ τοιοῦτος καὶ τὰ τῆς πόλεως δι' ἑαυτὸν βούλοιτο ὀρθοῦσθαι"）と論拠付ける．〈二重分節〉の原点をいきなり突き付けたのである．しかもなお，リスクを積極的に冒す（"κινδυνεύειν"）メリットも押さえ，その上で，それにしても "καιρός"（相応の状況）が欠けていること，容易でないこと，を以下に論証する，と述べる (9, 3)．つまりは古典的な syntagmatisme である．時間軸上，および空間的外延に，広く状況を精査して判断しようというのである．

　Nikias は，いわゆる「Nikias の平和」が元来脆弱な基盤しか持たないところへ持ってきて今や実質的にほころびつつある状況を分析する (10)．つまり後方の安全が確保されないというのである．他方 Sikelia に関しては，これが独自の〈二重分節〉系をなしていて，Sparta を頂点とするそれと Athenai を頂点とするそれが入り組む圏内にはない，ことを強調する (11)．したがってそこに大きな軍事化ブロックが形成されたとしても脅威にならない，衝突は必然的に，Sparta がそれと結託することを考えても，大きな軍事化ブロック相互の（"ἀρχὴν ἐπὶ ἀρχήν"）一か八かの決戦になる（"ὑπὸ τῶν αὐτῶν καὶ τὴν σφετέραν διὰ τοῦ αὐτοῦ καθαιρεθῆναι"）が，相手が敢えてそのような賭に出てくるとは思えない，こちらはむしろ姿を現さずに堅固な〈二重分節〉体制を近隣に聳えさせ遠くに怖れさせるのが得策である，と Nikias は論ずる．

　しかし彼の決定打は，Melos でむしろ Athenai 側が相手に警告したパラデイクマ，すなわち potlatch，である．この戦間期にようやく蓄積したリソース（〈二重分節〉単位）を大博打に使ってよいのか，というのである (12)．Nikias はこのとき相手の陣営に Alkibiades を見て，その人物像に仮託して potlatch のパラデイクマを鮮明に描く．「馬」（"ἱπποτροφία"）であり「奢侈」

(*"πολυτέλεια"*) でありこれを政務官職によって購おう (*"ὠφεληθῇ τι ἐκ τῆς ἀρχῆς"*) とする姿勢である．彼が今私的野心のためにポリス全体を大博打に投入しよう (*"τῷ τῆς πόλεως κινδύνῳ ἰδίᾳ ἐλλαμπρύνεσθαι"*) としていると警告する．

ポイントを最短距離で過不足無く突く Nikias の演説を迎え撃つのは Alkibiades である．彼の戦術は Nikias が提示したパラデイクマ自体を戦いへの輝かしいパラデイクマに解釈換えすることである．まず potlatch の極, Olympia での競技, を前面に提示する (16)．馬と奢侈が功を奏して Alkibiades はここで圧勝した, そのことがまさに Athenai の力を誇示することになった, というのである．このパラデイクマを梃子として軍事的外交的功績を誇り, そして Sikelia の状況を極めて楽観的に描いた後 (17), *"κινδυνεύειν"* と *"ἡσυχία"* の対抗軸を使って支配圏は無限に賭け続けていかなければ維持されない, と煽り立てる (18)．破壊的 *"ἀντιλογία"* が成果を挙げてグロテスクな新粒子が加速器によって分離された瞬間である．これは Thoukydides の叙述の極めて意識的な効果である．彼は珍しく自分の評価を冷たくしかしきっぱりと述べる．馬と奢侈に見られる Alkibiades の potlatch 性向が「結局のところ Athenai の壊滅に寄与しなかったとは決して言えない」(15, 3: *"ὅπερ καὶ καθεῖλεν ὕστερον τὴν τῶν Ἀθηναίων πόλιν οὐχ ἥκιστα"*), と．

圧倒的に好戦的な気運を前に, Nikias は一歩引き下がり, 膨大な戦備を要することを印象づけて逡巡させよう, 少なくとも自分に大きな戦備を獲得しよう, と再度演説する (20-23)．Thoukydides は Nikias の誤算を見逃さない．まず戦備さえ整えれば安全だと却って確信を深めさせ (24, 2), そして熱狂に火をつけることになる (3)．賭に付されるものの壮大さを演出することになったのである．

〔4・4・7・1〕 éd., Bodin, de Romilly, Paris, 1975 (1955).

4・5 *"φόβος"* と *"τεῖχος"*

4・5・0

負の paradigmatisme の結果として現れるのは, 強固に一貫する端的な単一

のパラデイクマ，極めて絶望的な，しかしほとんど数学的に一義的な，画像である．既に見たように Thoukydides は古い時代の伝承に対して懐疑的で，彼の本来の作業は同時代をのみ対象とする．中心的な主題，Athenai 同盟の構造についてのみ彼はその由来について述べるが，このときも現代においてしっかり捉えうるわずかな徴表を手がかりに，むしろ直ちに上の一義的な画像で間隙を埋めていく．極めて即物的な syntagmatisme の平面が読者の前にいきなり現れ，近代の歴史学の所産そのものとさえ思わせるのである[1]．

〔4・5・0・1〕 cf. N. Loraux, Thucydide n' est pas un collègue, *QS*, 12, 1980, p. 55ss.

4・5・1

冒頭のいわゆる "*ἀρχαιολογία*" (I, 2-19) ではいきなり，人々の定住が定かでなく力によって ("*βιαζόμενοι*") 簡単に圧迫され移動する，という画像が現れる (2)．交換も安定せず，蓄積も無い，「城壁を持たないために」("*καὶ ἀτειχίστων ἅμα ὄντων*") 簡単に侵入掠奪を許す，だから強くなれない，というのである．これに対して Athenai だけは早くから安定的な定住を実現した；そのことを例解するのは ("*παράδειγμα*") 現在でも多くの者達が亡命すると Attika に受け容れられ定住するという事実である——．強弱の力関係は運動の有無によって説明される．弱さ ("*ἀσθένεια*") は流動性に，流動性は名称の不安定に，関連付けられる．伝承そのものは信用しないものの，それら伝承において「ギリシャ人」("*Ἕλληνες*") という人々の集団の呼称が存在しないことを重要な徴表として採用する (3)．現代の歴史学の手法を先取りする観察である[1]．

他方こうした伝承の背後に早くから一個の制海権の対象たる海上空間の観念が存在していたことを認める (4ff.)．海はかつて枝分節，少なくとも Aischylos 以来〈二重分節〉，そのものである．Minos の名に言及することを Thoukydides は忘れない．もっとも，海にも海賊 ("*λῃστεία*") があって利得を ("*κέρδους*") 追求し城壁を持たない人々に ("*ἀτειχίστοις*") 襲いかかった (5)．これは現在でも残存しているし，叙事詩が常に意識しているところである——．こうして，syntagmatisme の延長線上に自ずから設定される「完全に社会組織を切断された自然状態」は不思議なことに二段階になる．事実 Athenai と

Spartaはそれぞれの仕方で陸上においては早々に戦争状態を脱する (6) が，これは決定的でなく，城壁を持ったポリスも続いて登場する (7) が，これらは海賊を避けて内陸に位置する（青銅器時代の定住拠点？）のであり，他方島嶼部の連中こそ海賊行為を続けたことは，最近のDelosでの墓地一掃の際に発掘された通りである (8, 1)，とThoukydidesは展開していく[2]．転換点は，海上組織の強大化に伴って海岸の都市が本格的に発展するその時に生ずる (8, 2)．或る者はヨリ一層豊かに（"$πλουσιώτεροι$"）なろうと城壁を（"$τείχη$"）巡らし，損得の（"$τῶν κερδῶν$"）勘定に押されて弱者（"$οἵ ἥσσους$"）は強者の隷属下たるを（"$τὴν τῶν κρεισσόνων δουλείαν$"）受け容れ，強者は（"$οἱ δυνατώτεροι$"）富を誇って（"$περιουσίας ἔχοντες$"）弱小都市を臣下として（"$ὑπηκόους τὰς ἐλάσσους πόλεις$"）従える．本格枝分節の完成であり，このときまさにAgamemnonの権力とTroia戦争が勃発するというのである (9-11)．

ここでThoukydidesは *logographoi* による〈神話〉再整備の成果を慎重に検討し (9, 2)，外からやって来たPelopsが財力によって勢力を得たこと，その子孫のAtreusがcognatiqueな繋がりによって（Herakleidaiによって倒された）EurystheusからMykenaiの王権を得たこと，つまりこうしてPerseidaiからPelopidaiへと交替があったこと，を確定した後，しかしAgamemnonの権力基盤[3]はむしろ海にあり，かつ恩恵（"$χάρις$"）よりは恐怖（"$φόβος$"）によった，と述べる．つまりAthenai海上支配は枝分節の先鋭化形態に他ならないというのである．ここでThoukydidesは地表面の目に見える徴表，すなわちパラデイクマの現実化，から単純に推論するsyntagmatismeを批判し，Mykenaiの遺跡は貧弱だが，弱小であったとは言えない，Athenaiと同じだけ強大なSpartaはしかし同じだけの都市中心の建造物を持たず散開しているではないか，と (10)．むしろ限界を財力の不足に見る (11)；というのもこの画像を裏返して一気にAthenai同盟の〈二重分節〉に直行しようというのである．Mykenai後の争乱や復興には簡単に触れられるだけであり (12)，ましてHerakleidaiの帰還は全く無視され，叙述は直ちに *tyrannos* 達による海上覇権[4]の樹立に移る (13)．諸々の海上覇権が続いた後にはIoniaの危機 (16) と *tyrannos* の打倒 (17)，そしてペルシャ戦争 (18)，戦後の対立に簡単に触れられるだけである．

要するに，修正自然状態が〈分節〉ならぬ〈二重分節〉のために用意された

4 paradigmatismeの浮上

のである[5]．第一にこれとのコントラストによってAthenai同盟の確立は新しい光を浴びて画期的なものと映る（I, 89ff.）．しかし第二にそれが崩れ去るときの方向が示唆されたのである．

[4・5・1・1]　de Romilly, *Histoire et raison*, p. 240sqq. は，最新の歴史学的方法の極めて意識的な実験室としてこの部分を分析する．集団の呼称については cf. p. 245sq.

[4・5・1・2]　考古学的推論の創始者としての Thoukydides について cf. de Romilly, *Histoire et raison*, p. 248sqq.

[4・5・1・3]　cf. de Romilly, *Histoire et raison*, p. 261 : "une théorie assez élaborée de la puissance"; 264sq.; V. Hunter, *Past and Process in Herodotus and Thucydides*, Princeton, 1982, p. 33, 38.

[4・5・1・4]　cf. de Romilly, *Histoire et raison*, p. 266sqq.. この独特の分析法と「システム」が "la grande originalité de Thucydide" であると評価しながらも，その意味を図りかねている．p. 273sqq. は歴史像のバランスの悪さや脱落を方法の斬新さによって救おうとする試みであるが，"cette absence de différence entre les moments successifs de l'évolution" (p. 296) だけは認めざるをえない．大胆な裁断はしかし十分なコントラストを伴っていると思われる．

[4・5・1・5]　この大規模なディアクロニーが de Romilly には "des bizarreries" (*Histoire et raison*, p. 254) に映る（Hunter にとっては史料批判抜きの理論的洞察である）．しかし，「今回の戦争が最大の規模である」という判断の（まずは sommaire な）論証はもっぱらこのディアクロニーに依存しているのである．

4・5・2

ペルシャ戦争からペロポネソス戦争までの50年間（いわゆる *Pentekontaetia*）に関する *excursus* (I, 89ff.) は，AthenaiとSpartaがそれぞれ開戦に向けて踏み出す過程を叙述するために，両者の関係の基本タームを例解する役割を帯びる．それだけにこれがまさに実質的な主題提示部である．ペルシャ戦争後 Athenai は復興事業の一環として城壁の再建を目指す (89, 3)．この一見何でもないことが全ての鍵を握る．既にその海上戦力を怖れる ("φοβουμένων") Sparta は案の定使節を送って城壁を巡らさないよう ("μὴ τειχίζειν") 要請する (90)．制海権は自ずから多くの陸上戦力を包含して〈二重分節〉を作る，その上陸上にまで〈二重分節〉の砦を築かれては堪らない，というのである．事実 Sparta は，ペロポネソス外の全ての城壁の撤去に Athenai は努力すべきである，Athenai に関して猜疑心を向けるのではないが構造物自体が基地として使われ脅威を与える，と主張する (90, 2)．

Themistokles は，こちらから使節を派遣すると答えさせ，しかしこれをす

ぐには発たせず，単身 Sparta に赴き，しかも誰とも交渉せず，口実を次々と見つけては引き延ばす（90, 5: "*διῆγε καὶ προυφασίζετο*"）．そしてその間に Athenai では人々が総出で城壁を築く（"*τειχίζειν πάντας πανδημεὶ τοὺς ἐν τῇ πόλει*"）．これらのことを長々と叙述する Thoukydides はもちろん，遷延戦術と（城壁を延長していく，どこまで行っても中心には至らない）工事との間の符合を強調しているのである．これは syntagmatisme と〈二重分節〉の関係でもある．

もちろんその間 Sparta にも Athenai からの情報が届き少々おかしいということになり，調査団が派遣される（91）．Themistokles はこれに対して秘かに Athenai に連絡し，可能な限り長く調査団を引き留めるよう指示する．そうしておいて彼自身はついに Sparta の公式機関の前に姿を現し，演説する．彼はひとり Athenai のためばかりか（この場合 Sparta を含む対ペルシャの）すべての同盟都市にとって Athenai が城壁を持つことが有益である（91, 6: "*καὶ ἰδίᾳ τοῖς πολίταις καὶ ἐς τοὺς πάντας ξυμμάχους ὠφελιμώτερον*"）ことを論証する．各自が同じ装備を備えていなければ「共同でもしくは平等に一つの議決を共有すること」（"*ὁμοῖόν τι ἢ ἴσον ἐς τὸ κοινὸν βουλεύεσθαι*"）ができない，したがって全ての都市が城壁を持たないかそれとも全ての都市が等しく持つかのどちらかである，というのである．この構造の一貫性が公益であるということになる．Sparta はこれに説得される．各個がそれ自身〈二重分節〉を備えなければ〈二重分節〉体制は成立しない，さもなければ単純〈分節〉システムしかない，という考察を Thoukydides は Themistokles に仮託している．もちろん Euripides の主題である．

Themistokles は交渉を継続させながらも突貫工事で城壁を完成させてしまう．Athenai にとっては常にたとえば城壁がつくる二重構造こそが防御と安全を意味するのである．

しかし Thoukydides はまさにその構造につき厳しい判断を下す．短時日の（93, 1: "*ἐν ὀλίγῳ χρόνῳ*"）突撃的（"*κατὰ σπουδὴν*"）工事の所産たることが現在でも看て取れるというのである．それでも構造にとってヨリ重要であるのは海であり，Themistokles は Athenai の外港 Peiraeus を城壁によって中心に包含する．第一巻冒頭の記述が伏線としての意味をここで獲得する．

4　paradigmatisme の浮上

　Thoukydides はこの Athenai 海上同盟の構造が *mutatis mutandis* にそのままデモクラシーの構造であることを明示している．ペルシャ戦争後 Sparta の司令官 Pausanias は同盟諸都市軍を掌握できず，専制的であると不評を買い (94ff.)，このために Athenai が次々と同盟内に諸都市を収容していくことになる．つまりこうして Athenai 同盟の財政および意思決定機構が確立していくのである (96f.) が，Sparta 自身が Pausanias を解任召還弾劾せざるをえなかったのは，Pausanias が「*tyrannis* を模倣した」(95, 3: "*τυραννίδος μίμησις*") 廉による．事実 Ionia での評価は彼が各個の存在を無視する ("*βιαίου ὄντος αὐτοῦ*") というものであった．かくして Athenai に指揮権が委ねられることになるのであるが，これは *tyrannis* からの解放即ちデモクラシーの樹立に擬せられたことになる．Athenai は確かに財政的負担の仕組みを通じて財の再分配の経路をも確立するが，それでも同盟各市が共同で意思決定する (97, 1: "*ἀπὸ κοινῶν ξυνόδων βουλευόντων*") 機構をも整備するのである．ところがまさにこの機構が外敵に対してでなく他ならぬ同盟者に対して処置を行うことになる，この逆説こそがこの *excursus* の目的である，と Thoukydides は述べる．これこそが彼に先行する者が書かなかったことであり，唯一 Hellanikos が短く触れたものの大いに不正確であった，というのである (97, 2)．従来の〈批判〉の方法では到底この逆説を抉り出すことはできない，という自負である．

　以下 Thoukydides は同盟内叛乱を Athenai が武力鎮圧する事例を長々と列挙していく．Athenai はやがて「決して当初のように意思を尊重しながら指揮権を行使することもなく，また対等の原則によって軍事行動することもなくなった」(99, 2: "*οὐκέτι ὁμοίως ἐν ἡδονῇ ἄρχοντες, καὶ οὔτε ξυνεστράτευον ἀπὸ τοῦ ἴσου*") というのが彼の導入の言葉である．Thasos が叛乱したのは Thrakia 方面の「通商基地と鉱山を巡って」(100, 2: "*περὶ τῶν ἐμπορίων καὶ τοῦ μετάλλου*") であったと彼らしく冷たく言い放つ．Thasos は Sparta に *heilotai* の乱が起こったために簡単に鎮圧される (101) が，他方 Sparta の救援の呼びかけに何と Athenai が応ずるのである (102)．却って初めて両者の間に軋轢 ("*διαφορά*") が生じたこと，Sparta が脅威を感じたこと ("*δείσαντες*")，猜疑心が生まれたこと ("*τίνος ὑπόπτου γενομένου*") を Thoukydides は見逃さない．同じく Megara 方面の「長い城壁」(103, 4: "*τὰ μακρὰ τείχη*") と Athenai

軍駐留は Korinthos との敵対関係の起源であるとする．独特の塹壕戦の予示でもある．同じ "τὰ μακρὰ τείχη" を Athenai 自身が自国で築く試み (107, 1) について，遠征に出ようとする Athenai 軍はデモクラシー転覆の陰謀を怖れて途上 Boiotia にとどまるのであるが，陰謀は「デモクラシーと城壁建設を覆そうとするものであった」("δῆμόν τε καταπαύσειν καὶ τὰ μακρὰ τείχη οἰκοδομούμενα") とされる．つまり両者は同一視される．至る所に派兵する Athenai の姿とギリシャの荒廃が二重写しにされた後 (110, 1)，淡々とした叙述の中で注目されるのは，Samos に関する記述である (115, 2ff.)．Samos の体制が転覆し，再転覆を目指す者達 ("νεωτερίσαι βουλόμενοι τὴν πολιτείαν") と Miletos は Athenai に助力を求める．Athenai は直ちに軍事介入しデモクラシーを Samos に樹立する ("δημοκρατίαν κατέστησαν")．しかし逃れた反対派が戻ってこのデモクラシーに対して蜂起し，大勢を把握してしまう ("τῷ δήμῳ ἐπανέστησαν καὶ ἐκράτησαν τῶν πλείστων")．以後ずるずると Athenai は幾波もの軍事介入を余儀なくされる．

4・5・3

Plataiai を直接のきっかけとしていよいよ開戦となり，Sparta は Athenai を直撃する方針を採り，Attika に侵入する (431 年)．若者も備蓄もまだ豊富だから当然，と Thoukydides は両者の熱狂を皮肉る (II, 8, 1)[1]．同時に，彼の観察は全般的な Sparta 支持の気運 (8, 4: "εὔνοια") を捉え，それを Athenai に対する怒り ("ὀργή") に帰し，さらにその根底に要するに Athenai の覇権に対する怖れ ("φοβούμενοι") を見る．この怖れこそは覇権の構造がもたらすという逆説である．

この "φόβος" に対応するかのように，Thoukydides の叙述はまずは "τεῖχος" に集中する．彼はもちろんその年の戦績を過不足無く冷厳に記述することを叙述の形式として採用する．しかしその実，重要な出来事の全てを記録するというのではなく，或る大きな構図を描く限りのことしか視野に入れない．年代記思考からは極めて遠い．「以上がその夏に――」(32: "ταῦτα μὲν ἐν τῷ θέρει") と叙述を切り，「さて続く冬――」(33, 1: "τοῦ δ' ἐπιγιγνομένου χειμῶνος") と叙述を再開するのは，冬になれば作戦が必ず停止するからに他

4　paradigmatisme の浮上

ならず，それとても syntagmatique な連関を断つための pretext であり，彼のねらいは，これを機械的な時間の目盛りで寸断して思考を負の paradigmatisme に誘導することに存する．その負の paradigmatisme から出て来るものが "τεῖχος" だからこそ，開戦直後，II の前半，の叙述は完全にその焦点を Perikles に絞るのである．

　事実，熱狂は両軍の激突には翻訳されず，Athenai は領域から全てを引き払い城壁内に収容する．Sparta 軍が如何に領域を掠奪しようと出撃しないのである (19ff.)．替わりに制海権を利用して好きなだけ海上作戦を展開する (23ff.)．Peiraeus を城壁により中心と連続させたことが伏線として効いてくる．Thoukydides の叙述はこの奇妙な構図を強調すること以外を一切排除する厳格なものである．逆にこの (syntagmatisme および城壁の建設に匹敵する) Perikles の遷延戦術がもたらす劇的緊張は詳細に描かれる．まず Perikles が人々をこの戦術へと説得した論拠が列挙される (13, 2ff.)．主としてそれは Athenai の正確な「財務状況」である．金銀での備蓄が十分である上に収入は主として同盟都市から海上を通じて得られること，が根拠である．Hekataios 以来の syntagmatisme の伝統である．Thoukydides は珍しく個人的にこの当時の現状分析を裏書きする (13, 9)．もっとも，Athenai の領域というものの特殊な性質について把握しておくことも忘れない．領域の人々にとってこの集結は一大困難であったというのである (14, 2)．領域に二次的都市中心を持たない Athenai にとってこの作戦は他都市に比べれば容易であるように見える．Thoukydides はこうした理解を覆すべく古い時代に向かう (15)．Theseus 以前の時代 Attika では人々は王権を嫌って各都市に分かれてそれぞれ独立の政治システムを有していた ("αὐτοὶ ἕκαστοι ἐπολιτεύοντο καὶ ἐβουλεύοντο")，Athenai とは akropolis だけのことであったのであり，現在でもその痕跡たる儀礼や呼称が多く残る，「Theseus の *synoikismos*」は確かにこの状態を解消するが，それ以前のように人々は領域の組織を残存させたのである (16)，と．「Theseus の *synoikismos*」伝承の多義性の正確な分析である．政治システムの完成を意味するばかりでなく，ヨリ完成度の高い〈二重分節〉（デモクラシー）が領域の二次的中心を非可視的なものにするまでに自由を極大化し参加を開放的にする，ということに関わるのである．ならば，Athenai が〈二重分節〉シ

ステムを持たない，領域の組織を重視しない，ことを全く意味しないのである．したがって，Periklesの戦術は古い時代の都市が簡単に遂行したそれとは全く違う，単なる都市と領域の区分のコロラリーなどではない，自由ないしヨリ複雑な構造と鋭い緊張関係に立つ，否，それ故にできた（二段だからこそ一段引き下がりえた）のである，というのがこの小さな *excursus* の含意である．

431-430年の冬に行われるPeriklesの葬送演説を再現するThoukydidesの意図は，"$\phi \acute{o} \beta o \varsigma$"を与え"$\tau \epsilon \hat{\iota} \chi o \varsigma$"に拠って立つAthenaiの体制原理をPeriklesの言葉によって語らせ突き放すところに存する．盛大な葬送儀礼の対象たる兵士達が何のために斃れたかと言えば，それは実に端的に文字通りデモクラシーのためである，とThoukydidesはPeriklesに言わせるのである．ポリスのためでもなければまして「祖国」一般のためではありえない．あの，問題の，特異な構造が意識されているのである．

だからこそPeriklesは古い伝統の儀礼に属する演説に際して特に祖先に言及する．何をわれわれは承け継いだか（36, 2: "$\pi \rho o \sigma \kappa \alpha \tau \acute{\epsilon} \lambda \iota \pi o \nu$"），から出発するのである．「われわれは如何なることを追求してここまで来たのか，如何なる政治体制によって如何なる精神によってここまで強大になったか」（"$\dot{\alpha} \pi \grave{o} \ \delta \grave{\epsilon} \ o \ddot{\iota} \alpha \varsigma \ \tau \epsilon \ \epsilon \pi \iota \tau \eta \delta \epsilon \acute{\upsilon} \sigma \epsilon \omega \varsigma \ \ddot{\eta} \lambda \theta o \mu \epsilon \nu \ \dot{\epsilon} \pi' \alpha \dot{\upsilon} \tau \grave{\alpha} \ \kappa \alpha \grave{\iota} \ \mu \epsilon \theta' o \ddot{\iota} \alpha \varsigma \ \pi o \lambda \iota \tau \epsilon \acute{\iota} \alpha \varsigma \ \kappa \alpha \grave{\iota} \ \tau \rho \acute{o} \pi \omega \nu \ \dot{\epsilon} \xi \ o \ddot{\iota} \omega \nu \ \mu \epsilon \gamma \acute{\alpha} \lambda \alpha \ \dot{\epsilon} \gamma \acute{\epsilon} \nu \epsilon \tau o$"）をまず明らかにしよう，とPeriklesは精確な言語で内容を特定しにかかる．その答えとして用意されるのはもちろん政治体制であり，それは他を模倣したものではなく，むしろこちらが模範（"$\pi \alpha \rho \acute{\alpha} \delta \epsilon \iota \gamma \mu \alpha$"）となるものである，と彼は豪語する（37, 1）．もちろんそれはデモクラシー（"$\delta \eta \mu o \kappa \rho \alpha \tau \acute{\iota} \alpha$"）と呼ばれるものであるが，そこでは，個々人間の争いにおいては規範に従って全ての者に平等になるようにされる（"$\mu \acute{\epsilon} \tau \epsilon \sigma \tau \iota \ \kappa \alpha \tau \grave{\alpha} \ \tau o \grave{\upsilon} \varsigma \ \nu \acute{o} \mu o \upsilon \varsigma \ \pi \rho \grave{o} \varsigma \ \tau \grave{\alpha} \ \ddot{\iota} \delta \iota \alpha \ \delta \iota \acute{\alpha} \phi o \rho \alpha \ \pi \hat{\alpha} \sigma \iota \ \tau \grave{o} \ \ddot{\iota} \sigma o \nu$"）ほか，出自と無関係にばかりか条件に応じてそこからの貢献が評価され，政治的自由ばかりか日常において互いが追求することに猜疑心を抱かないという点での（"$\dot{\epsilon} \varsigma \ \tau \grave{\eta} \nu \ \pi \rho \grave{o} \varsigma \ \dot{\alpha} \lambda \lambda \acute{\eta} \lambda o \upsilon \varsigma \ \tau \hat{\omega} \nu \ \kappa \alpha \theta' \ \dot{\eta} \mu \acute{\epsilon} \rho \alpha \nu \ \dot{\epsilon} \pi \iota \tau \eta \delta \epsilon \upsilon \mu \acute{\alpha} \tau \omega \nu \ \dot{\upsilon} \pi o \psi \acute{\iota} \alpha \nu$"）自由が実現されていて，隣人が自分の好きなことを追求しているのならば彼を怒りで遇することもなく（"$o \dot{\upsilon} \ \delta \iota' \ \dot{o} \rho \gamma \hat{\eta} \varsigma \ \tau \grave{o} \nu \ \pi \acute{\epsilon} \lambda \alpha \varsigma, \ \epsilon \dot{\iota} \ \kappa \alpha \theta' \ \dot{\eta} \delta o \nu \grave{\eta} \nu \ \tau \iota \ \delta \rho \hat{\alpha}, \ \ddot{\epsilon} \chi o \nu \tau \epsilon \varsigma$"），はらはらさせるようであっても実害が無ければ咎めることもない（"$o \dot{\upsilon} \delta \grave{\epsilon} \ \dot{\alpha} \zeta \eta \mu \acute{\iota} o \upsilon \varsigma \ \mu \grave{\epsilon} \nu, \ \lambda \upsilon \pi \eta \rho \grave{\alpha} \varsigma \ \delta \grave{\epsilon} \ \tau \hat{\eta}$

ὄψει ἀχθηδόνας προστιθέμενοι"），だからといって皆に共通する領分（"τὰ δημόσια"）においては神経質に違法行為を見張り，政務官への監視も怠らない，特に被訴追者の利益を図ったり法規のないことをよいことに迎合的なバッシングに加担する者について監視を怠らない——．ここには硬直化や崩壊の要因はどこにも無いかのように見える．

しかし Perikles はさらに続けてこの体制がコンクール等の競争と potlatch に大きく開かれていることを強調する（38）．その前提としてもちろん社会の大きな解放性がある（39）．だからこそ訓練によってではなく自発的に危険に立ち向かう（"κινδύνους χωροῦμεν"）．労苦ばかりか進んで危険を引き受ける（"ἐθέλομεν κινδυνεύειν"）．"πόνος", "μόχθος"——まさに Herakles である．その精神により絶対に目標に到達しないではおかない（40, 1: "εὐτελεία"）．貧困は恥ずべきことではないが，貧困から脱出しようとしないのは恥ずべきことである．そしてこの精神が領域に関わることとポリスに関わることを媒介するのである．後者に関心を持たないのは自由だが，そうした人間は価値がない．言葉ではっきりと企図を示しそれを実現する，とりわけ他者に恩恵を与える活動をする，こうした行動様式が Athenai を特徴付ける，というのである．高度な目的，言葉，それへ向かって各人が全く自由に競って挑戦する，という観念には二段三段の階梯が潜み，syntagmatique な連関が意識されている．明らかに〈二重分節〉に対応する．そしてこれにより，これによってのみ，共通の事柄への寄与が基礎付けられる．まして Athenai の覇権のために戦うことは自動的に導かれる．同じ原理を先取りしてそこで待っているのであるから．リスクを冒してでも幸運を求める（44）という方向に Perikles の言葉は音量を上げていくが，出口（46）においては完全に Alkibiades そのものである（「そうした競技には輝かしい利得が用意されている」"ὠφέλιμον στέφανον τῶν τοιῶνδε ἀγώνων προτιθεῖσα"「功績には最高の賞金が待っている」"ἆθλα ἀρετῆς μέγιστα"）．

もっとも Alkibiades まで待たすことなく Thoukydides は直ちに Athenai を地に這わせる．前例のない疫病である（47-53）．ひとまず出来事の経過に対して不連続に交わる syntagmatisme である．遠い異国からやって来て瞬く間に伝染する，その不条理な syntagmatisme は収容しがたい．syntagmatisme 相互の

このきしみは Thoukydides にそこから退避する十分な pretext を与える．どこから来たのか，何が原因か，「そうしたことについては医者であろうとなかろうと各人がそうであるらしいと思ったところを言うがよい」(48, 3: *"λεγέτω μὲν οὖν περὶ αὐτοῦ ὡς ἔκαστος γιγνώσκει καὶ ἰατρὸς καὶ ἰδιώτης ἀφ᾽ ὅτου εἰκὸς ἦν γενέσθαι"*) と述べてパトロジクな観察に徹する．社会的な帰結 (52-53) もその延長線上に（ほとんど衛生学的に）述べられるにとどまる．

かくして Perikles は二つ目の演説に引っぱり出される．今度彼が擁護しなければならないのは端的に彼の戦術であり，したがって *"τεῖχος"* である．領域は放棄してしまった，都市中心しか残っていない，この選択が結局は一人一人の利益になる (60, 2: *"ὠφελεῖν τοὺς ἰδιώτας"*) という論証をする以外にない．個人が幸福でもポリスが壊滅すれば，幸福なポリスの不幸な人間であるより余程悲惨である，といった類の論拠しか残っていない．一旦全てを捨てると見せて逆転をねらう賭け，そうした戦術自体が巨大な potlatch である，ことを正面から提示する (61, 1) 以外にない．それをすべくここまで賭け金が積まれてきたのであり，今更引き下がることは破滅のみを意味する，というのである．

〔4・5・3・1〕 éd. de Romilly, Paris, 1991 (1962).

4・6 syntagmatisme の相互干渉

4・6・0

syntagmatisme は〈批判〉の基本的な形態であり，判断手続を自ずから二重にする．時間軸と空間軸に厳密に伸びる syntagmatique な事象の連鎖を想定し，その上で初めてそれを選択したり回避したりという判断が行われる．議論の空間の中では，真っ直ぐに伸びた二つの線は衝突したとしてもどちらかが採用されどちらかが捨てられるために，相互干渉は現実化しない．しかし前線では，人々がそのような判断手続を共に備えて戦うとき，それが現実化し，二つの syntagmatisme が複雑に入り組むことになる．すると根底的な〈批判〉のための syntagmatisme はさらにその下に求められねばならない．Thoukydides の関心がそこへ向かうのは当然である．彼の叙述の中で人々が執拗に目的，予測，怖れ，陰謀，をタームとして動くのはこのためである．

4・6・1

　北西部では初期から極めて戦略的な性質の作戦が多岐に展開される．Amprakia と Chaones が Akarnania 全体を征服しようと企てるのは，この少なくとも潜在的な Athenai 同盟軍を Athenai から引き剝がすためである（II, 80, 1: *"βουλόμενοι"*）とされる．彼らの描く syntagmatisme によれば（*"λέγοντες ὅτι"*），Sparta が援軍を出すならば Akarnania から Athenai 同盟軍が供給されるのを防ぐばかりか Zakynthos や Kephallenia 方面を軍事的に押さえることもできる．Sparta はこの筋書きを採用する（*"πεισθέντες"*）．後背地の諸族を含む派遣されたペロポネソス連合軍は陸路 Akarnania に迫り，主要な拠点 Stratos を落とせば以下は容易であろうと判断する（80, 8）．ところが混成のため統制がとれず，Chaones が突出するところを Akarnania 軍は待ち伏せ攻撃する．*"τεῖχος"* の向こうにあるはずの敵が実はそれをはみ出して進出していたので Chaones は当然恐怖（81, 6: *"φόβος"*）のどん底に陥り敗走する．これで Stratos には Akarnania 全域からの援軍を待つ体制ができ，Sparta の司令官 Knemos も海上からの増派軍を待つ位置まで撤退する（82）．海上から相手方増派軍を牽制する（83, 1: *"ὅπως μὴ......"*）はずの Korinthos 艦隊は，しかし途上 Naupaktos の Athenai 小艦隊に全く予期せずに急襲され（syntagmatisme の切断），壊滅的打撃を蒙る（84）．

　両者は本格的な開戦に備えて増強され（85），そして海峡を挟んで対峙する（86）が，しかし一方は前哨戦と同じ結果を怖れて（86, 5: *"φοβούμενοι"*）洋上に出て戦いたくはないという意図を有した（*"γνώμην ἔχοντες"*）のに対し，他方は反対に狭い海域での戦いを避ける意図を有していた．ペロポネソス側指揮官は，来るべき戦いに怖れを抱いている（87, 1: *"φοβεῖται"*）者がいるかもしれないが，そのように怖れること（*"τὸ ἐκφοβῆσαι"*）は根拠がない，なまじの予測の部分に怖れを抱く（*"ἡ ἐπιστήμη, ἥν μάλιστα φοβεῖσθε"*）のであるから，技術よりもむしろ自分達の力を信頼し（*"θαρσοῦντες"*）なければならない，と訓示しなければならない．怖れは syntagmatisme の線上に発生する，というのである．他方 Athenai 側司令官 Phormion もまた兵士達の怖れ（*"ὀρρωδία"*）を怖れて（*"δεδιώς"*）訓示しなければならない（88-89）．まず兵士達が怖れているのを（*"πεφοβημένους"*）見たと切り出し，続いて敵の信頼の線（知識よ

り勇気）を想定して（"πιστεύοντες" "θαρσοῦσιν"）それを崩して見せる．そしてむしろ自分達が敵に如何に怖れを与えている（"πλείω φόβον παρέχετε"）かを考えよ，と述べる．さて（90），ペロポネソス艦隊は右翼を先頭に湾の内側にかつ Athenai 艦隊の基地を直撃すると思われる方向に進む．基地の陸上守備隊が希薄なことを怖れた（"φοβηθείς"）Phormion はやむをえず海上で迎撃すべく自軍艦隊を発進させる．ここでペロポネソス艦隊は反転して湾の奥でAthenai 艦隊を包囲する．敗走する Athenai 艦隊のうち逃げ遅れた一艘に一艘が追いつく．ところが追撃のばらつきから一対一になってしまい，逆に撃破されてしまう．これがペロポネソス側に恐怖（91, 4: "φόβος"）をもたらし Athenai 側に自信（92, 1: "θάρσος"）を回復させる．Athenai 側は逆襲に転じ，勝利を収める．

4・6・2

既に触れた Mytilene の叛乱も長い syntagmatique な連鎖の構想が互いに交錯する中に置かれる．戦争勃発前から彼らは考えを練っていた（III, 2, 1: "βουληθέντες"）のであり，それを Sparta が軽々に受け入れなかったために策謀していたより（"διενοοῦντο"）早く動かざるをえなかったのである．戦闘準備があからさまに進む中，反対派が Athenai に通報しても Sparta の侵入で弱った Athenai は直ちには動かないが，やがて危惧を抱いて（3, 1: "δείσαντες"）先制攻撃を考える（"ἐβούλοντο"）．不意を撃とうというもくろみで（"ἐλπίδα εἶναι"）祭礼の日をねらう計略が立てられる．しかし Athenai にあった Mytilene の艦船を差し押さえたため Mytilene 側に通報されることになり，Mytilene は防御態勢を整える．しかし迫る Athenai 艦隊に対して結局 Mytilene は条件付き休戦を申し入れ，Athenai 側も Lesbos 全体を相手にするには不十分たることを怖れて（4, 3: "φοβούμενοι"）受け入れる．しかしその裏で Mytilene は Sparta に使節を送り，そうして突如反撃に出る．ところがこれも徹底せず，Sparta から援軍が来る前にリスクは冒し（5, 3: "……τι κινδυνεύειν"）たくないと考える．こうして双方が既に触れた本格的な衝突に向かっていくのである．

かくして Thoukydides は戦略的な見通しを手に取るように示しながら叙述

4 paradigmatisme の浮上

することになる．何よりも当事者が抱くそうした見通しとその挫折にこそ叙述対象そのものたる当事者の精神構造や体制の基本原理が如実に浮き彫りにされるからである．これも既に触れた Pylos での作戦の経過は特に意識的にこうした目的で描き出される．

　Athenai の司令官 Demosthenes は Lakonia 沖を回って Sikelia へ派遣される途上，気象条件に阻まれて Pylos に停泊する．ばかりか突如猛然とそこに砦を築き (IV, 3, 2: "τειχίζεσθαι") たいという思いに駆られる．他の将官に反対されるが，今度は足止めされてじれた兵士達の心理が，「城壁があの要害を防備する」(4, 1: "περιστᾶσιν ἐκτειχίσαι τὸ χωρίον") ことの実現を熱望するに至る．そして，鼻先に厄介なものを垂らされた Sparta 側のリアクションが伝わるのも気にならず，資材の切り出しのための用具を欠く中で奇跡的な早さで完成してしまい (5, 2: "τειχίσαντες")，Demosthenes に守備隊を託して本隊は Sikelia へ出航する．彼らの深い観念構造が或るものを見ると本能的に猛烈に城壁を築きたくなる欲望を喚起するというのである．他方，Attika から全軍を引き上げさえして Sparta は陸と海から Pylos に迫る．一方 Demosthenes は危険を察知して (8, 3: "τοῦ κινδυνεύοντος") 他で作戦中の Athenai 艦隊の増援を求めることを怠らず，他方で Sparta 側は急造の砦を簡単にねじ伏せうると希望的に観測する ("ἐλπίζοντες")．しかし Athenai 側増援軍 ("βοήθεια") 接近の情報を得るとこれに一切接岸させない作戦を展開する意図を固める ("ἐν νῷ εἶχον")．沖に横たわる島が根拠地に使われることを怖れて ("φοβούμενοι") 陸上部隊を配置し，その両端の水路が湾内への入口であるのでここを海上部隊で固める．要するに，"τεῖχος" をその外側の包囲網によって囲み外に対して守る，それによって「危険なしに」("ἄνευ κινδύνου") 資源を欠いた内側を屈服させうる，という二重の "τεῖχος" 構造ないし立場の逆転が発生したのである．固められるだけ固め精鋭を最も弱い部分に配置した (9, 1-2) Demosthenes は，この事態を予測していなかった ("οὔτε ἐλπίζοντες") 兵士達に，リスク (10, 1: "κίνδυνος") を冒すに際しては恐るべき事態 ("δεινόν") を全て計算する ("ἐκλογιζόμενος ἅπαν") よりも鼻をあかす栄誉の筋書きを思い浮かべよ ("εὔελπις") と訓示する．事実 Sparta 側の総攻撃は跳ね返される (11-12)．Thoukydides は，Sparta が自分の版図内で海から陸を攻め Athenai が敵地で

海から陸を防御する転倒を指摘する (12, 3). しかし Athenai 増援艦隊が到着すると関係が再び逆転する. Sparta 側は計画通りに湾の入口で迎撃することができず, Athenai 艦隊は一気に湾内に侵入し海岸の (今や陸にも海にも足場を持たない) Sparta 軍に襲いかかる (13-14). Thoukydides は, Sparta は陸で (苦手の) 海戦を戦う (14, 3: "ἐκ γῆς ἐναυμάχουν") 羽目になり, Athenai は (得意の) 船で陸戦を戦う ("ἀπὸ νεῶν ἐπεζομάχουν") ことができた, と皮肉る. Sparta は険しい地形を利用されてあれほど嫌う〈二重分節〉構造をつくられてしまい手を焼き, Athenai は海に島が浮かぶのと同じ〈二重分節〉構造を思わぬところで手に入れたのである.

4·6·3

「Nikias の平和」の間, 潜在的敵対関係の継続を Thoukydides は強調する (V, 25, 3) が, それに関する彼の叙述の主力はペロポネソス側状況の不安定にあてられる. 確かに Sparta 側も〈二重分節〉構造を作っていないというのではない. しかしそれは, Sparta の政治システムに同盟諸都市の連合体が連携しているだけであり, 頂上間に条約が結ばれれば, これに自動的に従うよりも, 敵に対峙した状況で後ろから裏切られたと感ずる. Korinthos がまず Sparta に対する不信から (V, 27) 伝統的に Sparta と対抗関係にあった Argos に接近し (28), Arkadia に勢力を拡げつつあった Mantineia も Sparta にこれを咎められるのではないかと怖れ (29, 1: "δεδιότες"), これに加わる. 総じて Sparta が Athenai と結んで Athenai 型の〈二重分節〉体制によって統制を強めるのではないかと怖れて ("φοβούμενοι") 大きな反 Sparta 気運が巻き起こるのである. これは結局 418 年の Mantineia の会戦 (64-75) で極点に達する.

Thoukydides が, もちろん厳格に時間軸による区分を維持しつつも, この側面を強調したのには実は理由がある. 彼は直前 V, 26, 1 で作品後半の叙述が向かう目標を極めて厳密に特定する. Athenai の "τὰ μακρὰ τείχη" が奪取され (て Athenai が屈服す) るまでが述べられるというのである. しかも以下については自分の亡命を経て Sparta 側の情報源も得られたことを特に強調する (26, 5). その Sparta を "τὰ μακρὰ τείχη" 奪取に導くのは, 実に, "τὰ μακρὰ τείχη" が象徴する Athenai 側〈二重分節〉体制を解体すべく Sparta 側が対応

4 paradigmatisme の浮上

する〈二重分節〉の体制と戦略を自分のものにしうるに至ったその変化であった．しかもその変化の舞台は何と Sikelia である．Athenai の Sikelia 遠征の意義はこの逆転が媒介されたことに存する，というのが Thoukydides の観点であると言うことができる．双方の精緻な syntagmatisme が互いから繰り出され互いをパラライズさせてしまう，そこに至るほど激しく事象が分解されてしまう，その帰結が Athenai の全面的な敗北であるということになる．

415 年，Kerkyra で補給を行った (VI, 42) Athenai の Sikelia 遠征艦隊は，イタリア半島イオニア海沿いに寄港を拒否され続けて Rhegion まで至る (44)．当てにした Egesta の財力も偽りで協力の得られないまま行われる作戦会議 (47-49) の結果は中途半端で，急襲するでも連合体を固めるでもなく Egesta 方面を目指すでもなく，Athenai 側の長すぎる syntagmatisme の弱点が予感される．事実 Syrakousai 側は当初の恐怖を打ち負かすように (63, 2: "$πρὸς\ τὸν\ πρῶτον\ φόβον$") 自信が漲りはじめる．ところが皮肉なことにこれが Syrakousai に出撃を促し，スパイの偽情報を信頼した誤った syntagmatisme に乗り出撃したところを，海上から急襲され Syrakousai 都市中心眼前の Olympeion 付近に上陸されて (65, 2) 仮の砦を築かれてしまう．冬になり Athenai 軍は Katane に引き上げるが，Syrakousai 側の未熟さも示されたエピソードである．

その冬の Kamarina での論戦 (75-88) に託して，Thoukydides は両者の戦略を竹を割るように分解して見せる．Kamarina は Leontinoi と並んでその帰趨がまさに Syrakousai の領域の性質を決定する位置を占め，したがって戦略上欠かせないのであるが，この地点の獲得のために部隊ならぬ使節が派遣されて Kamarina 民会で演説をするのである．Syrakousai 側 Hermokrates は，(Sparta のそれを映し出す) その体制像に従って弁論の焦点を，リスクを束にして共同であたることによる保障に絞る．彼はまず Athenai の pretext (76, 2: "$πρόφασις$") の陰で動く真の意図が疑わしいこと ("$διανοίᾳ\ ἥν\ πάντες\ ὑπονοοῦμεν$") を強調する．syntagmatique に視野を拡大してみれば Athenai は自由を保障するための同盟 "$συμμαχία$" と称して実際には隷属させている，というのである．〈二重分節〉は支配従属関係ではないかということである．放っておけば彼らのそのシステムのために各都市が一つまた一つと (77, 2: "$ἕκαστοι\ κατὰ\ πόλεις$") 切り取られていく ("$διιστάναι$")，他人のリスクを引

き受けること ("*κινδυνεύειν*") を回避すればやがては自分に及ぶ (78, 1), 同盟者が強大だからと怖れれば ("*φοβεῖται*") あとで後悔する, Athenai との同盟を破ることを怖れると言うのならば, しかしそれは第三者を攻撃するためのものではないはずである (79) ——. 要するに政治的連帯が謳われる.

対する Athenai 側 Euphemos は決してこれに対抗する政治的連帯を呼びかけるのではない. 自由の保障のための指揮権をあらためて擁護した後, 先にはっきりと Athenai 自身の安全保障のため (83, 2: "*τῆς ἡμετέρας ἀσφαλείας ἕνεκα*") という観点を出し, それが Kamarina の利益と一致する ("*καὶ ὑμῖν ταὐτὰ ξυμφέροντα*") というのである. 言語 (syntagmatisme) の上で ("*λόγου*") 恐怖によって猜疑心に駆られている ("*ἐπὶ τὸ φοβερώτερον ὑπονοεῖτε......περιδεῶς ὑποπτεύοντας*") のは却ってやがていざとなると利益を追求するだろう ("*τὰ ξυμφέροντα πράσσοντας*") 証拠である, と Thoukydides そのものの構造的論拠を提示する (構造を使って相手の論拠たる恐怖を自分の論拠たる利益に転換する). さらに Athenai の安全保障を利益の観点から強調した後 (84), syntagmatique な連鎖の中で整合しない行為と非難されるかもしれないが, tyrannos たるポリスにとっては (85, 1: "*ἀνδρὶ δὲ τυράννῳ ἢ πόλει*") 利益こそが論理なのである ("*οὐδὲν ἄλογον ὅ τι ξυμφέρον*"), とさえ弁じ, これでもかと自己破壊的なまでに深層を明るみに出す. その利益とはまさに Syrakousai-Kamarina という塊ができることが与える脅威を予め摘むことである.

以上の対立の構図を一気に逆転してみせるのが亡命して Sparta に策を授ける Alkibiades である. 諸使節の慌ただしい到来を受けて介入の是非を決断しなければならない Sparta 民会で Alkibiades は全編の転機を画す演説を行う. 彼は, Athenai の意図が Sikelia をリソースとして確保した後ペロポネソスにとどめを刺すことにあるということを強調するに欠けはしない (90) が, 何よりも, 対抗ブロックに新しい構造を与えることを強く勧める. 第一に Sparta の指揮官を派遣して現有勢力を結合させ (91, 4: "*ξυντάξῃ*") 消極的な者をすら不可避にさせる ("*προσαναγκάσῃ*"), そして第二に何と Athenai 領域の生命線 Dekeleia に要塞を築く ("*τειχίζειν*"), というのである. 何故ならばこれが Athenai の常に怖れる ("*φοβοῦνται*") ことであり, 彼らが最も怖れている

("δεδιότας") ことをするのが最良であり，各々が自分の恐るべきことを最も精確に認識しているということが怖れの通常の理由である（"εἰκὸς γὰρ αὐτοὺς ἀκριβέστατα ἑκάστους τὰ σφέτερα αὐτῶν δεινὰ ἐπισταμένους φοβεῖσθαι"）からである，と．相手の中に相手と同じしかし逆向きの構造を作って簒奪してしまう；そのために少なくとも戦略的にこちらにも二重構造を創り出す．Athenai にとってこれが観念構造に根ざす（しかも syntagmatisme による意識的な）追求の結果であるだけに，その相手の信念の源泉がまさに恐怖をもたらすだろう，というこれもほとんど Thoukydides その人の到達点を示す議論である．

4・6・4

Syrakousai 攻囲戦に関する叙述[1]は，以上に予告された基本構図に沿うものである．都市中心前面の高地 Epipolai が管制高地をなすことは自明であったため，Syrakousai 側は Athenai がここを急襲するやいなや迎撃する体制を整える（96）．ところが実際には素早い Athenai 軍の進出に対しててんでに出撃するばかりで簡単に撃退され（97），構造物を作って防御するということを知らないのである．逆に直ちに拠点として円形の構築物を築かれ（98, 2: "ἐτείχισαν τὸν κύκλον"），衝撃を受ける有様である（"ἔκπληξιν"）．Athenai 側はそこからまず北へ向かって城壁を延ばす（99, 1: "ἐτείχιζον"）．Syrakousai 側もようやく敵のこの防護線を切るため突き崩しの城壁を築き（"ὑποτειχίζειν"）にかかる．そしてその切断壁（"ἐγκάρσιον τεῖχος"）を真っ直ぐ延ばしていく．Athenai 側は自分の城壁の構築に集中し妨害しないが，切断壁（"ὑποτείχισμα"）完成後の隙を突いて攻撃し簡単に破壊する（100, 3: "τὴν ὑποτείχισιν καθεῖλον"）．そして今度は南の入り江に降りる城壁を築き始め（101, 1）これを阻む動きを撃退し，間隙を縫って円形構築物を攻撃する作戦をも迎撃して退ける（102）．こうして Athenai 側の「守り」の陣形が完成するのである．

この長い syntagmatisme を対抗 syntagmatisme によって本当に切断するのは Sparta から派遣された Gylippos である[2]．丁度 Athenai の二重城壁（"διπλοῦν τεῖχος"）が完成する頃，ようやく到着した Gylippos 指揮下の Sparta 側連合軍は Epipolai を急襲する（VII, 2, 4）[3]．しかし一方で Gylippos

は陣形が整わない（3, 3: "οὐ ῥᾳδίως ξυντασσομένους"）のを修正しなければならず，他方 Athenai 軍司令官 Nikias は初めから城壁に拠って出撃しようとせず（"ἡσύχαζε πρὸς τῷ ἑαυτῶν τείχει"），持久戦になる．Syrakousai 側は敵の城壁完成（4, 1: "ἀποτειχίσαι"）を防ぐべく「一重の切断壁」（"ἐγκάρσιον τεῖχος ἁπλοῦν"）の構築を再開，Athenai 側は南の湾岸に到達させたので今度は北へ延ばそうとし，また南端の岬 Plemmyrion を城壁で囲み（"τειχίσαι"）占拠して海からの補給基地にしようとする．Gylippos は一度は失敗するものの結局，伸びる Athenai 側城壁の先をインターセプトする切断壁伸張の勢いによって Athenai 軍を引きずり出しこれを破り，ついに Athenai 側城壁を切る（6, 4: "παροικοδομήσαντες καὶ παρελθόντες τὴν τῶν Ἀθηναίων οἰκοδομίαν"）ことに成功する．Athenai 軍は，包囲するはずが T 字形の左側の空間に逆に包囲された格好になる．

これが全てであった．事実 Nikias は本国に書簡を送り，撤退決議と自己の解任を促す（11-15）．その中で Nikias は，彼らはわれわれの城壁の先を一重の城壁で遮り，自分達が包囲されるなどということのないようにした（11, 3: "οἱ δὲ παρῳκοδομήκασιν ἡμῖν τεῖχος ἁπλοῦν, ὥστε μὴ εἶναι ἔτι περιτειχίσαι αὐτούς"），その結果攻囲したと思ったわれわれが陸に関する限り逆にその同じことを蒙ることになった（"πολιορκεῖν δοκοῦντας ἡμᾶς ἄλλους αὐτοὺς μᾶλλον, ὅσα γε κατὰ γῆν, τοῦτο πάσχειν"），と述べる．Athenai はしかし増派を決定する．他方 Dekeleia には Sparta 軍が侵入し拠点として城壁を築き（19, 1: "ἐτείχιζον"），これがやがて Athenai に致命傷となる．Sikelia 方面では第一次海戦に勝利する（22-24）ものの Athenai は Plemmyrion の補給基地を物資とともに失い，Thoukydides はここで二重戦線の消耗について述べる（28）．攻めても守っても "τεῖχος" を突きつけられたのである．

その間 Gylippos は Sikelia 全土に同盟軍を募り，続々と彼らが到着する（32-33）時，Syrakousai 側陣容の体質は変わっている．Athenai 増派軍の到着前にと総攻撃がなされて第二次海戦となる（36-41）が，これが Syrakousai 側の勝利に終わる．もっとも，そこで Demosthenes 指揮下の増派軍が現れ，一旦膠着するが，Demosthenes はかつての Nikias と反対に一直線に Syrakousai を陥落させるべく Epipolai を襲撃する（43-45）．この短兵急な判断も関係の

4 paradigmatisme の浮上   639

逆転を物語る．事実これが大敗北に終わり，もはや撤退のための作戦会議のみが残された選択肢であるが，これが紛糾し出航が遅れる (47-50)．様々な syntagmatique な連関や記号に足を取られて動けないのである．敵に再度の総攻撃を許し (51ff.)，Athenai には惨憺たる結果が待ち受ける．Thoukydides は，Athenai が唯一自分達と同じ性格の敵と，つまりデモクラシーを備える諸ポリスと (55, 2: "πόλεσι ταύταις μόναις δὴ ὁμοιοτρόποις, δημοκρατουμέναις τε")，遭遇した結果であると感ずる Athenai 側の感じ方を強調する．実際にはそれは Gylippos の到来によって初めて形を成したものである．Thoukydides はこの自分の分析をこの意識によって裏付け，同時に錯覚を突いているのである．この「デモクラシー」は明らかに民衆派政権のことではありえない．より深い構造的な要因を指示している．

大量の兵士が罠にかかったような状態になり，撤退の機会も失った状況につき，自ら周到に用意した伏線に沿って，Thoukydides は Pylos のパラデイクマを引くことを忘れない．同じような苦境はかつて Pylos で体験された，それも彼らの方がそれを相手に強いたのであった (71, 7: "παραπλήσιά τε ἐπεπόνθεσαν καὶ ἔδρασαν αὐτοὶ ἐν Πύλῳ")，と．深く沈んだ paradigmatisme が鈍く輝く．

[4・6・4・1] 城壁の築造戦の空間的分節が叙述の "articulation" を織りなす様を de Romilly, *Histoire et raison*, p. 34sqq. は見事に描き出す．

[4・6・4・2] 二つに真っ直ぐ伸びる（しかし分節的に繋がれている）「意図」の相互干渉は〈二重分節〉を創り出すが，Thoukydides の叙述は自身〈二重分節〉してこれを綺麗に捉える (cf. de Romilly, *Histoire et raison*, p. 56: "il les entrelace volontiers, avec une rigoureuse correspondance chronologique"; p. 59: "de morceler ces événements"; p. 61: "ce savant contrepoint"; surtout p. 62sqq.)．またしても強固に噛み合った〈二重分節〉構造を syntagmatisme の根底，そのクリテリウム，に据えるということであり，それ自身社会構造の洞察に等しく，ここでもわれわれの論考自体これを一歩も出ない．

[4-6-4-3] éd., Bodin, de Romilly, Paris, 1975 (1955).

4・7 デモクラシーの破断

4・7・0

負の paradigmatisme による分解は完膚無きまでに syntagmatisme の構成粒

子とその運動を明るみに出すが，これを読み取る者には〈二重分節〉構造がくっきりと像を結ぶことになる．この効果は Thoukydides の場合ほとんど計算され尽くしたものであったとさえ言うことができる．表面的な印象はかくして，デモクラシーそのものが徹底的に解剖され弱点に至るまで露わにされた，というものになる．その表面的な印象のレベルで言うならば，まさにデモクラシーとそのメンタリティーこそが，記述対象たる事象（戦争と内政）についてこうした特定の方向における分解を可能にしているのである，とわれわれは説得されることになる．逆に言えば，分解されてもそれは一つの構造を結んでおり，それがわれわれにクリアな（"$\sigma\alpha\phi\eta\varsigma$"）理解をもたらすのである．しかし Thoukydides の残酷な視線は，希にではあるが，その構造すら解体される様子を精確に捉える．デモクラシーそのものが，まさにデモクラシー特有の構造を増幅させて，鋭く破断されるに至るのである．負の paradigmatisme またはデモクラシーが掘り起こした底知れぬ根深い意識が吹き出し，内戦が何とも救いがたい混乱と惨劇に行き着くのである．

4・7・1

〈二重分節〉構造（ここでは Athenai 同盟）内の単位の争奪戦は，各単位の離反・叛乱を契機とするが，この叛乱はまた各単位内の抗争の結果であることが多く，そうした抗争はまた必ずデモクラシーの構造に特有のものであり，したがって各単位即ち各ポリス内の〈二重分節〉構造がしからしめるのである．

戦端を開かせる直接のきっかけとなった Plataiai のクーデタの場合には，間にもう一つ Boiotia 同盟という〈二重分節〉構造が介在する．Plataiai は，Boiotia にありながら特に盟主 Thebai との確執から同盟を離反して Athenai についている．さて今，同盟関与のもと Thebai の武装集団が，（「政敵を倒したい」"$\tau\sigma\upsilon\varsigma\ \sigma\phi\iota\sigma\iota\nu\ \upsilon\pi\epsilon\nu\alpha\nu\tau\iota\sigma\upsilon\varsigma\ \delta\iota\alpha\phi\theta\epsilon\iota\rho\alpha\iota$" という「私的権力の目的による」"$\iota\delta\iota\alpha\varsigma\ \epsilon\nu\epsilon\kappa\alpha\ \delta\upsilon\nu\alpha\mu\epsilon\omega\varsigma$"）Plataiai の若干の分子の手引きにより Plataiai 都市中心を占領する（II, 2）．もっとも，彼らは人々の支持の獲得を目指し，直ちに反対派を襲撃することをしない．はじめ驚愕した Plataiai の市民は交渉に応ずる様子を示すが，占拠部隊が意外に少人数であることに気づき，（「民衆にとって」"$\tau\hat{\omega}\ \pi\lambda\eta\theta\epsilon\iota$" 親 Athenai 路線の維持が望ましかったため）一斉に蜂起する

(3, 2ff.). 女や奴隷を含む (4, 2) 市民の攻勢に占拠部隊は敗走するが, 不慣れな都市内を逃げまとい, 城門を閉ざされ, 追いつめられ投降する (4, 7). 呼応して攻撃するはずの部隊は Thebai から発進するものの雨で遅れ, Plataiai での顚末を知ると Plataiai 領域の人員を人質に取って城内の味方捕虜と交換しようとする. これを察知した Plataiai 側は, 直ちに撤退すれば (Thebai 側ヴァージョンでは無条件で, Plataiai 側ヴァージョンでは占拠部隊追求の結果次第で) 捕虜を返還すると告げ機先を制し, Thebai 軍は撤退する. しかし Plataiai は捕虜を直ちに処刑してしまう (5, 7).

4・7・2

Sparta の同盟都市である Megara は, 都市中心にあって権力を掌握する人々 ("οἱ ἐν τῇ πόλει") と, 亡命して ("φυγάδες") 領域の拠点を占める者達との間に分裂している (IV, 66, 1). 後者は内戦の結果民衆派によって ("ὑπὸ τοῦ πλήθους") 追われ辛うじて逃げ延びたのである. しかし Athenai の脅威とこの亡命者達の存在という両面の緊張は支えられない, として和解の気運が生じ, 外の者達に近い内部の勢力が運動する. しかし民衆派のリーダー ("οἱ τοῦ δήμου") はそうしたとしても到底民衆が対 Athenai 戦に耐えないだろうと怖れ, Athenai 側と通じて秘かに都市中心を引き渡そうとする. 密約に従って Athenai 軍が駐留のペロポネソス軍を駆逐し (67), 後者はてっきり Megara そのものが寝返ったと判断する (68, 2-3). ここで城門を開いて戦いに出ようという呼びかけがなされる. これは Athenai に抗戦しようという意味であるが, 実は開いた城門から Athenai 軍を導き入れようというのが密約派の計略であった (4-5). ところがすんでのところで計略が発覚し (6), Athenai 軍は入れない (69, 1). 他方知らせを聞いた Sparta 軍が急行する情勢となる (70).

かくして Megara 内戦の両派は共に恐怖に震えることになる (71, 1: "αἱ τῶν Μεγαρέων στάσεις φοβούμεναι"). 一方は亡命者達が戻ってきて自分達が追放されるであろうと怖れ, 他方はまさにこのことを怖れた民衆が ("ὁ δῆμος δείσας") 自分達を襲うであろうと怖れた, そしてだから両者とも動けなかった, と Thoukydides は観察する. こうして Megara 内では戦局をひたすら見守ることになる, そのことを見越して Sparta 軍は有利な陣を構えたまま先制攻

撃をしない戦術をとる．Athenai 軍が撤退すると Megara 内では Sparta 軍の方を迎え入れる動きとなる (73)．密約派首謀者達は脱出するが，他の者達は親亡命者達と合意し (74, 2: *"κοινολογησάμενοι τοῖς τῶν φευγόντων φίλοις"*)，亡命者を迎え入れるが過去のことを問い直さないことを誓約さ (*"ὁρκώσαντες πίστεσι μεγάλαις μηδὲν μνησικακήσειν"*) せる，ことにする．ところが帰還者達は，官職を占めるや否や，最も Athenai に加担したと見なした者達を訴追し，民会に公開投票を強いて彼らを弾劾し処刑する (*"ἀναγκάσαντες τὸν δῆμον ψῆφον φανερὰν διενεγκεῖν, ὡς κατεγνώσθησαν, ἔκτειναν"*)．この結果 Megara には最高度の *"ὀλιγαρχία"* が支配することになった，と Thoukydides は評価する．即ち，二元構造の緊張がついに破れて一方が抹殺されたのである．民衆派政権の崩壊という以上にデモクラシーそのものの基盤が崩壊した，というのである．否，ほとんど政治システムそのものの崩壊である．

4・7・3

同種の内戦の中で，Thoukydides がそもそもの発端を見る Kerkyra に対してはとりわけ厳しい視線が注がれる．

上層に多く Korinthos 出身者をも抱える，それ自身 Korinthos の植民都市である Kerkyra の植民都市，Epidamnos は，後背地の諸部族を巻き込んだ内戦を経て，民衆が (I, 24, 5: *"ὁ δῆμος"*) 有力者達を (*"τοὺς δυνατούς"*) 追放するに至る．ところが彼らは後背地諸部族と連携して都市民を大いに悩ませる．かくして Epidamnos はこの件につき Kerkyra に仲裁を求めるが，ところが Kerkyra はこれを受け容れない．そこで Epidamnos は Korinthos に赴かざるをえず，Korinthos はこれを受け容れる (25)．Korinthos は A (Korinthos)―a (Kerkyra) を主張するのに Kerkyra は B (Kerkyra)―b (Epidamnos) を主張する，そこで Korinthos は A (Korinthos)―a (Epidamnos) によって Kerkyra を切り崩そうとしたのである，と Thoukydides はこの事例のパラデイクマとしての意義を鮮やかに強調する．Korinthos は Epidamnos に守備隊を派遣し，これを拒否する Kerkyra は Epidamnos 亡命者を擁して艦隊を派遣する (26)．

既に述べたようにこれに C (Athenai)―c (Kerkyra) という関係が加わって事態はさらに錯綜紛糾していくのであるが，Athenai の支援を受けた Kerkyra

艦隊と Korinthos 艦隊の海戦（I, 49-55）は内戦を予感させる転倒混乱を示す．それは，甲板の重装歩兵が入り混じる乱戦であり，海戦でありながらむしろ陸戦に似た（49, 2: "*ναυμαχία......πεζομαχίᾳ δὲ τὸ πλέον προφερὴς οὖσα*"）ものであり，知力よりも堅忍不抜による（奇妙な）海戦であった（"*θυμῷ καὶ ῥώμῃ τὸ πλέον ἐναυμάχουν ἢ ἐπιστήμῃ*"），と評される．その結果，意図せずして Athenai と Korinthos 両艦隊は遭遇し，戦火を交え（49, 7），その際 Korinthos 艦隊は反対の翼での敗退を知らず，味方の沈む船に追い討ちをかける，という有様である（50, 1）．

4·7·4

やがて Kerkyra 自体が内戦に陥る．Athenai および Korinthos 両使節の弁論の後一旦公式には親 Athenai 決議をしたものの，Korinthos が Kerkyra に返還した捕虜を使って工作したことから，Athenai 派の民衆リーダーが訴追されるに至る（III, 70, 3）．すると無罪となったこの者が今度は「最も裕福な者達を」（"*τοὺς πλουσιωτάτους*"）訴追し，有罪（重い罰金刑）をかちとる．減刑を求めて神殿に逃げ込んだ彼らに厳格執行する決定をする評議会に，しかし彼らとその一党が武装乱入し，訴追者を含む多くの評議員を殺害する（70, 6）．彼らは事態を掌握すると（72, 2: "*οἱ ἔχοντες τὰ πράγματα*"）民衆派（"*ὁ δῆμος*"）を攻撃し，民衆派は *akropolis* に立て籠もる．双方は領域の人員の争奪戦を繰り広げるが，ここでは "*ὁ δῆμος*" の側が優位を占める（73）．このために女子を含めた抗戦が功を奏し，劣勢に立った寡頭派（74, 2: "*οἱ ὀλίσοι*"）は "*ὁ δῆμος*" の進出を怖れて封鎖すべく街に火を放つ．ポリス自体が滅亡の危機に瀕した（"*ἡ πόλις ἐκινδύνευσε πᾶσα διαφθαρῆναι*"），と Thoukydides は述べる．

しかしここで Athenai 艦隊が現れ責任者の訴追をし，民衆派の指導者達は（75, 2: "*οἱ τοῦ δήμου προστάται*"）しけの収まらない民衆を鎮めるため艦隊を仕立てて Athenai のそれに付き従わせようとする．ところがその中に反対派も含まれ，彼らは Athenai に連れて行かれることを怖れて下船し神殿に逃げ込む．これに新たな陰謀の嫌疑をかける民衆派は武装して襲おうとし，Athenai の司令官の制止でようやく対岸の島に彼らを移送することになる．ところがまさにここで Sparta 艦隊が現れ（76），これが内戦と重なって人々をパニックに陥れ

る（77, 1: "πεφοβημένοι"）．海戦で圧倒された彼らは，Sparta軍が上陸して島の一派と連動しはしないかと疑心暗鬼になり（79, 1: "δείσαντες"），その者達を再び都市中心に移し監視するが，Sparta艦隊は遠のき，上陸しない．しかし"ὁ δῆμος"はそれでも攻撃を怖れて（80, 1: "περιδεής"），神殿に逃げ込んだ反対派と交渉し（"ἐς λόγους"），彼らを乗り組ませる艦隊を仕立てる．ところがそこへ有力なAthenai艦隊が接近中との情報が入る（80, 2）．そしてこれを確信した人々は，乗船していた者も含めて神殿に逃げ込んだ者達をことごとく処刑するに至る．また多くの者は迫る状況を察して自害する（81）．

　生存者に対する詳細なインタヴューに基づくThoukydidesの「評決」は，冷徹さを極める．彼らは，本当に敵かどうか，「敵のように思われた者を」（81, 4: "τοὺς ἐχθροὺς δοκοῦντας εἶναι"）殺した，「民衆派を解体しようとした者達の」（"τοῖς τὸν δῆμον καταλύουσιν"）責任を追及したのだが，私恨を晴らすため（"καὶ ἰδίας ἔχθρας ἕνεκα"）または剝奪した財産を得るため（"χρημάτων σφίσιν ὀφειλομένων"）の者もあった，とまず事態の次元のずれ込みが指摘される．結果，父が息子を殺し，神殿から人が引きずり出される等，ありとあらゆる殺戮の現象形態が検出された（"πᾶσά τε ἰδέα κατέστη θανάτου"），とThoukydidesは皮肉る．

　彼はこれが特別の重要性を持つ事象であることを精確に識別している．単なる内戦（"στάσις"）でも単なる武力衝突でもない．まずこれが最初の例で以後ギリシャ全体をこれが突き動かした（82, 1: "ἐκινήθη"），と述べる．もちろん民衆派と寡頭派がそれぞれAthenaiとSpartaを引き込んで争うというパターンに十分に着目される．しかしそこまではまだ政治理念が関与している，パラデイクマのparadigmatiqueなそしてsyntagmatiqueな連鎖すなわち理由というもの（"πρόφασις"）が一応機能している，ように見える，が実はいざ戦いとなるともはや相手の権力をひっくり返そうと転覆し合っているだけになる．したがって，内戦の際には人間の本性（"φύσις"）に沿って様々なことが起きる，という次元を越えて（"μᾶλλον"）転覆の応酬は（"μεταβολαί"）不条理な偶然の従属変数となる（"τῶν ξυντυχιῶν ἐφιστῶνται"）．戦争は人を無分節に支配し（"βίαιος διδάσκαλος"）状況に向かって（"πρὸς τὰ παρόντα"）民衆の激昂を一体化させる（"τὰς ὀργὰς τῶν πολλῶν ὁμοιοῖ"）．内戦は突如凡庸な者に偉大

さ ("ὑπερβολή") を付与する，突如天才的な計略，聞いたこともないような報復方法，を思いつかせる．ものごとを正当化するためには言語が指示する価値概念を事態に合わせて ("τὴν εἰωθυῖαν ἀξίωσιν τῶν ὀνομάτων ἐς τὰ ἔργα ἀντήλλαξαν τῇ δικαιώσει") 改変することさえやってのける[1]．無謀が献身に，熟慮が小心に——．Thoukydides の矛先は次に団体に向かう (82, 6ff.)．徒党 ("τὸ ἑταιρικόν") は何ら正当化の必要を感ぜずに簡単に何でもする性質を持ち，利益によって結合すると ("ὠφελίας αἱ τοιαῦται ξύνοδοι") 法に従うのでなく欲望によって指令されたところに動かされる．言語は直ちに生の事実の次元に翻訳されて解釈され，合意は程なく破られる．集団は枝分節構造を生ぜしめ，言語はその内部に放り込まれて再び浮上する頃には変質してしまうのである．事実（民衆派は）多数による平等な政体を（貴族派は）貴族政の賢慮を掲げて競い ("πλήθους τε ἰσονομίας πολιτικῆς καὶ ἀριστοκρατίας σώφρονος προτιμήσει")，言語をコルポラティスティクに勝手に割拠し ("μετὰ ὀνόματος ἑκάτεροι εὐπρεποῦς")，言葉を弄びつつ ("λόγῳ θεραπεύοντες") 彼らは共同の資産を分捕りの対象にしている ("τὰ κοινὰ ἆθλα ἐποιοῦντο")．

[4・7・4・1] 古代以来極めて多くの議論を呼んだきたパッセージであるが，近年，「語が伝統的な意味を変ずる」という訳がようやく放棄されて，"the denotations of the words, their referents" に関わるのでなく "assigning worth or value" に関わる（「語に与えられる通常の価値を互いに交換させる」），と解されるようになった (cf. J. T. Hogan, The ἀξίωσις of words at Thucydides 3. 82. 4, *GRBS*, 21, 1980, p. 139ff.; J. Wilson, "The customary meanings of words were changed"-or were they ? A note on Thucydides 3. 82. 4, *CQ*, 32, 1982, p. 18ff.. さらにこの解釈の方向は，単に語がディアクロニクな変遷を経るというのでなく，デモクラシーがもたらす破断が基本のコード自体を破壊する，という認識を示唆する論考 (N. Loraux, Thucydide et la sédition dans les mots, *QS*, 23, 1986, p. 95ss.) を生むことになる．もちろん Thoukydides の背景には単純な "the correspondence theory" とは程遠い次元で戦わされつつあった言語についての「ソフィスト」等による議論があったものと思われる (cf. F. Solmsen, Thucydides' treatment of words and concepts, *Hermes*, 99, 1971, p. 385ff.).

4・8 paradigmatisme の転倒

4・8・0

Thoukydides の作品の登場人物達が構える議論には「ソフィスト」達の影

響が如実である，と言われる．事実彼と同世代（470-460 年以降の生まれ）の，即ち Protagoras と Gorgias を除く Hippias, Antiphon, Prodikos, Thrasymachos, Kallikles, Kritias 等の，人々が説いたと思われる内容は，われわれがこれまで見てきた Thoukydides 作品中の弁論の内容としばしば符合する．彼らは 5 世紀の最後の 20 年間にまで活躍する世代であり，かくしてまた Sokrates と同世代である．

但しわれわれは直ちに少なくとも三つの（ほとんど自明の）点に留意しなければならない．第一に，Thoukydides のテクストの上にわれわれが見出す思想は，彼が抉り出して〈批判〉に曝したものであり，この意味で彼の思考の産物である．そして第二に，Thrasymachos 等に帰せしめられる思想の内容は主として Platon の作品を通じてわれわれに知られるのであり，したがって Platon が攻撃の対象として再構成したものである．さらに第三に，Platon 以前にもちろん Sokrates の解釈が介在している．かくしてこれらは全て対岸の鏡に映ったものでしかない．

中で最も内容豊富であるのは Thoukydides のテクストである．ところがこの場合，全ては彼が「状況」を例解するために設定したところにより，したがって 5 世紀最後の 20 年間の言説（パラデイクマ確定・提出）そのものと向き合ったものではない．しかるに，Platon のテクストになにがしか投影されているはずの Sokrates の精力的な反論・反撃こそは，これをまさに必要とする状況，即ちパラデイクマを巡る態度として極めて顕著な或る特徴，が現実に存在していたことを物語る[1]．Platon の積極的な主張内容を逆投影されている可能性の高い彼の批判対象たる個々の特定的学説以前に，Sokrates が，Platon のテクスト内であるとはいえ，懸命に格闘する或る思考様式は，実在したのではないか．ならばその Sokrates の格闘自体も実在したのではないか[2]．その Sokrates の格闘自体についてはわれわれは他に Xenophon および Aristoteles という典拠を持つ．他方皮肉なことに彼の格闘対象に含まれるであろうような思考様式を Platon 自身が少なくとも後に示す．とすれば，Sokrates および 5 世紀の最後の 20 年間の言説は或る重要な屈折体の成立に関わる徴表として有力である．しかも，この微妙な転回点が後に凡そ哲学というジャンルの正式の分化点と意識されるに至るのである．

[4・8・0・1] cf. G. Giannantoni, Socrate e la sofistica, in: Natoli, ed., Sei lezioni, p. 29ss.

[4・8・0・2] 「ソクラテス問題」に耽溺する余裕をこの論考は到底持たない．しかし，Guthrie, HGP, III, p. 325f. が述べるように，Platon の対話篇（の Sokrates）に Platon それ自体と対照的な知的個性を看取りうること，G. Vlastos, Socrates. Ironist and Moral Philosopher, Cambridge, 1991, p. 45ff. が詳細に論ずるように，Platon の対話篇の Sokrates の言明を初期・中期・後期と辿って比較的明確な stratigraphie が可能であること，は確かであり，これを出発点とすることは決してバランスを欠くことにならないと思われる．他方，こうした前提から出発するということは，もっぱら Platon に依拠するということを意味する．Sokrates が意識的に全く「書かなかった」とすれば，この章が基本的に断片によって遺されたテクストを扱ってきたその方法は適用しえない．Sokrates の「思想」を知るには伝承によるしかないが，中でこの章でわれわれが追求してきたことに関心を寄せるのは Platon（と Aristoteles）であり，Xenophon や Aristophanes が寄せる関心は多少違う角度を持つ（G. Vlastos, Introduction: the paradox of Socrates, in: Id., ed., The Philosophy of Socrates. A Collection of Critical Essays, Garden City, 1971, p. 1ff. は Xenophon と Platon の二つの "Apologia" を比較して後者から鮮明な像を描く）．逆説的ながら，Sokrates に鋭い関心をぶつける（したがって歪曲の可能性さえ大きい）人物でなければ，到底彼の思想の核心を聞き出しえないのである．

4・8・1

Aristoteles によれば（De partibus animalium, 642a28）Sokrates の時代に転機があり，自然ではなく正義や政治に探求が向かった，という．また（Metaph. 987b1ff.; 1078b9ff.）Sokrates こそは倫理を探求しかつそこに普遍的なものを求めた，そして Platon が次いで感覚を越えるものにそれを見出した，という．時を隔てて高い山を振り返れば形が単純化されて見える．Aristoteles はそうした位置に立って，Sokrates の時代にイオニア以来の syntagmatisme が突き破られて paradigmatique な関係に人々の関心が集中し，しかもその関係はディアレクティカの第一段から第二段へと突き抜けディアレクティカの結論部に進出するようになった，と（但しこれを肯定的に）見るのである[1]．

しかし Sokrates 自身がこの方向を推進したとする点は極めて疑わしい[2]．周知の如く，Platon のテクストにおいて多少とも Sokrates 自身の presence を読み取りうるとされる部分に限って，その Sokrates はまさにそうした方向に対する極めて体系的な批判者であるからである[3]．

Protagoras が Protagoras として現れる度合いと並んで，Sokrates が最も Sokrates らしく現れる点疑いの無い，Platon の最初期対話篇 "Protagoras" に

おいて Sokrates が最初に提出する問題は，"$ἡ\ πολιτικὴ\ τέχνη$" は果たして教えうる（"$διδακτός$"）ものかどうか，というものである (319a9ff.)．"$τέχνη$" は「技術」よりは広い概念であるが，明らかに領域でのパラデイクマの働きを原点に持つ．したがって一面で syntagmatisme と親近性を有する．syntagmatique な連鎖を辿って或るパラデイクマが実際に再現される，という概念を基盤に持つ．このときパラデイクマの syntagmatique な連鎖は領域を違う．しかし他面では，ディアレクティカと対照的にパラデイクマの再現に関心を有し，したがってまさにそれをねらって syntagmatique な連鎖の部分をも同時に再現しようとする（記号・魔術・技術）．つまり全体が paradigmatique な連関に強く方向付けられるのである．Sokrates が，そしておそらく当時の人々が，一見異様に固執するこの問題，すなわち「教えうるかどうか」という問題，は凡そパラデイクマに対するわれわれの態度のこうした局面に関わる．そして，ディアレクティカは定義上（同じく paradigmatique な関係に強く関心を有するとはいえ，だからこそ）こうしたタイプのパラデイクマの paradigmatique な作動には大変警戒的であり，したがって政治的決定手続からは元来排除されるはずである．"$ἡ\ πολιτικὴ\ τέχνη$" は疑いなく形容矛盾である．

　Sokrates が問題とするのは，このことが既に自明ではないということである．デモクラシーの立場に立てばこのことは一層確立されるはずである．二重のディアレクティカの中間障壁が立ちはだかり，〈批判〉がディアレクティカ本体への "$τέχνη$" の特権的浮上を阻止するはずである．ところが（Sokrates によれば）皮肉なことに syntagmatisme に自足性を確保するための第一段ディアレクティカ増幅は，ここから強力な paradigmatisme を発信させ，ディアレクティカ本体を麻痺させる，というのである．

　このことを積極的に主張した論者があったとは思われない．"Protagoras" における Protagoras も，デモクラシーの元来の趣旨に沿って，むしろ正反対の傾向を見せる．領域の問題から多くの過程を経なければディアレクティカ本体には辿り着かない．多くのパラデイクマの対抗関係が，政治手続だけにおいてではなく，それ以前にも社会の中で実質的に媒介されなければならないとされるのである．しかし Sokrates にとってはこれこそが二重のディアレクティカの絶対的な障壁を危うくするものである．

4 paradigmatismeの浮上

　Sokrates が paradigmatisme の相互浸透を切断するために用いる戦術は「"ἀρετή"の一体性」である（329c17ff.）．これはもちろん政治システムの一元性一義性に関わる．政治システム内部で追求さるべきことが複数の特定の概念の束であり，かつこれらが各々特定の具体的なパラデイクマに対応しているとすれば，明らかに政治的決定の一義性は簒奪される．政治的決定は完璧に開かれていなければならず，追求さるべきことを概念するならばそれを超越的次元にかつ一元的に置かねばならない．この点は言うまでもなく完全に Platon のねらいに合致するが，しかし Sokrates が超越的次元そのものを追求したとは考えられない．彼が追求したのは明らかに個々的な価値原理を一旦全て〈批判〉にかけることである．

　Protagoras は差違と一体性の両立を目指し懸命に polarity を繋ぐ軸を持ち出す（332a20ff.）．Sokrates はそこを逆襲してむしろ徹底的に Protagoras を polarity に誘い込み，切断（あれかこれか）の一義性に関わるこの polarity の一義性を利用する．そうした中でやがて，前提的ディアレクティカと政治的決定の間の対抗軸に至る．前者は "σωφροσύνη" であり "σοφία" と連帯である．後者は "δικαιοσύνη" であり "ὁσιότης" と連帯である（333b20）．平行線はどこまで行っても交わらないはずである．二重のディアレクティカの対極関係にこうして問題を収斂させておいて，Sokrates は "σωφρονεῖν" のための "ἀδικεῖν" という oblique な軸を持ち出す（333d21）．平行線の進行を横切り遮断する軸をいよいよ攻撃するのである．もっとも作品においてはここで一旦議論が頓挫する．しかし，二つの次元が単純な目的―手段の関係に立つことを Sokrates が糾弾しにかかったのであることは疑いない[4]．

〔4・8・1・1〕　Sokrates の実像とは別の次元でのこの「Sokrates の自然学からの転向」に関する伝承と射程については，cf. Furley, *The Greek Cosmologists I*, p. 9ff.．或る種の峻別が致命的に失われて目的論的思考が折角獲得された無焦点的宇宙像を損なうとする．

〔4・8・1・2〕　Guthrie, *HGP*, III, p. 417f. は主として 987b を引いて自然学から倫理学への転回を言うが，Vlastos, *Ironist*, p. 91ff. は 1078b だけを引いて Platon との差違を強調する．実際，Sokrates が "moral philosopher" たることの意味を後者の脈絡で精緻化したのは Vlastos の大きな貢献である．Vlastos は，Platon が対話という形式を選んだこと自体，Sokrates の言説の内容を示唆するとする（p. 51）．つまりディアレクティカ II のレヴェルに在るというのである．また，Sokrates の *elenchos* は（Zenon などと異なり）必ず "the moral domain" に属することを徹底的に論証した（Id., The Socratic Elenchus: method is all, in: Id., *Socratic Studies*, Cambridge,

1994, p. 5ff.).　Vlastos の議論は（どうしてもディアレクティカⅠに属する）Platon 流の形而上学（イデア論，霊魂論）を「Sokrates の moral philosophy」からよく斥ける作用をもたらす．しかしながら，ならば Protagoras との違いはどこに在るだろうか．Sokrates が対話篇の中で *arete* に固執するのは，ディアレクティカⅡだけをしようというのでなく，むしろ相手をここに誘い込んでディアレクティカⅠの要素を彼がそこに持ち込むのを捕らえる，こうしてディアレクティカⅠとディアレクティカⅡの切断を説く，そのための装置ではなかったか．そのコロラリーとして，この切断自体が paradigmatique に働き，これが本来の倫理学の意味を確立するのである．Sokrates の中心的 *elenchos* が言わば領域に降りていることに注意する必要がある（Xenophon が伝える若干のプロフィールがこれを補強する）．（端的に政治的決定の場面でなく，どのように生きればよいかなどという）意識的に曖昧な問題を追求し，ここを切断するのである．もっともこの結果，領域自体の上に独自に二重のディアレクティカが樹立されることになる．Sokrates がそれを構想として持ったかどうかはわからない．しかし切断しないことを目指すものを含めて，ここに完結的な議論の空間ができあがったことは疑いない．これが Sokrates を（Vlastos とは別の意味で）"moral philosopher" の原型としたのである．

[4・8・1・3]　"Socrate rompt avec la rhétorique éthique fondée sur les modèles de bons comportements et les exemplaires de vie, et lui substitue l'analyse rationnel des actions et des caractères." (M. Canto-Sperber, Éthique, dans : AA. VV., *Le Savoir Grec*, p. 141) という指摘は基本を確認するものである (cf. Ead., Socrate, *ibid.*, p. 818sqq.)．同様に Vlastos, Introduction, p. 20 は，その探求が "open to every man" であり "no adhrence to a philosophical system" であることを決定的な功績と見る．つまり，どうすべきかを問うにかかわらず paradigmatique な連関を一切拒否するという驚くべき姿勢である．マスターしなければならない知的体系が権威として控えることが無い，というのは政治の基本原則であると同時に，Sokrates の "intellectualism" が一切 aristocratic なニュアンスを含まないことを意味している．

[4・8・1・4]　Sokrates の倫理学が "action" でなく "character" に向かうことを "doing-being" に対応させて捉える (cf. M. F. Burnyeat, Virtues in action, in : Vlastos, ed., *The Philosophy of Socrates*, p. 209ff.) のは単純すぎる．Sokrates はディアレクティカⅡの前にまず自省的空間の完結性を求めるのである．

4・8・2

　Sokrates が問題にしたのは，皮肉なことに syntagmatisme と〈批判〉の強調，つまりその意味での知の万能，こそが，知が拠って立つ二重のディアレクティカの障壁を解体してしまう，ということである（「ソフィスト批判」）．しかし Sokrates こそは全ての政治的決定問題をその意味の知（第一段の〈批判〉）に徹底的に還元し尽くそうとした人物であったのではなかったか．だからこそはじめて倫理に関して厳密な思考をしたと言われるのではないのか．しかし明ら

かに Sokrates の思考は還元とはニュアンスを異にする．考えてみれば還元こそは浮出である．だからこそ，第二段の方にふらふらと出ていくパラデイクマを徹底的に syntagmatisme の次元に引きずり戻す，というのが彼の取る戦術である．確かに大部分のことはそこで大きく決定づけられてしまうであろう．しかしながら，絶対に特定の決定へとは進ませない，その前に前提問題を考えさせる，という手続こそが彼にとって重要である[1]．

Sokrates の思考のそうした局面が顕著に表現されているのは "Menon" 冒頭[2]である．Menon が例によっていきなり "$ἀρετή$" を教えることが可能かどうかと尋ねるのに対して Sokrates は，"$ἀρετή$" が凡そ全く何であるかさえ知らないうちに (71a: "$ὥστ'οὐδὲ αὐτό, ὅ τί ποτ' ἐστὶ τὸ παράπαν ἀρετή, τυγχάνω εἰδώς$") 答えることなどできるはずがないとし，しかも，それについて全く知らない自分自身を責める以外にない ("$ἐμαυτὸν καταμέμφομαι ὡς οὐκ εἰδὼς περὶ ἀρετῆς τὸ παράπαν$")，それが何か知らない以上それについてどうしてあれこれ言うことができようか ("$ὃ δὲ μὴ οἶδα τί ἐστιν, πῶς ἂν ὁποῖόν γέ τι εἰδείην;$")，但しそれが何か知っている者にも会ったことがない ("$οὐδ' ἄλλῳ πω ἐνέτυχον εἰδότι$")，と切り返す[3]．

"Protagoras" の最後の部分ではまさしく (350aff.) あらゆることが知に還元される．様々な能力，勇気，正義，等々は全て知に，逆は全て無知に，よる，というのである．悪をなすのは，それがどういうことであるのか知らない，即ち syntagmatique な帰結を知らない，ためにそれをよいと思ってそれを欲するからであるとされる．それを悪と知りつつ利益のために悪を利用する者はいない，自分にとっての不利益・不快が悪の定義であるとするならば，自分が悪をなすほど不快なことはないから，人はそれをそうと知って欲することはありえない，と説かれる．言うまでもなく，ここで最終的な基準が不利益・不快に置かれること，決定手続での原理がここに置かれるように見えること，は重要でない．それが何であれ仮にそうだとしても知の問題が前提に来る，というのである．

同様に，"Menon" において対話は直ちに「では "$ἀρετή$" とは何か」の探求に向かうが，その手続こそ重要であっても，徐々に得られる結論は (Sokrates にとっては) 重要ではない．

〔4・8・2・1〕 Sokrates の「結論」が無かったり，根拠が希薄であったりする，点はしばしば指摘されるが，その「弱い Sokrates」に本領を見るのは例えば G. Santas, Socrates at work on virtue and knowledge in Plato's *Laches*, in : Vlastos, ed., *The Philosophy of Socrates*, p. 177ff. である．

〔4・8・2・2〕 Vlastos, *Ironist*, p. 54 は "Menon" をまさに転回点に位置付ける．周知の如く対話篇は進むにつれ Platon 独自の思想をはっきり展開するようになる．

〔4・8・2・3〕 この Sokrates の *eironeia* が，論戦のトリックと非難されたり，正しい教育方法として礼賛されたり，することについては cf. Guthrie, *HGP*, III, p. 442ff.

4・8・3

政治システムの一元性から "*ἀρετή*" の一体性が導かれるとすれば，Sokrates にとって〈批判〉の一義性はこれと連帯の関係にある[1]．全ては一旦一貫した基準で完璧に〈批判〉に曝されねばならない．まずはそれが何であるかを知るという思考，そこで〈批判〉の原理を働かせるということ，に如何なるパラデイクマにも特権を認めない政治システムの一元性が懸かる．反射的にその〈批判〉は全体的かつ一貫して遂行されなければならなくなり，その一貫性とは何かが追求されることになる．

この点で興味深い「実例」をわれわれに提供するのが，"Protagoras" の中に登場する Simonides のテクストの解釈を巡る論争である．philologisme の原点とも言うべきこの場面に Sokrates の直接の遺産が最も顕著に現れている．

Protagoras は自説たる価値の多元性を擁護するためのパラデイクマとして Simonides の一詩編を援用する (339aff.)．その二つの個所において矛盾する内容が見られるというのである．Simonides は一個所では「人が高貴な者 "*ἀγαθός*" となる "*γενέσθαι*" ことはまことに "*ἀλαθέως*" 難しい "*χαλεπός*"」と歌い，他の個所では Pittakos が「人が優れた者 "*ἐσθλός*" である "*ἔμμναι*" ことは難しい "*χαλεπός*"」と歌ったことに異議を唱えている．これは矛盾であり，政治的空間の中では褒められたことではない．しかし誰もこの叙情詩の価値を疑わないのである．

窮地に立ったかに見える Sokrates は Homeros の「兄弟のパラデイクマ」を借りて居合わせた Prodikos の助けを求める．政治的連帯は philologique な連帯に翻訳される．Simonides もまた窮地に立ったのであり，そして Prodikos が同郷の Simonides を解釈によって救いに行くのである．Sokrates は Prodikos に向かって「"εἶναι" と "γενέσθαι" は同じことであると思われるか違うことであると思われるか」(340b: "ταὐτόν σοι δοκεῖ εἶναι τὸ γενέσθαι καὶ τὸ εἶναι ἤ ἄλλο") と尋ねる．Prodikos が「違うことである」と答えた瞬間 Simonides と Prodikos の間ばかりか Prodikos と Sokrates の間に連帯が成立している．言語がサンクロニクに機能するということは少なくとも polarité の軸に沿って人と人の間の連帯もが存在するということを意味するのである．Prodikos はその特異な言語理論によって知られた存在である（358a-b）．

連帯はもちろん同一の詩編の二つの個所の間にも発生する．しかし Protagoras にとってはこのような救済は却って Simonides に陳腐なことを言わせたことになる（340c）．「優れた者になるのは難しいが，初めからそうであるならばそうであるのは容易である」ということになるから．これに対しては，Sokrates は Prodikos を使って "χαλεπός" が「恐るべき」や「悪しき」といった意味にもなりうることを確認し（341aff.），「難しい」という意味が解釈上初めて確定するのはその次のパッセージを読む段階においてである，と方法を Protagoras に突き付ける（341e）．〈批判〉の新しい方法の一環である．次にディアクロニクな視点を導入し，まず Pittakos の言葉の置かれた脈絡を再現する（342bff.）．アルカイック期 Sparta 風の箴言であり，paradigmatique なエコーを多く産む，多くを束ねる，économique な（「記号」的な）表現法である，というのである．これがまさに Simonides のディアクロニクな反応を引き出したのである（343c）．次いで Sokrates はディアクロニクな対抗を再構成しにかかる．まずは "ἀλαθέως" に着目する．「否，本当に難しいのは」という対抗ヴァージョンの意識がここに現れているというのである（344a）．

こうして "εἶναι" と "γενέσθαι" の間の polarité が繊細にもクローズ・アップされていると解釈することが正当化されるが，その意味は続くパッセージの引用によって次々と充填されていく．Pittakos のように "εἶναι" をカテゴリーとして考えることはもはや不可能だと Simonides は考える，その証拠に「変転の中で，惨めでは決してないことが不可能なことがある（"οὐκ ἔστι μὴ οὐ κακὸν ἔμμεναι"）」と言うではないか（344c）．「高貴な者も或る時は惨めで或る時は立派である（"αὐτὰρ ἀνὴρ ἀγαθὸς τοτὲ μὲν κακός, ἄλλοτε δ' ἐσθλός"）」とも（344d）．つまりカテゴリーを交換・交替に置き換えるのが Simonides の

意図である．それはまた絶対無欠ということを否定することでもある（345cff.）．「だから私は，生じえないことを追い求めて空虚な持ち分を非現実的な望みにこれを限りと全て投資する，すなわち大地の収穫を共に分かつ限りのわれわれを見わたす限り一面にかきわけて完全無欠な人間を追い求める，などということはしない（"τοὔνεκεν οὔ ποτ' ἐγὼ τὸ μὴ γενέσθαι/δυνατὸν διζήμενος κενεὰν ἐς ἄ-/πρακτον ἐλπίδα μοῖραν αἰῶνος βαλέω,/πανάμωμον ἄνθρωπον, εὐρυεδοῦς ὅσοι/καρπὸν αἰνύμεθα χθονός"）」．

地を這う syntagmatisme から出発するこの立場はまた，無から何かを生ぜしめることなど考えない立場でもある．同様に，Sokrates は philologisme を地に這わせる．パラデイクマの全てを一義的に収容するための有力な手段である．如何なるパラデイクマも勝手に浮遊して paradigmatique な作用を及ぼし人々の行為を決定付けることを許されない．

〔4・8・3・1〕 もちろん連帯とともに独立の関係にもある．「私」が「よく生きる」ということはどういうことか，という一点に絞って徹底した〈批判〉を展開するのはそのためである．ディアレクティカは一旦完結するが如くであり，「政治学」は「倫理学」の一分野になってしまったかの如くである．伝承を含めあらゆる反対にもかかわらず，Sokrates の思考がデモクラシーと不可分であることを決定的に示す徴表でもある．つまり〈二重分節〉単位の先験性と〈心身論に関わる〉単一性こそが一旦ディアレクティカを鋭く一義的に切断するという構想である．

4・8・4

Sokrates が用意した道具はこれだけではない．よく知られた独特の前提的〈批判〉の方法がある．まずそれは何かを知る，その方法のうちの一つが "Menon" 冒頭において実践される[1]．例によって追求されるのは "ἀρετή" の単一性である．しかし単一性とは何か．Sokrates は全ての概念は単一性を持つと主張するように見える．若干の例を使ってそのことを予示した後，彼が方法をやや厳密に例解するパラレルとして用いるのは「図形」の概念の抽出法である（74bff.）．「図形とは何か "τί ἐστιν σχῆμα"」．「円 "στρογγυλότης" である」という答えは不適切である．「円が図形である」のではなく，円は図形のうちの或るものである "σχῆμά τι"．何故ならば他にも複数の図形が有る（"καὶ ἄλλα ἔστιν σχήματα"）からである．こうして議論が多数性に（74d: "εἰς "πολλά") 至ると，次に問題となるのは，ならばその多くのものを ("τὰ πολλὰ ταῦτα") 一個の語に ("ἑνί τινι ὀνόματι") 結びつけるものは何であるのか，ということにならざるをえない．それは，それら全てに付着しているところのものである (75a: "τὸ ἐπὶ πᾶσιν τούτοις ταὐτόν")．

　Sokrates はパラデイクマの様々なヴァージョンを列挙していく．それらにつきいちいち成り立つことの同意を相手に求める（前提的〈批判〉）．このときこれらが同一パラデイクマの諸ヴァージョンであることは隠されている．そうしておいて承認された幾つかの例を論拠としてその背後の同一のパラデイクマを導くのである．このパラデイクマの〈批判〉は完了していることとされる．要するにパラデイクマとその諸ヴァージョンという関係が確立される，このときにそれが何かが発見される，というのである．"ἀρετή" の一体性を論証するために適した方法であることは自明である．

　この方法はさしあたり帰納 induction である．しかし同一のパラデイクマに従う関係が確立された後は，例として挙がったヴァージョン以外にも適用されて，他の多くのヴァージョンが創造されたり識別されたりする．この局面を見越せばこの方法は定義 definition という局面を有する．これは優れて paradigmatique な作用を予定してなされる思考作業である[2]．

　しかし Sokrates に関する限りここで大きな留保が不可欠である．"Menon" は，ならばその図形の定義は何かということになると，満足な答えを提供しない．Sokrates は明らかにその点になると認識の暫定性を意識し意識させている．あたかも重要であるのはまず "εἰς πολλά" であり，ついで単一性を求める，しかしそれをほとんど彼岸に求める，ことであるとするが如くである．すると定義から paradigmatique な作用に折り返していく思考の運動は，既に内蔵さえされているにもかかわらず，決定的な点でないということになる．

　ならば何故 "εἰς πολλά" が重要であるのか．人々に哲学そのものの始点をすら感じさせるこの方法 induction/definition は，さらに，それだけで完結するのでなく，言わばこの paradigmatisme を syntagmatisme の中に畳み込む，大きな脈絡に包含されているように思われる．"Gorgias" においても，Sokrates は Gorgias の弁論術の定義を同じ方法を使って崩す（453aff.）．つまりここでは同じ方法が破壊的に機能する．他にも「説得」に関わる技術は多くあり，

「説得」は多くの局面に見られる．これらのことを列挙していって Sokrates は Gorgias の概念即ち paradigmatique な関係を破壊するのである．Sokrates によれば Gorgias の概念は前提的な〈批判〉の対象とならざるをえない前提的な〈批判〉によっている．即ち syntagmatisme は実は繰り返され定型化された paradigmatique な連関によって織りなされているにすぎない．こうしたらこうなる，ならば次もそのように，という連鎖の予見によって syntagmatisme が成り立っているのである．この paradigmatisme は paradigmatique な関係をつたって領域に拡散・散開しうる．そうした上でやはり paradigmatique な関係をつたって二重のディアレクティカの第二段にさえそのまま侵入してくる．こうしたらこうなる，ならば DI はおろか DII においてさえこうしたらこうなるのか，と領域のパラデイクマがそのまま進出することになる．この点の見通しを持つためには "$εἰς\ πολλά$" をどうしても経る必要があり，次に何らかのメルクマールで絞るということになる．こうした装備を持たなければ到底 syntagmatisme によって繋がれているはずのパラデイクマがふらふらとディアレクティカ本体に紛れ込んで猛威をふるうという事態は防止できない[3]．その脈絡で Sokrates は遂に心身二元論に至る（464b）．syntagmatisme（実体的な知）を踏まえてその上に言論を構築する（DII）かそうでないか，と二元論を迫った後，この二元論を政治と医術の二元性に展開し，しかも医術においてさえ二元論（実体の把握と処方の非機械的な関係）が重要である（領域と DI）と指摘する．このようにして paradigmatique な関係の把握は不可欠であるが，その認識は全体としての大きな syntagmatisme の中に徹底的に畳み込まれなければならないというのである．

弁論は人を動かす．これは一つの権力であるから，弁論によって権力を得て罰せられずに不正を行うこともできる．これがどうしていけないのか，先に正義とは何かを知っておくなどということは無意味ではないか，という Polos の批判に対しても，Sokrates は，「不正を受けるより罰せられずに不正を加える方がよいことである」というその「よいこと」の概念を前提的〈批判〉にかけることによって反論する（472dff.）．その前提的〈批判〉の方法は，定義というよりも，「よいこと」の例を次々に認めさせてパラデイクマの外延を拡げさせ，挙げ句の果てに出発点と全く矛盾する地点にまで導く，というものである．

この Polos の弁護に立った Kallikles に対する攻撃も同様である. Kallikles は, Sokrates の論拠は (不正を加えたことそれ自体をネガティヴに評価して不快と感ずる) 価値観に支えられていて, これはまた制裁の発動と関係している, そのような前提が無い自然状態では Polos の議論が成り立つのではないか, と反撃したのである (481bff.) が, これに対して Sokrates は, まず Kallikles の立場を強者の弱者に対する (何をしてもよいという) 無分節関係のパラデイクマに還元し (488b), 次いでこのパラデイクマの諸ヴァージョンを, 外延を拡大する方向に, 列挙していく (490bff.). そして, その技術に優れた者がその対象を多く取るべきである, たとえば靴屋は靴を多く取るべきである, などという結論を導き出していき, 一種の *reductio ad absurdum* を実演して見せる. 相手の論拠に無批判な paradigmatique な関係が忍び込んでいるのを逆手にとって, paradigmatique な連鎖を猛烈に辿って syntagmatisme を構成して見せ, これに出発点自体を否定させるのである. paradigmatisme は syntagmatisme の方へ回収され, と同時に前提的〈批判〉が自動的に完遂される.

〔4・8・4・1〕 この文脈における "Menon" の位置付けについては, cf. Guthrie, *HGP*, III, p. 434.

〔4・8・4・2〕 cf. Guthrie, *HGP*, III, p. 425ff. この広く知られた源流の解釈のポイントは, Sokrates が何のためにこのような方法を駆使するか, である. この点, Guthrie (p. 430ff.) は Aristoteles のテクストに引かれすぎるように思われる. つまり, 学説の伝統を踏襲して, 実践的価値概念の混乱や否定の状況を前にした Sokrates が体系的目的論的整理を試みた, というのである. 論理学のその後や *diairesis* を投影する解釈法であるが, 方法自体の潜在的可能性は別として, 少なくとも Platon が描く Sokrates に価値体系の再建者たる風貌は皆無である.

〔4・8・4・3〕 Sokrates の論法がまず paradigmatique にどんどん事例を拡げる方向に進むことについては cf. Santas, Socrates at work, p. 187. 逆説的 *elenchos* が Platon の手を経て正真正銘の paradigmatisme に転化する過程については cf. R. Robinson, The elenchus in the early dialogues, in: Vlastos, ed., *The Philosophy of Socrates*, p. 78ff.

4・8・5

かくして, 本章で追跡してきた思考様式の極点に Sokrates が立ったであろうことは容易に推測可能である. 彼の知的営為は, 根底的な問題提起との間の緊張関係抜きには概念できない. Sokrates の立論は, Platon の "Politeia" における Thrasymachos の主張のような, 二重のディアレクティカを徹底的に突き破る思考を基礎として必要とした. 5世紀の末に後者がどこまで体系的に主

張されたか，それとも Sokrates や Platon が例解のために必要とした限りで存在したにすぎないか，わからないが，少なくとも Thoukydides から判断する限り，二重のディアレクティカ自体がそれ自身を突き崩す驚くべき思考を発展させ，人々があらゆる先入見を取り払ってそれを突き詰めた，ことは確かである．Sokrates はその全体を見事にディアレクティカの対象としたのである．

但し，Sokrates の思考活動は，最も徹底した syntagmatisme を，全てを超越した次元への paradigmatique な追求に，否，全てを超越しながらも手の届く一点へと paradigmatique な追求を収斂させる立場にさえ，容易に逆流させる危険を孕んでいたと思われる．それはもちろん概念および凡そ paradigmatique な関係についての精緻な理論的考察を伴ったが，Platon の多くの作品に見られるとおり，前提的〈批判〉がいつの間にか極めて特定されたパラデイクマの主張に転化するという，デモクラシーにとって致命的な，そして「ソフィスト」像に逆投影されていく，負の遺産を準備したのである．

4・Excursus　喜劇に関する簡単な考察

以上において Aristophanes のテクストを分析することが一切無いのは，この論考がその余力を残さないという単純な理由に基づく．喜劇は格段に難解なテクストであり，それは手の込んだ読解の手続を要す．現在のところ喜劇のテクストの内部におけるパラデイクマの生態を精密に解析する方途を有しない．

他方で，5世紀後半の Athenai は既に喜劇なしに語りえない反面，このジャンルは悲劇に比べれば遅くに発達し，そして何よりもデモクラシーを越えて4-3世紀に大きく確立されて行くのである．以下に若干示唆するように，「古喜劇」だけを別に扱うことは正しくない．かくして，一応この論考の中心的な主題から喜劇ははずれる．

それでも，もし喜劇を論ずるとしたならば，第Ⅰ章ではなくこの章においてであった．何故ならば，喜劇が素材とするのは M ではなく，P，〈神話〉ではなく，政治的パラデイクマであるからである．但し，〈批判〉によってこれを厳密に識別する手続を旨とするのではない．政治的パラデイクマが既に十分に社会を制圧した状況を前提とする．

というのも，もちろん一面では悲劇とパラレルな性格を有するからである．

4 paradigmatisme の浮上

ほとんど同じパーフォーマンスの形態による以上，ディアレクティカからの退避は徹底的に追及され，デモクラシー標準装備の〈批判〉の対極に意識的に立つ．425 年の Aristophanes の喜劇 "Acharnes" はこの点を見るためにも最適の素材である．最初に再現されるのは都市中心の民会という政治的パラデイクマ展開の中枢場面である．ここにしかし主人公 Dikaiopolis が一人佇む．しかし舞台は（Parmenides の公準を否定するかのように）瞬時に領域に転じ (235ff.)，この時に転位を媒介する軸は Dikaiopolis その人個人である．そこでは領域の民のアモルフな擬似「民会」が現出し，そこで *agon* が展開される．勝利するのは Dikaiopolis 個人であり，彼の「単独」講和がもたらすのは怪しげな「単独」国際市場である (623ff.)．*parabasis* が明らかにするように (627ff.)，政治的パラデイクマの批判が眼目であり，それは中心と領域の間の距離によって達成されている．これが同時にディアレクティカからの退避に相当する．

しかし悲劇におけると同じこのメカニズムの働き方は正反対である．〈神話〉の巨大な syntagmatique な網の目は完全に無視されて，何の繋がりもない「現代の一瞬」「日常の一齣」が取り上げられる．悲劇はディアクロニクなヴァージョン対抗のために一瞬を切り取るが，しかしそれは大きな脈絡を前提していて，基本の syntagmatisme は揺るがない．ところが喜劇において顕著であるのは徹底した paradigmatisme である．しかもかつて政治が前提したディアレクティカ内部の paradigmatique な操作と逆向きの，負の，paradigmatique な操作を行う．421 年の "Eirene" に最も顕著なように寓意が多用されるのはこのためである．なおかつ喜劇は，歴史学と同様に政治的パラデイクマを扱いながらなおかつ直接的に作動しうるパラデイクマを拒否する．この点に普通の意味の批判が存し，その限りで歴史学同様にデモクラシーの脈絡に立つ．しかしながらそうした効果はもっぱら政治的パラデイクマを直撃する負の paradigmatique な操作によっているのである．

しかし何故このようなジャンルがデモクラシーとの間にシンコペーションを保つようにして形成されるのであろうか．既に Aristophanes のテクストにおいて顕著であるように，政治的パラデイクマは paradigmatique な操作によって何と〈二重分節〉体内部の卑近な関係に置き換えられてしまう．424 年の

"Hippes"(「騎士」)では，デモクラシー特有の党派対立が Demos 家の奴隷達の間の抗争として描かれ，422 年の "Sphekes"(「蜂」)は，陪審マニアの父が息子に家内部の裁判をあてがわれて満足するというカリカチャーである．ここで作用している paradigmatique な関係は，一方で政治的パラデイクマの不全を突くものである．それは十分な離脱を経ていないということになる．同時に他方で，〈二重分節〉体内部に残存する卑近なパラデイクマへの執拗な拘泥は，何があっても動かされない拠点を強く示唆する．かつそうした卑近なパラデイクマへの批判が無いわけではない．それ自身徹底的に負の方向で paradigmatique な変換を経ている．しかしそれ自体，〈二重分節〉のディアレクティカから退避するに際して，そちらへ持って行かれる材料をわずかたりとも残さない，そして自分自身は二重のディアレクティカからさえ超越する，という姿勢の現れである．これは(逆説的だが)二重のディアレクティカが行われるための条件を絶対的に保障しようとするものであり，それだけに，現実に展開される二重のディアレクティカは融解してしまっている，否，ディアレクティカ自体融解してしまっている，ように描かれることになる．これは Euripides の立場と競合するものであり，デモクラシーの崩壊後にさえ〈二重分節〉単位のアプリオリな存在だけは確保しようとするように見える．したがって，デモクラシーのファッサードが無くなっても生き残るジャンルであり，その場合社会人類学的基層に直接根を降ろして養分を摂るのである (Menandros から Plautus へ)．

しかも Aristophanes の場合には，女性群像の極めて意識的な使用がある．411 年の "Lysistrate" では女性群像は *akropolis* を占拠し cognatique な関係による切り取りを拒否する[1]．"Thesmophoriazousai" では女達の秘儀の場面を演出し，女装侵入者を吊し上げる．391 年の "Ekklesiazousai" では逆に女達は完全な公共財となる．家政が国政を乗っ取るというように一般化する[2]ことはできない．Dikaiopolis や Demos とは或る意味で対抗的なモティフが働いているのである．"Thesmophoriazousai" が Euripides を材料とするのはこの点に関わる．そして "Lysistrate" の連帯の主題がわれわれの Aristophanes 解釈の *crux maxima* である．〈二重分節〉単位の外皮を剝ぎ取った後に現れるその中核が端的に連帯するのである．しかしその連帯の質はどのようなものであろうか．

この点で最も示唆的であるのは 414 年の "Ornithes"(「鳥」)である．鳥達が

突如中空にポリスを建設し，神々と人々，即ち中心と領域，の〈二重分節〉システムをブロックしてしまうのである．人々の犠牲が神々に届かず，神々は糧食を断たれる．中空は領域のロジックが成り立たないという意味である．現に「測量家」が現れてからかわれる．鳥達の parabasis は神々の覇権以前のユートピアを歌い，神々は和平に応じて権力を譲ることになる．Aristophanes が突くのは〈二重分節〉システムの分岐線である．これが転倒して常にむしろ〈二重分節〉単位の存立を損ねる．ならばこれなしに〈二重分節〉単位が成り立つ方途は無いか，ということになる．それは強烈なユートピアのイメージとならざるをえない．

ならば Aristophanes が 423 年の "Nephelai" におけるように二重のディアレクティカの最も繊細な側面（ソフィストないし Sokrates）を徹底的に揶揄するのは当然である．そうでなくともジャンルそのものが地を這う即物性によって批判の橋頭堡を築く．まして Aristophanes は中心から伸びてくる〈二重分節〉の兵站線に激しく反発するのである．

しかし以上の全てはもちろん極めて意識的なポーズであり，批判の視点を同時に大いに笑い捨てる姿勢は断固維持される．広い意味での批判の新しい形態に参画している所以である．

〔4・exc・1〕 cf. N. Loraux, L'Acropole comique, dans : Ead., *Les enfants d'Athéna*, p. 157sqq.

〔4・exc・2〕 cf. E. Segal, The *physis* of comedy, in : Id., ed., *Oxford Readings in Aristophanes*, Oxford, 1996, p. 5.

III
政治的パラデイクマの再構造化

0 序

0·1

　本章の課題は，前二章で見たパラデイクマ屈折の大きな変化に対応して，政治的パラデイクマ自体がどのように変化するか，ということを追跡することである．

　政治的パラデイクマとは，ディアレクティカを経て人々が行動した場合のその全軌跡と等価である．それが強く先例性を有したというのではない．しかし全ての意味有る行動はパラデイクマに拠る，ないし拠るものとして再構成しうる．さてこの政治的パラデイクマは，政治的決定の内容とその手続の両方をほとんど区別無く含みうる．決定の内容自体，そもそも〈分節〉保持，したがって或る意味では手続保持，のみに方向付けられている．戦争も裁判も〈分節〉破壊に対する必要十分な措置以上に出ず，したがって自ずから限られた定型に従うものである．決定手続と決定内容はともに政治的パラデイクマとして連続的である．かくして本章におけるわれわれの課題は，こうした政治的パラデイクマの生態にどのような変化が生ずるか，それを検証することである．

　しかし他方でわれわれはこれとは異なる少し特殊な問題をも扱わざるをえない．政治的パラデイクマの変化は，実は領域における或るパラデイクマの変化と syntagmatique に連なっているのである．つまり，デモクラシーという特徴を持つ政治制度を成立させる変動の震源は領域の側に在る．もしどのようにデモクラシーが形成されるかということを人々の現実の行動の軌跡として描くのならば，この領域の側のパラデイクマに接近せざるをえない．しかるにこれは政治的パラデイクマではない．政治システム外に置かれたパラデイクマである．にもかかわらず，できあがった第二種の政治的パラデイクマが確かに前二章と

同一の構造を共有する（同一の社会構造を想定させる屈折を示す）ということを論証するためには，領域を発端とする変動の軌跡を先に分析しなければならない．まさにこちらの方のパラデイクマの屈折にこそ，まずは端的に前二章で扱ったのと同じ屈折が検出されるからである．

0・2

Athenai に関しては，デモクラシーに向けてどのように政治制度が変化するか，またそれを帰結した条件は何であったか，に関する研究に一定程度の蓄積がある．

「デモクラシーの政治制度」の記述は少なくとも人文主義後の古事学的関心[1]に遡り，デモクラシーに敵対的な状況の中でも以後 érudition の対象となり続け，啓蒙期革命期にその遺産が若干の寄与をもたらしたはずである．その後 Grote の精密な読者としての J. S. Mill が一個の極点を記すと，画面が変わって 19 世紀ドイツの「国制史」[2]やイギリスの "Constitutional History"[3] の（決して主要ではないにせよ）関心の対象となり，Aristoteles に帰せられる「Athenai 人の国制」のテクストの発見[4]により研究は加速した．また極最近では，新しい立憲主義に呼応して 4 世紀の政治体制をデモクラシーの観点から救う，そのためにダイナミックな政治過程としてよりもむしろ憲法慣習としてデモクラシーを捉える，研究の隆盛を見た[5]．この立場からは 6 世紀末の政治体制の変化も「法の支配」の確立であるということになる[6]．以上はいずれも，Athenai において後発的に発達する，儀礼とともに「憲法慣習」を形成年代とともに記す，ジャンルのテクスト[7]に基礎を有する．

デモクラシー形成の社会的条件に関する研究も，凡そ社会経済史というジャンルが有するのと同じだけの（つまり狭い意味の「自由主義」以降の）古さを主張しうる[8]．こちらの方はむしろ Aristoteles の「政治学」に磐石の基礎を持つ．tyrannos とともに貴族の政治体制が揺らぐ[9]，その tyrannos を倒してデモクラシーが登場する，このときにいずれも「中産階級」が決定的な役割を果たした，というのである．彼らの危機と政治的結束，そして上昇，これがデモクラシーをもたらすという見通しは，極めて多様にパラフレーズされながらも骨子の部分で維持されている．

さらにもう一つの論点は，領域の組織である．「Kleisthenes の改革」が "$δῆμος$" という領域の組織の樹立であり，これがデモクラシーの基盤である，という認識は動かない[10]．

この他に例外的ではあるが「民主化革命」の推進力となった基本概念を明晰に把握する研究も存在する[11]．まさに Kleisthenes の領域組織改編の根底にある思想を抽出するという研究である．

〔0・2・1〕 C. Sigonio には序章で触れた．しかしそれより前に L. Bruni, そしてその後には J. Bodin と Th. Hobbes に（この場合にはネガティヴな）痕跡が認められるのは周知の如くである．

〔0・2・2〕 G. Busolt, H. Swoboda, *Griechische Staatskunde*, I, II, München, 1920, 1926 によって集大成される関心である．

〔0・2・3〕 C. Hignett, *A History of the Athenian Constitution to the End of the Fifth Century B. C.*, Oxford, 1952 は既に 20 世紀前半のドイツ・イタリアにおける新しい史料批判の方法を取り入れて伝統を更新しようという試みである．

〔0・2・4〕 cf. M. Piérart, Prologue, dans : AA. VV., *Aristote et Athènes. Actes de la table ronde "Centenaire de l'Athenaion Politeia"*, Fribourg, 1993.

〔0・2・5〕 M. H. Hansen, *The Athenian Democracy in the Age of Demosthenes. Structure, Principles and Ideology* [*ADAD*], Oxford, 1991 を代表とする．近代的「国制史」の母国デンマークから新しいヴァージョンが現れたことは興味深い．その視野の限界について cf. J. Ober, The nature of Athenian democracy, in : Id., *The Athenian Revolution. Essays on Ancient Greek Democracy and Political Theory*, Princeton, 1996, p. 107ff.

〔0・2・6〕 M. Ostwald, *From Popular Sovereignty to the Sovereignty of Law : Law, Society and Politics in Fifth Century Athens*, Berkeley, 1986. しかし他方では「ラディカル」と（保守的な）"civic identity" の両方からパラレルな「アテネ・デモクラシー論」が産出されるのは不可避であった．cf. C. Farrar, *The Origins of Democratic Thinking : The Invention of Politics in Classical Athens*, Cambridge, 1988 ; Ph. B. Manville, *The Origins of Citizenship in Ancient Athens*, Princeton, 1990. 政治とデモクラシーを強く混同する傾向が両者に共通することは注目に値する．たとえば後者は，「アリストテレス」を Solon に遡らせて（「正義」！）ここからポリスを，やがて「市民権」を，スタートさせる混乱振りである．

〔0・2・7〕 「Athenai 人の国制」の基礎にあると見られるのが学説上 "Atthidography" と総称されるジャンルであるが，これについて記念碑的な史学史的研究を行ったのが，F. Jacoby, *Atthis. The Local Chronicles of Ancient Athens*, Oxford, 1949 であり，ジャンルの性質と儀礼的史料の物的存在を混同して後者を追求する古事学的思考に終止符を打った．

〔0・2・8〕 前夜につき，cf. N. Loraux, P. Vidal-Naquet, La formation de l'Athènes bourgeoise, p. 161sqq.

〔0・2・9〕 貴族政の打倒は史料そのものにおいて以来デモクラシーの余りに明白な含意であるが，

たとえば J. Bleicken, *Die athenische Demokratie²*, Paderborn, 1988, S. 45ff. は，Athenai において Solon の時代にまず個々人の政治的責任の原則が確立し，tyrannos の時代に "Einheit" が達成されるが，しかし貴族が生き残って多元的に政治的リーダーシップを争うようになる，というように説いて，とりわけドイツの現代の学説の典型をなす（vgl. M. Stahl, *Aristokraten und Tyrannen im archaischen Athen. Untersuchungen zur Überlieferung, zur Sozialstruktur und zur Entstehung des Staates*, Stuttgart, 1989; E. Stein-Hölkeskamp, *Adelskultur und Polisgemeinschaft. Studien zum griechischen Adel in archaischer und klassischer Zeit*, Stuttgart, 1989). Alkmaionidai の帰趨に焦点をあてた解釈であるが，後述の Kleisthenes 論が 20 年先行している点を考えると，他の如何なる論者に比しても極端にデモクラシー概念が貧弱であるのが気になる．

[0・2・10] 社会経済史の中では Athenai のデモクラシーが伝統的にネガティヴに描かれる傾向がある（cf. E. Meiksins Wood, *Peasant-Citizen and Slave. The Foundations of Athenian Democracy*, London, 1988) のに比して，ほとんど同じ陣営から領域の組織に着目がなされると不意に称賛に変わる（現在でも R. Osborne, *Demos : The Discovery of Classical Attika*, Cambridge, 1985) ことが興味深い．

[0・2・11] P. Lévêque, P. Vidal-Naquet, *Clisthène l'Athénien. Essai sur la représentation de l'espace et du temps dans la pensée politique grecque de la fin du VIe siècle à la mort de Platon³*, Paris, 1983 (1964).

0・3

以上のような研究において追究されたのは，もちろんパラデイクマの再現的作用の結果である．極めて「規範的」な場合も「一回的」な「事件」に関する場合もそうである．本章で扱う事柄もまさしくそれである．ならばどのようにすればそうしたことを追究できるであろうか．地表に遺された痕跡を別とすれば，伝承に基づく以外にない．しかし伝承はわれわれが追究することに関わるという保障を持たない．批判し識別する必要が生ずる．ところがこの場合，多くの伝承は同趣旨の批判の産物であることが多い．批判識別ということ自体をわれわれが分析対象社会に負うからである．ギリシャ・ローマに関する「歴史」は彼らが書いてしまったが故にしばらく書かれなかった，としても当然である．するとあらためて追究するということは，彼らのその作業を更新する手段をわれわれが具体的に持っていて，別の平面に別のクリテリウムで I-II 章で扱ったパラデイクマとは異なるジャンルのパラデイクマを並べて分析できるのでなければならない．さもなければ無意味な作業になるであろう．

しかしこれはあらゆる史料批判に関して妥当することである．地表の痕跡についても，考古学的データは既に（如何に古事学的なそれにとどまるかもしれ

0 序

ないとはいえ）一定の批判のクリテリウムを有している．解釈にあたってはこれを更新する次元に方法を置かなければならない．地表面での人間の行動の単純な理解を前提にしてはこの水準に到達しない．

　ならば Herodotos や Aristoteles の既に高度な水準を本当に突破できるというのか．人文主義以来の方法の全歴史に事柄が関わる．しかしながら，これまでの研究を繙いた場合に，如何にそのどれもが有用であれ，どうしても残る不満は，Herodotos や Aristoteles の既に高度な水準を本当に突破しないのはよいとしてもこれをしばしば大きく下回るということである．むろん突破しようとするが故に下回るのであり，本章とて野心のある限りこの懲罰を免れないかもしれない．辛うじて，本章は I-II 章を土台とする，同じ方法を適用する，このことで少なくとも叙情詩・悲劇や Herodotos には一層寄り添うことになる．そしてその前提に，かつて明らかにした社会構造の概念を有する．これにより「見えない」部分ばかりでなく「見てきたような」部分に関しても少々新鮮な像を示すことができるかもしれない．

1 領域の構造変動

1・0 序

1・0・1

　Aristoteles は，優れた者が支配する政治システム（王政または高々貴族政）を理想としつつも，凡そ現実的な政治システムの中で何が最良か（"$άρίστη πολιτεία$"）という議論を基礎づける（*Pol.* 1295a-1296a）にあたって[1]，例によって「中間」（"$μεσότης$"）という観念を提示する．彼が王政と貴族政に並ぶ第三の正しい政治システムとする "$πολιτεία$" の基礎がこうして実質的に論じられることになるのであるが，ここで彼が着目するのは（例によって内部を構成要素に分けて概念する思考により導き出される）富者でも貧者でもない「中間の者達」（"$οἱ μέσοι$"）というカテゴリーである．「中間」たる要点はもちろん資産である（"$ἡ κτῆσις ἡ μέση βελτίστη$"）．都市中心からの評価が介在するとはいえ明らかにこの概念は領域の方向を指示する．Aristoteles は，政治システムの理想とは別にその安定（最悪のものに転化する危険の最小）の条件をそこに見たことになる．

　この中間の者達による（1296a: "$διὰ τῶν μέσων$"）政治システムが（その場合）最良であるという定式がここから出てくるが，この観点からさらに「民主政は寡頭政よりも安定的であるのはこの中間的な者達の作用による（"$διὰ τοὺς μέσους$"）」というテーゼが出てくる．このテーゼは以下の最も具体的で実質的な政治システムに関する彼の議論の唯一の軸をなす．"$πολιτεία$" は実際には民主政と寡頭政から漸次接近される以外にない（VI, 1316bff.）．そこでしかも民主政の方が有望なルートであるということになれば，議論の核心はいよいよ

民主政を巡るものとならざるをえない．最もここに "διὰ τῶν μέσων" が効いてくることになる．そして，Aristoteles 自身の「政体論」とは別の次元において，われわれはこのテクストとともにデモクラシーの少なくとも基礎に接近しつつある，と言うことができる．さらに端的に，"πολιτεία" ないし緩やかに修正された「民主政」は即デモクラシーである，と言うことさえもちろん不可能ではない．そのような意味で Aristoteles は（彼の全構想からすれば小さな部分に相応しい役割を分け与えたにすぎないが）デモクラシー論者であり，その意味での彼のデモクラシー論はかくして少なくとも出発点として傾聴に値する．しかも，全てを振り返る彼の視野においてはむしろデモクラシーの基礎が漠然とではあれ捉えられているのである．syntagmatisme をひとまず集大成する者として当然のことではあるが．

そのデモクラシー論において，"οἱ μέσοι" はさらに具体的に言い換えられる．"διὰ τῶν μέσων" が最良であるという命題は，最良の "δῆμος" は農民たる "δῆμος" である，という命題に置き換えられる（1318b）[2]．多数が農民でなければデモクラシーは形成されえないほどである（"ὥστε καὶ ποιεῖν ἐνδέχεται δημοκρατίαν ὅπου ζῇ τὸ πλῆθος ἀπὸ γεωργίας"）とさえ言われる．"δῆμος" はここでは領域の側に陣取ってしかし政治システムを主力として構成する具体的な人員を指す．何故農民たる "δῆμος" が最良かということの論拠を示すとき，Aristoteles は以下のように言う．すなわち「彼らはたくさんの財を持たないが故に忙しく，民会に頻繁に出席できない，かといって必需品は持っているので仕事にかまけていられ，他人のことに気を奪われず，政治をしたり政務官職についたりするより仕事をするのを楽しみとする」（"Διὰ μὲν γὰρ τὸ μὴ πολλὴν οὐσίαν ἔχειν ἄσχολος, ὥστε μὴ πολλάκις ἐκκλησιάζειν· διὰ δὲ τὸ μὴ ἔχειν τἀναγκαῖα πρὸς τοῖς ἔργοις διατρίβουσι καὶ τῶν ἀλλοτρίων οὐκ ἐπιθυμοῦσιν, ἀλλ' ἥδιον τὸ ἐργάζεσθαι τοῦ πολιτεύεσθαι καὶ ἄρχειν"）からであると[3]．このときデモクラシーは成り立つ，「民主政」は "πολιτεία" に接近する，というのである．政治システムとの間のこの距離はもちろん Hesiodos 以来一定の空間的構造を形造る．「農民」というのはその現実の空間的構造を保障する．Hesiodos 以来領域の上で領域との間に隙間をつくらず，一つ一つ拠って立ち，動かされない．Aristoteles はこの構造が必要であると言っているのである．

しかしそれならば Hesiodos 以来政治システムが初めから持っていたではないか．確かにそれが資源である．しかしそこでは Hesiodos 兄弟は中心の政治システム構成主力ではない．これに対してむろんここでは "δῆμος" は構成主体そのものである．それでありながら，これだけ政治を突き放してそれから自由でいられる！のである．この大きな切り返しにデモクラシーの秘訣が有るということになる．

〔1・0・1・1〕 éd. J. Aubonnet, Paris, 1971.
〔1・0・1・2〕 éd. J. Aubonnet, Paris, 1973.
〔1・0・1・3〕 (とりわけ apathy に関する) *locus classicus* ながら (cf. Finley, *DAM*, p. 4) 本格的な解読を見出すのは難しい (Meiskins Wood, *Peasant-Citizen*, p. 134; Musti, *Demokratia*, p. 289ss. J. Touloumakos, *Die theoretische Begründung der Demokratie in der klassischen Zeit Griechenlands. Die demokratische Argumentation in der "Politik" des Aristoteles*, Bonn, 1985, S. 113; R. Mulgan, Aristotle and the value of political participation, *Political Theory*, 18, 1990, p. 209f. 等々は問題点にすら到達しない)．自由と労働の問題に引きずられ中心と領域のダイナミズムを見失う．

1・0・2

デモクラシー形成時に，以上のような空間的構造の中の以上のようなダイナミックな切り返しを特徴とする伝承が多く発信された．そのうちの一群のものははっきりと〈神話〉に関わるものである．しかし他のものは現実の人々の行動を記録するというステータスを有する．これらが同じ波長を持つために，後者も「神話」のように見え，実証史学の史料として扱いにくいと意識される[1]．もちろん同一の社会構造の変化が基底に有るとすれば何ら不思議なことではない．むしろ問題は，何故これらが「現実の人々の行動を記録するというステータス」を有するかである．もしそれを通じて本章の課題に挑戦しうるならばそれはどのようにしてか．同じ社会構造を検証しうるということは重要であるが，それだけではこの章の意義に欠ける．現実の中で再現的に作動したパラデイクマからも同様の社会構造が検出されるということを跡付けるのでなければ，一種のトートロジーになりかねない．

とはいえ，〈神話〉の中に明瞭に認められる空間的パースペクティヴから少しずつ接近することとしよう．それは少なくとも Pind. Pyth. IV において顕著に見られるものであった (I・2・3)．但しここから Kyrene の社会的現実にアプ

ローチすることは容易ではない．下って，われわれは Eur. Bacch. においても極めてダイナミックな中心＝領域間の往復が認められることを見た（I・5・8）．しかしこれはおそらく Athenai のみならず各都市の社会構造の深い部分に関わり，この章で扱うことは方法的な誤りを意味するであろう．

われわれは結局偶然の裂け目から通路をのぞくということを期待して地表を観察する以外にない．

〔1・0・2・1〕 唯一この課題に先駆的に挑戦したのは，E. Lepore であり，それはまた唯一彼が極めて複合的かつダイナミックに「デモクラシーへの移行」の社会変動を捉えようとしたことに対応する．事実，その研究は（しばしばぎりぎりの推論をするために苦渋に満ちた表現になるが）他と全く違う波長を有する．われわれの論考は，彼が課題としたことを承け継ぐことを目標とする．

1・1 領域の空間的循環

1・1・1

極めて周辺的な事例ながら幸運な裂け目をもたらしてくれるのは，Bacchyl. Ep. XI である（I・2・9, 164 頁以下参照）．〈神話〉部分の空間的分節はこの作品において最も鮮明であると言うことができるが，ここで称えられる主人公 Alexidamos は南イタリア Metapontion から Olympia の競技に参加し「不当にも」破れ，続いて Delphoi の競技で「Artemis の力を得て」ようやく栄冠をかちえたのである．Alexidamos は若い貴族の息子であることが示唆されるが，しかしどのような意味で「貴族」（政治的階層・頂点）であるのかが問題であり，Bacchylides の〈神話〉はもちろんこれに関わる．そしてまさにその問題に関わるものとして「Proitos の娘達」のパラデイクマが選ばれるのである．

ここからわれわれが表面の現実に浮上しうるのは或る種の偶然による．Hdt. IX, 33-35[1]は，Teisamenos という人物が同様に Olympia で敗北を喫したことを伝える．この人物は Elis の Iamidai という *genos* の出身であり，Delphoi の神託によって勝利を予言されたからこそ競技に参加したのであった．しかし彼の名誉回復は Delphoi の競技によるのではなかった．Sparta の当局者が神託の意味が別の方角にあるのではないかと洞察し，彼を現実の戦闘のための記号操作者として雇おうとする．しかし，今や自らも神託の価値に気付いた Teisamenos は，対価によって雇うのでなく Sparta 市民権をよこせと要求する．Sparta は一旦これをはねつけるが，必要に迫られてこれを呑むこととする．すると Teisamenos は自分の弟にも市民権をよこせと値をつり上げる．Herodotos は，この事実を解釈するにあたって，「Proitos の娘達」のパラデイクマを引く．但しここには（Hesiodos 以来のヴァージョンに従って）Melampous が登場し，弟の Bias のためにまで婚姻を認めさせ，Proitos の娘達ばかりか Argos の女達を治癒した，という部分がパラデイクマとして機能するというのである[2]．Herodotos はむろん王権―市民権の間のディアクロニクな落差を指摘[3]し，その限りでパラデイクマが作動したにすぎない，と突き放すことも忘れはしない．

　Hesiodos から真っ直ぐに伸びた中心線上に位置しながら Herodotos がこのように突き放すことから，われわれは，Teisamenos が Sparta へと「上昇」していく，がしかしそれはその中心にではなく，領域に限定的にである，という精確なメッセージを受け取ることになる．Alexidamos との parallélisme もこれによりはっきりする．Alexidamos は，窮地に陥って Artemis に救済される Proitos の娘達に同定され，Melampous は登場しない．しかし替わりに Akrisios-Proitos という兄弟間において Argos-Tiryns という *dioikismos* の動機があり，そしてなお Proitos の娘達がそれとして独自に構造を作り，これの不可侵性が強調されているのである．Teisamenos と Alexidamos は表裏の関係にある．上昇，しかし領域へ個別的に．下降，しかしそれ自身複合的構造を備えた頂点として．

　記号操作の特殊技能は軍事化に際して欠かせない[4]が，もちろんそれは特定のジェネアロジーによって正統化された[5]．典型的な事例は Melampous の系譜であり，Hesiodos はこれを〈分節〉して領域の労働に転化したが，系譜が分節されずに agnatique なまま維持されることが「分節解消力」としての記号操作能力を保障する．しかし今まさにそうした系譜を政治システムに直接繋ぐのではなく，領域の〈二重分節〉的単位に繋ぎ，しかもこの上に agnatique な系譜を儀礼的に再生産させていく，ことが始まる．領域の構造の変化を示す具体的徴表の一つであるが，この結果われわれは却って古典期以降にこそ特定の祭祀のための *genos* が領域の上に「残存する」が如きことを伝え聞くことに

なる[6]．（Hesiodos を全く新しい意味で踏襲して「兄弟」の〈分節〉から）二つの agnatique な系譜の間での緊密な endogamie-exogamie のシステムが形成される．まさに Delphoi 等の競技会で認知される「頂点」が，しかし〈二重分節〉単位として認知され儀礼化されるのであるから，「王権」に喩えられはするが，本当の王権とは性質を異にする，ということを Herodotos は鋭く指摘したことになる．その Herodotos の素材として，儀礼（この場合 *genos* という人的同一性の再現実化装置）があり，次にその étiologie（の再構造化）がある．こうした再現的パラデイクマが領域の構造にとって記号として働き，モデルとして人々の現実の行動の軌跡と重なる．こうして政治的決定外に置かれるパラデイクマが生き残り，しかも他方でそれ自身〈神話〉の如き様相を呈する．

こうした連関を裏付けるように，Metapontion の南方，強大な Kroton の領域には同じく Iamidai が個別に入植している，ことが（領域〈二重分節〉化の）一つのアリバイとして主張されえた（Hdt. V, 45; cf. II・3・6・2）．最初に入植した Kallies は Teisamenos のパラレルであるが，Kallies と Alexidamos は反対の立場に立つ．「Iamidai の入植」は，そこに独自の政治システムが立つこと，まして〈二重分節〉構造を備えたそれが立つこと，を到底許容しないであろう．しかし Alexidamos は，Bacchylides の作品がジャンルとして模索する方向からして，〈二重分節〉構造を備えることを条件として突き付けられながらも少なくとも「交替で」政治的階層に座ろうとしているのである．Hesiodos のあの小さな政治システムではなく，規模はともあれ〈二重分節〉構造を備えた政治システムである．おそらくこの場合も Kroton はそれを認めたくない．他方これに抵抗する側はその意味での Metapontion の独立を賭けることになる．ここでは〈二重分節〉単位の抵抗線はこうした二重の意味を帯びることになる．

〔1・1・1・1〕 cf. A. Bouché-Leclercq, *Histoire de la divination dans l'antiquité*, II, Paris, 1879, p. 66sqq.; F. Bourriot, *Recherches sur la nature du genos*, Paris, 1976, p. 357sqq.; G. Lachenaud, *Mythologies, religion et philosophie de l'histoire dans Hérodote*, Paris, 1979 p. 275sqq.; Mora, *Religione*, p. 215, Corcella, *Erodoto e l'analogia*, p. 73.

〔1・1・1・2〕 cf. POL III Exc. 2.

〔1・1・1・3〕 現存テクスト中これが *"politeia"* の初出である．「市民権」概念の構造的位置をよく示す．cf. J. Bordes, *Politeia dans la pensée grecque jusqu'à Aristote*, Paris, 1982, p. 19.

〔1・1・1・4〕 cf. F. Mora, Gli indovini elei e la guerra, *CISA*, 10, 1984, p. 31ff. Pind. Ol. VI に即してそのジェネアロジクな形態を考察した Iamidai は，後に軍事的記号操作の特殊技能者一般を指すようになる．しかし元来は Iamidai というより Melampodidai の特殊な支脈が Herakleidai 指揮下に入ることが通念であったと思われる（cf. Paus. III, 13, 3ff.; IV, 9ff.）．Iamidai はその中の「より分節した」（デモクラシーに適した）形態である．

〔1・1・1・5〕 Olympia での碑文（年代については cf. Bourriot, *Genos*, p. 361, nt. 42）の文言を伝える Paus. VI, 17, 6 は，Melampodidai の支脈 Klytidai（cf. Od. XV, 249）の一員たる *mantis* を称える．その表現は実は Hdt. が Teisamenos について記すのと同一であり，同一の特定的なジェネアロジクな形態が観念されている．Teisamenos のパラデイクマ（その射程限定）が作動し始めるとき，Iamidai が制度として定着し始めたと言える．Platon にまで連なる，技術的で initiatique なパラデイクマ操作（知）をどのように遇するか，それをどのように（かつて〈分節〉体系に収めたように）〈二重分節〉体系に収めるか，という問題である．

〔1・1・1・6〕 Bourriot, *Genos* がまさに明らかにしたところである．

1・1・2

Metapontion に関して直接の史料をわれわれは持たないが，Kroton がかつて破壊した Sybaris を復興する動きが Bacchylides の同時代（5 世紀前半）に既に進行していたことは疑いなく（Diod. XI, 48; XII, 10），また Metapontion は Sybaris の植民都市である（Antioch. F12 Jacoby）．Sybaris の再建と Metapontion の存続は同義であったはずである．しかしこの動きを，Bacchylides が示唆するところを越えて具体的に位置付けられないものか．Herodotos がかつての Sybaris の人々に接しうるはずはないから，Hdt. V, 44, 1 の「Sybaris の者達」は Sybaris 再建へと動いている人々のことであるが，一体彼らはどういう人々であるか．

Thourioi という名のもとに再建されたとき[1]，「かつて Sybaris にあった者達」（Diod. XII, 11, 1: "*οἱ προϋπάρχοντες Συβαρῖται*"）が官職を独占して他の者達と内戦状態に陥る．この者達は，一度再建を試みて駆逐され（Diod. XII, 10, 3），そして Athenai の援助によってようやく Thourioi を建設するに至るその "*Συβαρῖται*" である．彼らは明らかに Hdt. VI, 21, 1 の "*Συβαρῖται*" と或る種の同一性を有する．Herodotos はここで Miletos に出来する伝承の中に Sybaris を見出す．Miletos は Kroton によって Sybaris が解体されると大いに悲しんだ，というのである．しかし Miletos 陥落時 Athenai が Phrynichos の悲劇に罰金を

1 領域の構造変動

科さねばならなかったほどであるのに,「都市中心を失って ("*τῆς πόλιος ἀπεστερημένοι*") Laos と Skidros に拠を構えた ("*οἴκεον*")」Sybaris の者達は同じ Miletos 陥落時に以前 Miletos から受けたものを返さなかった,と Herodotos はコメントする.これは Diod. XII, 11, 1 と完璧に響き合う.Thourioi に関して同時代的証言をしうる立場にある Herodotos は,Athenai のイニシャティヴを裏切った "*Συβαρῖται*" を突き放しうるであろう.これが Miletos 陥落に関するコントラストを彼に見させる. "*Συβαρῖται*" がかつての "*Συβαρῖται*" でないことは彼とて十分承知である.ならば今度こそ Athenai の立場に立つかというと,そうではなく相変わらず人格破産的である,そう言えばかつてもそうだった,そうでなければ Athenai のように広く Miletos に連帯しえたであろうに,というのである.

とにかく Metapontion で Alexidamos がどの方角からかそこへ到達しなければならない,それに相当する場所に,"*Συβαρῖται*" は到達しなかった.Laos と Skidros へと落ちても,また(Kroton から見て)Thourioi に降りてしかも中心(Kroton)からの干渉を排する体制をつくるに及んでも,到達しなかったのである.もっとも他方,丁度それと入れ替わる動きを示す(周縁であったものが今や中心たる)Kroton の者達が,如何に Iamidai の入植をアリバイとして主張しようとも,そうした成熟した構造を獲得した保障があるのか,という対抗関係を Herodotos は伝えた,ということになる(II・3・6・2).

元来この南イタリアのギリシャ植民都市域一帯で圧倒的なヘゲモニーを確立していたのは Sybaris であった.この点に関し諸伝承は強く領域に関心を集中する.たとえば,第一に「広大で肥沃な領域を分け取って」(Diod. XII, 9, 1: "*νεμόμενοι πολλὴν καὶ καρποφόρον χώραν*") 富裕になったこと,第二にこれを基礎として「多くの者達に市民権を分け与えた」("*πολλοῖς μεταδιδόντες τῆς πολιτείας*")こと,がその要因とされる.明らかに,むしろ早くに新しい領域の性質の獲得に着手したことが示唆されている[2].これが 560 年代と推定される Siris の解体と関係していることは疑いない.Timaios を史料とすると思われる Pompeius Trogus からの(Iustinus の手になる)要約によれば,Metapontion と Sybaris と Kroton は共同でこうした事業に乗り出し,手始めとして Siris 解体を行ったという(XX, 2).Metapontion 主導のこの攻撃に際して,

Athena の神像と祭壇を楯に取った若者達が殺された．このため疫病と内乱に苦しんだ Kroton は Delphoi の神託を仰いで Athena 神殿を建立し，Metapontion もこれに倣い，一旦平静が戻るが，ところが Kroton は Siris に援軍を送った南隣の Lokroi を攻撃し，しかし決戦に敗れるのである．Siris は Sybaris と Metapontion の中間に位置する独立の小さな政治システムであり，Lokroi は古いタイプの堅固な政治システム（「貴族政」）を維持するいわば小さな Sparta である．こうして早くも 6 世紀半ばには後の Sybaris-Thourioi 再建問題[3]，Metapontion 存続問題[4]，は予め形を現わしていたと言うことができる．

しかし Sybaris が領域との間に持ち始めた関係は，「領域」や「市民権」という語にもかかわらず，過大評価するわけにはいかない．6 世紀後半，510 年の滅亡以前，の Sybaris は Serdaioi という後背地の部族連合体を「同盟者」として持つことが碑文によって知られる（ML No. 10）．「広範な市民権付与」と余り遠くない事態であったかもしれない[5]．しかるに，この「広範な市民権付与」によってこそ支えられた *"δημαγωγός"*（Diod. XII, 9, 2）Telys が「最良の人士達を弾劾し」（*"κατηγορῶν τῶν μεγίστων ἀνδρῶν"*）「最も富裕な 500 人の市民を亡命させ財産を公有化する」（*"φυγαδεῦσαι τοὺς εὐπορωτάτους τῶν πολιτῶν πεντακοσίους καὶ τὰς οὐσίας αὐτῶν δημεῦσαι"*）ようにし向けた，としても，当然その亡命者は古いタイプの都市貴族であるというよりは領域に今や新しい基盤を築きつつあった者達であった可能性がある[6]．その亡命者達は Kroton に向かい，そこで「*agora* の方の」（*"εἰς τὴν ἀγοράν"*）祭壇に逃げ込む．Telys は使者を送って引き渡しを求め，さもなければ宣戦布告すると脅す．Kroton の民会と評議会はまさに Pelasgos と同じ状況に陥る．Kroton の体制が試される場面であると同時に，われわれはここで Metapontion の Siris 解体伝承がこれとシメトリクに対抗するということに気づく[7]．ソースが同じ Timaios の手になるテクストならば，そこでは二つの立場，すなわちかつての Sybaris 等の企図と以下の Kroton の企図が正反対の性格のものであることが明晰に把握されていたはずである．というのも，Kroton は引き渡しを拒否して Sybaris との一大決戦に臨むのである．このとき引き渡しに流れた人々の気持ちを逆転させたのは Pythagoras であったという．われわれはまたここで決定的な手がかりを得たことになる．

しかし勝利を収めた Kroton はまさにこのとき（510 年）Sybaris 都市中心を完璧に破壊し，多くの者を殺す（Diod. XII, 10, 1）．伝承が付した一つの軸の上に，一旦対照が現れたかと思うと，ここでまた折り重なる．つまり Siris が踏襲されたのである．Sybaris に対して Kroton が〈分節〉障壁を掲げる場面から一点，Kroton は中心へと入れ替わり，〈分節〉障壁を打ち抜くのである．アリバイは相手方への Dorieus の加担と自分達への Iamidai の寝返り以上に出ない（II・3・6・2）．

Timaios はおそらく素早く「驕る Sybaris」を「驕る Kroton」に入れ替える術を知っていたと思われる．構造的な見通しを欠かさないからである．ところがこれを読んだ Pompeius Trogus と Strabon はおそらく経過を短絡させたに違いない[8]．「驕り」は Siris から直接 Thourioi 問題にまで及ぶ，と．かくして彼らにおいてはむしろ Lokroi に対する敗戦の結果直ちに「Thourioi 問題」を抱えた如くに書かれ，510 年は無視されるのである．実際には，510 年はディアクロニックに大きく異なる種類の領域の問題を提起したに違いない．その間にはもう一段の変転が認められるのである．

Kroton の新体制に直接関与したのは Pythagoras 教団そのものであった．教団の伝統が遅い時期まで承継される中で伝え続けられる事績の史料批判[9]は困難な課題ではあるが，そこにも明瞭な空間的パースペクティヴが痕跡をとどめていて，伝承の屈折の基体をなすこの種の構図は発信源からもたらされるものと考えられる．

Apollonios に依拠して Iamblichos が伝えるところによれば（Iambl. *VP*, 254-5），Sybaris 故地に入植していった者達の主力は Pythagoras 教団によって育てられた者達であった．Pythagoras が Kroton を去るに至る事情に関心を有する伝承のうち，このヴァージョンは，まず発端に Pythagoras の徒が一旦（パラレルに採録された伝承から補えば，「千人」と呼ばれる排他的政治階層によって）受け入れられた後に疎んぜられ「領域」ないし「後背地」の人々の方へ（"τοῖς ἐγχωρίοις"――「地元 Kroton の」と解すると意味が通らない）むしろ力を注ぐ（"πλεῖον φέρεσθαι"）結果となったことがある，と述べる．Pythagoras が去る中，中心との緊張感をはらみつつ，彼らは主として後背地の上層の人々（"ἐν τοῖς ἀξιώμασι καὶ ταῖς οὐσίαις προέχοντες"）息子達に支持を

拡大してセクト（"σύνοδος"）を形成し，「私的な生活」即ち領域からやがて都市中心へと姿を現し（"κοινῇ τὴν πόλιν οἰκονομεῖν"），強い政治的結束を示すに至る（"μεγάλην ἑταιρείαν συναγηοχόσιν"）．但しもちろん少数派にとどまり，「自分達のコンセプトで政治システムを動かす」わけにはいかず，暗礁に乗り上げる．「synoikismos 後の」即ち領域から都市中心に上昇して以来のこの内戦状態は，彼らが初めて固有の（すなわち〈二重分節〉頂点のものとしての）領域を（"τὴν ὑπάρχουσαν χώραν"）獲得し Pythagoras が帰ってくるまで続く．Sybaris 奪取はこれらのことと同義であるということになる．ところがここでもう一度転回点がやって来る．武力で獲得した領域へと dioikismos を行った（"τὴν δορίκτητον διῳκήσαντο"）すなわち下降して分割占拠した，のはよいがそれを「多数の人々の意向通りには分配しなかった」（"μὴ κατακληρουχηθῆναι κατὰ τὴν ἐπιθυμίαν τῶν πολλῶν"），のである．このことと Pythagoras が再びかつ最終的に去ってしまう（Metapontion に行く）こととが符合する．

　Iamblichos による限り Aristoxenos のヴァージョン（248-251）はこうした空間的往復運動を全く持たない．Kroton の貴族 Kylon という者が Pythagoras に接近しようとするが，生来の性質故に破門される．やがてこの Kylon の党派と Pythagoras の一団が激しい衝突を繰り返すようになる．奇妙なことに Kylon 派は評判故に Pythagoras 派の考えを取り入れて政治的決定をリードする，一方で Mylon の家に集まった Pythagoras 派を放火して二人を除き焼き殺す．これが Pythagoras 脱出の理由である，というのである．Kylon について伝える Diod. X, 11, 1 は「富と名声」のみ記し「ジェネアロジー」において彼が優れたという部分を落としている．しかし Aristoxenos のヴァージョンはこうしたニュアンスをも落とし，都市中心での動向に即して「定点観測」するために，或る種の変革を進める勢力とこれを摘み取る勢力の対立しか浮かび上がらない．

　いずれにしてもこうして Sybaris 滅亡後の Kroton は新体制を標榜しつつもいつの間にか Pythagoras 派さえ抹殺して Sybaris の地位を受け継ぎ，（かつての Kroton の立場に立った）Thourioi を受け入れるかどうかの問題[10]を抱えるのである．否，一方のヴァージョンからすれば Pythagoras 派自体この変節に

関わった. この立場の伝える「排除された "οἱ πολλοί"」こそはいつの間にか "Συβαρῖται" とともに Thourioi で領域の分配を求める側につくはずである[11].

〔1·1·2·1〕 Herodotos が晩年の一時期を過ごす Thourioi は, Athenai のイニシャティヴによる植民都市であり, 都市計画の面でもデモクラシーの実験場であった (さしあたり, cf. E. Greco, Turi, in : Id., ed., *La città greca antica*, Istituzioni, società e forme urbane, Roma, 1999, p. 413ss.). 凡そ植民都市建設を扱う場合には, それが脈絡によって全く異なる実体であるために細心の方法論上の注意が必要である, 点については既に M. I. Finley と E. Lepore の優れた指摘があり, われわれの共通財産である (現在では M. I. Finley, E. Lepore, *Le colonie degli antichi e dei moderni*, Roma, 2000 が有用である). そもそも,〈分節〉システムは領域との間の鋭い緊張の意識を生む. 当然にまた他の社会構造との間の接点に別の緊張が走る. これは植民都市の状況そのものであるが, さらに, 成立したポリスは領域の〈分節〉システムからの鋭い対抗を受ける. apoikia は直接にはこの対抗組織の遠心力による. したがって出来上がるのは領域に直接に対面する領域組織欠如の「寡頭政」的〈分節〉システムでありがちである. かくしてまた直ちに「後背地」の問題に直面する. さて, 古典期以降の植民都市建設は, むしろ内側に展開され, またしばしば外からの介入の梃子になる. 明らかに領域組織を凡そ創り出すための媒介か, その解体の動きに対して政治的独立を補強するためのものである. しかし後述の Boiotia の問題に似て, 事態は曖昧かつ流動的になる. 母都市 (たとえば Thourioi に対する Athenai) との関係における〈二重分節〉が暗に含意され, 別の都市 (Kroton) からは完全に切れ, しかも自都市内で完結的に〈二重分節〉的領域を持とうともするのである. こうしたことの整理の困難さは必ず「国際紛争」を招き, Kroton 近傍のデモクラシーの不全を帰結し, 遠くローマの介入さえ呼ぶことになるのである.

〔1·1·2·2〕 実際には, 既に一旦形成された領域を再構造化するというのでなく, 後背地に対して働きかけなければならない, ことから様々な逸脱が生ずることにつき, cf. E. Lepore, Problemi dell'organizzazione della chora coloniale, dans : M. I. Finley, éd., *Problèmes de la terre en Grèce ancienne*, Paris, 1973, p. 22. つまりこの問題は Sybaris のような植民都市域で一層明確に現れる. もっとも, 領域というものの性質上, 常に現れる問題でもある. 目の前に拡がる枝分節をどう克服するか, 植民都市でなくともそれは完全ではないし, それを再構造化するときにはどうしても後背地の問題がクローズアップされる. Sparta にとっての Messenia や Argos にとっての Arkadia は大きな問題を突き付ける. Lepore の問題提起は, 植民都市の場合でも, そこには具体的な社会組織がその上に展開されているそうした土地が広がっている, ということであった. 特に, 実際には *emporion* という形態によって交換の結節点にすぎない場合, 領域とは言っても部族的社会構造を温存したまま服属させているにすぎない場合, に次の段階で多くの混乱が現れる. Sybaris が典型的な場合であり, Kroton を中心として複雑な過程が展開される, また Pythagoras 派が新たな領域組織の形態を探った, 所以である. 中心と領域の同定自体が争われ, 特定の地表面を儀礼化する争いが上の複雑な過程と syntagmatique に関係することになるから, ここでそうした伝承が残り, それはまた儀礼に結びついて〈神話〉とよく似た特徴を示すことになる.

[1・1・2・3] cf. M. Lombardo, Da Sibari a Thurii, in : AA. VV., *Sibari e la Sibaritide. Atti del XXXII Convegno di Studi sulla Magna Grecia*, Napoli, 1994, p. 255ss.

[1・1・2・4] cf. E. Lepore, Problemi di storia metapontina, in : *Metaponto. Atti del XIII Convegno di Studi sulla Magna Grecia*, Taranto, 1973 (1974), p. 313ss.

[1・1・2・5] cf. C. Ampolo, La città dell'eccesso : per la storia di Sibari fino al 510 a. C., in : AA. VV., *Sibari e la Sibaritide*, p. 242ss.

[1・1・2・6] Arist. *Pol.* 1303a は，Taras の都市貴族が後背地の Iapygioi によって敗北を喫し激減したこと（cf. Hdt. VII, 170 ; Diod. XI, 52）を，民主政への移行の原因とする（cf. M. Lombardo, La democrazia in Magna Grecia : aspetti e problemi, in : AA. VV. *Venticinque secoli dopo l'invenzione della democrazia*, Paestum, 1998, p. 87）．Sybaris で Telys が行ったこととパラレルであるが，単に貴族に民衆が取って替わると解するわけにはいかない．後背地との亀裂自体，政治的階層が何かに手を付けたこと（cf. Hdt. III, 139）を示すし，Sybaris でも「Kroton から帰って来る」層が Sybaris 解体＝Sybaritai 亡命を実現するのである．

[1・1・2・7] cf. A. Mele, Crotone e la sua storia, in : *Crotone. Atti del XXIII Convegno di Studi sulla Magna Grecia*, Taranto, 1984 (1986), p. 31.

[1・1・2・8] A. Mele, Crotone cit., p. 17 はこの史料成層上のずれを的確に指摘する．

[1・1・2・9] cf. Burkert, *Lore and Science*, p. 100ff.. **Aristoxenos** が Aristoteles 学派に属するのに対し，Apollonios は紀元後の人物である．しかし前者にとっての関心が *vita contemplativa* であり，遠心的な運動だけが重要であったのに対し，後者には政治的にアクティヴな派のニュアンスが Timaios 等歴史学の遺産とともに流れ込んでいる，と思われる．

[1・1・2・10] むしろ Taras は，Thourioi には対抗するが，かつての Siris に反対の方角から（Metapontion を越えて）植民都市（Heraklea）を建設（しかもその地域での *synoikismos* をも達成）しようとする（Antioch. 555F11 Jacoby）．Sparta からの亡命者 Kleandros のイニシャティヴがはっきりと伝えられており，後述の Sparta 型改変の拒否，領域組織の政治的蘇生，のニュアンスがあったに違いない．**Aristoteles** から穏健で安定的な民主政というお墨付きを貰う（*Pol.* 1320b）所以である．

[1・1・2・11] Ps. Arist. *De mir. ausc.* 107 が採録する伝承（テクストは D. Musti, Lo sviluppo del mito di Filottete, da Crotone a Sibari, dans : AA. VV., *Épeios et Philoctète en Italie. Donnés archéologiques et traditions légendaires*, Napoli, 1991, p. 26 による）は，**Philoktetes** が Sybaris に流れ着き，例の Herakles の弓をここに奉納し，ところがこれを Kroton が征服時に奪った，と述べる．**Philoktetes** が後背地諸部族のために戦って死ぬという伝承と響き合いつつ，この伝承は Makalla というところで彼が死んだと伝えるが，学説はこの領域ないし後背地の地点を Kroton に関連付けるか Sybaris と関連づけるかでテクストのシンタクスを争う（cf. M. Giangiulio, Filottete tra Sibari e Crotone. Osservazioni sulla tradizione letteraria, *ibid.*, p. 37ss.）．しかしこの争いは無意味である．Giangiulio は結局（「ミュケーナイ時代の植民」などという古い学説を克服して），Kroton が "indigeni" を半ギリシャ化された存在として表象するための装置として **Philoktetes** 神話領有を解するが，なお不十分である．「乗り遅れた」旧 Sybaritai が後背地の主張を巻き込みつつ **Philoktetes** のパラデイクマを持ち出し，これに Kroton の側が対

抗する，こうして一個の屈折体が出来上がって行き，悲劇とりわけ Sophokles による彫琢とも相互作用を持つ，ということが十分に考えられるからである．

1・1・3

　Halikarnassos の Dionysios が伝える Kyme に関する伝承からも同一の空間的往復運動が浮かび上がる．Kyme はナポリ湾のすぐ北に位置するギリシャ植民都市で，Neapolis（ナポリ）等をさらに植民都市として持ちなおかつ周辺に広がった Campania 一帯に領域を拡張する強大な都市である．Dion. Hal. VII, 3, 2 は Sybaris についての Diod. と同様な表現でその覇権に言及する．Campania の後背地には先に Etruria からの「植民」が有って複雑な社会構造が展開されている．6 世紀末，これと連動して Etruria からの強力な軍事力が Kyme を征服しようとするが，Kyme は自都市付近の会戦でこれを破る．Kyme ではこれがデモクラシーへの大きな構造変動の口火を切ることになる[1]．戦功についての評価がともに貴族の中心的人物たる Aristodemos と Hippomedon の間で大きく割れ，「民衆」(*"ὁ δῆμος"*) は前者を「有力者」(*"οἱ δυνατοί"*) は後者を支持する (4, 4)．政治システム固有の「横の」対立が，これも元来の政治システムに内蔵されている政治的階層対一般兵士（民会構成員）という「縦の」亀裂へ引火するのである（引火のみが新しい事実である）．かくして評議会の全体が Hippomedon を，民衆の全体が Aristodemos を，という *stasis* が発生してしまう．もっともこれは（このテクストの脚色部分が一見そう思わせる）デモクラシー後の（ヘレニズム期に著しい）構図とは全く異なる．というのも「長老達」(*"πρεσβύτεροι"*) の仲裁が一旦功を奏するからである．領域の組織に固有の紐帯がまだ活用されえたのである[2]．しかしこれを契機にまさに領域の関係の再編へと対立は一層深く引火していく．Aristodemos は制度の改変を実現するのみならず領域の従属民（*penetes*）を解放して大量に組織するのである．

　Aristodemos を陥れるために反対派は，Etruria 人に圧迫された北方のラテン同盟支援を決め，Aristodemos を派遣すると同時に募兵を阻止し，「民衆の中の最も貧しく最も無規律な連中を」(5, 3: *"τοὺς ἀπορωτάτους τε καὶ πονηροτάτους τῶν δημοτικῶν"*) 組織するしかないように図る．これは装備の

弱さを意味するが，他方この人々は Aristodemos によって新たに組織された *penetes* と重なる．まさに彼らを率いて，Aristodemos はこの Herakles 風の試練に打ち勝つのである．そして巨大な実力と資力を蓄えた彼は，戦勝報告の評議会を政治的階層抹殺の場に変える (7, 3)．「土地の再分配と借財の帳消を」(8, 1: "γῆς ἀναδασμὸν καὶ χρεῶν ἄφεσιν") 実行し，「デモクラシーの政治体制を」("δημοκρατικὴν πολιτείαν") 実現するための全権を要求し獲得する．ヘレニズム期特有のバイアスを反映してここで「デモクラシー」という語は既に憎悪を吐き出すための手段でしかない．他方もちろん Aristodemos の構想が直ちにデモクラシーであるのでもない．しかしこの語はやはりそこで出来上がった強烈な屈折体故に反応しているのである．出来上がったものはやはりデモクラシーの基盤である．事実以下テクストは屈折体の側を屈折体描写のためにはこれしかないという仕方で述べていく．その結果確立されるに至る或る階層が真のデモクラシーの担い手であるが，屈折体のパラデイクマの中で彼らは Aristodemos を憎悪せざるをえないのである（これを文字通りに取る誤りのつけをヘレニズム期以降人々が支払うこととなる）．

　Aristodemos はまず全ての武具を押収して公共のスペースに寄託し (8, 3)，政治的階層の優位を基礎付けていた武装自弁原則を誰でも簡単にできるものに変えてしまう（政治的権利が平等になる）．政治的階層の解体は徹底していて，財産没収はおろか，「主人を殺した奴隷」("ἀποκτείναντες τοὺς αὑτῶν δεσπότας") に対する徹底した優遇策が取られ，彼らは「主人の妻や娘と共に住む」("γυναιξὶ τῶν δεσποτῶν καὶ θυγατράσι συνοικεῖν") ことさえプリテンドするに至る．さらに遺児達の復権を怖れ「都市中心から追放しちりぢりに領域の各所に入植させ」(9, 2: "ἐκ τῆς πόλεως ἄλλον ἄλλῃ καὶ δίαιταν ἔχειν ἐν τοῖς ἀγροῖς") 「領域の労働」("τὰ κατὰ τοὺς ἀγροὺς ἔργα") に従事させる．結局都市中心の住拠点を去って ("καταλιπόντες τὰς πατρῴας ἑστίας") 主人たる父を殺した者の「従属民として領域で仕える」("ἐν τοῖς ἀγροῖς ὥσπερ δοῦλοι διετρέφοντο") ことになる[3]．そればかりか，彼らは儀礼を通じての内面形成において徹底的に女性化される ("ἐκθηλῦναι") ことになる．

　「領域へ落とし」「女性化する」という二つのことはしかし Aristodemos にとって致命的となる．二つとも，デモクラシーという新しい体制に必要な観念的

装備を十全に備えさせることになる（悲劇を見れば一目瞭然デモクラシーは"feminist"であるということがわかる）．Dion. Hal. はこの遺児達が *tyrannos* たる Aristodemos を打倒する，と総括する（10, 1）．領域を回ってこの若者達の成長を見た Aristodemos は彼らに怖れを抱いて抹殺しようとする．しかし彼らは先手を打って領域からさらに山野の方へ逃げる（10, 3: "*φεύγουσιν*"）．内陸の Kapye に亡命していた者達（"*φυγάδες*"）が彼らに加わる．その中の Hippomedon の遺児達は Kampanoi に最も多数の人的資源を持つ．Kampanoi は後背地の社会構造の結果たとえば Kapye に擬似都市貴族として結集してくることになった階層である．この Kampanoi からも部隊に多数参加する結果となる．さらには（おそらく領域の）奴隷が主人のもとから離反するように工作がなされる（"*τοὺς δούλους ἀφίστασαν ἀπὸ τῶν δεσποτῶν*"）．要するに Aristodemos はすべて自分がしたことをやり返されるのである．こうして形成された軍事力が Kyme を攻め落とし，Aristodemos の一党がことごとく殺されて体制の回復が図られる[4]．Dion. Hal. は「父祖伝来の政治体制が再建された」（11, 4: "*τὴν πάτριον καθίστανται πολιτείαν*"）と結ぶが，それは新しい政治的階層が新たな脅威を受けたときの目で見るからであり，根底の社会構造や領域の性質はもとより政治制度の細部も全く新しいものであったに違いない[5]．

　ジェネアロジクなパラデイクマで大きく整理されるが故に〈神話〉のように見える以上の伝承はしかし明らかにデモクラシー形成の具体的な出来事に関わる．最も具体的な部分は，様々な階層の大規模な代謝の像が空間的な骨格に焦点を結ぶという部分である．それはたとえば Hippomedon の遺児の伝記的事実によって最もよく例解しうる．これが悲劇のように感じられる[6]とすると，それは背後の屈折体の同一性の故であり，これに煽られた伝承記述者の脚色のせいである[7]．

〔1・1・3・1〕　内陸にその社会組織を発達させた Etrusci との決別が構造変化を意味したことにつき，E. Lepore, La Campania preromana, in: Id., *Origini e strutture della Campania antica*, Bologna, 1989, p. 26.

〔1・1・3・2〕　この点に関する極めて鋭い（stratigraphique な）史料解釈が既に E. Lepore, Classi e ordini in Magna Grecia, in: Id., *Colonie Greche dell'Occidente antico*, Roma, 1989 (=*Recherches sur les structures sociales dans l'Antiquité classique*, Paris, 1970), p. 141 に見られる．

〔1・1・3・3〕　（Miletos と Korinthos に関わる）Hdt. V, 92 のエピソードは「穂先の切断」ばかりで

なく「領域への散布」をポイントとする (cf. J. Salmon, Lopping off the heads? Tyrants, politics and the polis, in: AA. VV., *The Development of the polis in Archaic Greece*, London, 1997, p.60ff.).

〔1・1・3・4〕 後の目からすると，Kymaioi がかつて（ポリス建設時に）後背地の人々を追ったように，今や Etrusci が Kymaioi を駆逐した (Str. V, 4, 3) ということになる (cf. Lepore, la Campania preromana, p. 19). しかしそれは内陸の「Etrusci 型社会編制を脱した」Kampanoi である．体制回復した旧政治的階層は，事実，その後大きなツケを払う (V. *infra*).

〔1・1・3・5〕 Kyme 自身によって建設された植民都市 Neapolis に関する E. Lepore の史料操作は一つの頂点（まさに独壇場）である (Neapolis greca nel quinto secolo a. C., in: AA. VV. *Storia di Napoli*, I, Napoli, 1968, p. 141ss.) が，それによって Neapolis の状況を見ておくことは他のケースとの連関を考える上で不可欠である．Lepore は，第一段階を「後背地の脱 Etrusci 化」と見て，Syrakousai の軍事力の presence をその指標として用いる．そうしておいて，これを切り返すように Athenai の西方政策が先駆的に Neapolis に向かうことを論証する．Diotymos の艦隊の Neapolis 寄港が或る儀礼の *aitia* となっているという Timaios の記事 (566F98 Jacoby) から，この事実の年代に関する通説を論駁する．テクストの「"Sikeloi" 掃討作戦」への言及に着目し，IG² 19 と Diod. XI, 86, 2 に結びつける．つまり 454 年に Athenai は Segesta に結集した Elymoi の諸都市を助けるべく軍事介入したのである．相手はさしずめ Selinous と結んだ後背地の Sikeloi であるということになる．すると Thouk. III, 86, 3 が既に古いこととして伝える Leontinoi 等との反 Syrakousai 同盟，IG² 51, 52 が伝える Rhegion および Leontinoi との反 Syrakousai 同盟，Iust. *Epit.* IV, 3, 4-5 が Katane との反 Syrakousai 同盟，が綺麗にコンテクストとして揃うことになる．しかしその Neapolis も Kampanoi の波に洗われる．Dion. Hal. XV, 6, 4 は（おそらく再度決定的に）Kampanoi が Kyme の旧政治的階層を（さえ）駆逐したこと，後者は Neapolis に亡命したこと，を伝える．Neapolis は Kroton とは異なって Kyme を再征服するどころか，自身 Kampanoi の圧力に屈していく．それはしかし軍事的征服ではなく，まさに本格的な「民主化」によってであった．Strab. V, 4, 7 は Neapolis が（内的抗争の末 "*διχοστατήσαντες*"）彼等を市民として ("*συνοίκους*") 受け容れた事実を自信を持って指摘しうる．*demarchos* という（最高）官職に就いた者のリストが次第に Kampanoi 系の名前に満ちるようになるというのである．

〔1・1・3・6〕 "la coloritura novellistica" (Lepore, Classi e Ordini, p. 141).

〔1・1・3・7〕 Dion. Hal. がこれを意識している形跡が 9, 1 に見られる．

1・1・4

Syrakousai に関して Arist. *Pol.* 1304a は，Athenai に対する戦勝の結果 "*politeia*" から "*demokratia*" への移行が生じた，と述べる．他方 Diod. XI, 68, 6 は，Thrasyboulos 駆逐（466 年）によって一連の *tyrannos* に終止符が打たれ以降 60 年近く "*demokratia*" が維持された ("*διεφύλαξε τὴν δημοκρατίαν*") と述べるから，Diodoros は Aristoteles の "*politeia*" と "*demokratia*" を含めて "*demo-*

kratia"と呼んでいることになり[1]，かつこれは Dionysios が「Aristodemos のデモクラシー」からの解放と呼んだものと同じである．

　Syrakousai では5世紀初頭 *tyrannos* たる Gelon が，それまで領域に未分節で排他的な権力を有した「土地貴族」*Gamoroi*, 一旦「民衆や奴隷達に追放された」("*ἐκπεσόντας ὑπό τε τοῦ δήμου καὶ τῶν σφετέρων δούλων*") 階層[2]，を周辺の Kasmene から Syrakousai 都市中心に連れ戻す（Hdt. VII, 155）．子の世代を待つことなく道を急いだように一見見えるがそうではない．彼は同時に周辺の Kamarina の人々を全員 Syrakousai の市民団に編入し，Kamarina 都市中心を破壊する（156："*τὸ ἄστυ κατέσκαψε*"）．のみならず Gela の人々の半分につき同様にし，抵抗した Megara の「富裕な階層の者達を」("*τοὺς ταχέας*") さえ受け入れ，むしろ Megara の下層の人々を奴隷にしてしまう．Leontinoi に対しても同様の扱いをし，かくして新しい外延を持った新しい性質の領域とこれを新しく横断的に支配する階層を樹立しようとするのである．

　そもそも Gelon 自身この *synoikismos* の波に乗るかのように Gela から Syrakousai へと上昇するのである[3]．Gelon の先祖 Telines は既に，Gelon 自体の中心と領域との間に生じた *stasis* を仲裁することに成功し特権的な神官職を獲得している（Hdt. VII, 153）．Gela の *tyrannos* たる Hippokrates は，Syrakousai に接近して工作し（おそらくこのとき）*Gamoroi* を一旦追放させた（Diod. X, 28）のみならず，周辺諸都市を制圧し，むしろ Syrakousai のみを残す（Hdt. VII, 154）．Aristodemos の方式はこうして一旦発動されかかったのである．しかし Hippokrates の権力を継いだ（491年）Gelon は，この方式であると結局最後に変身を遂げて戻り勝利を収めるのは旧貴族であるということを見越すが如くに，主体を入れ替えて[4]，初めに上昇する階層こそ Syrakousai の *Gamoroi* を含む各都市の政治的階層である，と設定するのである．彼らが領域に対してむしろ政治的に未成熟な複合的な関係を有していたためかもしれない．領域にではなくむしろ都市中心に追い込まなければならなかったのである（Sparta型？）．

　480年侵入したカルタゴ軍との決戦に勝利した Gelon は，Sikelia 諸都市と諸領域の様相を一変させることに成功した[5]と思われる（Diod. XI, 25ff.）が，後継者たる弟の Hieron はさらに変形を加えて Gelon の事業を推進する．Hieron

は476年に Kamarina や Leontinoi より一層外側に属する Naxos と Katane の人々を移動させ (Diod. XI, 49, 1: *"ἐκ τῶν πόλεων ἀναστήσας"*) かわりに「私人たる入植者を送り込んだ」(*"ἰδίους οἰκήτορας ἀπέστειλεν"*)，即ち都市を形成させずに直接の領域とした，のである．その人員はペロポネソスからも供給されたが，半数は Syrakousai からであった．その限りでこれは synoikismos のカウンターパートたる dioikismos であるが，しかし Naxos と Katane の人々にとっても固有の脈絡で dioikismos であり，彼らは「Leontinoi の領域に降り立ち，（おそらく後背地からの者を含む[6]）その領域の人員と混ざり合って（従属的な）都市を形成する」(*"μετῴκισεν εἰς τοὺς Λεοντίνους, καὶ μετὰ τῶν ἐγχωρίων προσέταξε κατοικεῖν τὴν πόλιν"*) ようにさせられる．

「デモクラシー樹立」の伝承はこの最後の者達が復権する記憶とともにある．つまりこれらの dioikismos の反動としての synoikismos として意識されるのである．ここで Kyme に関する伝承との間に初めて同調が生ずることになる．即ちまず，Hieron を継いださらにその弟の Thrasyboulos には刑事弾圧・財産没収等の伝承[7]が帰せしめられ (Diod. XI, 67, 5)，しかもこれは Hieron の路線を継続したものと意識される．かくしてこの追放・下降は復路ではなく往路である．他方 Naxos 等故地に入植したあの「下降」は実は「入れ替わりの階層の復権」を準備する往路としての「上昇」（追放の伏線）でさえある．Thrasyboulos はここに自分の大量の元傭兵を加え，状況を一層強調する．広範な反 tyrannos の動きに対して彼が組織するのはこの傭兵と Katane にかつて Hieron が「入植させた者達」(*"τοὺς κατοικισθέντας"*) と「それに連なる者達」(*"καὶ τοὺς ἄλλους συμμάχους"*) である．他方，反乱軍が同盟を呼びかけた中には後背地の部族連合体がある (68, 1: *"καὶ πρὸς τὰς τῶν Σικελῶν πόλεις τὰς ἐν τῇ μεσογείῳ κειμένας"*)．そしてこの反乱軍は tyrannos の権力を打倒し Syrakousai 中心を解放すると，同時に「各々の都市のそれぞれのデモクラシーを再建した」(68, 5: *"ἀποκατέστησαν ταῖς πόλεσι τὰς δημοκρατίας"*) のである．これが一種の原状回復を意味したことは疑いない．「全ての政務官職は旧市民に留保された」(72, 3: *"τὰς ἀρχὰς ἁπάσας τοῖς ἀρχαίοις πολίταις ἀπένεμον"*)．「tyrannis 下で市民権を獲得した者達」，ということはたとえば Naxos に新たに入植した者達，は排除された．一転彼らは Syrakousai 都市中心を占拠して抵

1 領域の構造変動

抗する．しかし新体制[8]は彼らに対する領域からのアクセスを断つ（73, 2：*"τῆς ἐπὶ τὴν χώραν ἐξόδου τοὺς ἀφεστηκότας εἶργον"*）．そして結局（461 年）彼らを撃破するのに成功する（76, 2）．このことは領域ないし周辺各都市で原状回復が進んでいたことを物語る．その大きな要因は *tyrannis* 側が後背地部族連合を組み込むことに失敗したことに存する．そのリーダーたる Douketios[9] はかつて Katane の入植者にテリトリーを侵害されたとしてこれを攻撃する（76, 3）．これと Syrakousai の新体制は軍事的に協力するばかりか領域の再編にあたって共同で分割する（*"κοινῇ κατεκληρούχησαν τὴν χώραν"*）．Katane の者達は Inessa 即ちその後の Aitna に移り，かつての Katane の者達（*"οἱ ἐξ ἀρχῆς ἐκ τῆς Κατάνης ὄντες"*）が帰って来るのである．同様のことが至るところで生じ，Rhegion では Kyme さながらに人々が *tyrannos* を駆逐し，Gela は（Syrakousai に連れて行かれた後に入った者達を追放して取り戻し）Kamarina の領域を分割し（*"κατεκληρούχησαν"*），他のほとんど全ての都市も，それまでの政治体制を転換すると同時に，全市民に領域を分配した（*"κατεκληρούχησαν"*），つまり〈二重分節〉単位を創った，という．デモクラシー（Aristoteles の *"politeia"*）の確立はこうした「原状回復」とともにあったのである．但しそれは，二重三重に入り組んだ空間的往復運動の結果たる「原状回復」であり，したがってかつての体制がそのまま戻ったのではない[10]．とりわけ領域の性質が根本的に変わったことを，伝承は強く意識し，また政治システムも新しい要素を加えていることを，こうした表現で示唆している．事実この後 Syrakousai の政治舞台の光景は同時代の Athenai と同一である（Diod. XII, 86f.）．

[1・1・4・1] cf. Lepore, Classi e ordini, p. 144.

[1・1・4・2] cf. G. Maddoli, Il VI e V secolo a. C., in : E. Gabba, G. Vallet, edd., *La Sicilia antica, II, 1*, Napoli, 1980., p. 40.

[1・1・4・3] cf. G. Maddoli, Il VI e V secolo, p. 35.

[1・1・4・4] Lepore, Classi e ordini, p. 145ss. は様々な "oligarchia" を繊細に区別する stratigraphie を見せる．

[1・1・4・5] cf. G. Maddoli, Il VI e V secolo, p. 49. Akragas の Theron との協同ないし並行事業であり，後者は後背地深く部族編制を解体し，大規模な労働力再編成を行ったと伝えられる．

[1・1・4・6] cf. G. Maddoli, Il VI e V secolo, p. 52.

[1・1・4・7] cf. G. Maddoli, Il VI e V secolo, p. 56.

〔1・1・4・8〕 G. Maddoli, Il VI e V secolo, p. 58ff. は傭兵に構造的不安定要因を見る.

〔1・1・4・9〕 cf. G. Maddoli, Il VI e V secolo, p. 61ss.; D. Adamesteanu, L'ellenizzazione della Sicilia e il momento di Ducezio, *Kokalos*, 8, 1962, p. 162ss.

〔1・1・4・10〕 M. Giangiulio, Gli equilibri difficili della democrazia in Sicilia: il caso di Siracusa, in: AA. VV., *Venticinque secoli*, p. 110ss. は，原状回復をやや文字通りに受け取り，デモクラシーへの移行の不徹底を見る．新しい領域の階層相互に入れ替わりがあり，Gracchi 後のように（Cic. *Brutus*, 46）450 年代にその整理が法廷で進行した，としても旧体制の回復とは異なる．いずれにせよ Thoukydides が Athenai のそれに対置して描くデモクラシーは Syrakousai でそれまでに成熟していたと考えられる．

1・2 儀礼と擬似〈神話〉による刻印

1・2・1

　Argos においても，おそらく6世紀の末に政治的階層が Kyme におけると同様のジェネアロジクなトラウマを経験する[1]．「かくして Argos は男を欠いて寡婦状態になってしまったので，彼らの奴隷達が全てを掌握し，政治権力を行使し司法判断を行った」（Hdt. VI, 83: "Ἄργος ἀνδρῶν ἐχηρώθη οὕτω ὥστε οἱ δοῦλοι αὐτῶν ἔσχον πάντα τὰ πρήγματα ἄρχοντές τε καὶ διέποντες"）．既に Herodotos の叙述目的に即して述べたように（II・3・6・3），これは「女が男に勝って駆逐する」（77）という Delphoi の神託の実現であり，"ἡ θήλεια……" という語句は「少年を女性化する」ことに関する Dion. Hal. の "ἐκθηλῦναι" と符合する．つまり「奴隷支配」は「女支配」と同義であり，既に述べたように Herodotos が「Lemnos モデル」と意識したものが作動しているのである．Delphoi の神託が Argos の政治システムの解体ではなく構造転換を指示したこと，これを Sparta 王 Kleomenes が途上把握して都市中心の破壊は行わず政治的階層だけ抹殺したこと，についても既に述べた．

　しかるにこの「奴隷支配」は明らかに一種の *synoikismos* であった[2]．Aristoteles は，彼の "demokratia" に政治体制が移行する例を列挙する中でこの Argos のケースに触れ以下のように述べる（Pol. 1303a）．「Sparta の Kleomenes の手によって，*perioikoi* の一部を（政治的階層の中に）受け入れざるをえなくさせられた」（"ὑπὸ Κλεομένους τοῦ Λάκωνος ἠναγκάσθησαν παραδέξασθαι τῶν περιοίκων τινάς"). "peioikoi" は，奴隷ではないが政治的権利を持たない領域の（固有の政治システムを持ったり持たなかったりする）従属的人員である[3].

　Argos では体制変革の重要なこのステップが儀礼化されてパラデイクマとしての作動を保障される．これを記録する Ploutarchos によれば（*Mor.* 245Cff.），Kleomenes と戦ったのは，貴族出身の詩人である Telesilla という女性をリーダーとする女達であったということになる．そして Lemnos モデルによって構造に光をあてる Herodotos のショッキングな記述を批判して，「Herodotos は奴隷であったと分析しているが，そうではなく，*perioikoi* 中の最良の者達を市民とした上で彼らと，女達を一緒に住まわせたのである」("*οὐχ ὡς Ἡρόδοτος ἱστορεῖ τοῖς δούλοις, ἀλλὰ τῶν περιοίκων ποιησάμενοι πολίτας τοὺς ἀρίστους, συνώκισαν τὰς γυναῖκας*") と述べる．実は Herodotos はジェネアロジクな関係を明示していないが，儀礼化されたパラデイクマの中ではそれが重要なものとして浮かび上がったのである．逆に領域の組織の具体的なあり方に関わるとき，変動のショックは緩和されなければならない．原状回復＝追放の後もう一度変動する等々の振動が続いた後，これが収束していって儀礼と *aition* だけが残る，そうした状態をこの Plout. のテクストは反映している．いずれにせよ Aristoteles もこの系統のヴァージョンを典拠にしていたということになる．そして両ヴァージョンの対抗から，空間的な外延を伴う構造が現れる．

〔1・2・1・1〕　通常の解釈方法の困難さは R. A. Tomlinson, *Argos and the Argolid*, Ithaca, 1972, p. 97ff. によく示されている．

〔1・2・1・2〕　この別のニュアンスにつき既に P. Vidal-Naquet, Esclavage et gynécocratie dans la tradition, le mythe, l'utopie, dans : Id., *Le chasseur noir. Formes de pensée et formes de société dans le monde grec*[2], Paris, 1983 (=*Recherches sur les structures sociales cit.*), p. 275 が鮮やかに指摘している（さらには cf. D. Asheri, Tyrannie et mariage forcé : Essai d'histoire sociale grecque, *Annales ESC*, 1977, p. 21sqq.）．但し「市民共同体の外」という括り方にややとらわれて領域への空間的な見通しが十分に強調されない．

〔1・2・1・3〕　cf. M. Piérart, L'attitude d'Argos à l'égard des autres cités d'Argolide, in : M. H. Hansen, ed., *The Polis as an Urban Centre and a Political Community*, Copenhagen, 1997, p. 327ff.. "*perioikoi*" 諸都市の解体と *synoikismos* ないし「公有地化」を通じての領域の再編に「民主化」(p. 332) を見る（若干の未刊の興味深い碑文の引照がある）．

1·2·2

dioikismos の動機をも伝承は逃していない[1]．殺された政治的階層の息子達がやがて成長すると「また新たに自分達の手に Argos を奪還し奴隷達を駆逐した」(Hdt. VI, 83: "σφέας ἀνακτώμενοι ὀπίσω ἐς ἑωυτοὺς τὸ Ἄργος ἐξέβαλον")．「その駆逐された奴隷達は戦闘を経て Tiryns に拠を構えた」("ἐξωθεύμενοι δὲ οἱ δοῦλοι μάχῃ ἔσχον Τίρυνθα")．Argos と周縁都市との間の緊張関係の中に脈絡が置き換えられていく．政治システムとしてのそれらの独立の方へ向かうか，それとも政治システム抜きの入植の方へ向かうか，紙一重であるが，しばらくは均衡が保たれる ("τέως μὲν δή σφι ἦν ἄρθμια ἐς ἀλλήλους")．しかしやがて強い独立が志向されて鋭い対立が続くようになる ("πόλεμός σφι ἦν ἐπὶ χρόνον")[2]．おそらく，デモクラシーが安定する[3]，"politeia" へと収束する，逆に言えばデモクラシーの不全が永続化する，のはこうした時期を過ぎてのことであるということになる ("ἐς ὃ δὴ μόγις οἱ Ἀργεῖοι ἐπεκράτησαν")．

鋭い緊張をもたらしたのは，後背地 Arkadia 出身の占い師 Kleandros である．彼が「奴隷達に助言して主人に反旗を翻させた」("τοὺς δούλους ἀνέγνωσε ἐπιθέσθαι τοῖσι δεσπότῃσι") のである．主人─奴隷は即ち Argos-Tiryns であり，したがって上下の政治システムの分節の問題である．そこで Kleandros が決定的な役割を果たすという点はわれわれにとって二重に注目される．われわれは既に Katane で Douketios が領域の再編に大きく寄与するのを見た．他方で Kleandros は，Teisamenos および Iamidai の役割について少なからぬ示唆を与える．Kleandros は Teisamenos の鋭い反対ヴァージョンである．補助的な記号作用に関わるのでなく，本当の軍事化を惹起しうるのであり，それは Athenai のそれとさえ別のデモクラシーに先回りする可能性と脆さを同居させているのである．

> [1·2·2·1] Hdt. VI, 90f. が伝える Aigina を巡る屈折体の成立とそこにおける dioikismos の性質は，構造を同じくしながらも鋭く対立するヴァージョンである（いずれにしても単純に同一視できない）と思われる．Athenai と Aigina の緊張関係についての Herodotos の理解については II-3 で見てきたし，さらにはその中での Aigina の政治的階層が抱える内面の問題については Pindaros を通じてしばしば触れた．489 年の「民衆」ないし「民衆派」追放（Attika への定住）は Hdt. のテクスト自体において二つのヴァージョンを持つが，その後について Touk. I,

105 および 108 そして Diod. Sic. XI, 70 および 78 は 464 年と 459 年における二回の Athenai-Aigina 間軍事衝突と Aigina 指導層への打撃を伝え（cf. T. J. Figueira, *Athens and Aigina in the Age of Imperial Colonization*, Baltimore, 1991, p. 106ff.），Thouk. II, 27 は，431 年に Athenai がついに Aigina から人々を駆逐し Attika から植民を送り込んだことを伝える．ここでも，強固な屈折体の中で伝承上人々が空間的往復運動をすることが確認され，植民はこの中で起こったことになる．しかし，変身に一度成功した政治的階層が別のタイプの構造変動から挑戦を受けたのか，それともその変身の不全が異例の経過を招くのか，慎重な判断を要する．

〔1・2・2・2〕 cf. Tomlinson, *Argos and the Argolid*, p. 104ff.
〔1・2・2・3〕 cf. Tomlinson, *Argos and the Argolid*, p. 192ff.

1・2・3

　以上のような伝承の背後にあると推定される社会構造の変化は，王制という儀礼に関わる伝承にも痕跡をとどめている．Argos の王制は Sparta におけるように政治システム形成後にも儀礼として残存したと考えられる．Aristoteles は，Argos の *tyrannos*（Pheidon）が「王制の存在を前提として」（*Pol.* 1310b26：*"βασιλείας ὑπαρχούσης"*）権力を樹立した，と述べる[1]．また Paus. II, 19, 2 は，Argos の人々が最古から「発言の自由・対等と凡そ独立一般を愛するがために」（*"ἰσηγορίαν καὶ τὸ αὐτόνομον ἀγαπῶντες"*）「王の権能を極小化した」（*"τὰ τῆς ἐξουσίας τῶν βασιλέων ἐς ἐλάχιστον προήγαγον"*），このため王制はただ名目の上だけのものになった，と述べる．そのジェネアロジーは Sparta におけるようには十全に伝わらないが，奇妙なことに，(Sparta と同様に Herakleidai たる) 始祖 Temenos が娘婿（Deiphontes）を偏重して息子達のクーデタを蒙り危うく逃れるという伝承 (Diod. VII, 13, 1 ; Paus. II, 19, 1), そして最後の王 Meltas が追放されるという伝承 (Diod. *ibid.*, 2 ; Paus. *ibid.* 2.)，の二つばかりが固執される．しかもこの二つは奇妙に符合する．Diod. のテクストは遅い時期の抜粋に基づくが，それにしても何の接続も無しに王権ジェネアロジーの両端だけが述べられるのは不可思議であるし，Paus. は「簡単にとどめる」という弁解を述べるが，しかし Diod. と同じ不思議な抜き取りになるその理由は明白ではない．しかるに，Diod. のテクスト前半の末尾は Temenos の逃亡を記して *"εἰς φυγὴν ὥρμησαν"* とあるが，これに対応するかのように最後の王の逃亡についてばかりいやに詳しく述べ，彼が Tegea に亡命して

("*"ἔφυγεν*") 権勢を保ったということにまで触れ，しかも追放の原因となったことの一つは「亡命者達に」("*τοῖς φυγάσιν*") ばかり領域を分割分配したことであるというのである．

Diod. はこの最後の状況につき，Argos が Sparta と戦い，その中で Arkadia の人々に領域を分配した，という脈絡を設定している[2]．この状況は前項で見たものと完全に符合する．Kleomenes に強いられたという替わりに，ここでは「王」ないし tyrannos が「亡命者達」すなわち "*perioikoi*" に大幅に権力を付与し，そこに Arkadia の人々が加わっている，がしかし「王」とともに「亡命者達」も駆逐され「亡命する」こととなってデモクラシーへの移行が完了する，というのである．というのも，この王制の極小化そして廃棄に "*ἰσηγορία καὶ τὸ αὐτόνομον*" という（とりあえずは政治成立のつもりの，しかし本来はデモクラシーに固有の）スローガンが二重写しになっているのである．

なおかつそれが cognatique な結合にうつつを抜かす父（Temenos）に対する息子の復讐として概念される．息子の復権がデモクラシーの完結を意味するということについては多々見てきたところである．しかるに，（デモクラシーへの移行の *pars destruens* とも言うべき）cognatique な結合に意欲的な側が王制の正統的ジェネアロジーを簒奪し，かつこれを Herakleidai によって概念させているのである．この点に関し露骨であり，だからこそ，息子のクーデタもほとんど失敗で，Meltas も逃亡して成功する，という親 Herakleidai ヴァージョンが Diod. に保存される．他方 Paus. は Deiphontes 自体を Herakleidai に回収する（したがって endogamie）とする再正統化ヴァージョンを採っている．Herakleidai の帰還という伝承は明らかにむしろ領域に異分子を挿入していく積極的でドラスティックな改変とともに浮上したのである．

〔1・2・3・1〕 cf. Tomlinson, *Argos and the Argolid*, p. 81.

〔1・2・3・2〕 Meltas は Paus. によって Lakedos の子とされ，Lakedos は Hdt. VII, 127 に登場する Pheidon の子 Leokedos と同一人物で，すると 6 世紀前半に位置付けられる（cf. P. Carlier, *La royauté en Grèce avant Alexandre*, Strasbourg, 1984, p. 393）．この点からすれば Meltas 追放は 6 世紀前半であって 5 世紀には達しえない，ように見える．おそらく，Pheidon の *tyrannis* が三代で崩壊した，ということと，Sepeia 後したがって 5 世紀初頭にまたがる一層本格的な構造変動の中で王制そのものが廃棄される，ということが伝承上折り重なったと思われる．

1・2・4

そもそも政治成立と同時に領域の地表面の一つ一つは都市中心との関係で強い負荷を帯びる．領域の事柄であるから領域の上の少なくとも代表的な地点で，その負荷はパラデイクマにより表現され保存された，即ち儀礼が設立された，はずである．領域の組織に関わる節目の地点では特にそれが顕著であることについては既に述べた．しかし前項までに見たようなさらなる領域の変動が生ずれば，各地点が帯びる負荷は一層複雑になり，ディアクロニクな対抗が絡まり合って地点相互間の伝承上の錯綜から何らかの意味を読み取ることは極めて困難になる．それでも，遥かに後の時代に記録された消え入るような痕跡の中にさえ，新しい空間的パースペクティヴが儀礼によって刻印をとどめているのが見出されうる．

Tiryns は何よりも Argos により解体されたということの痕跡即ち廃墟として地表面に存在している（Paus. II, 25, 8）．しかしこの雄弁な再現的パラデイクマに対抗して，驚くことに Bacchylides のテクストそのままに「Kyklopes が築いた城壁」と「Proitos の娘達の小部屋」が「見られる」のである．しかもさらに雄弁に Argos から Tiryns への途上には「Akrisios と Proitos の兄弟が決戦を行った地」が記念されていて，この戦いの決着が付かず，共同の墳墓が残された，という〈神話〉さえ「記憶」されているのである．Tiryns の解体にはかくして二つの意味が込められていたことになる．最初の都市領域の形成という意味，そして *perioikoi* の組織化と Kleandros のような要素の編入に対してこれを否定するという意味．

これに対して Asine の廃墟はこうした複層性を打ち消す伝承を有する（Paus. II, 36, 4）．Sparta 軍が侵入するが Argos はこれを撃退する．このときに Asine は解体されるがその市民達は船で沖に浮かぶ．Argos 側の戦死者 Lysistratos が遺された神殿に添えられ墳墓を持つ．異例なことに Sparta の王権ジェネアロジーを使って年代が特定される．それは Sparta で政治成立が帰せしめられる Theopompos の一代前 Nikandros の時の話である，というのである．しかし，こうした総動員による対抗は却って打ち消したはずの複層性を陰の如く浮かび上がらせる．確かに，Lysistratos の墳墓という儀礼空間は，その全くの個人的な presence によって，一時の Tiryns のような二次的対抗的政治シ

ステムの存在を否定している．しかしあらためて否定したそのときに，新しい領域の性格が図らずも刻印されてしまう．われわれはこれに Iamidai の入植と同じ構造を見るのである．

　Orneai という地点には Argos がこれを解体した（Paus. II, 25, 6: *"ἀνέστησαν"*）痕跡が遺る．しかしこれが何を意味するかについては予断を許さない．そこの人々は Argos へ集住して Argos の人となったという（*"ἀναστάντες σύνοικοι γεγόνασιν Ἀργείοις"*）．しかし synoikismos 自体両義的である．最初の都市形成と *"perioikoi"* の上昇の両方を示唆しうる．さらに Orneai は，Troia へ Athenai 勢を率いたとされる Menestheus の祖たる Orneus に関連付けられる．そこで Homeros が引照されればそのことは既に二つの意味を持つ．単純な〈神話〉化による領域化の儀礼的記録（典型的には heroon）という意味，および（むしろ後発的にこれを引き出すようにしてその上に重ねられる）領域の再編という意味．後者においては反 Homeros のみならず反 Athenai というサンクロニックな対抗が込められることになる．即ち後述の Dorieis〈神話〉によるタイプの再構造化であることが殊更に示唆されているとさえ見えるのである．

　Lyrkeia という地点は，端的に「〈二重分節〉体実現の地」として記念される如くである（25, 4）．Lynkeus が Danaos の追求をかわして Hypermestra と結ばれた地点であるというのである．Aischylos の "Hiketides" を引くまでもなく，既存の領域の組織の残存と無関係に領域の質的転換が成し遂げられた地点として，Orneai とさえ相対的に対抗的な位置に立つのである．Pausanias が Homeros には到底登場しない地名であることを注記しているのはこの意味である．stratification を意図的に持たないほとんどでっち上げられた領域の〈神話〉である．

1·3　領域に如何なる組織も認容せずに〈二重分節〉を達成しうるか

1·3·0

　Sparta についてデモクラシーへの移行を論ずることは極めて困難である．否，およそ「Sparta のデモクラシー」を言うこと自体稀であった．しかし

Finley[1]とMossé[2]によって「6世紀革命」が説得的な仮説として提示されて以来，他都市の変化に対応してSpartaでも何かが起こった，否，Spartaの体制の特異性はむしろこのときに形成された，と考える余地が生まれた．さらにCarlier[3]とCartledge[4]によってKleomenesの重要性に着目されるようになり，奇異な伝承を彼の異常さなどに還元しない道が開かれた．もっとも，それでも「Spartaのデモクラシー」までには遠く至らず，変化の実質について明らかになったとも言い難い．これはSpartaの政治体制についてのわれわれの無理解を示唆しているし，それを通じてわれわれのデモクラシー概念の不十分さをも暗示している．Spartaこそは大きなバイアスを発生させる巨大なレンズであった．

[1·3·0·1]　M. I. Finley, Sparte, dans: J.-P. Vernant éd., *Problèmes de la guerre en Grèce ancienne*, Paris, 1968, p. 143-60.

[1·3·0·2]　Cl. Mossé, Sparte archaïque, *PP*, 28, 1973.

[1·3·0·3]　P. Carlier, La vie politique à Sparte sous le règne de Cléomène 1er. Essai d'interprétation, *Ktema*, 2, 1977, p. 65-84.

[1·3·0·4]　P. Cartledge, *Sparta and Laconia. A Regional History 1300-362 B. C.*, London, 1979, p. 143ff.

1·3·1

しかしながら，Argosにおけるのにならって領域に視点を据えるならば，Spartaにおいても変化が生じたということのみならず，何故それがそうでなく見えるのか，このことがSpartaのどのような特異性に基づくのか，について理解することができる．

Spartaを旅するPausaniasは例によって領域の各点にétiologieをプロットしていく．ここではHerakleidaiの諸王にそれぞれの伝承が年代付けられている．Agesilaosの子Archelaosは「"*perioikoi*"に属する」("τῶν περιοικίδων")Aigysを解体してその人々を奴隷と化した("ἠνδραποδίσαντο")，という(Paus. III, 2, 5)．またしても意味ありげに，「Arkadiaへの加担の嫌疑がかけられた」ためであると付け加えられる．次にArchelaosの子Teleklosがやはり「"*perioikoi*"に属する」AmyklaiとPharisとGeranthraiを解体した痕跡が遺されている (2, 6)．後二者は簡単に駆逐されたが，Amyklaiだけはよく抵抗した，

そしてこのことが記念された,というのである.最も注目されるのは,Aigys に関するのと異なって,これらの「"perioikoi" に属する」諸都市は「その時まだ Achaioi によって保持されていた」("ἐχόντων ἔτι Ἀχαιῶν")とされる点である.この弁解めいた説明は,Pharis と Geranthrai は Dorieis 来襲のインパクトに怖れをなしたために和して Peloponnesos を出た,というようにつながり,Amyklai 記念をクローズ・アップする.かくして Amyklai を記念するのは他ならぬ "Dorieis" であると言われる.さらに,Teleklos の子 Alkamenes は Achaioi の都市 Helos を Argos の援軍を斥けて解体する (2, 7).ここでは "perioikoi" の都市たることは排除されている.そしてこの Alkamenes の子 Polydoros が Messenia を攻めるのである (III, 3ff.).Polydoros は通常 Sparta の政治システム成立を告げる年代を指示する.

　Pausanias は Helos 故地に近付くと,この Helos を heilotai 制度の étiologie に連結する (20, 6).ここでも彼は Homeros を引き,またこれとは別に Perseus の末子 Helios が建設した ("ᾤκισε") 都市であったと述べる.これもまた Dorieis が解体し,そして Helos の人々は最初の「共有に属する奴隷達」("δοῦλοι τοῦ κοινοῦ")[1] となり,"εἵλωτες" という呼称の起源はかくしてここに求められる,というのである.Messenia の人々は Dorieis であるが,それでも heilotai と呼ばれるのはこの故である,と付け加えられる.解体された Helos の廃墟の存在も指摘される (22, 3).

　以上において最も奇妙なのは,何故解体対象について「"perioikoi" に属する」という特定が行われるかという点である.これら以前に一般的に Dorieis によって Achaioi が征服されているはずであり,他方これら以後も "perioikoi" は存続し続ける.するとむしろこれは,征服後の第二段階でこのようにされなかったものが "perioikoi" となって残った,という "perioikoi" の裏の étiologie である.こう解釈すると Helos に関する記述との間に有意味な連関が生ずる.つまり,「perioikoi 部分解体」(残部についての perioikoi 創出)後にもう一度二段階が現れ,最初に Aigys の人々が(一段飛ばして)端的に奴隷とされたが,他の場合には perioikoi 解体はそこまで行かず,heilotai を形成させるにとどまった,というのである.

　もしそうであるとすると,"heilotai" という呼称自体,"δοῦλοι τοῦ κοινοῦ" と

いう強い意味を帯びるのは第二のディコトノミーにおいてである[2]．さらなる解体により通常の意味の奴隷が生じたときに，残ったものが "*heilotai*" と呼び直された，という polarité の作用を想定することができる．この第二のディコトミーが浮上する時点は，伝承の形態からして明らかに Dorieis〈神話〉が Herakleidai 帰還〈神話〉と結合する段階である．つまり 6 世紀後半から 5 世紀前半にかけて領域の組織が大きく改変された状況が投影されているのである．そこでは本当に幾つかの *perioikoi* の都市が解体された可能性も濃厚である．もっとも，Aigys はもちろん Amyklai 等も具体的にそれに該当するというわけではない．Aigys と Amyklai のコントラストは，前者が後述の *heilotai* 解体を，後者がその解体後でさえ個別の奴隷などは置かないという栄誉を（儀礼的に），それぞれ刻印する点に存する．Amyklai は，等質な市民団 *homoioi* が全く無媒介に領域と関わるという Sparta のレジームの基本パラデイクマを記憶するための儀礼的地点となったのである[3]．

〔1・3・1・1〕　この観念が現れるのが Strabon 以降であるというテクストのクロノロジーにつき，cf. J. Ducat, *Les hilotes*, Paris, 1990, p. 23.

〔1・3・1・2〕　第一のディコトミーが完成するのは 7 世紀半ば，第二次 Messenia 戦争においてであったと考えられる（cf. POL IV・3・5・2）．

〔1・3・1・3〕　cf. C. Calame, Le récit généalogique spartiate: la représentation mythologique d'une organisation spatiale, *QS*, 26, 1987, p. 56.

1・3・2

事実「Kleomenes 革命」が創り出した状況が極めて多義的で微妙であったことを示唆する伝承は皆無ではない．ペルシャ戦争に勝利した直後，Sparta の将軍（王族の一員）Pausanias が訴追を受ける．その直接の訴因はともかく，野心を裏付けるが如くに，彼はまた（おそらく 460 年代初頭）*heilotai* に働きかけて解放と引き替えに協力を要請した（Thouk. I, 132, 4: "$\dot{\varepsilon}\varsigma\ \tau o\grave{v}\varsigma\ E\ddot{\iota}\lambda\omega\tau\alpha\varsigma\ \pi\rho\acute{\alpha}\sigma\sigma\varepsilon\iota\nu\ \tau\iota……\dot{\varepsilon}\lambda\varepsilon\upsilon\theta\varepsilon\rho\omega\sigma\acute{\iota}\nu\ \tau\varepsilon\ \gamma\grave{\alpha}\rho\ \dot{\upsilon}\pi\iota\sigma\chi\nu\varepsilon\hat{\iota}\tau o\ \alpha\dot{\upsilon}\tau o\hat{\iota}\varsigma\ \kappa\alpha\grave{\iota}\ \pi o\lambda\iota\tau\varepsilon\acute{\iota}\alpha\nu$"），と言われる．おそらくこれと無関係ではなく[1]，この頃に *heilotai* が Poseidon 神殿を聖域として逃げ込み，引きずり出されて殺されるという事件が起きている（128, 1）．そしてこれが後の大地震をもたらしたと言われることになる．465 年のその大地震に際しては *heilotai* の大規模な反乱が勃発した（101, 2ff.）ので

ある．これは Messenia に引火していき，反乱軍はその聖地 Ithome の要害に立て籠もり9年間抵抗し，Sparta は Athenai の助力さえ求めねばならなかったが，第一にこの heilotai には一定の perioikoi が連動した（"οἱ Εἵλωτες αὐτοῖς καὶ τῶν περιοίκων Θουριᾶταί τε καὶ Αἰθαιῆς"）．第二に，降伏時に反乱者達は，「Peloponnesos から退去し，二度とその地を踏まないと誓約する，発見され次第奴隷となる」という条件によっている（103, 1: "ἐξίασιν ἐκ Πελοποννήσου ὑπόσπονδοι καὶ μηδέποτε ἐπιβήσονται αὐτῆς· ἢν δέ τις ἁλίσκηται, τοῦ λαβόντος εἶναι δοῦλον."）．さらに第三に，Delphoi の神託が Sparta に下され，Zeus に祈願した者を逃すようにとの指示が読みとられ，彼らは妻子とともに脱出し，Athenai の手に収容され，Naupaktos に落ち着くことになる．

　この結末は，反対のヴァージョンによるものとはいえ，領域に刻印された "perioikoi" の運命と完全に符合する．その符合は，Peloponnesos を脱出しなければ奴隷である，といった細部にまで至る．すると逆に heilotai 反乱の動機に光があたる．heilotai という服属形式は「奴隷たること」からは区別されている．そうでなければこのような降伏条件は意味をなさない．「奴隷たること」は heilotai という服属形式すら解体されることを意味する．明らかに，反乱は heilotai という服属形式すらをも解体の企図に対して生じたのである．このことを裏付けるのは「Pausanias の heilotai 解放計画」である．「自由にする」「市民権を与える」というのは，homoioi-heilotai というタームから自由—奴隷というタームへの横滑りを意味する．heilotai は一人一人，自由であるか個別的に従属するか，しかない状態に置かれるのである．

　Thoukydides の十分に批判的な視線はこの問題を鋭く捉える．Pylos のエピソードに際して，危機に瀕した Sparta は heilotai をも動員し，活躍した heilotai に市民権を約する（IV, 80）．ここで Thoukydides は「heilotai の反乱とその監視」という問題に触れている．このテクストは直ちに Plat. Nom. 698de と響き合う．heilotai は横断的に独自の組織を有するから危険である，という認識がそこには見られる．Thoukydides にとって Ithome は Pylos にとってのパラデイクマである．そのときに既に浮上していた個別的奴隷化こそは反乱を防止するものであり，だからこそ反乱を惹起したのである．Ithome への結集は Messenia に広がる部族組織の覚醒である[2]．heilotai の大部分は Messenia の

人々の系譜を引く，という Thoukydides の解説（I, 101, 2）はこのことを言おうとするものである．

ちなみに Herodotos は自分のテクストにこの問題を全く意識させない．Kleomenes が知らない問題であるということを精確に把握しているのである．Argos の Hera 神殿を襲って貴族達を引きずり出す時に，Kleomenes は *heilotai* を一個の集団として集団ごと司令官に仕える存在として描く（VI, 81）．例の Pausanias 将軍が登場してもこのことに変わりがない．Plataiai での戦利品奪取に際して，一切の個別的採取を禁じ，もっぱら *heilotai* に集めさせる（IX, 80）．Herodotos の皮肉は制度の趣旨を照らし出す[3]．*heilotai* は，隠すことができなかったものは（公的な空間に）吐き出したが，隠しえたものは秘かに売ってしまった，というのである．「*homoioi* は領域のどこにでも無制限に手を出せる」という儀礼は，*heilotai* がゼロに等しい存在であるということを意味するよりは，全ての領域は皆のものである，〈分節〉しているのはいわばその領域から得られるものについての持ち分である，ということを意味する．

〔1・3・2・1〕　Ducat, *Les hilotes*, p. 130 は関係の前提となる Pausanias の改革構想自体に懐疑的であり，Thouk. の筆致が単純でないことを捉える点で他の学説より優れる．しかし，Pausanias の提案が *heilotai* の利益にならない点があり罠であったとすれば，それは（まさに叛乱が強くその形態を取ることになる）独自の部族結合を解体することをねらっていたからである．その限りで，Pausanias の提案には「実体」があった．

〔1・3・2・2〕　Ducat, *Les hilotes*, p. 14, 21 etc. は，Thouk. にとって *heilotai* 問題は Messenia 問題であると捉え，かつこの視点を自らの結論の基本に据え，*heilotai* が通常の奴隷と異なるのは，再生産のためにジェネアロジクな結合を持たされたからである，とする．この結合故に恐れられ，弾圧と「民族的」蔑視の対象となった，というのである（p. 181sq.）．なお，5 世紀における *heilotai*=Messenioi ヴァージョン（Athenai）と *heilotai*=*heilotai* ヴァージョン（Sparta）の対抗，そして 4 世紀における（〈神話〉，擬似叙事詩レヴェルの）Messenioi 実体化，については T. J. Figueira, The evolution of the Messenian identity, in : AA. VV., *Sparta. New Perspective*, London, 1999, p. 211ff. が優れた分析を行っている．

〔1・3・2・3〕　Ducat, *Les hilotes* は，その視角からして当然に Herodotos のヴァージョンに対して冷淡である（cf. p. 110）．

1・3・3

もっとも，"δοῦλοι τοῦ κοινοῦ" はこうした遠景を響かせながらも直接にはこのことを言うのではない．*heilotai* としての服属が解体された後にも，Sparta

の「奴隷」は特殊であった，つまり市民が個別的に領域に関わるその仕方，〈二重分節〉単位，がなお特殊だったのである[1]．かくして，個別的であるのに（後の時代の）他の都市の人々は "heilotai" と呼んでそれを特別扱いし，古い "heilotai" と混同し，しかも皆が共同で何か「個別的な」服属を調達している，或いは，個別的だがそこに制限がある，というように理解するのである．これら全てのことは近代の学説に大きな謎を突き付けることになる．

しかし他方では，Arist. Pol. 1262bff. に見られるような「共有」（"κοινή κτῆσις"）か「共有でない」（"μὴ κοινή"）かという図式自体が構造変動の遠い帰結であり，重要なことはそれがSpartaの状況にも妥当すると考えられたということである．Spartaの領域の構造を巡る争点にとってpertinentであると考えられたのである．だからこそAristotelesは，Spartaでは「他人の奴隷を恰も自分の私的なもののように使う」（"τοῖς τε δούλοις χρῶνται τοῖς ἀλλήλων ὡς εἰπεῖν ἰδίοις"），そして「領域を行くときにはその領域にある」（"ἐν τοῖς ἀγροῖς κατὰ χώραν"）ものを必要に応じて（誰でも）使いうる，といった概念で事象にアプローチする．「奴隷」は領域の単位と並んでもはや一人一人のhomoioiのものである，がしかし広範に使用貸借commodatumと事務管理negotiorum gestioが認められる，というのである．"δοῦλοι τοῦ κοινοῦ" より遥かに精確な把握であるが，このことに対応して，Aristotelesは，（領域は個別に「占有」し果実を共有するタイプの対極に）「領域は共有し共同で耕作するが，果実は私的な財産に分配する」（"τὴν μὲν γῆν κοινὴν εἶναι καὶ γεωργεῖν κοινῇ, τοὺς δὲ καρποὺς διαιρεῖσθαι πρὸς τὰς ἰδίας χρήσεις"）という類型をも識別しうるのである．このように端的なものに関する限りギリシャには多くない，とAristotelesは述べるが，「別の者達が耕作するのであるならば」（"ἑτέρων ὄντων τῶν γεωργούντων"）ヨリ容易である，とも付け加えてSparta等の古い状況を示唆することも忘れてはいないのである．否，彼は共有と私有両方のメリットを混合させることさえ構想し，以上の二類型はその二種である．新しい時期のSpartaのケースでさえ領域の「管理を分配している」（"αἱ ἐπιμέλειαι διῃρημέναι"）だけであり，政治的連帯は維持されている，と考えられているようでさえある．

かくしていわゆる「Lykourgosのkleroi制」自身，ディアクロニクに積み上

がった二つの意味を同時に帯びることになる[2]．Plout. *Lyk.* 8 によれば，領域再分配手続（"*ἀναδασμός*"），すなわち一旦「全領域を共同のものに」（"*τὴν χώραν ἅπασαν εἰς μέσον*"）したあと「等分」（"*ἰσόκληροι*"）にする手続，によって Lykourgos は「一方 *perioikoi* には他の Lakonia の領域を三千の持ち分 *kleroi* に分配しておいて，他方 Sparta 都市中心に果実が帰する（"*συντελοῦσα*"）部分についてはこれを九千の *kleroi* に分配した」（"*ἔνειμε τὴν μὲν ἄλλην τοῖς περιοίκοις Λακωνικὴν τρισμυρίους κλήρους, τὴν δ' εἰς τὸ ἄστυ τὴν Σπάρτην συντελοῦσαν ἐνακισχιλίους*"）．"*συντελοῦσα*"は Aristoteles の識別を承継する精確な表現であり，古い時代には領域の「持ち分」は領域の分割に直接関わるのではなく，（たとえば *heilotai* の部族組織の上に領域の区分を概念してこれと対応させるにしても具体的には）領域からの種類物の流れ（果実）に対して発生するものであった，ことが捉えられている．*perioikoi* は，おそらく独自の政治システムを有するが，領域に対してはそのような関係を持たない．これに対して Spartiatai は等しく（*homoioi*）領域からの果実に対して権利を有し，それは量目で割り切れる程等しく，何人も領域に特定の部分に特定の関係を有しえない，のである．既に述べた通り一つの理想的な政治システムがこれにより現れる．他面，実質的には領域の上には *heilotai* の（多分に部族的で政治システムを持たされない）組織が秘かに展開していたはずであり，だからこそこれは Messenia に広く拡大しうるのである．そして *homoioi* はこの「秘密組織」の存在を公式には否定する儀礼を発達させることになる．

逆に言えば，「Kleomenes 革命」は以上のような体制をどう修正するかに懸かっていたのである．

〔1・3・3・1〕 諸学説に最も欠ける視点は，*heilotai* の奴隷としての特殊性についての stratigraphie である．Xenophon, Ephoros, Aristoteles にとっての特殊性と Thoukydides にとってのそれを弁別し，ディアクロニクな対抗を分析しなければならない．すると一度「解体」を想定し，ヘレニズム期の最終的な消滅（cf. Ducat, *Les hilotes*, p. 193sqq.）と区別しなければならなくなる．

〔1・3・3・2〕 おそらく 6 世紀半ばまでのピーク時に，領域からの果実を政治システム全体で収取し分配する，という方式が確立したものと思われる．そして構造変化後もこの原理は生かされる．つまり領域の「占有」（個別の奴隷との人的な関係）と果実に対する「占有」ないし「資産」は分離されたままとなる．後者は譲渡不可能なまま政治的性質を維持する．しかし果実をどのように「投資」するか，領域の「占有」のレヴェルにそれを投資して一層の収益を

上げるか,といったことは自由になる.ほとんど定額の課税を平等に分配するシステムが残るだけであるように見えていく.Plout. *Lyk.* 16, 1-3 の *kleroi* 付与儀礼が残るのはこのためであり,Arist. F611, 12 Rose の "*ἀρχαῖα μοῖρα*" の譲渡禁止もこの意味である.「占有」「果実」「資産」といったタームを持たないため,学説は直接「土地の所有」を論じ(cf. S. Hodkinson, Land tenure and inheritance in classical Sparta, *CQ*, 36, 1986, p. 378ff.),公有地の占有イメージに逃げ込む傾向を有する(cf. M. Nafissi, *La nascita del kosmos. Studi sulla storia e la società di Sparta*, Napoli, 1991, p. 102ss.).P. Koschaker の *paramone* 研究までを的確に引用して警告する M. I. Finley, The servile statuses of ancient Greece, *RIDA*, 7, 1960, p. 165sqq. など存在しないかの如くである.

1·3·4

修正のために大きな役割を果たしたのが Herakleidai〈神話〉と Doros〈神話〉の合成[1]であったことは既に示唆してきたとおりである.これにより *homoioi* の「部族」の性質が変化し,*homoioi* は各自領域の上に具体的に立ち現れるようになる.この過程は,6世紀末から5世紀前半にかけて Kleomenes と Pausanias という二人の重要な人物によって推進されたと考えることができる.

Kleomenes の対 Argos 介入の仕方にその一端が現れているが,他にも若干の徴表が存在する.Aigys に関する伝承に「Arkadia への加担の嫌疑」が現れ,Tiryns には Arkadia の予言者が現れたが,Kleomenes こそは精力的に Arkadia で活動した人物である(Hdt. VI, 74).何と一時そこで彼は Arkadia の首長層を誓約によって結集し,Sparta を攻撃する態勢さえ整えたのである.まさに「Arkadia への加担の嫌疑」は実証されようとしていた.Pausanias の「*heilotai* 解放計画」と同じく,Kleomenes もまた *heilotai* から後背地に繋がる人的組織をしっかり把握していた.そうでなければ到底領域の性質を根底から改変することができない.それは,*homoioi* の体制をすら崩して本格的に(他で見られるような)人的代謝を目指すものであったかもしれない.その過程では *heilotai* の解放も日程に上ったはずである.Herakleidai のジェネアロジーに相応しく Herakles 流のジェネアロジクな転換を遂げさせて領域の組織の性質を変える大胆な構想がそこにはあったはずである.「Kleomenes の狂気」という伝承はこれに基づくものであろう.

まして,既にこの年代において Messenia の動向の不安定は伝えられるとこ

ろである．Platon（*Nom.* 698de）は，Marathon に Sparta 軍が間に合わなかった理由として Messenia 情勢を挙げており，Pausanias は Zankle が Messenia からの植民を受け入れたという伝承を伝える（Paus. IV, 23, 6）．

　もっとも，明らかにこの Kleomenes-Pausanias の路線は未完に終わった．確かに領域の質は変わった，しかし Sparta は Kyme におけるような大規模な人員の入れ替わりは生ぜしめなかった．*homoioi* が領域に対して持つその関係が変化しただけであった．ならば，領域からの種類物についての関係を〈二重分節〉に置き換えるだけでよかったのではないか．つまりその「持ち分」を譲渡したり信用に供したりできる体制を創ればよかったではないか．

　もちろんそれは一層高度なことに属し別の複雑な条件を要する．したがってそのような構想さえあったとは言えないが，しかし，*homoioi* 内部に（領域との関係の改変を伴わない）〈二重分節〉体制の構築が先に試みられ，第二段階で初めて領域との関係が問い直された（個別に領域の切片の上に立ち，個別の人的な関係を持とうとした），がそれはやや曖昧な点で収束させられた（管理と果実の少なくともなにがしかは別途再分配された），と考える余地は残されている．その論拠は，既に前章で詳しく述べた Sparta 王家のジェネアロジーに生ずる異変である．少なくともここに Herakles 変換が発生したことは確実である[2]．王制の儀礼（〈神話〉発信）的性質から考えて，これにより *homoioi* の〈分節〉隊形が変質した可能性は大きい．*homoioi* 内での分化と亀裂，そして *kleroi* の観念の少なくとも抽象的なレヴェルでの変質，が先行したことは大いにありうる．先にこれが固まったからこそ大規模な人的代謝に抵抗しえたのではないか．そして Sparta の体制の不滅を神話化させ，ヘレニズム期に危機的な「社会問題」を惹起したのではないか．

　　〔1・3・4・1〕　cf. Ducat, *Les hilotes*, p. 68.
　　〔1・3・4・2〕　vgl. W. Burkert, Demaratos, Astrabakos und Herakles. Königsmythos und Politik zur Zeit der Perserkieg（Herodot VI, 67-69），*MH*, 22, 1965, S. 166ff.

1・4　領域の組織によるヘゲモニー奪取

1・4・0

　Sparta におけるのとは対照的に Athenai においては領域の構造変動の記憶は政治的パラデイクマとともに保存される．領域の事柄に属ししかも制度を打ち破る出来事に関わりながらも，同時にそれらは政治的決定の内容であったり，これと同等の計画の所産であったりしたためである．このことはまた，計画的に再編成された領域の組織が政治システムの中心において積極的な役割[1]を果たすべく，改革がなされたことの帰結でもある．

　パラデイクマの保存形態のこのような相違にもかかわらず，それでもしかしわれわれは多くの伝承の中にこれまで見てきたのと同じ特徴を持った対抗を認めうる．それらと同様にここでもこうした対抗は〈二重分節〉を指示するものと解しうるのである．

〔1・4・0・1〕　Attika の北に接する Boiotia の問題は，多重的政治システムの極として一見 Athenai に近く Sparta の対極に在るように見えるが，しかし Thoukydides に即して見たように Thebai を中心とする主力は常に親 Sparta 的である．部族的結合に由来する同盟の形態がここでは政治の成立を媒介した．領域の組織が真の政治システムであり，ポリスはその連合体にすぎない．構造の変動（6 世紀末）はどうしても Thebai 等がその中でヘゲモニーを握るかどうか（ここに同盟精緻化を位置付ける R. J. Buck, Boeotian oligarchies and Greek oligarchic theory, in: AA. VV., *Proceedings of the Third International Conference on Boeotian Antiquities*, Amsterdam, 1985, p. 27 ; cf. Id., *A History of Boeotia*, Edmonton, 1979, p. 107ff. は，古い貴族政と構造変化後の寡頭政の区別すらしない）の問題として現れる（cf. Hdt. V, 79 ; VI, 108）．他方，皮肉なことに，各都市は本格的な領域の組織を却って欠いて（cf. Buck, Boeotian oligarchies, p. 25）「寡頭政」的構造を持つことになる．構造改変後の Sparta と親和的たる所以である．ペルシャ戦争においてペルシャに加担する構造もこれであった（Sparta 軍との関係の微妙さがヴァージョン対抗を生むことについては，cf. N. H. Demand, *Thebes in the Fifth Century*, London, 1982, p. 21）．もっとも，戦後の旧貴族層一掃（Hdt. IX, 86ff.）によって一旦構造変動が達成される．結局は Athenai のヘゲモニーが及び（Thouk. I, 108），各都市で領域の組織が整備され，と同時に同盟の代表制の比例配分制度化が進む（Demand, *Thebes*, p. 37ff. に内容を譲る；少し後の時代に言及するパピュルス史料から再構成される「同盟の構造」を Demand は Thebai 復帰後に位置付けるが，同盟を残した点はともかくその算術的精神においてむしろ Athenai ヘゲモニー期のものであり，これが次の段階の同盟再編にも刻印を遺したのである）．Thebai のヘゲモニーが極小化される．われわれは Pindaros に即してこの時期の新しい政治的階層が抱える困難を垣間見た．それでもなお，Aristoteles によれば「民主政」は土台を欠いて短命に終わる（*Pol.*

1302b29). Thebai と同盟的構造の方が優越していくのである．その帰結についてはわれわれが Plataiai に即して既に見たところである．このように，〈二重分節〉の審級同定の両義性はデモクラシーを混線させる．第二の政治システムが極めて洗練された性質を獲得しなければならない所以である．

1・4・1

既に述べたように Athenai においては 6 世紀初めに領域が極めて鮮烈に問題を突き付けてくるようになる．Solon 前の状況につき「領域が少数の者の手の内にあった」（Arist. *Ath. Pol.* 4, 4: "$ἡ\ χώρα\ δι'\ ὀλίγων\ ἦν$"）と言われ[1]，「領域の階層が有力者達に対峙した」（5, 1: "$ἀντέστη\ τοῖς\ γνωρίμοις\ ὁ\ δῆμος$"）と捉えられる[2]．これは政治システムの側（少なくとも Solon）が問題を極めて意識的に掬い上げたことを意味する．都市中心の政治的階層に対して領域の階層が危機感を覚えるに至るような何らかの問題が意識され始めたことは疑いないが，そもそも，Sparta におけるのとは異なって後者といえども政治システムから全面的に排除されていたわけではなかった．評議会と政務官職からは排除されていたとしても，民会と軍事勤務には何らかの形で関わったはずである．本章第 3 節で詳論するように，問題は領域の「占有」それ自体から発生しており，それが敢えて政治システムに持ち込まれるのである．

Solon はこの問題を解決するに際して仲裁という方法を採る．これはまさに彼の叙情詩に相応しい方法であった．二つの階層の対立を完璧に均衡するただ一点で切るのである．とはいえ，彼が具体的に使うシャフトは中心から領域に伸びる組織，領域に固有の組織 *phratria* に対抗する *phyle*，である．示唆された問題の性質からすれば *phratria* こそが危機に瀕したはずであるが，これの強化を Solon が考えた形跡はない．四部族組織 *phylai* は資産評価によってそれぞれ四つの階級に分けられ，政務官職によっては三階級目までの者が籤によって選ばれうるようにしたのである（7, 3; 8, 1）．但し第四階級の者には民会への参加しか許されない（"$τοῖς\ δὲ\ τὸ\ Θητικὸν\ τελοῦσιν\ ἐκκλησίας\ καὶ\ δικαστηρίων\ μετέδωκε\ μόνον$"）[3]．これが政治成立直後の領域の階層の者の地位であったはずである．そしてこれを残した点ばかりでなく，両極の間のバランスを取っただけで相互間の本格的な代謝・交替を準備しなかった点で，

Solonの施策はデモクラシーへの移行を意味しないものであった．領域の組織の基盤を崩すメカニズムの根を断つことによって将来のデモクラシーの礎石を築いたのみである．

〔1・4・1・1〕　ed. M. Chambers, Leipzig, 1986.
〔1・4・1・2〕　cf. P. J. Rhodes, *A Commentary on the Aristotelian Athenaion Politeia*, Oxford, 1981, p. 120.
〔1・4・1・3〕　cf. Rhodes, *Commentary*, p. 140.

1・4・2

事実Solonの仲裁は早晩限界を露呈し，Athenaiは内戦の季節を迎える．このとき作動した最も重要な要因は，ここでも，結局はデモクラシーを推進した階層が二つに分節していくということである．Athenaiの場合，他におけるのとは異なってこれは領域の階層自体の分化として現れる．領域の階層の意識構造の上を走る断層線が決定的な役割を果たし，しかもデモクラシーの体制の中で構造化（屈折体が確立）され，デモクラシーの動態を支えると同時に不安定化しさえする．

Ath. Pol. は，Solonの仲裁がほころびるや否や直ちに三つの党派が現出すると述べる（13, 4）．その呼称は奇妙なことにParalioi, Pediakoi, Diakrioiであってそれぞれ「海」「陸」「山」を意味する．空間的配置と割拠が強く示唆されるわけであるが，テクストはこれも若干奇妙なことに「それぞれの者達が耕作した場所に因む」（"ἀπὸ τῶν τόπων ἐν οἷς ἐγεώργουν"）と注釈する．党派関係のタームを領域の占拠しかも具体的な耕作にまで短絡させる思考がここにある[1]．他方もちろん第三が「デモクラシー」を第二が「オリガキー」を第一が「混合」を志向するという政体論的タームの付与は忘れられていないが，たちまち視座は戻って，13, 5は，第三の党派を率いるようになるPeisistratosが自らの資力で多くの者の借財を解消して大規模な人員を組織した，その中には市民でない者までが含まれた，と述べる．

鋭い対照をなす[2]のはHerodotosの記述である．丁度Solonの状況，即ち都市中心対領域の対立，に対応するように，初め第一と第二，MegaklesとLykourgos, の対立しか存在しない．そこへPeisistratosが現れて第三勢力を結集するのである（I, 59）．Diakrioiという呼称はここではHyperakrioiとなっ

ている.もっとも Ath. Pol. よりもさらに反対の極に出たのが Plout. Sol. 13 であり,ここでは Solon が見出した対立が既に三つの党派の対立であったということになっている.ミクロの領域問題への短絡はさらに急である.領域に発生した対立が直ちに三つのブロックに翻訳された("ὅσας ἡ χώρα διαφορὰς εἶχεν, εἰς τοσαῦτα μέρη τῆς πόλεως διεστώσης")としておいて,その三つのブロックの対立の中核は奇妙なことに領域従属民 Penetes と「貧者」の二項対立に置き換えられ,これはまた領域の階層の困窮に置き換えられるが,この困窮は,(他にない特徴として)六分の一の地代を支払う領域の従属民 Hektemoroi ないし Thetes の問題に還元されるのである.

　領域の階層の置かれた状況はもちろん多義的であったに違いない.種類物の循環の中で発生する従属関係から免れたいという意識,横断的に結合して政治システムの中核を担いたいという意識,前者は後者の条件であるからこれらを繋げたいという意識,否,必ずしもその必要はないという意識,否,むしろ従属関係など自分とは無関係であり後者のみが重要であるという意識,これらが渾然一体となっていたとしよう.Solon はその一部しか解決しなかった.しかるに,Peisistratos は潜在的に存在していた前者の意識を分節させることに成功したのである.対岸から見る Herodotos のソースにはこのことは良く見て取れる.Megakles は Alkmaionidai であり,この「対岸」に居るのはさしずめ Paralioi として分節されることになる人々である.対するに,Peisistratos が解放した人々は,560 年の彼のクーデタによって都市中心を占拠する.しかしまさに彼によって解放された限りにおいて一体性を保ちその中で自己の意識を固める.この状態の対極には一体として領域の上で従属的であったイメージが置かれる.これが Solon 前に投影されるのである.ここでは,意識は特定の軸の上を二つの polarité の間で滑る.

　すると明らかにこれとは垂直に交わる軸の上を滑る意識に形を与えたのが Megakles であり,Alkmaionidai である.Paralioi は(その中間性において)Solon の方策と親和的であり,一旦はもっぱら政治的に上昇した階層である.Peisistratos のクーデタがまずは Megakles と Lykourgos の連合体によって短命なものとして斥けられる(Ath. Pol. 14, 3)のは当然である.しかし Peisistratos は次いで Megakles との同盟に成功して都市中心を奪取し(14,4),

一旦追放される（15, 1）ものの，Paralioi ないし Alkmaionidai を追放して最終的に権力を樹立する（15, 4f.）．つまり共にデモクラシーへの移行を担う階層でありながらここで一方は上昇し他方は下降し，こうして入れ替わっているのである．

Herodotos のヴァージョンがまずは「下降」の意義を精確に捉えることは当然である．彼は Peisistratidai 打倒のエピソードを語っているのである．その前提としてクーデタによって都市中心の階層が領域へと「逃げた」（I, 63: "φευγόντων δὲ τούτων"）ことをまさにそれに相応しいこうした用語で述べる．しかし Ath. Pol. 15, 4ff. はこれとは全く異なるヴァージョンを採用する．Peisistratos は民会議場に人々を集め，奸計を使って武装解除してしまう．そして彼らが「もっぱら私的なことに従事する方へ行ってしまう」（"ἀπελθόντας ἐπὶ τῶν ἰδίων εἶναι"）ようにさせたというのである．そればかりか，「都市中心にとどまることなく領域へと散っていく」（"ἵνα μήτε ἐν τῷ ἄστει διατρίβωσιν ἀλλὰ διεσπαρμένοι κατὰ τὴν χώραν"）ようにもさせ，「皆に共同の事柄に気持ちを用いたり時間を割いたりすることのない」（"μήτ' ἐπιθυμῶσι μήτε σχολάζωσιν ἐπιμελεῖσθαι τῶν κοινῶν"）ようにさせた，という．完全に軸は Diakrioi のそれの方にずれこんでしまっている（債務さえ免れれば政治はいらない！）．興味深いのはそのときに Aristoteles に固有のデモクラシー観が前面に躍り出るということである[3]．するとこれは Herodotos におけるような方法的な下降でなく最終的な下降であるということになる．

このずれは史料解釈上は決定的に重要な点である．Ath. Pol. はここから直ちに珍しく或る étiologique なパラデイクマの叙述に移る（16, 6）．Peisistratos が領域を巡回すると，Hemettos というところ（おそらく後の demos）で耕作する一人の農民を見出す．彼は相手が誰だか知らずに Peisistratos が創設した（六分の一ではなく）十分の一税の不満を言う．この農夫の態度に感心した Peisistratos は税を免除する．かくしてここが免税地というパラデイクマ登録の場となった，というのである．軸のずれは決定的である．その一端の Hektemoroi まで行ってしまっている．それから解放されてしかし政治システムには積極的には関わらず，他方 Peisistratos には個々人で強く結びついている．Herodotos に言わせればもちろん Peisistratos に追放された階層がこのエピソード

のような意識を持つはずがない．すり替えはどこで生じたか．もちろん次の Kleisthenes の時である．Peisistratos と共に上昇した階層が領域へと（今度こそ本当に）散り散りに下降していく．と同時にもちろん新しい領域の階層が創成されるのであるが，ここでは二つの意識の間の polarité が初めて構造化されたに違いない．われわれはその一方の極をディアクロニクに観察しつつあることになる．

このように考えると，三つの党派が擬似的な地域名を冠して Peisistratos 登場はおろか Solon 前夜にまで遡る理由がわかる．Kleisthenes こそは，領域に〈二重分節〉的構造を与えるために，都市中心と領域という二極軸をパラメータによって媒介するために第三のものを概念して全体を混ぜ合わせたのであった．この三区分と三つの党派の対応は自明であろう．Pediakoi=Asty の対応，Paralioi=Paralia の対応は自動的である．唯一奇妙であるのは Diakrioi と Mesogeia（「内陸」）の対応である．Peisistratos の人的組織は領域組織を縦断して束ねる．Diakrioi ないし Hyperakrioi はいずれも "ἄκρις"「頂点」を縦断するニュアンスを持つ言葉である[4]．逆に言えば，Kleisthenes はこの「縦断」とは違った媒介，"τὸ μέσον" による媒介を対置したかったのである．しかしその裏側に Mesogeia から Diakrioi へというディアクロニクな遡及通路が出来上がってしまった．伝承批判の要衝はまさにこれであるということになる．

[1・4・2・1] *Ath. Pol.* のこのバイアスに対して学説は一般に警戒的でなく，後のデモクラシーの党派政治を（階層の対立を否定して）「地盤」の対立に還元する R. Sealey, Regionalism in Archaic Athens, *Historia*, 9, 1960=in : Id., *Essays in Greek Politics*, New York, 1965, p. 9ff. の影響力に繋がっている．この時代（1960年）の「多元主義のデモクラシー論」の社会学的「実証主義」が興味深いエコーをもたらしたケースである．Plout. のヴァージョンへの連絡は，Rhodes, *Commentary*, p. 185 が見逃していない．

[1・4・2・2] 既に Lévêque, Vidal-Naquet, *Clisthène*, p. 36 が鋭くこれに気付く．問題はこの対照の背後にある事情である．

[1・4・2・3] *Ath. Pol.* が Peisistratos を *tyrannos* というより政治システムを尊重した優れた改革者として描くのは，その固有のデモクラシー論に基づくということになる．Rhodes, *Commentary*, p. 214 は関連の Arist. *Pol.* の箇所を指示するが，Hdt. のテクストとの対比を怠るので史料批判ひいては Aristoteles 研究への寄与に欠ける．

[1・4・2・4] 文字通りにとって Peisistratos の「地盤」を「山の向こうの Brauron」に求める Sealey, Regionalism の史料の組み合わせ方には疑問が残る．

1・4・3

　その Kleisthenes は Alkmaionidai に属し, Herodotos がこれに敵対的な révisionisme をたしなめる陣営に属した点については既に述べた. Kleisthenes のジェネアロジーからは古典的な〈二重分節〉が浮かび上がる. Herodotos が伝えるところは, スタイルの点では乾ききったものであるが, 内容はむしろ叙情詩のものである.

　Alkmaionidai に関する Herodotos の *excursus* は, まずこの一族が東方との交易（III・3 参照）によって上昇した階層に属し, 政治的階層の一頂点たることを認知させるために Olympia の競技において勝利を収める, といったことを述べる（Hdt. VI, 125）. そしてこれと二重写しにするように, Sikyon の競技会における勝利をクローズ・アップするのである（126-130）. Sikyon の *tyrannos* たる Kleisthenes は, 娘 Agariste の結婚の相手を選ぶために大競技会を催す. 全ギリシャ世界から挑戦者が集まり, 一年に及ぶコンテストの期間中 Kleisthenes はむしろ饗宴における態度を見た, と Herodotos は解するが, 長々と列挙される候補者達は Sybaris や Siris のような都市の古い貴族層の出身か後背地の首長層の出身である. その中で候補は二人に絞られたという. 最有力は（Athenai 出身だが）Korinthos の *tyrannos* の一族 Kypselidai の縁戚 Hippokleides であった. 彼に決まったことが宣言されるはずの宴席で, しかし彼は得意の舞踊を披露するばかりでなくテーブルの上でしかも逆立ちし足で演技する, ということをしてしまい, 却って Kleisthenes の不興を買う. かくして Athenai からのもう一人の候補者 Megakles が娘を得ることになるのである[1]. 領域にあるべきものが中心にあり中心のものが領域に降りるという逆転は良いとしても, 再逆転させなければ領域の関係をしっかり把握しえず宙に舞うにとどまる, というのである. Hippokleides はさしずめ Peisistratos の近傍に位置する人物であり, Kleisthenes は Solon 後の三党派のうち Megakles に賭けることとしたのである.

　その婚姻から生まれた息子の Kleisthenes こそが Athenai のデモクラシーの基礎を築いた（131: *"τὴν δημοκρατίην Ἀθηναίοισι καταστήσας"*）と Herodotos は評価するのであるが, そのことの意味を特定することも忘らない. つまり, この Kleisthenes は母方の祖父たる Kleisthenes の領域組織改革をモデルとし

て（V, 67: "ἐμιμέετο……τὸν ἑωυτοῦ μητροπάτορα"）Athenai で領域組織改革を行った，それは phylai に関わるものであった，というのである．改革の意味は明らかにジェネアロジーに先送りされている．そこにはほとんど Pelops〈神話〉の再現がある．疑いなく「部族」形成が根底から再発掘されようとしている．ところが重要な差違がある．Megakles は Sikyon の王位に就くのではなく，「Athenai のレジームに従って」(130: "νόμοισι τοῖσι Ἀθηναίων") Agariste を連れて Athenai に戻り，息子の Kleisthenes が exploit を遂げる．Pelops ではなく Theseus のジェネアロジーであるということになる[2]．

Herodotos はしかし Sikyon の Kleisthenes が行った改革の内容についてもこれをジェネアロジーへと先送りしてしまう．Kleisthenes は，Sikyon の agora に heroon を持つ Adrastos が「Argos の者である以上領域から出ていくようにと強く欲した」(V, 67: "ἐπεθύμησε……ἐόντα Ἀργεῖον ἐκβαλεῖν ἐκ τῆς χώρης")，というのである．Delphoi にこの案を拒否された彼は替わりに Thebai の Melanippos の heroon を祀ることとする．何故 Adrastos が祀られていたかについて Herodotos は明快である．Sikyon の王 Polybos の「娘の子」("θυγατριδέος")であり，しかも Polybos がこれに王位を譲ったからである．二人の Kleisthenes 間のジェネアロジーが再現される．但し孫は母方の祖父のテリトリーに収まる．もちろん Adrastos は Thebai 攻めの首謀者である．ネガティヴなパラデイクマとして城壁のすぐ外に記念されていたに違いない．しかしいつの間にか，その彼が Argos-Sikyon-Argos を cognatique に下降＝上昇するというパラデイクマは領域再編成の触媒として浮上する（Pindaros にまで痕跡をとどめる）．Thebai 攻めではなく Thebai の方が追い詰められていく（Aischylos に至る）．Kleisthenes の領域組織改革がこの屈折体に碇を降ろしたことは疑いない．しかし何故 Adrastos を追放したいのか．明らかに Adrastos は中心から領域に降りる階層のチャンピオンである．再び中心に帰ることが予定されている．Kleisthenes はこの階層と中心（Argos）そのものに対して敵対するのである．明らかに入れ違いに上昇―下降する Peisistratos の階層を代弁している．Herodotos が採録する徹底した反 Argos「文化政策」の伝承は，こうして〈神話〉のレヴェルに関わるものとして生まれたのであり，必ずしも当時の国際情勢を物語る[3]ものではない．Thebai 攻めを迎撃した Melanippos の意義も明らかである．一方で（現実の Argos で生じたような）下から上へ，外から内へ，の大規模な cognatique な侵食が推進される．他方で上から下へ，内から外へ，のそれは遮蔽されるのである．一方で Adrastos に換えて元来等価なものである（"τὸν μὲν Διόνυσον οὐ τιμῶντες, τὸν δὲ Ἄδρηστον"）Dionysos を祀る儀礼を設定し，しかし他方でこれと並べて Melanippos にも Adrastos に取って代わらせる，のはその帰結である．

以上のことは自ずから領域占拠の形態に関わる phylai 組織の変更をもたらす．伝承上 Sikyon の既存「三部族」はカリカチャーにされ，これに新しい「支配的な」 phyle が横付けされる．前者は侵食される一方の，後者は決して侵食されずに侵食する一方の，「部族」である．もちろん他の多くの都市におけるのと同じように，もう一度関係が逆転する．Herodotos はそれを「Kleisthenes 後 60 年」とするが，注目すべきことにこのとき既存「三部族」が復活するばかりでなく，第四の「部族」が生き残り，かつ Adrastos の息子 Aigialeos の名を付されるのである (68)．つまり epigonoi〈神話〉によったわけであり，Pindaros さながらの転身が刻印されることになるのである．

ならば Athenai の Kleisthenes が模倣したのはどの点か．Herodotos によれば，既存の Ionia 風「四部族」を嫌って新しいものを横付けした，ないし全く新しい「十部族」を創った，点である．しかし Herodotos がこのように言うだけで足りるのは，ジェネアロジクなパラデイクマによる例解がたっぷり行われているからである．改変の帰結と意味が或る空間的な方向性を持った半透性の cognatique な交錯である，点で同一の屈折体の存在が認められる，というのである．しかしその屈折体には或る決定的なディアクロニクな変位も認められないわけではない．「Athenai のレジームに従って」Megakles が Agariste を連れて行ってしまった点が Adrastos と異なるが如くに，また epigonoi が Adrastos と異なるが如くに，Athenai の Kleisthenes の改革の意義は Sikyon のそれとは異なるのである．

この差はまた Megakles の支持基盤と Sikyon の Kleisthenes の支持基盤の差でもある．この差はさらにまた mutatis mutandis に前者と Peisistratos のそれとの差でもあるが，Megakles は Sikyon におけるような（cognatique な関係による）同盟をこれとの間で確立することに失敗する（Hdt. I, 61; Ath. Pol. 61）．

もっとも，これにより最初に一旦「下降する」のは既に述べたように Peisistratos であることになり，但し彼の再度の上昇・復帰は今度こそ本格的なものとなる．Herodotos は，Peisistratos が Eretria を根拠地に Thebai の物的支持をも得て Marathon に上陸したこと，そして「まさに領域のその地点において陣営を構えているところへ，都市中心から内戦で離反した者達や方々の *demos* からの者達が流れ込んだ」(I, 62: "*ἐν δὲ τούτῳ τῷ χώρῳ σφι στρατοπεδευομένοισι οἵ τε ἐκ τοῦ ἄστεος στασιῶται ἀπίκοντο ἄλλοι τε ἐκ τῶν δήμων προσέρρεον*") こと，それには Akarnania 出身の予言者が伴ったこと，を記す．この Peisistratos が Athenai を再征服すると，彼の息子達が領域へと落ちる者達を (Hdt. I, 63: "*τοὺς φεύγοντες*") つかまえて「決して結合せず，各人がばらばらに自分のことに専心せよ」と命ずる．しかしこの者達は後年，Peisistratos の子 Hipparchos が殺害された後に結集し，領域に拠点を構える．Peisistratidai を逃れた (Hdt. V, 62: "*φεύγοντες*") Alkmaionidai は他の亡命者達と ("*φυγάσι*") 共に直ちに攻め上ろうとするが難しく，「Paionie の上，Leipsydrion」("*Λειψύδριον τὸ ὑπὲρ Παιονίης*") に立て籠もった，というのである．

不思議なことに「海」の地帯に Peisistratos が，「山」ないし「内陸」の地帯 (Paionia) に Alkmaionidai が，時を隔てて根拠地を持ったことになる．しかし，支持基盤を交換したということではなく，中心—領域の二項軸から Alkmaionidai が脱却しかかっている，ということである．地名にプロットされる伝承を通じてわれわれは *phyle* から *phratria* ないし *demos* の圏内へと移動することになる．伝承の実質的タームは明らかに *demos* である (Paionia は一 *demos* の固有名詞である)．そしてわれわれは先に見たジェネアロジーとは異なるジェネアロジーに遭遇する．Paus. II, 18, 8-9 によれば，Messenia を Herakles が襲ったとき Nestor は生き残ったが，Herakleidai は Neleidai を全て駆逐した．その中に Alkmaion と Peisistratos がいた，というのである．さらには Antilochos の息子の Paion の息子達が彼らに加わり，王位に就くことになる Melanthos と共に Athenai に入り，Theseidai を倒す．これらの伝承は領域の横断的結合組織 *phratria* の étiologie の近傍を強く指示する．おそらくは Kleisthenes の改革の一側面をも Herakleidai 風「部族」改革即ち Theseidai 風「部族」改革と見立てて強く反発しているのである．それは Alkmaionidai 自身

のジェネアロジーをも修正し, 何とそれには再度追われて領域に入った Peisistratos の支持者達も参加するのである.

　もっとも, この同居をよしとしない者達は, Peisistratos に関して対抗的なジェネアロジーを構える. phratria 風連帯において Nestor に対抗する要素は Aias である. 他方われわれは Aigina において (今や Aias が属することとされている) Aiakidai が果たす役割について Pindaros を通じてよく知っている. Plout. Sol. 10, 3 によれば, Aias の息子の Philaios が Marathon の南方 Brauron に上陸し, Peisistratos は Philaidai に属するのである[4].

　他方 Hipparchos を殺した tyrannis 打倒の英雄達が属する Gephyraioi は, ほとんど Peisistratos の支持基盤そのものに「Eretria または Boiotia 出身」と言われる (Hdt. V, 57). 彼らは元来 Argeioi に追われた Kadmeioi に属し, Tanagra にあったが, そこからも追われて Athenai に受け入れられる, そこではしかし文字の如き再現的したがって儀礼的パラデイクマを司って phratria の連帯組織に属さない (58-61), とされるのである. Peisistratos の支持基盤の中から Philaidai のような政治的上昇志向の分子とは対照的に Iamidai のように無害化された要素がこうして切り出されるのである. そのような genos が Peisistratidai に刃を突き付けるのでなければ, パラデイクマが対抗のための輪郭を失ってしまう.

　以上のような想定はまた Isagores の存在をも説明しうる. Alkmaionidai は Delphoi を「買収し」Sparta を動かし, 結局 Kleomenes の手を借りて Peisistratidai から Athenai を解放するが, Kleisthenes は改革を実行するにあたり Isagores という者の一派との対立に苦しむ (V, 66). Isagores は結局 Kleomenes を再度呼び込んでクーデタに成功し Kleisthenes を追放する (70). 大規模な蜂起が akropolis の Sparta 軍を囲み[5], このクーデタは短命に終わる (73) が, 新しい体制の基盤が決して単純でないことは十分に示されたのである. Isagores の父は Tisandros であり, 他方あの Megakles のライヴァル Hippokleides の父も Tisandros であった. 後者については Philaidai に属するという有力な伝承 (Pherekydes 3FGH F2 Jacoby) が存在するのである.

　　〔1・4・3・1〕　cf. A. Griffin, Sikyon, Oxford, 1982, p. 54ff.
　　〔1・4・3・2〕　Ionia こそは, 学説上, 領域組織 (特に「部族」phylai) 問題の主戦場である (cf. D.

Roussel, *Tribu et cité. Études sur les groupes sociaux dans les cités grecques aux époques archaïque et classique*, Paris, 1976, p. 209sqq.; G. Ragone, La Ionia, L'Asia Minore, Cipro, in : AA. VV. *I Greci, 2, I : la formazone*, Torino, 1996, p. 921ss.). 同盟諸都市の「部族神話」が固まるのは比較的新しい (おそらく, 対ペルシャ叛乱が鎮圧されて一旦挫折した本格的構造変化を再開させたペルシャ戦争後) と考えられるが, これを Kodridai の原型で行うか, Ion によるか, で各都市間に差違が生まれる (cf. J. P. Barron, Chios in the Athenian empire, in : AA. VV., *Chios. A Conference at the Homereion in Chios 1984*, Oxford, 1986, p. 91). 領域の組織を再編するときに, それをどこまで閉ざすかに関わる. そして, Ion と等価のヴァリアントとして (Dionysos と Ariadne が, そしてさらにそのヴァリアントとして) Theseus〈神話〉がそこに姿を現すのである (Plout. *Thes*. XX, 2 ; cf. Apollod. I, 9, 16). Chios 出身の詩人 Ion から (Ionia の叛乱を助けた) Keos 出身の Bacchylides へと Barron は議論を展開していくが, 十分な説得力を有する.

〔1・4・3・3〕 cf. Griffin, *Sikyon*, p. 50.

〔1・4・3・4〕 Sealey, Regionalism に典型的に見られるようにここから当然に Peisistratos を Brauron 出身とする解釈が一般的である.

〔1・4・3・5〕 J. Ober, The Athenian revolution of 508/7 B. C.: violence, authority, and the origins of democracy, in : Id., *The Athenian Revolution*, p. 42 は, Hdt. および *Ath. Pol.* の両方が民衆の自発的蜂起を伝えることを強調し, (この時亡命中の) Kleisthenes 中心の視点を批判する.「革命」の過程についての多数の文献の存在が必ずしも研究の深化を意味しないのはその通りであるが,「Kleisthenes 不在」は「リーダー無し」ではなく, 過程が大きな空間的展開を伴ったことの帰結である. Hippias 追放時に Sparta 軍が *akropolis* を囲み, Isagores を支援して今度は *akropolis* に包囲される, という経過が最も雄弁な指標である.

1・4・4

Herodotos は先に掲げた箇所において実は Kleisthenes が「デモクラシーの基礎を築いた」とのみ述べたのではなく「*phyle* 制度とデモクラシーの基礎を築いた」(VI, 131 : "τὰς φυλὰς καταστήσας") と述べ, 両者をほぼ等価とみなす. Isagores の勢力との間の闘争にむしろ「敗れて」(V, 66 : "ἑσσούμενος") おそらく都市中心でのヘゲモニーを失い領域の側に基盤を求めた ("τὸν δῆμον προσεταιρίζεται") のがデモクラシー樹立の秘訣である[1], というのが Herodotos の解釈であり, Alkmaionidai に忠実な立場がこうして表明されている. Thoukydides はおそらく出来上がった構造のみに忠実たるべく中立を守ってこの画期を無視し, *Ath. Pol.* は制度史的関心故に詳しいが, これも中立的に解釈して絶対の画期とはしない. しかしこれまで見てきたような領域の構造変動に最も敏感な解釈は Herodotos のものであり, その完成ないし終点を強調す

るその観点は最も尊重するに値する.

　おそらく上述した Isagores との闘争や Sparta の介入に打ちひしがれてまたしても領域に降りた, 緩やかながらその帰結として ("μετὰ δὲ......"), Kleisthenes の phyle 改革は捉えられる. 骨子は「四部族体制」を「十部族体制」に転換するという点に存する.「Ion の四人の息子」という基幹ジェネアロジーを廃して「外から来たのでない」("ἐπιχώριοι") heroes を祖とするジェネアロジーによって編成した, 但し Aias だけは例外で, 彼を加えたのは「近隣都市の者」("ἀστυγείτων") であり「同盟者」("σύμμαχος") であり「賓客」("ξεῖνος") であるからであったという. Kleisthenes の Ionia 式忌避 (69: "ἵνα μὴ σφίσι αἱ αὐταὶ ἔωσι φυλαὶ καὶ Ἴωσι") が Herodotos によって強調されるが, その意義は, 既に述べた通り[2], 四部族編制の「四」という数字にも Ion〈神話〉にも込められる AX 結合の A の要素の排除である. "ἐπιχώριοι" の強調はこのことに関わる[3]. Dorieis と Herakleidai に脚光を浴びせる Sparta の領域再編成 (或はまた Sikyon の改革) との大きな違いは, Alkmaionidai の支持基盤が (Kleisthenes の Theseus 風ジェネアロジーから推して) cognatique な結合を柔軟に行って〈二重分節〉を形成させるタイプでありしたがって盛んに他の領域へと諸分子を互いに挿入し合うものでありながら, 組織を公式には直ちに閉ざして完全に自足的な領域組織を構想する点である. これは, 領域の組織の側を政治システムのアプリオリなカテゴリーとして〈二重分節〉を達成しようとする現れである. その重要な帰結は, 領域の組織から部族的社会編制に負う部分を人工的に摘出してしまうことの成功である.「十」という数字にはそうした強い意志が込められている[4].

　phyle は先にジェネアロジーによって人を区分し, その人々を通じて領域を区分する, 概念である. その数を増やし名を変えただけではしかし何も変わらない. もう一つ, 領域の上の組織としては phratria があった. これは, 先に小さな横断的組織が領域の上に観念され, これにジェネアロジクな統合を付すことによりこれを爾後閉鎖してしまう, というものであった. おそらくこれが早い時期に市民権を統御し, これへの登録が phyle への登録したがって政治的権利付与の前提条件であった. Kleisthenes はおそらく, まず phyle の側から改変することによってこの体制に手を付けたと思われる. phyle の領域区分はもと

もとヴァーチャルなものである．phratria を横切っていたかもしれない．phyle を十に増やしたとしても，ヴァーチャルな次元で切り直されるだけであり，影を切っても本体が切れないように phratria は平気である．平気でなくするためには，phyle の領域区分をヴァーチャルなものから現実の領域の区分に改変しなければならない．「部族」の観念の根本的改鋳を試みたのはこのため以外にはありえない．つまり今や初めて phyle は足を持つ．「そして各 phyle に十ずつの demos を割り当てた」（"δέκαχα δὲ καὶ τοὺς δήμους κατένειμε ἐς τὰς φυλάς"）のである．この demos は phratria に換わる新しい領域の横断的組織である．

ならば十の demos のかたまりが各々 phyle という地図上の区分を構成するようになったのか．Herodotos によれば，Kleisthenes は「それまで全てから排除されていた領域の人々を」（"τὸν δῆμον πρότερον ἀπωσμένον τότε πάντων"）自分の支持基盤に吸収した．これは Solon の体制においてもなお政治的に無権利であった人々を指すと思われるが，Ath. Pol. は，Kleisthenes の支持基盤の問題と彼の制度改革の趣旨を短絡させて，四を十に「組み替えたのもより多数の者を政治的権利に与らせるためであった」（21, 2: "ἀναμεῖξαι βουλόμενος, ὅπως μετάσχωσι πλείους τῆς πολιτείας"）と述べる．実はここでは数の増大と「組み替えた」（"ἀναμεῖξαι"）の間にも短絡が存在している．そしてこの最後の "ἀναμεῖξαι" に至って，Kleisthenes のもう一つの独立の意図，すなわち政治的権利の増大とはさしあたり独立の，しかし政治的権利の増大にとっても実は切り札となる，方策に，われわれはようやく辿り着くのである．かつそれによって phyle はもう一度ヴァーチャルな次元に戻っていく．しかもなお決して原状に戻ったわけではなく，phyle は今度は全くの政治制度に変身するのである．

全てを同一平面に混同しながらも Ath. Pol. は制度の細部を詳述していく．数を増やすだけならば下位の部族単位 trittys を利用すれば良かった（各 phyle が三区分されて 12 になる）のにそうしなかったのは，それでは「多数の人員をまぜかえす」（"ἀναμίσγεσθαι τὸ πλῆθος"）ことができないからである，と把握される．そこで「複数の demos を括って領域を三十の区分に分割した」（"διένειμε δὲ καὶ τὴν χώραν κατὰ δήμους τριάκοντα μέρη"）というのである．次にこの三十を Asty, Paralia, Mesogeia という地域に三区分する．このとき

十という数が現れる．*phyle* の数と一致する．しかし面白いことにこの十という数字は，*phyle* の数の十とは言わば垂直に交わる次元にあり，決して相覆わない．*phyle* の次元に相当するかと一瞬思われるところには三という数字しかないのである．これを縦とすればそれぞれ横に十という数字が来る．$a_1 a_2 \cdots a_{10}$, $b_1 b_2 \cdots b_{10}$, $c_1 c_2 \cdots c_{10}$ のように．しかしここで誰もが気付くように，$a_1 b_1 c_1$, $a_2 b_2 c_2$, $\cdots a_{10} b_{10} c_{10}$ のように組み替えれば，十という数字において二つの次元は融合する．*phyle* は元来領域平面上連続でなくともよかった．しかも奇跡的に，$a_1 b_1 c_1$ 等の *phyle* の中で a_1 や b_1 等の単位は三分の一すなわち *trittys* と把握しうる（"ἐκλήρωσεν τρεῖς εἰς τὴν φυλὴν ἑκάστην"）．そして大きな三区分が効いてきて，政治システム構築の基礎となる *phyle* は三地区の全てに等しく部分を持つことになる（"ὅπως ἑκάστη μετέχῃ πάντων τῶν τόπων"）．しかもなお各 *trittys* は幾つかの *demos* の束である（ここは割り切れない）．十 *demos* により三 *trittys* が構成されるのである．

　数学的幾何学的精巧さもさることながら，目を射るのは領域に（単なる〈分節〉でなく）〈二重分節〉をもたらそうとする明確な意識である．*phyle* は一旦完璧に領域上連続的な単位に基づきながらも結果としてそれを離れる．その過程で二つの次元が観念され，重ならないように立体的に組み立てられ，しかも両者の対応が簡単に還元されるものにならないように入れ違いにされ，その比率は完全に平等にされる，のである．比率ばかりでなく，$a_1 b_2 c_1$ のように 1 ばかりがそろわないように籤によって組み合わせが決まる（"ἐκλήρωσεν"）．たとえば $a_1 b_7 c_3$ のように．

　こうして，社会構造としての〈二重分節〉を追究している者の目の前にいきなりその図がそのまま現れる，といった事態が生ずる．しかも後の時代の法廷弁論や碑文を一瞥するだけでその図面はその通りに実現されたことが確信される．人々の強い自発性を要求する高度に計画的な事業がその通りに達成されたのである．それは，社会構造としての〈二重分節〉，即ち或る特定の観念構造，がそれ以前に定着していたのでなければありえないことである．逆に，このような領域の区分はそうした観念構造をますます定着させたであろう．そのようなパラデイクマを意識して人々が行動するだけで自動的に，彼らの言動からさらに生ずるパラデイクマは〈二重分節〉の屈折を示すであろう．まして図面自

体が強力な屈折体そのものである。見てきたように，多くの〈神話〉に連結されてもいるのである。もはや社会構造の意識的な追求がデモクラシーの特徴であることは明白である。

[1・4・4・1] cf. N. Loraux, Clistene e i nuovi caratteri della lotta politica, in : AA. VV., *I Greci*, 2, I, p. 1087.

[1・4・4・2] POL p. 355 (IV・3・2・4).

[1・4・4・3] Lévèque, Vidal-Nauqet とは異なって，Roussel, *Tribu et cité*, p. 269sqq. は政治システムから独立の「自生的組織」への傾向を強調する。しかしこれは極めて人工的なものである。なおかつ，直ちに Ion/Theseus 屈折体によって対抗されたと思われる。もっとも，これを一旦強固に閉ざす。Perikles の 451 年の立法は父母双方が Athenai 市民たることを市民権の要件とするに至る (cf. N. Loraux, L'autochtonie : une topique athénienne, dans : Ead., *Les enfants d'Athéna*, p. 66 ; Ead., Le nom athénien. Structures imaginaires de la parenté à Athènes, *ibid.*, p. 128). これが〈二重分節〉を加速することは疑いないとしても (Loraux)，一層閉鎖されることも確かである。かくしてなお Euripides からあのように鮮やかな対抗を受けるのである。

[1・4・4・4] cf. Lévèque, Vidal-Nauqet, *Clisthène l'Athénien*, p. 93sqq.

1・4・5

以上のような領域区分の〈二重分節〉の基礎を形成するのが *demos* である ("*κατὰ δήμους*")。この基礎が十分に固まっていなければ柔軟でダイナミックな〈二重分節〉は成り立たない。ひたすら全体を流動化するだけに終わることになる。基底の安定を重視するならば，伝統的な領域地縁組織 *phratria* があるはずである。しかし Kleisthenes はこれを使うことなく，〈二重分節〉に相応しく人員を一旦大いにかき混ぜて新たな組織を創設したのである[1]。"*ἀναμίσγεσθαι τὸ πλῆθος*" ために "*διένειμε δὲ καὶ τὴν χώραν κατὰ δήμους τριάκοντα μέρη*" ということの中にはこのことが含まれると解される。流動化しておいて次に地縁的に固めるのである（だからといって血縁から地縁へと原理が交替した，などということではない）。「個々の *demos* において *demos* 構成員は互いに立場を交換するようにして ("*ἀλλήλων*") 領域を占拠するようにさせた」(*Ath. Pol.* 21, 4 : "*καὶ δημότας ἐποίησεν ἀλλήλων τοὺς οἰκοῦντας ἐν ἑκάστῳ τῶν δήμων*") というのである。"*ἀλλήλων*" は領域の上で「入れ違いに接する」ということであろう。隣接者間の連帯とその新鮮さ（隣に新たに入ってきた，が互いに連帯する，という感覚）が表現されている。

新しい制度の帰結は，以後政治システム上の市民の正式の呼称は父の名を冠するのでなく demos の名を冠するようになったこと，そしてこれが新市民登録の方式を決定すること (demos が市民権を統御すること)，demos は demarchos という独自の政務官を持ち，彼らが naukraroi に替わって海軍装備のための財政単位を司ることになったこと，等である．しかし他方，gene も phratria も残存する，ばかりか，全ての demos が地縁組織を担ったのではなく例外が残された ("οὐ γὰρ ἅπαντες ὑπῆρχον ἐν τοῖς τόποις")，という．人的組織を本当に特定の領域の区分に張り付けるのであるならば，却って次にそれをジェネアロジクに結合させなければならない．phratria はそれである．gene とともにこれを残すということは，ディアクロニクに demos をこれに対置し，demos の方は本当には領域に張り付けない，したがってジェネアロジクに閉鎖するということはしない，という趣旨である．もちろんこの結果 phratria はヴァーチャルな「閉鎖的地縁集団」の次元に追いやられる．demos はこれに対して現実の「開放的地縁集団」である．しかし開放的である分，この地縁性は直ちに再びヴァーチャルなものになる．実際，市民は確かに特定の demos を本拠としつつも，今や至る所に自由に土地を保有しうる．つまりあくまで政治的にのみ demos は不動の領域の単位なのであり[2]，demotes は固く連帯する隣人であるのである．したがって現実の隣人とはこれとは別のさらに一層自由な関係が持たれたはずである．

[1・4・5・1] Osborne, *Demos*, p. 41 も D. Whitehead, *The Demes of Attica 508/7 B. C.-ca. 250 B. C.*, Princeton, 1986, p. 69 も Kleisthenes 以前の結合体との連続性を強調するが，そうだとしてもそれは Kleisthenes 以前に「新しい」横断的結合体が形成されつつあったということであり，自生的な地縁組織が存続したということではない．Osborne (p. 73) も Whitehead (p. 31) も phratria とのコントラストは強調するが，矛盾を感じないのは，phratria の方は血縁組織であると誤解しているのである．

[1・4・5・2] 政治的性質を強調するのは Osborne, *Demos*, p. 64 であるが，しかしバランスを失してそこに完結した政治システムを見る．このため領域に無理に本格的な集住単位を検証しようとしさえする (p. 37)．デモクラシーの実体を地域の人的紐帯に求めるが余り，そのように論ずる．二重に政治システムが存在することと政治システムの〈二重分節〉を区別しえないのである．

2 公共空間の形態変化

2・0 序

デモクラシーへと社会構造が変化する過程で生ずるパラデイクマ屈折の痕跡については以上分析した通りであるが，ならば社会構造のこの変化は，地表面にも何らかの痕跡をとどめるだろうか．

政治の成立はその性質上，地表面にとどめられる痕跡に鮮やかに一義的な形態をもたらした．この形態に今一体どのような変化が生ずるだろうか．

もっとも，政治成立に伴うその一義的な形態なるものは考古学上のタームと必ずしも一致しておらず，単純に識別しうるものではなかった．むしろ，考古学者の報告の背後に諸々のパラデイクマ間のディアレクティカを想定して初めて到達しうる一義性であった．とりわけ地表面を一種全体的に捉えなければ把握しえないものであった．そのような性質の形態につきディアクロニクな分析を試みるとなると，一層複合的な脈絡を常に用意しなければ到底われわれの目的に達しえない．

しかも，考古学的データは自足性を急に失ってくる．発掘という偶然に左右される不揃いは同じであり，不揃いは文献史料についても基本的には同じである．しかし，事実上考古学的データしかない領分においては考古学者の記述自体が一種自足性を保ちその限りで基準が一定であるが，文献史料を使った考証を補完しようという度合いが高くなれば，文献史料およびその解釈が持つ二重のバイアスをくぐらなければ考古学的データ固有のバイアスに到達しえないのである．考古学者の理論的反省も時代が下ると却って発掘や報告に直結しにくくなる印象がある．

以下のスケッチは何重もの意味において仮のものである．その最後の意味と

して，誰しも多くの未公刊データについては全体的見通しを持ちえないにしても，やはり第一線の考古学者でなければ持ちえない感覚というものがあるということ，否，公刊されたデータですら少し時代が降りれば膨大で到底この論考が網羅しうるところでなく，最初の一桁の近似値としてすら全体のイメージを持つことは不可能であるということ，を断らねばならない．とはいえ考古学者にとっては余りにも当然の前提であることの中に，以下に見るように，極めて新鮮な鍵が潜んでいる．今後も余り動かないと見られるこのような点に絞って以下若干の考察を加える．

2·1 都市中心の変化

2·1·1 Athenai の *agora*

政治システムの形成は，誰のテリトリーでもない単一の開かれた空間を必要とする．これが皆のものであり，皆にとって完璧に自由に接近しうるものでなければならない．特殊な形態の神殿の複数並立がこうした空間を生み出すということを既に述べた．

この公共空間で何が行われるかと言えば，今日の目からして多様なことが行われるということになる．神殿への開かれたアクセスを儀礼的に確認する様々な儀礼（祭祀），裁判，評議会，民会，等々．しかしこれらは基本的に同一の空間で行われた．確かに地形等を利用して早くから緩やかに分化していた，例えば民会開催の空間をその広さ故に相対的に特定しうる，という場合があるかもしれない．しかしその場合でも，都市中心の空間一般と緩やかに一体をなしていたはずである．まして機能に応じてそれぞれの空間がとりわけ閉ざされた建物によって区切られるということはなかった．神殿以外の公共建造物は存在しないのである[1]．

Athenai についても，われわれはアルカイック期の *agora* の所在を実質的に知らない．R. Martin がその古典的な研究[2]を著した 1951 年時点では，それは Artemis Pandemos 神殿の場所，即ち Akropolis の丘の南西斜面，にあったとされた[3]．しかし現在では有力な学説がむしろ北東ないし東の麓にあったとする[4]．Peisistratos の兵員集会を伝える伝承が Aglauros 神殿に言及していて，

その Aglaureion 祭祀のための女神官を顕彰する碑文が Akropolis 東斜面から最近発見されたのである．関連する神殿群の痕跡もそれと推定され，旧説が Harpokration の卒然たるコメントからのやや無理な推論による弱点を抱えるだけに，ありうる解釈であるかもしれない．しかし，この一群の考古学者達は R. Martin の所説を精確に把握していない．何故ならば，彼が実質的に論証しようとしたことは「akropolis と agora の未分化」[5]であり，事実上民会が行われたであろう場所の記憶を微かな伝承に求めたのである．すると発掘者の課題は，いずれにしてもその「古い agora」なるものがどのくらい akropolis と一体の空間とみなしうるか，それともそれから十分に分節したものであるか，を検証することである．この点に関する限り，R. Martin の指摘は決定的であり揺らいでいない．

しかしそれほどに，後の Agora は遅くに形成されるのである．それは，Akropolis と Areopagos の丘の複合体を（両丘の間の鞍部から発した道を）北北西に緩やかに辿って左に離れた小さな丘 Kolonos Agoraios を見てその影に入る，その地点を核として発展していく[6]．いわゆる「Kerameikos の Agora」である．まず6世紀に入ると Kolonos Agoraios の麓に（発掘者によって）C および D と名付けられた単純な構築物が現れる．6世紀半ばには C の南に大きな複合体 F が現れてそこにあった D は消滅する[7]．次に Apollon 神殿等北に一群の建物が広がって大きなスペースを創り出す一方，他方では500年前後 C が変容して auditorium の存在を推定させる構造になる[8]．R. Martin は発掘者の推定に従ってこれを評議会議場 bouleuterion であると考える．ここから逆算するように C および D についてこれを Solon の Thesmotheteion，即ち新設の四百人評議会の議場とし，F を Peisistratos の Prytaneion であるとする[9]．

最近では，C および D についても F についても bouleuterion の原型とすることに異論が提出され，特に F は Peisistratos 即ち tyrannos の閉鎖的権力中枢たる「宮殿」ではないかとする解釈の方が有力であるようにも見える[10]．いずれにしても新しい権力の中枢が Akropolis と離れて形を現し，これが変成を遂げて本格的な第二の公共空間になる，という点に関する限り動かないと思われる．そればかりか，Athenai の場合には政治システムの中枢がこの Agora の方へほとんど全面的に移転してしまう[11]．しかもさらに興味深いことに却って

民会場だけはその後 Pnyx に，即ち Areopagos の南西に連なるもう一つの丘に，分化していくのである[12]．それながら折り返すような展開である．

[2・1・1・1] 例えば T. L. Shear, in : W. D. E. Coulson, et al., edd., *The Archaeology of Athens and Attica under the Democracy*, Oxford, 1994, p. 225 は「ポリスが早くから発達したのに "civic buildings" が遅くに実現する」ギャップに驚く．

[2・1・1・2] R. Martin, *Recherches sur l'agora grecque. Études d'histoire et d'architecture urbaines*, Paris, 1951.

[2・1・1・3] Martin, *Agora*, p. 256.

[2・1・1・4] Shear, *op. cit.* の他, Ead., Bouleuterion, Metroon and the archives at Athens, in : *CPCPapers* 2, 1995, p. 157-69 ; S. G. Miller, Old Metroon and Old Bouleuterion in the Classic Agora of Athens, *ibid.*, p. 135-56 ; N. Robertson, The city center of archaic Athens, *Hesperia*, 67, 3, 1998, p. 283-302.

[2・1・1・5] R. Martin, L'espace civique, religieux et prophane dans les cités grecques de l'archaïsme à l'époque hellénistique, dans : P. Gros éd., *Architecture et société*, Rome, 1983, p. 19 : "séparation nette de l'agora et de l'acropole, alors qu'elles étaient étroitement associées aux premières temps de la cité……."

[2・1・1・6] Martin, *Agora*, p. 261 : ……naît l'agora du Céramique, dans la dépression qui s'étend à l'Est du Colonos Agoraios, au débouché du vallon qui sépare la Pnyx de l'Aréopage……．この上下の空間的分節も重要である．

[2・1・1・7] Martin, *Agora*, p. 263.

[2・1・1・8] Martin, *Agora*, p. 269sq.

[2・1・1・9] Martin, *Agora*, p. 270sqq.

[2・1・1・10] 例えば Shear, in : *The Archaeology of Athens cit.* など．ちなみに，Areopagos の裾にネクロポリスがあって幾何学紋様期（成立期および初期ポリス）から 6 世紀末までの墓を検出する（このいわゆる "Agora Archaic Cemetry" については，R. L. Young, Sepulturae intra urbem, *Hesperia*, 20, 1951, p. 187-252 を参照）．これは「例外的な城壁内墓」（Morris）ではなく，この外の Agora 地区がまだ正規の公共空間ではなかった，少なくともここで切れていた，無媒介に併存していた，ことを示すようにも思われる．とはいえ Peisistratos の権力が政治システムを大きくはずれるものではなかったという解釈が後代の Athenai では一般的であり，F という奇妙な複合体といえども余り性急に「宮殿」と断定することには躊躇を覚える．

[2・1・1・11] Martin, *Agora*, p. 290 は Akropolis の完全な非政治化を言う．

[2・1・1・12] Martin, *Agora*, p. 292 : "l'abandon de l'agora par l'assemblée une règle presque général."

2・1・2 都市中心の多元化

6 世紀末を一つの頂点として Athenai の都市中心に生ずる変化は，多かれ少なかれ多くの都市で見られる．

たとえば Argos ではアルカイック期の建造物痕跡が全く希薄であると言われる[1]．akropolis の丘（Larisa）の下に，500 年前後 Apollon 神殿が建設されて初めてこの状況が変わるが，それでもなおこれは孤立した徴表であり，460-440 年頃になって初めて大規模な建造が開始される．多くの研究者はこの変化を直感的に（Argos の場合若干遅い）デモクラシーへの移行に結びつけている．Larisa の南東の麓には，5 世紀以降の agora 区域において，後の構造物 P の下の層に最初に若干の痕跡が認められる[2]．既に方角は後の構造物に一致するが，構造物の性質がわかるほどの痕跡ではなく，"matériel votif" と分銅，石片が検出される．神殿または交換またはその両方を示唆するが，少なくともこれを言わば「先遣隊」として 5 世紀の第二四半期以降 agora の実質が形成される．ここでも一つのメルクマールは bouleuterion であり，明確に特定しうる最古の建造物は "la salle hypostyle" 即ち列柱を伴う方形の建物であり，Sikyon の bouleuterion に似るとコメントされる．そして第三四半期になるとその東に柱廊つきの建造物（P）が現れる．

　Korinthos においては急峻な akropolis（Akrokorinthos）と麓の agora の二元性は余りにも明白に見える．ところが実は Akrokorinthos が明確に公共空間の性質を獲得するのは遅い[3]のであり，先に agora 地区が発展するのである．これをどのように解釈すべきか．鍵は agora 地区の発展の模様に潜む．一個の神殿を中心に，幾つかの痕跡群が散開してまとまらず，後に「集住」によって初めて Korinthos の「都市化」が達成される，というように専門家はデータの全体をまとめる[4]．しかしこれを複数の政治的単位の合一によって理解するのは全く奇妙であり，考古学的痕跡が示しているのは，初期の政治的空間の一体性である．つまり，多様な機能が散開する傾向を見せるタイプの政治システムがたまたま形成された場合，都市中心は一体性を保とうとすれば却って幾つかの極を有する広い外延を獲得してしまうことになる．全体として大きく〈分節〉されていても，都市中心は幾つかのネクロポリスを湾のように入り組ませることになる．そしてこのことに対応して，デモクラシーへの移行時にむしろこちらが agora になり，akropolis が丘の背後の頂の最頂部にあらためて求められるのである．つまり入れ替わる[5]ようにして二重構造が形成される．そしてこのときに初めて agora の方では多元的機能が統合される．つまり初めて都市中心ら

しくなるのである．これが専門家の言う「都市化」である[6]．

R. Martin は，一種総括的な叙述において，*agora* が果たす機能の多元性（"la complexité des fonctions remplies par l'agora）に言及している[7]．*akropolis* を中心とする空間の単一性・等質性との間にコントラストがあるというのである．主として6世紀に先行的に発展したケースにおいては，この結果空間の構造は未規定的非有機的攪拌的（"la structure indéfinie, inorganique, embrouillée"）になるという．裏を返せばここで初めてこれを整理しなければならないという課題が現れるのである．公共空間の設計という概念（都市計画ないし "urbanisme"，"urbanistica"）自体，都市の成立の直接の帰結でなく，多元的な公共空間の〈分節〉の必要に対応するもので，したがってデモクラシーのコロラリーである．

もっとも，機能の多元性は直ちには公共空間の分節を意味しない．機能の新しい多様性を如実に示す "ἀγορά" という語の新しい語義，即ち商業を示唆する語義，に言及しながら，R. Martin は精確にも，物的装置のレヴェルの分節としてはこれが直ちには現れない，と指摘する[8]．彼の視角からすれば，公共空間の極めて意識的な〈二重分節〉の登場まで，Athenai などにおいても同一の空間内に多くの機能が入り組んで割拠するということになる[9]．高々その内部に幾つかの固有の形態の建築を発展させるにとどまる．とはいえ，たとえば6世紀から *tyrannos* 達の施策との関連で際立つ噴水の建設は明らかに独自の空間を築くものである[10]．領域から水を引いてきてこれを皆に公開する，そしてそのときにその形態を演出する，即ち華麗な装飾を施す，のである．外港を構築して都市中心のエクステンションとして組み込むということも盛んに行われるが，空間の〈二重分節〉以前にこれはやはり（商業的機能と密接な）別個の空間の創出にあたる[11]．そしてこれらは後述の新しい神殿群とともに（水，交換，海等々）いずれも領域との間に密接な機能的連関を有するのである．

〔2・1・2・1〕 J. Des Courtis, L'architecture et l'histoire d'Argos dans la première moitié du Ve siècle av. J.-C., dans : M. Pièrart éd., *Polydipsion Argos*, Paris, 1992, p. 241sqq.

〔2・1・2・2〕 A. Pariente et al., Les recherches sur l'agora d'Argos : résultats et perspectives, dans : AA. VV., *Argos et l'Argolide. Topographie et urbanisme*, Paris, 1998, p. 211sqq.

〔2・1・2・3〕 N. Bookidis et al., The sanctuary of Demeter and Kore at Acrocorinth. Preliminary report IV : 1969-1970, in : *Hesperia* 41, 1972. 神殿が形成されるのは6世紀に入ってからであり，

大規模な祭祀が展開されるのはむしろ 5 世紀以降であるように見える（やはりここでも Mykenai 期の墓が検出されている）．

〔2・1・2・4〕　C. Roebuck, Some aspects of urbanization in Corinth, *Hesperia* 41, 1972, p. 125 : "a sprawling community of scattered villages throughout the Geometric and much of the Archaic Periods." こういう観点からすると Akrokrinthos についての解釈も以下のように陳腐な蓋然性に依拠することになる ("Despite the obvious advantages of Acrocorinth as a refuge acropolis, its distance and the difficulty of ascent from the scattered villages precluded its early and steady development as the main religious center of the growing community, unlike the Acropolis at Athens. Instead, Temple Hill served that function and provided a visible center for urban growth.").

〔2・1・2・5〕　H. S. Robinson, Excavations at Corinth : Temple Hill, 1968-1972, *Hesperia* 45, 1975, p. 210 : "two successive temples (one *ca.* 700 B. C., the other *ca.* 560 B. C.)." 同一の「Apollon 神殿」が全面的に建て替えられる．

〔2・1・2・6〕　E. Greco, M. Torelli, *Storia dell'urbanistica. Il mondo greco*, Roma-Bari, 1983, p. 108ss. は，Sparta 型というモデルを設定して「都市中心」の希薄を指摘する．しかしこれは建造物の数・規模・華麗さに関して Athenai と Sparta を比較した **Thoukydides** のコメント (I, 10) をやや性急に解したものである (cf. E. Greco, Definizione dello spazio urbano : architettura e spazio pubblico, in : AA. VV., I *Greci. 2, II. Definizione*, Torino, 1997, p. 619ss.)．Sparta についても都市中心の観念自体が不鮮明であるとは考えられない．

〔2・1・2・7〕　Martin, *Agora*, p. 309sqq.

〔2・1・2・8〕　Martin, *Agora*, p. 283sqq.

〔2・1・2・9〕　Martin, *Agora*, p. 311sqq.

〔2・1・2・10〕　Greco=Torelli, *Urbanistica cit.*, p. 140ss.

〔2・1・2・11〕　Greco=Torelli, *Urbanistica cit.*, p. 255ss. の（Athenai の外港）Peiraeus に関する考察を参照．

2・1・3　公共建造物の登場

多機能的になれば当然に，緩やかにせよ空間に分節が生ずる．空間が区切られる．もちろんそれが枝分節にならないという保障はない．いずれにせよ公共空間自体が *akropolis-agora* に分節するばかりか，*agora* がまた分節する．そもそも，公共空間は完璧に開かれているのでなければならないから，これを区切るのは難しいが，しかし区切るのであれば，完璧に開かれた空間の内部にもう一つ完璧に開かれた空間を創るのでなければならない．しかもそれを amorphe にでなく厳格に画定しなければならない．こうして初めて（公共空間に最も相応しい，人々が自由に集まりうる）野外の空間に替わって，否，その内部に，堅固な建造物が現れる．しかしそれは少なくとも「内部が開かれている」（迷

宮でなく入るとたちまち見渡せる）というのでなければならず，外部から相対的に仕切られていても入り口が公共空間に大きくかつ等しく開かれていなくてはならない．

そうした形態の典型が劇場であることは言うまでもない．最も開かれていなくてはならずそのことを生命とする民会場が，*bouleuterion* を典型とする，むしろ *agora* 内に在ることにより討議を成り立たしめる空間に対して，自らを区別すべく，*agora* を退避して劇場に移る，或いは（Pnyx のような）離れた位置の劇場様の構築物に移転する，のは当然である．事実劇場こそは公共空間の中の公共空間，劇中劇の舞台，にあたる正真正銘の儀礼空間である．

いずれにしてもこうした本来の意味の公共建造物はデモクラシーへの移行の産物であり，政治の成立の直接の帰結ではない．

2·1·4　神殿の形態変化

神殿は元来から公共空間のただ中に文字通り浮かんでいなくてはならない存在である．したがって初めから公共建造物と同一の構造を有する．ならば公共空間の多元化に際してもその形態に変化を被らないはずである．確かに神殿の基本形態は驚くほどに初期に確立されてその後それは変わらない[1]．しかしそれでも，注意深く観察すると或る重要な変化が認められる．

神殿の周囲に形成される空間は，公共空間自体を創る上で，複製によってこれを直ちに生み出すその元たる再現的パラデイクマの意味を持つ．狭義の儀礼的空間の外側の空間もまた儀礼的意味を有し，かくして建造物複合体は建築の観点から外の空間を含めて大きく二重のヴォリュームを持つことになる．

既に述べたように[2]，ギリシャの神殿は狭義の神の住居である内陣（*cella*）と祭壇の間のスペースを大きく取りこれを強調するのが特徴である．神殿自体のポーチが長く取られ，*cella* までにたっぷりとした空間が残されるばかりか，列柱はさらにこれを膨らます．さらに祭壇即ち狭義の儀礼装置を簡素かつ野外に孤立させ，徹底して儀礼自体よりも空間を優越させる概念に基づいている．

とはいえ実は列柱を備える（"peripteral"）形態は 7 世紀後半になって初めて登場する．それまでは *cella* と祭壇の距離だけで，或いはポーチだけで（*in antis* 型），空間が創出されたのである[3]．但し，Samos の Hera 神殿につき一

部の学説は 8 世紀に既に「自由に立った」列柱の存在を認め[4], これら諸類型の区分はやや相対的と考えざるをえない. 7 世紀の末に初めて石造の列柱がスタイルとして定着するという点が動かないものとして残るにすぎない.

目立たないが重要な変化はやはり Samos の Heraion II で 550 年頃生ずる. 列柱構造 peristasis が二重に ("dipteral") なるのである[5]. tyrannos たる Polykrates との関係が確実なこの Heraion 更新の脈絡がどのようなものであったのか, Ionia 諸都市の同盟関係の関与がどのくらい新しい社会構造の形成に寄与したのか, しかしともかく "dipteral" な様式は列柱が創り出す空間ヴォリュームを二重にする.

540 年頃 Korinthos の「Apollon 神殿」が建て替えられるとき, "in antis" の構造が対称的になる他, cella 内の空間がほとんど列柱によって解放される[6]. これもまた明らかに二重の解放された空間を創り出す.

[2・1・4・1] 神殿の形態に関する最も初歩的で確立された認識はたとえば J. N. Coldstream, Greek temples : why and where ?. in : P. E. Easterling et al., edd., *Greek Religion and Society*, Cambridge, 1985, p. 74 : "The next three centuries [VI-IV] saw no drastic changes in the ground plan of a Greek temple : a *cella* approached through a porch (*pronaos*), often with a second porch at the back (*opisthodomos*), and surrounded by a peristyle of free-standing columns." 等々と表現される.

[2・1・4・2] POL IV・2・1, p. 335.

[2・1・4・3] B. Bergquist, *The Archaic Greek Temenos*, Lund, 1967, p. 19.

[2・1・4・4] Coldstream, op. cit., p. 70f.. これに対して Bergquist, *Temenos*, p. 44 は "a new, peripteral temple and an altar were erected about 670" と判断する.

[2・1・4・5] Bergquist, *Temenos*, p. 47.

[2・1・4・6] G. Gruben, *Die Tempel der Griechen*, München, 1980, S. 100. Gruben はこの二つの差を Ionia 式と Doris 式の差に還元して "dipteral" は Ionia 様式の問題である (S. 335 : "der polykratische Dipteros") と捉える. これは両様式を分けて叙述する旧来の体系の帰結である.

2・1・5 都市空間の〈二重分節〉

公共空間の中に公共空間があることになる. かくして建築が外の公共空間に対して内の公共空間を区切ると同時に内部に〈公共空間―各個の空間〉という分節を演出するようになる, 即ち建築の様式が〈二重分節〉に対応していく, ときに初めて, 個々の建築が局地的に実現するこの〈二重分節〉を一つの体系に統合する必要が生ずる[1]. 局地的に観念される複数の「外側の公共空間」が

互いに同一である，ことが明確でなければ，一個の〈二重分節〉システムが有るとは言えないのである．

　Miletos の Hippodamos の名に帰せしめられる或るコンセプトは明らかにこれに関わる．元来通路ないし道路は，領域に延びた公共空間であり，領域の各単位から都市中心へのアクセスを保障するために不可欠である．さしあたりそれは領域神殿が保障する都市中心—領域組織間分節の問題である．しかしこれとは別途に今，複数の「都市中心」を道路で繋ぐという要請が浮上する．複数の「外側の公共空間」の同一性を確保するためにはもちろんそれらが連続である必要がある．このために最小限公道が必要である．しかし Hippodamos はさらに一歩進んで，同一の軸上に複数の公共空間の設計を連帯させることを思いついたのである[2]．二つの公共空間は直線をなす公道によって同一性を与えられる．一方の侵食が完全に他方の侵食となって互いにこの連帯から逃れられないばかりか，「曲がり込んだところに小さな空き地があった」というのでは従属関係が発生するから，厳密な直線は完璧な対等をも実現する．軸を二次元のグリルにすれば，連帯が二重になり，直角にすれば二つの連帯が連帯すると同時に対等になる．

　もちろんこのような都市計画は，Athenai では都市中心と外港 Peiraeus を繋ぐ[3]だけであり，他では Ionia 諸都市の復興[4]と諸々の植民都市[5]に見られるのみである．圧倒的に一般化するということはない．その理由もまた明らかである．複数の公共空間の自由な連帯のためにも有効ではあるが，他面ではあらゆる種類の「空間の一元的統合」のためにも用いうるものであり，公共空間を一旦制圧した *tyrannos* にとってもまた極めて好都合であるからである[6]．

　〔2・1・5・1〕　都市の公共空間が単純に計画性合理性の方へ発展していくと捉えるのでなく，複数の機能の統合という点にアルカイック期から古典期へのディアクロニクな変化を見たのは，R. Martin, *L'urbanisme dans la Grèce antique*, Paris, 1956, p. 97sqq. の大きな功績である．後述の Hippodamos に関しても，碁盤の目状の都市計画を考案したという単純な理解を脱して，スペシフィックな思想内容において捉えたことになる．植民都市の場合に古典期以前にそのような都市計画自体は考古学的に検出されるから，単純な理解は破綻せざるをえないが，これを見事に回避したことになる (cf. Greco, *Definizione cit.*, p. 643)．

　〔2・1・5・2〕　Arist. *Pol.* 1267b22 が Hippodamos をむしろ「理想の政治システム」の計画を書き記した人物とするのは当然である．その真偽はともかく政治的含意について極めて意識的であったからこそ Aristoteles の激しい反応を呼び起こしたに違いない．

〔2・1・5・3〕 Martin, *L'urbanisme*, p. 106sqq.. Arist. *Pol. loc. cit.* にこのことは明記される．

〔2・1・5・4〕 Martin, *L'urbanisme*, p. 99sqq.

〔2・1・5・5〕 Thourioi について Diod. XII, 10 に詳細な叙述がある．

〔2・1・5・6〕 Aristoteles が「曲がりくねった」道と Hippodamos タイプの中間を選択するの（*Pol.* 1330b21）は，その理由付けが説得的でないとしても，こうした側面に由来すると思われる．Hippodamos が Peiraeus において Themistokles と，Thourioi において Perikles と，したがって「デモクラシー」と，密接な関係を有することは疑いない．しかしながら Hippodamos が用意したパラデイクマそのものは両義的であり警戒を要することに Aristoteles は気付いているのである．

2・2 ネクロポリスの変化

2・2・1 簡素化の多層的意味

7世紀に入ってネクロポリスの副葬品が簡素になるという傾向は広く指摘される．〈分節〉頂点は，たとえ交換の起点となったとしても枝分節頂点のように蓄蔵する傾向を持たないし，これを地表面上に monumentalize する思考様式も持たない．もっとも，〈分節〉頂点の継続性を保障する *gene* 等の儀礼的制度は当然に，テリトリー上に区別され monumentalize された空間を死者のために必要とする．もちろんこの全体が一つのフィクションであり本当の首長制があるわけではないから，強調される場合にもそれは記号の先送り機能を使うことになる．即ち塚と（壺などを立てておく）「マーカー」を使った様式が用いられることになる．

以上のことを再確認することは6世紀に入ってからの変化を解釈する上で不可欠である．とりわけ副葬品が貧しくなることは，「経済の停滞」を意味しないのはもちろん，「階層の格差の低減」したがって「民主化」をも意味しない．出発点として重要な徴表は，単一性ないし等質性とその内容である．つまり〈分節〉の審級が単一のままかどうかである．

この点，たとえば Athenai では，極めて錯綜しかつまた劇的な変化を繰り返す8世紀の状況と打って変わり，7世紀に入ると，領域をも含むネクロポリスの多元性にもかかわらず，ほぼ同一形式の火葬（cremation）墓が二世代優位を占めた土葬（inhumation）墓に替わり検出される．副葬品は少なく，替わり

に丸い塚が築かれ，上に「マーカー」が置かれる[1]．7 世紀後半には Kerameikos では "monumental mounds" が増加する傾向が見られ，つまり単一の審級内の格差が発生しかかるが，610-590 年代に一旦 "monumental mounds" が消滅する[2]．そして 6 世紀に本格的に入ると状況は突如複雑になる．まず徐々に土葬（inhumation）墓が登場し，5 世紀に入ると多数派となる[3]．但し cremation が消滅するわけではない．しかし cremation でも，竪穴で直接火葬に付しそのまま埋める簡素なタイプが現れ，inhumation とともに，発掘者に一層質素の印象を与える[4]．全体の傾向は Solon の立法の伝承に沿うが，しかし「簡素化」はそもそも政治成立時の徴表であったはずではなかったか．するとむしろ Solon は伝統を再確認しただけか．しかしそれにしては「質素」の具体的様相は異なるのではないか．「質素」に意味のディアクロニクな堆積を認めざるをえないのではないか．

明らかに，新しい「質素」は別のオーダーに対してサンクロニクにぶつけられたものである．たとえば謎に満ちた "Archaic Agora Cemetery" は，6 世紀半ばに不思議な位置に忽然と現れて 6 世紀末には消え去る[5]，Lydia 式および黒絵式陶器をそれぞれ数基しか検出させない cremation と inhumation が混然となった質素な，ネクロポリスであり[6]，Agora 地区の基礎をなす「Peisistratos の」構造物とも近い位置にある．他方これに対抗するように，丁度その 6 世紀半ばには，Kerameikos の方では "monumental mounds" が復活していて，そのうちの一つには次々とアルカイック期型の cremation 墓が挿入されていき巨大な複合体となって 5 世紀に深く入るまで持続する[7]．

〔2・2・1・1〕 I. Morris, Burning the dead in Archaic Athens : animals, men and heroes, dans : AA. VV., *Culture et cité. L'avènement d'Athènes à l'époque archaïque*, Bruxelles, 1995, p. 47.

〔2・2・1・2〕 I. Morris, *Burial and Ancient Society*, Cambridge, 1987, p. 128ff.

〔2・2・1・3〕 Morris, *Burning*, p. 48 ; Id., *Death Ritual and Social Structure*, Cambridge, 1992, p. 141 : "a clealy dominant burial type, inhumation in a simple pit." 但し D. C. Kurtz et al., *Greek Burial Customs*, London, 1971, p. 96 のように inhumation と cremation は一貫して併存し，葬送儀礼も副葬品のレヴェルも同一で，全く個人の選択の問題であった，とする見解もある．遠くから見るとこのように見えるほど状況が区々に分節されているということであろう．

〔2・2・1・4〕 Kerameikos について U. Knigge, *Kerameikos IX : Der Südhügel*, Berlin, 1976, "Archaic Agora Cemetery" について Young, Sepulturae intra urbem, *cit.* という二つの優れた発掘報告が基本的データである．

〔2・2・1・5〕 Morris, *Burial*, p. 67f. は例外扱いする.

〔2・2・1・6〕 Young, *Sepulturae*. なお, J. Rudhardt, Sur quelques bûchers d'enfants découverts dans la ville d'Athènes, *MH*, 20, 1963, p. 10sqq. は, Young の発掘報告の中に（既に都市域内たるため有るはずのない）例外的な4-3世紀の cremation 墓があることに着目する. そして全て子供の墓であることで説明する Young に対して, その場合には inhumation たるのが通例であるから, これは新生児遺棄に対応すると結論する. しかし, cremation-inhumation は社会構造の中で記号として作用するから, 6世紀の cremation 墓に繋がる意識が子供の墓にあえて cremation を選ばせたのではないか.

〔2・2・1・7〕 Kerameikos の "Mound G"（560年頃）に関して K. Kübler, *Kerameikos VII, 1. Die Nekropole der Mitte des 6. bis Ende des 5. Jahrhunderts*, Berlin, 1976, S. 5ff., S. 63ff.; cf. Morris, *Death Ritual*, p. 132ff.

2・2・2 記号コードの変容

アルカイック期におけるほぼ同様の記号コードが最も精密に分析されたのは, Euboia の都市 Eretria についてである. 南の海沿いのネクロポリスは早くに発掘されていて, 成人について単純で質素な cremation 墓が検出される[1]. ところが1960年代後半になり Cl. Bérard によって北の *akropolis* にずっと近い地点に *heroon* とネクロポリスが発掘されたために論議を呼ぶことになった. 市域内にネクロポリスがあるはずがないから *urbanistica* につき全面的な再解釈が余儀なくされたのである. しかし Cl. Bérard 自身はアルカイック期の都市貴族の存在を *heroon* に結びつけて「市域内墓禁止」のドグマに挑戦することになる[2]. ネクロポリス自身の分節を仮説として提示し, 南のネクロポリスから見ると都市内に, *heroon* と密接に関連して成人のための cremation 墓と未成年者のための inhumaion 墓が集結し, しかも遺灰を壺に納めることによって南のネクロポリスと区別されているというのである[3]. さらに一歩推測するならば, 北の *akropolis* から見れば *heroon* 以下の地帯は既に領域であり, しかしもちろん領域にも都市とネクロポリスがあってよいから, それが下の部分の区域であり, この場合「領域」は海に展開しているから, 都市中心と領域の中心は隣接しているのである. これが発掘者達に大きな困惑をもたらしたのである.

Eretria ネクロポリスの記号コードはその植民都市で一貫する. ナポリ湾に浮かぶ初期の商業基地 Pithekousai では南のネクロポリスのみに対応するネクロポリスが検出される[4]. この Pithekousai と入れ替わるように発展していく

対岸の Kyme ではまさに *heroon* 地区と南のネクロポリスの両方を合わせたようなネクロポリスの存在が認められるのである．

　さて，Kyme に関してこのことを確かめた Valenza Mele は，Eretria と違って Kyme が古典期にかけて大きな構造変化を経験するだけに，ディアクロニクな分析を試みるに至る[5]．彼女によれば，6世紀終わりから5世紀にかけて，副葬品は一般的に著しく貧しくなるか完全に無くなってしまう，ばかりか成人のための inhumation が登場する．他方新たに若者のための墓（骨格は大きいが葬送儀礼が未成年用）の中に例外的に石棺もしくは瓦による覆いを伴うものが現れ，副葬品は乏しいままだが杯を含む場合があり，その場合にはそれが豊かになり，個人的装飾品まで含まれるようになる．他方，cremation の方は区々に分化していく．直接竪穴の中で火葬に付すタイプの他に，壺に遺灰を納めながらしかし Euboia におけると異なってその壺を保護する容器を欠くという新しいタイプが現れ，かつ容器つきの古いスタイルも踏襲される．但しこれも，壺の質が落ちたり（若者用の inhumation の影響か）容器が直接使われる，という変化を被る．そしてこうした新しいタイプの墓がネクロポリス内で古い区域を侵食（更新）していく．単純に墓の質によって垂直一列の階層分化を想定するより遥かに優れたこの分析によって，彼女は，第一に成人のために inhumation を用いる階層が都市中心に上昇してくること，第二にそのとき青年層が新しい政治的（軍事的）階層として重要な役割を果たすこと，第三に cremation-inhumation の区別は残存するが別の第二第三等々の軸上の極の取り方をしばしば共有するようになること，を明らかにしたことになる．cremation-inhumation という軸はさしあたりここでは AX に対応し，また別の角度においては *animus-corpus* の分節の強調か一体としての連続性か，即ち都市―領域の分節（都市貴族の超越）か領域占拠の一義性か，という両極に対応するとしよう．大まかに都市の階層と領域の階層の極，親と子の極にも対応する．すると Kyme では，貴族が子として扱われ，領域の分子が都市貴族の極の側で軸を切る，という形で変化が生じていったことになる．軸上のポジションを交換するのである．

　このような解釈が成り立つならば，Athenai ないし Attika において「豊かさ」に関する限り cremation-inhumation の軸との対応が無いのは当然である．

なおかつ有意差は無くならない．多くの次元で垂直に交わる他の諸軸によって中和され都市―領域には対応しないが，両者が織り合わさって新しい形態で都市―領域間が媒介されるのである（Alkmaionidai および Peisistratos 周辺で微妙にその意識を分化させた人々が中心―領域間を往復した）．その中でてんでにかつ選択的に旧貴族の側に或いは領域の横断的組織の側に軸が切られるのである．どの墓も様々な特徴を敢えて混乱した形で示すことになる．

[2・2・2・1]　Cl. Bérard, *Eretria III. L'hérôon à la porte de l'ouest*, Berne, 1970. p. 28.

[2・2・2・2]　Bérard, *Eretria III*, p. 71.

[2・2・2・3]　Cl. Bérard, Topographie et urbanisme de l'Erétrie archaïque : l'hérôon, dans : AA. VV., *Eretria VI*, Berne, 1978, p. 89sqq.

[2・2・2・4]　G. Buchner et al., *Pithekousai I. La necropoli : tombe 1-723 scavate dal 1952 al 1961*, Roma, 1993.

[2・2・2・5]　N. Valenza Mele, La necropoli cumana di VI e V a. C. o la crisi di una aristocrazia, in : AA. VV., *Nouvelle contribution à l'étude de la société et de la colonisation eubéennes*, Napoli, 1981, p. 97ss.

2・2・3　再度の分解

しかし5世紀の最後の四半世紀以降になるとこうした様子も変わってくる．ネクロポリスの様相は標準化され安定する．新しい支配的な様式が確立するのである．つまり，Attika であれば方形の区画が構築され，特に通路面には装飾が施され，そしてその内部に複数の墓が収められるようになる．いわゆる"*peribolos*"スタイルの墓である[1]．

[2・2・3・1]　Kurtz, *Burial Customs*, p. 106ff.; cf. S. C. Humphreys, Family tombs and tomb cult in ancient Athens : tradition or traditionalism ?, in : Ead., *The Family, Women and Death*, London, 1983, p. 90ff.

2・3　領域の公共空間

2・3・1　領域の考古学的徴表

領域の考古学的徴表は，発掘の機会に左右されて，都市中心のそれよりも遥かに希薄である．もっとも，前節で見たような都市中心―領域間のダイナミズ

ムの結果,何が本来の都市中心で何が領域に属する中心であるのか,解釈は容易ではない[1].

その中で,Athenai のように都市中心が不動でそのヘゲモニーが一貫している都市においては,一つの典型として,ポリス成立後（したがって7世紀になると）領域からの考古学的徴表が劇的に減少する,ということが指摘される[2]. もちろんこれは人々の活動一般の濃度の痕跡ではなく,テリトリー上の公式の人的組織の結節点がその〈分節〉によって一義的に都市中心に集中したからである.かくして「理論的」には,テリトリー占拠の一般原則が継続的に排除された（「都市」）空間は領域には存在せず,中心にのみ人的組織の結節点がありうる,という新しい体制下,こうしたもののみが考古学的痕跡となりうるのであるから,領域の考古学的痕跡が一旦姿を消すということになる.

とはいえ,都市中心の政治的パラデイクマの平面から見る限りほとんど非公式な,領域の横断的な,人的組織が発達し,非公式な枝分節の発生を遮断するのではなかったか.それらの横断的組織もまた政治システムの名に値するのではなかったか.何故領域の横断的組織の中心は考古学的痕跡を遺さないのか.

もちろん都市中心と領域の間のコントラスト (1 と 0) にかき消されてそうした痕跡が見えにくい,或いは前者の意味連関に埋もれて示威的な記号空間は演出されなかった,ということがある.しかしさらにその前提に,そもそもアルカイック期の都市中心自体,神殿を除けば目を射る痕跡を遺さないのである.領域では神殿は二つの次元の間の分節を司るようにして点在する[3].他方各横断組織はもちろん儀礼・祭祀に深く関わるが,しかし領域の枝分節結節点の破壊の帰結でもある大規模な神殿の建設には到底向かわない.何よりも（軍事化の基礎は提供しても）軍事化の単位は厳格に都市中心の審級に置かれる.そのうえ多分に部族的な組織原理を生かして（反首長制的に）対抗的な横断的組織が形成されているのである（痕跡を遺すのは首長制的要素である）.たとえば *phratria* の集会の地点は空間上に厳格に固定されなくともよい.あくまで非公式に（したがってヴァーチャルに）政治システムの実質が保たれればよいのである.

Attika（Athenai 領域）における 7-6 世紀の考古学的痕跡が領域神殿と若干のネクロポリス[4]に限られることはよく理解しうる.ネクロポリスとて領域の

組織に対応して緩やかに集結しているにすぎないと思われる．

〔2・3・1・1〕　方法論上の基礎は，記念碑的な意味を有する 1967 年に二つの報告によって与えられた（E. Lepore, Per una fenomenologia storica del rapporto città-territorio in Magna Grecia, in : AA. VV. *La città e il suo territorio. Atti del VII Convegno di Studi sulla Magna Grecia*, Napoli, 1968, p. 29ss. ; G. Vallet, La cité et son territoire dans les colonies grecques d'occident, *ibid*., p. 67ss.）．しかしその後の世代の研究には（テリトリーの領有や通過儀礼＝後背地統合で一面的に説明する）一種の退行が見られる（cf. F. de Polignac, *La naissance de la cité* grecque, Paris, 1984 ; G. Greco, Santuari extraurbani tra periferia cittadina e periferia indigena, dans : AA. VV. *La colonisation grecque en méditerranée occidentale*, Roma, 1999, p. 231sqq.）．

〔2・3・1・2〕　R. Osborne, A crisis in archaeological history ? The seventh century B. C. in Attica, *BSA*, 84, 1989, p. 297-332.

〔2・3・1・3〕　Fr. de Polignac, Sanctuaires et société en Attique géométrique et archaïque : réflexion sur les critères d'analyse, dans : AA. VV., *Culture et cité*, p. 86.

〔2・3・1・4〕　Kurtz, *Burial Customs*, p. 68.

2・3・2　領域における中心の再形成

Attika では，しかしながら 6 世紀末に大きな変化が記録される．しばしば全く新しい地点に *ex nihilo* に[1]，独立の都市中心と見まごう建造物空間[2]が現れるのである．しかしよく観察すると本来の都市中心とは決定的に異なる特徴を備える[3]．第一に，この時期の都市中心の変化を反映しない．即ち公共空間の分節が希薄である．むしろ遅れてアルカイック期風に，アクロポリスの神殿とネクロポリスを直結させる．そして第二にしばしばこのネクロポリスは何と劇場に直結して複合体さえ形成するのである．

明らかに，〈二重分節〉を媒介するのでなく一重の〈分節〉をのみ媒介し，しかも〈二重分節〉の「下肢」即ち第二の部分にあたるもののみを媒介するのである．かくして単に公共空間の機能的分節が希薄であるというばかりでなく，何らか分化したその一つのもの（たとえば劇場）に特化して存在しうるのである．残余はここを素通りして本来の都市中心で充足される．

とはいえ，土地の上の直接的な関係に関する限り，この新しい中心が〈二重分節〉の実現に自足的な役割を果たすのではないかと考えられる．何故ならば，他の領域固有の装置，例えば領域に点在していた神殿は消滅していき[4]，都市中心の分化した部分に「移転」していき，政治的関係の脈絡における〈二重分

節〉関係はこのようにして領域から「浮き上がる」. 残った大きな領域神殿は
これも政治システム全体の脈絡の中に立つものに変身を遂げる[5].

[2・3・2・1] H. Lohmann, Agriculture and country life in classical Attica, in : B. Wells ed., *Agriculture in Ancient Greece. Proc. of the VII Int. Symp. at the Swedish Insutute at Athens, 1990*, Stockholm, 1992, p. 21ff.

[2・3・2・2] H. Mussche, Thorikos during the last years of the sixth century B. C., in : W. D. E. Coulson et al., edd., *The Archaeology of Athens*, p. 211ff.

[2・3・2・3] demos が小ポリスであったという Osborne 等の領域自生的組織復興の試みに連携して, R. Parker, Festivals of the Attic Demes, in : AA. VV., *Gifts to the Gods*, Uppsala, 1987, p. 137ff. は, demos レヴェルの祭祀の盛んなことからその「ポリス」が生きていることを論証するが, demos がポリスとはもちろん古い領域組織ともその性格を異にすることを見落としている. 領域の組織が広義の記号のレヴェルにシフトするからこそ儀礼・祭祀が目を射るようになるのである.

[2・3・2・4] de Polignac, Sanctuaires et société, p. 75.

[2・3・2・5] Brauron に関してさしあたり, cf. M. P. Nillson, *Cults, Myths, Oracles, and Politics in Ancient Greece*, New York, 1951, p. 40f.; de Polignac, *La naissance de la cité*, p. 67sq. 但し de Polignac のモデルにしてもサンクロニクな対抗の観点を欠いているため,「特殊 Athenai 型」なるものも説明されない.

2・4 〈二重分節〉単位の拠点

2・4・1 居住痕跡

　そもそもアルカイック期において領域の人員はどこに「住んでいたのか」. この種の問題は古くから争われ, 考古学者の関心もこれに集中する[1]. 都市の如き拠点に集住しそこから領域への活動に向かうのか, それとも領域の側に住居が構えられるか, が理論的比較史的な観点から決定的であるとされてきたためである. しかしながら「居住」ということを平板な意味に捉えてそれを実証することは全く無意味である. 大きな分岐点は, 個々の〈分節〉単位がテリトリー占拠の一般原則を排除する固有の空間を十分に確定的一義的に都市内に有するかどうかである. この点, アルカイック期においては都市の政治的階層のみがそうした空間を有しえたことは当然であり, 他には, これに従属しながら相対的に独自の交換の領分を築いた手工業者があるのみである. 領域の人員はむしろこれに対抗的に領域と関わっていたはずである. 居住痕跡の不存在はも

ちろん日常的な意味で居住が行われていなかったということを意味しない.

[2・4・1・1] cf. R. Osborne, Buildings and residence on the land in Classical and Hellenistic Greece, *BSA*, 80. 1985, p. 119ff.

2・4・2 領域の中心における居住痕跡

もっとも,考古学者が懸命に居住痕跡を探すのは,時代を下ると如何なる中心とも無関係に単独で「自由に」立つ構造物が領域のただ中にはっきりと現れるからである.これとの対照でそれ以前は集住していたのかということになるのは当然である.

しかしながら,その前にわれわれは,6世紀末以降に現れる領域の拠点において居住痕跡はどうか,ということを確認しなければならない.この点,明確な指摘も徴表も全く得られない.そして,まさにこのことが最も説得的な徴表であると考えざるをえない.即ち,領域に点在する第二次的中心は,そこから領域での活動へ出ていくという形態があったとしても,各〈分節〉単位の継続性を強調するような堅固な構造物を組み込んではいないのである.「都市と領域」の関係があったとしても,それは第二義的なもので,強く政治的な含意は素通りする,即ちこれは第一次的な都市中心の政治制度との関連でのみ生ずる,のである.〈二重分節〉単位は決して〈分節〉単位と同じではない,ということのコロラリーである.

2・4・3 〈二重分節〉単位の拠点

ところが5世紀後半になると,少なくとも Attika では,領域に点在する第二次的中心から離れたところに,内部に複合的な構造を有する堅固な建造物が全く独立に孤立して建つようになる[1].しばしば大きく区画されたテラスの上で,複数の従属的な小建造物を従え,その中には特徴的な円塔がある[2].中心の建造物自体,中庭によって開かれたスペースを取り込み,その周囲に良く分節された複数の空間を配する.

これが農業施設であるのか永続的な居住のための建物なのか,という論争には相対的な意味しか無い.仮に永続的な居住がここでなされなくとも,緊急時には軍事的な機能をも営み,また穀物等を蓄蔵しうる,このような確固たる空

間は,〈二重分節〉単位の根拠地となりうるのである[3].下からその出発点が築かれたことになりうる.アプローチの逆転を意味しうるのである.

これを単なる散開型定住形態の徴表とは見なしえない[4]理由は,続く4世紀末までにこのタイプの構造物がほとんど姿を消していく,否,それ以上の構造物を見出しがたくしばしばこれがローマ期ビザンツ期の牧畜の小屋として使い続けられる,ことに求めることができる.つまり,表面的にもデモクラシーと運命を共にしているのである.それはこれが〈二重分節〉単位の拠点たるからであり,また〈二重分節〉がデモクラシーの生命線だからである.

[2・4・3・1] J. E. Jones et al., The Dema house in Attica, *BSA*, 57, 1962, p. 75ff.; Id., An Attic country house below the cave of Pan at vari, *ibid.*, 68, 1973, p. 355ff.

[2・4・3・2] H. Lohmann, Ein "alter Schafstall" in neuem Licht : die Ruinen von Palaia Kopraisia bei Legrena (Attika), dans : P. N. Doukellis, L. G. Mendoni edd., *Structures rurales et sociétés antiques*, Paris, 1994, p. 81sqq.

[2・4・3・3] cf. J. Pecirka, Homestead farms in Classical and Hellenistic Hellas, dans : Finley, éd., *Problèmes de la terre*, p. 136.

[2・4・3・4] 領域の体系的な発掘が最も進んでいるのは Metapontion である.植民都市域に特徴的なことに,都市中心近傍の原部族的社会組織の定住拠点は或る段階で破壊される(Incoronata に関する発掘報告は多岐にわたるが,さしあたり cf. AA. VV. *I Greci sul Basento*, Milano, 1986)一方,周縁のそれ(cf. J. de la Genière, *Recherches sur l'âge du fer en Italie méridionale. Sala Consilina*, Naples, 1985 (1968); P. Ruby, *Le crépuscule des marges. Le premier âge du fer à Sala Consilina*, Paris, 1995)は発達するとともに或る段階から要塞化し(J. P. Morel, Foulles à Cozzo Presepe près de Métaponte, *MEFRA*, 82, 1970, p. 73sqq.; D. Adamesteanu, C. Vatin, L'arrière-pays de Métaponte, *CRAI*, 1976, p. 115; AA. VV., The excavations at Cozzo Presepe, *NSA*, 102 suppl., 1977, p. 191ss.),すると6世紀末から5世紀初めという早い時期に,内側の領域に碁盤の目状の道路網が現れ,都市中心からの〈二重分節〉的アクセスを如何なる地点に対しても強引に保障するようになり,そこに大小さまざまな「農場」の痕跡が現れてくる(cf. D. Adamesteanu, Le suddivisioni di terre nel Metapontino, dans : AA. VV., *Problèmes de la guerre*, p. 49sqq.; J. Coleman Carter, A burying ground in the territory of Metaponto, in : *Scritti in onore di D. Adamesteanu. Attività archeologica in Basilicata 1964-77*, Matera, 1980, p. 147ss.; A. M. Giambersio, *Il pittore di Pisticci. Il mondo e l'opera di un ceramografo della seconda metà del V sec. s. C.*, Galatina, 1989; L. Giardino, A. De Siena, Metaponto, in : Greco, ed., *La città greca antica*, p. 356ss.).この変化が跳ね返るように,(必ずしも Metapontion との関連ばかりでなくもっと大きく複合的な磁場の中で)周縁の定住拠点は解体されるか,領域神殿を痕跡として遺すのみとなっていく(cf. M. Lejeune, *Méfitis d'après les dédicaces lucanienne de Rossano di Vaglio*, Louvain-la-Neuve, 1990; M. Gualtieri et al., *Roccagloriosa I*, Napoli, 1990; F. G. Lo Porto et al., *Le lastre dei cavalieri di Serra di Vaglio*, Roma, 1990; P. G. Lo Porto, Timmari. L'abitato, le necropoli, la stipe votiva, Roma,

1990 ; A. San Pietro, *La ceramica a figure nere di San Biagio*, Galatina, 1991 ; G. Greco, *Serra di Vaglio. La "casa dei pithoi"*, Modena, 1991).

2・5 宗教の新たな分岐・展開

2・5・0

　以上のような公共空間の新たな分節はデモクラシーにとって不可欠である．しかるに，公共空間は元来儀礼によって画される．儀礼を支えるのは〈神話〉であり，とりわけ神々の概念を織り込んだ〈神話〉的パラデイクマの再現実化即ち祭祀が基本的な役割を果たす．これらのことは，神殿の基本形態同様に政治の成立以来不変で，既に述べたことは全面的に妥当する．M1 が M2 に修正されても，神々の概念そのものに積極的な修正はもたらされない[1]．犠牲を中心とする，その神々との儀礼的関係も変化を見せない．

　もちろん M であったものが全体として M と H に分節することに伴って，後者即ち歴史学や哲学においては，宗教に関する事柄が学問的に観察され，また M1 の神々の概念が批判され，神々の概念が批判の軸を基準に別の原理によって説明し直される[2]．しかし，観察対象自体は不変である．そうした批判が公共空間を画する儀礼・祭祀に影響を及ぼすことは無い．M2 という重要なクッションが控えているからである．5 世紀の末に若干の短絡[3]が発生したことを指摘しうるのみである．徹底的に批判的な態度と，旧来の祭祀の機械的な踏襲は，かくして完全に同居しえたのである[4]．この奇妙な乖離はアルカイック期に比しても一層大きく，極めて特徴的である．

　もっとも，M2 内部でも神々の果たす役割に微妙な変化が生ずる．Homeros におけるのとは異なって，悲劇においては，もはや神々の概念に積極的なディアレクティカを仕掛ける必要は感じられていない．神々の世界にはもはや興味深いドラマは与えられていない．ゼロ＝パラデイクマは無害化されてそれぞれ分散配置を終わっている．再度のディアレクティカによって Homeros のパラデイクマに解体が企てられるとき，介入は（第二次的であり，決して話の前提を作り替えて，全く知らない人々や神々が舞台を形成するということがない，のに対応して）常に部分的である．そして神々は決してそれに巻き込まれない．

その結果，Homeros のあの（神々が生身の肉体さえ持って傷つけられるという）徹底的な anthropomorphisme は後退して，神々は抽象的で非人称的な力として呼びかけられさえする．しばしば自然と心理に潜む合理的な原理や不条理な力をただ代弁しているようにさえ見える[5]．これらを指示する抽象名詞さえ容易に神々として現れうる所以である．これを再び儀礼の側に投げ返せば，神格化された抽象名詞のための神殿さえ現れることになる[6]．

こうしてディアクロニクな分析は極めて困難で無意味でさえあるということになる[7]が，それでも公共空間の新たな分節にともなって，外延と連接には一定の展開が見られる．そしてその末端において初めて，伝統的に潜伏を余儀なくされていた幾つかの要素が広範に展開するという新しい様相が現れてくる．

〔2・5・0・1〕 cf. W. Burkert, *Greek Religion*, Cambridge Mass., 1985, p. 119ff.

〔2・5・0・2〕 cf. Burkert, *Greek Religion*, p. 305ff.

〔2・5・0・3〕 cf. Burkert, *Greek Religion*, p. 311ff.

〔2・5・0・4〕 Burkert, *Greek Religion*, p. 321 は結論として，批判されたのは〈神話〉だけであり，むしろ宗教観念の内的な一貫性が追求され，却って祭祀を精神の内面で補強した，とする．神々の概念が〈神話〉に埋め込まれる特殊性，即ち Homeros において既に批判の動機があること，を見逃すため，（急に生じてしかも何ら実際に影響をもたらさないことになる）乖離の意義をはかりかね，縮減的に解釈し調和させてしまっている．徹底した思弁が精確に儀礼空間を画すことになる，基礎的装置が早くに確立されているのである．

〔2・5・0・5〕 cf. P. Pucci, Gods' intervention and epiphany in Sophocles, *AJP*, 115, 1994, p. 15ff.

〔2・5・0・6〕 cf. Burkert, *Greek Religion*, p. 184ff.

〔2・5・0・7〕 ヘレニズム期になれば別であるが，アルカイック期から古典期への宗教の変化はなかなか本格的には扱われない（但し後に触れる R. Parker, *Athenian Religion. A History*, Oxford, 1996 に留意する必要がある）．そもそも事柄の性質上，ディアクロニーを方法として有するのでなければ歯が立たず，実証主義は不適切で，他方これと連帯の関係にある「宗教史」は（実証主義と根を同じくする）「宗教学」の体系を適用して多く変化を語らず，その上事実としての不変性がある．それでも，実証主義の頂点に立つ M. P. Nilsson, *Geschichte der griechischen Religion*³, I, München, 1967 が最も実直に変化を追跡したと言える．但し，ペルシャ戦争を画期とするために，それ以後の政治的局面と哲学的反省を巻末 (S. 729ff.) に挙げるにとどまっている．面白いことに，彼が（体系的特徴というより）アルカイック期特有の現象として挙げる全ての項目こそは，ディアクロニーの鍵を握るものであるように思われる（*A History of Greek Religion*, Oxford, 1949, p. 180ff. では，Homeros に対してサンクロニクに対抗するものとしてこれらの傾向が捉えられている）．他方 Burkert, *Greek Religion* などは極端なことに秘儀等についても（「新石器時代」を重視する彼の方法もあって）時代抜きに叙述する．しかし実際には多くの体系的要素がディアクロニクに分解可能であるように思われる．

2・5・1 領域神殿とそのカウンターパート

政治成立時における領域神殿の役割については既に述べた．それは単一の神に関わり，したがって真の意味の公共空間を創出するのではない．そもそもそれは枝分節結節環の存立を保障する装置であった．部族組織と密接に機能し，部族連合体の結合関係を保障するものであった．しかしそれが政治成立時に都市中心の神々の一員として観念され，これらと平行関係に立つ．こうして領域組織と都市中心間，そしてまた領域組織相互間，の関係を整理する．

ならば，領域組織が都市中心に対して〈二重分節〉関係に立つようになるとき，この関係に微妙な変化が生ずるのは当然である．領域組織自体，領域の上の具体的な結合体であるよりもヴァーチャルなものに近づき，領域上の通行等をもっぱら具体的に保障するものである必要は無くなる．「部族」（phyle）組織自体，ますます元来の部族からは遠ざかる．

第一に挙げられるべき重要な変化は，都市中心―領域神殿間の分岐が，既に述べた都市中心公共空間の〈二重分節〉に吸収・転換されるというものである．つまりそれがヴァーチャルなレヴェルに置き換えられる．「複数の神殿」は「複数群の神殿」に変わる．他方，都市中心公共空間の〈二重分節〉の遠い方の極をかたちづくるこの神殿と領域神殿とが緩やかに同一視される[1]．かくしてPausaniasは，領域を歩いて都市中心に辿り着くとしばしば都市中心―領域間に一個の繋がりを見出す．丁度また，これが一個の移転関係と概念されることにもなる．そしてそれをétiologiqueに明示する祭祀，たとえば祭礼の行列等の形態，が現れる[2]．

[2・5・1・1] Parker, *Athenian Religion*, p. 73: "branch-office."

[2・5・1・2] Parker, *Athenian Religion* が（珍しく）決定的な変化を6世紀に見るときの実質的な支柱はこれである（cf. p. 75ff.）．祭祀に関心を絞る方法の帰結であるが，これは決して誤りではない．しかし，観念の領分を避けて（Durkheimを引いて）「社会的」なレヴェルのことを探る，と言うときに全くDurkheimを理解しえないことが致命的である．祭祀の形態の変化を実証的に追跡しても，それが何故かという問いは避けられ，高々祭祀のこうした領域への展開が広範な参加と捉えられ，この一点でデモクラシーとの関係が示唆されるにとどまる．背後に動く基本概念の変化と社会構造を関連付けるというDurkheimの動機は存在しない．

2・5・2 Dionysos と Artemis

　新しいタイプの領域神殿に関わる神々の名とその *epithetos* は恣意的である．他の神々の名の布置との関係で相対的に決まってくる．その中でしかし，顕著であるのは Dionysos と Artemis である．明らかに，Dionysos は[1]，固い〈分節〉体を外から食い破って中に〈二重分節〉を実現するという観念に関わり，祭祀はこうした面から〈二重分節〉の社会構造の屈折体形成に関わる[2]．他方 Artemis は[3]，打ち抜かれそうな〈二重分節〉障壁を守る，という観念に関わり，これまた〈二重分節〉の社会構造の屈折体形成に関わる[4]．

[2・5・2・1]　Nilsson, *GGR* I, S. 611ff. が真っ先にアルカイック期の現象として捉えるものである．但し，Melampous 等〈神話〉的形象に焦点を絞って Dionysos 儀礼の特徴を描き，（東方起源をそのまま受け取る他）Hesiodos を混ぜてしまうために，ディアクロニーに失敗する．その後，既に L. Gernet, Dionysos et la religion dionysiaque : éléments hérités et traits originaux (or., 1953), dans : Id., Anthropologie de la Grèce antique, Paris, 1982, p. 83sqq. が（書評ながら）ディアクロニーへの胎動を示し，M. Detienne（特に *Dionysos à ciel ouvert*, Paris, 1986）が構造的特徴（理論的には，パラデイクマのヴァージョン対抗の或る輪郭をゼロ＝パラデイクマにより「ピンで止めて」形が崩れないようにする作用）を正確に整理してディアクロニクな位置付けの準備をした，にもかかわらずディアクロニクな分析は課題として意識されてはいても（cf. F. Frontisi-Ducroux, Dioniso e il suo culto, in : AA. VV. *I Greci. 2, II : Definizione*, p. 275）実現しない．Herodotos を初めとする史料が盛んに示す（ギリシャ外の様々な祭祀との間の）ディアクロニーにも追いつかない．むしろ 19 世紀風の「起源探究」に再吸収される．W. Burkert, *Homo necans* の他，例えば G. Casadio, Storia del culto di Dioniso in Argolide, Roma, 1994 なども，鍵を握る〈神話〉として Melampous の屈折体に接近し伝承を時系列に並べるが，結局「宗教学的に普遍的な」「女子の通過儀礼」に還元するために，Homeros と Hesiodos において既にむしろ古いメカニズム（であろうとそれ）が再発掘・加工されていること，既に記号作用を都市—領域間に分節的に展開するという要請に応えるものであること，ところがこれが 6 世紀後半に構造の支柱をなすイッシューとなり，Akousilaos-Pherekydes-Bacchylides 等々のテクストが多彩なヴァージョン対抗を示し，Herodotos の醒めたディアクロニーさえ生むこと，その背後には〈二重分節〉の形成があり，「Dionysos の浮上」とは結局そうした事態であること，についての分析は始まらない．

[2・5・2・2]　Pausanias の記述は，Dionysos の祭祀が領域に広く展開され，両極に神殿を持つ，という記述に満ちる．Detienne, *Dionysos à ciel ouvert* は全編でこれに依る．

[2・5・2・3]　珍しく 6 世紀に着目する優れた Artemis 理解が J.-P. Vernant, Une divinité de marges : Artémis Orthia, dans : AA. VV. *Recherches sur les cultes grecs et l'occident, 2*, Napoli, 1984, p. 9sqq. に見られる．

[2・5・2・4]　Pausanias の記述の他にも Artemis の空間的展開を示すテクストが豊富に存在することは，例えば F. Frontisi-Ducroux, Artémis bucolique, *RHR*, 198, 1981, p. 29sqq. に見ることが

2·5·3 initiation

　第二の変化は，先に述べた領域神殿の転換ないし等置自体が空間上に両極性を発生させるというものである．このとき，遠い方の極における祭祀は initiation に深く関わる．もちろんそれらは元来枝分節結節環を構成し，「境界の乗り越え」を指示する空間であった．部族連合の軍事化がその典型である[1]．しかしデモクラシーとともにこのことが新たな脚光を浴びる．initiation は元来無分節を経て分節隊形を作り直すための儀礼的行為である．領域神殿のそれは，しかし政治成立と同時に（領域に部族連合組織をそのまま残すような形態の都市ないし都市連合を除いては）実効的な意味を失うはずである．軍事化が多元的であってはならない．ところが今，軍事化自体が市民権という概念とともに二重の意味を帯びなければならなくなる．相対的に自由で自足的な編成により裏打ちされていなければならない[2]．新たに〈二重分節〉に組織し直すという意味も込められるであろう．このときに領域神殿における initiation は決定的な意味を獲得する．

[2·5·3·1] 危機に際して Artemis が，この原型に戻るディアクロニクなトンネルを深く照らし出す，様は，P. Ellinger, *La légende nationale phocidienne. Artémis, les situations extrêmes et récits de guerre d'anéantissement*, Paris, 1993 により全屈折体にわたって余すところ無く示された．

[2·5·3·2] cf. Vidal-Naquet, Le chasseur noir et l'origine de l'éphébie athénienne, p. 164sqq.. A. Brelich の諸著作を初めとしてディアクロニーを欠く再構成の試みは多数存在するが，それだけに Vidal-Naquet の論文の熟読は欠かせない．

2·5·4 秘儀

　そればかりではない．ときとして極めて広範な連帯を実現して都市中心に対抗しなければならない．他方では切り崩しに対して自らを固く閉鎖して見せなければならない場合もある．これらのいずれの場合にも initiation の儀礼をそのまま持続して再現実化を引き延ばすことが極めて有効である．領域神殿における秘儀が重要度を増す[1]のはこうした理由に基づく．

　秘儀もまた通常の祭祀の一形態に他ならない．しかしながら，通常の祭祀が犠牲によって擬似交換関係を演出し神々と〈分節〉的な関係を樹立し，反射的

に人々相互の〈分節〉的関係を促進する,したがってその場を公共的なものにする,のに対して,新種のこの initiation 儀礼は,自集団を他から区別し,決して切り崩されたくないのである.かくして,厳密な再現的パラデイクマによって武装し,しかもその儀礼を他の者達に決して共有させないという儀礼が伴う[2].これが秘儀である.しかもこの秘密結社は,出自に関しては相対的に多様な人々が自由に結合している,儀礼だけを共有している,というものである.そうでなければ〈二重分節〉への「改鋳」ということに対応しない.他面で〈二重分節〉の〈分節〉的要素を元来否定したくはない.かくして corpus のレヴェルを別に留保する,極めて精神性の強い,結合体ともなりうる[3].

[2・5・4・1] vgl. Nilsson, GGR I, S. 653ff.. もちろん Eleusis の Demeter が,西方の Dionysos と並んで (cf. W. Burkert, Ancient Mystery Cults, Cambridge Mass., 1987, p. 22),ここで見る側面の基本パラデイクマをなした (cf. F. Graf, I culti misterici, in : I Greci 2, II, p. 309ss.).基本〈神話〉における子の役割に注意を要する.なお,(Burkert による修正の試みにかかわらず)学説は古代末の事象に引きずられて古典期固有のニュアンスに十分注意深くない.

[2・5・4・2] Pythagoras 教団について既に述べたところである. vgl. Nilsson, GGR I, S. 699ff.. なお,組織形態に関する Burkert, Mystery Cults, p. 30ff. の論述は同時代の脈絡を無視する typology たるために全く説得力がない.

[2・5・4・3] vgl. Nilsson, GGR I, S. 678ff. Orpheus 教団が 6 世紀に盛期を迎えることにつき vgl. S. 683, Orpheus と Dionysos の親近性について vgl. S. 686.

2・5・5 パラデイクマ分節活動の〈二重分節〉

他方,知的活動が par exellence に二重のディアレクティカに傾斜していくにつれ,思考に分節を与える言わばその節目を聖化する作用が新たに現れる[1].部族結合に端を発する領域神殿は,転じて「国際的な」諸ポリスの分立(特に植民都市の建設)を媒介する[2].これが再度転じて各ポリス内の対立を仲裁する機能を果たすようにもなる.その各ポリス内の対立が都市と領域組織の関係を巡るものであり,仲裁が領域の障壁を保持させる方向である場合,仲裁のために発せられる(言語によって分節された)パラデイクマは,もう一度解釈されて(もう一度言語によって分節されて)両者の関係を媒介する[3].このパラデイクマの再度の分節(解釈)ということ自体が内容以前に既に関係を形成するのである[4].かくしてそれは性質上〈二重分節〉の基礎でありうる.旧領域神殿たる「国際的」神域は,第一段のパラデイクマ分節を固定し,分節を鮮明

な二段階にする，ために大いに寄与する．Delphoi の Apollon はこの点で顕著な役割を果たしたことが知られる．

6世紀以降 Delphoi の役割が増大し新たな段階を迎える[5]とすれば，それは「国際仲裁」を越えて〈二重分節〉の社会構造を媒介する屈折体の核となるパラデイクマを直接韻文で指示するようになるからである．われわれは Herodotos にこの種類の神託を多く見た[6]．悲劇等との親近性が感ぜられるのは当然である．また「七賢人」（から Sokrates まで）との関連等，二重のディアレクティカたる知的活動と密接な装置として観念されていく．他方，これに応じて作用を基礎付ける étiologique な〈神話〉的パラデイクマには新しいヴァージョンが加わる[7]．

さらには，知的活動ばかりか，（技術的な）記号操作もまた構造に沿って〈二重分節〉しなければならない．Iamos〈神話〉が示すように，「国際的な」神域は，彼ら「記号操作者」の virtù を限定して〈二重分節〉させるために働く．ちなみに，そこで行われる potlatch 即ち競技は勝者に virtù を与える．それはさしあたり政治的階層の諸頂点（「貴族」）たる資格に関わる．しかしその役割は徐々に変わっていき，〈二重分節〉単位即ち市民権という概念と密接に関わるようになっていく．

〔2・5・5・1〕 Delphoi の機能に関する Nilsson, *GGR* I, S. 625ff. は依然最もバランスの取れた全体像を提供する．

〔2・5・5・2〕 cf. C. Morgan, *Athletes and Oracles. The Transformation of Olympia and Delphi in the Eighth Century B. C.*, Cambridge, 1990, p. 158ff.

〔2・5・5・3〕 立法との関係につき，vgl. Nilsson, *GGR* I, S. 640ff.. 内政一般における仲裁機能につき，cf. S. Price, Delphi and divination, in : P. E. Easterling et al. edd., *Greek Religion and Society*, Cambridge, 1985, p. 145ff.. なお宗教的問題が頻繁に諮問されるように見えるのは，聖化された空間が分節構造を画すからであり，「宗教的権威」故ではない．

〔2・5・5・4〕 ギリシャの「言語によってよく分節された」神託の特徴について，cf. J.-P. Vernant, Parole et signes muets, dans : Id. et al. edd., *Divination et rationalité*, Paris, 1974, p. 9sqq.

〔2・5・5・5〕 cf. J. Fontenrose, *Delphic Oracle. Its Responses and Operations*, Berkeley, 1978, p. 5.

〔2・5・5・6〕 Fontenrose, *Delphic Oracle* は，5世紀末以降碑文等を通じて直接検出される「条件文―命令法」という端的な文体を基準に採り，Herodotos が伝えるものなどはむしろ統計的に文学の中に登場するものに近いとし，これらの信憑性を否定する（cf. p. 51）．Xerxes の侵攻前の Athenai に与えられた神託さえ実在しなかったというのである（p. 124ff.）．しかし後の時代と形態が異なるというだけでは論理的に全く真正性を否定する論拠とならない．むしろ，

端的な文体は〈二重分節〉主体が脈絡から切り離されて指示を仰ぐためではないか．4 世紀以降の衰退の予兆である．Fontenrose が否定的評価のメルクマールとする派生ヴァージョンの豊富さ (p. 119) は解釈されかつ解釈の余地があったことを示す．これが関係媒介のポイントである．

〔2・5・5・7〕 cf. J. Fontenrose, *Python. A Study of Delphic Myth and Its Origins*, Berkeley, 1959.

2・5・6 〈二重分節〉単位の個別的聖化

initiation に宗教が深く関わるのは，ゼロ＝パラデイクマ装備を帰結する神々を登場させる〈神話〉的パラデイクマの再現実化たる儀礼でなければ，言わば頂点を突き抜ける根底的軍事化に成功しないからである．思わぬところに潜む枝分節要因を全て駆除して〈分節〉を達成するために，この儀礼は不可欠の役割を果たす．他方そのような機会は〈分節〉のレヴェルでだけ許容され，日常的なものではありえなかったはずである．

ところが，〈二重分節〉システムは，もう一つ別の〈分節〉システムが領域に有るということだけを意味せず，不断に新たな〈分節〉が下位に発生し続けることを意味する．入れ替わりや移転や再形成といった自由で闊達な運動を生命とするものであるからである．つまり〈分節〉の絶えざる解消・再形成，つまり initiation が不可欠の要素となる．これが Herakles の労苦である．Dionysos や Artemis とは反対の側から，つまり常に挑戦して食い込まなくてはならない側から，〈二重分節〉が概念されることになる．〈二重分節〉単位の存立を制度的に保障しようというのではない．この作用は領域の上の障壁のパラデイクマ[1]で捉えられるものではなく，逆に至る所に出没しなければならない．initiation はデモクラシーのキイ・ワードとなる．

こうして，一連の *heroes* がネクロポリスを出て，神々の一員，つまり不死の存在であると概念されることになる．最も代表的であるのは Herakles である．Pausanias (II, 10, 1) は，Sikyon に Herakles のための神域 ("τὸ ἱερόν") が存在することを述べ，Herakles のための二重の儀礼，即ち神々に対するように犠牲獣を分割したあと，さらに残余を今度は *heroes* に対するように単純な供物として捧げる，という儀礼を記述している[2]．その étiologie にも言及する．Herakleidai の一人 Phaistos が或る日やってきて，人々が *heroes* のためにするように Herakles に供物を捧げる ("Ἡρακλεῖ σφᾶς ὡς ἥρωι ἐναγίζοντας") の

を見，これを拒否して敢えて神として犠牲式を行った（"ὡς θεῷ θύειν"），というのである．Herodotos (II, 44) は，Herakles に対応する神をエジプトに見出し，ギリシャでは人と概念されることと対照している．元来神であった，というディアクロニーが秘かに含意されているが，Herodotos はそこからさらに反転して，ギリシャでも二重儀礼が行われることを自分の考察の論拠として挙げ，そして自分の観察即ち二重性の肯定を正当化している．つまりエジプトとは別の次元で Herakles が再度神と概念されることの必然性を意識しているのである[3]．

> [2・5・6・1]　もちろんこちらの側の聖域も一定程度発達する（J.-P. Vernant, Hestia-Hermes. Sur l'expression religieuse de l'espace et du mouvement chez les Grecs, dans : Id., *Mythe et pensée chez les Grecs*, Paris, 1990 (1965), p. 155sqq. が見事に分析するところである）．しかしこれとても「ポリス—オイコス」という通俗的図式で理解されればポイントをはずすことになる．Hermes は境界と流通の両方を司るのである．
>
> [2・5・6・2]　J.-L. Durand, *Sacrifice et labour en Grèce ancienne*, Paris, 1986 は，(ディアクロニクな視点を欠きながらも) Prometheus ヴァージョンとは違う意味を犠牲が獲得することを分析する．単純な交換モデルに戻って領域に散開し，労働と果実の個別的帰属を媒介する（Herakles は主人公の一人である）．
>
> [2・5・6・3]　W. C. K. Guthrie, *The Greeks and their Gods*, London, 1968 (1950), p. 231ff. は，墓によって祭祀が執り行われる *heroes* の中で唯一 Herakles だけが死すべき人間と不死の神々の境界をその偉業によって乗り越えた，と理解する．Herakles の労苦の性質を全く誤解している．人の神格化というヘレニズム期以降の動機に拘束されているためにこのような理解に終わったと思われる．

2・5・7　聖域散開の帰結

この他にも領域の〈二重分節〉に伴って，「聖なるオリーヴの木」（V. *infra*）のみならず，分岐を意味する泉や，様々な境界，が聖化されることになる．今や聖域自体が領域の〈二重分節〉切片と化すことにもなる．この結果一方でそれらの間の，また一般の〈二重分節〉単位との間の，関係を整序し，聖域を作ったり廃止したりということが，日常的な政治的決定のアジェンダとなる[1]．

他方では，これらの祭祀の物的負担は〈二重分節〉原理によってさらに再分配される．つまり物的な交換関係の結び目になる．この結果これらの関係を律する政治的決定も盛んに行われるようになり，それは分配を調整する規範の形態を取るようになる[2]．つまり他の関係にとって聖なる前提でなくてはならな

いうのである.

否，そもそも都市および全物的装置のための物的負担が〈二重分節〉原理によることとなる[3].

[2・5・7・1] cf. Parker, *Athenian Religion*, p. 102ff.. 領域諸組織のレヴェルの祭祀の昂揚が Kleisthenes に結びつけられて描かれるが，逆に，たとえば *phratria* と宗教の関係が示すものは，自然生的組織の徹底した儀礼化＝脱実体化であり，他方これと別の次元に政治的に有効な「領域組織」が再編されるのである．儀礼化は，ディアクロニクな意味作用の創出のために不可欠であるばかりか，新しい空間処理の基盤となる．

[2・5・7・2] cf. Parker, *Athenian Religion*, p. 122ff.. Parker は，デモクラシーは世俗化でなく既存宗教への民会のコントロールとして現れる，とするが，的外れである．

[2・5・7・3] 基幹をなす神殿建設の財政構造についての研究は明らかな欠落点である（明確な問題提起が R. Martin, Aspects financiers et sociaux des programmes de construction dans les villes grecques de Grande-Grèce et de Sicile (or., 1973), dans: Id., *Architecture et urbanisme*, Roma, 1987, p. 533sqq. に見られる）. P. Stengel, *Die griechischen Kultusaltertümer*, München, 1920 ; A. Andreades, *Geschichte der griechischen Staatswirtschaft*, München, 1931 といった古事学系のハンドブックが「国庫」の概念に全てを吸収した後は，W. H. D. Rouse, *Greek Votive Offerings. An Essay in the History of Greek Religion*, Cambridge, 1902 のように〈神話〉レヴェルで「戦利品による神殿建設」という通念の存在を指摘する他は無いようである．かくして T. Linders, Sacred Finances: Some observations, in: AA., VV. *Economics of Cult in the Ancient Greek World*, Uppsala, 1992, p. 9ff. はヘレニズム期の碑文に依拠する以外になかった．そこに見出したのは財源を細かく区分する思考である．この点，M. I. Finley, *The Ancient Economy*, London, 1985(1973), p. 74f. は，建設遂行主体の側の細かい分節に気付いている．しかし残念ながら，例外的に高度な技術を要するために奴隷が使えなかった，と的はずれな推論を行うにとどまる．もちろん課題はこの分節にディアクロニクな見通しを与えることである．この点，またしても Hdt. V, 62 が決定的である．Alkmaionidai が Delphoi に独力で神殿を建設したことは，Peisistratidai 追放の重要なステップとなった．Hdt. は神殿の設計が（文字通り）paradigmatique な意味を持つに至った，と述べるが，負担の形式もそうであったに違いない．Peisistratos が戦利品と財産没収で大規模建設事業を行ったとすれば，Alkmaionidai はこのとき（敗北後まだ）領域にあって（砦を築いて）この建設を実現したのである．亡命時であるのに，豊かであった，という Hdt. の奇妙な記事は，〈二重分節〉単位を束ねたこと，つまり負担を再分配しえたこと，を示唆している（Martin, Aspects financiers, p. 538sqq. は Diod. 等の断片を的確に使って同様のことを示唆する）．事実，Peisistratidai の神殿建設に関する碑文の文言の形態（M. N. Tod, *A Selection of Greek Historical Inscriptions to the End of the Fifth Century B. C.*, Oxford, 1946, n. 8）と Perikles のそれ（Tod, n. 53）の間にははっきりとした相違が見られる．

3 領域問題の展開

3·0 序

政治システムはその性質上成立するや否や領域に厄介な問題を抱える．黒は白と区別されることによって存在するが，しかし白は絶えず黒に不協和音を突き付けて来る，にもかかわらず白の存在無しには黒は成り立たない，からである．当初から実に多くの屈折体が用意され，これがわれわれの目には領域に関わる複雑な制度や組織と映る．極めて多くの変化型が認められるものの，しかし基本的なコンセプトは，領域の方に政治システムを拡張する，或いは領域の側に対抗的な政治システムを敢えて持たせる，というものであった．これは一種の先送りであるが，しかし一段の先送りこそが決定的に社会構造の質を変える．

何よりも，〈二重分節〉はこの極めて基本的な前提条件の上にしか発展しなかったと思われる．水と油のように乖離していてしばしば互いに非公式に認め合うにすぎなかったり外交的同盟的関係であるにすぎなかったりするが，初めからともかく二つの審級が用意されたのである．III·1で見た社会構造の変動におけるばかりか本節で見る政治的パラデイクマの修正においても，デモクラシーの形成は上下二つの審級の存在をその生命としている．

とはいえ，このように「上下」と形容せざるをえなかったことに早くも現れているように，この大前提自体，当初から両者の間に枝分節が発生する危険を常に孕んでいた．テリトリーそのものに関する限り，二つの審級の間の冷たい無関心こそがこの危険を未然に防いでいた．しかし軍事勤務と種類物の流れにおいて，両者は無関係ではいられない．さもなければ「政治システムと領域」という二項関係自体が存在していないことになる．

ましてデモクラシーに至って二つの審級が密接に関連するようになると，当初から存在したこの「泣き所」が大きく揺さぶられることは疑いない．他方では，警戒された種類物の流れが今や初めて大きく発展する可能性も開かれたのである．

果たしてギリシャの政治システムはデモクラシーへの移行に伴って問題を解決しその大きな発展の可能性を実現しえたのであろうか．

3・1　領域問題の原点

3・1・1

Hesiodos にとって，凡そ交換は婚姻にさえ至るまで警戒を要するものであり，かつ交換の基本概念は贈与である．都市中心の政治的階層は彼にとっては "βασιλῆες δωροφάγοι"（贈与を貪り食う者）であり，彼らに対して裁判にさえ至るまでの交換のチャンネルを閉ざすことは至上命令である．政治システムは都市中心から領域に真っ直ぐ縦に入ってくる〈分節〉単位を想定させる．これに対抗する（そして対抗的に組織原理を複製する）強固な横断的組織が社会構造として定着したことがギリシャ社会の行く末を大きく運命づけるが，その横断的組織の連帯の原理の中にも贈与交換が忍び込むことがあってはならない．

以上のような顕著な緊張関係は，後の問題状況を投影して「自営農民の危機」と捉えるべき性質のものではない．新しい階層の誇り高いマニフェストである[1]．とはいえその後の全ての問題がディアクロニクに先取りされていることも疑いない．逆に言えば，Hesiodos のテクストの正確な解釈は必ず出発点とならねばならない．

〔3・1・1・1〕　cf. Er. Will, Hésiode : crise agraire ? ou recul de l'aristocratie ?, *REG*, 78, 1965, p. 542sqq.

3・1・2

この Hesiodos とてむろん一切の種類物の流れと無縁でありうるわけではない．種類物の流れは交換の中でも最も枝分節のメカニズムに密接なものである．単純な動産や貴金属製品の交換も枝分節の組織を大きく左右することがあるが，継続的な種類物の流れはテリトリーの一番「底」にまで至ってこれを大きく搖

き乱す．したがって Hesiodos にとってとりわけ避けられない問題である．

　領域上の〈分節〉単位にとっても最小限の信用は不可欠である．作付けと収穫の周期自体既にそのタイム・ラグによって信用の母胎であるし，まして用具・家畜・副産物の連関は一層の信用に依存する．Hesiodos は既にワインとオリーヴの生産を当然の活動と見なしている．これらの種類物の取引は明らかに信用を強化するであろう．穀物の流れの連関がテリトリーに対して拘束的な要因として入ってくるとすれば，ワインとオリーヴの生産はこれに対して迎撃的に作用する．既に Odysseus は Kyklops をワインによって仕留めたのである．

　とはいえこれらの取引においてさえ，相手が都市中心の政治的階層であれば，テリトリーを巡る枝分節の連関に，否，〈分節〉単位内の強い無分節連関にさえ，巻き込まれかねない．かといって領域の横断的組織内で相互に信用を調達する，即ち穀物等を「借りる」，ことは一層危険である．最も直接的な基盤たる，完全に〈分節〉的な小さな単位の固い連帯が，その生命線である〈分節〉的たることを失う惧れがあるからである．

　しかし Hesiodos の父は海を渡ってトアル領域に今入植したのではなかったか．そのときには少なくとも予め穀物の供給を受ける必要があったのではないか．"βασιλῆες δωροφάγοι" の恩恵に与ったのではなかったか．弟の Perseus はその遺産を受け継いだのではなかろうか．それこそが都市中心の機能というものではないか．否，Hesiodos はこれを完全に否定しうる．そもそも新しい都市領域の形成のための大規模な穀物供給を可能にしたのは海である．Hesiodos の父はその海を独力で渡ってきたのである．全てを船とその人員と動産に換え，そしてまたこれらを新しい領域の上で用具やストックに換ええたのである．政治的階層が大規模に組織的に行ったであろうことを単独で充足してしまったのである．この遺産なしにはこのマニフェストはありえなかったであろう．彼が父の事情をテクストに織り込むのは当然である．

　いずれにしても，重要なことはここで或る原メカニズムが確立しているということである．つまり海，および海を通じての或る互換性，である．海もまたテリトリーの原則を直ちに免れるというわけではない．実力の応酬がありうる．一個の船の上の人員や船団の上のそれは軍事化した集団でありうる．とはいえ，相対的に船や船団ごとの〈分節〉は達成されやすい．連続性は断たれやすく，

また連続的関係は流動的である．直ちに公水であったり公共空間であったりするわけではないが，それが達成されやすい．かくして Hesiodos の父の船の上の単位は，彼の領域上の単位の格好の原型なのである．

ならば Hesiodos 自身が海での活動を部分的にせよ継続するのは当然である．完全に自足的に財の流通の必要を満たしうるのである．カレンダーに沿って領域の上のアジェンダを厳格なリズムで刻み隙を見せない彼の叙述は，「商業」 "ἐμπορίη" に関する部分を有する．彼のアジェンダ "ἔργα" の不可欠の一部をなすのである．交換を警戒し自足的であることは，しばしば主張されるように「自給自足的農業」たることを意味するのではない．「自足性」(autarcheia) は強く政治的文脈で概念されている．Hesiodos の〈分節〉単位は決して閉鎖的であるのではない．"ἐμπορίη" そのものを敵視したり蔑視したりすることはない．但しその解放通路を完全に自分で統御しようとする．"ἐμπορίη" は，そのために，都市の階層を相手とするのでもなければ領域の横断的組織の同僚を相手とするのでもない．「外」ばかりを相手とする周縁的な活動であるというのともニュアンスが異なる．正規のアジェンダ内の，しかしもちろん他のアジェンダのリズムを崩さない農閑期に季節的に限定された，活動なのであり，それは必ず船に自ら乗って自ら直接荷を携えて行われる．（蔑視して他人の手に委ねるどころか）むしろここに他人の手を介することが警戒されるのである．ここでも決して隙間を作らせない．船の上に彼と彼直属の人員のみが（乗組員として）在る状況は，プロセスにおける外部との切断という点においても，相対的に小さなスペースの統御という点においても，空隙を排除するためには理想的である．そのためには一個の船を完全に自分のものにしておく，つまり〈分節〉的関係を作っておくことが望ましい．さらにそのためには船の手入れは怠ってはならない．そしてその船で海の向こうのできれば同等の相手と積荷を交換するのである．海の向こうであれば〈分節〉体系そのものの別が相手との〈分節〉的関係を保障する．

3・1・3

"Odysseia" という作品が強く Hesiodos と対抗的であることについては既に述べた．Odysseus のクルーは Hesiodos の楽観論に抗するように（決して裏切

るわけではないにもかかわらず，時には誘惑に屈して) Odysseus から剝がされていく．否，故郷の彼に属した人員はこぞって mnesteres になびいたのである．

　都市の政治的階層といえども，或いはまさにそうであればこそ，時に大規模な財の流れを媒介することを要した，と考えられる．Hesiodos の抱いた緊張感はそうでなければ説明しえない．彼らはまたしばしば海の上に強力な〈分節〉単位，したがって無分節集団，を有した．アルカイック期の都市がしばしば実質的な領域を欠くように見えるのは，海が代替するからである．少なくとも例外なく海に出口を持ち，これに依存し，他方では競うように点々と沿岸に植民都市を築き，これがまた若干の資源の通商路ともなる．

　"Odysseia" から判断される限り，この方面の彼らの活動組織は，やはり独特の両義性[1]に曝された．一方で，〈分節〉したがって組織内無分節を貫けば，海の上に放たれた以上海賊と区別が付かなくなる．そのままの形態で交換を実現すれば枝分節の鎖ないし首長間の kula の如きものに加担せざるをえない．他方で，ならばこれを避けて陸に残ったまま海を隔てて間接的に交換を実現することが相対的に〈分節〉体制にとって安全であるとしても，交換に媒介の人員を伴わざるをえない．別のタイプの枝分節を避けられないのである．伝統的な学説がアルカイック期の「貴族」につき海という活動の場を想定していた[2]にもかかわらず，一旦，貴族は凡そ全般的に海上交易を忌避して自らを閉鎖したという見解[3]が圧倒的な通説と化した，その理由はここに存する．"Odysseia" においては，海上交易に携わるのは，一方で首長間の信頼を重んずる海賊集団 Taphioi の長 Mentes (但し Athena の化身) である (Od. i, 180ff.)．しかしこの Taphioi は他方では簡単に人を拉致して売り飛ばすのである (Od. xvi, 426)．同様の行為をフェニキアの商人が行う．彼らは Hesiodos と対照的に荷を積めるだけ積む (Od. xv, 456: "βίοτον πολὺν ἐμπολόωντο") ために丸一年一箇所に滞留することをいとわない．財の流通に特化して「一山あてる」べく彷徨う特殊な集団である．"Odysseia" は明らかにこちらの極に対して，一面でその擬似〈分節〉性 (Mentes) 故に共感しながら，他方ではこれを突き放す態度を取る．但しもちろんこれを商業ないし交易蔑視と短絡して理解してはならない．というのも "Odysseia" は他方でもう一方の極をしっかりと書き込んでいるのである．Phaiekes はそれ自身全体として閉鎖的な社会でありな

がら，大規模な海上交易を媒介している．ここで Odysseus が侮辱されるときに，海から来た彼は船の上で商人達を束ねる頭目（Od. viii, 162: *"ἀρχὸς ναυτάων οἵ τε πρηκτῆρες ἔασι"*）に同定される．この概念の前提は，誰か別に船を有する者が居て，またその船を統御する者が居て，またさらにこれらとは別に商人が居てしかも彼らは頭目とその他に分化している，というものである．Hesiodos の船とのコントラストは鮮やかである．但し，Hesiodos の船の一体性を崩す胎動がここに認められる[4]，ということでは全くなく，むしろ都市の政治的階層が海上交易に際して強固な〈分節〉単位によろうとした，その新しい意識のマニフェストである（Phaiekes でさえ否定的に評価した）．したがって，「貴族」が交易を嫌って第三者を通じて関与した[5]，ことを示す史料では到底ない．ましてその関与がまだ十分に媒介されておらずなお支配従属関係によった[6]，ことを物語るものでは全くない．

[3・1・3・1]　以下に見るように，この両義性は Od. iii, 72 と ix, 253 の完璧に同一の定型文言によって表現されている．即ち賓客に対して「果たして何かの用件（交易）で来たのかそれとも波に身を任せてやって来たのか」(*"ἤ τι κατὰ πρῆξιν ἢ μαψιδίως ἀλάλησθε"*）というフォーミュラで誰何されるのである．

[3・1・3・2]　J. Hasebroek, *Trade and Politics in Ancient Greece*, London, 1933, p. 44ff. の強烈な Ed. Meyer 批判を参照せよ．背後には周知のオイコス論争があった．M. Weber もまた *Die römische Agrargeschichte in ihrer Bedeutung für das Staats-und Privatrecht*, Stuttgart, 1891 の段階では「海の貴族」から説き起こして鮮やかなイメージを提出した（その後の作品では極めて曖昧になる）．

[3・1・3・3]　Hasebroek, *Trade and Politics* による攻撃を突破口として，土地への拘泥をギリシャ・ローマ全体について大きく前提する観念は Finley, *The Ancient Economy* によって決定付けられる．もちろん，まずは領域との関係で全体を見ることは基本である．しかし，その領域に，しかも極めて異質なものとして，海が含まれるのである．人的組織と船がひとまず分節的に存在する．その多元性を抹殺するためには巨大な権力を要するのである．

[3・1・3・4]　A. Mele, *Il commercio greco arcaico. Prexis ed emporie*, Napoli, 1979, p. 79ss.

[3・1・3・5]　Hasebroek, *Trade and Politics*, p. 8ff.

[3・1・3・6]　B. Bravo, Remarques sur les assises sociales. Les formes d'organisation et la terminologie du commerce maritime grec à l'époque archaïque, *DHA*, 3, 1977, p. 33-41. 但し，Hasebroek から出発しながらも，支配従属関係による媒介から相対的に分節された媒介即ち信用（"des rapports de dépendance médiats, médiatisés par le capital"）への発展を仮説として提示する点は（概念がなお鮮明でないとはいえ）重要である．これが Hasebroek に比して「貴族が商業に間接的ながら関与した」否「直接的でさえあった」というニュアンスを含むために P. Cartledge, Trade and politics revised: Archaic Greece, in: P. Garnsey et al. edd., *Trade in the*

Ancient Economy, Berkeley, 1983, p. 1-15 によって（さらに一層「直接性」を強調する）Mele 共々激しく批判されることになるが，Bravo が通説にとどまり，Mele すらその内部で微妙なニュアンスを追求し，そして論争となった（B. Bravo, Commerce et noblesse en Grèce archaïque. A propos d'un livre d'Alfonso Mele, *DHA*, 10, 1984, p. 99sqq.; A. Mele, Pirateria, commercio e aristocrazia : replica a Benedetto Bravo, *DHA*, 12, 1986, p. 67sqq.）点をほとんど理解しない．他方では，近代の経済カテゴリーをそのまま持ち込むことの反動としてこれを反転させ徒に「原始的」に見る傾向が近年修正される傾向にある（R. Descat, L'économie antique et la cité grecque. Un modèle en question, *Annales HSS*, 50, 1995; M. Lombardo, Circolazione monetaria e attività commerciali tra VI e IV secolo, in : AA. VV. *I Greci. II, 2, Definizione*, p. 681ss.）．もっとも，対抗的な「モデル」はまだ提出されていない．

3・2 Solon による転調

3・2・0

潜伏していた領域問題が 6 世紀初頭に一気に前面に躍り出るのは Solon の名においてであり，以後 Athenai ばかりでなく随所で領域問題は彼の名を冠するようになる．デモクラシーが領域問題と表裏一体である以上，決して彼がデモクラシーという構想を準備したわけではないにもかかわらず，彼がデモクラシーの原点であるというヴァージョンが生じたとしても不思議はない．

3・2・1

Solon に関する伝承が示す屈折は極めて雄弁である．極めて意識的な社会構造の形成が企図されたことを物語る．Solon はその思想的自己形成を何と商業によって果たしたと言われる．まず彼は「若い時分から早くも商業へと身を進めた」（Plout. *Sol.* 2, 1 : "*ὥρμησε νέος ὤν ἔτι πρὸς ἐμπορίαν*"）[1]．この表現は世代間のギャップを強調するためのものである．即ち彼の父が都市の政治的階層固有の財の供給ないし都市および公共機能の物的充足（"*φιλανθροπία, χάρις*"）にたずさわり今窮地に陥ったのを受けて，Solon のこの選択が作動したのである．世代の観念がデモクラシーへ向けての社会構造の変動に際して大きな役割を果たすということをわれわれは繰り返し見てきた．Solon の「商業」は少々新しいはずである．かくしてはっきりとした対立ヴァージョンによって対抗されることになる．「しかしながら何人かの説によると」（"*καίτοι φασὶν ἔνιοι*"）

彼は利得故にでなく「知識と探求のために」("πολυπειρίας ἕνεκα μᾶλλον καὶ ἱστορίας") そうした, というのである.

 もっとも, Ploutarchos 自身は自慢の érudition によって二つのヴァージョンを簡単に調和させてしまう. 昔は商業といえども高貴な活動であった (2, 6: "ἐμπορία δὲ καὶ δόξαν εἶχεν"), と. 政治的階層の仕事であったことを示唆し, 哲学が政治の延長であることに繋げるつもりであるが, 両者の間には明らかにディアクロニクな偏差がある. 若い Solon が échange の根底に発見しそこから感じ取るものは既に違っているはずである. Ploutarchos とてディアクロニクな偏差を埋め立てる方策を持たないわけではなく, 単純な貴族＝首長間 kula より一層一般的なカテゴリーに降りて, 「その商業たるや (単なる商いではなく) ギリシャ外の地に根を降ろし, 諸王と対等に交わり, ありとあらゆる取引類型に通ずることだった」("οἰκειουμένη τὰ βαρβαρικὰ καὶ προξενοῦσα φιλίας βασιλέων καὶ πραγμάτων ἐμπείρους ποιοῦσα πολλῶν") と述べる. しかし Hekataios について見たあのパースペクティヴは相手の社会奥深くに食い込む新しいものであり, それに沿って今 échange を浸透させるとすれば (同じ枝分節原理の利用といっても) 遥かに強固な概念装置を要求されるはずである. それを今度は自分の都市の領域内に持ち帰ったならば何が生ずるであろうか.

 かくして Solon に関する伝承は必然的に Thales と交錯することになる. 商才を発揮すると同時にパラデイクマに新しい分節をもたらすことに成功した点で共通だというのである. Solon は自ずからいわゆる「七賢人」伝承の中に滑り込むことになる. Plout. はまず彼らを Delphoi ないし Korinthos の *tyrannos* たる Periandros のもとに集結させ, 貴族間の連携とは別の性質の自立的なサークルを示唆しておくと, 続いて多くのヴァージョンで伝わる「黄金の鼎の流通」パラデイクマを紹介する (4, 2ff.). Kos の漁師達の引き上げた網ごと, 訪れていた Miletos の者達が買い取る. ところが網にかかった中に, Helene が Troia からの帰路海に投げ込んだ「黄金の鼎」があったのである. Kos の漁師達と Miletos の者達の間の紛争は Delphoi の仲裁に委ねられるが, その裁定は「最も学識ある者に」("τῷ σοφωτάτῳ") 与えるというものであった. そこで漁師達は Thales のところへ持っていくと彼は Bias の方がと言って先送りしてしまう. 皆が次々とこのようにして一周してしまった, というのである. Plout.

自身しかし Bias を起点としたというヴァージョンをも伝えている．明らかに Miletos-Kos 関係は都市―領域関係である．果実の流れに対価が支払われるものの，それはさらなる分節を欠いている．Kos の側がそのさらなる分節（「内訳」）を要求して対立となる．ここで新しいタイプの知性が仲裁に入る，とすれば Solon の事蹟の端的なパラデイクマであるということになる．しかし奇妙なことに「黄金の鼎」の先送り，したがって問題解決の先送り，のようなパラデイクマへと伝承は不連続に飛躍し，実は他の諸ヴァージョンは前の部分即ち問題の発端がどのようであったかについての対抗に血道を上げる[2]．こちらが問題の本体である．それをすかすように Plout. は後ろの部分のヴァージョン対抗を伝えて見せ，自分の叙述の焦点を明示したということになる．しかしわれわれは狐につままれる．仲裁の内容が（しかも社会構造の形で）論議されているとしても，その第三の知性がしかし一体如何なる具体的方策で問題解決したというのか．

　Kos の漁師達は Miletos 全体に（"πρὸς ἅπαντας"）引き渡すのは拒否するがその同じ Miletos の Thales 個人に（"ἑνὶ ἐκείνῳ"）ならばと考えた，と Plout. は解釈の鍵を示している．しかもなお Thales が「吸い上げる」ことになればここに垂直的な権威が存在することになる．つまり，都市中心にではなく都市横断的な審級に水平的に分節された第二の権威を築く，これによって都市中心と領域を媒介せよ，というのである．政治システムにおけると同じく「評価」によってそれら頂点即ち財の流通の結び目たる地位が決する．しかし「評価」の内容は個々の政治システムから独立である，というのである．この審級はしかも「評価」するばかりでなくそれを通じて対価関係および交換を現実に動かす．逆に交換は今や新しい質を得る．否，交換の円環（"διὰ πάντων ἀνακύκλησις"）がまた評価を強化する（"εἰς ἀξίωμα καὶ δόξαν"）のである．

　第一に，既に問題は厳然として存在した．第二に，しかし解決は先送りされただけである．第三に，しかしその先送りの方策には将来へ繋がる重大な鍵が潜んでいた，と少なくとも Plout. は考えるのである．

　かくして Plout. が着目する伝承群は Solon と Thales のサンクロニクな立場の相違をも見逃さない（6, 1ff.）．Solon を Miletos に置くや否や，Thales との間に子供を巡る鋭いやりとりを演出して見せる．Solon は Thales が結婚をせ

ず子を設けないことに驚きを表明するが Thales は黙ったまま反応しない．やがて Athenai からの客人が現れ，Solon はこの者に Athenai の最新情報を尋ねる．この者は或る盛大な葬儀について知らせ，やがてそれは Solon の息子のものであることが判明する．卒倒する Solon に，Thales は全て嘘で自分が仕組んだのであると告げる．しかし Solon は子を失うショックを思い知らされ，Thales が子を持たない理由を理解する．かくして，Solon は子を持ち Thales は子を持たない，これが差違の全てである．一方に Priamos がある．子を失う悲しみを先取りしている Thales は政治的階層に似る．他方 Solon は〈二重分節〉の感覚を既に備えている．子というリスクを引きずってしかも〈分節〉を体制として編みなす．但し両者とも子の絶対的価値という視点を共有している．それから解放されることなどない．悲劇を貫く太い動機である．その限りで却って Thales はその絶対的価値に陣取る孤独な〈二重分節〉単位でもあり，Solon はそれを政治システムへと媒介しうるという自信に満ちた新しい政治的階層である．ディアクロニーとサンクロニーの交錯，Ionia と Attika の領域の構造の差，これらがディアクロニクに貫通する屈折体として保存されて Plout. に長い考察を強いる（7, 1ff.）点，等々含意に事欠かない伝承であるが，Solon の構想の背後にこの新しい「心配」「懸念」によって表現されうる新しい感覚があったことだけは疑いない．

[3・2・1・1] ed. M. Manfredini, L. Piccirelli, Milano, 1995 (1977).
[3・2・1・2] *Ibid.*, p. 124ss.

3・2・2

しかしもちろんこの新しい感覚は都市中心―領域間に本格的な〈二重分節〉システムを構築させるに至るものでは決してなかった．領域問題に対処した Solon の具体的施策の内容は既に伝承自体において最も争われる事柄の一つであるが，決してそれが根本的なものではなく，早々に破綻する，という点は動かないように見える．事実「七賢人」の円環自体，〈分節〉単位間の (Hesiodos 型) 交換とも首長間交易とも異なる；一見枝分節組織を利用して政治システムから離脱したように見えてしかも枝分節原理を大きく免れて透明な空間に浮かぶ；つまり実に奇妙なものではあるが，依然〈二重分節〉単位間の

3 領域問題の展開

交換関係を樹立したというものではない．Solon がこれを今領域内に持ち込んで或る問題を解決したとしても，Plout. にとって〈二重分節〉を予感させるものではあっても，しかし実は都市中心と領域の間の分節関係に，政治システム固有の制度の外に立つ何らかの独立のメカニズムによる媒介をもたらそうとしたものにすぎず，領域に〈二重分節〉を実現することによる解決に到達したわけではなかった．

「全 demos が富裕者に対して債務を負っていた」（Plout. Sol. 13, 4: "ἅπας μὲν γὰρ ὁ δῆμος ἦν ὑπόχρεως τῶν πλουσίων"）という表現は，種類物の流れの故に領域の審級が解体されかかっていた，というように読める．しかるに，Solon の施策の前に立ち現れる限りにおいて，Hektemoroi ないし Thetes と呼ばれた「果実の六分の一を自動的に納める」（"ἕκτα τῶν γινομένων τελοῦντες"）者達[1]，即ち領域の組織を既に欠いた者達，と，「自らの人身を担保として債務を負って債権者に引っ立てられる」（"χρέα λαμβάνοντες ἐπὶ τοῖς σώμασιν ἀγώγιμοι τοῖς δανείζουσιν ἦσαν"）者達，奴隷とされたり海外に売られた者達，即ち元来は領域の組織を失っていなかった者達，は区別されて現れる[2]．おそらく主として後者が子を売り或いは逃亡せざるをえない状況となり（5），全体が大きくまとまって内乱状態となる．Solon はどちらの側にも属さない，したがってどちらにも良い顔をするというヴァージョンを生む，仲裁者として現れる（14, 1ff.）が，「軽減」（15, 2: "σεισάχθεια"）と名付けられた彼の施策が果たして債務の帳消しを伴うものであったかどうか，伝承は鋭く対立する．Plout. は実質よりも語の響きが持った効果を皮肉に示唆した後，敢えて少数説を紹介する．それによれば債務の廃止および禁止（"ἀποκοπή"）ではなく，利息の軽減（"τόκων μετριότης"）と度量衡単位および貨幣の単位拡大（"τῶν μέτρων ἐπαύξησις καὶ τοῦ νομίσματος τιμῆς"）が施策の内容であった（15, 3）．即ち 1 mna＝73 drachma であったものを 1 mna＝100 drachma としたというのである．これが債務の軽減になるとすれば，明らかに債務は（穀物等の）現物で負っていたことになる．4 mna で海外から買い付けた 120 の穀物を貸し付けていたとすると，今やそれが 3 mna にしか相当しないから，140 返すとしても 3.5 mna あれば十分である．デフレを目指すこの「貨幣政策」はしかし供給面での実体的な政策とセットでなければ無意味である．かくして Solon は穀物の輸出を厳

格に禁止する (24, 1).

穀物輸出禁止[3]はしかし穀物の価格を低く抑えてデフレ政策を補完するばかりではない．各〈分節〉単位がそれ自身としては未分節のまま穀物を輸出してたとえば高価な陶器を輸入する，という構造自体の放棄を意味していた．領域には（穀物以外）輸出するべきものがないという状況を見て，全ての父に対して息子に何か「技術」を身に付けさせることを義務づけ，背けば息子に扶養の義務が発生しないこととした，という (22, 1)．他面高価な陶器を必要とする葬送儀礼等を徹底して禁止する (21)．父—息子の単位を領域に確立し，これを交換の主体とする．穀物もここへ循環する，ばかりか領域で作られた陶器は都市中心に〈分節〉的交換を通じて出ていくとさらに海外に輸出され，却って穀物を買い付けさせる．未分節の各〈分節〉単位内にこのようにして〈分節〉的交換関係を持ち込む，これが Solon の政策の基本であった．債務の問題とは実はこの未分節の問題である，というのが Solon の洞察であり，それは広く拡大して後背地の枝分節組織まで巻き込む交換の発展について思弁することなしには得られない着想である．人身執行の廃止はその施策の最も確かな成果であったに違いない．

〔3・2・2・1〕 19世紀以来，Fustel de Coulanges 以下の「自生的 *precarium*」説と Busolt 以下の「自由農民没落」説が対立する様は，F. Cassola, Solone, la terra, e gli ectemori, *PP*, 19, 1964, p. 26ss. によく整理されている．しかし彼の当時の新説「簒奪された「公有地」上の賃労働者」説は，ローマに関するステレオタイプをそのまま投影するもので説得的ではない．ちなみに，Hektemoroi 問題の浮上の背景に貴族の領域簒奪（〈分節〉組織の切り崩しの意味ということになろう）を見る Éd. Will, Grèce archaïque: économie et société (or., 1965), dans: Id., *Historica Graeco-Hellenistica. Choix d'écrits 1953-1993*, Paris, 1998, p. 271sqq. の考察は，政治的階層の中に領域に関心を寄せる部分が分化していくことを示唆する点で，Lepore, Classi e ordini の視角に通ずる．すると，海上に基盤を持つ政治的階層中軸が領域との間に持った関係が問題になり，この点 Lepore が擬似部族組織を示唆するのをわれわれは見たが，Solon を巡る伝承は，Solon がこの部分の何らかのチャンネルを通じて領域へと反撃に出たことを示す．

〔3・2・2・2〕 M. I. Finley, La servitude pour dettes, *RHD*, 43, 1965, p. 159sqq. は，ギリシャ・ローマの「債務奴隷」の概念を，種類物の流れが様々につくりなす人的従属関係一般の問題（枝分節の問題）の中に置き直した．しかしそうした大きな功績にもかかわらず，分析には若干の混乱が見られる．Hektemoroi についても (p. 168sqq.) これを自生的なもの（枝分節一般）と捉え（O. Murray, *Early Greece*, Brighton, 1980, p. 180ff. は Finley の発見のカリカチャーであり，Solon が何とこの長閑な "reciprocity" の世界の安定を目指したとする！），他方 Solon の「債

務奴隷」はその種類物供給債務の不履行から直ちに導かれる,とする.Finley はローマの nexum に関する二段階説を参照するが,これによって混乱の原因も明らかにしている.Finley は従属関係を二段(枝分節と無分節=奴隷)に分けることに成功したが,自由の方は一つのままにしてしまったのである(Hektemoroi と債務奴隷の差違を「遅滞によって自由を失うか債務と同時に失うか」に見る M. Ausitn, P. Vidal-Naquet, *Economie e società nella Grecia antica*, Milano, 1982, p. 72 も同様).種類物に関して負う「債務」は領域の〈分節〉組織の有無によって全く意味を異にし,したがって弁済ないしそれからの解放もまた全く意味を異にする.〈分節〉組織が無ければ,事態は相対的で,領域の人員は「債務」に関して弁済の前後を問わず常に多かれ少なかれ(次に述べる「不自由」に比べれば)「自由」である.他方それがあれば,領域の人員は「債務」に関して 1 か 0 の自由を持つ.初めて,不履行が絶対的不自由を意味する.したがって「債務」はこの絶対的不自由の入り口でもあることになり,これを回避するために,「債務」を負った領域の人員は第一のカテゴリーに横滑りしようとしたに違いない.Hektemoroi が自生的な従属民であるとは思われないが,〈分節〉組織を得た人員から見ると時代錯誤に見えたに違いない(多くのポリスに「従属民」の特殊な呼称が伝わるが,領域の〈分節〉組織の有無や形態に応じて実質は様々であったと思われる.cf. Cl. Mossé, Les dépendents paysants dans le monde grec à l'époque archaïque et classique, dans: AA. VV., *Terre et paysants dépendents dans les sociétés antiques*, Paris, 1979, p. 85sqq.).いずれにせよ Solon は,以上の連動した二つのカテゴリーをその連動装置ごと廃棄しようとしたのである.そのとき,廃棄するだけで,ローマにおける第三の自由の概念を創り出さなかったことに注意する必要がある.およそ借財の禁止というヴァージョンが根強く残る所以である.

〔3・2・2・3〕 P. Garnsey, *Famine and Food Supply in the Graeco-Roman World. Responses to Risk and Crisis*, Cambridge, 1988, p. 75 のような飢饉説に対して,R. Descat, La loi de Solon sur l'interdiction d'exporter les produits attiques, dans: AA. VV. *L'Emporion*, Paris, 1993, p. 145sqq. は,agora の形成に着目し,ここに一度穀物を集め,そこから輸出する,という agora 形成促進策と解する.つまり emporion と agora の構造的区別=連関という E. Lepore の問題提起(cf. *ibid.*, p. 8)に沿った(彼の追憶に捧げられたこの論文集に相応しい)結論であるが,その視点を一貫させるならば,内的な流通(〈二重分節〉)と agora を結びつけ,emporion をこの流れと全く区別すべきであったろう.

3・2・3

以上の全てはまたしても Solon が〈二重分節〉に極限まで接近したことを物語る.そうでなければ伝承の総体のこの歪みは生じえない.にもかかわらず,〈分節〉単位内に単位が確立されることはまだ決して〈二重分節〉ではない.その間にかなり自由な交換が発生したとしても,互いの立場は固定されたままの高々〈分節〉的関係にすぎない.その立場がまさに交換によって大きく入れ替わり,かつまただからこそ領域の〈二重分節〉単位相互に新しい質の交換関

係が制度化され，これが都市中心を制覇する，というような状況を想定しなければならないような伝承の屈折は見られない．

　彼の施策はそれよりも遥かに領域の横断的組織の再建ということに方向付けられていたということが言える．そもそも彼の唯一の武器は叙情詩である．ぎりぎりの一点で状況を「切る」仲裁に叙情詩が適合的であるのは言うまでもなく，彼の Delphoi への接近（14, 6ff.）も（七賢人伝承への包含とともに）この観点から説明できる．しかしそればかりでなく，Athenai と Megara の間の戦争が長引き，これ以上戦わない，戦う方向で言説をなした者は処罰される，という政治的決定がなされた後に，Solon は敢えてその叙情詩によって兵員の主力たる領域の人員を鼓舞し決定を覆させるのである（8, 1）．しかし，一点に踏みとどまって抵抗するというこの叙情詩の作用からは，その原基は措定されえても決して新しい原則は出てこない．同様に，多く伝えられる「Solon の立法」については慎重な stratigraphie が要求される．たとえば，遺言の自由を初めて認め，しかもなおその解釈にあたっては厳格な意思主義を要請したとされる点（21, 3-4）についても，領域に自由なしかも〈二重分節〉の単位（意思主義）が直ちに生まれたと判断することはできない．親族外に遺贈することを可能とした，そしてその遺贈の意思に関して病気や強迫等の瑕疵を阻却事由として認めた，ことを伝える Plout. の筆自体，この両者を不可解な留保（「但し」）で繋ぐ（"οὐ μήν……"）．遺言の自由を親族よりも「強固な政治的連帯」（"φιλίαν……καὶ χάριν"）を重視すべく認めたということと，領域の個々の〈二重分節〉単位（言わば「占有」）を強固にするためであった（"τὰ χρήματα κτήματα τῶν ἐχόντων ἐποίησεν"）ということ，並列されるこれら二つの目的・結果連関の間にも齟齬がある．意思の瑕疵を帰結する事由の中にも，たとえば cognatique な関係を通じての示唆（"γυναικὶ πειθόμενος"）などが何かの名残をとどめるように姿を見せている．領域の横断的組織の観点から，政治的階層側からの干渉を嫌う，そうした（「意思の」）自由の概念が核になっており，そこへやや未分節に〈二重分節〉単位の絶対的な自由の概念が付着しているのではないか．

　Skythai の賢者 Anacharsis と Solon の遭遇のエピソード（5, 1ff.）はこの方向の解釈を強く示唆する．Solon は，自分を訪ねた見ず知らずの Anacharsis

を，友情 "$\varphi\iota\lambda\acute{\iota}\alpha$" はむしろ「自国で」"$o\check{\iota}\varkappa o\iota$" でするものと言って拒絶する．ところが Anacharsis はまさに「お前の家で」"$o\check{\iota}\varkappa o\iota$" 友情を結ぼうとしているではないか，と切り返し，Solon の心を射止める．しかし Anacharisis はやがて Solon の立法事業を皮肉る．小さな獲物は引っかかっても大きな獲物は食い破るではないかと．Solon は（たとえ力関係に差があっても）双方にとって合意した方が得ならば遵守されると応じたという．施策が根本的な解決をもたらさないことを突かれたときに，元来領域の組織に執着する Solon は，二つのブロックの相互協定という概念しか持ちえない．折角書かれた法律を以てしても，各々が共通の第三の立場に立って遵守せざるをえない，という抽象性を与ええない．同一の政治システム内で具体的に合意しうること以上に「契約」（"$\sigma\upsilon\nu\theta\acute{\eta}\varkappa\eta$"）を概念しえないのである．

これは既に彼の政治構想に関わるが，もう一つ別のエピソード（15, 7ff.）もまた，彼が領域の組織を本格的に抽象的なものへと再編する考えのなかったことを示す．即ち，債務全廃のヴァージョンによると，そうした法律の制定計画を知った Solon に近い者達が巨額の借財をしてその返済を全て免れたという．当然 Solon が自派の利得を図ったのではないかという嫌疑がかかるが，ところが貸し手が彼自身であったため，彼以外に損害はなく嫌疑は免れた，という．信用供与は同一〈分節〉単位内ないしはその連合体間にとどまり，それらをクロスして自由に展開することがない，のである．

3・3 *tyrannos* 達の輪舞

3・3・1

領域の全体を本格的な交換の坩堝と化したのは *tyrannos* 達の貢献である．それがどこまで新しい質を伴っていたのか，は別論であるが，彼らがほとんど無差別的に雑多な類型の交換を煽り立てたという記憶は強烈に刻印されている．したがってそれはそもそも政治システム自体への重大な挑戦であった．Sikyon の Kleisthenes が娘の結婚相手を Pelops〈神話〉流のコンクールによった等，彼らの婚姻に対する思考もその一端であるにすぎない[1]．

領域問題の核心は都市中心から領域に入ってくる信用が（不可欠でありなが

ら）枝分節を帰結するということである．〈分節〉単位毎に限定的に行うか，或いは領域の横断的組織によって遮断するか，いずれにしても警戒は怠られず，Solon に至っても凡そ「借財を禁止した」と言われるほどである．これに対して tyrannos 達は大量の信用を領域に向かって無差別的にかつ湯水の如くに降らせる．したがって第一に，信用の形態は一元的にさえなり，もう全く〈分節〉的でなくなる．他から入った信用を帳消しにしてしまうのである．しかし第二に，このようにして大量に組織した人員を動かして大量の種類物の流入を実現する．つまり信用供与の客体をそっくりそのまま信用供給の源泉にしてしまうのである．こうすることで収支は完全に符合する．そして第三に決定的に重要なことには，この収支は，一元的に束ねられながらも，しかし完全に明確かつ一様に分配されるのである．このような関係は〈分節〉ではないがそれに似る．そしてそれに似るその唯一の理由は都市中心および領域の〈分節〉システムの既存である．

とりわけ（おそらく Solon によって築かれた体制が先行したため）Peisistratos はその前提を大事にした，と冷淡なはずの Thouk. の筆が評価する（VI, 54, 5）．しかしそうでありながら彼が動かした財の流れは巨大なものである．一旦追放されて Eretria に逃れた Peisistratos は，「彼らに何らかの借りがある諸々の都市から寄進をかき集めた」(Hdt. I, 61: "ἤγειρον δωτίνας ἐκ τῶν πολίων αἵτινές σφι προαιδέοντό κού τι") と言われる．つまり前提として都市間の大規模な〈分節〉的交換関係がある．Peisistratos がまずは自派の人員で領域を組織しえたその反射として（たとえば Solon の施策の果実たる陶器を）大量に供給しえたのである．その信用の蓄積が今生かされて対価より遥かに大きな給付が実現されるのである．多くの都市が競って多額の投資をしたが，中でも Thebai がその給付の額において抜きんでていた ("πολλῶν δὲ μεγάλα παρασχόντων χρήματα, Θηβαῖοι ὑπερεβάλοντο τῇ δόσι τῶν χρημάτων") とされる．時が経つにつれ「その資金環流の流れは全面的なものになり」("πάντα σφι ἐξήρτυτο ἐς τὴν κάθοδον")，Argos からは「傭兵達」("μισθωτοί") が，Naxos からは Lygdamis が人と資金を携えて，参ずるほどであったという．この "μισθωτοί" は文脈から言って集まった金銭目当てに現れたのでなく，逆に既に信用を供与された連中であり，今それから解放されるために従軍するので

ある．もちろんこれらの信用を全てつぎ込んで今や Marathon に上陸して Athenai を制圧する．

　これらの信用は新たに傭兵を雇うために使われたのではない．そのような伝承は存在しない．結果はむしろ Attika 全体からの安定した収入であり，しかも土地からの果実である．Hdt. I, 64 が *"χρημάτων συνόδοισι"*（「財の流入によって）」と述べるばかりでなく，*Ath. Pol.* 16, 4 が *"ἐπράττετο γὰρ ἀπὸ τῶν γιγνομένων δεκάτην"*（「土地の果実から十分の一を交換で受け取った」）と明示的である．これは，異例の地租を導入したということではなく，信用が今度は領域に向かい，大規模横断的に債務の支払い＝債権の取得が行われた，その利息が一律に収穫の十分の一に制限された，ということである．Solon が Hektemoroi の解消を課題として残した，のでなければこの伝承は意味をなさない．

　もっとも，領域の人員が信用を供与されるばかりであったとは考えられない．Attika の者達も *a fortiori* に *"μισθωτοί"* たりえたはずである．これから軍事勤務をして報酬を得ようというのでない．既に信用を得ていて今それを返す，そうして戦利品を獲得する，つまり新たな信用の源泉を得る，のである．Peisistratos を通じてこれが領域に投下される，とき彼らは新たに無償で土地を受け取る．Naxos の Lygdamis は事実 Naxos に入植するのである（Hdt. I, 64）．まして Attika でこのことが生じないはずがない．Hdt. が Lygdamis を取り上げた奇妙な理由がこれで説明される．

〔3・3・1・1〕　cf. L. Gernet, Le mariage de tyrans (or., 1954), dans: Id., *Droit et institutions en Grèce antique*, Paris, 1988, p. 229sqq.. そのジェネアロジーは〈神話〉＝儀礼的に作用したから，III・1 で見たような伝承と接続されて保存された．

3・3・2

　さて，このように大規模一元的に信用を集めて横断的に分配するときに，全く新しい手法が取られた．鋳造貨幣である．

　既に Solon の施策において貨幣が大きな役割を果たしたことは疑いなく，先に引いた Plout. の他，*Ath. Pol.* 10, 2 もまたこのことを強調する．但しこのヴァージョンによれば，Solon が 70 対 100 で度量衡単位を拡大したのは「Pheidon の単位に比べての増強」（*"μείζω τῶν Φειδωνείων"*）であった[1]．しかるにこ

の Pheidon は 7 世紀後半の Argos の *tyrannos* であり，また最初に貨幣を鋳造したとされる（Ephoros 70 F115 Jacoby）[2]．すると Solon は既に鋳造貨幣を改鋳したということになる．ところが，numismatics の知見によれば，"Wappenmünzen" と俗称されるシリーズとして最初の Athenai 鋳造貨幣が検出されるのは Peisistratos の年代以降であり，Peisistratidai にこれらを帰することが動かない通説となっている[3]．

もっとも，Hdt. I, 94 は Lydia に最初の貨幣を帰せしめ，numismatics もまた Ionia 即ち Ephesos の Artemision の蓄蔵貨幣を最も古いものと見なす[4]．こちらの観点からは，Pheidon の貨幣も Solon の貨幣も依然計量貨幣であり，ただその計量単位を（「金串」のような形態において）公定したというにすぎない，と解されることになる．実際 Solon の施策を理解するためにはこれで十分である．しかし奇妙に断定的であるのは Pheidon に関する伝承であり，特に彼が「Aigina において」（"ἐν Αἰγίνηι"）最初の鋳造銀貨を発行した（Ephoros 70 F176 Jacoby）という伝承が謎めく．Aigina の鋳造銀貨は numismatics がギリシャ本土において最初に支配的な通貨として報告してくるものである[5]．この不思議さは，Ionia 諸都市の後背地にあってやがて Ionia を圧迫するに至る Lydia 王国に最初の発行が帰せられるにもかかわらず，numismatics が Ionia 側で極めて多様なヴァージョンの鋳造を検出する[6]ことの不思議さにも対応している．Aigina は小さな島で領域を持たず，海上交易に依存した．しかし彼らの交易は鋳造貨幣を要しなかったと考えられる．とはいえ彼らと Pheidon が大量に取引していたとすればどうであろうか．多くの Aigina〈分節〉主体を束ねるように交換が成立し，しかもその〈分節〉を尊重しなければならないだろう．Aigina が Lygdamis のように Pheidon から信用を与えられ，今それを返すとしよう．しかし Pheidon はそれを直ちに他へ投下する．この時の給付対象たる貴金属は Aigina の複数の〈分節〉主体の間で厳密に分割されなければならない．もっとも，このことは計量貨幣によっても実現されうる．しかし返ってきた得た信用をそのまま自分の上を通過させて他へ再び信用として供与するときには，しかもそれが再び〈分節〉的でなければならないときには，計量結果をそのまま残した方が便利である．それは回転の軸として機能する．その端緒は不思議なことに〈分節〉体系と無分節頂点との間に生ずる．Aigina や Ionia の

通貨は（むしろ古い王権の残存形態と見られる）Pheidon や Lydia を軸として発生するのである．

〔3・3・2・1〕　cf. D. Musti, *Storia Greca*, Roma-Bari, 1990, p. 262.
〔3・3・2・2〕　この伝承と「東方説」の伝承との対抗，numismatics の知見との符合関係，については，cf. N. Parise, *La nascita della moneta. Segni premonetari e forme arcaiche dello scambio*, Roma, 2000, p. 49ss.
〔3・3・2・3〕　C. M. Kraay, *Archaic and Classical Greek Coins*, London, 1976, p. 58.
〔3・3・2・4〕　cf. Parise, *Nascita*, p. 51ss.
〔3・3・2・5〕　cf. Kraay, *Greek Coins*, p. 41ff.
〔3・3・2・6〕　cf. Kraay, *Greek Coins*, p. 22ff.; Parise, *Nascita*, p. 54.

3・3・3

Ionia の金銀合金貨幣はやがてギリシャ貨幣のスタンダードである銀貨にとって替わられるという[1]．Ionia の *tyrannos* 達は 6 世紀に入ると鋳造貨幣を Peisistratos の意味で自都市領域に向けて発し始めたに違いない[2]．Sparta 軍によって包囲された Samos の *tyrannos* たる Polykrates が金メッキを施した鉛の貨幣で Sparta 軍を買収した，という Hdt. が信じない伝承（III, 56）は，しかし Polykrates が既に銀貨を万能の如くに考えていたことを示唆している．

〔3・3・3・1〕　cf. Kraay, *Greek Coins*, p. 35ff.
〔3・3・3・2〕　鋳造貨幣の起源を *tyrannos* と結びつける古典的な記述は，Éd. Will, Réflexions et hypothèses sur les origines du monnayage (or., 1955), dans: Id., *Historica Graeco-Hellenistica*, p. 118sqq. に見られる (cf. M. Bettalli, *I mercenari nel mondo greco*, Pisa, 1995, p. 78ss.)．Aristoteles のテクストを読み直し，交換から貨幣が自然発生するという観念を再検討し，政治的評価（財産評価）の要素に着目する (cf. Id., De l'aspect éthique des origines grecques de la monnaie, or., 1954, *ibid.*, p. 89sqq.)，作業がその基礎にある．「自生」説と「国家」説の対抗は，primitivist と modernist の対立と相俟って (cf. R. Descat, L'économie antique et la cité grecque, p. 961sqq.)，「国家」説と primitivist が結びつくことによる緩やかな通説を生み出した．他方では貨幣が「アルカイック期の貴族社会を突き崩す」というドグマも根強い．*tyrannos* はこの両者を統合することになる．しかしながら，*tyrannos* の役割も鋳造貨幣登場の意義も，再度整理して考え直す必要がある（交換の側の要素を再導入しようとする T. R. Martin, Why did the Greek *polis* originally need coins?, *Historia*, 45, 1996, p. 257ff.; S. Von Reden, Money, law and exchange: coinage in the Greek polis, *JHS*, 117, 1997, p. 154ff. 等々はこの必要を感じている気配を示すが，新しい理論的見通しが無いために極めて混乱している）．まず，鋳造貨幣という形態を他から十分に区別することが必要である．この点，B. Laum, *Heiliges Geld. Eine historische Unter-*

suchung über den sakralen Ursprung des Geldes, Tübingen, 1924 が指摘した犠牲式との関連は，*tyrannos* の貴金属再分配の形態にとって看過しえない意味を持つが，犠牲式についてそうであるのと同様に，ディアクロニーを欠かせば，そして儀礼的要素の限りでアナロジーを働かせるのでなければ，議論は混乱する（cf. N. F. Parise, Moneta e democrazia, in : *Venticique secoli*, p. 69f. : "E la moneta poté sorgere vuoi sotto regimi aristocratici come ad Egina o a Siracusa, vuoi sotto regimi tirannici come ad Atene o a Gela"）．次に，鋳造貨幣という形態そのものは，背景の社会構造との関連においてでなければ何も意味しないことに注意する必要がある．前提に〈分節〉体系が存在する，そこへ堅固な再分配機能が絡まる，そうでなければギリシャ諸都市が競うように発行し始める目を射るスペクタクルは生まれない．デモクラシーとの関連は自明ではない．第三に，まして「市場」等新しい「経済システム」との関連を理解するためには，社会構造に関する繊細な概念構成を求められる．交換も貨幣もどのような社会構造に支えられているかでその質を全く変える．〈二重分節〉の概念さえ，これが多くの局面の立体的複合物である以上，ここでは一般的にすぎる．

3・4 新しい信用の確立

3・4・1

　tyrannos の権力がその巨大な信用媒介力に存するとすれば，それは一種の「銀行」である．もっとも「銀行」であるにしては信用の交換が恣意的になる可能性を大幅に残したままである．Peisistratidai の後に登場した Kleisthenes は「娘達の嫁資を Samos の Heraion に寄託した」（Cic. *de leg.* II, 16）と言われる[1]．既に彼に帰属する全財産でなく「娘達」に個々的に帰属する財産が，しかも何らかの（つまりは自分の）政治権力に投資されるのでなく，これとは別個の形態に置かれるのである．しかもそれは海外の，それも神殿即ち神々の「占有」下に置かれるのである．一旦それは誰のものでもなくなる．おそらくは貴金属の形で，否，ひょっとすると鋳造貨幣の形で，他の多くのものと混同してしまう．にもかかわらず帳簿の上の量目においては依然彼に帰属しているのである．クーデタの応酬による危険から免れて却って安全に彼に帰属している．それは特定の政治権力に賭けたというわけではないからである．

　6世紀末から一斉に幾つかの神殿が「銀行」の機能を営み始めるとされる事情[2]はまさに *tyrannos* 後の状況に求められる．*tyrannos* が信用を媒介していたその結び目を叩き切ることで，新しい可能性が開かれたのである．Lygdamis

はもはや金銭と人員を Peisistratos に投資しなくともよい．Peisistratos の権力がいつまでも安泰であるとは限らない．「誰でもない」という "Odysseia" の動機が現れて，「誰でもない」に投資される．しかし「誰でもない」への投資は投資でないから，実際には誰かに投資しなければならない．Heraion とて死蔵しているわけではない．結局は誰かに投資されるのである．しかし必然的に「誰でもない」を経ることによって今やそれは完全にもう一度〈分節〉されている．Peisistratos が領域の人員一人一人に再投資したように，しかし Peisistratos を経ないで（かつ「誰でもない」は無視しうるから）直接短絡させて，分配される．受け取った者は何かの活動をし，果実をもたらす．果実は「誰でもない」を経て Lygdamis に戻る．Kleisthenes の「嫁資」も同様である（「嫁資」自体信用の供与である）．

〔3・4・1・1〕 cf. R. Bogaert, *Banques et banquiers dans les cités grecques*, Leiden, 1968, p. 205.
〔3・4・1・2〕 Bogaert, *Banques et banquiers*, p. 280. なお，西方植民都市域で神殿＝銀行が検出されない，という事実は，通説の理解するようにオリエントの影響の問題ではなく，西方では領域の〈分節〉組織が相対的に未発達であり，その独自性を庇護する領域神殿もまた相対的に未発達であった，ことと関係する．そして遠く，ローマで神殿が都市中心外の「公共空間」を占拠するということが無い，したがって領域神殿がテリトリーや財を有するということが無い，ことと関係している．

3・4・2

事実この新しい信用の形態は財政の構造の変容とパラレルである．軍事化を実現するための費用は元来自弁であり，このことに対応しておそらく政治的階層は大きな信用を与え続けたに違いない．都市の物的装置の再生産もまた同様の方式でなされたと思われる[1]．後に様々に機能分化した *leitourgia* として制度化される形態と或る意味で同型である．しかしわれわれはディアクロニーを強いられる．

まず，もし *Ath. Pol.* 8, 3 の記述を信頼するならば，古くから「部族」*phylai* の組織原理によって負担を分配する *naukraria* と呼ばれる制度が併存し，おそらく若干の祭祀のための負担を分有していた[2]．Kleisthenes はこの *naukraria* の数を拡大するとそれを同時に *demos* の編制原理によるものに転換した（*Ath. Pol.* 21, 5）．Kleidemos 323 F8 Jacoby によれば，このときに指定された単位

50[3]は後の艦隊建造負担区分 100 に相当するという.

　海上戦力を構成する個々の艦船は元来個々の政治的階層構成員によって独力で負担される．それはまさに綺麗に〈分節〉的であった．ペルシャとの海戦においてすらなお Kleinias のように独力で艦船を率いて戦う者が見られる（Hdt. VIII, 17)[4]．さてしかし，多くの学説が *naukraria* を海軍保持のための財政基盤と考えることは確かに正しくない[5]．にもかかわらず，Kleidemos 323 F8 Jacoby におけるような伝承の混線が生じえたのである．これは，*naukraria* の組織再編と同時に，海軍保持のための財政基盤もまた同種の原理で分割され，かつ後者の方がパラデイクマとなった，ということに起因する．その分割された形態の艦隊財政基盤は *trierarchia* と呼ばれるが，[Arist.] *Oik.* 2, 2, 4 は，Peisistratidai の Hippias がこの *trierarchia* の軽減を認めたと述べる[6]．これは，Hippias が信用を供与して艦船の形で返させる，その率を軽減したという意味であり，*trierarchia* の原型であっても実はまだ *trierarchia* そのものではない．

　というのも，Salamis での Athenai の勝利を可能にした海軍の建造は，Themistokles の同様の方策[7]によって実現されたのである．大量の銀という形態で信用を得た Themistokles は，これを直ちに分配しようとはせず，富裕な者達に貸し付けて，そして一隻ずつ艦船を建造させる．人々から信用を（財政収入という形で）得たならば，もちろんその恩恵は人々に返さなければならないが，その返っていく形態に一つ一つの艦船に対応する〈分節〉を与えたのである．「人々はそれを各人の持ち分として 10 *drachma* ずつ分配しようとした．ところがまさにそのとき Themistokles が勧めて Athenai の人々にこの分割案を放棄させ，そしてまさにその金銭によって 200 隻の艦船を建造することとさせたのである」（Hdt. VII, 144, 1: "ἔμελλον λάξεσθαι ὀρχηδὸν ἕκαστος δέκα δραχμάς· τότε Θεμιστοκλέης ἀνέγνωσε Ἀθηναίους τῆς διαιρέσιος ταύτης παυσαμένους νέας τούτων τῶν χρημάτων ποιήσασθαι διηκοσίας ἐς τὸν πόλεμον"）．「(Themistokles は) 何に役立てるのかは言わなかった，しかし最も富裕な Athenai 人百人に 1 *talanton* ずつ貸与するよう指示した．もしその支出が評価されればその果実をポリスのものとし，そうでなければその金銭を借り手から回収するようにと．受け取った彼らはそれを元手にそれぞれ艦船 (*trieres*) を建造した．百人の一人一人が一隻を建造した，これらの艦船によ

ってSalamisの海戦で非ギリシャ人に対して勝利したのである．」(Ath. Pol. 22, 7: "οὐ λέγων ὅ τι χρήσεται τοῖς χρήμασιν, ἀλλὰ δανεῖσαι κελεύων τοῖς πλουσιωτάτοις Ἀθηναίων ἑκατὸν ἑκάστῳ τάλαντον, εἶτ᾽ ἐὰν μὲν ἀρέσκῃ τὸ ἀνάλωμα, τῆς πόλεως εἶναι, εἰ δὲ μή, κομίσασθαι τὰ χρήματα παρὰ τῶν δανεισαμένων. λαβὼν δ᾽ ἐπὶ τούτοις ἐναυπηγήσατο τριήρεις ἑκατόν, ἑκάστου ναυπηγουμένου τῶν ἑκατὸν μίαν, αἷς ἐναυμάχησαν ἐν Σαλαμῖνι πρὸς τοὺς βαρβάρους")．これがSalamisでの勝利の思想的基礎さえ与えることになるのは既に見た通りである．信用の二次的な創出とも言うべきこの操作を媒介したのは明らかに新鋭の銀貨である．

つまり，一方に naukraria を原型とする分割された leitourgia があり，他方にそれが直ちに艦船の実現に向かうのではなく一旦集めたものを再度分割するということがある．一つの艦船毎の〈分節〉は維持される．しかしその実現にあたってはさらに少なくとも二つに〈分節〉される．少なくとも一個の給付主体と，その給付を受け取って実現する主体．しかも両者を媒介する結び目は既に消えているのである．Themistokles は既に tyrannos ではなく，一方から他方へと短絡させる；そのことを発案し政治的決定としたにすぎない．

- [3・4・2・1] cf. III・2・5・3.
- [3・4・2・2] cf. Hignett, *Constitution*, p. 68ff.
- [3・4・2・3] cf. Hignett, *Constitution*, p. 130f.
- [3・4・2・4] cf. V. Gabrielson, *Financing Athenian Fleet. Public Taxation and Social Relations*, Baltimore, 1994, p. 1f.
- [3・4・2・5] cf. Gabrielson, *Financing Athenian Fleet*, p. 20.
- [3・4・2・6] cf. Gabrielson, *Financing Athenian Fleet*, p. 26f.
- [3・4・2・7] Gabrielson, *Financing Athenian Fleet*, p. 30ff. は，trierarchia の原型を Themistokles に見る解釈をよく擁護して，以下に引用する二つの史料を救うが，競争的に財政支出を負担しようとする貴族的メンタリティーの継続・拡大という方向に解釈を収束させてしまい，財政の分節形態の変化の決定的な意義に気付かない．

3・4・3

以上のようなことは新しい社会構造が成立していなければ可能ではない．〈分節〉的に上昇した信用が結び目を経ることなく〈分節〉的に投下される，こうした操作がそれぞれ個別に〈分節〉的に行われる，のである．「私的に」

行われる,と言ってもよい.事実財政と無関係にも行われうるのである.但し財政の場合政治システムが端的に媒介して二つの次元の〈分節〉を担保している.これにあたるものが何か無ければならない.

最も重要な土台となったのは,複数の政治システムが作る多元性である. Lygdamis のエピソードが物語るように,植民都市の建設には(領域への入植とともに)「信用」が不可欠である.それを補強するためにしばしば「国際的」な多元性が利用された.北アフリカの Kyrene の建設に際しては,Thera はまず探検のための先遣隊を送った(Hdt. IV, 151f.).この時まず Kreta 出身の Korobios という者に対価を通じて("μισθῷ")先導させた.そして何ヶ月間かの糧食を補給して対岸の島に彼をとどめて探索活動をさせた.つまり信用を供与しているのである.ところが約束の期間が過ぎても Thera から Korobios 回収のための船が来ない,糧食即ち信用が尽きようとした,丁度その時に Kolaios を船の長("ναύκληρος")とする Samos の船が通り,彼に一年分の糧食を供与した.このためか Kolaios の船は西に大きく流されることになる.しかしまさにこのおかげでイベリア半島の未開拓の通商拠点で交易し,莫大な利益を上げることに成功する[1].Korobios への個人的私的な投資が思わぬところで報われたのである.またこの信用の連携により Thera は Korobios を足掛かりとして Kyrene 建設に成功するのである.638 年頃とされるこのエピソードを Herodotos が伝えるとき,彼の頭の中には Pindaros のテクストを通じて見たあの Kyrene 領域の〈二重分節〉問題がある.信用を得て派遣された "ναύκληρος" たる Kolaios が,信用を得て派遣された Korobios に,独自で信用を供与するのである.それぞれ,第一次の信用を供与した〈分節〉単位頂点とは別に,第二次の信用が発生している.その脈絡は依然特殊であるが,信用を支えたのは,両当事者がいずれも(この場合たまたま)よく〈二重分節〉しているということである.本格的な〈二重分節〉システムがあるわけではないこの場合,第一の〈分節〉を巡る(つまり政治的)やりとりに巻き込まれることがない,ましてどこか上の方で話が繋がっていて実は枝分節関係にあるというのではない,ことの保障は,ともに〈分節〉を実現したしかも別個の体系に属しているということから来る.Kolaios は利益を単独で Heraion に奉納し,Herodotos にこのことを書かせる典拠を実現したばかりでなく,かくして信用供給力を備

えた．Korobios が Kyrene 領域で苦労するときには，Kyrene 都市上層の意向に関わりない信用を Kolaios から得られるであろうし，逆にその果実はいつか Kolaios に返るであろう．Hdt. はこれを Thera と Samos の協力関係と表現する．

もちろん Kolaios がその「元手」を他から得たことを忘れてはならない．得た信用を他へ回したことになる．もしこれが失敗に終わっていたならばどうであったろうか．彼の場合であれば第一次の信用が全てをカヴァーしたに違いない．彼自身のリスクは相対的なものである．しかしやがて本当の〈二重分節〉が現れたときには，〈二重分節〉単位間の直接の信用のやりとりはそれらが独立に全ての危険を負担することを意味する．「Megara の Theognis」の名のもとに集められた謎めいた叙情詩は，今や都市中心を占拠するに至ったかつての領域の人員から来る信用を警戒して盛んに鋭い牙をむいて見せる．その原型が6世紀半ばのものであるとすると，その時点で既に独立に信用の危険を負担することを強いられた〈二重分節〉単位の存在を確認できる．裁判を含め都市中心のメカニズムは今や信頼できない．彼は Hesiodos の遺産にもう一度駆け込む以外にない．領域の強固な結合体である．しかし彼は Hesiodos と異なって交易そのものに警戒音を発せざるをえない（1166）．Kolaios のようにすることは唯一の出口である．しかしながら，危険は相手方から来るというよりも，第一次の信用の側から来る．海上交易に赴くのはよいが，結局これに起因して領域の上の彼の帰属物を押さえられてしまうのである（1200ff.）．

否，そればかりではない．十分に遠くへ信用を投下しなければ，第一次の信用は船自体を追いかける．Miletos の植民都市 Olbia の領域が後背地と接する点にあったと思われる商業基地から出土した碑文（500年頃？）によれば[2]，Kolaios にあたる Achillodoros という者が第一次信用の供給者 Anaxagoras に手紙で助けを求めている．自分ではなく Anaxagoras に対する賠償債権故と称して Matasys という者が積み荷を差し押さえてしまったのである．つまり信用が元から崩壊してしまったのである．それが直ちに第二次信用に及ばないようなシステムが無ければ，第二次信用は発達しない．Kolaios のように偶然に助けられる以外にない．

[3・4・3・1]　cf. Mele, *Commercio arcaico*, p. 80s.
[3・4・3・2]　Austin, Vidal-Naquet, *Economie e società*, nr. 41, p. 218ss.. 但し，（旧ソ連での）

Vinogradov の *editio princeps* (1971) 以下の様々な読みを突き合わせることはできなかった. Austin, Vidal-Naquet の翻訳（イタリア語版のメリットである）自体 B. Bravo のテクストに依拠する.

3・4・4

極めて単純に言って，Achillodoros の危機は第一次信用の供給がこれまた海外から得られたときには発生しない．同一の政治システムに属していなければ供給源に領域を占拠する資格がない．したがって Theognis が嘆く事態は生じないのである．

そのような種類の最も古い信用が通貨の両替から発生したという学説は，実証が困難であっても少なくとも仮説として十分に理解できる．通貨の多元性はまさに貴重な障壁を意味している．両替の間のタイム・ラグはもちろん決定的な商業信用を供給する．海外で元手なしに買い付け，その都市の通貨を両替商に用立てて貰う．戻って来て自都市でそれを売りさばいた代金を次回両替商にもたらせばよい．

否，外国人が銀行を営んでいれば，遂に自都市内の取引にこの信用が使えるのである．Athenai で銀行を営むのは奴隷もしくは解放奴隷であることはよく知られた事柄である[1]．Demosth. XXXVI は銀行を営む Phormion を弁護するものである．Phormion は Pasion のかつての奴隷であり，Pasion によって解放されて Pasion の銀行を引き継いだのである．訴訟の反対当事者 Apollodoros は Pasion の息子であり，彼は元来市民権を有し，そして Phormion の資産を要求している．しかし Demosthenes は，市民権に依存せずに純然たる個人として信頼を獲得して銀行を継承するのが正しい道であると論ずる (43). 何故ならば（と Demosthenes はそこで決定的な論拠を持ち出す），父の Pasion もまた Antisthenes および Archestratos の奴隷であり，そして独力で信頼をかちえたのである，と．この二人もまたそうすると最初は奴隷であった，と学説がほぼ断定するのは当然である[2]．Demosth. のテクストは次から次へと奴隷ないし解放奴隷関係を挙げていく (28ff.). 未亡人がかつての奴隷に嫁ぐという形態を含めて. 5 世紀末から 4 世紀前半にかけてのこの状況は，Demosthenes がそれを強力なパラデイクマとして直ちに援用し得たからには，一個の

屈折体として定着していたに違いない．Apollodoros の意識はむしろこの屈折体の弛緩さえ意味したかもしれない．すると 5 世紀前半にはその屈折体の確立期があったはずである．

　通常以上のことは，市民は土地の上の生業に就くことが望ましかった，否，デモクラシー下政治に専心して経済に没頭できなかった，これらはいずれにせよギリシャの経済の限界を意味する，と解釈されてきた[3]．しかし市民権の無い者に信用を媒介させることには，独立の第二次的信用を創り出そうとする積極的な動機が認められる[4]．これはむしろデモクラシーによって生じた必要である．そしてデモクラシーが強化しえた機能である．確かにそうした形でしか機能が充足されえなかったことは限界を意味する．しかしその理由は，デモクラシーにでなく，デモクラシーの不全に求められる（3・5）．

　とはいえ銀行が与える信用もまた元来は海と船の上に築きうる信用を基盤にしたと考えられる．Pasion の銀行においても，活動の一分肢として以下の形態が確立されている．銀行の信用に関する paradigmatique な演説（390 年代末）である Isok. XVII[5]において，クリミア半島方面の Bosporos 王国に属する Sopaios は Athenai に大量の穀物を供給する有力者である．Pasion の銀行に大きな額の金銭を寄託していたが，王 Satyros の嫌疑を受けて財産を没収される．Athenai にあったその息子も身柄の引き渡しの対象となる．しかし彼は Pasion の銀行に寄託された金銭を引き出して Byzantion に逃れようとする．ところがここで Pasion に寄託の存在そのものを否認されたのである．その後嫌疑が晴れて復権したその息子が今 Athenai の裁判所に Pasion を提訴することになる．

　Sopaios 父子は Satyros の信用によって穀物を積んでたびたび Athenai へやってくる．代金によって様々なものを購入して帰るということもあるだろう．しかし代金が銀行に寄託されるばかりか，第一に借り越し[6]が行われ（7, 35），第二に借り越しによって（少なくともその保証によって）第三者への信用供与[7]が行われる（38），海上貸付[8]さえ行われる（42）．Pasion 側はこれらを根拠に相殺（38: "ἐπελαμβάνετο"）を主張したと見られる．寄託されたのは金銭価額ばかりでなく，金そのもの，ないし *stater* と呼ばれる外国（Kyzikos）通貨である（40）．まさに両替機能の残滓がここに認められるが，それよりも

むしろこれは一種の担保として機能しているのである．要するに Pasion の銀行は一連の商取引に対して包括的な信用を仲介するに至っている[9]．Sopaios 父子の危機は第一次信用を切られたことから生ずる．復権がなされても投下されたものが全て引き上げられようとする[10]．Satyros の側からの差押である．しかし Pasion にとってはこれは，負の信用はそのままに，正の信用だけ救おうとする行為に見える．

四世紀半ばに下っても，こうした基本的な関係は維持されている．或る Athenai 市民は長く他人から信用を得て海の上のリスクを冒してきたが，7年来逆にささやかな財産を海の上に投資する立場に立っている（[Demosth.] XXXIII, 4）．かつて多くの都市で人的ネットワークを築いたために，今 Byzantion の Apatourios と Parmenon が彼のもとにやって来て，前者の船の上に（"ἐπὶ τῇ νηὶ τῇ ἑαυτοῦ"）[11] 40 mna を投入しなければならない，さもなければ債権者に差し押さえられてしまう，と言う．10 mna は Parmenon が用立てたので残りの 30 mna をというのである．「たまたま現金を持ち合わせなかったが，Herakleides の銀行において債権を有したので，Herakleides に言って，私を保証人として取ることを条件に Herakleides に資金を出させた」（"ἐμοὶ μὲν οὖν οὐκ ἔτυχεν παρὸν ἀργύριον, χρώμενος δὲ Ἡρακλείδῃ τῷ τραπεζίτῃ ἔπεισα αὐτὸν δανεῖσαι τὰ χρήματα λαβόντα ἐμὲ ἐγγυητήν"）．つまり信用を別の信用に交換するときに銀行は決定的な役割を果たすのである．

〔3・4・4・1〕 Bogaert, *Banques et banquiers*, p. 386.

〔3・4・4・2〕 Bogaert, *Banques et banquiers*, p. 62. 自由な市民となって引退した Archestratos は，Pasion の依頼で顧客の一人のための裁判上の保証人になる（Isokr. XVII, 43）．市民権が必要なときには用立てるのである．

〔3・4・4・3〕 cf. Finley, *The Ancient Economy*^{2}, p. 48.

〔3・4・4・4〕 P. Millett, *Lending and Borrowing in Ancient Athens*, Cambridge, 1991, p. 206ff. は，銀行を，市民間での信用に破綻を来した者か外国人のみが最後に駆け込む手段としてのみ捉える．metoikoi の役割をこれによって説明するのである．しかしこれは，一般の信用を全て reciprocity に基づく人的ネットワークに還元する極端な史料解釈の反射であり，「土地所有」との関係で限界を見る通説が Finley において少なくとも発見的な意義を有したのと比較しても，一種の知的退化としか言いようがない．事実，その銀行理解は，およそ信用を支える多様な社会構造を解析する装備を欠き，何でも reciprocity に還元する近年の英語圏の古典学に蔓延するウィルスに深く感染している．消費貸借と消費寄託の差違から発生する銀行業務の微妙な

3　領域問題の展開

taxonomie も理解せず，前者の未発達を限界と見て Bogaert, Andreau 等々を攻撃するが，しかしそれならば彼等の基本的な立場を擁護することになる．ところが，彼等はむしろそれらのカテゴリーの混同にこそギリシャの銀行の限界を見ているのである．

〔3・4・4・5〕　éd. G. Mathieu, É. Brémond, Paris, 1972 (1929).
〔3・4・4・6〕　300 *stater* を Stratokles に負った理由は，この金銭を持って Pontos に行く Stratokles のリスクを減ずるためと言われる．それを Sopaios の息子に寄託し，着いた Pontos で父から相当分の額を受け取れば，Stratokles は海の危険を免れる．つまり Pasion のもとに寄託された金銭は負債を意味しないということになる．しかし Pasion から見れば Sopaios の息子が Stratokles から 300 *stater* の信用を与えられたのであり，しかもそれを Pasion が媒介したのである．貸越はこのように主として有因的に行われたと見られる．つまり帳簿の上だけでなく（たとえ Pasion 本人であろうとも）誰か具体的な債権者を立てて行われた．
〔3・4・4・7〕　「Pasion のもとで借りさせる」（"παρὰ τούτου δανειζόμενον"）．
〔3・4・4・8〕　「私が出資して高額の財産がかかった商船」（"ὁλκάδα, ἐφ' ᾗ πολλὰ χρήματ' ἦν ἐγὼ δεδωκώς……"）．
〔3・4・4・9〕　実際には Kittos という奴隷が媒介した．つまり帳簿の上の一義的な取引ではなく，Kittos という隠れた「財布」(12, 27) に入れたり出したりすることによって行われた．かくして争いはもっぱら Kittos の証言を巡るものになり，複雑な駆け引きの中で Kittos の身柄そのものが争われることになる．
〔3・4・4・10〕　「向こうからやって来た者達にここのものを引き渡さなければならない羽目になった」（39：*"τὰ δ' ἐνθάδ' ἀναγκαζόμενος παραδιδόναι τοῖς ἥκουσιν"*）．
〔3・4・4・11〕　Demosthenes の "Plaidoyers civils" については éd. L. Gernet, Paris, 1954-60 による．

3・4・5

もちろん〈二重分節〉単位が相互に「直接」信用を供与しあう形態もやがて発達し，デモクラシーはこれを制度的に保障しようとしたと考えられる．全ての商取引が銀行を介したわけではなく，そうでない場合，信用は当然領域の〈二重分節〉単位それ自体の上に築かれる．つまり定義上それは簡単に枝分節特有の交換に退行してしまうものである．領域の〈二重分節〉単位の上に種類物の流れが投入されるのである．返せなければその単位ごと他へ従属する；或いは直接の介入を受ける．

いずれにせよ具体的な信用供与の場面では必ず二つの〈二重分節〉単位の結合体が現れることになる．これを〈分節〉する手段はあるのか[1]．政治システムが直接介入すればそもそも結合体の存立自体認められないに等しい．他方〈分節〉単位内ならば無制限の相互依存となるからこれも問題ではなくなる．

すると政治的〈分節〉システムとは異なる次元にもう一つ高度な〈分節〉システムが用意されなければならない．〈二重分節〉たる所以である．政治的階層抜きに相互に信用を自足的に供給し合うということの意味である．

しかしそもそも結合体を作る以前に領域の二つの〈二重分節〉単位の間の〈分節〉的関係は十分に保障されているのだろうか．決して完結的ではないが不可欠の役割を果たしているのはもちろん demos である．5世紀末にいたるまでの Attika の状況をよく映していると思われる Lys. I[2] が扱う事案の舞台はどこか領域の中心らしく[3]，昼間人々はそこから領域本体に出て（20: "ἐν ἀγρῷ ὄντος"）またそこから（11, 14, 23: "ἐξ ἀγροῦ"）戻る．昼間は皆出払って（24: "οὐκ ἐπιδημοῦτας"）居ないのである．おそらく或る demos の拠点であろう．さて，人々のこの動きが重要であるのは，事案が姦通に関わり，夫が計略によって階下に忍び込んだ相手を現場で取り押さえ殺したからである．まさにそのとき現場に demos の同僚達が立ち会うのである（22ff.）．他方忍び込んだ男は Oe という他の demos に属する（16: "Ὀῆθεν"）．この事案には一見するより重要な意味がある．つまり文字通りの cognatique な侵入に対して領域の横断的組織がひとまず自力で対応したのである．もちろん殺人の刑事事件として都市中心の制度に送られることにはなる．しかしその審級については後述の通りである．

397年のこととも言われる Lys. VII が扱う事案は，「聖なるオリーヴの木」に関わる．この制度の趣旨についてテクストは，「どうしてまた私が，あなた方が見ている目の前で，この地所から聖なるオリーヴの木を敢えて取り去ろうとしたなどということがあろうか——ぐるりと周囲を道が取り囲み，四方隣人達が耕作している，囲いが無くあらゆる角度から丸見えであるのに」（28: "πῶς δ' ἄν......ὑμῶν οὕτως ἐπιμελουμένων ἐκ τούτου τὴν μορίαν ἀφανίζειν ἐπεχείρησα τοῦ χωρίου, ἐν ᾧ......κυκλόθεν δὲ ὁδὸς περιέχει, ἀμφοτέρωθεν δὲ γείτονες περιοικοῦσιν, ἄερκτον δὲ καὶ πανταχόθεν κάτοπτόν ἐστιν;"）と述べる．即ち聖なるオリーヴの木を〈二重分節〉単位の分布と無関係に領域に点在させておくと，これは公共のもので切れば刑事罰が科されるから，これをたまたま含む〈二重分節〉単位内の透明性が高まるのである．これが，怪しい複合体の形成が隠されることを防止する．

かくしてこの制度自体領域の〈二重分節〉に関わるが，被告人はそもそも問

題の〈二重分節〉単位 (*"τὸ χωρίον"*) を承継した時点で「聖なるオリーヴの木」はそこにはなかったと抗弁する．元来 Peisandros という者に帰属したが，(債務超過により？) この者が財産を没収されたために Megara の Apollodoros に贈与された[4]．次いで Apollodoros から Antikles へと対価つきで譲渡され (4: *"ἐξεμίσθωσεν"*)，さらに「売買」によって (*"ὠνοῦμαι"*)「私」の手に移った．しかし引き渡しを受けた時点で (5: *"ὡς ἐπειδὴ τὸ χωρίον ἐκτησάμην"*; 9: *"παρέλαβον τὸν χωρίον"*) 既にオリーヴの木は無かった，二年後 403 年に第三者へ請負に出され (10: *"ἀπεμίσθωσα"*)，その後転々と請負に出されたが何の問題も生じなかった，という．「私」は他にも多くの〈二重分節〉単位を有し (24)，それらに売買の形で投資し，そして請負の形で収益を上げている．そうした変転の中でしかし，誰が「聖なるオリーヴの木」の有無について責任を持つかということが一義的に定まるという観念が存在している．*"ὡς ἐπειδὴ τὸ χωρίον ἐκτησάμην"* はその瞬間であり，聖なるオリーヴの木の脈絡からしてそれは近隣の者達の，したがって間接的には *demos* による，認知を伴うと考えられる．*"ἀπεμίσθωσα"* という形態をはっきりと取り，支配下の者を通じて漠然と関わるのでないことを明示する，ということもこれに関係する．「契約」は無方式であっても必ず立会人を伴い，とりわけ *"ὠνή"* という形態の売買はそうである，と言われる[5]．

われわれは 4 世紀の半ばになっても〈二重分節〉単位相互の明確な〈分節〉を例解する極めて単純なパラデイクマに遭遇する．[Demosth.] LV は，トアル *demos* から実質的に相手を追い出そうとする (35) 争いである[6]が，その手段は，隣に溝を設置されたばかりに水を呼んでそれが溢れて損害を被ったという典型的な相隣関係事件を何らかの審級の政治システムによる解決に持ち込む，というものである．ここでも (非公式の第一義的な審級はともかく) 問題は結局都市中心の政治システムを後ろ盾とする装置によって解決される．このことは，審級はともかく，問題が二つの〈分節〉単位相互の単純な〈分節〉の問題に assimilate されて解決されるということを意味する．

[3・4・5・1] 古典期ギリシャの「経済」を評価するときにはこの点が鍵となる．しかし，Bücher-Meyer 論争の後 M. I. Finley の圧倒的な通説に至るまで，奇妙な先入見に支配されて或る矛盾に気付かないできたように思われる．Finley の数多くの指摘の中でも Land, debt and the man of property in classical Athens (or., 1953), in: Id., *Economy and Society in Ancient Greece*, London, 1981, p. 62ff. は一つの頂点をなすものである．Finley は分析の焦点を土地と信用の関係に絞る．Solon から horoi に大きく橋を渡し問題を摘示した後，何と "land and money remained two separate spheres" を限界として強調するのである．もちろんこの単純な矛盾が維持されるのは，前者は "borrowing for non-productive purposes" に関わり，これについては "security was substitutive, not collateral" と鋭く指摘される．それに対して，土地から大きな商業信用が派生したり，大きな商業信用が土地に果実を求めることがなかった，というのである．このように初めから画像を区分すれば出てくるものはトートロジーになるが，それ以前に，土地が大規模に売買の対象となりここから信用が離陸するという近代初期イギリスのモデルに余りに拘束されている．奇妙なことにそのネガティヴな側面はそのまま Athenai の horoi に投影されるのである．自らが引く Lord Nottingham の準則が逆に土地の占有と信用との間の分節に関わるということにどうして気付かないのか．"land and money remained two separate spheres" が不徹底だから horoi の問題が生じ，(逆説的だが) だからこそまた両者の間の大規模な媒介が欠落したのである．それでも，(Finley には婚姻のための費用に信用が限定されたことを示すと映る) 嫁資等の分節形態は模索され，(Finley には未発達の証左とされる) 銀行取引の有因性への固執や証券の忌避等「壁」が構築されたのである．

〔3・4・5・2〕 éd. L. Gernet, M. Bizos, Paris, 1967 (1926).
〔3・4・5・3〕 cf. Osborne, *Demos*, p. 17.
〔3・4・5・4〕 cf. L. Beauchet, *Histoire du droit privé de la République athénienne*, III, Paris, 1897, p. 720.
〔3・4・5・5〕 F. Pringsheim, *The Greek Law of Sale*, Weimar, 1950, p. 15f., 97.
〔3・4・5・6〕 cf. Osborne, *Demos*, p. 17f.

3・4・6

〈二重分節〉単位が独自かつ自足的に信用を創り出すための審級を設けようとするときに，まずは二つの〈二重分節〉から成る結合体が必然的に現れる，と述べた．極めて興味深いことに，このとき〈分節〉問題は二重になる．各〈二重分節〉単位間のそれと，複数の結合体相互間のそれである．後者とて政治的次元の〈分節〉問題と同視しえない．さもなければ〈二重分節〉単位が相互に独自の〈分節〉の次元を持つことにはならない．すると，〈二重分節〉は第二の審級をそれ自体二重にすることがわかる（確かに〈二重分節〉は，二重に〈分節〉の次元が有るということとは異なる）．具体的には，領域の上の単純な〈二重分節〉単位と資産の上の少々技巧的な〈二重分節〉単位が，対応しながらもそれぞれ独自性を発揮し，しかもしばしば衝突するのである．ちなみに政治的単位，たとえば個別の財政単位，は後者がさらに集積されて形成され

る[1]. したがってこれは依然〈二重分節〉単位である.

　最も基本的な結合体は相続財産である. 個々の〈二重分節〉単位および保有する信用の全てを金銭価額で評価して合算し一つの単位とする, ということが行われる. 領域の上の〈分節〉単位の元来の用語である "κλῆρος" という語があてられる. 都市中心の物的装置の再生産のために必要な穀物のストックのための負担を分配するときには評価が必要である. このとき, 果実に見合う分だけの信用が投下されうるということ, このことが対価関係とみなされ, この「評価」を基準に負担分配がなされうる. 100 投下されれば 5 の果実が上がるというのならば, 100 で売って借り換えて耕作する, 5 の賃料を払う, ということになる. すると 100 の信用 (種類物のストック) とこの領域上の〈分節〉単位は等しく評価されることになる. 船やその積荷についても同様である. するとこれらと領域の上の単位が互換的に評価されることになる. いずれにせよこれらは全て政治システムに固有の作用であった. 相続財産の概念を持つということは, 今同様の作用を一つ下の審級で持つということを意味する.

　資産の概念が政治システムとの間に持つ関係をよく示すのは antidosis という制度である[2]. 分割された政治的信用供与もしくは分割された公共負担たる leitourgia の割り当てに際して, 割り当てられた者は資産額のヨリ大きい第三者を訴えて彼に負担させることができる. proeisphora と呼ばれる軍事負担は 300 人の「最も富裕な者達」が負うものであったが, 指名された一人が今指名されなかった Phenippos という者を相手に裁判することとなる ([Demosth.] XLII). 「私」は鉱山を保有するが, 鉱山の経営状態は一般に悪い上に, 債務超過の鉱山を買ってしまったために, 一定額の債務を負っている (3). 対するに Phenippos は抵当標の立っていない広大な土地 ("ἐσχατιά") を保有し (5), 二つも脱穀場を持つばかりか (6) 重要な林業収入がある (7). 両当事者は財産を開示した後封印し合って事後の流出を防ぐ. Phenippos 側は保有する土地ごとに大量の「債権者」を証人として喚問し評価を下げようとする (28-29). 帳簿を作成し, 数字の争いをする. それ自身分割された leitourgia が個々の単位にかかってくるが, その単位はまた細かい「内訳」を有するのである. それらは全て金銭価額で概念される.

　相続の単位もこの意味の資産であり, 相続に関する裁判は結合単位全体を一

体としてなされ,「内訳」の各要素の帰属が争われるのではない.たとえば [Demosth.] XLIV では, Archiades という者の遺産が争われるが, 無遺言でかつ子が無かったために, 妹の息子 Leostratos が, 次いでその子が, 次々に養子に送り込まれ, 相続財産の一体性の保持に懸命である. ところがこの最後の息子が死んだために, 実家に復帰していた父 Leostratos は仕方なく別の息子 Leochares を送り込む. そもそも Archiades には兄弟があったが,「彼らは財産を分配しなかった, 各々がその果実 ("τὰ ἱκανά") を享受すべく, Meidylides は都市中心でその果実を分配され, Archiades は Salamis で〈二重分節〉単位を占めた」(18: "οὐδέπω τὴν οὐσίαν ἐνέμοντο, ἀλλ' ἑκάτερος ἔχων τὰ ἱκανὰ ὁ μὲν Μειδυλίδης ἐν τῷ ἄστει διέμενεν, ὁ δὲ Ἀρχιάδης ἐν Σαλαμῖνι ᾤκει") という. 一体性の維持は首長制的頂点の存在の帰結でなく, 信用が媒介する〈二重分節〉単位結合に基づく. したがって Leostratos の介入に Meidylides は不満であったという (19). cognatique な関係を通じて違う人的結合体がこの信用の傘の下に入ることになるからである. 訴訟は Meidylides の男系子孫によって提起される. 彼らは盛んに (21-22) Eleusis という demos からの Leostratos の出入りを問題とする. これに対応するかのように, Leostratos は自らを Archiades の demos たる Otryne に「Archiades の養子」として登録しようとする (35ff.). これが拒絶されると今度は Leochares を登録しようとして今度は成功する (41ff.). 相続問題にとって重要な先決問題[3]をなすかのように, demos における決定手続, つばぜり合い, は弁論の中で活写される. 争いの単位はしばしば "οἶκος" と表現されるが, そのことの意味は明白である.〈二重分節〉単位結合体ごとの〈分節〉を保障する第一次的審級が demos だからである[4]. つまりこれをも領域の上の単純な〈二重分節〉単位に assimilate して保障するしかないからである. 逆に言えばその限りにおいてであって, 実体は単純な〈二重分節〉単位ではなく, 信用が媒介するその結合体であり, 財産価額である.

〔3・4・6・1〕 弁論における "public service theme" の優越 (P. Millett, The rhetoric of reciprocity in classical Athens, in : C. Gill et al., edd., *Reciprocity in Ancient Greece*, Oxford, 1998, p. 229ff.) は, 決して彼らが reciprocity の人的ネットワークに拘束されていたからではない.

〔3・4・6・2〕 vgl. J. H. Lipsius, *Das Attische Recht und Rechtsverfahren mit Benutzung des Attischen*

Processes, Leipzig, 1905-15, II, S. 590ff.; L. Gernet, *Démosthène, Plaidoyers civils*, II, Paris, 1957, p. 72sqq.; V. Gabrielsen, The *antidosis* procedure in classical Athens, *Classica et Mediaevalia*, 38, 1987, p. 7ff.. 負担を交替するのか，総財産を交換するのか，かつて学説は激しく争って結論を見ないが，少なくとも文言上はどちらかを迫る．後者の要素を過小評価しない方が potlatch を思わせるこの制度に相応しい．potlatch は交換に向けて全てを束ねる．

[3・4・6・3]　vgl. Lipsius, *Das Attische Recht*, S. 551.

[3・4・6・4]　Hagnias の遺産（cf. J. K. Davies, *Athenian Propertied Families 600-300 B. C.*, Oxford, 1971, p. 79ff.）を巡る Is. XI と Demosth. XLIII の一連の複雑な事案においても，*demos* への登録が一つの決定的な戦術として現れる．そこでもまた，endogamie の連鎖によって縺れきったジェネアロジーの内部ながら，agnatique な関係と cognatique な関係の相克が見られ（cf. C. A. Cox, *Household Interest. Property, Marriage Strategies, and Family Dynamics in Ancient Athens*, Princeton, 1998, p. 4ff.），これの整理＝正統化のために養子関係と *demos* 登録が用いられるのである．

3・4・7

しかし今やこうした結合体は相続とともに自然と概念されるばかりではない．領域の上の二つの〈二重分節〉単位が信用によって結ばれ，こうして変換を遂げた単位相互がジェネアロジックに結びつき，初めて如上の相続財産となっていく．〈二重分節〉単位のこうした「離陸」過程を物語る点で雄弁であるのは，[Demosth.] LIII である．例の Pasion の息子 Apollodoros は父の死後領域に降り（4：*"ἐν ἀγρῷ κατῴκουν"*），銀行を承継した Phormion と対立するに至る．その領域で隣人にして同年代の（*"γείτων μοι ὤν ἐν ἀγρῷ καὶ ἡλικιώτης"*）Nikostratos と彼は特別の関係を結ぶ[1]．Apollodoros は Nikostratos が必要とするときには何でも用立てる，替わりに Nikostratos は Apollodoros がとりわけ *leitourgia* 等政治システムとの関連で不在の時に領域の単位を管理・経営する（*"ἐπιμεληθῆναι καὶ διοικῆσαι"*）．「この領域の単位の全ての事柄の主人として彼を残した」（*"κύριον τῶν ἐν ἀγρῷ τοῦτον ἁπάντων κατέλειπον"*）と Apollodoros は言う．つまり，領域の二つの〈二重分節〉単位 AN のうち A が N に信用を供与し続けることによって反射的に A は自らの領域の上の関係から解放される．領域に強固な脈絡を有する N が替わりに土台として A の領域上の単位を確保し続けるのである．Apollodoros の〈二重分節〉単位が「資産」化されるにあたってこの結合関係は重要である．その発端は Apollodoros が与え

た信用であり[2]，かつまた両者の関係は領域上の（Hesiodos 以来の）「隣人」の関係をパラデイクマとしている．他方もちろんこの結合体は同一資産を形成するわけではない．もっとも，Apollododors の資産の中では，Nikostratos の〈二重分節〉単位に対して有する債権として，後者が表現されることになる．さて，三人の奴隷が逃亡した時，彼らは A に 2 名 N に 1 名帰属したが，ほとんど区別がない（6）．これを追求した Nikostratos は海上で捕らえられる．Apollodoros はこれを請け出すための資金を，Theokles の銀行に貴金属製品を寄託しこれを担保に融資を受ける形で用意する（7-9）[3]が，これは実質的に〈二重分節〉単位 N を取り返す（一人の債権者が他の債権者を弁済によって排除する）行為である．

対照的な事態を描くのは [Lys.] VIII である．何らかの祭祀のためと思われる「組合」（5f.: "ξυνεῖναι"）内部で構成員相互に金銭の貸借が行われる．ところがこれは馬を現物で具体的に差し出すという形態の担保を伴う．その馬がしかし病気で担保の役に立たないことが判明した，ところから争いになり，馬が死んでも返済がなされないことから争いがついに公然化する．内外の仲裁が不調に終わり裁判に至るが，「組合」を結成して友誼関係を結んでいるのに何故敵対するのか，他のメンバーは何故向こうに与するのか，と弁論が訴えかけるのは，全てをこうした小さな政治システムのタームで解決しようとする点で意外ではない．むしろ意外であるのは eranos でなく馬が現物で担保に取られ（10: "θέσις"）[4]，ここから連帯自体が崩れていく部分である．団体の内部では信用は却って発達せず，発達させようとすると団体自体の崩壊を招く．〈二重分節〉単位が自由に結合するという形態をこの角度からは有し難いのである．発達した信用はむしろ〈二重分節〉化した自由な二つの単位の間に発生する．

[3・4・7・1] Millett, *Lending and Borrowing*, p. 54 は，この弁論を立論全体のパラダイムとして用いる中で，この「隣人関係」にまず着目し，通常の信用が「Hesiodos 流の reciprocity」に依存するというテーゼの有力論拠とする．この分析は人的関係の形態についての感覚を全く欠く．Hesiodos が独立との間の関係に神経をすりへらしながら説く相互扶助自体，既に Millett が Mauss を引いて述べる reciprocity では全くない（ちなみに Millett は p. 32 において，Hesiodos の立場の微妙さに関する Austin, Vidal-Naquet のテクストを解釈の破綻としてしか理解しえない）．Millett は，reciprocity か「もっぱら経済的な」関係か，というタームしか持たないが，他に多くの形態があり，〈分節〉システムないし領域の横断的組織が様々に関係する

〔3・4・7・2〕　Finley, Land and debt, p. 68 は Apollodoros-Nikostratos の独特の二重構造に気付かないために, これを友情による単純な「非生産的」信用供与としてしまう.

〔3・4・7・3〕　Millett, *Lending and Borrowing*, p. 56 は, この信用をも Apollodoros の先代が築いた人的な関係に基づくとするが, 凡そ réel な関係の持つ性質に対する感覚が欠ける.

〔3・4・7・4〕　cf. Beauchet, *Droit privé*, III, p. 179.

3・4・8

　Lys. XXXII は Diodotos と Diogeiton の兄弟について以下のように切り出す. 「彼らは不可視財についてはそれぞれ持ち分を分割し, 可視財については共有した」(4 : "τὴν μὲν ἀφανῆ οὐσίαν ἐνείμετο, τῆς δὲ φανερᾶς ἐκοινώνουν"). 既に結合体が堅固に築かれて基本の資産が出来上がっている. これを基礎に, Diodotos は自分独自の計算において「(海上) 取引で莫大な富を」("κατ' ἐμπορίαν πολλὰ χρήματα") 稼ぎ出している. "φανερά" (可視的) — "ἀφανής" (不可視的) という資産の分節[1]は, 信用が何らか具体的な領域上の〈二重分節〉単位に裏付けられているかどうかを分岐点とする[2]. この場合,〈共有分—独立の計算の部分〉という分節に対応し, それらが資産として連結している. さらに, Diodotos は Diogeiton の娘と結婚し, cognatique な関係で連結は再強化されている[3]. Diogeiton が幹となって Nikostratos のように下支えし cognatique な枝たる Diodotos が離陸する, という二重構造を明示する意味もある. 但し, 一旦大きく形成された資産を資産どうしの結合へと導き, さらに第二次的な信用を発展させるための二重構造で, Nikostratos の場合と次元が異なる.

　さて, 出征する Diodotos は不可視財に対応する 5 t. を銀行に預託し, 遺言でこれを息子のためとする (5). さらに海上貸付 ("ναυτικά")[4]の計算 7 t. 40 m. その他, Chersonesos に預託された 2000 dr., を加え, 妻と娘のために嫁資と遺贈分を指定した (6). Diodotos は 409 年に戦死する (7). 遺言の執行を依頼された Diogeiton はしかし戦死の事実を知らせる前に早くも (まさに不可視財の) 帳簿を押さえてしまう. そして 7 年後 (9), 息子が成人して独立するので後見の関係が清算される時, Diogeiton は, 20 m. と 30 st. しか残っていない, しかもむしろ自分の方から持ち出したからそれとて無いも同然である, と突き放す. 兄弟の分節関係は形成された資産の維持発展のために好適であった.

ところが今これが後見という二重構造に替わる．これもまた適合的であるように見えるが，しかし基幹と回転部分の両方を結局一人が兼ねることになる，或いは前者が後者に進出するために，分節は極めて壊れやすくなる．事実引越時に帳簿が露見し，Diogeiton は 7 t. 4000 dr. の *"ναυτικά"* を行っていたことを自白する（14）．とりわけ何故全資産を包括的に「信託」に出さなかったか（23: *"μισθῶσαι τὸν οἶκον"*）と非難される．或いはそれに替わることとして「土地を購入してその収益で」（*"γῆν πριάμενον ἐκ τῶν προσιόντων"*）養育するということが示される．まさに「資産を可視的にする」（*"ὡς φανερὰν καταστήσων τὴν οὐσίαν"*）ということである．つまりその先に二重構造を作り直すのであれば，第三者を介するか，もう一度領域の審級を使え，というのである．

　同種の議論を Demosthenes もまた自分自身の被後見事案（Demosth. XXVII）について展開する．父の Demosthenes が死んだ時に Demosthenes は少年であったので，全資産が三人の後見人に委ねられる（4）．兄弟を通じての甥たる Aphobos と姉妹を通じての甥たる Demophon，および友人の Therippides である．Therippos には 70 m. が委ねられ果実が遺贈される（5: *"καρπώσασθαι"*）．娘は 2 t. の嫁資とともに Demophon に嫁ぐよう，妻は 80 m. の嫁資とともに Aphobos に嫁ぐよう，そして家の使用収益をするよう，遺言される．ところが 10 年の後見（*"ἐπιτροπή"*）の期間を経て，家と 14 人の奴隷と 30 m.，評価額にして 70 m. しか残さなかった，という（6）．資産管理の評価にあたって重要な役割を果たすのは「生きている資産」*"ἐνεργά"* かそうでないか *"ἀργά"*（7）という概念である[5]．つまり信用ないし資産の脈絡の上に立って果実を産む資産かどうかということである．そうであればそれは増大していなければならない．要するに，この相続財産は高度に資産化されているのである．

　9ff. の財産目録によれば，それはまず二つの工場 *"ἐργαστήρια"* と 1 t. の貸付金を含んでいた．*"ἐνεργά"* の部分の内訳を示せば，工場については原資（*"ἀρχαίου κεφάλαιον"*）が 4 t. 4000 dr.，果実（*"ἔργον"*）が年に 50 m.，80 m. と 70 m. の原材料，10000 dr. の動産，80 m. の現金，70 m. の *"ναυτικά"*，銀行に寄託された三口の金銭，これに 1 t. の貸付金が加わるというのである．資産の全評価額（*"τὸ πλῆθος τῆς οὐσίας"*）はかくして重要な役割を果たす．被後見人成人時の資産査定が同時に後見の評価に繋がり，それは会計上の極めて厳

密な計算に基づいて行われる．

　この総額からはもちろん嫁資が差し引かれる（12ff.）．嫁資（"προίξ"）[6]は信用供与の一形態であり，Apollodoros=Nikostratos のような二重構造を創り出すために機能している．果実取得は管理に対して支払われる対価である．もっとも，Aphobos は嫁資を受け取りながら実際には婚姻を締結しなかった．したがって元利ともそっくり（17："ἀρχαῖον καὶ τὸ ἔργον"）返済されねばならない．Therippos は 7 年間工場の経営にたずさわったが，年 11 m. しかもたらさず，これは 4 m. 足りない額である（19）．Aphobos は最初の 2 年担当したが一切の果実をもたらさなかった．"ἀργά" な状態にあった上に Milyas という Demosthenes 家の解放奴隷に経営が委ねられていたというのが Aphobos の抗弁である．Demosthenes は製品（象牙加工品）の市場の状態を論証して反駁する（20f.）．Milyas については経費の流れを帳簿（"λῆμμα"）上で具体的に追跡して Aphobos の責任を示す（22）．もう一つの家具の工場（24ff.）は完全に消失してしまった．Aphobos 側によれば Demosthenes 父に人員を譲渡した者が eranos によって債務超過（"ἄπορος"）に陥っていたというのである（25）．しかしそれならば一体誰が債権者でどうしてどのように執行がなされたのか，後見人は何故法廷でこれに対抗しなかったのか，と Demosthenes は追求する．さらには債務者 Moiriades は決して債務超過でなかったと論証する（27）．そもそも父が追奪を要するような（"ἠλίθιος"）契約（"συμβόλαιον"）を締結するはずがない，とも．

　これに対して Aphobos 側は連結別立ての巨額の不可視財が Demosthenes 父にあったと主張した如くである（53ff.）．しかしそこで逆に大きな損失を出し，このため可視財も減失した，という防御がなされた如くである[7]．Demosthenes は，実は貧乏だと言ったり実は金持ちだと言ったり一貫しない，父が後見人を信頼していなかったならば不可視財のことなど言わなかったろうし，妻を嫁がせたりもしなかったろう，と弁論としては見事に切り返すが，実態は不明である．後見人によるこのような徹底した簒奪が行われたかどうか，は別として，しかし Demosthenes の最後の論拠は極めて重要である．Aphobos は法律に従って全財産を「信託」に出しておく（58："μισθώσαντι τὸν οἶκον"）べきであったというのである[8]．二重構造を形態の上で再建しておけ

ば嫌疑はかからない．「信託」の制度趣旨を鮮やかに射抜いたことになる．以下彼は次々とそうした「信託」の成功例を挙げていく．どのくらいのものが返っていくのか，その相場を陪審に印象づけるのである．

この「信託」の形式は，たとえば銀行全体についてさえ行われる．Pasionの銀行がPhormionに継承されたときの最初の形式はまさにこれであった (Demosth. XXXVI, 4)．その趣旨は明快である．相続には（特にcognatiqueな関係を通じて）様々な利害が入り込む．ジェネアロジクな関係の無いPhormionに「信託してしまう」("ἐμίσθωσε")ことによって銀行の信用媒介審級を保とうとしたのである．ここではもちろん（銀行であるから）資産そのものがさらに二重構造を獲得する，否，資産を越える信用機能がそれを獲得する，という形態が存在する．

〔3・4・8・1〕 E. E. Cohen, *Athenian Economy and Society. A Banking Perspective*, Princeton, 1992, p. 191ff. はこの区別を「地下経済」の意に解することしかできない．財産評価における申告との関連でヨリ洗練された形で論ずる V. Gabrielsen, ΦΑΝΕΡΑ and ΑΦΑΝΗΣ ΟΥΣΙΑ in classical Athens, *Classica et mediaevalia*, 37, 1986, p. 99ff. も同様である．伝統的には，Beauchet, *Droit privé*, III, p. 13sqq. が詳細に論ずるように，不動産・動産，有体物・無体物等々の仮説が対立し，金銭は？ 奴隷は？ といった考察を生んだ．Beauchet自身は，時々の財の事実状態を指し，しかも意味は一定しない，という実に誠実な結論に辿りついている．

〔3・4・8・2〕 このため "ἀφανής" は leitourgia の対象外となる (cf. Lys. XX, 23)．それでも後述の海商事裁判所によって保障された．

〔3・4・8・3〕 cf. Cox, *Household Interest*, p. 93f.

〔3・4・8・4〕 Cohen, *Athenian Economy*, p. 52ff. は，不動産担保の有無と「陸の」信用を関係付ける学説をよく批判するが，「海の信用」の特徴は全く捉えない．つまり，海には極めて自由な〈二重分節〉単位が出来上がる．他方領域には，横断的結合によって強化しうる強固な〈二重分節〉単位が構築可能である．

〔3・4・8・5〕 cf. Beauchet, *Droit privé*, III, p. 21sq.

〔3・4・8・6〕 cf. Beauchet, *Droit privé*, I, p. 255sq.

〔3・4・8・7〕 Demosth. XXXVIII は逆に後見人弁護の弁論である．そこでは被後見人の資産が「債権ばかりで可視財を少ししか含まなかった」(7: "ἅπασαν χρέα κατέλιπον, καὶ φανερὰν ἐνέκτηντο μικρὰν τινα") ことが抗弁の論拠として挙げられる．具体的には債権の所在が海外である (11: "τὸ χρέως ἐν Βοσπόρῳ") ということである．たとえば Hermonax という者の債務がそうである (12) が，被後見人の資産が二人の兄弟の共有にかかるところ，この債権はそのうちの一人に専属するものである．つまりここでも不可視財の分節的連結は共有—固有という形態を取る．

〔3・4・8・8〕 cf. M. I. Finley, *Studies in Land and Credit in Ancient Athens, 500-200 B. C.*, New York,

1973 (1952), p. 39ff.

3・4・9

　事実，資産のレヴェルにあってさえ，〈二重分節〉単位がさらに敢えて（水平関係でなく）二重構造による結合をするということは，〈二重分節〉システム自体にとって不可欠である．もちろん，この二重構造の「二重」が〈二重分節〉システムのその「二重」であるわけではない．そうではなく，もう一つ独自に「自由に結合する」契機を確保するのである．

　既に登場した嫁資という形式はこのためにも重要な役割を演ずる．Lys. XIX は，政治システムによって弾劾され没収されることになった資産としての〈二重分節〉単位を巡るものである．Lysias はここで被告人 Aristophanes の妻の父の息子になりかわって弁ずる．まず彼は「自分」の父の婚姻戦略について述べる（14-16）．嫁資（"προίξ"）を取るのでなく，一貫して送り出す側に立ったことを論証する．つまり自分や息子には裕福な相手を選ばず，逆に娘達には大きな嫁資を付けて送り出すのである．その相手は Aristophanes のように政治に身を投じ，その危険を負う．政治システムと資産の結節点に嫁資が置かれる．より正確には，二つの資産の連結点を嫁資が担い，この連結によって政治主体が一つ送り出されるのである．弁論は Aristophanes が「自分」の父の社交圏からは遠かったことを述べる（18）．政治システムと資産の間の分節を強調するのである．Aristophanes が頂点の政治のレヴェルで強大な信用を動かしたことも付け加える（19ff.）．「そうした人物が資産を隠すだろうか」と（23）．そうしたレヴェルの信用の外では，トアル demos に属する小さな土地（28: "χωρίδιον μικρόν"）を除くと何も持たない，という．つまり嫁資が（29 の多くの leitourgia を含む）政治的信用の原資となったのである．単なる領域上の〈二重分節〉単位と違って性質上資産化のモーメントを秘めている嫁資はこの目的のために適合的である．

　しかしまさにこの形態の故に，Aristophanes の資産を没収するときその範囲は微妙な問題を提起することになる．cognatique な関係を通じて資産が相互に入り組む関係をつたって没収は「私」の資産に侵入してくる．これを切断するために彼は Aristophanes の資産を一切保持していない（32: "μηδὲν ἔχειν τῶν χρημάτων") と誓わねばならない．否，むしろ Aristophanes こそが自分の妹の嫁資を債務として負っているのである，そればかりか 7m. を「私」の父から借りているのである ("ἐνοφείλεσθαι δὲ τὴν προῖκα τῆς ἀδελφῆς καὶ ἑπτὰ μνᾶς ἃς ᾤχετο λαβὼν παρὰ τοῦ πατρὸς τοῦ ἐμοῦ")，と．この弁論冒頭からの慎重な「切り離し」作戦はまさにこの一点のためにある．ここが切り離しうるということが〈二重分節〉構造の所以である．とりわけ「資産化された〈二重分節〉単位」レヴェルの横断的繊維が政治システムとの間で緊張関係に立つということの重要性が看て取れる．

　政治的脈絡に立たずとも，かくして，「資産化された〈二重分節〉単位」相互には二重三重の繊維が張り巡らされることがあった．Demosth. XLI が明らかにする極めて複雑な資産結合関係はこのことを雄弁に物語る．Polyeuktos には二人の娘があり，長女は「私」に嫁資付きで嫁ぎ，次女は妻の弟 Leokrates に嫁ぐ，と同時に Leokrates は養子となる (3)[1]．つまり Leokrates の資産とは完全な融合を，「私」の資産とは分節的連結を，目指したのである．ところが Polyeuktos と Leokrates の間に衝突が発生し，婚姻と養子の両方の関係が破棄され，娘は Spoudias という者に嫁ぐことになる．Leokrates は訴訟を提起し，互いに請求を突き付け合うという事態に発展する，が結局 Leokrates が全て資金を引き上げ，その他の請求は双方とも全て放棄する，ということで決着する (4)．この間しかし「私」は嫁資の完全な給付を求めて Leokrates から Polyeuktos，そしてその死後相続人の Spoudias を訴え続ける (5)．そして価額分の不動産を差し押さえてその果実を取ろうとするが，これを Spoudias にブロックされてしまった ("τὴν οἰκίαν ταύτην ἀποτιμῶμαι πρὸς τὰς δέκα μνᾶς, ἐξ ἧς διακωλύει με τὰς μισθώσεις κομίζεσθαι Σπουδίας")，という．次いで差押の根拠として Polyeuktos が債務を認めていたこと，遺言で代物弁済の如くにその不動産を指示していたこと，を挙げる (6)．さらに弁論は Spoudias が (奴隷の売買代金その他として) Polyeuktos に負っていた債務を弁済し相続財産に持ち戻すことを請求する (8f.)．自分は同種の債務を元利共に弁済した，と主張する．さらには勝手に持ち出した動産や葬儀の費用等に関する請求が続く (11ff.)．

　要するに資産連結が同心円的に二重に結ばれ，第一のものは乗り換えられ，

そこで軸となったものが清算されることになり，第一と第二も切断されることになったが，分節がうまく行かずに裁判に委ねられたのである．

〔3・4・9・1〕 cf. Cox, *Household Interest*, p. 96f., 148.

3・5　限　界

3・5・0

以上のような広い意味での領域における信用の繊維組織の独自の発達はデモクラシー発達後の帰結であり，少なくとも 5 世紀後半の Athenai で既に確立されていたと思われる．少なくとも表面的にはデモクラシーよりも長く生きながらえるために，むしろヘレニズム期に繁茂する諸関係のように印象づけられるが，社会構造との関係において，むしろデモクラシーとの不可分の関係を論証しうるように思われる．

しかしながら他方，そこには以下に見るように致命的な弱点があり，しかもそれはギリシャのデモクラシーの形態そのもののコロラリーであった．実は少なくとも Demosthenes の弁論において顕著であるのはこの点の方である．そしてこれこそヘレニズム期の代表的な調性に他ならない．問題は，デモクラシーがデモクラシー故に（それを徹底すればするほど）この欠陥を改善しえなかった，という点である．

3・5・1

信用の発端とも言うべきものが扱われた〔Demosth.〕LIII に帰って，何が〈二重分節〉単位資産化による〈二重分節〉メカニズムの円滑な作動の基礎にあるか，確かめることとしよう．Nikostratos が Apollodoros のために領域の〈二重分節〉単位を確保し，果実を供給し続ける，替わりに Apollodoros は Nikostratos のために（逼迫時に）信用を供与する，という関係は，Nikostratos が Apollodoros を裏切らない，つまり他へ果実を供給しないし他から信用を得ない，ということ，そして Apollodoros が，Nikostratos が確保している自分の領域上〈二重分節〉内に介入せず，Nikostratos を駆逐するようなことをしないということ，これら二つのことを基礎として成り立っている．現に，

Nikostratos の窮状を見て Apollodoros は資産を取り崩すばかりでなく他から
の信用を得て Nikostratos に信用を供給し続ける．ところがこうして Apollo-
doros は泥沼に陥る．請け出しの本払いのためと称して追加融資を要求され
(10ff.), Pambotade という *demos* に属する（つまりは別方面の）Arkesas から
融資を受けざるをえなくなり，自宅を抵当に入れる (13)．他方 Nikostratos
への信用補給のためには *eranos* という（友誼関係に基づく）無償のものが選
ばれる (8, 12)．両者を合わせて結局 Apollodoros は Nikostratos のために「物
上保証」をしたことになる[1]．

 Apollodoros の信用が破綻した時，何が起こったであろうか．Arkesas はも
ちろん債権を回収しなければならない．さもなければ彼の信用自体が破綻する．
Apollodoros の信用の基礎となったものを把握しようとするであろう．しかし
信用の構造自体を維持するためには，Apollodoros と Nikostratos が築いた関
係そのものは保持し，ただその帰属だけを変更するのでなければならない．つ
まり事柄が十分にヴァーチャルなレヴェルで推移しなければならない．ところ
がこの事案では，Nikostratos の弟の Arethousios が人員を率いて Apollodoros
の領域上〈二重分節〉単位に実力でなだれ込むということが生じたのである
(14)．実は裁判はこのことに対する賠償を巡るものである．

 もっともこの間の経過は必ずしも明白ではない．Arethousios は *kletor* (一種
の執達吏）として「登録」され（14: "κλητῆρα……ἐπιγράφεται"）その資格で
こうした行為に及んだのである．ではこれは何のための執行であったか．
Apollodoros と Phormion の間の一連の争いに関連して，Nikostratos は Phor-
mion 側に寝返って証言したばかりか，Apollodoros について「公然明白故に
正規の手続抜きに確定された課徴金を公共に対する債務として登録した」
("ἐγγράφει τῷ δημοσίῳ ἀπρόσκλητον ἐξ ἐμφανῶν καταστάσεως ἐπιβολὴν").
執行債権者としては製粉業者の Lykides が登録されたが，その Lykides のた
めの *kletor* として Arethousios が登録された，というのである．つまり迂回さ
れた形式ながら，諸々の債権者の追求に押されるように，今 Apollodoros=Ni-
kostratos が形成した信用の核が解体されようとするのである．そのとき，
Phormion 側を巻き込むことにも失敗した Apollodoros の領域の基体に手が付
けられ，まさに領域のこととしてであるからこそ，（公共の名においてであ

とはいえ）実質的に Nikostratos の基体が「隣の」Apollodoros の基体を領域の上で襲う，ことになったのである．Apollodoros によれば，正規の裁判手続を経ていないにもかかわらず，住居に実力で侵入し，一切の動産を運び出した (15: "εἰσελθὼν εἰς τὴν οἰκίαν βίᾳ τὰ σκεύη πάντα ἐξεφόρησεν") ばかりでなく，夜にも侵入して ("ἐλθὼν εἰς τὸ χωρίον") クルミやブドウやオリーヴの木を切り払った．その他「領域上の〈二重分節〉単位が近くかつ隣接していることを通じて」(16: "διὰ τὸ γείτονες εἶναι καὶ ὅμορον τὸ χωρίον") あらゆる形態の侵奪を行った．

〔3・5・1・1〕 Millett, *Lending and Borrowing*, p. 57 は，またしても réel な関係を理解できない．M. I. Finley ないしそれまでの世代に比してローマ法についての基礎的感覚が完全に欠落している．したがってここから始まる執行法上の問題に目もくれない．なお，*ibid*., p. 98f. は，人的関係の内部の信用に行き詰まると利息付きの信用に移行する，というテーゼの例解に Apollodoros のこの最後の手段を挙げる．しかし，利息を視野に入れて信用の分類をするのであれば，réel な関係に移ったときの地代の問題に何故気付かないのだろうか（再び M. I. Finley との落差に愕然とする）．利息そのものを「reciprocity を支える人的関係の欠落の代償」として理論化する幼稚さを免れえたであろうに．

3・5・2

実力行使の問題は〈分節〉システムが解決し去っているのではなかったのか．領域におけるそれであるならば領域の第二の〈分節〉システムが解決しているのではないか．だからこそ債務の存否とは別のレヴェルで実力行使の違法性が争われるのではないか．

確かにその通りである．しかしまさにその故に，単純な〈分節〉システムによる解決法しかそこには存在しない，事案が直ちにそこへ回収されてしまう，〈二重分節〉システムに不可欠な独自の二重構造をそこで考慮するということがない，信用の次元を破壊したかどうかを実力行使の正当性の判断基準とするという姿勢が見られない，のである．

Demosth. XLVII は政治システムに結びつけられた資産相互の関係の中から発生した実力行使に関する事件を扱う．*trierarchia* を引き受ければ，それまでの欠損分を補い，かつ自分でかわりにそれを追求しなければならない．Theophemos という者が提供してあるべきであった海軍装備を追求すべき任

にあたった「私」に，当然のことながら Theophemos は素直には応じない．結局民会と評議会の決議に基づいて「ポリスに対する債務者に向かって執行した」(19: *"εἰσέπραξα τοῦτον ὀφείλοντα τῇ πόλει"*) のである．民会は「われわれの一人一人に個々の債務者の負担部分について執行する権限を与えた」(22: *"πρὸς μέρος ἡμῖν διδόναι τῶν ὀφειλόντων ἕκαστον εἰσπράξασθαι"*) という．たまたま「私」は Theophemos の *leitourgia* を引き継ぐこととなり，そのためにまた彼の「未払い」分を追求しなければならなくなったのである (22)．「私」は，自分は資産によって *leitourgia* を裏打ちしてきたが，Theophemos は常に現物で充足してきた，という違いを示唆する (23)．いずれにせよこのケースにおいては，「評議会と民会陪審法廷による決議で政治的判定がなされてしまっている」(26: *"ὑπὸ τῆς βουλῆς καὶ τοῦ δικαστηρίου ψήφῳ κεκριμένα"*) ということ，したがって公式に相手方を「私」が召喚したこと (27: *"προσεκαλεσάμην"*)，その結果「執達吏」*kleter* が随行したこと (*"προσεκλήθη......οἱ κλητῆρές μοι......"*)，に「私」は弁論の重要な基礎を据える．しかも Theophemos が召喚に応じたために，事柄は公式に *dikasterion* に係属し，Theophemos はそこで自白しさえする (28f.)．しかし自分の部分については弁済をなすが，累積分についてはなさない．「私」には全てを立て替える責任がかかる．そしてついに実力による執行に及ぶが，ここに Theophemos が仕掛けた巧妙な罠 (31: *"διάνοια"*) があった，と弁論は言う．一つの *leitourgia* に複数の当事者が複雑に絡まる中，どうしても「私」が Theophemos の領域上の〈二重分節〉単位において一対一の勝負をしなければならないように追い込んだ，というのである．Theophemos 自身の姿が見えないので「私」はその兄弟達にアプローチする．例によって資産の共有がありはしないか (34: *"ἤ κοινὴ ἡ οὐσία εἴη αὐτοῖς"*) と思ったのである．ところが完全に資産が分割されているというので，ようやく Theophemos の住拠を尋ねあてて公式の立会人とともに訪れる．そこでまず様々なレヴェルの認否を巡って口論となり，何らか公式の場に出る出ないの争いの後，ついに摑み合いの暴力沙汰となる (36ff.)．実体において勝ち目の無い Theophemos は，計画通り，この最後の事件を巡る裁判に持ち込み，ここで勝利する．「私」は仕方なく，この裁判で決定的な証言をした Theophemos の兄弟達を偽証の廉で訴える以外にない．

3 領域問題の展開

一見ここでは給付義務の有無を巡る争いと完全に独立に執行の手続が問われているように見える．しかしながら，資産を巡る争いでさえ，結局は領域上の〈二重分節〉単位相互の争いに還元して単一の政治システムによって解決せざるをえない，ということをわれわれは既に見た．Theophemos に対する実力行使の正当性もまた実はこの同一の審級によって解決されるのである．したがって，資産レヴェルを独立に保とうという考慮から，意識的にそれとは別に領域の関係を律する，というのではなく，領域の実力行使の関係である以上は自動的に領域の〈分節〉体系の問題となる，ということ以上ではないのである．何故ならば，偽証の対象となり争い全体の鍵となったのは結局，「どちらが先に不法な実力行使の手を出したか」（7: "ὁπότερος ἡμῶν ἦρξεν χειρῶν ἀδίκων"; 39: "ἦρξεν χειρῶν ἀδίκων"）であったからである．そもそも「私」の実力行使自体を違法とする観念は働いておらず，弁論は一貫して権原の正しさ（公式の決議）を援用する．対する Theophemos の実力形成の態様も問われない．資産の基礎としての領域の〈二重分節〉単位の果実の帰属先を移転したにもかかわらず，その果実の出口や通路を塞ぐような実力形成があったかどうか，等々．

もちろん実力の問題が解決されていないというのではない．それが極めて単純な〈分節〉システムによるものでしかない，ということである．極めて裕福な或る高齢者が子供なしに死んだ時，Olympiodoros とその妹の夫 Kallistratos は遠縁を主張して相続人として名乗りを上げる[1]．誓約により協定を結び，如何なる場合にも獲得したものを折半する同盟関係を樹立する（8）．二軒の家と二軒の工場は二人でさっさと分け捕ってしまう（12）．他に，一切を取り仕切っていたと見られる奴隷の Moschion を追求して（14 ff.）様々な形態の金銭を吐き出させる．もっとも，このこと自体には大きな問題は無いように見える．というのも，相続人を名乗る者が多数現れて裁判になり，Olympiodoros の出征のために敗北を喫すると，勝った者達は留守の Olympiodoros が把握していた分を無抵抗で押さえるばかりでなく，進んで差し出した（"αὐτὸς παρέδωκα"）Kallistratos の分についてもそのようにしえた（"ἅπαντα ᾤχοντο λαβόντες"）のである（27）．もっとも，Moschion に吐き出させた金銭はこの限りでなかったが．Olympiodoros が帰ってきて再審理を求めて彼ら（"ἅπαντες οἱ ἔχοντες"）を召喚すると，これは成功し（29 f.），あまつさえ勝利

を収め，この時失った全てをすんなり把握する（"ἀπολαβών"）に至っている
(32). 一個の審級によって単純明快に〈分節〉単位が決定されているのである．
しかるに，Moschion が実質的に動かしていた単位の存立は全く顧慮されず，
ここを踏み抜くことは当然視されている．これが当然でないのは，Pasion が
その銀行全体を解放奴隷の Phormion に承継させたことから明かである．この
部分を問題とする手続が存在しないのである．古いあの領域の横断的組織の
"κλῆρος"認定政治手続が有るのみである．

〔3・5・2・1〕 cf. Cox, *Household Interest*, p. 124f.

3・5・3

既に見たように Demosthenes 自身後見終了時に後見人 Aphobos に対して
訴訟を提起した（XXX）．ところが「Aphobos 自身は裁判で敗訴したにもかか
わらず，私（Demosthenes）は彼（第三者＝義弟の Onetor）によって，Apho-
bos が経営していた土地から実力によって駆逐された」（2: "ἐκ τῆς γῆς ἧς
Ἄφοβος ἐκέκτηθ' ὅτ' ὠφλίσκανέ μοι τὴν δίκην, ὑβριστικῶς ὑπ' αὐτοῦ πάνυ
ἐξεβλήθην"). Onetor は，Aphobos が Demosthenes の財産をも兼併したこと
を見て，Timokrates という者に嫁いでいた妹を離婚させ，Aphobos のもとに
嫁がせたのである（7）．今彼女はその Aphobos とも離婚し[1]，Onetor は嫁資
返還債務の担保として Aphobos の不動産に抵当権を持つ[2]ので，これを差し
押さえ，これに対して執行しようとした Demosthenes を実力で排除したので
ある（8）．Demosthenes は，Timoktates が嫁資を返却していない（9）こと
を根拠に，Aphobos に嫁資が交付されていないことを論証しようとする
(10ff.)．Onetor は信用供給の相手を取り換えたのであるが，それは完了して
いない，というのである．Onetor の差押は共謀に基づく執行妨害であるとい
うことになる．この事案においては，Onetor が抵当権を設定したという原因
のみによって実力で差し押さえたこと自体の違法性は問われていない．原因の
みを Demosthenes は争うのである．彼もまた勝訴判決を債務名義として直ち
に執行にかかる．債務者の財産を確定し，他の債権者を手続に参加させる，そ
して場合によって信用投入の対象物を保存して果実のみを分配する，といった
包括執行手続は存在しないのである．領域上の〈二重分節〉単位を端的に二人

の債権者が政治的決定手続で争うのみである．

　AがBに信用を与えるとき，抵当権の設定の有無を問わず，Bの領域上の〈二重分節〉単位は信用を担保することになる．しかしこの場合，信用を回収しようとするときAは直ちにBの位置に立つ以外にないのである．Bの替わりにCが立ち，Cが給付する対価をAが受け取る，こうしてAは直接ではなくとも少なくとも可能性としてABに替わるACという構造を維持する，という可能性は無いように思われる．Aだけがそこに立つ孤独な風景が待っていて，誰がそこに立つかだけを争うのである．これが〈二重分節〉構造の発展を大きく損なうことは言うまでもない．

　こうした問題点を凝縮して示すのが，Demosth. XXXVII である[3]．Maroneia の銀鉱山の一角を占める作業場とその約 30 人の人員を，まず Telemachos から Mnesikles が「買う」（5: "ἐώνητ'……"）．但しそれは Pantainetos という者「のために」（"τούτῳ"）なされた．Mnesikles は Pantainetos に融資したのであり，実質的に「買って」経営するのは Pantainetos である．他方 Telemachos は実際に経営していたらしい（"κεκτημένου"）．つまり信用を媒介として二段が分岐したのである．さて続いてこの Mnesikles を売主（"πρατήρ"）としてこれを「私」たる Nikoboulos と Euergos が買う．しかしこれも同時にまた，Pantainetos のためにする，かつその作業場と人員を担保とする（4: "ἐπ'……"），消費貸借である（"ἐδανείσαμεν"）．Pantainetos には Mnesikles の他にも債権者がいることが示唆されるが，実質的に Nikoboulos 達は Mnesikles の位置に替わって立ち，債権と担保を譲り受けたことになる．だからこそ彼らと Pantainetos の間で賃貸借契約が結ばれ（"μισθοῦται"），かつ賃料は利息に充当される（"τοῦ γιγνομένου τόκου τῷ ἀργυρίῳ"）のである．かつ「停止条件付きで Pantainetos がわれわれに対して対象物件を放棄することにより債務が免除される」（"λύσις τούτῳ παρ' ἡμῶν ἔν τινι ῥητῷ χρόνῳ"）という特約がなされた．その後直ちに Nikoboulos は Pontos への航海に出た（6）というから，彼は領域上の〈二重分節〉単位に直接関わらずに信用だけ供給するタイプである．要するに珍しく二段構造が維持される体制が整ったのである．

　ところが Nikoboulos の留守中，残った Euergos は，利息の支払いその他の約定義務を履行しないということで，Pantainetos に属するものを差し押さえ

る行為に出る（7: "λαβὼν ἔχειν τὰ ἑαυτοῦ"）．しかし「Pantainetos は，一旦駆逐されたものの，競合する他の債権者達を伴って戻り，Euergos は彼らの主張に譲らなかったものの，Pantainetos に賃貸借対象物件をそのまま保持されることになった」("ἀπελθόντα τοῦτον ἥκειν τοὺς ἀμφισβητήσοντας ἄγοντα, αὐτὸς δ' οὐχ ὑπεξελθεῖν ἐκείνοις, τοῦτον δ' οὐχὶ κωλύειν ἔχειν ὅσα ἐμισθώσατο")．Euergos が対象物件を押さえれば直ちに他の債権者が「配当」を求めて殺到するという事態が見られる．しかしこの一瞬の実力行使の故に，Euergos は法廷で Pantainetos に破れ，賠償を余儀なくされる．そして今 Nikoboulos の責任もが問われているのであるが，Nikoboulos によれば，Athenai に帰って見た状況は以下のようだったという．Euergos が「われわれが買ったものを保持し実力で把握している」（10: "ἔχοντα καὶ κρατοῦνθ' ὧν ἐωνήμεθα"），かくして Euergos とその直接管理の（"τῶν ἐπιμελειῶν"）立場を共有する（"κοινωνεῖν"）か，債権者として債務者たる Euergos に向かい，（かつて Pantainetos に対してした如くに）新たに賃貸借契約を締結するか，判断に苦しむ，そのような状況であったと．二段構造は一瞬のうちに瓦解し，Euergos は一人で単一の立場を占め，二段構造の側からはどうアプローチしたものか，途方に暮れざるをえなかったのである．

　Nikoboulos は結局「売り主」たる Mnesikles に相談し，Mensikles が他の債権者および Pantainetos を説得することになる（11）．最初の信用供給者の傘は完全には消え去らないのである．その後の経過もまさに小さな政治システム全体による解決である．「われわれが買ったものの上に Pantainetos のために金銭を貸し込んだと称する者達」が集会を持つ（12: "συνήλθομεν"）．法廷召喚で脅されるなど他の債権者達のペースで集会は進み，そこそこの額を得て引き下がるか，あくまで物件を確保して膨大な額の支払いを受けて立つか，の瀬戸際に立つ．（彼ら自身の分の）債務額より対象物の価格（肩代りしたときにカヴァーする限度）が遥かに大きいと言われて前者を選択したものの，今度は（物的 réel な関係を切断するためか）彼らはあらためて売り主となること（13: "εἰ μὴ πρατῆρες γιγνοίμεθ' ἡμεῖς"）を強いられる．この種の集会は，債権者の一人がいきなり対象物を実力で把握するということを阻止するという機能を果たさない．物的な関係の整序にのみ向かい，物的な関係とは別の次元を

3 領域問題の展開

提供するためには働かないのである．もちろんだからこそ抵当でも満足できずに売買の形式が装われた．擬似的な政治システムの介入も，これをどう装い直すかということを決めるにとどまるのである．

結局物的に居座った債権者達を非難する（14）Nikoboulos が持ち出すのは，自分達こそが買い主であったのに（"ἡμεῖς δ' εἰκότως ἐφαινόμεθ' ὧν ἐωνήμεθα κρατεῖν"）ということ以外にない．しかもなお，免責の約定がなされたにかかわらず，一旦管理下に置いた期間の行為について，他人の領域の単位に不法に侵入したとして責任を問われるのである．Nikoboulos は自分の奴隷に Pantainetos の奴隷が保持していた金銭を押さえさせ（22: "ἀφελέσθαι κελεύσας Ἀντιγένην τὸν ἑαυτοῦ οἰκέτην τὸ ἀργύριον τοῦ ἐμοῦ οἰκέτου"），Pantainetos の人員を連れ去って働らかせ（26: "πείσας τοὺς οἰκέτας τοὺς ἐμοὺς καθέζεσθαι εἰς……"），Pantainetos との間に締結した契約に違反して作業場とその人員を譲渡した（29: "ἀποδόμενος"），と非難されることになる．確かに，それが Pantainetos のものであり Nikoboulos のものでない，という前提を取れば全てが違法となる．しかるに Euergos は逆に売買の形式および "λύσις" の条項に基づいて直ちにそれが自分のものになったという前提で動いたのである．ここには，どちらの側にもそれが誰のものであるか問うという思考しかない．確かに，〈分節〉システムはそれを一義的に決める．しかし〈二重分節〉システムはそれだけでは不十分である．

〔3・5・3・1〕 cf. Cox, *Household Interest*, p. 123, 180.

〔3・5・3・2〕 cf. Finley, *Land and Credit*, p. 17. 第二弁論（XXXI, 1）に "horoi" が登場する．Finley のそれを含め "possession" の所在の分析は，この特殊な概念が機能しているかどうかという分析に置き換えられるべきであった．horoi の物理的 presence は Onetor の実力行使と関係する．この点，（占有移転の有無が horoi 上の hypotheke と prasis epi lysei の差であるとする）Fine の二元論を P. Millett, The Attic horoi reconsidered in the light of recent discoveries, *Opus*, 1, 1982, p. 219ss.; E. M. Harris, When is a sale not a sale? The riddle of Athenian terminology or real security revisited, *CQ*, 38, 1988, p. 351ff. は的確に批判する．

〔3・5・3・3〕 Finley, *Land and Credit*, p. 31ff. が *prasis epi lysei* の問題を例解するために詳細に論ずるのも当然で，この制度のみならず，売買，そしておよそギリシャ都市の領域の性格，等々を一望の下におく弁論である．

3·5·4

　船の上では，単一の主体が単一の船と積荷に対して一義的排他的な関係を有しうる．領域の上と異なってそこに横から様々な関係が入る余地が相対的に少ない．その上に（"ἐπί......"）単一の一義的な信用が入ることが保障されうるように見える．その場合連結の二重構造の中間障壁は完璧である．海上貸付の出資者は積荷を手にしたところで仕方がない．いずれそれを売却しなければならない．領域の上の単位の場合とは異なる．その船が同一の港に帰りの荷を積んで戻って来る，そしてその荷を売って利益を上げる，ということの予測に信用が基礎付けられているのである．高々そこを捉えてその荷に担保を設定する，ということになる．以上の事情で海と船の上に高度な信用が早くに発達したと考えられる[1]．

　にもかかわらず，以上述べたことは実は貫かれない．第一に信用の基礎となる単位即ち船の上のユニット自体，分裂しがちである．船長と商人，その背後の船主と出資者，この二つの線の混線，が見られる．第二に，同一の港を出て返るというこのメカニズムを支える装置が不十分である．初めから強い警戒に裏付けられて横断的組織を発達させる領域における方が却って安定的でさえある[2]．第三に，船の上にさえ多くの信用が重畳して入り，裏切りが発生する．Hesiodos の警告が生きる場面があるのである．複数の信用間の透明性を確保する小さな政治システムはついに発達しない．第四に，かくして出資者は常に神経質に（それが海の上であるにもかかわらず）担保を実力で確保しようとする．競合して実力行使の応酬にさえ至る．よく限定された資産が責任財産となっているはずであるのに，有限責任原則は貫かれず，どうしても債務者の一般財産，しかも領域の上の〈二重分節〉単位をねらうことになる．

　[Demosth.] XXXIV の請求の内容自体，以上の観点からすると既に奇妙である．Chrysippos という者が Phormion（銀行家とは別人）の船の上に出資する．行きの荷に対してばかりでなく売却対価によって購入される帰りの荷にも及ぶ抵当が設定され（6: "ἐπὶ ἑτέρᾳ ὑποθήκη"），Kittos の銀行に契約書が寄託される．ところが Chrysippos に知らせることなく Phormion は Teodoros からも出資を募り，さらには船長の Lampis の主人 Dion にまで資金を仰ぎ，なおかつ合計額を大きく下回る荷しか Athenai では購入して行かなかったのである．

しかも目的地 Bosporos での Phormion の行動は定かでなく，出資者達の指示にもかかわらず，市場の悪化もありしっかり積荷を売り抜いた形跡がない (8f.)．いずれにせよ Phormion を乗せないまま船は帰路につき，そして遭難してしまう．船長の Lampis は助かり Athenai に戻る．リスクは出資者のものであるはずである（28: "κινδυνεύεται τῷ δανείσαντι"）．債務者側には一切の利益は無いはずである．ところが奇妙な事態が発生する．Chrysippos は資金を回収しようとし，そして Phormion から，Lampis に売買代金を現金の形で渡した，という情報を得る (11)．ところが Lampis は一切何も受け取らないと言う．Phormion も帰って来ると，Chrysippos は，二人の間で交互に先送りされ途方に暮れる (12ff.)．どちらを召喚してよいのかすらわからない有様である．つまり危険がどこで実現したかがわからない，したがって危険がそもそも実現したかどうかさえわからない，どちらも実現していないと言う，したがって債権者は回収を目指さざるをえない，がしかしどこを追求すべきかが曖昧なのである．

問題は Phormion と Lampis が船の上で分解したことにある．その分解の大きな要素はそれぞれが背後に信用供与者を持ったことである．Dion の出資は Lampis に独自の計算をさせたであろう．Phormion は他に二つを天秤にかけ，どれを裏切るかの自由を得たのである．否，全てを裏切ることさえ可能な条件を得たのである．

信用の基礎となる単位の瓦解は，既に見た [Demosth.] XXXIII の Apatourios の船についても生じたのである．かつての出資者の追求を逃れるために新たな出資者を募って，その一人の保証によって Herakleides の銀行から融資を受けた彼は，程なくこの銀行が破産したのを見て，人員を逃がしかつ船を港から発たせる (9: "τὴν ναῦν ἐξορμίσαι ἐκ τοῦ λιμένος") べく画策する．出資者の一人 Parmenon は「連れ去られようとする人員を差押え，船の出航を阻止し ("ἐξαγομένων τῶν παίδων ἐπιλαμβάνεται καὶ τὴν ναῦν κατεκώλυσεν αὐτὸν ἐξορμίζειν")」なければならない．Parmenon の通告を受けた「私」は，直ちに「銀行を通じて引き受けた保証債務から解放され，また（その銀行融資によって媒介されて実質出資者となり，したがってまた）自分を通じて彼に出資した外国人が損失を被ることがないように（物的把握を）した」(10:

"αὐτός τε ἀπολυθήσομαι τῆς ἐγγύης τῆς ἐπὶ τὴν τράπεζαν, καὶ ὁ ξένος μὴ ἀπολεῖ ἅ δι' ἐμοῦ τούτῳ ἐδάνεισεν"). そればかりか,「船に監視を置き, 銀行の保証人達にその旨通知し, そしてこの質物を引き渡」("καταστήσας δὲ φύλακας τῆς νεὼς διηγησάμην τοῖς τραπέζης τὴν πρᾶξιν, καὶ παρέδωκα τὸ ἐνέχυρον") さなければならなかった. つまり信用の基礎たる単位の一体性を保つ（保全する）ために実力が要求されるのである. そして弁論はまさにこの時の実力行使に対する損害賠償請求に対する抗弁のためのものである. 確かに, このケースでは実力による保全さえ行われれば船が売却され, 売却益が債権者に分配される, という手続が踏まれる (12). しかしこれはたまたま銀行の破産が介在したからかもしれない. 実力行使の正当性については, 仲裁が試みられ, そしてそれが紛糾し, 等々という複雑な争いが展開され, 弁論もそこに主力を注ぐ. 二つの単純な〈分節〉単位間の衝突の問題に還元されてしまうのである.

　以上のケースにおいては, 不透明な形で互いに競合する債権者相互の争いは表面化していない. [Demosth.] XXXIV において基礎のユニットを分解させる秘かな要因として働いているにすぎない. しかしこれがむしろ最大の攪乱要因であることは, [Demosth.] XXXV において債権者の Androkles が契約の文言を文字通りに引いて力説するところである. 否, 契約の文言自体, 一個の船の上の信用を排他的にすることに徹底して拘泥している. 元本と利息, 出発港と複数の寄港地, 船長, 購入すべき荷の種類と数量, が特定された後,「以上につき抵当権が設定さるべきこと, その上に如何なる者に対しても如何なる債務も負わないこと」(11: "ὑποτιθέασι δὲ ταῦτα, οὐκ ὀφείλοντες ἐπὶ τούτοις ἄλλῳ οὐδενὶ οὐδὲν ἀργύριον, οὐδ' ἐπιδανείσονται") と明記される. さらに帰港した時点では,「債務者達は抵当物を債権者に無垢自由なまま引き渡し握取させなければならない」("παρέξουσι τοῖς δανείσασι τὴν ὑποθήκην ἀνέπαφον κρατεῖν") とされる. しかも遅滞後直ちに持ち去って売却することが許され, もし売却益が債務額に満たなければ,「同様の行為の対象はおよそありとあらゆる全ての陸と海の資産に及ぶべし」(12: "ἔστω ἡ πρᾶξις τοῖς δανείσασι καὶ ἐκ τῶν τούτων ἁπάντων, καὶ ἐγγείων καὶ ναυτικῶν, πανταχοῦ ὅπου ἂν ὦσι") ということになる. これは判決があったことを擬制する ("καθάπερ δίκην ὠφληκότων") 一種の執行文言であるが，判決の存在を原則とするという意識が強烈であるとは言えない．

しかもなお Androkles はこの裁判で債務者 Artemon の兄弟 Lakritos を訴えているのである．それは相続を理由とする．他方では，しかし以上のような文言にもかかわらず，債務者は複雑な信用を編制して出航したのである．そもそも目的地 Mende から Pontos へこの船は規定された量のワインを運ばなかった (18f.)．そして問題の「自由無垢」条項 (21: "ἐν τῇ συγγραφῇ ὅτι ὑποτιθέασιν ταῦτα ἐλεύθερα καὶ οὐδενὶ οὐδὲν ὀφείλοντες, καὶ ὅτι οὐδ' ἐπιδανείσονται ἐπὶ τούτοις παρ' οὐδενός") である．Halikarnassos の Aratos が出資し，そして第二の抵当を設定していたのである (23)．Aratos は Androkles の債権と抵当について全く知らなかったと証言する．まして Androkles はそうである．船が Pontos では何も購入せず空で帰ってくる，したがって差し押さえるものが何も無い (25)，ことは実は複数の信用の混線と深く結びついている．そもそも Athenai での人々の目を逃れて Aigina や Megara に帰港する (28)．Lakritos は，船は Pontos のさらに先で沈没した，と抗弁する (30f.)．しかし Androkles にとってこれは全く関係の無いことである (32)．いずれにせよ，Lakritos 達は資金を温存し，Pontos の先で秘かに一儲けし，何食わぬ顔で帰ろうとした．或いは遭難を偽装したのである．枝状に伸びた第二次信用の回転を作って利殖することは横領の原義にあたる．船の同一性とは別の次元で海上貸付自体の同一性を問わせる複雑な事態であり，かくして危険の分配は当然不分明になる．そしてそれよりも重要であるのは，Kition の Antipatros という第三の債権者が登場することである．この追加出資が第二次の回転を支えたのである (33f.)．

複数の互いに隠れた債権者が実力で抵当権を行使しようとして実力による衝突に至るのはかくして当然である．Demosth. XXXII はその華々しい例である．事案は大変に錯綜している．Demon というさらなる出資者を背後にして Protos は Syrakousai で穀物を買い付けるべく Hegestratos 船長の船に出資する．穀物を Syrakousai で積み込んだところで，しかしここで Zenothemis という者と組んだ Hegestratos はこれを担保に見せて別の資金を導き入れることを思いつき，Zenothemis が仲介して資金を集め，債権者としては Zenothemis 自身

が立つことになる（二人の「組合」契約の形式が採用される）．おそらくしかしさらに筋書きは凝っていて，この資金をそのまま Massalia に移転してしまい，船は沈めてしまう，ということであったようで，それが試みられるが，しかし船長は死に，船は座礁地 Korkyra 当局の手によって Athenai に着いてしまう．Peiraeus に帰港した船につき，まず債権者達が船を差し押さえる．穀物について，Demon は Protos を通じて差し押さえようとする．ここで Demon の立場に立つ弁論は，自分達のことを出資者ではなく購買者であるとする．つまり Hegestratos の手を通じて直接売買した (12: *"ὃν ὁ παρ' ἡμῶν ἐπιπλέων ἐπρίατο"*)，というのである．明らかに他の債権者との競合に備えて物的な関係を装備しようというのである (14)．「穀物の方は購入者（Protos）がまず差し押さえていた，その者がわれわれ（Demon）の債務者であった」(*"τὸν δὲ σῖτον ὁ ἠγορακὼς εἶχεν· ἦν δ' οὗτος ὁ ἡμῖν τὰ χρήματ' ὀφείλων"*)，という「法律構成」である．しかしそこへ丁度 Zenothemis の指示を受けた Aristophon という者が現れて，こちらも差し押さえようとするために口論となる (15ff.)．もちろんここからは単純にせよ政治システムが働いて，問題はどちらがどのようにそしてどこに相手を召喚するか，という争いに転化する (17ff.)．しかし明らかに，またしてもこの形でしかおよそ保障というものは働かず，だからこそ債権者は物的な排他性を求めるのである．それが貫かれないことが欠陥なのではない．それを求めざるをえず，そしてそれが必ず破綻することが問題なのである．つまり，複数の信用をむしろ受け入れ，そこに透明な関係を築く，ということができないのである．ちなみに，抵当標を立てる等の単なる「公示」は相対的な解決にしかならない．物的な関係を排他的にしようという思考の一形態であるからである．信用の前提となる社会構造の問題である．

〔3・5・4・1〕 P. Millett, Maritime loans and the structure of credit in fourth-century Athens, in: Garnsey, ed., *Trade*, p. 36ff. は，Haesbroeck のテーゼ（「土地所有者は海上に投資し rentier になった」）の根底にある概念を支持すべく，唯一「生産的」たる海上貸付の出資者はこれまたマージナルな存在の職業的金貸しであった，とする．Hasebroeck が折角海と領域の二元性および領域＝「生産的」のアナロジーを的確に捉えているのに，基本的なタームを取り違えている．Hasebroeck が限界と見た障壁の不全が限界なのである．

〔3・5・4・2〕 *dikai emporikai* が特別の審級として発達する（cf. Beauchet, *Droit privé*, IV, p. 88sqq.）のは，もちろんこのことと関係する．それは可能性でもあり，難しい道をも意味した．管轄

は「商人」身分の存在を前提せず (cf. Cl. Mossé, the "world of the *Emporium*" in the private speeches of Demosthenes, in: Garnsey, ed., *Trade*, p. 53ff.) 行為の性質によって決まる (p. 95).また，手続が職権主義的に迅速である (p. 99sqq.)，のは，Demosthenes の弁論から判断する限り，(「商事事件」の技術的性質に対応するというより）実力の問題がそのまま扱われここにこそ「占有訴訟」の萌芽があるためであるように見える．同時代の理論家達の間における評価のブレ (cf. E. E. Cohen, *Ancient Athenian Maritime Courts*, Princeton, 1973, p. 21f.) も，異質な「領域」の構造を直感してのものかもしれない．

3・5・5

もちろん，既に瞥見されもしたように，債権者間に *ad hoc* に政治システムを形成する試みが全く無いわけではない．そもそも，信用のレヴェルに立つ者が決して領域に直接介入しないという構造的保障が無い（したがってHesiodos の問題が生き続ける）場合には，個別債権者に領域への実力行使を許さない唯一の手段は，一時的に債務者の全ての〈二重分節〉単位を公的に没収することである．必ずしも明白ではないが，Lys. XVII はこうした手続が取られることもあったことを示すように思われる (cf. 3・5・1; 3・5・2)．弁論は，「私」の祖父が Eraton という者に 2 *t*. を貸与した（"ἐδανείσατο"）ことから述べ始める (2)．Eraton 存命中は利息が支払われ続けるが，その死後三人の息子，Erasiphon, Eraton, Erasistratos は債務を履行しようとしない．戦時に停止した裁判が再開されるのを待って，「私」の父は Erasistratos を相手に，しかし債務の全体について通常裁判所 "αἱ ἀστικαὶ δίκαι" において勝訴判決 ("κατεδικάσατο") を得る (3)．この結果，「一方で Eraton の資産は公式にわれわれのものであるべきことになった，——他方，帳簿から判断する限り全資産は没収され（人々のものにな）る」(4: "ὅτι μὲν τὰ Ἐράτωνος δικαίως ἂν ἡμέτερα εἴη,……ὅτι δὲ πάντα δημεύεται, ἐξ αὐτῶν ἀπογραφῶν")．「というのも，この三人を四人の者（債権者）がそれぞれ帳簿に登録したのである」("τρεῖς γὰρ καὶ τέτταρες ἕκαστα ἀπογεγράφασι")．彼らは全てを差し押さえて何も残さなかったに違いない，「他に何かあればそれも没収していたであろう，というのもとっくの昔から私が使用収益しているものまで Eraton のものとして登録してしまっているからである」("εἴ τι ἄλλο τῶν Ἐράτωνος οἷόν τε ἦν δημεύειν, ὡς ὄντα Ἐράτωνος ἀπέγραφον καὶ ἃ ἐγὼ πολὺν ἤδη χρόνον κέκτημαι"). 「あなた方（demos 代表の陪審）が一旦没収した」("ἐὰν ὑμεῖς ταῦτα δημεύσητε") 以上，その分の額につき還付を請求するしかない，——．

「没収」を解釈するにあたって何らかの公的な債務の存在を想定する余地はほとんど無いように思われる．他の四人の債権者の存在と文章上それほどに密接である．他方，問題は「私」が既に個別に資産要素を把握し始めていることである．担保を取っていたということなのか，Sphettos という所の地所を請負に出している（5: "μεμίσθωκα"）し，Kikynna というところの地所と家をその現保持者達と法廷で争った（"ἐδικαζόμην τοῖς ἔχουσι"）のである．彼らが海上貸付（"ἔμποροι"）故に特別の管轄（"ναυτοδίκαι"）を主張したところを見ると，彼らもまた差押債権者であり，したがって「私」もそうではないかと推定される．要するにこれらが包括執行の外に立つという不徹底が見られる．しかしその他の点では，「私」は没収資産に関する限り三分の一という割合（"τὸ τρίτον μέρος"）を提案してこれをポリスに或いは「人々のもの」に対して（"τῷ δημοσίῳ"）請求している（6）のであり，前項で述べた問題はここには無いが如くである．

しかしながらここに登場する幾つかのタームは，やはり政治システムとの関連において給付債務が発生している場合に使われるのがほとんどである．かつまた，Demosthenes に至ると，既述の銀行の破産のケースを除いては圧倒的に個別かつ具体的な執行が展開されるということも確かである．かくして，Lys. XVII を消えゆく痕跡としつつむしろ5世紀にそれがあったと解する余地を微かに残して，結局はこうした制度は発達しなかった，と暫定的に結論する以外にない．

3・5・6

以上のことは，銀行制度に見られる以下のような奇妙な特徴とも深く関係する．既に見たように銀行は信用を与え，その信用はしばしば巨大な政治的信用の規模に達する．このとき，もちろん銀行は信用を仲介することしかしない．さもなければ自分自身が連結体の二重構造の中に巻き込まれ，やがては領域の藻屑と消える．仲介することしかしないということは，例えば銀行がAに信用を供与するとき，Bに負債を付けることを以てする，ということを意味する．

銀行はこれを帳簿の上で実現することができる．その前提として，B への支払いがその銀行を媒介として経常的になされるということがある．つまりこれが B の信用を基礎付ける．つまり先に支払いの媒介から銀行がスタートする，両替からスタートしたと想定される，所以である．

　仲介することしかしないという原則は，かくしてさしあたり銀行を媒介とする金銭ないし金銭価額の移転の有因性の原則として現れる．A に金銭が給付されれば，必ずそれは B の負債か支払いに対応していて，単独に糸の切れた操作は行われないのである．Athenai の銀行もまた，極めて厳格にこの有因性の原則を保持するように見える．Pasion の銀行は Timotheos という将軍と深い関係にある（[Demosth.] XLIX）．Timotheos の政治的信用を支えるべく Pasion は資金を提供し続ける．単純に言えば，「銀行から資金を得た」(2: "λαβὼν ἀργύριον ἀπὸ τῆς τραπέζης") のである．それは「担保も立会人も介さずに与えられた」("οὔτε ἐπ' ἐνεχύρῳ οὔτε μετὰ μαρτύρων ἔδωκεν")．Pasion は危険を認識していたが，万が一 Timotheos が成功すれば金銭が戻るというばかりでないメリットがあることに着目していたのである (3)．しかし実際には Timotheos は訴追されて失脚し，この政治的信用は破綻することになる．整理のための訴訟で，銀行の帳簿から個別の信用供与が一つ一つ明らかにされる．或る方面の海域での軍事作戦のために，Timotheos の副官 Antimachos に資金が支払われるべく指図がなされる (6) が，後者が単なる使者でないことには，実際に Phormion から金銭を受け取るのはまた別の Autonomos である (7)．そして「融資を指図した債務者として」は Timotheos が「帳簿に登録される」(8: "ἐγράψατο ὀφείλοντα τὸν κελεύσαντα χρῆσαι")．これに，原因として Antimachos の名が並記され，Autonomos の名すら添えられる．さらにまた別の方面の作戦に際しては，Timotheos は Philippos という船主を後ろ盾とする Antiphanes から融資を受ける (14)．その負担は元来 Boiotia の *leitourgia* に回されるはずだったが，しかし Boiotia 艦隊の参集が悪くこれが Athenai 民会の反感を惹起するのを怖れた Timotheos は，別途資金を調達して Boiotia 艦隊を組織したのである．しかし Philippos は返済がなされないことに苛立ち，Timotheos はそのことから違法な資金介在が明るみに出るのを怖れ (16f.)，Pasion に返済の肩代わりを依頼する．かくして再び Timotheos を債務者とし

て Philippos に返済額分の支払いがなされる．また，Megara 出身の Philondas という metoikos が Pasion に接近して来たかと思うと，この者が Makedonia から木材を運んだその運賃を融資するようにという Timotheos の指図があり，Timotheos を債務者として上と同様のオペレーションがなされる (29f.)．また，おそらく Phormion が行ったと思われる海上貸付のため Timosthenes という者が担保として寄託していた壺が，Phormion 自身のものとして誤って Timotheos の裁判費用の融資のための物上保証に使われた．Timosthenes の返還請求を受けると，Pasion は対価を彼に支払い，これを Timotheos の名で債務として記載した (31f.)．

等々のオペレーションが蓄積されていたと思われるが，不思議なことに，これらの帳簿上の債務につき，第一に Timotheos は直ちに領域上の〈二重分節〉単位によって責任を問われ，第二にこれを訴求するのは銀行を受け継いだ Phormion でなく，Apollodoros であり，かくして債権者は領域の資産を直接把握しうる立場にあるのである．もちろんこの時点で Timotheos の資産は全面的に破綻している．「全資産が債務によって債務超過になり，抵当標が立ち，他の者達が実力で占拠している」(11: "ἡ οὐσία ὑπόχρεως ἦν ἅπασα, καὶ ὅροι αὐτῆς ἕστασαν, καὶ ἄλλοι ἐκράτουν") と言われる．私人に対するばかりでなく，leitourgia の債務も累積している．しかし Apollodoros はここへ直ちに端的に入って行こうとするのである．

［Demosth.］LII では逆に Apollodoros は防御側に回らざるをえない．Heraklea の Lykon という者が Pasion の銀行から信用を受ける一人で (3: "τῇ τραπέζῃ ἐχρῆτο")，しかも直接に海上貸付を受けうる信用を持つ一人であった（ということはこうした「貸付」がなお原則ではなかったことを示す）．この者が今 Libya に発つその時，銀行における自分のプラスの勘定を，組合契約の相手方 ("κοινωνός") Kephisiades に支払うよう指図した ("κατέλειπεν ἀποδοῦναι")．Kephisiades が航海に出ていたので，他の二人の者が Kephisiades をやがて銀行に引き合わせるべく指名される (4)．若干の期間たりとも指図先が現存しないのを怖れるためであろう．弁論によれば，「以下のようにするのが全ての銀行の慣行である，誰か私人が第三者に支払うよう金銭を寄託するときには，まず寄託者の名，次いで金額，そして誰それに支払うべしと付

記する」("Εἰώθασι δὲ πάντες οἱ τραπεζῖται, ὅταν τις ἀργύριον τιθεὶς ἰδιώτης ἀποδοῦναί τῳ προστάττῃ, πρῶτον τοῦ θέντος τοὔνομα γράφειν καὶ τὸ κεφάλαιον τοῦ ἀργυρίου, ἔπειτα παραγράφειν 'τῷ δεῖνι ἀποδοῦναι δεῖ'"). もし本人を目の前で認識することができればこれで十分だが，そうでなければ，間に入って金銭受領者を確認しうる人物の名がさらに付記される．さて，Lykon は海賊に襲われて命を落とす (5). ところがこれを知った駐 Athenai の Heraklea「領事」を名乗る Kallippos という者が銀行に現れ，Lykon の死亡を通告し，そして帳簿を閲覧する (6). 彼はしかしそのまま帰り，他方 Kephisiades が戻って来る (7). 当然彼は Phormion から寄託された金銭を受け取る．しばらくの後，Kallippos は Pasion に会うと，Lykon は漂着して死んだ先の Argos に駐在する Heraklea「領事」に全てを遺贈した，事実彼には相続人が存在しなかった，今自分が駐 Argos「領事」にかわってここ Athenai で彼の資産を受け取るべきである，metoikos にすぎないあの Kephisiades などに何の権利も無い，と (9f.). Pasion は，Kephisiades や中間に立った二人にそれを言うように，と銀行の審級を踏まえた答えをする (11). しかしかなり時間が経過した後，Kallippos は，支払いを求めるのではもはやなく，Kephisiades へと Pasion が支払ったことによる損害を賠償せよという訴訟を提起するに至る．これが Pasion の資産そのものに，したがって Apollodoros に対して向けられたのである．

ここでも銀行の機能に関する原則は完璧に維持されている．ところが，いざとなると必ず言わば領域のメカニズムが障壁無しに直接介入してくる．指図による金銭の移転が，相続に関して他の遺贈等のことと優劣の関係に立ってしまう．それはまた銀行の背後にある領域上の資産本体にまで手を伸ばしてくるのである．元来，有因原則は却って銀行を白紙の審級に置くために存在する．ところが，この原則がまさに原因を問うがために，そこからずるずると領域のメカニズム全体を呼び出してしまうのである．微妙なことであるが，有因性を一段でしかも厳格に切る，という思考そして社会構造が存在していない．

事実時として銀行は，別の計算を通じてであるかもしれないが，何らのファイア・ウオールも無いにかかわらず，土地の上に直接資金を投下する (Demosth. XXXVI). Pasion の銀行全体を（その消費寄託された金銭を "τὰς παρακαταθήκας")請け負った（6）Phormion は,「Pasion が領域の単位に貸付をしていた」("ἐπὶ γῇ καὶ συνοικίαις δεδανεικὼς ἦν")ことを見出す．市民権をまだ有しない Phormion としてはどうしようもない形態であるので，彼はこれらを全て原則の形に置き直す．即ち全て Pasion 個人の負債として帳簿に付け直す．Pasion が第三者に融資した，それを銀行が仲介した，そのことが銀行の帳簿の上に記録されただけのことである，ということになる．有因性原則を復元したのである．

4　政治的パラデイクマの再構造化

4·0　序

　〈分節〉という特徴を有する社会構造において人々の現実の行為が示す軌跡を再びパラデイクマとして捉えこれをパラデイクマとして意識するとき，そのパラデイクマをわれわれは「政治的パラデイクマ」と呼ぶこととした[1]．これに対し，社会構造としての〈分節〉の存立を決定付けるディアレクティカ，即ち諸々のパラデイクマにディアレクティカを施すという活動，自体が多かれ少なかれそれにそのまま従うべきパラデイクマとして捉えられその意味で制度化されるとき，つまりこの制度的活動を一個のパラデイクマとして人々が意識したとき，のそのパラデイクマを「狭義の政治的パラデイクマ」と呼んだ[2]．これ自身ディアレクティカの産物であることは言うまでもなく，この観点からその形成が既に分析された．これらは〈分節〉という社会構造の帰結の一つにすぎないが，しかし人々はその存立を意識的に別途区別して追求する．狭義の政治的パラデイクマは，再現的パラデイクマの単一平面で1か0かの一義性において，枝分節体の中枢ないし根底を切断しかつその再発生を摘み取るという任務を帯びているからである．その意味で，狭義の政治的パラデイクマは一切の迂回を許さずに一義的に無条件で妥当しなければならない．つまり，狭義の政治的パラデイクマは頂点に位する政治的決定手続である．

　さて，社会構造としての〈二重分節〉は二重のディアレクティカによって支えられる．〈神話〉化即ち文学の形成はM0—M1でなく今やM0—M1—M2という一段複雑でヨリ批判的な形態を取る．凡そMを広範に留保することによって初めて得られる残余の「政治的決定内容たりうるパラデイクマ（同時にまた狭義の政治的パラデイクマになりうるパラデイクマ）」Pは，もはやM1—

P1によって得られたかつてのP1ではありえない．P1自体が今や批判に曝され，その結果たるP1—H／PHがかつてのM0—M1の位置に立ち，新しい政治的パラデイクマP2はかくして二重のディアレクティカの帰結としてのみその資格を与えられる．歴史学や哲学の成立が前提とする思惟である．別の観点からすると，今やM2およびH／PHの総体がMの位置に立ち，これが留保され，政治的決定内容や狭義の政治的パラデイクマPPに対して対峙しているのである．そのPPはPP2という新しい内容を帯びている．当然PP1—PP2という新しいディアクロニクな関係が意識される．つまりデモクラシー下の新しい政治的パラデイクマはPP2であるということになる．そしてPP2という政治的決定手続は当然それ自体二重のディアレクティカを特徴とするはずである．少々近似的に言えば二重の政治的決定手続であるはずである．しかもそれは叙情詩・悲劇・歴史学・哲学におけるのと異なり，意識的に自由に二重のディアレクティカを行うのでなく，〈分節〉（つまり〈二重分節〉）の解消形成等々のことに端的に関わって全員にとって一義的かつ決定的に展開されなければならない．しかも〈二重分節〉の概念に伴ってこの「全員による共有」ということが単純明快ではありえなくなる．問題は自ずから複雑な様相を呈するのである．

　かくして以下ではデモクラシーへの移行に伴う政治システムの構造変化を分析する．実はギリシャではこの変化の中で初めて政治制度が意識的に記録される．つまり初めてわれわれの通常の歴史記述が可能になる．もっとも，こうして初めて歴史学自体が成立したのであるからこのように言ってもトートロジーである．翻って見れば，（以下「狭義の政治的パラデイクマ」をしばしば単に「政治的パラデイクマ」と呼ぶこととすると）政治的パラデイクマ自体をあらかじめ政治的決定手続で確定しておくことを決してしないことには大きな意味があった．つまり如何なる既成パラデイクマをも批判してかかるのが政治的決定の特徴なのである．常にゼロから白紙からスタートするということである．かくして決定の内容や手続自体を書き記して物的な形で保存しこれに権威を与えることは警戒された．ところがそれが今初めて行われるのである．但し，全く違う意味において．政治システム自体を反省するためにのみ，つまりP1—P2という変化のコロラリーとしてのみ，復活するのである．

〔4・0・1〕 POL p. 311-313.

〔4・0・2〕 POL p. 381.

4・1　原　基

4・1・0

　政治的パラデイクマが二重のディアレクティカを追求するようになる変化を追跡するためには，成立したばかりの政治的パラデイクマについてもう少しよく見ておく必要がある．そこに既にデモクラシーへの移行の可能性を保障する重要な構造的要因が認められるからである．但し，まさにその故にこの要因そのものがデモクラシーそのもののメルクマールと取り違えられ，既に示唆してきたように，デモクラシーの概念を著しく混乱させるという事情も存在する．

　政治システムは成立と同時に既に民会を備える．初めから政治的決定の最終的源泉は民会である．にもかかわらずもちろん政治システムは初めからデモクラシーであったのではない．

　民会という要素とデモクラシーとの混同は，たとえば人民主権論に伏在する．君主・貴族・人民の三要素が緩やかに政務官・評議会・民会に対応させられ，デモクラシーはかくして人民＝民会に「主権」が移行することにより達成されるというのである．「政体論」を色濃く反映するこうした理解によっては，しかし，民会が政治システム成立と同時に存在することを全く説明できない．その民会を含む政治システムの全体が一体どのように変化すればデモクラシーに辿り着くのかという問題関心が生まれないからである．

　同様の混乱を示すのは，古代と近代のデモクラシーを対比して「直接民主主義」と「間接民主主義」ないし代表制を対置する議論である．「直接民主主義」を担うのはもちろん民会であると考えられ，暗に近代の議会と民会が比較されたことになる．しかし議会と対比し代表制を論ずるならば，それは評議会とその構成に着目しなければならない[1]．民会は高々 referendum と比較されるべきである．そうでなければ民会が *ipso facto* に「直接民主政」を体現しているという混乱した概念を清算できない．民会がどのように働き始めれば，そして評議会とどのような関係を持ち始めれば，デモクラシーが現れたと言えるのか，ということを考察できない．デモクラシーのタイプの認識も混乱してしまうこ

とになる.

かくしてデモクラシーへの移行以前における民会の存在と役割を確認することは極めて重要である.

〔4・1・0・1〕 言うまでもなく,民会と議会を対比する議論の前提には「代表」の概念が存在する. 議会は「代表」という作用を通じて全構成員の等価物と見なされるのである. ギリシャにおいてもローマにおいてもこの「代表」という観念は大変に警戒されるために,評議会が極めて民主政的に構成される場合でもこれを民会の代替物と見なす議論は生ずるはずもなく,もしそのような論理構成が現れればたちまち厳しい懐疑に曝されたはずである.

4・1・1

徹底した実証主義の立場からは今日でもたとえば[1], 7世紀初頭の Athenai に確かに存在したのは政治的階層 Eupatridai から選出される9人の政務官 archon と 48 の(部族型組織)naukrariai の長による評議会だけである,とされ,民会の存在について疑問符を付される場合がある. しかしながら,標準的な見解[2]は,たとえば Aristoteles が Solon の改革を論ずるときにこの点に全く言及しないことから,それ以前にも政務官は民会によって選挙されていた,と考える. ヨリ積極的に考える学説[3]は,Homeros のテクストの他,Kreta 諸都市の碑文と Kylon および Solon 伝承において果たす人民の役割を挙げる.

事実最も重要な徴表は Homeros のテクストである. 中でも "Iliados" は決定過程に関する精緻な分析を提示し,討議の実質を担うメンバーとその基礎となる母体の区別と分節,ヨリ大きな集団による決定とその危険性,後者のありうる様々な構成原理,等々について知り抜いていることを明らかにしている. つまり決定手続における或る種の二元構造を強く示唆するが故に,こうしたテクストを共有する人々にとって(実はまさに二元構造のコロラリーたる)民会の重要性は自明であったに違いない.

Kreta 諸都市の碑文の示すところも極めて重要である. Sparta と並んで「ドーリス的」・保守的・寡頭政的とレッテルの貼られるこれらの都市に限ってアルカイック期に属する数少ない政治制度関係の碑文が分布する. 7世紀後半の Dreros の碑文[4]は,kosmos と呼ばれる政務官に一度就任した者は以後十年間は再任されえないことを述べる. これが「ポリスとして」決定されたと宣言するのである. この表現によって果たして民会の裁可が含意されるかどうか,盛

んに争われるが，焦点は「署名人」とも言うべき誓約者を最後に列挙する下りである．（単数で）kosmos と "δάμιοι" と "οἱ τᾶς πόλ [ιο] ς" が掲げられるが．"δάμιοι" および "οἱ τᾶς πόλ [ιο] ς" ともに大きな集団の代表と考えることが自然であり，（ひょっとすると都市と領域にまたがる）その二元性[5]がまた単一の小合議体の存在を排除するように見える．しかし，kosmos の方はどのような性質のものであろうか．規定の緊張感から言って明らかに裁可した主体が kosmos の選出母体であるが，その kosmos の再任が問題となり制限されるということは，これが軍事化におけるよりも評議会のような役割を有したことを強く推定させる．つまり，この kosmos は比較的大型の政務官団であり，合議体があるとすればこれである[6]．

では Kreta の碑文を引くことにどのような意義があるか．後の伝承の中で記号化されるところによれば，Kreta は，政治的パラデイクマを決定しその後それを維持するということを呼び出す役割を有するに至る．したがって Lykourgos も Solon も Kreta の影響を受けるとされる[7]．他方何らかの特殊な社会構造によって例外的に政治的決定の内容を書いて権威付けるという慣行を多く残した[8]．われわれにとっては，そのようにしてたまたま記載され遺った政治的決定の特殊に古い形態でさえという a fortiori の論拠となりうるのである．

[4・1・1・1] Hansen, *ADAD*, p. 27ff.

[4・1・1・2] Hignett, *Constitution*, p. 78ff.

[4・1・1・3] Ch. G. Starr, *The Birth of Athenian Democracy. The Assembly in the Fifth Century B. C.*, Oxford, 1990, p. 5f.: "There is no evidence at Athens in such early times for an assembly of citizens, but is not to say that it could not have existed."

[4・1・1・4] R. Meiggs, D. Lewis, *A Selection of Greek Historical Inscriptions to the End of the Fifth Century B. C.*, Oxford, 1980 (1969), No. 2.

[4・1・1・5] Fr. Ruzé, *Délibération et pouvoir dans la cité grecque de Nestor à Socrate*, Paris, 1997, p. 115sq. が的確に指摘する点である．

[4・1・1・6] cf. Ruzé, *Délibération et pouvoir*, p. 123.

[4・1・1・7] cf. POL IV・Exc・2・1.

[4・1・1・8] cf. H. et M. Van Effenterre, La codification gortynienne, mythe ou realité ?, dans : AA. VV., *La codification des lois dans l'antiquité*, Paris, 2000, p. 175sqq.

4・1・2

　Sparta においては政治システムの根幹が，決して書かれはしないが，叙情詩の形態において言語にされ，*verbatim* に伝承された．Rhetra と呼ばれるこの韻文は，Lykourgos 伝承と共に伝えられたり (Plout.)，7 世紀の叙情詩人 **Tyrtaios** の名と共に伝えられる (Diod.) が，テクスト自体そして解釈に関する多くの問題にもかかわらず，伝承が伝える制度の付加修正を貫く主題は民会である．領域の二種類の組織に加えて（ここではヨリ明確に）小さな合議体たる *gerousia*（「長老会」）を設けることの他に，強調されるのは，暦に沿って民会を開催し，ここに最終的な裁可が求められることである[1]．"σὺν ἀρχαγέταις" は，最高政務官 *ephoroi* 付設伝承の反対解釈から，*gerousia* に二人の王が加わるとも解しうるが，しかし脈絡から言って，民会によって選出された者達が加わる，とも解される．既に示唆したように[2]，「*ephoroi* が後に付加される」という伝承を敢えて持つということは，*gerousia* を単なる部族組織の一機関たるから区別しその「〈分節〉頂点の合議体」への変質を強調する意義を有する．他方，これと反射的に，民会に関しても，「Rhetra への付加」なる伝承とそのテクスト[3]は全て，この民会を「軍事化途上に現れる集団」から真の決定機関に変質させるという観点を有する．決定の事項として主として意識されているのは和戦であるが，この軍事化の脈絡の反対側に *probouleusis* が明確に概念されている．審議即ち政治的決定過程（"βουλή"[4]）を主導する "ἄρχειν" のは王であり，これに加えて例の小合議体であり，最後に（"ἔπειτα"）民会 "δημότας ἄνδρας" である，というように Rhetra は修正された，というのである．"βουλή" は明らかに *gerousia* のことではなく，したがって「評議会」のことではない．ディアレクティカの手続そのものを指す．それは初めから単純ではない構造を予定しているのである．実質を担保するためにはどうしても二元的な構造が必要とされるというのである．実質的な審議体と，その開かれた性質を保障する集団による決定・裁可．言わば議会と選挙・referendum である．政治システムとディアレクティカにとって何故これが必要かという考察に関しては，われわれは安んじてこれを Homeros に譲ることができた．

　　[4・1・2・1]　Plout. *Lyk.* VI, 2.
　　[4・1・2・2]　POL p. 389.

〔4・1・2・3〕 Plout. *Lyk.* VI, 10 ; Diod. VII, 12, 6=Tyrt. F14 G.-P.
〔4・1・2・4〕 写本の問題を除いても，二つのヴァージョンでテキストは "βουλῆς" と "βουλῇ" で割れる．

4・1・3

　初期 Athenai に関し民会の痕跡を辿ることは確かに容易ではない．意識的にパラデイクマの固定を拒否した時期の後，民会に関するパラデイクマは，政治的パラデイクマ改変時に意識的に儀礼と結びつけられ，ディアクロニクな基層（「歴史」前）へと位置付けられた，と見られる．典型は Theseus 伝承であり，彼のもとでの *synoikismos* によって Athenai における政治の成立は尽きるかの如くに観念される．しかし，既に示唆したように，Theseus 伝承という選択自体，軍事化のメカニズムの統御がポリス成立の鍵であったことを指示する．もちろん軍事化のメカニズムだけでは政治は成立しない．この点，上に見た "βουλή" という語のニュアンスが参考になる．Thoukydides によれば，人々がそれまでは領域の個々の拠点に *prytaneia* および *archon* 達を持っていた（"πρυτανεῖά τε ἐχούσας καὶ ἄρχοντας"），つまり合議するために（"βουλευσόμενοι"）集まるということがなく，それぞれで「政治をし合議をしていた」（"ἐπολιτεύοντο καὶ ἐβουλεύοντο"），のに対して，今やそれぞれの *bouleuterion* と *arche*（"τά τε βουλευτήρια καὶ τὰς ἀρχάς......"）を解消して唯一の *bouleuterion* と *prytaneion* を（"ἕν βουλευτήριον καὶ πρυτανεῖον"）を有するようになった，という（II, 15, 1f.）．単に統一を言うためだけならば，その機能を一々このように二元的に書く必要は無かったであろう．「共通のかまど」という儀礼によって儀礼的無分節を演出する *prytaneion* は軍事化の基層に関わり，*bouleuterion* は多少ともそれが政治的決定手続の側に変質させられた部分に関わる．すると "τὰς ἀρχάς" と "ἐπολιτεύοντο" は前者をほのめかし，しかしそれが分化していない様を言い（"καί..."），"πρυτανεῖά τε ἐχούσας καὶ ἄρχοντας" は大きく方向としての "βουλευσόμενοι" と対峙するのである．

　もちろんこの二元性を「民会と評議会」の二元性に還元して読むことは Thoukydides の意図を踏みにじる誤った解釈であろう[1]．そうでなければこのように一見不分明な表現を工夫する必要がない．*bouleuterion* という場所を

指すが如き苦し紛れの表現で伝えたいのは，民会を含む政治的決定手続の全体であり，その中では archon もまた重要な位置を占める．他方その archon もまた民会と同じように軍事化そのものにも深く関わる．そしてこうした合議と軍事化の二元性（相対的分化）自体が軍事化の手続を政治的決定手続に変容させるのである．そのときにまた二元性に対応する手続の分節が生ずる．

このようにして見ると，（決定手続の方ではなく）軍事化と深く関わる側面における民会並びに archon は他方で合議のもう一つの対極たる執行の概念に接近するということがわかる．何が Kylon の軍事クーデタを排除したか．これは初期 Athenai の政治システムを占う上で不可欠の試金石である．権威ある伝承が，しかし，ここでは深刻に対立する．Herodotos (V, 71) によればそれは naukraria の長達 prytaneis による．既に述べたように naukraria は phylai の下位区分であり，後には軍事のための負担 leitourgia の区分となる．さてしかし，Thoukydides (I, 126) によればそれは archon 達であった．それぞれ彼らは当時 Athenai を管理していた "ἔμενον"，執りしきっていた "ἔπρασσον"，とされる．一見，実権を握っていた最高機関が指示されているようである．それが両ヴァージョンで矛盾しているように見える．しかし上に見た Thouk. のパッセージを響かせて解釈すれば，これが十分に意味のあるヴァージョン対立であるということがわかる．prytaneis に着目すれば，民会の軍事化の実効部分，したがって民会の実体部分が浮かび上がる．違法な軍事力に対して内側へ軍事力を向けるのである．正規の軍事化の手続を経て編制された軍事力が向かったはずがない．ただその「実体」部分が向かったのであり，だからこそ Herodotos が言うように，それは通常の民会編制に対応するのでなく（むしろ phratria に基礎を置き）領域に散開する「実体」たる naukraria であったのである[2]．少なくとも合議体としての民会経由の軍事力ではない．Thoukydides のヴァージョンが言う archon は，これも別の観点から正規の軍事化の手続を経ないことを指している．だからこそ archon の一人 Megakles が属した Alkmaionidai の責任が後世問われるのである．つまり彼らが実質的に動員できた軍事力が akropolis に向かったのである．この archon もまた，（probouleusis により）民会に政治的決定手続というニュアンスを与える小合議体たる "archon" の対極にある "archon" である．そうすると二つのヴァージョンの対抗は，Kleisthenes に繋

がる領域の人員の台頭を評価するか，それとも辛うじて合法性の表皮をかぶせてクーデタの応酬に備え執行権の概念の蒸留を予期するか，に関わるということになる．つまり5世紀後半のデモクラシーの帰趨がかかっているのである．そして，彼らの対抗の前提には，Kylonの頃に既に民会が定着していて，しかしその傍らで事柄が進行した，という自明の認識がある．

　以上のように理解すれば，初期にはAreopagosが最も重要な機関であったという伝承が困難なく解釈される．敢えてAreopagosを遅く年代付ける必要はない．軍事化のメカニズムに近接する政治的パラデイクマの対極に立って，政治的パラデイクマの一分肢たる裁判を司るのである．probouleusisからも切り離された純然たる合議体である．その分，gerousiaとも異なって部族組織にではなく，却って新たに民会で選出された歴代のarchon達によって構成される．

〔4・1・3・1〕　Ruzé, *Délibération et pouvoir*, p. 326 は，Thoukydidesのテクストから，民会に権限を基礎付けられた政務官団の合議を引き出す．このようにして，Theseusに直ちにデモクラシーを見る伝承に引きずられてデモクラシーの民会を読むバイアスを免れている．かくして後のbouleを投影して解釈することもない（Areopagosが示唆されているとする解釈すら否定する）が，依然その「審議」の概念がbouleにとらわれていて，裁判すら排除し，実質的な決定過程を端的に問題とするThoukydidesのテクストの関心を離れている．

〔4・1・3・2〕　Ruzé, *Délibération et pouvoir*, p. 328sqq. は，最初の合議体たるarchon団を補佐する最初のproto-bouleであると解する．しかしテクストが強調するのは "délibération" ではなく「執行」である．"délibération" 概念を理論的に詰めないツケを著者はここで支払ったと見ることができる．

4・1・4

　以上のように，政治システムは成立すると同時に民会を備えた．民会は，何らかの小合議体との間の緊張関係に立ち，probouleusisに服し，そのことによって政治的決定機関としての実質を獲得した．しかし逆にこの小合議体の方はしばしば民会自身が選出する政務官団と区別されず，区別されたとしてもそれを含み，後者の場合にはprobouleusisにおいては大きな役割を果たさず，むしろ裁判という別のジャンルの政治的パラデイクマに主として関わる[1]．要するに，明確な形姿を現さないのはむしろ後の評議会である．初期においてはそれは，民会と政務官団の中間にその原型が辛うじて認められるか，裁判のための独自の陪審団として現れるか，でしかない．

[4・1・4・1] Sparta について Ruzé, *Délibération et pouvoir*, p. 145sqq. が精力的に論証する点である．むしろこの点が顕著であるのは Athenai の方で，*ephoroi* が実質的な *probouleusis* 機能を奪取して *gerousia* を後景に追いやるまで Sparta では，二人の王を含む〈分節〉諸頂点がディアレクティカの機関であり，そこに裁判も含まれたに違いない．Ruzé の研究は，"délibération" から裁判という重要な柱を概念上除外した点に弱点を有する．

4・2 胎　動

4・2・1

6 世紀初頭 Solon が Athenai の政治システムに加えた修正は，ディアクロニクに折り重なる二つの層を混乱無く剝離させて認識するための鍵を握っている．ここでも Solon は転回点を画した人物であるということになる．しかもなお，Aristoteles が正確に把握するように，Solon が実現した政治的パラデイクマはまだ決してデモクラシーのそれではない．

Arist. *Pol.* 1273b・74a (II, 12) は，まず，Solon が純粋 *oligarchia* からいわゆる "*politeia*" への変化を達成した，とする説を紹介する．*demos* が隷従をやめてデモクラシーが樹立され，ほどよく混合された，という説である．というのも，*oligarchia* の刻印を帯びた *boule* たる *Areopagos* と，アリストクラシーの刻印を帯びた *arche* と，*demos* に基礎を置く *dikasteria*（法廷＝陪審団），が鼎立したから，と．後の標準的な「混合政体論」とは全く異なるが，同種の思考を以てするこの説に対して，しかし Aristoteles は，第一と第二の要素は Solon 以前からあり，第三の要素を Solon が付加したにとどまる，としてこの説を突き放す．さらには，「第三の要素を付加したのでデモクラシーである」から飛躍して Solon が第一と第二の要素を廃止したとする，つまり純粋 *oligarchia* の廃止から凡そ *oligarchia* の要素の排除へと飛躍する，説を攻撃する．但し攻撃対象は "radical democracy" ではなく，むしろこれを Solon に押しつけて彼をも攻撃する者に対する批判であるように見受けられる．

以下に述べるように，巡り巡ってこの解釈は Solon の政治的パラデイクマ修正作業を厳密に認識したものであると言うことができる．Aristoteles はその修正作業を *dikasteria* の一点に見る[1]．*Areopagos* についても *archon* の制度についても Solon が根底から変革したことはなかったと正確に把握する．かくし

て，*dikasteria* が *Areopagos* に（同じ司法という作用において）取って換わるという後の時代の屈折体から免れている．まして *Areopagos*→*boule* をさらに重ねて凡そ *boule* 機能が「民主化」されたという方向に引きずられるようなことはなかった．他方，当初からの民会による *archon* 選出を当然のことと見なしたことになる．ちなみに，Aristoteles が批判するヴァージョンにおいてすら，*archon* は（混合政体論通俗版におけるように）王政的要素でもデモクラシーの要素でもなく，貴族政の要素（"τὸ ἀριστοκρατικόν"）とされる．もちろん被選挙権の制限がこのように言わせるのである（但しクジによらない選挙による選出そのものが貴族政的要素とされる場合がある）が，執行よりは小合議体の側にニュアンスが置かれているのである．いずれにせよ Kleisthenes 以降の変化の方向と Solon の構想は明確に識別されている．

〔4・2・1・1〕Ostwald, *Sovereignty of Law* はこの Aristoteles に全てを賭ける．つまり Solon の中核 *dikasteria* からデモクラシーが立ち現れるというのである（p. 15）．民会の方に目が行く傾向に対する優れた批判の着想がある．デモクラシーの骨子を「司法審査」と捉えることになる．混乱はこれをさらに「法の支配」の方へ還元したところから発生する．*dikasteria* が示唆する判断の〈二重分節〉を見落とさせることになる．否むしろ，これら二つの概念の根底にこの〈二重分節〉があることの洞察を欠いたのである．

4・2・2

事実，政治的決定手続の根底に民会が早くから据わり，*probouleusis* さえ凡そ政治システム固有のものであるとすると，こうした基本構造の修正を追跡するためには，むしろ一度裁判・司法作用という政治的パラデイクマの一分肢へと分析を迂回させる必要がある．Solon の手になる修正点をこちらに限定するからといって，それはデモクラシーにとってのその射程を限定することでは全くない．政治的決定手続に大きな〈二重分節〉が生ずるその前に，その一分肢にそれを暗示する変化が生じ，（明晰な識別力を要することには）或る種の水平分節が胚胎されるのである．

この点の重要性を示すのは，この問題に関する伝承の著しい屈折である．それが何故そこに漂着したのか，*Ath. Pol.* IV はいわゆる謎の「Drakon の国制」の中にそれを見出す．学説によって圧倒的に拒否ないし無視されるこの伝承は，確かに全く信憑性を欠くが，伝承上のこの際立った「異常」はしかしどうして

生じたのであろうか．テクストは実に奇妙な屈折を示す．鍵は「市民権」という意味の *"politeia"* である．Drakon 前にこれが武装自弁の全ての者に与えられていた，とテクストは切り出す．彼らが *archon* その他の政務官職の選挙をした，というのだが，i) 今 Drakon はその選挙を財産資格に基づくものに改めた，と初めてポイントを特定してくる．しかし続いてこれと真っ向から対立するポイントを対置してくる．ii) その市民団 *"politeia"* からクジで 401 人が選出され *boule* が構成された，というのである．しかも，不連続に叙述は *Areopagos* に移り，iii) 不法を被った市民が「この *boule* に」訴え出ることができた，とした後，iv) またも不連続に借財に苦しむ者の画像で章を閉じ，Solon の部分の導入とされるのである．

既に指摘したように，Drakon は伝承上 Solon との間で polarity の太い軸の両極をなし[1]，したがって凡そ Solon の事業を理解するために必要な意味の軸の全てに絡んでくる．*Ath. Pol.* IV は未整理の dossier のようにそれらを多々収める．さて，polarity の核心は，都市中心と領域である．Drakon には領域の古い組織の自足的な刑事制裁メカニズムが帰せられ，また，それが覚醒されて都市中心の刑事司法を掣肘する制度的連関に立つという動機がその名とともに記憶された．これに対し Solon は同じ軸の反対の極を切り取る．領域のメカニズムの古い側面を払拭し，それを都市中心の新しい刑事司法の中に取り込んだのである．もしこうして形成された屈折体の延長線上に Athenai のデモクラシーが順調に発展したとすれば，それがほころぶ時にこの屈折体の影の方の極が反発によって分解し大きく躍り出るに違いない．それは一見ラディカルに見える領域からの直接主義であり，したがって〈二重分節〉に対する保守主義であろう．これらの全てを Drakon の名が吸収したのである．逆に正統的なデモクラシーの側は Solon に多くの要素を託し，凡そその反対極を，Drakon の名が吸収した中に見出し，増幅していく．するとこれは完全に支離滅裂の様相を呈するであろう．

　iv) はまさに Solon がこれから解決する課題である．Drakon はその課題を用意したのである．しかし *Areopagos* が直接問題を扱っていたのではないのか．iii) はまさに Solon がメスを入れる不十分な事態を特定している．逆に Solon は *Areopagos* への直接の訴追を一旦遮断する起訴陪審を用意した．ならばそれ

は（かなりの学説が否定する謎の）「Solon の 400 人の *boule*」か．否，それに反発するようにここでは「401 人の *boule*」が強烈に自己を読者の意識に焼き付けてくる．ラディカルな選出方法であった，と．後の *boule* の「民主化」の先取りか．否，400 ないし 401 は（旧型の）*phylai* との連関を示し（4×100），Kleisthenses 以後のあの人工的な組織原理の上のクジとはむしろ対岸のものであろう．ひょっとすると，「Drakon の *boule*」への反発から「Solon の 400」が生まれ，これに再度反発して「Drakon の 401」が生まれたのかもしれない．Solon が *Areopagos* 関連制度を修正し，領域に対する関係を間接化して領域の審級を擁護したとすれば，これが Drakon における「*Areopagos* の直接性」という反発を生むのは当然であり，他方でその障壁組織を旧来の領域組織そのものと概念し直す反発も理解できる．つまり iii）と ii）は（互いには矛盾するが）同じことへの反発として一貫する．他方 i）の説明[2]は一層容易である．iv）の問題を Solon が一種の通貨政策によって緩和したことについて既に述べた．素朴な武装自弁原理が人身執行を伴う信用問題を惹起する，というのが Solon の診断であったはずである．金銭価額評価が問題を緩和する，と．しかし財産資格への反発が素朴な武装自弁原理の側からくる．財産資格など導入するから，と事態の把握が混乱していく．ところがそれを正統派の側から切り替えされて，財産資格をもたらしたその問題を Solon が解決したのである，だから Drakon こそが iv）の状況を準備したのだ，と逆に押しつけられる結果になってしまったのである．Drakon が Solon にシフトして追いかけたのを，Solon は Kleisthenes の側へ一段シフトすることで逃げた，と言うことができる．テクストにおいてこの章の「切り出し」から i）への移行部分が不鮮明な印象を与えるのはこうしたヴァージョン対抗の事情に基づくものと思われる．

〔4・2・2・1〕 POL p. 377f.

〔4・2・2・2〕 Ruzé, *Délibération et pouvoir*, p. 342sqq. は，Solon 以前における資格の段階的制限という点に限りこの伝承を救済する．

4・2・3

事実，*Ath. Pol.* VII, 1 は，Solon の立法が殺人に関する以外は Drakon の体制（"θεσμοί"）を踏襲しないことを明記する．そうしておいて直ちに財産資格に

よる政務官選挙制度を詳しく記述するのである．他方の原理は部族 phylai である．phylai 毎に財産資格にそって選挙された候補者の中からもう一度（"ἐκ προκρίτων οὓς ἑκάστη προκρίνειε τῶν φυλῶν"）クジによって政務官が選出される（VIII, 1）．極めて重要であるのは，ここで初めて選挙が二段階に分節されたということである．Ath. Pol. の採用する語彙はこれを強調する．さしあたりそれは退行的に実現する．phratria に基礎を置く一元的な政治システムの側から部族の側に退化するようにして，実現したのである．Drakon がなにがしかを「返還請求」する余地を実際認めうるのである．そしてその限りにおいて，この政治的パラデイクマはそれ自身〈二重分節〉していないし，〈二重分節〉した社会構造の産物であるのでもない．二つの〈分節〉システムがそのまま組み合わされただけである．しかしそれでも Ath. Pol. はこれに現行制度の発端を見る．今でも phylai 毎に二段に選出するではないか，と．但し両回ともクジで．Ath. Pol. は進化論者のように，変化から取り残された痕跡をこの「進化」の徴表として挙げる（"σημεῖον δ' ὅτι......"）．財務官 tamiai には今でも財産資格がある，と．財産資格すら二段階性の一側面なのかと錯覚させられる叙述である．さらに，かつては選出された archon 達の役職を Areopagos が分配していた，などと付け加えこれまでをも二重構造で理解させようとする始末である．こうした（Aristoteles 本人でないとしても，明らかに）Aristoteles 流の把握の向こうにある動かない実体が何であるかは明白である．叙述はさらに phylai を強調していく．そう，phylai に帰ったことで二段階効果が生まれたのである．それが現在まで続く，と果たして言えるか．決定的な脱皮は，しかしこうしてこの phylai なるものの実体を徹底的に改変してしまうことによって得られる，ということが早くも実に効率的に導かれたのである．

　しかし，Arist. Pol. にとってこのことは決定的なことではない．前提となる組織の性質が変わらなければ，ましてその組織内の選挙が財産資格によるものだけに，民会の機能は基本的に同一なのである．事実 Solon にとって中心的な課題は領域問題であり，phylai に回帰する選挙制度再構築はその一つのコロラリーであり，またそうであるにすぎない．Plout. Sol. 18 もこの点同様であり，財産資格による選挙制度につき，或る意味でそれは従前通りとする．つまり，Solon は「これまで通りに全ての archon 職を財産資格ある者に留保し」（"τὰς ἀρχὰς ἀπάσας ὥσπερ ἦσαν τοῖς εὐπόροις ἀπολιπεῖν") ようとしたとされる．但し，Ploutarchos は微妙な差違を強調することも忘れてはいない．即ち初めて金銭価額による財産評価を行った（"ἔλαβε τὰ τιμήματα τῶν πολιτῶν"）というのである．このことは，Ath. Pol. の記述が当然のこととして含意することであるとも言えるが，しかし意義を極小化しているとも言える事柄でもある．金銭価額による評価であれば，具体的な武装負担以前に（ミニマムとはいえ）具体的な民会参加資格が概念される．たとえ評価額がゼロに近くとも，軍事化とは別の脈絡で政治的権利が概念されるのである．かくして Ploutarchos はここから叙述を直ちに，最下層 Thetes が具体的に得たものに移しうる．確かに民会での投票権は依然極小にとどまり，Ath. Pol. のように無視するに値するだろう．しかし Solon とその時代にとってヨリ重要な或ることが実現するのである．

4・2・4

Ploutarchos によれば，Thetes は arche には与りえず，ただ民会と dikasterion の（陪審）構成員たりうるにすぎなかった．そしてこのことの意味は初めゼロに（"οὐδέν"）見えた．ところがそれがやがて巨大な意味を帯びる（"παμμέγεθες"）ようになった，というのである．その理由は多くの事件が結局この dikastes の手に落ちたからである．何故またそのようになったかと言えば，「政務官の判定に委ねられていたことでさえ，これについても同様に，欲する者には dikasterion へと訴えることが許された」（"ὅσα ταῖς ἀρχαῖς ἔταξε κρίνειν, ὁμοίως καὶ περὶ ἐκείνων εἰς τὸ δικαστήριον ἐφέσεις ἔδωκε τοῖς βουλομένοις"）からである，という．

ここに来ると Ath. Pol. も完全に一致する（IX, 1）．Solon の最も民主的な措置（"τὰ δημοτικώτατα"）は，第一に人身執行の廃止であり，第二に不法を被った者のために誰でもが立つことができるという制度であり，第三に dikasterion へと訴える権利（"ἡ εἰς τὸ δικαστήριον ἔφεσις"）である，というのである．われわれは Arist. Pol. の的確な指摘にも戻ったことになる[1]．そればかりかこうして初めて Solon が発掘したあの領域問題から出発しうるのである．

Solon にとって，都市中心から入ってくる信用にからめとられて領域の〈分節〉単位が破壊されることが一番の問題であった．これを防ぐために彼は一連

の経済政策の他に，債権者に債務者の人身までは決して把握させない立法をした．同様に，(特に都市中心から伸びる) 大きな勢力に対して立ち向かえない個人のために，領域の組織が無力である場合に備え，およそ誰でも訴追し弁護する権利を与えた．そしてこれらのことに実効性を与えるべく dikasterion を設置したのである．すると，こうした脈絡からしてこれは単なる裁判機関ではない．現に政務官のもとでの裁判，即ち Areopagos を陪審とする裁判，の存在が前提されている．"ἡ εἰς τὸ δικαστήριον ἔφεσις" という表現は，Areopagos の判決に不服な場合の上訴に関わるように見える．少なくとも二段の判断という観念が動いている．もっとも，これだけでは上の脈絡に沿う所以が見出せない．

しかるに，既に見たように Solon は殺人に関する限り Drakon の法に従ったとされる．Plout. Sol. XVII, 1 もこれを強調し，同時に，全てを死刑とする同害報復的色彩を Solon が払拭したと述べる．ならばどこを受け継いだのか．XIX, 3ff. は Areopagos を Solon の創設にかからしめる説を批判し，彼の立法テクストを文字通り引用する．amnestie を定める中で，「故殺謀殺クーデタ計画の罪で Areopagos もしくは ephetai もしくは prytaneion によって有罪判決を受け亡命している者以外」という概念が登場し，Areopagos の先行機能が前提されているというのである．しかしそればかりではなく ephetai の機能も前提されており，既に述べたように[2]他の碑文史料によると ephetai こそは Drakon の立法において起訴陪審の役割を果たす；したがって被告人を一旦取り戻し，人身を保護するか，事実上逃亡させるか，という方向に事態を持っていく機関である[3]．逃亡の時に事件は Areopagos―ephetai―prytaneion と順次係属していったと考えられる．ここには，領域の組織を利用して起訴陪審という判断のクッションを置くという観念が働いている．Drakon においてはそのことの代償として，非政治的犯罪については領域組織の古い犯罪観念が甦るということがあった．Solon は領域の組織を利用しつつもおそらく手続の構成のみを残したのである．

そうであれば，Solon は ephetai に換えて dikasterion を設置した；したがってこの dikasterion は当然 Areopagos の判決と制度的関連を有し[4]，しかもその役割は政務官によって起訴された者の人身の取り戻しであり，起訴の正しさの判定である．こう解すれば人身執行の禁止の文脈に完全に合致する．そしてその

4 政治的パラダイクマの再構造化

大型の起訴陪審の構成を完全に解放したのである．ここであれば対等な一構成員として *Thetes* がその役割を果たしうる．ひょっとすると Drakon の *boule* が *phylai* を基礎としてクジで選出されたという伝承は，Solon の *dikasterion* に関するものがここへ飛び火したのかもしれない．司法機能を担った *Areopagos* から後の *boule* へと連絡する系譜の観念が，この混線を助長したかもしれない．いずれにせよ「Solon の *dikasterion*」を後の変化の時代錯誤的先取りであると断ずることはできない[5]．そのように述べる学説は二段階の判定が意味するところに考察を巡らすことがなく，単純に最終審の存在を考える．しかしこれは Solon が社会構造に働きかけるところからくる伝承の屈折と屈折体の意識的設営に無頓着な態度である．

6世紀半ばの Chios に属すると見られる或る碑文史料[6]は以上のような基本観念の登場が Athenai に限られなかったことを示す．何らかの刑事裁判手続を定めたものと解されるこのテクストは，第一に政務官主導の或る手続を書く．ここで注目されるのは，裁判集会の構成要素としてこの段階で既に民会が挙げられる（"$δῆμο\ κεκλημένο$"）ということである．つまりかつての *Areopagos* の裁判でさえ，否だからこそ，この意味の民会の関与は不可欠であったに違いない．裁判といえども最小限度の軍事化を伴うのである．したがって儀礼的であるにせよ民会の裁可を要する．

しかし碑文は続いて，この手続の何らかの段階で，*demarchos* に供託金を支払って迂回する，という道を設ける．（おそらくは）その場合「民衆評議会」（"$ἐκκαλέσθω\ ἐς\ βολὴν\ τὴν\ δημοσίην$"）がこの「抗告」を受理して審理することになる．"$δῆμο\ κεκλημένο$" とこの "$βολή\ δημοσίη$" を同一とする学説[7]があるが，明らかにこの解釈はテクストの意味を不明にする．"$βολή\ δημοσίη$" の方はやはり，*phylai* を基礎に構成され実質的に審理することを初めて任務として引き受けた小「民会」なのである．その判断は理論的には訴追自体の裁可に関わる．もっとも訴追が認められればほとんど弾劾されたも同然であるから，残余は第一段の手続の民会の役割のように形式的なものとなったかもしれない．

〔4・2・4・1〕 cf. POL p. 367f.
〔4・2・4・2〕 Ostwald, *Sovereignty of Law* とともにここへ戻ったことになるが，Ostwald は，*dikasteria* の構成よりも上訴制度による判決の審査に Solon の構造の力点を見る (p. 9ff.)．つ

まり，われわれと同様に二段の判断手続に着目するのであるが，（全ての学説の通念をそのまま受け入れて）その意味が転倒してしまう．"popular sovereignty" の方のドグマをも引きずっているからである．かくして構成や淵源を説明できなくなる．

〔4・2・4・3〕 S. C. Humphreys, A historical approach to Drakon's law on homicide, in: AA. VV., *Symposion 1990*, Wien, 1991, p. 17ff. に至ってなお Od. xxiv 風の vendetta 規制の観念のみで Drakon を理解する論文が跡を絶たないが，新しい構造の中で古い原理が最新の意義を持ちうることを分析しなければ「歴史的状況に置いて解釈する」ことにならない．

〔4・2・4・4〕 *Areopagos* には刑事裁判の一般管轄が残るということに注意しなければならない．*Ath. Pol.* VIII, 4 の *eisaggelia* はこれに関わり，但し後代の「政治的犯罪」に対する手続が投影されている（cf. Wallace, *The Areopagos Council*, p. 64ff.）．

〔4・2・4・5〕 もっとも "*dikasterion*" と呼ばれたかどうかは別の問題である．後に言わば審級が逆転して初めてこの名称が得られた可能性は排除できない．Lys. X, 16 と Dem. XXIV, 105 が伝える「いにしえの」民会型大規模陪審 *Heliaia* を学説（Hignett, *Constitution*, p. 97）はしばしば Solon に結びつける．これも決定的ではないが，かなりの蓋然性を有する．．

〔4・2・4・6〕 H. Van Effenterre, F. Ruzé, *Nomina, I*, Rome, 1994, Nr. 62 ; Ruzé, *Délibération et pouvoir*, p. 364sqq.

〔4・2・4・7〕 cf. Ruzé, *Délibération et pouvoir*, p. 366.

4・2・5

さて，以上のことにはもう一つ重要な意味がある．たとえば *Areopagos* は今や不可避的に，新しい *dikasterion* との間で，*archon* や民会との間に持ってきたものに加えてもう一つ別の次元で，いわば垂直的意味連関に立たねばならない[1]．彼らの或る種の判断は *dikasterion* が行う前提判断へと差し戻され，別の判断はそうした対象ではなく，従来通り自足性を持つ．こうして，ともに合議による政治的決定でありながら，性質の違う二つのことが水平的に分化し始めるのである．

しかもその垂直的意味連関はこれまでになかった質を有する．*probouleusis* はこの概念の実質に沿ったものになる．即ちもはやディアレクティカの結果を最小限の議論に曝した上で形式的に裁可するというにとどまらなくなる．この最後のことは軍事化のメカニズムと深く関わり，決定の実効性に直結する．裁判とて〈分節〉の破壊＝再形成である以上小さな軍事化を伴い，したがって *prytaneion* による儀礼的裁可を要したと考えられる．しかし裁判が *dikasterion* との緊張関係に立てば，送り先にまたディアレクティカが予期されるため，軍

事化メカニズムから二重に遮断され，それに方向付けられず，いわば結論をさておいてもっぱら前提問題だけを厳密に論ずる，ような種類の議論の空間が出来上がる．起訴陪審へ「抗告する」という手続構成は，裏側から見ればその *dikasterion* の前に予審が介在するということを意味する．起訴陪審に備えて予め防御する議論は，まさに *probouleusis* たるものとなるに違いない．決定手続から相対的に区別された意味の *bouleusis* がまた一つ次に来るのであるから．

このような状況は，*dikasterion* との垂直的意味連関に立たない控除された側の *Areopagos* の活動をも分節して観念させるであろう．Solon が *boule* を創設した，否，(後の *boule* と等価と考えられて) ならば *Areopagos* 自体を Solon が創設した，否，その *boule* に Solon が初めて *probouleusis* の役割を規定した，という伝承が繁茂したとしても全く不思議ではない．Ath. Pol. VIII, 4 は，次の Kleisthenes の 500 人に対置するように *phylai* を基礎とする 400 人の *boule*[2] に一言だけ触れ，そして直ちに「しかし *Areopagos* こそが旧来の権能を保持し続けた」と切り返す．Plout. は既に見たように「Solon による *Areopagos* 創設」というヴァージョンを識っていて，これに反駁しなければならないが，逆にここから 400 人の *boule* を強調し，Lykourgos に関する記述で見せた本格的な *probouleusis* の例解に力を注ぐ．

〔4・2・5・1〕 Solon のもとにおける *Areopagos* の役割を評価する Wallace, *The Areopagos Council*, p. 68 は，並行残存の理由を伝統的権威に求めるが，むしろ特定の機能的連関があったと考えられる．

〔4・2・5・2〕 cf. R. A. De Laix, *Probouleusis at Athens. A Study of Political Decision-Making*, Berkeley, 1973, p. 13ff.. De Laix の結論 (p. 17) は「Solon の 400 人の *boule*」の実在を肯定する．しかし，*Areopagos* の変性と刑事司法面での組織分化を指して Kleisthenes 体制批判の時代に Solon に向かって投影されたイメージであるという嫌疑を棄てきれない．

4・3 政治的決定手続の〈二重分節〉化

4・3・1

Peisistratos の時代 (6 世紀の半ばから後半) に大きな社会構造の変化があり，これを前提として 6 世紀の最後になって政治的パラデイクマが初めて全く新しい質を獲得するようになるのであるが，Peisistratos が政治的パラデイク

マ自体についてはほとんど手を加えなかった，否，他の *tyrannos* 達とも異なって政治的パラデイクマの停止すらもたらさなかった，点は伝承が強調するところである (Hdt. I, 59, 6; Thouk. VI, 54, 6). 新しい政治的パラデイクマは，Kleisthenes とともに，思いがけない断絶によって，生まれるのである. Kleisthenes 自身，Sparta の介入や Isegoras との確執の後，突然の反転 (voltafaccia)[1]によってその立場を思いついた，或いは不意に思い出した，如くでさえある. 綿密な設計図に基づく極めて人為的な操作が達成される[2]のではあるが，周到な準備によるよりも遥かに一瞬の閃きによったであろう. 逆に言えば，意識の成熟の極点に飛躍が生まれたのである. いずれにせよそれは緩やかな変形ではなく，鋭い亀裂を意識した創造であった.

もちろん前提は領域の組織である. 既に述べたように，新しい自由な結合体が極めて人工的に三地域から無作為抽出されて組み合わされ，こうして10の *phylai* が創り出されたのである. この自由な結合体 *demos* はジェネアロジクな原理から切り離されているが，*phylai* はなおかつ地縁的な観念からも離脱したのである.

4から10への調性の変化[3]は決定的に重要である. われわれは *Ath. Pol.* が発見されていなくとも500人の *boule* を易々と Kleisthenes に結びつけることができる. *Ath. Pol.* XXI, 3 によれば，各 *phyle* から50人ずつ選出されて500人の *boule* が構成される. 領域の組織の改編はまずここへ効いてくるということである.

少なくとも発達した段階においてこの *boule* の構成員はクジによって選出される (Thouk. VIII, 66, 1; 69, 4; cf. ML no. 40). Kleisthenes 以来そうであったとする学説が有力であり[4]，その通りであるとすれば，別型民会としての *Heliaia* と並ぶ，重要な新しい着想がここにあることになる. *Areopagos* の構成員たる資格は少なくとも一度民会の選挙で勝利したことである. 首長制の儀礼と競技の観念が濃厚である. 代表の観念に相対的に近い. しかしクジはこうした正統性を全てはぎ取る. 代表の観念が働けば，代表する側とされる側が一体視されることになる. これに対してクジは二つの平面を独立かつ自由に保つことができる. しかも繋がっているのである.

やがて10の *phylai* が10ヶ月かわるがわるに常設 *boule* を出し，これが日常

4 政治的パラデイクマの再構造化　　　835

案件に限り担当するようになる[5]が，この prytaneis 制もまた独立の感覚を一層高める．さもなければ民会の方の重要性が縮減されてしまう．対抗関係も生まれない．しかもあくまで民会の中の合議体であり，かつ実体的な議論に適した機関である．決定手続全体としての boule を〈二重分節〉する格好の形式である．

Areopagos が廃止された形跡は無く，起訴陪審にも手が付けられた様子が無い，基礎となる民会の構成が変わったにせよ政務官制度にも変更が無い，にもかかわらず boule のみがほとんど初めて創設され，これがデモクラシー元年を画す[6]．初めて裁判と区別される最狭義の政治的決定に関与する合議体が，直接 demos を基礎として形をなしたのである[7]．民会の存在や役割そのものでなく，いわば民会のパートがこうして二つに分節し狭義の民会に対抗する機関が現れ二重になること，これがデモクラシーの登場を告げるということである．

〔4・3・1・1〕　Hignett, *Constitution*, p. 126 ("sensational volte-face")．

〔4・3・1・2〕　cf. Lévêque, Vidal-Naquet, *Clisthène*, p. 66sqq.

〔4・3・1・3〕　cf. Lévêque, Vidal-Naquet, *Clisthène*, p. 91sqq.

〔4・3・1・4〕　cf. M. H. Hansen, When was selection by lot of magistrates introduced in Athens?, in: *Classica et Mediaevalia*, 41, 1990, p. 55ff.. P. J. Rhodes, *The Athenian Boule*, Oxford, 1972, p. 7 も慎重ながら認めるようである．

〔4・3・1・5〕　cf. Rhodes, *The Athenian Boule*, p. 16ff.

〔4・3・1・6〕　Arist. *Pol.* VI, 5, 10=1322b は boule を最高機関 ("κυρία πάντων") として描くが，「demokratia たる限りは多数の先頭に立つ」("προκάθηναι τοῦ πλήτους ὅπου κύριός ἐστιν ὁ δῆμος") と付け加える．Areopagos と違って probouleusis の連関に立つ，と言っているようにも読める．他方，すぐ後の無機質な一文「probouleusis をするから probouloi とも呼ばれるが，多数たる限りは (demokratia たる限りは?) むしろ boule である」("καλεῖται δὲ ἔνθα μὲν πρόβουλοι διὰ τὸ προβουλεύειν, ὅπου δὲ πλῆθός ἐστι βουλὴ μᾶλλον") は，デモクラシーに限らず probouleusis そのものは一般的原則である（だからこれをそれで特徴付けることは混乱である）ことを確認しつつ，boule はむしろ民会の位置にそこから分節する，と言っているのである．

〔4・3・1・7〕　Kleisthenes 低評価の陣営の学説は，領域の組織を除くと「500 人の boule」しか「政治制度の改革」が無いことを重視する．評議会というアリストクラシーの要素の構成をほんの少し変えただけであり，しかも Solon が既に先鞭を付けていた，というわけである (cf. Ostwald, *Sovereignty of Law*, p. 24ff.)．Ostwald の場合，司法作用重視のバイアスが加わる．しかしこれらは政治的決定手続内でのパラデイクマの paradigmatique な分節とその質，それをもたらす構造，への視角を全く欠いている．

4・3・2

さてしかし,以上のことは若干の理論的考察を強いる.政治システムは成立と同時に〈分節〉頂点によるディアレクティカ本体と民会による決定手続という二項関係を有する.これを繋ぐのが元来の probouleusis であった.ところが boule の介在は関係を複雑にする.単純に考えれば,民会が boule によって初めて実質審理の審級となり,ディアレクティカを行う,他方この「元来の probouleusis」は boule に対し行われ,boule が民会に対してまた probouleusis を行う,こうしてディアレクティカが二重になる,ということが予想される.ところが,次項で見るように,実際には「民会に対する boule の probouleusis」だけが「元来の probouleusis」の後継であると意識され,probouleusis 自体の二重化は達成された気配が無い.おそらく probouleusis という語自体,この変形した制度に関わる.つまり,boule がディアレクティカの第一段を,民会がディアレクティカの第二段を担うことになり,こうして probouleusis は語自体二重のディアレクティカに関わることになったのである(「元来の probouleusis」は二重のディアレクティカとは無縁で,単一のディアレクティカに関わった).boule は Areopagos の等価物になる,というばかりか,こうして民会が決定機関から実質的審理(第二段のディアレクティカ)機関に変じてしまう.Athenai の場合,Sparta との対照において,このことがもたらす混乱の代償は大きかったように思われる.

いずれにせよ,この新しい boule が(新しい)probouleusis の役割を担ったことは疑いない.ともかくもそれによって初めてデモクラシーに相応しい二重のディアレクティカが達成されるのである.即ち,第一段階において既に,議論=提案ばかりでなく,審理と決定手続があり,これが再度民会に付議されるのである.反射的に,民会は自らの分身 boule においてのみならずその本体においてディアレクティカを担う.

Herodotos (IX, 5) は,479 年にペルシャ側の提案を受け入れるよう,そして次いでこれを民会へと付議するよう,提案した boule の一員 Lykides という者が("τῶν βουλευτέων Λυκίδης εἶπε γνώμην ὡς......ἐξενεῖκαι ἐς τὸν δῆμον"),boule から出てきた者と外に居た者双方によって("οἵ τε ἐκ τῆς βουλῆς καὶ οἱ ἔξωθεν")リンチされる事件を伝える[1].少なくとも外交使節を迎えるのは

boule であり，如何なる外交案件もまずここで審議され，場合によってここ限りで葬られるのである．既に *probouleusis* の観念が明確に見られる[2]．

　しかし Herodotos がこの伝承に託した点はこればかりではない．第一に，*boule* 内の *probouleusis* の問題が提起されている．*boule* の決議＝提案に対して人々が怒ったというのでなく，Lykides の提案自体が問題とされたのである．それが直ちにエコーのように民会への提案となる，ということが怖れられ，そしてまた同じ二段階にスキップするようにして反動が生まれている．*boule* 内部では *probouleusis* は存在しない．各人が提案しうる．しかしこれが丁度民会において誰もが提案して混乱を招くが如くになるのである．もちろん一面でこの *boule* は民会の如き存在である．*probouleusis* は元来はディアレクティカを保障するための分節であり，議論と評決（批准）を分ける．これを今 D—R としよう．*boule* はこの D をそのまま引き受けるものではない．むしろ一旦 D—R の全体を引き受け，そしてこの新たな D 即ち DD が民会の決定手続 RR に対置される．*boule* 内に民会的 R 的要素が包含され，R の要素が今端的にディアレクティカに参画することになる．

　第二に，注目すべきことに，ここでは提案自体が直ちに非難されている．つまりディアレクティカが完全に自由であるのではなくなり，パラデイクマの質を巡る或る前提的な排除のメカニズムが働き始めているのである．この点をスクリーンする役割を *boule* が持ったとすれば，まさに二重のディアレクティカに相応しい．しかし，この *boule* 自体に *probouleusis* が必要ではなかったか，という問題がここでは提起されている．

　第三に，資格の無いパラデイクマの侵入を *boule* が自足的にチェックできなかったとき，直ちに *boule* は言わば解散されて民会本体のレヴェルの審級が働いて制裁を加える，ということが示唆されている．資格の問題でさえ民会のレヴェルが実質的に審理しなければならないのか．つまり民会が実質的ディアレクティカに参画し，*boule* との親近性を通じて前提資格問題にまで及びうるのか．ここには *probouleusis* の新しい様相がはっきりと捉えられている．"οἱ τε ἐκ τῆς βουλῆς" は，*boule* としてまずは自足的に Lykides を葬ることができなかったことへの微かな皮肉も含む表現であろう．つまり〈二重分節〉は（厳格な二段階と異なって）柔軟なだけに溶解する危険性を常に孕んでいる．

いずれにせよ *probouleusis* はディアレクティカを保障するものから，二重のディアレクティカを保障するものへとディアクロニクな変貌を遂げたと考えられる．5世紀後半の混乱を越えて，この制度を単一のパラデイクマとして捉え直す，つまり過ぎ去り行くものを振り返る，*Ath. Pol.* (XLV, 4) の作者の眼には，これが厳格な一個の規範であったと映る[3]．「*boule* は民会に先立って審議する，この先議を経ることなしには如何なることも民会で採決してはならない，また (*boule* の担当部会たる) *prytaneis* が民会に決議するよう書き送っていないことについて採決してはならない」("προβουλεύει δ' εἰς τὸν δῆμον, καὶ οὐκ ἔξεστιν οὐδὲν ἀπροβούλευτον· οὐδ' ὅ τι ἂν μὴ προγράψωσιν οἱ πρυτάνεις ψηφίσασθαι τῷ δήμῳ")．

民会議決を書き記す碑文の名義が，「民会によって決定された」("ἔδοξε τῷ δήμῳ") から「*boule* および民会によって決定された」("ἔδοξε τῇ βουλῇ καὶ τῷ δήμῳ") という定型に変化する，つまり名義の部分が分節する，ことも示唆的である[4]．

[4・3・2・1]　cf. Rhodes, *The Athenian Boule*, p. 54.

[4・3・2・2]　cf. Ruzé, *Délibération et pouvoir*, p. 363 ; 439.

[4・3・2・3]　cf. Rhodes, *The Athenian Boule*, p. 52ff.

[4・3・2・4]　但し，この変化を *probouleusis* が必要的になった変化と結びつける Ruzé, *Délibération et pouvoir*, p. 449 は論拠を欠く．彼女の分析によれば変化は 470-460 年頃に生じた (cf. De Laix, *Probouleusis*, p. 27) というが，だとすればむしろ後述の逆転層が発生しかかる時期であり，これを警戒する *Ath. Pol.* が *probouleusis* の規範性を強調する観点とは却って相容れない．むしろ，古典的な *probouleusis* の機能を *boule* が単純に取って替わる時期には "ἔδοξε τῇ βουλῇ καὶ τῷ δήμῳ" という形式は必要でない．事実 "ἔδοξε τῷ δήμῳ" という単純な形式において却って *probouleusis* を前提とする場合が検出される (この点，Rhodes, *The Athenian Boule*, p. 64ff. の碑文分析は，自由な〈二重分節〉と遅い時期の混乱を十分に区別していないものの，実に多様な〈二重分節〉形態を検出している)．そうではなく，後述のように，民会がディアレクティカの主導権を握り始め，二つの審級の間に複雑なやりとりが可能になった段階で，つまり *boule* を民会が征服した段階で，"ἔδοξε τῇ βουλῇ καὶ τῷ δήμῳ" が現れるのではないか (Rhodes, *The Athenian Boule* はしかし，元来の *probouleusis* と二重の審議のそれを初めとして，ディアクロニクな視点はおろか年代の整理さえ欠く)．

4・3・3

　boule が *probouleusis* の機能を獲得し，これに対するさらなる *probouleusis* が

4 政治的パラデイクマの再構造化

ほとんど意識されないとすれば，Areopagos=archon からは最も重要な権能が奪われたことになる．裁判における権能も Heliaia によって大きく掣肘されたとすれば，宗教ないし儀礼の分野を別として，残るは軍事的権能しかない．9人の archon 団がかつて probouleusis の機能を充足しえたとすれば，それはそれぞれが民会で選挙されたチャンピオンであり擬似首長的頂点であったからである．極めて実質的にディアレクティカが行われえたはずであり，これを拡大した Areopagos においても同様であったはずである．つまり根底に軍事化のメカニズムが働いていたのである．archon の一人 polemarchos は中でも現実に軍事化の方式をくぐった集団を指揮する．周到な手続がこれを正統化していたはずである．

しかし今この軍事的権能にも大きな修正が加えられる．Ath. Pol. XXII, 2 は，Kleisthenes の制度構築作業から5年目になって，各 phyle から一人ずつ 10 名の「軍指揮官」strategos が選出されるようになった，と伝える．polemarchos に全軍の指揮権が留保されたとも付け加えるから，形式的には制度の更新というよりは分節である．しかしともかく Ath. Pol. はこの新しい体制が Marathon に結果したという見解を取る[1]．この体制には少なくとも二つの意義がある．第一に初めて未分化な「軍事化」に対応する一般管轄の archon 団から区別された軍指揮官が存在するようになったということがある．つまり既に dikasterion が部分的に，そして今 boule が全面的に，分化させた権能と同様にまた一つ分化していったのである．この場合も制度が phylai に直接基礎付けられる．第二に狭義の軍事化が今や〈二重分節〉を前提するものに変わったということがある．海軍はそもそも技術的に或る意味で〈二重分節〉を余儀なくされる．naukraria 体制はこれに対応したものであったと考えられるが，しかしそれは克服の対象でしかなかったと思われる．Kleisthenes が naukraria に替えて demos を基礎として海上戦力を組み立てたとき，しかしこの〈二重分節〉は初めて積極的に生かされようとすることになったのである．そして陸上戦力もまたこれに倣うことになった．自発的に動く複数の軍事化単位が高度に連携するという可能性がこうしてペルシャ戦争直前に完成していたことになる．

以上のことは，当然 archon の側の性質を変えざるをえない．同じ Ath. Pol. によれば，487年についに9人の archon が「各 phyle 毎に demos 構成員によっ

て予備選抜された 500 人から」("κατὰ φυλὰς ἐκ τῶν προκριθέντων ὑπὸ τῶν δημοτῶν πεντακοσίων") クジで選ばれることになった．明らかにこちらの側の軍事化のためには儀礼的なヴァージョンで十分であり，そうでなければ危険でさえあるということになったのである．儀礼的な軍事化は，文字通りの儀礼の他，様々な手続を画したり，登録等警察的行政的で "sommaire" な第一次判断を司るのに極めて適合的である．

かくして Areopagos=archon に残るのは司法作用のみとなる．

[4・3・3・1] Hignett, Constitution, p. 169ff. はこの記事およびこのときの変化の射程に極めて懐疑的である．Hdt. の Marathon 関連記事を奇妙に歪曲して解する他，Kleisthenes の全体構想との符合を完全に見落としている．

4・3・4

同様の変化は Sparta においても見られる．二人の王と gerousia，そして選挙で選出された 5 名の ephoroi が後者に加わり，basileis-gerousia-ephoroi の多頭制構造が実質的にディアレクティカを支え，これが probouleuma を発給していたと考えられるが，6 世紀半ば以降，これに微妙な変化が加わる．

そもそも ephoroi の制度化についての伝承は大きく割れ，有力なヴァージョンにおいては Lykourgos の体制にとって後に加わった付加部分であると観念される．こうしたヴァージョンの形成に際して遅い時期の反 ephoroi キャンペーンが作用していることは疑いなく，学説はそれの同定に躍起である．しかし他方，むしろ政治システム形成時に ephoroi が gerousia に加わるということが決定的であった，したがって「後発」伝承は（事実の経過として「後発」であったかどうかは別として）パラデイクマの屈折（屈折体の形成）の観点からは不可欠のものであった，ことについては既に述べた[1]．第一次 Messenia 戦争と Theopompos 王に結びつけて ephoroi 創設を記憶することには十全の意義があったと考えられる．

にもかかわらず伝承は，6 世紀半ばの Chilon という人物に大きな役割を演じさせ，若干の改革を彼に帰せしめる[2]．二人の王に対して ephoroi がその権力を差し止めうるようになったというのである．伝承の一ヴァージョンは Chilon 自身最初の ephoros であったと伝える．かくして学説の一部は ephoroi 制

の成立自体を6世紀に下げて解釈することになる．これこそが「Sparta 6世紀革命」の支柱であったというのである．

実際，*ephoroi* がそれまでに存在しなかったとは考えられないが，*ephoroi* が *ephoroi* たるようになった（独立した）のはまさに6世紀のことで，そのことこそが Sparta の政治的パラデイクマの構造を変えたのである[3]．つまり明らかに *basileis-gerousia-ephoroi* 体制が今や本格的に分節するに至ったのである．つまり *ephoroi* もまたそこから分節した；かくして振り返って形成を眺めるときに付加部分であるという伝承が生ずる；事実「付加」が元来重要な或る性質を例解するからなおさらそうである；しかも分節に対して敵意が生まれるときに原状回復主張のパンフレットにおいて付加の新しさが強調されることになる．

もっとも，事柄の実体はむしろ二人の王の権能が特定され分節されて括り出されたということであった．つまり *basileis-gerousia-ephoroi* の総体から *basileis* がまずその軍指揮権を持って分化したのである．しかもこの時に *basileis* は *ephoroi* の統制下に入る．*ephoroi* は言わば完璧な文民統制権を有することとなり，*basileis* やその副官に対して拒否権を発動できるようになったのである[4]．

Herodotos はこの問題を的確に把握している[5]．Kleomenes と Demaratos の確執は彼に Sparta 王権に関する *excursus* へと赴く絶好の機会を与えるが，叙述の発端は対 Aigina 制裁のため兵力を動かした Kleomenes に対する Aigina 側の以下のような抗議である．Kleomenes は「Sparta の人々の共通の了解に基づくことなく行動し」("ἄνευ γάρ μιν Σπαρτιητέων τοῦ κοινοῦ ποιέειν ταῦτα")ている，何故そのことがわかるかというと，もしそうならば「もう一人の王と共に進発して」("ἅμα γὰρ ἄν μιν τῷ ἑτέρῳ βασιλέϊ ἐλθόντα")いるはずであるのにそうでないからである，と（VI, 50, 2）．だから Athenai に買収されたに違いない，と．Herodotos は Demaratos の入れ知恵によったと断定する．つまり，この結果 Kleomenes は撤退せざるをえないのであるが，それは Sparta 側からの実効的な牽制によったと判断したからに違いない．実はこれ以前（506年頃）逆に「二人の王が揃って派遣軍とともに派遣されてはならない」（V, 72, 2: "μὴ ἐξεῖναι ἕπεσθαι ἀμφοτέρους τοὺς βασιλέας ἐξιούσης στρατιῆς"）という立法が行われている．明らかに，Demaratos による制約を嫌った Kleomenes が策した立法であった．つまり Aigina では Kleomenes は

Demaratos に丁度裏を取られたことになる．軍事化の数は二から一になった（「二人揃っては不可」の意味）のはよいとしても，しかし「単独では軍事化させない」，という上位の原則はどうなったか，という切り返しである．

　しかし Demaratos を失脚させることに成功した Kleomenes は，自分と結託したもう一人の王を調達することにも成功する．二人の王が揃ってやって来れば（73, 2: "ἀμφοτέρων τῶν βασιλέων ἡκόντων"）Aigina 側も今度はその正統性を認めざるをえない．先の立法は覆ったのか．そうではない．軍事化は一元的になった．二つの軍団が同時にかつ独立に動くということは無くなった．なおかつここに二人の王が含まれる．但し，形式的にはそのまま一個の指揮権の下，しかし実質的には，二人の王の二つの軍事化が垂直に組み合わされるが如きになったのである．

　Herodotos は，元来は二つの軍事化が同時に行われえて不都合であった，と述べる（loc. cit.）．しかし，そもそも対立する二人の王がそれぞれ独自に軍事化の方式を使って出兵しうるということが政治システムを支えていたのではなかったか．そのような軍事組織は内側には向かいにくい．衝突してしまうからである．もちろんそれぞれ正統化を経ないというのではない．それぞれに *gerousia* の了解と民会の開催を必要としたはずである．それでも二元性はさらなる保障であったはずである．ところが Kleomenes は必要的な一元性を立法してしまう．当然一人で指揮をとる．しかし Demaratos は論理の隙間を突く．実質的二元性の破棄は儀礼的二元性を必ずしも阻却しない．一個の軍団を二人で指揮することすら可能である．Kleomenes はこれを受け入れる．但し二人を垂直に分化させたのである．もっとも，丁度 *strategoi* の場合のように，第一次の軍事化だけでは不十分で複数のカードが揃って初めて第二次のレヴェルの軍事化が可能になる，という新しい二元性の観念は残る．軍事組織は複数の軍事化組織を〈二重分節〉させて機動的に展開させる「二人の王の協同」という課題を背負うことになる．他方，その分一人一人の王は，大きく全体の軍事化を束ねる権威に服することになる．

　"Σπαρτιητέων τὸ κοινόν" はもちろん直接には民会を指す．しかし最初の Kleomenes の出兵といえども，動員に成功した以上，民会の手続を経ているに違いない．すると民会とは実質的にまた別の機能が秘かに概念されているこ

とになる.それは軍事化の方式と厳密に区別されたそれ自身ディアレクティカに属する判断機能である.

しかるにその実質は *ephoroi* が担った.つまり *ephoroi* が二人の王とは全く別に民会に対してイニシャティヴを発揮し,そして王を統制したのである.こうして王は一旦軍指揮権に特化し,それを保持して分化していくのである.実際伝承上こうした統制の例には事欠かない.Kleomenes 自身 494 年(?)Argos 遠征後(神託に従って)これを滅亡させなかった点を問われて *ephoroi* の前で訴追される(Hdt. VI, 81).Plataiai ではついに *ephoroi* が司令官 Pausanias(摂政)に監視のため同行する(Hdt. IX, 76).この Pausanias は 469 年に *heilotai* 問題解決構想を巡って訴追されることになる(Thouk. I, 94, 131ff.).

[4・3・4・1]　cf. POL p. 389, IV・5・4・2; N. Richer, *Les éphores. Études sur l'histoire et sur l'image de Sparte (VIIIe-IIIe siècles avant Jésus-Christ)*, Paris, 1998, p. 92, 509. 但し Richer は (p. 110sqq.),政治の成立と「デモクラシーへの傾向」を混同している.

[4・3・4・2]　テクストと錯綜した学説史につき,cf. Nafissi, *La nascita del Kosmos*, p. 124ss; Richer, *Les éphores*, p. 117sqq.

[4・3・4・3]　Nafissi, *La nascita del kosmos*, p. 138 の結論はバランスの取れたものである.Richer, *Les éphores*, p. 121sqq. は「Chilon による創設」説を論駁しようとする余り,この変化の射程につき過小評価する.

[4・3・4・4]　cf. Richer, *Les éphores*, p. 389sqq.

[4・3・4・5]　以下に関して,圧倒的に最も精密な分析は P. Carlier, La vie politique à Sparte, p. 65sqq. であるが,*ephoroi* 過大評価を修正する余り Kleomenes と民会の権力を強調しすぎたと思われる.確かにそれにより王権の構造変化を初めて精密に描き出したが,二人の王の間の〈二重分節〉を Kleomenes の独裁たるかのように解することにもなった.

4・3・5

こうして *basileis-gerousia-ephoroi* 複合体から軍指揮権を分化させた Sparta は,もちろん新しい意味の *probouleusis* 機能をも分化させる.Athenai の *boule* にならって *gerousia* が力を発揮するか.Aristoteles はそのように考えたように見える(*Pol.* II, 10, 7, 1272a10-12).*gerousia* が全般的な権威を有したという観念は広く分布するように思われる.しかし学説は *gerousia* の具体的な関与を示す古典期の史料を見出しえず戸惑う[1].もっとも,Athenai においても *Areopagos* が古典期に *probouleuma* を発給するなどという場面は無い.これと区別された

bouleがその権能を独占する．Spartaにおいても gerousia とは別の機関がそれを担ったとしても不思議はない．Athenaiの碑文において ekklesia と並んで署名するのが boule であるとすると，Spartaでは何か．書かないSpartaに碑文を求めることはできないが，Athenai のプラクティスに通じた Xenophon は公式のフォーミュラとして "ἔδοξε τοῖς ἐφόροις καὶ τῇ ἐκκλησίᾳ"[2] を用いる．まさに，Athenaiの boule にあたるものは ephoroi である．そうであるとすれば，この ephoroi は Athenai の boule とは異なって「民主化」を経ないことになる．こうしてわれわれの比較の視座は定まるが，なおかつ Sparta にデモクラシーが無いとは言えない．何故ならば新しい意味の probouleusis, すなわち二段階のディアレクティカが登場するからである．翻って考えれば ephoroi も民会に直接基礎を置く[3]．したがって「民会の〈二重分節〉」を認めて誤りではない．しかも Athenai におけるように第二の審級たる民会本体をディアレクティカの積極的な推進者とする混乱と危険を免れる．こうして probouleusis と言えば Sparta という名声が確固たるものとなり[4]，それが短絡的に Lykourgos に遡らされ，probouleusis のディアクロニクに区別される二つの意義さえ不明になっていったと考えられる．

　ephoroi が討議の第一次的審級となった事例を挙げることは容易である．Sparta の政治的パラデイクマに注意深い関心を寄せる Herodotos は，540年代と思われる例の Ariston の婚姻問題について，依然 gerousia と ephoroi の協同を伝える（V, 39・40）[5]が，525年頃と見られる例の Samos への派兵については（III, 46），追われた Samos 貴族が援助を求めるその相手を「archon達」（"ἐπὶ τοὺς ἄρχοντας"）というように特定し，なおかつ助力の決定を彼ら自身に帰す（"ἔδοξε αὐτοῖσι"）．もちろん少なくとも派兵前には民会の裁可が必要であり，さもなければ軍事化そのものが可能でないが，実質的な討議はもはや ephoroi がなしたことになる[6]．さらに490年ペルシャ軍の接近を前に Sparta に助力を求める Athenai 使節を迎えるのも（VI, 106）「archon達」（"ἐπὶ τοὺς ἄρχοντας"）であり，実質彼らがそれを決定する（"ἔαδε"）[7]．Plataiai を前にした480年，Sparta 軍の進発を求める Athenai と Megara と Plataiai の使節が現れる（IX, 7）．Herodotos は彼らの演説を ephoroi の前で（"ἐπὶ τοὺς ἐφόρους"）行わせる．回答は引き延ばされるが，引き延ばしの主体も ephoroi

とされる (8, 1). Herodotos は後に民会の手続が控えているその緊張感を巧みに伝える. 民会ないし軍事化 (召集) のために (9, 1: "ἔσεσθαι") 暦の上で最後の機会となる日の前日になって初めて或る外国人の進言が ephoroi を説得し ("τῶν ἐφόρων ἐπύθετο"), ephoroi はようやく決定する. そして二人の王に指揮権を委ねる (10, 1: "ἐπιτρέψαντες ἐξάγειν")[8].

もっとも, gerousia との関係が常に微妙であったことを示す伝承も存在する. 475 年, Athenai の海上支配が確立されていくのを見た Sparta ではこれに対抗すべきであるという議論が高まる (Diod. XI, 50). まず gerousia が開かれ ("συναχθείσης δὲ τῆς γερουσίας"), その方向が固まり, 次いで「同様に」民会が開かれて ("ὁμοίως δὲ καὶ κοινῆς ἐκκλησίας συναχθείσης") 戦意が昂揚する. 続いて再び gerousia が開かれて ("τῆς γερουσίας συνεδρευούσης περὶ τούτων") もはや異論が出ないであろうと思われた時, gerousia のメンバーの一人 ("τῶν δὲ ἐκ τῆς γερουσίας τις") Hetoimaridas という者が反対論を唱え, これが gerousia ばかりでなく民会をも説得し ("ἔπεισε τὴν γερουσίαν καὶ τὸν δῆμον"), 決定に至る ("τέλος δὲ οἱ Λακεδαιμόνιοι κρίναντες"). 極めて不自然に見えるこの事柄の進行には, しかし gerousia が probouleusis を掌握すると考える Aristoteles 以降の通念が色濃く影を落としている. つまりこの平坦な叙述が落としてしまった微妙な陰影が元来の伝承には保存されていたはずである. 伝承の骨格は, 既に一定方向に決定付けられていた議論を gerousia の単なる一構成員が逆転させたというものである. gerousia 復権にとって格好のパラデイクマであり, 遅い時期の著作に採録されたこと, Thoukydides が沈黙する (Diod. の記事は信憑性を疑われる) こと, も当然である. それだけに, 当時これは例外であったに違いない. ephoroi―民会というルートをインターセプトするように gerousia が介入したのである. gerousia が突然実力を示した瞬間ではあるが, しかし ephoroi が既に probouleusis を掌握しているということが衝撃の前提である. これは, gerousia の排他的 probouleusis を疑わない者にとっては理解しづらいことであり, gerousia 自身がまず最初の流れを作り, そしてそれを今度は自分で切断する, という話に変わっていったのである. こうして事柄が二重に進行するような伝承が成立する. 裏を返せば, こうした対抗を生ぜしめるほど一旦 ephoroi の probouleusis は確立されたということである.

このパラダイクマはヴァージョンを変えて広い年代にわたって配備される．Xenophon は流石に *ephoroi* が他から十分に分節していた時期のプラクティスを識別しうるので，371 年に Kleombrotos 指揮下の派遣軍を次年にわたって引き続き作戦に当たらせるという案が上程された一件につき（*Hell.* VI, 4, 2ff.)），Hetoimaridas と同じ役割を演じた Prothoos という人物につき，*gerousia* の一員とさえ特定せず，あまつさえ民会がこの反対論を一顧だにしなかったことを伝える．学説が推定するように Prothoos は *gerousia* の一員であったかもしれないが，この横からの介入と *probouleusis* は厳格に区別されているのである．

下って 242 年，王の一人 Agis の「革命」的提案に対して反対する富裕者達は，もう一人の王 Leonidas を押し立てるとともに，多数決で（"$\dot{\epsilon}\nu\dot{\iota}$ $\pi\lambda\epsilon\dot{\iota}o\nu\alpha\varsigma$"）Agis の法案を葬る（"$\tau o\dot{\upsilon}\varsigma\ \dot{\alpha}\pi o\psi\eta\phi\iota\sigma\alpha\mu\dot{\epsilon}\nu o\upsilon\varsigma\ \tau\dot{\eta}\nu\ \dot{\rho}\dot{\eta}\tau\rho\alpha\nu$"）ように *gerousia* に迫る（Plout. *Agis*, 11, 1)．Leonidas を訴追して *ephoros* の Lysandros が反撃するが，次年度の *ephoroi* 達は逆に Lysandros を訴追し，Lysandros はようやくにして王達を説得して難を逃れる有様である．Ploutarchos は，*gerousia* に介入が求められた瞬間に「先議の権限を有した」（"$o\tilde{\iota}\varsigma\ \tau\dot{o}\ \kappa\rho\dot{\alpha}\tau o\varsigma\ \tilde{\eta}\nu\ \dot{\epsilon}\nu\ \tau\tilde{\omega}\ \pi\rho o\beta o\upsilon\lambda\epsilon\dot{\upsilon}\epsilon\iota\nu$"）と解説を入れる．しかしおそらく Lysandros の精力的な活動の前に介入は功を奏しなかった如くである．いずれにせよここでも全く同じ屈折体が作動していることは明白である．もっとも，制度の輪郭は遥かに混沌としたものになっている．

[4・3・5・1]　cf. Ruzé, *Délibération et pouvoir*, p. 143sqq.; Richer, *Les éphores*, p. 344sqq.

[4・3・5・2]　Xenoph. *Hell.* II, 4, 38 ; III, 2, 23 ; IV, 6, 3.

[4・3・5・3]　cf. W. G. Forrest, *A History of Sparta 950-192 B. C.*, New York, 1969, p. 76f.

[4・3・5・4]　要するに Sparta では，民会から実質的審理機関が分化することにより二重のディアレクティカが実現されるのでなく，元来の *probouleusis* 即ちディアレクティカ本体の側から前提的ディアレクティカの審級が分化し，しかも元来のディアレクティカ遂行体を空洞化し，民会に対して直接 *probouleusis* したのである．かくして一見元来の *probouleusis* と何一つ変わらないように見える（cf. A. Andrewes, *Probouleusis. Sparta's Contribution to the Technique of Government*, Oxford, 1954, p. 22f.)．民会の実質審理が二重のディアレクティカの観点からさしあたり望ましいことであるとすれば，これにも欠けることになる．

[4・3・5・5]　cf. Richer, *Les éphores*, p. 352sq.

[4・3・5・6]　cf. Ruzé, *Délibération et pouvoir*, p. 141, 149.

[4・3・5・7]　cf. Ruzé, *Délibération et pouvoir*, p. 141.

[4・3・5・8]　cf. Richer, *Les éphores*, p. 370sq.

4・3・6

さて，Athenai では，Areopagos-archon 体制から boule とともに probouleusis が抜け落ち，strategoi とともに軍指揮権が抜け落ちた，その残部について解体が進む．Ath. Pol. は 462 年に Ephialtes の手によって Areopagos の権限がそれぞれ民会と boule と dikasteria に分割されたと伝える（XXV, 2: "τὰ μὲν τοῖς πεντακοσίοις τὰ δὲ τῷ δήμῳ καὶ τοῖς δικαστηρίοις ἀπέδωκεν"）．残っていたのは，儀礼的側面を除けば司法作用だけであるから，学説が一般にそう解するように[1]，裁判という政治的パラデイクマの面での Areopagos 解体が完成したのである．

もっとも，この面においても Solon の手によって既に垂直的な分節が遂行されていた．"dikasteria"，すなわち dikasteria の前身でおそらくは heliaia と呼ばれた大型起訴陪審，が Areopagos の刑事裁判を大きく制約していたに違いない．462 年に関する Ath. Pol. の記述は一つにはこの刑事裁判権が何らかの形でさらに縮減されたということを示唆する．学説は凡そ刑事裁判権が dikasteria に移転したと考える点では一致するが，しかし Ath. Pol. は他に民会と boule を挙げている．実はまさにこの面を精確に理解することによって初めて dikasteria の新しい役割をも精確に把握することができるのである．

そもそも裁判の基本パラデイクマは，政治システムの破壊に対して，厳密にそれのみに対して，政治システムが政治システムたることを一切やめずに対処修復するというものであった．弾劾主義はこのことの厳密なコロラリーである．既に述べたように Areopagos こそは弾劾主義を一身に支えてきた機関であり，裁判に関する骨格のパラデイクマは必ず Areopagos の基本〈神話〉に書き込まれる．Ath. Pol. は，Solon もこの点に関する Areopagos の役割を強調したと伝える（VIII, 4）．但し Solon 以前からの伝統的な裁判権能に少々付け加えるように，「（Areopagos は）そしてまた demos を解体すべく結託する者達を裁いた」（"καὶ τοὺς ἐπὶ καταλύσει τοῦ δήμου συνισταμένους ἔκρινεν"）と述べ，これに分詞の形で「Solon はこの者達について告発するための法律を定めた」（"Σόλωνος θέντος νόμον εἰσαγγελίας περὶ αὐτῶν"）と注記する．明らかに Solon は「政治システムの破壊」の概念に新たに「領域の組織の破壊」ということを付け加え Areopagos の管轄としたのである．「領域の組織の破壊」と都

市中心の Areopagos の距離を埋めるのがこの eisaggelia 告発である．そしてこの小さな芽がやがて大きく花を咲かせることになる．

　Areopagos の刑事裁判において，訴追を担当するのは Areopagos の一員であったと考えられる．政治システム破壊の一つの典型は〈分節〉頂点の破壊，すなわち政治的階層の一員に対する殺人であるが，その場合も被害者訴追主義は政治システム登場とともに克服されていたに違いない．既に見たように Solon は今領域の人員の殺人等についても政治システムに関与させることとし，だからこそ誰でもがその訴追を担当しうることとなる．領域の人員が被告人となる場合に heliaia が立ちはだかる[2]のとパラレルに，その訴追を何らかの形で heliaia が後押ししたに違いない．政務官が訴追するのでなく，誰でも誰かが訴追する，というのが凡そ公訴提起の意義である．「誰でも」が領域に拡大するとき，手続は複合的になる．

　Kleisthenes 以後，以上のことにどのような変化が生じたか．領域の人員の殺人以外の一般の政治システム破壊に対して，領域の人員が（つまりあらゆる「市民」が）訴追を担当しうるようになる．そのために，heliaia が担ったような訴追支持権能を今新しい編制の heliaia または民会が引き受けるようになるのである．このためまずは民会に対して「告発」が行われる，そして民会が訴追する，という外観が生まれる．公訴提起の先は Areopagos であったと考えられる．しかし公訴提起決定が大勢を決したに違いない．Hdt. VI, 104, 2 によれば，493 年，Chersonesos から帰還した Miltiades を敵対者達が「dikasterion へと引き立て Chersonesos で tyrannis を樹立した廉で訴追した」("ὑπὸ δικαστήριον ἀγαγόντες ἐδίωξαν τυραννίδος τῆς ἐν Χερσονήσῳ")．しかし Miltiades は逃れる（"ἀποφυγών"）ことに成功する．この dikasterion は呼称はどうあれ Solon が創設したものである．「訴追」というのは，訴追させるための弁論である．heliaia は何よりも身柄の確保・引き渡し・送致・解放に関わる（"ὑπὸ" は捕縛・係属ということを指示する）．敵対者達は訴追させることに成功せず，だからこそ Miltiades の解放がこの一件に相応しい結末なのである．dikasterion は訴追を認めなかった（むしろそれをブロックした）ということになる．事実 Herodotos は彼がその後 strategos に選出されることを述べる．それがペルシャ戦争の帰趨に関わってくる．逆に言えば dikasterion は無罪判決

4 政治的パラデイクマの再構造化　　　　　　　　849

を下したのではない．判決は *Areopagos* が下す，ということが Herodotos の叙述の言外に含まれている．

　489 年，（黄金が約束された）Paros での作戦に失敗した Miltiades は責任を追及される．提案したパラデイクマ自体（「黄金取得」）が根拠を欠いていた，前提資格を有していなかった，というものである[3]．敵対者達は「Athenai の人々を欺いたという訴因に基づき死罪たるを求めて *demos* へと引き立て訴追した」(Hdt. VI, 136, 1: "*θανάτου ὑπαγαγὼν ὑπὸ τὸν δῆμον ἐδίωκε τῆς Ἀθηναίων ἀπάτης εἵνεκεν*")．"*demos*" は *heliaia* ではなく民会そのものであるかもしれない．しかし Herodotos が採る語彙は全く同じであり，事実またここでもこの機関が訴追に立ちはだかり，「*demos* は彼の側に，即ち死罪については起訴すべき根拠がないと，評決した」("*προσγενομένου δὲ τοῦ δήμου αὐτῷ κατὰ τὴν ἀπόλυσιν τοῦ θανάτου*")．但し損失についてはこの機関が自らの名において賠償を求める．Herodotos のこの書き分けは，死罪については *Areopagos* が判決すべきということを前提としている．

　462 年の改革は，*Areopagos* に残されたこの最後の権能を剥奪するものであった．*Ath. Pol.* XXV, 3f. はその意味を例解するように，以下のような伝承を保存している．*Areopagos* の一員であった Themistokles は，*Areopagos* 自身によって弾劾されそうになる．この時彼は Ephialtes に向かって焚き付けるように「*Areopagos* が私を捕縛しようとしている」("*ὅτι συναρπάζειν αὐτὸν ἡ βουλὴ μέλλει*") と告げる．おそらく *Areopagos* の構成員に限り *heliaia* による「令状発給」なしに捕縛することが可能だったのである．Themistokles は言わば *heliaia* ないし民会の「人身保護本能」を利用しようとした．*Areopagos* に向かっては逆に政治システム破壊の結託が存在する ("*τινὰς συνισταμένους ἐπὶ καταλύσει τῆς πολιτείας*") と警告し，彼らを Ephialtes の居所にまで連れ出す ("*ἀγαγών*")．そこには人々が集っている．驚愕した Ephialtes は神域に「亡命」するが，Themistokles の思惑通りに事態は逆の方向に動く．すなわち言わば *Areopagos* が丸ごと *demos* に捕縛された形となり，まず身柄が (500 人の) *boule* に送致され，ここで訴追される ("*συναθροισθείσης τῆς βουλῆς τῶν πεντακοσίων κατηγόρουν τῶν Ἀρεοπαγιτῶν*")．次いでこの *probouleuma* を受けて民会が判決を下したのである ("*καὶ πάλιν ἐν τῷ δήμῳ τὸν αὐτὸν τρόπον*")．

これはまさにこの後の手続にとって aition となったパラデイクマである.

元来裁判（判決と刑の執行）は一種の軍事化（〈分節〉の解消と復元）である. 民会が公式に関与することは原点に帰ることにもなる. heliaia の起訴陪審を経て, 次に Areopagos に評決が委ねられる, その Areopagos のところを民会に替える, 否, boule の probouleuma を経た民会に替える, という発想が生まれることは十分にありうることである. そのように制度が組み立てられると, 民会に告発がなされ（Themistokles の行為）, ここから boule に行き, また民会に戻される, という（一見複雑に見える）往復の運動が出現する. その結果 Areopagos が解体される, まさに訴追されたのがその構成員であった, という aitia である.

〔4・3・6・1〕 cf. Hignett, Constitution, p. 198f.; Hansen, ADAD, p. 188; Wallace, The Areopagos Council, p. 97ff.; Lyk. I, 117-8; Plout. Kim. 14f.; Per. 10, 5; Ath. Pol. XXVII, 1.

〔4・3・6・2〕 ephesis は一旦成立した判決への上訴でなく veto である, それはしかも捜査権力に対するものである, という卓抜な論証が U. E. Paoli, La ΕΦΕΣΙΣ ΕΙΣ ΤΟ ΔΙΚΑΣΤΗΡΙΟΝ en droit attique, in: Id., Altri studi di diritto greco e romano, Milano, 1976, p. 211ss.; Id., Les pouvoirs du magistrat de police dans le droit attique, ibid., p. 221ss. に見られる. たとえば被告人弁護側が必ず ephesis をするのはそのためであるという. 但しローマに関する Mommsen 学説のように理解する点は不十分で, 捜査権力ではなく, 第一次的な刑事裁判権・公訴権を差し止めるのである.

〔4・3・6・3〕 学説は Hdt. の「黄金」に引っかかって訴因特定に左往右往する. cf. R. A. Bauman, Political Trials in Ancient Greece, London, 1990, p. 18ff.

4・3・7

結局, 皮肉なことに Areopagos に残される主要な刑事司法機能は, 最初に部分的に侵食された領域の人員に関するもののみとなる. つまり, 政治システム全体の破壊を端的にねらったのではない殺人, したがって領域の人員の殺人, についてのみ管轄を留保するのである. 〈二重分節〉単位頂点といえども政治システムの生命線の内部に属するから公訴提起と Areopagos の関与は当然のことではある. とはいえそれは政治システムそれ自体の転覆という含意を直ちには持たない.

Ath. Pol. にとって発達した段階の Areopagos の管轄は「殺人, すなわち故意の殺人, と傷害, すなわち故意の傷害, つまり毒殺や放火殺人など」(LVII, 3:

"Εἰσὶ δὲ φόν[ο]υ δίκαι καὶ τραύματος, ἄν μὲν ἐκ προνοίας ἀποκτείνηι ἤ τρώσῃ, ἐν Ἀρείωι πάγωι, καὶ φαρμάκων, ἐὰν ἀποκτείνηι δούς, καὶ πυρκαιᾶς") である. ほぼ同様の点は Demosth. XXIII, 22 ("δικάζειν δὲ τὴν βουλὴν τὴν ἐν Ἀρείω πάγῳ φόνου καὶ τραύματος ἐκ προνοίας καὶ πυρκαϊᾶς καὶ φαρμάκων, ἐάν τις ἀποκτείνῃ δούς") からも確認される.「故意」"προνοία" という要件の付加, つまり厳格責任主義からの脱却, および傷害への拡大, の時期について正確な史料が存在しないが, 少なくとも前者について（既に見たように）遅くとも Sophokles と Euripides に明確な痕跡が存在することから, 462 年に管轄を限定されて遠くない時期であると推定される. 事実まさにこれについて管轄が残されたこととこれらの付加的要件との間には論理的な関係が有る.

故意の阻却される殺人ないし傷害についての管轄はどうなるか. boule-ekklesia/dikasteria という一般管轄に吸収されたのか. 明らかにそうではない. Ath. Pol. LVII, 3 は, 故意の阻却される殺人については「Palladion の法廷が」[1], 戦場ないし競技における違法性の阻却される殺人については「Delphnion の法廷が」, 既に亡命中の者の手になる殺人ないし傷害については「Phreattos の聖域の法廷が」船上の被告人の弁論を許す形式で, 管轄した, と述べる. これらの審級の性質が問題となるが, この点, Ath. Pol. は,「Areopagos が管轄する以外についてはクジで選ばれた [ephetai] が審判する」("δικάζουσι δ' οἱ λαχόντες ταῦ [τ' ἐφέται] πλὴν τῶν ἐν Ἀρείωι πάγωι γιγνομένων") と明快である. つまり審級上 dikasterion に相当するが dikasterion ではない（おそらくは古い）何かの審級が復活しているのである（ならば lacuna には ephetai を読む説が有力である）. この領域の組織の審級は直ちに判決に至る. これらの事案は, 行為の意味の点で「殺人」とは言えず, 政治システムの破壊にあたらない; 但しこれが引き金になって報復の応酬が開始されれば少なくとも領域の組織にとって致命的となる. 処罰よりも当事者を直ちに引き離す必要があるのである. このためには sommaire でも機動的な判断が求められ, 理論的に当事者に近い審級が選択される.

Demosth. XXIII も Ath. Pol. の整理と完全に符合する理解を示すが,「Phreattos の聖域の法廷」について重要な解説を加えている (77ff.). 故意無き殺人で既に亡命中であり ("ἐάν τις ἐπ' ἀκουσίῳ φόνῳ πεφευγώς"), しかし

被害者側との和解に成功しておらず帰還できない，そのような者が新たに故意の殺人に責任を有する（"αἰτίαν ἔχῃ ἑτέρου φόνου ἑκουσίου"）として訴迫された時，この被告人に対してさえ言わばデュー・プロセスは厳守される．「似たような犯罪を犯したからといって，同様の責任を有する蓋然性が大きいなどといって」（"ὅτι καὶ πρότερόν τι τοιοῦτον ἐποίησε, καὶ δὴ τὴν ὁμοίαν ἐποιήσατο πιστὴν αἰτίαν κατ' αὐτοῦ"）権利が奪われるわけではない．その者からも弁論と審判が奪われるわけではない（"κἀκεῖνον οὐκ ἀπεστέρησε λόγου καὶ κρίσεως"）．「Phreattos の聖域」に上陸することなく船で近付き，審判人は海岸で審理を行う．その評決が積極であるならば，「故意ある殺人についての法廷が与えられる」（"τὴν ἐπὶ τοῖς ἑκουσίοις φόνοις δίκην ἔδωκε δικαίως"）．さもなければ解放される（"ἐὰν δ' ἀποφύγῃ"）が，この時といえども元来の亡命は続く，というのである．故意有る殺人については当然 Areopagos が管轄するはずであるが，被告人が別件で既に亡命中であれば，まずは人身の捕縛の可否に関する評決，すなわち起訴陪審が関与するのである．

　このような構成は実は例外ではない．通常の故意有る殺人に関しても ephetai は関与することがある．Demosth. XXIII に引用される豊富な法律の文言は全て人身の保護に関わる．弁論の目的が，特定個人を神聖不可侵として彼に対する人身の侵害を逆に裁判抜きにリンチしうる[2]とする法案を攻撃する点に存するからである．この場合被告人の権利が一切剥奪されたことになるという Demosthenes の論理は鮮明である．かくしてこの弁論は政治システムの根幹たる弾劾主義のマニフェストとして後世読まれるようになる．弁論の主要な線は，正規の手続によって有罪判決を受けた者でさえ人身の保護を受け，（追放の禁を破って公の場に現れない限り）彼に対する侵害を ephetai が管轄する（37：" ἐὰν δέ τις τὸν ἀνδροφόνον κτείνῃ ἢ αἴτιος ᾖ φόνου, ἀπεχόμενον ἀγορᾶς ἐφορίας καὶ ἄθλων καὶ ἱερῶν Ἀμφικτυονικῶν, ὥσπερ τὸν Ἀθηναῖον κτείναντα, ἐν τοῖς αὐτοῖς ἐνέχεσθαι, διαγιγνώσκειν δὲ τοὺς ἐφέτας"）のに[3]，まして──という a fortiori の論法である．判決前，起訴前，において被告人の人身に侵害があれば通常の訴迫が行われうるのは当然である．だからこそ法案も判決があったと同じと見なすことになる．それを Demosthenes は攻撃しなければならなかった．しかし，判決後の被告人の人身の如何に ephetai がこのように

4 政治的パラデイクマの再構造化

深く関わるということは，裁判に付す前に *ephetai* が（身柄の確保を担うと同時に）不当な訴追をチェックする役割を果たしたということを十分に推測させる．かつての *heliaia* の役割であり，その後身 *dikasteria* が変質した後 *ephetai* として再登場したのである．

　いずれにせよ Demosth. XXIII は手続の二重構造を強調し，この二重性は殺人という行為の新しい概念が内包する分節と深く関わっている．つまり殺人というパラデイクマから故意等の部分が阻却されるときに現れる二段階分節である．物理的に侵害するという部分と故意等の部分に殺人というパラデイクマが初めて分節されたのである．第二の部分を訴因が充足するとき，それは重大な意味を有するから，第二段の厳密な論証を必要とする．手続を二重にしなければならない．この文脈で *Areopagos* はその役割を保持することが可能であったのである．

　もっともそれだけであるならば，*boule-dikasteria* の分節によって何故対処しえなかったのか．明らかに，デモクラシーの確立と共に事態が逆転しつつあるからである．*boule-dikasteria* の審級は〈二重分節〉のコロラリーとして中間障壁の柔軟性を極大化しており，どうしても単一の審級と化す怖れを抱かせる．身分制が保障していたような絶対的な障壁はここからは得られないのである．かつては *Areopagos* に対して *heliaia* が防壁となった．皮肉なことに，まさにデモクラシーに対して領域の〈二重分節〉単位が自らを守りたいとき，この *Areopagos* に頼らざるをえないのである．4世紀にかけて徐々に *Areopagos* の輝きが増していったのは当然である[4]．Demosth. XXIII, 66 が（*aition* たる〈神話〉的パラデイクマを引照した後）*tyrannis* や *oligarchia* に対してばかりか *demokratia* にも立ちはだかった（"τοῦτο μόνον τὸ δικαστήριον οὐχὶ τύραννος, οὐκ ὀλιγαρχία, οὐ δημοκρατία τὰς φονικὰς δίκας ἀφελέσθαι τετόλμηκεν"）と栄光を称えるのはこうした推移に基づく．

　傷害についての管轄を収めるようになるのも当然である．傷害は〈二重分節〉単位頂点そのものの抹殺ではない．したがって一見何ら政治システムの破壊にあたらないように見える．高々賠償の問題ではないか．しかしわれわれは主として Euripides を通じて「子殺し」が如何に〈二重分節〉単位に致命傷を与えるかということを見てきた．つまりそうした観念，〈二重分節〉単位をそ

れ自身として尊重すべきであるという観念，そのためには彼に属するかけがえのないものを彼から奪うことを最も危険であるとみなすべきであるという観念，が5世紀末までには社会構造の支柱をなす対抗の一方を担うようになっているのである．傷害はパラデイクマの上では「子殺し」と同じ事である．要するに，デモクラシー自体が個々の〈二重分節〉単位の先験性と対立するとき，デモクラシー外に唯一残された審級が逆説的にその存在意義を増すのである．

〔4・3・7・1〕 cf. M. Gagarin, *Bouleusis* in Athenian homicide law, in : AA. VV., *Symposion 1988*, Köln, 1990, p. 81ff.

〔4・3・7・2〕 このモーメントに全面的に依存するのが M. H. Hansen, *Apagoge, Endeixis and Ephegesis against Kakourgoi, Atimoi and Pheugontes. A Study in the Athenian Administration of Justice in the Fourth Century B. C.*, Odense, 1976 である（cf. p. 10）．奇妙なことに，弾劾手続（逮捕，引渡等）の中に儀礼化されて残存する古い（Drakon 風の）領域の要素が露出する4世紀の特殊な状況を一般化し（p. 118ff.），Demosthenes の弁論の趣旨や5世紀末以来の戒厳権力応酬の状況（cf. N. Loraux, *La cité divisée*, Paris, 1997, p. 150sqq., 255sqq.）を（まさに古事学風体系思考により）全く顧慮しない（E. M. Carawan, *Akriton Apokteinai* : Execution without trial in fourth-century Athens, *GRBS*, 25, 1984, p. 111ff. によって丹念に反証されている）．

〔4・3・7・3〕 弾劾された被告人を殺さないまでも虐待した場合には，*ephetai* ではなく *heliaia* が管轄する（27）とされる．おそらく *ephetai* は Areopagos との新たな制度的関連に立った場合の呼称であるに違いない．殺人でなければ *heliaia* の審級で独自に結審しうる．事実二倍額の賠償について言及がある．

〔4・3・7・4〕 もちろんしかしこれは手続の〈二重分節〉を単純化し全体を糾問主義的にする副作用を伴ったと思われる．Areopagos が糾問を行い，何らかの陪審でその判断が裁可されるのみである，という手続の構成が見られるようになるとすれば，特定のヴァージョンで手続を〈二重分節〉化することの危険性がそこにはよく現れている．cf. E. M. Carawan, *Apophasis* and *Eisangelia* : The role of the Areopagus in Athenian political trials, *GRBS*, 26, 1985, p. 115ff.

4・3・8

以上のようにして骨格が定まった裁判手続は，その構造に対応した新しい内容を伴う．第一に，基幹の裁判手続が二つの実質的な合議体に分節される[1]故に，書面が重要な役割を果たす[2]．このようにして *graphe* の概念が形成されてくる[3]．単純には，*probouleuma* が評議会で書かれ，厳格な文言によって特定の内容の是非が民会にきかれるということになる（Demosth. XXIII, 16）．もちろん従来から民会には必ず特定の内容がきかれるのであり，前提が完全に自由な議論が行われるのではなかった．しかしその特定の内容たるパラデイクマ

は前提的な合議体のディアレクティカによって十分厳密に吟味されていて，これを比較的少数のその合議体の構成員が実質的に共有していた．彼らが実質的には全員で提案したのである．しかし今，まず政治システムの骨格の〈二重分節〉によって手続の分岐が生ずる．政治的クーデタのさなかの殺人に関して，*boule-ekklesia/dikasteria* か，*Areopagos* か，「故意無き殺人」の審級か，という弁別がなされなければならない．この前提判断 *anakrisis*[4] を司るのは例えば *archon* 団の一員 *basileus* である（*Ath. Pol.* LVI, 6）．ここに至るまでに既に，告訴に基づいて起訴陪審が動きそしてその判断によって身柄を送致する，という手続が経過した可能性がある．二つのディアレクティカの間を事案が行ったり来たりするその時，論証の対象の同一性を支えるのは書面の上の文言でしかない．これが軸となって初めてディアレクティカは〈二重分節〉するのである．軸の無い二段階の議論は〈二重分節〉しているとは言えない．そもそも前提となる捕縛手続にも既に令状としての書面が使われる．たとえば，評議会が犯罪行為の明白ないし現在たることを要件として令状に明記していたため，時間が経って訴追しなければならなかった Lysias は苦心の論理構成を強いられる（Lys. XIII）．

　第二に，少なくとも Athenai では，領域の裁判手続がすべて *dikasteria* に吸収されるため，これが *graphe* でない普通の *dike* として意識され，一見刑事と民事の区別に似た *graphe* と *dike* の対抗が生ずる．そもそも，単純な〈分節〉システムの各〈分節〉単位に属するものを巡って〈分節〉システムがその政治的決定によって関与するということは広く行われたと見られる．しかし領域の横断的組織が極めてヴァーチャルな次元で組織され，*demos* のような具体的な組織から遠くなると，事態が変化する．そもそも *demos* でさえ少なくとも完結的な領域の組織ではない．それでも，Peisistratos の試みに続いて 5 世紀に入ってもう一度 *demos* に固有の審級の復元が試みられる．しかし結果としてこれが大きな役割を果たしたという形跡は存在しない．領域の，今や〈二重分節〉単位たるものに帰属するものを巡る争いは，人々が *demos* の枠を越えて自由に関係を取り結びしかもその関係が政治システムのものでない，ということに対応して，*dikasteria* で自足的に解決された．通常この場合には複雑な二段階手続は存在しない．したがって *graphe* を要しないのである．但し相続の場合の

ように財産の帰属自体が二重構造を持つとき，たとえば *archon* が多くの相続財産請求者の競合を整理して暫定的に相続分を付与し，これを裁判の前提とする，ということが行われた (Demosth. XLVIII, 23; 31). このときにも *anakrisis* の語が用いられた[5]. もちろん多少とも公的な差押え手続には書面が用いられた. 暫定的な政治的決定を領域の側に伝えるからである. 「本案」は逆に領域の側で行われる. つまり *dikasteria* は領域の側で待ち受けることになる.

第三に審理の様相も異なってくる. まず *graphe* であろうと *dike* であろうと, これが自由な政治的決定手続という性格を保持し続けることは強調されなければならない. 弁論に拘束はなく, 判断手続に（ローマにおけるような）一切の技術性は存しない. また（この点はローマと同様に）弁論のみによって陪審は判断する. 自ら証拠手続に関与することはない. かくして証拠法は存在しない. こうした点はおそらく政治システム形成後一貫して存在した要素であったに違いない. しかし, その弁論自体に今或る変化が生ずる. あくまで判定の対象は弁論そのものであり, 如何なる内部分節も受け入れられない[6]が, その弁論の内部で, 証拠が引かれるのである[7]. 様々な証人や書類によって個々の事実を論証し, さらにこれらを組み立てて主たる論証を行うという二段構えの弁論が行われるようになる. 但し, その証拠を個別に相手が争う, そしてそれを個別に陪審の判断に供する, ということはない[8]. そうすれば心証と審級の完璧な一体性を損なう. *graphe* の場合には, そこに書かれた内容だけが問われる, ということ（言わば「起訴状一本主義」）に反する. こうしてまた cross-examination は行われないことになる[9]. にもかかわらず, 論証対象が属する世界は〈二重分節〉の世界である. 何を論証するにせよそれが属する脈絡は〈二重分節〉しているのである. どうしても論証もまた〈二重分節〉せざるをえない.

以上の変化にもかかわらず, 単一の〈分節〉システムに固有の問題を単一の〈分節〉システムによって政治的に決定する, という以外の要素はついに見られない. それが複数並立し組み合わされることはある. しかし〈二重分節〉に固有の問題に適合する手続を組み立てるということは決して行われないのである. かくして, 「民事」裁判においては原告適格や請求の内容がしばしば鮮明ではない. 「刑事」裁判においては, 確かに訴因の分化が見られ, また訴因を構成する事実が如何にデモクラシーそのものを危殆に瀕させるかという関連づ

けの論証は行われるが，それでもこうした分節に対応する弾劾主義の精緻化はなされない．令状手続に対する抗告や証拠開示といった方面の発展は見られないのである．辛うじて，必要的ではないにせよ仲裁手続前置が望ましいという観念の痕跡が見られ，ひょっとすると論拠ないし少なくとも証拠を仲裁手続に提出されたものに限るという規範が存在した可能性がある，にとどまる．とりわけ原告と被告の区別，したがって論証手続を片面的にする，その前に一定の手続を置いて簡易の証明によって前提状態を創り出す，という発想が希薄である．否，まさにそのようなことは拒否されたのである．つまりそれは或る種の未発達によるのではなく，徹頭徹尾政治システムを唯一の素材としてあらゆる発展を構想するという原則に基づくものである．デモクラシーという概念自体，〈二重分節〉という社会構造を政治システムのみによって達成するということをその内包とするものである．

[4・3・8・1] M. H. Hansen, Initiative and decision : the separation of powers in fourth-century Athens, GRBS, 22, 1981, p. 345ff. は，Aristoteles が boule を archai の最も「民主的な」ものとするのを誤解し，政治システムの原点たる probouleusis によってデモクラシーの手続分節を全て括ってしまう．確かに4世紀には形骸化してそこへ収斂したかもしれないが，Areopagos と大型合議体たる boule では決定的にその性質が異なる．Aristoteles は大型合議体が probouleusis をする捻れを見逃していないのである．また，Hansen は職権判断を直ちに陪審にきくという像を提出するが，（ローマではないから）合議判断が〈二重分節〉化したのを受けて蝶番の部分に職権判断が介在するのである．Hansen に限らず諸研究の画像精度はテクストが示す繊細な感覚と大きく乖離している．

[4・3・8・2] 仲裁前置との関連で考えられてきた echinos, つまり一件書類封印移送のための壺，が後述の anakrisis との関連でもありうることを示す echinos 考古史料については，vgl. G. Soritz-Hadler, Ein Echinos aus einer Anakrisis, in : Festschrift Kränzlein, Graz, 1986, S. 103ff.

[4・3・8・3] dike と graphe を民事刑事と解することが一般的であり，既に Busolt-Swoboda でさえ厳密には維持しえないテーゼであると考えながら（Staatskunde, II, S. 1176 ; vgl. Lipsius, Das Attische Recht, II, S. 263ff.），今日まで対案を見ない（cf. D. M. MacDowell, The Law in Classical Athens, Ithaca, 1978, p. 57）．

[4・3・8・4] vgl. Busolt-Swoboda, Staatskunde, I, S. 548 ; II, S. 1182 ; Lipsius, Das Attische Recht, III, S. 829ff. ; MacDowell, The Law, p. 239ff.. anakrisis 研究の未開拓については Soritz-Hadler, Ein Echinos, S. 108, Anm. 21 が嘆くところである．anakrisis は basileus の許以外の様々な場面で使われた概念であると思われる．

[4・3・8・5] paragraphe もこの脈絡で論ずることが可能である．詳論する余裕を持たないが，paragraphe が訴えの適法性を前提的に争う手続に見えることから，そうであるのに実体について

長々と弁論する点が不審に思われてきた．抗告というより抗弁にすぎず，否，審級の一体性さえ維持される，と Paoli が考えたのも当然である．しかしローマそして近代の民事訴訟特有の手続〈二重分節〉を前提に思考することは正しくない．H. J. Wolff, *Die attische Paragraphe*, Weimar, 1966 が的確に指摘するように，たとえば既に見た Demosth. XXXII においては（手続的でなく）実体的な或る前提問題がやはり切り離されて論ぜられるのである（vgl. S. 41）．それが全実体的関係に及びうるために，われわれの思考を混乱させるだけである．しかも H. J. Wolff のように訴訟手続がまだ "archaisch" であることに理由を求める（vgl. S. 147）のは適切でない．確かに実体的な先決問題手続（*praeiudicium*）というものは思考しにくく，容易に混乱が生じうる（Wolff はこれを十分に識別していない）が，だからといって問題が〈二重分節〉的に構造化され始めていないとは言えない．

〔4・3・8・6〕 証人の多用にもかかわらず証拠法が発達しないパラドックスについては，cf. S. Todd, The purpose of evidence in Athenian courts, in: P. Cartledge et al., edd., *Nomos. Essays in Athenian Law, Politics and Society*, Cambridge, 1990, p. 19ff.. しかし *martyres* そのものを真実発見よりも当事者の補佐に意味付ける説明は説得的でない．論証の分節と手続の儀礼的分節が同じ事でないだけのことである．

〔4・3・8・7〕 歴史学の発展との間の関連を探ろうと試みたのが P. Butti de Lima, *L'inchiesta e la prova. Immagine storiografica, pratica giuridica e retorica nella Grecia classica*, Torino, 1996 である．一定程度の糾問（*inquisitio*）の構造が歴史学の方には発達するが，それがそのまま公的言語にはならず，訴訟においても大きく対抗的形態は保たれたままとなる，ことを論証する（cf. p. 176）．

〔4・3・8・8〕 G. Thür, *Beweisführung vor den Schwurgerichtshöfen Athens. Die Proklesis zur Basanos*, Wien, 1977 は，自由心証主義の不貫徹を「拷問に基づく裁判外証言の公式援用」に見ようとする．しかし *proklesis* も *basanos* も当事者の論証手続の内部分節に関わり，陪審を拘束しないから，自由心証主義を論ずるには適さない．いずれも言語を物化して固定する作用を有する．調書を公式に作成するが如くに，確かにそのように言った，までの信憑性が極めて高くなる，までである．奴隷の証言を判で押したように「拷問」によって引用するのは，奴隷が政治的空間に立てないためにむしろこれを書面として扱うのである．儀礼としての「拷問」である．

〔4・3・8・9〕 E. M. Carawan, *Erotesis*: Interrogation in the courts of fourth-century Athens, *GRBS*, 24, 1983, p. 209ff. は，*anakrisis* があってこそ弁論の応酬が分節的になる，つまり論拠の部分につき交互に尋問する形になる，点を捉えるが，それが手続（たとえば *anakrisis*）と関連して分節されるのか，二つの全体が対峙するその形態が分節しているのか，では全く事態が異なる点に気付いていない．

4・4 政治的決定の逆〈二重分節〉

4・4・1

中枢の刑事裁判手続に典型的に見られる，単なる二段階の判断手続でない，

4 政治的パラデイクマの再構造化

ekklesia-boule-ekklesia という往復の，つまり二重の，二段階手続は，Athenai では他でも随所に見られ，単に二つの〈分節〉が重畳しているというのとは異なる〈二重分節〉の概念をよく例解している[1]．

既に示唆したように *boule* や *archon* 等々の選出の際には *prokritoi* という概念が盛んに用いられ，しばしば選挙とクジが組み合わされた．つまりここに二段階の決定が既に存在するのであるが，実は，一旦このように決定しておいてこれをさらに差し戻す手続が存在する．不信任手続とはまた別に，前提資格を問うのである（*dokimasia*）[2]．その手続も決定手続を巻き戻すように *boule-dikasteria* の二段階を経る．前提資格を問うという思考は歴史学の史料に対する態度と酷似する．

しかしならばどうして最初に前提資格審査の手続を置かないのか[3]．それを経た名簿によって選挙やクジ引きを行えばよいではないか．資格審査の内容は十全な市民権であり，欠格事由の有無である．主たる争点は，領域の組織に正規の仕方で属しているか．領域の組織を迂回して政治的階層との間の結びつきだけで「市民権」を得ていないか，というものである．「市民権」の概念はデモクラシーとともに浮上する．政治的階層に属する者が各々頂点であり *basileus* であるのと同様に，初めて領域の人員が頂点として観念されたのである．但し〈二重分節〉の頂点である，点が留保されはする．それでもれっきとした政治的階層の概念を提供する．Athenai においては特にこれを再び徹頭徹尾領域の組織への帰属に関わらしめた．首長制のパラデイクマを使ってこれをジェネアロジクに保障しようとしたのである．他都市に存在するような独立の *genos* を認めて言わば特権的市民権を創出することを嫌ったのである．Perikles の名に帰せしめられる市民権閉鎖の法律は，領域の階層が自足的に政治システムを統御することを保障しようとするものである．その分 Athenai はジェネアロジクに閉鎖的な社会となる．

つまり *dokimasia* を選出に対して後置する発想は，決定の最後の審級を領域の組織の側に取り戻すという観念からのものである．*dikasteria* が最終審であるとはいえ，その懸念はもっぱら領域の組織に十全な意味で属しているかどうかである．

〔4・4・1・1〕 これに対し，同じく民会レヴェルの審級が能動的に動く制度である *ostrakismos* はし

かし全く別系統のものである（vgl. Busolt-Swoboda, *Staatskunde*, II, S. 884ff.). そもそも伝承は Kleisthenes による創設を伝え（cf. Hignett, *Constitution*, p. 159ff.），その信憑性は争われるが，政治的パラデイクマの〈二重分節〉の精緻化が進む層に属さないことは確かである．事実，第一に，政治的決定に対するものでなく，その外の *de facto* の力 (*tyrannos* たりうる隠然たる実力) に対するものである．したがって単なる私人を追放しうる．第二に，民会の単独のイニシャティヴによって手続が開始され，しかも訴追者が不特定で，決定にディアレクティカが欠け，被訴追者にも要件はなく，自由に選ばれる．この点，如何なる議論も手続の分節も無いことから（膨大な文献にもかかわらず）デモクラシーおよび Kleisthenes との関係を否定する Cl. Mossé, A. Schnapp Gourbeillon, Quelques réflexions sur l'ostracisme athénien, in: AA. VV. *Venticinque secoli*, p. 39ss. の論証は説得的である（Pseudo-Andokides の擬似「弁論」が「裁判なしに刑罰なし」の原則に違背することを非難すること，膨大に発見される *ostraka* の中に Peisistratos あてのものがあってその古さが証明されること，を主たる論拠とする）．むしろこれはデモクラシーに対して政治システムを擁護しようとする極めて「アルカイックな」制度である．ローマの *perduellio* 訴追に似る．

〔4・4・1・2〕　cf. Hansen, *ADAD*, p. 218f.

〔4・4・1・3〕　*boule* または *dikasteria* 或いは両方という *dokimasia* 担当の複雑さから，学説は Solon 等の古い起源を想定する（cf. Hignett, *Constitution*, p. 205ff.）が，被選挙人の資格審査という観点しか持たず，決定手続との先後，決定と審査の審級の基本的同一性等々，の奇妙な特徴に気付かないからである．民会自体が逆転した形で判断に二重のディアレクティカの形態を与えているのである．

4・4・2

〈二重分節〉に相応しく上下の関係を消す，したがって決定に往復運動を付与する，否，あまつさえ主要な審級を領域の側に位置させる，という意味を持つもう一つの制度は *euthynai* である[1]．デモクラシーになって林立する様々な政務官職を終えた者が，各 *phyle* からクジで選出された 10 名の *logistai* に会計報告を提出し，*logistai* はこれを審査して，審査報告を *dikasteria* に送付する．*dikasteria* はこれに基づいて評決し，損失を与えたと判断すれば 10 倍額の賠償を課す．他方，同様にして 10 名の *euthynoi* が選出され，彼らは逸脱した権限行使の被害者から告訴を受理する．そして同様に *dikasteria* に一件が送付され，賠償が課される．

　もちろん背景には財政の構造の変化がある．政務官が政治的に調達する信用に基づく場合，たとえばこれを同じ政治的階層の同僚たる *Areopagos* のメンバーが監視すればよい．その監視の趣旨は，巨大すぎる財の循環を発生させて

〈分節〉システムを破壊する怖れはないかどうかというものである．刑事裁判手続による対処の中に含まれる．しかし既に述べたように，leitourgia の体制が出来上がると，政務官は十分に〈二重分節〉した財政負担の単位を束ねて何らか公共財を実現しなければならない．資源が〈二重分節〉していなければ，〈分節〉システムを破壊しない限り，政治的信用の問題は〈分節〉単位内部の問題であり，政治システムのアジェンダに上らない．しかし資源が〈二重分節〉されると，負担と支出の間の関係は厳密でなければならなくなる．出費した側はその分のことが確かに実現されたのかを吟味し，そうでない場合返還を求める．否，初めて横領の概念が成立する．つまり政務官は資金を媒介するだけで，一時たりともこれを別途運用してはならない．副次的な信用を発生させてはならないのである．これをすると〈二重分節〉単位の上を大きく覆う支配権力が発生したことになる．かくして十分に刑事裁判の対象となる．しかしそうでなくとも単純な過不足については必ず領域の審級に戻してコントロールする，というのである．

正の資金支出についてばかりでなく，政務官が市民の損失の原因となった場合にも，同じメカニズムが作動するのは当然である．この場合ももちろん刑事裁判の対象となりうる．しかしそうでなくとも結果として損害が認められれば機械的に懲罰的賠償を課すというのである．

いずれにせよ，ここでは財政負担の基盤である領域の組織が端的に現れ，phyle がまずは吟味する．つまり（負担する側から見て）支出した先に（実質的に）もう一つ支出する審級が出来上がるので，そうさせておいて最初の審級に引き戻しあらためて支出し直すが如き形が模されるのである．

〔4・4・2・1〕　cf. Hansen, *ADAD*, p. 22ff.

4・4・3

極めて奇妙な性質を有する Athenai の *graphe paranomon* という制度[1]もまたこの独特の判断手続の往復運動抜きには理解しえない．これはもちろん *graphai* の一類型であり，政治システムそのものの侵害に関わる．しかるにそれがどのような侵害であるかと言えば，評議会に「違法な」内容の提案をしてこれを可決させ，*probouleuma* として民会に送らせ，あまつさえこれを批准さ

せた，という内容である．違法な弁論により政治的決定手続の全体を麻痺させ誤らせた，それによって〈分節〉を破壊した，ということである（Demosth. XXII）．

しかしまず奇妙であるのは，提案の態様ではなくその内容が問われるという点である．つまりディアレクティカの手続の中に政治システム（もはやデモクラシー）を侵害するパラデイクマを侵入させたこと自体が違法であるというのである．明らかに，パラデイクマの前提資格を問う思考がここにはある．しかし第二に，訴追の要件が備わるのは政治的決定手続に成功したその時点である．パラデイクマを侵入させただけでは政治システム侵害はまだ発生していない．前提を問い，なおかつ結果に着目するという，二重の〈二重分節〉が観念されている．

第三に，罰金刑が課されるにすぎないとはいえ元来通常の刑事手続である，にかかわらず一度 boule-ekklesia を経た決定を dikasteria が覆す，という効果が発生する．訴追そのものが決定の効力を差し止める．かくして，決定の内容自体の審査が行われるという外観が生ずる．しかしそれは権威有る機関が法律の内容を何らかの前提基準によって審査するということとは大きく異なる．内容を与える起点となった（boule の決定手続への）提案が問題とされるのに呼応するように，これを中和する提案が行われ，graphe によって dikasteria に送られる．ほとんどやり直すように．boule や ekklesia の責任は決して問われない．それは通常の第一回目の二重のディアレクティカを行ったにすぎない．第二回目の二重のディアレクティカが予定されてさえいるからである．第一回目の二重のディアレクティカを誤らせた責任は，第二回目ではっきりするが，それは提案の内容に基づく客観責任であり，違法と知っていたか知りえたかということは，弁論にとって有力な素材ではあっても決して訴追の要件ではない．罰金刑にとどまるのはこのことと無縁ではない．

第四に，「違法」判断の基準が極めて流動的である．なるほど，規範のヒエラルキアが概念され下位に立つ決定規範が審査されるように見えることも多い．nomos が具体的に引用される場合が圧倒的とさえ言える．しかしそれは当該弁論の中で重要な規範としてクローズ・アップされているにすぎず，その採択は任意である．それもまた民会の決定たるにすぎない．少なくとも閉じた上位の

4 政治的パラデイクマの再構造化

規範群「憲法体系」が特定されることは決してない[2]. その都度政治システムの根幹に何が触れるかということがゼロから実質的に論じられる点に変わりないのである. 但しその論じ方に変化がある. いきなり或るパラデイクマを不適とするのでなく, 一段パラデイクマを挟んで, これを隔てて「その前提をクリアしていない」という非難を向けるのである. 但しその前提たるかつての決定・法律が如何に決定的に重要であるかということはいちいち実質的に論証しなければならない. それでもなお, そのような決議が Athenai に利益をもたらさないという種類の通常の論拠を加えることが盛んに行われる.

第五に, *probouleusis* 抜きに民会へと提案がなされた, ということが *graphe paranomon* の一つの論拠とされうる. その限りで内容でなく手続が問題とされる. しかしこれは提案自体が訴追の対象となることと不可分である. 誤った判断をさせたということは判断の〈二重分節〉を崩したということと同義であると捉えられたことになる.

以上のように *graphe paranomon* もまた, *boule-ekklesia* という判断手続が二重のようでいて一方通行にすぎない, のを逆方向から補うのである. 実質的に *ekklesia* (*dikasteria*) から *boule* に向けてネガティヴな判断を送り返すのである. だからこそ (*dikasteria* の判断一般がそうであるが) *probouleusis* を伴わない. 標的は常に *boule* である. *boule* の自己顕彰決議が, 何の功績も無いくせに, と *graphe paranomon* によって葬られるのは, 詰まらない適用ではなく, 典型なのであり, paradigmatique な意義を有するのである.

〔4・4・3・1〕 cf. Hansen, *ADAD*, p. 205ff.

〔4・4・3・2〕 *graphe paranomon* に関する最もまとまったモノグラフである H. J. Wolff, *"Normenkontrolle" und Gesetzesbegriff in der attischen Demokratie*, Heidelberg, 1970 は,「主権を制限する」というこの制度の機能を積極的に評価する (vgl. S. 22ff.). デモクラシーの逸脱の側に位置付ける学説を批判する点で正しいと思われるが, 後述の *nomothetai* の活動 (S. 23) に象徴される傾向の方に解釈し,「法実証主義的」な *nomos* 概念を検証する (S. 68ff.), のは制度の趣旨と (4 世紀になってからの) 変性とを混同するものである. Demosthenes に至ってさえ (XXIII) 政治システムの根幹に関する極めて強い確信が認められ, これが「自然法」「慣習法」的な観念でないからといって, 規範ないし制定法実証主義の存在が認められるわけではない.

4·5　逆転層の発生

4·5·0

　5世紀の末に少なくとも Athenai でデモクラシーが変調をきたし，内乱によって政治システム自体が危殆に瀕する，ということは疑いのない事実である．ペロポネソス戦争の帰趨に呼応して他の多くの都市でも政治システム分解への傾向は多かれ少なかれ見られるようになる．これらのことについて述べることはこの論考の射程を超える．しかしこれまで述べてきたことに関連する部分についてのみ簡単に補足しておくことは，ここまで述べてきたことの全てを別の角度から例解することにもなる．Euripides や「ソフィスト」について触れた以上は不可避でもある．

　5世紀末の Athenai の政治変動については，既に同時代に *demokratia* と *oligarchia* の間の振幅の問題として把握することが行われ，今日の歴史叙述においても定着している．実際デモクラシーに対する懐疑が初めて形をなし，「古典的基礎」を樹立した時代である．Herodotos がペルシャを舞台に三政体論を戦わせたときには，貴族政論の中にデモクラシー批判の萌芽が見られるとはいえ，デモクラシーはまだ可能性として意識されていて，逃れがたい，そして救いがたい，現実としては意識されていない．Thoukydides はもちろん，Aristophanes や Euripides，まして Pseudo-Xenophon のパンフレットにおいては，デモクラシーは早くも（Hesiodos 以来の）凡そ現実の悲惨と等価のものにさえなっている．但し彼らの全てがデモクラシーを捨てて *oligarchia* を支持したというのではない．むしろ立ち向かうべき所与であったようにも思われる．政治的パラデイクマの具体相はともかく，社会構造としてのデモクラシーは辿り着いた大きな平面であり，したがって善し悪しを越えて彼らはその平面の上で内在的にデモクラシーを批判的に考察するしかなかった．このことは Platon や Aristoteles についてさえ妥当する．たとえ彼らがその批判的考察の末に反対の極にさえ出てしまうことがあったにせよ．それらが後世凡そデモクラシーと無縁である人々を（「どうせ酸っぱいさ」と）「イソップの狐」のように慰めることに利用されたとしても．

　Thoukydides 等のテクストにデモクラシーの内在的批判が見られるとすれ

ば，そのメカニズムを一層良く知るためにも有益である．その限りでこの論考を締めくくるに適する素材である．

4・5・1

判断手続の〈二重分節〉の精度を上げていけば，極めて柔軟な審級の往復運動が得られるはずである．また，基本的に同一の母体の上に様々な機関が構成されて（たとえば身分制のような）絶対的な障壁が解消されてしまう．これらのことは却って逆説的に〈二重分節〉の輪郭を不鮮明にすることがあることを既に示唆した．Thoukydides の鋭い観察眼がこれを見逃すはずがない．

既にあの Mytilene 問題に関する彼の叙述は，如何なる冷静さをも欠かさない．Mytilene に叛逆された Athenai は，反 Athenai 分子ばかりか全員を処分する決定をしてしまう．この時の審議につき，Thoukydides は如何なる手続の分節をも認定しない．確かに諸々のパラデイクマの間で議論は戦わされた (III, 35, 2: "γνώμας ἐποιοῦντο") が，全員処分を「怒りにまかせて決定してしまった」("καὶ ὑπὸ ὀργῆς ἔδοξεν αὐτοῖς")．"ἔδοξεν αὐτοῖς" は民会での議決に至ったこと，否，初めから民会での議論がなされて直ちに評決が行われたこと，を示唆する．"ὑπὸ ὀργῆς" は無分節を指示する語であり，以下に見るように，対抗的な議論が一切無かったわけではないから，手続にはもちろん，議論の実質にも，〈二重分節〉の方が欠落したことを述べるものであろう．しかもこの決定を直ちに高速船によって Mytilene の現地司令官に伝達してしまう．

幸いこの場合直ちに「再考」("ἀναλογισμός") の気運が昂まる．行きすぎた処分ではないかというのである．判断手続〈二重分節〉の言わば本能は確かに作動する．但し Thoukydides は Mytilene 代表団と結び付いた Athenai の親 Mytilene 派の動きを見逃していない (5)．彼らは，「当局者達が」("τοὺς ἐν τέλει") もう一度議論を求めるようにと仕向ける．人々の間の気運がそのような方向に動いていたためにこの「当局者達」は簡単に説得された，と Thoukydides は如何なる幻想をも持たない．"ἀναλογισμός" は流れの変化に対する conformisme に転化してしまっているのである．かくしてまた一直線に「直ちに民会が召集され」("καταστάσης δ' εὐθὺς ἐκκλησίας")，そこで対抗的なパラデイクマが各論者によって展開される．一度民会で議決したことを，もう一度

直ちに民会で討論し直し反対の結論に至ることは（常にゼロから事柄を決定しうるという）政治的決定の本来の性質に基づくことであるから，このこと自体を攻撃するニュアンスは Thoukydides にも無ければ Kleon と Diodotos の長い演説の中にも無い．しかし probouleusis は再び欠落する．もちろん今回はその余裕は全く無い．決定取り消しを通告する第二の高速船を進発させなければならない．第一の決議も緊急を要するために probouleusis が省略された可能性はある．しかし第二の決定に際しては，第二の高速船が間に合うかどうかという緊張感が決定手続の無媒介即決性と響き合って，判断手続の分節の欠落は宿命的悲劇的に描かれる．つまりそうしなければ最初の決定が執行されてしまい，"ἀναλογισμός" が不成功に終わるのである．いずれにしても，鋭い議論の対抗は欠けないが，議論の垂直的な分節は欠けて，これを補うために慌てて民会での討論を二度繰り返すという滑稽なことになる，その構図を Thoukydides は見事に捉えている．しかも曲がりなりにも "ἀναλογισμός" を促したのは，おそらく元来は手続の分節を空洞化する方向に作用する，単一〈分節〉体の直接的な働きかけであり，これに敏感に反応した「当局者達」である．にもかかわらず Thoukydides は Kleon と Diodotos の議論に問題を実質的に根本まで突き詰める見事な内容を与えている．悲劇の中における完成された弁論のように，"ἀναλογισμός" が最後の矜持を維持し，何が今犠牲とされつつあるのかということを却って鮮やかに照らすのである．

4・5・2

Athenai の Sikelia 遠征決定に際しても同様の逆説的状況が存在したことを Thoukydides は正確に捉えている．すなわちこの時も，正規の手続が実質的な〈二重分節〉を欠くために，形式的に〈二重分節〉を欠く第二の手続でバランスせざるをえない緊急の事態に陥ったのである．しかもこの時は修正に失敗する．決定手続はますます人々の感覚を直接反映するものになっているのである．

probouleusis の存在は排除されないにせよ，Sikelia からの外交使節を直接民会で聴き（VI, 8, 2: "ἐκκλησίαν ποιήσαντες καὶ ἀκούσαντες......"），そして直ちに派兵を決議する（"ἐψηφίσαντο"）．しかし四日後に「新たにまた民会が開

4 政治的パラデイクマの再構造化

かれる」("ἐκκλησία αὖθις ἐγίγνετο")．もちろんそれは前回の決定を再考するためのものではない．一回目に決定された各司令官に艦隊等必要な装備を割り付けるためのものである．それにも評決（"ψηφισθῆναι"）が必要なのである．ところがここで，選出された司令官の一人 Nikias が，前提の「決議自体が正しくない」("οὐκ ὀρθῶς βεβουλεῦσθαι") という判断に立って，その前提を覆すために登壇する．

Nikias はまず（おそらく *probouleusis* を受けて）この民会が何について評決を求められているか（"ἡ μὲν ἐκκλησία περὶ......"）について確認する．そして注目すべきことに，にもかかわらず自分の考えによればその前提そのものを一旦懐疑に曝すべきである（"ἐμοὶ μέντοι δοκεῖ καὶ περὶ αὐτοῦ τούτου ἔτι χρῆναι σκέψασθαι"），と正面から問題提起する．事柄の大きさに比して如何にも審議が拙速である，というのである．実質的に *probouleusis* が欠けた以上はこの民会でそれに換わる議論をしようというのである．

事実これが政治の原点に戻る主張である以上，手続の問題として入口で排除されることはない．Nikias-Alkibiades 間の弁論の応酬を再現させる格好の舞台が Thoukydides に提供されることになる．もちろん Nikias は，とはいえこれが異例のことであり，議事をコントロールする *prytaneis* に大きな心理的な障壁がありうることを計算に入れている[1]．Nikias は，もう一度この問題につき評決を求めるよう（VI, 14: "ταῦτα ἐπιψήφιζε"），Athenai の人々にもう一度意見を求めるよう（"καὶ γνώμας προτίθει αὖθις"），促し，「一旦決議に至ったことを覆して決議し直すことに怖れを抱くかもしれないが，これだけ多くの者の目の前ならばたとえ政治システムの基本規範に違背したとしても免責されるであろう」("εἰ ὀρρωδεῖς τὸ ἀναψηφίσαι, τὸ μὲν λύειν τοὺς νόμους μὴ μετὰ τοσῶνδ' ἂν μαρτύρων αἰτίαν σχεῖν")，もっと重要な義務は皆にとって正しいことを追求することである，というように述べなければならない．そしてその後の議論では確かに「一度決定したことを覆すべきではない」(15, 1: "τὰ ἐψηφισμένα μὴ λύειν") という意見も出るが，しかしこれに反対する意見も出る．いずれにしても Nikias の提案自体は審議される結果となる．Alkibiades の演説も，手続を問題にすることは全くない．

とはいえ，結局は Nikias の提案は斥けられる．もちろん Thoukydides はそ

の理由を巨大な conformisme の発生に求める．計画の無理を Nikias が強調したことは裏目に出る．人々の熱気を煽ることになり，反対ということを到底言えない雰囲気となる (24, 2ff.)．in extremis に判断手続と判断の実質に〈二重分節〉を与えようとする Nikias の試みも，民会から出発する分だけ空転する運命にある．直ちに民会に実質審議が戻って来ることは本来は〈二重分節〉の柔軟さの証である．しかし何らかの条件が欠ければそれは凡そ分節の形態を有しないものに転化してしまう．しかもその判断の誤りがこの場合途方もない損害をもたらし，デモクラシー自体に致命的な打撃を与えることになっていくのである．

〔4・5・2・1〕 この下に置かれ始める特別委員会 probouloi がデモクラシーにとってプラスであったかどうか，学説は分れる (cf. S. Alessandri, I dieci probuli ad Atene, in: *Symposion 1988*, p. 129ff.)．

4・5・3

司令官達の軍事的失敗の責任を問う 406 年の民会の動きの混迷は目を覆うばかりである (Xenoph. *Hell.* I, 7)．まずは Erasinides が dikasterion で訴追される ("*κατηγόρει ἐν δικαστηρίῳ*")．dikasterion は彼を捕縛する決定を下す ("*ἔδοξε δῆσαι*")．続いて他の司令官達も今度は boule に連行される ("*ἐν τῇ βουλῇ διηγοῦντο*")．民会に送致すること ("*εἰς τὸν δῆμον παραδοθῆναι*") が提案され，boule が捕縛を決定する ("*ἡ βουλὴ ἔδησε*")．しかし民会が開かれると，被告人達が弁明に立ち，人々は説得されそうになる ("*ἔπειθον τὸν δῆμον*")．しかしここで民会の期日が次回へ延長される．そして審決の態様について probouleuma を作成するよう boule に委ねられる ("*τὴν δὲ βουλὴν προβουλεύσασαν εἰσενεγκεῖν*")．

ところがここで Apatouria 祭となり，戦死者の遺族達が結集して圧力をかけ，Kallixeinos という者を通じて司令官達を boule で弾劾し ("*ἐν τῇ βουλῇ κατηγορεῖν*")，boule はこれに支配されて彼の原案をそのまま probouleuma として民会に提案してしまう ("*εἰσήνεγκε τὴν ἑαυτῆς γνώμην Καλλιξείνου εἰπόντος τήνδε*")．それは，phyle 毎に二つの壺を用意し，弾劾の可否をそれぞれの壺に投ずる，というもので，一人一人に容易に圧力がかかる．要するに

4 政治的パラデイクマの再構造化　　869

　probouleusis が形式的に維持されても，それはむしろ巨大な conformisme を駆動する回路となり果てているのである．こうして再び *in extremis* に却って民会が，いきなり判断手続を一旦分節する任務を引き受けることになる．つまり一団の者達が，「政治システムの基本の規範に違背する提案をした」(*"παράνομα συγγεγραφέναι"*) かどで Kallixeinos を召喚する提案を行ったのである．ところが，彼らをその同じ評決で弾劾すべし (*"τῇ αὐτῇ ψήφῳ κρίνεσθαι"*) という反対動議が出される始末で，*paranomon* の訴追は撤回される．*demos* 即ち民会に何もできないことはない，それに制限が加わるなど問題外である，というのである．議長団たる *prytaneis* が流石に Kallixeinos 案を評決に付すことを躊躇すると，彼らにも同一の訴追が及びそうな気配となり，彼らも怖れをなして引き下がる．

　ここで Xenophon は Eyryptolemos の長大な弁護論を「採録」して叙述上の抵抗を示す．Euryptolemos は，先例となる議決を引いて，司令官達を一人一人評決にかけることを提案する．注目すべきことにこのいきなりの提案も *boule* の *probouleuma* と対等に投票に付される．しかも一回目で Euryptolemos が勝利を収める．しかしここで再投票の動議が出て，二回目で原案が可決される．ところが，ほどなく，この原案の提案者達につき *demos* を欺いたかどで訴追するための（起訴陪審）決議がなされる (*"ἐψηφίσαντο προβολὰς αὐτῶν εἶναι"*)．あっという間に conformisme の流れが変わったのである．

　もう少し先の時代に記憶がとどめられることになる，そのときの整理を直ちに適用し，Xenophon の冷静な筆致をむしろ自らのバイアスに転化しつつ，これがデモクラシーそのものであると断ずることは正しくない．これはデモクラシーの欠如であり，*oligarchia* の土壌である．もちろんデモクラシー自身の内的破綻がその原因である．それもほとんど宿命的なものである．しかし処方箋はだからこそデモクラシーからしか現れえない．遠い将来のことであったとしても．否，未だに現れていないとしても．

4·6　多元性への収斂

4·6·0
　411年の「400人」体制ないし「5000人」体制，404年の「30人」体制という Athenai 政治史上の二度の *oligarchia* はいずれも短命に終わり，復興された「デモクラシー」は一層絶対的な忠誠の対象と化したように見えるが，古くから感じ取られてきたように，何かが変質してしまったことは否定しがたいと思われる．もちろんこれをむしろ「ラディカルなデモクラシー」の欠陥を克服した成熟である，安定的で穏健なデモクラシー即ちアリストテレスの *"politeia"* への発展である，否，constitutionalism の意味でのデモクラシーの初めての定着である，とする解釈は，これも伝統的なものであるばかりか，近年とりわけ強力に主張された．この論争に本格的に参入することは4世紀の社会構造を本格的に分析することを要求するため，この論考の射程を遥かに超えるが，以下，デモクラシーの概念に関する限りにおいて，5世紀と4世紀のデモクラシーの間のコントラストに言及することとする．

4·6·1
　411年と404年の *oligarchia* 自体，「400人」という数字によって Solon の体制に帰ることを標榜したにもかかわらず，Solon が問題とした，そしてその限りで保存しようとした，都市中心と領域の二元的構造を回復しようとするものでは全くなかった．その点でアルカイック期の政治システムの基本構造すら或る意味で否定するものであった．411年には，力学は Samos に当時在った Athenai 軍主力と Athenai 都市中心の間で展開される．クーデタの応酬はしばしば権力の分立状態を現出させるが，Samos での状況が決定的な役割を果たす．つまり軍事化した状態で人々の考えの風向きの変化が無媒介に政治的パラデイクマの文字通りの書き換えに直結するのである．デモクラシー回復期の406年にも丁度そうであったように，いずれにせよ，「ショート」を起こした状態の回路が，しかしあれかこれかと並存し，その間で振り子が揺れるのである．*oligarchia* はそうした短絡化の極であり，貴族政とは何ら親近性を有しない．垂直的〈二重分節〉が消滅して水平的に分裂した状態において，*"demokratia"* か

"oligarchia"かの対立がstasis（内乱）の状態に至る．分析させればThoukydidesの独壇場たるこの状況は，ペロポネソス戦争の根底にあるものであり，デモクラシーに固有の病状である．したがってデモクラシーへの移行期のstasisとは根本的に異なる．

4·6·2

"oligarchia"と呼ばれるものが少なくともAthenaiにおいてこのようなものであるとすると，「回復した」Athenaiデモクラシーはそこに現れた構造を引きずっていることがわかる．つまり同一の社会構造ないし屈折体に根ざし決してこれを克服していない．

最も顕著な徴表は，「400人」が，彼らがそこへ帰ろうとした政治システムを書こうとした，ということである．クーデタの応酬を乗り越えてこの書く作業は十数年続けられる．政治的パラデイクマを規範の形で書き記し，これを不変のものにしようとしたのである[1]．もちろんそれに如何なる内容を与えるかが一つの問題であるが，しかしそれにかかわりなく，たとえ法典化しないまでも，政治システムの基本を何か書かれた規範の体系と観念し，これを論拠としてgraphe paranomonを連発する，ということは4世紀の大きな特徴である．probouleusisによる判断の〈二重分節〉が実質的に解体されて，dikasterionに第二の判断が後置されたとも言うことができる．

そもそも，判断手続の〈二重分節〉はそれ自身パラデイクマを特定の仕方で屈折させ，〈二重分節〉の社会構造の形成に寄与する．他面，問題自体（たとえば「殺人」の概念自体）が二段に分節して現れるために，〈二重分節〉された判断手続を必要とする側面もある．これは要するに政治システムの〈二重分節〉に対応する．しかし4世紀に顕著となる上の傾向は，一見似ているが異なる方向を少なくとも遠くに示唆する．今日の学説が，たとえばnomosとpsephismaの間に規範の階梯を見出したり，これを法典と個々の議決に対応させたり，成文と非成文の規範として把握したり，等々民会の議決に規範としてのヒエラルキアを再構成しようとするとき，多くの場合反証挙示可能ではある[2]が，しかし，そのように把握することがたとえ誤りであるとしても，やはり一定の傾向が存在することを雄弁に物語る．かくして，nomosはnomothetaiが，psephi-

sma は従来通り民会が，定めるが，後者は前者に違背することができない，という規範さえ再構成され，民会絶対の体制から立憲主義への変化さえ主張される．

〈分節〉(〈今や〈二重分節〉〉) を保障する政治的パラデイクマを〈二重分節〉させて概念する，ということと，その前段を書いて変更に制限を加えるということ，両者の間には大きな隔たりがある．論拠の如何を問わず paradigmatique な包摂を通じて論証対象自体を先に葬るメカニズムは，ディアレクティカの〈二重分節〉をむしろ否定する．前提問題は確かに常に意識されなければならない．実質的に政治の生命線を侵害しないかどうか．次にその範囲内で何が何故望ましいかという論証が展開される．二つのレヴェルを議論は自由に行ったり来たりし，提案内容が構造の〈二重分節〉に沿うことも実質的に保障されるはずである．前段も含めてそれは常に論証されなければならない事柄であり，論証の対象にならないものは何も無いはずである．言うならば，憲法の条文は重要であるが，何故そうかということをいちいちあらためて十分に基礎づけながらそれを実質的に適用するのでない限り，何故かわからないがそう書いてあるからしようがないというのでは，何も保障されない，ということである．実質的な立憲主義は確かにデモクラシーのコロラリーであるが，些細な点まで書いて固定しようとすることは，結局は下位のレヴェルにのみヴァージョン対抗を生ぜしめようということであるから，corporatistique な体制が細かな利益の対立を調整しようという場合に適合的である．

[4・6・2・1] cf. Ostwald, *Sovereignty of Law*, p. 414ff.

[4・6・2・2] こうしたまさに 19 世紀デンマーク風の「国制史的再構成」を 20 世紀後半において精力的に展開したのは，既に述べたように M. Hansen であり，彼はここで取り上げた規範の階梯理論を *nomothetai-ekklesia* の二元体制にまで徹底させた (*ADAD*, p. 161ff.)．しかし *nomos-psephisma* の用語法は彼が主張するほど機械的に使い分けられるわけでは決してない (cf. Musti, *Demokratia*, p. 198ss.) ばかりでなく，たとえば有力な論拠の一つ Demosth. XXIV, 20ff. は，*graphe paranomon* の脈絡でさえ，むしろ実質的に立法手続の違法性を論証するために既存の制定法を引いているにすぎない．その内部にたまたま，毎年既存の規範を具体の案件とは別に民会で見直す手続が書かれていて，この時には *nomothetai* と呼ばれる 1001 人の大型予備陪審の如き審級がほとんど儀礼的に現れる．もちろん，ここには遠く「法典化」のエコーがあり，既存の制定法が文書庫に蓄えられているという現実がある．しかし，これのみが「法律」であり一般性を持ち通常の民会の議決は暫定的であり時限的個別的である，という観念は全く

見られない．ここでは，まさに二つの政治ブロックが特定の利益を巡って衝突している．拿捕した敵船の財を私物化したかどうか，そうだとして直ちに押収するか，執行を猶予するか，という争いである．執行を猶予するという法案がこの場合実は特定の個人の特定の利益を救済するためにある，ということが Demosth. によって，それを禁ずる制定法を根拠として攻撃されるのである．411 年状況を典型的に引きずる事案である．しかしだからといって Hansen が主張するような *nomos-psephisma* のカテゴリーが前提されているわけでは全くないし，Demosth. は，引用される制定法にも提案されて可決された攻撃対象にも区別無く *nomos* という語をあてている．

4・6・3

graphe paranomon の比重が増し，これだけが判断の〈二重分節〉を支える，したがって復路のみの特殊な〈二重分節〉となる，場合，しかしながら *dikasterion* におけるその後段の判断手続はディアレクティカ本来のものではない．確かに，提案内容の前提資格を問うことは元来〈二重分節〉手続の特徴であるし，その論拠も決して排他的でない（法典は無い）．かくして原則は維持されているように見え，否，われわれは皆それを史料として少なくとも *graphe paranomon* の元来の制度趣旨を再構成するのである．にもかかわらず，これが裁判という形式を取るということを忘れるわけにはいかない．裁判においてすら判断手続の復路もありしたがって〈二重分節〉がある，ということと，ここにもっぱら〈二重分節〉がかかっている，ということの間には途方もない距離がある．これが〈二重分節〉の全てであるとすれば，二段階の少なくとも一つにおいてその判断は自由ではない．多くの自由な主体が多くのパラデイクマを提示するというのとは異なる．

多くの論者がそのように見なすように，政治の中心的な舞台が多少とも *dikasteria* に移動したとすれば，如何にその *dikasteria* の構成が民会類似であったとしても，パラデイクマに屈折を与えるその仕方において，大きな変化があったと考えざるをえない．裁判はもちろんそれ自体政治的パラデイクマの一種である．しかし，政治システムの骨格（〈分節〉）の破損を治癒するという一点に向けられたディアレクティカが行われる点で，一般の政治的パラデイクマと若干異なっている．政治的パラデイクマによって厳重に囲繞されているとき，たとえば厳密な弾劾主義刑事裁判手続においては，以下のような問題はもちろ

ん生じない．しかしこの点が多少とも緩やかになり，とりわけ〈分節〉そのものでなく，それから多少距離のある〈二重分節〉を問題とするときには，状況は一転しうる．〈二重分節〉した政治システムを破壊したことになるのかどうかを争うはずが，しばしばそこまで厳密な論証が行われず，任意の議決を上位規範と捉え，その下で別のパラデイクマが paradigmatique に前者に包摂されるかどうかだけを争うということになる．判断手続のこのように閉じた分節は，放っておけば枝分節組織内のものでもありうるのである．411年から404年の状況をここに置いて見れば，二つの短絡回路間の闘争，しかも先の閉じた闘争したがって利益闘争，が dikasterion にもっぱら現れたとしても当然である．

確かに以上のことは graphe でない一般の dike，「民事裁判」，を多岐に発展させる所以でもある．ところがそれにしては民事裁判特有の洗練された形態というものはついに現れず，政治的判断手続たる基本性格は決して失われない．規範のヒエラルキアの思考すら完結的ではなく，そのような論証の傍らで，弁論は延々とたとえばその「違法な提案」が如何に外交上 Athenai の国益を損なうかということを論ずるのである．

裁判という政治的パラデイクマの形態は，かくして，元来〈二重分節〉単位の存立の絶対的保障の砦ともなりうるが，社会構造如何では，二つの利益ないし党派の間の調整のみに視野を限定する方向にも向かいうるのである．

4・6・4

このように，4世紀に移るにしたがって見られる傾向は，デモクラシーの穏健化ないし oligarchia への傾斜，と見られるべきものではなく，デモクラシーのみが示しうる幾つかの病状の露呈として解釈さるべきもののように思われる．

財政の構造の変化も大きくこのことに寄与する．財政の構造の〈二重分節〉はますます硬化現象を呈し，leitourgia が大きく束ねられて政治的信用に媒介されるということが無くなる．個別負担者が個別のことを実現して後は関知しない，むしろ個別負担の個別的引継を巡る調整が最も神経質に取り上げられる，ということになる．これら全体の大きな調整は boule に委ねられる（merismos）．つまりこのようにして権能が水平に分割され，そのように水平に分割された権能の対象がまた財政負担の水平的分割なのである．

公共空間の〈二重分節〉はもはや〈二重分節〉たるを失って細かい権能の分割と化す．*Ath. Pol.* XLIIff. が完成形態として詳述する当時（4 世紀末）の Athenai の現状は，膨大な数の政務官を抱えてそれぞれに財政権能を割り付けるものである．一つ一つが財の流れの結び目であり，これらにどのような統制を行おうと，その統制自体利害の調整という性格を帯びざるをえない仕組みになっている．

IV
結：デモクラシーの概念

1

1・1

　以上に述べたことの全ては，デモクラシーの概念が或る特定の複合的な構造を持つということを示唆するように思われる．概念の根底にパラデイクマを見うるとすれば，そのパラデイクマはこの場合 syntagmatique および paradigmatique な両方向に立体的に組み立てられている．

　もちろんこれはギリシャのデモクラシーを観察することによって得られる知見であり，他の全てのデモクラシーがこの概念に従っている，或いは従わなければならない，ということを直ちには意味しない．しかしその立体的な連関は，その連関の一部でも欠ければ全体が意味をなさない，と思われるほど堅固なものであり，その限りにおいて，この構造を離れてデモクラシーという語を用いる，つまり「デモクラシー」という語に指示させて別の（或いは変形した，或いは簡略化された）概念を用いる，ことに果たしてどれだけの意義があるか，と考えさせる．もっとも，他方ではこの立体的連関は多くの解釈に対して広く開かれており，その限りにおいて，このデモクラシーの概念は開かれた概念である．別の言い方をすれば，ギリシャの経験からこうしたレヴェルの概念を導き出すディアレクティカをわれわれは目指した，ということになる．

1・2

　立体的連関にはしかし原型が存在した．つまり概念の原型自体が小さな立体的連関を有した．原型たる概念は「政治」と呼称しうるものである．テリトリー上の人的組織の〈分節〉というモデルで指示しうる社会構造を基盤に持ち，パラデイクマに対してディアレクティカという操作を施すことを概念の中核と

した．〈分節〉はこれを可能とすると同時に，これは〈分節〉の維持に貢献する．この限りで既に或る立体的連関がここに概念されているが，しかも，このディアレクティカ自体，一個の立体的な連関を有した．

つまり，〈パラデイクマのヴァージョン対抗関係を引き出し増幅し，それには決してそのまま従えないような形態にする，しかもこれを全面的に行う〉というそれ自身多分に立体的な思考手続を基礎とし，次に〈以上の対抗的な paradigmatique な操作を経た素材をのみ，決定に際して paradigmatique な論拠としうる〉ということが全面的に実現されたとき，この立体的な連関の全体をわれわれはディアレクティカと呼んだ．狭い意味の「政治的決定」の概念は，このディアレクティカのみを基礎とし，したがって対抗が二段の paradigmatique な飛躍を経て，しかも新しい対抗的な主張の間で一義的な選択・決定が行われ，その決定が全く阻害されない，ということを内容とした．

1・3

以上のように政治はディアレクティカの基礎たる〈分節〉およびその〈分節〉を積極的に創り出すディアレクティカの両側面から成るが，デモクラシーはその複雑型である．つまり，テリトリー上の人的組織の〈二重分節〉，および二重のディアレクティカ，から成る．

〈二重分節〉は，パラデイクマの対抗ヴァージョン間の対抗の一定の態様，つまり屈折体ないしその複合体たる社会構造，の或るものを説明するための道具概念であるが，少なくとも三つの局面の〈分節〉的関係から成る．つまり政治を構成する〈分節〉体系と，これと〈分節〉的な関係に立つ別の（領域に展開される）〈分節〉体系，前者の個別的〈分節〉単位と後者のそれの間の（垂直的な）個別的〈分節〉関係，である．最後の関係が〈分節〉である以上完全に対称的でなければならないが，このことが，政治を構成する〈分節〉体系（第一審級）とそれから自由な領域の〈分節〉体系（第二審級）の間の非対称的な関係（政治ないし政治的中心と領域の維持）と（矛盾する関係でありながら）両立しなければならない．両立すれば，極めて自由な〈二重分節〉単位が現れる．それらは立体的に構成された二重の脈絡に自由に（しばしば同時に）立つことができる．

他方，その〈二重分節〉単位相互の連帯は，〈二重分節〉を支えるために不可欠である．それは，領域にしばしば存在した（それ自身単独の）従属的〈分節〉体系とは異なる質のものでなければならない．第一審級と様々な連関を保持するばかりか，多かれ少なかれ任意に結合し，連帯が個々の〈二重分節〉単位にとって部分的かつ開放的であること（他のどの〈二重分節〉単位とも無差別的かつ *ad hoc* に連帯しうること）が重要である．

そのコロラリーとして，〈二重分節〉単位はあらゆる脈絡を捨象してなおその自由独立の存立が保障されなければならない，という強い観念が形成される．〈分節〉の第三の要素（垂直的関係）が自由に展開されるだけに，このことは強く意識される．その関係は容易に枝分節に転化するからである（かといって第三の要素を剝ぎ取れば，新しい質をもたらす立体的関係即ち自由が無くなる）．だからこそまた，連帯はもっぱらこの〈二重分節〉単位の存立のために発動される．

また，〈二重分節〉単位のアプリオリな存立要請は，〈二重分節〉単位の内部に小さな二重構造を観念し，その単位がそれを奪われるかどうかという強烈な屈折体を用意させる．他のあらゆる脈絡を捨象させるための切り札である．

1・4

この〈二重分節〉は，〈分節〉を支えるためにディアレクティカの第一段で加工され蓄積されたパラデイクマ群，にさらにもう一度ディアレクティカ第一段に相当する加工を加え，これらを堆積することによりまず，達成される．基礎となるパラデイクマ群の保全，それに対する執拗な省察，は不可欠である．しかし他方，それに鋭い批判を向けなければならない．ディアレクティカ第一段自体，パラデイクマを現実に作動しえないものにするが，ディアレクティカ第一段の二重化は，パラデイクマを一層遠くに響くものにする．しかもそのパラデイクマを意識し伝達し合うとき，ディアレクティカ第一段が二重に意識されなければならない．しかも相互に立体的かつ奔放に対抗し合うのでなければならない．つまり極めて洗練された文芸が発達し，人々に広く共有されること，が不可欠である．

1·5

　しかし他方，デモクラシーは，〈二重分節〉を意識的に創り出す言説の第二のジャンルを必要とする．つまり，ディアレクティカ第一段をそのまま二重化するのでなく，第二段に一旦進んだパラデイクマに対して，あらためてディアレクティカ第一段を施すのである．これは極めて微妙な思考作業を課することになる．一方でディアレクティカを完了したパラデイクマを直ちには決定内容になりえない形態に加工して蓄積しなければならず，しかし他方，少なくとも一旦ディアレクティカを完了した性質のパラデイクマだけを素材とする厳密さを要求され，かつてのディアレクティカ第一段と区別されなければならない．このジャンルが確立すれば，ディアレクティカないし政治的決定はここを必然的に経由し，結果，ディアレクティカは二重になる．その二重のディアレクティカが成り立つかどうかは，このジャンルの質が左右するのである．かくしてその質を支えるためのクリテリウムが膨大なパラデイクマ群として発達することになる．これらは，そしてもちろんそのクリテリウムが適用されて加工されたパラデイクマ群自体，〈二重分節〉を支える鋭いヴァージョン対抗を示すことになる．

　パラデイクマのヴァージョン対抗の厳密な識別は単純なディアレクティカの場合にさえ不可欠であるが，二重のディアレクティカは，特に前提の場面で，一層精密なパラデイクマのヴァージョン対抗の識別を要請する．これを特に問題とするが故に，これを〈批判〉と呼ぶこととした．つまり，デモクラシーの生命線の一つは critique であるということになる．

1·6

　デモクラシーが成立すれば，既に〈分節〉を経ている人々の現実の行為の軌跡，即ち再現的パラデイクマ群，もまた変化を蒙る．その中でも特に，ディアレクティカ最上層をそのままパラデイクマとして意識して再現的に働かせた場合のそのパラデイクマ，狭義の政治的パラデイクマ，が顕著な構造変化を示す．これらの側面については一層不十分にしか論ずることができなかったが，パラデイクマのヴァージョン対抗が示す屈折は，明らかに〈二重分節〉を示唆するものであった．

2

2・1

さてもし以上のことが暫定的ながら承認されるとするならば，そこからはどのような帰結がもたらされうるであろうか．

デモクラシーは，その概念そのものにおいて，単一のパラデイクマを巡る論議の対象になりえない．そのようにしたときには必ず混乱を免れない．政治が既にそのような概念である．しかしデモクラシーについては一層そのことが妥当する．多くの議論の空間を同時に要するばかりか，狭義の政治的パラデイクマだけを取っても（矛盾するような）議論を並行的に行うことが要請される．

I・6 で示唆したように，もちろんこれはわれわれに極めて大きな可能性が開かれたことを意味する．しかしその可能性を維持することは決して容易ではない．

それでも，その可能性を支えるための幾つかの示唆というものは得られる．デモクラシーにおいては直接的な作動を予定するパラデイクマは禁物である．もちろん儀礼的パラデイクマは構造に沿って強固に展開される．しかしそれ以外に *gnome* の如きによって社会が律せられることはデモクラシーを阻害する（*gnome* は複雑なパラデイクマ分節手続を経て導き出されたパラデイクマであるから，無反省を意味しないが，しかしやはりそのパラデイクマに無反省に従うことは排除されない）．かくしてどのような示唆が得られたとしても，これを再現的パラデイクマの体系へと鋳造して保持することは無意味である．にもかかわらずあえて示唆を引き出せば，以下の諸点を挙げることができる．

2・2

今仮にわれわれがデモクラシーを全く持っていないか，持っているとされている場合でもそれは偽りか不十分か，であるとしよう．どうすれば持ちうるかについて考えることは無意味ではない．デモクラシーの価値が弁証されていなくとも，その無価値が弁証されていない限り，われわれがそれを持ちうること，われわれの可能性が広がっていること，は有意味である．

さてしかし，どうすれば持ちうるかを考えることは必ずしも容易でない．まずデモクラシーとは何かが必ずしも明晰に理解されない．否，現実の方が不十分ながら先に劇的に「デモクラシーへ移行」する（或いは「デモクラシーのためのイニシャティヴが発生」する）場合の方が多く，理解がこれに追いつかないために，折角のものを多く失っているのではないか．ならばほぼ確実に，デモクラシーとは何かについて明晰でないということは，デモクラシーを持ちうるための基礎は何であるかについて明晰でないことと不可分に関係している．ならばこの最後の問題について何故われわれは十分に明晰でないのか．

明らかに，こうした問題との関連で現実を捉える，その基本的な思考と言語が不十分なのである．他の連関で現実を捉える思考と言語が如何に精密であろうともそれを借りてくるのであってはならない．ならばあらためて探らねばならない．探るための実験をなさねばならない．掘削していくと，しかしまず政治という大きな壁が現れてくる．われわれはこの政治を持ちうるための基礎を先に探らねばならなかった．それは同時にその政治という壁を新たに概念し直すことでもあった．しかし，われわれの分析が正しければ，この作業はデモクラシーを持つための基礎を探り同様にデモクラシーを新たに概念し直すためにも直ちに有効であった．

否，それどころではない．「現実を捉える基本的な思考と言語を探り直す」と言ったが，その作業は実は循環した．そのような基本的な思考と言語は，実はデモクラシー形成期に生まれたものであった．それらがわれわれの仮設によって如何に良く説明可能かということの論証（第II章）にわれわれは終始したが，われわれは実はトートロジーの円環の中にいたのである．しかしこれは基本の在処を指示する重要な徴表である．

いずれにせよ，論理的には全く自明のことながら，デモクラシーを持つ可能

性を本気で考えるならば，現実を捉えるための全く新しい方法が必要である．これが引き出しうる示唆の第一である．

2・3

　デモクラシーの概念の全体像を再確認するとき，極めて印象的であるのは，パラデイクマの paradigmatique な分節の高度な発達である．政治は既にこのことを含意するが，デモクラシーになるとその分節は分厚くなり，パラデイクマの paradigmatique な作用そのものが解体されるかの如くでさえある．まず，人々の意識について二重に反省する営みが体系的に展開される．それが厳密に制度化され，社会の構成員の全体を深く捉える．反省はもとより処方箋追求の対極である．次に，二重のディアレクティカが高度に発達する．syntagmatisme はパラデイクマの paradigmatique な分節を極大化するための最も特徴的な手段である．さらに，言うまでもないが，これを通じてパラデイクマのヴァージョン対抗は常に極大化される．但し截然と二重に．

　この結果，医学や倫理学のように「処方箋」に辿り着く場合にも，そのパラデイクマは独特の波長を帯びるようになる．何よりも，こうした「第一線の」パラデイクマの外側に凡そ直接の帰結を截然と拒否するパラデイクマが膨大に（十重二十重に）発達する．これがデモクラシーのさしあたりの条件である．これは，もしデモクラシーを持ちたいのならばまずは直接デモクラシーを実現し（演じ）ようとするな，最大限に迂回せよ，ということを意味する[1]．政治およびデモクラシーを根幹で支えるディアレクティカからさえ時に退避しなければならない．ディアレクティカはやはり政治的パラデイクマ本体に結び付いているからである．デモクラシーはこの忍耐力（patience）にかかっているということになる．

　　[2・3・1]　Athenai がデモクラシー理論を持たなかった，という認識が一般的であり，論議を呼ぶ（cf. Finley, *DAM*, p. 28）．Finley の解答は，反デモクラシーが理論と言語の側に，デモクラシーが行為と実践の側に，陣取った結果である，というものである（*ibid.*）．N. Loraux, *L'invention d'Athènes. Histoire de l'oraison funèbre dans la "cité classique"*[2], Paris, p. 1993, p. 184sqq. はしかし，デモクラシーが独自の理論と言語を持ちえなかったことを問題とし，葬送演説を分析してそこに様々な前デモクラシーの概念装置が優越する様を見る．そして，これはまた4世紀におけるデモクラシーの変質を先取りする，と論ずる．しかしデモクラシーは理論と言

語を持ったのである．持たなかったように見えるのはデモクラシーの側こそが端的なパラデイクマを拒否したからである．したがって行為と実践というのとは正反対である．Loraux の問題提起はそれでもなお重大である．しかし Loraux がここに唯一デモクラシーの言語を見た点から混乱が生じている．デモクラシーが（政治を承け継いで）儀礼に依存する限りの部分につきツケを払っていくということと，とりわけ（Loraux 自身が彼女のもう一つの労作によって明らかにした）領域組織の結束の要因が（デモクラシーが強固であればあるほど）その儀礼の中に濃厚に反映されたこと，の二つの問題を弁別する必要がある．要するに，「Perikles の葬送演説」をもっと多面的に読むことを要す（われわれもほんの少し試みた）．

2・4

複雑で粘り強い思考を要求される中でも最大の難関はディアクロニーである．ところがおそらくデモクラシーにとって最も重要なのはディアクロニクな感覚である．デモクラシーが常に二つの層の積み重なり，つまり同時に鳴り響く二つの意味，を必要とする以上当然である．たとえば，〈二重分節〉は領域の échange を大規模に掘り起こすことになる．これは一見枝分節に固有の échange と区別が付かない．後者は政治にとって危険であり，政治の側からの拒否を帰結しやすい．しかもこれはまたディアクロニクに古い層を有し，枝分節組織の両義性に関連している．するとデモクラシーの側は二重三重に政治を敵に回して échange 擁護に傾く．しかもそうすればそうするほど，デモクラシーに固有の échange から遠ざかり単なる枝分節の échange にのめり込むことになる．つまり混乱に拍車がかかっていく．

これを避けるためには厳密なディアクロニーを以てする以外にないが，この場合，その鍵を握るのが〈二重分節〉の概念である．もっともそれだけでは不十分であり，社会構造に委ねるだけでなく，ディアクロニクに新しい échange を支える様々な補強的第二次的政治システムが要請される．ギリシャはこの方向では第二の政治システムを発達させることなく，むしろローマに範を取った制度にヨリ大きな可能性があるが，いずれにせよこれこそが近代の課題であり，また不十分ながらわれわれは様々な手段を有している．逆に，社会構造を構築する部分はその分弱いかもしれない．

2・5

　上に例示した問題から直接派生するのが，序論において示唆した「利益」の問題である．新しい形態の échange が発達してくると，これとデモクラシーの決定過程そのものとが習合するようになるのである[1]．もし如何なる決定も échange を通じて通約可能であるとすると，個人の利益は集団の利益に置き換わる．その決定がその者の利益になるのであれば，不利益になる者との差違において，その種の者達は束として概念されうる．そうした決定を支持するという関係は échange を動機付けるものと同じである．その脈絡で多数の者達から成る集団が概念される．最大の問題は，échange ないし領域（「経済」）の問題と，デモクラシーの手続という，二段階の区別が解消することである．

　この問題に対しては早くから "moral" な要素，"value" のレヴェル，を復権すべきであるという主張を生む[2]．しかしこれはいつか辿った堂々巡りの道である．Thrasymachos 等々に対して Platon を持ち出すに等しい．（如何に超越的でも）「正義」ないし通約不可能な直接的パラデイクマに戻ってしまえば[3]，何もかもが振り出しに戻る．そうではなく，欠けているのは政治である．つまりディアレクティカである．しかもそれだけではない．その二重の構造である．つまりしばしば長大たるのを厭わない syntagmatisme に基づく精緻なディアレクティカである．

〔2・5・1〕　Schumpeter をも念頭に置く Finley, *DAM*, p. 38ff. の考察を参照．
〔2・5・2〕　cf. Finley, *ibid*.
〔2・5・3〕　Platon をこのように解しうるかどうかはまた別の問題である．われわれはむしろその最良の部分はディアレクティカの復興に在ると考える，如何に混乱していようと．

2・6

　以上のように言えばしかしデモクラシーに関する言説としては余りにも奇妙に聞こえるに違いない．デモクラシーを巡るわれわれの重要なイッシューは一体どこへ行ったのかと．この論考はギリシャのデモクラシーをそのままパラデイクマとして記述することから極めて遠い．他方通常の言説はいずれにしてもパラデイクマを述べるものである．懸隔は古典と近代の間にあるのではなく，それぞれの言説の性格の間にある．この論考は，Athenai のデモクラシーにお

ける市民の「直接参加」を引照して参考に供するものでは全くない．

しかしこの論考は，その「直接参加」の目に見えないレヴェルにおける微妙な質の差違には少なくとも間接的に言及したことになるだろう．もちろんその他若干の「狭義の政治的パラデイクマ」にも言及した．

その他のデモクラシーの基本的イッシューはどうであろうか．それを論じないのは片手落ちではないか．特に，基本的人権はどうか．信教の自由はどうか．「国家宗教」は政教分離すら排除したのではないか．5世紀末のAthenaiにおける幾つかの刑事裁判はそのことを物語るのではないか．

われわれはしかし他方で，言説の全く違うレヴェルで「人権」という観念の核心部分が鮮やかにその姿を現すのを見た．このギャップは一体どういうことであろうか．われわれは「人権」が特殊法的な概念形態であることに留意する必要がある．Euripidesがその形態に最接近した場合にさえ，このパラデイクマを文字通りには作動させなかった．他方，法的パラデイクマは儀礼的に作動することを生命とする．ギリシャの政治システムは最後まで政治システムたるを失わなかった．「人権」の観念がたとえあったとしても，それは人々の観念構造の中に深く内蔵され，そして自由な判断の中で実質的に作用する，ということが期待されていたのである．もちろんこれこそが不安定を招く．それを心配する向きはそれを避けて逆の極ローマに赴けばよい．全ては儀礼ないし制度ないし規範によって保障される．実質があるとないとにかかわらず．

もちろん，デモクラシーも政治システムたる限り言わば額縁にあたる部分を儀礼によって画する．宗教に関する寛容と神経過敏が入り交じるように見えるのは，この額縁に触れるように感じられたときには激しく反応し，そうでなければ全く自由である，からである．いずれにしても，徹底した多元性をそのままオープンな空間に置くことにより，特定の「宗教」が政治を支配することは排除されている．そこから逃げる替わりに，政治が全ての「宗教」を制圧してしまったに等しい．もっとも，後にここに致命傷を負うことになるのは周知の通りである．

同様のことは女性と奴隷の問題について言うことができる．デモクラシーこそが「王となった個々の市民」の対極に初めて公式にこれらを括り出す区別を樹立する．ジェネアロジクなパラデイクマを儀礼的に使ったことの帰結である．

このレヴェルと悲劇との間に著しいギャップが認められるのは当然である．悲劇はなおかつ儀礼の使用から来る副作用を鋭く批判した．そうした脈絡においてはデモクラシーは定義上フェミニストであるとさえ言うことができる（既にそのように述べた）．その他にも Aristoteles は多様で説得的な奴隷制批判論を伝えていて，彼の少々馬鹿げた弁護論の背景をわれわれは知ることができる．皮肉なことにデモクラシーの衰退こそが奴隷制を縮減していくのである．それでも，公式の制度においてギリシャのデモクラシーはついにジェネアロジクなパラデイクマの儀礼的使用から逃れられなかった．ここにも後の致命傷の伏線が存する．明らかに，成熟の前に朽ちたのである．

2・7

論じ残した問題は数限りないが，最も重要で致命的であるのは，〈二重分節〉システムが〈分節〉システム以上に多元的な構造の中で無ければ成り立たないであろうという予想の検証である．〈二重分節〉システムは二重の〈二重分節〉システムとしてしか成り立ちえない，ということを論理的に証明するという課題は大変魅力的であるが，今回はこれに取り組む余裕を持たなかった．もとより，国際関係における躓きがデモクラシーを阻害する，帝国主義の配当としてしかデモクラシーが成り立たない，といった問題群を単純に示唆しているのではない．〈二重分節〉システムは，Delphoi が媒介する〈分節〉体系相互間の〈分節〉的関係以上のものを要求するのではないか，というのである．つまり「国際関係」にも〈二重分節〉を要請するのではないか，ということである．この問題にわれわれは Thoukydides に即して遭遇した[1]．Athenai を中心とする都市同盟の問題である[2]．しかし，もしそうであるとしても，何故「国際間の」〈二重分節〉が要請されるのか，その質はどのようなものか，二つの〈二重分節〉関係を媒介する原理はどういうものか，についての理論的考察は，全て今後に委ねざるをえない[3]．

[2・7・1] たとえば Melos について，Thoukydides の意識的な syntagmatique な切断（Athenai 側からなされる論拠制限）の外に，Melos が果たして（ペルシャ戦争以来の脈絡で）Athenai との同盟関係にあったか，その同盟圏内に位置しただけか，中立か，中立は成り立つか，否，密かに Sparta を支援していたか（それを示すとされる碑文が引かれる），等々の政治的「法

的」問題が無数に立つ．ちなみに，これについてはたとえば L. Canfora, *Tucydide e l'impero*, Roma-Bari, 1991 が詳細に論じ，Thoukydides のテクストの（例によって Valla や Hobbes の訳を的確に参照する）優れた註釈にそれを反映させる（III, 91, 2 の "*ἰέναι ἐς τὸ ξυμμαχκόν*" について "*ξυμμαχία*" と "*τὸ ξυμμαχκόν*" を明確に区別し，後者を「同盟軍」「軍事ブロック」の意味に解する：p. 117）が，どちらにつくか，中立か，という〈分節〉的タームではなく，複数の極に対して様々な協力を行うが決して軍事的に一体化しない，という〈二重分節〉的タームの必要が Thoukydides によって予期されているように思われる．この点で，Canfora が，Athenai 敗戦後の Sparta 一極構造の暗い予感が作品形成の最後の段階で Thoukydides をして Melos をあのような色彩に染めさせた，と述べる（p. 19）のは，作品形成の問題は別として，十分に示唆に富む．

〔2・7・2〕 ローマの「帝国主義」とはもちろん異なる問題であるが，ローマが達成する別の高度な〈二重分節〉システムは一種同様の問題を創り出したかもしれない．他方，近代の帝国主義の問題は全く同一視しえない．

〔2・7・3〕 以上の見通しにつき，Thoukydides のテクストの他，国際公法および国際私法の二人の若い研究者との討論が重要な示唆をもたらしたことを記す．

3

　もちろん，以上の論考が現代のデモクラシー理論に資する部分は極めて少ないであろう．以上は全て古典期のギリシャに関する知見であり，現代の社会は全く異なる前提の上に立つ．しかしながら，われわれは M. I. Finley の以下のような皮肉な指摘[1]を忘れるわけにはいかない．Platon と Aristoteles は反デモクラシー論者であり，現代の自由主義的デモクラシー論（"elitist theory"）の担い手はもとより親デモクラシー論者であるが，そのことを忘れさせるほど同じ構造の議論をする，と．確かに現代のデモクラシー論は規範的要素（"good life" の追求）を排除して伝統から脱却したように見える．しかしわれわれの論考を前提にするならば，脱ぎ捨てた衣は表面のものだけであり，もしさらに根底から脱ぎ捨てたいならば，全く別種の知的操作が必要であったのではないか．まして，それを脱ぎ捨てたときなおその下に現れたはずの衣はついに意識されることがなかったのではないか．人文主義以来，われわれがその衣を身に付けていなかった，と主張するのではない．身にまとっているのをしばしば忘れてきたというだけのことである．しかし，これは却ってわれわれのこれからの身支度の基礎をなすのではないか．

　Euripides と Sokrates まででわれわれの考察が終わったことは以上のことと関係する．そこまでの層の再発掘が現代のデモクラシーについての再省察と連帯の関係にある．その次元に降りない限り，（共同の利益や個人の幸福等）他の崇高な価値との関係においてでなく，デモクラシー自体を魅力的に見せる，そうした道は無い．

　〔3・1〕　Finley, *DAM*, p. 8f.

文献表

AA. VV., The Excavations at Cozzo Presepe, *NSA*, 102 suppl., 1977
AA. VV., *I Greci sul Basento*, Milano, 1986
AA. VV., *Lexicon Iconographicum Mythologicae Classicae* [*LIMC*], Zürich, 1981-
B. Ackermann, La démocratie dualiste, dans: M. Troper et al., edd., *1789 et l'invention de la constitution*, Bruxelles, 1994
D. Adamesteanu, L'ellenizzazione della Sicilia e il momento di Ducezio, *Kokalos*, 8, 1962
―――, Le suddivisioni di terre nel Metapontino, dans: M. I. Finley, éd., *Problèmes de la terre en Grèce ancienne*, Paris, 1973
D. Adamesteanu, C. Vatin, L'arrière-pays de Métaponte, *CRAI*, 1976
J. Alaux, Remarques sur la ΦΙΛΙΑ labdacide dans *Antigone et Œdipe à Colone*, *Metis*, 7, 1992
U. Albini, La funzione di Io, *PP*, 30, 1975
S. Alessandrì, I dieci proculi ad Atene, in: AA. VV., *Symposion 1988*, Köln, 1990
V. E. Alfieri, I due aspetti della teoria del conoscere in Democrito, *Athenaeum*, 30, 1952
T. W. Allen, *Homeri Opera V*, Oxford, 1912
A. Aloni, The proem of Simonides' *Plataea* Elegy and the circumstances of its performance, in: D. Boedeker et al., edd., *The New Simonides. Contexts of Praise and Desire*, Oxford, 2001
C. Ampolo, La città dell'eccesso: per la storia di Sibari fino al 510 a. C., in: AA. VV., *Sibari e la Sibaritide. Atti del XXXII Convegno di Studi sulla Magna Grecia*, Napoli, 1994
A. Andreades, *Geschichte der griechischen Staatswirtschaft*, München, 1931
A. Andrewes, *Probouleusis. Sparta's Contribution to the Technique of Government*, Oxford, 1954
P. Angeli Bernardini, L'attualità agonistica nell'epinicio di Pindaro, dans: AA. VV., *Pindare*, Genève, 1985
―――, La lode di Argeo di Ceo del padre Pantide nell'Epinicio 1 di Bacchilide, in: A. Bagordo et al., edd., *Bakchylides. 100 Jahre nach seiner Wiederentdeckung*, München, 2000
M. B. Arthur, The curse of civilization: the choral odes of the Phoenissae, *HSCP*, 81, 1977
D. Asheri, Tyrannie et mariage forcé: Essai d'histoire sociale grecque, *Annales ESC*, 1977
―――, Introduzione generale, in: Id., ed., *Erodoto. Le storie. Libro I. La Lidia e la Persia*, Milano, 1988
N. Austin, *Helen of Troy and her Shameless Phantom*, Ithaca, 1994
M. Austin, P. Vidal-Naquet, *Economie e società nella Grecia antica*, Milano, 1982
D, Babut, Semonide et Mimnerme, *REG*, 84, 1971, p.17sqq.
P. Bachrach, *The Theory of Democratic Elitism. A Critique*, Boston, 1967
P. Bachrach, M. S. Baratz, The two faces of power, *The American Political Science Review*, 56, 1962
R. W. Baldes, Demokritos on visual perception: two theories or one ?, *Phronesis*, 20, 1975
―――, Democritus on the nature and perception of black and white, *Phronesis*, 23, 1978
S. A. Barlow, *The Imagery of Euripides. A Study in the Dramatic Use of Pictorial Language*, London, 1971
J. Barnes, *The Presocratic Philosophers* [*PP*], London, I, II, 1979
H. Baron, *La crisi del primo rinascimento italiano*, ed. it., Firenze, 1970
J. P. Barron, Chios in the Athenian empire, in: AA. VV., *Chios. A Conference at the Homereion in Chios 1984*, Oxford, 1986

R. A. Bauman, *Political Trials in Ancient Greece*, London, 1990

C. Bay, Politics and pseudopolitics : a critical evaluation of some behavioral literature, *The American Political Science Review*, 59, 1965

L. Beauchet, *Histoire du droit privé de la République athénienne*, I~IV, Paris, 1897

E. S. Belfiore, *Murder Among Friends. Violation of Philia in Greek Tragedy*, Oxford, 2000

J. M. Bell, Simonides in the anecdotal tradition, *QUCC*, 28, 1978

S. Benardete, *Herodotean Inquiries*, The Hague, 1969

A. F. Bentley, *The Process of Government*, Chicago, 1908

C. Bérard, *Eretria III. L'hérôon à la porte de l'ouest*, Berne, 1970

―――, Topographie et urbanisme de l'Eretrie archaïque : l'hérôon, dans : AA., VV., *Eretria VI*, Berne, 1978

A. Bernabé, ed., *Poetarum Epicorum Graecorum. Teatimonia et Fragmenta. Pars 1*, Stuttgart, 1996

B. Berquist, *The Archaic Greek Temenos*, Lund, 1967

S. Bertelli, Ceti dirigenti e dinamica del potere nel dibattito contemporaneo, in : AA. VV., *I ceti dirigenti nella Toscana del Quattrocento*, Firenze, 1987

E. Berti, Gorgia e la dialettica antica, in : C. Natali, ed., *Sei lezioni sulla sofistica*, Roma, 1992

M. Bettalli, *I mercenari nel mondo greco*, Pisa, 1995

P. J. Bicknell, Democritus' theory of precognition, *REG*, 82, 1969

A. F. H. Bierl, *Dionysos und die griechische Tragödie*, Tübingen, 1991

J. Bleicken, *Die athenische Demokratie*[2], Paderborn, 1988

J. M. Blythe, *Ideal Government and the Mixed Constitution in the Middle Ages*, Princeton, 1992

N. Bobbio, Deux notions de la liberté dans la pensée politique de Kant, dans : AA. VV., *La philosophie politique de Kant*, Paris, 1962

―――, Mosca e la teoria della classe politica (1962), in : Id., *Saggi sulla scienza politica in Italia*, Roma-Bari, 1977

J. Bodin, *Methodus ad facilem historiarum cognitionem*, 1566 (Amsterdam, 1650, Neudruck, 1967)

R. Bogaert, *Banques et banquiers dans les cités grecques*, Leiden, 1968

J. Bohman, W. Rehg, edd., *Deliberative Democracy. Essays on Reason and Politics*, Cambridge Mass., 1977

F. Bohringer, Cultes d'athlètes en Grèce classique : propos politiques, discours mythiques, *REA*, 81, 1979

P. Bonetti, *Il pensiero politico di Pareto*, Roma-Bari, 1994

N. Bookidis et al., The sanctuary of Demeter and Kore at Acrocorinth. Preliminary report IV : 1969-70, *Hesperia*, 41, 1972

J. Bordes, *Politeia dans la pensée grecque jusqu'à Aristote*, Paris, 1982

F. Bossi, Appunti per un profilo di Archiloco, *QS*, 13, 1981

A. Bouché-Leclercq, *Histoire de la divination dans l'antiquité*, II, Paris, 1879

F. Bourriot, *Recherches sur la nature du genos*, Paris, 1976

E. L. Bowie, Early Greek elegy, symposium and public festival, *JHS*, 106, 1986

C. M. Bowra, *Sophoclean Tragedy*, Oxford, 1944

―――, *Greek Lyric Poetry. From Alkman to Simonides* [*GLP*], Oxford, 1961 (1935)

B. Bravo, Remarques sur les assises sociales. Les formes d'organisation et la terminologie du commerce maritime grec à l'époque archaïque, *DHA*, 3, 1977

―――, Commerce et noblesse en Grèce archaïque. A propos d'un livre d'Alfonso Mele, *DHA*, 10, 1984

A. Brelich, *Paides e Parthenoi*, Roma, 1969

A. Bresson, *Mythe et contradiction. Analyse de la VII*[e] *Olympique de Pindare*, Paris, 1979

P. Briant, Hérodote et la société perse, dans : AA. VV., *Hérodote et les peuples non grecs*, Genève, 1990
C. Brillante, La musica e il canto nella Pitica I di Pindaro, *QUCC*, 41, 2, 1992
A. L. Brown, Eteocles and the chorus in the *Seven against Thebes*, *Phoenix*, 31, 1977
―――, The Erynies in the *Oresteia* : Real life, the supernatural, and the stage, *JHS*, 103, 1983
C. G. Brown, The Hyperboreans and Nemesis in Pindar's tenth Pythian, *Phoenix*, 46, 1992
G. E. Brucker, *The Civic World of Early Renaissance Florence*, Princeton, 1977
L. Bruni, *Laudatio Florentine Urbis*, 1403, ed. Viti, Torino, 1996
J. Brunschwig, Préface à : P. M. Morel, *Démocrite et la recherche des causes*, Paris, 1996
G. Buchner et al., *Pithekousai I. La necropoli : tombe 1-723 scavate dal 1952 al 1961*, Roma, 1993
R. J. Buck, *A History of Boeotia*, Edmonton, 1979
―――, Boeotian oligarchies and Greek oligarchic theory, in : AA. VV., *Proceedings of the Third Conference on Boeotian-Antiquities*, Amsterdam, 1985
F. Budelmann, *The Language of Sophocles. Communality, Communication and Involvement*, Cambridge, 2000
E. L. Bundy, *Studia Pindarica*, Berkeley, 1986 (1962)
P. Burian, Euripides' *Heraclidae* : an interpretation, *CP*, 72, 1977
W. Burkert, Demaratos, Astrabakos und Herakles. Königsmythos und Politik zur Zeit der Perserkrieg (Herodot VI, 67-69), *MH*, 22, 1965
―――, Greek tragedy and sacrificial ritual, *GRBS*, 7, 1966
―――, *Lore and Science in Athenian Pythagoreanism*, Cambridge Mass., 1972
―――, *Homo necans. Antropologia del sacrificio cruente nella Grecia antica*, Milano, 1981
―――, *Greek Religion*, Cambridge Mass., 1985
―――, *Ancient Mystery Cults*, Cambridge Mass., 1987
―――, *The Orientalizing Revolution. Near Eastern Influence on Greek Culture in the Early Archaic Age*, Cambridge Mass., 1992
A. P. Burnett, Tribe and city, custom and decree in *Children of Heracles*, *CP*, 71, 1976
―――, *The Art of Bacchylides*, Cambridge Mass., 1985
M. F. Burnyeat, Virtues in action, in : G. Vlatos, ed., *The Philosophy of Socrates. A Collection of Critical Essays*, Garden City, 1971
G. Busolt, H. Swoboda, *Griechische Staatskunde*, München, I, 1920, II, 1926
P. Butti de Lima, *L'inchiesta e la prova. Immagine storiografica, pratica giuridica e retorica nella Grecia classica*, Torino, 1996
R. G. E. Buxton, *The Persuasion in Greek Tragedy. A Study of Peitho*, Cambridge, 1982
C. Calame, *Alcman*, Roma, 1983
―――, Le récit généalogique spartiate : la représentation mythologique d'une organisation spatiale, *QS*, 26, 1987
―――, *Thésée et l'imaginaire athénien. Légende et culte en Grèce antique*, Paris, 1990
―――, *Mythe et histoire dans l'Antiquité grecque. La création symbolique d'une colonie*, Lausanne, 1996
―――, *Choruses of Young Women in Ancient Greece. Their Morphology, Religious Role, and Social Function*, Lanham, 1997 (or. fr., 1977)
―――, Temps du récit et temps du rituel dans poétique grecque : Bacchylide entre mythe, histoire et culte, dans : C. Darbo-Peschanski, éd., *Construction du temps dans le monde grec ancien*, Paris, 2000
G. Cambiano, Montesquieu e le antiche repubbliche greche, *Rivista di filosofia*, 65, 1974
L. Canfora, la préface de Thucydide et la raison historique, *REG*, 90, 1977

——, *Tucudide e l'impero*, Roma-Bari, 1991
——, Hobbes e Tucidide, *QS*, 35, 1992
M. Canto-Sperber, Éthique, dans : J. Brunschwig, G. E. Lloyd, edd., *Le Savoir Grec*, Paris, 1996
A. Capizzi, Cerchie e polemiche filosofiche del V secolo, in : R. Bianchi Bandinelli, ed., *Storia e civiltà dei Greci*, 3, Milano, 1979
E. M. Carawan, *Erotesis* : Interrogation in the courts of fourth-century Athens, *GRBS*, 24, 1983
——, Akriton Apokteinai : Execution without trial in fourth-century Athens, *GRBS*, 25, 1984
——, Apophasis and Eisangelia : The role of the Areopagus in Athenian political trials, *GRBS*, 26, 1985
C. Carey, Bacchylides experiments : Ode 11, *Mnemosyne*, 33, 1980
P. Carlier, La vie politique à Sparte sous le régime de Cléomène 1er. Essai d'interpretation, *Ktema*, 2, 1977
——, *La royauté en Grèce avant Alexandre*, Strasbourg, 1984
Th. Carpenter, *Dionysian Imagery in Archaic Greek Art. Its Development in Black-Figure Vase Painting*, Oxford, 1986
P. Cartledge, *Sparta and Laconia. A Regional History 1300-362 B. C.*, London, 1979
——, Sparta and Samos : a special relationship ?, *CQ*, 32, 1982
——, Trade and politics revisited, in : P. Garnsey et al., edd., *Trade in the Ancient Economy*, Berkeley, 1983
G. Casadio, *Storia del culto di Dioniso in Argolide*, Roma, 1994
P. Cassella, *La supplica all'altare nella tragedia greca*, Napoli, 1999
B. Cassin, *Si Parménide. Le traité anonyme de Melisso Xenophane Grogia. Édition critique et commentaire*, Lille, 1980
——, Le chant des Sirènes dans le poème de Parménide (Quelques remarques sur le fr. VIII, 26-33), dans : P. Aubenque, éd., *Études sur Parménide II : Problèmes d'interprétation*, Paris, 1987
——, *L'effet sophistique*, Paris, 1995
——, Sophistique, dans : AA. VV., *Le savoir grec*
F. Cassola, Solone, la terra, e gli ectemori, *PP*, 19, 1964
M. Caveing, *Zénon d'Élée. Prolégomènes aux doctrines du continu. Étude historique et critique des Fragments et Témoignages*, Paris, 1982
G. Cerri, *Parmenide di Elea. Poema sulla natura*, Milano, 1999
H. H. O. Chalk, **APETH** and **BIA** in Euripides' *Heracles*, *JHS*, 82, 1962
W. R. Chalmers, Parmenides and the beliefs of mortals, *Phronesis*, 5, 1960
C. J. Classen, Anaximander and Anaximenes : the earliest Greek theories of change ?, *Phronesis*, 22, 1977
E. E. Cohen, *Ancient Athenian Maritime Courts*, Princeton, 1973
——, *Athenian Economy and Society. A Banking Perspective*, Princeton, 1992
J. N. Coldstream, Greek temples : why and where ?, in : P. E. Easterling et al., edd., *Greek Religion and Society*, Cambridge, 1985
J. Coleman Carter, A burying ground in the territory of Metaponto, in : *Scritti in onore di D. Adamesteanu. Attività archeologica in Basilicata 1964-77*, Matera, 1980
D. J. Conacher, *Euripidean Drama. Myth, Theme and Structure*, Toronto, 1967
——, *Aeschylus' Prometheus Bound. A Literary Commentary*, Toronto, 1980
W. R. Connor, *Thucydides*, Princeton, 1984
A. Cook, The patterning of effect in the Philoctetes, *Arethusa*, 1, 1968
A. Corcella, *Erodoto e l'analogia*, Palermo, 1984

F. M. Cornford, *From Religion to Philosophy. A Study in the Origins of Western Speculation*, Sussex, 1980 (Cambridge, 1912)
———, Was the Ionian philosophy scientific ?, in : D. J. Furley, R. E. Allen, *Studies in Presocratic Philosophy, I : The Beginning of Philosophy* [Furley/Allen, I], London, 1970
———, Anaxagoras' theory of matter (or., 1930), *ibid.*
C. A. Cox, *Household Interest. Property, Marriage Strategies, and Family Dynamics in Ancient Athens*, Princeton, 1998
K. Crotty, *Song and Action. The Victory Odes of Pindar*, Baltimore, 1982
P. Curd, Knowledge and unity in Heraclitus, *Monist*, 74, 1991
———, *The Legacy of Parmenides. Eleatic Monism and Later Presocratic Thought*, Princeton, 1997
R. A. Dahl, *A Preface to Democratic Theory*, Chicago, 1956
———, *Polyarchy. Participation and Opposition*, New Haven, 1971
———, *Dilemmas of Pluralist Democracy. Autonomy vs. Control*, New Haven, 1982
———, *Democracy and its Critics*, New Haven, 1988
S. G. Daitz, Concepts of freedom and slavery in Euripides' Hecuba, *Hermes*, 99, 1971
C. Darbo-Peschanski, *Le discours du particulier. Essai sur l'enquête hérodoéenne*, Paris, 1987
———, Thucydide : Historien, Juge, *Metis*, 2, 1987
R. Davidsohn, *Geschichte von Florenz*, tr. it., Firenze, 1969
J. K. Davies, *Athenian Propertied Families 600-300 B. C.*, Oxford, 1971
M. Davies, Symbolism and imagery in the poetry of Ibycus, *Hermes*, 114, 1986
———, Politics and madness, in : J. P. Euben ed., *Greek Tragedy and Political Theory*, Berkeley, 1986
———, *The Epic Cycle*, Bristol, 1989
E. Degani, Democrazia ateniese e sviluppo del drama attico. La tragedia, in : Bianchi Bandinelli, ed., *Storia e civiltà* 3
J. de la Genière, *Recherches sur l'âge du fer en Italie méridionale. Sala Consilina*, Naples, 1985 (1968)
———, Essai sur les vehicules de la légende d'Héraclès en Occident, dans : AA. VV., *Le mythe grec dans l'Italie antique. Fonction et image*, Roma, 1999
R. A. De Laix, *Probouleusis at Athens. A Study of Political Decision-Making*, Berkeley, 1973
N. H. Demand, *Thebes in the Fifth Century*, London, 1982
F. de Polignac, *La naissance de la cité grecque*, Paris, 1984
———, Sanctuaires et société en Attique géométrique et archaïque : réflexion sur les critères d'analyse, dans : AA. VV., *Culture et cité. L'avènement d'Athènes à l'époque archaïque*, Bruxelles, 1995
J. de Romilly, *Thucydide et l'impérialisme athénien. La pensée de l'historien et la genèse de l'oeuvre*, Paris, 1947
———, *Histoire et raison chez Thucydide*, Paris, 1967 (1956)
———, La vengeance comme explication historique dans l'oeuvre d'Hérodote, *REG*, 84, 1971
———, La haine dans l'Orestie, *Dioniso*, 48, 1977
———, *Les grands sophistes dans l'Athènes de Périclès*, Paris, 1988
D. de Rosa, *Alle origini della repubblica fiorentina. Dai consoli al "Primo Popolo" (1172-1260)*, Firenze, 1995
M. Detienne, *Les maîtres de vérité dans la Grèce archaïque*, Paris, 1967
———, *Dionysos à ciel ouvert*, Paris, 1986
R. Descat, L'économie antique et la cité grecque. Un modèle en question, *Annales HSS*, 50, 1995
———, La loi de Solon sur l'interdiction d'exporter les produits attiques, dans : AA. VV., *L'Emporion*, Paris, 1993

J. Des Courtis, L'architecture et l'histoire d'Argos dans la première moitié du Ve siècle av. J.-C., dans : M. Piérart éd., *Polydipsion Argos*, Paris, 1992

A. de Tocqueville, *De la démocratie en Amérique*, Paris, I, 1835, II, 1840, éd. Nolla, Paris, 1990

G. Devereux, The Psychosomatic miracle of Iolaos. A hypothesis, *PP*, 26, 1971

―――, *Dreams in Greek Tragedy. An Ethno-Psycho-Analytical Study*, Oxford, 1976

C. Dewald, Narrative surface and authorial voice in Herodotus' Histories, *Arethusa*, 20, 1987

H. Diels, W. Kranz, *Die Fragmente der Vorsokratiker*^{10} [*DK*], Berlin, 1961

G. Di Palma, *To Craft Democracies. An Essay on Democratic Transitions*, Berkeley, 1990

K. J. Dover, The poetry of Archilochus, dans : AA. VV., *Archiloque*, Genève, 1964

―――, Some neglected aspects of Agamemnon's dilemma, *JHS*, 93, 1973

E. R. Dodds, *Euripides, Bacchae*^{2}, Oxford, 1960

J. Ducat, *Les hilotes*, Paris, 1990

J. Duchemin, Le personnage de Lyssa dans l'Heracles furieux d'Euripide, *REG*, 80, 1967

L. Duguit, *Les transformations du droit public*, Paris, 1921

J.-L. Durand, *Sacrifice et labour en Grèce ancienne*, Paris, 1986

M. Dyson, Alcestis' children and the character or Admetus, *JHS*, 108, 1988

P. Ellinger, *La légende nationale phocidienne. Artémis, les situations extrêmes et les récits de guerre d'anéantissement*, Paris, 1993

J. Engmann, Cosmic justice in Anaximander, *Phronesis*, 36, 1991

J. P. Euben, Political Corruption in Euripides' *Orestes*, in : Id., ed., *Greek Tragedy and Political Theory*, Berkeley, 1986

C. Farrar, *The Origins of Democratic Thinking : The Invention of Politics in Classical Athens*, Cambridge, 1988

N. Felson Rubin, Pindar's creation of epinician symbols, *CW*, 74, 1980-1

I. S. Feuer, *Spinoza and the Rise of Liberalism*, Boston, 1958

T. J. Figueira, *Athens and Aigina in the Age of Imperial Colonization*, Baltimore, 1991

―――, The evolution of the Messenian identity, in : AA. VV., *Sparta. New Perspective*, London, 1999

A. Finkelberg, Anaximander's conception of the apeiron, *Phronesis*, 38, 1993

M. I. Finley, The servile statuses of ancient Greece, *RIDA*, 7, 1960

―――, La servitude pour dettes, *RHD*, 43, 1965

―――, Sparte, dans : J.-P. Vernant, éd., *Problèmes de la guerre en Grèce ancienne*, Paris, 1968

―――, *Democracy Ancient and Modern* [*DAM*], London, 1970

―――, *Studies in Land and Credit in Ancient Athens, 500-200 B. C.*, New York, 1973 (1952)

―――, Land, debt and the man of property in classical Athens (or., 1953), in : Id., *Economy and Society in Ancient Greece*, London, 1981

―――, *The Ancient Economy*, London, 1985 (1973)

M. I. Finley, E. Lepore, *Le colonie degli antichi e dei moderni*, Roma, 2000

H. P. Foley, *Ritual Irony. Poetry and Sacrifice in Euripides*, Ithaca, 1985

―――, *Female Acts in Greek Tragedy*, Princeton, 2001

J. Fontenrose, *Python. A Study of Delphic Myth and Its Origins*, Berkeley, 1959

―――, *Delphic Oracle. Its Responses and Operations*, Berkeley, 1978

C. W. Fornara, *Herodotus. An Interpretative Essay*, Oxford, 1971

―――, *The Nature of History in Ancient Greece and Rome*, Berkeley, 1983

文献表

W. G. Forrest, *A History of Sparta 950-192 B. C.*, New York, 1969
R. L. Fowler, Herodotus and his contemporaries, *JHS*, 116, 1996
———, Three places of the *Trachiniae*, in: J. Griffin, ed., *Sophocles Revisited. Essays Presented to Sir Hugh Lloyd Jones*, Cambridge, 1997
E. Fraenkel, *Agamemnon, II*, Oxford, 1950
H. Frankel, Zeno of Elea's attacks on plurality (or., 1942), in: D. J. Furley, R. E. Allen, *Studies in Presocratic Philosophy, II: The Eleatics and Pluralists* [*Furley/Allen, II*], London, 1974
M. Frede, Figures du philosophe, dans: AA. VV., *Le Savoir Grec*
R. Friedrich, Everything to do with Dionysos? Ritualism, the Dionysiac, and the Tragic, in: N. S. Silk, ed., *Tragedy and the Tragic. Greek Theatre and Beyond*, Oxford, 1996
C. Froidefond, La double fraternité d'Étéocle et de Polynice, *REG*, 90, 1977
F. Frontisi-Ducroux, Artémis bucolique, *RHR*, 198, 1981
———, Dioniso e il suo culto, in: AA. VV., *I Greci. Storia arte cultura società, 2, II: Definizione*, Torino, 1997
C. Fuqua, Tyrtaeus and the cult of heroes, *GRBS*, 22, 1981
D. J. Furley, Zeno and indivisible magnitude (or., 1967), in: A. P. D. Mourelatos, ed., *The Pre-Socratics: A Collection of Critical Essays*, Princeton, 1993
———, The atomist's reply to the Eleatics (or., 1967), *ibid.*
———, *The Greek Cosmologists. The Formation of the Atomic Theory and its Earliest Critics*, I, Cambridge, 1987
M. Furth, Elements of Eleatic ontology (or., 1971), in: Mourelatos, ed., *The Pre-Socratics*
V. Gabrielsen, ΦΑΝΕΡΑ and ΑΦΑΝΗΣ ΟΥΣΙΑ in classical Athens, *Classica et mediaevalia*, 37, 1986
———, The antidosis procedure in classical Athens, *Classica et Mediaevalia*, 38, 1987
———, *Financing Athenian Fleet. Public Taxation and Social Relations*, Baltimore, 1994
M. Gagarin, Bouleusis in Athenian homicide law, in: AA. VV., *Symposion 1988*
R. B. Gamble, Euripides' "Suppliant women": decision and ambivalence, *Hermes*, 98, 1970
F. Garcia Romero, The dithyramb of Bacchylides: their position in the evolution of the genre, in: Bagordo et al., edd., *Bakchylides*
P. Garnsey, *Famine and Food Supply in the Graeco-Roman World. Responses to Risk and Crisis*, Cambridge, 1988
M. Gelzer, *Die Nobilität der römischen Republik*, Leipzig, 1912
B. Gentili, Metodi di letture (su alcune congetture ai poetici lirici), *QUCC*, 4, 1967
———, *Poesia e pubblico nella Grecia antica* [*PPGA*], Roma-Bari, 1984
———, *Pindaro. Le Pitiche*, Milano, 1995
———, La "Medea" di Euripide, in: Id. et al., edd., *Medea nella letteratura e nell'arte*, Venezia, 2000
B. Gentili, P. Giannini, Preistoria e formazione dell'esametro, *QUCC*, 26, 1977
B. Gentili, C. Prato, *Poetarum elegiacorum testimonia et fragmenta*, Stuttgart, 1979
L. Gernet, *Démosthène, Plaidoyers civils*, I-III, Paris, 1954-59
———, Dionysos et la religion dionysiaque: éléments hérités et traits orginaux (or., 1953), dans: Id., *Anthropologie de la Grèce antique*, Paris, 1982
———, Le mariage de tyrans (or., 1954), dans: Id., *Droit et institutions en Grèce antique*, Paris, 1988
A. M. Giambersio, *Il pittore di Pisticci. Il mondo e l'opera di un ceramografo della seconda metà di V sec. a. C.*, Galatina, 1989
M. Giangiulio, Filottete tra Sibari e Crotone. Osservazioni sulla tradizione letteraria, dans: AA. VV., *Épeios*

et Philoctète en Italie. Données archéologiques et traditions légendaires, Napoli, 1991

―――, Gli equilibri difficili della democrazia in Sicilia : il caso di Siracusa, in : AA. VV., *Venticinque secoli dopo l'invenzione della democrazia*, Paestum, 1998

G. Giannantoni, Socrate et la sofistica, in Natali, ed., *Sei lezioni*

P. Giannini, Interpretazione della Pitica 4 di Pindaro, *QUCC* n. s., 2, 1979

L. Giardino, A. De Siena, Metaponto, in : E. Greco, ed., *La città greca antica. Istituzioni, società e forme urbane*, Roma, 1999

O. v. Gierke, *Das deutsche Genossenschaftsrecht*, I, Berlin, 1868

K. Gilmartin, Talthybius in the *Trojan Women*, *AJP*, 91, 1970

G. Glotz, *La solidarité de la famille dans le droit criminel en Grèce*, Paris, 1904

L. Golden, Eteocles and the meaning of the "Septem," *CP*, 59, 1964

S. Goldhill, Exegesis : Oedipus (R) ex, *Arethusa*, 17, 1984

―――, Battle narrative and politics in Aeschylus' *Persae*, *JHS*, 108, 1988

―――, Doubling and recognition in the Bacchae, *Metis*, 3, 1988

―――, Collectivity and otherness. The authority of the tragic chorus : response to Gould, in : Silk, ed., *Tragedy and the Tragic*

―――, Modern critical approaches to Greek tragedy, in : P. E. Easterling, ed., *The Cambridge Companion to Greek Tragedy*, Cambridge, 1997

O. Goldin, Parmenides on possibility and thought, *Apeiron*, 26, 1993

A. W. Gomme, *A Historical Commentary on Thucydides*, I, Oxford, 1971 (1945)

H. B. Gottschalk, Anaximander's Apeiron, *Phronesis*, 10, 1965

J. Gould, *Herodotus*, London, 1989

―――, Tragedy and collective experience, in : Silk, ed., *Tragedy and the Tragic*

S. Goyard-Fabre, *Pufendorf et le droit naturel*, Paris, 1994

F. Graf, I culti misterici, in : AA. VV., *I Greci, 2, II* : Definizione

E. Greco, Turi, in : Id., ed., *La città greca antica*

―――, Definizione dell spazio urbano : architettura e spazio pubblico, in : AA. VV., *I Greci, 2, II* : Definizione

E. Greco, M. Torelli, *Storia dell'urbanistica. Il mondo greco*, Roma-Bari, 1983

G. Greco, *Serra di Vaglio. La "casa dei pithoi,"* Modena, 1991

―――, Santuari extraurbani tra periferia cittadina e periferia indigena, dans : AA. VV., *La colonisation grecque en méditerranée occidentale*, Roma, 1999

A. Gréen, *Un œil en trop : le complexe d'Œdipe dans la tragédie*, Paris, 1969

L. H. G. Greenwood, *Aspects of Euripidean Tragedy*, Cambridge, 1953

A. Griffin, *Sikyon*, Oxford, 1982

M. Griffith, *The Authenticity of Prometheus Bound*, Cambridge, 1977

P. Grossart, *Die Erzählung von Meleagros. Zur literarischen Entwicklung der kalydonischen Kultlegende*, Leiden, 2001

G. Gruben, *Die Tempel der Griechen*, München, 1980

M. Gualtieri et al., *Roccagloriosa I*, Napoli, 1990

J.-P. Guépin, *The Tragic Paradox. Myth and Ritual in Greek Tragedy*, Amsterdam, 1968

W. K. C. Guthrie, *A History of Greek Philosophy* [*HGP*], Cambridge, I, 1962, II, 1965, III, 1969

―――, *The Greeks and their Gods*, London, 1968 (1950)

文献表

E. Hall, *Inventing the Barbarian. Greek Self-Definition through Tragedy*, Oxford, 1989

M. Halm-Tisserant, *Cannibalisme et immortalité. L'enfant dans le chaudron en Grèce ancienne*, Paris, 1993

M. H. Hansen, *Apagoge, Endeixis and Ephegesis against Kakourgoi, Atimoi and Pheugontes. A Study in the Athenian Administration of Justice in the Fourth Century B. C.*, Odense, 1976

―, Initiative and decision : the separation of powers in fourth-century Athens, *GRBS*, 22, 1981

―, When was selection by lot of magistrates introduced in Athens?, in : *Classica et Mediaevalia*, 41, 1990

―, *The Athenian Democracy in the Age of Demosthenes. Structure, Principles and Ideology* [*ADAD*], Oxford, 1991

E. M. Harris, When is a sale not a sale? The riddle of Athenian terminology or real security revisited, *CQ*, 38, 1988

P. W. Harsh, The role of the bow in the Philoctetes of Sophocles, *AJP*, 81, 1960

F. Hartog, *Le XIX siècle et l'histoire : le cas de Fustel de Coulanges*, Paris, 1988

―, *Le miroir d'Hérodote. Essai sur représentation de l'autre*, Paris, 1991 (1980)

J. Hasebroek, *Trade and Politics in Ancient Greece*, London, 1933

M. Hauriou, *La science sociale traditionelle*, Paris, 1896

M. Heath, "iure principem locum tenet":Euripides' Hecuba, *BICS*, 34, 1987

M. Heidegger, *Einführung in die Metaphysik*, Frankfurt am Main, 1983 (1953)

D. Held, *Models of Democracy*, Stanford, 1987

F. Héran, L'institution démotivée de Fustel de Coulanges à Durkheim et au-delà, *Revue française de sociologie*, 27, 1987

C. Hignett, *A History of the Athenian Constitution to the End of the fifth Century B. C.*, Oxford, 1952

S. Hodkinson, Land tenure and inheritance in classical Sparta, *CQ*, 36, 1986

U. Hölscher, Anaximander and the beginnings of Greek philosophy, in : *Furley/Allen*, I

G. Hoffmann, *La jeune fille, le pouvoir et la mort dans Athènes classique*, Paris, 1992

J. T. Hogan, The ἀξίωσις of words at Thucydides 3. 82. 4, *GRBS*, 21, 1980

B. Holden, *Understanding Liberal Democracy*[2], 1993

W. W. How, J. Wells, *A Commentary on Herodotus, I*, Oxford, 1912

T. K. Hubbard, Remaking myth and rewriting history : cult tradition in Pindar's *Ninth Nemean*, *HSCP*, 94, 1992

S. Humphreys, Family tombs and tomb cult in ancient Athens : tradition or traditionalism?, in : Ead., *The Family, Women and Death*, London, 1983

―, Law, custom and culture in Herodotus, *Arethusa*, 20, 1987

―, A historical approach to Drakon's law on homicide, in : AA. VV., *Symposion 1990*, Wien, 1991

V. Hunter, *Past and Present in Herodotus and Thucydides*, Princeton, 1982

A. Hurst, Aspects du temps chez Pindare, dans : AA. VV., *Pindare*

E. Hussey, Héraclite, dans : AA. VV., *Le Savoir Grec*

G. Ierano, Il filo de Eriboia (Bacchilide, Ditirambo 17), in : Bagordo et al., edd., *Bakchylides*

M. Ierulli, A community of women? The protagonist and the chorus in Sophocles' *Electra*, *Metis*, 8, 1993

H. R. Immerwahr, Aspects of historical causation in Herodotus, *TAPA*, 87, 1956

―, *Form and Thought in Herodotus*[2], Atlanta, 1986 (Cleveland, 1966)

F. Jacoby, s. v. Hekataios von Milet, *RE* VII 2, 1912

―, s. v. Herodotos, *RE Supp.* II, 1913

―――, *Die Fragmente der griechischen Historiker* [*FGH*], Leiden, 1957 (1922-)

―――, *Atthis. The Local Chronicles of Ancient Athens*, Oxford, 1949

―――, Über die Entwicklung der griechischen Historiographie und den Plan einer neuen Sammlung der griechischen Historikerfragmente, in: Id., *Abhandlungen zur griechischen Geschichtsschreibung*, Leiden, 1956

M. H. Jameson, Politics and the Philoctetes, *CP*, 51, 1956

C. P. Jones, ἔθνος and γένος in Herodotus, *CQ*, 46, 1996

J. E. Jones et al., The Dema house in Attica, *BSA*, 57, 1962

―――, An Attic country house below the cave of Pan at Vari, *BSA*, 68, 1973

M. Jost, La légende de Melampous en Argolide et dans la Péloponnése, in: Piérart, éd., *Polydipsion Argos*

C. H. Kahn, *Anaximander and the Origins of Greek Cosmology*, New Haven, 1964

―――, *Pythagoras and the Pythagoreans. A Brief History*, Indianapolis, 2002

E. Kant, *Metaphysik der Sitten* (ed., Vorländer, Berlin, 1922)

H. Keller, *Adelsherrschaft und städtische Gesellschaft in Oberitalien (9.-12. Jahrhundert)*. Tübingen, 1979

H. Kelsen, *Vom Wesen und Wert der Demokratie*, Tübingen, 1 Aufl., 1920, 2Aufl., 1929

G. B. Kerferd, Anaxagoras and the concept of matter before Aristotle (or., 1969), Mourelatos, ed., *The Pre-Socratics*

―――, *The Sophistic Movement*, Cambridge, 1981

R. J. Ketchum, Parmenides on what there is, *Canadian Journal of Philosophy*, 20, 1990

G. Kinkel, *Epicorum Graecorum Fragmenta*, Leipzig, 1877

G. S. Kirk, Some problems in Anaximander, *CQ*, 5, 1955

―――, Popper on science and the Presocratics (or., 1960), in: *Furley/Allen, I*

G. S. Kirk, J. E. Raven, M. Schofield, *The Presocratic Philosophers*[2] [*PP*] [Kirk], Cambridge, 1983

G. S. Kirk, M. Stokes, Parmenides' refutation of motion, *Phronesis*, 5, 1960

G. M. Kirkwood, *A Study of Sophoclean Drama*, Ithaca, 1958

―――, Persuasion and allusion in Sophocles' *Philoctetes, Hermes*, 122, 1994

H. D. F. Kitto, *Greek Tragedy*[3], London, 1961

U. Knigge, *Kerameikos IX: Der Südhügel*, Berlin, 1976

B. M. W. Knox, The lion in the house, *CP*, 52, 1957

―――, *The Heroic Temper. Studies in Sophoclean Tragedy*, Berkeley, 1964

A. Köhnken, *Die Funktion des Mythos bei Pindar*, Berlin, 1971

―――, Pindar as innovator: Poseidon Hippios and the relevances of the Pelops story in Olympian I, *CQ*, 68, 1974

C. M. Kraay, *Archaic and Classical Greek Coins*, London, 1976

K. Kübler, *Kerameikos VII, 1. Die Nekropole der Mitte des 6. bis Ende des 5. Jahrhunderts*, Berlin, 1976

W. Kullmann, *Die Quellen der Ilias*, Wiesbaden, 1960

D. C. Kurtz et al., *Greek Burial Customs*, London, 1971

G. Lachenaud, *Mythologies, religion et philosophie de l'histoire dans Hérodote*, Paris, 1979

―――, Les études hérodotéennes de l'avant-guerre à nos jours, *Storia della storiografia*, 7, 1985

A. Laks, Anaxagore, dans: AA. VV., *Le savoir grec*

W. J. Lane, A. M. Lane, The politics of Antigone, in: Euben ed., *Greek Tragedy and Political Theory*

D. Lanza, Redondances de mythes dans la tragédie, dans: C. Calame, éd., *Métamorphoses, du mythe en Grèce antique*, Genève, 1988

H. Laski, The pluralistic state, in : Id., *The Foundations of Sovereignty and Other Essays*, New York, 1921, ed. Hirst, 1989

F. Lasserre, L'historiographie grecque à l'époque archaïque, *QS*, 4, 1976

B. Laum, Heiliges Geld. Eine historische Untersuchung über den sakralen Ursprung des Geldes, Tübingen, 1924

A. Lebeck, The first stasimon of Aeschylus' Choephoroi : myth and mirror image, *CP*, 62, 1967

M. R. Lefkowitz, Bacchylides' Ode 5 : imitation and originality, *HSCP*, 73, 1969

—, "Impiety" and "atheism" in Euripides' Dramas, *CQ*, 39, 1989

—, *First Person Fictions. Pindar's Poetic "I"*, Oxford, 1991

—, Pindar's Pythian V, dans : AA. VV., *Pindare*

M. Lejeune, *Méfitis d'après les dédicaces lucanienne de Rossano di Vaglio*, Louvain-la-Neuve, 1990

T. M. Lemnon, Bayle and late seventeenth-century thought, in : J. P. Wright et al., edd., *Psyche and Soma. Physicians and Metaphysicians on the Mind-Body Problem from Antiquity to Enlightenment*, Oxford, 2000

E. Lepore, *Storia di Napoli, I*, Cava dei Tirreni, 1967

—, Per una fenomenologia storica del rapporto città-territorio in Magna Grecia, in ; AA. VV., *La città e il suo territorio. Atti del VII Convegno di Studi sulla Magna Grecia*, Napoli, 1968

—, Classi e ordini in Magna Grecia, in : Id., *Colonie Greche dell'Occidente antico*, Roma, 1989 (=*Recherches sur les structures sociales dans l'Antiquité classique*, Paris, 1970)

—, Problemi dell'organizzazione della chora coloniale, dans : Finley, éd., *Problèmes de la terre*

—, Problemi della storia metapontina, in : AA. VV., *Metaponto. Atti del XIII Convegno di Studi sulla Magna Grecia*, Taranto, 1973 (1974)

—, La Campania preromana, in : Id., *Origini e strutture della Campania antica*, Bologna, 1989

A. Lesky, *Die griechische Trag die*[4], Stuttgart, 1968

P. Lévêque, P. Vidal-Naquet, *Clisthène l'Athénien. Essai sur la représentation de l'espace et du temps dans la pensée politique grecque de la fin du VIe siècle à la mort de Platon*[3], Paris, 1983 (1964)

A. Lijphard, *Democracy in Plural Societies. A Comparative Exploration*, New Haven, 1977

T. Linders, Sacred Finances : Some observations, in : AA. VV., *Economics of Cult in the Ancient Greek World*, Uppsala, 1992

J. H. Lipsius, *Das Attiche Recht und Rechtsverfahren mit Benutzung des Attischen Processes*, Leipzig, 1905-15

F. Lissarague, *Vases grecs. Les athéniens et leurs images*, Paris, 1999

G. E. R. Lloyd, *Polarity and Analogy* [*PA*], Cambridge, 1966

M. Lloyd, The Helen scene in Euripides' *Troades*, *CQ*, 34, 1984

—, *The Agon in Euripides*, Oxford, 1992

H. Lloyd-Jones, The end of the *Seven against Thebes*, *CQ*, 9, 1959

—, *The Justice of Zeus*, Berkeley, 1971

—, Modern interpretation of Pindar : the second Pythian and seventh Nemean odes, *JHS*, 93, 1973

—, Artemis and Iphigeneia, *JHS*, 103, 1983

H. Lohmann, Agriculture and country life in classical Attica, in : B. Wells, ed., *Agriculture in Ancient Greece. Proc. of the VII Int. Symp. at the Swedish Instutute at Athens, 1990*, Stockholm, 1992

—, Ein "alter Schafstall" in neuem Licht : die Ruinen von Palaia Kopraisia bei Legrena (Attika), dans : P. N. Doukellis, L. G. Mendoni edd., *Structures rurales et sociétés antiques*, Paris, 1994

M. Lombardo, Da Sibari a Thurii, in : AA. VV., *Sibari e la Sibaritide*

—, La democrazia in Magna Grecia : aspetti e problemi, in : AA. VV., *Venticinque secoli*

―――, Circolazione monetaria e attività commerciali tra VI e IV secolo, in : AA. VV. *I Greci. II, 2, Definizione*

A. A. Long, The principles of Parmenides' cosmology (or., 1963), in : *Furley/Allen, II*

O. Longo, The theater of the polis, in : J. Winkler et al., edd., *Nothing to Do with Dionysos ? : Athenian Drama in its Social Context*, Princeton, 1990

P. G. Lo Porto, *Timmari. L'abitato, le necropoli, la stipe votiva*, Roma, 1990

P. G. Lo Porto et al., *Le lastre dei cavalieri di Serra di Vaglio*, Roma, 1990

N. Loraux, Thucydide n'est pas un collège, *QS*, 12, 1980

―――, Créuse autochtone, dans : Ead., *Les enfants d'Athéna. Idées athéniennes sur la citoyenneté et la division des sexes*, Paris, 1981

―――, L'Acropole comique, *ibid.*

―――, L'autochtonie : une topique athénienne, *ibid.*

―――, Le nom athénien. Structures imaginaires de la parenté à Athènes, *ibid.*

―――, Thucydide et la sédition dans les mots, *QS*, 23, 1986

―――, Héraklès : le surmâle et le féminin, dans : Ead., *Les expériences de Tirésias. Le féminin et l'homme grec*, Paris, 1989

―――, Pónos. Sur quelques difficultés de la peine comme nom du travail, *ibid.*

―――, *L'invention d'Athènes. Histoire de l'oraison funèbre dans la "cité classique"*², Paris, 1993

―――, *La cité divisée*, Paris, 1997

―――, Clistene e i nuovi caratteri della lotta politica, in : AA. VV., *I Greci, 2, II*: Definizione

N. Loraux, P. Vidal-Naquet, La formation de l'Athènes bourgeoise : essai d'historiographie 1750-1850, dans : P. Vidal-Naquet, *La Démocratie grecque vue d'ailleurs*, Paris, 1990

W. McCuaig, *Carlo Sigonio. The Changing World of the Late Renaissance*, Princeton, 1989

D. M. MacDowell, *The Law in Classical Athens*, Ithaca, 1978

N. Machiavelli, *Discorsi sopra la prima deca di Tito Livio*, ed. Bonfantini, Milano, 1954

―――, *Istorie Fiorentine*, ed. Bonfantini, Milano, 1954

M. M. Mackenzie, Parmenides' dilemma, *Phronesis*, 27, 1982

C. W. Macleod, Form and meaning in the Melian dialogue, *Historia*, 23, 1975

―――, Thucydides' Plataean debate, *GRBS*, 18, 1977

―――, Reason and necessity : Thucydides III 9-14, 37-48, *JHS*, 98, 1978

―――, Politics and the Oresteia, *JHS*, 102, 1982

C. Maddoli, Il VI e V secolo a. C., in : E. Gabba, G. Vallet, edd., *La Sicilia antica*, II, 1, Napoli, 1980

H. Maehler, *Die Lieder des Bakchylides*, Leiden, 1982

G. Maloney, Sur l'unité de la quatrième Néméenne de *Pindare, Phoenix*, 18, 1964

P. B. Manchester, Parmenides and the need for eternity, *The Monist*, 62, 1979

B. Manin, *The Principles of Representative Government*, Cambridge, 1997

J. Mansfeld, Mito scienza filosofia : una questione di origini, *QS*, 20, 1984

P. B. Manville, *The Origins of Citizenship in Ancient Athens*, Princeton, 1990

J. Marincola, Herodotean narrative and narrator's presence, *Arethusa*, 20, 1987

―――, *Authority and Tradition in Ancient Historiography*, Cambridge, 1997

R. Martin, *Recherches sur l'agora grecque. Études d'histoire et d'architecture urbaines*, Paris, 1951

―――, *L'urbanisme dans la Grèce antique*, Paris, 1956

―――, L'espace civique, religieux et prophane dans les cités grecques de l'archaïsme à l'époque hellénistique, dans : P. Gros, éd., *Architecture et société*, Rome, 1983

―――, Aspects financiers et sociaux des programmes de construction dans les villes grecques de Grand-Grèce et di Sicile, dans : Id., *Architecture et urbanisme*, Roma, 1987

T. R. Martin, Why did the Greek polis originally need coins?, *Historia*, 45, 1996

R. Mason, Parmenides and language, *Ancient Philosophy*, 8, 1988

N. Matteucci, s. v. pluralismo, *Enciclopedia delle scienze sociali*, Roma, 1994

C. Meier, *Die Entstehung des Politischen bei den Griechen* [*EP*], Frankfurt a. M., 1989 (1980)

―――, *Die politische Kunst der griechischen Tragödie*, München, 1988

R. Meiggs, D. Lewis, *A Selection of Greek Historical Inscriptions to the End of the Fifth Century B. C.*, Oxford, 1980 (1969),

E. Meiskins Wood, *Peasant-Citizen and Slave. The Foundations of Athenian Democracy*, London, 1988

R. Merkelbach, Der Theseus des Bakchylides (Gedicht für ein Attisches Ephebenfest), *ZPE*, 112, 1973

A. Mele, *Il commercio greco arcaico. Prexis ed emporie*, Napoli, 1979

―――, Crotone e la sua storia, in : AA. VV., *Crotone. Atti del XXIII Convegno di Studi sulla Magna Grecia*, Taranto, 1984 (1986)

―――, Pirateria, commercio e aristocrazia : replica a Benedetto Bravo, *DHA*, 12, 1986

R. Michels, *Zur Soziologie des Parteiwesens in der modernen Demokratie : Untersuchungen über die oligarchischen Tendenzen des Gruppenlebens*, Leipzig, 1911

J. S. Mill, *Grote's History of Greece* (1846), ed. J. M. Robson, Toronto, 1978

―――, *Considerations of Representative Government*³, London, 1865, ed. J. M. Robson, Toronto, 1977

G. Miller, Old Metroon and Old Bouleuterion in the Classic Agora of Athens, *CPCPapers*, 2, 1995

P. Millett, The Attic horoi reconsidered in the light of recent discoveries, *Opus*, 1, 1982

―――, *Lending and Borrowing in Ancient Athens*, Cambridge, 1991

―――, The rhetoric of reciprocity in classical Athens, in : C. Gill et al., edd., *Reciprocity in Ancient Greece*, Oxford, 1998

―――, Maritime loans and the structure of credit in fourth-century Athens, in : Garnsey, ed., *Trade*

A. Momigliano, La composizione della storia di Tucidide (or., 1930-33), in : id., *Nono Contributo*, Roma, 1992

―――, La città antica di Fustel de Coulanges, in : Id., *Quinto contributo*, Roma, 1975

―――, The rise of antiquarian research, in : Id., *The Classical Foundations of Modern Historiography*, Berkeley, 1990

―――, The Herodotean and Thucydidean tradition, *ibid.*

C. Montepaone, Fatti cultuali taurici da Brauron a Nemi, in : Ead., *Lo spazio del margine*, Roma, 1999

B. Moore, *Social Origins of Dictatorship and Democracy : Lord and Peasant in the Making of the Modern World*, Boston, 1966

F. Mora, Gli indovini elei e la guerra, *CISA*, 10, 1984

―――, *Religione e religioni nella storia di Erodoto*, Milano, 1986

A. Moreau, Les sources d' Eschyle dans l'Agamemnon : silences, choix, innovation, *REG*, 103, 1990

―――, *Le mythe de Jason et Médée*, Paris, 1994

J. P. Morel, Fouilles à Cozzo Presepe près de Métaponte, *MEFRA*, 82, 1970

P. M. Morel, *Démocrite et la recherche des causes*, Paris, 1996

C. Morgan, *Athletes and Oracles. The Transformation and Olympia and Delphi in the Eighth Century B. C.*, Cambridge, 1990

I. Morris, *Burial and Ancient Society*, Cambridge, 1987

―, *Death Ritual and Social Structure*, Cambridge, 1992
―, Burning the dead in Archaic Athens: animals, men and heroes, dans: AA. VV., *Culture et cité*
C. Mossé, Sparte archaïque, *PP*, 28, 1973
―, Les dépendents paysants dans le monde grec à l'époque archaïque et classique, dans: AA. VV., *Terre et paysants dépendents dans les sociétés antiques*, Paris, 1979
―, The "world of the Emporium" in the private speeches of Demosthenes, in: Garnsey, ed., *Trade*
Cl. Mossé, A. Schnapp Gourbeillon, Quelques réflexions sur l'ostracisme athénien, in: AA. VV., *Venticinque secoli*
A. P. D. Mourelatos, The deceptive words of Parmenides' "doxa" (or., 1970), in: Id., ed., *The Pre-Socratics*
―, Some alternatives in interpreting Parmenides, *The Monist*, 62, 1979
F. Münzer, *Römische Adelsparteien und Adelsfamilien*, Stuttgart, 1920
R. Mulgan, Aristotle and the value of political participation, *Political Theory*, 18, 1990
C. Mugler, Sur quelques particularités de l'atomisme ancien, *Rev. Philologie*, 27, 1953
―, L'isonomie des atomistes, *Rev. Philologie*, 30, 1956
―, L'invisibilité des atomes. A propos d'un passage d'Aristote (de gen. et corr. 325a30), *REG*, 76, 1963
G. Murray, Excursus on the ritual forms preserved in Greek Tragedy, in: J. Harrison, *Themis. A Study of the Social Origins of the Greek Religion*², Cambridge, 1927
―, *Aeschylus: the Creator of Tragedy*, Oxford, 1940
O. Murray, *Early Greece*, Brighton, 1980
H. Mussche, Thorikos during the last years of the sixth century B. C., in: W. D. E. Coulson et al., edd., *The Archaeology of Athens and Attica under the Democracy*, Oxford, 1994
D. Musti, Lo sviluppo del mito di Filottete, da Crotone a Sibari, dans: AA. VV., *Épeios et Philoctète*
―, *Storia Greca*, Roma-Bari, 1990
―, *Demokratia. Origini di un'idea*, Roma-Bari, 1995
M. Nafissi, *La nascita del kosmos. Studi sulla storia e la società di Sparta*, Napoli, 1991
G. Nagy, Herodotus the *logios*, *Arethusa*, 20, 1987
―, *Pindar's Homer. The Lyric Possession of an Epic Past*, Baltimore, 1990
J. M. Najemy, *Corporatism and Consensus in Florentine Electoral Politics, 1280-1400*, Chapel Hill, 1982
L. B. Namier, *The Structure of Politics at the Accession of George III*, London, 1929
―, *England in the Age of the American Revolution*, London, 1930
M. P. Nilsson, *A History of Greek Religion*, Oxford, 1949
―, *Cults, Myths, Oracles, and Politics in Ancient Greece*, New York, 1951
―, *Geschichte der griechischen Religion*³, I, München, 1967
M. C. Nussbaum, *Psuchê* in Heraclitus, *Phronesis*, 17, 1972
D. Obbink, The genre of *Plataea*. Generic unity in the New Simonides, in: Boedeker et al., edd., *The New Simonides*
J. Ober, The nature of Athenian democracy, in: Id., *The Athenian Revolution. Essays on Ancient Greek Democracy and Political Theory*, Princeton, 1996
―, The Athenian revolution of 508/7 B. C.: violence, authority, and the origins of democracy, *ibid.*
D. O'Brien, Le poème de Parménide. Texte, traduction, essai critique, dans: P. Aubenque, éd., *Études sur Parménide I*, Paris, 1987
―, L'être et l'éternité, dans: Aubenque, éd., *Études sur Parménide II*

R. Oehler, *Mythologische Exempla in der älteren griechischen Dichtung*, Diss., Basel, 1925
K. O'Neil, Aeschylus, Homer, and the serpent at breast, *Phoenix*, 52, 1998
R. Osborne, *Demos : The Discovery of Classical Attika*, Cambridge, 1985
―――, Buildings and residende on the land in Classical and Hellenistic Greece, *BSA*, 80, 1985
―――, A crisis in archaeological history ? The seventh century B. C. in Attica, *BSA*, 84, 1989
E. Ostrom, A behavioral approach to the rational choice theory of collective action, *The American Political Science Review*, 92, 1998
M. Ostwald, *From Popular Sovereignty to the Sovereignty of Law : Law, Society and Politics in Fifth Century Athens*, Berkeley, 1986
G. E. L. Owen, Zeno and the mathematicians (or., 1957-8), in : *Furley/Allen, II*
―――, Eleatic questions, *ibid.*
―――, Plato and Parmenides on the timeless present (or., 1966), in : Mourelatos, ed., *The Pre-Socratics*
R. Padel, Making space speak, in : Winkler et al., edd., *Nothing to Do with Dionysos ?*
D. L. Page, *Poetae Melici Graeci*, Oxford, 1962
―――, Archilochus and the oral tradition, dans : AA. VV., *Archiloque*
―――, *Lyrica Graeca Selecta*, Oxford, 1968
―――, Stesichorus : The $Γερυονεῖς$, *JHS*, 93, 1973
U. E. Paoli, La ΕΦΕΣΙΣ ΕΙΣ ΤΟ ΔΙΚΑΣΤΗΡΙΟΝ en droit attique, in : Id., *Altri studi di diritto greco e romano*, Milano, 1976
V. Pareto, *Cours d'économie politique*, I, 1896, II, 1897, éd. Bousquet et Busino, Paris, 1964
―――, *La transformation de la démocratie*, Milano, 1921, éd. Beutler-Real, Paris, 1970
A. Pariente et al., Les recherches sur l'agora d'Argos : résultats et perspectives, dans : AA. VV., *Argos et l'Argolide. Topographie et urbanisme*, Paris, 1998
N. F. Parise, Moneta e democrazia, in : *Venticinque secoli*
―――, *La nascita della moneta. Segni premonetari e forme arcaiche dello scambio*, Roma, 2000
R. Parker, Through a glass darkly : Sophocles and the divine, in : Griffin, ed., *Sophocles Revisited*
―――, Festivals of the Attic Demes, in : AA. VV., *Gifts to the Gods*, Uppsala, 1987
―――, *Athenian Religion. A History*, Oxford, 1996
P. Pasquino, Penser la démocratie : Kelsen à Weimar, dans : C.-M. Herrera, éd., *Le droit, le politique autour de Max Weber, Hans Kelsen, Carl Schmitt*, Paris, 1995
―――, Gardien de la constitution ou justice constitutionelle ? Carl Schmitt et Hans Kelsen, dans : Troper et al., edd., *1789 et l'invention de la constitution*
C. Patemen, *Participation and Democratic Theory*, Cambridge, 1970
P. Payen, *Les îles nomades. Conquérir et résister dans l'Enquête d'Hérodote*, Paris, 1997
S. Paulsen, Kelsen et la constitutionalité, dans : Troper et al., edd., *1789 et l'invention de la constitution*
L. Pearson, Prophasis and aitia, *TAPA*, 83, 1952
J. Pecirka, Homestead farms in Classical and Hellenistic Hellas, dans : Finley, éd., *Problèmes de la terre*
C. Pelling, Aeschylus' *Persae* and History, in : Id., ed., *Greek Tragedy and Historian*, Oxford, 1997
L. Pepe, *La misura e l'equivalenza. La fisica di Anassagora*, Napoli, 1996
J. J. Peradotto, The omen of the eagles and the $ΗΘΟΣ$ of Agamemnon, *Phoenix*, 23, 1969
J. Péron, *Les images maritimes de Pindare*, Paris, 1974
E. D. Phillips, A suggestion about Palamedes, *AJP*, 78, 1957
A. W. Pickard-Cambridge, *Dithyramb, Tragedy, and Comedy*, Oxford, 1927

M. Piérart, L'historien ancien face aux mythes et aux légendes, *LEC*, 51, 1983

―――, Prologue, dans: AA. VV., *Aristote et Athènes. Actes de la table ronde "Centenaire de l'Athenaion Politeia,"* Fribourg, 1993

―――, L'attitude d'Argos à l'égard des autres cités d'Argolide, in: M. H. Hansen, ed., *The Polis as an Urban Centre and a Political Community*, Copenhagen, 1997

C. Platter, Heracles, Deianeira, and Nessus: reverse chronology and human knowledge in Bacchylides 16, *AJP*, 115, 1994

A. Pontrandolfo, E. Mugione, La saga degli Argonauti nella ceramica attica e protoitaliota. Uso e rifunzionalizzazione di un mito, dans: AA. VV., *Le mythe grec dans l'Italie antique*

K. Popper, Back to the Presocratics, in: *Furley/Allen, I*(=*Proceedings of the Aristotelian Society, N. S.* 59, 1958-9)

J. Pouilloux, Archiloque et Thasos: histoire et poésie, dans: AA. VV., *Archiloque*

S. Price, Delphi and divination, in: Easterling et al. edd., *Greek Religion and Society*

F. Pringsheim, *The Greek Law of Sale*, Weimar, 1950

P. Pucci, Gods' intervention and epiphany in Sophocles, *AJP*, 115, 1994

G. Ragone, La Ionia, l'Asia Minore, Cipro, in: AA. VV., *I Greci, 2, I: La formazione*, Torino, 1996

J. Rawls, *A Theory of Justice*, Cambridge Mass., 1971

E. Rawson, *The Spartan Tradition in European Thought*, Oxford, 1969

―――, Family and fatherland in Euripides' Phoenissae, *GRBS*, 11, 1970

R. Rebuffat, Le sacrifice du fils de Creon dans les Phéniciennes d'Euripide, *REA*, 74, 1972

R. Rehm, *Marriage to Death. The Conflation of Wedding and Funeral Rituals in Greek Tragedy*, Princeton, 1994

P. J. Rhodes, *The Athenian Boule*, Oxford, 1972

―――, *A Commentary on the Aristotelian Athenaion Politeia*, Oxford, 1981

N. Richer, *Les éphores. Études sur l'histoire et sur l'image de Sparte (VIIIe-IIIe siècles avant Jésus-Christ)*, Paris, 1998

W. Ridgeway, *The Origins of Tragedy: with Special Reference to the Greek Tragedian*, Cambridge, 1910

A. Rivier, Remarques sur le "nécessaire" et la "nécessité" chez Eschyle, *REG*, 81, 1968

E. Robbins, Jason and Cheiron. The myth of Pindar's fourth Pythian, *Phoenix*, 29, 1975

―――, The gifts of the gods: Pindar's third Pythian, *CQ*, 41, 1990

N. Robertson, The city center of archaic Athens, *Hesperia*, 67, 3, 1998

H. S. Robinson, Excavations at Corinth: Temple Hill, 1968-1972, *Hesperia*, 45, 1975

R. Robinson, The elenchus in the early dialogues, in: Valstos, ed., *The Philosophy of Socrates*

T. M. Robinson, Parmenides on the real in its totality, *The Monist*, 62, 1979

―――, Heraclitus and Plato on the language of the real, *The Monist*, 74, 1991

C. Roebuck, Some aspects of urbanization in Corinth, *Hesperia*, 41, 1972

W. H. Roscher, *Ausführliches Lexikon der griechischen und römischen Mythologie*, Leipzig, 1897-1907

P. A. Rosenmeyer, Simonides' Danae Fragment reconsidered, *Arethusa*, 24, 1991

W. Rosler, Formes Narratives d'un mythe dans la poésie épique, la poésie lyrique, et les arts plastiques: Ajax de Locres et les Achéens, dans: Calame éd., *Métamorphoses*

G. Rossetti, Il commune cittadino: un tema inattuale?, in: R. Bordone et al., edd., *L'evoluzione delle città italiane nell'XI secolo*, Bologna, 1988

W. H. Rouse, *Greek Votive Offerings. An Essay in the History of Greek Religion*, Cambridge, 1902

D. Roussel, *Tribu et cité. Études sur les groupes sociaux dans les cités grecques aux époques archaïque et classique*, Paris, 1976

P. Ruby, *Le crépuscule des marges. Le premier âge du fer à Sala Consilina*, Paris, 1995

J. Rudhardt, Sur quelques bûchers d'enfants découverts dans la ville d'Athènes, *MH*, 20, 1963

D. Rueschemeyer et al., *Capitalist Development and Democracy*, Cambridge, 1992

I. Rutherford, The new Simonides. Toward a Commentary, in : Boedeker et al., edd., *The New Simonides*

Fr. Ruzé, *Délibération et pouvoir dans la cité grecque de Nestor à Socrate*, Paris, 1997

S. Saïd, Tragédie et renversement. L'example des Perses, *Metis*, 3, 1988

J. Salmon, Lopping off the heads ? Tyrants, politics and the polis, in : AA. VV., *The Development of the Polis in Archaic Greece*, London, 1997

A. San Pietro, *La ceramica a figure nere di San Biagio*, Galatina, 1991

G. Santas, Socrates at work on virtue and knowledge in Plato's Laches, in : Valstos, ed., *The Philosophy of Socrates*

G. Sartori, *The Theory of Democracy Revisited*, Chatham, 1987

A. W. Saxonhouse, Myths and the origins of cities : reflections on the autochtony theme in Euripides' Ion, in : Euben ed., *Greek Tragedy and Political Theory*

G. Schepens, Some aspects of source theory in Greek historiography, *Ancient Society*, 6, 1975

E. Schiappa, *Protagoras and Logos. A Study in Greek Philosophy and Rhetoric*, Columbia, 1991

M. Schmidt, Iconografia del mito, in : AA. VV., *I Greci, 2, II* : Definizione

P. Schmitt-Pantel, *La cité au banquet. Histoire des repas publics dans les cités grecques*, Paris, 1992

A. Schnapp, *Le chasseur et la cité. Chasse et érotique en Grèce ancienne*, Paris, 1997

J. A. Schumpeter, *Capitalism, Socialism, and Democracy*[2], New York, 1947

R. Scodel, The irony of fate in Bacchylides 17, *Hermes*, 112, 1984

R. Seaford, Dionysiac drama and the Dionysiac mysteries, *CQ*, 31, 1981

―――, The tragic wedding, *JHS*, 107, 1987

―――, The eleventh ode of Bacchylides : Hera, Artemis, and the absense of Dionysos, *JHS*, 108, 1988

R. Sealey, Regionalism in Archaic Athens, *Historia*, 9, 1960 (=in : Id., *Essays in Greek Politics*, New York, 1965)

L. Séchan, La légende de Médée, *REG*, 40, 1927

D. Sedley, Two conceptions of vacuum, *Phronesis*, 27, 1982

C. Segal, Arrest and movement : Pindar's fifth Nemean, *Hermes*, 102, 1974

―――, Time and Hero : the myth of Nemean I, *RhM*, 117, 1974

―――, *Dionysiac Poetics and Euripides' Bacchae*, Princeton, 1982

―――, *Pindar's Mythmaking. The Fourth Pythian Ode*, Princeton, 1986

―――, Poetry, performance, and society in early Greek literature, in : Id., *Aglaia. The Poetry of Alcman, Sappho, Pindar, Bacchylides, and Corinna*, Lanham, 1998

―――, Sirius and the Pleiades in Alcman's Louvre Partheneion, *ibid.*

―――, Beauty, desire, and absence : Helen in Sappho, Alcaeus, and Ibycus, *ibid.*

―――, Eros and incantation : Sappho and oral poetry, *ibid.*

―――, Myth, cult, and memory in Pindar's third and fourth Isthmian odes, *ibid.*

―――, Pindar's seventh Nemean, *ibid.*

―――, The myth of Bacchylides 17 : Heroic quest and heroic identity, *ibid.*

E. Segal, The physis of comedy, in : Id., ed., *Oxford Readings in Aristophanes*, Oxford, 1996

A. Serghidou, La mer et les femmes dans l'imaginaire tragique, *Metis*, 6, 1991

A. Severyns, *Le cycle épique dans l'école d'Aristarque*, Liège, 1928
P. Sfyroeras, Fireless sacrifices: Pindar's Olympian 7 and the Panathenaic festival, *AJP*, 114, 1993
T. L. Shear, in: Coulson et al., edd., *The Archaeology of Athens*
―――, Bouleuterion, Metroon and archives at Athens, *CPCPapers*, 2, 1995
M. Sicherl, Die Tragik der Danaiden, *MH*, 43, 1986
H. Siegel, Self-delusion and the volte-face of Iphigeneia in Euripides' "Iphigeneia at Aulis," *Hermes*, 108, 1980
C. Sigonio, De republica Atheniensium libri IIII, 1564 (ed. Leipzig, 1576)
M. Simpson, Pindar's ninth Olympian, *GRBS*, 10, 1969
―――, Sophocles' Ajax: his madness and transformation, *Arethusa*, 2, 1968
B. Simon, *Mind and Madness in Ancient Greece. The Classical Roots of Modern Psychiatry*, Ithaca, 1978
Q. Skinner, The empirical theorists of democracy and their critics: a plague on both their houses, *Political Theory*, 1, 1973
―――, The Italian City-Republic, in: J. Dunn, ed., *Democracy. The Unfinished Journey 508BC to AD1993*, Oxford, 1992
W. J. Slater, Pindar's Pythian 3: structure and purpose, *QUCC*, 19, 1988
B. Snell, *Die Entdeckung des Geistes: Studien zur Entstehung des europäischen Denkens bei den Griechen*, Hamburg, 1946
F. Solmsen, Love and strife in Empedocles' cosmology (or., 1965), in: *Furley/Allen, II*
―――, Thucydides' treatment of words and concepts, *Hermes*, 99, 1971
G. Soritz-Hadler, Ein Echinos aus einer Anakrisis, in: *Festschrift Kränzlein*, Graz, 1986
C. Sourvinou Inwood, Assumptions and the creation of meaning: reading Sophocles' *Antigone*, *JHS*, 109, 1989
―――, "Myth" and history: On Herodotus 3. 48 and 3. 50-53, in: Ead., *Reading Greek Culture. Text and Images, Rituals and Myths*, Oxford, 1991
B. Spinoza, *Tractatus theologico-politicus* (ed. Gebhardt, Heidelberg, 1925)
―――, *Ethica* (*ibid.*)
―――, *Tractatus politicus* (*ibid.*)
M. Stahl, *Aristokraten und Tyrannen im archaischen Athen. Untersuchungen zur Überlieferung, Zur Sozialstruktur und zur Entstehung des Staates*, Stuttgart, 1989
Ch. G. Starr, *The Birth of Athenian Democracy. The Assembly in the Fifth Century B. C.*, Oxford, 1990
E. Stein-Hölkeskamp, *Adelskultur und Polisgemeinschaft. Studien zum griechischen Adel in archaischer und klassischer Zeit*, Stuttgart, 1989
P. Stengel, *Die griechischen Kultusaltertümer*, München, 1920
D. G. Stern, Heraclitus' and Wittgenstein's river images: stepping twice into the same river, *Monist*, 74, 1991
J. Stern, The myth of Pindar's Nemean 10, *GRBS*, 10, 1969
―――, The myth of Pindar's Olympian 6, *AJP*, 91, 1970
C. Strang, The physical theory of Anaxagoras (or., 1963), in: *Furley/Allen, II*
J. Svenbro, La stratégie de l'amour. Modèle de la guerre et théorie de l'amour dans la poésie de Sappho, *QS*, 19, 1984
C. R. Sunstain, Beyond the republican revival, *Yale Law Journal*, 97, 1988
K. Synodinou, Manipulation of patriotic conventions by Odysseus in the *Hecuba*, *Metis*, 9-10, 1994-5

O. Taplin, *Greek Tragedy in Action*, Berkeley, 1978
V. Tejera, Listening to Herakleitos, *The Monist*, 74, 1991
G. Thompson, *Aeschylus and Athens*², London, 1946
G. Thür, *Beweisführung vor den Schwurgerichtshöfen Athens. Die Proklesis zur Basanos*, Wien, 1977
M. N. Tod, *A Selection of Greek Historical Inscriptions to the End of the Fifth Century B. C.*, Oxford, 1946
S. Todd, The purpose of evidence in Athenian courts, in : P. Cartledge et al., *Nomos. Essays in Athenian Law, Politics and Society*, Cambridge, 1990
J. Tolbert Roberts, *Athens on Trial : The Antidemocratic Tradition in Western Thought*, Princeton, 1994
R. A. Tomlinson, *Argos and the Argolid*, Ithaca, 1972
J. Touloumakos, *Die theoretische Begründung der Demokratie in der klassischen Zeit Griechenlands. Die demokratische Argumentation in der "Politik" des Aristoteles*, Bonn, 1985
M. Tropert, Kelsen et le contrôle de constitutionalité, dans : Herrera, éd., *Le droit, le politique*
G. Ugolini, Aspetti politici dell' Aiace sofocleo, *QS*, 42, 1995
M. Untersteiner, *I sofisti*², I, II, Milano, 1967
N. Valenza Mele, La necropoli cumana di VI e V a. C. o la crisi di una aristocrazia, in : AA. VV., *Nouvelle contribution à l'étude de la société et de la colonisation eubéennes*, Napoli, 1981
G. Vallet, La cité et son territoire dans les colonies grecques d'occident, in ; AA. VV., *La città e il suo territorio*
—, Pindare et la Sicile, dans : AA. VV., *Pindare*
H. et M. van Effenterre, La codification gortynienne, mythe ou realité ?, dans : AA. VV., *La codification des lois dans l'antiquité*, Paris, 2000
H. Van Effenterre, F. Ruzé, *Nomina, I*, Roma, 1994
P. Vellacott, *Ironic Drama. A Study of Euripides' Method and Meaning*, Cambridge, 1975
J.-P. Vernant, Tensions et ambiguïté dans la tragédie grecque, *MT I*
—, Le moment historique de la tragédie en Grèce : quelques conditions sociales et psychologiques, *MT I*
—, Ébauches de la volonté dans la tragédie grecque, *MT I*
—, Oedipe sans complexe, *MT I*
—, Parole et signes muets, dans : Id, et al. edd., *Divination et rationalité*, Paris, 1974
—, Une divinité de marges : Artémis Orthia, dans : AA. VV., *Recherches sur les cultes grecs et l'occident*, 2, Napoli, 1984
—, Le mariage, dans : Id., *Mythe et société en Grèce ancienne*, Paris, 1988 (1974)
—, Hestia-Hermes. Sur l'expression religieuse de l'espace et du mouvement chez les Grecs, dans : Id., *Mythe et pensée chez les Grecs*, Paris, 1990 (1965)
—, Une invention : la démocratie, *QS*, 35, 1992
—, Le sujet tragique : historicité et transhistoricité, *MT II*
—, Le dieu de la fiction tragique, *MT II*
J.-P. Vernant, P. Vidal-Naquet, *Mythe et tragédie en Grèce ancienne* [*MT I*], Paris, 1972
—, *Mythe et tragédie en Grèce ancienne II* [*MT II*], Paris, 1986
F. Vian, *Les origines de Thèbes. Cadmos et Spartes*, Paris, 1963
—, Melampous et les Proitides, *REA*, 1965
P. Vidal-Naquet, Chasse et sacrifice dans l'Orestie, *MT I*
—, Le "Philoctète" de Sophocle et l'éphèbie, *MT I*

―――, Le chasseur noir et l'origine de l'éphèbie athénienne, dans : Id., *Le chasseur noir. Formes de pensée et formes de société dans le monde grec*², Paris, 1981

―――, Esclavege et gynécocratie dans la tradition, le mythe, l'utopie, *ibid.* (=*Recherches sur les structures sociales*)

―――, Les boucliers des héros. Essai sur la scène centrale des *Sept contre Thèbes, MT II*

―――, Oedipe entre deux cités. Essai sur l'Oedipe à Colone, *MT II*

M. Viroli, *Machiavelli*, Oxford, 1998

G. Vlastos, Ethics and physics in Democritus (or., 1945), in : *Furley/Allen, II*

―――, Equality and justice in Early Greek Cosmology (or., 1947), in : Id., *Studies in Greek Philosophy I. The Presocratics*, Princeton, 1993

―――, Isonomia (or., 1953), *ibid.*

―――, On Heraclitus (or., 1955), *ibid.*

―――, A note on Zeno's arrow (or., 1966), *ibid.*

―――, The physical theory of Anaxagoras (or., 1950), in : Mourelatos, ed., *The Pre-Socratics*

―――, Introduction : the paradox of Socrates, in : Id., ed., *The Philosophy of Socrates*

―――, *Socrates. Ironist and Moral Philosopher*, Cambridge, 1991

―――, The Socratic elenchus : method is all, in : Id., *Socratic Studies*, Cambridge, 1994

E.-M. Voigt, *Sappho et Alcaeus. Fragmenta*, Amsterdam, 1971

U. von Wilamowitz Moellendorf, *Aischylos Interpretationen*, Berlin, 1914

K. von Fritz, *Die griechische Geschichtsschreibung*, I, Berlin, 1967

―――, Der Ursprung der Wissenschaft bei den Griechen, in : Id., *Grundprobleme der Geschichte der antiken Wissenschaft*, tr. it., Bologna, 1988 (Berlin, 1971)

S. Von Reden, Money, law and exchange : coinage in the Greek polis, *JHS*, 117, 1997

S. Voss, Descartes : Heart and Soul, in : Wright et al., edd., *Psyche and Soma*

D. Waley, *Siena and the Sienese in the Thirteenth Century*, Cambridge, 1991

J. L. Walker, A critique of the elitist theory of democracy, *The American Polical Science Review*, 60, 1966

P. W. Wallace, *The Areopagos Council to 307 B. C.*, Baltimore, 1985

A. E. Wardman, Myth in Greek historiography, *Historia*, 9, 1960

―――, Herodotus on the cause of the Graeco-Persian wars, *AJP*, 82, 1961

M. Weber, *Die römische Agrargeschichte in ihrer Bedeutung für das Staats-und Privatrecht*, Stuttgart, 1891

E. Weil, Kant et le problème de la politique, dans : AA. VV., *La philosophie politique de Kant*

M. L. West, *Iambi et elegi graeci ante Alexandrum cantati*, Oxford, I, 1971, II, 1972

―――, *Studies in Greek Elegy and Iambos*, Berlin, 1974

―――, The Prometheus Trilogy, *JHS*, 99, 1979

―――, *Greek Metre*, Oxford, 1982

―――, *Iambi et Elegi Graeci, II*, 2ed., Oxford, 1992

―――, Ancestral curses, in : Griffin, ed., *Sophocles Revisited*

S. West, Herodotus' epigraphical interests, *CQ*, 35, 1985

―――, Sophocles' Antigone and Herodotus Book Three, in : Griffin, ed., *Sophocles Revisited*

―――, Herodotus' portraits of Hecataeus, *JHS*, 111, 1991

H. D. Westlake, ΛΕΓΕΤΑΙ in Thucydides, *Mnemosyne*, 30, 1977

W. Whallon, The serpent at the breast, *TAPA*, 89, 1958

―――, Why is Artemis angry ?, *AJP*, 82, 1961

文献表

D. Whitehead, *The Demes of Attica 508/7 B. C.-ca. 250 B. C.*, Princeton, 1986
C. H. Whitman, *Sophocles : a Study in Heroic Humanism*, Cambridge Mass., 1951
―――, *Euripides and the Full Circle of Myth*, Cambridge Mass., 1974
D. Wiggins, Heraclitus' conceptions of fire, flux and material persistence, in : M. Schofield et al., edd., *Language and Logos : Studies in Ancient Greek Philosophy Presented to G. E. L. Owen*, Cambridge, 1982
D. J. Wilcox, *The Development of Florentine Humanist Historiography in the Fifteenth Century*, Cambridge Mass., 1969
J. Wilcox, *The Origins of Epistemology in Early Greek Thought. A Study of Psyche and Logos in Heraclitus*, Lewiston, 1994
Éd. Will, Réflections et hypothèses sur les origines du monnayage (or., 1955), dans : Id., *Historica Graeco-Hellenistica Choix d'écrits 1953-1993*, Paris, 1998
―――, De l'aspect éthique des origines grecques de la monnaie (or., 1954), *ibid.*
―――, Grèce archaïque : économie et société (or., 1965), dans : Id., *Historica Graeco-Hellenistica.*
Er. Will, Hésiode : crise agraire ? ou recul de l'aristocratie ?, *REG*, 78, 1965
P. J. Williams, *Varieties of Corporatism : A Conceptual Discussion*, Cambridge, 1985
J. Wilson, "The customary meanings of words were changed" or were they ? A note on Thucydides 3. 82. 4, *CQ*, 32, 1982
P. Wilson, *The Athenian Institution of the Khoregia-The Chorus, the City and the Stage*, Cambridge, 2000
R. Wind, Myth and history in Bacchylides Ode 18, *Hermes*, 100, 1972
R. P. Winnington-Ingram, The Danaid trilogy of Aeschylus, *JHS*, 81, 1961
―――, *Sophocles. An Interpretation*, Cambridge, 1980
―――, Zeus in *Persae*, in : Id., *Studies in Aeschylus*, Oxford, 1983
―――, Septem contra Thebas, *ibid.*
―――, Towards an interpretation of Prometheus Bound, *ibid.*
―――, Agamemnon and the Trojan War, *ibid.*
―――, Orestes and Apollo, *ibid.*
H. J. Wolff, *Die attische Paragraphe*, Weimar, 1966
―――, *"Normenkontrolle" und Gesetzesbegriff in der attischen Demokratie*, Heidelberg, 1970
S. S. Wolin, Transgression, equality, and voice, in : J. Ober et al., edd., *Democratia. A Conversation on Democracies Ancient and Modern*, Princeton, 1996
L. Woodbury, Simonides on $ἀρετή$, *TAPA*, 84, 1953
―――, Apollo's first love : Pindar, Pyth. 9, 26ff., *TAPA*, 103, 1972
A. G. Woodhead, *Thucydides on the Nature of Power*, Cambridge Mass., 1970
E. Wust, Der Ring des Minos. Zur Mythenbehandlung bei Bakchylides, *Hermes*, 96, 1966
R. L. Young, *Sepulturae intra urbem*, *Hesperia*, 20, 1951
F. Zeitlin, The politics of Eros in the Danaid trilogy of Aeschylus, in : Ead., *Playing the Other. Gender and Society in Classical Greek Literature*, Chicago, 1996
―――, The dynamics of misogyny : myth and mythmaking in Aeschylus' Oresteia, *ibid.*
―――, The body's revenge : Dionysos and tragic action in Euripides' Hekabe, *ibid.*
―――, Playing the other : theater, theatricality, the feminine in Greek drama, *ibid.*

索　引

『政治の成立』におけると同様に，圧倒的に多くの項目はギリシャ語であり，また重要な道具概念は元来フランス語である．まずはこれらをローマ風アルファベットに揃えて見出しとする．他方，鍵となる幾つかの普通名詞は日本語で表記されたが，多くの場合ギリシャ語の訳としてのものであった．この場合にもギリシャ語で見出しを取るが，訳語を目立つように並記する．定着した訳語を使った若干の（必ずしもフランス語起源でない）道具概念にも便宜主としてフランス語に変換して見出しを取り，訳語を目立つように並記する（ただし，若干のラテン語テクニカル・ターム，特にローマ起源のもの，を変換せずに残した）．なお，主要な道具概念の定義は『政治の成立』においてなされたので，その頁数を付記する（例．POL85）．

A

abandon 遺棄　122, 126, 131, 293, 300, 373, 375, 376
Abdera　92, 571, 573
(le système) accusatoire 弾劾主義　27, 250, 251, 595, 614, 847, 852, 857, 873
Achilleus　68, 77, 88, 89, 97, 107, 111-113, 115, 117-119, 133, 136, 138, 145, 162, 165, 212, 237, 254, 256-259, 270, 284, 291, 304, 305, 343, 344, 347, 349, 350, 366, 367, 389, 390, 392
actantiel　228, 302, 373, 418, 453, 560, 599
action 行為　26, 258, 263, 275, 317, 331
adelphai 姉妹　84, 87, 154, 167, 201, 202, 207, 276, 279, 280, 288, 290, 291, 297, 319, 379, 398, 399, 401, 402
adelphoi 兄弟　90, 107, 112-116, 126, 130, 133-135, 138, 142, 145, 146, 148, 150, 164, 170, 188, 204, 206, 208-210, 212, 221, 239, 256, 264, 272, 276, 279, 281, 283, 286, 318, 379, 380, 393-396, 535, 591, 652, 672, 674, 695, 790
adelphos/*adelphe* 兄妹（のパラデイクマ）　245, 287, 321, 336, 378-380
Admetos　325-327
administration 行政，執行　34, 46, 49, 791, 796-798, 800, 806, 810, 822, 823, 825, 827, 829, 873
adoption 養親，養父　131, 147, 169
Adrastos　132, 143-145, 154, 157, 185, 186, 208, 209, 363, 364, 395, 396, 713, 714

Aelios, Helios 太陽，日　79, 89, 109, 147, 148, 161, 425, 433, 485
Agamemnon　77, 107, 156, 231, 234, 236, 237, 239-242, 246, 247, 256, 258, 264, 265, 275, 286, 290, 347, 349, 350, 353, 354, 366, 367, 378, 379, 382, 386, 387, 389, 390, 622
Agaue　400-402
agnatique POL85　123, 129, 131, 231, 234, 240, 281, 284, 292, 547, 674, 675, 787
agon 競技，弁論の応酬　74, 94, 100, 101, 112, 114, 116, 125, 133-135, 144, 145, 149, 150, 154, 158, 170, 177, 182, 194, 286, 397, 620, 629, 659, 673, 675, 712, 749, 834, 851
agora　713, 724-730, 765
Aiakidai　112, 114, 115, 117, 136, 716
Aiakos　111, 112, 119, 136, 138
Aias (Telamon の子)　107, 108, 115, 117, 119, 137-139, 183, 256-264, 266, 270, 275, 280, 306, 307, 319, 716, 718
Aias (Oileus の子)　107, 108, 242
(to) *aidion* 永遠　431-433, 456, 469, 479, 498, 597, 598
Aietes　89, 109, 121, 123, 127
Aigimios　149, 151
Aigina　111-114, 116, 117, 136, 137, 139, 143, 517, 519, 546, 549, 692, 716, 770, 841
Aigisthos　232, 239-241, 243, 244, 246, 285, 287, 289, 382, 384, 387
Aigyptos　221, 226, 227, 230, 447
Aiolos　121, 370, 375
Aischylos　195-202, 205, 206, 208, 209, 212,

索 引

213, 215, 220, 222-224, 226-230, 232, 233, 235, 237, 239, 240, 245, 248, 251, 253, 255, 261, 275, 279, 285, 291, 304, 314, 321, 323, 328, 335, 341, 364, 382, 385, 386, 392-394, 414, 621, 696, 713
Aisopos 84
aisthesis 知覚　457, 482-485, 487, 500, 573, 576, 578, 581, 585-588, 590, 592, 599, 600
aitia, aition 原因，発端，縁起　77, 141, 509, 510, 513, 516, 535, 538-540, 560, 595, 602, 605, 606, 630, 686, 691, 850
Aitna　130, 150, 151, 153, 154, 157
Akarnania　631, 715
akoe 伝聞　557, 567
akoites 夫　120, 239, 283, 297, 298, 331, 333, 343, 551
akon 故意なくして　171, 261, 273, 596, 851
akousmata　460, 462
Akragas　91, 153, 156, 497, 689
Akrisios　164, 547, 674, 695
akropolis　627, 643, 660, 716, 717, 724, 725, 727-729, 735, 739
Alkaios　76-78, 81, 83, 91
Alkestis　325-327
Alkibiades　619, 620, 629, 636, 867
Alkmaion　536, 715
Alkmaionidai　535, 536, 709, 712, 715, 717, 718, 752, 822
Alkman　73, 76, 81, 150
Alkmene　129, 130, 142, 148, 156, 160, 336, 337, 357
allégorie 寓意　80, 81, 89, 113, 114, 215
alochos, akoitis 妻　82, 120, 143, 154, 166, 167, 169, 239, 295, 297, 325-327, 330, 333, 340, 548, 551, 684, 700
alternance 交替，代謝　42, 123, 126, 127, 136, 139, 140, 142-144, 149, 154, 209, 230, 293, 332, 357, 396, 401, 409, 436, 437, 439, 455, 498-500, 531, 532, 653, 673, 675, 689, 693, 704, 707, 721, 750
Alyattes　514, 526, 530
Amazon　338
Amazones　107, 140, 212, 216
Amphiaraos　95, 132, 143-145, 154, 157, 209
Amphitryon　357-361
Amyklai　150, 151, 697, 699

Anakreon　92
anakrisis　855-858
Anaxagoras　328, 452, 501-505, 507, 572, 574, 575, 577, 583, 599
Anaximandros　414, 415, 427, 429-435, 437-439, 441, 448, 449, 451, 455, 465, 468, 497, 500
Anaximenes　437, 448-451, 483
Andromache　258, 259, 343-348, 366, 367
anthropologie 人類学　19, 26, 37, 95, 174, 220, 418, 430, 447, 508, 511, 516, 535, 547, 568, 571, 601, 660
anthropomorphisme　417, 744
antidosis　785
Antigone　210, 254, 260, 265, 270, 276, 278-284, 287, 291, 292, 315-317, 321, 397
Antilochos　106, 110, 306, 715
Antiphon　590
antiquaire, antiquarian 古事学(的)　102, 146, 175, 230, 444, 568, 601, 666, 668, 752
(*to*) *apeiron*　432, 435-439, 448, 451
aphanes 不可視(財)　557, 605, 789, 791, 792
Aphrodite　74, 76, 79, 111, 123, 147, 160, 227, 229, 241, 332, 338-340
Apollodoros（銀行家の息子）　778, 787, 789, 791, 795-797, 812, 813
Apollon　131-134, 136, 146, 149, 154, 155, 159, 165, 168, 236, 237, 242, 246, 248-251, 294, 296, 325-327, 344, 366, 370-373, 375, 376, 378, 381, 384, 388, 393, 725, 727, 749
aporos 債務超過　785, 791, 812
arbitrage 仲裁　85, 112, 143, 154, 201, 249, 525, 642, 683, 687, 707, 708, 748, 749, 760, 761, 763, 766, 788, 857
arbitraire 恣意的　72, 421, 482
arche（形而上学における）　419, 429, 435, 437, 449
Archidamos　610
Archilochos　83, 84, 86, 151, 448
archon　821-826, 828, 832, 839, 840, 844, 847, 856, 859
Areopagos　250, 251, 725, 726, 823-828, 830-836, 839, 840, 843, 847-851, 853, 854, 857, 860
Ares　166, 171, 207, 233, 257, 393, 394
Argonautes　88, 89, 109, 117, 120, 122, 124, 125, 127, 447

索引

Argos   142, 154, 164, 166, 170, 204, 206, 219-221, 223, 226, 230, 245, 276, 318, 335, 337, 357, 364, 379, 387, 447, 518, 520, 539, 550, 564, 634, 674, 681, 690, 692-695, 697, 701, 704, 713, 727, 768, 770, 843

argument 論拠   181, 182, 227, 265, 268, 284, 290, 297, 298, 317, 319, 337, 345, 371, 413, 417, 419-421, 425, 437, 440-445, 458, 465, 473, 474, 477, 487, 488, 509, 514, 518, 525, 527, 530, 531, 553, 556, 583, 617, 619, 627, 636, 655, 657

argyrion 金銭   96, 277, 278, 457, 773, 774, 779, 788, 790, 799, 802, 803, 811, 812

Arion   189

Aristagoras   441, 443, 517, 542, 545

aristocratie 貴族, 貴族政, (都市の) 政治的階層, *basileis*   12, 18, 26, 41, 75-77, 82, 90, 93, 105, 107, 109, 113, 114, 116, 122, 127, 131, 136, 140, 142-145, 148, 152, 154, 155, 157, 231, 239, 241, 251, 256, 269, 282, 329, 340, 346, 349, 383, 409, 435, 459, 516, 530, 531, 533, 535, 545, 547, 550, 570, 645, 666-668, 670, 673, 675, 678, 679, 682-687, 690, 692, 701, 706, 712, 735, 736, 740, 749, 755, 757-759, 764, 766, 771, 782, 817, 818, 825, 841, 844, 848, 859, 864, 870

Aristodemos   683-685, 687

Aristophanes   647, 658-661, 864

Aristoteles   16-18, 184, 185, 189-191, 194, 195, 275, 284, 325, 333, 414, 423-425, 428-433, 435, 437, 439, 449, 465, 473, 487, 492, 494, 497, 504, 573, 574, 578, 581, 590, 593, 596, 646, 647, 666, 669-671, 682, 686, 689-691, 693, 702, 703, 706, 711, 732, 771, 818, 824, 828, 843, 845, 857, 864, 889, 891

arithmos 数   462-464, 466, 489, 490

Arkadia   131, 133, 164, 207, 634, 681, 692, 694, 697, 704

arrière-pays 後背地   75, 123-125, 128, 131, 146, 153, 171, 212, 218, 220, 231, 308, 348, 358, 381, 398, 425, 426, 428, 443, 444, 446, 447, 459, 513, 553-555, 564, 566, 592, 631, 642, 678, 679, 681-683, 685, 686, 688, 689, 704, 712, 739, 764, 770, 777

Artemis   107, 133, 159, 160, 164, 166, 167, 170, 171, 209, 221, 222, 227, 235, 237, 241, 257, 286, 321, 338, 339, 342, 377, 378, 381, 389, 530, 673, 674, 746, 747, 750

Articulation (des collectivités sur le territoire) (テリトリー上の人的組織の) 〈分節〉 POL129   75, 80, 89, 100, 113, 123, 124, 128, 132, 145, 146, 150, 151, 158, 201, 221, 226, 231, 234, 239, 242, 250, 263, 265, 273, 275, 286, 292, 294, 297, 310, 317, 318, 320, 325, 334, 354, 356, 359, 364, 405, 407-410, 422, 430, 434, 466, 503, 519, 534, 535, 542, 568, 576, 618, 622, 624, 665, 681, 701, 733, 738-741, 748, 750, 755-757, 762, 764, 765, 767, 768, 770, 772-776, 781, 783, 784, 786, 797, 799, 803, 806, 815, 820, 824, 828, 829, 832, 836, 850, 855, 856, 859, 861, 862, 872, 873, 879-882, 889

articulation des paradigmes パラデイクマの分節 POL24   69, 70, 107, 113, 175, 262, 291, 427, 472, 510, 571, 606, 883, 885

(l') Articulation double (des collectivités sur le territoire) (テリトリー上の人的組織の) 〈二重分節〉   96, 124, 132, 133, 135, 136, 139-141, 144-146, 149, 153, 156-158, 163, 166, 167, 169, 170, 172, 173, 201-203, 223, 228-230, 236, 240, 242, 244-246, 250, 251, 253, 255, 265, 266, 269, 271, 273-275, 278, 283, 284, 286, 289, 291, 292, 295, 297, 298, 302, 303, 310, 311, 319, 320, 323, 326, 327, 329, 330, 334, 339-341, 344, 345, 347, 348, 351, 354, 356, 359, 362, 364, 374, 376, 377, 379, 390, 394-396, 402, 408-410, 422, 435, 457, 459, 461, 499, 500, 503, 505, 519, 535, 536, 541, 542, 544, 545, 549, 563, 568, 573, 578, 583, 584, 591, 609, 610, 612-615, 617-619, 621-624, 627, 629, 634, 635, 639, 640, 659-661, 675, 676, 680, 681, 696, 705-707, 711, 712, 718, 720, 728, 731, 732, 739, 742, 745, 746, 748-751, 753, 762, 763, 765, 766, 772, 776, 777, 795, 797, 803, 815, 825, 826, 828, 835, 837-839, 843, 844, 853, 854, 856, 858-860, 865, 866, 868, 871-875, 880, 882, 886, 889

(l') Articulation horizontale 水平的〈分節〉   124, 221, 292, 331, 825

(l') Articulation verticale 垂直的〈分節〉   124, 201, 221, 228, 292, 331, 847

Asklepios   133, 134, 313, 325, 326

aster 星   79, 206, 433, 485

Astyanax   110, 367, 369

asylum 224, 227, 248
Athenai 17, 27-29, 37, 63, 65, 85, 93, 97, 111, 146, 152, 161, 162, 168, 173, 184, 193, 249, 253, 256, 260, 284, 292, 315, 318, 320, 321, 332, 335-338, 340, 350, 360, 364, 369, 371, 372, 376, 501, 507, 508, 511, 512, 517-520, 535-537, 542, 546, 551, 552, 571, 572, 584, 594, 603, 607-612, 614-621, 623-626, 629, 631-635, 637, 638, 640-643, 658, 666, 668, 673, 676, 677, 681, 686, 689, 692, 696, 700, 706, 708, 712, 714, 715, 721, 724-726, 729, 732, 733, 736, 738, 740, 749, 759, 762, 766, 769, 770, 774, 778-780, 784, 795, 802, 804, 808, 811, 818, 821, 822, 824, 826, 831, 836, 841, 843, 844, 847, 849, 855, 859, 861, 864-867, 870, 871, 885, 887-890
Athene, Athena 107, 140, 148, 152, 156, 158, 249, 250, 257, 258, 260, 261, 360, 367, 371, 374, 375, 591, 678
Atlas 212
atomos 原子 573, 575, 579-583, 585, 586
Atossa 196-198, 200-202
Atreidai 158, 180, 238, 258-260, 304, 309, 313
Atreus 77, 234, 239, 240, 264, 388, 622
Attika 184, 191, 363, 461, 551, 621, 626, 633, 692, 706, 736-739, 741, 762, 769, 782
autonomie 自律 26, 34, 45, 47
(l')axe actantiel actantielな軸 POL43 70, 72, 80, 195, 428, 450, 532, 572, 576
(l')axe d'opposition 対抗の軸 POL41 205, 228, 257, 258, 272, 278, 302, 339, 375, 426, 428, 432, 470, 472, 482, 483, 497, 598, 620, 649

B

Babylon 512, 513
Bacchylides 94, 98-100, 105, 108, 126, 154, 157, 159-161, 163, 164, 167, 168, 170, 171, 178, 180, 182, 209, 219, 221, 226, 673, 675, 676, 695, 717, 746
banque 銀行 792, 773, 778-781, 784, 788-790, 792, 800, 804, 805, 810-813
Bellerophontes 114, 115, 140, 144
bia, bie 実力, 実力行使, 自力執行, 差押 121, 135, 213, 215, 226, 227, 233, 250, 262, 271, 306, 307, 311, 313, 315, 319, 320, 337, 364, 365, 368, 386, 396, 595, 608-611, 617, 618, 621, 755, 780, 794, 796-809, 812, 856
Bias 674, 760, 761
Bobbio, N. 39, 47
Bodin, J. 22, 24, 26
Boiotia 128, 132, 155, 156, 158, 185, 461, 543, 545, 614, 626, 640, 681, 706, 811
boule, consilium 評議会, 討議, 議会 13, 21, 37, 47, 51, 197, 543, 643, 678, 683, 707, 724, 798, 817-821, 823-827, 831, 833-839, 843, 844, 847, 850, 851, 853, 854, 857, 858, 860-863, 868, 874
bouleuterion 425, 725, 727, 730, 821
Brauron 377, 551, 711, 716
Bruni, L. 15, 16, 18
Bundy, E. L. Bundism 101, 102, 119, 120, 145, 139, 158
Burke, Ed. 32

C

centre urbain 都市中心 POL332 82, 84, 85, 90, 127, 152, 154, 186, 188, 193, 315, 319, 329, 382, 383, 399, 401, 459, 519, 591, 622, 624, 630, 635, 637, 640, 641, 659, 677, 679, 680, 684, 687, 688, 690, 695, 707-709, 711, 713, 715, 717, 724, 726, 727, 729, 732, 735, 737-739, 741, 742, 745, 754, 755, 761-764, 766-768, 773, 777, 782, 783, 785, 786, 826, 829, 830, 870
céramique attique Attika産黒絵式赤絵式陶器 107-109, 111, 168, 362, 734
chant, canto 歌 68, 76, 151, 367
chef 首長（制） POL96 100, 128, 146, 187, 228, 231, 534, 564, 565, 569, 704, 712, 733, 757, 760, 762, 786, 834, 839, 859
Chilon 840, 843
Chimaira 140
chimique 化学 449, 450
Chios 529, 717, 831
Chiron, Cheiron（Kentaurosの） 117, 121, 133, 159
choe 203, 243
chora 領域 POL346 15, 82-85, 89-91, 95, 104, 105, 109, 113, 116, 118, 121-123, 126, 127, 130-132, 134, 140, 141, 144, 145, 150, 152, 154, 157, 159, 165, 166, 169, 170, 185-188, 192, 201, 211, 212, 214, 215, 217, 219, 225, 231, 248, 250,

索 引　　919

281, 282, 294, 300, 301, 306, 315, 316, 318, 324, 325, 327, 329-332, 334, 335, 337-339, 343, 344, 346, 347, 357-359, 363-365, 372, 374, 380, 382, 384, 387, 396-399, 401, 407, 409, 428, 429, 439, 443, 447, 452, 459, 461, 466, 530, 531, 537, 545, 552, 554, 555, 566, 571, 584, 591-593, 612, 627, 629, 630, 635, 636, 641, 643, 648, 650, 659, 661, 665, 671, 674, 675, 677-681, 684, 685, 687, 689, 691, 692, 694-697, 701-704, 706-708, 711-713, 715-719, 722, 728, 732, 735-738, 740-742, 745, 750-759, 761-771, 773, 776-778, 781, 782, 785, 787, 789, 792, 793, 795, 796, 798, 799, 803, 804, 808, 810, 812, 813, 819-823, 826, 827, 829, 848, 850, 854, 855, 859, 860, 870, 880, 881, 886, 887

choros 合唱　　73, 74, 76, 150, 162, 189, 194-196, 200, 201, 203-207, 210, 212, 214-216, 219, 221, 223, 226, 233, 235, 238, 242-248, 250, 256-260, 268, 269, 285, 287, 289, 298, 300, 308, 316, 319, 320, 331, 332, 334, 336, 341, 346, 349, 350, 358, 359, 363-365, 367, 368, 371, 382, 383, 385, 388, 393-395, 399

chremata 財　　124, 135, 233, 331, 346, 354, 357, 370, 443, 457, 622, 625, 635, 671, 757, 759, 768, 860, 875

Chromios　　129, 130, 151, 153

Chrysothemis　　288-290

cité 都市（中世以降についてのみ）　　11, 12, 17, 20, 21, 29, 32, 33

clientela　　39, 113, 142, 144, 145, 381

cognatique POL85　　75-77, 80, 84, 90, 109, 115, 117, 123, 132, 143, 144, 148, 149, 152, 154, 165, 185, 186, 188, 206-209, 216, 220, 221, 234, 239, 240, 246, 256, 281, 292, 296, 344, 357, 365, 371, 381, 391, 394, 531, 545, 549, 622, 660, 713, 714, 718, 766, 782, 786, 789, 792, 793

cognatique な結節環，結合　　68, 89, 90, 116, 126, 127, 129, 161, 166, 170, 200, 203, 318, 334, 339, 340, 397, 595, 694

collectivité 団体，集団　　12, 14, 15, 28, 32-34, 36-38, 40, 42, 45, 50, 53, 132, 357, 459, 592, 645, 755, 788, 819, 887

colonie, colonisation 植民都市（建設）　　125, 128, 130, 146, 149, 150, 164, 189, 468, 507, 531, 543, 545, 564, 566, 571, 608, 616, 642, 676, 681, 683, 693, 705, 732, 742, 748, 757, 776, 777

comédie 喜劇　　176, 323, 372, 392, 658, 659

commerce 商業，交易，通商，商取引　　27, 28, 414, 536, 564, 712, 728, 756-760, 762, 770, 776-778, 780, 781, 784, 809

commodatum 使用貸借　　702

commune コムーネ，コミューン　　12, 13, 15, 29, 51

concaténation パラデイクマの（syntagmatique な）連鎖，因果連鎖　　72, 73, 82, 85, 88, 125, 233, 234, 240, 248, 257, 258, 261, 275, 278, 295, 299, 300, 317, 319, 420, 424, 426, 428, 429, 436, 437, 449, 458, 462, 463, 470, 472, 479, 503, 509-511, 562, 581, 595, 596, 616, 627, 629, 630, 632, 636, 639, 644, 648

conformisme　　29, 78, 83, 210, 212, 217, 280, 282, 289, 290, 312, 340, 351, 354, 387, 389, 392, 868, 869

confiscatio 没収　　793, 809

Constant, B.　　28, 618

(la) constitution mixte 混合政体（論）　　17, 18, 824, 825

constitutionalisme 立憲主義　　29, 47, 48, 83, 666, 870, 872

continuité 連続　　464, 469, 478, 490-492, 494, 502, 503, 565, 576, 597

corporatisme, corporatism　　14, 15, 33, 37, 38, 40, 47, 143, 645, 872

cosmogonie, cosmogony　　414, 428, 429, 434, 437, 481, 500, 506, 572

cosmologie, cosmology　　414, 415, 423

coupe （パラデイクマの）切り出し，裁断　　69, 70, 72, 87, 92, 94, 112-114, 147, 154, 178, 419

crédit 信用　　705, 755, 767-770, 772-781, 784, 786-789, 791-793, 795-797, 800-802, 804-808, 810-812, 827, 861, 874

crémation, cremation 火葬　　260, 274, 733-736

critérium クリテリウム　　419, 472, 476, 477, 479, 487, 489-492, 494, 498, 499, 506, 511, 524, 529, 532, 541, 553, 555, 561, 564, 565, 572, 593, 639, 652, 882

critique 批判　　18, 22, 23, 25, 68, 73, 85, 175, 180, 182, 192, 246, 257, 267, 268, 272, 287, 371, 376, 418, 421, 430, 882

Critique〈批判〉　　421-423, 444, 461, 464, 467, 468, 471, 472, 474, 478, 479, 481, 486, 488, 490,

491, 499-501, 504, 506, 507, 514-516, 521, 522, 524, 529, 532, 536-538, 541, 542, 545, 546, 553, 555, 561, 563-565, 567-569, 571, 580, 585, 586, 588, 594, 598, 600, 602, 606, 625, 630, 646, 648, 650, 652-656, 658, 882
cycle 循環, 円環　　124, 128, 209, 259, 409, 438, 456, 497, 498, 761, 762

D

Dahl, R.　　20, 21, 40, 41, 43, 45, 47, 54
daktylos, dactylic　　68, 73, 81, 83, 87
Danae　　94, 97, 108, 142, 161, 220, 547, 548
Danaides　　221-224, 226-230, 354, 387
Danaoi　　128
Danaos　　142, 160, 221, 225, 230, 446, 696
Dareios　　196, 197, 200, 201, 203, 441-443, 447, 513, 534, 569, 570
Deianeira　　165, 167, 266-269, 271, 272, 275, 279, 280, 329
Deiphontes　　693, 694
Dekeleia　　636, 638
Delos　　622
Delphoi　　100, 120, 131, 138, 149, 156, 164, 165, 250, 286, 294, 299, 332, 344, 348, 370, 371, 374, 375, 514, 515, 517, 520, 525, 526, 529, 536, 537, 543, 546, 673, 675, 678, 690, 700, 713, 716, 749, 752, 760, 766, 889
Demaretos　　546, 548, 549, 841
Demarmenos　　543, 549
Demeter　　363, 522
(la) démocratie directe 直接民主制, 直接制　　20, 21, 29, 817
Demokritos　　430, 486, 571, 573, 578, 580-583, 585, 586, 588, 600, 601, 605
demos 民衆,（領域の組織としての）, il popolo, 人民　　16-18, 29, 113, 138, 152, 224, 251, 256, 325, 390, 425, 441, 452, 536, 613, 640-645, 667, 671, 672, 682, 683, 687, 692, 710, 715, 717, 719-722, 730, 740, 763, 773, 782, 783, 786, 787, 793, 796, 817, 824, 834, 835, 839, 847, 849, 855, 869
Demosthenes（Athenai の司令官）　　633, 638, 852
Demosthenes（弁論家）　　778, 790, 791, 795, 800, 809, 810, 854, 863

depositum 寄託　　24, 355, 684, 772, 779, 780, 788, 790, 812, 813
Descartes, R.　　22-24, 26, 48, 275, 467, 473, 474, 582
Deukalion　　147, 447, 552
diacronie, diacronique ディアクロニー, ディアクロニク　POL49　67, 68, 80, 90-92, 95, 96, 98, 101, 104, 108, 109, 113, 115, 119, 122, 126, 128, 132, 134, 140, 143, 145, 151, 157, 160, 165, 167, 170, 178, 180, 181, 188, 196, 203, 220, 232, 234, 235, 240, 248, 253, 256, 258, 285, 296, 299, 302, 306, 321, 324, 327, 329, 339, 359, 379, 398, 403, 406, 417, 418, 447, 479, 489, 531, 533, 541, 545, 551, 566, 568, 570, 571, 623, 645, 653, 674, 679, 695, 703, 711, 714, 722, 732, 734, 736, 744, 746, 752, 760, 762, 773, 816, 821, 824, 838, 844, 886
dialectica ディアレクティカ　POL141　64, 69, 70, 73, 78, 85, 88, 92-94, 97-99, 104, 106, 113, 117, 141, 146, 159, 167, 178, 179, 181, 182, 188, 190, 191, 194-197, 212, 231, 234, 241, 263, 268, 294, 301-303, 306, 316, 334, 341, 356, 389, 405, 406, 413, 418-421, 427, 430, 435, 439, 440, 458, 460, 465, 466, 472, 476, 480, 483, 485, 486, 488, 489, 491, 496, 499, 503, 505, 509, 511, 514, 515, 531, 538, 540, 542, 544, 553, 555, 556, 558, 560, 562, 563, 571, 573, 582, 588, 592-596, 598, 600-602, 607, 610, 647-649, 654, 656, 658-660, 665, 743, 815, 820, 832, 836, 837, 839, 843, 844, 846, 855, 862, 872, 873, 879-882, 885, 887
dialectica duplex 二重のディアレクティカ　99, 301, 302, 415, 421, 422, 425, 430, 437, 449, 458, 461, 473, 479, 503, 554, 559, 569, 583, 588-590, 592-594, 601, 648, 650, 656, 657, 660, 661, 748, 815-817, 837, 846, 860, 862, 880, 882, 885
dikasterion, dikasteria　798, 824, 825, 829-833, 839, 847, 848, 851, 853, 855, 859, 860, 862, 863, 868, 871, 873, 874
dike（刑事）裁判　194, 249, 251, 337, 342, 347, 354, 386, 514, 660, 665, 724, 754, 777, 779, 785, 788, 795-800, 807, 809, 823, 830-832, 835, 839, 847, 850, 852, 854, 855, 857, 858, 861, 873, 874, 888
Diodotos　　612, 613, 866

索　引

dioikismos　154, 674, 680, 688, 692
Diomedes　106, 108, 188, 304, 306, 387, 397
Dionysos　108, 111, 126, 129, 161, 163, 164, 170, 177, 181, 185-193, 293, 325, 393, 394, 397, 398, 400, 401, 566, 714, 717, 746, 750
Dioskouroi, Kastor, Polydeukes　74, 120, 134, 142, 143, 145, 155, 156
distique élégiaque, elegiac distich, distico elegiaco　81, 83, 85
distribution　分配、再分配　117, 148, 214, 328, 523, 591, 625, 680, 684, 694, 703, 751, 752, 772, 773, 785, 786
dithyrambos　161, 170, 185, 189, 190, 194
dokimasia　859
dolos　奸計、術策、計略　116, 119, 129, 307, 313, 328, 332, 339, 366, 381, 398, 531, 535, 645, 710, 782
don　贈与　116, 128, 158, 347, 524, 527, 530, 534, 535, 754, 783
Dorieis, Dories　184, 185, 547, 548, 552, 696, 698, 699, 718
Dorieus　543-545, 679
Doros　86, 150, 151, 447, 552, 704
Douketios　689, 692
doulos　奴隷　125, 198, 204, 241-243, 245, 258, 259, 264, 269, 270, 281, 311, 320, 330, 343-347, 350-352, 365, 366, 368, 370, 390, 550, 563, 564, 622, 635, 641, 660, 684, 687, 690, 692, 697, 699-702, 752, 763, 764, 778, 781, 788, 790, 791, 799, 803, 858, 888, 889
dragontes（大）蛇　129, 131, 136, 247, 249, 308, 560
Drakon　825-828, 830, 831, 854
(les) droits de l'homme　人権　46, 48, 284, 311, 315, 344, 351, 888
Durkheim, E.　174, 430

E

échange　交換　36, 37, 68, 71, 72, 75, 76, 93, 122, 124, 125, 128, 132, 135, 140, 141, 143, 149, 155, 226, 233, 239, 259, 277, 283, 326, 328, 331, 339, 434, 435, 527, 534, 541, 572, 580, 598, 600, 611, 621, 653, 681, 715, 721, 727, 728, 733, 740, 747, 751, 754, 756, 757, 760-762, 764, 765, 767-772, 781, 787, 886, 887

économie　経済(的)　27, 44, 759, 772, 779, 783, 788, 830, 887
égalité　平等　14, 15, 29, 46, 52, 143, 163, 194, 308, 396, 485, 499, 610, 624, 625, 628
eggys　保証人　780, 805
ego　私　93, 103, 519, 654
Égypte　エジプト　163, 219, 221, 223-225, 327, 511, 512, 516, 530, 534, 547, 548, 554, 556-558, 560-562, 567, 569, 570, 751
eidolon　328
eidos　形相　327, 328, 449
eisaggelia　832, 848
ekklesia　民会　13, 21, 33, 41, 51, 224-226, 262, 264, 269, 351, 354, 386, 387, 390, 542, 607, 609, 611, 615, 616, 619, 635, 636, 642, 659, 671, 678, 707, 710, 724, 725, 798, 811, 817, 818, 820-823, 825, 828, 829, 831, 832, 834-838, 842-849, 851, 854, 859-863, 865, 866, 868, 871, 872
Elea　468, 475, 487, 496, 506, 507, 529, 542, 572, 578, 580, 594
élection　選挙　10, 13, 14, 21, 37, 41, 42, 51, 100, 140, 820, 825, 826, 828, 834, 839, 859
elegeia　71, 81, 85, 89, 95-97, 448
Elektra　234, 242-244, 247, 248, 279, 285-291, 303, 377-384, 386, 387
elenchos　563, 649, 650, 657
Eleusis　363
Empedokles　462, 497-501, 507, 583
emporion　681, 765
endogamie　219, 226, 228, 281, 282, 292, 301, 349, 549, 570, 694, 787
endogamie-exogamie　POL109　90, 221, 223, 234, 393, 675
enfant naturel　私生児　120, 125, 127, 131, 133, 156, 376, 399
enkomion　94
énonciation　発話　69, 70, 81, 178
(*to*) *eon*　存在　434, 451, 465, 469, 471-473, 475-481, 486, 488-491, 494, 515, 524, 540, 542, 557, 559, 572-574, 577, 578, 585-587, 589, 596-600, 653
epheboi　169
Ephesos　449, 770
ephetai　830, 851, 852, 854
Ephialtes　251, 847, 849

ephoroi 543, 610, 820, 824, 840, 841, 843-846
Epidamnos 608, 642
epigonoi 143, 144, 209, 714
Epikouros 575, 578
Epimetheus 149, 591
épinicie 祝勝歌 94, 118, 160
épique 叙事詩 25, 66, 67, 69, 70, 73, 81, 87, 92, 95, 105, 106, 183, 190, 233, 448, 511, 564, 565, 604, 621
episteme 知 133, 134, 148, 152, 157, 214-217, 294, 504, 591, 650, 651, 656, 657, 676, 749, 761
épistémologie 認識論 140, 328, 481, 482, 573, 582, 585, 587, 589, 590, 592, 655
épitaphe 墓碑銘 94, 97, 528
epitrope 後見 789-792, 800
eranos 788, 791, 796
Erechtheus 256, 370, 371
Eretria 715, 735, 736, 768
Erichthonios 152, 371, 374
Erinyes, Eumenides 246, 248-251, 303, 315, 377
Eros 92, 269, 332
espace 空間 89, 212, 418, 420, 429, 438, 454, 474, 479, 619, 630
(l')État 国家 34-36, 47, 50, 53, 54
états 身分(制) 21, 51, 77, 106, 111, 125, 219
Eteokles 90, 203-211, 276, 279, 281, 393-395, 485
éthique 倫理(学) 96, 125, 268, 282, 290, 291, 414, 415, 418, 419, 435, 462, 573, 585, 647, 649, 650, 654, 885
ethnos, ethne 551, 565, 569
étiologie 106, 109, 125, 145, 176, 215, 376, 377, 387, 527, 561, 586, 675, 697, 698, 710, 715, 745, 749, 750
Euphemos 636
Euripides 109, 127, 246, 254, 314, 323, 324, 327-330, 333, 336, 337, 339, 341, 345, 346, 348, 350, 351, 353, 354, 356, 357, 359, 362, 364-366, 369, 370, 374, 376, 378, 382, 385, 387, 389, 391-394, 397, 398, 403, 404, 455, 568, 573, 583, 596, 601, 624, 660, 721, 851, 853, 864, 888, 891
Eurystheus 274, 326, 335-337, 358, 360, 361, 622
euthynai 860

exemplum iuridicum 251
exilium 亡命(権) 222, 223, 298, 316, 317, 320, 330, 332, 335, 357, 378, 441, 530, 641, 678, 682, 685, 694, 715, 851
exogamie 74, 219, 225, 227, 281, 349, 371, 545
expérimentation 実験 558, 559

F

(les) figures collectives des (jeunes) femmes (若い) 女性の群像 68, 73, 74, 76, 87, 96, 108, 111, 116, 131, 133, 142, 155, 156, 159, 160, 162, 195, 207, 212, 214, 228, 230, 243, 244, 247, 248, 267, 269, 272, 281, 285, 288, 319, 320, 324, 339, 341, 345, 354, 365, 367-370, 372, 377, 382, 383, 393, 401, 402, 660
Finley, M. I. 6, 7, 681, 697, 758, 764, 780, 783, 885, 891
folie 狂気 164, 256, 280, 137, 138, 219, 246, 247, 261, 285, 303, 331, 356, 359, 362, 377, 378, 399, 550, 704
fonction 機能 34, 496, 728, 729
fosterage 養育 160, 161, 333-335, 338, 355, 368, 370, 384, 764, 790
Freud, S. 295

G

gaia 陸 128, 197, 199, 201, 202, 443, 526, 530, 534, 555, 623, 633, 638, 715
gambros 義兄弟, 婿 115, 149, 296
Ganymedes 141, 144, 145
ge (大)地, 土 123, 124, 126, 128, 136, 142, 159, 203, 206, 211, 223, 226, 229, 247, 256, 370, 372, 374, 375, 393, 394, 433, 438, 439, 456, 457, 497, 591, 654
geitones 隣人 84, 133, 138, 141, 144, 145, 151, 340, 628, 721, 783, 787, 788
Gela 687, 689
Gelon 518, 522, 687
généalogie ジェネアロジー POL79 71, 74, 76, 82, 94, 105, 112, 113, 115, 117, 118, 120, 124-126, 128, 129, 131, 133, 134, 142, 147, 157, 159, 161, 186, 194, 203, 205, 207, 216, 220, 223, 230, 236, 239, 244, 245, 263-265, 269, 276, 277, 291, 293-297, 300, 303, 316, 327, 331, 332, 335, 340, 347-349, 361, 370-372, 374, 378, 381, 388,

索引

391, 395-397, 428, 436, 446-448, 536, 541, 543, 546-550, 552, 565, 567, 568, 570, 674, 676, 680, 685, 693, 695, 701, 704, 705, 713, 714, 716, 718, 722, 787, 859, 888, 889

genesis 生成　　431, 432, 434, 436, 456, 468, 469, 474, 478, 479, 498, 501, 573, 578, 586, 597, 598, 653

genos, gene POL350　　76, 128, 131, 132, 150, 673-675, 716, 722, 733, 859

Gentili, B.　　71, 76, 77, 79-81, 85-87, 95, 96, 102, 125, 126, 128, 139, 144, 146, 158, 167, 168, 485

géométrie 幾何学　　438, 439, 720

georgos 農民　　382, 387, 671, 708, 710, 754

Gephyraioi　　716

gerousia　　820, 823, 824, 840-846

Geryon　　89, 90, 448, 565

Gierke, O. v.　　33, 35

gnome 箴言, 格言　　94, 101, 125, 129, 130, 138, 151, 156, 163, 170, 219, 326, 349, 434, 883

Gorgias　　328, 473, 583, 594-601, 646, 655

Gorgon, Gorgones　　140, 155, 156, 247, 374

graphe　　854-857, 862, 874

graphe paranomon　　861, 863, 869, 871, 872

Gravina, G. V.　　25, 26

Gylippos　　637, 638

gyne, gynaikes 女　　84, 130, 204, 206, 207, 210, 225, 229, 242, 244, 259, 268, 270, 278, 279, 284, 331, 339, 345, 346, 363, 399, 400, 550, 563, 641, 643, 660, 674, 684, 690, 888

H

Hades　　146, 243, 448

Haimon　　278, 282-284

Halikarnassos　　507

Heidegger, M.　　414, 455, 475, 479

heilotai　　614, 625, 698-701, 703, 704, 843

Hekabe　　350, 352-355, 365-368, 385

Hekataios　　415, 430, 441-447, 449, 461, 506-508, 511, 512, 514, 517, 523, 527, 537, 542, 551, 553, 563, 572, 627

hekon 故意(に)　　266, 342, 597, 612, 850, 852

hektemoroi　　709, 710, 763-765

Hektor　　68, 106, 258, 259, 343, 367

Helene　　74, 76, 80, 88, 233, 242, 243, 327, 328, 343, 367-369, 388, 390, 510, 539, 549, 568, 594-596, 760

Hellanikos　　625

Hephaistos　　89, 108, 111, 152, 213, 215, 218, 311, 591

Hera　　82, 109, 127, 129, 134, 163, 164, 170, 223, 325, 359, 362, 382, 398, 550, 701, 730

Herakleidai　　82, 86, 132, 149, 151, 152, 155, 215, 337, 545, 547, 548, 550, 622, 676, 693, 694, 697, 704, 715, 718, 750

Herakleitos　　414, 449-456, 458, 464-466, 468, 470, 484, 490, 572, 590

Herakles　　74, 82, 88-90, 107-109, 111, 116, 117, 119, 120, 125, 129-131, 134, 135, 137-139, 142, 143, 146, 147, 151, 156, 160-162, 165, 167, 169, 172, 188, 218, 220, 229, 231, 265, 267, 268, 270-274, 276, 292-294, 309, 314, 319, 325-327, 329, 335-338, 340, 356-361, 383, 397, 402, 448, 543, 545, 546, 548-550, 561, 564-566, 629, 682, 684, 715, 750, 751

Hermes　　120, 160, 163, 218, 592, 751

Hermione　　343-345, 348, 388

Hermokrates　　635

Herodotos　　97, 112, 170, 185, 189, 202, 220, 327, 425, 441-443, 445, 446, 452, 486, 507-509, 511-518, 520-527, 529, 530, 534-540, 542-549, 551, 553, 555, 556, 558, 560, 563, 564, 566-568, 572, 580, 583, 585, 587, 589, 596, 601, 605, 669, 674-677, 681, 690, 692, 701, 708, 710, 712, 715, 717, 719, 746, 751, 776, 822, 836, 841, 842, 844, 848, 849, 864

heroes, heroon, hero cult　　146, 157, 186, 187, 549, 562, 696, 713, 718, 735, 736, 750, 751

Hesiodos　　31, 80, 82, 83, 85, 87, 88, 90, 95, 104, 105, 109, 130, 145, 146, 152, 157, 164, 170, 188, 209, 211, 215, 292, 324, 339, 398, 407-409, 414, 416, 420, 428-430, 435, 445, 447, 461, 497, 560, 566, 590-593, 671, 672, 674, 675, 746, 754-758, 777, 788, 804, 864

hesychia 平穏　　610

hexametros, hexametre　　68, 72, 73, 81, 82, 480

Hieron　　129, 131, 133, 134, 141, 144, 150, 151, 153, 158, 165, 687, 688

Hipparchos　　715, 716

Hippias　　536, 717, 774

Hippodamos 732, 733
Hippokrates 415
Hippolytos 338-342
hippos 馬　76, 80, 140, 144, 342, 367, 619, 620, 788
historicisme 歴史主義　174, 175, 232, 418
historie 探究, 捜査, *inquisitio, dizesis*　105, 268, 294, 295, 298-302, 342, 444, 452, 471, 474, 475, 481, 486, 507-509, 528, 551, 556, 567, 568, 604, 760, 858
historiographie 歴史学　5, 6, 8, 15, 16, 57, 59, 60, 65, 66, 103, 105, 181, 403, 444, 445, 508, 511, 515, 519, 568, 613, 621, 623, 659, 743, 816, 858, 859
Hobbes, Th.　22, 23, 48, 593, 601, 890
hodos 道, 方法　156, 159, 471, 472, 474, 480, 481, 486
Homeros　66-69, 73, 80-83, 86-88, 92, 93, 95, 99, 101, 104, 106-108, 110-112, 117, 135, 136, 138, 151, 152, 164-166, 169, 171, 180, 193, 196, 197, 199, 203, 207, 209, 211, 220, 231-233, 237, 238, 243, 253, 255, 256, 261, 264, 271, 285, 292, 304, 323, 339-341, 367, 379, 385, 387, 390, 393, 397, 404, 407, 414, 416-419, 423, 428, 430, 435, 445, 466, 467, 476, 497, 510, 511, 515, 545, 553, 556, 560, 568, 569, 618, 652, 696, 743, 744, 746, 818, 820
homoioi 699-704
horkos 誓約, 宣誓　84, 154, 244, 249, 339, 341, 380, 527, 704, 799, 819
humanisme 人文主義　12, 14, 16, 18, 22, 23, 25, 26, 55, 467, 601, 602, 666, 669, 891
Hume, D.　48
hydor 水　96, 111, 118, 134, 138, 141, 145, 147, 150, 159, 163, 233, 428, 434, 436, 437, 449-451, 453, 455-457, 497, 572, 728
hyios 息子　118, 125, 137, 138, 140, 141, 143, 145, 147, 148, 154, 160, 161, 221, 227, 235, 239, 246, 247, 263, 267, 278, 282, 283, 286, 292, 297, 298, 302, 318, 319, 325, 329, 336, 343, 344, 353, 371, 392, 526, 531, 536, 550, 564, 569, 644, 660, 679, 692-694, 764, 779
Hyllos　267, 269, 273-275, 336, 546
Hypermestra　142, 228-230, 696
hypotheke　803

I

iambos　71, 95
Iamidai　131, 132, 152, 544, 673, 675-677, 679, 692, 696, 716
Iapeto　147, 216
Iason　89, 95, 105, 109, 120-124, 127, 128, 133, 330-335
iatorike 医学, 医術　133, 338, 630, 656, 885
Ibykos　91, 92, 105, 416, 459
ichthys 魚　108, 453
idéalisme 観念論　35, 46, 57, 356
"Iliados"　67, 68, 106, 110, 232, 257, 323, 818
impérialisme 帝国(主義)　571, 609, 613, 618, 889, 890
imperium　24
(l') individu 個人　45, 53, 54, 222, 226, 315, 466, 891
induction 帰納　415, 655
infinité 無限　469, 489, 490, 492-495, 501, 502, 505, 506, 576, 580, 597
inhumation 土葬　260, 733, 735, 736
initiation　79, 127, 155, 162, 169, 226, 566, 593, 676, 747, 750
Ino　156
institution 制度　34, 35, 140, 144-146, 184, 190, 367, 515, 676, 683, 701, 717, 722, 753, 763, 766, 782, 810, 815, 838, 839, 846, 850, 861, 873, 885, 889
(les) institutions politiques 政治制度　8, 13, 15, 16, 46, 65, 154, 184, 193, 394, 665, 666, 685, 719, 741, 816, 818, 835
international 国際的　100, 338, 396, 543, 567, 613, 659, 681, 748, 749, 889
Io　163, 218-220, 222, 225, 229, 230, 539, 540
Iokaste　90, 282, 297-299, 393, 395-397
Iolaos　155, 156, 160, 335-337
Iolkos　116, 120, 123, 126, 330, 398
Ion　370, 371, 373, 375, 376, 385, 717, 718, 721
Iones　184, 185, 552
Ionia　75, 201, 377, 416, 423, 425, 428, 429, 435, 448, 449, 468, 512, 513, 515, 517, 525, 527, 542, 558, 571, 622, 625, 714, 716, 718, 731, 732, 762, 770, 771
Ionie イオニア　175, 414-416, 419, 430, 455,

索引

458, 459, 461, 466, 475, 483, 486, 488, 491, 493, 494, 499, 506-508, 511, 529, 540, 553, 555, 562, 571, 573, 580, 590, 593, 600, 618, 647
Iphigeneia　107, 108, 111, 156, 232-238, 240, 241, 243, 245, 247, 255, 286, 336, 377-380, 382, 386, 389, 392
Isagores　716, 718, 834
Ismene　254, 279-282, 288, 289, 318, 319
Isokrates　593
Isthmia　112, 163

J

juridique 法（的）　26, 47, 54, 71, 222, 224, 346, 347, 888
jurisprudence 法学　24, 26, 29, 33, 34, 45-47
jury 陪審　521, 594, 600, 660, 792, 798, 823, 824, 826, 829, 830, 832, 835, 847, 850, 852, 855, 856, 869, 872
justice 司法　29, 44, 826

K

Kadmos　135, 358, 393, 398, 399, 401, 402
Kalchas　235, 242, 260, 262, 389, 390
Kamarina　635, 636, 687-689
Kambyses　512
Kant, I.　31, 45-48, 469, 474
Kassandra　107, 108, 156, 232, 240-243, 350, 353, 366
Katane　686, 688, 692
Kekrops　371
Kelsen, H.　45-48
(to) kenon 真空　479, 575-577, 579-581
Keos　93, 161, 163, 717
Kerameikos　725, 734
kerdos 利益, 利得, 利害, *xymphora*, *ophelimos*　28, 30, 34, 36-38, 42, 53, 93, 133, 134, 277, 278, 307, 318, 321, 337, 534, 536, 608-610, 612, 614, 617, 618, 622, 629, 630, 636, 645, 651, 776, 872-875, 887, 891
kindynos 危険，リスク　127, 137, 204, 534, 608, 610, 612, 615, 617, 619, 620, 629, 632, 633, 635, 772, 777, 780, 793, 805, 807, 811
kinesis 運動　417, 426, 427, 429-433, 436-439, 448-451, 454, 458, 464, 468, 470, 474, 478, 479, 482, 491, 493, 494, 498, 510, 575, 577, 578, 580, 610, 615, 621, 640
Kirke　68, 203
Kleisthenes（Athenai の）　185, 461, 536, 667, 668, 711, 712, 714, 715, 717, 718, 721, 722, 752, 772, 773, 822, 825, 827, 833, 834, 839, 840, 848
Kleisthenes（Sikyon の）　157, 185, 186, 189, 536, 712-714, 767
Kleomenes　542-545, 548-550, 690, 694, 697, 699, 701, 703, 704, 716, 841-843
Kleon　611, 613, 615, 866
kleros クジ, 持ち分, 分配地, 相続財産　148, 201, 365, 366, 702, 704, 705, 707, 785, 787, 790, 794, 800, 825, 827, 828, 831, 834, 856, 859
kleter　796, 798
Klytaimestra, Klytaimnestra　156, 231, 232, 234, 237-239, 241-244, 247, 248, 250, 255, 273, 285, 286, 288, 290, 378, 382, 384-386, 390, 392
Kolaios　776, 777
Kolchis　121, 123, 126, 330, 539
Korinthos　105, 109, 140, 144, 189, 299, 330, 331, 519, 530-532, 608, 609, 611, 626, 634, 642, 643, 712, 727, 731, 760
Korkyra, Kerkyra　530, 531, 607, 608, 635, 642, 643, 808
Korobios　776
kosmos 宇宙　431-434, 436, 456, 580
kratos 権力　25, 45, 54, 57, 77, 83, 89, 91, 100, 120, 121, 133, 149, 163, 212, 213, 217, 218, 225, 226, 230, 244, 265, 276, 279, 283, 289, 293, 296, 297, 306, 311, 313, 315, 318, 320, 325, 332, 343, 357, 390, 395, 396, 441, 442, 504, 569, 603, 614, 622, 640, 644, 656, 661, 690, 710, 725, 772, 843, 854, 870
Kreon（Thebai の）　254, 276-284, 294, 296-298, 300, 302, 319, 357, 392, 393, 397
Kreousa　370, 371, 373-375
Kreta　161, 168, 338, 515, 776, 818, 819
Kretheus　120, 126, 130
Kroisos　443, 509, 510, 512, 515, 524, 525, 527, 536, 538, 551
Kronos　82, 214, 292
Kroton　111, 164, 459, 460, 544, 545, 675, 676, 678-682, 686
ktesis 資産, 財産　644, 670, 684, 688, 703,

707, 772, 779-781, 783, 785, 787, 789, 790, 792-795, 797, 798, 804, 806, 809, 813, 826-829
Kyklops, Kyklopes　　308, 325, 593, 695
kyklos 円　　194, 428, 433
"Kyklos"　　67, 88, 106-108, 568
Kylon　　818, 822, 823
kyma 波　　77, 161, 214, 269, 342
Kyme　　153, 683, 685, 686, 688, 690, 705, 736
Kyrene　　120, 125, 128, 129, 149, 152, 159, 165, 168, 544, 672, 776
Kyros　　512, 515, 526, 527, 529, 568, 569

L

Laios　　276, 294-296, 298, 393
Lakonia　　125, 448, 703
Laski, H.　　34, 36
légitimité 正統性　　7, 57, 319, 320, 548, 617, 834, 842
leipein 引き離す, 捨てる, 去る　　163, 164, 170, 221, 400
leitourgia　　131, 773, 775, 785, 792, 798, 811, 812, 822, 861, 874
Lemnos　　125, 128, 150, 304, 551, 552
Lemnos島の女　　125, 246, 354, 550, 690
leon ライオン　　233, 242, 243
Leonidas　　526
Leontinoi　　594, 635, 686-688
Lepore, E.　　153, 673, 681, 686, 689, 764, 765
Leukippos　　430, 571, 573, 578, 581
liberal democracy　　28, 38, 54
libéralisme 自由主義　　10, 24, 26-29, 31-33, 36-40, 44, 45, 47, 50-54, 308, 393, 666, 891
liberté 自由　　14, 15, 24, 26-29, 31, 33, 36, 45-48, 51-54, 75, 123, 151, 158, 188, 195, 199, 201, 213, 215, 222, 226, 227, 244, 261, 269, 270, 278, 289, 290, 338, 344, 345, 351-353, 364, 392, 409, 410, 418, 422, 437, 466, 503, 573, 617, 627, 628, 635, 672, 700, 722, 748, 765, 766, 880, 881, 888
Lichas　　267, 268
lithos 石　　147, 152, 155, 331
littérature 文学　　5, 6, 16, 64, 92, 188, 192, 403, 445, 602, 815
Locke, J.　　27, 48, 467
logique 論理学　　430, 435, 452, 475, 657
logographoi　　105, 604, 622

Lokroi　　678, 679
Lydia　　75, 83, 443, 512, 514, 525-527, 530, 770
Lygdamis　　768-770, 772, 773, 776
Lykourgos　　515, 525, 702, 819, 820, 833, 840, 844
Lynkeus　　228, 229, 696
lyrique 叙情詩　　25, 65-67, 69-73, 75, 77-79, 81-85, 87, 88, 90-93, 98, 100, 105, 112, 113, 125, 139, 144, 147, 150, 154, 160, 162, 163, 167-169, 173, 178, 179, 183, 189, 197, 233, 243, 314, 385, 404, 418, 445, 448, 652, 669, 707, 712, 766, 777, 816, 820
Lysias　　793, 855
lysis　　801, 803

M

Mably, Abbé G. Bonnet de　　27, 601
Machiavelli, N.　　13, 15, 17, 18, 20, 22, 23, 26, 55, 613
magie 魔術　POL117　　123, 131, 140, 156, 425, 426, 450
magistrat 政務官, *consul*　　13, 14, 51, 100, 124, 140, 143, 616, 620, 671, 676, 686, 688, 707, 722, 817, 818, 823, 826, 828, 830, 831, 835, 848, 860, 875
Magna Graecia 南イタリア・ギリシャ植民都市域（西方）　　87, 110, 111, 150, 164, 189, 458, 459, 461, 468, 507, 677, 773
majorité 多数　　28, 30, 46, 47, 51, 264, 266, 316, 354, 387, 542, 887
Mantineia　　634
Marathon　　94, 169, 335, 518, 535, 551, 705, 715, 769, 839, 840
Mardonios　　523, 570
mariage 婚姻　　68, 74, 108, 111, 112, 114, 118, 160, 164, 168, 171, 203, 207, 219, 221, 222, 224-227, 229, 230, 242, 274, 282, 301, 331-333, 340, 343, 349, 366, 367, 389, 391, 401, 447, 536, 541, 543, 548, 712, 754, 767, 784, 791, 793, 794, 844
Martin, R.　　724-726, 728, 732
martyria 証拠, 証人　　268, 290, 299, 342, 380, 473, 526, 544, 556, 567, 597, 785, 798, 856, 858
matérialisme 唯物論　　35
mathématique 数学　　23, 427, 438, 462, 465,

索　引

480, 621, 720
matière 物質，質料　428, 435, 449, 456, 484, 486, 574, 576, 577, 580, 581, 586
matros 母方の叔父，母方の祖父，oncle maternel　116, 120, 147, 161, 166, 171, 292, 297, 298, 302, 398, 531, 536, 712
Medeia, Medea　105, 109, 123-125, 127, 144, 330-335, 539, 541, 551
Media　512, 565, 569, 570
Megakles　536, 708, 709, 712, 714, 716
Megara　85, 641, 766, 777, 844
Melampous　109, 129, 157, 164, 170, 188, 189, 215, 325, 398, 526, 674, 746
Melanippos　185, 186, 713
Melanthos　715
Meleagros　88, 165, 166, 246, 292
Melos　616-619, 889, 890
Meltas　693, 694
Menelaos　233, 256, 261-265, 286, 327, 328, 343, 344, 346-349, 368, 386, 388, 390, 391, 568
Menoikeus　392, 397
(*to*) *meson* 公共(の)　29, 44, 135, 138, 157, 159, 194, 199, 277, 338, 354, 375, 387, 391, 629, 660, 684, 724, 725, 728-731, 739, 743-745, 756, 759, 773, 782, 785, 796, 875
Messenia　82, 163, 530, 546, 681, 698-701, 703, 704, 715, 840
métaphore, metaphor メタファー　69, 77, 84, 92, 116, 282, 312
métaphysique 形而上学　23, 24, 265, 328, 338, 414, 415, 424, 439, 449, 455, 466, 596
Metapontion　164, 171, 673, 675-678, 680, 742
metempsychosis　467
meter 母　82, 87, 90, 95, 108, 120, 126, 127, 130, 142, 148, 158, 161, 163, 165, 166, 200, 241, 244-247, 265, 274, 284-286, 289, 292, 295, 297, 299, 301, 338, 344, 346, 348, 350-352, 357, 363, 364, 367, 368, 370, 372, 373, 376, 379, 384, 391, 395, 397, 398, 400-402, 531, 548, 551
mètre 韻律　69, 71, 81, 83, 85, 86, 105, 167, 170
metryia 継母　121, 126, 375
Miletos　181, 192, 424, 429, 441-443, 448, 460, 461, 514, 525, 527, 626, 676, 677, 732, 760, 761, 777

militaire 軍事的，軍事化　POL117　68, 80, 82, 86, 108, 130, 132, 146, 147, 149, 150, 152, 200, 207, 210, 311, 336-338, 361, 388, 393, 426, 543, 566, 619, 692, 738, 747, 750, 755, 773, 820-823, 829, 831, 832, 839, 842, 845, 850, 870
Mill, J. S.　28, 30, 32, 44, 50, 666
Miltiades　518, 551, 848
Mimnermos　89, 95
Minos　161, 168, 621
misthophoroi, misthotoi 傭兵　769, 129, 130, 688, 690, 768
misthos 対価，賃料　128, 133, 135-139, 155, 170, 277, 278, 584, 612, 674, 761, 768, 776, 783, 785, 791, 801, 804, 812
misthosis 請負，賃貸借，信託　783, 790, 791, 801, 802, 810
mnesteres　160, 239, 757
moitié　19, 146, 340, 565
Momigliano, A.　35, 365, 444, 448, 601
monarchie 王政，君主政　26, 670, 825
monnaie 貨幣　339, 763, 769-772, 775, 778, 779, 827
Montesquieu　25, 26
Mosca, G.　16, 39
Mousa　97
musique 音楽，楽曲　68, 69, 71, 79, 81, 155, 156, 158, 465
(la) mutation structurale 構造変動　11, 63, 104, 126, 141, 144, 146, 165, 170, 210, 219, 308, 383, 399, 552, 666, 693, 694, 702, 706, 717
Mykenai　379, 622
mystère 秘儀　486, 660, 747, 748
mythe 神話　POL67　64, 68-70, 73, 81, 87, 100, 101, 105, 177, 179, 181, 230, 414, 416, 427, 428, 445, 458, 464, 473, 556, 562, 564
mythographoi　105, 107
mythos 〈神話〉(ディアレクティカによって加工された形態の)，M1, M2　POL148 (ただし記号の付し方が違うので注意—〈神話〉という表記も使われない)　64-66, 73, 74, 76-79, 82, 87-94, 97-101, 104-108, 112, 114, 119, 125, 131, 134, 137, 138, 140, 142-146, 150, 152, 157, 163, 164, 167, 168, 170, 177-183, 185, 187-190, 192, 196, 197, 207, 208, 210, 211, 220, 229, 234, 240, 244, 251, 261, 264, 265, 278, 280,

282, 285, 301, 302, 304, 308, 310, 315, 316, 386, 389, 391, 394, 404-407, 413, 417-419, 421, 427-429, 439, 440, 445-448, 454, 457, 458, 480, 487, 532, 535, 539, 543, 551, 552, 570, 591, 592, 604, 622, 658, 672, 673, 675, 681, 685, 695, 696, 699, 701, 704, 713, 717, 718, 721, 743, 744, 746, 749, 750, 752, 815, 816, 847
Mytilene　　75, 77, 529, 611-613, 618, 632, 865

N

naukraria　　722, 773-775, 822, 839
naus 船　　77, 128, 157, 161, 198, 294, 309, 311, 538, 643, 755, 756, 758, 776, 777, 779, 785, 804-807, 811, 851
Nausikaa　　68, 79, 167, 195, 327
nautika 海上貸付　　789, 807, 808, 812
Naxos（Sikelia の）　　688
Naxos（東の）　　768, 769
Neapolis　　683, 686
negotiorum gestio 事務管理　　702
nekropolis 墓地, ネクロポリス　POL314　　622, 726, 727, 733-736, 738, 739, 750
nekys 屍, 遺体　　260, 262, 263, 277, 279, 321, 353, 363, 364, 402, 528
Nemeia　　114, 153
Neoptolemos　　138, 139, 254, 304-314, 343, 344, 348, 349
Nereides　Nereus の娘達　　68, 79, 97, 108, 115, 116, 118, 119, 157, 168, 345-347, 365, 391
Nereus　　160
nesos 島　　128, 162, 199, 443, 552, 617, 622, 633, 634, 643, 770, 776
Nessos　　165, 272
Nestor　　106, 110, 306, 715, 716
new criticism　　102, 103, 175
Nietzsche, F.　　173, 175, 365
Nikias　　618-620, 638, 867
Nikostratos　　787, 789, 791, 795, 796
Niobe　　291
nomos 習俗　　345, 560-562, 566, 593
nomothesis 立法　　443, 468, 734, 766, 830
nosos 病　　183, 217, 220, 257-261, 266, 272, 294, 308, 311, 313, 317, 333, 340, 359, 393, 450, 526, 597, 629
nothos 庶子　　148, 264, 338, 340, 343, 372

nutrix 乳母　　227, 230, 247, 331, 333, 338-340
nympha　　161, 269, 384

O

"Odysseia"　　67, 68, 88, 225, 231, 323, 325, 380, 381, 383, 593, 756, 757, 773
Odysseus　　68, 106-108, 137, 138, 188, 254, 256, 257, 265, 271, 304, 305, 307, 309, 311-313, 319, 325, 327, 350, 352, 366, 368, 425, 480, 596, 756-758
Oidipous　　90, 183, 204, 205, 208, 210, 231, 276, 279, 281, 282, 292-303, 308, 315, 316, 318, 319, 321, 329, 357, 393-395, 397
oikourema 援助, 介護　　308, 311, 317, 580, 788
oiktos 憐憫　　611
Okeanides　Okeanos の娘達　　109, 212, 214, 216, 218, 220
Okeanos　　89, 216, 217, 556, 563, 565
oligarchia, oligarchy 寡頭政　　12, 13, 37, 38, 40-42, 96, 144, 642-644, 681, 689, 706, 818, 824, 853, 864, 869, 870, 874
Olympia　　100, 131, 132, 141, 145, 164, 165, 620, 673, 676, 712
one 売買　　783, 784, 801-803, 808
oneiron 夢　　122, 140, 200, 202, 219, 243, 247, 290, 299, 350, 378, 570
ontologie 存在論　　476, 479, 486
opheilema 負債, 債務, 消費貸借　　161, 357, 361, 517, 708, 763-765, 767, 769, 780, 781, 783, 785, 788, 792, 794, 796, 797, 800-802, 806, 809-812, 814, 830
ophélimité 限界効用　　36, 37, 164
(l')opposition des versions antithétiques　ヴァージョン対抗　POL41　　63-65, 67, 72, 85, 105, 110, 114, 122, 124, 129, 140, 141, 143, 144, 153, 155, 166, 175, 177, 196, 201, 228, 231, 239, 253, 303, 351, 376, 389, 404-407, 418, 430, 445, 450, 452, 457, 469, 471, 489, 519, 525, 530, 553, 554, 567, 571, 572, 590, 595, 659, 746, 880, 882
opsis 視覚, autoptes, autopsie, 目で見る　　328, 415, 486, 554, 555, 557, 559, 567, 576, 581, 585, 596, 604
oracle 神託, 予言　　121, 124, 131, 132, 143, 148, 149, 170, 180, 204, 219, 220, 242, 246, 248, 262, 294, 295, 298, 299, 318, 336, 371, 373, 425,

索　引

515, 517, 520, 523, 525, 526, 537, 543, 545, 546, 550, 559, 569, 673, 678, 690, 700, 749
Orchomenos　　128, 155
Orestes　　77, 88, 156, 231, 232, 234, 237, 240, 242-251, 255, 285-287, 290, 348, 349, 367, 377-380, 383, 384, 386, 387
(l') organisation intermédiaire　中間組織，領域の(横断的)組織，結合体，第二の政治システム，等々　　32, 53, 54, 82-84, 86, 92, 130, 131, 134, 146, 148-151, 157, 163, 167, 169, 187, 188, 191, 208, 209, 212, 213, 215, 217, 223, 226, 230, 244, 248, 250, 251, 256, 260, 276, 281, 292, 293, 297, 316, 329, 337, 339, 340, 349, 357, 362, 363, 376, 377, 381, 382, 394, 396, 402, 409, 422, 447, 461, 503, 507, 551, 604, 627, 667, 668, 673, 681-683, 691, 695, 699, 704, 706-709, 711-713, 717, 718, 722, 737, 738, 740, 745, 746, 752-756, 760, 762, 763, 766, 767, 777, 782, 788, 792, 800, 804, 826, 827, 830, 834, 835, 851, 855, 859, 861, 886
Orphisme　　465, 748
ostrakismos　　859
ouranos　天，天空，空　　89, 111, 140, 143, 145, 434, 436, 484, 485

P

paidophilia　　145
Palamedes　　106, 110, 596
(le) paradeigma politique　政治的パラデイクマ，P1, P2　POL132　　93, 94, 98-101, 182, 383, 386, 620, 658, 659, 665, 706, 738, 815-817, 819, 821, 823, 828, 833, 841, 844, 847, 864, 870, 872, 873, 882, 883, 885, 888
paradeigma-zéro　ゼロ＝パラデイクマ　POL103　　261, 418, 428, 451, 586, 743, 746, 750
paradigmatique　POL24　　69, 72-74, 76-78, 80, 81, 84, 85, 87, 88, 92, 94, 98, 103, 115, 117, 119, 134, 139, 153, 168, 175-183, 188, 190, 191, 218, 235, 296, 299, 301, 325, 327, 347, 366, 373, 385, 387, 407, 414, 418-420, 426, 427, 435, 439, 440, 442, 445, 454, 458, 462, 463, 465, 470, 471, 477, 479, 487, 489, 490, 495, 510, 513, 515, 520, 524, 530, 538, 540, 560, 563, 571, 583, 587, 588, 605, 616, 644, 647, 648, 650, 653-660, 779, 815, 835, 863, 872, 874, 879, 880, 885

paradigmatisme　　69, 298, 427, 450, 482, 573, 620, 627, 639, 640, 648, 655, 657, 659
paragraphe　　857
Pareto, V.　　36-39, 48
Paris　　235, 368, 539, 568
Parmenides　　414, 431, 452, 468-474, 476, 477, 479, 480, 483-487, 490, 492, 494-501, 503, 505, 511, 525, 542, 557, 571-573, 578, 582, 587, 594, 596, 598-600, 659
parole　言語　POL45　　289, 306, 313, 314, 339, 346, 390, 393, 395, 396, 421, 462, 474, 478, 480, 483, 489, 552, 554, 559, 566, 567, 584, 590, 595, 600, 607, 612, 636, 645, 653, 748, 749
Paros　　443, 518, 849
(le) partie　政党，党派　　21, 32, 38, 49, 75, 82, 150, 584, 708, 709, 711, 874
Pasion　　778-781, 787, 792, 800, 811-813
pater　父　　82, 115, 120, 121, 125, 127, 133, 148, 150, 154, 159, 163, 164, 167, 204, 219, 239, 241, 243, 273, 274, 278, 279, 283, 289, 292, 295, 297, 298, 301, 302, 321, 325, 331, 340, 342, 344, 347, 357, 370, 376, 399, 402, 531, 547, 644, 660
patrie　祖国　　155, 205, 276, 277, 331, 332, 336, 389, 392, 394, 395, 628
Patroklos　　68, 147, 306
Pausanias (*periegetes*)　　696, 697, 745, 746, 750
Pausanias (Spartaの将軍)　　97, 625, 699, 701, 704, 843
Pegasos　　140
Peiraeus　　624, 627, 732, 733, 808
Peisistratidai　　536, 603, 710, 715, 716, 752, 770, 772, 774
Peisistratos　　192, 708-714, 716, 724-726, 734, 752, 768-771, 773, 833, 855, 860
Peitho　　127, 159, 233, 250
Pelasgoi　　223, 225, 227, 446, 548, 551, 552, 560
Pelasgos　　211, 221-224, 226, 227, 229, 230, 335, 678
Peleus　　107, 108, 111-120, 135, 344, 346-349, 365
Pelias　　95, 120-123, 126, 330
Pelops　　141, 144, 338, 446, 622, 713, 767
Penelopeia　　68, 69, 246, 267, 271, 273, 326,

327
Pentheus 397, 399-402
Periandros 530, 531, 536, 760
Perikles 501, 583, 584, 613, 627-629, 721, 733, 859, 886
perioikoi 690, 694, 695, 697, 698, 700, 703
Perse ペルシャ 92, 112, 197-199, 201, 202, 441, 442, 468, 507, 508, 512, 513, 516-518, 520, 522, 523, 528, 529, 534, 535, 538, 540, 548, 565, 566, 569, 570, 574, 614, 624, 706, 774, 836
Perseus 94, 108, 142, 155, 156, 158, 161, 220, 293, 520, 547, 548, 550
Phaidra 338, 340, 341
Phaiekes 68, 757
phaos 光(と影) 139, 197, 483-485
Pheidon 693, 694, 769, 770
pheugein, phyge 逃げる, 彷徨う 163, 164, 170, 219, 221, 225, 226, 246, 285, 399-401, 685, 693, 694, 710, 715
Philaidai 716
Philoktetes 111, 150, 151, 153, 254, 304-314, 319, 330, 682
philologie, philologisme 81, 96, 173, 394, 416, 538, 652, 654
philos 友, 友愛 78, 83, 130, 151, 246, 265, 277, 308, 310, 312, 340, 346, 360, 379, 382, 387, 388, 767, 788, 796
philosophie 哲学 5, 6, 18, 34, 56, 60, 65, 93, 192, 326, 367, 403, 414, 430, 449, 455, 458, 459, 473, 479, 486, 573, 646, 655, 743, 760, 816
philotes 愛 74-76, 80, 89, 91, 92, 138, 141, 159, 326, 327, 340, 499, 500
phobos 恐怖, 怖れ, 脅威, 脅迫 23, 204, 262, 605, 606, 609-612, 616, 622, 623, 625, 626, 628, 631-633, 635, 636, 641, 766
Phoinix 148, 165
Phormion 778, 787, 792, 796, 811
phratria POL356 146, 187, 707, 715, 718, 721, 722, 738, 828
Phrynichos 181, 192, 197, 676
phthora 消滅 434, 468, 498, 578, 597, 598
phyle, phylai POL352 86, 105, 185, 707, 713-716, 718, 720, 745, 773, 822, 827, 828, 831, 833, 834, 839, 860, 861, 868
physique 自然学 414, 418, 428, 429, 435, 458, 482, 486, 487, 514, 563, 582, 649
physis 自然, 自然状態 22-24, 27, 32, 34, 35, 37, 42, 48, 53, 56, 72, 122, 130, 159, 284, 308, 310, 312, 314, 325, 341, 360, 452, 467, 487, 500, 553, 555, 557, 559, 591-593, 597, 618, 621, 622, 644, 647, 744
pignus (人)質, 抵当, 担保 346, 357, 361, 388, 788, 796, 800, 801, 803, 804, 806, 807, 811, 812
Pindaros 94, 98-100, 102, 103, 105, 108, 111-114, 116-119, 121, 125, 127-129, 131-139, 141-146, 149-151, 154-158, 160, 167, 168, 171, 178, 180, 182, 209, 215, 220, 230, 232, 234, 243, 247, 253, 255, 256, 265, 286, 326, 338, 349, 359, 374, 385, 414, 447, 511, 550, 692, 706, 713, 714, 716, 776
Pithekousai 735
Pittakos 75-78, 80, 93, 96, 652, 653
Plataiai 96, 136, 158, 197, 519, 522, 523, 613, 626, 640, 701, 844
Platon 96, 424, 425, 431, 449, 452, 461, 465, 479, 486, 488, 489, 572, 584, 586-593, 646, 647, 649, 657, 658, 676, 705, 864, 891
Ploutarchos 192, 691, 760, 829, 846
plouton 富 130, 149, 163, 164, 363, 372, 383, 622, 670, 680, 763, 774, 785
pluralism 多元主義 32, 34, 35, 40, 42, 44, 45, 47, 54, 711
Pnyx 726, 730
polarité, polarity 560, 178, 186, 190, 197, 206, 208, 212, 214, 227-229, 237, 257, 430, 431, 452, 453, 470, 485, 566, 649, 653, 699, 709, 711, 826
pôle 極 431, 432, 436, 438, 451-455, 458, 475, 482, 488, 490, 590, 596, 597, 599
polemarchos 839
politeia 市民権 17, 170, 171, 670, 671, 674, 675, 677, 678, 688, 700, 718, 721, 722, 749, 778, 780, 826, 859
"*politeia*" (Aristoteles の) 18, 686, 689, 692, 824, 826, 870
(la) politique 政治 POL132 7, 11-13, 17, 22, 23, 25-28, 33-35, 41, 42, 44, 45, 47, 48, 50-57, 59, 63-65, 71, 73, 76, 78, 89, 91, 108, 114, 115, 122, 125, 135, 138, 141, 143, 145, 146, 148-

150, 162, 174, 175, 177, 178, 182, 183, 192, 194, 204-206, 208, 210, 212, 213, 217, 224, 225, 232, 236, 238, 263, 266, 274-277, 281, 294, 322, 327, 349, 351, 353, 368, 372, 379, 386, 389, 390, 394, 396, 397, 403, 405-408, 413, 414, 420, 424, 425, 430, 435, 439, 442, 476, 496, 561, 592, 594, 607, 656, 659, 672, 695, 707, 723, 730, 734, 743, 745, 747, 760, 821, 843, 879, 880, 883-887

(le système) politique 政治システム　29, 38, 42, 52, 63, 73, 75, 77, 91, 92, 98, 100, 101, 123, 125, 136, 137, 139, 140, 159, 164, 166, 179, 187, 188, 194, 207, 211, 214, 215, 222-225, 239, 250, 251, 255, 256, 262, 263, 265, 268, 269, 298, 304, 306, 317, 319, 320, 327, 332, 337, 341, 344-347, 349, 353, 364, 370, 372, 375, 409, 422, 425, 443, 515, 521, 543, 547, 607, 608, 627, 634, 642, 649, 652, 665, 670-672, 674, 675, 678, 680, 683, 690, 692, 695, 698, 703, 707, 709-711, 718, 722, 724, 725, 740, 753, 754, 761, 763, 767, 776, 778, 781, 783, 785, 787, 788, 793, 797, 802, 804, 808, 810, 816, 820, 823-825, 836, 842, 847-853, 855-857, 860-863, 867, 869, 871, 874, 888

(la décision) politique 政治的決定　73, 210, 224, 225, 227, 265, 276, 279, 282-284, 306, 315, 335, 368, 390, 413, 419-422, 425, 427, 440, 463, 514, 524, 525, 527, 542, 554, 555, 563, 583, 602, 607, 648-650, 665, 675, 680, 706, 751, 766, 775, 801, 815, 817, 819, 821, 822, 825, 832, 835, 855, 860, 862, 866, 880, 882

polyarchy　10, 14, 15, 40-42, 44, 50, 584
Polybios　601
Polybos　299, 713
Polydoros　353-355, 698
Polykrates　91, 92, 429, 459, 513, 516, 530, 531, 533, 534, 731, 771
Polymestor　353-355, 365
Polyneikes　88, 90, 204, 206, 209, 210, 276, 277, 279-281, 283, 318, 321, 394-396, 485
Polyxene　111, 350-352, 366, 367
ponos 労働, 労苦, 仕事, *mochtos*　89, 135, 139, 142, 155, 211, 216, 271, 274, 279, 283, 295, 319, 325, 326, 356, 358, 360, 362, 383, 417, 591, 604, 629, 671, 672, 674, 684, 750, 751
Poseidon　112-115, 118, 120, 121, 123-125, 131, 136, 141, 144-146, 161, 163, 169, 197, 203, 341, 342, 369, 699

positivisme 実証主義　52, 55, 57, 102, 173, 174, 184, 415, 416, 496, 508, 530, 601, 711, 744, 818
possessio 占有　24, 355, 616, 618, 702, 703, 707, 766, 772, 784, 803, 809
potamos 河　111, 118, 131, 199, 214, 219, 271, 272, 425, 451, 453, 455, 456, 556, 564
potlatch　124, 133, 135, 137, 140, 141, 145, 162, 236, 239, 241, 259, 262, 272, 286, 310, 328, 361, 374, 388, 396, 533, 535, 548, 569, 613, 617, 619, 620, 629, 630, 749, 787
pous 足　121, 127, 308, 311, 712
(la) pragmatique, pragmatics　70, 79, 88, 97, 102, 107, 108, 169
Pratinas　192
(la) présence mythique 〈神話〉的現在　90, 94, 114-116, 121, 122, 124, 128, 136, 137, 142-144, 148, 154, 161, 196, 212, 233, 304
(la) présence politique 政治的現在　83, 84, 90, 91, 93, 97, 98, 104, 112, 113, 121, 125, 130, 150, 154, 156
(la) présence rituelle 儀礼的現在　74, 91, 98-100, 103, 112, 114, 116, 134, 136, 137, 142, 157, 204, 233, 251, 259, 268
Priamos　107, 135, 291, 350, 353, 539, 762
probouleuma　840, 843, 849, 854, 861, 869
probouleusis　820, 823-825, 832, 833, 835-838, 843-846, 857, 863, 866, 869, 871
Proitides　Proitos の娘達　164, 170, 219, 221, 223, 383, 399, 401, 673, 674, 695
Proitos　114, 164, 220, 674, 695
proix 嫁資　339, 772, 773, 784, 789, 790, 793, 794, 800
Prokne-Itys　242
Prometheus　145, 147, 148, 152, 211-218, 220, 222, 227, 229, 591-593
prospoloi 侍女達　289, 341, 363, 366, 371, 382, 383
Protagoras　583-595, 601, 646-649, 652, 653
"Protagoras"　96, 647, 648, 651, 652
Proteus　327, 479, 568
prytaneion　725, 821, 830, 832
prytaneis　822, 835, 838, 867, 869
psychanalyse 精神分析　174, 183, 232, 248

索引

psyche, animus 精神　274, 288, 352, 417, 425, 457, 466, 504-506, 573, 597, 654, 656, 736
psychologie 心理学　466
Pylades　246, 285, 378, 380, 386, 387
Pylos　146, 189, 615, 616, 633, 639, 700
pyr 火　118, 123, 134, 138, 141, 145, 148, 150, 152, 207, 214, 233, 243, 273, 366, 399, 400, 428, 449, 451, 456, 457, 466, 484, 497, 525, 572, 591, 592
Pythagoras　459-461, 463-470, 489, 490, 495, 497, 499, 566, 584, 678-680, 748

R

réalisation　（パラデイクマの）現実的再現的作用，再現的パラデイクマ　POL19　64, 175, 180, 184, 185, 204, 370, 407, 413, 441, 524, 554, 604, 622, 648, 675, 882, 883
réalisation virtuelle 〈神話〉の再現実化　POL73　64, 68, 94, 95, 100, 132, 145, 175-177, 179, 181, 184, 186, 187, 189-194, 197, 212, 278, 427, 448, 460, 474, 743, 747
réciprocité 応報，報復，reciprocity　56, 70, 72, 135, 180, 203, 217, 228, 236, 250, 259, 434, 457, 530, 531, 535, 539, 612, 615, 645, 764, 780, 788, 797, 851
referendum　51, 817, 820
réfracteur 屈折体　POL53　72, 79, 96, 99, 126, 142, 153, 170, 173, 178, 182, 191, 209, 210, 220, 227, 231, 242, 253, 256, 257, 259, 264, 271-273, 276, 278, 280, 281, 292, 293, 295, 297, 305, 306, 308, 315, 321, 323, 338, 342, 345, 350, 351, 353, 367, 377, 381, 385, 393, 460, 513, 568, 578, 646, 683, 684, 693, 708, 713, 714, 721, 746, 749, 753, 762, 779, 825, 826, 831, 840, 846, 871, 880, 881
religion 宗教　261, 284, 341, 419, 585, 743, 744, 749, 750, 839, 888
renvoi 先送り，遷延　128, 183, 267, 336, 510, 511, 513, 527, 554, 602, 624, 627, 713, 733, 753, 761, 805
représentation 代表，代表制　14, 15, 20, 21, 30, 32, 42, 46, 51, 817, 818, 834
république 共和的，共和革命，共和政，共和国, republicanism　12, 15, 17, 19-24, 26, 29, 49, 107, 194, 217, 399, 570

(la) responsabilité pénale （刑事）責任　249-251, 261, 263, 266, 273, 275, 280, 316, 321, 342, 368, 594-597, 612, 644, 852
(la) responsabilité stricte 厳格責任　93, 249, 380, 596, 612, 851
restructuration 再構造化　65, 73, 78, 92, 97, 99, 104, 159, 170, 181, 182, 190, 207, 229, 234, 261, 278, 286, 329, 406, 413, 459, 675, 681, 696
Rhegion　635
rite 儀礼, rituel 儀礼的　POL73　24, 52, 64, 68-71, 73, 75-82, 85, 88, 90, 91, 98-102, 106, 107, 109, 113, 125, 127, 131, 137, 139, 146, 152, 157, 168, 169, 174-182, 184-187, 189-197, 208, 225, 230, 236, 242, 244, 245, 252, 308, 324, 325, 328, 342, 361-363, 378, 381, 384, 385, 419, 427, 448, 460, 461, 463, 524, 526, 527, 529, 531, 533, 543, 546, 547, 555, 559-564, 566, 627, 628, 674, 675, 681, 684, 686, 691, 693, 695, 699, 701, 703-705, 714, 716, 724, 730, 733, 734, 743, 744, 746-748, 750, 821, 831, 832, 834, 839, 840, 847, 854, 872, 883, 886, 888, 889
rite de passage 通過儀礼　79, 169, 171, 314, 533, 739, 746
rites funèbres 葬送儀礼，埋葬　68, 86, 107, 111, 127, 169, 186, 242, 260, 263, 265, 276, 277, 280, 284, 287, 318, 321, 328, 353, 358, 369, 528, 566, 628, 734, 736, 762, 764, 886
ritualist　102, 177, 195
Rome ローマ　17, 18, 22, 24-27, 29, 33, 37, 46, 54, 71, 347, 886, 888, 890
Rousseau, J.　27, 44, 47, 48
royauté 王，王権，王制　22, 71, 82, 84, 230, 372, 447, 543, 544, 546-549, 564, 569, 603, 622, 627, 674, 675, 693-695, 705, 771, 820, 824, 840, 842, 843, 845, 846

S

sacrifice 犠牲　107, 148, 177, 191, 232, 235, 236, 239-241, 243, 335-337, 350, 352, 359, 362, 378, 380, 384, 390, 392, 400, 531, 661, 743, 747, 750, 772
Salamis　85, 94, 112, 196, 197, 199, 256, 518, 523, 526, 528, 538, 774, 775
Salmoneus　120, 126, 130, 133
Samos　91, 92, 459, 507, 513, 516, 524, 530-

索引

532, 534, 536, 626, 730, 771, 772, 776, 844, 870
sanctuaire extraurbaine 領域神殿　POL359
　186, 315, 545, 732, 740, 742, 745, 747, 748, 773
Sappho　75, 76, 80, 81, 83, 91
Sartori, G.　6, 11, 32, 34, 35, 38, 43, 54
satyros, satyroi　190-192, 323-325
Savigny, K. v.　31
segmentation 枝分節　POL89　68, 69, 71, 76, 89, 101, 113, 123, 126-128, 135, 136, 138, 141, 145, 146, 149, 156, 158, 159, 199, 201-203, 207, 221, 235, 239, 243, 247, 250, 269, 272, 277, 294-297, 325, 329, 330, 339, 347, 361, 362, 366, 374, 375, 377, 394, 405, 426, 435, 463, 500, 505, 509, 513, 563, 566, 621, 622, 645, 745, 747, 750, 754, 755, 757, 762, 764, 776, 781, 815, 874, 881, 886
segmentation dissolue 無分節, 分節解消 POL116　68, 75, 129, 150, 152, 156, 169, 194, 195, 200, 202, 207, 215, 242, 249, 286, 361, 362, 370, 408, 513, 566, 644, 657, 747, 755, 757, 765, 770, 821, 865
selene 月　79, 206, 425, 433, 485
semainein 記号操作 POL299ff.　131, 132, 170, 335, 544, 569, 673, 674, 676, 692, 749
Semele　156, 398, 399
sémiologie 記号論　72
Semonides　95
signe 記号　POL32　68, 72, 81, 82, 97, 169, 186, 187, 206, 213, 228, 229, 235, 237, 296, 312, 314, 326, 340, 341, 375, 379, 414, 425, 430, 455, 460, 475, 482-487, 538, 560, 563, 568, 639, 653, 675, 733, 746
Sigonio, C.　24, 27
Sikelia　87, 129, 131, 153, 325, 497, 518, 522, 543-545, 594, 618-620, 633, 635, 636, 638, 866
Sikyon　154, 157, 185, 712-714, 727, 750, 767
similitudo, simile　72, 105, 153, 171, 196, 271, 385, 430
Simonides　87, 93, 94, 96, 98, 101, 104, 105, 107, 108, 158, 161, 220, 418, 434, 548, 573, 652, 653
Siris　677-679, 712
Sisyphos　109, 144
Skythai　212, 513, 557, 563, 564, 566, 567, 570
social 社会的, 社会契約, 社会状態, l'état social　23, 28

933

société 社会　22-24, 27, 33, 34, 36, 41, 44-46, 50, 52, 53, 174-176, 282, 592, 648, 701
(la) société civile 市民社会, 市民状態, l'état civil　24-29, 33, 34, 36, 47, 48, 50, 51, 54, 159
(la) société économique 経済社会　25, 48
sociologie 社会学　34, 36-38, 45, 46, 51, 55, 102, 174, 711
Sokrates　94, 96, 275, 572, 584, 586-590, 592, 593, 646-657, 661, 749, 891
solidarité 連帯, 結束, 水平的結合　27, 34, 77, 82, 110, 127, 138, 142, 145, 149, 150, 188, 209, 215, 222, 226, 242, 244, 245, 247, 251, 255, 269, 272, 273, 279-283, 286, 287, 289-291, 303, 308, 312, 313, 317, 319, 322, 325, 329-332, 339, 343, 345, 346, 354, 358, 362, 363, 365, 367, 369, 370, 379, 382, 384-387, 392, 463, 467, 490, 530, 573, 584, 587, 591, 594, 596, 598, 652-654, 660, 680, 721, 732, 754, 755, 788, 881
Solon　85, 86, 158, 191, 192, 194, 429, 461, 566, 667, 707-709, 712, 719, 734, 759-770, 818, 819, 824-831, 833, 847, 848, 860, 870
soma 身体, 人身, *corpus*　188, 212, 262, 263, 266, 273, 274, 287, 288, 321, 327, 328, 331, 352, 375, 402, 418, 466, 619, 654, 656, 736, 748, 763, 764, 827, 829, 830, 849, 852
sophistes ソフィスト　93, 96, 228, 324, 341, 572, 584, 590, 593, 618, 645, 650, 658, 661, 864
Sophokles　172, 210, 237, 253-256, 258-261, 264, 266, 270, 271, 275, 276, 278, 279, 284, 285, 287, 288, 291, 293, 299, 301, 303, 308, 310, 311, 315, 321-324, 328-330, 335, 341, 404, 497, 583, 683, 851
souveraineté 主権　12, 22, 47, 52, 320, 364, 817, 863
Sparta　17, 27, 73, 82, 83, 97, 111, 125, 131, 149, 151, 163, 170, 266, 343-345, 348, 349, 512, 515, 516, 518, 520, 521, 524-527, 530, 532, 542-547, 549, 551, 552, 603, 608-610, 613-616, 619, 622-626, 631-634, 636-638, 641, 644, 653, 673, 674, 678, 681, 682, 690, 693, 695-697, 699-702, 704, 705, 716-718, 729, 771, 818, 820, 824, 834, 836, 840, 841, 843, 844, 846, 889, 890
spartai　155, 206, 207, 357, 393, 394, 402
sphaira 球　194, 425, 426, 433, 438, 500

Sphinx   162, 207, 294, 296
Spinoza, B.   22, 23, 25-27, 467
stasis 内戦   113, 125, 164, 201, 221, 336, 459, 643, 644, 676, 680, 683, 687, 708, 763, 871
Stesichoros   80, 87-91, 95, 104, 231, 327, 568
strategos   839, 847, 848
stratigraphie, stratigraphique POL144   19, 160, 461, 647, 689, 703, 766
structuration 構造化   63, 130, 389, 708, 711
structure 構造   65, 66, 91, 122, 125, 155, 178, 199, 210, 220, 227, 236, 295, 331, 364, 381, 389, 454, 456, 464, 505, 530, 552, 572, 574, 575, 581, 613, 624, 628, 636, 640, 671, 692, 717, 749, 764, 879
(la) structure sociale 社会構造 POL53   15, 16, 18, 21, 26, 38, 40-42, 44, 46, 54, 56, 57, 59, 60, 63-65, 67, 70-72, 76, 81, 92, 96, 99, 103, 106, 108, 114, 124, 125, 129, 153, 160, 162, 170, 171, 173, 178, 179, 182, 183, 196, 202, 210, 216, 229, 231, 238, 253, 255, 264, 265, 276, 280, 302, 329, 351, 406, 407, 413, 417, 422, 434, 439, 443, 447, 448, 457, 459, 461, 469, 487, 500, 511, 513, 514, 519, 530, 532, 537, 538, 543, 546, 549, 564, 566, 570, 574, 578, 583, 602, 639, 666, 669, 672, 673, 681, 683, 685, 693, 720, 723, 731, 735, 746, 749, 753, 754, 759, 761, 772, 775, 795, 808, 815, 828, 831, 833, 854, 857, 864, 870, 871, 874, 879, 880, 886
(la) structure territoriale 領域の構造   170, 185, 220, 293, 348, 447, 459, 519, 548, 674, 675, 702
suicide 自殺   107, 108, 137, 266
supplicium 身体への懲罰   212
Sybaris   459, 460, 544, 545, 676-682, 712
symbole 象徴   89
symposion 宴席   68, 86, 121, 135, 155, 370, 374, 712
syncronique サンクロニク   113, 126, 180, 188, 211, 253, 653, 734, 740, 744, 762
synoikismos   627, 680, 682, 687, 688, 690, 691, 696, 821
syntactique   429, 455, 458, 462, 463, 470, 599
syntagmatique POL28   67, 69, 70, 72, 73, 78, 82, 84, 85, 88, 89, 99, 106, 112, 114, 119, 144, 149, 154, 155, 168, 176, 178-180, 183, 187, 190, 191, 196, 204, 211, 215, 218-220, 223, 225, 228, 234, 235, 237, 240, 244, 248, 254, 261, 278, 285, 300, 303, 305, 325, 327, 333, 357, 369, 373, 375, 379, 385, 392, 398, 420, 425, 426, 434, 437, 440, 442, 444, 458, 463, 464, 477, 487, 489, 490, 496, 497, 509-512, 514, 520, 521, 524, 525, 530, 532, 535, 537, 540, 546, 553, 555, 556, 560, 570, 573, 581, 585, 602, 605, 607, 612, 635, 651, 659, 665, 681, 879, 889
syntagmatisme   261, 263, 268, 297, 298, 301, 329, 355, 427-430, 435, 436, 439-442, 444, 448-450, 453, 454, 458, 465-467, 470, 474, 475, 477, 479, 482, 484-486, 488, 491, 492, 494, 496, 497, 501, 504-507, 509-515, 517, 520, 522, 523, 525-528, 530, 531, 537, 540-542, 552-554, 557, 559-561, 563, 565, 571, 572, 576, 578, 582-587, 592, 594, 596-598, 600, 607, 618, 619, 621, 622, 624, 627, 629-631, 635-637, 639, 647, 648, 650, 654-657, 659, 671, 885, 887
Syrakousai   129, 130, 141, 150, 153, 171, 594, 635-638, 686-689, 807

T

Tacitus   19
Tantalos   141, 145, 234, 239, 240, 388, 402
Taras   682
techne 技芸, 技術   130-133, 148, 152, 207, 213, 218, 592, 610, 648, 657, 749, 764
teichos 城壁   537, 551, 621, 623-628, 630, 631, 633-639, 695, 713, 726
Teiresias   278, 284, 294-298, 300, 301, 392, 399, 401
tekmerion 徴表   136, 235, 239, 294, 296, 300, 321, 524, 527, 528, 552, 603, 604, 621, 622
Tekmessa   258-260
teknoktonos 子殺し   109, 141, 234, 236, 238, 239, 241, 242, 334-337, 342, 343, 350, 351, 353, 356-360, 362, 370, 372, 374, 376, 378, 388-390, 393, 395, 397, 402, 531, 568, 853
teknophagia 子喰い   240, 241
Telamon   107, 115-117, 119, 135, 256, 265
Telemachos   267
Telys   459, 544, 678, 682
Temenos   693
temple 神殿 POL334   193, 527, 529, 530,

索　引

544, 643, 644, 678, 724, 725, 727, 728, 730, 738, 739, 743, 745, 752, 772, 773
temps 時間　89, 212, 429, 434, 469, 479, 493, 494, 500, 603, 619, 630, 634
Teukros　256, 260, 262-265, 312, 327
thalamos 寝室　129
thalassos 海　75, 79, 89, 108, 115, 116, 119, 120, 125, 128, 147, 156, 157, 161, 163, 169, 189, 197-199, 201-203, 212, 214, 238, 240, 247, 256, 269, 328, 341, 353, 381, 443, 453, 456, 526, 530, 534, 537, 552, 555, 566, 617, 621-623, 625, 627, 633-635, 715, 728, 735, 755-758, 779, 780, 788, 792, 808, 845
Thales　324, 419, 424, 425, 427-430, 434, 436, 448, 475, 515, 760-762
thanatos 死　68, 80, 133, 134, 138, 139, 142, 143, 165, 186, 242, 259, 260, 273, 274, 298, 315, 321, 326, 340-342, 344, 347, 352, 367, 450, 457, 478
Thasos　625
théâtre 演劇, 劇場　176-178, 182, 184, 187, 192, 268, 730, 739
Thebai　67, 88, 90, 95, 129, 130, 132, 136, 143, 146, 149, 154-156, 180, 185, 203, 204, 207, 209, 210, 213, 276, 279, 292, 293, 295, 296, 300, 315, 319, 320, 357, 359, 363, 364, 392, 394, 396, 397, 402, 613, 614, 640, 706, 713
Themis　112, 118, 216
Themistokles　512, 538, 623, 624, 733, 774, 775, 849
Theognis　87, 777, 778
Theophrastos　424, 437, 468, 484, 485
Theopompos　695, 840
theos, theoi 神, 神々　POL280ff　83, 91, 93, 116, 120, 127, 134, 135, 137, 141, 142, 145-148, 168, 171, 186, 187, 198, 203, 204, 218, 226, 237, 238, 241, 248, 257, 261, 262, 277, 317, 325, 341, 349, 353, 362, 374, 375, 396, 397, 399, 416-418, 451, 456, 561, 585, 591, 595, 618, 661, 743-745, 750, 751, 772
Thera　124, 776
thereusis 狩　166, 177, 237, 286, 309, 312, 338, 340, 341, 400, 401
Thermopylai　94, 518, 526, 528
Thersites　306

Theseus　111, 156, 161, 162, 168, 169, 318-321, 338, 340-343, 350, 360, 363, 364, 627, 713, 717, 721, 821, 823
Thespis　191, 192
Thessalia　93, 94, 155, 157
Thetis　68, 97, 108, 111, 112, 114-116, 118-120, 197, 344, 348, 349, 365, 391
thoma 驚き　509, 513, 522, 587
Thoukydides　19, 22, 508, 511, 541, 593, 601-609, 611-613, 615, 618, 620-622, 624-629, 632-636, 639-646, 658, 690, 700, 703, 706, 717, 729, 821-823, 845, 864-867, 871, 889, 890
Thourioi　507, 545, 676-682, 733
Thrakia　83, 92, 353, 566, 625
Thyestes　239, 240, 243
thygater 娘　100, 120, 122, 123, 133, 147, 159, 160, 163, 165, 167, 200, 219, 221, 222, 230, 244, 245, 292, 300, 329-332, 335-337, 343, 350, 352, 366, 390, 536, 539, 548, 569, 684, 712, 772
time 評価　137, 139, 194, 588, 683, 707, 761, 771, 774, 785, 790, 792, 827, 829
Tiryns　148, 164, 166, 170, 550, 674, 692, 695, 704
Tlapolemos　147, 148
Tocqueville, A. de　28-32, 44
tokos 子, 果実, 利息　82, 121, 135, 139, 150, 163, 187, 188, 233, 235, 237, 239-241, 243, 245, 259, 264, 281, 283, 286, 301, 325, 331-333, 340, 344, 346-348, 351, 361, 363, 364, 367, 368, 370, 371, 373, 376, 397, 402, 548, 551, 563, 700, 702, 703, 735, 736, 761-763, 769, 773, 774, 785, 786, 790, 794, 795, 797, 799, 801, 806, 809
tragédie 悲劇　25, 65, 66, 88, 108, 111, 121, 160, 167, 169, 173-176, 179-185, 189-195, 197, 200, 212, 242, 268, 292, 301, 324, 325, 335, 365, 369, 386, 388, 404, 423, 445, 460, 658, 659, 669, 676, 685, 743, 749, 762, 816, 889
tribu 部族, 部族形成神話, 部族分割　POL90　21, 68, 69, 82, 84, 100, 105, 117, 141, 146-149, 152, 158, 160, 188, 203, 220, 223, 226, 228, 230, 248, 272, 277, 280, 281, 283, 292, 295, 336-338, 340, 358, 381, 435, 446, 447, 500, 537, 545, 548, 557, 564, 569, 642, 678, 681, 682, 688, 689, 700, 703, 706, 713, 717, 745, 747, 748, 764, 818, 820, 828

trierarchia 774, 797

trittys 719, 720

Troia 68, 88, 91, 106, 136, 138, 148-150, 152, 208, 232-234, 236-238, 243, 265, 304, 305, 313, 327, 343, 347, 350, 353-355, 367, 369, 379, 509, 510, 539, 541, 568, 595, 596, 622, 696, 760

tymbos 墓 186, 245-247, 288, 290, 350, 366, 382, 387, 565, 695, 726, 729, 733, 735-737

Tyndareos 239, 386

tyrannis, tyrannos 29, 46, 83, 91, 96, 107, 113, 129, 158, 215, 266, 278, 441, 442, 459, 507, 516, 530-533, 535-537, 603, 611, 614, 622, 625, 636, 666, 668, 685-689, 693, 694, 711, 712, 716, 725, 728, 731, 760, 767, 770-772, 775, 833, 848, 853, 860

Tyrtaios 82, 83, 86, 820

U

(l') unité de l'Articulation double〈二重分節〉単位 121, 150, 156, 159, 166, 167, 223, 226, 270, 286, 292, 310, 312, 314, 315, 318-322, 324, 329, 331-334, 341, 344, 348, 349, 351, 361, 362, 365, 367, 376, 403, 499, 548, 591, 609, 619, 654, 660, 674, 675, 689, 702, 741, 742, 752, 762, 766, 777, 781-784, 786-789, 792, 793, 795, 796, 798, 799, 801, 804, 809, 812, 850, 853, 855, 874, 881

V

Valla, L. 605, 890

Vernant, J.-P. 180, 183, 193, 229, 254, 275, 295

Vico, G. 26, 27

Vidal-Naquet, P. 205, 206, 211, 237, 312, 314, 778, 788

volontarisme 意思主義 93, 316, 321, 766

volonté 意思 93, 275, 313, 317, 625, 766

Voltaire, F. 30

W

Wittgenstein, L. 102, 453, 473, 474

X

xeinos, xenos 賓客, 外国人 117, 121, 130, 135, 138, 147, 157, 267, 271, 287, 294, 300, 326, 353, 384, 718, 758, 762

Xenophanes 105, 416-419, 421, 445, 449, 451

Xenophon 586, 646, 647, 650, 703, 844, 846, 869

Xerxes 197, 198, 200, 202, 520, 523, 526, 537, 546, 570

Xouthos 370, 371, 373-376

xynodroi 委員会 615, 616

Z

Zenon 487-489, 491-495, 497, 503, 572, 578, 583, 598, 599, 649

Zeus 82, 94, 109, 111-115, 118, 120, 131, 134, 142, 145, 147, 148, 150, 161, 163, 169, 186, 187, 203, 207, 212-215, 217, 218, 225, 235, 237, 292, 293, 311, 325, 340, 398, 564, 592, 593, 700

著者略歴
1951 年　東京に生れる
現　在　東京大学名誉教授

著　書
『政治の成立』(1997 年，東京大学出版会)
『法存立の歴史的基盤』(2009 年，東京大学出版会)
『笑うケースメソッド　現代日本民法の基礎を問う』
　(2015 年，勁草書房)
『笑うケースメソッド II　現代日本公法の基礎を問う』
　(2017 年，勁草書房)
『笑うケースメソッド III　現代日本刑事法の基礎を問う』
　(2019 年，勁草書房)

デモクラシーの古典的基礎

2003 年 10 月 24 日　初　版
2021 年 7 月 7 日　第 4 刷

［検印廃止］

著　者　木庭　顕（こば　あきら）

発行所　一般財団法人　東京大学出版会
代表者　吉見俊哉
153-0041　東京都目黒区駒場 4-5-29
電話 03-6407-1069　Fax 03-6407-1991
振替 00160-6-59964
http://www.utp.or.jp/

印刷所　株式会社三陽社
製本所　牧製本印刷株式会社

Ⓒ 2003 Akira Koba
ISBN 978-4-13-036120-0　Printed in Japan

JCOPY〈出版者著作権管理機構　委託出版物〉
本書の無断複写は著作権法上での例外を除き禁じられています．複写する場合は，そのつど事前に，出版者著作権管理機構（電話 03-5244-5088, FAX 03-5244-5089, e-mail: info@jcopy.or.jp）の許諾を得てください．

木庭 顕 著	政治の成立	A5	10000円
木庭 顕 著	法存立の歴史的基盤	A5	28000円
村上淳一 著	新装版 ドイツ市民法史	46	3600円
K・W・ネル 著 村上淳一 訳	ヨーロッパ法史入門 権利保護の歴史	46	2600円
村上淳一 著	新装版 ゲルマン法史における自由と誠実	46	3400円
村上淳一 著	新装版 〈法〉の歴史	46	2800円
井上達夫 著	法という企て	A5	4200円
笹倉秀夫 著	法思想史講義 上 古典古代から宗教改革期まで	A5	3600円
笹倉秀夫 著	法思想史講義 下 絶対王政期から現代まで	A5	3800円
笹倉秀夫 著	法哲学講義	A5	4200円
瀧川裕英 著	国家の哲学 政治的責務から地球共和国へ	A5	4500円

ここに表示された価格は本体価格です．御購入の際には消費税が加算されますので御了承下さい．